現代日本語アラビア語辞典

قاموس

العربية المعاصرة

قاموس

著者　田中　博一

المؤلف: تاناكا هيرويتشي

鳥影社

はじめに

　まず心よりアラブの友人方に謝辞を捧げたい。本著の作業中に、ご協力を頂いたアラブ人の方々、取り分け監修をお願いしたパレスチナ人のスバイハット・レイス博士の協力なくしては本著を世に送り出すことは不可能でありました。

　またこの辞書は、１９９９年に日本でアラブ・イスラム文化に対する関心が高まる中、欧米のフィルターを通したアラブ・イスラム文化への接近ではなく、「直接アラビア語によるアラブ・イスラム文化の理解を試みなければならない」と世に問うた拙著「改訂版日本語アラビア語基本辞典」を出版して頂いた鳥影社の尽力によって、再び実現することになりました。ここに改めて鳥影社の皆様にも謝辞を捧げたい。

　この辞書は日本人のみならず日本語を学習されるアラブ人にも使用できるように配慮しました。日本人にとって日本語のローマ字表記やルビの表記は煩わしいものでしょう。しかし本著はアラブ人と膝をつき合わせての学習会を通して生まれたものでありますので、ご理解を願いたい。

　本著を利用される日本人は、まずアラビア文字２８文字を習得することが必須であります。またアラビア語には母音は３つしかなく、それはアラビア文字の上下に配される記号によって示され、容易に習得できるものでもあります。

　前著「改訂版日本語アラビア語基本辞典」出版以来十有余年の間に、チュニジアから始まった「アラブの春」、さらに続くイラク、シリアなどの混迷、国際法を無視したイスラエルによるパレスチナ占領、民族浄化政策など、現代中東世界を読み解く一つの鍵はアラビア語にあります。

２０１５年春　田中　博一

≪見出し語目次≫

見出し語はあいうえお順であり,さらに清音－濁音－半濁音の順です。
なお促音(っ)は"つ"として取り扱っています。

あ行	あ [a] p1	い [i] p23	う [u] p42	え [e] p53	お [o] p58
か行	か [ka] p76	き [ki] p113	く [ki] p137	け [ku] p149	こ [ko] p164
さ行	さ [sa] p192	し [shi] p210	す [su] p266	せ [se] p278	そ [so] p296
た行	た [ta] p307	ち [chi] p331	つ [tsu] p344	て [te] p355	と [to] p367
な行	な [na] p387	に [ni] p398	ぬ [nu] p405	ね [ne] p407	の [no] p411
は行	は [ha] p417	ひ [hi] p442	ふ [hu] p461	へ [he] p482	ほ [ho] p489
ま行	ま [ma] p504	み [mi] p515	む [mu] p525	め [me] p530	も [mo] p535
や行	や [ya] p543		ゆ [yu] p549		よ [yo] p556
ら行	ら [ra] p565	り [ri] p568	る [ru] p575	れ [re] p576	ろ [ro] p580
わ行	わ [wa] p583				

※日本地図－ p416

【用例】

動詞変化表

型	文字数による分類		未完了形	動名詞
I（原形）	فَعَلَ	3語動詞	يَفْعَلُ ＊	فَعَلٌ/فَعِلٌ/فُعُولٌ/فَعْلٌ
II	فَعَّلَ	4語動詞	يُفَعِّلُ	تَفْعِيلٌ
III	فَاعَلَ	4語動詞	يُفَاعِلُ	فِعَالٌ/مُفَاعَلَةٌ
IV	أَفْعَلَ	4語動詞	يُفْعِلُ	إِفْعَالٌ
V	تَفَعَّلَ	5語動詞	يَتَفَعَّلُ	تَفَعُّلٌ
VI	تَفَاعَلَ	5語動詞	يَتَفَاعَلُ	تَفَاعُلٌ
VII	اِنْفَعَلَ	5語動詞	يَنْفَعِلُ	اِنْفِعَالٌ
VIII	اِفْتَعَلَ	5語動詞	يَفْتَعِلُ	اِفْتِعَالٌ
IX	اِفْعَلَّ	5語動詞	يَفْعَلُّ	اِفْعِلَالٌ
X	اِسْتَفْعَلَ	6語動詞	يَسْتَفْعِلُ	اِسْتِفْعَالٌ

＊動詞によっては يَفْعِلُ, يَفْعُلُ もある。

【略字】

動：動詞　未：動詞未完了形　完：動詞完了形　名：名詞　単：単数形　複：複数形
双：双数形　形：形容詞　副：副詞　前：前置詞　主：主格　属：属格　対：対格
男：男性形　女：女性形　命：命令形　受：受動態, 受身形　文：文法用語　比：比較級
関：名詞の語尾に يّ がついた関連詞　定：定冠詞のついた形

【例】

あんないする　an･nai-suru　案内する　أَرْشَدَ　＜ رشد IV

＜ رشد は أَرْشَدَ の語根を示し、IVはその第4形の意味である。

【参考文献】

ARABIC-ENGLISH DICTIONARY OF THE MODERN LITERARY LANGUAGE Compiled and arranged by Maan Z. Madina, The Oxford English-Arabic Dictionary Of Current Usage, 201 ARABIC VERBS by Raymond Scheindlin
المُعْجَم الوَسِيط عَرَبِي- عَرَبِي, القَامُوس المُبَسَّط عَرَبِي- عَرَبِي
المُنْجِدُ في اللغة والأعلام, المَوْرِد عَرَبِي- إنْكِلِيزِي,
المعجم العربي الميسر
パスポート初級アラビア語, パスポート日本語アラビア語辞典(白水社), 現代アラビア語小辞典(第三書館)
アラビア語入門(泰流社), 基礎アラビア語(大学書林), アラビア語検索ソフトアラジンver.1

あーけーど〜あいず

あ　あ　ア　【a】

あ

あーけーど　aakeedo　アーケード　رُوَاق (ـَ) > روق 複 أَرْوِقَة　أَرْوِقَةُ التَّسَوُّقِ
ショッピング・アーケード

あーち　aachi　アーチ　قَوْس　複 قُسِيّ/أَقْوَاس

あーもんど　aamondo　アーモンド　لَوْز　أُحِبُّ اللَّوْزَ الأَخْضَرَ قَبْلَ أَنْ يَقْسُوَ
私は固くなる前の青いアーモンドが好きです

あーる　aaru　アール　آر　※= مِئَةُ مِتْرٍ مُرَبَّعٍ :１００平方メートル

あい　ai　愛　حُبّ　حُبُّ الْوَطَنِ :祖国愛

2)愛　مَحَبَّة > حبّ　لَيْتَ الْمَحَبَّةُ تَحِلُّ فِي قُلُوبِ النَّاسِ مَحَلَّ الْكَرَاهِيَةِ
人の心に憎しみの代わりに愛があればいいのに

あいえむえふ　ai・emu・ehu　ＩＭＦ　⇒ こくさいつうかききん kokusai-tsuuka-kikin 国際通貨基金

あいこうか　aikou-ka　愛好家
あいこうしゃ　aikou-sha　愛好者　عَاشِق > عشق 複 ـُون/عُشَّاق　عَاشِقُ الْمُوسِيقَى :音楽愛好家

あいこくしゃ　aikoku-sha　愛国者　وَطَنِيّ > وطن 複 ـُون　الْوَطَنِيَّة :愛国主義/ナショナリズム

2)愛国者　فِدَائِيّ > فدى 複 ـُون　كُلُّ جُنْدِيٍّ مُخْلِصٍ فِدَائِيٌّ
忠実な兵士全てが愛国者である

あいこくしん　aikoku-shin　愛国心　حُبُّ الْوَطَنِ　لَيْسَ حُبُّ الْوَطَنِ شُعُورًا وَحَسْبُ، بَلْ إِنَّهُ
愛国心は感情や思考ではなく，عَمَلٌ وَمَسْلَكٌ
作業であり道である

あいさつ　aisatsu　挨拶　تَحِيَّة > حيي 複 ـات　تَبَادَلَا التَّحِيَّاتِ :互いに挨拶を交わした
تَحِيَّةً طَيِّبَةً وَبَعْدُ :拝啓 ※手紙の冒頭にて
مَعَ أَطْيَبِ التَّحِيَّاتِ :最上の挨拶を持って※敬具に相当

あいさつする　aisatsu-suru　挨拶する　قَدَّمَ لِـ〜 تَحِيَّةً　※〜に挨拶する　※= أَدَّى التَّحِيَّةَ

あいしゃどー　aishadou　アイシャドー　كُحْل　複 أَكْحَال　لَمْسَةٌ مِنَ الْكُحْلِ تُجَمِّلُ الْعَيْنَ
アイシャドーが目を美しくする

あいじょう　aijou　愛情　مَحَبَّة > حبّ　بِمَحَبَّةٍ :愛情を持って

あいす　aisu　アイス　⇒ こおり koori 氷

あいすくりーむ　aisu・kuriimu　アイスクリーム　آيِسْكْرِيم/ بُوظَة/ جِيلَاتِي/ دَنْدُرْمَة
أَعْطِنِي صَحْنَ الْبُوظَةِ :アイスクリーム下さい

あいする　aisuru　愛する　أَحَبَّ > حبّ IV　أَحْبِبْ جَارَكَ (أَحِبَّ) :隣人を愛しなさい

あいするひと　aisuru-hito　愛する人　حَبِيب > حبّ 複 أَحِبَّاء / أَحْبَاب 女 حَبِيبَة

あいず　aizu　合図　إِشَارَة > شور 複 ـات　الإِشَارَةُ بِالْيَدِ :手による合図

あいずする〜あいろん

あ

あいずする aizu-suru 合図する
あいずをする aizu-wosuru 合図をする أَشَارَ ، يُشِيرُ < شور IV أَشَرْتُ إِلَيْهِ بِيَدِي
私は彼に手で合図をした

あいだ aida 間 مُدَّة 複 مُدَد مُدَّة طَوِيلَة :長い間

2)(〜の)間 بَيْنَ ~ اَلْكِتَابُ بَيْنِي وَبَيْنَكَ
その本は私とあなたの間にある
بَيْنَ السَّاعَةِ الثَّالِثَةِ وَالسَّاعَةِ الرَّابِعَةِ
3時から4時の間に

3)(〜の)間に أَثْنَاءَ~ < ثنى أَثْنَاءَ الْإِجَازَةِ :休みの間に
قَابَلْتُ عَلِيًّا أَثْنَاءَ اللَّيْلِ
私は夜(の間)にアリーと会った

あいて aite 相手 خَصْم 複 خُصُوم نَافَسَ خَصْمَهُ عَلَى الْجَائِزَةِ
賞を目指して相手と闘った
اِدَّعَى عَلَى خَصْمِهِ :相手を告発した(裁判に訴えた)

あいている aite-iru 開いている مَفْتُوح < فتح اَلشُّبَّاكُ مَفْتُوحٌ :窓は(が)開いています

あいている aite-iru 空いている خَالٍ < خلو ※定 اَلْخَالِي شَقَّة خَالِيَة :空き部屋
اِجْلِسْ فِي الْمَكَانِ الْخَالِي :空いている場所に座りなさい
كُرْسِيّ (بَيْت) خَالٍ :空いている椅子(家)

あいであ aidea アイデア فِكْرَة 複 فِكَر فِكْرَة جَمِيلَة (جَيِّدَة) :良いアイデア
خَطَرَتْ بِبَالِي فِكْرَةٌ جَيِّدَةٌ
私に良いアイデア(考え)が浮かんだ

あいとう aitou 哀悼 ⇒ おくやみ okuyami お悔やみ

あいどる aidoru アイドル 男 نَجْم 女 نَجْمَة نَجْم غِنَائِيّ :(男性)アイドル歌手

あいまいさ aimai-sa 曖昧さ لَبْس(ٌ) نَصُّ الْقَانُونِ وَاضِحٌ لَا لَبْسَ فِيهِ
法律の条文は明確で曖昧さがない

あいまいな aimai-na 曖昧な غَامِض < غمض 複 غَوَامِض كَلَامُكَ غَامِضٌ لَا أَفْهَمُهُ
あなたの言葉は曖昧でよく分かりません

あいらしい airashi・i 愛らしい حَبِيب < حبّ 複 أحباب / أَحِبَّاء مَا أَحَبَّ الطِّفْلَ إِنْ يَنَامُ !
寝ている子の何と愛らしいこと

あいろん airon アイロン مِكْوَاة / مِكْوًى < كوى 複 مَكَاوٍ مِكْوَاة كَهْرَبَائِيَّة :電気アイロン
※動 كَوَى ، يَكْوِي :アイロンをかける
أَنَا لَا أَقْدِرُ أَنْ أَكْوِيَ الْقَمِيصَ
私はシャツにアイロンを掛けることが出来ません
※名 كَيٌّ :アイロン掛け طَاوِلَة الْكَيِّ :アイロン台

あう～あか

あ

あう　au　会う　قَابَلَ < قبل III　مَنْ قَابَلْتَ مَسَاءَ أَمْسِ؟
あなたは昨日の夕方,誰に会いましたか
2)会う　اِلْتَقَى ، يَلْتَقِي < لقي VIII　اِلْتَقَيْتُ الْمُعَلِّمَ فِي الْمَكْتَبِ
私は図書館で先生に会いました
※名 لِقَاء:会うこと　إِلَى اللِّقَاءِ:また会いましょう

あう　au　合う　نَاسَبَ < نسب III　اَلْحِذَاءُ يُنَاسِبُ قَدَمَهَا تَمَامًا
その靴は彼女の足にぴったり合う
2)合う　اِتَّفَقَ < وفق VIII　～ مَعَ ～:～と(意見)が合う
يَتَّفِقُ مَعَهُمْ فِي الرَّأْيِ:彼は彼らと意見が合う
3)合う　اِلْتَقَى ، يَلْتَقِي < لقي VIII　تَلْتَقِي الْعُيُونُ:目が合う

あう　au　遭う　أُصِيبَ < صوب IV 受　أُصِيبَ فِي الْحَادِثِ:彼は事故に遭った

あえぐ　aegu　あえぐ/喘ぐ　أُرْهِقَ < رهق IV 受　يُرْهَقُ الشَّعْبُ بِالضَّرَائِبِ الثَّقِيلَةِ
国民は重税に喘いでいる
2)あえぐ/喘ぐ　لَهَثَ (a)　وَصَلَ رَاكِضًا يَلْهَثُ:彼は喘ぎながら走って着いた

あえて　aete　あえて(～する)　جَرُؤَ ، يَجْرُؤُ　كَيْفَ تَجْرُؤُ عَلَى إِهَانَتِي؟
どうしてあなたはあえて私を侮辱するような
ことを言う(する)のですか

あえん　aen　亜鉛　زِنْك　طِلَاءُ الزِّنْكِ:亜鉛メッキ

あお　ao　青
あおさ　ao-sa　青さ　زُرْقَة　زُرْقَةُ الْبَحْرِ:海の青さ

あおい　ao-i　青い　أَزْرَقُ < زرق 女 زَرْقَاءُ 女双 زَرْقَاوَانِ(ـيْنِ)(属対) 複 زُرْقٌ
عَيْنَاهَا زَرْقَاوَانِ:彼女の目は青い
اَلسَّمَاءُ الزَّرْقَاءُ:青空　لَوْنٌ أَزْرَقُ:青(い)色

あおくなる　aoku-naru　青くなる　اِزْرَقَّ < زرق IX　اِزْرَقَّتْ قَدَمُ اللَّاعِبِ مِنَ الْإِصَابَةِ
選手の足が打ち身で青くなった
※ اِصْفَرَّ وَجْهُهُ خَوْفًا:恐怖で彼の顔は青くなった

あおぐ　aogu　仰ぐ　نَظَرَ (u)　نَظَرَ إِلَى السَّمَاءِ:空を仰いだ

あおぐ　aogu　扇ぐ　رَوَّحَ < روح II　رَوَّحَ بِمِرْوَحَةٍ:扇子(団扇)を扇いだ

あおじろい　ao-jiroi　青白い　شَاحِب < شحب 複 شَوَاحِبُ　هُوَ مَا يَزَالُ شَاحِبَ اللَّوْنِ
彼はまだ青白い顔をしている

あおる　aoru　煽る　حَرَّضَ < حرض II　يُحَرِّضُ الْعُمَّالَ عَلَى الْإِضْرَابِ
彼は労働者にストライキを煽る(扇動する)

あか　aka　赤　حُمْرَة　حُمْرَةُ الدَّمِ:血の赤

あか～あきない

あ

あか　aka　垢　وَسَخ　複 أَوْسَاخ　يُزِيلُ الْوَسَخَ :垢(汚れ)を落とす ※= 汚れ

あかい　aka-i　赤い　أَحْمَرُ　< حمر 女 حَمْرَاءُ 女双 حَمْرَاوَانِ(ين) 複 حُمْرٌ

لَوْن أَحْمَر :赤(い)色　اَلْكُرَات الْحَمْرَاء :赤血球

あかくする　akaku-suru　赤くする　حَمَّرَ　< حمر II　تُحَمِّرُ خَدَّيْهَا

彼女は頬を赤くする(に紅を差す)

あかくなる　akaku-naru　赤くなる
あかになる　aka-ni・naru　赤になる　اِحْمَرَّ　< حمر IX　اِحْمَرَّ لَوْنُهُ :(恥ずかしくて)顔が赤くなった

اِحْمَرَّتِ الإِشَارَةُ :信号機が赤になった

あかし　akashi　証 ⇒ しょうこ　shouko　証拠

あかじ　akaji　赤字 (مَالِيّ) عَجْز　複 أَعْجَاز　اَلْعَجْز فِي الْمِيزَانِ التِّجَارِيِّ :貿易赤字

あかちゃん　akachan　赤ちゃん 男 وَلِيد 複 وِلْدَان/وِلْدَة 女 وَلِيدَة 複 وَلَائِد

اِرْتَفَعَتْ حَرَارَةُ وَلِيد ، فَأَخَذَ يَرْتَعِشُ

赤ちゃん(赤ん坊)の熱が上がって，引き付けを始めた

あからめる　aka-rameru　赤らめる ⇒ あかくする　akaku-suru　赤くする

あかり　akari　明かり　نُور　複 أَنْوَار　أَضَاءَ(أَطْفَأَ) النُّورَ

明かりをつけた(消した)

あかるい　akarui　明るい　فَاتِح　< فتح　لَوْن فَاتِح :明るい色

2)明るい　مَرِح　هُوَ مَرِح بِطَبْعِهِ :彼は性格が明るい

あかるく　akaruku　明るく ⇒ ようきに　youki-ni　陽気に

あかんぼう　akanbou　赤ん坊 ⇒ あかちゃん　akachan　赤ちゃん

あがなう　aga・nau　購う ⇒ つぐなう　tsugu・nau　償う

あがめる　agameru　崇める ⇒ すうはいする　suu・hai-suru　崇拝する

あがる　agaru　上がる　رُفِعَ　< رفع 受　رُفِعَ السِّتَارُ :幕が上がった

2)上がる　اِرْتَفَعَ　< رفع VIII　تَرْتَفِعُ الأَسْعَارُ :物価が上がる

3)上がる　تَوَقَّفَ　< وقف V　يَتَوَقَّفُ الْمَطَرُ :雨が上がる

4)上がる　حَسَّنَ　< حسن II　حَسَّنَتْ دَرَجَاتُهُ :成績が上がった

5)上がる　صَعِدَ (a)　صَعِدَ السُّلَّمَ :階段を上がった

6)上がる　نَزَلَ (i)　نَزَلَ إِلَى الْيَابِسَةِ :陸に上がった/上陸した

あき　aki　秋 خَرِيف/فَصْلُ الْخَرِيفِ < خرف　اَلْخَرِيفُ فَصْلُ الْعِنَبِ وَالْكَاكِي

秋はブドウと柿の季節です

あきち　aki-chi　空き地　فَضَاء　< فضو 複 أَفْضِيَة　نُصِبَتِ الْخِيَامُ فِي فَضَاءٍ قَرِيبٍ

森の近くの空き地にテントが立てられた　مِنَ الْغَابَةِ

あきない　aki・nai　商い ⇒ しょうばい　shoubai　商売

あきなう～あくせさりー

あ

あきなう　aki·nau　商う　تَاجَرَ < تجر III ~بِـ :~を يُتَاجِرُ هٰذَا الرَّجُلُ بِالصَّابُونِ
この男は石鹸を商っている

あきや　aki-ya　空き家　بَيْتٌ خَالٍ (مِنَ السُّكَّانِ)

あきらかな　akiraka-na　明らかな　وَاضِحٌ < وضح　خَطَأٌ وَاضِحٌ :明らかな間違い
~ مِنَ الْوَاضِحِ أَنَّ :~と言うことは明らかである

あきらか-になる　akiraka-ni·naru　明らかになる　تَبَيَّنَ < بين V　مَاذَا تَبَيَّنَ لَكَ مِنْ أَمْرِهَا؟
そのことから何が明らかになりましたか

あきらめる　akirameru　諦める　كَفَّ (u)　كَفَفْتُ عَنْ دِرَاسَةِ الْمُوسِيقَى
私は音楽の勉強を諦めました(断念した)

あきる　akiru　飽きる　مَلَّ (a)　لَقَدْ مَلِلْتُ الْقِيَامَ بِنَفْسِ الْعَمَلِ كُلَّ يَوْمٍ
私は毎日同じ事をするのに飽きた(うんざりした)

あきやすい　akiyasui　飽きやすい　ضَجِرٌ　هُوَ ضَجِرٌ بِطَبْعِهِ :彼は飽きやすい性格だ

あきれすけん　akiresu-ken　アキレス腱　وَتَرُ عُرْقُوبٍ　قَطَعَ وَتَرَ عُرْقُوبِهِ
アキレス腱を切断した(切った)

あきれる　akireru　呆れる　دَهِشَ، دُهِشَ　يُدْهَشُ ※ دَهَشَ の受　عِنْدَمَا قَرَأْتُ رِسَالَتَهُ دُهِشْتُ
私は彼の手紙を読んで呆れた

あく　aku　開く　اِنْفَتَحَ < فتح VII　يَنْفَتِحُ الْبَابُ :扉が開く
2)開く　فُتِحَ، يُفْتَحُ ※ فَتَحَ の受　يُفْتَحُ الْمَسْرَحُ فِي السَّاعَةِ السَّادِسَةِ
劇場は6時に開きます

あく　aku　明く　فَتَحَ (a)　فَتَحَ الْكَلْبُ الصَّغِيرُ عَيْنَيْهِ :子犬の目が明いた

あく　aku　空く　ثُقِبَ ※ ثَقَبَ の受　ثُقِبَ إِطَارُ السَّيَّارَةِ
車のタイヤに穴が空いた
2)空く　فَرَغَ (u)／فَرِغَ (a)　تَفْرُغُ هٰذِهِ الْغُرْفَةُ :この部屋は空きます

あく　aku　悪　شَرٌّ　اَلْخَيْرُ وَالشَّرُّ :善と悪

あくしつな　akushitsu-na　悪質な　⇒ わるい　warui　2)悪い

あくしゅう　akushuu　悪臭　نَتَانَةٌ < نتن　نَتَانَةُ الْمَزْبَلَةِ تُفْسِدُ الْهَوَاءَ
糞の悪臭が空気をだめにしている

あくしゅする　akushu-suru　握手する　صَافَحَ < صفح III　صَافَحَ الْمُدَرِّسُ تَلَامِيذَهُ
先生は生徒達と握手をした

あくじ　akuji　悪事　شَرٌّ 複 شُرُورٌ　عَمِلَ شَرًّا :悪事を働いた

あくせさりー　akusesarii　アクセサリー　حُلِيٌّ / حَلْيٌ　حِلْيَةٌ 複 حُلِيٌّ/حِلًى　عِقْدُكِ حِلْيَةٌ رَائِعَةٌ
あなたの首飾りは素晴らしいアクセサリーだね

あくせる～あげる

あ

あくせる akuseru アクセル دَوَّاسَةُ الْوَقُودِ دَعَسَ عَلَى دَوَّاسَةِ الْوَقُودِ
アクセルを踏み込んだ

あくせんと akusento アクセント نَبْرَة 複 نَبَرَات :イントネーション
أَنْشَدَ الشِّعْرَ بِنَبْرَةٍ مُلَائِمَةٍ
その詩にふさわしいアクセント(抑揚)をつけて詠んだ

2)アクセント لَهْجَة 複 ـات "كَانْسَاي" لَهْجَة :関西のアクセント

あくとう akutou 悪党
あくにん aku-nin 悪人 شِرِّير (ـ) < شرّ 複 ـون ※ الشِّرِّير (ـ) :悪魔

2)悪党 悪人 شَرّ (ٌ) 複 أَشْرَار الْأَشْرَارُ تَنْتَظِرُهُمْ نَارُ جَهَنَّمَ
悪人(悪党)には地獄の炎が待っている

あくびをする akubi-wosuru 欠伸をする تَثَاءَبَ < ثأب VI تَثَاءَبَ الطِّفْلُ قَبْلَ النَّوْمِ
その子は眠る前に欠伸をした

あくま akuma 悪魔 شَيْطَان < شيطن 複 شَيَاطِين ※= الشِّرِّير
الشَّيْطَانُ يُغْرِي النَّاسَ بِالشَّرِّ :悪魔が人を悪事に唆す

あけがた akegata 明け方 ⇒ よあけ yoake 夜明け

あけても-くれても aketemo-kuretemo 明けても暮れても لَيْلَ نَهَارَ / لَيْلًا نَهَارًا بَكَتْ لَيْلَ نَهَارَ
彼女は明けても暮れても泣いていた

あける akeru 開ける فَتَحَ (a) اِفْتَحِ الْبَابَ :扉(ドア)を開けなさい

2)開ける ثَقَبَ (u) ※穴を كَيْفَ أَثْقُبُ الْحِزَامَ ؟
どうやってベルトに穴を開けようか

あける akeru 明ける اِنْتَهَى < نهو VIII يَنْتَهِي فَصْلُ الْأَمْطَارِ :梅雨(雨期)が明ける

あける akeru 空ける أَخْلَى < خلو IV يُخْلِي الْمَقْعَدَ :席を空ける

2)空ける أَفْسَحَ < فسح IV أَفْسِحُوا الطَّرِيقَ لِسَيَّارَةِ الْإِطْفَاءِ
消防車に道を空けなさい

あげた ageta 揚げた مَقْلِيّ < قلى سَمَك مَقْلِيّ : 魚の揚げたもの(フライ)

あげる ageru 上げる رَفَعَ (a) رَفَعَ وَجْهَهُ (يَدَهُ) :顔(手)を上げた
اِرْفَعْ أَجْرِي : 私の給料(賃金)を上げて下さい

2)上げる عَلَّى < علو II عَلَّى صَوْتَهُ :声を張り上げた

3)上げる زَادَ ، يَزِيدُ زَادَ السُّرْعَةَ :彼はスピードを上げた

4)上げる ضَرَبَ (i) اِضْرِبْ لَنَا مَثَلًا : 私たちにその例を上げてみなさい
يَضْرِبُ وَلَدَهُ :彼は子供に手を上げる

あげる ageru 挙げる أَقَامَ < قوم IV يُقِيمُ حَفْلَةَ الزَّوَاجِ
彼は結婚式を挙げる

あげる～あざける

あ

2)挙げる　رَفَعَ (a)　رَفَعَ يَدَهُ :彼は手を挙げた(挙手をした)

あげる　ageru　揚げる　قَلَى، يَقْلِي　قَلَى سَمَكًا بِالزَّيْتِ :魚を油で揚げた

あこがれの　akogare-no　憧れの　مُشْتَاق < شوق ※إِلَى～ :～に　اَلْبِنْتُ مُشْتَاقَةٌ إِلَى حَيَاةِ الْمَدِينَةِ
娘は都会の生活に憧れている

あこがれる　akogareru　憧れる　اِشْتَاقَ < شوق VIII إِلَى～ :～に　اِشْتَاقَ إِلَى الْحَيَاةِ فِي الْمَدِينَةِ
都会の生活に憧れた
※名 اِشْتِيَاق :憧れ　اَلِاشْتِيَاقُ إِلَى الْحُرِّيَّةِ
自由への憧れ

あご　ago　あご　فَكّ　複 فُكُوك 双 فَكَّانِ(主) فَكَّيْنِ(属対)
اَلْفَكُّ الْأَعْلَى (الْأَسْفَل) :上(下)あご

あごひげ　ago-hige　あご髭 ⇒ ひげ hige 3)ひげ/髭

あさ　asa　朝　صَبَاح < صبح　أَصْبَحَ الصَّبَاحُ :朝になった
فِي الصَّبَاحِ / صَبَاحًا :朝に

あさ　asa　麻　قُنَّب (ُ)　هٰذَا الثَّوْبُ مِنَ الْقُنَّبِ :この服は麻でできている

あさい　asai　浅い　ضَحْل　نَهْر ضَحْل :浅い川

2)浅い　خَفِيف < خفّ 複 أَخِفَّاء / أَخْفَاف　اَلْجُرْحُ خَفِيفٌ :傷は浅い

あさって　asatte　明後日　بَعْدَ غَدٍ　※副詞として ※＝明後日

あさねぼうする　asa・nebou-suru　朝寝坊する　اِسْتَيْقَظَ مُتَأَخِّرًا　※名 تَأْخِير فِي الِاسْتِيقَاظ :朝寝坊

あさはかな　asahaka-na　浅はかな　جَاهِل < جهل 複 جُهَّال / جُهَّل / جُهَلَاء
هٰؤُلَاءِ الرِّجَالُ جُهَّالٌ :これらの男達は浅はかだ

あさひ　asahi　朝日　اَلشَّمْسُ الْمُشْرِقَة　اَلشَّمْس فِي الصَّبَاحِ　سَتُشْرِقُ الشَّمْسُ :朝日が昇るだろう

あさましい　asamashii　浅ましい　خَسِيس < خسّ 複 أَخِسَّاء　دَافِعُهُ خَسِيسٌ :彼の動機は浅ましい

あさる　asaru　漁る　بَحَثَ (a)　بَحَثْتُ وَاشْتَرَيْتُ كُتُبًا كَثِيرَةً
私は沢山の本を買い漁った

あざ　aza　痣　كَدْمَة　複 كَدَمَات　أَصْبَحَ الْجُرْحُ كَدْمَةً
傷は痣になった

あざーん　azaan　アザーン　أَذَان < أذن　صَوْتُ الْأَذَانِ يَنْطَلِقُ دَاعِيًا إِلَى الصَّلَاةِ
アザーンの声が祈りと繁栄への道を呼びかける ! وَالْفَلَاحِ

あざけり　azakeri　嘲り　سُخْرِيَّة < سخر　أَقْبَلُ اللَّوْمَ ، وَلَا أَقْبَلُ السُّخْرِيَّةَ
批判は受け入れるが，嘲り(嘲笑)は許せない

あざける　azakeru　嘲る ⇒ばかにする baka-nisuru 馬鹿にする

あざむく～あす

あ

あざむく azamuku 欺く ⇒ だます damasu 騙す／いつわる itsuwaru 偽る

あざやかな azayaka-na 鮮やかな زَاهٍ ＜ زهو ※定 الزَّاهِي أَلْوَان زَاهِيَة :鮮やかな色
زَاهِي الأَلْوَان :色が鮮やかな/鮮やかな色の

あし ashi 足 سَاقٌ ＜ سوق 複 سِيقَان / سُوق سَاقَان(يْن) :両足(対属)
※膝から足首までの部分/脛 ※女性名詞

2)足 قَدَمٌ 複 أَقْدَام قَدَمَان(يْن) :両足(対属)
※靴を履く部分 ※女性名詞

3)足 رِجْل 複 أَرْجُل رِجْلَان (主) رِجْلَيْن (対属):両足
※つま先から太ももまでの足全体 ※女性名詞

あし ashi 葦 قَصَبٌ ※ قَصَبَة :1本の葦 صَنَعَ الْوَلَدُ مِنْ الْقَصَبَةِ نَايًا
少年は1本の葦からナーイ笛を作った

あしくび ashi-kubi 足首(رُسْغ (الْقَدَم 複 أَرْسُغ / أَرْسَاغ

2)足首 كَاحِل 複 كَوَاحِل الْتَوَى كَاحِلُهُ :足首を挫いた(捻挫した)

あしすたんと ashisutanto アシスタント ⇒ じょしゅ joshu 助手

あした ashita 明日 ⇒ あす asu 明日

あしどり ashidori 足取り خُطْوَة ＜ خطو 複 خُطُوَات/خُطًى سَرِيعُ الْخُطَى :軽快な足取り

あしのはやい ashi-nohayai 足の速い سَرِيع ＜ سرع رَاكِض سَرِيع :足の速い走者

あしのわるい ashi-nowarui 足の悪い أَعْرَج ＜ عرج 女 عَرْجَاء 複 عُرْج / عُرْجَان
أَعْجَبَتْنِي قِصَّةُ الرَّجُلِ الأَعْرَجِ
足の悪い男の話に感動しました

あしをあらう ashi-wo・arau 足を洗う غَسَلَ يَدَيْهِ غَسَلَ يَدَيْهِ مِنْ تِجَارَةِ الْمُخَدِّرَاتِ
彼は麻薬の商売から足を洗った

あじ aji 味 مَذَاق ＜ ذوق لِلسُّكَّرِ مَذَاقٌ حُلْوٌ :砂糖は甘い味がします

2)味 طَعْم 複 طُعُوم طَعْمُ الْمَأْكُولَاتِ :料理の味

あじあ ajia アジア آسِيَة / آسِيَا آسِيَا الصُّغْرَى :小アジア قَارَّةُ آسِيَا :アジア大陸
※ آسِيَوِيّ :アジアの/アジア人

あじけない ajike-nai 味気ない غَيْرُ مُشَوِّقٍ حَيَاةُ الْمُدُنِ غَيْرُ مُشَوِّقَةٍ :都会の生活は味気ない

あじみする ajimi-suru 味見する تَذَوَّقَ ＜ ذوق V أُمِّي تُرَاقِبُ الطَّعَامَ وَتَتَذَوَّقُهُ
母は料理をうかがいながら味見する

あじわう ajiwau 味わう ذَاقَ، يَذُوقُ لَمْ أَذُقْ مِثْلَهَا فِي حَيَاتِي
私は今までにそのようなものを味わったことがない

あす asu 明日 الْغَد ＜ غدو ※名詞 صَبَاحُ الْغَدِ :明日の朝
لَا يُفَكِّرُ فِي الْغَدِ :明日のことは考えない

あすぴりん～あたえられる

あ

2)明日 غَداً < غدو ※副詞 أَتَّصِلُ بِكَ غَداً :明日あなたに連絡します

あすぴりん asupirin アスピリン أَسْبِيرِين تُسْتَعْمَلُ الأَسْبِيرِينُ ضِدَّ الآلَامِ وَالْحُمَّيَاتِ
アスピリンは痛みや熱に(対して)用いられる

あすふぁると asufaruto アスファルト أَسْفَلْت رَصَفَ الشَّارِعَ بِالأَسْفَلْتِ
通りをアスファルトで舗装した

あすべすと asubesuto アスベスト حَرِير صَخْرِيّ

あずかる azukaru 預かる حَفِظَ (a) اِحْفَظْ هٰذِهِ الشَّنْطَةَ عِنْدَكَ
この鞄を預かって下さい

あずける azukeru 預ける أَوْدَعَ < ودع IV أَوْدَعْتُ الْمَالَ فِي الْبَنْكِ
私はお金を銀行に預けました

2)預ける وَضَعَ ، يَضَعُ وَضَعَتِ الأُمُّ طِفْلَهَا عِنْدَ الْحَاضِنَةِ
母親は子供を子守に預けた

あせ ase 汗 عَرَقٌ عَمِلَ بِعَرَقِ جَبِينِهِ :額に汗して働いた
اَلْعَرَقُ يَتَصَبَّبُ مِنْ جَبِينِهِ
汗が額から吹き出ている

あせり aseri 焦り عَجَلَة عَلَى عَجَلَةٍ :焦って بِلَا عَجَلَةٍ :焦らずに
يَكُونُ فِي عَجَلَةٍ :彼は焦っている

あせる aseru 焦る اِسْتَعْجَلَ < عجل X لِمَاذَا اسْتَعْجَلْتَ فِي الْكِتَابَةِ ؟
どうして書くのを焦った(焦って書いた)のですか

あせる aseru 褪せる بَهِتَ (a) لَيْتَنِي لَمْ أَغْسِلِ الْفُسْتَانَ ! لَقَدْ
ドレスを洗わなければよかった, بَهِتَ لَوْنُهُ
色が褪せてしまった

あせをかく ase-wokaku 汗をかく عَرِقَ (a) عَرِقَ مِنَ الْخَوْفِ :恐怖で汗をかいた

あそこ asoko あそこ
あそこに asoko-ni あそこに هُنَاكَ شَنْطَتُكَ هُنَاكَ :あなたの鞄はあそこにあります

あそび asobi 遊び لَعِبٌ 複 أَلْعَاب لَعِبُ الأَوْلَادِ :子供の遊び

あそびば asobi-ba 遊び場 مَلْعَبٌ < لعب 複 مَلَاعِبُ لَيْسَ الطَّرِيقُ مَلْعَباً
道路は遊び場ではない

あそぶ asobu 遊ぶ لَاعَبَ < لعب III لَاعَبَ الرَّجُلُ طِفْلَهُ
男は自分の子供と遊んだ

3)遊ぶ غَيْرُ مُسْتَخْدَمٍ الأَرْضُ غَيْرُ مُسْتَخْدَمَةٍ :その土地は遊んでいます

あたいする atai-suru 値する اِسْتَحَقَّ < حق X اِسْتَحَقَّ الضَّابِطُ وِسَاماً جَدِيداً
兵士(の行為)は新しい勲章に値した

あたえられる atae-rareru 与えられる أُتِيحَ < تيح IV受 لِـ～ أُتِيحَتْ لَهُ الْفُرْصَةُ
彼に～する機会が与えられた

あたえる〜あたりまえ

あ

あたえる　ataeru　与える　أَعْطَى ＜ عطى IV　لَا تُعْطِ الْحَيَوَانَاتِ طَعَامًا
動物に食べ物を与えない(やらない)で下さい

2)与える　أَتَاحَ ＜ تيح IV　أَتَاحَ لِـ.. فُرْصَةً لِـ〜
..に〜する機会を与えた

あたかも　atakamo　あたかも　كَـ..　يَدُهَا نَاعِمَةٌ كَالْحَرِيرِ
彼女の手はあたかも絹のように柔らかい

2)あたかも　مِثْلَ〜　لَمَعَ النُّجُومُ مِثْلَ حَجَرٍ كَرِيمٍ
星はあたかも宝石のように輝いた

あたたかい　atatakai　温かい
あたたかな　atataka-na　温かな　دَافِئٌ / دَافِئ ＜ دفئ / دفؤ　شُورْبَةٌ دَافِئَةٌ: 温かいスープ

あたたかい　atatakai　暖かい
あたたかな　atataka-na　暖かな　عَطُوف ＜ عطف　اَللّٰهُ عَطُوفٌ غَفُورٌ
神は温かく寛大であられる

あたたまる　atatamaru　暖まる　يَدْفَأُ ، دَفِئَ　تَدْفَأُ الْغُرْفَةُ: 部屋が暖まる

あたたまる　atatamaru　温まる　سَخُنَ (u) / سَخِنَ (a)　تَسْخُنُ الشُّورْبَةُ: スープが温まる

あたためる　atatameru　暖める　دَفَّأَ ＜ دفئ / دفؤ II　دَفَّأَتْ نَارُ الْمَوْقِدِ جِسْمَهُ
ストーブの火が彼の体を暖めた

あためる　atatameru　温める　سَخَّنَ ＜ سخن II　يُسَخِّنُ الشُّورْبَةَ: スープを温める

2)温める(عَلَى الْبَيْضِ)　رَقَدَ (u)　※卵を　رَقَدَ عَلَى الْبَيْضِ: 卵を温めた

あたま　atama　頭　رَأْس　複 رُؤُوس　ضَعْ قُبَّعَتَكَ عَلَى رَأْسِكَ
頭に帽子を被りなさい

※頭が良い ＝ 賢い　※頭に来る ＝ 怒る
※頭が堅い ＝ 頑固な　※頭を下げる ＝ 謝る

あたまきん　atama-kin　頭金　عُرْبُون / عُرْبُون ＜ عربن 複 عَرَابِين　أَوْصَى عَلَى السَّيَّارَةِ وَدَفَعَ عُرْبُونَهَا
車を注文して,その頭金を払った

あたらしい　atarashii　新しい　جَدِيد ＜ جدّ 複 جُدُد 比 أَجَدّ ※ ⇔ قَدِيم: 古い
هٰذَا ثَوْبٌ جَدِيدٌ: これは新しい服です

あたらしく-する　atarashiku-suru　新しくする　اِسْتَحْدَثَ ＜ حدث X　اِسْتَحْدَثَ الطَّبِيبُ وَسِيلَةً لِلْعِلَاجِ
医者は治療法を新しくした

2)新しくする　جَدَّدَ ＜ جدّ　جَدَّدَتِ الْإِدَارَةُ بَابَ الْمَدْرَسَةِ
当局は校門を新しくした

あたり　atari　辺り　ضَاحِيَة ＜ ضحو　فِي ضَاحِيَةِ ذٰلِكَ الْمَكَانِ: そのあたりに

あたりに　atari-ni　(〜の)辺りに　بِجِوَارِ〜　يَسْكُنُ بِجِوَارِ السُّوقِ: 彼は市場の辺りに住んでいる

あたりまえ　atarimae　当たり前　طَبِيعَة ＜ طبع　طَبِيعَةَ الْحَالِ: 当たり前ながら

あたりまえの〜あつさ

あ

あたりまえの　atarimae-no　当たり前の　طَبِيعِيّ < طبع　مِنَ الطَّبِيعِيِّ أَنْ يَتَغَيَّرَ لَوْنُهُ تَحْتَ الشَّمْسِ
太陽の下で色が変わるのは当たり前(当然)です

あたる　ataru　当たる　أَصَابَ ، يُصِيبُ < صوب IV　أَصَابَ الْحَجَرُ رَأْسَهُ :彼の頭に石が当たった

2)当たる　صَحَّ (i)　يَصِحُّ الْجَوَابُ :答えは当たっている(合っている)

3)当たる　نَالَ ، يَنَالُ　نَالَ جَزَاءً :罰が当たった

هَنِيئًا لِمَنْ يَنَالُ الْجَائِزَةَ الْأُولَى
一等賞に当っている方,おめでとうございます

4)当たる　دَفَّأَ < دفئ/دفؤ II　دَفَّأَ جِسْمَهُ بِالاقْتِرَابِ مِنَ النَّارِ
彼は火に当たった

あだな　ada・na　あだ名　لَقَب　"اَلدُّكْتُور" لَقَبٌ أُطْلِقَ عَلَيْهِ
ドクターは彼についたあだ名です

あちこち　achi-kochi　あちこち
あちこちに　achi-kochi-ni　あちこちに　هُنَا وَهُنَاكَ　بَحَثَ عَنْ ~ هُنَا وَهُنَاكَ :~をあちこち探した

あちら　achira　あちら
あちらに　achira-ni　あちらに　هُنَاكَ / هُنَالِكَ < هنا　هُنَاكَ (مِنْ) إِلَى :向こうへ(から),あちらへ(から)

あちらこちら　achira-kochira　あちらこちら ⇒ あちこち　achikochi　あちこち

あつい　atsui　厚い　سَمِيك < سمك　اَلْبُحَيْرَةُ مُغَطَّاةٌ بِجَلِيدٍ سَمِيكٍ
湖は厚い氷で被われている

あつい　atsui　暑い　حَارّ < حرّ　اَلْجَوُّ حَارٌّ جِدًّا :(天気は)とても暑い

あつい　atsui　熱い　سَاخِن < سخن　اَلْمَاءُ سَاخِنٌ :その水は熱い

あつかう　atsukau　扱う　عَامَلَ < عمل III　عَامَلَ الْآلَةَ بِعِنَايَةٍ
機械を注意深く扱った
※名 مُعَامَلَة :扱い　مُعَامَلَة قَاسِيَة :酷い扱い

あっかする　akka-suru　悪化する ⇒ わるくなる　waruku-naru　悪くなる

あつかましい　atsukamashi・i　厚かましい　وَقِح　تَصَرُّف وَقِح :厚かましい行い(行為)

あつく　atsuku　熱く　بِحَرَارَةٍ　تَصَافَحَ الرَّجُلَانِ بِحَرَارَةٍ
二人の男は熱く握手を交わした

あつくする　atsuku-suru　厚くする　كَثَّفَ < كثف II　كَثَّفَ مَلَابِسَهُ :服を厚く着た/厚着をした

あつくする　atsuku-suru　熱くする　سَخَّنَ < سخن II　سَخَّنَ الْمُهَنْدِسُ الْمَاءَ :技師は水を熱くした

あつくなる　atsuku・naru　熱くなる　حَمِيَ ، يَحْمَى　مَا حَمِيَتِ الشَّمْسُ حَتَّى تَلَاشَى الضَّبَابُ
霧が消えるとすぐに太陽は熱くなった

あつさ　atsusa　暑さ　حَرّ　حَرُّ الصَّيْفِ شَدِيدٌ فِي الصَّحْرَاءِ
砂漠の夏の暑さはひどい

あつさ　atsusa　厚さ ⇒ あつみ　atsumi　厚み

あっさりした　assari-shita　あっさりした　بَسِيط　< بسط　بَسِيطٌ　رَجُلٌ (طَعَامٌ) بَسِيطٌ :あっさりした男(料理)

あっている　atte-iru　合っている　صَحِيح　< صح　الْحِسَابُ صَحِيحٌ :計算は合っている

あっとうてきな　attou-teki・na　圧倒的な　سَاحِق　< سحق　الْأَكْثَرِيَّة السَّاحِقَة :圧倒的多数

الْفَوْز السَّاحِق :圧倒的勝利

あっぱくする　appaku-suru　圧迫する　⇒ おさえる　osaeru　押さえる

あつまり　atsumari　集まり　اِجْتِمَاع　< جمع 複 -ات　عَقَدَ الِاجْتِمَاعَ :集まりを持った

عُقِدَ الِاجْتِمَاعُ :集まり(集い)が持たれた(開かれた)

2)集まり　جَمْعِيَّة　< جمع 複 -ات　شَكَّلَ الْأُدَبَاءُ جَمْعِيَّةً أَدَبِيَّةً نَشِيطَةً

文学者達は活動が活発な文学者の集まりを作った

あつまる　atsumaru　集まる　تَجَمْهَرَ　< جمهر II　تَجَمْهَرَ النَّاسُ حَوْلَ اللَّاعِبِ

人々がその選手のまわりに集まった

2)集まる　اِجْتَمَعَ　< جمع VIII　اِجْتَمَعَ الْمُدِيرُ بِالْعُمَّالِ

社長は労働者と一緒に集まった

3)集まる　تَرَكَّزَ　< ركز V　～ عَلَى　تَرَكَّزَ اهْتِمَامُهُمْ عَلَى～

彼らの関心が～に集まった

あつみ　atsumi　厚み　سُمْك　سُمْكُ لَوْحَةِ الْخَشَبِ :木の板の厚み

あつめる　atsumeru　集める　جَمَعَ (a)　اِجْمَعِ الْمَعْلُومَاتِ :情報を集めなさい

※名 جَمْع 複 جُمُوع :集めること/収集

جَمْعُ الطَّوَابِعِ :切手を集めること/切手収集

2)集める　جَذَبَ (i)　جَذَبَ انْتِبَاهَ ～ :～の注目を集めた

あつりょく　atsuryoku　圧力　ضَغْط　複 ضُغُوط　ضَغْطٌ جَوِّيٌّ :大気圧　ضَغْطُ الدَّمِ :血圧

مَارَسَ ضَغْطًا عَلَى～ :～に圧力をかけた

يَنْدَفِعُ الْمَاءُ مِنَ الْبِئْرِ بِقُوَّةِ الضَّغْطِ الدَّاخِلِيِّ

内部の圧力で井戸から水があふれ出ている

あつりょく-をかける　atsuryoku-wokakeru　圧力をかける　ضَغَطَ (a)　ضَغَطَ عَلَى～ بِأَنْ .. :～に‥するよう圧力をかけた

あて　ate　(～)宛　بِاسْمِ ～　أَرْسَلَ الطَّرْدَ بِاسْمِ زَوْجَتِهِ :妻宛に小包を送った

あてさき　atesaki　宛先　عُنْوَان　< عنون 複 عَنَاوِينُ　عُنْوَانُ الرِّسَالَةِ :手紙の宛先

あてはまる　atehamaru　当てはまる　اِنْطَبَقَ　< طبق VII ～ عَلَى :～に　تَنْطَبِقُ هٰذِهِ الشُّرُوطُ عَلَيْهِ

この条件が彼に当てはまる

あてはめる　atehameru　当てはめる　طَبَّقَ　< طبق II　طَبَّقَ النَّظَرِيَّةَ عَلَى فِكْرَتِهِ

彼はその理論を自説に当てはめた

あてる～あなた

あ

あてる　ateru　当てる أَصَابَ ، يُصِيبُ < صوب IV　أَصَابَ عُصْفُورَيْنِ بِحَجَرٍ وَاحِدٍ
一個の石を二羽の鳥に当てた/一石二鳥 [格言]

2)当てる وَضَعَ ، يَضَعُ　وَضَعَ شَاشًا عَلَى الْجُرْحِ:傷口にガーゼを当てた

3)当てる فَازَ ، يَفُوزُ　~を:بِـ~　فَازَ بِالْجَائِزَةِ الْأُولَى:一等賞を当てた

あと　ato　(～の)後 بَعْدَ ～　بَعْدَ الظُّهْرِ:午後　بَعْدَ ذٰلِكَ:その後で/その後に

あと　ato　跡 أَثَرٌ　複 آثَار ※ آثَار:遺跡　عَثَرَ عَلَى الْآثَارِ:遺跡を発見した

2)跡 وَسْمٌ　複 وُسُومٌ　وَسْمُ جُرْحٍ قَدِيمٍ:古い傷跡/古傷

あとかたづけ　atokatazuke　後片づけ ⇒ かたづけ katazuke 片づけ

あとずさりする　atozusari-suru　後ずさりする نَفَرَ (u, i)　حَتَّى الْقِطَّةُ تَنْفُرُ مِنَ السَّمَكِ الْفَاسِدِ
腐った魚は猫ですら後ずさりする

あとつぎ　atotsugi　跡継ぎ
あととり　atotori　跡取り وَرِيثٌ < ورث 複 وُرَثَاءُ　اِبْنٌ وَرِيثٌ:跡取り息子

あとで　ato-de　後で لَاحِقًا < لحق　سَوْفَ تَعْرِفُ لَاحِقًا:後で分かりますよ

あともどりする　atomodori-suru　後戻りする عَادَ إِلَى الْوَرَاءِ　لَا يُمْكِنُ أَنْ أَعُودَ إِلَى الْوَرَاءِ الْآنَ
私はもう後戻り出来ません

あとりえ　atori·e　アトリエ مَشْغَلٌ < شغل 複 مَشَاغِلُ　يَقْضِي الرَّسَّامُ مُعْظَمَ وَقْتِهِ
画家はほとんどの時間をアトリエで過ごす فِي الْمَشْغَلِ

あどばいす　adobaisu　アドバイス ⇒ じょげん jogen 助言 /ちゅうこくする chuukoku-suru 忠告する 名

あな　a·na　穴 ثُغْرَةٌ　複 ثُغُورٌ ※地面の穴　فَتَحَتِ الْقُنْبُلَةُ ثُغْرَةً
一発の爆弾が地面に穴を開けた فِي الْأَرْضِ

2)穴 ثَقْبٌ / ثُقْبٌ　複 ثُقُوبٌ ※壁,布などの穴　ثُقْبُ الْإِبْرَةِ:針の穴

3)穴 حُفْرَةٌ　複 حُفَرٌ ※地面などに掘った縦穴
وَقَعَ فِي حُفْرَةٍ:穴に落ちた

あなーきすと　a·naakisuto　アナーキスト فَوْضَوِيٌّ < فوض ※ فَوْضَوِيَّةٌ:アナーキズム/無政府主義

あなうんさー　a·na·unsaa　アナウンサー مُذِيعٌ < ذيع　مُذِيعَةٌ:女性アナウンサー

あなた　a·nata　あなた(男貴男 女貴女)
男 أَنْتَ 女 أَنْتِ:あなたは　هَلْ أَنْتِ يَابَانِيَّةٌ ؟:貴女は日本人ですか
男 ـكَ--- 女 ـكِ---:あなたの　أَيْنَ كِتَابُكَ ؟ (ِ):貴男(貴女)の本はどこですか
男 ـكَ--- 女 ـكِ---:あなたを/あなたに　أُحِبُّكَ (ِ):貴男(貴女)を(が)好きです
لَا أُرِيدُ أَنْ أُعَطِّلَكَ أَكْثَرَ مِنْ هٰذَا
もうこれ以上貴男に迷惑を掛けたくない

あなたがた～あびる

あ

あなたがた　a・nata-gata　あなた方
あなたたち　a・nata-tachi　あなた達

男 أَنْتُمْ 女 أَنْتُنَّ :あなた方(がた)は/あなた達(たち)は　لِمَاذَا أَنْتُمْ هُنَا؟
どうして貴男達(あなたたち)はここにいるのですか

男 ---كُمْ 女 ---كُنَّ :あなた方(がた)の/あなた達(たち)の　هٰذِهِ مَدْرَسَتُكُمْ
これは貴男達(あなたたち)の学校(がっこう)です

男 ---كُمْ 女 ---كُنَّ :あなた方(がた)を/あなた達(たち)を　مَنْ ضَرَبَكُمْ؟
あなた方(がた)を/あなた達(たち)を　誰(だれ)が貴男達(あなたたち)を殴(なぐ)ったのですか

あなどる　a・nadoru　侮る　اِسْتَخَفَّ <خفّ X ب~: ~を　اَلنَّايُ آلَةٌ بَسِيطَةٌ، وَلٰكِنْ
ナーイ笛(ぶえ)は簡単(かんたん)だけど，侮(あなど)っては　لَا تَسْتَخِفَّ بِهَا
いけない

あに　a・ni　兄　أَخٌ <أخو 複 إِخْوَةٌ ※主 أَخُو 属 أَخِي 対 أَخَا
الْأَخُ الْأَكْبَرُ :一番上(いちばんうえ)の兄(あに)/長兄(ちょうけい)
أَخُو مُحَمَّدٍ :ムハンマドの兄(あに)は　أَخِي مُحَمَّدٍ :ムハンマドの兄(あに)の
أَخَا مُحَمَّدٍ :ムハンマドの兄(あに)を

あにめ　a・nime　アニメ
あにめ-しょん　a・nimeeshon　アニメーション　رُسُومٌ مُتَحَرِّكَةٌ　فِيلْمُ رُسُومٍ مُتَحَرِّكَةٍ :アニメ映画(えいが)

あね　a・ne　姉　أُخْتٌ <أخو 複 أَخَوَاتٌ　الْأُخْتُ الْكُبْرَى :一番上(いちばんうえ)の姉(あね)/長姉(ちょうし)
أُخْتُهُ الْكَبِيرَةُ :彼(かれ)の姉(あね)

あの　a・no　あの 男 ذٰلِكَ 女 تِلْكَ <ذو 複 أُولٰئِكَ　ذٰلِكَ الْقَلَمُ طَوِيلٌ :あの鉛筆(えんぴつ)は長(なが)い
تِلْكَ الطَّائِرَةُ جَمِيلَةٌ :あの飛行機(ひこうき)は美(うつく)しい
※複 أُولٰئِكَ は人(ひと)にだけ用(もち)いられ，人以外(ひといがい)には تِلْكَ を用(もち)いる
أُولٰئِكَ الطُّلَّابُ :あの学生達(がくせいたち)　تِلْكَ الْكُتُبُ :あれらの本(ほん)

あのよ　a・noyo　あの世 ⇒ らいせ　raise　来世

あばく　abaku　暴く　كَشَفَ (i)　كَشَفَ الْقِنَاعَ عَنِ الرَّجُلِ :その男(おとこ)の正体(しょうたい)を暴(あば)いた
2)暴く　اِنْتَهَكَ <نهك VIII　اِنْتَهَكَ حُرْمَةَ الْمَقْبَرَةِ :墓(はか)を暴(あば)いた

あばら　abara　あばら
あばらぼね　abara-bone　あばら骨 ⇒ ろっこつ　rokkotsu　肋骨

あばれる　abareru　暴れる　جَمَحَ (a)　جَمَحَ الْحِصَانُ فَجْأَةً :馬(うま)が急(きゅう)に暴(あば)れた

あぱーと　apaato　アパート　شُقَّةٌ 複 شُقَقٌ　شُقَّةٌ مَفْرُوشَةٌ :家具(かぐ)付きアパート
(´)

あひる　ahiru　家鴨　بَطٌّ　※ بَطَّةٌ :1羽(いちわ)の家鴨(あひる)　فَرْخُ الْبَطِّ الْبَشِعِ
醜(みにく)い家鴨(あひる)の子(こ)

あびる　abiru　浴びる　أَخَذَ، يَأْخُذُ　أَخَذَ دُوشًا :彼(かれ)はシャワーを浴(あ)びた
2)浴びる　تَعَرَّضَ <عرض V　تَعَرَّضَ لِانْتِقَادَاتٍ :彼(かれ)は非難(ひなん)を浴(あ)びた
تَعَرَّضَ لِلْأَشِعَّةِ :放射線(ほうしゃせん)を浴(あ)びた

あぴーる～あまり

あぴーる apiiru アピール نِدَاء ＜ندو 複 -ات ～ إِلَى～ :وَجَّهَ نِدَاءً ～にアピールをした

あふがにすたん ahuga・nisutan アフガニスタン أَفْغَانِسْتَان ※ أَفْغَانِيّ 複 أَفْغَانِيُّون :アフガニスタンの/アフガニスタン人

あふりか ahurika アフリカ أَفْرِيقَا / إِفْرِيقِيَا ※ إِفْرِيقِيّ 複 أَفْرِيقِيُّون :アフリカの/アフリカ人

اِسْتَعْبَدَ أَفْرِيقِيِّينَ :アフリカ人を奴隷にした

جَنُوب إِفْرِيقِيَا :南アフリカ

あふれる ahureru 溢れる يَفِيضُ ، فَاضَ فَاضَ النَّهْرُ :川の水が溢れた

あぶない abu・nai 危ない ⇒ きけんな kiken-na 危険な

あぶら abura 油 زَيْت 複 زُيُوت هٰذَا الزَّيْتُ مَصْنُوعٌ مِنْ زَيْتُونٍ

この油はオリーブから作られています

※関 زَيْتِيّ :油の رَسْم زَيْتِيّ :油絵

あぶら abura 脂 دَسَم يَطِيبُ الطَّعَامُ الْمَطْبُوخُ بِشَيْءٍ مِنَ الدَّسَمِ

脂で料理されると食べ物はおいしくなる

※形 دَسِم :脂の نُحِبُّ الطَّعَامَ الدَّسِمَ

私達は脂っ濃い料理が好きです

あへん ahen 阿片/アヘン أَفْيُون حَرْبُ الْأَفْيُونِ :アヘン戦争

あべこべ abekobe あべこべ عَكْس اِرْتَدَى الْحِذَاءَ بِالْعَكْسِ :靴をあべこべに履いた

あま ama 尼 رَاهِبَة 複 -ات لَمْ أَجِدْ الرَّاهِبَةَ فِي دَيْرِ الرَّاهِبَاتِ

尼寺にその尼さんはいませんでした

あまい amai 甘い حُلْو هٰذَا الشَّايُ حُلْوٌ :このお茶は甘い ※ حَلْوِيَات :甘い物

あまえる amaeru 甘える اِعْتَمَدَ ＜عمد VIII ～ عَلَى～ :～に اِعْتَمَدَ عَلَى أَبِيهِ

彼は父親に甘えている

あまちゅあ amachua アマチュア هَاوٍ ＜هوى 複 هُوَاة 女 هَاوِيَة 複 -ات ※定 اَلْهَاوِي

هُوَ كَانَ عَازِفًا هَاوِيًا، ثُمَّ صَارَ مُحْتَرِفًا

彼はアマチュアの演奏家だったがプロになった

あまどい ama-doi 雨樋 مِيزَاب ＜وزب 複 مَيَازِيب غَصَّ الْمِيزَابُ بِمَاءِ الْمَطَرِ

雨樋の雨水が溢れた

あまのがわ ama-nogawa 天の川 دَرْبُ التَّبَّانَةِ ※ = 銀河

あまみ amami 甘み حَلَاوَة ＜حلو هٰذَا الشَّايُ زَائِدُ الْحَلَاوَةِ

このお茶は甘みが多い

あまみず amamizu 雨水 مَاءُ الْمَطَرِ تَمْتَصُّ الْأَرْضُ مَاءَ الْمَطَرِ :大地が雨水を吸う

あまやかす amayakasu 甘やかす دَلَّلَ ＜دلّ II دَلَّلَ ابْنَهُ :息子を甘やかした

あまり amari 余り بَقِيَّة ＜بقي 複 بَقَايَا ※=残り بَقَايَا الطَّعَامِ :食べ物の残り/残飯

あ

2)余り　بَاقِي الْقِسْمِ　※割り算の余り

あまりに　amari-ni　余りに　جِدًّا　اَلسِّعْرُ رَخِيصٌ جِدًّا : その値段は余りに安い(安すぎる)

2)余りに　كَثِيرًا　تَضَعُ سُكَّرًا كَثِيرًا فِي الْقَهْوَةِ

あなたはコーヒーに砂糖を余りに(沢山)入れすぎる

あまりに　amari-ni　(～の)あまりに ～ مِنْ شِدَّةِ　بَكَى مِنْ شِدَّةِ الْفَرَحِ

嬉しさのあまりに泣き出した

あまる　amaru　余る يَبْقَى، بَقِيَ　بَقِيَ جُزْءٌ مِنَ الْمِيزَانِيَّةِ : 予算が余った

2)余る　لَا يُمْكِنُ　※手に余る/できない　هٰذَا لَا يُمْكِنُ

これは手に余ります(できません)

あみ　ami　網　شَبَكَة　複 شِبَاك /شَبَك　شَبَكَةٌ مَعْدِنِيَّةٌ : 金網

يَسْتَعْمِلُ الصَّيَّادُ شِبَاكًا : 漁師は網を使う

あみもの　ami-mo・no　編み物　حِيَاكَة ＜ حوك　اَلْحِيَاكَةُ صَارَتْ فِي مُعْظَمِهَا آلِيَّةً

編み物はほとんど機械編みになった

あむ　amu　編む　حَاكَ (u)　حَاكَتْ خَطِيبَتِي لِي كَنْزَةً

婚約者が私にセーターを編んでくれた

2)編む　ضَفَرَ (i)　تُرْسِلُ شَعْرَهَا عَلَى ظَهْرِهَا حِينًا، وَحِينًا

彼女は髪を背中に垂らしたり,また編んだりします　تَضْفِرُهُ

あめ　ame　雨　مَطَرٌ　複 أَمْطَار　رُفِعَ (هَطَلَ) الْمَطَرُ : 雨が上がった(降った)

あめ　ame　飴 سُكَّرِيَّات/ مُسَكَّرَات ＜ سكر ※ اَلْحَلْوَى وَالسَّوْطُ : 飴とムチ

あめりか　amerika　アメリカ أَمْرِيكَا/ أَمِيرِكَا　أَمِيرِكَا اللَّاتِينِيَّةُ : ラテン・アメリカ/南米

※ أَمْرِيكِيّ/ أَمِيرِكِيّ 複 ون : アメリカの/アメリカ人

اَلْوِلَايَاتُ الْمُتَّحِدَةُ الْأَمْرِيكِيَّةُ : アメリカ合衆国

あめをふらす　ame-wohurasu　雨を降らす　أَمْطَرَ ＜ مطر IV　أَمْطَرَتِ السَّمَاءُ مَطَرًا كَثِيرًا

(空から)雨がたくさん降ってきた

あやうく　aya・uku　危うく～する كَادَ، يَكَادُ　※後ろに動詞の未完了形または أَنْ を伴う

كَادَ يَمُوتُ جُوعًا : 彼は危うく飢え死にするところだった

あやしい　ayashii　怪しい　مَشْبُوه ＜ شبه　مَشْبُوهُ الْمَنْظَرِ : 風貌の怪しい

あやしむ　ayashimu　怪しむ　شَكَّ (u)　～فِي : ～を　شَكَكْتُ فِي نِيَّتِهِ : 私は彼の意図を怪しんだ

あやす　ayasu　あやす　دَاعَبَ ＜ دعب III　دَاعَبَتْ طِفْلَهَا : 彼女は子供をあやした

あやつる　ayatsuru　操る　حَرَّكَ ＜ حرك II　حَرَّكَ الدُّمْيَةَ بِالْيَدِ : 人形を手で操った

あやふやな　ayahuya-na　あやふやな ⇒ あいまいな　aimai-na　曖昧な

あやまち～あらためる

あやまち　ayamachi　過ち ⇒ まちがい machigai 間違い

あやまった　ayamatta　誤った　خَاطِئ　< خطأ　مَعْلُومَات خَاطِئَة :誤った情報

あやまって　ayamatte　誤って　بِالْخَطَأِ / خَطَأً < خطأ　وَقَعَ مِنَ الشَّجَرَةِ خَطَأً
誤って木から落ちた

あやまり　ayamari　誤り ⇒ まちがい machigai 間違い

あやまる　ayamaru　謝る　اِعْتَذَرَ　< عذر VIII　أَعْتَذِرُ عَنِ التَّأْخِيرِ
遅れたことを謝ります/遅れてすみません

あやまる　ayamaru　誤る　ضَلَّ (i)　ضَلَّ عَنِ الطَّرِيقِ :道を誤った(間違えた)

2)誤る　أَخْطَأَ، يُخْطِئُ < خطأ IV　أَلَمْ تُخْطِئْ فِي جَمْعِ هٰذِهِ الْأَعْدَادِ؟
これらの数の足し算を誤ってませんか

あゆみ　ayumi　歩み　خُطْوَة　複 خُطُوَات　خَطَا خُطْوَةً :歩みを進めた ※ ⇒ 一歩

あゆむ　ayumu　歩む ⇒ あるく aruku 歩く

あらい　arai　荒い　هَائِج　< هيج　كَانَتِ الْأَمْوَاجُ هَائِجَةً :波が荒かった

2)荒い　شَدِيد　< شد　طِبَاعُ الْحِصَانِ شَدِيدَةٌ :その馬の気性は荒い

あらい　arai　粗い　خَشِن　بَاتَ حَجَرُ الرُّخَامِ خَشِنًا كَالْمِبْرَدِ
大理石はヤスリのように粗く(ざらざらに)なった

あらう　arau　洗う　غَسَلَ (i)　اِغْسِلْ يَدَيْكَ قَبْلَ أَنْ تَأْكُلَ
食べる前に手を洗いなさい
لَا تَغْسِلْ مَلَابِسًا هُنَا :ここで服を洗ってはいけません

あらかじめ　arakajime　予め　مُقَدَّمًا　< قدم　اِشْتَرَى التَّذَاكِرَ مُقَدَّمًا
予めチケットを買った

あらし　arashi　嵐　عَاصِفَة　< عصف 複 عَوَاصِف　هَبَّتِ الْعَاصِفَةُ :嵐になった

あらす　arasu　荒らす　دَمَّرَ　< دمر II　تُدَمِّرُ الْحَرْبُ الْبَلَدَ :戦争は国土を荒らす

あらすじ　arasuji　粗すじ　مُخْتَصَر　< خصر　مُخْتَصَرُ الْقِصَّةِ :話(物語)の粗すじ(あらまし)

あらそい　arasoi　争い　تَنَازُع　< نزع　أَكْرَهُ التَّنَازُعَ :私は争い(事)が嫌いです

2)争い　خِلَاف　< خلف 複 -ات　بَيْنَ الْجَارَيْنِ خِلَافٌ عَلَى الْحُدُودِ
二人の隣人の間に境界について争いがある

あらそう　arasou　争う　تَنَازَعَ　< نزع VI　تَنَازَعَ الْإِخْوَةُ عَلَى الْإِرْثِ
兄弟は遺産を争った

あらたな　arata-na　新たな ⇒ あたらしい atarashii 新しい

あらたまる　aratamaru　改まる　تَبَدَّلَ　< بدل V　تَبَدَّلَتْ حَالُهُ وَصَارَ يُحِبُّ الدَّرْسَ
彼は態度が改まって,勉強を好むようになった

あらためる　aratameru　改める　أَصْلَحَ　< صلح III　أَصْلَحَ الْقَوَانِينَ :法律を改めた

يُحَاوِلُ الْمُعَلِّمُ أَنْ يُصْلِحَ أَخْلَاقَ تَلَامِيذِهِ

教師は生徒達の行いを改めようとしています

あ

あらびあ　arabia　アラビア
あらぶ　arabu　アラブ　عَرَبٌ　مَوْطِنُ الْعَرَبِ الْأَصْلِيِّ هُوَ الْجَزِيرَةُ الْعَرَبِيَّةُ

アラブの起源はアラビア半島です

※関 عَرَبِيٌّ 複 ـون:アラブの，アラビアの/アラブ人

جَامِعَةُ الدُّوَلِ الْعَرَبِيَّةِ / اَلْجَامِعَةُ الْعَرَبِيَّةُ

アラブ連盟

あらまし　aramashi　あらまし ⇒ あらすじ　arasuji　粗すじ

あらわす　arawasu　表す　عَبَّرَ　< عبر II ～ عَنْ:～を　عَنْ مَاذَا تُعَبِّرُ هٰذِهِ الْقَصِيدَةُ ؟

この詩は何を表してますか

2)表す　أَظْهَرَ　< ظهر IV　أَظْهَرَ امْتِنَانَهُ لَهُمْ

感謝の気持を彼らに表した

あらわす　arawasu　著す　أَلَّفَ　< ألف II　أَلَّفَ الْقَامُوسَ:彼はその辞書を著した

あらわれる　arawareru　現れる　ظَهَرَ (a)　يَظْهَرُ عَلَى الْمَسْرَحِ:舞台に現れる(出る)

※現れる:今まで見えなかったものが見える

2)現れる　حَضَرَ (u)　عِنْدَمَا حَضَرَ الْقَزَمُ ‥:そのこびとが現れた時‥

あらわれる　arawareru　表れる　ظَهَرَ (a)　ظَهَرَتْ أَمَارَاتُ الْحُزْنِ عَلَى وَجْهِهِ

彼の顔に悲しみの表情が表れた

あり　ari　蟻　نَمْلٌ　複 نِمَال ※ نَمْلَةٌ:1匹の蟻　نَمْلٌ أَبْيَضُ:シロアリ

ありうる　ari・uru　あり得る　مُحْتَمَلٌ　< حمل　اَلْغُيُومُ كَثِيفَةٌ وَهُطُولُ الْمَطَرِ مُحْتَمَلٌ

雲が厚いから降雨もあり得る

ありがとう　arigatou　有り難う　أَشْكُرُكَ / شُكْرًا (ـَ)　< شكر　(جَزِيلًا) جِدًّا شُكْرًا:どうも有り難う

ありばい　aribai　アリバイ　حُجَّةُ غِيَابٍ　عِنْدَهُ حُجَّةُ غِيَابٍ:彼にはアリバイがある

ありふれた　arihureta　有りふれた　عَادِيٌّ　شَيْءٌ عَادِيٌّ:有りふれた物

ある　aru　有る/在る　يُوجَدُ　< وجد ※受未 女 تُوجَدُ　※動詞

هَلْ تُوجَدُ سَيَّارَةٌ هُنَاكَ ؟:そこに車が有りますか

2)有る/在る　مَوْجُودٌ　< وجد 女 مَوْجُودَةٌ　※形容詞

كُلُّ الْأَشْيَاءِ مَوْجُودَةٌ:全ての物が有ります

3)有る/在る　وَقَعَ ، يَقَعُ　تَقَعُ الْمَدْرَسَةُ فِي مَرْكَزِ الْمَدِينَةِ

学校は街の中心部に在ります

4)(～が)有る/在る　عِنْدَ　※前置詞　هَلْ عِنْدَكُمْ غُرْفَةٌ ؟:部屋がありますか

ある　aru　ある/或る　ذَات　< ذو　ذَاتَ يَوْمٍ:ある日　ذَاتَ صَبَاحٍ:ある朝

ある～あれらは

あ

ある時(とき): فِي ذَاتِ مَرَّةٍ / ذَاتَ مَرَّةٍ

ある　aru　(～の)ある　男 ذُو　女 ذَات　حَيَوَان ذُو أَرْبَعِ أَرْجُلٍ: 4本足(よんほんあし)の(ある)動物(どうぶつ)(単)

حَيَوَانَات ذَاتُ رِجْلَيْنِ: 2本足(にほんあし)の(ある)動物(どうぶつ)(複)

ある　aru　(・・は～したことが)ある～ سَبَقَ لِـ.. أَنْ ~　لَا يَسْبِقُ لَهُمْ أَنْ شَاهَدُوا مَوْزًا

彼(かれ)らはまだバナナを見(み)たことがない

あるいは　aruiwa　あるいは/或いは　أَمْ　※疑問文(ぎもんぶん)にて　أَيُّهُمَا أَبْعَدُ الْقَاهِرَةُ أَمْ بَغْدَادُ؟

カイロあるいはバクダッドのどちらが遠(とお)いですか

2)あるいは/或いは　أَوْ　سَيَحْضُرُ مَعِي مُحَمَّدٌ أَوْ أَحْمَدُ

ムハンマドあるいは(か)アフメドが私(わたし)と一緒(いっしょ)に行(ゆ)くだろう

あるかり　arukari　アルカリ قِلْوٌ/قِلَى　※形 قِلْوِيّ: アルカリの　بَطَّارِيَّة قِلْوِيَّة: アルカリ電池(でんち)

あるがままの　arugamama-no　あるがままの　طَبِيعِيّ < طبع　كُنْ طَبِيعِيًّا، لَا تَتَصَنَّعْ

あるがままでいなさい,作(つく)ってはいけません

あるき　aruki　歩き　سَيْر　سَيْرًا عَلَى الْأَقْدَامِ: 歩(ある)きで/徒歩(とほ)で

あるく　aruku　歩く　يَمْشِي، مَشَى　يَمْشِي عَلَى قَدَمَيْهِ: 歩(ある)いている　مَاشِيًا: 歩(ある)いて/徒歩(とほ)で

2)歩く　أَتَى رَاجِلًا　※歩(ある)いてやって来(く)る

あるこーる　arukooru　アルコール　كُحُول < كحل　كُلُّ مَشْرُوبٍ مُسْكِرٍ يَتَضَمَّنُ كُحُولًا

酔(よ)わせる飲(の)み物(もの)には全(すべ)てアルコールが入(はい)っている

あるじぇりあ　arujeria　アルジェリア　اَلْجَزَائِر < جزر　اَلْجُمْهُورِيَّةُ الْجَزَائِرِيَّةُ

اَلدِّيمُوقْرَاطِيَّةُ الشَّعْبِيَّةُ　アルジェリア人民(じんみん)

民主(みんしゅ)共(きょう)和国(わこく)

あるぜんちん　aruzentin　アルゼンチン　اَلْأَرْجَنْتِين　※ أَرْجَنْتِينِيّ: アルゼンチンの/アルゼンチン人(じん)

あるばいと　arubaito　アルバイト　عَمَلٌ مُؤَقَّتٌ　複 أَعْمَال مُؤَقَّتَة　※ مُؤَقَّت < وقت: 一時的(いちじてき)な

あるばむ　arubamu　アルバム　أَلْبُوم　أَلْبُوم التَّخَرُّجِ: 卒業(そつぎょう)アルバム

あるふぁべっと　arufabetto　アルファベット　أَلِفْبَاء / حُرُوف الْهِجَاء

あるみ　arumi　アルミ

あるみにうむ　arumi・niumu　アルミニウム　أَلُومِنْيُوم　حَلْقَةٌ مِنَ الْأَلُومِنْيُومِ: アルミの輪(わ)(リング)

あれた　areta　荒れた

あれはてた　are-hateta　荒れ果てた　يَبَاب < يبّ　مَنْزِلٌ خَرَابٌ يَبَابٌ: 荒(あ)れ果(は)てた住居(じゅうきょ)

あれは　are-wa　あれは　男 ذَلِكَ　女 تِلْكَ < ذا　تِلْكَ طَائِرَةٌ: あれは飛行機(ひこうき)です

あれらは　arera-wa　あれらは　أُولَائِكَ < ذا　※人(ひと)の複数形(ふくすうけい)　أُولَائِكَ رِجَالٌ مِنَ الْكُوَيْتِ

あれらは(あれは)クウェートの男達(おとこたち)です

2)あれらは　تِلْكَ　※物(もの)の複数形(ふくすうけい)　تِلْكَ فِرَاخٌ جَدِيدَةٌ

あれらは新(あたら)しい雛(ひな)です

あれらの～あんさつする

あ

あれらの　arera-no　あれらの　أُولَائِكَ　※人の複数形　أُولَائِكَ الرِّجَالُ:あれらの(あの)男達

2)あれらの　تِلْكَ　※物の複数形　تِلْكَ الْكُتُبُ:あれらの本

あれる　areru　荒れる　خَرِبَ (a)　خَرِبَتْ حَدِيقَةُ الْبَيْتِ:家の庭が荒れた

2)荒れる　اِضْطَرَبَ < ضرب Ⅷ　اِضْطَرَبَ الْبَحْرُ بَعْدَ هُدُوءٍ
海はないだ後,荒れた(時化た)

あれるぎー　arerugii　アレルギー　حَسَّاسِيَّة　الْحَسَّاسِيَّةُ تُزْعِجُنِي:私はアレルギーに悩んでいます

あわ　awa　泡　رَغْوَة (رُ)　複 رَغَاوٍ/رُغًى　جُهُودُهُ ضَاعَتْ كَالرَّغَاوِي
彼の努力は泡になった

あわがたつ　awa-gatatsu　泡が立つ　يَرْغُو، رَغَا　هٰذَا الصَّابُونُ يَرْغُو بِسُهُولَةٍ
この石鹸は良く泡が立つ

あわせる　awaseru　合わせる　ضَبَطَ (u)　ضَبَطَ السَّاعَةَ:時計を合わせた

2)合わせる　تَعَاوَنَ < عون V　تَعَاوَنَ الطُّلَّابُ:生徒達は力を合わせた
(協力した)

3)合わせる　يَضُمُّ، ضَمَّ　※手を　ضَمَّ يَدَيْهِ:手を合わせた

あわてて　awatete　慌てて　عَلَى عَجَلٍ / عَلَى عَجَلَةٍ　بِلَا عَجَلَةٍ:慌てずに

あわてる　awateru　慌てる　اِرْتَبَكَ < ربك Ⅷ　لِمَاذَا ارْتَبَكَ الرَّجُلُ؟
なぜ男は慌てたのですか

あわれな　aware-na　哀れな　مِسْكِين < مسكن 複 مَسَاكِين / ون
النَّاسُ الْمَسَاكِينُ:哀れな(かわいそうな)人々

あわれむ　awaremu　哀れむ　شَفِقَ (a)　～を:عَلَى～　شَفِقَ عَلَى الْفُقَرَاءِ:貧しい人を哀れんだ

あんいな　an・i-na　安易な　⇒ やさしい　yasashii　易しい

あんきする　anki-suru　暗記する(عَنْ ظَهْرِ قَلْبٍ) حَفِظَ (a)　حَفِظَ الْجُمْلَةَ عَنْ ظَهْرِ قَلْبٍ
文章を暗記した

あんけーと　ankeeto　アンケート　اِسْتِفْتَاء < فتو　وَرَقَةُ اسْتِفْتَاءٍ:アンケート用紙

あんこーるする　ankooru-suru　アンコールする　اِسْتَعَادَ < عود X　غَنَّتِ الْمُطْرِبَةُ فَاسْتَعَادَهَا الْجُمْهُورُ مِرَارًا
女性歌手が歌うと皆は何度もアンコールをした

あんこく　ankoku　暗黒　ظَلَام < ظلم　غَابَتِ الشَّمْسُ، وَحَلَّ عَلَى الْأَرْضِ ظَلَامٌ
太陽が姿を消すと大地に暗黒が到来した

あんごう　angou　暗号　رُمُوز　※رَمْزٌ の複　حَلَّ رُمُوزَ الشِّفْرَةِ:暗号を解読した

あんさつする　ansatsu-suru　暗殺する　اِغْتَالَ < غول Ⅷ　أُغْتِيلَ "تْرُوتْسْكِي" فِي الْمَكْسِيكِ
トロツキーはメキシコで暗殺された
※名 اِغْتِيَال:暗殺 ※ مُغْتَال:暗殺者

あんしょう～あんないする

あ

あんしょう　anshou　暗礁　شِعَاب صَخْرِيَّة　　جَنَحَتِ السَّفِينَةُ عَلَى الشِّعَابِ الصَّخْرِيَّةِ
船が暗礁に乗り上げた

あんしょうする　anshou-suru　暗唱する　حَمَلَ (i)　　حَمَلَ الْقُرْآنَ :コーランを暗唱した

あんしん-させる　anshin-saseru　安心させる　يُطَمْئِنُ ، طَمْأَنَ　　عَلَى ~ :~を　يُرِيدُ أَنْ يُطَمْئِنَ عَلَيْكَ
彼はあなたを安心させたいのです

あんしんして　anshin-shite　安心して　مُطْمَئِنٌّ　< طمأن　　أَنَا مُطْمَئِنُّ الْبَالِ :私は安心しています

あんしんする　anshin-suru　安心する　يَطْمَئِنُّ ، اِطْمَأَنَّ　< طمأن IV　　اِطْمَأْنَنْتُ بَعْدَ أَنْ
سَمِعْتُ هٰذَا　私はそれを聞いて安心した

あんじする　anji-suru　暗示する　لَمَّحَ　< لمح II　　لَمَّحَ إِلَى حَاجَتِهِ فِي كَلَامِهِ
彼は言葉で必要な物を暗示した
※名 تَلْمِيح 複 تَلَامِيح :暗示　تَلْمِيحًا :暗示で

あんじる　anjiru　案じる
あんずる　anzuru　案ずる　⇒ しんぱいする shinpai-suru 心配する

あんず　anzu　アンズ/杏子　مِشْمِش　　※ مِشْمِشَة :1個のアンズの実, 1本のアンズの木
عَصِير مِشْمِش :アンズのジュース

あんせい　ansei　安静　رَاحَة　< روح 複 ـات　　رَاحَة تَامَّة :絶対安静

あんせい　anzen　安全　أَمْن　　الْأَمْنُ الْعَامّ :公共の安全

2)安全　سَلَامَة　< سلم　　سَلَامَةُ الدَّوْلَةِ :国家の安全

あんぜんな　anzen-na　安全な　آمِن　< أمن　　هٰذَا الْبَلَدُ آمِنٌ :この国は安全(平和)です

あんぜんに　anzen-ni　安全に　فِي أَمَانٍ　　هُوَ عَبَرَ الْحُدُودَ فِي أَمَانٍ :彼は安全に国境を越えた

あんていさせる　antei-saseru　安定させる　ثَبَّتَ　< ثبت II　　تُرِيدُ الْحُكُومَةُ أَنْ تُثَبِّتَ الْأَسْعَارَ
政府は物価を安定させたがっている

あんていした　antei-shita　安定した　ثَابِت　< ثبت　　قِفْ عَلَى حَجَرٍ ثَابِتٍ
安定した岩の上に立ちなさい

あんていする　antei-suru　安定する　ثَبَتَ (u)　　هٰذِهِ السَّفِينَةُ ثَبَتَتْ أَمَامَ الْأَمْوَاجِ
この船はその波でも安定していた
※名 ثَبَات :安定　ثَبَاتُ الْأَسْعَارِ :物価の安定

あんてな　ante･na　アンテナ　هَوَائِيّ　< هوى

あんないしょ　an･nai-sho　案内書　دَلِيل　< دلّ 複 أَدِلَّة　　دَلِيل سِيَاحِيّ :観光案内書(ｶﾞｲﾄﾞﾌﾞｯｸ)

あんないしょ　an･nai-sho　案内所
あんないじょ　an･nai-jo　案内所　مَكْتَبُ الْاِسْتِعْلَامَاتِ

あんないする　an･nai-suru　案内する　أَرْشَدَ　< رشد IV　إِلَى ~ :~へ　أُرْشِدُ إِلَى الْمَكَانِ
私がそこへ(まで)ご案内します

あんないにん〜あんらくし

あ

案内窓口(あんないまどぐち): شُبَّاك لِلْإرْشَادَات　案内(あんない): إرْشَاد 名 -ات 複※

2)案内する　دَلَّ (u)　~ عَلَى/ إلَى :~へ　دُلَّنِي عَلَى الْمَكْتَبِ مِنْ فَضْلِكَ

(私(わたし)を)事務所(じむしょ)まで案内(あんない)してくれませんか

あんないにん　an・nai-nin　案内人　مُرْشِد < رشد　مُرْشِد سِيَاحِيّ :観光案内人(かんこうあんないにん)

مُرْشِد السَّفِينَةِ :水先案内人(みずさきあんないにん)/パイロット

あんぱいあ　anpai・a　アンパイア ⇒ しんぱんいん　shinpan-in　審判員

あんまん　anman　アンマン　عَمَّان　عَاصِمَة الْمَمْلَكَة الْأُرْدُنِيَّة الْهَاشِمِيَّة =※

ヨルダン・ハシェミット王国(おうこく)の首都(しゅと)

あんもにあ　anmo・nia　アンモニア نُشَادِر/نُوشَادِر　غَازُ النُّشَادِرِ سَامٌّ :アンモニアガスは有毒(ゆうどく)です

あんらくいす　anraku-isu　安楽椅子 مَقْعَد مُرِيح

あんらくし　anraku-shi　安楽死 تَسْهِيل الْمَوْت

い～いいん

ي　い　イ　【i】

い

い　i　胃　مَعِدَة　複 مَعِد　قَرْحَةُ الْمَعِدَةِ :胃潰瘍

أَشْعُرُ بِأَلَمٍ فِي الْمَعِدَةِ :私は胃が痛いです

いーめーる　iimeeru　Eメール　إِيمِيل / إِيمَيْل / بَرِيد إِلِكْتُرُونِي

※ عُنْوَان إِيمَيْل :メールアドレス/メールアド

いーゆー　iiyuu　EU　الاِتِّحَاد الأُورُوبِّي　※=欧州連合

いい　i・i　良い ⇒ よい yoi 良い

いいえ　i・ie　いいえ　لاَ　هَلْ فَهِمْتَ؟ :分かりましたか

لاَ أَفْهَمُ :いいえ,分かりません

いいかえ　i・i-kae　言い換え　تَعْبِير آخَر　بِتَعْبِيرٍ آخَرَ :言い換えれば/言い換えると

いいかえす　i・i-kaesu　言い返す　رَدَّ (u)　رَدَّ عَلَى كَلاَمِ صَاحِبِهِ :彼は友人に言い返した

いいかえる　i・i-kaeru　言い換える　قَالَ بِكَلاَمٍ آخَرَ ※ بِعِبَارَةٍ أُخْرَى :言い換えれば/言い換えると

いいかげん　i・i-kagen　いい加減　غَيْر مَعْقُولٍ　حَدِيث غَيْر مَعْقُولٍ :いい加減な話

いいかた　i・i-kata　言い方　طَرِيقَة كَلاَم　طَرِيقَةُ الْكَلاَمِ سَيِّئَةٌ :言い方が悪い

いいすぎ　i・i-sugi　言いすぎ　مُبَالَغَة فِي الْقَوْلِ　لاَ مُبَالَغَةَ فِي الْقَوْلِ :言い過ぎではない

いいそびれる　i・i-sobireru　言いそびれる　تَرَدَّدَ فِي الْكَلاَمِ ＜ ردّ V

いいつける　i・i-tsukeru　言いつける　أَخْبَرَ ＜ خبر IV　أَخْبَرَ الْمُدَرِّسَ بِخَطَإِ زَمِيلِهِ

彼はクラスメートの間違いを先生に言いつけた

いいつたえる　i・i-tsutaeru　言い伝える　نَقَلَ (u)　نَقَلَ الأُسْطُورَةَ إِلَى الأَجْيَالِ الْقَادِمَةِ

後世にその伝説を言い伝えた

いいなづけ　i・i・nazuke　許嫁 ⇒ こんやくしゃ kon・yaku-sha 婚約者

いいなり　i・i-nari　言いなり　طَوْع يَدِهِ　هُوَ طَوْعُ يَدِهَا :彼は彼女の言いなりです

いいはる　i・i-haru　言い張る　أَصَرَّ ＜ صرّ IV　أَصَرَّ عَلَى رَأْيِهِ :彼は自分の意見を言い張った

いいふらす　i・i-hurasu　言いふらす　أَفْشَى ＜ فشى IV　اِطْمَئِنِّي! لَنْ أُفْشِيَ سِرَّكِ

安心しなさい!私は貴女の秘密を言いふらしたりしないから

いいよる　i・i-yoru　言い寄る ⇒ くどく kudoku 口説く

いいわけ　i・i-wake　言い訳　حُجَّة　複 حُجَج　هٰذِهِ حُجَّةٌ مُقْنِعَةٌ :それは良い言い訳だ

اِخْتَلَقَ حُجَّةً :言い訳をした

いいん　i・in　委員　عُضْو لَجْنَةٍ　複 أَعْضَاء　رَئِيسُ أَعْضَاءِ اللَّجْنَةِ :委員長

いいんかい〜いか

い

いいんかい　i・in-kai　委員会　لَجْنَة　複 لِجَان　لَجْنَة التَّحْقِيق：調査委員会
لَجْنَة تَنْفِيذِيَّة：実行委員会

いう　iu　言う　يَقُولُ ، قَالَ　〜لِـ：〜に 受 〜 يُقَالُ：〜と言われる
名 قُلْ：言え/唱えよ
قَالَ قَبْلَ أَنْ يَمُوتَ：(死ぬ前に)言い残した/遺言した

2)言う　مَزَحَ (a)　！لَا تَمْزَحْ：冗談を言うのはやめて下さい
إِنَّكَ تَمْزَحُ？：冗談でしょう

3)言う　تَحَدَّثَ ＜ حدث V　تَحَدَّثَ مَعَ نَفْسِهِ：彼は独り言を言った

いうまでもなく　iu-mademo-naku　言うまでもなく　اِسْتَغْنَى ＜ غنى X　اِشْتَرَيْتُ مِرْآةً وَاسْتَغْنَيْتُ عَنْ مِرْآتِكِ
私は鏡を買いました,貴女のは言うまでもありません

いえ　ie　家　بَيْت　複 بُيُوت　تَعَالَ إِلَى بَيْتِي：私の家(家)においでよ
سَنَبْنِي لَنَا بَيْتًا عَلَى التَّلِّ
丘の上に私達の家を作ろう
أُنْظُرْ تِلْكَ الْبُيُوتَ الْجَمِيلَةَ
あの美しい家々(家並み)を見なさい

2)家　دَار ＜ دور 複 دِيَار / دُور ※女
دَارُ السَّلَامِ：平和の家 ※=イスラム世界

いえす　iesu　イエス　عِيسَى　عِيسَى ابْنُ مَرْيَمَ：(聖母)マリアの子イエス

いえでする　iede-suru　家出する（ هَرَبَ (مِنْ بَيْتِهِ (u)　أَلَيْسَ كَذَلِكَ؟ ، هَرَبَ مِنْ بَيْتِهِ
彼は家出したのではないですか
※ مُتَشَرِّد：家出した　وَلَدٌ مُتَشَرِّدٌ：家出少年

いえば　ieba　(〜と)いえば　أَمَّا 〜　※…فَ 〜 أَمَّا の形で用いられる
أَبِي اسْتَقْبَلَهُمْ . أَمَّا أَنَا ، فَسَلَّمْتُ عَلَيْهِمْ
父は彼らを出迎えた。私はといえば彼らに挨拶をした

いえめん　iemen　イエメン　اَلْيَمَن　※ يَمَنِيّ：イエメンの/イエメン人

いえる　ieru　癒える ⇒ なおる naoru 治る

いえろー　ieroo　イエロー ⇒ きいろ kiiro 黄色 / きいろの ki-iro-no 黄色の

いおう　iou　硫黄/イオウ　كِبْرِيت　※ عُيُون كِبْرِيتِيَّة：硫黄質の温泉

いおん　ion　イオン إِيُون / أَيُون ＜ أين 複 ـات ※ أَيَّنَ：イオン化する※ تَأَيَّنَ：イオンになる

いか　ika　(〜)以下（〜 مِنْ） أَقَلُّ ＜ قل ※ قَلِيل：少ないの比

いか～いきおい

い

يَصِلُ إِلَى الْأَرْضِ مِنْ حَرَارَةِ الشَّمْسِ أَقَلُّ مِنْ
نِصْفِ هٰذِهِ الْحَرَارَةِ この太陽からの熱の半分
以下が地球に達します

いか　ika　いか/烏賊　أُمُّ الْحِبْرِ / حَبَّار

いかがですか　ikaga-desuka　如何ですか（؟）كَيْفَ　※疑問詞　كَيْفَ حَالُكَ ؟：ご機嫌如何ですか

いかくする　ikaku-suru　威嚇する　⇒　おどす　odosu　脅す

いかす　ikasu　生かす　عَمَّرَ　＜　عمر II　اَلرِّيَاضَةُ تُعَمِّرُ الْإِنْسَانَ
スポーツ(運動)は人を長く生かす(長生きさせる)

2)生かす　⇒　りようする　riyou-suru　利用する

いかだ　ikada　筏　عَوَّامَة　＜　عوم 複 -ات　هُنَاكَ عَوَّامَاتٌ تُتَّخَذُ لِلسَّكَنِ
そこには休息のための筏がある

いかり　ikari　怒り　غَيْظ　سَأَمُوتُ مِنَ الْغَيْظِ：私は怒りで死にそうだ

2)怒り　غَضَب　بَلَغَ الْغَضَبُ مِنْهَا حَدَّهُ：彼女への怒りは限界に達した

いかり　ikari　碇　مَرْسَاة　＜　رسو 複 مَرَاسٍ　أَلْقَى مَرَاسِيَهُ：碇を降ろした
رَفَعَتِ الْبَاخِرَةُ الْمَرْسَاةَ لِتُبْحِرَ
船は航海するために碇を上げた

いかる　ikaru　怒る　⇒　おこる　okoru　怒る

いがい　igai　～以外 ～فِيمَا عَدَا / مَا عَدَا～　فِيمَا عَدَا ذٰلِكَ：それ以外に

2)～以外　～إِلَّا　لَا إِلٰهَ إِلَّا اللّٰهُ：神以外に神はいない
اَلشِّدَّةُ لَا يَغْلِبُهَا إِلَّا الصَّبْرُ
困難は忍耐以外では克服できない
مَا عَرَفْتُ إِلَّا هٰذَا الرَّجُلَ
この男の人以外は知りませんでした

いがいな　igai-na　意外な　غَيْرُ مُتَوَقَّعٍ　※=思いがけない　كَلَام غَيْرُ مُتَوَقَّعٍ：意外な言葉
اَلْفَشَلُ غَيْرُ مُتَوَقَّعٍ：その失敗は意外です

いがく　igaku　医学　عِلْمُ الطِّبِّ　※كُلِّيَّةُ الطِّبِّ：医学部

いがみあう　igami-au　いがみ合う　تَخَاصَمَ　＜　خصم V　تَخَاصَمَ الْوَالِدَانِ：二人の少年はいがみ合った

いき　iki　行き　⇒　ゆき　yuki　行き

いき　iki　息　نَفَس　複 أَنْفَاس　أَوْقَفَ أَنْفَاسَهُ：息を止めた
أَمْسَكَ أَنْفَاسَهُ：息を殺した
لَفَظَ النَّفَسَ الْأَخِيرَ：最後の息をひき取った/死んだ

いきおい　iki・oi　勢い　قُوَّة　اَلْقُوَّةُ الثَّالِثَةُ لِـ～：～の第三勢力
قُوَّةُ السُّكْرِ：酔った勢い

いきかえる　iki-kaeru　生き返る　اِنْتَعَشَ　<نعش VIII　شَرِبْتُ الْمَاءَ الْبَارِدَ وَانْتَعَشْتُ
私は冷たい水を飲んで生き返りました

いきかた　iki-kata　生き方　أُسْلُوب الْحَيَاةِ　هٰذَا أُسْلُوبُ حَيَاتِي :これが私の生き方です

いきづまり　iki-zumari　行き詰まり ⇒ ゆきづまり　yuki-zumari　行き詰まり

いきて　ikite　生きて
いきている　ikite-iru　生きている　حَيّ　كَائِنَات حَيَّة :生き物/生物　لُغَة حَيَّة :生きた言葉

いきどおる　iki-dooru　憤る　سَخِطَ (a)　كَيْفَ لَا يَسْخَطُ لِلظُّلْمِ ؟
彼はどうしてその不正に憤らないのですか

いきどまり　iki-domari　行き止まり ⇒ ゆきどまり　yuki-domari　行き止まり

いきのこる　iki-nokoru　生き残る(حَيًّا) بَقِيَ ، يَبْقَى　بَقِيَ حَيًّا بَعْدَ حَادِث الطَّائِرَةِ
彼は飛行機事故で生き残った

いきもの　iki-mo・no　生き物 ⇒ せいぶつ　seibutsu　生物

いきょう　ikyou　異教　بِدْعَة　※ أَهْل بِدْعَة :異教徒

いきる　ikiru　生きる　عَاشَ ، يَعِيشُ　يَعِيشُ السَّمَكُ فِي الْمَاءِ :魚は水中で生きる

いきをする　iki-wosuru　息をする ⇒ こきゅうする　kokyuu-suru　呼吸する

いぎ　igi　異議　اِعْتِرَاض　<عرض 複 ـات ※=反対 ※動 اِعْتَرَضَ :異議を唱える
اِعْتَرَضَ عَلَى الرَّأْيِ :その意見に異議を唱えた

いぎりす　igirisu　イギリス　إِنْكِلْتِرَا/ إِنْجِلْتِرَا ※ إِنْكِلِيزِيّ/ إِنْجِلِيزِيّ
イギリスの/イギリス人

いく　iku　行く ⇒ ゆく　yuku　行く

いくさ　ikusa　戦 ⇒ せんそう　sensou　戦争 / たたかい　tatakai　闘い

いくじなし　ikuji-nashi　意気地なし ⇒ おくびょうな　okubyou-na　臆病な

いくつ　ikutsu　幾つ　كَمْ ؟　كَمْ عُمْرُكَ ؟ :(歳は)お幾つですか
كَمْ يَوْمًا فِي الْأُسْبُوعِ ؟ :一週間は幾日ありますか

いくつかの　ikutsuka-no　幾つかの 男 بِضْعَة 女 بِضْع　بِضْعَة كُتُب :幾つかの本
بِضْع مَجَلَّات :幾つかの雑誌
لَمْ يَرْسُبْ فِي الامْتِحَان إِلَّا بِضْعَةُ طُلَّابٍ
幾人かの学生以外試験に落ちなかった

いくどうおんに　ikudo・u・on-ni　異口同音に　فِي صَوْتٍ وَاحِدٍ　صَاحَ فِي صَوْتٍ وَاحِدٍ :異口同音に叫んだ

いくら　ikura　いくら　بِكَمْ ؟　< كم　بِكَمْ هٰذِهِ السَّاعَةُ ؟ :この時計はいくらですか
2)いくら　كَمْ　كَمْ دَفَعْتَ مِنَ الْمَالِ ؟ :お金をいくら払いましたか

いくら　ikura　いくら(〜でも) ⇒ どんなに　don・nani　2)どんなに

いくらかの　ikura-ka-no　いくらかの　بَعْض　سَأَقْضِي بَعْضَ الْوَقْتِ مَعَ صَدِيقِي
友達と一緒にいくらかの時間を(しばらく)過ごそう

いけ〜いし

い

كَانَ بَعْضُ النَّاسِ يَعِيشُونَ فِي الصَّحْرَاءِ

砂漠にはいくら(幾人)かの人々が住んでいました

いけ　ike　池　بِرْكَة　複 بِرَك　فِي الْبِرْكَةِ سَمَكٌ ذَهَبِيٌّ :池に金魚がいる

いけない　ike・nai　(〜しては)いけない ⇒ するな　suru・na　〜するな

いけにえ　ike・ni・e　生けにえ　ذَبِيح < ذبح　لَا أَسْتَطِيعُ أَنْ أَرَى الْعِجْلَ ذَبِيحًا

私は生けにえの子牛を見ていることができない

いけばな　ike-ba・na　生け花　فَنُّ تَنْسِيقِ الْأَزْهَارِ　فَنُّ تَنْسِيقِ الْأَزْهَارِ ثَقَافَةٌ يَابَانِيَّةٌ

生け花は日本の文化です

いける　ikeru　生ける　رَتَّبَ < رتب II　رَتَّبَ الْأَزْهَارَ فِي الْمَزْهَرِيَّةِ

花瓶に花を生けた

いけん　iken　意見　رَأْي < رأى 複 آرَاء　مَا رَأْيُكَ؟ :あなたの意見はどうですか

いげん　igen　威厳　وَقَار < وقر　يَسِيرُ الشَّيْخُ وَيَتَكَلَّمُ بِوَقَارٍ

その長老は威厳を持って歩き,そして話す

いげんがある　igen-ga・aru　威厳がある　وَقُرَ (u)　يَوْقُرُ فِي مِشْيَتِهِ وَتَصَرُّفِهِ

歩き方や振る舞いに威厳がある

いこい　ikoi　憩い ⇒ きゅうそく　kyuusoku　休息

いこう　ikou　憩う ⇒ きゅうそくする　kyuusoku-suru　休息する

いこう　ikou　意向　نِيَّة < نوى 複 ـات　لَا نِيَّةَ لَهُ فِي السَّفَرِ الْآنَ

彼は今,旅に出る意向(つもり)はない

いこう　ikou　(〜)以降 〜 مِنْ بَعْدِ　زُرْنَا مِنْ بَعْدِ السَّاعَةِ السَّادِسَةِ

6時以降に来て下さい

いこつ　ikotsu　遺骨　رُفَات < رفت　نُقِلَتْ رُفَاتُهُ إِلَى بِلَادِهِ

彼の遺骨は祖国に運ばれた

いご　igo　(〜)以後 〜 بَعْدَ　بَعْدَ ذٰلِكَ :それ以後

いさぎよい　isagiyoi　潔い　صَرِيح < صرح　تَكَلَّمْ وَكُنْ صَرِيحًا :潔く話しなさい

いさましい　isamashii　勇ましい ⇒ ゆうかんな　yuukan-na　勇敢な

いさん　isan　遺産　تَرِكَة　複 ـات　تَرَكَ تَرِكَةً لِـ〜 :〜に遺産を残した

2)遺産　إِرْث < ورث　اِقْتَسَمَ الْأَبْنَاءُ الْإِرْثَ :子供達は遺産を分けた

いし　ishi　石　حَجَر　複 أَحْجَار / حِجَارَة　حَجَرٌ كَرِيمٌ :宝石

حَجَرٌ حَدِيدِيٌّ :鉄鉱石　حَجَرُ الْجِيرِ :石灰石

2)石　حَصْوَة / حَصَاة < حصو 複 حَصَوَات/حَصَيَات ※小石

いし　ishi　意志　إِرَادَة < رود 複 ـات　اِخْتَارَ بِإِرَادَتِهِ :自分の意志で選んだ

إِنَّهُ قَوِيُّ الْإِرَادَةِ :彼は本当に意志が強い

いし～いじわるをする

い

いし　ishi　意思　نِيَّة　＜نوى 複 نَوَايَا/-ات　عَبَّرَ عَنْ نِيَّتِهِ :意思を表した(示した)
لَيْسَ فِي نِيَّتِي الاِعْتِذَارُ :私には謝罪する意志はない

いし　ishi　医師
いしゃ　isha　医者　طَبِيب　＜طبّ 複 أَطِبَّاء　اِسْتَدْعَتْ أُمِّي الطَّبِيبَ
母は医者を呼んだ

いしき　ishiki　意識　وَعْي　اِسْتَعَادَ (فَقَدَ) وَعْيَهُ :意識を回復した(失った)
عَادَ إِلَى وَعْيِهِ :意識が戻った
عَنْ غَيْرِ وَعْيٍ※ :無意識に

いしゅくする　ishuku-suru　萎縮する　اِنْقَبَضَ صَدْرُهُ　＜قبض VII 名 اِنْقِبَاضُ الصَّدْرِ :萎縮

いしょ　isho　遺書　وَصِيَّة　＜وصى 複 وَصَايَا　وَجَدُوا وَصِيَّتَهُ بَعْدَ مَوْتِهِ
彼の死後に遺書(遺言状)が見つかった

いしょう　ishou　衣装　مَلَابِس　＜لبس ※مَلْبَس の複　مَلَابِس تَقْلِيدِيَّة :民族衣装

いしょう　ishou　意匠　⇒　でざいん　dezain　デザイン

いしょくする　ishoku-suru　移植する　زَرَعَ (a)　زَرَعَ الْقَلْبَ :心臓を移植した
※名 زَرْع :移植　زَرْعُ الْكُلْيَةِ :腎臓移植

2)移植する(نَقَلَ (u) (نَبْتَةً مِنْ مَكَانٍ إِلَى آخَرَ ※若い木や苗を他の場所に移す

いしん　ishin　威信　كَرَامَة　＜كرم　فَقَدَ كَرَامَتَهُ :威信を失った
حَافَظَ عَلَى كَرَامَتِهِ :威信を保った

いじする　iji-suru　維持する　حَافَظَ　＜حفظ III ～عَلَى :～を　حَافَظَ عَلَى قُوَّتِهِ :力を維持した
حَافِظْ عَلَى صِحَّتِكَ :健康を維持しなさい

いじめ　ijime　いじめ　إِسَاءَة　＜سوء ※= إِسَاءَةُ الْمُعَامَلَةِ

いじめる　ijimeru　いじめる　تَهَجَّمَ　＜هجم V　أَصَحِيحٌ أَنَّكَ تَهَجَّمْتَ عَلَى أَخِي؟
あなたが私の弟をいじめたのは本当ですか

いじゅうする　ijuu-suru　移住する　هَاجَرَ　＜هجر III　هَاجَرَتْ عَائِلَتُهُ إِلَى الْبَرَازِيلِ
彼の家族はブラジルに移住した
※名 مُهَاجَرَة :移住　مُهَاجِر 複 ون :移住者

いじょう　ijou　(～)以上 ～ أَكْثَرُ مِنْ　أَكْثَرُ مِنْ أَلْفِ جُنْدِيٍّ :千人以上の兵士

2)以上　مَزِيد　＜زيد　لَيْسَ لَهُ مِنْ مَزِيدٍ :それ以上のものはない

いじょうな　ijou-na　異常な　غَيْرُ عَادِيٍّ　مُنَاخٌ غَيْرُ عَادِيٍّ :異常な気象(気候)

いじわる-をする　ijiwaru-wosuru　意地悪をする　أَزْعَجَ　＜زعج IV　إِذَا ظَلَلْتَ تُزْعِجُنِي، شَكَوْتُكَ إِلَى الْمُعَلِّمِ
あなたが私に意地悪を続けるなら先生に言います(言いつけます)

いじん～いそぎの

い

※名 إِزْعَاج :意地悪 ~ لِـ سَبَّبَ إِزْعَاجًا :~に意地悪をした

いじん　ijin　偉人　شَخْص عَظِيم　　قِصَّة الشَّخْصِ الْعَظِيمِ :偉人伝

いす　isu　椅子　كُرْسِيّ　< كرس 複 كَرَاسِيّ　كُرْسِيّ مُتَحَرِّك :車椅子

جَلَسَ عَلَى الْكُرْسِيِّ :椅子(腰掛)に座った

2)椅子　مَقْعَد　< قعد 複 مَقَاعِد　مَقْعَد مُرِيح :安楽椅子

いすらえる　isuraeru　イスラエル إِسْرَائِيلُ　　إِسْرَائِيلُ دَوْلَةٌ صَهْيُونِيَّةٌ

イスラエルはシオニズム国家です

いすらむ　isuramu　イスラム
いすらむきょう　isuramu-kyou　イスラム教 اَلْإِسْلَام / اَلْإِسْلَامِيّ اَلدِّينُ　< سلم

いすらむ-きょうと　isuramu-kyouto　イスラム教徒　مُسْلِم　< سلم 複 ـون　　يُوجَدُ أَكْبَرُ عَدَدٍ مِنَ الْمُسْلِمِينَ فِي إِنْدُونِيسِيَا

インドネシアにイスラム教徒が一番多くいる

いすらむの　isuramu-no　イスラムの　إِسْلَامِيّ　< سلم 複 ـون　　حَرَكَة الْمُقَاوَمَة الْإِسْلَامِيَّة فِي فِلَسْطِينَ

イスラム抵抗運動/ハマス

いずみ　izumi　泉　عَيْن　　複 عُيُون　　كَانَ الْمَاءُ يَنْبُعُ مِنَ الْعَيْنِ

かつては泉から水があふれ出ていた

いずれ　izure　いずれ　قَرِيبًا　< قرب　قَرِيبًا　سَوْفَ تَفْهَمُ قَرِيبًا

いずれ(やがて)君も分かるだろう

いずれか　izure-ka　いずれか　أَحَدُهُمَا　　خُذْ أَحَدَهُمَا :いずれか一つ取りなさい

いずれも　izure-mo　いずれも　كِلَاهُمَا　　أُحِبُّ كِلَاهُمَا :私はいずれも好きです

いせき　iseki　遺跡　آثَار　< أثر ※ أَثَرٌ の複　عَثَرَ عَلَى الْآثَارِ :遺跡を発見した

いぜんとして　izen-toshite　依然として ⇒ いまだに　imada-ni　未だに

いぜんに　izen-ni　以前に　مِنْ قَبْلُ　　شَاهَدْتُهُ مِنْ قَبْلُ :私は以前(に)彼に会った

いそいで　isoide　急いで　بِسُرْعَةٍ　< سرع ※ بِـ は前　اِذْهَبْ بِسُرْعَةٍ :急いで行きなさい

いそがしい　isogashii　忙しい　مَشْغُول　< شغل ※形　كُنْتُ مَشْغُولًا الْيَوْمَ

(私は)今日は忙しかった

2)忙しい　اِنْشَغَلَ　< شغل VII ※動　اِنْشَغَلَ وَالِدِي فَتَأَخَّرَ عَنِ الْمَوْعِدِ

私の父は忙しくて約束の時間に遅れた

いそがせる　isogaseru　急がせる　عَجَّلَ　< عجل II　عَجَّلَ التَّنْفِيذَ :実行を急がせた(せかした)

いそぎ　isogi　急ぎ　اِسْتِعْجَال　< عجل　بِدُونِ اسْتِعْجَالٍ :急ぎではない

いそぎの　isogi-no　急ぎの　مُسْتَعْجَل　< عجل　هٰذَا خِطَابٌ مُسْتَعْجَلٌ

これは急ぎの手紙(速達)です

いそぐ　isogu　急ぐ　أَسْرَعَ　＜ سرع IV　أَسْرَعَ فِي الرُّجُوعِ إِلَى بَيْتِهِ
家路を急いだ

2)急ぐ　هَرْوَلَ　ثَلَاثُ فَتَيَاتٍ تُهَرْوِلْنَ فِي الشَّارِعِ
三人の女の子が通りを急いでいる

いぞん　izon　異存　مَانِع　＜ منع 複 مَوَانِع　عِنْدِي مَانِعٌ لَا　異存ありません

いぞんする　izon-suru　依存する　⇒ たよる　tayoru　頼る

いた　ita　板　لَوْح　複 أَلْوَاح ※ لَوْحَة : 1枚の板　أَلْوَاح خَشَبِيَّة :木の板

いたい　itai　遺体　⇒ したい　shitai　死体

いたい　itai　痛い　مَوْجُوع　＜ وجع　إِنْ بَكَى الطِّفْلُ، فَهُوَ إِمَّا جَائِعٌ وَإِمَّا
子どもが鳴くのはお腹が空いているか　مَوْجُوعٌ
あるいはどこか痛い時である

いたがる　ita-garu　痛がる　تَأَلَّمَ　＜ ألم V　أَسْعِفِيهِ بِسُرْعَةٍ ! إِنَّ الْمَرِيضَ يَتَأَلَّمُ
病人を早く助けて!痛がっています

いたずらの　itazura-no　悪戯の　شِرِّير　＜ شر　وَلَد شِرِّير :悪戯っ子
لَا تُعَاشِرْهُ ، إِنَّهُ وَلَدٌ شِرِّيرٌ
あの子は悪戯っ子だから付き合うな

いたずらに　itazura-ni　徒に　سُدًى　＜ سدو　أَضَاعَ الْوَقْتَ سُدًى : 徒に時を過ごした

いただき　itadaki　頂　قِمَّة　複 قِمَم　قِمَّةُ الْجَبَلِ :山の頂(頂上)/山頂

いただきます　itadaki-masu　頂きます　بِسْمِ اللّٰهِ　※直訳は神の御名において

いただく　itadaku　頂く　⇒ もらう　morau　貰う

いただけーませんか　itadake-masenka　(～して)頂けませんか　هَلَّا تَكَرَّمْتَ وَ～؟　※～:完了形
هَلَّا تَكَرَّمْتَ وَمَرَرْتَ بِدُكَّانِي؟
私の店に立ち寄って頂けませんか

いたましい　itamashii　痛ましい　مُثِير لِلشَّفَقَةِ　※ اَلْمَنْظَرُ أَثَارَ الشَّفَقَةَ
その光景は痛ましかった

いたみ　itami　痛み　أَلَم　複 آلَام　عِنْدِي أَلَمٌ هُنَا :(私は)ここに痛みがあります

いたむ　itamu　痛む　تَوَجَّعَ　＜ وجع V　تَوَجَّعَ مِنَ الصُّدَاعِ : 頭が痛んだ/頭痛がした

いたむ　itamu　悼む　يَنُوحُ ، نَاحَ　نَاحَ عَلَى مَوْتِهِ :彼の死を悼んだ

いたむ　itamu　傷む　فَسَدَ (u)　فَسَدَ الطَّعَامُ :食べ物が傷んだ

いためもの　itame-mo·no　炒め物　مَأْكُولَات مَقْلِيَّة

いためる　itameru　炒める　يَقْلِي، قَلَى　تَقْلِي أُمِّي الْخُضَرَ بِالزَّيْتِ :母は野菜を油で炒める

いためる　itameru　痛める　آلَمَ　＜ ألم IV　اَلْجُرْحُ يُؤْلِمُنِي :(私は)傷が痛みます

いためる～いちする

いためる　itameru　傷める　أَفْسَدَ　< فسد IV　أَفْسَدَ الْآلَةَ :機械を傷めた

いたりあ　itaria　イタリア　إِيطَالِيَا　※إِيطَالِي: イタリアの/イタリア人

いたる　itaru　至る　تَوَصَّلَ　< وصل V إِلَى～: ～に　تَوَصَّلَ إِلَى الاتِّفَاقِ مَعَ ..حَوْلَ～
..と～に関して合意に至った

2)至る　أَوْصَلَ　< وصل IV　هٰذِهِ الطَّرِيقُ الضَّيِّقَةُ تُوصِلُ إِلَى قَرْيَتِي
この狭い道が 私 の村に至る

いたわる　itawaru　労る　لَاطَفَ　< لطف III　لَاطِفْ الْمُسِنِّينَ ! :老人を 労 りなさい

いたん　itan　異端　هَرْطَقَة　قَاوَمَ أَكْثَرَ مِنْ هَرْطَقَةٍ :沢山の異端と 闘 った

いだいな　idai-na　偉大な　عَظِيم　< عظم 複 عُظَمَاءُ / عِظَام　比 أَعْظَمُ
كَانَ مُحَمَّدٌ عَلِيٌّ مُلَاكِماً عَظِيماً
モハンマド・アリは偉大なボクサーだった
كَانَتْ بَغْدَادُ أَعْظَمُ مَدِينَةٍ فِي الْعَالَمِ
バグダッドは世界で 最 も偉大な都市だった

いだく　idaku　抱く　عَلَّلَ　< علّ II　عَلَّلَ النَّفْسَ بِالْآمَالِ～ :～の希望を抱いた

いち　ichi　一/1　وَاحِد　< وحد ※女 وَاحِدَة　رَجُل وَاحِد :一人の 男
※アラビア語では形容詞 として 扱 われる

2)一/1　أَحَدٌ　< وحد ※女 إِحْدَى　أَحَدُ الْمُسَافِرِينَ :旅人達の一人
※アラビア語では名詞として 扱 われる

いち　ichi　市 ⇒ いちば　ichiba　市場

いちがつ　ichi-gatsu　一月　مُحَرَّم　※イスラム歴の一月(戦争等が禁じられた聖なる月の一つ)

2)一月　يَنَايِرُ　※西暦の一月

3)一月　كَانُون الثَّانِي　※シリア,イラク,ヨルダン,レバノン地方の一月
تَبْدَأُ السَّنَةُ بِكَانُونَ الثَّانِي : 1年は一月から始まる

いちご　ichigo　イチゴ/苺　فَرَاوْلَة / تُوت إِفْرَنْجِيّ/ تُوت أَرْضِيّ

いちじく　ichijiku　無花果　تِين　複 -ات ※ تِينَة : 1個の無花果
حَطَّ الطَّيْرُ عَلَى شَجَرَةِ التِّين
鳥がイチジクの木に降りた

いちじの　ichiji-no　一時の
いちじてきな　ichiji-teki・na　一時的な　مُؤَقَّت　< وقت　مُوَظَّف مُؤَقَّت :一時的な社員/非正規社員(職員)

いちじるしい　ichijirushii　著しい　مَلْحُوظ　< لحظ　تَقَدُّم مَلْحُوظ : 著 しい進歩 ※ ⇒ 大幅な

いちする　ichi-suru　位置する　وَقَعَ ، يَقَعُ　فِي～　هٰذَا الْمَبْنَى يَقَعُ :この建物は～に位置する(ある)
فِي أَيَّةِ قَارَّةٍ تَقَعُ مِصْرُ ؟
エジプトはどの大陸に位置しますか

いちど～いっしょに

※名 مَوْقِع 複 مَوَاقِع :位置 اَلْمَوْقِعُ عَلَى الْخَرِيطَةِ

地図上の位置

いちど ichi-do 一度 مَرَّة ※=一回 لَقَدْ شَاهَدْتُ الْفِيلْمَ غَيْرَ مَرَّةٍ

私はその映画を一度ならず(何度も)見ました

いちにちじゅう ichi·nichi-juu 一日中 طُولَ النَّهَارِ مِصْعَدُ الْبِنَايَةِ يَصْعَدُ وَيَنْزِلُ طُولَ النَّهَارِ

ビルのエレベーターは一日中上がったり,下がったりしている

いちにんしょう ichi-ninshou 一人称 ضَمِيرُ الْمُتَكَلِّمِ

いちば ichiba 市場 سُوقٌ 複 أَسْوَاق ※通常女性名詞 سُوقُ السَّمَكِ :魚市場/魚河岸

غَصَّتِ السُّوقُ بِالنَّاسِ :市場は人でとても混雑していた

いちばん ichi-ban 一番 اَلْأَوَّلُ 女 اَلْأُولَى ※ ⇒ だい～ dai- 第～

いちぶ ichi-bu 一部 جُزْء < جزا 複 أَجْزَاء جُزْءٌ مِنَ الْآلَةِ :機械の一部

2)一部 قِسْم 複 أَقْسَام احْتَلَّ الْأَعْدَاءُ قِسْمًا مِنَ الْوَطَنِ

敵は国の一部を占領した

いつ itsu いつ مَتَى ؟ مَتَى رَجَعْتَ؟ :あなたはいつ戻ったのですか

إِلَى مَتَى～؟ :いつまで～ですか

いつか itsuka いつか يَوْمًا سَنَرْجِعُ يَوْمًا إِلَى حَيِّنَا :いつ(の日)か故郷へ帰ろう

いつか itsuka 五日 اَلْيَوْمُ الْخَامِسُ اَلْيَوْمُ الْخَامِسُ مِنْ هٰذَا الشَّهْرِ :今月の五日

※ مُدَّةُ خَمْسَةِ أَيَّامٍ :五日間

いっかい i-kkai 一回 مَرَّة مَرَّةً أُخْرَى (ثَانِيَةً) :もう一回(一度)

いつくしむ itsukushimu 慈しむ حَنَّ (i) ～عَلَى :～を حَنَّ عَلَى أَوْلَادِهِ :子供達を慈しんだ

いっさい issai 一切 ⇒ すべて subete 全て

いっさくじつ issakujitsu 一昨日 ⇒ おととい ototoi おととい

いっしゅう isshuu 一周 جَوْلَة 複 ـات جَوْلَةٌ حَوْلَ الْعَالَمِ :世界一周

いっしょう isshou 一生 مَدَى الْحَيَاةِ لَنْ أَنْسَى فَضْلَ مُعَلِّمِي مَدَى الْحَيَاةِ

私は先生の恩を一生忘れないでしょう

いっしょうけんめいに isshou-kenmei·ni 一生懸命に بِكُلِّ جُهْدٍ عَمِلَ بِكُلِّ جُهْدٍ :一生懸命に働いた

いっしょに issho-ni 一緒に جَمِيعًا < جمع هَيَّا نَذْهَبُ جَمِيعًا :さあ一緒に行きましょう

2)一緒に مَعًا < مع هَلْ يَعِيشَانِ مَعًا؟

彼ら二人は一緒に住んでいるのですか

3)(～と)一緒に～ مَعَ / مَعْ هَلْ تَتَفَضَّلُ وَتَأْتِي مَعِي ؟

私と一緒に来てくれませんか

عُدْتُ مَعَ أَخِي :私は兄(弟)と一緒に帰りました

いっしんきょう isshin-kyou 一神教 تَوْحِيد / دِين تَوْحِيد

いっそうの issou-no 一層の مَزِيد ～ مَزِيد مِنْ :より一層の～
اَلْمَزِيد مِنَ الْجُهْدِ :より一層の努力

いったい ittai いったい يَا تُرَى إِلَى أَيْنَ يَا تُرَى؟ :いったい何処へ

いつだつする itusdatsu-suru 逸脱する ⇒ はずれる hazureru 2)外れる

いっちさせる icchi-saseru 一致させる طَابَقَ ＜طبق III طَابَقَ سُلُوكَهُ عَلَى أَقْوَالِهِ
行いを言葉に一致させた/言行が一致した

いっちする icchi-suru 一致する اِتَّفَقَ ＜وفق VIII اِتَّفَقْتُ مَعَهُ عَلَى ذٰلِكَ
私はその点で彼と一致した
※名 اِتِّفَاق 複 ـات :一致 اِتِّفَاق الْآرَاءِ :意見の一致
بِاتِّفَاقِ الْآرَاءِ :全員一致で/満場一致で

いつつ itsutsu 五つ ⇒ ご go 五(5)

いっていの ittei-no 一定の مُعَيَّن ＜عين اَلْوَقْت الْمُعَيَّن :一定の時間

いってき itteki 一滴 قَطْرَة 複 قَطَرَات قَطْرَة الْمَطَرِ :雨の1滴(1粒)

いってらっしゃい itte-rasshai 行ってらっしゃい مَعَ السَّلَامَةِ

いつでも itsudemo いつでも فِي أَيِّ وَقْتٍ زُورُنَا فِي أَيِّ وَقْتٍ :いつでも私達の所へお出で下さい

いっとう ittou 一等 اَلدَّرَجَة الْأُولَى مَقْعَد فِي الدَّرَجَةِ الْأُولَى :一等席

いっとうしょう ittou-shou 一等賞 اَلْجَائِزَة الْأُولَى ظَفِرَتْ بِالْجَائِزَةِ الْأُولَى فِي الْمُسَابَقَةِ
彼女は試合で一等賞を得た

いっぱいの ippai-no 一杯の مَمْلُوء ＜ملء で～:بـ～ كُوب مَمْلُوء بِالْمَاءِ
水が一杯の(で満たされた)コップ

いっぱんの ippan-no 一般の
いっぱんてきな ippan-teki・na 一般的な عَامّ ＜عم حِسَاب عَامّ :一般会計 بِوَجْهٍ عَامٍّ :一般的に

いっぽ ippo 一歩 خُطْوَة خُطْوَةً فَخُطْوَةً :一歩一歩

いつも itsumo いつも دَائِمًا ＜دوم اَلْكَلْبُ كَانَ يَنْتَظِرُ صَاحِبَهُ دَائِمًا
その犬はいつも飼い主を待っていた

いつもの itsumo・no いつもの عَادِيّ ＜عود مَا زَالَ يُمَارِسُ عَمَلَهُ الْعَادِيَّ
彼は未だいつもの仕事をしている

いつものように itsumo・no-you・ni いつものように كَالْعَادَةِ جَاءَ مُبَكِّرًا كَالْعَادَةِ :彼はいつものように早く来た
2)いつものように عَلَى عَادَتِهِ عَلَى غَيْرِ عَادَتِهِ :いつもと違って

いつわり itsuwari 偽り ⇒ うそ uso 嘘

いつわる itsuwaru 偽る زَوَّرَ ＜زور II زَوَّرَ الشَّاهِدُ الْكَلَامَ :証人は偽った
2)(病気と)偽る تَمَارَضَ ＜مرض VI تَمَارَضَ الْكَسُولُ :怠け者が病気と偽った

いてつく～いない

い

いてつく itetsuku 凍てつく ⇒ こおりつく kooritsuku 凍り付く

いてんする iten-suru 移転する ⇒ うつる utsuru 移る / うつす utsusu 2)移す

いでん iden 遺伝 وِرَاثَة ＜ ورث عِلْم الْوِرَاثَةِ :遺伝学

※ أَمْرَاض وِرَاثِيَّة :複遺伝病

いでんし iden-shi 遺伝子 مُوَرِّثَة ＜ ورث 複 -ات الْمُوَرِّثَات مُعَالَجَة :遺伝子操作

いと ito 糸 خَيْط 複 خُيُوط/أَخْيَاط/خِيطَان خَيْط وَإِبْرَة :針と糸

いと ito 意図 نِيَّة ＜ نوى 複 -ات/نَوَايَا

لَا نِيَّةَ لِي فِي~ :私に～の意図はない

2)意図 مَقْصُود ＜ قصد مَا الْمَقْصُودُ مِنْ قَوْلِكَ؟

あなたが言っていることの意図は何ですか

いとこ itoko 従兄弟/従姉妹(عَمَّة (عَمّ ابْن خَال (خَالَة)/ ابْن عَمّ :従兄弟

(عَمَّة (عَمّ ابْنَة خَال (خَالَة)/ ابْنَة :従姉妹

いとしい itoshii 愛しい حَبِيب ＜ حبّ 複 أَحْبَاب/أَحِبَّاء النَّاسُ الْأَحِبَّاءِ :愛しい人々

زَوْجِي الْحَبِيب :愛しの我が夫

いとてきに ito-teki・ni 意図的に ⇒ わざと wazato わざと

いとなむ ito・namu 営む عَاش، يَعِيشُ ＜ عيش يَعِيشُ النَّاسُ فِي قَلَقٍ دَائِمٍ

人々は不安な生活を営んでいる

2)営む ⇒ けいえいする keiei-suru 経営する

いとまき ito-maki 糸巻き مَكَبّ ＜ كبّ 複 مَكَابّ لَمْ يَبْقَ فِي الْمَكَبِّ إِلَّا خَيْطٌ قَصِيرٌ

糸巻きに糸は少ししか残っていなかった

いとまごい-をする itomagoi-wosuru 暇乞いをする اِسْتَأْذَنَ بِالاِنْصِرَافِ

いど ido 井戸 بِئْر ＜ بأر 複 آبَار ※女 بِئْر عَمِيقَة :深い井戸

いど ido 緯度 خَطّ الْعَرْض خَطّ عَرْضٍ شَمَالِيّ(جَنُوبِيّ) :北緯(南緯)

いどうする idousuru 移動する اِنْتَقَلَ ＜ نقل Ⅷ إِلَى～ :～に/へ

اِنْتَقَلَ الْمَكْتَبُ إِلَى الْمَبْنَى

事務所はビルに移動した

いどむ idomu 挑む تَحَدَّى ＜ حدو Ⅴ فَرِيقُنَا تَحَدَّى الْفَرِيقَ الْأُخْرَى

私たちのチームは他のチームに挑んだ(挑戦した)

いない i・nai (～)以内 أَقَلّ مِنْ ～ أَقَلّ مِنْ خَمْسِ دَقَائِقَ :五分以内に

2)(～)以内 فِي غُضُونِ ～ أَرْجِعْ الْكِتَابَ فِي غُضُونِ أُسْبُوعٍ

1週間以内に本を返しなさい

いない i・nai いない لَيْسَ مَوْجُودًا هُوَ لَيْسَ مَوْجُودًا الْآنَ :彼は今いない(いません)

いなか　i・naka　田舎　رِيف　複 أَرْيَاف　أُحِبُّ فِي الرِّيفِ وَدَاعَةَ حَيَاتِهِ
私は田舎の平穏な生活が好きです

いなご　i・nago　イナゴ/蝗　جَرَادٌ　< جرد　جَرَادَةٌ : 1匹のイナゴ
يَأْكُلُ الْجَرَادُ نَبَاتَ الْأَرْضِ : 蝗は地面の植物を食べる

いなずま　i・nazuma　稲妻　بَرْق　複 بُرُوق ※ أَبْرَقَتِ السَّمَاءُ :稲妻が走った

いななき　i・na・naki　いななき　صَهِيل　< صهل　أَتَسْمَعُ صَهِيلَ الْفَرَسِ فِي الْإِصْطَبْلِ؟
馬小屋で馬のいななきがしませんか

いななく　i・na・naku　いななく　صَهَلَ (a, i)　يَصْهَلُ الْحِصَانُ مَتَى تَأَخَّرَ عَلَيْهِ الْعَلَفُ
餌が遅れると馬がいななく

いにん　i・nin　委任　وَكِيل　وَكِيل قَانُونِيّ :委任状

いにんとうち　i・nin-touchi　委任統治　اِنْتِدَاب　< ندب 複 ـات　وَضَعَ الِاسْتِقْلَالُ حَدًّا لِعَهْدِ الِانْتِدَابِ
独立は委任統治の時代を終わらせた

いぬ　i・nu　犬　كَلْب　複 كِلَاب　نَبَحَ الْكَلْبُ :犬が吠えた
※ جَرْوٌ 複 أَجْرٍ / جِرَاء : 子犬　لَجَأَ إِلَى بَيْتِنَا جَرْوٌ جَائِعٌ
私たちの家にお腹を空かした子犬が逃げてきた

いね　i・ne　稲　أَرُزٌّ / رُزٌّ　زِرَاعَةُ الْأَرُزِّ :稲作

いねむりをする　i・nemuri-wosuru　居眠りをする　غَفَا، يَغْفُو < غفو　تَغْفُو الْهِرَّةُ قُرْبَ الْمَوْقِدِ
猫がストーブの近くで居眠りをしている

いのしし　i・noshishi　イノシシ/猪　خِنْزِير بَرِّيّ

いのち　i・nochi　命　⇒ せいめい seimei 生命

いのちがけでする　i・nochigake-desuru　命がけで～する　اِسْتَمَاتَ < موت X　اِسْتَمَاتَ الْجُنُودُ فِي الدِّفَاعِ عَنِ الْوَطَنِ
兵士達は命がけで祖国を防衛した

いのり　i・nori　祈り　صَلَاة　< صلو 複 صَلَوَات　أَقَامَ الصَّلَاةَ :祈りを捧げた/祈った
اَلصَّلَاةُ خَيْرٌ مِنَ النَّوْمِ :祈りは眠りより良い

いのる　i・noru　祈る　صَلَّى　< صلو II　لَا تَنْسَ أَنْ تُصَلِّيَ قَبْلَ النَّوْمِ
寝る前に祈ることを忘れないようにしなさい

いはんする　ihan-suru　違反する　خَالَفَ　< خلف III　خَالَفَ الْقَاعِدَةَ :彼は規則に違反した
※名 مُخَالَفَة 複 ـات :違反　مُخَالَفَةُ مُرُورٍ :交通違反

いばる　ibaru　威張る　تَكَبَّرَ　< كبر V　لِمَاذَا تَتَكَبَّرُ أَمِيرِكَا عَلَى الْعَالَمِ؟
どうしてアメリカは世界で威張っているのですか

いびき　ibiki　いびき　شَخِير　< شخر　شَخِيرُ أَخِي يُقْلِقُنِي
兄のいびきが私を悩ます

いびきをかく～いみする

い

いびきをかく	ibiki-wokaku	いびきをかく شَخَرَ (i)	يَقْضِي أَبِي لَيْلَهُ يَشْخُرُ 父は寝ている時にいびきをかく
いびつに-になる	ibitsu-ni・naru	いびつになる ⇒ ゆがむ yugamu 歪む	
いふく	ihuku	衣服 ⇒ ふく huku 服	
いぶ	ibu	イブ عَشِيَّة	< عشو عَشِيَّةُ عِيدِ الْمِيلَادِ :クリスマスイブ
いぶかる	ibukaru	訝る شَكَّ (u)	شَكَكْتُ فِي نِيَّتِهِ :私は彼の意図を訝った
いぶす	ibusu	燻す دَخَّنَ	< دخن II دَخَّنَ اللَّحْمَ :肉を燻した(薫製にした)
いへん	ihen	異変 شَيْءٌ غَيْرُ عَادِيٍّ	وَقَعَ شَيْءٌ غَيْرُ عَادِيٍّ :異変が起きた
いほうじん	ihou-jin	異邦人 مُغْتَرِب	< غرب 複 ون اِنْتَظَرَ قُدُومَ الْمُغْتَرِبِ 異邦人の到着を待った
いほうな	ihou-na	違法な غَيْرُ شَرْعِيٍّ	عَمَلٌ غَيْرُ شَرْعِيٍّ :違法な行為
いま	ima	今 اَلْآنَ	< أون حَتَّى الْآنَ :今まで مُنْذُ الْآنَ :今から/今後 اَلسَّاعَةُ تِسْعٌ إِلَّا الرُّبْعَ الْآنَ 今,9時15分前です
いまーむ	imaamu	イマーム ⇒ どうし doushi 導師	
いまいましい	ima・ima・shii	忌々しい ⇒ いまわしい imawashii 忌まわしい	
いましめ	imashime	戒め عِبْرَة	複 عِبَر قَرَأْتُ الْعَهْدَ الْقَدِيمَ وَلَمْ أَفْهَمِ الْعِبْرَةَ 私は旧約聖書を読みましたが その戒めが分かりませんでした
いましめる	imashimeru	戒める ⇒ ちゅういする chuui-suru 注意する	
いまだに	imada-ni	未だに مَا زَالَ ～	※～:動詞未完了形,形容詞・名詞は対格になる مَا زِلْتُ أَفْعَلُهُ :私は未だにそれをしています مَا زَالَ الْجَوُّ بَارِدًا :天気は未だに寒い
いまに	ima-ni	今に ⇒ あとで ato-de 後で	
いまにも	ima-nimo	今にも(～する) أَوْشَكَ	< وشك IV يُوشِكُ أَنْ يَبْكِيَ :彼は今にも泣きそうだ أَوْشَكَ الْمَطَرُ أَنْ يَسْقُطَ :今にも雨が降りそうであった
いまわしい	imawashi・i	忌まわしい كَرِيه	< كره مَنْظَرُ وُجُوهِ الْمُسْتَوْطِنِينَ كَرِيهٌ 入植者の顔を見るのも忌まわしい(忌々しい)
いみする	imi-suru	意味する عَنَى، يَعْنِي	※現在形は口語で「あのね/すなわち」の意でよく使われる مَاذَا تَعْنِي بِكَلَامِكَ؟ あなたの言葉はどういう意味ですか ※名 مَعْنًى 複 مَعَانٍ :意味 ※定 اَلْمَعْنَى

いみん～いらいらして

い

بِكُلِّ مَعْنَى الْكَلِمَةِ :その言葉の完全な意味において

ضَحِكَ بِلَا مَعْنًى :意味もなく笑った

مَا مَعْنَاهَا؟ :それはどう言う意味ですか

مَا مَعْنَاهَا～ :それは～と言う意味です

لَمْ تَفْهَمْ مَعْنَى الْكَلَامِ

彼女はその話の意味が分からなかった

いみん imin 移民 مُهَاجِر < هجر 複 ون فَرِحَ الْمُهَاجِرُونَ بِرُؤْيَةِ الْيَابِسَةِ

移民達は陸地を見て喜んだ

いも imo 芋 يَام / قُلْقَاس ※بَطَاطِس:ジャガ芋 بَطَاطَة / بَطَاطَا:さつま芋

いもうと imouto 妹 أُخْتٌ الصَّغِيرَةُ < أخو أُخْتِي الصَّغِيرَةُ طَالِبَةٌ :私の妹は学生です

いやいや iya・iya 嫌々(ながら) غَضْبًا عَنْهُ لِأَنَّنِي كُنْتُ تَعْبَانًا، ذَهَبْتُ إِلَى الْعَمَلِ

私は疲れていたので,嫌々ながら غَضْبًا عَنِّي

(渋々)仕事に行った

いやがる iyagaru 嫌がる اِشْمَأَزَّ < شمأز IV اِشْمَأَزَّتْ مِنَ الشُّغْلِ

彼女はその仕事を嫌がった

いやけ iya-ke 嫌気 سَأَم < سئم اَلْقِصَّةُ مُشَوِّقَةٌ لَا تَشْعُرُ فِي مُتَابَعَتِهَا

面白い物語は(読み)続けるのに嫌気がさしません بِسَأَمٍ

いやされる iyasareru いやされる اِلْتَأَمَ < لأم VIII اِلْتَأَمَ الْجُرْحُ :傷はいやされた(治った)

いやしい iyashii 卑しい حَقِير < حقر 複 حُقَرَاء إِنْسَان حَقِير :卑しい人間

2)卑しい سَافِل < سفل اَلْغِشُّ عَمَلٌ سَافِلٌ أُنَدِّدُ بِهِ

詐欺は私が非難する卑しい行為です

いやす iyasu 癒す يَشْفِي، شَفَى اَللّٰهُ يَشْفِيكَ! :神があなたを癒してくれます

2)癒す يَرْوِي، رَوَى لَا يَرْوِي الْعَطَشَ إِلَّا الْمَاءُ الْعَذْبُ

真水以外で喉の渇きを癒してはならない

いやな iya・na 厭な/嫌な كَرِيه < كره مَا هٰذِهِ الرَّائِحَةُ الْكَرِيهَةُ؟

この厭な臭いは何ですか

いやになる iya-ni・naru 嫌になる يَسْأَمُ، سَئِمَ أَدْرُسُ، وَلَا أَسْأَمُ :私は勉強が嫌になりません

いやりんぐ iyaringu イヤリング حَلَقَة(ـة) ※1個のイヤリング 複 حَلَقَات / حَلَقٌ

いらい irai (～)以来 مُنْذُ～ لَمْ أُقَابِلْهُ مُنْذُ ذٰلِكَ الْوَقْتِ

その時以来,彼には会っていません

いらいする irai-suru 依頼する ⇒ たのむ tanomu 頼む

いらいらして ira・ira-shite イライラして مُتَضَايِقًا < ضيق قَالَ الثَّعْلَبُ مُتَضَايِقًا

狐はイライラして言った

いらいらする　iraira-suru　いらいらする ضَاقَ صَدْرُهُ

いらく　iraku　イラク　اَلْعِرَاقُ　اَلْجُمْهُورِيَّةُ الْعِرَاقِيَّةُ :イラク共和国

関 عِرَاقِيٌّ 複 ـُونَ 女 عِرَاقِيَّةٌ 複 ـَاتٌ :イラクの/イラク人

いらっしゃい　irasshai　いらっしゃい
いらっしゃい-ませ　irasshai-mase　いらっしゃいませ مَرْحَبًا < رحب　مَرْحَبًا، أَيُّ خِدْمَةٍ

いらっしゃい,何にいたしましょう

2)いらっしゃい تَعَالَ < علو ※VI 命　تَعَالَ نَلْعَبْ :遊びにいらっしゃい

いられない　irare・nai　(〜せずに)いられない لَمْ يَتَمَالَكْ نَفْسَهُ　لَمْ تَتَمَالَكْ نَفْسَهَا مِنَ الْبُكَاءِ

彼女は泣かずにいられなかった

いらん　iran　イラン　إِيرَان　関 إِيرَانِيٌّ 複 ـُونَ :イランの/イラン人

いりえ　irie　入り江　جُون　複 أَجْوَان　تَقَعُ مَدِينَتِي عَلَى شَاطِئِ جُونٍ جَمِيلٍ

私たちの街は美しい入り江にあります

いりぐち　iri-guchi　入口　مَدْخَل < دخل 複 مَدَاخِل ※ ⇔ مَخْرَج :出口

مَدْخَلُ الْمَطْعَمِ :レストランの入り口

いりょう　iryou　医療　عِلَاج طِبِّيّ　تَكَالِيفُ الْعِلَاجِ الطِّبِّيِّ :医療費

いりょう　iryou　衣料　مَلْبَس < لبس　اَلْمَصْنَعُ يُؤَمِّنُ لِلْعَامِلِ مَعَاشَهُ وَمَلْبَسَهُ

工場は労働者に給料と衣料を保証する

いる　iru　居る　مَوْجُود < وجد ※女 مَوْجُودَة　أَسَيِّدُ ~ مَوْجُودٌ؟

〜さんいらっしゃいますか

いる　iru　煎る/炒る　حَمَّصَ < حمص II　حَمَّصَ بِزْرَ السِّمْسِمِ :胡麻を煎った(炒った)

いる　iru　要る ⇒ ひつようとする hitsuyou-tosuru 必要とする

いれかえる　ire-kaeru　入れ替える　غَيَّرَ < غير II　غَيَّرَ سُلُوكَهُ :彼は心を入れ替えた

いれずみ　irezumi　入れ墨　وَشْم　複 وُشُوم /وِشَام　رَسَمَ وَشْمًا :入れ墨を彫った

いれずみ-をする　irezumi-wosuru　入れ墨をする وَشَمَ ، يَشِمُ　مَا زَالَ بَعْضُ النَّاسِ يَشِمُونَ زُنُودَهُمْ

未だにある人々は腕に入れ墨をする

いれば　ire-ba　入れ歯 طَاقِمِ الْأَسْنَانِ < طقم　رَكَّبَ طَاقِمَ الْأَسْنَانِ :入れ歯を入れた

いれもの　iremo・no　入れ物 ⇒ ようき youki 容器

いれる　ireru　入れる　أَدْخَلَ < دخل IV ~ فِي ~:に~　أَدْخَلَ فُلُوسًا فِي الصُّنْدُوقِ

お金を箱に入れた

أَدْخَلَنِي أَبِي الْمَدْرَسَةَ :父は私を学校に入れた

2)入れる　حَضَّرَ < حضر II　حَضَّرْتُ الشَّايَ :私がお茶を入れました

3)入れる　شَغَّلَ < شغل II　شَغِّلِ الْمُكَيِّفَةَ :エアコンを入れて下さい

いろ～いんかする

いろ iro 色 لَوْن 複 أَلْوَان اَللَّوْنُ الأَحْمَرُ فِي هٰذَا الْعَلَمِ يَرْمُزُ
إِلَى الدَّمِ この旗の赤色は血を意味する

いろいろな iroiro-na 色々な مُخْتَلِف < خلف هُمَا اشْتَرَيَا أَشْيَاءَ مُخْتَلِفَةً
二人は色々な物を買いました

いろがみ iro-gami 色紙 وَرَقَة مُلَوَّنَة 複 أَوْرَاق مُلَوَّنَة لَفَّ الْهَدِيَّةَ بِالأَوْرَاقِ
الْمُلَوَّنَةِ 贈り物を色紙で包んだ

いろどられる irodorareru 彩られる تَلَوَّنَ < لون V تَلَوَّنَتِ الْحَدِيقَةُ بِأَلْوَانِ الزُّهُورِ
庭が花の色で彩られた

いろのついた iro-notsuita 色の付いた مُلَوَّن < لون زُجَاج مُلَوَّن :色の付いたガラス

いろをぬる iro-wonuru 色を塗る لَوَّنَ < لون II ～ بِاللَّوْنِ لَوَّنَ الْبَابَ :ドアを～色に塗った

いろん iron 異論 اِعْتِرَاض عَلَى الرَّأْيِ ～ اِعْتِرَاضٌ عَلَى ～ عِنْدِي : 私は～に異論があります

いわ iwa 岩 صَخْر 複 صُخُور ※ صَخْرَة :1個の岩
قُبَّةُ الصَّخْرَةِ :岩のドーム

いわい iwai 祝い تَهْنِئَة < هنأ أَلْقَى كَلِمَةَ تَهْنِئَةٍ
お祝いの言葉を述べた

いわう iwau 祝う اِحْتَفَلَ < حفل VIII～بـ :～を يَحْتَفِلُونَ الأَطْفَالُ وَالْكِبَارُ
بِعِيدِ رَأْسِ السَّنَةِ 大人も子供も新年を祝う

2)祝う هَنَّأَ < هنأ II ! أُهَنِّئُكَ بِنَجَاحِ وَلَدِكَ
ご子息のご成功をお祝い申し上げます

いわし iwashi 鰯 سَرْدِين ※ سَرْدِينَة :1匹の鰯
عُلْبَة سَمَك سَرْدِينٍ :イワシ(鰯)の缶詰

いわれている iwarete-iru 言われている قِيلَ ، يُقَالُ < قول إِنَّ ～ :～と قِيلَ إِنَّ حُورِيَّةً فَاتِنَةً
كَانَتْ تَحْرُسُ الْيَنْبُوعَ その泉は美しい妖精に
守られていると言われていた

いん in 印
いんかん inkan 印鑑 ⇒ はんこ hanko 判子

いん in 韻 قَافِيَة < قفو 複 قَوَافٍ تَرَدَّدَت الْقَافِيَةُ عِدَّةَ مَرَّاتٍ
فِي الْقَصِيدَةِ そのカシーダ詩には韻が繰り返されていた
كَلَام مَوْزُون مُقَفًّى ※ مُقَفًّى :韻のある
韻を踏んだ言葉

いんかする inka-suru 引火する اِشْتَعَلَ < شعل VIII اِشْتَعَلَتِ النَّارُ فِي الْغَازِ :ガスに引火した
※名 اِشْتِعَال :引火 اَلْبَنْزِينُ سَرِيعُ الاِشْتِعَالِ
ガソリンは引火しやすい

いんき　inki　インキ

いんく　inku　インク　حِبْر　حِبْر أَسْوَد (أَحْمَر) :黒(赤)インク

كُتِبَتِ الْعَلَامَةُ بِحِبْرٍ أَخْضَر

そのマークは緑のインクで書かれていた

いんごっと　ingotto　インゴット　سَبِيكَة ＜ سبك 複 سَبَائِك　سَبِيكَة الذَّهَب

金のインゴット/金塊

いんさつしょ　insatsu-sho　印刷所

いんさつじょ　insatsu-jo　印刷所　مَطْبَعَة ＜ طبع 複 مَطَابِع　اَلْمَطَابِعُ الَّتِي تَطْبَعُ بِاللُّغَةِ الْعَرَبِيَّةِ فِي الْيَابَانِ قَلِيلَةٌ جِدًّا

日本ではアラビア語を印刷する印刷所はとても少ない

いんさつする　insatsu-suru　印刷する　طَبَعَ (a)　هٰذَا الْكِتَابُ طُبِعَ فِي لُبْنَان

この本はレバノンで印刷されました

※名 طِبَاعَة :印刷　اَلطِّبَاعَةُ سَاعَدَتْ عَلَى نَشْرِ الْمَعْرِفَةِ

印刷は知識を広める助けになった

いんさつの　insatsu-no　印刷の　مَطْبَعِيّ ＜ طبع　غَلْطَة مَطْبَعِيَّة :印刷(の)ミス

いんさつぶつ　insatsu-butsu　印刷物　مَطْبُوعَات ＜ طبع ※ مَطْبُوع の複

وَزَّعَ الْمَطْبُوعَات :印刷物を配布した

いんしょう　inshou　印象　اِنْطِبَاع ＜ طبع ～ عَنْ :～の　أَخَذَ انْطِبَاعًا حَسَنًا عَنِ الْيَابَانِ

彼は日本に良い印象を持ちました

いんしょう-をあたえる　inshou-wo·ataeru　印象を与える　أَوْحَى، يُوحِي ＜ وحى IV　مَظْهَرُ الْأُسْتَاذِ يُوحِي بِالْقَسْوَةِ

教授の外見は厳格な印象を与えます

いんすたんと　insutanto　インスタント　سَرِيع التَّحْضِير　قَهْوَة سَرِيعَة التَّحْضِير :インスタントコーヒー

いんすぴれしょん　insupiree-shon　インスピレーション　⇒　ひらめき　hirameki　ひらめき

いんそつする　insotsu-suru　引率する　رَافَقَ ＜ رفق III ※ مُرَافِق :引率者

رَافَقَ الطُّلَّابَ فِي السَّفَر :旅行で学生を引率した

いんたー-なしょなる　intaa-nasho·naru　インターナショナル　أُمَمِيَّة / دُوَلِيَّة ※= الْعَالَمِيَّة　حَرَكَة الْعُمَّال الثَّوْرِيَّة الْعَالَمِيَّة

労働者の世界革命の運動

اَلنَّشِيد الْأُمَمِيّ :インターナショナルの歌

いんたーねっと　intaa·netto　インターネット　إِنْتَرْنِت　مَقْهَى الْإِنْتَرْنِت :インターネットカフェ

いんたいする　intai-suru　引退する　اِعْتَزَلَ ＜ عزل VIII　اِعْتَزَلَ الْمُمَثِّلُ :俳優が引退した

※名 اِعْتِزَال :引退　اِعْتِزَال رَسْمِيّ :公式の引退

いんたびゅー　intabyuu　インタビュー　مُقَابَلَة صُحُفِيَّة　مُقَابَلَة صُحُفِيَّة غَيْر رَسْمِيَّة

非公式のインタビュー

いんち　inchi　インチ　بُوصَة　複 ـات ※１２分の１フィート/２．５４センチ

いんちきな～いんれき

い

いんちきな　inchiki-na　インチキな ⇒ うその uso-no 嘘の

いんでぃあん　indian　インディアン هِنْدِيّ أَحْمَر ※＝アメリカインディアン，アメリカ原住民

いんど　indo　インド/印度 اَلْهِنْد　関 هِنْدِيّ 複 هُنُود :インドの/インド人
اَلْمُحِيط اَلْهِنْدِيّ :インド洋

いんどねしあ　indo・neshia　インドネシア إِنْدُونِيسِيَا ※إِنْدُونِيسِيّ :インドネシアの/インドネシア人

いんふるえんざ　inhuruenza　インフルエンザ إِنْفُلُونْزَا/ نَزْلَة وَافِدَة　أُصِيبَ بِالنَّزْلَةِ الْوَافِدَةِ
インフルエンザにかかった

いんふれ　inhure　インフレ
いんふれーしょん　inhure-shon　インフレーション تَضَخُّم مَالِيّ　حَاوَلَتِ الْحُكُومَةُ أَنْ تَحُدَّ مِنَ التَّضَخُّمِ
政府はインフレを抑制しようとした

いんぼう　inbou　陰謀 دَسِيسَة ＜ دَسّ 複 دَسَائِس　دَسَّ الدَّسَائِس :陰謀に加わった

いんぼいす　inboisu　インボイス ⇒ おくりじょう okuri-jou 送り状

いんよう　in・you　引用 اِقْتِبَاس ＜ قَبَس ※例の引用 عَلَامَتَا الِاقْتِبَاس :引用符

いんようする　in・you-suru　引用する اِسْتَشْهَدَ ＜ شَهِد X　يُحِبُّ أَنْ يَسْتَشْهِدَ بِشَكْسْبِير
彼はシェイクスピアを引用するのが好きだ

いんりょう　in・ryou　飲料 مَشْرُوب ＜ شَرِب 複 -ات　مَشْرُوبَات رُوحِيَّة :アルコール飲料

いんりょうすい　in・ryou-sui　飲料水 مَاء لِلشُّرْب

いんりょく　in・ryoku　引力 جَاذِبِيَّة ＜ جَذَب　قُوَّة الْجَاذِبِيَّةِ الْأَرْضِيَّة :地球の引力

いんれき　inreki　陰暦 ⇒ たいいんれき tai・in-reki 太陰暦

うーる～うかぶ

宇　う　ウ　【u】

う

うーる　uuru　ウール　⇒ ようもう youmou 羊毛

ういんくする　u・inku-suru　ウインクする　غَمَزَ (i)　غَمَزَتْهُ بِعَيْنِهَا :彼女は彼にウインクした

※名 غَمْزَة 複 ـات :ウインク

うえ　ue　上　فَوْقَ　أُنْظُرْ فَوْقَ :上を見なさい

うえ　ue　飢え　جُوع ＜ جوع　يَمُوتُونَ مِنَ الْجُوعِ عَنْ قَرِيبٍ

彼らは間もなく飢えのために死ぬだろう

うえき　ueki　植木　شَجَرَة لِلْحَدِيقَة 複 أَشْجَار لِلْحَدِيقَة

うえきばち　ueki-bachi　植木鉢　أَصِيص 複 أُصُص　أَيْنَ وَضَعْتَ الْأَصِيصَ؟

(あなたは)植木鉢はどこに置きましたか

うえている　ueteiru　飢えている　جَائِع ＜ جوع　حَيَوَان مُتَوَحِّش جَائِع :飢えている野生の動物

うえに　ue-ni　(～の)上に　عَلَى～　نَظَّارَتُكَ عَلَى الْمَائِدَةِ :あなたの眼鏡はテーブルの上にある

2)(～の)上に　فَوْقَ～　كَانَ السَّحَابُ فَوْقَ الْجَزِيرَةِ :島の上に雲があった

うえる　ueru　植える　زَرَعَ (u)　※作物を　زَرَعَ الْفَلَّاحُ الْبَصَلَ :農民は玉ねぎを植えた

2)植える　غَرَسَ (i)　※植物を　غَرَسَ الْفَلَّاحُ الشَّجَرَ :農民は木を植えた

3)植える　بَذَرَ (u)　※種を　بَذَرَ الْفَلَّاحُ الْقَمْحَ :農民は麦を植えた(蒔いた)

うえる　ueru　飢える　جَاعَ ، يَجُوعُ　اَلطِّفْلُ جَاعَ :その子は飢えた(お腹をすかした)

うお　uo　魚　⇒ さかな saka・na 魚

うおいちば　uo-ichiba　魚市場
うおがし　uo-gashi　魚河岸　سُوق السَّمَك　تُسَيْطِرُ عَلَى سُوقِ السَّمَكِ جَلَبَةٌ طَرِيفَةٌ

奇妙な騒音が魚市場(魚河岸)を圧倒している

うかがう　ukagau　伺う　زَارَ ، يَزُورُ　※行くの謙譲語　أَزُورُكُمْ فِي يَوْمِ السَّبْتِ

私は土曜日に伺います

2)伺う　سَأَلَ (a)　※尋ねるの謙譲語　أَيُمْكِنُ أَنْ أَسْأَلَكَ؟

お伺いしたいのですが

うかがう　ukagau　窺う　رَاقَبَ ＜ رقب III　مَنْ رَاقَبَ النَّاسَ ، مَاتَ هَمًّا

人の様子を窺うものは気苦労で死ぬ[格言]

うかつな　ukatsu-na　迂闊な　⇒ けいはくな keihaku-na 軽薄な

うかぶ　ukabu　浮かぶ　طَفَا ، يَطْفُو　اَلْوَرَقَةُ تَطْفُو عَلَى مَاءِ النَّهْرِ

木の葉が川の水に浮かんでいる(浮いている)

2)(心に)浮かぶ　آتَى ＜ اتى IV　آتَتْنِي فِكْرَةٌ :私にある考えが浮かんだ

3)浮ぶ　اِرْتَسَمَ ＜ رسم VIII　تَرْتَسِمُ ابْتِسَامَتُهُ عَلَى وَجْهِهِ

彼の顔に笑みが浮かぶ

うかべる ukaberu 浮かべる عَوَّمَ < عام II عَوَّمَ السَّفِينَةَ مِنَ الطِّينِ
泥の船を浮かべた

2)浮かべる اِمْتَلَأَ < ملأ VIII اِمْتَلَأَتْ عَيْنَاهُ بِالدُّمُوعِ
目に涙を浮かべた

うかる ukaru 受かる نَجَحَ (a) نَجَحَ فِي الاِمْتِحَانِ:彼は試験に受かった

うがいをする ugai-wosuru うがいをする غَرْغَرَ أُغَرْغِرُ بِهٰذَا الدَّوَاءِ:私はこの薬でうがいをする

うき uki 雨期 مَوْسِم الْمَطَر ※⇔乾期 حَلَّ مَوْسِمُ الْمَطَرِ:雨期に入った

うく uku 浮く ⇒ うかぶ ukabu 浮かぶ

うけあう uke-au 請け合う/受け合う ضَمِنَ (a) ※=保証する اِجْتَهِدْ، وَأَنَا أَضْمَنُ لَكَ النَّجَاحَ
努力しなさい,貴男の成功は私が請け合います

うけいれる uke-ireru 受け入れる قَبِلَ (a) قَبِلَ الطَّلَبَ:その要求を受け入れた

うけおい uke・oi 請け負い
うけおいにん uke・oi-nin 請け負い人 مُتَعَهِّد < عهد 複 ون أَتَمَّ الْمُتَعَهِّدُ بِنَاءَ الْجِسْرِ
請負人はその橋の建設を完成した

うけおう uke・ou 請け負う بَاشَرَ < بشر III بَاشَرَ الْمُهَنْدِسُ رَسْمَ خَرِيطَةِ الْبَيْتِ
技術者がその家の設計を請け負った

うけたまわる uketamawaru 承る تَلَقَّى < لقي V ※受けるの謙譲語
تَلَقَّيْتُ دَعْوَةَ الرَّئِيسِ
私は大統領から招待を承った

うけつぐ uketsugu 受け継ぐ يَرِثُ، وَرِثَ سَوْفَ يَرِثُ الاِبْنُ مَالَ أَبِيهِ
息子が父の財産を受け継ぐだろう(相続するだろう)

うけつけ uke-tsuke 受け付け مَكْتَب (شُبَّاك) الاِسْتِعْلَامَات

うけつける uke-tsukeru 受け付ける قَبِلَ (a) قَبِلَ اسْتِمَارَةَ الطَّلَبِ:願書を受け付けた

うけとめる uke-tomeru 受け止める وَاجَهَ < وجه III وَاجَهَ مَوْتَهُ بِرَبَاطَةِ الْجَأْشِ
彼の死を冷静に受け止めた

うけとり uke-tori 受け取り اِسْتِلَام < سلم اِسْتِلَامُ الطَّرْدِ:小包の受け取り

うけとる uke-toru 受け取る تَسَلَّمَ < سلم V تَسَلَّمْتُ خِطَابَكَ
あなたの手紙を受け取りました

うけみけい ukemi-kei 受け身形 صِيغَةُ الْمَبْنِيِّ لِلْمَجْهُولِ

うけもつ uke-motsu 受け持つ اِضْطَلَعَ < ضلع VIII تَضْطَلِعُ بِمَسْؤُولِيَّةِ الطَّبْخِ
あなたは食事係りを受け持ちます

うける ukeru 受ける قَدَّمَ < قدم II قَدَّمَ امْتِحَانَ الدُّخُولِ:入学試験を受けた

2)受ける تَأَثَّرَ < أثر V ※〜بِـ/مِنْ:〜に影響を受ける
تَأَثَّرَ بِكَلِمَتِهِ:彼の言葉に影響を受けた

う

3)受ける لَاقَى < لقي III لَاقَى مُعَامَلَةً لَطِيفَةً(قَاسِيَةً)
彼は親切な(ひどい)扱いを受けた

4)受ける تَلَقَّى < لقي V تَلَقَّى دُرُوسًا (سُؤَالًا):授業(質問)を受けた

5)受ける تَكَبَّدَ < كبد V تَكَبَّدَ التَّاجِرُ خَسَارَةً كَبِيرَةً
商人は大損害を受けた

うごかす ugokasu 動かす حَرَّكَ < حرك II حَرَّكْتُ الْحَجَرَ مِنْ مَكَانِهِ
私は石を動かした

2)動かす شَغَّلَ < شغل II شَغَّلَ الْمَاكِينَةَ:機械を動かした(作動させた)

うごき ugoki 動き حَرَكَة 複 ـات كُلُّ حَرَكَةٍ مِنْهُ تُضْحِكُنَا
彼の全ての動き(動作)が私たちを笑わせる

うごく ugoku 動く تَحَرَّكَ < حرك V يَتَحَرَّكُ الْقِطَارُ:汽車が動く

うさぎ usagi 兎 أَرْنَب 複 أَرَانِب ※女 أَرْنَبٌ بَرِّيَّةٌ:野兎
أَرْنَبٌ أَلِيفَةٌ:飼い兎

うし ushi 牛 بَقَر 複 ـات ※雌牛 بَقَرَةٌ:1頭の雌牛 لَحْمُ الْبَقَرِ:牛肉
※بَقَرِيّ:牛の لَحْمٌ بَقَرِيٌّ:牛の肉/牛肉

2)牛 ثَوْر 複 ثِيرَان ※雄牛 أُصِيبَ الثَّوْرُ بِسَهْمٍ فَهَاجَ
矢を受けた牛は興奮した

うしなう ushi・nau 失う يَضِيعُ، ضَاعَ مَاذَا ضَاعَ مِنْكَ؟:(あなたは)何を失いましたか
(無くしましたか)

2)失う فَقَدَ (i) فَقَدَ عَمَلَهُ (عَقْلَهُ):彼は職(理性)を失った

3)失う يُغْشَى، غُشِيَ ※غَشِيَ の受 ※気を失う(~ عَلَى :~が) ※=失神する
اِصْفَرَّ وَجْهُ زَوْجَتِهِ، وَكَادَ يُغْشَى عَلَيْهَا
彼の妻は顔色が青くなって,気を失いそうだった

4)失う يَفُوتُ، فَاتَ فَاتَتِ الْفُرْصَةُ لِـ~:~する機会を失った

うしろ ushiro 後ろ وَرَاء < ورى الْوَرَاءِ (مِنَ) إِلَى:後ろに(から)

2)後ろ خَلْف السَّيَّارَةُ الْأُخْرَى صَدَمَتْ سَيَّارَتِي مِنَ الْخَلْفِ
私の車に後ろから別の車がぶつかった

うしろの ushiro-no 後ろの خَلْفِيّ < خلف رِجْلَانِ خَلْفِيَّتَانِ:(2本の)後ろ足

うしろまえに ushiro-mae・ni 後ろ前に ظَهْرًا لِبَطْنٍ اِرْتَدَى مَلَابِسَهُ ظَهْرًا لِبَطْنٍ:服を後ろ前に着た

うす usu 臼 رَحًى 複 أَرْحَاء/أَرْحِلَة تَطْحَنُ الرَّحَى حُبُوبَ الْقَمْحِ
臼が小麦をひく

うすい usui 薄い رَقِيق < رقّ مَجَلَّةٌ رَقِيقَةٌ:薄っぺらな雑誌

うすくする～うち

う

2)薄い خَفِيف < خفّ قَهْوَة خَفِيفَة :薄いコーヒー

うすくする usuku-suru 薄くする
うすめる usumeru 薄める خَفَّفَ < خفّ II يُخَفِّفُ عَرَقًا بِالْمَاءِ :アラク酒を水で薄める

うすくなる usuku-naru 薄くなる
うすれる usureru 薄れる تَلَاشَى < لشي VI مَا حَمِيَتِ الشَّمْسُ حَتَّى تَلَاشَى الضَّبَابُ
霧が薄くなる(晴れる)と太陽はすぐに熱くななる

2)薄くなる
薄れる رَقَّ (i) رَقَّ نَعْلُ حِذَائِي :私の靴底が薄くなった

うず uzu 渦
うずまき uzu-maki 渦巻き دَوَّامَة مَائِيَّة ※ ⇒ 螺旋

うずく uzuku 疼く آلَمَ < ألم IV تُؤْلِمُنِي السِّنُّ الْفَاسِدَةُ :(私の)虫歯が疼く

うずめる uzumeru 埋める ⇒ うめる umeru 埋める

うずら uzura うずら/鶉 سَلْوَى 複 سَلَاوَى بَيْضُ السَّلْوَى :うずらの卵

うそ uso うそ/嘘 كَذِب / كَذْب / كِذْب / كَذْبَة جِهَازُ كَشْفِ الْكَذِبِ :うそ発見器
كَلَامُهُ كَذِبٌ بَحْتٌ :彼の話は真っ赤なうそだ

うその uso-no うその كَاذِب < كذب إِعْلَان كَاذِب :うその(インチキな)広告

うそつき uso-tsuki うそつき كَذَّاب < كذب إِنَّهُ كَذَّابٌ :彼は本当にうそつきだ

うそをつく uso-wotsuku うそをつく كَذَبَ (i) لَا تَكْذِبْ :うそをつくな

うた uta 歌/唄 أُغْنِيَّة < غنى 複 أَغَانٍ أُغْنِيَّة يَابَانِيَّة غَنَّى أُغْنِيَّةً
日本の歌を歌った

うたう utau 歌う يُغَنِّي، غَنَّى < غنى II 命 غَنِّ :歌え يُغَنِّي الْعُصْفُورُ عَلَى الشَّجَرَةِ
小鳥が木の上で歌っている

※名 غِنَاء 複 أَغَانٍ :歌う事 كُنْتُ مَشْغُولًا بِالْغِنَاءِ
私は歌う事に忙しかった

うたがう utagau 疑う شَكَّ (u) 〜を:〜في/بـ شَكَّ فِي مَا قُلْتُ :私の言った事を疑った
※名 شَكّ 複 شُكُوك :疑い عِنْدَهُ شَكٌّ :彼は疑い深い
وَلَا شَكَّ / لَا شَكَّ / بِلَا شَكٍّ :疑いなく

2)疑う اِرْتَابَ < ريب VIII اِرْتَابَ فِي نَظَافَةِ الْمَاءِ :水の清潔さを疑った
اِرْتَابَ مِنْ قَذَارَةِ الْمَاءِ :水の汚染を疑った

うたがわれる utagawareru 疑われる أُتُّهِمَ < وهم VIII受 أُتُّهِمَتِ الْبِنْتُ بِكَسْرِ الْمَزْهَرِيَّةِ
その娘が花瓶を壊したと疑われた

うたたねする utata·ne-suru うたた寝する أَغْفَى < غفو IV كُلَّمَا جَلَسَتْ جَدَّتِي وَحْدَهَا أَغْفَتْ
祖母は一人で座ると,いつもうたた寝していた

うち uchi 家 ⇒ いえ ie 家

うち uchi 内 ⇒ なか naka 中

うちあける～うつ

う

うちあける uchi-akeru 打ち明ける بَاحَ (u) ~ بَاحَ بِسِرِّهِ لِـ~ :~に秘密を打ち明けた

うちあげる uchi-ageru 打ち上げる أَطْلَقَ < طلق IV أَطْلَقَ صَارُوخًا :ミサイルを打ち上げた

うちあわせ-をする uchiawase-wosuru 打ち合わせをする تَشَاوَرَ < شور VI تَشَاوَرُوا ثُمَّ حَدَّدُوا الْمَوْعِدَ
彼らは打ち合わせをして期日を決めた
※名 تَشَاوُر :打ち合わせ

うちおとす uchi-otosu 撃ち落とす أَسْقَطَ < سقط IV أَسْقَطَ الطَّيْرَ بِبُنْدُقِيَّتِهِ
彼は鳥を銃で撃ち落とした

うちかつ uchi-katsu うち勝つ
うちまかす uchi-makasu うち負かす غَلَبَ (i) غَلَبْنَا خَصْمَنَا فِي الْمُبَارَاةِ
私たちは試合で相手にうち勝った(をうち負かした)

うちがわ uchigawa 内側 دَاخِل < دخل دَاخِلَ الْبَابِ :ドアの内側

うちがわに uchigawa-ni 内側に
うちに uchi-ni 内に دَاخِلَ < دخل دَاخِلَ فِي السُّتْرَةِ :上着の内側に

うちきな uchiki-na 内気な خَجِل لَا يَجْرُؤُ عَلَى مُقَابَلَةِ الْفَتَاةِ إِنَّهُ خَجِلٌ
彼は内気なのでその娘に会う勇気がない

うちけす uchi-kesu うち消す ⇒ ひていする hitei-suru 否定する

うちこむ uchi-komu 打ち込む كَرَّسَ < كرس II كَرِّسْ يَوْمَكَ لِلْعَمَلِ
日々仕事に打ち込みなさい

2)打ち込む غَرَزَ (i) لَمْ يَغْرِزِ الْوَتَدَ فِي الْأَرْضِ سَهْلًا
杭を地面に容易に打ち込めなかった

うちたてる uchi-tateru 打ち立てる سَجَّلَ < سجل II سَجَّلَ رَقْمَ الْقِيَاسِ الْعَالَمِيِّ
世界新記録を打ち立てた(樹立した)

うちとける uchi-tokeru うち解ける تَوَدَّدَ < ودّ V ~إِلَى/لِـ :~に تَوَدَّدُوا إِلَى الْمُدَرِّسِ الْجَدِيدِ
彼らは新しい先生にうち解けた

うちまかす uchi-makasu うち負かす ⇒ うちかつ uchi-katsu うち勝つ

うちゅう uchuu 宇宙 الْكَوْن أَرْضُنَا أَجْمَلُ كَوْكَبٍ فِي الْكَوْنِ
私達の地球は宇宙で一番きれいな星だ

2)宇宙 فَضَاء < فضو سَفِينَةُ (مَرْكَبَةُ) الْفَضَاءِ :宇宙船
رَائِدُ فَضَاءٍ :宇宙飛行士

うちわ uchiwa 団扇 مِرْوَح < روح 複 مَرَاوِح اِسْتَعْمِلْ هٰذِهِ الْمِرْوَحَةَ
この団扇(扇)をお使いください

うつ utsu うつ/鬱 كَآبَة < كأب فِرَاقُكَ أَوْرَثَهُ كَآبَةً
彼はあなたと別れて鬱になった

うつ utsu 打つ دَقَّ (u) دَقَّ الْمَسَامِيرَ :釘を打った
دَقَّتِ السَّاعَةُ الرَّابِعَةَ: 時計が4時を打った

うつ～うったえる

う

2)打つ　أَثَّرَ　< أثر II ※心を　أَثَّرَتْ قِصَّتُهَا فِينَا بِشَكْلٍ عَمِيقٍ
彼女の話は私達の心を深く打った

3)打つ　صَفَعَ (a)　※平手で　كَادَ الْمُعَلِّمُ يَصْفَعُ وَجْهَ التِّلْمِيذِ
教師は今にも生徒の顔を平手で打たんばかりだった

4)打つ　ضَرَبَ (i)　ضَرَبَ الْكَلْبَ بِالْعَصَا :犬を棒で打った

うつ　utsu　撃つ（النَّارَ）أَطْلَقَ　< طلق IV ～/～عَلَى :～に向けて
أَطْلَقَ الصَّيَّادُ النَّارَ رَجُلًا :猟師が男を銃で撃った

うっかり　ukkari　うっかり　سَهْوًا　< سهو　تَرَكْتُ الشَّمْسِيَّةَ سَهْوًا :傘をうっかり忘れた

うつくしい　utsukushii　美しい　جَمِيل　< جمل　اَلسَّيَّارَةُ الْجَمِيلَةُ :その美しい車
اَلْحِصَانُ أَجْمَلُ مِنَ الْحِمَارِ :馬はロバより美しい

うつくしくする　utsukushiku-suru　美しくする　زَيَّنَ　< زين II　يُزَيِّنُ عَيْنَ الْفَتَاةِ هُدْبٌ طَوِيلٌ
長いまつげが娘の目を美しくする

2)美しくする　جَمَّلَ　< جمل II　جَمَّلَ الْمَدِينَةَ :町を美しくした

うつくしさ　utsukushisa　美しさ　جَمَال　< جمل　فِي الطَّبِيعَةِ جَمَالٌ :自然には美しさがある

2)美しさ　حُسْن　هِيَ كَانَتْ مَشْهُورَةً بِحُسْنِهَا
かつて彼女はその美しさで有名だった

うつし　utsushi　写し　نُسْخَة　複 نُسَخ　هٰذِهِ نُسْخَةٌ طِبْقَ الْأَصْلِ عَنِ الْهُوِيَّةِ
これは身分証明書の原本の写し（コピー）です

うつす　utsusu　移す　نَقَلَ (u)　نَقَلَ السَّائِقُ الْبَضَائِعَ مِنَ الْقِطَارِ إِلَى الشَّاحِنَةِ
運転手はその商品を汽車からトラックに移した

2)移す　غَيَّرَ　< غير II ※運べない物を　غَيَّرْتُ الْمَكْتَبَ مِنْ هُنَا إِلَى "طُوكِيُو"
私は事務所をここから東京に移しました

うつす　utsusu　写す　صَوَّرَ　< صور II ※写真を（= أَخَذَ صُورَةً）※ ⇒ 撮る
صَوَّرَ الْمَنْظَرَ الْجَمِيلَ :その美しい景色を写した

2)写す　نَسَخَ (a)　نَسَخْتُ دَفْتَرَ صَدِيقِي
私は友人のノートを写しました

うつす　utsusu　映す　عَرَضَ (i)　عَرَضَ فِيلْمًا سِينَمَائِيًّا :映画を映した（上映した）

うったえる　uttaeru　訴える　اِتَّهَمَ　< وهم VIII ～بِـ :～で　اَلشُّرْطَةُ تَتَّهِمُ ～ بِالسَّرِقَةِ
警察は～を窃盗の罪で訴える

2)訴える　قَاضَى　< قضى III　إِنْ لَمْ تَرُدَّ لَهُ مَالَهُ قَاضَاكَ إِلَى الْحَاكِمِ
もしあなたが彼にお金を返さなかったら
彼は裁判に訴えるだろう

うっとうしい～うぬぼれる

う

3)訴える　لَجَأَ (a)　لَجَأَ إِلَى الْعُنْفِ :暴力に訴えた

4)訴える　نَاشَدَ < نشد III　نَاشَدَ حَظْرَ الْأَسْلِحَةِ النَّوَوِيَّةِ
核兵器の禁止を訴えた

うっとうしい　uttoushii　うっとうしい　مُزْعِج < زعج　مُزْعِجٌ نَهِيقُ الْحِمَارِ
ロバの鳴き声はうっとおしい(不快だ)

うつむく　utsumuku　うつむく　طَأْطَأَ، يُطَأْطِئُ　طَأْطَأَتْ رَأْسَهَا خَجَلًا
彼女は恥ずかしくてうつむいた

うっとりする　uttori-suru　うっとりする　خَلَّابٌ < خلب ※形容詞　مَنْظَرٌ خَلَّابٌ :うっとりするような景色

うつる　utsuru　移る　تَنَقَّلَ < نقل V　يَتَنَقَّلُ مِنْ مَكَانٍ إِلَى مَكَانٍ
あちこちに移る

2)移る　اِنْتَقَلَ < نقل VII　اِنْتَقَلَ مَعَ أُسْرَتِهِ إِلَى عَمَّانَ
彼は家族と一緒にアンマンに移った

うつる　utsuru　映る　عَرَضَ، يُعْرَضُ　※عَرَضَ :映すの受　يُعْرَضُ الْمَنْظَرُ فِي التِّلِفِزْيُونِ
そのシーン(光景)がテレビに映る

うつわ　utsuwa　器　إِنَاء < أنى 複 آنِيَة / أَوَانٍ　آنِيَةُ الطَّعَامِ :食器類

うで　ude　腕　ذِرَاع < ذرع 複 أَذْرُع　(يْنِ) ذِرَاعَانِ :両腕(属対)
مَدَّ ذِرَاعَيْهِ :両腕を伸ばした

うでどけい　ude-dokei　腕時計　سَاعَةُ الْيَدِ　اِشْتَرِ سَاعَةَ الْيَدِ :腕時計を買って下さい

うでわ　ude-wa　腕輪　سِوَار　複 أَسَاوِر　أَهْدَيْتُهَا سِوَارًا مِنْ ذَهَبٍ
私は彼女に金の腕輪(ブレスレット)を贈った

うとい　utoi　疎い　⇒ むちな　muchi-na　無知な

うながす　u・nagasu　促す　حَثَّ، يَحُثُّ　※عَلَى～ :～するように　يَحُثُّنَا الْمُدَرِّبُ عَلَى الْإِسْرَاعِ
コーチは私達に急ぐように促す

うなぎ　u・nagi　ウナギ/鰻　حَنْكَلِيس　الْيَهُودُ لَا يَأْكُلُونَ الْحَنْكَلِيسَ
ユダヤ教徒はウナギを食べない

うなずく　u・nazuku　頷く　أَوْمَأَ رَأْسَهُ < ومأ IV　أَوْمَأَ رَأْسَهُ مُوَافِقًا :同意して頷いた

うなだれる　u・nadareru　うなだれる　دَلَّى رَأْسَهُ فَوْقَ صَدْرِهِ

うなる　u・naru　唸る　زَأَرَ، يَزْأَرُ　زَأَرَ الْأَسَدُ :ライオンが唸った

うに　u・ni　ウニ　تُوتِيَاء　اَلتُّوتِيَاءُ لَهُ شَوْكٌ حَادٌّ :ウニには鋭いとげがある

うぬぼれ　u・nubore　自惚れ　غُرُور < غرّ　حَذَارِ أَنْ تَتَحَوَّلَ ثِقَتُكَ بِنَفْسِكَ إِلَى غُرُورٍ !
自信が自惚れにならないように気をつけなさい

うぬぼれる　u・nuboreru　自惚れる　اِغْتَرَّ بِنَفْسِهِ　! لَا تَغْتَرَّ بِنَفْسِكَ :自惚れるな！

うねる～うめく

うねる　u･neru　うねる　تَمَوَّجَ < موج V　تَمَوَّجَ الْبَحْرُ مَعَ هُبُوبِ الرِّيحِ
海が風と共にうねった

うばう　ubau　奪う　سَلَبَ (u)　سَلَبَ اللُّصُوصُ حَتَّى مَلَابِسَهُ
盗賊達は彼の服さえ(まで)も奪った

2)奪う　اِنْتَزَعَ < نزع VIII　اِنْتَزَعَ مِنْهُ الْحَيَاةَ :彼の命を奪った

うま　uma　馬　خَيْل　複 خُيُول　سَابَقَ الْخَيْلَ :競馬

2)馬　حِصَان < حصن　複 حُصُن / أَحْصِنَة ※雄馬 حِصَانُ السِّبَاقِ :競走馬
※雌馬: فَرَس 複 أَفْرَاس

うまい　umai　旨い ⇒ おいしい　oishii　おいしい

うまい　umai　巧い ⇒ じょうずな jouzu-na 上手な

うまく　umaku　巧く ⇒ じょうずに jouzu-ni 上手に

うまれ　umare　～生まれ ～ مِنْ مَوَالِيدِ　أَنَا مِنْ مَوَالِيدِ "بُرْجِ السَّمَكَةِ"
私は魚座の生まれです

うまれる　umareru　生まれる　وُلِدَ، يُولَدُ < ولد ※ وُلِدَ:生むの受　وُلِدَ مُحَمَّدٌ فِي نَابُلُسَ
ムハンマドは父が亡くなってから　بَعْدَ وَفَاةِ أَبِيهِ
ナブルスに生まれた

うみ　umi　海　بَحْر　複 بِحَار / بُحُور　يَظْهَرُ الْبَحْرُ بِاللَّوْنِ الْأَزْرَقِ
海は青色で表されています
※形 بَحْرِيّ :海の　سَمَكٌ بَحْرِيٌّ :海の魚

うみ　umi　膿　قَيْح　複 قُيُوح　عَصَرَ الْقَيْحَ :膿を出した
فَسَدَ الْجُرْحُ فَعَلَاهُ الْقَيْحُ
傷が化膿し,膿が出てきた

うみべ　umi-be　海辺 ⇒ かいがん　kaigan　海岸

うみだす　umi-dasu　生み出す　شَكَّلَ < شكل II　يُشَكِّلُ الْإِشْعَاعُ الذَّرِّيُّ خَطَرًا كَبِيرًا
放射能は多大な危険を生み出す

うむ　umu　生む/産む　وَلَدَ، يَلِدُ ※ وَلَدَتْ، تَلِدُ (هِيَ) / وَلَدْتِ، تَلِدِينَ (أَنْتِ)
لَمْ يَلِدْ وَلَمْ يُولَدْ :(神は)生みも生まれもしない*
*コーラン112純正章

うむ　umu　産む　بَاضَ، تَبِيضُ < بيض　بَاضَتِ الدَّجَاجَةُ كُلَّ يَوْمٍ
鶏は毎日卵を産んだ

うめ　ume　梅　بَرْقُوق　كَانَ شَذَا الْبَرْقُوقِ يُعَطِّرُ الْجَوَّ
梅の香りが漂っていた

うめく　umeku　呻く　أَنَّ، يَئِنُّ　تَئِنُّ مِنْ أَلَمِ الْجُرْحِ :彼女は傷の痛みで呻いている
※名 أَنَّة 複 -ات :呻き　كَانَ الْمَرِيضُ يُرْسِلُ أَنَّةً
患者は呻き声を上げていた

う

うめたてる　ume-tateru　埋め立てる　رَدَمَ (i,u)　※海岸や池を　رَدَمَ الْعُمَّالُ الشَّاطِئَ
労働者達が海岸を埋め立てた

うめる　umeru　埋める　دَفَنَ (i)　دَفَنَ الْمَيِّتَ :死者を埋めた(埋葬した)

2)埋める　رَدَمَ (i)　أَخَذَ الْعُمَّالُ يَرْدِمُونَ الْحُفْرَةَ
労働者達は穴を埋め始めた

3)埋める　مَلَأَ (a)　مَلِإِ الْفَرَاغَ بِالْكَلِمَةِ الْمُنَاسِبَةِ
空欄を適切な(適当な)言葉で埋めなさい

うやまう　uyamau　敬う　⇒ そんけいする　sonkei-suru　尊敬する

うよく　uyoku　右翼　يَمِينِيّ　※= مُحَافِظِين [政治]　※ ⇔ 左翼

うら　ura　裏　ظَهْر　複 ظُهُور / أَظْهُر　قَلَبَ ~ ظَهْرًا لِبَطْنٍ
～を裏返した

うらがえす　ura-ga・esu　裏返す　قَلَبَ (i) < قلب　لَا تَقْلِبِ السُّلَحْفَاةَ :亀を裏返したらだめだよ

うらぎりもの　uragiri-mo・no　裏切り者　خَائِن < خون 複 خُوَّان / خَوَنَة　اَلْخَائِنُ عِقَابُهُ الْمَوْتُ
裏切り者の罰は死である

うらぎる　uragiru　裏切る　خَانَ ، يَخُونُ　خَانَ تَوَقُّعَاتِ وَالِدِهِ :彼は父の期待を裏切った
لَا تَنْسَ مَنْ خَانُوا :裏切った者(裏切り者)達を忘れるな

うらじ　uraji　裏地　بِطَانَة < بطن 複 بَطَائِن　ضَعِي لِلثَّوْبِ الْأَسْوَدِ بِطَانَةً
سَوْدَاءَ 黒い服の裏地は黒にしなさい

うらない　ura・nai　占い　تَبْصِير < بصر　ثُفْلُ الْقَهْوَةِ يَرْسُمُ أَشْكَالَ التَّبْصِيرِ
コーヒーのかすが占いの形を描く

うらないし　ura・nai-shi　占い師　مُبَصِّر < بصر 女 مُبَصِّرَة :女性占い師

うらなう　ura・nau　占う　بَصَّرَ < بصر II　بَصِّرِي لِي يَا حَاجَّةُ
お婆さん，私を占って下さい

2)占う　⇒ よげんする　yogen-suru　予言する

うらみ　urami　恨み　حِقْد　複 أَحْقَاد　أَضْمَرَ حِقْدًا لِـ ~ :～に恨みを持った

うらむ　uramu　恨む　حَقَدَ (i)　عَلَى ~ :～を　حَقَدَ عَلَى الْحَرْبِ :戦争を恨んだ

うらやむ　urayamu　羨む　غَارَ ، يَغَارُ < غور　طَبِيعِيٌّ أَنْ تَغَارَ مِنْ حَيَاةِ صَدِيقِكَ
あなたが友人の生活を羨むのは当たり前だ

うられる　urareru　売られる　بِيعَ ، يُبَاعُ < بيع　※ بَاعَ :売るの受　تُبَاعُ هٰذِهِ السَّيَّارَةُ فِي
بَلَدِي أَيْضًا　この車は私の国でも売られています

うらん　uran　ウラン　أُورَانِيُوم　رَقْمُ الْأُورَانِيُومِ الذَّرِّيُّ ٩٢
ウランの原子番号は９２です

うり uri 売り بَائِع < بيع 複 بَاعَة بَائِعُ الْجَرِيدِ :新聞売り

うりきれる urikireru 売り切れる نَفِدَ (a) نَفِدَتِ الْبِضَاعَةُ :その商品は売り切れました

うりこむ uri-komu 売り込む رَوَّجَ < روج II اَلدِّعَايَةُ تُرَوِّجُ الْبِضَاعَةَ

宣伝が商品を売り込む

うる uru 売る يَبِيعُ ، بَاعَ بِعْ هٰذَا لِي بِأَلْفِ يَنٍّ :これを私に千円で売りなさい

うるうどし uru・u-doshi 閏年 اَلسَّنَةُ الْكَبِيسَةُ اَلسَّنَةُ الْكَبِيسَةُ تَعُودُ مَرَّةً كُلَّ أَرْبَعِ سَنَوَاتٍ

閏年は4年に1度巡ってくる

うるおす uru・osu 潤す يَرْوِي ، رَوَى لَا يَرْوِي الْعَطَشَ إِلَّا الْمَاءُ الْعَذْبُ

飲み水以外で喉を潤さない

うるさい urusai うるさい مُزْعِج < زعج صَوْتٌ مُزْعِجٌ :うるさい音/騒音

うれしい ureshii 嬉しい مَسْرُور < سرّ أَنَا مَسْرُورٌ جِدًّا بِلِقَائِكَ

あなたに会えてとても嬉しいです

うれた ureta 熟れた نَاضِج < نضج اَلثِّمَارُ نَاضِجَةٌ :実は熟れている(熟している)

うれゆき- のよい ureyuki-noyoi 売れ行きのよい رَائِج < روج مَجَلَّةُ الْأَزْيَاءِ رَائِجَةٌ

ファッション雑誌は売れ行きがよい

うれる ureru 熟れる نَضِجَ (a) ※食べ頃の意 نَضِجَتِ الْفَاكِهَةُ :果物が熟れた(熟した)

うろこ uroko 鱗 حَرْشَف 複 حَرَاشِف أَزِلِ الْحَرَاشِفَ مِنَ السَّمَكَةِ

魚の鱗を取りなさい

うろたえる urota・eru うろたえる ⇒ ろうばいする roubai-suru 狼狽する

うろつく urotsuku うろつく يَجُولُ ، جَالَ < جول جَالَ السَّائِحُونَ فِي أَسْوَاقِ الْمَدِينَةِ

観光客は街の市場をうろついた

うわきする uwaki-suru 浮気する يَزْنِي ، زَنَى آثِمٌ كُلُّ مَنْ يَزْنِي :浮気をする者は誰でも罪深い
うわきをする uwaki-wosuru 浮気をする

※名 زِنَاء / زِنًى :浮気

سُوِيتَر صُوفِيّ / سُتْرَة صُوفِيَّة 毛糸のセーター(上着))

うわぎ uwagi 上着 سُتْرَة 複 سُتَر سُتْرَةٌ صُوفِيَّةٌ :ウールの上着(ジャケット)

اِرْتَدَى الصُّدْرَةَ بَيْنَ الْقَمِيصِ وَالسُّتْرَةِ

シャツと上着の間にベスト(チョッキ)を着た

うわごとをいう uwagoto-wo・iu うわごとを言う يَهْذِي ، هَذَى اِرْتَفَعَتْ حَرَارَةُ الْمَرِيضِ، فَصَارَ يَهْذِي

病人の熱が上がり,うわごとを言うようになった

名 هَذَيَان :うわごと يَهْذِي هَذَيَانًا :うわごとを言う

うわさする uwasa-suru 噂する
うわさをする uwasa-wosuru 噂をする أَشَاعَ < شيع IV يُشَاعُ أَنَّ السُّكَّرَ سَيُفْقَدُ مِنَ السُّوقِ

砂糖が市場から無くなるという噂をしている(噂だ)

うわまわる～うんゆしょう

噂が広まった: اِنْتَشَرَتْ إِشَاعَةٌ　噂: إِشَاعَة 複 -ات　إِشَاعَة ※名

これは単なる噂だ: هٰذَا مُجَرَّدُ إِشَاعَةٍ

う

うわまわる　uwa-mawaru　上回る　⇒ まさる　masaru　勝る

うん　un　運　حَظّ　複 حُظُوظ　運を試した: جَرَّبَ حَظَّهُ

幸運にも: مِنْ حُسْنِ الْحَظِّ / لِحُسْنِ الْحَظِّ

不運にも: لِسُوءِ الْحَظِّ　不運: سُوءُ الْحَظِّ

うんえいする　un・ei-suru　運営する　أَدَارَ 〈 دور IV　أَدَارَ النَّادِي الرِّيَاضِيَّ

スポーツクラブを運営した

運営: إِدَارَة ※名　يُرِيدُ وَالِدِي أَنْ يَكِلَ إِلَيَّ

父は私に会社の運営を　إِدَارَةَ الشَّرِكَةِ

任せたがっている

うんが　unga　運河　قَنَاة 〈 قنو 複 أَقْنِيَة　スエズ運河: قَنَاةُ السُّوَيْسِ

うんこ　unko　うんこ

うんち　unchi　うんち　⇒ はいせつぶつ　haisetsu-butsu　排泄物

うんこうする　unkou-suru　運行する　تَحَرَّكَ 〈 حرك V　تَحَرَّكَ الْبَاصُ كُلَّ يَوْمٍ

バスは毎日運行していた

うんこする　unko-suru　うんこする　⇒ はいせつする　haisetsu-suru　排泄する

うんざりする　unzari-suru　うんざりする　مَلَّ، يَمَلُّ　私は彼の話にうんざりした: مَلِلْتُ حَدِيثَهُ

うんそう　unsou　運送　نَقْل　運送業: تِجَارَةُ النَّقْلِ

うんちん　unchin　運賃　سِعْرُ تَذْكِرَة ※=切符代　※ 運賃/輸送代/輸送料: أُجْرَةُ النَّقْلِ

うんてんしゅ　unten-shu　運転手　سَائِق 〈 سوق 複 -ون　バスの運転手: سَائِقُ أُوتُوبِيس

うんてんする　unten-suru　運転する　قَادَ، يَقُودُ　私は車を運転した: قُدْتُ السَّيَّارَةَ

運転: قِيَادَة ※名　رُخْصَةُ قِيَادَةِ السَّيَّارَاتِ

自動車運転免許証

うんどう　undou　運動　رِيَاضَة 〈 روض 複 -ات　أَيَّ رِيَاضَةٍ تُمَارِسُ؟

どんな運動(スポーツ)をしますか

2)運動　حَرَكَة　政治運動(活動): حَرَكَة سِيَاسِيَّة

うんどうじょう　undou-jou　運動場　مَلْعَبُ الْمَدْرَسَةِ / سَاحَةُ الْأَلْعَابِ　مَلْعَبُ الْمَدْرَسَةِ وَاسِعٌ

学校の運動場は広い

うんめい　unmei　運命　قَدَر 複 أَقْدَار　運命論/宿命論: مَذْهَبُ الْقَدَرِ

うんゆしょう　un・yu-shou　運輸省　وِزَارَةُ الْمُوَاصَلَاتِ　※ 運輸大臣: وَزِيرُ الْمُوَاصَلَاتِ

ゑ　え　エ　【e】

え　e　絵　صُورَة　複 صُوَر　رَسَمَ هٰذِهِ الصُّورَةَ:彼がこの絵を描きました
2)絵　رَسْم　複 رُسُوم　يَعْمَلُ مُدَرِّسًا لِلرَّسْمِ:彼は絵の教師です

えあーめーる　ea-meeru　エアーメール　⇒ こうくうびん　koukuu-bin　航空便

えあこん　ea·kon　エアコン　(مُكَيِّفَة (الْهَوَاءِ　複 -ات　※=エアーコンディショナー

えいえん　ei·en　永遠　أَبَد　複 آبَاد　عَلَى(إِلَى) الْأَبَدِ / أَبَدَ الدَّهْرِ:永遠に
يَخْلُدُ الْمُؤْمِنُ فِي الْجَنَّةِ إِلَى الْأَبَدِ
信仰者は天国で永遠に不滅である

えいえんの　ei·en-no　永遠の　أَبَدِيّ　< أبد　هٰذَا سِرٌّ أَبَدِيٌّ:これは永遠の(絶対に)秘密です

えいが　eiga　映画　فِيلْم / سِينَمَا　※仏語 cinema より　دَار (صَالَة) السِّينَمَا:映画館
فِيلْم تَسْجِيلِيّ:記録映画

えいきゅう　eikyuu　永久　⇒ えいえん　eien　永遠

えいきゅうし　eikyuu-shi　永久歯　الْأَسْنَان الدَّائِمَة

えいきょう　eikyou　影響　تَأْثِير　< أثر　في/ إلى ~:～への　~ تَأْثِير مِنْ:～の影響で
أَحْدَثَ تَأْثِيرًا:影響を与えた

えいきょうする　eikyou-suru　影響する
えいきょう-をあたえる　eikyou-wo·ataeru　影響を与える　أَثَّرَ ، يُؤَثِّرُ　< أثر II　في~:～に　تُؤَثِّرُ السِّيَاسَةُ فِي الْاِقْتِصَادِ
政治は経済に影響を与える
أَلَا يُؤَثِّرُ فِي نَفْسِكَ مَشْهَدُ الْفَقْرِ وَالْبُؤْسِ؟
貧しさや悲惨な光景はあなたに影響しないのですか

えいぎょう　eigyou　営業　مَبِيع　< بيع　複 -ات　قِسْمُ الْمَبِيعَاتِ:営業課(部)

えいこう　eikou　栄光　مَجْد　複 أَمْجَاد　الْمَجْدُ لِلّٰهِ:神に栄光あれ

えいこく　eikoku　英国　⇒ いぎりす　igirisu　イギリス

えいご　eigo　英語　اللُّغَة الْإِنْكِلِيزِيَّة

えいず　eizu　エイズ　الْأَيْدْز　الْأَيْدْز دَاءٌ خَبِيثٌ يَتَمَيَّزُ بِنَقْصِ الْمَنَاعَةِ
الْمُكْتَسَبَةِ　エイズは悪性の病気で免疫性の欠如に顕著である

えいせい　eisei　衛生　صِحَّة　عِلْمُ حِفْظِ الصِّحَّةِ:衛生学　الصِّحَّةُ الْعَامَّةُ:公衆衛生

えいせい　eisei　衛星　(قَمَر (يَدُورُ حَوْلَ كَوْكَبٍ　قَمَرٌ صِنَاعِيٌّ:人工衛星

えいせいこく　eisei-koku　衛星国　الدَّوْلَة التَّابِعَة

えいせいてきな　eisei-teki·na　衛生的な
えいせいの　eisei-no　衛生の　صِحِّيّ　< صحّ　حَالَة صِحِّيَّة:衛生状態

えいぶん　eibun　英文　الْجُمْلَة الْإِنْكِلِيزِيَّة

えいゆう～えすかれーたー

え

えいゆう　eiyuu　英雄　بَطَلٌ　複 أَبْطَال　بَطَلُ الصَّحْرَاءِ :砂漠の英雄

えいよ　eiyo　栄誉　⇒ めいよ　meiyo　名誉

えいよう　eiyou　栄養　غِذَاء / تَغْذِيَة < غ ذ و　اَللَّبَنُ غِذَاءٌ كَامِلٌ
ミルクは欠けるところのない栄養である

えいようをとる　eiyou-wotoru　栄養を取る　تَغَذَّى < غ ذ و V　لَا بُدَّ أَنْ يَتَغَذَّى الطِّفْلُ غِذَاءً صِحِّيًّا
子供は適正な栄養を取るべきだ

えいりの　eiri-no　営利の　تِجَارِيّ < ت ج ر　مَشْرُوع تِجَارِيّ :営利事業

えがお　egao　笑顔　وَجْه مُبْتَسِم　وَجْه مُبْتَسِم بَرِيء :無邪気な笑顔

えがく　egaku　描く　رَسَمَ (u)　مَنْ رَسَمَ هٰذِهِ الصُّورَةَ ؟
誰がこの絵を描いたのですか

えき　eki　駅　مَحَطَّة < ح ط ّ 複 ـات　مَحَطَّة تَحْوِيلِ التَّيَّارِ :乗換駅

えき　eki　益　⇒ りえき　rieki　利益

えき　eki　液
えきたい　ekitai　液体　سَائِل < س ي ل 複 سَوَائِل　مَصَّ السَّائِلَ :その液体を吸った
えきたいの　ekitai-no　液体の
اَلْغَاز السَّائِل :液化ガス

えきしゃ　ekisha　易者　⇒ うらないし　ura・nai-shi　占い師

えくぼ　ekubo　えくぼ　غَمَّازَة　غَمَّازَتُهَا جَمِيلَةٌ :彼女のえくぼはかわいい

えぐる　eguru　えぐる　نَحَتَ (i,u)　نَحَتَ النَّحَّاتُ الْخَشَبَ :彫刻家が木をえぐった

2)えぐる　قَطَّعَ < ق ط ع II　نَحِيبُ الطِّفْلَةِ يُقَطِّعُ الْقَلْبَ
女児の大泣きは心をえぐる

えさ　esa　餌　عَلَفٌ　複 عَلُوفَة / عِلَاف / أَعْلَاف　يَصْهَلُ الْحِصَانُ مَتَى تَأَخَّرَ عَلَيْهِ الْعَلَفُ
餌が遅れると馬がいななく

2)餌　طُعْم　複 طُعُوم　أَكَلَتِ السَّمَكَةُ الطُّعْمَ :魚が餌を食べた

えさをやる　esa-woyaru　餌をやる　عَلَفَ (i)　كَانَ جَدِّي يَعْلِفُ خِرُوفًا
お爺さんが羊に餌をやっていた

えし　eshi　絵師　⇒ がか　ga-ka　画家

えしゃくする　eshaku-suru　会釈する　اِنْحَنَى < ح ن و VII　اِنْحَنَى أَمَامَهُ :彼に会釈(を)した

えじき　ejiki　餌食　فَرِيسَة < ف ر س 複 فَرَائِس　صَارَتِ الْفَأْرَةُ فَرِيسَةً لِلْهِرِّ
鼠は猫の餌食になった

えじぷと　ejiputo　エジプト　مِصْر　※主 مِصْرُ 属対 مِصْرَ　جُمْهُورِيَّة مِصْرَ الْعَرَبِيَّة
エジプトアラブ共和国

えすえふ　esu・ehu　ＳＦ　قِصَص الْخَيَالِ الْعِلْمِيِّ　※=空想科学小説

えすかれーたー　esukareetaa　エスカレーター　دَرَج كَهْرَبَائِيّ / سُلَّم مُتَحَرِّك

えだ～える

えだ eda 枝 فَرْع 複 فُرُوع هَزَّ فُرُوعَ الشَّجَرَةِ :木の枝を揺すった

えちおぴあ echiopia エチオピア أَثْيُوبِيَا ※أَثْيُوبِيّ 複 ون :エチオピアの／エチオピア人

えちけっと echiketto エチケット آدَاب السُّلُوك آدَاب السُّلُوك خَالَفَتْ تَصَرُّفَاتُهُ آدَابَ السُّلُوك
彼の振る舞いはエチケットに反した

えなめる e・nameru エナメル مِينَاء / مِينَا مِينَاء طَلَى (لَبَّسَ) بِالْمِينَاءِ :エナメルを塗った

えぬじおー enu・jii・oo ＮＧＯ الْمُنَظَّمَة غَيْر الْحُكُومِيَّة ※=非政府組織

えねるぎー e・nerugii エネルギー طَاقَة < طوق 複 -ات الطَّاقَة الذَّرِّيَّة :原子力エネルギー
طَاقَة حَرَارِيَّة (شَمْسِيَّة) :熱(太陽)エネルギー

えのぐ e・nogu 絵の具 أَلْوَان لِلرَّسْم عُلْبَة أَلْوَان :絵の具箱

えはがき e-hagaki 絵葉書 بِطَاقَة بَرِيدِيَّة مُصَوَّرَة

えび ebi 海老 جَمْبَرِي ※[gambarii]エジプト地方,
2)海老 رُبْيَان ※湾岸諸国地方

えほん e-hon 絵本 قِصَّة مُصَوَّرَة الْقِصَصُ الْمُصَوَّرَةُ تَلْقَى رَوَاجًا : 絵本がブームです

えめらるど emerarudo エメラルド زُمُرُّد ※ زُمُرُّدَة :1個のエメラルド تُزَيِّنُ الْعِقْدَ حَبَّةٌ مِنْ زُمُرُّدٍ ثَمِينٍ
椅子を高価なエメラルドが飾っている

えもの emo・no 獲物 صَيْد لَمْ نَجِدْ صَيْدًا :私達は獲物が見つからなかった
2)獲物 فَرِيسَة 複 فَرَائِس يَهْصِرُ الْأَسَدُ فَرِيسَتَهُ بِلَا شَفَقَةٍ
ライオンが獲物を無慈悲に引っ張っている

えら era えら خَيَاشِيم < خشم ※ خَيْشُوم :鼻の上部 の複

えらい erai 偉い ⇒ いだいな idai-na 偉大な

えらばれた erabareta 選ばれた مُنْتَخَب < نخب 複 -ات انْضَمَّ إِلَى مُنْتَخَبِ كُرَةِ الْقَدَمِ
サッカーのチームに選ばれて加わった(選抜された)

えらばれる erabareru 選ばれる أُخْتِيرَ < خير Ⅷ 受 أُخْتِيرَ رَئِيسًا لِلْبَلَدِيَّةِ
市長に選ばれた

えらぶ erabu 選ぶ تَخَيَّرَ < خير V تَخَيَّرْ كِتَابًا قَيِّمًا :良い本を選びなさい
2)選ぶ اخْتَارَ < خير Ⅷ اخْتَرْ أُمْنِيَّةً وَاحِدَةً
あなたの望みを一つ選びなさい(選択しなさい)
3)選ぶ انْتَخَبَ < نخب Ⅷ يَنْتَخِبُ الشَّعْبُ مُمَثِّلِيهِ فِي مَجْلِسِ النُّوَّابِ
国民は国会の代表を選挙で選ぶ

える eru 得る حَازَ ، يَحُوزُ حَازَ عَلَى وَظِيفَةٍ حَسَنَةٍ فِي الْمَكْتَبِ
彼は事務所でよい地位を得た

えるされむ～えんじょ

え

2)得る حَصَلَ (u) عَلَى～ :～を～ حَصَلَ الْوَلَدُ عَلَى نُقُودٍ مِنَ الْعَمَلِ
その子は働いてお金を得た

えるされむ erusaremu エルサレム اَلْقُدْس أُرِيدُ أَنْ أَزُورَ الْقُدْسَ يَوْماً
私はいつかエルサレムを訪問したい

えれべーたー erebeetaa エレベーター مِصْعَد ＜ صعد 複 مَصَاعِد اَلْمِصْعَدُ لَا يَحْمِلُ أَكْثَرَ مِنْ أَرْبَعَةِ أَشْخَاصٍ
エレベーターは4人までしか乗れません

えん en 円 يَن اَلدُّولَارُ الْوَاحِدُ يُعَادِلُ الْيَنَّ الْيَابَانِيَّ :日本円
現在1ドルは百円です ١٠٠ يَنٍّ الْآنَ

2)円 دَائِرَة ＜ دور 複 دَوَائِر رَسَمَ دَائِرَةً :円(丸)を描いた

えんかい enkai 宴会 وَلِيمَة ＜ ولم أَقَامَ وَلِيمَةً بِمُنَاسَبَةِ زَوَاجِ ابْنَتِهِ
彼は娘の結婚披露の宴会(披露宴)を行った

えんきする enki-suru 延期する أَخَّرَ ＜ أخر II أَخَّرَ الِاجْتِمَاعَ الْقَادِمَ لِمُدَّةِ أُسْبُوعٍ
次の会議は一週間延期された
※名 تَأْجِيل :延期 تَمَّ تَأْجِيلُ نَشْرِ الْكِتَابِ
その本の発行は延期された

えんぎ engi 演技 تَمْثِيل ＜ مثل كَانَ تَمْثِيلُهَا رَائِعاً
彼女の演技は素晴らしかった

えんげい engei 園芸 اَلْبَسْتَنَة :私は園芸を学びました دَرَسْتُ الْبَسْتَنَةَ

えんげき engeki 演劇 مَسْرَحِيَّة ＜ سرح 複 -ات :シェイクスピア劇 مَسْرَحِيَّةُ شِكْسْبِير

2)演劇 تَمْثِيل ＜ مثل :演劇活動 حَرَكَةُ التَّمْثِيلِ

えんさん ensan 塩酸 حَامِضُ الْهَيْدْرُوكْلُورِيك

えんしの enshi-no 遠視の بَعِيدُ الْبَصَرِ ※ ⇔ قَصِيرُ الْبَصَرِ :近視の

えんしゅう enshuu 円周 مُحِيطُ الدَّائِرَةِ :円周＝2πr مح = ٢ ط.نق

えんしゅうりつ enshuu-ritsu 円周率 اَلنِّسْبَةُ بَيْنَ مُحِيطِ الدَّائِرَةِ وَقُطْرِهَا
اَلنِّسْبَةُ التَّقْرِيبِيَّةُ بَيْنَ مُحِيطِ الدَّائِرَةِ وَقُطْرِهَا ٣,١٤
円周と直径の比の値(円周率)は
およそ3.14です

えんしゅつする enshutsu-suru 演出する أَخْرَجَ ＜ خرج IV :劇の演出をした أَخْرَجَ الْمَسْرَحِيَّةَ

えんしょう enshou 炎症 اِلْتِهَاب ＜ لهب :肝炎 اِلْتِهَابُ الْكَبِدِ

えんじにあ enji･nia エンジニア ⇒ ぎし gishi 技師

えんじょ enjo 援助 إِعَانَة ＜ عون 複 -ات :援助金 مَالُ الْإِعَانَةِ

2)援助 مُسَاعَدَة ＜ سعد 複 -ات :経済援助 مُسَاعَدَاتٌ اقْتِصَادِيَّةٌ

えんじょする～えんりょする

أَوَدُّ مُسَاعَدَتَكَ :あなたの援助をお願いしたい

えんじょする　enjo-suru　援助する　عَاوَنَ　＜ عون III　اَلْيَابَانُ تُعَاوِنُ كَثِيراً مِنَ الْبُلْدَانِ الْآسْيَوِيَّةِ وَالْأَفْرِيقِيَّةِ

日本はアジアやアフリカの多くの国々を援助している

えんじょしゃ　enjo-sha　援助者　مُسَاعِد　＜ سعد 複 ـون

えんじる　enjiru　演じる　مَثَّلَ　＜ مثل II　مَثَّلَتْ تِلْكَ الْمُمَثِّلَةُ دَوْرَ "أُوشِين"

あの女優はおしんの役を演じた

えんじん　enjin　エンジン　مُحَرِّك　＜ حرك 複 ـات　مُحَرِّك مُسْتَعْمَل :中古エンジン

えんすい　ensui　円錐
えんすいけい　ensui-kei　円錐形　مَخْرُوط　＜ خرط　اَلْمَخْرُوطُ هَرَمٌ مُسْتَدِيرُ الْقَاعِدَةِ

円錐形は底面が円形のピラミッドの形をしています

えんぜつする　enzetsu-suru　演説する　خَطَبَ (u)　يَخْطُبُ الشَّيْخُ خُطْبَةَ الْجُمْعَةِ

長老が金曜日の演説をする

※名 خِطَاب 複 ـات　خِطَابُ الْافْتِتَاحِ :開会の演説

えんぜつしゃ　enzetsu-sha　演説者　خَطِيب　＜ خطب 複 خُطَبَاءُ　خَطِيبٌ فَصِيحٌ :能弁な演説者

أَعْجَبَتْنِي فَصَاحَةُ الْخَطِيبِ

私達は演説者が話の上手なことに驚きました

えんそうしゃ　ensou-sha　演奏者（مُوسِيقِيّ）عَازِف ＜ عزف　عَازِفُ الْبِيَانُو :ピアノ（の）演奏者

えんそうする　ensou-suru　演奏する　عَزَفَ (i)　عَزَفَ عَلَى آلَةٍ مُوسِيقِيَّةٍ :楽器を演奏した（奏でた）

※名 عَزْف :演奏　يُوَاظِبُ عَلَى الْعَزْفِ

演奏を根気よく続ける

2)演奏する　زَمَّرَ　＜ زمر II ※吹いての演奏　زَمَّرَ بِالْمِزْمَارِ

笛を演奏した（吹いた）

えんそく　ensoku　遠足　⇒ はいきんぐ　haikingu　ハイキング

えんでん　enden　塩田　مَلَّاحَة　＜ ملح 複 ـات　تُبَخِّرُ الشَّمْسُ مَاءَ الْمَلَّاحَةِ ، فَيَبْقَى الْمِلْحُ

太陽が塩田の水分を蒸発させ，後に塩が残る

えんとつ　entotsu　煙突　مَدْخَنَة　＜ دخن 複 مَدَاخِنُ　مَصْنَعٌ مِنَ الْمَدْخَنَةِ عَالِيَةٍ

高い煙突のある工場

えんばん　enban　円盤　قُرْص　複 أَقْرَاص　رَمْيُ الْقُرْصِ :円盤投げ

えんぴつ　enpitsu　鉛筆（قَلَم（الرَّصَاص　複 أَقْلَام　قَلَم تَلْوِين :色鉛筆

えんぴつ－けずり　enpitsu-kezuri　鉛筆削り　مِبْرَاة　＜ بري 複 مَبَارٍ　تُبْرَى أَقْلَامُ الرَّصَاصِ بِمِبْرَاةٍ

鉛筆はナイフで削る

えんりょする　enryo-suru　遠慮する　اِمْتَنَعَ　＜ منع VIII ～ عَنْ :～を　اِمْتَنَعْتُ عَنِ التَّدْخِينِ

私は煙草を吸うのを遠慮した

え

お～おいしくする

於 お オ【o】

お

お　o　尾　ذَيْل　< ذيل 複 ذُيُول　ذَيْلُ الدُّبِّ :熊の尾(尻尾)

おーくしょん　ookushon　オークション ⇒ きょうばい kyoubai 競売

おーけすとら　ookesutora　オーケストラ　جَوْقَة　複 ـات　يُسْمَعُ فِي الْجَوْقَةِ صَوْتٌ شَاذٌّ
オーケストラから変な音が聞こえる

おーすとらりあ　oosutoraria　オーストラリア　أُوسْتُرَالِيَا　※أُوسْتُرَالِيّ :オーストラリアの/ オーストラリア人

おーすとりあ　oosutoria　オーストリア　اَلنِّمْسَا　※نِمْسَاوِيّ :オーストリアの/ オーストリア人

おーとばい　ootobai　オートバイ　دَرَّاجَة بُخَارِيَّة　※=バイク

おーばー　oobaa　オーバー
おーばーこーと　oobaakooto　オーバーコート　مِعْطَف　< عطف 複 مَعَاطِف　خَلَعَ مِعْطَفًا :オーバーを脱いだ

おーぶん　oobun　オーブン　فُرْن　複 أَفْرَان　خَبَزَ الْعَجِينَ فِي الْفُرْنِ
オーブンでパンを焼いた

おーる　ooru　オール　مِجْدَاف　< جدف 複 مَجَادِيف　حَرَّكَ الصَّيَّادُ الزَّوْرَقَ بِالْمِجْدَافِ
漁師はオールで舟を動かした

おあしす　oashisu　オアシス　وَاحَة　複 ـات　هَيَّا نَقْضِي الْإِجَازَةَ فِي الْوَاحَةِ
さあ休日をオアシスで過ごそう

おい　oi　おい! 男 أَيُّهَا 女 أَيَّتُهَا　※呼びかけ,限定名詞主格を伴う
أَيُّهَا التِّلْمِيذُ ! اُدْرُسْ :おい,生徒よ!勉強しなさい

おい　oi　甥　اِبْنُ الْأَخِ / اِبْنُ الْأُخْتِ　※ ⇔ بِنْتُ الْأَخِ / بِنْتُ الْأُخْتِ :姪

おいかける　oi-kakeru　追いかける　طَارَدَ　< طرد III　اَلْقُوَّاتُ التُّرْكِيَّةُ تُطَارِدُ الْاِنْفِصَالِيِّينَ
トルコ軍は分離主義者達を追いかけている
تُطَارِدُ الْهِرَّةُ الْفِئْرَانَ :猫はネズミを追いかける

2)追いかける　لَاحَقَ　< لحق III　لَاحَقَ الشُّرْطِيُّ اللِّصَّ :警官が盗賊を追いかけた

おいこす　oi-kosu　追い越す　تَجَاوَزَ　< جوز VI　تَجَاوَزَ سَيَّارَةً :車を追い越した

おいこむ　oi-komu　追い込む　سَاقَ، يَسُوقُ　سَاقَ الرَّاعِي الْقَطِيعَ إِلَى الْمَرْعَى
羊飼いは羊の群を牧草地に追い込んだ(追い立てた)

おいしい　oishi・i　おいしい　لَذِيذ　< لذّ 複 لُذٌّ 比 أَلَذُّ　مَا أَلَذُّ طَبَقٍ تَذَوَّقْتَهُ فِي الْيَابَانِ ؟
日本で一番おいしかった食べ物は何ですか

2)おいしい　شَهِيّ　< شهو　سَأَتَنَاوَلُ طَعَامًا شَهِيًّا كَثِيرًا فِي الْوَلِيمَةِ
宴会ではおいしい食べ物をたくさん食べよう

おいしくする　oishiku-suru　おいしくする　طَيَّبَ　< طيب II　قَلِيلٌ مِنَ الْمِلْحِ يُطَيِّبُ الطَّعَامَ
少量の塩が料理をおいしくする

おいしくなる～おうこく

おいしくなる　oishiku-naru　おいしくなる　طَابَ ، يَطِيبُ < طيب　طَابَ الطَّعَامُ：料理がおいしくなった

おいしさ　oishisa　おいしさ　مَلَذَّة < لذّ　لَا يَجِدُ الْمَرِيضُ مَلَذَّةً فِي الطَّعَامِ
病人は食事においしさを見い出せない

おいだす　oi-dasu　追い出す　طَرَدَ (u)　طُرِدَ الْفِلَسْطِينِيُّونَ إِلَى لُبْنَانَ فِي عَامِ ١٩٤٨ م
パレスチナ人達は１９４８年に，レバノンへ追い出された

おいつく　oi-tsuku　追いつく　أَدْرَكَ < درك IV　لَمْ أُدْرِكْ السَّيَّارَةَ
私は車に追いつけなかった

おいつめる　oi-tsumeru　追いつめる　حَصَرَ (i,u)　حَصَرَ الْهِرُّ الْفَأْرَةَ فِي الزَّاوِيَةِ
猫が鼠を隅に追いつめた

おいて　oite　(～に)おいて ～مِنْ حَيْثُ　※～は主格　اَلْمَقَالَةُ مُثِيرَةٌ لِلاِهْتِمَامِ مِنْ حَيْثُ الْمَوْضُوعُ
この記事はテーマにおいて(が)面白い

おいで　oide　おいで　تَعَالَ < علو ※VI تَعَالَى 命 ※女性に対しては تَعَالَيْ
لَوْ سَمَحْتَ تَعَالَ：よろしかったら，おいで下さい

おいはらう　oi-harau　追い払う　دَعَّ ، يَدُعُّ　دَعَّ الْيَتِيمَ：孤児たちを追い払った

おいぼれる　oiboreru　老いぼれる
おいる　oiru　老いる　هَرِمَ (a)　يَصْعُبُ عَلَى الرَّجُلِ النَّشِيطِ أَنْ يَهْرَمَ
元気のいい男はなかなか老いぼれない

おいる　oiru　オイル　زَيْت　زَيْتُ الْمُحَرِّكِ：エンジンオイル

おう　ou　王　مَلِكٌ 複 مُلُوك　جِسْرُ الْمَلِكِ حُسَيْنٍ：ホセイン王橋

おう　ou　追う ～جَرَى خَلْفَ　※～の後を　جَرَى الطِّفْلُ خَلْفَ أُمِّهِ
子供は母親の後を追った

2)追う　تَبِعَ (a)　تَبِعَ الزِّيَّ：流行を追った

おう　ou　負う　تَحَمَّلَ < حمل V　تَحَمَّلَ الْمَسْؤُولِيَّةَ：責任を負った

2)負う　أُصِيبَ < صوب IV受　أُصِبْتُ بِجِرَاحٍ：私は傷を負った

おうい　ou･i　王位　عَرْش 複 عُرُوش　تَنَازَلَ مَلِكُ إِسْبَانِيَا عَنِ الْعَرْشِ لِابْنِهِ
スペイン王は息子に王位を譲った

おうえんする　ouen-suru　応援する　شَجَّعَ < شجع II　شَجَّعَ اللَّاعِبَ：選手を応援した

おうかん　ou-kan　王冠 ⇒ かんむり　kanmuri　冠

おうきゅう-てあて　oukyuu-teate　応急手当　إِسْعَاف أَوَّلِيّ / إِسْعَافَات أَوَّلِيَّة

おうぎ　ougi　扇 ⇒ うちわ　uchiwa　団扇

おうぎがた　ougi-gata　扇形　اَلْقِطَاع الدَّائِرِيّ

おうこく　oukoku　王国　مَمْلَكَة < ملك 複 مَمَالِك　اَلْمَمْلَكَة الْأُرْدُنِّيَّة الْهَاشِمِيَّة
ヨルダンハシミテ王国

おうごん～おうようする

お

おうごん　ougon　黄金 ⇒ きん kin 金

おうしゅう　oushuu　欧州 ⇒ よーろっぱ yooroppa ヨーロッパ

おうしゅうする　oushuu-suru　押収する　صَادَرَ < صدر III　صَادَرَتِ الْحُكُومَةُ أَمْوَالَ الشَّرِكَةِ الْمُفْلِسَةِ
政府は破産した会社の財産を押収した
名 مُصَادَرَة :押収　مُصَادَرَةُ الْأَسْلِحَةِ :武器の押収

おうじ　ouji　王子　أَمِير < أمر 複 أُمَرَاءُ

おうじょ　oujo　王女　أَمِيرَة < أمر 複 -ات　الْأَمِيرُ تَزَوَّجَ مِنَ الْأَمِيرَةِ
王子は王女と結婚しました

おうじて　oujite　(～に)応じて～ لِـ～ تَلْبِيَةً　تَلْبِيَة لِطَلَب　خَرَجَ الرِّجَالُ مِنَ الْبُيُوتِ تَلْبِيَةً لِطَلَبٍ طَارِئٍ
緊急の要請に応じて男達が家々から出てきた

おうじる　oujiru　応じる　اِسْتَجَابَ < جوب X　اِسْتَجَابَ الطَّلَبَ (لِلطَّلَبِ) :要求に応じた

おうせい　ousei　王制　مَلَكِيَّة < ملك　الثَّوْرَةُ الْفَرَنْسِيَّةُ أَطَاحَتْ بِالْمَلَكِيَّةِ
フランス革命は王制を倒した(打倒した)

おうせつま　ousetsuma　応接間　غُرْفَةُ اِسْتِقْبَالٍ

おうだんする　oudan-suru　横断する　عَبَرَ (u)　لَا تَعْبُرِ الشَّارِعَ عِنْدَمَا تَكُونُ الْإِشَارَةُ حَمْرَاءَ
信号が赤の時に,通りを横断するな
※名 عُبُور :横断　مَمَرُّ عُبُورِ الْمُشَاةِ :横断歩道

おうと　outo　おう吐　قَيْء < قيئ　※吐くこと　※ ⇒ 吐く

おうとう　outou　応答　إِجَابَة < جوب 複 -ات　أَسْئِلَةٌ وَإِجَابَاتٌ :質疑応答

おうひ　ouhi　王妃　مَلِكَة 複 -ات　صَارَتِ الْبِنْتُ الْفَقِيرَةُ مَلِكَةً
貧しい娘は王妃になった

おうふく　ouhuku　往復　ذَهَاب وَإِيَاب　تَذْكِرَةُ ذَهَابٍ وَإِيَابٍ :往復切符

おうへいな　ouhei-na　横柄な ⇒ ごうまんな gouman-na 傲慢な

おうぼしゃ　oubo-sha　応募者　مُرَشَّح < رشح 複 -ون　اِقْتَصَرَ الْمُرَشَّحُونَ عَلَى خِرِّيجِي الْجَامِعَةِ
応募者は大卒に限られた

おうぼする　oubo-suru　応募する　قَدَّمَ طَلَبًا < قدم II　قَدَّمَ طَلَبَ الْعَمَلِ :その仕事に応募した
※名 طَلَب :応募　اِسْتِمَارَةُ (اِسْتِمَارَة) طَلَبٍ
応募用紙

おうぼうな　oubou-na　横暴な　ظَالِم < ظلم 複 -ون / ظُلَّام　مَلِكٌ ظَالِم :横暴な王/暴君

おうむ　oumu　オウム　بَبْغَاء/بَبَّغَاء 複 بَبْغَاوَات　نَادَاهُ الْبَبْغَاءُ بِاسْمِهِ
オウムが彼の名を呼んだ

おうようする　ouyou-suru　応用する　طَبَّقَ < طبق II　طَبَّقَ فِكْرَتَهُ عَلَى هٰذِهِ الْآلَةِ
彼の考えをこの機械に応用した

おうりょうする～おおはばな

お

応用数学: رِيَاضِيَّات تَطْبِيقِيَّة 応用: تَطْبِيق ※名

هٰذِهِ الْآلَةُ تَطْبِيقٌ لِفِكْرَةِ أُسْتَاذٍ ～

この機械は～教授のアイデアの応用です

おうりょうする ouryou-suru 横領する ابْتَزَّ < بزّ VIII ابْتَزَّ الطَّامِعُ أَمْوَالَ النَّاسِ

強欲な男が人々の財産を横領した

横領: ابْتِزَاز 名

おえる oeru 終える أَنْهَى < نهى IV أُرِيدُ أَنْ أُنْهِيَ الْخُصُومَةَ بِسِلْمٍ

喧嘩を仲直りして終えたい

おおい o・oi 多い كَثِير < كثر 複(人) ـون كَثِيرَة (物) أَكْثَر 比

هُنَا سِتَّةَ عَشَرَ مَكَانًا أَثَرِيًّا، مَا أَكْثَرَهَا!

ここには16の遺跡があります,なんて多いのでしょう

おおいかくす o・oi-kakusu 覆い隠す حَجَبَ (u) غُيُومٌ كَثِيفَةٌ سَوْدَاءُ تَحْجُبُ الشَّمْسَ

厚くて黒い雲が太陽を覆い隠した

おおう o・ou 覆う غَطَّى < غطو II الثَّلْجُ يُغَطِّي الْأَرْضَ

雪が地面を覆っている

おおかみ o・okami 狼 ذِئْب < ذأب 複 ذِئَاب انْقَرَضَتِ الذِّئَابُ الْيَابَانِيَّةُ

日本狼は百年前に滅んだ مُنْذُ ١٠٠ عَامٍ

おおきい o・okii 大きい كَبِير < كبر 複(人) كِبَار/ كُبَرَاء (物) كَبِيرَة 比 أَكْبَر

小さい: صَغِير ⇔ ※ 神は偉大なり: اللهُ أَكْبَرُ

الْيَابَانُ أَكْبَرُ مِنَ الْكُوَيْتِ

日本はクウェートより大きい

2)大きい مُرْتَفِع < رفع ※声が قَالَ بِصَوْتٍ مُرْتَفِعٍ

彼は大きな声で言った

おおきくなる o・okiku-naru 大きくなる كَبُرَ (u) سَتَكْبُرُ هٰذِهِ الشَّجَرَةُ سَرِيعًا

この木はすぐに大きくなるだろう

おおく o・oku 多く ⇒ たくさん takusan 沢山

おおくの o・oku-no 多くの عَدَدٌ كَبِيرٌ مِنْ مَاتَ عَدَدٌ كَبِيرٌ مِنَ النَّاسِ فِي الْحَرْبِ

戦争で<u>多くの</u>(沢山の)人々が亡くなった

おおくらしょう o・okura-shou 大蔵省 ⇒ ざいむしょう zaimu-shou 財務省

おおげさな o・ogesa-na 大げさな مُبَالَغٌ فِيهِ 大げさな表現/誇張: شَيْءٌ مُبَالَغٌ فِيهِ

※ ⇒ 誇張

おおげさにいう o・ogesa-ni・iu 大げさに言う(فِي كَلَامِهِ) بَالَغَ < بلغ III ※=誇張して言う

おおはばな o・ohaba-na 大幅な مَلْحُوظ < لحظ زِيَادَةُ الْأُجُورِ الْمَلْحُوظَةِ

大幅な賃金<u>アップ</u>(増加)

おおみそか～おがわ

お

おおみそか　o・o-misoka　大晦日　آخرِ يَوْمٍ في الْعَامِ　نَزُورُ مَعَابِدًا في آخرِ يَوْمٍ في الْعَامِ
私たちは大晦日にお寺を訪れる

おおむぎ　o・o-mugi　大麦　شَعِير < شعر ※ شَعِيرَة :1粒の大麦

おおむね　o・omu・ne　概ね　عُمُومًا/عَلَى الْعُمُومِ　كَانَ الامْتِحَانُ سَهْلاً عَلَى الْعُمُومِ
試験は概ね易しかった

おおや　o・oya　大家　صَاحِب (الْمَنْزِل)　مَنْ صَاحِب هٰذِهِ الشَّقَّةِ ؟
このアパートの大家さんは誰ですか

おおやけ-にする　o・oyake-nisuru　公にする　أَعْلَنَ < علن IV　أَعْلَنَ الْحَقِيقَةَ
事実を公にした(公表した)

おおやけの　o・oyake-no　公の　عَامٌّ < عمّ　مَرَافِق عَامَّة : 公の施設
مَصْلَحَة عَامَّة : 公の利益/公益

おおよそ　o・o-yoso　大よそ　نَحْوَ　تَنْتَشِرُ حَوْلَ الْيَابَان نَحْوَ أَلْف جَزِيرَةٍ صَغِيرَةٍ
日本の周りには大よそ(およそ)千の小さな島が散らばっている
2)大よそ　تَقْرِيبًا < قرب　عِنْدَهُ أَلْفُ يِنٍّ تَقْرِيبًا
彼は大よそ(およそ)千円持ってます

おか　oka　丘　تَلّ　複 تِلَال　عِنْدَ التِّلَالِ :丘の麓

おかげさまで　okage-samade　おかげさまで　اَلْحَمْدُ لِلّٰهِ　كَيْفَ حَالُكَ؟ بِخَيْرٍ، اَلْحَمْدُ لِلّٰهِ
ご機嫌いかがですか(お元気ですか),おかげさまで元気です

おかげで　okage-de　(～の)おかげで ～ بِفَضْلِ　أَنْجَزْتُ الْعَمَلَ بِفَضْلِ تَعَاوُنِكُمْ اللَّطِيفِ
皆様の暖かいご協力のおかげで仕事を
やり遂げることが出来ました

おかしい　okashii　おかしい　مُضْحِك < ضحك　قِصَّة مُضْحِكَة :おかしい話/笑い話

おかしな　okashi-na　おかしな　غَرِيب < غرب 複 غُرَبَاء　حَدِيث غَرِيب :おかしな事件

おかす　okasu　犯す (جَرِيمَةً) اِرْتَكَبَ < ركب VIII ※罪を اِرْتَكَبَ جَرِيمَةَ الْقَتْلِ
殺人の罪を犯した
2)犯す　اِنْتَهَكَ < نهك VIII　اِنْتَهَكَ الْقَانُونَ :法を犯した/法に触れた

おかす　okasu　冒す　خَاطَرَ < خطر III　خَاطَرَ بِنَفْسِهِ لِيُخَلِّصَ الْفَرِيقَ
彼はその部隊を救援するのに危険を冒した

おかす　okasu　侵す ⇒ しんりゃくする　shinryaku-suru　侵略する

おかね　o-ka・ne　お金 ⇒ かね　ka・ne　金

おがくず　ogakuzu　おがくず　نُشَارَة < نشر　تَمْتَصُّ النُّشَارَةُ الرُّطُوبَةَ وَالْغُبَارَ
おがくずは湿気とほこりを吸収する

おがむ　ogamu　拝む ⇒ いのる　i・noru　祈る

おがわ　ogawa　小川　نَهْر صَغِير　لَا تُعَكِّرْ مَاءَ النَّهْرِ الصَّغِيرِ :小川の水を濁すな

おきば～おくる

お

おきば　okiba　置き場　مَوْضِع < وضع 複 مَوَاضِع　اَلسَّرِيرُ لَيْسَ مَوْضِعاً لِلْكُتُبِ
ベッドは本の置き場ではありません

おきる　okiru　起きる　يَصْحُو ، صَحَا < صحو　صَحَا مِنَ النَّوْمِ :起きた/目覚めた
2)起きる　نَهَضَ (a)　نَهَضَ عَنِ السَّرِيرِ :ベッドから起きた
أَنْهَضُ فِي السَّاعَةِ ٦ كُلَّ صَبَاحٍ
私は毎朝6時に起きます
3)起きる　حَدَثَ (u)　حَدَثَ الأَمْرُ :その出来事が起きた(起こった)
مَاذَا حَدَثَ؟ :何が起きたのですか/どうしたのですか?

おきる　okiru　おきる/熾きる　(اَلْجَمْرُ) تَوَهَّجَ < وهج V　يَتَوَهَّجُ الْجَمْرُ فِي الْمَنْقَلِ
こんろで炭火がおきている

おぎなう　ogi･nau　補う　عَوَّضَ < عوض II　عَوَّضَ النَّقْصَ :不足を補った

おく　oku　置く　يَضَعُ ، وَضَعَ　命 ضَعْ :置け/置きなさい　وَضَعَ الْكِتَابَ عَلَى الْمَكْتَبِ
本を机の上に置いた

おく　oku　億　مِئَة مَلْيُون　※ مِلْيُونِير :億万長者

おくじょう　okujou　屋上　سَطْح الْبَيْتِ　لَا تَصْعَدْ عَلَى سَطْحِ الْبَيْتِ :屋上に上ってはいけない

おくば　oku-ba　奥歯　ضِرْس　複 ضُرُوس/أَضْرَاس　وَجَعُ الأَضْرَاسِ لَا يُطَاقُ
奥歯の痛みは我慢できない

おくびょうな　okubyou-na　臆病な
おくびょうもの　okubyou-mo･no　臆病者　جَبَان < جبن　يَا لَكَ مِنْ جَبَانٍ ! :(あなたは)臆病者!
اَلأَرْنَبُ حَيَوَانٌ جَبَانٌ :兎は臆病な動物です

おくやみ　o-kuyami　お悔やみ　تَعْزِيَة < عزو 複 تَعَازٍ　نُقَدِّمُ إِلَيْكُمْ تَعَازِينَا الْقَلْبِيَّةَ
心からお悔やみ申し上げます

おくら　okura　オクラ　بَامْيَا/بَامِيَة　※野菜　لَا أُحِبُّ الْبَامْيَا :私はオクラが好きではない

おくらせる　okuraseru　遅らせる　أَخَّرَ < أخر II　تَعَطَّلَتِ السَّيَّارَةُ فَأَخَّرْنَا مَوْعِدَ السَّفَرِ
私たちは自動車が壊れたので旅行の期日を遅らせた

おくりじょう　okuri-jou　送り状　فَاتُورَة　複 فَوَاتِير　أَسْعَارُ الْبَضَائِعِ عَلَى الْفَاتُورَةِ
商品の価格は送り状にあります

おくりもの　okuri-mo･no　贈り物　هَدِيَّة < هدى 複 هَدَايَا　هَدِيَّةٌ صَغِيرَةٌ :ささやかな贈り物

おくる　okuru　送る　أَرْسَلَ < رسل IV　أَرْسَلَ إِلَيْهِ طَرْدًا :彼に小包を送った
2)送る　يَعِيشُ ، عَاشَ　عَاشَ حَيَاةً سَعِيدَةً :幸せな人生を送った
3)送る　يَضُخُّ ، ضَخَّ　※ポンプなどで　يَضُخُّ الْقَلْبُ الدَّمَ فِي الشَّرَايِينِ
心臓は動脈に血液を送る

おくる～おさまる

お

おくる　okuru　贈る　أَهْدَى < هدى IV ‥ (لِ) يُهْدِي ~ إِلَى
‥に～を贈る(の贈り物をする)

おくれている　okurete-iru　遅れている　مُتَأَخِّر < أخر　كَانَتْ سَاعَتِي مُتَأَخِّرَةً :私の時計は遅れていた
※ ⇔ مُتَقَدِّم :進んでいる

おくれる　okureru　遅れる　تَأَخَّرَ < أخر V　عَنْ ~ :～に　سَوْفَ تَتَأَخَّرُ عَنِ الْمَدْرَسَةِ
学校に遅れますよ

2)遅れる　أَخَّرَ < أخر IV　أَخَّرَتِ السَّاعَةُ :時計(の時間)が遅れた

おけ　oke　桶 ⇒ ばけつ baketsu バケツ

おげんき-ですか　o-genki-desuka　お元気ですか　؟(الْحَال) كَيْفَ حَالُكَ　※返礼は بِخَيْرٍ، شُكْرًا :元気です，有り難う

おこす　okosu　起こす　أَيْقَظَ، يُوقِظُ < يقظ IV　أَيْقِظْهُ :彼を起こしなさい
لَا تُوقِظِ الْفِتْنَةَ :寝た子を起こすな[格言]

2)起こす　أَحْدَثَ < حدث IV　أَحْدَثَ مُشْكِلَةً :彼は問題を起こした

3)起こす　أَشْعَلَ < شعل IV　نُشْعِلُ نَارًا فَنَرْقُصُ حَوْلَهَا
火を起こして，その回りで踊ろう

おこたる　okotaru　怠る　أَهْمَلَ < همل IV　أَهْمَلَ وَاجِبَاتِهِ :彼は義務を怠った

おこない　oko・nai　行い　تَصَرُّف < صرف 複 -ات　تَصَرُّفَاتُكَ سَيِّئَةٌ :あなたの行いは悪い

おこなう　oko・nau　行う　يَقُومُ، قَامَ　أَيْنَ تُقَامُ الْحَفْلَةُ ؟ :パーティはどこで行われますか

2)行う　أَجْرَى < جرى IV　أَجْرَى مُحَادَثَاتٍ :会談を行った
سَيُجْرِي الْعَمَلِيَّةَ جَرَّاحٌ مَاهِرٌ
優秀な外科医が手術を行うだろう

おこらせる　okoraseru　怒らせる　أَغْضَبَ < غضب IV　أَغْضَبَنِي الضَّحِكُ :笑いが私を怒らせた

おこる　okoru　怒る　غَضِبَ (a)　ضَرَبَ أَخَاهُ الصَّغِيرَ، فَغَضِبَتْ عَلَيْهِ أُمُّهُ
彼が弟を殴ったので母親は怒った

おこる　okoru　起こる ⇒ おきる okiru 3)起きる

おさ　osa　長 ⇒ ちょう chou 長

おさえる　osaeru　押さえる　ضَغَطَ (a)　ضَغَطَ عَلَى الْجُرْحِ :傷口を押さえた(圧迫した)

おさえる　osaeru　抑える　كَبَتَ (i)　حَاوَلَ أَنْ يَكْبِتَ غَضَبَهُ :怒りを抑えようとした

2)抑える　خَفَّضَ < خفض II　خَفَّضَ النَّفَقَاتِ :出費を抑えた(減らした)

おさきに　osaki-ni　お先に　أَسْتَأْذِنُ بِالِانْصِرَافِ　※＝お先に失礼します

おさない　osa・nai　幼い　صَغِيرُ السِّنِّ جِدًّا

おさまる　osamaru　おさまる　اِنْتَهَى < نهى VIII　اِنْتَهَى الزِّلْزَالُ :地震はおさまった

おさめる～おしよせる

お

		2)おさまる	خَمَدَ (u)	خَمَدَتْ نَارُ الْحَرْبِ :戦火がおさまった
おさめる	osameru	治める	يَسُودُ ، سَادَ	سَادَ التُّجَّارُ الْمَدِينَةَ : 商人達がその町を治めた
おさめる	osameru	納める	سَدَّدَ < سدّ II	سَدَّدَ الضَّرَائِبَ :税金を納めた
おさめる	osameru	修める	اِسْتَكْمَلَ < كمل X	اِسْتَكْمَلَ دَرْسَ اللُّغَةِ الْفَرَنْسِيَّةِ フランス語を修めた
おしあう	oshi-au	押し合う	تَزَاحَمَ < زحم VI	تَزَاحَمَ الْحَمَّالُونَ عَلَى تَفْرِيغِ الشَّاحِنَةِ 運び人達がトラックの荷下ろしで押し合った
おしいる	oshi-iru	押し入る	اِقْتَحَمَ < قحم VIII	اِقْتَحَمَ اللُّصُوصُ الْمَنْزِلَ 強盗が家に押し入った
おしえる	oshieru	教える	دَرَّسَ < درس II	هُوَ يُدَرِّسُ اللُّغَةَ الْعَرَبِيَّةَ 彼はアラビア語を教えています
		2)教える	عَلَّمَ < علم II	عَلِّمْنِي الْيَابَانِيَّةَ 私に日本語を教えて下さい
おしつける	oshi-tsukeru	押しつける	فَرَضَ (i)	فَرَضَ إِرَادَتَهُ عَلَيْهِ :自分の意志を彼に押しつけた
おしとおす	oshi-to・osu	押し通す	أَصَرَّ < صرّ IV ～عَلَى:～を	أَصَرَّ عَلَى رَأْيِهِ 彼は自分の意見を押し通した(に固執した)
おしながす	oshi-nagasu	押し流す	اِجْتَاحَ < جوح VIII	اِجْتَاحَ السَّيْلُ بُيُوتَ الْقَرْيَةِ 洪水が村の家々を押し流した
おしはかる	oshi-hakaru	推し量る	اِسْتَوْثَقَ < وثق X	يَسْتَوْثِقُ مِنْ قُدْرَةِ هٰذَا الْخَصْمِ この敵の力を推し量る
おしむ	oshimu	惜しむ	بَخِلَ (a)/ بَخُلَ (u)	حَرَامٌ أَنْ تَبْخَلَ بِمَالِكَ عَلَى فَقِيرٍ مُحْتَاجٍ 貧しくて困っている人にお金を惜しむのは許されない
		2)惜しむ	نَدَبَ (u)	تَحَلَّقَتِ النِّسَاءُ حَوْلَ الْمَيِّتِ تَنْدُبْنَهُ نَدْبًا 婦人達は死者の回りを囲み,泣いて別れを惜しんだ
おしゃべり	o-shaberi	おしゃべり	ثَرْثَرَةٌ	※行為 كُفَّ عَنِ الثَّرْثَرَةِ :おしゃべりは慎みなさい
		2)おしゃべり	ثَرْثَارٌ	※人 يَا لَكَ مِنْ ثَرْثَارٍ! :おしゃべり(な人)!
おしゃべり-する	o-shaberi-suru	おしゃべりする	يُثَرْثِرُ ، ثَرْثَرَ	لَا تُثَرْثِرُوا! :おしゃべりするな！
おしゃれ	oshare	おしゃれ	أَنَاقَةٌ < أنق	أَعْجَبَتْنِي الْفَتَاةُ بِأَنَاقَةِ لِبَاسِهَا 彼女の服のおしゃれに感嘆した
おしょく	oshoku	汚職	رِشْوَةٌ (رُ)	複 رُشًى اَلْمُوَظَّفُ النَّزِيهُ لَا يَقْبَلُ الرِّشْوَةَ 誠実な職員は汚職をしない
おしよせる	oshi-yoseru	押し寄せる	اِنْدَفَعَ	تَنْدَفِعُ الْأَمْوَاجُ عَلَى الشَّاطِئِ 波が岸に押し寄せている

おしろい　oshiroi　おしろい(تَجْمِيل) مَسْحُوق 複 مَسَاحِيق

おじ　oji　叔父、伯父 عَمّ / خَال < عم / خول 複 أَعْمَام / أَخْوَال
※ 叔父 اَلْخَال أَوْ الْعَمّ الأَصْغَر مِنَ الْوَالِدَيْنِ
※ 伯父 اَلْخَال أَوْ الْعَمّ الأَكْبَر مِنَ الْوَالِدَيْنِ
※ عَمّ は父の兄弟, خَال は母の兄弟

おじいさん　o-ji・i-san　お祖父さん جَدّ 複 جُدُود / أَجْدَاد ※=祖父
يَرْتَاحُ جَدِّي فِي قَيْلُولَةٍ قَصِيرَةٍ
私のお祖父さんは短い昼寝をして休息する

おじいさん　o-ji・i-san　お爺さん رَجُل عَجُوز

おじぎ-をする　o-jigi-wosuru　お辞儀をする اِنْحَنَى < حنو VII اِنْحَنَى أَمَامَهُ :彼にお辞儀をした
※名 اِنْحِنَاءَة :お辞儀

おじける　ojikeru　怖じける فَزِعَ (a) تَفْزَعُ مِنَ الصُّرْصُور
彼女はゴキブリに怖じける(を怖がる)

おじゃま-します　ojama-shimasu　お邪魔します اِسْمَحْ لِي بِالدُّخُولِ ※部屋などに入る時に
※出る時には عَنْ إِذْنِكَ :お邪魔しました

おじょうさん　o-jou-san　お嬢さん آنِسَة < انس 複 أَوَانِس/-ات نُحِبُّ الآنِسَةَ "يامادا"
私達は山田お嬢さんが好きです

おす　osu　押す دَفَعَ (a) دَفَعَ الْعَرَبَةَ :その荷車を押した
لَا تَدْفَعْنِي :(私を)押さないで下さい/押すな

おす　osu　推す ⇒ すいせんする suisen-suru 推薦する

おす　osu　雄 ذَكَر 複 ذُكُور ※ ⇔ أُنْثَى :雌
اَلدِّيكُ ذَكَرُ الدَّجَاجِ :雄鶏は鶏の雄です

おすの　osu-no　雄の ذَكَرِيّ < ذكر ⇔ أُنْثَوِيّ :雌の

おすまんの　osuman-no　オスマンの عُثْمَانِيّ < عثمان كَانَتْ مِصْرُ فِي تِلْكَ الأَيَّامِ تَحْتَ الْحُكْمِ الْعُثْمَانِيِّ
当時,エジプトはオスマントルコの統治下にあった

おせじをいう　oseji-wo・iu　お世辞を言う ⇒ こびる kobiru 媚びる

おせんする　osen-suru　汚染する لَوَّثَ < لوث II مِيَاهُ الْمَجَارِيرِ تُلَوِّثُ الْبَحْرَ
下水が海を汚染して(汚して)いる
※名 تَلَوُّث :汚染 بَحَثَ مُشْكِلَةَ تَلَوُّثِ الْهَوَاءِ
大気汚染の問題を研究した

おそい　osoi　遅い بَطِيء < بطؤ رَدُّ فِعْلِ الْحُكُومَةِ بَطِيءٌ
政府の反応は遅い(鈍い)

おそう～おちる

お

2)遅い　مُتَأَخِّر　< أخر　اَلْوَقْتُ مُتَأَخِّرٌ الْآنَ لِزِيَارَةِ مَنْزِلِهِ
彼の家を訪れるにはもう遅すぎる

おそう　osou　襲う　هَاجَمَ　< هجم III ※直接目的語を取る
هَاجَمَ الذِّئْبُ قَطِيعَ الْغَنَمِ：狼が羊の群を襲った

2)襲う　هَجَمَ (i)　～عَلَى～：～を　هُمْ هَجَمُوا عَلَى الْعَدُوِّ：彼らは敵を襲った

おそかれ-はやかれ　osokare-hayakare　遅かれ早かれ　عَاجِلًا أَوْ آجِلًا　عَاجِلًا أَوْ آجِلًا، سَتَخْتَبِرُ الْحَيَاةَ
遅かれ早かれ,あなたは人生を経験するだろう

おそく　osoku　遅く　مُتَأَخِّرًا　< أخر　※=遅れて　وَصَلْتُ إِلَى الْمَطَارِ مُتَأَخِّرًا
私は飛行場に遅く着いた

おそらく　osoraku　恐らく ⇒ たぶん　tabun　多分

おそれさせる　osore-saseru　恐れさせる　هَوَّلَ　< هول II　كَانَ الْمُعَلِّمُ يُهَوِّلُ عَلَيْنَا بِالْعَصَا
先生は棒で私達を恐れさせていた

おそれる　osoreru　恐れる　يَخَافُ، خَافَ　< خوف ※ أَنَا خِفْتُ، هِيَ خَافَتْ　～مِنْ～：～を
خِفْنَا مِنَ الزِّلْزَالِ：私達は地震を恐れていた
※名 خَوْف：恐れ　～(عَلَى) مِنْ～ خَوْفًا：～を恐れて

2)恐れる يَخْشَى، خَشِيَ　يَخْشَى أَنْ يَمْرَضَ：病気になることを恐れている

おそろしい　osoroshi・i　恐ろしい　خَائِف/ مُخِيف　< خوف　حِكَايَة مُخِيفَة：恐ろしい(怖い)話

おそわる　osowaru　教わる ⇒ ならう　narau　習う

おぞましい　ozomashi・i　おぞましい　فَظِيع　< فظع　اَلْقَتْلُ إِثْمٌ فَظِيعٌ：殺人はおぞましい犯罪です

おたまじゃくし　otamajakushi　おたまじゃくし　أَبُو رَأْس/ يَرَقَان الضَّفَادِعِ

おだてる　odateru　おだてる ⇒ ほめる　homeru　褒める

おだやかな　odayaka-na　穏やかな　هَادِئ　< هدأ　لَيْلَة هَادِئَة：穏やかな夜

おちこむ　ochikomu　落ち込む　اِنْحَطَّ　< حطّ VII　يَنْحَطُّ مُسْتَوَى الْإِنْتَاجِ الزِّرَاعِيِّ مَعَ الْجَفَافِ
干ばつで農業の生産量が落ち込んでいる

おちついて　ochitsuite　落ち着いて　مُرْتَاح　< مرح 複 ـون　مُرْتَاحُ الْبَالِ：心の落ち着いている

おちつく　ochitsuku　落ち着く　اِسْتَقَرَّ　< قرّ X　اِسْتَقَرَّتِ الْأَوْضَاعُ فِي الشَّرْقِ الْأَوْسَطِ
中東情勢は落ち着いた

2)落ち着く　اِطْمَأَنَّ　< طمأن IV　! اِطْمَئِنَّ：落ち着きなさい

おちぶれる　ochibureru　落ちぶれる　أَعْدَمَ　< عدم IV　أَعْدَمَ الْمُقَامِرُ：そのギャンブラーは落ちぶれた

おちゃ　o-cha　お茶 ⇒ ちゃ　cha　茶

おちる　ochiru　落ちる　تَسَاقَطَ　< سقط VI　تَسَاقَطَتْ أَوْرَاقُ الشَّجَرِ الْجَافَّةِ
枯れ(た木の)葉が落ちた

おっちょこちょい〜おとなの

お

2)落ちる يَقَعُ ، وَقَعَ　وَقَعَتْ فِي حُبِّهِ :彼女は彼と恋に落ちました

3)落ちる سَقَطَ (u)　سَوْفَ يَسْقُطُ فِي الامْتِحَانِ :彼は試験に落ちるだろう

4)落ちる يَزُولُ ، زَالَ ＜ زول　اَلْبُقْعَةُ الَّتِي كَانَتْ فِي الثَّوْبِ زَالَتْ
服にあった汚れ(しみ)が落ちた

おっちょこちょい　occhoko-choi　おっちょこちょい طَائِش ＜ طيش　إِنَّكَ رَجُلٌ طَائِشٌ
本当にお前はおっちょこちょいだ

おっと　otto　夫 زَوْج 複 أَزْوَاج　أَعَالَ الزَّوْجُ أُسْرَتَهُ :夫は家族を養った

おっぱい　oppai　おっぱい ⇒ ちぶさ chibusa 乳房 /みるく miruku ミルク

おつり　o-tsuri　お釣り ⇒ つり tsuri 釣り

おてら　o-tera　お寺 ⇒ てら tera 寺

おてん　oten　汚点 وَصْمَةُ عَارٍ　تَرَكَ وَصْمَةَ عَارٍ :彼は汚点を残した

おと　oto　音 صَوْت 複 أَصْوَات　سُرْعَةُ الصَّوْتِ :音速
أَحْدَثَ صَوْتًا :音を立てた

おとうと　otouto　弟 أَخ صَغِير ＜ أخو 複 إِخْوَة صِغَار　مَرِضَ أَخِي الصَّغِيرُ
私の弟が病気になった

おとぎばなし　otogi-ba・nashi　おとぎ話 حِكَايَةُ الْجِنِّ　سَأَحْكِي لَكَ حِكَايَةَ الْجِنِّ
あなたにおとぎ話をしましょう

おとくい　otokui　お得意 ⇒ きゃく kyaku 2)客

おとこ　otoko　男 رَجُل 複 رِجَال ※ ⇔ إِمْرَأَة :女　رَجُل عَظِيم :偉大な男
وَرَاءَ كُلِّ رَجُلٍ عَظِيمٍ إِمْرَأَةٌ :偉大な男の陰に女性あり

おとこのこ　otoko-noko　男の子 وَلَدٌ 複 أَوْلَاد ※ ⇔ بِنْت :女の子
لِي ثَلَاثَةُ أَوْلَادٍ :私には三人の男の子がいます

おとす　otosu　落とす أَسْقَطَ ＜ سقط IV　هَزَّ غُصْنَ التُّوتِ وَأَسْقَطَ ثِمَارًا نَاضِجَةً
桑の木の枝を揺すって熟れた実を落とした

2)落とす أَزَالَ ＜ زيل IV　يُزِيلُ الْغَسْلُ الْوَسَخَ عَنِ الْقَمِيصِ
洗濯がシャツの汚れを落とす

3)落とす خَفَتَ (u) ※声を　أَخْفِتْ بِصَوْتِكَ كَيْ لَا تُوقِظَ أَخَاكَ
弟が目を覚まさないように声を落としなさい

おとずれる　otozureru　訪れる ⇒ ほうもんする houmon-suru 訪問する

おととい　ototo・i　おととい أَوَّلَ أَمْسِ ※=一昨日

おととし　ototoshi　一昨年 اَلْعَامُ قَبْلَ الْمَاضِي

おとな　oto・na　大人 男 بَالِغ 複 ـون 女 بَالِغَة 複 ـات ※ ⇒成人/成年

おとなの　oto・na-no　大人の بَالِغ ＜ بلغ　اَلشَّخْصُ الْبَالِغُ :大人

おとなしい～おにぎり

※ أَسْعَار تَذَاكِر الْكِبَار :大人の切符の料金

おとなしい oto・nashi・i 大人しい هَادِئ < هدأ طِفْل هَادِئ :大人しい子供

おとなしくする oto・nashiku-suru 大人しくする هَدَأَ 命 اهْدَأْ :大人しくしなさい

おとめ otome 乙女 فَتَاة < فتو 複 فَتَيَات كَانَتْ " ساداكو " فَتَاةً ذَكِيَّةً لَطِيفَةً サダコは賢くて優しい乙女だった

おとる otoru 劣る نَقَصَ (u) نَقَصَت الْخِبْرَةُ :経験が劣った(不足した)

おとろえる otoroeru 衰える ضَعُفَ (u) ضَعُفَ الْبَصَرُ :視力が衰えた

※名 ضَعْف :衰え اَلضَّعْفُ ظَاهِرٌ فِي مِشْيَتِهِ 衰えは歩行に表れる

おどす odosu 脅す هَدَّدَ < هدّ II ~بِ~:~で هَدَّدَهُ بِالسَّيْفِ :刃物で彼を脅した

おどり odori 踊り رَقْص / رَقْصَة رَقْص شَرْقِيّ :東洋の踊り/オリエンタルダンス

おどりこ odori-ko 踊り子 男 رَاقِص 女 رَاقِصَة < رقص 複 ـات أَشْهَرُ رَاقِصَةٍ عَرَبِيَّةٍ 最も有名なアラビアの踊り子(ダンサー)

おどる odoru 踊る رَقَصَ (u) رَقَصَت الرَّقْصَةَ الشَّعْبِيَّةَ 彼女は民族舞踊を踊った(舞った)

おどろいて odoroite 驚いて مُنْدَهِش < دهش كُنْتُ مُنْدَهِشاً جِدّاً 私はとても驚いていました

おどろかす odorokasu 驚かす أَدْهَشَ < دهش IV أَدْهَشَ الْخَبَرُ الشَّعْبَ その知らせは国民を驚かせた

おどろき odoroki 驚き دَهْشَة لِدَهْشَتِي :私が驚いたことには

おどろく odoroku 驚く تَعَجَّبَ < عجب V تَعَجَّبَ مِنَ الْآثَارِ الْبَدِيعَةِ その素晴らしい遺跡に驚いた

2)驚く دَهِشَ (a) ※= دُهِشَ ~لِـ / مِنْ :~に دَهِشْتُ مِنَ الْأَخْبَارِ :私はその知らせに驚いた

おなか o-naka おなか ⇒ はら hara 腹

おなじ o・naji 同じ نَفْس 複 أَنْفُس / نُفُوس نَفْسُ الشَّيْءِ :同じ物 كُلُّهُمْ نَزَلُوا فِي نَفْسِ الْمَحَطَّةِ 彼らは皆同じ駅で降りた

おに o・ni 鬼 غُول 複 أَغْوَال / غِيلَان حِكَايَةُ الذِّئْبِ وَالْغُولِ 狼と鬼の話

おにぎり o-nigiri おにぎり كُرَة الرُّزِّ نَصْنَعُ كُرَاتِ الرُّزِّ بِالرُّزِّ وَالْأَعْشَابِ الْبَحْرِيَّةِ وَالْمِلْحِ 私達はご飯と海苔と塩でおにぎりを作ります

お

おねがいします o-negai-shimasu お願いします مِنْ فَضْلِكَ *(女) مِنْ فَضْلِكِ *(ِ)
أَعْطِنِي فَاتُورَةَ الْحِسَابِ، مِنْ فَضْلِكَ
すみません,お勘定お願いします

おの o·no 斧 فَأْس 複 فُؤُوس
نَحْتَاجُ الْفُؤُوسَ لِنَقْطَعَ الْأَشْجَارَ
私達は木を切るのに斧が必要です

おのおの o·no·o·no 各/各々 ～ كُلٌّ مِنْ ※～:複数限定名詞属格や人称代名詞
كُلٌّ مِنَّا :私達各々(一人ひとり)
كُلٌّ مِنَ التَّلَامِيذِ :生徒達各々(一人ひとり)

おのずから o·nozukara 自ずから تِلْقَائِيًّا < لقي قَامَ يَقْرَأُ تِلْقَائِيًّا :自ずから読み始めた

おはよう ohayou お早う
おはようございます ohayou-gozaimasu お早うございます صَبَاحَ الْخَيْرِ ※返礼は صَبَاحَ النُّورِ :お早うございます

おば oba 叔母 /伯母 خَالَة / عَمَّة < خول / عم
※ 叔母 الْخَالَةُ أَوِ الْعَمَّةُ الصُّغْرَى مِنَ الْوَالِدَيْنِ
※ 伯母 الْخَالَةُ أَوِ الْعَمَّةُ الْكُبْرَى مِنَ الْوَالِدَيْنِ
※ عَمَّة は父方のおば, خَالَة は母方のおば

おばあさん o-ba·a-san お祖母さん جَدَّة 複 -ات ※=祖母 أُحِبُّ حِكَايَاتِ جَدَّتِي
私はお祖母さんの話が好きです

おばあさん o-ba·a-san お婆さん عَجُوز مَشَتِ الْعَجُوزُ مُسْتَعِينَةً بِعَصَاهَا
お婆さんは杖をついて歩いた

おばけ o-bake お化け عِفْرِيت < عفرت 複 عَفَارِيت وَادِي عَبْقَرٍ مَشْهُورٌ
アブカル谷はお化けのいる所で有名です بِأَنَّهُ مَكَانٌ لِلْعَفَارِيتِ

おひとよし o-hitoyoshi お人好し
おひとよしの o-hitoyoshi-no お人好しの سَاذَج < سذج 複 سُذَّج الْغُرَابُ السَّاذَجُ وَقَعَ فِي الْخُدْعَةِ
お人好しの烏は騙されました

おび obi 帯 حِزَام < حزم 複 -ات رَبَطَ الْحِزَامَ الْأَسْوَدَ :黒帯を締めた

おびえる obi·eru 怯える ⇒ おそれる osoreru 恐れる

おびやかす obiyakasu 脅かす هَدَّدَ < هدّ II السِّلَاحُ النَّوَوِيُّ يُهَدِّدُ السَّلَامَ الْعَالَمِيَّ
核兵器は世界の平和を脅かす

おびる obiru 帯びる حَمَلَ (i) يَحْمِلُ السَّيْفَ :太刀を帯びる(身に付ける)

おぶつ obutsu 汚物 ⇒ はいせつぶつ haisetsu-butsu 排泄物

おべりすく oberisuku オベリスク مِسَلَّة < سلّ 複 مَسَالُّ/-ات تَحْمِلُ الْمِسَلَّةُ الْكِتَابَاتِ
オベリスクにヒエログリフが書かれている الْهِيرُوغْلِيفِيَّةَ

おぺら opera オペラ تَمْثِيلِيَّة غِنَائِيَّة تُمَثِّلُ الْفِرْقَةُ التَّمْثِيلِيَّةَ الْغِنَائِيَّةَ
そのグループはオペラ(歌劇)を上演する

おぼえている　obo・ete-iru　覚えている　ذَكَرَ (u)　هَلْ تَذْكُرُنِي؟ : 私のことを覚えていますか

おぼえる　obo・eru　覚える　تَذَكَّرَ < ذكر V　تَذَكَّرْ جَيِّدًا : よく覚えておきなさい

2)覚える　حَفِظَ (a)　أَحَفِظْتَ النَّشِيدَ؟ : 歌は覚えましたか

おぼれる　oboreru　溺れる　غَرِقَ (a)　هُوَ كَادَ أَنْ يَغْرَقَ فِي الْبَحْرِ
彼は海で溺れそうになった

おまーん　omaan　オマーン　عُمَانُ　سُلْطَنَةُ عُمَانَ : オマーン国
قَابُوس سُلْطَان عُمَانَ : オマーン国王カーブース

おまえ　o-mae　お前 ⇒ あなた　a・nata　お前

おまもり　o-mamori　お守り ⇒ まよけ　mayoke　魔よけ

おまわり(さん)　o-mawari(san)お巡り(さん) ⇒ けいさつかん　keisatsu-kan　警察官

おみやげ　o-miyage　お土産　تَذْكَار < ذكر 複 -ات　اِشْتَرَيْتُ قِلَادَةَ اللُّؤْلُؤِ لِأُخْتِي
私は妹へ日本からの　كَتَذْكَارٍ مِنَ الْيَابَانِ
お土産に真珠の首飾りを買った

おむつ　omutsu　おむつ　قِمَاطٌ < قمط 複 -ات /قُمُطٌ/ أَقْمِطَةٌ
غَيِّرْ قِمَاطًا لِلطِّفْلِ : 子供のおむつを代えなさい

おむれつ　omuretsu　オムレツ　عُجَّةٌ　لَا تُقْلَى الْعُجَّةُ إِلَّا بَعْدَ كَسْرِ الْبَيْضِ
オムレツは卵をといてから炒めて下さい

おめでとう　o-medetou　おめでとう　مَبْرُوك < برك　أَلْفُ مَبْرُوكٍ بِالرِّفَاءِ وَالْبَنِينِ
ご結婚おめでとうございます

2)おめでとう　هَنَاءً < هنأ II　أُهَنِّئُكَ بِنَجَاحِ وَلَدِكَ!
ご子息のご成功おめでとうございます

おもい　omoi　重い　ثَقِيلٌ < ثقل　هٰذِهِ الْحَقِيبَةُ ثَقِيلَةٌ عَلَيْكَ
このカバンはあなたには重すぎます
مَا هُوَ أَثْقَلُ الْمَعَادِنِ؟ : 一番重い金属は何ですか

2)重い　خَطِير < خطر　مَرَضُهُ خَطِيرٌ : 彼の病気は重い/彼は重病です

おもい　omoi　思い　فِكْرَة 複 فِكَر　اِسْتَغْرَقَ فِي الْفِكْرَةِ : 思い(物思い)に耽った

2)思い　رَغْبَة 複 رَغَبَات　أَشْبَعَ رَغْبَتَهُ : 彼は思いを遂げた

おもいあがる　omoi-agaru　思い上がる　تَكَبَّرَ < كبر V　أَتَتَكَبَّرُ عَلَيْنَا، لِأَنَّهَا أَجْمَلُ مِنَّا؟
彼女は私達より美しいと思い上がっていませんか

おもいあたる　omoi-ataru　思い当たる　وَجَدَ السَّبَبَ　وَجَدَ سَبَبَ تَأَخُّرِهَا
彼女が遅れた理由に思い当たった

おもいうかべる　omoi-ukaberu　思い浮かべる　تَصَوَّرَ < صور V　تَصَوَّرَ أَنَّهُ طَيَّارٌ
彼は自分のパイロット姿を思い浮かべた

おもいがけない～おもわず

お

おもいがけない omoi-gake·nai 思いがけない غَيْرُ مُتَوَقَّعٍ　اَلْفَشَلُ غَيْرُ مُتَوَقَّعٍ :思いがけない失敗

おもいきって～する omoikitte-～suru 思い切って～する جَرُؤَ ، يَجْرُؤُ　جَرُؤْتُ عَلَى أَنْ أَقُولَ لَهُ الْحَقِيقَةَ
私は思いきって彼に事実を話した

おもいだす omoi-dasu 思い出す تَذَكَّرَ ＜ذكر V　تَذَكَّرَ عَلَى الْفَوْرِ :すぐに思い出した

おもいつき omoi-tsuski 思いつき ⇒ あいであ aidea アイデア

おもいつく omoi-tsuku 思いつく خَطَرَ (u)　خَطَرَتْ بِبَالِي فِكْرَةٌ :私はあるアイデアを思いついた

おもいで omoide 思い出 ذِكْرَى ＜ذكر 複 ذِكْرَيَات　ذِكْرَيَاتٌ جَمِيلَةٌ :美しい思い出

おもいやり omoiyari 思いやり عَطْف　لَيْسَ لَهُ عَطْفًا :彼には思いやり(の心)がない

おもいやる omoiyaru 思いやる عَطَفَ (i) ～عَلَى :～を　اِعْطِفْ عَلَى الْيَتِيمِ ، وَسَاعِدْهُ
親のない子を思いやり,助けなさい

おもう omou 思う اِعْتَقَدَ ＜عقد VIII　أَعْتَقِدُ أَنَّهُ مَشْغُولٌ
彼は忙しいと思います

2)思う يَظُنُّ ، ظَنَّ　هَلْ سَتُمْطِرُ؟ لَا أَظُنُّ ذٰلِكَ
雨が降りますかね。いいえ私はそう思いませんが

おもかげ omokage 面影 لَمْحَة 複 لَمَحَات　فِيهِ لَمْحَةٌ مِنْ جَدِّهِ
彼には祖父の面影がある

おもくなる omoku-naru 重くなる ثَقُلَ (u) ※物が　ثَقُلَ وَزْنِي عَلَى مَرِّ الْأَيَّامِ
日が経つにつれて私の体重は重くなった

2)重くなる زَادَتْ عَلَيْهِ الْأَمْرَاضُ ※病気が

おもさ omosa 重さ ثِقْل 複 أَثْقَال　رَفْعُ الْأَثْقَالِ :重量挙げ

2)重さ وَزْن 複 أَوْزَان　كَمْ وَزْنُكَ؟
あなたの重さ(体重)はどれくらいですか

おもしろい omoshiroi 面白い مُسَلٍّ ＜سلو ※定 الْمُسَلِّي　كَلَامُهُ مُسَلٍّ :彼の話は面白い

おもちゃ omocha おもちゃ لُعْبَة ＜لعب 複 لُعَب　هَلِ اشْتَرَيْتَ لُعْبَةً لِطِفْلَتِكَ؟
お子さんにおもちゃを　نَعَمْ ، اشْتَرَيْتُ عَرُوسَةً
買いましたか ― ええ,人形を買いました

おもて omote 表 وَجْه 複 وُجُوه　وَجْهُ الْعُمْلَةِ :コイン(硬貨)の表

おもな omo·na 主な أَهَمُّ ※ هَامٌّ の比　أَهَمُّ الْمُنْتَجَاتِ :主な(主要な)産物

おもむく omomuku 赴く أَمَّ ، يَؤُمُّ　أَمَّ رِجَالُ الْأَعْمَالِ "أُوسَاكَا" :労働者は大阪に赴いた

おもり omori 重り سَنْجَة 複 سَنَجَات / سَنْج ※はかりの重り/分銅

おもわず omowazu 思わず(～する) لَا إِرَادِيًّا　أَغْمَضْتُ عَيْنَيَّ لَا إِرَادِيًّا
私は思わず目をつむった

お

おもんじる　omonjiru　重んじる　اِحْتَرَمَ　　يَحْتَرِمُوا الْوَالِدَيْنِ :彼らは両親を重んじる

おや　oya　親　وَالِد < ولد 男複 ـون :父親 ※女 وَالِدَة 複女 ـات :母親

(يْنِ) وَالِدَانِ : 両親 (対属) الْوَفَاء لِوَالِدَيْهِ :親孝行

おやかた　oyakata　親方　رَئِيسُ الْعُمَّالِ

おやしらず　oya-shirazu　親知らず　ضِرْسُ الْعَقْلِ

おやすみ-なさい　o-yasumi-nasai　お休みなさい　تُصْبِحُ عَلَى الْخَيْرِ　※その返礼 وَأَنْتَ مِنْ أَهْلِهِ :お休みなさい

おやぶん　oyabun　親分　زَعِيم < زعم 複 زُعَمَاءُ　مَنْ هُوَ زَعِيمُ أَوْلَادِ الْحَيِّ؟

ここらの子供たちの親分(ボス)は誰ですか

おやゆび　oyayubi　親指　إِبْهَام < بهم 複 أَبَاهِيم / أَبَاهِم

(الرِّجْلِ) إِبْهَامُ الْيَدِ :手の(足の)親指(おや)

およぎ　oyogi　泳ぎ　سِبَاحَة　　تَعَلَّمْتُ السِّبَاحَةَ وَأَنَا طِفْلٌ

私は小さい時に泳ぎを覚えました

およぐ　oyogu　泳ぐ　سَبَحَ (a)　　سَبَحَ الطَّالِبُ بِمَهَارَةٍ :生徒は上手に泳いだ

およそ　oyoso　およそ ⇒ おおよそ　ooyoso　大よそ

および　oyobi　及び ⇒ そして　soshite　そして

およぶ　oyobu　及ぶ　وَصَلَ، يَصِلُ　~に: إِلَى~　وَصَلَتِ الْحَضَارَةُ الصِّينِيَّةُ إِلَى الْيَابَانِ

中国文明は日本に及んだ

およぼす　oyobosu　及ぼす　أَثَّرَ < أثر II　يُؤَثِّرُ التَّدْخِينُ عَلَى الصِّحَّةِ

喫煙は健康に(悪い)影響を及ぼす

おり　ori　檻　حَبْس　複 حُبُوس　الْمَسَاجِينُ فِي الْحَبْسِ :檻の中の囚人

おりーぶ　oriibu　オリーブ　زَيْتُون　　زَيْتُ الزَّيْتُونِ :オリーブオイル

رَمْزُ السَّلَامِ حَمَامَةٌ تَحْمِلُ غُصْنَ الزَّيْتُونِ

平和の象徴はオリーブの枝を運ぶ鳩です

おりおんざ　orion-za　オリオン座　اَلْجَبَّار　　[天体]

おりたたむ　ori-tatamu　折り畳む　طَوَى، يَطْوِي　　طَوَيْتُ الرِّسَالَةَ وَوَضَعْتُهَا فِي الظَّرْفِ

私は手紙を折り畳んで封筒に入れました

おりもの　ori-mo·no　織物　نَسِيج < نسج 複 أَنْسِجَة　　مَادَّةُ النَّسِيجِ :織物の原料

おりる　oriru　下りる/降りる　نَزَلَ (i)　命 اِنْزِلْ! :降りよ!/降りなさい!

أُرِيدُ أَنْ أَنْزِلَ قُرْبَ الْمَتْحَفِ

私は博物館の近くで降りたいです

2)下りる/降りる　هَبَطَ (i)　　هَبَطَتِ الطَّائِرَةُ :飛行機が降りた

هَبَطَ مِنَ الطَّائِرَةِ :彼は飛行機から降りた

おりんぴっく～おわる

		3)下りる/降りる	أُسْدِلَ	سَدَلَ のⅣ形 أَسْدَلَ の受 أُسْدِلَ السِّتَارُ :幕が下りた
おりんぴっく	orinppikku	オリンピック	الأُولِمْبِيَّة	※ عَدَّاءٌ أُولِمْبِيٌّ :オリンピックのランナー(走者)
おる	oru	折る	كَسَرَ (i)	كَسَرَ فَرْعَ الشَّجَرَةِ :木の枝を折った
		2)折る	يَثْنِي ، ثَنَى	هَلْ ثَنَيْتَ وَرَقَتَكَ؟ :紙を折りましたか
おる	oru	織る	نَسَجَ (u)	نَسَجَتِ الصُّوفَ :彼女は羊の毛を織った
おるがん	orugan	オルガン	أُرْغُن	تَعَلَّمَ الْعَزْفَ عَلَى الأُرْغُنِ :オルガンの演奏を習った
おれる	oreru	折れる	اِنْكَسَرَ	＜كسر Ⅶ اِنْكَسَرَتْ سَاقُهُ :彼の足(の骨)が折れた
おれんじ	orenji	オレンジ	بُرْتُقَال	※بُرْتُقَالِيٌّ :オレンジ色の/オレンジの كُرَةُ النَّارِ الْبُرْتُقَالِيَّةِ :オレンジ色の火の玉
おろかな	oroka-na	愚かな	أَحْمَقُ	＜حمق 女 حَمْقَاءُ 複 حُمْقٌ كُنْتُ أَتَوَقَّعُ أَنْ يَسْأَلَنِي هٰذَا السُّؤَالَ شَخْصٌ أَحْمَقُ 私はこのような愚かな質問をする愚かな者を待っていた
		2)愚かな	غَبِيّ	＜غبو 複 أَغْبِيَاءُ أَنْتَ غَبِيٌّ! :君は愚かだ(馬鹿だ)!
おろかもの	oroka-mo･no	愚か者	شَخْص أَحْمَق	
おろし おろしうり	oroshi oroshi-uri	卸 卸売り	جُمْلَة	複 جُمَل سِعْرُ الْجُمْلَةِ :卸売り価格 تَاجِر (بَائِع) الْجُمْلَةِ :卸売り/卸問屋
おろす	orosu	下ろす/降ろす	أَنْزَلَ	＜نزل Ⅳ أَنْزَلَ الْبَضَائِعَ مِنَ الْقِطَارِ 汽車から荷物を下ろした
		2)下ろす/降ろす	أَسْدَلَ	＜سدل Ⅳ أَسْدَلَ السِّتَارَ :幕を下ろした
おろそかにする	orosoka-nisuru	疎かにする	قَصَّرَ	＜قصر Ⅱ مَالَ إِلَى اللَّهْوِ فَقَصَّرَ فِي دُرُوسِهِ 遊びに夢中で勉学を疎かにした
おわびする	owabi-suru	お詫びする	اِعْتَذَرَ	＜عذل Ⅷ ～ أَعْتَذِرُ لَكَ عَنْ あなたに～をお詫びします
おわり	owari	終わり	خَاتِمَة	＜ختم 複 خَوَاتِيم / خَوَاتِم خَاتِمَةُ الْقِصَّةِ أَجْمَلُ فُصُولِهَا 物語の終わりの章が一番美しい الأُمُورُ بِخَوَاتِمِهَا :終わり良ければ全てよし[格言]
		2)終わり	نِهَايَة	＜نهو 複 -ات نِهَايَةُ السَّنَةِ :年の終わり/年末 全ての物に終わりがある لِكُلِّ شَيْءٍ نِهَايَةٌ
おわる	owaru	終わる	تَمَّ (i)	لَقَدْ تَمَّ كُلُّ شَيْءٍ :すでに全てが終わっていた
		2)終わる	اِنْتَهَى	＜نهى Ⅷ ※ أَنَا انْتَهَيْتُ ، هِيَ انْتَهَتْ اِنْتَهَيْتُ مِنَ الاِمْتِحَانِ :私は試験が終わりました

おわれる～おんわな

お

おわれる　owareru　追われる　طُرِدَ ، يُطْرَدُ　※受　طُرِدَ مِنْ مَنْصِبِهِ :役職から追われた

おん　on　恩　جَمِيل < جمل　جَمِيل　نَاكِر الْجَمِيل :恩知らず

لَنْ أَنْسَى جَمِيلَكَ أَبَدًا :ご恩は絶対に忘れません

おんがく　ongaku　音楽　مُوسِيقَى　※女性名詞　هٰذِهِ الْمُوسِيقَى جَمِيلَةٌ

この音楽は美しい

おんがくか　ongaku-ka　音楽家　مُوسِيقِيّ　هُوَ مُوسِيقِيٌّ عَرَبِيٌّ :彼はアラブの音楽家です

おんきょうの　onkyou-no　音響の　صَوْتِيّ < صوت　※عِلْمُ الصَّوْتِ :音響学

おんしつ　onshitsu　温室　حَدِيقَة زُجَاجِيَّة

おんしゃ　onsha　恩赦　عَفْوٌ عَامٌّ

おんせつ　onsetsu　音節（الْكَلِمَة）مَقْطَع < قطع　複　مَقَاطِع

おんせん　onsen　温泉　عَيْن حَارَّة / نَبْع حَار　تُوجَدُ فِي حُلْوَانَ عُيُونٌ كِبْرِيتِيَّةٌ

ヘルワンにはイオウ質の温泉がある

おんそく　onsoku　音速　سُرْعَة الصَّوْت　أَسْرَع مِنَ الصَّوْت : 超音速

おんたい　ontai　温帯　الْمِنْطَقَة الْمُعْتَدِلَة

おんだんである　ondan-dearu　温暖である　اِعْتَدَلَ < عدل VIII　يَعْتَدِلُ الطَّقْسُ فِي الْيَابَانِ

日本の気候は温暖である

おんど　ondo　温度　دَرَجَة الْحَرَارَة　الْآنَ دَرَجَةُ الْحَرَارَةِ ٢٠ دَرَجَةً مِئَوِيَّةً

今の温度はセ氏２０度です

おんどけい　ondo-kei　温度計　مِقْيَاس（مِيزَان）الْحَرَارَة

おんどり　on-dori　雄鶏　دِيك　複　دُيُوك　يَصِيحُ الدِّيكُ مَعَ الْفَجْرِ

雄鶏は夜明けと共に鳴く

おんな　on・na　女　اِمْرَأَة < مرا　複　نِسْوَة / نِسْوَان / نِسَاء　※定　الْمَرْأَة

حَرَكَة تَحْرِير الْمَرْأَة :婦人(女性)解放運動

おんぱ　onpa　音波　مَوْجَة صَوْتِيَّة　複　مَوْجَات صَوْتِيَّة

おんわな　onwa-na　温和な　لَطِيف < لطف　شَخْص لَطِيف :温和な人/柔和な人

2)温和な　مُعْتَدِل < عدل　الطَّقْس الْمُعْتَدِل :温和な気候

か

か　か　カ　【ka】

か　ka　か　أَ/ هَلْ ～؟　هَلْ تَعْرِفُهُ ؟ :彼を知っていますか

か　ka　か　أَوْ　اَلشَّاي أَوْ الْقَهْوَة :紅茶かコーヒー　※ ⇒ それとも

مَاذَا تُرِيدُ ، هٰذِهِ الْكَعْكَة أَوْ الْبُوظَة ؟

何が欲しいのですか, このケーキですか, それとも
アイスクリームですか

2)か　إِمَّا ～ وَإِمَّا　أَجِبْ ، إِمَّا سَلْبًا ، وَإِمَّا إِيجَابًا

イエスかノーか答えなさい

か　ka　蚊　بَرْغَش　بَرْغَشَة وَاحِدَة تَمْنَعُ عَنِّي النَّوْمَ

一匹の蚊で私は眠りを妨げられる

か　ka　課　دَرْس　複 دُرُوس　مَاذَا نَتَعَلَّمُ مِنْ هٰذَا الدَّرْسِ؟

私達はこの課で何を学びますか

か　ka　(～)家　أَخُو ～　أَخُو الْجَهْدِ :努力家

かーてん　kaaten　カーテン　سِتَارَة < سَتْر 複 سَتَائِر　كَانَ يَخْتَفِي وَرَاءَ السَّتَائِر

彼はカーテンの後ろに隠れていました

かーど　kaado　カード　بِطَاقَة　複 ات- (شَخْصِيَّة) بِطَاقَة التَّعْرِيف :ＩＤカード

بِطَاقَة الْإِئْتِمَان :クレジットカード

かーねーしょん　kaa・neeshon　カーネーション　قَرَنْفُل　فِي يَوْمِ عِيدِ الْأُمِّ نُهْدِي إِلَى أُمِّنَا زَهْرَ الْقَرَنْفُل

母の日に私達はカーネーションの花を
母に贈ります

かーぺっと　kaapetto　カーペット　⇒ じゅうたん　jyuutan　絨毯

かーぶ　kaabu　カーブ　مُنْعَطَف < عَطْف 複 ات-　اِصْطَدَمَتِ السَّيَّارَتَانِ عِنْدَ الْمُنْعَطَف

カーブの所で2台の車が衝突した

かい　kai　回　مَرَّة　複 ات- (ـيْن) مَرَّتَانِ :二回 (対属)

كَمْ مَرَّةً ؟ :何回ですか

かい　kai　貝　صَدَف　複 أَصْدَاف　دُودَةُ الْبِلْهَارْسِيَا تَعِيشُ فِي الْأَصْدَافِ

住血球虫は貝の中に住む

かい　kai　階　دَوْر　複 أَدْوَار　اَلدَّوْرُ الْأَرْضِيّ (الثَّانِي) :１階(２階)

2)階　طَابَق (ـِ) < طَبَق 複 طَوَابِق　مَبْنًى ذُو عَشَرَةِ طَوَابِق

１０階建ての建物

かい　kai　かい/櫂　⇒ おーる　ooru　オール

かいいん　kai・in　会員　⇒ めんばー　menbaa　メンバー

かいかくする～かいげんれい

か

かいかくする kaikaku-suru 改革する أَصْلَحَ < صلح IV أَصْلَحَ الْمُجْتَمَعَ :社会を改革した
※名 إِصْلَاح :改革 اَلْإِصْلَاحُ الْإِدَارِيّ :行政改革

かいかつな kaikatsu-na 快活な مَرِح 複 مَرَاحَى/مَرْحَى وَلَدٌ مَرِحٌ :快活な男の子

かいが kaiga 絵画 رَسْم 複 -ات/ رُسُوم اَلرَّسْمُ الْمُعَاصِرُ (الْحَدِيثُ)
現代(近代)絵画

かいがい kaigai 海外 خَارِج < خرج رِحْلَةٌ إِلَى الْخَارِجِ :海外旅行

かいがん kaigan 海岸 شَاطِئُ الْبَحْرِ 複 شَوَاطِئ يَتَمَشَّى عَلَى شَاطِئِ الْبَحْرِ
彼は海岸を散歩します

かいきゅう kaikyuu 階級 طَبَقَة 複 -ات طَبَقَةُ الْكَادِحَةِ :労働者階級/プロレタリアート
اَلطَّبَقَةُ الْعُلْيَا (الْوُسْطَى/ الدُّنْيَا)
上流(中流/下層)階級
関 طَبَقِيّ :階級 اَلصِّرَاعُ الطَّبَقِيّ :階級闘争

2)階級 رُتْبَة 複 رُتَب يَحْمِلُ رُتْبَةً عَالِيَةً :彼は高位の階級だ

かいきょう kaikyou 海峡 مَضِيق < ضيق 複 مَضَايِق مَضِيقُ الْهُرْمُزِ :ホルムズ海峡

かいきょう kaikyou 回教 ⇒ いすらむきょう isuramu-kyou イスラム教

かいぎ kaigi 会議 مُؤْتَمَر < أمر 複 -ات عُقِدَ الْمُؤْتَمَرُ :会議が開かれた
مُؤْتَمَرُ الصُّلْحِ :和平会議

かいぎじょう kaigi-jou 会議場 مَجْلِس < جلس 複 مَجَالِس اِجْتَمَعَ النُّوَّابُ فِي الْمَجْلِسِ
代表者は会議場に集まった

かいぐん kai-gun 海軍 قُوَّات بَحْرِيَّة شَبَابٌ قَلَائِلُ يَلْتَحِقُونَ بِالْقُوَّاتِ الْبَحْرِيَّةِ
海軍に入隊する若者は少ない

かいけい kaikei 会計 حِسَاب < حسب 複 -ات اَلْحِسَابَ ، مِنْ فَضْلِكَ
お会計(お勘定)をお願いします

かいけいし kaikei-shi 会計士 مُحَاسِب < حسب 複 -ون نَالَ شَهَادَةَ الْمُحَاسَبَةِ ، وَلٰكِنَّ
彼は会計士の免許を得たけれど, الْخِبْرَةَ تَنْقُصُهُ
経験が不足している

かいけつ-する kaiketsu-suru 解決する حَلَّ ، يَحُلُّ حَلَّ الْمُشْكِلَةَ :その問題を解決した
※名 حَلّ :解決 تَوَصَّلَ إِلَى حَلٍّ :解決に至った/解決した
لَمْ يَصِلْ إِلَى حَلٍّ :解決に至らなかった(しなかった)

かいけん kaiken 会見 مُقَابَلَة < قبل أَجْرَى مُقَابَلَةً مَعَ ～ :～と会見した

かいげんれい kaigen-rei 戒厳令 أَحْكَام عَسْكَرِيَّة أُعْلِنَتِ الْأَحْكَامُ الْعَسْكَرِيَّةُ أَثْنَاءَ حَوَادِثِ
その暴動の間に戒厳令が敷かれた الشَّغَبِ

かいこ～かいせん

か

かいこ　kaiko　蚕　دُودَةُ الْقَزِّ　※1匹の蚕　دُودُ الْقَزِّ يَغْتَذِي بِوَرَقِ التُّوتِ
蚕は桑の葉を餌とする

かいこされる　kaiko-sareru　解雇される　أُقِيلَ　< قيل IV受　أُقِيلَ الْعُمَّالُ مِنْ مَنْصِبِهِمْ
労働者達が解雇された

かいこする　kaiko-suru　解雇する　أَقَالَ　< قيل IV　أَقَالَهُ مِنْ مَنْصِبِهِ :彼を解雇した(首にした)
※名 إِقَالَة :解雇　طَلَبَ مِنْ سَحْبِ إِقَالَتِهِ
解雇撤回を求めた

かいごう　kaigou　会合　اِجْتِمَاع　< جمع 複 -ات　لَدَيْنَا اجْتِمَاعُ الشَّهْرِ الْقَادِمِ
来月に会合(会議)があります

かいさい　kaisai　開催　اِفْتِتَاح　< فتح　اِفْتِتَاحُ مُؤْتَمَرِ الصُّلْحِ :和平会議の開催

かいさんする　kaisan-suru　解散する　حَلَّ (u)　حَلَّ الْبَرْلَمَانَ :国会を解散した

かいしする　kaishi-suru　開始する　⇒ はじめる　hajimeru　始める

かいしめる　kai-shimeru　買い占める　اِحْتَكَرَ　< حكر VIII　اِحْتَكَرَ التَّاجِرُ الْأَرُزَّ
商人は米を買い占めた

かいしゃ　kaisha　会社　شَرِكَة　複 -ات　شَرِكَة رَئِيسِيَّة:本社
شَرِكَة مَحْدُودَةِ الْمَسْئُولِيَّةِ :有限会社
شَرِكَة سَهَامِيَّة :株式会社

かいしゃいん　kaisha-in　会社員　⇒ しゃいん　shain　社員

かいすいよく　kaisui-yoku　海水浴　اِسْتِحْمَام فِي الْبَحْرِ　※ اِسْتَحَمَّ فِي الْبَحْرِ :海水浴をした

かいすい-よくじょう　kaisui-yokujou　海水浴場　مَسْبَح　< سبح 複 مَسَابِح　تَمْتَدُّ الْمَسَابِحُ عَلَى طُولِ الشَّاطِئِ
浜辺一帯に海水浴場が広がっている

かいせいする　kaisei-suru　改正する　عَدَّلَ　< عدل II　عَدَّلَ الدُّسْتُورَ :憲法を改正した
名 تَعْدِيل :改正　تَعْدِيل الدُّسْتُورِ :憲法改正

かいせつ-する　kaisetsu-suru　解説する　فَسَّرَ　< فسر II　فَسَّرَ الْحَادِثَ :その事件を解説した
فَسَّرْتَ لِي مَسْأَلَةَ الْحِسَابِ فَبَسُطَ حَلُّهَا
あなたが算数の問題を解説してくれたので答えは簡単だった
※名 تَفْسِير :解説　تَفْسِير لِلْحَادِثِ:事件の解説

かいせん　kaisen　かいせん/疥癬　مَرَضُ الْجَرَبِ　كَانَ الْبَدْوُ يُدَاوُونَ الْجَرَبَ بِالْقَطْرَانِ
かつてベドウィン達は疥癬をタールで治療していた

かいせん　kaisen　会戦　وَقِيعَة　< وقع 複 وَقَائِعُ　سَقَطَ فِي الْوَقِيعَةِ قَتْلَى كَثِيرُونَ
その会戦では沢山の戦死者が出た

かいぜんする～かいふくする

かいぜんする kaizen-suru 改善する حَسَّنَ < حسن II هٰذَا الْمَشْرُوعُ سَوْفَ يُحَسِّنُ الْحَيَاةَ فِي الْقُرَى
この計画は村々の生活を改善するだろう
※名 تَحْسِين :改善 تَحْسِينُ مَعِيشَةِ النَّاسِ
人々の生活の改善

かいそう kaisou 海草 عُشْبُ الْبَحْرِ يَأْكُلُ الْيَابَانِيُّونَ عُشْبَ الْبَحْرِ
日本人は海草を食べる

かいぞく kaizoku 海賊 قُرْصَان 複 قَرَاصِنَةٌ هَاجَمَ الْقَرَاصِنَةُ السَّفِينَةَ
海賊が船を襲った

かいたいする kaitai-suru 解体する يَهُدُّ ، هَدَّ نَهُدُّ الْبَيْتَ الْقَدِيمَ ، لِنُقِيمَ بِنَاءً جَدِيدًا
私達は新しいビルを造るために古い家を解体します

かいだん kaidan 会談 مُحَادَثَات < حدث الْمُحَادَثَاتُ الرَّسْمِيَّةُ :公式会談
أَجْرَى مُحَادَثَاتٍ مَعَ ~ :~と会談した(を行った)

かいだん kaidan 階段 سُلَّم < سلم 複 سَلَالِم صَعِدَ (نَزَلَ) السُّلَّمَ
階段を上った(降りた)

かいていする kaitei-suru 改訂する نَقَّحَ < نقح II نَقَّحَ الْقَامُوسَ :辞書を改訂した
※名 تَنْقِيح :改訂 ※ طَبْعَةٌ مُنَقَّحَةٌ :改訂版

かいてきな kaiteki-na 快適な ⇒ きもちのよい kimochi-noyoi 気持ちの良い

かいてん-させる kaiten-saseru 回転させる أَدَارَ < دور IV أَدَارَ الْكُرَةَ :ボールを回転させた

かいてんする kaiten-suru 回転する دَارَ (u) < دور تَدُورُ الْأَرْضُ حَوْلَ الشَّمْسِ
地球は太陽の周りを回転している
※名 دَوْرَة :回転 دَوْرَةٌ وَاحِدَةٌ :1回転

かいとう kaitou 解答 إِجَابَة < جوب 複 ـات وَرَقَةُ الْإِجَابَةِ :解答用紙

かいとうする kaitou-suru 回答する ⇒ こたえる kotaeru 答える

かいにゅうする kai·nyuu-suru 介入する تَدَخَّلَ < دخل V تَدَخَّلَ فِي شُؤُونِ الْغَيْرِ
関係のない事に介入した

かいはつ-する kaihatsu-suru 開発する نَمَّى < نمى II نَمَّى حُقُولَ النِّفْطِ :油田を開発した
※名 تَنْمِيَة :開発 تَنْمِيَةٌ زِرَاعِيَّةٌ :農業開発

かいばつ kaibatsu 海抜 فَوْقَ مُسْتَوَى الْبَحْرِ فَوْق ارْتِفَاعُ "فوجي سان" ٣٧٧٦ م فَوْقَ
富士山の高さは海抜3776メートルです مُسْتَوَى الْبَحْرِ

かいひ kaihi 会費 رُسُومُ لِلْعُضْوِيَّةِ دَفَعَ رُسُومَ لِلْعُضْوِيَّةِ :会費を払った(納めた)

かいひする kaihi-suru 回避する ⇒ さける sakeru 避ける

かいふくする kaihuku-suru 快復する نَقِهَ (a) عَسَاكَ تَنْقَهُ مِنْ مَرَضِكَ بِسُرْعَةٍ !
あなたがご病気から早く快復されますように!

か

かいふくする～かえす

か

かいふくする　kaihuku-suru　回復する　يَصْفُو ، صَفَا　سَيَصْفُو الْجَوُّ غَدًا :明日天気は回復するでしょう

かいぶつ　kaibutsu　怪物　ذُو قُدُرَات مُدْهِشَة

かいほうする　kaihou-suru　解放する　أَطْلَقَ < طلق IV　أَطْلَقَ الْعَبْدَ :奴隷を解放した

2)解放する　حَرَّرَ < حرّ II　حَرَّرَ الشَّعْبَ :国民を解放した

※名 تَحْرِير :解放　تَحْرِير الْعَبِيد :奴隷解放

かいほうする　kaihou-suru　介抱する　⇒ かんごする　kango-suru　看護する

かいぼう　kaibou　解剖　تَشْرِيح < شرح　طَلَبَ الْمُحَقِّقُ تَشْرِيحَ الْجُثَّةِ

取調官は死体の解剖を要求した

かいめん　kaimen　海綿　⇒ すぽんじ sponji　スポンジ

かいめん-どうぶつ　kaimen-doubutsu　海綿動物　إِسْفَنْج　يَعِيشُ الْإِسْفَنْجُ مُلْتَصِقًا بِالصُّخُورِ

海綿動物は岩にくっついて生きている

かいもの　kaimo・no　(～)の買い物　شِرَاء ～ < شرى　ذَهَبَتْ أُمِّي إِلَى السُّوقِ لِشِرَاءِ ～

母は市場へ～の買い物に行きました

かいもの-をする　kaimo・no-wosuru　買物をする　تَسَوَّقَ < سوق V　أَوَدُّ أَنْ أَتَسَوَّقَ فِي～ : 私は～で買物をしたい

かいよう　kaiyou　潰瘍　قَرْحَة　複 قُرُوح/قَرْح　قَرْحَة فِي الْمَعِدَةِ :胃潰瘍

لِلْقَرْحَةِ الْيَوْمَ عِلَاجٌ يُغْنِي عَنِ الْعَمَلِيَّةِ

今日,潰瘍は手術をしないで治療する

かいりつ　kairitsu　戒律　سُلُوك دِينِيّ　مَبْدَأ دِينِيّ　رَاعَى مَبْدَأَ السُّلُوكِ الدِّينِيِّ :戒律を守った

かいりょうする　kairyou-suru　改良する　عَدَّلَ < عدل II　عَدَّلَ الْمِكْيَالَ : 秤を改良した

かいろ　kairo　回路　دَائِرَة < دور 複 دَوَائِر　دَائِرَة مُتَكَامِلَة : 集積回路/ＩＣ

かいろ　kairo　カイロ　اَلْقَاهِرَة　※= عَاصِمَة مِصْر :エジプトの首都

かいわ　kaiwa　会話　مُحَادَثَة < حدث 複 ـات　اَلْمُحَادَثَات الْيَوْمِيَّة :日常会話

かう　kau　買う　اِشْتَرَى ، يَشْتَرِي < شرى VIII　اِشْتَرِ :買いなさい ※اِشْتَرِي (女性に)

أُرِيدُ أَنْ أَشْتَرِيَ سَيَّارَةً : 私は車を買いたい

2)買う　اِبْتَاعَ < بيع VIII ※ = 信頼する　لَا أَبْتَاعُ مِنْهُ وَلَا أَبِيعُهُ

私は彼を買っていません ※価値を認めない

かう　kau　飼う　رَبَّى ، يُرَبِّي < ربى II　رَبَّى الْكَلْبَ :犬を飼った

かうぼーい　kau-booi　カウボーイ　رَاعِي بَقَر 複 رُعَاة (الْبَقَر)

かえす　kaesu　返す　أَرْجَعَ < رجع IV　أَرْجِعِ الْكِتَابَ إِلَى الْمَكْتَبَةِ

(その)本を図書館に返しなさい

2)返す　رَدَّ (u)　أَرُدُّ لَكَ هٰذَا الْجَمِيلَ :このご恩はきっとお返しします

かえて～かかく

رَدَّ التَّحِيَّةَ عَلَيْهِ:彼に挨拶を返した

3)返す سَدَّدَ < سدّ II سَدَّدَ دَيْنَهُ:負債(借金)を返した

かえて kaete (～に)代えて ～ بَدَلاً مِنْ ～ ذَهَبْنَا بِالْقِطَارِ بَدَلاً مِنَ السَّيَّارَةِ

私達は車を汽車に代えて行った。

かえり kaeri 帰り رُجُوع < رجع انْتَظَرْتُ رُجُوعَكَ بِفَارِغِ الصَّبْرِ

私はあなたの帰りを首を長くして待っていました

かえりみる kaeri-miru 省みる ⇒ はんせいする hansei-suru 反省する

かえる kaeru 帰る رَجَعَ (i) سَنَرْجِعُ، هَيَّا بِنَا! :さあ！帰りましょう

2)帰る عَادَ، يَعُودُ ※～へ:إِلَى / لِـ～ هِيَ عَادَتْ / أَنَا عُدْتُ

عَادَ إِلَى وَطَنِهِ:祖国へ帰った

かえる kaeru 返る ثَابَ، يَثُوبُ ※～に:إِلَى / لِـ～ ثَابَ إِلَى نَفْسِهِ:我に返った

かえる kaeru 換える غَيَّرَ < غير II أُرِيدُ أَنْ أُغَيِّرَ الْقِطَارَ

汽車を乗り換えたいのです

2)換える بَادَلَ < بدل III ～を～と:بِـ～ بَادَلَ بَيْضًا بِتَمْرٍ

卵をナツメヤシの実と換えた

かえる kaeru 変える حَوَّلَ < حول II حَوَّلَ سُرْعَةَ السَّيَّارَةِ:自動車の速度を変えた

かえる kaeru 替える حَوَّلَ < حول II حَوِّلْ دُولَارَاتٍ إِلَى دَرَاهِمَ

ドルをデルハムに替えなさい

かえる kaeru 蛙 ضِفْدَع(ِ) 複 ضَفَادِع الضِّفْدَعُ حَيَوَانٌ بَرْمَائِيٌّ ذُو نَقِيقٍ

蛙はゲコゲコ鳴く両生類の動物です

かお kao 顔 وَجْه 複 وُجُوه غَسَلَ وَجْهَهُ:顔を洗った

اِسْتَطْلَعَ وُجُوهَ الْأَطْفَالِ:子供達の顔色を見た

かおつき kao-tsuki 顔つき مَلَامِح < لمح فِيهِ مَلَامِحُ مِنْ أَبِيهِ

彼の顔つきは父親似だ

かおり kaori 香り رَائِحَة < روح 複 رَوَائِح رَائِحَةٌ ذَكِيَّةٌ:芳しい香り

かおる kaoru 香る عَبِقَ (a) عَبِقَ الْبَيْتُ بِرَائِحَةِ الْبُنِّ الْمُحَمَّصِ

家に煎ったコーヒー豆の匂いが香った

かかえる kaka·eru 抱える حَمَلَ (i) حَمَلَ ～ تَحْتَ الْإِبْطِ:～を小脇に抱えた

2)抱える حَضَنَ (u) بَكَى الطِّفْلُ فَحَضَنَتْهُ أُمُّهُ

子供が泣いたので,母親はその子をだき抱えた

3)抱える دَانَ، يَدِينُ ※負債を دَانَ الْفَلَّاحُ الْمُحْتَاجُ

貧しい農夫は負債(借金)を抱えていた

かかく kakaku 価格 ⇒ ねだん nedan 値段

か

かかげる～かがく

か

かかげる　kakageru　掲げる　نَصَبَ (u)　　نَصَبَ الْعَلَمَ :旗を掲げた(立てた)

かかし　kakashi　かかし/案山子　خَيَالُ الصَّحْرَاءِ

かかせない　kakase·nai　欠かせない…لـ…～ عَنْ لَا يُسْتَغْنَى　※…には～が欠かせない　لَا يُسْتَغْنَى عَنْ

コーヒーには砂糖が欠かせない　سُكَّرٍ لِلْقَهْوَةِ

かかって　kakatte　掛かって　مُعَلَّقٌ < علق　صُورَةُ "فوجي سان" مُعَلَّقَةٌ عَلَى الْحَائِطِ

富士山の写真が壁に掛かっている

لَوْحَةٌ مُعَلَّقَةٌ بِالْجِدَارِ :壁に掛かっている絵

かかと　kakato　かかと/踵　عَقِبٌ (عَقْبٌ)　複 أَعْقَاب　(حِذَاءٍ) عَقِبُ (عَقْبُ) قَدَمٍ :足(靴)のかかと

かかる　kakaru　(時間が)掛かる　اِسْتَغْرَقَ < غرق X　　اَلْمَسَافَةُ تَسْتَغْرِقُ ١٠ دَقَائِقَ

その距離は車で約10分　تَقْرِيبًا بِالسَّيَّارَةِ

掛かります

2)(お金が)掛かる　كَلَّفَ < كلف II　كَمْ يُكَلِّفُ السَّفَرُ؟

旅行(の費用)はいくら掛かりますか

3)(病気に)掛かる　أُصِيبَ < صوب IV受　أُصِبْتُ بِمَرَضٍ مُعْدٍ

私は伝染病に掛かった

4)(気に)掛かる　هَمَّ (u)　　تُهِمُّنِي صِحَّتُهُ :私は彼の健康が気に掛かる

5)(魚が)掛かる　عَلِقَ (a)　　عَلِقَتِ الصِّنَّارَةُ بِسَمَكَةٍ كَبِيرَةٍ

(釣り針に)大きな魚が掛かった

かかれている　kakarete-iru　書かれている　جَاءَ، يَجِيءُ < جيء　～فِي: ～に　～ أَنْ　جَاءَ فِي جَرِيدَةِ الْأَهْرَامِ

アル=アフラーム新聞には～のように書かれている

2)書かれている　مَكْتُوب < كتب　　اَلرِّسَالَةُ مَكْتُوبَةٌ بِحُرُوفٍ جَمِيلَةٍ

その手紙はきれいな文字で書かれています

かかわらず　kakawarazu　(～にも)かかわらず ～ مِنْ الرَّغْمِ عَلَى/～(أَنْ) مِنْ بِالرَّغْمِ

ذَهَبَ عَلَى الرَّغْمِ مِنْ ذَلِكَ

それにもかかわらず彼は行った

2)(～にも)かかわらず ～ مَعَ أَنَّ　　أَرَادَتِ الشَّقِيقَتَانِ مُسَاعَدَةَ الرَّجُلِ،

その男がとても　مَعَ أَنَّهُ كَانَ فَظًّا جِدًّا مَعَهُمَا

無礼にもかかわらず,姉妹は彼を助けたいと思った

かかわる　kakawaru　関わる　تَعَلَّقَ < علق V ～بِـ: ～と/に　　لَا أُرِيدُ أَنْ أَتَعَلَّقَ

私はその問題に関わりたくない　بِالْمُشْكِلَةِ

かがく　kagaku　科学　عِلْمٌ　複 عُلُوم　اَلْعُلُومُ الطَّبِيعِيَّةُ :自然科学

かがく　kagaku　化学　عِلْمُ الْكِيمِيَاءِ ※形 كِيمَاوِيٌّ 複 ـات :化学の,化学者 複化学薬品

تَفَاعُلٌ كِيمَاوِيٌّ :化学反応

かがくてき～かぎり

か

かがくてき　kagaku-teki　科学的
かがく-てきな　kagaku-teki・na　科学的な　عِلْمِيّ　بَدَأَ الْأَسَاتِذَةُ دِرَاسَتَهُمْ الْعِلْمِيَّةَ
教授達は科学的研究を始めた

かがみ　kagami　鏡　مِرْآة　< رأى 複 مَرَايَا/مَرَاءٍ　تُسَرِّحُ شَعْرَهَا أَمَامَ الْمِرْآةِ
彼女は鏡の前で髪を梳く

かがむ　kagamu　屈む　مَالَ ، يَمِيلُ　～ إِلَى :～の方へ　～ عَلَى :～の上に
مَالَ إِلَى الْأَرْضِ لِيَلْتَقِطَ الْأَقْلَامَ
鉛筆を拾うために地面に屈んだ(しゃがんだ)

2)屈む　قَوَّسَ ظَهْرَهُ　قَوَّسَ الْحَمَّالُ ظَهْرَهُ لِيَنْهَضَ بِالسَّلِّ
ポーターは篭を持って立ち上がろうと屈んだ

かがやいて-いる　kagayaite-iru　輝いている　لَامِع　< لمع 複 لَوَامِع　النُّجُومُ لَامِعَةٌ فِي السَّمَاءِ
星が空で輝いている

かがやかしい　kagayakashii　輝かしい　مَجِيد　< مجد　تَارِيخُ بِلَادِي قَدِيمٌ مَجِيدٌ
我が国の歴史は古く，輝かしい

かがやき　kagayaki　輝き　ضَوْء　複 أَضْوَاء　ضَوْءُ الشَّمْسِ :太陽の輝き/陽光

かがやく　kagayaku　輝く　أَضَاءَ　< ضوء　أَضَاءَ الْقَمَرُ :月が輝いた

2)輝く　لَمَعَ (a)　يَلْمَعُ مِثْلَ الْفِضَّةِ :銀みたいに輝いている

かき　kaki　柿　كَاكِي/كَاكَى　مَذَاقُ الْكَاكِي سُكَّرِيٌّ :柿は甘いです
أَيْنَعَ الْكَاكِي :柿が熟した

かき　kaki　カキ/牡蠣　مَحَار　※ مَحَارَة :1個のカキ

かきかえる　kaki-ka・eru　書き換える　جَدَّدَ　< جدّ　جَدَّدَ رُخْصَةَ الْقِيَادَةِ 運転免許証を書き換えた

かきとめ　kaki-tome　書留　بَرِيد مُسَجَّل　بِالْبَرِيدِ الْمُسَجَّلِ :(郵便)書留で

かきとめる　kaki-tomeru　書き留める　سَجَّلَ　< سجل II　سَجَّلَ الرَّقَمَ فِي الدَّفْتَرِ
手帳に番号を書き留めた

かきとり　kaki-tori　書取り　إِمْلَاء　< ملو　احْذَرُوا أَخْطَاءَ الْإِمْلَاءِ
書取りの間違いに注意しなさい

かきなおす　kaki-naosu　書き直す　أَعَادَ الْكِتَابَةَ　< أَعَادَ عود IV　أَعَادَ الْأُسْتَاذُ كِتَابَةَ الشَّرْحِ
教授は説明を書き直した

かきね　kaki・ne　垣根　سِيَاج　< سيج 複 -ات　سِيَاجُ الْبُسْتَانِ أَشْجَارٌ شَائِكَةٌ
庭の垣根は棘のある木です

かきまぜる　kakimazeru　かき混ぜる　قَلَّبَ　< قلب II　قَلِّبْ الطَّعَامَ :食べ物をかき混ぜなさい

かぎ　kagi　鍵　مِفْتَاح　< فتح 複 مَفَاتِيح　نُسْخَةٌ مِنَ الْمِفْتَاحِ :合い鍵

かぎり　kagiri　(～する)限り　～ مَا بِقَدْرِ/عَلَى مَا　بِقَدْرِ مَا أَعْرِفُ عَنْهُ أَنَّهُ أَعْزَبُ
私の知ってる限りでは彼は独身だ

かぎる～かくげん

2)(～する)限り ～ مَا دَامَ ※～は対格 لَنْ تَنْجَحَ مَا دُمْتَ كَسُولًا
あなたは怠けている限り成功はしないだろう

3)(～しない)限り ～ مَا لَمْ لَنْ تَنَالَ الشَّهَادَةَ ، مَا لَمْ تَنْجَحْ فِي الامْتِحَانِ
試験に合格しない限り賞状はもらえないよ

かぎる　kagiru　限る ⇒ せいげんする seigen-suru 制限する

か

かぎられる　kagirareru　限られる اِقْتَصَرَ ＜ قصر VIII ～ عَلَى～ :～に اِقْتَصَرَ فِي حَدِيثِهِ عَلَى الأَدَبِ
彼の話は文学に限られた
اِقْتَصَرَ الْمُرَشَّحُونَ عَلَى خِرِّيجِي الْجَامِعَةِ
応募者は大卒に限られた

かく　kaku　書く كَتَبَ (u) أَنَا كَتَبْتُ الرِّسَالَةَ :私がその手紙を書きました
受 كُتِبَ :書かれた كِتَابٌ كُتِبَ بِخَطِّ الْيَدِ :手書きの本
كُتِبَ هٰذَا الْكِتَابُ بِلُغَةٍ بَسِيطَةٍ مَضْبُوطَةٍ
この本は簡単で正確な言葉で書かれました

2)書く تَهَجَّى ＜ هجو V ※＝つづる أَتَعْرِفُ أَنْ تَتَهَجَّى حُرُوفَ اسْمِكَ؟
あなたは自分の名前の書き方を知っていますか

かく　kaku　描く ⇒ えがく egaku 描く

かく　kaku　(～を)欠く نَقَصَ (u) ※～の部分が主語 نَقَصَهُ شَرِيكُهُ حَقِيقِيٌّ
彼には本当の仲間が<u>欠けていた</u>(いない)

かく　kaku　かく عَرِقَ (a) ※汗を يَعْرَقُ جِسْمُ الْمَرِيضِ
病人の体が汗をかいている

かく　kaku　かく/掻く خَدَشَ (i) خَدَشَ الْهِرُّ يَدَهُ :猫が彼の手を引っ掻いた

2)かく/掻く خَجِلَ (a) ※恥を خَجِلْتُ مِنْ سُلُوكِكَ
私は貴男の行為に恥を掻きました

かく　kaku　核 نَوَاةٌ ＜ نوى 複 نَوَيَاتٌ نَوَاةُ الذَّرَّةِ :原子核
※形 نَوَوِيٌّ :核の اَلتَّسْلِيحُ النَّوَوِيُّ :核武装
تَفَجُّرٌ نَوَوِيٌّ :核爆発 أَسْلِحَةٌ نَوَوِيٌّ :核兵器

かく　kaku　角 زَاوِيَةٌ ＜ زوى 複 زَوَايَا اَلْمُضَلَّعُ : شَكْلٌ كَثِيرُ الأَضْلَاعِ وَالزَّوَايَا
多角形：辺と角が多数ある形
(زَاوِيَةٌ حَادَّةٌ (قَائِمَةٌ / مُنْفَرِجَةٌ :<u>鋭角</u>(直角/鈍角)

かくうの　kakuu-no　架空の وَهْمِيٌّ ＜ وهم مُؤَسَّسَةٌ وَهْمِيَّةٌ :架空の<u>組織</u>(団体)

かくげん　kakugen　格言 مَثَلٌ 複 أَمْثَالٌ فَسِّرْ هٰذَا مَثَلَ "اَلْجَارُ قَبْلَ الدَّارِ"
格言"家の前に隣人"を説明しなさい

2)格言 أُمْثُولَةٌ 複 ـات حَسِبْتُ الأُمْثُولَةَ الْعَرَبِيَّةَ صَعْبَةً
私はアラブの<u>格言</u>(諺)は難しいと思いました

かくこと　kaku-koto　書くこと　كِتابَة < كتب 複 -ات　قِراءَة وَكِتابَة :読み書き

かくご　kakugo　覚悟 ⇒ けつい　ketsui　決意

かくごする　kakugo-suru　覚悟する　اِسْتَعَدَّ < عد X　اِسْتَعَدَّ نَفْسِيًّا لِلْمَوْت :死を覚悟した

かくしん　kakushin　確信　يَقِين < يقن　بَلَغَ الْيَقِين :確信した

かくしん　kakushin　核心　لُبّ 複 أَلْباب　لُبّ الْمَوْضُوع :問題の核心(本質)

かくしん-した　kakushin-shita　確信した　مُتَأَكِّد < أكد　~ مِنْ :~を　مُتَأَكِّدٌ مِنْ أَنَّ ~ :~を確信している

أَنا مُتَأَكِّدٌ مِنْ نَجاحِكَ فِي عَمَلِكَ

私はあなたが仕事で成功することを確信している

かくす　kakusu　隠す　كَتَمَ (u)　يَكْتُمُ السِّرَّ :秘密を隠す

2)隠す　اِخْتَفَى < خفي VIII ※姿を　اِخْتَفَى السّارِقُ بِسُرْعَةٍ

盗人は急いで姿を隠した(隠れた)

3)隠す　أَخْفَى < خفي IV ※物を　ماذا تُخْفِي تَحْتَ إِبْطِكَ؟

脇の下に何を隠したのですか

かくせい　kakusei　覚醒　وَعْيٌ < وعى　اَلْوَعْيُ الْقَوْمِيّ :民族の覚醒

かくせいき　kakusei-ki　拡声器 ⇒ すぴーかー　supiikaa　スピーカー

かくせいざい　kakusei-zai　覚醒剤　مُخَدِّر < خدر 複 -ات　مُدْمِن مُخَدِّرات :覚醒剤(麻薬) 中毒

かくだいする　kakudai-suru　拡大する　كَبَّرَ < كبر II　كَبَّرَ الصُّورَةَ :写真を拡大した

※名 تَكْبِير :拡大

かくとうする　kakutou-suru　格闘する　صارَعَ < صرع III　صارَعَ عَدُوَّهُ بِشَجاعَةٍ :敵と勇敢に格闘した

※名 مُصارَعَة :格闘/格闘技

かくとくする　kakutoku-suru　獲得する ⇒ える　eru　得る

かくど　kakudo　角度　زاوِيَة < زوى 複 زَوايا　مِنْ مُخْتَلِفِ الزَّوايا :違った角度から

かくにん-する　kaku・nin-suru　確認する　راجَعَ < رجع III　راجَعَ الْحِساب :計算を確認した

※名 مُراجَعَة 複 -ات :確認　لا تَبُتُّ الشَّرِكَةُ أَمْرًا قَبْلَ مُراجَعَةِ الْوَكِيلِ

会社は代理人の確認がなければ決定できない

2)確認する　تَأَكَّدَ < أكد V　تَأَكَّدَ مِنْ أَنَّ الْأَبْوابَ مُقْفَلَةٌ

ドアが閉まっているのを確認した

※名 تَأَكُّد :確認　لِلتَّأَكُّد :確認のために/念のために

かくへいき　kaku-heiki　核兵器　أَسْلِحَة نَوَوِيَّة　اَلتَّخَلِّي عَنِ الْأَسْلِحَةِ النَّوَوِيَّةِ :核兵器放棄

かくめい　kakumei　革命　ثَوْرَة 複 -ات　ثَوْرَة بَيْضاء :無血革命　ثَوْرَة مُضادَّة :反革命

かくめいか～かける

か

قَامَتِ الثَّوْرَةُ فِي عَامِ ٢٠١١ م فِي مِصْرَ
西暦(せいれき)2011年(ねん)エジプトで革命(かくめい)が起(お)きた

かくめいか　kakumei-ka　革命家　ثَائِر < ثور 複 ثُوَّار　"لِينِين" ثَائِرٌ رُوسِيٌّ
レーニンはロシアの革命家(かくめいか)です

かくりする　kakuri-suru　隔離する　عَزَلَ (i)　يُعْزَلُ كُلُّ مَنْ أُصِيبَ بِالْبَرَصِ
らい病(びょう)にかかった者(もの)は誰(だれ)でも隔離(かくり)される

かくれが　kakure-ga　隠れ家
かくればしょ　kakure-basho　隠れ場所　مَخْبَأ < خبأ 複 مَخَابِئ　خَرَجَ الْفَأْرُ مِنْ مَخْبَئِهِ
鼠(ねずみ)が隠(かく)れていた場所(ばしょ)から出(で)て来(き)ました

2)隠れ家　وَكْر　複 أَوْكَار / وُكُور　وَكْرُ اللُّصُوصِ:盗賊(とうぞく)の隠(かく)れ家(が)

かくれる　kakureru　隠れる　اِخْتَبَأَ < خبأ VIII　اِخْتَبِئْ:隠(かく)れなさい
اِخْتَبَأَ فِي مَكَانٍ أَمِينٍ:安全(あんぜん)な場所(ばしょ)に隠(かく)れた

かぐ　kagu　嗅ぐ　شَمَّ (u)(a)　شَمَمْتُ رَائِحَةَ الْوَرْدِ فِي الْحَدِيقَةِ
私(わたし)は庭(にわ)でバラの花(はな)の匂(にお)いを嗅(か)いだ

かぐ　kagu　家具　أَثَاث < أثّ　※=أَثَاثُ الْبَيْتِ
※ شَقَّة مَفْرُوشَة:家具付(かぐつ)きアパート

かぐわしい　kaguwashi・i　香しい　عَطِرٌ　هَبَّ النَّسِيمُ بَلِيلاً عَطِرًا
香(かぐわ)しい湿(しめ)ったそよ風(かぜ)が吹(ふ)いた

かけ　kake　賭け　⇒ とばく　tobaku　賭博

かけい　kakei　家計　⇒ せいかつひ　seikatsu-hi　生活費

かけい　kakei　家系　نَسَب　複 أَنْسَاب　سِلْسِلَةُ (شَجَرَةُ) النَّسَبِ:家系図(かけいず)
أُقَدِّرُ فِي الْإِنْسَانِ قِيمَتَهُ قَبْلَ أَنْ أُقَدِّرَ نَسَبَهُ
私(わたし)は家系(かけい)(出自(しゅつじ))を評価(ひょうか)する前(まえ)に
その人(ひと)を評価(ひょうか)します

かけざん　kakezan　掛け算　ضَرْبٌ　جَدْوَلُ الضَّرْبِ:掛(か)け算(ざん)の九九(くく)(の表(ひょう))

かけつける　kake-tsukeru　駆け付ける　هَرَعَ (a)　أَتَسْمَعِينَ أَخَاكِ يَصْرُخُ، وَلَا تَهْرَعِينَ إِلَيْهِ؟
貴女(あなた)は弟(おとうと)の悲鳴(ひめい)を聞(き)いて,
駆(か)け付(つ)けないのですか

かけっこ　kakekko　駆けっこ　سِبَاق < سبق　فَازَ عَلَى أَقْرَانِهِ فِي السِّبَاقِ
仲間(なかま)に駆(か)けっこで勝(か)った

かけぶとん　kake-buton　掛け布団　لِحَاف < لحف 複 لُحُف / أَلْحِفَة　تَغَطَّيْتُ بِاللِّحَافِ
私(わたし)は掛(か)け布団(ぶとん)を掛(か)けました

かけら　kakera　欠けら　⇒ だんぺん　danpen　断片

かける　kakeru　掛ける　اِتَّصَلَ < وصل VIII　اِتَّصَلَ بِهَا بِالتِّلِيفُونِ
彼女(かのじょ)に電話(でんわ)を掛(か)けた

かける～かこの

2)掛ける　عَلَّقَ　< علق II　عَلَّقَ الشَّنْطَةَ عَلَى كَتِفِهِ

鞄を肩に掛けた

3)掛ける　أَغْلَقَ / غَلَّقَ　< غلق II, IV ※鍵、ボタンなどを

أَغْلَقَ الْبَابَ :ドアの鍵を掛けた

4)掛ける　فِي　اِثْنَانِ فِي أَرْبَعَةٍ يُسَاوِي ثَمَانِيَةً :2 × 4 = 8

5)掛ける　غَطَّى　< غطو II　غَطِّي أَخَاكَ النَّائِمَ لِحَافًا

寝ている弟に布団を掛けなさい

6)掛ける／架ける　بَنَى، يَبْنِي　نَبْنِي الْقَنْطَرَةَ الْجَدِيدَةَ عَلَى النَّهْرِ

私達は川に新しい橋を掛けています

7)掛ける　أَمَّنَ　< أمن II ※保険を　أَمَّنَ عَلَى السَّيَّارَةِ :車に保険を掛けた

8)掛ける　أَقْلَقَ　< قلق IV　لَا تُقْلِقْنِي :私に心配を掛けさせるな

かける　kakeru　欠ける　نَقَصَ (u)　اَلْقَمَرُ سَيَنْقُصُ :月は欠けるだろう

2)欠ける　اِفْتَقَرَ　< فقر VIII　اِفْتَقَرَ الْبَحْثُ إِلَى الْعُمْقِ

議論は深みに欠けた

かける　kakeru　かける　رَشَّ (u)　※水を　الْمَاءَ (رُشِّي) رُشَّ :水をかけなさい(女性向かって)

かける　kakeru　駆ける ⇒ はしる　hashiru　走る

かける　kakeru　賭ける
かけをする　kake-wosuru　賭をする　قَامَرَ　< قمر III　إِيَّاكَ أَنْ تُقَامِرَ أَحَدًا !

絶対に賭けをしないようにしなさい

※名 قِمَار :賭け/賭事　كَمْ مِنْ ثَرْوَةٍ ضَاعَتْ

どれだけの財産が賭事で消えたことか! ! فِي الْقِمَارِ

かげ　kage　陰　ظِلٌّ　複 ظِلَال / أَظْلَال　فِي ظِلِّ الشَّجَرَةِ :木の陰で(に)

かげき　kageki　歌劇 ⇒ おぺら　opera　オペラ

かげきな　kageki-na　過激な　مُتَطَرِّف　< طرف　عَنَاصِر مُتَطَرِّفَة / مُتَطَرِّف :過激派

かげる　kageru　陰る　غَابَ، يَغِيبُ　< غيب　غَابَ الْقَمَرُ، فَأَظْلَمَ اللَّيْلُ

月が陰ると夜は暗くなった

かこ　kako　過去　اَلْمَاضِي　< مضى　تَذَكَّرَ الْمَاضِي :過去を思い出した(振り返った)

かこう　kakou　河口　مَصَبُّ النَّهْرِ　يَتَّسِعُ مَجْرَى النَّهْرِ عِنْدَ الْمَصَبِّ

川の流れは河口で広がっている

かこい　kakoi　囲い　سِيَاج　< سيج 複 -ات　سِيَاجُ الْكُوخِ عُلَّيْقٌ وَأَشْجَارٌ شَائِكَةٌ

小屋の囲いは木イチゴや棘のある木です

かこいをする　kakoi-wosuru　囲いをする　سَيَّجَ　< سيج II　لِمَاذَا لَا نُسَيِّجُ الْبُسْتَانَ ؟

庭に囲いをしたらどうですか

かこの　kako-no　過去の　مَاضٍ　< مضى ※定 اَلْمَاضِي　اَلْفِعْلُ الْمَاضِي :過去動詞

か

かこむ～かしら

か

かこむ　kakomu　囲む　يُحِيطُ، أَحَاطَ <حوط IV بـ ~ :~を　أَشْجَارُ النَّخْلِ تُحِيطُ بِالْبُسْتَانِ
ナツメヤシの木が庭を囲んでいる

かご　kago　籠　سَلَّة <سلّ 複 سِلَال　سَلَّةُ مُهْمَلَات :屑籠

かさ　kasa　傘　مِظَلَّة <ظلّ 複 -ات ※= شَمْسِيَّة
فَتَحَ الْمِظَلَّةَ :傘をさした

かさなる　kasa・naru　重なる　تَكَدَّسَ <كدس V　تَكَدَّسَتْ بَالَاتُ الْقُطْنِ عَلَى رَصِيفِ الْمِينَاءِ
港の桟橋に綿花の袋が積み重なっていた

かさねる　kasa・neru　重ねる　كَثَّفَ <كثف II　كَثَّفَ مَجْهُودَهُ :努力を(積み)重ねた

かさぶらんか　kasaburanka　カサブランカ　اَلدَّارُ الْبَيْضَاءُ　※モロッコの最大の都市

かざいどうぐ　kazai-dougu　家財道具　مَتَاعُ الْبَيْتِ　مَتَاعُ الْبَيْتِ بَسِيطٌ :家財道具は質素です

かざみどり　kazami-dori　風見鶏　دَوَّارَةُ الرِّيَاحِ　※(مُعَمْعِيٌّ) هُوَ إِمَّعَةٌ :彼は風見鶏(日和見)だ

かざり　kazari　飾り　زِينَة <زين　زِينَةٌ مِنْ أَزْهَارٍ :花飾り

かざる　kazaru　飾る　زَيَّنَ <زين II　زَيَّنَ الْغُرْفَةَ بِأَزْهَارٍ :部屋を花で飾った

かざん　kazan　火山　بُرْكَان 複 بَرَاكِين ※= جَبَلُ نَارٍ　اَلْبُرْكَانُ الْحَيُّ :活火山
أَذْهَلَتْنَا مُشَاهَدَةُ الْبُرْكَانِ الْحَيِّ
活火山を見て私達は驚いた

かし　kashi　菓子　حَلْوَيَات <حلو ※=お菓子

かしこい　kashikoi　賢い　ذَكِيّ <ذكو 複 أَذْكِيَاء　هُوَ طَالِبٌ نَشِيطٌ ذَكِيٌّ
彼は活発で賢い(利口な)生徒です

かしこさ　kashikosa　賢さ　ذَكَاء <ذكو　ذَكَاؤُهُ طَبِيعِيٌّ :彼の賢さは天性のものだ

かしつ　kashitsu　過失 ⇒ まちがい　machigai　間違い

かしつけ-きん　kashitsuke-kin　貸付金　سُلْفَة 複 سُلَف　أَعْطَى الْمَصْرِفُ التَّاجِرَ سُلْفَةً
銀行は商人に貸付金を与えた

かしゃ　kasha　貨車 ⇒ かもつれっしゃ　kamotsu-ressha　貨物列車

かしゅ　kashu　歌手　مُغَنٍّ <غني 複 ـون ※定 اَلْمُغَنِّي
أُمُّ كَلْثُوم هِيَ مُغَنِّيَةٌ مَشْهُورَةٌ فِي الدُّوَلِ الْعَرَبِيَّةِ
オンム・カルスームはアラブでは有名な女性歌手です

かしら　kashira　頭 ⇒ あたま　atama　頭

かしら　kashira　頭 ⇒ おやぶん　oyabun　親分

かしら　kashira　～かしら　～تُرَى　※رأى のIV形 أَرَى の二人称単数・未完了形
مَتَى يَا تُرَى ~ ؟ :いつ～かしら

かじ～かず

				أَتُرَاهَا جَاءَتْ؟ :彼女は来ているかしら
かじ	kaji	火事	حَرِيق	< حرق 複 حَرَائِق　أَطْفَأَ الْحَرِيقَ :火事を消した
かじ	kaji	家事	أَعْمَال الْبَيْت	تُعِينُ الْبِنْتُ أُمَّهَا فِي أَعْمَالِ الْبَيْتِ
				その女の子は母親の家事を手伝っている
かじ	kaji	かじ	دَفَّة	حَوَّلَ دَفَّةَ السَّفِينَةِ :船のかじを切った
かじつ	kajitsu	果実	ثَمَر	複 ثِمَار / أَثْمَار ※ ثَمَرَة :1個の果実　※= 果物
				أَصَابَ الْبَرَدُ الثِّمَارَ فَأَتْلَفَهَا
				果実にひょうが降って,損害(打撃)を与えた
かじや	kaji-ya	鍛冶屋	حَدَّاد	< حدّ 複 ـون　كَانَ حَدَّاداً مَاهِراً فِي الْقَرْيَةِ
				その村には腕のいい鍛冶屋がいた
かじる	kajiru	かじる	قَضَمَ (i)	قَضَمَ الْفَأْرُ الْكَعْكَةَ :ネズミがケーキをかじった
かす	kasu	貸す	أَعَارَ	< عور IV ※物を貸す ※⇔ اِسْتَعَارَ :借りる
				命 أَعِرْ :貸しなさい
				أَعَارَهُ أُذُناً صَاغِيَةً :耳を貸した(傾けた)
		2)貸す	أَقْرَضَ	< قرض IV ※お金を貸す ※⇔ اِسْتَقْرَضَ :借りる
				أَقْرِضْنِي قَلِيلاً مِنَ الْمَالِ :お金を少し貸して下さい
		3)貸す	أَجَّرَ	< أجر II ※=賃貸しする
				أَجَّرَ الْبَيْتَ لِـ~ :~に家を貸した
かす	kasu	課す	فَرَضَ (i)	فَرَضَ عَلَى نَفْسِهِ وَاجِباً :彼は自分自身に義務を課した
かす	kasu	かす	ثُفْل	ثُفْلُ الْقَهْوَةِ يَرْسُمُ أَشْكَالَ التَّبْصِيرِ
				コーヒーカップの底のかすが　فِي قَاعِ الْفِنْجَانِ
				占いの形を描く
かすかな	kasuka・na	かすかな	ضَئِيل	< ضؤل 複 ضِئَال / ضُؤَلَاء　يَدْخُلُ نُورٌ ضَئِيلٌ
				かすかな光が入ってくる
かすみ	kasumi	霞	غَيْم	複 غِيَام / غُيُوم　طَبَّقَ الْغُيُومُ الْجَوَّ
				霞が空を覆った
かすむ	kasumu	かすむ	حَسُرَ (u)	يَحْسُرُ الْبَصَرُ مَعَ التَّقَدُّمِ فِي السِّنِّ
				年を取るにつれ目がかすむ
かすれる	kasureru	かすれる	بَحَّ (u)	بَحَّ صَوْتُهُ :声がかすれた
		2)かすれる	أَصْبَحَ غَيْرَ وَاضِحٍ	※印刷の字などが薄くなる
かず	kazu	数	عَدَد	< عدّ 複 أَعْدَاد　الْأَعْدَادُ الْأَصْلِيَّةُ :自然数
				عَدَد صَحِيح :整数　عَدَد تَرْتِيبِيّ :序数

か

か

かせい　kasei　火星　مِرِّيخ　< مرخ　لَمْ يَثْبُتْ أَنَّ عَلَى الْمِرِّيخِ حَيَاةً
火星に生命があるかどうかは不確かだった

かせき　kaseki　化石　مُتَحَجِّر　複 -ات　مُتَحَجِّرَاتُ الْأَسْمَاكِ :魚の化石

かせぎ　kasegi　稼ぎ　غَلَّة　複 -ات/غِلَال　جَلَسَ بَائِعُ الْبِطِّيخِ يَحْسُبُ غَلَّةَ نَهَارِهِ
スイカ売りは座ってその日の稼ぎを数えた

かせぐ　kasegu　稼ぐ　كَسَبَ (i)　نَحْنُ فُقَرَاءُ .. وَيَجِبُ أَنْ نَشْتَغِلَ وَنَكْسِبَ
私達は貧乏です‥だから働いて稼がなければならない

2)稼ぐ　أَحْرَزَ　< حرز IV　أَحْرَزَ نِقَاطًا :点数を稼いだ

かぜ　kaze　風　رِيح　< روح ※女複 رِيَاح　رِيحٌ شَمَالِيَّةٌ :北風
ذَهَبَ مَعَ الرِّيحِ :風と共に去った/いなくなった
هَبَّتِ الرِّيحُ :風が吹いた/運が向いた

かぜ　kaze　風邪　زُكَام　< زكم　يُصَابُ بِزُكَامٍ :風邪をひく
عِنْدِي زُكَامٌ :私は風邪をひいています

かぜいする　kazei-suru　課税する　ضَرَبَ ضَرِيبَةً　※عَلَى～ :～に

かそうする　kasou-suru　火葬する　أَحْرَقَ جُثَّةَ مَيِّتٍ　※名 إِحْرَاقُ جُثَثِ الْمَوْتَى :火葬

かぞえる　kazoeru　数える　عَدَّ ، يَعُدُّ　عَدَّ أَيَّامًا بِدَقَائِقِهَا :日々を指折り数えた

かぞく　kazoku　家族　أُسْرَة　複 -ات/أُسَر　كَيْفَ حَالُ أُسْرَتِكَ ؟
ご家族様はお元気ですか

2)家族　عَائِلَة　< عول 複 -ات　لَا يَجْمَعُ أَفْرَادَ الْعَائِلَةِ إِلَّا مَسَاءً
家族は夕方以外集まりません
تَتَأَلَّفُ عَائِلَتِي مِنْ أَرْبَعَةِ أَشْخَاصٍ
私は4人家族です

かた　kata　肩　كَتِف　複 أَكْتَاف　الْجَرَّةُ عَلَى كَتِفِ الْفَتَاةِ الْيُمْنَى
水瓶は娘の右肩にあります
※ اسْتَغْنَى عَنْهُ :肩を叩いた/退職を勧めた

かた　kata　型　طِرَاز　< طرز 複 طُرُز　مِنَ الطِّرَازِ الْقَدِيمِ :旧型のモデル

2)型　قَالَب (َ)　< قلب 複 قَوَالِب　صَبَّتْ أُمِّي عَجِينَ الْكَعْكَةِ فِي قَالَبٍ مُسْتَدِيرٍ
ケーキの生地を丸い型に流し込んだ

かたーる　kataaru　カタール　قَطَر　※首都は اَلدَّوْحَة :ドーハ

かたい　katai　固い/硬い　قَاسٍ　< قسو 複 قُسَاة　صَخْرٌ قَاسٍ :固い岩

2)固い/硬い　صُلْب　مَادَّةٌ صُلْبَةٌ :硬い物質

かたい～かたむく

かたい　katai　堅い　مَتِين ＜ متن　خَشَبُ السِّنْدِيَانِ مَتِينٌ :樫の木は堅い

かたくなな　kataku･na-na　頑なな　⇒ がんこな　gankko-na　頑固な

かたくなる　kataku-naru　固くなる　قَسَا ، يَقْسُو　أُحِبُّ اللَّوْزَ الْأَخْضَرَ قَبْلَ أَنْ يَقْسُو
私は固くなる前の青いアーモンドが好きです

2)固くなる　خَشُنَ (u)　خَشُنَ الْعَيْشُ :パンが固くなった

かたこり　katakori　肩こり　مُتَيَبِّسُ الْعُنُقِ

かたち　katachi　形　شَكْلٌ　شَكْلُهُ لَا يُشْبِهُ بَاقِي الْبَطِّ الصَّغِيرِ
彼の<u>形</u>（姿）は他のあひるの子の<u>形</u>（姿）に似ていない

かたち-づくられる　katachi-zukurareru　形作られる　تَشَكَّلَ ＜ شكل V　تَشَكَّلَتْ طِبَاعُهُ مُنْذُ الصِّغَرِ
彼の性格は小さい時に<u>形作られた</u>(作られた)

かたつむり　katatsumuri　カタツムリ　بَزَّاق　※ بَزَّاقَة :1匹のカタツムリ　يَسْرَحُ الْبَزَّاقُ بَعْدَ هُطُولِ الْمَطَرِ
雨後にカタツムリが出てくる

かたづけ　katazuke　片づけ　تَنْظِيف ＜ نظف　تَنْظِيفُ الْمَكَانِ بَعْدَ الشُّغْلِ
仕事の後片づけ

かたづける　katazukeru　片づける　رَتَّبَ ＜ رتب II　رَتِّبْ كُتُبَكَ فِي غُرْفَتِكَ
自分の部屋の本を<u>片づけなさい</u>(<u>整理整頓</u>しなさい)

2)片づける　أَنْهَى　أَنْهِ عَمَلَكَ بِسُرْعَةٍ :仕事を早く片づけなさい

かたて　katate　片手　يَدٌ وَاحِدَةٌ　بِيَدٍ وَاحِدَةٍ :片手で

かたな　kata･na　刀　سَيْف　複 أَسْيَاف/سُيُوف　ضَرَبَهُ بِالسَّيْفِ :彼を刀で斬った
سَلَّ السَّيْفَ مِنْ غِمْدِهِ :刀を鞘から抜いた

かたまり　katamari　塊　كُتْلَة　複 كُتَل　كُتْلَةُ الْعَجِينِ :パン生地の塊
كُتْلَةٌ مِنَ الْحَدِيدِ :鉄の塊

かたまる　katamaru　固まる　تَجَمَّدَ ＜ جمد V　تَجَمَّدَ الدَّمُ :血が固まった

2)固まる　اِنْعَقَدَ ＜ عقد VII　يَنْعَقِدُ الدِّبْسُ عَلَى النَّارِ
糖蜜は火に熱せられて固まる

3)固まる　تَحَجَّرَ ＜ حجر V　يَتَحَجَّرُ التُّرَابَةُ حِينَ يَجِفُّ
セメントは乾くと(石のように)固まる

かたむいた　katamuita　傾いた　مُنْحَدِر ＜ حدر　الْأَرْضُ مُنْحَدِرَةٌ :地面が傾いている

2)傾いた　مَائِل ＜ ميل　دَعَمْتُ النَّصْبَةَ الْمَائِلَةَ ، فَاسْتَقَامَتْ
私が傾いた苗を支えたら真っ直ぐになった

かたむく　katamuku　傾く　مَالَ ، يَمِيلُ　～へ: إِلَى～　تَمِيلُ الشَّمْسُ إِلَى الْغَرْبِ
太陽が西に傾く

かたむける～かちのある

か

2)傾く　اِنْحَدَرَ　＜ حدر VII　يَنْحَدِرُ النَّهْرُ مِنَ الصَّعِيدِ إِلَى الْبَحْرِ　川は高地から海に傾いている(傾斜している)

かたむける　katamukeru　傾ける　أَمَالَ　＜ ميل IV　أَمَالَ الْخَطَّ：線を傾けた

2)傾ける　أَصْغَى　＜ صغى ※耳を～ إِلَى/لِـ：～に

أَصْغَى إِلَى الْمُوسِيقَى：音楽に耳を傾けた

لَا تُصْغِ إِلَى كَلَامِ الْوَاشِي

中傷者の言葉に耳を傾けるな

かためる　katameru　固める　صَلَّبَ　＜ صلب II　الْمَاءُ يُصَلِّبُ الْبَاطُونَ：水がコンクリートを固める

かたりあう　katari-au　語り合う　تَنَاقَشَ　＜ نقش VI　تَنَاقَشَا فِي مَا يَتَعَلَّقُ بِزَوَاجِهِمَا

彼らは自分たちの結婚について語り合った

かたりべ　katari-be　語り部　رَاوِيَة　＜ روي 複 رَوَايَا　كَانَ الرَّاوِيَةُ يَحْفَظُ عَشَرَاتِ الْقِصَصِ

その語り部は数十の物語をそらんじていた

かたる　kataru　語る　تَحَدَّثَ　＜ حدث V　تَحَدَّثَ عَنْ أَحْلَامِهِ：彼は自分の夢を語った

2)語る　يَحْكِي، حَكَى　～に：لِـ～　سَأَحْكِي لَكُمْ حِكَايَةً عَرَبِيَّةً قَدِيمَةً

私があなた達にアラビアの古い物語を語りましょう

かたろぐ　katarogu　カタログ　قَائِمَة　＜ قوم 複 قَوَائِم　قَائِمَةُ الْكُتُبِ：本のカタログ

かだい　kadai　課題　مَوْضُوع　＜ وضع 複 مَوَاضِيع /-ات　مَوْضُوعُ تَجْرِبَةٍ عِلْمِيَّةٍ

実験の課題(テーマ)

かだん　kadan　花壇　حَوْض　複 أَحْوَاض/ حِيَاض　فِي الْحَوْضِ وَرْدٌ وَرَيْحَانٌ

花壇にはバラと香草があります

2)花壇　حَدِيقَةُ الزُّهُورِ

かち　kachi　価値　قِيمَة　＜ قوم 複 قِيَم　هٰذِهِ الْآثَارُ ذَاتُ قِيمَةٍ عَالِيَةٍ

この遺跡はとても価値がある

مَا قِيمَةُ الذَّهَبِ الْآنَ؟：現在の金の価値はいくらですか

かち　kachi　勝ち ⇒ しょうり　shouri　勝利

かちがある　kachi-ga･aru　価値がある　جَدُرَ (u)　～بِـ：～する価値がある　(بِالذِّكْرِ) جَدُرَ ذِكْرُهُ

述べる価値があった

かちく　kachiku　家畜　مُسْتَأْنِس (طَيْر) حَيَوَان ※ مَاشِيَة 複 مَوَاشٍ：牛,馬,羊等四つ足の家畜

أَحَلَّ اللّٰهُ كُلَّ الْمَوَاشِي

神は家畜を殺すことをお許しになった

かちのある　kachi-no･aru　価値のある　جَدِير　＜ جدر　～بِـ：～の価値がある

جَدِير بِالرُّؤْيَةِ：一見の価値がある

جَدِير بِالذِّكْرِ：述べる価値がある

かちょう～かっぷ

2)価値のある　نَفِيس　< نفس　حِجَار نَفِيسَة :価値のある石/宝石

かちょう　kachou　課長　رَئِيس الْقِسْم　رَئِيس قِسْم الْمَبِيعَات :営業課長

かつ　katsu　勝つ　يَنَالُ ، نَال　خَاصَمْتُ رَفِيقِي وَنِلْتُ مِنْهُ
(私は)友達とけんかして勝ちました

2)勝つ　اِنْتَصَرَ　< نصر VIII ※ ⇔ اِنْهَزَمَ :負ける
اِنْتَصَرَ عَلَى الْأَعْدَاءِ :敵に勝った(勝利した)

かっか　kakka　閣下　سِيَادَة　< سود　سِيَادَةُ الرَّئِيسِ :大統領閣下

かつぐ　katsugu　担ぐ　حَمَلَ عَلَى كَتِفِهِ　حَمَلَ عَلَى كَتِفِهِ حَقِيبَتَهُ :鞄を担いだ

かっこ　kakko　括弧　قَوْس　双 قَوْسَان 属対 قَوْسَيْن　تَخَيَّرِ الْإِجَابَةَ الصَّحِيحَةَ مِمَّا بَيْنَ قَوْسَيْن
括弧内から正しい答えを選びなさい

かっしょく　kasshoku　褐色　سُمْرَة　مَسَحَتْ شَمْسُ الْبَحْرِ جِسْمَ الْفَتَى بِسُمْرَةٍ
海の太陽が若者の体を褐色にした

かっしょく-にする　kasshoku-nisuru　褐色にする　اِسْمَرَّ　< سمر VIII　قَصَدَ الْبَحْرَ لِيَسْمَرَّ
体を褐色にする(焼く)ために海に行った

かつじ　katsuji　活字　حَرْفُ الطِّبَاعَةِ　複 أَحْرُفُ الطِّبَاعَةِ　نَضَّدَ الْعَامِلُ أَحْرُفَ الطِّبَاعَةِ
職工が活字を組んだ

かっせいかする　kasseika-suru　活性化する　أَنْعَشَ　< نعش IV　تَنْمِيَةُ الْمُوَاصَلَاتِ تُنْعِشُ الاقْتِصَادَ
交通の広がりが経済を活性化する
名 إِنْعَاش :活性化　إِنْعَاش الاقْتِصَاد :経済の活性化

かっせん　kassen　合戦　⇒ たたかい　tatakai　闘い/戦い

かっそうろ　kassou-ro　滑走路　مَدْرَج الْمَطَارِ　هَبَطَتِ الطَّائِرَةُ عَلَى مَدْرَجِ الْمَطَارِ
飛行機が滑走路に着陸した

かってに　katte-ni　勝手に　عَلَى هَوَاهُ　سَرَحَ الْغَنَمُ عَلَى هَوَاهُ فِي الْمَرْعَى
羊は牧場で勝手に草を食んだ(食べた)

かつどう　katsudou　活動　نَشَاطَات　< نشط　نَشَاطَات مُتَطَوِّع :ボランティア活動
نَشَاطَات خَيْرِيَّة :慈善活動

かっぱつな　kappatsu-na　活発な　نَشِيط　< نشط 複 نِشَاط　هُوَ وَلَدٌ نَشِيطٌ
彼は活発な子供だ

かっぱつに　kappatsu-ni　活発に　بِنَشَاطٍ　< نشط　قَامَ إِلَى عَمَلِهِ بِهِمَّةٍ وَبِنَشَاطٍ
彼は熱心で活発に(一生懸命に)仕事を始めた

かっぷ　kappu　カップ　فِنْجَان　複 فَنَاجِين　فِنْجَان مِنْ ～ :一杯の～[飲み物]
فِنْجَان قَهْوَةٍ :コーヒーカップ/カップ一杯のコーヒー

か

かつら～かならず

か

2)カップ　كَأْس　複 كُؤُوس / كَأْسَات　كَأْسُ الْعَالَمِ：ワールドカップ

かつら　katsura　かつら　شَعْرٌ مُسْتَعَار

かつれい　katsurei　割礼　تَطْهِير < طهر　أُجْرِيَتْ لِلطِّفْلِ عَمَلِيَّةُ تَطْهِيرٍ
子供に割礼が施された

かて　kate　糧　⇒ しょくりょう shokuryou 食糧

かてい　katei　家庭　مَنْزِل < نزل 複 مَنَازِل　أَدَارَ مَنْزِلًا سَعِيدًا
幸せな家庭を営んだ

かていする　katei-suru　仮定する　اِفْتَرَضَ < فرض VIII　اِفْتَرِضْ أَنَّكَ رَجُلٌ غَنِيٌّ
自分が金持ちの男であると仮定しなさい

かとりっく　katorikku　カトリック　اَلْكَثْلَكَة < كثلك ※كَثُولِيكِيّ：カトリック教徒/カトリックの

かど　kado　角　رُكْن　複 أَرْكَان　رُكْنُ الشَّارِعِ：街角　※=隅

かどうか　ka-douka　～かどうか　～ إِذَا　سَأَلَنِي إِذَا كُنْتُ يَابَانِيًّا
彼は私に日本人かどうか尋ねた

かな　ka・na　仮名　"كَانَا"　※اَلْحُرُوفُ الْيَابَانِيَّةُ هِيَ مَجْمُوعَةٌ مِنَ الْأَصْوَاتِ
音を表す日本語の文字

かなーんじん　ka・naan-jin　カナーン人　كَنْعَان　※كَنْعَانِيّ 複 ـون　كَانَ الْكَنْعَانِيُّونَ يُسَمُّونَ
カナーン人は主や神を　السَّيِّدَ أَوِ الْإِلٰهَ بَعْلًا
バールと呼んでいた

かなう　ka・nau　叶う　تَحَقَّقَ < حقّ V　أَتَمَنَّى أَنْ تَتَحَقَّقَ أُمْنِيَتُهُ
私は彼の望みが叶うことを願っています

かなう　ka・nau　適う　أَهَّلَ < أهل II　شَهَادَةُ الدُّرُوسِ الثَّانَوِيَّةِ تُؤَهِّلُنِي
私の高校の成績は大学入学に　لِدُخُولِ الْجَامِعَةِ
適っている

かなしい　ka・nashi・i　悲しい　حَزِين < حزن 複 حُزَنَاءُ　لَقَدْ شَاهَدْتُهُ وَهُوَ حَزِينٌ
かつて私は悲しそうな彼を見たことがある

かなしま-せる　ka・nashima-seru　悲しませる　أَحْزَنَ < حزن IV　أَحْزَنَنِي الْخَبَرُ：その知らせに私は悲しんだ

かなしみ　ka・nashimi　悲しみ　حُزْن　複 أَحْزَان　بِحُزْنٍ：悲しそうに
غَنَّى بِحُزْنٍ：悲しそうに歌った

かなしむ　kana・shimu　悲しむ　حَزَنَ (a)　لَا تَحْزَنِي يَا سِنْدْرِيلَّا：シンデレラよ,悲しまないで

かなづち　ka・nazuchi　金槌　مِطْرَقَة < طرق 複 مَطَارِق　طَرَقَ الْمَسَامِيرَ بِالْمِطْرَقَةِ
釘を金槌で打った

かなでる　ka・naderu　奏でる　عَزَفَ (i)　عَزَفَ الْقِطْعَةَ الْمُوسِيقِيَّةَ عَلَى الْعُودِ
その曲をウードで奏でた(演奏した)

かならず　ka・narazu　必ず　بِالتَّأْكِيد　سَأَتَّصِلُ بِكَ بِالتَّأْكِيدِ：必ず(きっと)あなたに電話します

かならずしも～かのじょたち

かならずしも　ka・narazu-shimo　必ずしも　بِالضَّرُورَةِ　※否定詞と共に用いられる　لَا تُسْتَخْدَمُ هٰذِهِ الْكَلِمَةُ بِالضَّرُورَةِ　必ずしもこの言葉を使う必要はない

かなり　ka・nari　かなり　إِلَى حَدٍّ بَعِيدٍ　حَدِيقَةٌ كَبِيرَةٌ إِلَى حَدٍّ بَعِيدٍ :かなり大きな庭

かなりあ　ka・naria　カナリア　كَنَارِي　جُزُرُ الْكَنَارِي :カナリア諸島 ※アフリカ北西岸にある

かに　ka・ni　蟹　سَرَطَان　<سرط 複 -ات　السَّرَطَان :蟹座[天体]

かにゅうする　ka・nyuu-suru　加入する　اِنْضَمَّ　<ضمّ VII ～إِلَى :～に　اِنْضَمَّ إِلَى الْحِزْبِ　その政党に加入した

かね　ka・ne　金　مَالٌ　<مول 複 أَمْوَال　أَعْمَى الْمَالُ عَنْ رُؤْيَتِهِ　お金に目がくらんだ
※ مَالِيّ :お金の　مَشَاكِل مَالِيَّة :お金(金銭)の問題

2)金　نَقْد　複 نُقُود　نَقْدًا/ بِالنُّقُودِ :現金で

かね　ka・ne　鐘　جَرَسٌ　複 أَجْرَاس　دَقَّ جَرَسُ الْكَنِيسَةِ :教会の鐘が鳴った

かねづかい　ka・ne-zukai　金遣い　إِنْفَاق الْمَال　يُسْرِفُ فِي إِنْفَاقِ الْمَالِ :金遣いが荒い

かねもち　ka・nemochi　金持ち
かねもちの　ka・nemochi-no　金持ちの　غَنِيّ　複 أَغْنِيَاءُ　اَلْمُدَرَاءُ الْيَابَانِيُّونَ أَغْنِيَاءُ　日本の社長達は金持ちだ

かねる　ka・neru　兼ねる　شَغَلَ مَنْصِبَيْنِ　※二つの仕事を兼ねる

かのうする　ka・nou-suru　化膿する　قَاحَ ، يَقُوحُ　قَاحَ الْجُرْحُ :傷が化膿した

かのうせい　ka・nou-sei　可能性　إِمْكَانِيَّة　<مكن 複 -ات　إِمْكَانِيَّةُ وُقُوعِ الْحَرْبِ　戦争の起こる可能性

かのうである　ka・nou-dearu　可能である　⇒ できる dekiru 出来る

かのうな　ka・nou-na　可能な　مُمْكِن　<مكن ～ أَنْ　مِنَ الْمُمْكِنِ :～することが可能である
مِنَ الْمُمْكِنِ أَنْ أُدَرِّسَكَ　私があなたに教えることは可能です(できます)
※ ⇔ غَيْرُ مُمْكِنٍ :不可能な

かのじょ　ka・nojo　彼女
هِيَ :彼女は　هَلْ هِيَ عَرَبِيَّةٌ ؟ :彼女はアラブ人ですか
ـهَا--- :彼女の　أَيْنَ رَأَيْتَ كِتَابَهَا؟ :どこで彼女の本を見ましたか
ـهَا--- :彼女を,彼女に　أَيْنَ رَأَيْتَهَا؟ :どこで彼女を見ましたか

かのじょたち　ka・nojo-tachi　彼女達
かのじょら　ka・nojo-ra　彼女ら
هُنَّ :彼女達は/彼女らは　هَلْ هُنَّ يَابَانِيَّاتٌ؟ :彼女達は日本人ですか
ـهُنَّ--- (ـِ) :彼女達の/彼女らの　ذَهَبْنَ إِلَى مَدْرَسَتِهِنَّ :彼女達の学校へ行った

ـهُنَّ (´) :彼女達を,彼女達に :彼女らを,彼女らに　لَا تُصَوِّرْهُنَّ فِي دَاخِلِ الْبَيْتِ　家の中で彼女達を写さないで下さい

か

かばー	kabaa	カバー	غِطَاء < غطو 複 أَغْطِيَة	غِطَاءُ السَّرِيرِ :ベッドカバー
かばう	kabau	庇う	يَحْمِي، حَمَى	حَمَى أُخْتَهُ الصَّغِيرَةَ :彼は妹を庇った
かばん	kaban	鞄/カバン	شَنْطَة 複 شُنَط	شَنْطَةُ السَّفَرِ :旅行カバン
		2)鞄/カバン	حَقِيبَة < حقب 複 حَقَائِب	حَقِيبَةُ الْيَدِ :ハンドバッグ
かびん	kabin	花瓶	زَهْرِيَّة / مَزْهَرِيَّة < زهر 複 ـات	أُتُّهِمَتْ بِكَسْرِ الْمَزْهَرِيَّةِ 彼女は花瓶を壊したと疑われた
かぶ	kabu	株	جِذْر (ـُ) 複 جُذُور	جِذْرُ الشَّجَرَةِ :木の株
		2)株	سَهْم 複 أَسْهُم	أَسْعَارُ الْأَسْهُمِ :株価
かぶしき-がいしゃ	kabushiki-gaisha	株式会社	شَرِكَة خَفِيَّةُ الِاسْمِ	
かぶ かぶら	kabu kabura	かぶ/蕪 かぶら/蕪	لِفْت	يُخْرِجُ لِفْتًا مِنَ الْأَرْضِ :地面から蕪を引き抜く
かぶせる	kabuseru	被せる	غَطَّى < غطو II	غَطَّى الْأَكْلَ بِالْغِطَاءِ كَيْ لَا يَبْرُدَ 食べ物が冷めないようにカバーを被せた
かぶる	kaburu	被る	لَبِسَ (a) ※帽子を	لَبِسَ الْقُبَّعَةَ :帽子を被った
かへい	kahei	貨幣	عُمْلَة 複 ـات	اَلصَّرَّافُ يُتَاجِرُ بِالْعُمْلَةِ 両替商は貨幣を商う
かへんの	kahen-no	可変の	مُتَغَيِّر < غير	مُكَثِّفٌ مُتَغَيِّرٌ :可変蓄電器/バリコン
かべ	kabe	壁	جِدَار < جدر 複 جُدُر / جُدْرَان	جِدَارُ الصَّوْتِ :音速の壁* *音速を超えるときの空気抵抗
		2)壁	حَائِط < حوط 複 حِيطَان	حَائِطُ الْمَبْكَى :嘆きの壁
かぼちゃ	kabocha	カボチャ	قَرْع ※ قَرْعَة :1個のカボチャ	وَرَقُ الْقَرْعِ أَكْبَرُ مِنْ وَرَقِ الْخِيَارِ カボチャの葉は胡瓜の葉より大きい
かま	kama	鎌	مِحَشّ / مِحَشَّة < حشّ 複 مَحَاشّ	قَطَعَ الْحَشِيشَ بِالْمِحَشَّةِ 草を鎌で刈った
かま	kama	釜	طَنْجَرَة 複 طَنَاجِر	نَضَجَ الْأَرُزُّ، فَأَطْفَأْتُ النَّارَ تَحْتَ الطَّنْجَرَةِ ご飯が炊けたので,私はお釜の火を消しました
かまど	kamado	かまど	فُرْن 複 أَفْرَان	اِلْتَهَبَتِ النَّارُ فِي الْفُرْنِ かまどの火が着いた
かまわない	kamawa-nai	構わない	لَا بَأْسَ	لَا بَأْسَ أَنْ تَأْكُلَ فِي أَيِّ وَقْتٍ いつ食べても構わないよ

かみ～かめ

2)構わない لَا اهْتَمَّ　لَا يَهْتَمُّ بِمَلَابِسِهِ :彼は着る服に構わない

かみ　kami　髪
かみのけ　kami-noke　髪の毛　شَعْرُ الرَّأْسِ　شَعْرَة ※ أَشْعَار / شُعُور 複 :1本の髪の毛

شَعْر أَسْوَد (أَشْقَر) :黒髪(金髪)

لِمَاذَا يَشِيبُ شَعْرُ الرَّأْسِ؟
どうして髪の毛は白くなるのですか

かみ　kami　神　إِلٰهٌ / إِلَاهٌ < اله 複 آلِهَة　يَا إِلٰهِي! :ああ,神よ!/何たる事!

2)神　اَللّٰهُ < اله　لَا إِلٰهَ إِلَّا اللّٰهُ :神以外に神はいない

اَللّٰهُمَّ ※ :ああ,神様

かみ　kami　紙　وَرَقٌ　وَرَقَة ※ أَوْرَاق 複 :1枚の紙

تَسْتَهْلِكُ الصُّحُفُ كَمِّيَاتٍ كَبِيرَةً مِنَ الْوَرَقِ
新聞は大量の紙を消費する

かみそり　kamisori　剃刀　مُوسَى　女複 مَوَاسٍ　اِحْذَرْ أَنْ تَشْطُبَ ذَقْنَ الزَّبُونِ بِالْمُوسَى
お客さんのあごを剃刀で剃るときは注意しなさい

かみつく　kamitsuku　かみ付く　عَضَّ (a)　عَضَّ الْكَلْبُ رِجْلِي　أَنَا عَضِضْتُ※
犬が私の足に噛みついた

かみなり　kami・nari　雷　رَعْد　複 رُعُود　دَوَى صَوْتُ الرَّعْدِ عَالِيًا مُخِيفًا
ものすごい雷の音がしました

2)雷　صَاعِقَة < صعق 複 صَوَاعِق ※音+光り

نَزَلَتِ الصَّاعِقَةُ عَلَى الْبَيْتِ : 雷が一軒の家に落ちた

※動 صَعَقَ : 雷を落とす　صَعَقَتْهُ السَّمَاءُ
彼に雷が落ちた

かむ　kamu　かむ/噛む　قَرَضَ (i)　أَخَذَتْ تَقْرِضُ الشَّبَكَةَ حَتَّى قَطَعَتْهَا
(彼女は/それは)網が切れるまで噛み始めた

2)かむ/噛む　مَضَغَ (a, u)　أَلَا تَمْضَغُ اللُّقْمَةَ قَبْلَ بَلْعِهَا
あなたは飲み込む前に噛まないのですか

3)かむ/噛む　عَضَّ (a)　أَدْرَكَ خَطَأَهُ ، فَعَضَّ عَلَى شَفَتِهِ
彼は間違いに気づいて唇を噛んだ

4)かむ/噛む　لَدَغَ (u)　اَلْحَيَّةُ لَدَغَتْهُ فِي عَقِبِهِ :蛇が彼のかかとを噛んだ

かむ　kamu　かむ　مَخَطَ (a, u)　※鼻を　هُوَ مَخَطَ أَنْفَهُ بِالْمِنْدِيلِ
彼はハンカチで鼻をかんだ

かめ　kame　亀　سُلَحْفَاة　複 سَلَاحِف　سَبَقَتِ السُّلَحْفَاةُ الْبَطِيئَةُ الْأَرْنَبَ
足の遅い亀が兎と競争した

か

か

かめ　kame　瓶　جَرَّة　وَضَعَ مَاءً فِي الْجَرَّةِ :瓶に水を入れた

2)瓶　دَنّ　複 دِنَان ※ワインを入れる　فِي الدَّنِّ نَبِيذٌ عَتِيقٌ

瓶に年代物のワインが入っている

かめら　kamera　カメラ　كَامِيرَا / آلَة تَصْوِير　لَيْسَ فِيلْمٌ فِي الْكَامِيرَا

カメラにフイルムがない

كَامِيرَا رَقْمِيَّة 複 كَامِيرَات رَقْمِيَّة :デジタルカメラ

かめらまん　kamera-man　カメラマン　مُصَوِّر < صور 複 ـون　مُصَوِّرٌ صُحُفِيٌّ :報道カメラマン

かめれおん　kamereon　カメレオン　حِرْبَاء < حرب 複 حَرَابِيّ　تَتَلَوَّنُ الْحِرْبَاءُ فِي الشَّمْسِ أَلْوَانًا

カメレオンは太陽のもとで色を変える

かめん　kamen　仮面　قِنَاع < قنع 複 أَقْنِعَة　تَنَكَّرَ كُلٌّ مِنَ السَّاهِرِينَ بِقِنَاعٍ

夜会にいた人は皆仮面で変装していた

かもく　kamoku　科目　مَوْضُوع دِرَاسِيّ 複 مَوْضُوعَات دِرَاسِيَّة

كَمْ مِنَ الْمَوْضُوعَاتِ الدِّرَاسِيَّةِ دَرَسْتَ الْيَوْمَ ؟

あなたは今日,何科目勉強しましたか

かもしれない　kamoshire・nai　～かもしれない　قَدْ + يَفْعَلُ　قَدْ يَحْضُرُ هُنَا :彼は今日ここに来るかもしれない

かもつ-れっしゃ　kamotsu-ressha　貨物列車　شَاحِنَة < شحن 複 ـات　تَجُرُّ الْقَاطِرَةُ عِشْرِينَ شَاحِنَةً

機関車が２０両の貨物列車(貨車)を引っ張っている

かもみーる　kamomiiru　カモミール　بَابُونَج

かもめ　kamome　カモメ　زُمَّجُ الْمَاءِ / نَوْرَس

かや　kaya　蚊帳　نَامُوسِيَّة < نمس 複 ـات　أَسْدِلِي النَّامُوسِيَّةَ حَوْلَ سَرِيرِ أَخِيكِ

(貴女の)弟のベッドに蚊帳を吊しなさい

かやく　kayaku　火薬　بَارُود < برد　يُسْتَعْمَلُ الْبَارُودُ فِي التَّفْجِيرِ الصُّخُورِ

火薬(爆薬)は岩石の爆破に使われる

かよう　kayou　通う　دَاوَمَ < دوم III ～فِي :(学校,仕事など)～に

دَاوَمَ فِي الْمَدْرَسَةِ كُلَّ يَوْمٍ :学校に毎日通った

かようび　ka-youbi　火曜日　يَوْمُ الثُّلَاثَاءِ / الثُّلَاثَاء

から　kara　殻　قِشْر 複 قُشُور　قِشْرَةُ الْبَيْضَةِ :卵の殻

から　kara　～から　مِنْ ～　هِيَ مِنْ " طوكيو " :彼女は東京から来ました

2)～から　مِنْ خِلَال ～　※～の間を通って　دَخَلْنَا مِنْ خِلَالِ نَافِذَةِ الْغُرْفَةِ

私達は部屋の窓から入った

3)～から　مُنْذُ ～　هِيَ تَدْرُسُ اللُّغَةَ الْعَرَبِيَّةَ مُنْذُ الْعَامِ الْمَاضِي

去年(昨年)から彼女はアラビア語を勉強しています

からーの　kara-no　カラーの　مُلَوَّن < لون　فِلْم مُلَوَّن :カラーフィルム

からい　karai　辛い　حَارّ < حرّ　أَكْل حَارّ :辛い食べ物

からかう　karakau　からかう　سَخِرَ (a)　~ مِنْ/بِـ :~を　سَخِرَ الْفِتْيَانُ مِنَ الْفَتَيَاتِ
男の子達は女の子達をからかった

からし　karashi　からし
からしな　karashi-na　からし菜　خَرْدَل　يُسْتَعْمَلُ الْخَرْدَلُ فِي التَّوَابِلِ وَفِي الطِّبِّ
からしはスパイス(香辛料)や薬として用いられる

からす　karasu　烏　غُرَاب < غرب 複 غِرْبَان　يَتَشَاءَمُ بَعْضُ النَّاسِ مِنْ رُؤْيَةِ الْغُرَابِ
ある人達は烏を見ると不吉に思う

からだ　karada　体　جِسْم　複 أَجْسَام　جِسْمُ الْإِنْسَانِ :人体　جِسْم سَلِيم :健康な体
اَلْعَقْلُ السَّلِيمُ فِي الْجِسْمِ السَّلِيمِ
健全な精神は健全な体(身体)から

からて　karate　空手　اَلْكَارَاتِيه / اَلْكَارَاتِيت =※ اَلْمُصَارَعَةُ الْيَابَانِيَّةُ ["手" يَد + "空" فَارِغ]
※ طَرِيقَةٌ يَابَانِيَّةٌ فِي دِفَاعِ النَّفْسِ غَيْرِ سِلَاحٍ
器を使わないで身を守る日本の武術

からにする　kara-nisuru　空にする　فَرَّغَ < فرغ II　فَرَّغَ الْإِنَاءَ :容器を空にした

からになる　kara-ni･naru　空になる　فَرَغَ (u)　فَرَغَ الْوَقُودُ :燃料が空になった

からの　kara-no　空の　فَارِغ < فرغ 複 فُرَّاغ　عُلْبَةٌ فَارِغَةٌ :空箱
أَرَانِي الْكَأْسَ الْفَارِغَةَ :彼は私に空のグラスを見せた

2)空の　خَالٍ < خلو　كَانَتْ الْجَرَّةُ خَالِيَةً :その壷は空でした

からまる　karamaru　絡まる　تَعَقَّدَ < عقد V　تَعَقَّدَتِ الْخُيُوطُ :糸が絡まった(絡んだ)

からみあう　karami-au　絡み合う　تَشَابَكَ < شبك VI　تَشَابَكَتْ أَغْصَانُ الْأَشْجَارِ
木の枝が絡み合っていた

からむ　karamu　絡む　تَعَلَّقَ < علق V　هٰذِهِ الْمُشْكِلَةُ تَتَعَلَّقُ بِالْمَالِ
この問題はお金が絡んでいます

かり　kari　狩り　صَيْد　ذَهَبَ إِلَى الصَّيْدِ :狩り(猟)に行った
اَلصَّيْدُ بِالصَّقْرِ :鷹狩り

かりきゅらむ　karikyuramu　カリキュラム　جَدْوَل دِرَاسِيّ

かりこむ　kari-komu　刈り込む　شَذَّبَ < شذب II　أُرِيدُ أَنْ أُشَذِّبَ شَارِبِي
私は髭を刈り込みたい

かりに　kari-ni　仮に　⇒ もし　moshi　もし

かりの　kari-no　仮の　مُؤَقَّت < وقت　إِفْرَاج مُؤَقَّت :仮釈放

かりふ　karihu　カリフ　خَلِيفَة < خلف 複 خُلَفَاء/ خَلَائِف

かりふらわー～かれい

か

اَلْخُلَفَاءُ الرَّاشِدُونَ :正統カリフ

※ عَصْرُ الرَّاشِدِ :正統カリフ時代

かりふらわー karihurawaa カリフラワー قَرْنَبِيط/ قُنَّبِيط

かりる kariru 借りる اِسْتَعَارَ <عور X ~مِنْ :~から ※物を ※ ⇔ أَعَارَ :貸す

أُرِيدُ أَنْ أَسْتَعِيرَ كُتُبًا مِنْكَ

私はあなたから本を借りたい

2)借りる اِسْتَقْرَضَ <قرض X ~مِنْ :~から ※お金を ※ ⇔ أَقْرَضَ :貸す

مَا اسْتَقْرَضَ مَالًا مِنْ أَبِيهِ

彼は父親からお金を借りなかった

3)借りる اِسْتَأْجَرَ <أجر X ※お金を払って借りる ※ ⇔ أَجَّرَ :貸す

اِسْتَأْجَرَ الشَّقَّةَ :アパートを借りた

かる karu 刈る يَقُصُّ ، قَصَّ اَلْحَلَّاقُ يَعْرِفُ كَيْفَ يَقُصُّ الشَّعْرَ

床屋は髪の刈り方を知っている

2)刈る يَحُشُّ ، حَشَّ حَشَّ الْعُشْبَ :草を刈った

かるい karui 軽い خَفِيف <خفّ 複 خِفَاف ※ ⇔ ثَقِيل :重い

جُرْحٌ خَفِيف :軽い怪我/軽傷

طَعَام خَفِيف :軽い食事/軽食

خَفِيفُ الْوَزْنِ :体重の軽い

かるがると karugaru-to 軽々と بِخِفَّةٍ "هاناكو" تَقْفِزُ فَوْقَ الْحَبْلِ بِخِفَّةٍ

ハナコは軽々と(軽く)ロープの上を跳ぶ

かるくする karuku-suru 軽くする خَفَّفَ <خفّ II خَفَّفَ أَلَمَهُ :痛みを軽くした(和らげた)

※名 تَخْفِيف :軽くすること/軽減

تَخْفِيفُ الْعُقُوبَةِ :罪の軽減/減刑

かるしうむ karushiumu カルシウム كَلْسِيُوم كَرْبُونَات (فُوسْفَات) الْكَلْسِيُوم

炭酸(リン酸)カルシウム

かれ kare 彼

هُوَ :彼は هَلْ هُوَ يَابَانِيٌّ؟ :彼は日本人ですか

ـهُ :彼の *(ِ) أَيْنَ كِتَابُهُ؟ :彼の本はどこですか

ـهُ :彼を,彼に *(ِ) أَنَا سَاعَدْتُهُ :私が彼を助けました

أَخْبِرْهُ بِـ~ :彼に~を知らせて下さい

*(ِ)は前音がカスラ(ـِ)の場合

かれい karei カレイ سَمَكُ مُوسَى ※[魚類]

かれた～かわき

かれた　kareta　枯れた　يَابِس ＜ يبس　اَلْغُصْنُ الْيَابِسُ يُقْطَعُ وَيُلْقَى فِي النَّارِ
枯れた枝は切られて火にくべられる

かれたち　kare-tachi　彼達
かれら　kare-ra　彼ら
هُمْ :彼らは,彼達は　هَلْ هُمْ مُسْلِمُونَ ؟ :彼らはイスラム教徒ですか
ـهُمْ--- :彼らの,彼達の　أَيْنَ بُيُوتُهُمْ ؟ :彼らの家はどこですか
*(ـِ)
ـهُمْ--- :彼らを,彼達を　هَلْ تُصَدِّقُهُمْ ؟ :彼らを信じますか
*(ـِ)　彼らに,彼達に　*(ـِ)は前音がカスラ(ـِ)の場合

かれる　kareru　枯れる　ذَبَلَ ، ذَبُلَ (u)　بَدَأَ يَذْبُلُ الزَّرْعُ :作物は枯れ始めた

かれる　kareru　かれる　بَحَّ (a)　※声が　اِلْتَهَبَتْ حَنْجَرَةُ أُمِّي ، وَبَحَّ صَوْتُهَا
私の母は喉が炎症を起こし,声がかれた

かれんだー　karendaa　カレンダー ⇒ こよみ　koyomi　暦

かわ　kawa　川／河　نَهْر　複 أَنْهُر / نُهُور / أَنْهَار　اَلنِّيلُ أَطْوَلُ الْأَنْهَارِ فِي الْعَالَمِ
ナイル川は世界で一番長い川です
形 نَهْرِيّ :川の　سَمَك نَهْرِيّ :川の魚/川魚

かわ　kawa　皮／革　جِلْد　複 جُلُود / أَجْلَاد　※動物の　جِلْد بَقَرِيّ :牛の皮/牛皮
※革:動物の皮をなめした物
2)皮　قِشْرَة　※果物の　قِشْرَة التُّفَّاحَةِ :リンゴの皮

かわいい　kawai·i　かわいい　ظَرِيف ＜ ظرف　複 ظُرَفَاء　女 ظَرَائِف　إِنَّهَا آنِسَةٌ ظَرِيفَةٌ
本当に彼女はかわいいお嬢さんだ

かわいがる　kawaigaru　かわいがる　دَارَى ، يُدَارِي ＜ درى III　أَحْبِبْ أَخَاكَ وَدَارِهِ
兄弟を愛せよ,そしてかわいがりなさい

かわいそうな　kawaisou-na　かわいそうな　تَعِيس ＜ تعس　複 تُعَسَاء　تَعِيسًا :かわいそうに
أَعْمَلُ كَثِيرًا، أَكْسِبُ قَلِيلًا.. تَعِيشُ تَعِيسًا
私はたくさん働くがもらいは少ない‥おおかわいそうに！
2)かわいそうな　مِسْكِين ＜ سكن　複 مَسَاكِين / ـون　فَتَاةٌ مِسْكِينَةٌ
かわいそうな娘

かわいた　kawaita　乾いた　جَافّ ＜ جفّ　هَوَاء جَافّ :乾いた(乾燥した)空気
2)乾いた　نَاشِف ＜ نشف　ثِيَاب نَاشِفَة :乾いた服

かわいている　kawaite-iru　渇いている　عَطْشَان ＜ عطش　複 عِطَاش　女 عَطْشَى　複 عِطَاش　※喉が

かわかす　kawakasu　乾かす　جَفَّفَ ＜ جفّ II　حَرَارَةُ الشَّمْسِ تُجَفِّفُ التِّينَ وَالْعِنَبَ
太陽の熱がイチジクとブドウを乾かす

かわき　kawaki　渇き　عَطَش　كَسَرَ الْعَطَشَ :喉の渇きをいやした
يَتَحَمَّلُ الْجَمَلُ الْجُوعَ وَالْعَطَشَ
らくだは飢えと喉の渇きに耐える

かわく～かんき

か

かわく kawaku 乾く جَفَّ (i) جَفَّتِ الْمَلَابِسُ :服が乾いた

かわく kawaku 渇く عَطِشَ (a) عَطِشَ فِي هٰذَا الْحَرِّ :彼はこの暑さで喉が渇いた

かわせ kawase 為替 حَوَالَة 複 -ات حَوَالَة بَرِيدِيَّة :郵便為替

かわり kawari 代わり عِوَض 複 أَعْوَاض لَا تُضَيِّعْ الْمِفْتَاحَ ، فَلَيْسَ لِي عَنْهُ عِوَضٌ
鍵はなくさないように,代わりは無いのだから

かわりに kawari-ni (～の)代わりに ～ بَدَلاً مِنْ بَدَلاً مِنْ ذٰلِكَ :その代わり
سَأَذْهَبُ بَدَلاً مِنْكَ :あなたの代わりに私が行きます

かわる kawaru 変わる تَغَيَّرَ ＜ غير V تَغَيَّرَتِ الْمُدُنُ تَغَيُّراً بَعْدَ الْحَرْبِ
戦後,街は変わった
2)変わる تَحَوَّلَ ＜ حول V ～إِلَى :～に تَحَوَّلَ إِلَى ذَهَبٍ :金に変わった
3)変わる شَحُبَ (u) / شَحَبَ (u,a) ※顔色が لِمَاذَا شَحَبَ لَوْنُ وَجْهِهَا؟
どうして彼女の顔色が変わったのですか

かわる kawaru 代わる حَلَّ (i) يَحِلُّ مَحَلَّ～ :～の代わりをする/の後任になる
أُصِيبَ اللَّاعِبُ فِي سَاقِهِ ، فَحَلَّ مَحَلَّهُ اللَّاعِبُ الرَّدِيفُ
選手が足にけがをしたので,控えの選手に代わった

かわりがわり kawari-gawari- 代り代り
かわるがわる kawaru-gawaru- 代る代る
(～する) (～suru) (～する) تَنَاوَبَ ＜ نوب VI تَنَاوَبَ عَلَى إِزَالَةِ الثَّلْجِ
代り代り,雪を除去した

かん kan 缶 تَنَكَة 複 -ات تَنَكَة زَيْتٍ :オイル缶

かん kan 巻 أَجْزَاء جُزْء مِنْ مُؤَلَّفٍ ذِي عِدَّة / مُجَلَّد الْمُجَلَّد الْأَوَّل :第一巻

かん kan 管 مَاسُورَة 複 مَوَاسِير مَاسُورَة الْمَاءِ :水道管 ※ ⇒ パイプ

かんえん kan･en 肝炎 الْتِهَاب الْكَبِدِ

かんかく kankaku 感覚 حَاسَّة ＜ حسّ 複 حَوَاسّ حَاسَّة الشَّمِّ عِنْدَ الْكَلْبِ
犬の臭いに対する感覚(嗅覚)

かんがい kangai 灌漑 رَيّ (ـَ) ＜ روى لِرَيِّ أَرْضِ الْقَرْيَةِ :村の土地の灌漑のために

かんがいする kangai-suru 潅漑する سَقَى ، يَسْقِي يَسْقِي الْمَزْرَعَةَ كُلَّ يَوْمٍ :畑を毎日灌漑する

かんがえ kangae 考え فِكْرَة هٰذِهِ فِكْرَةٌ جَيِّدَةٌ :これは良い考えだ ※⇒ アイデア

かんがえる kangaeru 考える فَكَّرَ ＜ فكر II دَعْنِي أُفَكِّرُ لَحْظَةً !
ちょっと考えさせてよ

かんき kanki 乾期 فَصْل جَافّ ※⇔ 雨期 لَا يَنْزِلُ الْمَطَرُ فِي الْفَصْلِ الْجَافِّ
乾期には雨が降らない

かんきゃく～かんごする

かんきゃく kankyaku 観客 مُشَاهِد < شهد 複 ـون
غَصَّتْ صَالَةُ السِّينَمَا بِالْمُشَاهِدِينَ
映画館は観客で一杯だった

かんきょう kankyou 環境 بِيئَة < بوء 複 ـات
環境汚染: تَلَوُّثُ الْبِيئَةِ
自然環境: الْبِيئَةُ الطَّبِيعِيَّةُ
社会環境: الْبِيئَةُ الاِجْتِمَاعِيَّةُ

かんきり kan-kiri 缶切り فَتَّاحَةُ عُلَبٍ

かんけい kankei 関係 عَلَاقَة < علق 複 ـات
～の間の: بَيْنَ ～ ～と: بِـ～/مَعَ ～
親密な関係: عَلَاقَاتٌ وَثِيقَةٌ
人間関係: عَلَاقَةٌ إِنْسَانِيَّةٌ
関係の緊張: تَوَتُّرُ الْعَلَاقَاتِ

かんけいがある kankei-ga・aru 関係がある
かんけいする kankei-suru 関係する لَهُ عَلَاقَةٌ
～と[人]: مَعَ ～ ～と[事柄]: بِـ～
لَيْسَتْ لَهُ أَيَّةُ عَلَاقَةٍ بِالْحَادِثَةِ
彼はその事に全く関係がありません(関係してません)

かんけつな kanketsu-na 簡潔な وَجِيز < وجز
اِشْرَحْ بِكَلَامٍ وَجِيزٍ
簡潔な言葉で説明しなさい

かんけつ－にする kanketsu-nisuru 簡潔にする أَوْجَزَ ، يُوجِزُ
تَكَلَّمْ وَأَوْجِزْ ، مِنْ فَضْلِكَ
話は簡潔にして下さい
簡潔に: بِالْإِيجَازِ / إِيجَازًا 簡潔: إِيجَاز 名

かんげいする kangei-suru 歓迎する رَحَّبَ < رحب II ～を: بِـ～
客を歓迎した: رَحَّبَ بِضُيُوفِهِ
أَهْلُ الْعَرُوسَيْنِ يُرَحِّبُونَ بِالْمَدْعُوِّينَ
新郎新婦の家族が招待客を歓迎する

かんげきする kangeki-suru 感激する أُعْجِبَ < عجب IV 受 ～に: بِـ～
أُعْجِبْتُ بِلُطْفِهَا
私は彼女の親切さに感激した

かんこう kankou 観光 سِيَاحَة < سيح
私は観光に来ました: أَنَا جِئْتُ لِلسِّيَاحَةِ

かんこうきゃく kankou-kyaku 観光客 سَائِح < سيح 複 ـون/ سُيَّاح
يَزُورُ "كِيُوتُو" وَ"نَارَا" كَثِيرُونَ مِنَ السُّيَّاحِ
多くの観光客が京都や奈良を訪れる

かんこく kankoku 韓国 كُورِيَا
韓国は日本に併合された: ضُمَّتْ كُورِيَا إِلَى الْيَابَانِ

かんごく kangoku 監獄 ⇒ けいむしょ keimusho 刑務所

かんごし kango-shi 看護師 مُمَرِّض < مرض
تَتْبَعُ الْمُمَرِّضَةُ تَعْلِيمَاتِ الطَّبِيبِ
看護師は医者の指示に従う

かんごする kango-suru 看護する مَرَّضَ < مرض II
تُمَرِّضُ الْمُمَرِّضَةُ الْمَرِيضَ
看護師は病人を看護する

か

名 تَمْرِيض :看護　　هُوَ تَعَاطَى التَّمْرِيضَ فِي الْمُسْتَشْفَى
彼は病院で看護の仕事をしていた

かんさつ-する　kansatsu-suru　観察する　رَاقَبَ　＜ رقب III　رَاقَبَ الْحَشَرَاتِ :昆虫を観察した

かんしする　kanshi-suru　監視する　رَاقَبَ　＜ رقب III　رَاقَبَ السُّجَنَاءَ :囚人を監視した
※名 مُرَاقَبَة :監視　بُرْج الْمُرَاقَبَة :監視塔

かんして　kanshite　(～に)関して　إِلَى～ بِالنِّسْبَةِ　بِالنِّسْبَةِ إِلَيَّ لَا يَهُمُّنِي الْفُنُونُ
私に関して言えば，芸術には関心がありません

かんしにん　kanshi-nin　監視人　مُرَاقِب　＜ رقب　مُرَاقِبُ الْمَسْبَحِ غَطَّاسٌ جَرِيءٌ
海水浴場の監視人は勇敢なダイバーです

かんしゃする　kansha-suru　感謝する　شَكَرَ (u)　أَشْكُرُكَ جِدًّا :私はとても感謝しています/どうも有り難う
※名 شُكْر :感謝　مَعَ الشُّكْرِ :感謝を込めて ※文の末尾に

かんしゅ　kanshu　看守　سَجَّان　＜ سجن　يُقَيِّدُ السَّجَّانُ حُرِّيَّةَ الْأَسِيرِ
看守が捕虜の自由を束縛する

かんしゅう　kanshuu　慣習　عَادَة　＜ عود 複 -ات　رَاعَى الْعَادَاتِ الْقَدِيمَةَ
古い慣習(しきたり)を守った

かんしょうする　kanshou-suru　干渉する　تَدَخَّلَ　＜ دخل V　تَدَخَّلْتُ فِي حَيَاتِهَا أَكْثَرَ مِنَ اللَّازِمِ
私は必要以上に彼女の人生に干渉した
※名 تَدَخُّل :干渉　التَّدَخُّلُ فِي شُؤُونِ الدَّوْلَةِ
内政干渉

かんしょうする　kanshou-suru　鑑賞する　شَاهَدَ　＜ شهد III　شَاهَدَ فِلْمًا سِينَمَائِيًّا :映画を鑑賞した
※名 مُشَاهَدَة :鑑賞　مُشَاهَدَةُ الْأَفْلَامِ :映画鑑賞

かんしんする　kanshin-suru　感心する　أُعْجِبَ　＜ عجب IV※受　أُعْجِبْنَا بِمَهَارَتِهِ فِي الضَّرْبِ عَلَى الطَّبْلَةِ
彼の太鼓のうまさに私達は感心した

かんしん-をもつ　kanshin-womotsu　関心を持つ　اِهْتَمَّ　＜ همّ VIII　～بـ :～に　～بِأَنْ :～する事に
اِهْتَمَّ بِالثَّقَافَةِ الْعَرَبِيَّةِ :アラブ文化に関心を持った
※名 اِهْتِمَام :関心　بِاهْتِمَامٍ :関心を持って
أَبْدَى اهْتِمَامًا بِـ～ :～に関心を示した
لَاعِبُ الْكُرَةِ جَذَبَ اهْتِمَامَ الْأَنْدِيَةِ الْأُورُوبِّيَّةِ
そのサッカー選手はヨーロッパのクラブチームの関心を引いた

かんじ　kanji　漢字　حَرْف صِينِيّ　複 حُرُوف صِينِيَّة　كَمْ حَرْفًا صِينِيًّا فِي الْيَابَانِيَّةِ
日本語に漢字はいくつありますか ？

かんじ　kanji　感じ　اِنْطِبَاع　＜ طبع 複 -ات　أَخَذْتُ انْطِبَاعًا حَسَنًا عَنْهُ
私は彼に良い感じ(印象)を持ちました

か

かんじゃ～かんぜん

か

かんじゃ　kanja　患者　مَرِيض　< مرض 複 مَرْضَى　مَرِيض نَفْسِيّ :精神病患者

خَالَةُ الْمَرِيضِ خَطِرَةٌ :患者は重体です

かんじゅせい　kanju-sei　感受性　حِسّ　أَنْتَ مُرْهَفُ الْحِسِّ :あなたは感受性が強い

かんじょう　kanjou　勘定　حِسَاب　< حسب　أَعْطِنِي فَاتُورَةَ الْحِسَابِ، مِنْ فَضْلِكَ

すみません,お勘定お願いします

かんじょう　kanjou　感情　مَشَاعِر　< شعر ※ مَشْعَر の複　جَرَحَتِ الْكَلِمَةُ مَشَاعِرَهَا

その言葉が彼女の感情を害した

هِيَ تُغَنِّي بِكُلِّ مَشَاعِرِهَا

彼女はとても感情(情感)をこめて歌います

かんじる　kanjiru　感じる　شَعَرَ (u)　~بِ~:~を　شَعَرَ بِجُوعٍ :空腹(飢え)を感じた

أَشْعُرُ بِالْبَرْدِ :(私は)寒気を感じます(がします)

2)感じる　أَحَسَّ　< حسّ IV ~بِ~:~を　أَحْسَسْتُ بِقَطَرَاتِ الْمَطَرِ

私は雨粒を感じました

かんじんな　kanjin-na　肝心な　مُهِمّ　< هم　أَمْرٌ مُهِمّ :肝心な事

かんせい　kansei　感性 ⇒ かんじゅせい　kanjusei　感受性

かんせい-させる　kansei-saseru　完成させる　أَكْمَلَ　< كمل IV　أَكْمِلِ الْإِجَابَةَ عَنِ الْأَسْئِلَةِ التَّالِيَةِ

次の質問に対する答えを完成させなさい

かんせいする　kansei-suru　完成する　اِكْتَمَلَ　< كمل VIII　قَرِيبًا يَكْتَمِلُ بِنَاءُ الْمَبْنَى

間もなくそのビルは完成する

※名 اِكْتِمَال :完成　حَفْلَةُ اكْتِمَالِ الْبِنَاءِ

建物の完成式

かんせいとう　kansei-tou　管制塔　بُرْجُ الْمُرَاقَبَةِ　بُرْجُ الْمُرَاقَبَةِ فِي الْمَطَارِ يُرْشِدُ الطَّائِرَاتِ

空港の管制塔は飛行機を導く

かんせつ　kansetsu　関節　مَفْصِل　< فصل 複 مَفَاصِل　أَشْعُرُ بِأَلَمٍ عِنْدَ مَفْصِلِ

(私は)足の関節に痛みを感じます　الْقَدَمِ

かんせつの　kansetsu-no　間接の　غَيْرُ مُبَاشِرٍ　ضَرِيبَةٌ غَيْرُ مُبَاشِرَةٍ :間接税

كَلَامٌ غَيْرُ مُبَاشِرٍ :間接話法

かんせん　kansen　感染　عَدْوَى　< عدو　الْعَدْوَى بِالْأَمْرَاضِ :病気の感染

※ ⇒ 伝染

かんぜい　kanzei　関税　رُسُومٌ جُمْرُكِيَّةٌ　التَّعْرِيفَةُ الْجُمْرُكِيَّةُ :関税税率表/タリフ

حَوَاجِزُ جُمْرُكِيَّةٌ :関税障壁

かんぜん　kanzen　完全　تَمَام　< تمّ　بِالتَّمَامِ /تَمَامًا :完全に

かんぜんな～かんだいな

か

かんぜんな　kanzen-na　完全な　كَامِل < كمل　أَيْنَ تَجِدُ الْإِنْسَانَ الْكَامِلَ
どこに完全な人間がいるのか

2)完全な　تَامّ < تمّ　لَا تَرْضَ بِالنَّجَاحِ إِلَّا تَامًّا
不完全な成功に満足するな

かんそう　kansou　感想　رَأْي < رأى 複 آرَاء　مَا رَأْيُكَ فِي الطَّعَامِ الْيَابَانِيِّ؟
日本料理の感想はどうですか

かんそう　kansou　乾燥　يَبَس　جَفَّتِ الْبُحَيْرَةُ فَصَارَتْ يَبَسًا
湖が干上がり乾燥した

かんそうき　kansou-ki　乾燥機　مُجَفِّف < جفّ　مُجَفِّفٌ لِلْغَسِيلِ:乾燥機

かんそうした　kansou-shita　乾燥した　⇒　かわいた　kawaita　乾いた

かんそうする　kansou-suru　乾燥する　⇒　かわかす　kawakasu　乾かす／かわく　kawaku　乾く

かんそくしょ　kansokusho　観測所
かんそくじょ　kansokujo　観測所　مَرْصَد < رصد 複 مَرَاصِد　تَنَبَّأَ الْمَرْصَدُ بِكُسُوفِ الشَّمْسِ
観測所は日食を予告した

かんそくする　kansoku-suru　観測する　رَصَدَ (u)　يَرْصُدُ الْفَلَكِيُّ النُّجُومَ لَيْلًا
天文学者は夜に星を観測する

かんぞう　kanzou　肝臓　كَبِد/كِبْد/كَبْد 複 أَكْبَاد　تَقَعُ الْكَبِدُ فِي الْجَانِبِ الْأَيْمَنِ مِنَ الصَّدْرِ
肝臓は胴体の右側に位置する

かんたいする　kantai-suru　歓待する　⇒　かんげいする　kangei-suru　歓迎する

かんたん　kantan　簡単　سُهُولَة < سهل　بِسُهُولَةٍ:簡単に/たやすく

2)簡単　بَسَاطَة < بسط　بِبَسَاطَةٍ اكْتَشَفَ السَّبَبَ
その理由が簡単に分かった

かんたんする　kantan-suru　感嘆する　تَعَجَّبَ < عجب V　تَعَجَّبَ الْمُدَرِّبُ مِنْ تَقَدُّمِهِ السَّرِيعِ
コーチは彼の急速な進歩に感嘆した
※名 تَعَجُّب:感嘆　عَلَامَة تَعَجُّب:感嘆符

かんたんな　kantan-na　簡単な　بَسِيط < بسط 複 بُسَطَاء　طَعَام بَسِيط:簡単な食事/軽食

かんたんに　kantan-ni　簡単に　بِسُهُولَةٍ　※ بِ + سُهُولَة　قَرَأَ بِسُهُولَةٍ:簡単に読んだ
كَتَبَ حُرُوفًا عَرَبِيَّةً بِسُهُولَةٍ
彼は簡単にアラビア文字を書いた

かんたん-にする　kantan-nisuru　簡単にする　بَسَّطَ < بسط II　بَسِّطْ كَلَامَكَ:言葉を簡単にしなさい/易しい言葉を使いなさい

かんたん-になる　kantan-ni・naru　簡単になる　بَسُطَ (u)　فَسَّرْتَ لِي مَسْأَلَةَ الْحِسَابِ فَبَسُطَ حَلُّهَا
あなたが算数の問題を解説してくれたので答えが簡単になりました

かんだいな　kandai-na　寛大な　كَرِيم < كرم 複 كُرَمَاء/كِرَام　الْكَرِيم:寛大な者(=神)

かんちょう～かんびょうする

اَلرَّجُلُ الْكَرِيمُ لَا يَبْخَلُ بِمَالِهِ عَلَى الْفَقِيرِ
寛大な男は貧しい人に金をけちらない

かんちょう kanchou 浣腸 حُقْنَةٌ شَرَجِيَّةٌ أَعْطَى حُقْنَةً شَرَجِيَّةً :浣腸をした

かんつうする kantuu-suru 姦通する ⇒ ふりんをする hurin-wosuru 不倫をする

かんつうする kantsuu-suru 貫通する اِخْتَرَقَ <خرق VIII اِخْتَرَقَتِ الرَّصَاصَةُ رَأْسَهُ
一発の銃弾が彼の頭を貫通した

かんづめ kanzume 缶詰 (طَعَامٍ مَحْفُوظٍ) عُلْبَةٌ عُلْبَةُ سَمَكِ التُّونِ :ツナの缶詰/ツナ缶
اِفْتَحْ عُلْبَةَ سَرْدِينٍ :イワシの缶詰を開けなさい

かんづめ-にする kanzume-nisuru 缶詰にする عَلَّبَ <علب II يُعَقَّمُ الْحَلِيبُ، ثُمَّ يُجَفَّفُ وَيُعَلَّبُ
ミルクは殺菌され, それから乾燥されて缶詰になる

かんでんち kandenchi 乾電池 (بَطَّارِيَّةٌ (جَافَّةٌ 複 -ات لَعَلَّ الْبَطَّارِيَّةَ فَارِغَةٌ
多分, 乾電池が空でしょう

かんとく kantoku 監督 نَاظِرٌ <نظر 複 نُظَّارٌ فَصَلَ النَّاظِرُ الْوَلَدَيْنِ الْمُتَخَاصِمَيْنِ
監督は喧嘩をしている二人の少年を引き離した

2)監督 مُخْرِجٌ <خرج اِخْتَارَ الْمُخْرِجُ تَمْثِيلِيَّةَ الْمَلِكِ
監督は王様の劇を選んだ

かんとくする kantoku-suru 監督する أَشْرَفَ <شرف IV ～ عَلَى :～を يُشْرِفُ عَلَى فَرِيقِ كُرَةِ السَّلَّةِ مُدَرِّبٌ قَدِيرٌ
そのバスケットボールチームは有能なコーチが監督している

2)監督する أَخْرَجَ <خرج IV ※映画などを أَخْرَجَ السِّينَمَا :映画を監督した

かんどうする kandou-suru 感動する أُعْجِبَ <عجب IV 受 ～بِ:～に
أُعْجِبْتُ بِالْأَهْرَامِ :私はピラミッドに感動した

2)感動する طَرِبَ (a) طَرِبْنَا لِأُغْنِيَتِهَا الْأَخِيرَةِ
私達は彼女の最後の歌に感動した

かんな kan・na かんな/鉋 مِسْحَجٌ <سحج 複 مَسَاحِجُ ※= فَأْرَةُ سَحْجٍ

かんにんぐ kan・ningu カンニング غِشٌّ فِي الِامْتِحَانِ ※ غَشَّ فِي الِامْتِحَانِ :(試験で)カンニング(を)した

かんぱい kanpai 乾杯 فِي صِحَّتِكَ (ِ) 複 فِي صِحَّتِكُمْ ※あなた(あなた達)の健康を祝して

かんばつ kanbatsu 干ばつ جَفَافٌ <جفّ مَعَ الْجَفَافِ يَنْحَطُّ مُسْتَوَى الْإِنْتَاجِ الزِّرَاعِيِّ
干ばつで農業生産が衰退している

かんびな kanbi-na 甘美な حُلْوٌ 比 أَحْلَى "فِلَسْطِينُ" أَحْلَى الْكَلِمَاتِ فِي الْعَالَمِ
「パレスチナ」はこの世で最も甘美な言葉です

かんびょうする kanbyou-suru 看病する ⇒ かんごする kango-suru 看護する

か

かんべんする～がいしゅつする

かんべんする　kanben-suru　勘弁する　⇒ ゆるす　yurusu　許す

かんむり　kanmuri　冠　تَاجٌ　＜ توج 複 تِيجَان　لَبِسَ تَاجًا : 冠を被った

かんめいする　kanmei-suru　感銘する أُعْجِبَ ، يُعْجَبُ ＜ عجب IV 受　أُعْجِبْتُ بِخِطَابِهِ
私は彼の演説に感銘しました(感銘を受けました)

かんような　kan･you-na　寛容な　⇒ かんだいな　kandai-na　寛大な

かんゆうする　kan･yuu-suru　勧誘する　دَعَا ، يَدْعُو　دَعَاهُ إِلَى الاشْتِرَاكِ فِي الْجَرِيدَةِ
新聞の定期購読をするように彼を勧誘した

かんらくする　kanraku-suru　陥落する　سَقَطَ (u)　سَقَطَتِ الْقَلْعَةُ بَعْدَ الْيَوْمِ التَّالِي
砦は翌日に陥落した

かんりする　kanri-suru　管理する　أَدَارَ　＜ دور IV　مَنْ يُدِيرُ هٰذَا الْعَمَلَ؟
誰がこの仕事の管理をしているのですか
※名 إِدَارَةٌ : 管理　تَحْتَ إِدَارَةِ الدَّوْلَةِ
国家の管理のもとに

かんりょう　kanryou　官僚 مُوَظَّفٌ حُكُومِيٌّ عَالٍ

かんりょうする　kanryou-suru　完了する　⇒ おえる　oeru　終える

かんれん　kanren　関連　صِلَةٌ　＜ وصل 複 -ات　ذُو صِلَةٍ بِـ～ : ～と関連がある

かんわ　kanwa　緩和　تَخْفِيفٌ　＜ خفّ　تَخْفِيفُ التَّنْظِيمِ : 規制緩和

が　ga　蛾　عُثٌّ　複 عُثَثٌ ※ عُثَّةٌ : 1匹の蛾

がーぜ　gaaze　ガーゼ　شَاشٌ　وَضَعَ شَاشًا عَلَى الْجُرْحِ : 傷口にガーゼを当てた

がい　gai　害　ضَرَرٌ　＜ ضرّ 複 أَضْرَارٌ　سَبَّبَ ضَرَرًا لِـ～ : ～に害を及ぼした

がい　gai　～街　حَيُّ～　複 أَحْيَاءٌ　حَيٌّ آهِلٌ (مُزْدَحِمٌ) : 住宅(繁華)街

がいけん　gaiken　外見　مَظْهَرٌ　＜ ظهر 複 مَظَاهِرُ　قِيمَةُ الْإِنْسَانِ فِي لُبِّهِ ، لَا فِي مَظْهَرِهِ
人の価値は中身にあり,外見ではない

がいこう　gaikou　外交 دِبْلُومَاسِيَّةٌ　سِيَاسَةٌ دِبْلُومَاسِيَّةٌ (دُوَلِيَّةٌ) : 外交政策

がいこうかん　gaikou-kan　外交官 دِبْلُومَاسِيٌّ

がいこく　gaikoku　外国　بَلَدٌ أَجْنَبِيٌّ　複 بِلَادٌ أَجْنَبِيَّةٌ ※ لُغَةٌ أَجْنَبِيَّةٌ : 外国語

がいこくじん　gaikoku-jin　外国人　أَجْنَبِيٌّ　＜ جنب 複 أَجَانِبُ　ضُيُوفٌ أَجَانِبُ : 外国人客(複)
فِرْقَةٌ أَجْنَبِيٌّ : 外人部隊

がいこつ　gaikotsu　骸骨 هَيْكَلٌ عَظْمِيٌّ　هَيْكَلٌ عَظْمِيٌّ لِإِنْسَانٍ : 人体の骸骨

がいしゃ　gaisha　外車　سَيَّارَةٌ مُسْتَوْرَدَةٌ　مَعْرَضُ سَيَّارَاتٍ مُسْتَوْرَدَةٍ : 外車ショー

がいしゅつ－する　gaishutsu-suru　外出する　خَرَجَ مِنَ الْبَيْتِ　لَا تَخْرُجْ مِنَ الْبَيْتِ
外出するな(してはいけない)

がいじん～がくねん

がいじん　gaijin　外人 ⇒ がいこくじん gaikoku-jin 外国人

がいする　gai-suru　害する　أَزْعَجَ < زعج IV　لِمَاذَا تُزْعِجِينِي؟
どうして貴女は私の気分を害するのですか

2)害する　آذَى ، يُؤْذِي < أذي IV　آذَى صِحَّتَهُ :彼は健康を害した

3)害する　ضَرَّ ، يَضُرُّ　حَاذِرِ التَّدْخِينَ ، لِأَنَّهُ يَضُرُّ الصِّحَّةَ
タバコ(喫煙)に気をつけなさい,健康を害しますよ

がいだんす　gaidansu　ガイダンス　هُدًى　اتَّبَعَ الْهُدَى :ガイダンスに従った

がいとう　gaitou　街灯　مِصْبَاح شَارِعٍ　كَسَرَتْ كُرَةُ الطِّفْلِ مَصَابِيحَ الشَّارِعِ
子どものボールが街灯を壊した

がいとう　gaitou　外套　رِدَاء < ردى 複 أَرْدِيَة　خَلَعْتُ عَنِّي الرِّدَاءَ
私は外套(オーバー)を脱いだ

がいど　gaido　ガイド　مُرْشِد < رشد 複 -ون　مُرْشِد سِيَاحِيّ :観光ガイド(案内人)

2)ガイド　دَلِيل < دلّ 複 أَدِلَّاء　مَشَى الدَّلِيلُ وَتَبِعَهُ الزُّوَّارُ
ガイドが歩き,その後ろを見学者がついて行った

がいぶ　gaibu　外部　خَارِج < خرج　دَاخِلُ الْبِنَاءِ أَفْخَمُ مِنْ خَارِجِهِ
そのビルの内部は外部より豪華だ

がいむしょう　gaimu-shou　外務省　وِزَارَة الْخَارِجِيَّةِ　※ وَزِير الْخَارِجِيَّةِ :外務大臣

がいらいご　gairai-go　外来語　كَلِمَة أَعْجَمِيَّة　عَرَّبَ النَّاسُ كَلِمَات أَعْجَمِيَّةً كَثِيرَةً
人々は沢山の外来語をアラビア語に直した

がいりゃく　gairyaku　概略 ⇒ あらすじ arasuji 粗すじ

がいをあたえる　gai-wo・ataeru　害を与える
がいをなす　gai-wo・nasu　害をなす ⇒ がいする gai-suru 害する

がか　gaka　画家　رَسَّام < رسم 複 -ون　"رينوار" هُوَ رَسَّامٌ فَرَنْسِيٌّ
ルノワールはフランスの画家です

がく　gaku　額　إِطَار < أطر 複 أُطُر / -ات　إِطَار الصُّورَةِ :額/額縁

がくしゃ　gakusha　学者　عَالِم < علم 複 عُلَمَاء　أُسْتَاذُ الْكِيمِيَاءِ عَالِمٌ كَبِيرٌ
化学の教授は大学者です
لِكُلِّ جَوَادٍ كَبْوَةٌ ، وَلِكُلِّ عَالِمٍ هَفْوَةٌ
どんな駿馬も転び,どんな学者も誤る/弘法も筆の誤り[格言]

がくしゅうしゃ　gakushuu-sha　学習者　دَارِس < درس 複 -ون　دَارِس اللُّغَةِ الْيَابَانِيَّةِ :日本語学習者

がくしゅうする　gakushuu-suru　学習する ⇒ まなぶ ma・nabu 学ぶ／べんきょうする benkyou-suru 勉強する

がくせい　gakusei　学生 男 طَالِب 女 طَالِبَة < طلب 複 طُلَّاب　هِيَ أَطْوَلُ طَالِبَةٍ فِي الْفَصْلِ
彼女はクラスで一番背の高い女学生です

がくだん　gakudan　楽団　فِرْقَة (مَجْمُوعَة) مُوسِيقِيَّة

がくねん　gaku・nen　学年　صَفّ 複 صُفُوف　هُوَ فِي الصَّفِّ الْأَوَّلِ :彼は第一学年生(一年生)です

がくひ～がっかりさせる

か

小学校第四学年: اَلصَّفُّ الرَّابِعُ الابْتِدَائِيّ

がくひ gakuhi 学費 رُسُوم دِرَاسِيَّة
学費の完納: اِسْتِيفَاء الرُّسُومِ الدِّرَاسِيَّةِ

がくふ gakuhu 楽譜 نُوتَة مُوسِيقِيَّة

がくぶ gakubu 学部 كُلِّيَّة 複 -ات < كلّ
医学部: كُلِّيَّة الطِّبّ
～学部の学生: طَالِب بِكُلِّيَّة ～
学部長: عَمِيد 複 عُمَدَاءُ ※
قَابَلَ الطُّلَّابُ عَمِيدَ كُلِّيَّةِ الْهَنْدَسَةِ
学生達は工学部長に会った

がくぶち gaku-buchi 額縁 ⇒ がく gaku 額

がくもん gakumon 学問 عِلْم 複 عُلُوم
正に学問は光である: إِنَّمَا الْعِلْمُ نُورٌ

心理学: عِلْم النَّفْس	化学: عِلْم الْكِيمِيَاء	物理学: عِلْم الْفِيزِيَاء	天文学: عِلْم الْفَلَك
経済学: عِلْم الاقْتِصَاد	神学: عِلْم اللَّاهُوت	社会学: عِلْم الاجْتِمَاع	生物学: عِلْم الأَحْيَاء
植物学: عِلْم النَّبَات	幾何学: عِلْم الْهَنْدَسَة	代数学: عِلْم الْجَبْر	人類学: عِلْم الإِنْسَان
動物学: عِلْم الْحَيَوَان	衛生学: عِلْم الصِّحَّة	薬学: عِلْم الْعَقَاقِير	哲学: عِلْم الْفَلْسَفَة
言語学: عِلْم اللُّغَة	考古学: عِلْم الآثَار	解剖学: عِلْم التَّشْرِيح	林学: عِلْم الْحِرَاجَة
医学: عِلْم الطِّبّ	教育学: عِلْم التَّرْبِيَة	生態学: عِلْم الْبِيئَة	生理学: عِلْم الْوَظَائِف

がけ gake 崖 جُرُف (جُرْف) 複 جُرُوف / جِرَفَة
أَبْعِدْ حِمَارَكَ عَنِ الْجُرْفِ
あなたはロバを崖から遠ざけなさい

がざ gaza ガザ غَزَّة ※パレスチナの地中海沿岸の都市及び地域
كَمْ يَوْمًا سَتَمْكُثُ فِي غَزَّةَ ؟
何日ガザに滞在するつもりですか

がしする gashi-suru 餓死する مَاتَ جُوعًا
قَرِيبًا يَمُوتُ جُوعًا كَثِيرٌ مِنَ الأَطْفَالِ
まもなく多くの子供達が餓死するであろう

がす gasu ガス غَاز 複 -ات
天然ガス: غَاز طَبِيعِيّ
催涙ガス: اَلْغَازُ الْمُسِيلُ لِلدَّمْعِ
神経(酸素)ガス: غَاز أَعْصَاب (الأُكْسِيجِين)

がそりん gasorin ガソリン بَنْزِين
ガソリンスタンド: مَحَطَّة بَنْزِين

がちょう gachou ガチョウ وَزّ/إِوَزّ
1羽のガチョウ: وَزَّة / إِوَزَّة ※ أوز <

がっか gakka 学科 قِسْم
アラビア語学科: قِسْم اللُّغَةِ الْعَرَبِيَّةِ

がっかりさせる gakkari-saseru がっかりさせる ⇒ しつぼうさせる shitsubou-saseru 失望させる

がっかりする～がんこに

がっかりする gakkari-suru がっかりする ⇒ しつぼうする shitsubou-suru 失望する

がっき gakki 楽器 آلَة مُوسِيقِيَّة

がっき gakki 学期(دِرَاسِيَّة) فَتْرَة　　فِي فَتْرَةٍ أُولَى رَاجَعْنَا الدُّرُوسَ الْمَاضِيَةَ
1学期は私達が習った勉強の復習をした

がっこう gakkou 学校 مَدْرَسَة < درس 複 مَدَارِس　مَدْرَسَة ابْتِدَائِيَّة :小学校
مَدْرَسَة إِعْدَادِيَّة :中学校
مَدْرَسَة ثَانَوِيَّة :高等学校/高校
نَاظِر الْمَدْرَسَةِ :学校長
أَدْخَلَنِي أَبِي الْمَدْرَسَةَ :父は私を学校に入れた

がっぺいする gappei-suru 合併する اِنْدَمَجَ < دمج VII　اِنْدَمَجَت الْمَدِينَتَانِ
二つの都市が合併した

がまんする gaman-suru 我慢する صَبَرَ (i)　～ عَلَى :～を　صَبَرَ عَلَى الْأَلَمِ
痛みを我慢した(に耐えた)
※名 صَبْر :我慢　لَا صَبْرَ لِي :私には我慢(辛抱)できない

がまんづよい gaman-zuyoi 我慢強い صَبُور < صبر 複 صُبُر　طَبْع صَبُور :我慢強い性質
عَلَى الْمُرَبِّي أَنْ يَكُونَ صَبُوراً
教育者は我慢(忍耐)強くなければならない

がむ gamu ガム مُضْغَة　複 مُضَغ　أُتْفُلْ مُضْغَتَكَ :ガムを口から出しなさい

がめん gamen 画面 شَاشَة < شوش 複 -ات　ظَهَرَتْ عَلَى الشَّاشَةِ صُورَةُ أَسَد
画面(スクリーン)にライオンの絵が現れた

がらくた garakuta がらくた شَيْء غَيْر مُفِيدٍ

がらす garasu 硝子／ガラス زُجَاج < زجّ　زُجَاج النَّافِذَةِ :窓ガラス ※ زُجَاجَة :ガラス瓶

がん gan がん/癌 سَرَطَان < سرط 複 -ات　أُصِيبَ بِمَرَضِ السَّرَطَانِ :がんになった
سَرَطَان الرِّئَةِ :肺がん　سَرَطَان الثَّدْيِ :乳がん

がんか ganka 眼科 طِبّ الْعُيُون

がんきゅう gankyuu 眼球 مُقْلَة الْعَيْنِ

がんぐ gangu 玩具 ⇒ おもちゃ omocha おもちゃ

がんけん ganken 眼瞼 ⇒ まぶた mabuta 瞼/目蓋

がんこな ganko-na 頑固な عَنِيد < عند　" أَحْمَدُ " عَنِيدٌ لَا أَعْرِفُ بِأَيَّةِ وَسِيلَةٍ أُقْنِعُهُ
アフマドは頑固だ，私は彼を説得する方策を知らない

がんこに ganko-ni 頑固に فِي إِصْرَارٍ　رَفَضَ فِي إِصْرَارٍ :頑固に拒否した

がんしょ～がんぼうする

か

がんしょ　gansho　願書 طَلَبٌ (اِسْتِمَارَةٌ) اِسْتِئْمَارَةٌ　　قَدَّمَ اِسْتِئْمَارَةَ الطَّلَبِ
願書を出した

がんじつ　ganjitsu　元日 ⇒ がんたん gantan 元旦

がんじょうな　ganjou-na　頑丈な ⇒ じょうぶな joubu-na 丈夫な

がんせき　ganseki　岩石 ⇒ いわ iwa 岩

がんたん　gantan　元旦 عِيدُ رَأْسِ السَّنَةِ

がんばる　ganbaru　頑張る بَذَلَ جَهْدَهُ　　بَذَلَ جَهْدَهُ لِلِامْتِحَانِ :彼は試験を頑張った
※ ! تَشَجَّعْ :頑張れ(口語) شِدّ حَالَكْ :頑張れ(口語)

がんぼうする　ganbou-suru　願望する ⇒ ねがう negau 2)願う

幾　き　キ【ki】

き　ki　木／樹　شَجَرٌ　複 أَشْجَار ※ شَجَرَة：1本の木　شَجَرٌ مُثْمِرٌ：果樹

الأَشْجَارُ فِي أَوْجِ ازْدِهَارِهَا：木々は満開です

2)木　خَشَبٌ　複 أَخْشَاب　بَابٌ مِنَ الْخَشَبِ：木(木製)の戸(ドア)

きーぼーど　kiiboodo　キーボード　لَوْحَةُ الْمَفَاتِيحِ

き　ki　黄　صُفْرَة　※＝لَوْن أَصْفَر

عَلَتْ وَجْهَ الْمَرِيضِ صُفْرَةٌ شَاحِبَةٌ

病人の顔を黄色く青白い色が包んでいた

きあつ　kiatsu　気圧　ضَغْط جَوِّي　اَلضَّغْطُ الْجَوِّيُّ الْمُنْخَفِضُ (الْمُرْتَفِعُ)

低(高)気圧

※ مِضْغَط：気圧計　إِبْرَةُ الْمِضْغَطِ تُشِيرُ

気圧計の針は雨が近いことを　إِلَى مَطَرٍ قَرِيبٍ

示している

きいな　ki・i-na　奇異な　⇒　きみょうな　kimyou-na　奇妙な

きいろ　ki-iro　黄色　⇒　き　ki　黄

きいろい　ki-iro-i　黄色い
きいろの　ki-iro-no　黄色の　أَصْفَرُ　＜ صفر 女 صَفْرَاء 女双 صَفْرَاوَانِ (يْنِ) 複 صُفْرٌ

بِطَاقَة صَفْرَاء：イエローカード[サッカー]

きいろくなる　ki-iro-ku・naru　黄色くなる
きいろになる　ki-iro-ni・naru　黄色になる　اِصْفَرَّ　＜ صفر IX　تَصْفَرُّ أَوْرَاقُ الشَّجَرَةِ فِي الْخَرِيفِ

秋に木の葉が黄色くなります

きえる　kieru　消える　اِنْطَفَأَ　＜ طفئ VII　※火や明かりなどが消える

اِنْطَفَأَ النُّورُ：明かりが消えた

2)消える　اِخْتَفَى　＜ خفي VIII　※姿が見えなくなる

اِخْتَفَى عَنِ الأَنْظَارِ：視界から消えた/姿を消した

きおく　kioku　記憶　ذَاكِرَة　＜ ذكر　فَقْد (فِقْدَان) الذَّاكِرَةِ：記憶喪失/健忘症

أَعَادَ إِلَى الذَّاكِرَةِ：記憶を呼び起こした

きおくする　kioku-suru　記憶する　⇒　おぼえる　oboeru　覚える

きおん　kion　気温　حَرَارَةُ الْجَوِّ　بَلَغَتْ حَرَارَةُ الْجَوِّ ثَلَاثِينَ دَرَجَةً مِئَوِيَّةً

気温は摂氏30度に達した

きかい　kikai　機会　فُرْصَة　＜ فرص 複 فُرَص　فُرْصَة طَيِّبَة：良い機会

أَتَاحَ لِـ... الْفُرْصَةَ لِـ～：…に～する機会を与えた

أُتِيحَ لِـ... الْفُرْصَةُ لِـ～：…に～する機会が与えられた

きかい～きかんしゃ

き

～ فَاتَتْ الْفُرْصَةُ لـ～ :～する機会を失った(逃した)

2)機会　مُنَاسَبَة　< نسب 複 -ات　أَرَدْنَا أَنْ نَعْمَلَ لَهَا حَفْلاً صَغِيراً بِهٰذِهِ الْمُنَاسَبَةِ السَّعِيدَةِ

私達はこの幸せな良き機会に彼女のためのささやかなパーティをしたかった

きかい　kikai　機械　مَاكِينَة　複 -ات / مَكَائِن　صِنَاعَة الْمَاكِينَات :機械工業

きかいてき　kikai-teki　機械的
きかいの　kikai-no　機械の　مِيكَانِيكِيّ　الْهَنْدَسَة الْمِيكَانِيكِيَّة :機械工学

きかくする　kikaku-suru　企画する　خَطَّطَ　< خطّ II　يُخَطِّطُ لَنَا حَفْلَةً

(彼は)私達のために宴会を企画する

※名 تَخْطِيط :企画　أُشْرِفُ عَلَى أَعْمَالِ التَّخْطِيطِ

私は企画の仕事を監督しています

きかする　kika-suru　帰化する　تَجَنَّسَ　< جنس V　تَجَنَّسَ بِالْجِنْسِيَّةِ الْيَابَانِيَّةِ

日本に帰化した/日本国籍を得た

※名 تَجَنُّس :帰化

きかせる　kikaseru　聞かせる　أَسْمَعَ　< سمع IV　أَسْمَعْتُهَا الْأُغْنِيَةَ

私は彼女にその歌を聞かせた

きかん　kikan　帰還　عَوْدَة　< عود　حَقّ الْعَوْدَةِ :帰還権

きかん　kikan　期間　مُدَّة　مَكَثْتُ فِي مِصْرَ لِمُدَّةٍ طَوِيلَةٍ

私はエジプトに長い期間(長期間)滞在した

2)期間　فَتْرَة　هٰذَا الْيَوْمُ هُوَ بِدَايَةُ الْفَتْرَةِ الَّتِي～

この日は～期間の最初の日です

きかん　kikan　器官　جِهَاز　< جهز 複 -ات / أَجْهِزَة　جِهَاز الْبَصَرِ :視覚器官

جِهَاز الْهَضْمِ :消化器官　جِهَاز التَّنَفُّسِ :呼吸器官

きかん　kikan　気管　قَصَبَة هَوَائِيَّة　الْتِهَاب الْقَصَبَةِ الْهَوَائِيَّةِ :気管支炎

きかん　kikan　機関　وَسَائِل　< وسل ※ وَسِيلَة の複　وَسَائِل الْإِعْلَامِ :報道機関

وَسَائِل الْمُوَاصَلَاتِ الرَّسْمِيَّةِ :公共交通機関

2)機関　وَكَالَة　< وكل 複 -ات　وَكَالَةُ الْأُمَمِ الْمُتَّحِدَةِ لِإِغَاثَةِ وَتَشْغِيلِ اللَّاجِئِينَ الْفِلَسْطِينِيِّينَ

国際連合パレスチナ難民救済事業機関/ANRWA

3)機関　مُحَرِّك　< حرك 複 -ات　مُحَرِّك بُخَارِيّ :蒸気機関

مُحَرِّك دَاخِلِيّ (خَارِجِيّ) الِاحْتِرَاقِ :内燃(外燃)機関

きかんしゃ　kikan-sha　機関車　قَاطِرَة　< قطر 複 -ات　تَجُرُّ الْقَاطِرَةُ عِشْرِينَ شَاحِنَةً

機関車が２０両の貨車を引っ張っている

きかんじゅう～きけん

きかんじゅう　kikanjuu　機関銃　رَشَّاش < رشّ 複 -ات　تَحْمِلُ الْمُصَفَّحَةُ رَشَّاشًا
装甲車は機関銃を備えている

きが　kiga　飢餓 ⇒ うえ ue 飢え

きがい　kigai　危害　ضَرَر < ضرّ 複 أَضْرَار　سَبَّبَ ضَرَرًا لِـ~ :~に危害を加えた

きがえる　kigaeru　着替える　غَيَّرَ ثِيَابَهُ　أُرِيدُ أَنْ أُغَيِّرَ ثِيَابِي :私は服を着替えたい

きがくるう　ki-gakuru･u　気が狂う
きがふれる　ki-gahureru　気がふれる　جُنَّ ، يُجَنُّ　※ جَنَّ の受　جُنَّ جُنُونُهُ :彼は気がふれた(発狂した)

き

きがつく　ki-gatsuku　気がつく ⇒ きづく kizuku 気づく

きがみじかい　ki-gamijikai　気が短い ⇒ たんきな tanki-na 短気な

きき　kiki　危機　أَزْمَة　複 -ات　أَزْمَة اقْتِصَادِيَّة (الْغِذَائِيَّة)
経済(食糧)危機

ききいれる　kiki-ireru　聞き入れる　اِسْتَجَابَ < جوب x　اِسْتَجَابَ الطَّلَبَ :その要求を聞き入れた

ききかえす　kiki-kaesu　聞き返す　سَأَلَ مَرَّةً أُخْرَى　لِمَاذَا لَا تَسْأَلُهُ مَرَّةً أُخْرَى؟
どうして彼に聞き返さないのですか

ききとる　kiki-toru　聞き取る　سَمِعَ الْكَلَامَ وَفَهِمَهُ

ききの　kiki-no　危機の　حَرِج　فَتْرَة حَرِجَة :危機の時代/緊急の時

ききゅう　kikyuu　気球　مُنْطَاد < طود 複 مَنَاطِيد　اَلْمُنْطَادُ يَرْتَفِعُ فِي الْجَوِّ
気球はガスで上がる　بِوَاسِطَةِ الْغَازِ

ききん　kikin　飢饉　مَجَاعَة < جوع 複 -ات　تُوجَدُ مَجَاعَاتٌ فِي بَعْضِ الْبُلْدَانِ
アフリカのいくつかの国に飢饉がある　الْأَفْرِيقِيَّةِ

ききんぞく　ki-kinzoku　貴金属　مَعْدِن ثَمِين　※ ذَهَب أَوْ فِضَّة إِلَخ :金や銀など

きぎょう　kigyou　企業　شَرِكَة　صَاحِب الشَّرِكَةِ :企業主

きく　kiku　聞く　سَمِعَ (a)　اِسْمَعْ كَلَامِي! :私の言うことを聞きなさい

2)聞く　سَأَلَ (a)　اِسْأَلْ عَنِ اسْمِهَا؟ :彼女の名前を聞きなさい(尋ねなさい)

きく　kiku　効く　صَلَحَ (u)　لَمْ يَكُنْ يَبْدُو أَنْ يَصْلُحَ الدَّوَاءُ لَهَا
その薬は彼女には効いていないようだった

きく　kiku　利く　عَمِلَ جَيِّدًا (a)　عَمِلَتْ فَرَامِلُ دَرَّاجَتِي جَيِّدًا
僕の自転車のブレーキは良く利いた

きぐ　kigu　器具　آلَة < اول 複 -ات　آلَة الْكَهْرَبَائِيَّة :電気器具

2)器具　مُعَدَّات < عدّ ※ مُعَدَّة の複　أَحْدَثُ الْمُعَدَّاتِ :最新の器具

きぐろう　ki-gurou　気苦労　هَمّ < همّ 複 هُمُوم　جَاءَتْ أُخْتِي تَشْكُو إِلَيَّ هَمَّهَا
姉が自分の気苦労をぼやきに私の所に来た

きけん　kiken　危険　خَطَر 複 أَخْطَار　شَعَرَ بِخَطَرٍ :危険を感じた

き

きけんする　kiken-suru　棄権する اِمْتَنَعَ عَنِ التَّصْوِيتِ ※名 اِمْتِنَاعٌ عَنِ التَّصْوِيتِ :(選挙の)棄権

きけんな　kiken-na　危険な خَطِير / خَطِر　شَارِع خَطِر :危険な通り(道路)

きげき　kigeki　喜劇 هَزْلِيَّة (مَسْرَحِيَّة) رِوَايَة ※ ⇔ مَأْسَاة :悲劇

きげん　kigen　起源 أَصْلٌ　أَصْل الْعَرَبِ :アラブの起源

きげん　kigen　紀元 اَلْمِيلَاد < ولد　قَبْلَ مِيلَادِ السَّيِّدِ الْمَسِيحِ :紀元前/ＢＣ

قَبْلَ (بَعْدَ) الْمِيلَاد :紀元後/ＡＤ(紀元前/ＢＣ)

きげん　kigen　機嫌 حَالَة < حول 複 -ات　كَيْفَ حَالُكَ؟ :ご機嫌いかがですか

きげんぜん　kigen-zen　紀元前 قَبْلَ الْمِيلَادِ　اَلْقَرْن الثَّالِث قَبْلَ الْمِيلَادِ :紀元前３世紀

きげんをとる　kigen-wotoru　機嫌を取る اِسْتَرْضَى < رضي X　اِسْتَرْضَى وَالِدَيْهِ :両親の機嫌を取った

きこう　kikou　気候 جَوٌّ　اَلْجَوُّ فِي الْيَابَانِ مُعْتَدِلٌ :日本の気候は温暖です

2)気候 مُنَاخ < نوخ　اَلْمُنَاخ الاِسْتِوَائِيّ :熱帯気候

きこう　kikou　機構 مُنَظَّمَة < نظم 複 -ات　مُنَظَّمَة التَّحْرِيرِ الْفِلَسْطِينِيَّةِ

パレスチナ解放機構/ＰＬＯ

きこえる　kikoeru　聞こえる سَمِعَ (a)　سَمِعْتُ صَوْتًا يُنَادِينِي :私を呼ぶ声が聞こえた

きこり　kikori　樵 حَطَّاب < حطب ※＝ حَاطِب

きごう　kigou　記号 عَلَامَة < علم 複 -ات　عَلَامَة نُطْق :発音記号

きさき　kisaki　后 ⇒ おうひ　ouhi　王妃

きざし　kizashi　兆し تَبَاشِير < بشر　تَبْشِير :吉報 の複

لَاحَتْ تَبَاشِيرُ الرَّبِيعِ :春の兆しが現れた

きざむ　kizamu　刻む قَطَّعَ < قطع II　قَطَّعَ الْبَصَلَ :タマネギを刻んだ

2)刻む تَكْتَكَ ، يُتَكْتِكُ　اَلسَّاعَةُ تُتَكْتِكُ وَلَا تَتْعَبُ

時計は疲れずにちくたく時を刻む

きし　kishi　岸 شَاطِئ　複 شَوَاطِئ　شَاطِئ الْبَحْرِ :海岸

2)岸 ضِفَّة　複 ضِفَاف　اَلضِّفَّة الْغَرْبِيَّة

西岸地区 ※ヨルダン川西岸のパレスチナ

きし　kishi　騎士 فَارِس < فرس 複 فُرْسَان / فَوَارِس ※ فُرُوسِيَّة :騎士道

きしむ　kishimu　軋む صَرَّ (i)　اَلْبَابُ يَصِرُّ ، زَيِّتْهُ

戸が軋んでいます, 油を差しなさい

きしゃ　kisha　汽車 قِطَار < قطر 複 -ات / قُطُر　رَكِبَ قِطَارًا :汽車に乗った

きしゃ　kisha　記者 صُحُفِيّ < صحف 複 ـون　مُؤْتَمَر صُحُفِيّ :記者会見

～ صُحُفِيٌّ فِي جَرِيدَةٍ ～ :～新聞の記者

きしゃ kisha 喜捨 زَكَاة < زكو 複 زَكًا ※ ⇒ 寄付

الزَّكَاةَ يَدْفَعُ الْمُسْلِمُ :イスラム教徒は喜捨をする

きしゅ kishu 騎手 فَارِس < فرس 複 فَوَارِس فُرَّاح

هَمَزَ الْفَارِسُ جَوَادَهُ ، فَرَاحَ يَرْكُضُ 騎手が拍車を当てたので馬は走り始めた

き

きしょう kishou 気象 حَالَة الْجَوِّ نَشْرَة الأَحْوَال الْجَوِّيَّة :気象情報

※ مَرْصَد جَوِّيّ :気象台

きしょうする kishou-suru 起床する نَهَضَ مِنْ نَوْمِهِ نَهَضَ مِنْ نَوْمِهِ ، فَلَبِسَ ثِيَابَهُ

起床して(起きて)服を着た

きじ kiji 記事 مَقَالَة < قول 複 -ات مَقَالَة صُحُفِيَّة :新聞記事

きじ kiji 生地 قُمَاش < قمش 複 أَقْمِشَة قُمَاش قُمْصَان :シャツの生地

فَصَّلَ الْخَيَّاطُ الْقُمَاشَ :仕立屋は生地を裁断した

2)生地 عَجِين < عجن 複 عُجُن ※パンなどの生地

كُتْلَة الْعَجِينِ :パン生地の塊

きじ kiji キジ/雉 تَدْرُج التَّدْرُجُ طَيْرٌ بَرِّيٌّ بِحَجْمِ الدَّجَاجَةِ تَقْرِيبًا

キジは鶏ほどの大きさの野生の鳥です

きじつ kijitsu 期日 مَوْعِد < وعد 複 مَوَاعِد دَوِّنْ مَوْعِدَ الزِّيَارَةِ فِي الْمُذَكِّرَةِ

訪問する期日をメモ帳に書きなさい

きじゅつする kijutsu-suru 記述する يَصِفُ ، وَصَفَ مَنْظَرٌ لَا يُوصَفُ بِالْكَلَامِ :記述できない光景

きじゅん kijun 基準 مِعْيَار < عير 複 مَعَايِير لِكُلِّ مِقْيَاسٍ مِعْيَارٌ

すべての測定器に基準がある

きす kisu キス قُبْلَة 複 قُبَل/قُبُلَات أَوْجَزُ رِسَالَةٍ فِي الْحُبِّ قُبْلَةٌ

一番短い愛の手紙はキスである

※動 قَبَّلَ :キスをする قَبِّلْنِي :キス(を)して下さい

きすう kisuu 奇数 عَدَدٌ فَرْدِيٌّ ※ ⇔ 偶数

きず kizu 傷 جُرْح 複 جِرَاح / جُرُوح أُصِيبَ بِجِرَاحٍ فِي～ :～に傷を受けた

きずく kizuku 築く يَبْنِي ، بَنَى بَنَى قَصْرًا :城を築いた

きずついた kizu-tsuita 傷ついた جَرِيح < جرح 複 جَرْحَى الْجُنْدِيّ الْجَرِيح :傷ついた兵士

きずつく kizu-tsuku 傷つく يُجْرَحُ ، جُرِحَ ※ جَرَحَ の受 سَوْفَ تُجْرَحُ مِنَ الْكَلِمَاتِ

彼女はその言葉に傷つくだろう

きずつける kizu-tsukeru 傷つける جَرَحَ (a) ～بِـ :～で جَرَحَ بِكَلِمَةٍ :言葉で傷つけた

き

きずな　kizu・na　絆　عُرْوَة　< عرو 複 عُرًى　وَطَّدَ عُرَى الصَّدَاقَة
友情の絆を強くした

きせいする　kisei-suru　規制する　نَظَّمَ　< نظم II　نَظَّمَ حَرَكَةَ السَّيْرِ:交通を規制した
※名 تَنْظِيم:規制　تَخْفِيف التَّنْظِيم:規制緩和

きせいの　kisei-no　既成の　جَاهِز　< جهز ※=مَصْنُوع مُقَدَّمًا
أَلْبِسَة جَاهِزَة:既成服

きせいの　kisei-no　寄生の　طُفَيْلِيّ　< طفل　حَشَرَة طُفَيْلِيَّة:寄生虫

きせき　kiseki　奇跡　مُعْجِزَة　< عجز 複 -ات　بِمُعْجِزَةٍ:奇跡的に
بَرَزَتِ الْمُعْجِزَة:奇跡が起きた

きせつ　kisetsu　季節　فَصْل　複 فُصُول　فَصْلُ الْأَمْطَارِ:雨期
2)季節　مَوْسِم　< وسم 複 مَوَاسِم　فِي غَيْرِ مَوْسِمِهِ:季節はずれの
مَوْسِمُ الْحَجِّ:巡礼の季節　مَوَاسِمُ السَّنَة:四季

きせつの　kisetsu-no　季節の　مَوْسِمِيّ　الرِّيح الْمَوْسِمِيَّة:季節風

きせる　kiseru　着せる　أَلْبَسَ　< لبس IV　قَمِيصُكَ مَقْلُوبٌ! مَنْ أَلْبَسَكَ إِيَّاهُ؟
シャツが裏返しですよ！いったい誰が着せたのですか

きぜつする　kizetsu-suru　気絶する　⇒　きをうしなう　ki-wo・ushi・nau　気を失う

きそ　kiso　基礎　أَسَاس　< أسّ 複 أُسُس　أَسَاس الْبِنَاءِ:建物の基礎

きそう　kisou　競う　⇒　きょうそうする　kyousou-suru　競争する

きそく　kisoku　規則　قَاعِدَة　< قعد 複 قَوَاعِد　قَوَاعِد الْمُرُورِ:交通規則(ルール)

きそくてき-なこと　kisoku-teki-nakoto　規則的なこと　اِنْتِظَام　< نظم　فِي انْتِظَامٍ / بِانْتِظَامٍ:規則的に

きそする　kiso-suru　起訴する(قَضِيَّةً) رَفَعَ (a)　～عَلَى:～を

きその　kiso-no　基礎の　أَسَاسِيّ　< أسّ　حَجَر أَسَاسِيّ:基礎石

きた　kita　北　شَمَال (َ)　< شمال ※⇔ جَنُوب:南　رِيح الشَّمَال:北風
※関 شَمَالِيّ:北の　أَفْرِيقِيَا الشَّمَالِيَّة:北アフリカ

きたい　kitai　気体　غَاز　複 -ات　اَلْغِلَافُ الْجَوِّيُّ غَازَاتٌ تُحِيطُ بِالْأَرْضِ
大気圏は地球を取り巻く気体です

きたいされる　kitai-sareru　期待される　مُنْتَظَر　< نظر　مِنَ الْمُنْتَظَرِ أَنْ ～:～することが期待される

きたいする　kitai-suru　期待する　تَوَقَّعَ　< وقع V　اَلْآثَارُ أَعْظَمُ مِمَّا كُنْتُ أَتَوَقَّعُ
その遺跡は私が期待していたのより偉大でした
أَتَوَقَّعُ نَجَاحًا فِي～:私は～の成功を期待してます

きたえる～きてい

※名 تَوَقُّع 複 تَوَقُّعات-:期待 اِزْدادَتْ تَوَقُّعاتُنا
私たちの期待が高まった(膨らんだ)

きたえる kitaeru 鍛える قَوَّى ＜ قوي II تُقَوِّي الْعَضَلاتِ الرِّياضَةُ
運動は筋肉を鍛える

きたない kita・nai 汚い وَسِخٌ ※物について ※ ⇔ نَظِيف :きれいな
ثَوْب وَسِخ :汚い服

2)汚い قَذِرٌ قَذِرٌ (شَخْص) رَجُل :汚い男(人)

きたなく-する kita・naku-suru 汚くする وَسَّخَ ＜ وسخ II ماذا تَفْعَلُ لِتُوَسِّخَ ثِيابَكَ هٰكَذا بِسُرْعَةٍ ؟
どうしてこんなに服をすぐ汚くするのですか
(汚すのですか)

きち kichi 基地 قاعِدَة ＜ قعد 複 قَواعِد قاعِدَة عَسْكَرِيَّة :軍事基地

きちがい kichigai 気違い ⇒ きのくるった ki-nokurutta 気の狂った

きちょう kichou 機長 قائِد لِلطَّائِرَة

きちょうな kichou-na 貴重な ثَمِين ＜ ثمن اَلْوَقْت الثَّمِين :貴重な時間

きつい kutsui きつい شاقٌّ ＜ شقّ أَشْغال شاقَّة :きつい仕事/重労働

2)きつい ضَيِّقٌ ＜ ضيق ضَيِّقٌ اَلْبَنْطَلُونُ :ズボンがきつい

きつえん kitsuen 喫煙 تَدْخِين ＜ دخن مَمْنُوع التَّدْخِين :喫煙禁止/禁煙

きっさてん kissa-ten 喫茶店 مَقْهًى ＜ قهوة 複 مَقاهٍ ※定 اَلْمَقْهَى
يَلْتَقِي حَبِيبَتَهُ فِي الْمَقْهَى
彼は恋人と喫茶店で会います

きつつき kitsutsuki キツツキ نَقّار الْخَشَب [鳥類]

きって kitte 切手 طابَع(ـِ) 複 طَوابِع طابَع الْبَرِيد :郵便切手
طابَع تِذْكارِيّ :記念切手

きっと kitto きっと ⇒ かならず ka・narazu 必ず

きつね kitsu・ne 狐 ثَعْلَب 複 ثَعالِب خَدَعَ الثَّعْلَبُ الْغُرابَ
狐が烏をだました

きっぷ kippu 切符 تَذْكَرَة(ـِ) ＜ ذكر 複 تَذاكِر تَذْكَرَة(ـِ) ذَهاب وَإِياب :往復切符

きづかう kizukau 気遣う أَحَسَّ ＜ حسّ IV ～بـ:～を لا أَحَدَ يُحِسُّ بِي
誰も私の事を気遣ってくれない

きづく kizuku 気づく لاحَظَ ＜ لحظ III لاحَظْتُ شَيْئًا غَرِيبًا
彼女はおかしな事に気づいた(気がついた)

きてい kitei 規定 أَحْكام ＜ حكم ※ حُكْم の複 أَحْكام الْقانُونِ :法律の規定

きてき～きのくるった

きてき　kiteki　汽笛　صَفَّارَة الْبَاخِرَة ، أَوْ الْقِطَار ، صَفَّارَة الْإِنْذَار ※ -ات 複 صفر ＜ صَفَّارَة الْإِنْذَار :警笛

きどう　kidou　軌道　فَلَك　複 أَفْلَاك /فُلْك(وْ)　تَدُورُ الْأَرْضُ فِي فَلَكِ الشَّمْسِ
地球は太陽の回りの軌道を動く

きなさい　ki・nasai　来なさい　تَعَالَ　＜ علو VI ※女 تَعَالَيْ　تَعَالَ إِلَى مَنْزِلِي
私の家に来なさい

きにいらせる　ki-ni・iraseru　気にいらせる　أَعْجَبَ　＜ عجب IV　هَلْ أَعْجَبَتْكَ الْغُرْفَةُ ؟
部屋は気に入りましたか
※[直訳]"その部屋はあなたを気に入らせましたか"

きにいらない　ki-ni・ira・nai　気に入らない
きにくわない　ki-nikuwa・nai　気にくわない　لَا يُعْجِبُ　لَا تُعْجِبُنِي تَصَرُّفَاتُهُ
私は彼の行いが気に入らない

きにいる　ki-ni・iru　気にいる　أُعْجِبَ ، يُعْجَبُ ＜ عجب IV ※ أَعْجَبَ の受　～بِـ :～を,が
أُعْجِبَتْ بِهَدِيَّتِكَ
彼女はあなたの贈り物が気に入りました

きにする　ki-nisuru　気にする　قَلِقَ (a)　لَا تَقْلَقْ :気にしないで
2)気にする بَالَى ، يُبَالِي　＜ بلو III أُبَالِي (مَا) لَا :私は気にしません(かまいません)
لَا يُبَالِي مِنْ كَلَامِ الْآخَرِينَ
他人の言葉を気にするな(掛けるな)

きになる　ki-ni・naru　(～する)気になる ～فِي　شَعَرَ بِرَغْبَةٍ　لَا أَشْعُرُ بِرَغْبَةٍ فِي عَمَلِ مِثْلِ هٰذَا
こんな仕事はする気にならない

きにゅうする　ki・nyu-suru　記入する　دَوَّنَ　＜ دون II　دَوَّنَ الْمُدَرِّسُ أَسْمَاءَ الْغَائِبِينَ
教師は欠席者の名前を記入した

きぬ　kinu　絹　حَرِير　＜ حرّ 複 حَرَائِر　مَنْدِيل حَرِير :絹のハンカチ
نَسِيج مِنْ حَرِيرٍ :絹織物

きねん　kinen　記念　تَذْكَار　＜ ذكر 複 -ات ※関 تَذْكَارِيّ :記念の
هَدِيَّة (صُورَة) تَذْكَارِيَّة :記念品(写真)

きねんび　ki・nen-bi　記念日　ذِكْرَى　＜ ذكر 複 ذِكْرَيَات　ذِكْرَى (عِيد) الْاِسْتِقْلَالِ
独立記念日

きのう　ki・nou　昨日　الْأَمْس　مَسَاءَ أَمْسِ :昨日の夕方

きのきいた　ki・no-kiita　気の利いた　ظَرِيف　＜ ظرف 複 ظُرَفَاء　هٰذِهِ حِكَايَةٌ ظَرِيفَةٌ
これは気の利いた話(とんち話)です

きのくるった　ki-nokurutta　気の狂った
きのくるった-ひと　ki-nokurutta-hito　気の狂った人　مَجْنُون ＜ جنّ 複 مَجَانِين　أَصْبَحَ مَجْنُونًا
彼は発狂した(気が狂った)

きのこ～きぼうする

きのこ　ki·noko　茸／キノコ　فُطْر　※集合名詞　هٰذَا الْفُطْرُ يُؤْكَلُ
このキノコは食べられています

きのどくな　ki·nodoku-na　気の毒な　آسِفٌ　<أسف 複 ـون　أَنَا آسِفٌ لِحَظِّكَ السَّيِّءِ :お気の毒様

きのみ　ki-nomi　木の実　جَوْزٌ　複 ـات ※ جَوْزَة :1個の木の実　※=木の実

きはん　kihan　規範 ⇒ もはん mohan 模範

きば　kiba　牙　نَابٌ　<نيب 複 أَنْيَاب / نُيُوب / أَنَايِيب
أَنْيَابُ الْكَلْبِ طَوِيلَةٌ حَادَّةٌ
その犬の牙は長くて鋭い

きびしい　kibishii　厳しい　قَاسٍ　<قسو 複 قُسَاة ※定 اَلْقَاسِي
مُدَرِّسُنَا قَاسٍ :私達の先生は厳しい

2)厳しい　قَارِس　<قرس　اَلْبَرْدُ قَارِسٌ :寒さが厳しい

きびす　kibisu　きびす/踵 ⇒ かかと kakato かかと

きびす-をかえす　kibisu-wokaesu　きびすを返す　اِنْقَلَبَ عَلَى عَقِبَيْهِ

きふ　kihu　寄付　تَبَرُّع　<برع 複 ـات　هٰذِهِ الْأَشْيَاءُ تَبَرُّعَاتٌ مِنَ الْيَابَانِ
これらの品々は日本からの寄付です

2)寄付　صَدَقَة　複 ـات ※イスラム教での自由意志に基づく寄付・喜捨
صَدَقَةُ التَّطَوُّعِ :自発的な寄付

3)寄付　زَكَاة　<زكو 複 زَكَوَات / زَكًا　يُؤَدِّي الزَّكَاةَ :寄付をする
※イスラム法に定める信者の義務としての寄付・喜捨

きふする　kihu-suru　寄付する　تَبَرَّعَ　<برع V　تَبَرَّعَ بِمَالٍ لِـ～ :～にお金を寄付した

きぶん　kibun　気分　حَالٌ　<حول 複 أَحْوَال　كَيْفَ حَالُكَ ؟ :ご気分は如何ですか

2)気分　مِزَاج　<مزج 複 أَمْزِجَة　مِزَاجٌ سَوْدَاوِيٌّ :ゆううつな気分

きほん　kihon　基本　مَبْدَأ　<بدأ 複 مَبَادِئ　مَبَادِئُ الْقِرَاءَةِ وَالْكِتَابَةِ
読み書きの基本

2)基本　قَاعِدَة　<قعد 複 قَوَاعِد　بَعْدَ تَفْسِيرِ الْقَاعِدَةِ ، نَنْتَقِلُ إِلَى تَطْبِيقٍ عَمَلِيٍّ
基本の説明後は実用的な応用へ移ります

きほんてきな　kihon-teki·na　基本的な　أَسَاسِيّ　<أسّ　حُقُوقُ الْإِنْسَانِ الْأَسَاسِيَّةُ :基本的人権

きぼ　kibo　規模　حَجْم　複 أَحْجَام　كَبِيرُ الْحَجْمِ :大規模な

きぼうする　kibou-suru　希望する　أَمَلَ ، يَأْمُلُ　～ أَنْ / فِي :～を,することを　آمُلُ أَنْ أَذْهَبَ مَعَكَ
私はあなたと行くことを希望します
※名 أَمَلٌ 複 آمَال :希望　فَقَدَ الْأَمَلَ :希望をなくした

き

きまえのよい～きゃっかんてきな

き

تَحَقَّقَ أَمَلُهُ :希望は叶った

عَقَدَ أَمَلًا عَلَى～ :～に希望を持った

きまえのよい kimae-noyoi 気前の良い كَرُمَ (u) ※動 مَنْ عَاشَ بَخِيلًا لَا يَكْرُمُ

ケチな生活をしている者は気前が良くない

2)気前の良い كَرِيم ＜ كرم ※形 اَلرَّجُلُ الْكَرِيمُ لَا يَبْخُلُ بِمَالِهِ

気前の良い男はお金をけちらない

きまぐれの kimagure-no 気まぐれの غَادِر ＜ غدر اَلدَّهْرُ غَادِرٌ، يُسْعِدُكَ مَرَّةً

運命は気まぐれである, وَيَنْكُبُكَ أُخْرَى

ある時はあなたを幸せにし,またある時には苦しめる

きまる kimaru 決まる تَقَرَّرَ ＜ قرّ V تَقَرَّرَتِ السِّيَاسَةُ :政策が決まった

きみ kimi 君 ⇒ あなた a・nata あなた

きみ kimi 黄身 صَفَار الْبَيْضَةِ ※卵の黄身

きみょうな kimyou-na 奇妙な غَرِيب ＜ غرب طُيُورٌ غَرِيبَةٌ :奇妙な鳥(複)

صَوْتٌ غَرِيبٌ :奇妙な音

きめられた kimerareta 決められた مُحَدَّد ＜ حدّ اَلسِّعْرُ مُحَدَّدٌ :値段は決められている

きめる kimeru 決める قَرَّرَ ＜ قرّ II أَنْ ～ :～することを قَرَّرْتُ أَنْ أَرْجِعَ إِلَى

私は祖国に帰ることを決め(決心し)た وَطَنِي

きも kimo 肝 ⇒ かんぞう kanzou 肝臓

きもち kimochi 気持ち إِحْسَاس ＜ حسّ جَرَحَ إِحْسَاسَهُ :彼の気持ちを傷つけた

2)気持ち عَقْلِيَّة ＜ عقل عَاشَرْتُكَ، وَلٰكِنِّي لَمْ أَفْهَمْ بَعْدُ

あなたと付き合ったけれど,未だ عَقْلِيَّتَكَ

あなたの気持ちが分からない

きもち-のよい kimochi-noyoi 気持ちの良い مُرِيح ＜ روح ※物に使われる كُرْسِيٌّ مُرِيحٌ

座り心地の良い椅子

2)気持ちの良い مُسْتَرِيح ＜ روح ※人に使われる أَنَا مُسْتَرِيحٌ

私は気持ちが良いです

きもの kimo・no 着物 ⇒ ふく huku 服

きゃく kyaku 客 ضَيْف 複 ضُيُوف عِنْدِي ضُيُوفٌ :(私は)お客さんがあります

2)客 زَبُون ＜ زبن 複 زُبُن / زَبَائِن ※商店,ホテル等の客

زَبُونٌ دَائِمٌ :常連客/お得意様

きゃくま kyaku-ma 客間 ⇒ おうせつま ousetsuma 応接間

きゃっかん-てきな kyakkan-teki・na 客観的な مَوْضُوعِيّ ＜ وضع ※ ⇔ شَخْصِيّ :主観的な

وَصْفٌ مَوْضُوعِيٌّ لِلشِّجَارِ :争いの客観的な報告

きゃぷてん～きゅうしょ

き

きゃぷてん kyaputen キャプテン قَائِد < قود قَائِدُ الْفَرِيقِ :チームのキャプテン(主将)

きゃべつ kyabetsu キャベツ كُرُنْب / كَرَنْب نَبَتَ الْكُرُنْبُ فِي الشِّتَاءِ :冬にキャベツが育った

きゃらばん kyaraban キャラバン قَافِلَة < قفل 複 قَوَافِل قَوَافِلُ الْحُجَّاجِ :巡礼のキャラバン

قَيْصَرِيَّة ※ :キャラバンサライ/隊商宿

きゃんせる-する kyanseru-suru キャンセルする أَلْغَى < لغو IV أَلْغَى الْحَجْزَ :予約をキャンセルした

إِلْغَاء※名 :キャンセル إِلْغَاءُ السَّفَرِ :旅行のキャンセル

きゃんでぃー kyandii キャンディー حَلْوَى < حلو 複 حَلْوَيَات ※= مُسَكَّرَات [エジプト]

きゃんぷ kyanpu キャンプ
きゃんぷじょう kyanpu-jou キャンプ場 مُخَيَّم < خيم 複 -ات ※動 خَيَّمَ :キャンプする

خَيَّمْنَا قُرْبَ النَّهْرِ :私達は川の近くでキャンプした

きゃんぺーん kyanpeen キャンペーン حَمْلَة 複 حَمَلَات تُنَظِّمُ الْبَلَدِيَّةُ حَمْلَةً لِإِبَادَةِ الْبَعُوضِ
市の当局は蚊撲滅キャンペーンを行っている

きゅう kyuu 九(9)男 تِسْعَة 女 تِسْع تُسْع :九分の一 التَّاسِعَة :九番目の/第九の

فِي بَيْتِنَا تِسْعُ حُجُرَاتٍ
私達の家は部屋が9(九つ)あります

きゅう kyuu 球
きゅうたい kyuutai 球体 كُرَة 複 -ات/كُرًى الْأَرْضُ كُرَةٌ ضَخْمَةٌ تَدُورُ حَوْلَ الشَّمْسِ
地球は太陽を回る巨大な球です

きゅうか kyuuka 休暇 إِجَازَة < جوز 複 -ات إِجَازَة مَدْفُوعَةُ الْأَجْرِ :有給休暇

هِيَ فِي إِجَازَةٍ :彼女は休暇中です

きゅうかく kyuukaku 嗅覚 حَاسَّة الشَّمِّ مَا أَقْوَى حَاسَّةَ الشَّمِّ عِنْدَ الْكَلْبِ !
犬はなんと鋭い嗅覚があるのだろう

きゅうきゅう kyuukyuu 救急 إِسْعَاف < سعف 複 -ات سَيَّارَةُ الْإِسْعَافِ :救急車

きゅうきょくの kyuukyoku-no 究極の غَايَة < غي 複 -ات كَانَ غَايَةً فِي الْجَمَالِ :究極の美だった

きゅうけい kyuukei 休憩 رَاحَة < روح وَقْتُ الرَّاحَةِ :休憩時間

きゅうけいする kyuukei-suru 休憩する ⇒ きゅうそくする kyuusoku-suru 休息する

きゅうこう kyuukou 急行 قِطَار سَرِيع ※=急行列車

きゅうこん kyuukon 求婚 ⇒ ぷろぽーずする puropoozu-suru プロポーズする 名

きゅうさいする kyuusai-suru 救済する ⇒ たすける tasukeru 助ける

きゅうしゅう-する kyuushuu-suru 吸収する اِمْتَصَّ < مصّ VIII يَمْتَصُّ الْإِسْفَنْجُ السَّوَائِلَ وَيَحْفَظُهَا
スポンジは液体を吸収し,保持する

きゅうしょ kyuusho 急所 مَقْتَل < قتل 複 مَقَاتِل تُعْتَبَرُ الصُّدْغُ مَقْتَلًا
こめかみは急所といわれる

きゅうしんの～きゅうりょう

き

きゅうしんの　kyuushin-no　急進の　مُتَطَرِّف　＜طرف　عَنَاصِر مُتَطَرِّفَة：急進的グループ(複)

きゅうじ　kyuuji　給仕　خَادِم　＜خدم 複 خُدَّام / ـون　※女 خَادِمَة

きゅうじつ　kyuujitsu　休日　عُطْلَة　複 ـات　عُطْلَة عَنِ الشُّغْل：休日/休暇

عُطْلَة رَسْمِيَّة：公休日

きゅうじゅう　kyuujuu　九十/９０　تِسْعُون　＜تسع 対属 تِسْعِين　اَلتِّسْعُون：九十番目/第九十

きゅうじょする　kyuujo-suru　救助する　أَنْقَذَ　＜نقذ IV　أَنْقَذَهُ مِنَ الْغَرَق：水難者を救助した

※名 إِنْقَاذ：救助　فِرْقَة الْإِنْقَاذ：救助隊

きゅうじん-ぼしゅう　kyuujin-boshuu　求人募集　وَظَائِف شَاغِرَة　※= وَظَائِف خَالِيَة

きゅうす　kyuusu　急須　إِبْرِيق شَاي　複 أَبَارِيق　سَقَطَ الْإِبْرِيقُ وَتَحَطَّمَ

急須が落ちて割れた

きゅうせん　kyuusen　休戦　هُدْنَة　＜هدن 複 ـات　خُطُوط الْهُدْنَة：休戦ライン

きゅうそく-する　kyuusoku-suru　休息する　اِسْتَرَاحَ　＜روح X　اِسْتَرَاحَ مِنَ الْعَمَل

仕事を止めて休息(休憩)をした(取った)

※名 رَاحَة：休息　أَخَذَ رَاحَة：休息をした(取った)

تَلْزَمُكَ الرَّاحَة：あなたは休息が必要です

きゅうでん　kyuuden　宮殿　قَصْر　複 قُصُور　يَسْكُنُ الْمَلِكُ قَصْرًا فَخْمًا

王は豪華な宮殿に住んでいる

きゅうな　kyuu-na　急な　سَرِيع　＜سرع　تَيَّار بَحْرِيّ سَرِيع：急な海流

2)急な　عَاجِل　＜عجل　عَمَل عَاجِل：急な仕事

きゅうに　kyuu-ni　急に　فَجْأَةً　صَارَ عِنْدِي أَلَم فِي بَطْنِي فَجْأَةً

私は急にお腹が痛くなりました

2)急に(～する)　اِنْطَلَقَ　＜طلق VII　اِنْطَلَقَ يَجْرِي：彼は急に走った

きゅうばん　kyuuban　九番
きゅうばんめ　kyuuban-me　九番目　تَاسِع　＜تسع 女 تَاسِعَة　حَزِيرَانُ التَّاسِعُ مِنَ الشُّهُور

ハズィーラーンはシリア暦で九番目の月です　السُّرْيَانِيَّة

きゅうめいする　kyuumei-suru　究明する　تَحَرَّى　＜حرى V　اَلْمُفَتِّشُ يَتَحَرَّى الْحَقِيقَة

調査官が真相を究明する

きゅうやく-せいしょ　kyuuyaku-seisho　旧約聖書　تَوْرَاة　※ユダヤ教ではトーラ(律法)をさす

きゅうゆう　kyu・uyu・u　級友　⇒ どうきゅうせい　doukyuu-sei　同級生

きゅうり　kyuuri　胡瓜　خِيَار　※ خِيَارَة：1本の胡瓜

きゅうりょう　kyuuryou　給料　مُرَتَّبَات　＜رتب　مُرَتَّب の複　صَرْف مُرَتَّبَات：給料日

きよい～きょうきゅう

き

きよい kiyoi 清い نَقِيّ > نقو 複 أَنْقِيَاء / نِقَاء ضَمِير نَقِيّ :清い心

きょう kyou 今日 اَلْيَوْم صَبَاح الْيَوْمِ :今日の朝/今朝

سَأَذْهَبُ الْيَوْمَ مَعَ أَبِي إِلَى الْمَعْرِضِ

今日は父と一緒に展覧会に行きます

きょう kyou 経 اَلْكُتُب الْبُوذِيَّة ※=お経

きょうい kyoui 脅威 تَهْدِيد > هدّ تَهْدِيد الْحَرْبِ :戦争の脅威

きょういてきな kyoui-teki･na 驚異的な عَجِيب > عجب عَجِيبٌ مَفْعُولُ هٰذَا الْغَسِيلِ لِمَسْحُوقِ

この洗剤は驚異的な効果があります

きょういく kyouiku 教育 تَرْبِيَة > ربو عِلْم التَّرْبِيَةِ :教育学

2)教育 تَعْلِيم > علم 複 -ات اَلتَّعْلِيم الِابْتِدَائِيّ :初等教育

فَنّ تَعْلِيم :教育学 نِظَام التَّعْلِيم :教育制度

きょういくしゃ kyouiku-sha 教育者 مُرَبٍّ > ربو 複 مُرَبُّون ※定 اَلْمُرَبِّي

عَلَى الْمُرَبِّي أَنْ يَكُونَ صَبُوراً

教育者は我慢(忍耐)強くなければならない

きょういん kyouin 教員 ⇒ せんせい sensei 先生

きょうかい kyoukai 教会 كَنِيسَة > كنس 複 كَنَائِس ※キリスト教の教会

كَلَّلَ الْكَاهِنُ الْعَرُوسَيْنِ فِي الْكَنِيسَةِ

司祭は教会で二人の結婚式を行った

きょうかい kyoukai 協会 جَمْعِيَّة > جمع 複 -ات جَمْعِيَّة خَيْرِيَّة :慈善協会(団体)

きょうかい kyoukai 境界 حَدّ 複 حُدُود بَيْنَ الْجَارَيْنِ خِلَافٌ عَلَى الْحُدُودِ

二人の隣人の間に境界についての争いがある

きょうかしょ kyouka-sho 教科書 كِتَاب تَعْلِيمِيّ 複 كُتُب تَعْلِيمِيَّة

عِنْدَ الْكُتُبِيِّ كُتُبٌ تَعْلِيمِيَّةٌ

教科書は本屋さんにあります

きょうかする kyouka-suru 強化する قَوَّى > قوي II هٰذَا الدَّوَاءُ يُقَوِّي الْعَضَلَاتِ

この薬は筋肉を強化する

※名 تَقْوِيَة :強化 تَقْوِيَة الْعَلَاقَات

関係の強化(促進)

きょうかんする kyoukan-suru 共感する تَعَاطَفَ > عطف VI تَعَاطَفَ مَعَهُ :彼に共感した

きょうがく kyougaku 共学 تَعْلِيم مُخْتَلِط ※=男女共学

きょうきの kyouki-no 狂気の ⇒ きのくるった ki-nokurutta 気の狂った

きょうきゅう kyoukyuu 供給 تَزْوِيد > زود ～بِ :～の تَزْوِيد الْبُيُوت الْغَازِ

家々(各家庭)へのガスの供給

きょうきゅうする～きょうせいする

き

2)供給 عَرْض تَتَأَثَّرُ الأَسْعَارُ بِقَانُونِ العَرْضِ وَالطَّلَبِ
物価は需要と供給の法則に影響を受ける

きょうきゅうする kyoukyuu-suru 供給する زَوَّدَ < زود II ～بـ:～を زَوَّدْتُ السَّيَّارَةَ بِالْوَقُودِ
私は車に燃料を供給(補給)した

きょうぎ kyougi 競技 أَلْعَاب < لعب "لَعْب" の複 أَلْعَابُ الْقُوَى :陸上競技

きょうぎかい kyougi-kai 競技会 مُنَافَسَة < نفس هُنَاكَ مُنَافَسَةٌ شَدِيدَةٌ
大きな競技会があります

きょうぎじょう kyougi-jou 競技場 مَلْعَب < لعب 複 مَلَاعِب مَلْعَب بَلَدِيّ :市立競技場

きょうぎする kyougi-suru 協議する تَشَاوَرَ < شور VI تَشَاوَرْنَا مَعًا فِي الْمُشْكِلَةِ
私たちは一緒になって,その問題を協議した

きょうくん kyoukun 教訓 دَرْس 複 دُرُوس مِنْ دُرُوسِ التَّارِيخِ أَنَّ الْمُتَكَبِّرَ
おごれる者久しからずは لَا يَسْتَمِرُّ طَوِيلًا
歴史の教訓です

きょうけんびょう kyouken-byou 狂犬病 كَلْب أَصَابَهُ دَاءُ الْكَلْبِ :狂犬病にかかった

きょうこう kyoukou 恐慌 كَارِثَة < كرث 複 كَوَارِث كَارِثَة مَالِيَّة :金融恐慌

きょうこにする kyouko-nisuru 強固にする عَزَّزَ < عز II عَزَّزَ اللّٰهُ مُلْكَ الْخَلِيفَةِ
神はカリフの統治を強固にし給うた

きょうさんしゅぎ kyousan-shugi 共産主義 شُيُوعِيَّة < شيع ※ شُيُوعِيّ 複 ـون :共産主義の/共産主義者
مُنْتَسِب إِلَى الْحِزْبِ الشُّيُوعِيِّ :共産党員

きょうさんとう kyousan-tou 共産党 حِزْب شُيُوعِيّ

きょうし kyoushi 教師 ⇒ せんせい sensei 先生

きょうしつ kyoushitsu 教室 قَاعَة التَّدْرِيس قَاعَةُ التَّدْرِيسِ تَسَعُ ثَلَاثِينَ مَقْعَدًا
教室は30席あります

きょうしゅう kyoushuu 郷愁 حَنِين < حنّ الْحَنِينُ إِلَى الْوَطَنِ يُعَذِّبُ الْإِنْسَانَ الْمَنْفِيَّ
祖国への郷愁が流刑者を悩ます

きょうしょく kyoushoku 教職 صِنَاعَة التَّعْلِيم

きょうじゅ kyouju 教授 أُسْتَاذ 複 أَسَاتِذَة أُسْتَاذ مُسَاعِد :准教授/助教授
أُسْتَاذ فَخْرِيّ :名誉教授

きょうじゅする kyouju-suru 享受する تَمَتَّعَ < متع V ～بـ:～を تَمَتَّعَ بِصِحَّةٍ جَيِّدَةٍ
健康を享受した

きょうじん kyoujin 狂人 ⇒ きのくるった ki-nokurutta-hito 気の狂った人

きょうせいする kyousei-suru 強制する اِضْطَرَّ < ضر VIII ～إِلَى:～を اِضْطَرَّنِي إِلَى التَّوْقِيعِ
彼は私に署名を強制した(強いた)

きょうせいてきな～きょうはくする

き

きょうせい-てきな　kyousei-teki・na　強制的な　إِجْبَارِيّ　＜جبر　عَمَلٌ إِجْبَارِيّ：強制労働

きょうそうする　kyousou-suru　競争する　نَافَسَ　＜نفس III　لَا أُرِيدُ أَنْ أُنَافِسَ أَصْدِقَائِي عَلَى الْجَائِزَةِ　私は賞のために友達と競争したくない
※ مُنَافِس：競争相手/ライバル

2)競争する　تَسَابَقَ　＜سبق VI　اتَّفَقَتِ السُّلَحْفَاةُ مَعَ الْأَرْنَبِ عَلَى أَنْ يَتَسَابَقَا　亀は兎と競争することに同意した
※名 مُسَابَقَة 複 -ات：競争
انْتَصَرَ عَلَى～ فِي الْمُسَابَقَةِ：～に競争(試合)で勝った

きょうぞんする　kyouzon-suru　共存する　تَعَايَشَ　＜عيش VI　تُرِيدُ دُوَلُ الْيَوْمِ أَنْ تَتَعَايَشَ بِسَلَامٍ　今日諸国家は平和的に共存することを望んでいる
※名 تَعَايُش：共存　التَّعَايُشُ السِّلْمِيّ：平和共存
نَبْذُلُ جُهْدًا كَبِيرًا لِلتَّعَايُشِ
私たちは共存のために大いに努力します

きょうだい　kyoudai　兄弟　إِخْوَة / إِخْوَان　＜أخو　※ أَخٌ の複数形 (يْنِ)أَخَوَانِ：二人兄弟(属対)
هُمَا أَخَوَانِ：彼らは二人兄弟です
اَلسُّنِّيّ وَالشِّيعِيّ فِي عُرْفِنَا أَخَوَانِ
私達はスンニー派とシーア派は兄弟とみなす

2)兄弟　شَقِيق　＜شقّ 複 أَشِقَّاءُ　هُوَ لَيْسَ شَقِيقَ مُحَمَّدٍ، بَلْ هُوَ ابْنُ عَمِّهِ　彼はムハンマドの兄弟ではなく従兄弟です

きょうちょう-する　kyouchou-suru　強調する　أَكَّدَ　＜أكد II　～عَلَى：～を　أَكَّدَ عَلَى ضَرُورَةِ أَنْ ～
～する必要性を強調(力説)した

きょうつうの　kyoutsuu-no　共通の　مُشْتَرَك　＜شرك　مَخْرَج مُشْتَرَك：共通分母[算数]

きょうてい　kyoutei　協定　اتِّفَاق　＜وفق 複 -ات　اتِّفَاقُ صُلْحٍ (سَلَامٍ)：和平協定
عَقَدَ اتِّفَاقًا تِجَارِيًّا：貿易協定を締結した

きょうどう　kyoudou　協同　تَعَاوُن　＜عون　شَرِكَةُ التَّعَاوُنِ：生活協同組合/生協

きょうどうの　kyoudou-no　共同の　مُشْتَرَك　＜شرك　بَيَان مُشْتَرَك：共同声明

きょうどうたい　kyoudou-tai　共同体　أُمَّة　複 أُمَم　الْأُمَّةُ الْإِسْلَامِيَّةُ：イスラム共同体

きような　kiyou-na　器用な　⇒　じょうずな　jouzu-na　上手な

きょうはく-する　kyouhaku-suru　脅迫する　هَدَّدَ　＜هدّ II　هَدَّدَ اللِّصُّ الرَّجُلَ بِالْقَتْلِ
強盗が男を殺すぞと脅迫した(脅した)
※名 تَهْدِيد：脅迫　رِسَالَةُ تَهْدِيدٍ：脅迫状

きょうはん〜きょかする

き

きょうはん　kyouhan　共犯
きょうはんしゃ　kyouhan-sha　共犯者 (فِي الْجُرْمِ) شَرِيك < شرك 複 شُرَكَاء / أَشْرَاك

きょうばい　kyoubai　競売(عَلَنِيّ) مَزَاد < زيد　بَاعَ بِالْمَزَادِ: 競売にかけた

きょうふ　kyouhu　恐怖　خَوْف　※=恐れ　أَصْبَحَ وَجْهُهُ شَاحِبًا مِنَ الْخَوْفِ
彼の顔は恐怖で青くなった
※ مُهِيبُ الطُّلْعَةِ: 高所恐怖症

きょうぼうな　kyoubuo-na　凶暴な　ضَارٍ < ضرو 複 ضَوَارٍ ※定 الضَّارِي
الضَّبْعُ حَيَوَانٌ ضَارٍ: ハイエナは凶暴な動物です

きょうみ　kyoumi　興味　اِهْتِمَام < همّ 複 -ات　~بـ: ~の　عِنْدِي اهْتِمَامٌ بِالْحَمَّامَاتِ الْيَابَانِيَّةِ
私は日本の風呂に興味があります

きょうみ-がある　kyoumi-ga·aru　興味がある　اِهْتَمَّ < همّ VIII ~بـ: ~に　أَهْتَمُّ بِالثَّقَافَةِ الْيَابَانِيَّةِ
私は日本の文化に興味があ

きょうみぶかい　kyoumi-bukai　興味深い　مُثِير لِلاهْتِمَام　الْمَقَالَةُ مُثِيرَةٌ لِلاهْتِمَامِ مِنْ حَيْثُ الْمَوْضُوعِ
この記事はテーマの面から興味深い

きょうよう　kyouyou　教養　ثَقَافَة < ثقف 複 -ات　أُسْتَاذُنَا ذُو ثَقَافَةٍ عَالِيَةٍ
高い教養のある私たちの教授

きょうよう-のある　kyouyou-no·aru　教養のある　مُثَقَّف < ثقف　هُوَ ذَكِيٌّ وَمُثَقَّفٌ: 彼は知性と教養がある

きょうり　kyouri　郷里 ⇒ ふるさと hurusato 故郷

きょうりょく-する　kyouryoku-suru　協力する　تَعَاوَنَ < عون VI　تَعَاوَنَ الطَّلَبَةُ لِيَرْفَعُوا مُسْتَوَاهُمْ
学生達は自分たちのレベルを上げるために協力した
※名 تَعَاوُن: 協力　التَّعَاوُنُ قُوَّةٌ: 協力は力なり
التَّعَاوُنُ الدَّوْلِيّ: 海外(国際)協力
شُكْرًا عَلَى حُسْنِ تَعَاوُنِكُمْ: ご協力に感謝します

きょうりょく-てきな　kyouryoku-teki·na　協力的な　مُتَعَاوِن < عون　كَانَتِ الشَّرِكَةُ مُتَعَاوِنَةً
会社は協力的でした

きょうりょくな　kyouryoku-na　強力な　قَوِيّ　مُؤَيِّد قَوِيّ: 強力な支持者(味方)

きょうわせい　kyouwa-sei　共和制　جُمْهُورِيّ < جمهر ※ جُمْهُورِيَّة: 共和国

きょかする　kyoka-suru　許可する(…بـ ~لـ) أَذِنَ (a)　※~に‥することを許可する ※⇒ 許す
أَذِنَ لَهُ بِالانْصِرَافِ إِلَى..: 彼に‥へ行くことを許可した
※名 إِذْن: 許可　بِدُونِ إِذْنٍ: 許可無く
طَلَبَ الإِذْنَ بِالزَّوَاجِ: 結婚の許可を求めた

2)許可する　أَجَازَ < جوز IV　تُجِيزُ الْحُكُومَةُ زِرَاعَةَ التَّبْغِ
政府がタバコの栽培を許可する

きょく～きらくな

حَمْلُ السِّلاحِ يَحْتَاجُ إِلَى إِجَازَةٍ :許可 إِجَازَة 名※
武器の所持は許可が必要です

きょく　kyoku　曲　لَحْن　أَلْحَان 複　لَحْن عَسْكَرِيّ :行進曲

きょく　kyoku　極　قُطْب　أَقْطَاب 複　اَلْقُطْب الْمُوجِب (السَّالِب) :陽極(陰極)
اَلْقُطْب الشَّمَالِيّ (الْجَنُوبِيّ) :北極(南極)

きょくせん　kyokusen　曲線　خَطّ مُنْحَنٍ　رَسَمَ خَطًّا مُنْحَنِيًا :曲線を描いた

きょくたん-である　kyokutan-dearu　極端である　تَطَرَّفَ　طرف > V　تَطَرَّفَ أَبِي فِي رَأْيِهِ ، أَمَّا أُمِّي فَاتَّزَنَتْ
私の父の意見は極端であったが,母のそれは中庸であった

きょくたんな　kyokutan-na　極端な　مُتَطَرِّف　طرف > ـون 複　عِنْدَهُ آرَاءٌ مُتَطَرِّفَةٌ
彼は極端な意見を持つ

きょくたんに　kyokutan-ni　極端に　بِإِفْرَاطٍ　فرط >　يُفَكِّرُ فِي الْمُشْكِلَةِ بِإِفْرَاطٍ
彼は問題を極端に考えすぎる

きょくち　kyokuchi　極地　مَنَاطِق قُطْبِيَّة　اَلْمِزْلَجُ عَرَبَةُ الْمَنَاطِقِ الْقُطْبِيَّةِ
そりは極地の乗り物です

きょくとう　kyokutou　極東　اَلشَّرْق الْأَقْصَى　اَلْيَابَانُ فِي الشَّرْقِ الْأَقْصَى :日本は極東にあります

きょじん　kyojin　巨人　مَارِد　مرد > ـون 複 / مَرَدَة / مُرَّاد　صَعِدَ مِنَ الْقُمْقُمِ
دُخَانٌ تَحَوَّلَ مَارِدًا 煙がビンから立ち上り,巨人になった

きょだいな　kyodai-na　巨大な　ضَخْم　اَلسَّفِينَة الضَّخْمَة :巨大な船/巨大船

きょねん　kyo・nen　去年　اَلْعَام الْمَاضِي / اَلسَّنَة الْمَاضِيَة

きょひする　kyohi-suru　拒否する　رَفَضَ (u, i)　سَيَرْفُضُ الطَّلَبَ :彼はその要求を拒否するだろう
رَفْض :拒否 名※　حَقّ الرَّفْض :拒否権

きよめる　kiyomeru　清める　طَهَّرَ　طهر > II　طَهَّرَ نَفْسَهُ :身を清めた

きよらかな　kiyoraka-na　清らかな　طَاهِر　طهر >　أُقَبِّلُ يَدَكِ الطَّاهِرَةَ
清らかな貴女の手にキスしよう

きょり　kyori　距離　مَسَافَة　سوف > ـات 複　مَسَافَة بَعِيدَة :遠い距離/遠距離

きょろきょろ-する　kyoro・kyoro-suru　きょろきょろする　تَلَفَّتَ　لفت > V　مَا لَكَ تَتَلَفَّتُ يَمِينًا وَشِمَالًا؟
きょろきょろしてどうしたの

きらいな　kirai-na　嫌いな　كَرِيه　كره >　رَجُل كَرِيه :嫌いな人(男)

きらう　kirau　嫌う　اِشْمَأَزَّ　شمأز > IV　أَشْمَئِزُّ مِنَ الْكِلَابِ :私は犬が嫌いです
2)嫌う　كَرِهَ (a)　أَكْرَهُ الضَّوْضَاءَ :私は騒音が嫌いだ

きらくな　kiraku-na　気楽な　سَهْل　عَمَل سَهْل :気楽な(簡単な)仕事

きらく-にする　kiraku-nisuru　気楽にする　هَوَّنَ　< هون II　هَوِّنْ عَلَيْكَ：気楽にやりなさい

きらす　kirasu　切らす　لَهَثَ (a)　※息を　وَصَلَ ابْنُهُ رَاكِضًا يَلْهَثُ
彼の息子が息を切らして走って来た

2)切らす　نَفِدَ (a)　※使い尽くす　نَفِدَتِ الْبِضَاعَةُ：その商品は切らしました

きらめく　kirameku　きらめく　تَلَأْلَأَ　< لألأ II　تَلَأْلَأَتِ النُّجُومُ فِي السَّمَاءِ
空に星がきらめいた

きられる　kirareru　切られる　اِنْقَطَعَ　< قطع VII　اِنْقَطَعَتِ الشَّبَكَةُ：網が切られた

きり　kiri　霧　ضَبَاب　< ضبّ　اِخْتَفَى الضَّبَابُ：霧が晴れた

きり　kiri　錐　⇒ どりる　doriru　ドリル

きりきざむ　kiri-kizamu　切り刻む　قَطَّعَ　< قطع II　قَطَّعَ الْجَزَّارُ اللَّحْمَ قِطَعًا رَقِيقَةً
肉屋は肉を細かく切り刻んだ

きりすと　kirisuto　キリスト　عِيسَى / اَلسَّيِّدُ الْمَسِيحُ

きりすと-きょう　kirisuto-kyou　キリスト教　اَلدِّينُ الْمَسِيحِيّ / اَلْمَسِيحِيَّة

きりすと-きょうと　kirisuto-kyouto　キリスト教徒　مَسِيحِيّ / عِيسَوِيّ　複 ـون

2)キリスト教徒　نَصْرَانِيّ　< نصر　複 نَصَارَى　يُكَرِّمُ النَّصَارَى الْعَذْرَاءَ
キリスト教徒は聖母マリアを敬う

きりすと-きょうの　kirisuto-kyou-no　キリスト教の　مَسِيحِيّ / عِيسَوِيّ　اَلطَّوَائِفُ الْمَسِيحِيَّة
様々なキリスト教の宗派

きりつ　kiritsu　規律　نِظَام　< نظم　複 أَنْظِمَة / نُظُم　نِظَام صَارِم：厳格な規律
رَعَى النِّظَامَ：規律を守った
أَخَلَّ بِالنِّظَامِ：規律を乱した

きりつある　kiritsu-aru　規律ある
きりつのある　kiritsu-noaru　規律のある　نِظَامِيّ　< نظم　اَلْجَيْشُ النِّظَامِيّ：規律ある(規律正しい)軍隊

きりつする　kiritsu-suru　起立する　هَبَّ وَاقِفًا　هَبَّ التِّلْمِيذُ وَاقِفًا：生徒は起立した

きりつめる　kiritsumeru　切り詰める　خَفَّضَ　< خفض II　خَفَّضَ نَفَقَاتِ الْمَعِيشَةِ：生活費を切りつめた

きりゅう　kiryuu　気流　تَيَّار الْهَوَاءِ

きりん　kirin　キリン　زَرَافَة　複 زَرَافَى　مَاذَا تَأْكُلُ الزَّرَافَةُ ؟
キリンは何を食べますか

きる　kiru　着る　اِرْتَدَى　< ردى VIII　اِرْتَدَى مَلَابِسَهُ الْجَمِيلَةَ
美しい服を着た

きる　kiru　切る　بَضَعَ (a)　※切り開く,解剖する　بَضَعَ جِسْمَ الضِّفْدَعَةِ
蛙の体を切り開いた

2)切る　قَطَعَ (a)　سَأَقْطَعُ الشَّجَرَةَ بِالْفَأْسِ：私はあの木を斧で切るつもりだ

きれ〜きん

3)切る　نَشَرَ (u)　نَشَرَ الْخَشَبَ :木を(鋸で)切った

4)切る　قَصَّ (u)　قَصَّ شَعْرِي : 私の髪を切って下さい

5)切る　قَلَّمَ　< قلم II　أُقَلِّمُ أَظَافِرِي بِمِقَصٍّ خَاصٍّ
私は特別な鋏で爪を切る

きれ　kire　布 ⇒ ぬの nuno 布

きれい　kirei　きれい
きれいな　kirei-na　きれいな ⇒ うつくしい utsukushi・i 美しい／せいけつな seiketsu-na 清潔な

きれいに　kirei-ni　きれいに　جَمِيلًا　< جمل　لَبِسْتُ جَمِيلًا : 私はきれいに着飾った

きれいにする　kirei-nisuru　きれいにする　نَظَّفَ　< نظف II ※=掃除する　نَظِّفْ غُرْفَتَكَ
部屋をきれいにしなさい

きれる　kireru　切れる　حَادٌّ　< حدّ ※形　سِكِّين حَادّ :切れるナイフ

きれる　kireru　切れる　اِنْقَطَعَ　< قطع VII　اِنْقَطَعَ التَّيَّارُ الْكَهْرَبَائِيُّ
電気が切れた(止まった)

2)切れる　نَفِدَ (a)　※無くなる　نَفِدَ سُكَّرُنَا : 私達の砂糖が切れた

きろ　kiro　キロ　كِيلُو　كِيلُوغْرَام : キログラム　كِيلُومِتْر : キロメートル

きろく　kiroku　記録　تَسْجِيل　< سجل　أَيْنَ يَكُونُ تَسْجِيلُ الْأَسْمَاءِ؟
名前の記録(名簿)はどこにありますか

2)記録　رَقْم قِيَاسِيّ　اَلرَّقْم الْقِيَاسِيّ الْعَالَمِيّ :世界記録

きろくする　kiroku-suru　記録する　سَجَّلَ　< سجل II　سَجَّلَ رَقْماً قِيَاسِيًّا عَالَمِيًّا
世界新を記録した/世界新記録を樹立した

2)記録する　دَوَّنَ　< دون II　هِيَ دَوَّنَتْ هٰذِهِ فِي مُذَكِّرَةٍ صَغِيرَةٍ
彼女はそれを小さなノートに記録した(書いた)

きわだつ　kiwadatsu　際立つ　اِمْتَازَ　< ميز VIII　يَمْتَازُ الْإِنْسَانُ بِالْأُنْسِ وَالنُّهَى
人はその社会性と知性において際立っている

きをうしなう　ki-wo・ushi-nau　気をを失う　غُشِيَ عَلَيْهِ　※غشا の受　اِصْفَرَّ وَجْهُهَا ، كَادَ يُغْشَى عَلَيْهَا
彼女は顔色が青くなって,気を失いかけた

きをくばる　ki-wokubaru　気を配る　تَأَنَّقَ　< أنق V　يَتَأَنَّقُ فِي كَلَامِهِ كَمَا يَتَأَنَّقُ فِي لِبَاسِهِ
彼は着ているものと同様に,言葉にも気を配る

きをつける　ki-wotsukeru　気をつける　اِنْتَبَهَ　< نبه V, VIII 〜 إِلَى / لِـ :〜に　اِنْتَبِهْ :気をつけなさい
اِنْتَبِهْ إِلَى إِشَارَاتِ الْمُرُورِ
交通信号に気を付けなさい

2)気をつける　حَذِرَ (a)　اِحْذَرِ النَّارَ ! :火の元に気をつけなさい

きん　kin　金　ذَهَبٌ　خَاتَم الذَّهَب :金の指輪 ※形 ذَهَبِيّ :金の
سَاعَة ذَهَبِيَّة :金時計　لَوْن ذَهَبِيّ :金色

きんえんにする～きんせい

金メダル: مَدَالِيَة ذَهَبِيَّة 金貨: عُمْلَة ذَهَبِيَّة

きんえん-にする　kin・en-nisuru　禁煙にする مَنَعَ التَّدْخِين ※名 禁煙: مَمْنُوع التَّدْخِين

きんか　kinka　金貨 عُمْلَة ذَهَبِيَّة 複 عُمْلَات ذَهَبِيَّة　عَثَرَ عَلَى بَعْضِ الْعُمْلَاتِ الذَّهَبِيَّةِ 数枚の金貨を見つけた

きんがんの　kingan-no　近眼の ⇒ きんしの kinshi-no 近視の

きんがく　kingaku　金額 مَبْلَغ < بلغ 複 مَبَالِغ ※= مَبْلَغ مِنَ الْمَال

きんきゅう-じたい　kinkyuu-jitai　緊急事態 طَارِئَة < طرا 複 طَوَارِئ / طُرَّاء"　كُنْ مُسْتَعِدًّا لِمُوَاجَهَةِ كُلِّ طَارِئَةٍ あらゆる緊急事態に備えよ

きんきゅうの　kinkyuu-no　緊急の طَارِئ < طرا　خَرَجَ الرِّجَالُ مِنَ الْبَيْتِ تَلْبِيَةً لِطَلَبٍ طَارِئٍ 緊急の要請に従って男たちが家から出てきた

きんぎょ　kingyo　金魚 سَمَك ذَهَبِيّ 池には金魚がいる: فِي الْبِرْكَةِ سَمَكٌ ذَهَبِيٌّ

きんこ　kinko　金庫(مِنَ الْفُولَاذِ) خِزَانَة < خزن 複 ات-/ خَزَائِن 金庫破り: لِصُّ خَزَائِن

きんこう　kinkou　均衡 ⇒ ばらんす baransu バランス

きんこう-をたもつ　kinkou-wotamotsu　均衡を保つ تَوَازَنَ < وزن VI ※= حَافَظَ عَلَى التَّوَازُن　اَلْفَرِيقَانِ تَوَازَنَا فِي لُعْبَةِ شَدِّ الْحَبْلِ 綱引きで両チームは均衡を保っていた

きんし　kinshi　禁止 حَظْر　نَاشَدَ حَظْرَ الْأَسْلِحَةِ النَّوَوِيَّةِ 核兵器の禁止を訴えた

きんしする　kinshi-suru　禁止する مَنَعَ (a) 煙草を吸うのを禁止した(禁じた): مَنَعَ التَّدْخِين

きんしの　kinshi-no　禁止の مَمْنُوع < منع 禁煙/喫煙禁止: مَمْنُوع التَّدْخِين 撮影禁止: مَمْنُوع التَّصْوِير

2)禁止の حَرَام < حرم 複 حُرُم 盗みは禁じられている: اَلسَّرِقَةُ حَرَامٌ

きんしの　kinshi-no　近視の قَصِير الْبَصَر ※⇔ 遠視の: بَعِيد الْبَصَر

きんじょ　kinjo　近所 جِوَار / مُجَاوَرَة < جير ～の近所に: ～ بِجِوَارِ

きんじょのひと　kinjo-no・hito　近所の人 ⇒ りんじん rinjin 隣人

きんじられた　kinjirareta　禁じられた ⇒ きんしの kinshi-no 禁止の

きんじられる　kinjirareru　禁じられる حَرُمَ (u)/ حَرِمَ (a) ～に: ～عَلَى　حَرُمَ عَلَيْكَ ～ 君には～が禁じられた

きんじる　kinjiru　禁じる
きんずる　kinzuru　禁ずる ⇒ きんしする kinshi-suru 禁止する

きんせい　kinsei　金星 اَلزُّهَرَة ※= أَحَدُ كَوَاكِبِ الْمَجْمُوعَةِ الشَّمْسِيَّةِ 太陽系惑星の一つ

きんせん～ぎじゅつ

رَأَى الْأَقْدَمُونَ فِي الزُّهَرَةِ إِلَهَةَ الْجَمَالِ
古代の人々は金星に美の女神を見た

きんせん　kinsen　金銭　⇒ かね　ka·ne　金

きんぞく　kinzoku　金属　مَعْدِن　< عدن 複 مَعَادِن　مَعْدِن ثَمِين :貴金属
形 مَعْدِنِيّ :金属の　صُنْدُوق مَعْدِنِيّ :金属(製)の箱

きんだいてきな　kindai-teki·na　近代的な
きんだいの　kindai-no　近代の　حَدِيث　< حدث 複 حِدَاث　النَّحْت الْحَدِيث :近代(現代) 彫刻

きんちょうする　kinchou-suru　緊張する　تَوَتَّرَ　< وتر V تَوَتَّرَت الْعَلَاقَاتُ بَيْنَ الْيَابَانِ وَالصِّينِ
日中関係が緊張した
名 تَوَتُّر :緊張　تَوَتُّر الْعَلَاقَات :関係の緊張
زَالَ مِنْهُ التَّوَتُّرُ :彼の緊張が解けた

きんにく　kin·niku　筋肉　عَضَلَة　複 عَضَل /-ات　تَصَلَّبَت الْعَضَلَاتُ :筋肉が凝った

きんべんな　kinben-na　勤勉な　مُجْتَهِد　< جهد 複 ـون　عُمَّال مُجْتَهِدُونَ :勤勉な労働者達

きんむ　kinmu　勤務　⇒ しごと　shigoto　仕事

きんむする　kinmu-suru　勤務する　⇒ はたらく　hataraku　働く

きんむち　kinmu-chi　勤務地　مَقَرُّ الْعَمَلِ　أَتَعْرِفُ مَقَرَّ عَمَلِهِ ؟ :彼の勤務地を知ってますか

きんようび　kin-youbi　金曜日　الْجُمْعَة / الْجُمْعَة　يَوْم الْجُمْعَةِ　أُقِيمَتْ صَلَاةُ الْجُمْعَةِ فِي الْمَسْجِدِ
モスクで金曜日の礼拝が行われた

きんよく　kin·yoku　禁欲　تَقَشُّف　< قشف　يَعِيشُ الرَّاهِبُ حَيَاةَ عِبَادَةٍ وَتَقَشُّفٍ
修道士は信仰と禁欲の生活を送る

きんよくする　kin·yoku-suru　禁欲する　زَهِدَ (a)　زَهِدَ الْمُتَصَوِّفُ فِي الدُّنْيَا
スーフィ(神秘主義者)は禁欲した

きんり　kin-ri　金利 (فَائِدَة (مَصْرِفِيَّة　قَرْض بِفَائِدَةِ ～ بِالْمِئَةِ :金利～%のローン

ぎあ　gia　ギア　⇒ ぎや　giya　ギヤ

ぎあん　gi·an　議案　مَشْرُوع قَرَارٍ　رَفَضَ مَشْرُوعَ الْقَرَارِ :その議案を否決した

ぎいん　gi·in　議員 (عُضْو (فِي الْمَجْلِسِ　複 أَعْضَاء

ぎかい　gikai　議会　مَجْلِس　< جلس 複 مَجَالِس　اِنْعَقَدَ الْمَجْلِسُ :議会が開かれた

ぎしき　gishiki　儀式　مَرَاسِم / مَرَاسِيم　< رسم　※ مَرَاسِيم は مَرْسُوم の複
مَرَاسِيم الْاِفْتِتَاحِ :開会式/オープニングセレモニー

2)儀式　طَقْس　複 طُقُوس　طَقْس دِينِيّ :宗教的儀式

ぎしょう　gishou　偽証　شَهَادَة الزُّورِ

ぎじゅつ　gijutsu　技術　تِقْنِيَّة　< تقن　تِقْنِيَّة مُتَقَدِّمَة :先進(先端)技術

き

き

ぎせい gisei 犠牲 تَضْحِيَة < ضحي　بِـ~ بِالتَّضْحِيَةِ :~を犠牲にして

ぎせいさい gisei-sai 犠牲祭 عِيد الأَضْحَى　مَتَى يَقَعُ عِيدُ الأَضْحَى؟ :犠牲祭はいつありますか

ぎせいしゃ gisei-sha 犠牲者 ضَحِيَّة < ضحي 複 ضَحَايَا　ضَحَايَا الْحَرْبِ :戦争の犠牲者/戦没者

ぎせいにする gisei-ni·suru 犠牲にする ضَحَّى، يُضَحِّي < ضحو II ~(لِـ) فِي سَبِيلِ ~ بِـ... :…を~のために

ضَحَّى بِنَفْسِهِ لِطِفْلِهِ

子供のために自分を犠牲にした

ぎせいになる gisei-ni·naru 犠牲になる ذَهَبَ (وَقَعَ) ضَحِيَّةً　وَقَعَ ضَحِيَّةَ الْحَرْبِ :戦争の犠牲になった

ぎぜん gizen 偽善 نِفَاق < نفق　إِنْ يَخْفَ النِّفَاقُ عَلَى النَّاسِ، فَهُوَ لَا يَخْفَى عَلَى اللّٰهِ

偽善は人に隠せても神様には隠せない

ぎぜんしゃ gizen-sha 偽善者 مُنَافِق < نفق 複 ـون　اَلْمُنَافِقُونَ مَاكِرُونَ

偽善者達はずるい

ぎぞうする gizou-suru 偽造する زَيَّفَ < زيف II　زَيَّفَ النُّقُودَ :通貨を偽造した

ぎたー gitaa ギター قِيثَارَة / قِيتَار 複 قَيَاثِير　يُجِيدُ الْعَزْفَ عَلَى الْقِيثَارَةِ

彼はギターの演奏がうまい

ぎちょう gichou 議長 رَئِيس الْجَلْسَةِ　أُخْتِيرَ رَئِيسًا لِلْجَلْسَةِ :議長に選ばれた

ぎのう gi·nou 技能 مَهَارَة < مهر　تُكْتَسَبُ الْمَهَارَةُ بِالتَّمْرِينِ وَالْمُمَارَسَةِ

技能は練習と経験から得られる

ぎふ gihu 義父 ⇒ しゅうと shuuto 舅

ぎぼ gibo 義母 ⇒ しゅうとめ shuutome 姑

ぎまん giman 欺瞞 غِشّ　ضَمِيرُكَ يَنْهَاكَ عَنِ الْغِشِّ وَالْكَذِبِ

あなたの良心が嘘や欺瞞を禁ずる

ぎむ gimu 義務 وَاجِب < وجب 複 ـات　هٰذَا وَاجِبٌ عَلَيَّ :これは私の義務です

مِنَ الْوَاجِبِ أَنْ ~ :~することが義務である

اَلْحُقُوقُ وَالْوَاجِبَاتُ :権利と義務

ぎむの gimu-no 義務の إِجْبَارِيّ < جبر　تَعْلِيم إِجْبَارِيّ :義務教育

ぎめい gimei 偽名 اِسْم مُسْتَعَار

ぎもん gimon 疑問 شَكّ < شك 複 شُكُوك ※= 疑い　بِلَا شَكٍّ / لَا شَكَّ : 疑いなく

2)疑問 اِسْتِفْهَام < فهم　اِسْم اِسْتِفْهَام :疑問詞

جُمْلَة (عَلَامَة) اِسْتِفْهَامِيَّة :疑問文(符)

اَلِاسْمُ الِاسْتِفْهَامِ حَقُّ الصَّدَارَةِ فِي الْجُمْلَةِ

疑問詞は文章中では文の先頭にくる

ぎや〜ぎょうせき

き

ぎや　giya　ギヤ　تِرْس　複 تُرُوس　صُنْدُوق التُّرُوسِ:ギヤボックス/変速装置

ぎゃく　gyaku　逆　عَكْس　بِالْعَكْسِ/عَلَى الْعَكْسِ:その逆に ※ ⇒ 反対

ぎゃくの　gyaku-no　逆の　مُعَاكِس　< عكس　عكس　اِتِّجَاه مُعَاكِس:逆の方向

ぎゃくさつ-する　gyakusatsu-suru　虐殺する　ذَبَحَ (a)　ذَبَحُوا مُعْظَمَ سُكَّانِ دَيْرِ يَاسِين
彼らはディール・ヤースィーンの住人のほとんどを虐殺した
※名 مَذْبَحَة:虐殺　اِرْتَكَبَ مَذْبَحَةً شَنِيعَةً
村で残酷な虐殺を行なった　فِي الْقَرْيَةِ

ぎゃくたい　gyakutai　虐待　سُوء الْمُعَامَلَةِ　سُوءُ مُعَامَلَةِ الْحَيَوَانَاتِ:動物の虐待

ぎゃくたいする　gyakutai-suru　虐待する　نَكَّلَ　< نكل II　نَكَّلَ الْجُنُودُ بِالْأَسْرَى
兵士達は捕虜を虐待した

ぎゃくに　gyaku-ni　逆に　بِالْعَكْسِ/عَلَى الْعَكْسِ　اِرْتَدَى الْحِذَاءَ بِالْعَكْسِ:靴を逆(反対)に履いた

ぎゃくにする　gyaku-nisuru　逆にする　عَكَسَ (i)　الْمِرْآةُ تَعْكِسُ الصُّوَرَ:鏡は形を逆にする

ぎゃんぶらー　gyanburaa　ギャンブラー　⇒ とばくし　tobaku-shi　賭博師

ぎゃんぶる　gyanburu　ギャンブル　⇒ とばく　tobaku　賭博

ぎゅうにく　gyuu-niku　牛肉　لَحْم الْعِجْلِ　هَلْ يُمْكِنُكَ أَنْ تَأْكُلَ لَحْمَ الْعِجْلِ؟
貴男は牛肉を食べることが出来ますか

ぎゅうにゅう　gyuu-nyuu　牛乳　⇒ みるく　miruku　ミルク

ぎょう　gyou　行　سَطْر　複 سُطُور　يَقْرَأُ بَيْنَ السُّطُورِ:行間を読む
كَمْ سَطْرًا قَرَأْتَ؟:あなたは何行読みましたか

2)行　بَيْت　複 أَبْيَات　بَيْتُ الشِّعْرِ:(詩の)一行

ぎょうぎ　gyougi　行儀　آداب السُّلُوك　تَحَسَّنَ سُلُوكُهُ كَثِيرًا:彼の行儀がとても良くなった

ぎょうぎのよい　gyougi-no・yoi　行儀の良い　مُهَذَّب　< هذب ※= مُؤَدَّب　وَلَدٌ مُهَذَّبٌ:行儀の良い子

ぎょうしする　gyoushi-suru　凝視する　تَأَمَّلَ　< أمل V　تَأَمَّلْتُ بَيْتَ الْعَنْكَبُوتِ
私は蜘蛛の巣を凝視した

ぎょうしょう　gyoushou　行商
ぎょうしょう-にん　gyoushou-nin　行商人 (جَوَّال) دَوَّار　بَائِع　نَشْتَرِي الْخُضَارَ مِنْ بَائِعٍ دَوَّارٍ
私たちは行商人から野菜を買います

ぎょうせい　gyousei　行政　إِدَارَة　< دور 複 -ات　مَرْكَز إِدَارَة:行政当局(本部)

ぎょうせいの　gyousei-no　行政の　إِدَارِيّ　< دور　قَانُون إِدَارِيّ:行政法

ぎょうせいふ　gyousei-hu　行政府　(التَّنْفِيذِيَّة) السُّلْطَة الْإِجْرَائِيَّة

ぎょうせき　gyouseki　業績　إِنْجَازَات　< نجز ※ إِنْجَاز:遂行,実行の複
أُقِيمَ تِمْثَالُهُ تَكْرِيمًا لِإِنْجَازَاتِهِ
彼の業績を称えて像を立てた

ぎょうれつ〜ぎんこう

ぎょうれつ	gyouretsu	行列	مَوْكِب	< وكب 複 مَوَاكِب　مَوْكِب الْمَلِك :王様の行列
ぎょぎょう	gyogyou	漁業	صَيْد السَّمَك	اِتِّفَاقِيَّة صَيْد الْأَسْمَاك :漁業協定
ぎょせん	gyosen	漁船	مَرْكَب صَيْدٍ	عَادَ مَرْكَبُ الصَّيْد مُثْقَلًا بِالسَّمَك 漁船が魚を積んで重そうに帰ってきた
ぎょふ	gyohu	漁夫 ⇒ りょうし　ryoushi　漁師		
ぎょみん	gyomoin	漁民 ⇒ りょうし　ryoushi　漁師		
ぎり	giri	義理	وَاجِب	< وجب　أَدَّيْتُ وَاجِبِي : 私は義理を通した(果たした)
ぎりしゃ	girishya	ギリシャ	اَلْيُونَان	لِلْيُونَان حَضَارَةٌ عَرِيقَةٌ ギリシャには古い文明がありました ※يُونَانِيّ :ギリシャの/ギリシャ人 "سُقْرَاطُ" حَكِيمٌ يُونَانِيٌّ كَبِيرٌ ソクラテスはギリシャの偉大な賢人です
ぎろんする	giron-suru	議論する	نَاقَشَ	< نقش III　حِزْبُ الْعُمَّال سَيُنَاقِشُ حِزْبَ الْمُحَافِظِينَ لِعِدَّةِ سَاعَاتٍ 労働党は保守党と数時間議論するだろう ※名 مُنَاقَشَة :議論　قَابِل لِلْمُنَاقَشَةِ :議論の余地がある
ぎん	gin	銀	فِضَّة	مِلْعَقَة الْفِضَّة :銀のスプーン ※ فِضِّيّ :銀の/銀色の
ぎんが	ginga	銀河	اَلْمَجَرَّة	< جرّ　※= دَرْب التَّبَّانَةِ :天の川
ぎんこう	ginkou	銀行	مَصْرِف	< صرف 複 مَصَارِف　مَصْرِف الْيَابَان :日本銀行
		2)銀行	بَنْك	複 بُنُوك　أَوْدَعَ مَالًا فِي الْبَنْكِ :銀行にお金を預けた

く～くうそうする

ﻛ ﻚ く ク 【ku】

く　ku　句 ⇒ ごく goku 語句

く　ku　九 ⇒ きゅう kyuu 九(9)

くーらー　kuuraa　クーラー　مُكَيِّفُ هَوَاءٍ

くーでたー　kuudetaa　クーデター　اِنْقِلَاب ＜ قلب　أَحْدَثَ الْجَيْشُ انْقِلَابًا
軍隊(ぐんたい)がクーデターを起(お)こした

くい　kui　杭　وَتَدٌ (َ)　複 أَوْتَاد　لَمْ يَغْرِسِ الْوَتَدَ فِي الْأَرْضِ بِسُهُولَةٍ
杭(くい)を地面(じめん)に容易(ようい)に打(う)ち込(こ)めなかった

くい　kui　悔い ⇒ こうかいする koukai-suru 2)後悔する 名

くいき　kuiki　区域　مِنْطَقَة ＜ نطق 複 مَنَاطِق　مِنْطَقَةُ الْخَطَرِ :危険区域(きけんくいき)

くいしんぼう　kuishin-bou　食いしん坊　شَرِهٌ　هُوَ شَرِهٌ :彼(かれ)は食(く)いしん坊(ぼう)だ

くいず　kuizu　クイズ ⇒ なぞなぞ nazo･nazo なぞなぞ

くいる　kuiru　悔いる ⇒ こうかいする koukai-suru 後悔する

くう　ku･u　食う ⇒ たべる taberu 食べる

くうぇーと　kuweeto　クウェート　اَلْكُوَيْت　دَوْلَةُ الْكُوَيْتِ :クウェート国(こく)
※ كُوَيْتِيّ :クウェートの／クウェート人(じん)

くうかん　kuukan　空間　حَيِّز ＜ حوز 複 أَحْيَاز　يَنَامُ الْكَلْبُ فِي حَيِّزٍ ضَيِّقٍ
犬(いぬ)が狭(せま)い空間(くうかん)で寝(ね)ている

2)空間　فُسْحَة　複 فُسَح /-ات　اِعْمَلْ فُسْحَةً بَيْنَ الْمَقَاعِدِ
座席(ざせき)の間(あいだ)に空間(くうかん)を置(お)きなさい

くうき　kuuki　空気　هَوَاء ＜ هوى 複 أَهْوِيَة　اَلْهَوَاءُ بَارِدٌ :空気(くうき)が冷(つめ)たい

くうぐん　kuu-gun　空軍　قُوَّات جَوِّيَّة　قَائِدَةُ الْقُوَّاتِ الْجَوِّيَّةِ :空軍基地(くうぐんきち)

くうこう　kuukou　空港　مَطَار ＜ طير 複 -ات　مَطَار دَوْلِيّ :国際空港(こくさいくうこう)
مَتَى تَصِلُ الطَّائِرَةُ إِلَى الْمَطَارِ ؟
飛行機(ひこうき)はいつ空港(くうこう)(飛行場(ひこうじょう))に着(つ)きますか

くうしゅう　kuushuu　空襲　هُجُوم جَوِّيّ　شَنَّ هُجُومًا جَوِّيًّا عَلَى～ :～を空襲(くうしゅう)した

くうせき　kuuseki　空席　مَقْعَد شَاغِر　لَمْ يَبْقَ فِي الْقَاعَةِ مَقْعَدٌ شَاغِرٌ
ホールに空席(くうせき)は無(な)かった

くうそう-じょうの　kuusou-jou･no　空想上の
くうそうの　kuusou-no　空想の　وَهْمِيّ ＜ وهم　حَيَوَان وَهْمِيّ :空想上(くうそうじょう)の動物(どうぶつ)

くうそうする　kuusou-suru　空想する　تَخَيَّلَ ＜ خيل V　تَخَيَّلَ الطَّعَامَ الشَّهِيَّ الْكَثِيرَ
沢山(たくさん)のご馳走(ちそう)を空想(くうそう)(夢想(むそう))した
※名 خَيَال 複 أَخْيِلَة :空想(くうそう)　عَالَمُ الْخَيَالِ :空想(くうそう)の世界(せかい)

くうどうの～くさ

く

くうどうの kuudou-no 空洞の أَجْوَفُ <جوف 女 جَوْفَاءُ 複 جُوفٌ يُصْنَعُ النَّايُ مِنَ الْقَصَبِ الْأَجْوَفِ ナーイ笛は空洞の葦から作られる

くうはく kuuhaku 空白 فَرَاغٌ <فرغ ※時間にも場所にも用いる
مَلَأَ الْفَرَاغَ :空白(空欄)を埋めた
أَكْمِلِ الْفَرَاغَ كَالْمِثَالِ :空欄を例のように完成せよ
فَتْرَةُ الْفَرَاغِ :空白の期間

くうばく kuubaku 空爆 ⇒ くうしゅう kuushuu 空襲

くうふく kuuhuku 空腹 جُوعٌ شَعَرَ بِجُوعٍ :空腹を感じた/腹がへった

くうふくの kuuhuku-no 空腹の جَوْعَانُ <جوع 女 جَوْعَى / جَوْعَانَةٌ 複 جِيَاعٌ
أُرِيدُ أَنْ آكُلَ ، أَنَا جَوْعَانُ
私は空腹です(お腹が空いています),食事をしたいです

くうらん kuuran 空欄 ⇒ くうはく kuuhaku 空白

くうろ kuuro 空路 خَطٌّ جَوِّيٌّ اَلْخَطُّ الْجَوِّيُّ بَيْنَ غَزَّةَ وَبَيْنَ الْقَاهِرَةِ
ガザーカイロ間の空路

くがつ ku-gatsu 九月 رَمَضَانُ ※イスラム暦の九月

2)九月 سِبْتَمْبَرُ (ـَ) ※西暦の九月 يَنْتَهِي الصَّيْفُ فِي شَهْرِ سِبْتَمْبَرَ
夏は九月に終わる

3)九月 أَيْلُولُ ※ シリア,イラク,ヨルダン,レバノン地方の九月
فِي أَيْلُولَ يَتِمُّ نُضْجُ التِّينِ
九月にイチジクは熟する

くき kuki 茎 سَاقٌ <سوق 複 سِيقَانٌ /سُوقٌ تَرْتَفِعُ سُنْبُلَةُ الْقَمْحِ فَوْقَ سَاقٍ طَوِيلَةٍ
長い茎の上に麦の穂が伸びている

くぎ kugi 釘 مِسْمَارٌ <سمر 複 مَسَامِيرُ طَرَقَ مِسْمَارًا :釘を打った

くぎり kugiri 区切り فَاصِلَةٌ <فصل 複 فَوَاصِلُ فِي الْقِرَاءَةِ ، تَوَقَّفْ لَحْظَةً عِنْدَ الْفَاصِلَةِ
本を読むときには区切りで間をおきなさい

くぎる kugiru 区切る جَزَّأَ <جزأ II جَزَّأَ الْمُؤَلِّفُ الْكِتَابَ إِلَى ثَلَاثَةِ أَجْزَاءٍ
著者はその本を三つの部分に区切った

くくる kukuru 括る ⇒ しばる shibaru 縛る

2)括る شَنَقَ (u) لَمَّا اسْتَبَدَّ بِهِ الْيَأْسُ ، فَكَّرَ فِي أَنْ يَشْنُقَ نَفْسَهُ
絶望に陥った時,彼は首を括ろうとした

くさ kusa 草 حَشِيشٌ <حش 複 حَشَائِشُ يُجْمَعُ الْحَشِيشُ عَلَفًا لِلشِّتَاءِ
干し草が冬の飼料として集められる

くさい〜くじら

2)草 عُشْب 複 أَعْشَاب قَلَعَ الْعُشْبَ :その草を(根から)抜いた

くさい kusai 臭い كَرِيهُ الرَّائِحَةِ في الْغُرْفَةِ شَيْءٌ كَرِيهُ الرَّائِحَةِ :部屋が臭い

くさった kusatta 腐った عَفِنٌ اَلْخُبْزُ الْعَفِنُ لَا يُؤْكَلُ :腐ったパンは食べれない

くさの kusa-no 草の عُشْبِيٌّ أَرَاضٍ عُشْبِيَّةٌ :草の多い土地/草地

くさび kusabi 楔 إِسْفِين 複 أَسَافِين ثَبَّتَ شَيْئًا بِإِسْفِينٍ :楔で固定した

くさびがた-もじ kisabigata-moji 楔形文字 حُرُوف مِسْمَارِيَّة ※古代のバビロニア,シュメール文化で用いられた

くさり kusari 鎖 سِلْسِلَة 複 سَلَاسِل قَطَعَ السِّلْسِلَةَ :鎖を切った

2)鎖 جِنْزِير 複 جَنَازِيرُ شَدَّ السَّيَّارَةَ جِنْزِيرٌ غَلِيظٌ
太い鎖が車を引っ張った

くさる kusaru 腐る عَفِنَ (a) يَعْفَنُ الْخُبْزُ إِنْ لَمْ يُجَفَّفْ
パンは乾燥させないと腐る

2)腐る يَصْدَأُ، صَدِئَ ※金属が腐食する يَصْدَأُ الْحَدِيدُ :鉄は腐る

くし kushi 櫛 مُشْط (ُ) 複 أَمْشَاط مَشَطَ شَعْرَهُ بِالْمُشْطِ (ُ)
櫛で髪を梳いた

くし kushi 串 سِيخ 複 أَسْيَاخ شَوَتْ أُمِّي اللَّحْمَ عَلَى السِّيخِ
私の母はその肉を串に刺して焼いた

くしゃみ-をする kushami-wosuru くしゃみをする عَطَسَ (i,u) قَالَ مُحَمَّدٌ "يَرْحَمُكُمُ اللّٰهُ" عِنْدَمَا عَطَسْتُ
私がくしゃみをした時,ムハンマドは
「神の慈悲がありますように」と言った

くしん kushin 苦心 صُعُوبَة < صعب 複 -ات وَجَدَ صُعُوبَةً فِي~ :~に苦心(苦労)した

2)苦心 جُهْد (ُ) < جهد 複 جُهُود بَذَلَ جُهْدَهُ لِ~ (ُ)
~のために苦心(苦労)した

くじ kuji くじ يَانَصِيب < نصب سَحْبُ الْيَانَصِيبِ :くじ引き

くじく kujiku 挫く اِلْتَوَى < لوى VIII اِلْتَوَى كَاحِلُهُ :足首を挫いた(捻挫した)

くじゃく kujyaku 孔雀 طَاؤُوس/طَاوُوس < طوس 複 طَوَاوِيس يَمْشِي الطَّاوُوسُ مَزْهُوًّا بِذَنَبِهِ
孔雀がその尾を自慢そうにして歩く

くじょ kujo 駆除 قَضَاءٌ < قضى اَلْقَضَاءُ عَلَى الْحَشَرَاتِ الضَّارَّةِ :害虫駆除

くじょする kujo-suru 駆除する نَقَّى < نقو II رَشَّ الْمُبِيدَ ، وَنَقَّى الدُّودَةَ
薬を撒いて,害虫を駆除した

くじょう kujou 苦情 شَكْوَى < شكو 複 شَكَاوَى عَرَضَ شَكْوَاهُ إِلَى~
~に苦情を言った

くじら kujira 鯨 حُوت 複 حِيتَان قَدْ أَكَلْنَا لَحْمَ الْحُوتِ كَثِيرًا
かつて私達は鯨の肉をよく食べていた

くすぐる kusuguru くすぐる دَغْدَغَ ، يُدَغْدِغُ كُنْتُ أُدَغْدِغُ أَخِي الصَّغِيرَ ، فَيُغْرِبُ فِي الضَّحِكِ 私が弟をくすぐると大声を上げて笑ったものだった

くすねる kusu･neru くすねる اِخْتَلَسَ ＜خلس Ⅷ اِخْتَلَسَ أَجِيرُ الْمَحَلِّ أَمْوَالَ الصُّنْدُوقِ 店の使用人が箱のお金をくすねた

くすぶる kusuburu くすぶる اِحْتَرَقَ بِبُطْءٍ دُونَ لَهَبٍ

2)くすぶる اِسْتَكَنَّ ＜كنّ X اِسْتَكَنَّ غَضَبُهُمْ :彼らの怒りはくすぶっていた

くすり kusuri 薬 دَوَاءٌ ＜دوى 複 أَدْوِيَة اَلشَّرِكَةُ الْأَدْوِيَةِ :薬品会社

دَوَاءٌ لِلْمَعِدَةِ :胃薬 دَوَاءٌ لِلْبَرْدِ :風邪薬

أَخَذَ الدَّوَاءَ : 薬を飲んだ(服用した)

مَا كَانَ يَبْدُو أَنَّ الدَّوَاءَ يَجْعَلُهَا أَطْيَبَ その薬は彼女には効いていないようだった

くすりゆび kusuri-yubi 薬指 بِنْصِر 複 بَنَاصِر مَحْبَسُ الزَّوَاجِ يُحْمَلُ فِي الْبِنْصِرِ الْيُسْرَى 結婚指輪は左手の薬指にはめられる

くず kuzu 屑 مُهْمَلَات ＜همل ※مُهْمَل の複 سَلَّةُ مُهْمَلَاتٍ :屑篭

くずす kuzusu 崩す هَدَمَ (i) هَدَمَ الْبِنَاءَ :その建物を崩した

هَدَمَ صِحَّتَهُ :体調を崩した

くずれる kuzureru 崩れる اِنْهَارَ ＜هور Ⅶ اِنْهَارَ سُورُ الْبُسْتَانِ :庭の塀が崩れた

2)崩れる اِخْتَلَّ ＜خلّ Ⅷ اَلْمِيزَانُ الدَّقِيقُ يَخْتَلُّ تَوَازُنُهُ بِسُهُولَةٍ 精密な天秤は容易に平衡が崩れる

くせ kuse 癖 عَادَة ＜عود 複 عَوَائِد /ـات عَلَى عَادَتِهِ :彼の癖で

جَرَتِ الْعَادَةُ بِـ~ :~が癖になった

くそ kuso 糞 ⇒ はいせつぶつ haisetu-butsu 排泄物

くだ kuda 管 ⇒ かん kan 管

くだく kudaku 砕く كَسَّرَ ＜كسر Ⅱ كَسِّرِ الصَّخْرَ :岩を砕きなさい

くだける kudakeru 砕ける تَكَسَّرَ ＜كسر Ⅶ تَكَسَّرَتِ الزُّجَاجَةُ :ビンが砕けた

ください kudasai 下さい هَاتِ لِي ※女性に対しては هَاتِي لِي

2)下さい أَعْطِنِي ＜عطو ※عطو Ⅳの命 ※女性に対しては أَعْطِينِي

أَعْطِنِي الْقَلَمَ لِأَكْتُبَ : 私が書くのでペンを下さい

くだす kudasu 下す أَصْدَرَ ＜صدر Ⅳ أَصْدَرَ الْقَاضِي الْحُكْمَ فِي الدَّعْوَى 裁判官がその訴訟の判決を下した

くだもの〜くつ

2)下す(بِالْإِسْهَالِ) أُصِيبَ ، يُصَابُ ※お腹を下す/下痢に見まわれる

くだもの kudamo·no 果物 فَاكِهَة < فكه 複 فَوَاكِهُ مَحَلُّ فَاكِهَةٍ :果物店/果物屋
مَا هٰذِهِ الْفَاكِهَةُ اللَّذِيذَةُ ؟
この美味しい果物は何ですか

くだらない kudara-nai 下らない سَخِيف < سخف 複 سِخَاف رَأْيُهُ رَأْيٌ سَخِيفٌ
彼の意見は下らない意見だ

くだる kudaru 下る نَزَلَ (i) نَزَلَ مُنْحَدَرَ التَّلِّ :丘の坂を下った
2)下る صَدَرَ (u) صَدَرَ الْحُكْمُ :判決が下った(下りた)

くち kuchi 口 فَم < فوه 複 أَفْوَاه / أَفْمَام فَتَحَ فَمَهُ :口を開けた
※ 口の悪い : طَوِيلُ اللِّسَانِ
※ 口が軽い =おしゃべり ※ 口にする = 食べる

くちごたえ-する kuchi-gotae-suru 口答えする عَانَدَ < عند III اِسْمَعْ كَلَامَ أُمِّكَ ، حَرَامٌ أَنْ تُعَانِدَهَا
お母さんの言うことを聞きなさい、口答えすることは許されません

くちづけ kuchi-zuke 口づけ ⇒ きす kisu キス

くちのかたい kuchi-nokatai 口の堅い كَتُوم < كتم 複 كُتُمٌ اَلرَّجُلُ مُخْلِصٌ كَتُومٌ
その男は誠実で口が堅い

くちばし kuchibashi 嘴 مِنْقَار < نقر 複 مَنَاقِير يَتَنَاوَلُ الطَّيْرُ طَعَامَهُ بِمِنْقَارِهِ
鳥は嘴でえさを食べる

くちひげ kuchi-hige 口ひげ ⇒ ひげ hige 髭

くちびる kuchi-biru 唇 شَفَة < شفه 複 شَفَوَات/شِفَاه
双 شَفَتَانِ(يْنِ) : 唇(属対)
اَلشَّفَةُ الْعُلْيَا (السُّفْلَى) :上(下)唇
أَدْرَكَ خَطَأَهُ ، فَعَضَّ عَلَى شَفَتِهِ
間違いに気づいて唇を噛んだ

くちぶえ kuchi-bue 口笛 صَفِير < صفر صَفَرَ صَفِيرًا :口笛を吹いた

くちべに kuchi-be·ni 口紅 أَحْمَرُ شِفَاهٍ اِسْتَخْدَمَتْ أَحْمَرَ شِفَاهٍ :彼女は口紅を塗った

くちもと kuchi-moto 口元 شِدْق 複 أَشْدَاق ضَحِكَ بِمِلْءِ (مِلْءَ) شِدْقَيْهِ
口元に笑みを浮かべた/にっこり笑った

くちょう kuchou 口調 لَهْجَة 複 لَهَجَات تَكَلَّمَ بِلَهْجَةٍ قَاسِيَةٍ
厳しい口調で話した

くつ kutsu 靴 حِذَاء < حذو 複 أَحْذِيَة صَانِعُ الْأَحْذِيَةِ :靴屋(= حَذَّاء)
لَبِسَ (خَلَعَ) حِذَاءً :靴を履いた(脱いだ)

く

くつう～くに

く

くつう　kutsuu　苦痛　أَلَمٌ　複 آلام　آلام نَفْسَانِيَّة :精神的苦痛

くつがえす　kutsugaesu　覆す ⇒ ひっくりかえす hikkuri-kaesu ひっくり返す

くつがえる　kutsugaeru　覆る ⇒ ひっくりかえる hikkuri-kaeru ひっくり返る

くっきー　kukkii　クッキー　كَعْكَة مُحَلَّاة

くっきりした　kukkiri-shita　くっきりした　وَاضِح　＜ وضح　خُطُوط وَاضِحَة :くっきり(と)した線

くっさくする　kussaku-suru　掘削する　حَفَرَ (i)　حَفَرَ الْبِئْرَ :井戸を掘削した

くつした　kutsushita　靴下　جَوْرَب　複 جَوَارِب　لَبِسَ (خَلَعَ) جَوْرَبًا :靴下を履いた(脱いだ)

くっしょん　kusshion　クッション　حَشِيَّة　＜ حشو 複 ـات　سَتَنَامُ اللَّيْلَةَ عَلَى حَشِيَّةٍ لَيِّنَةٍ
夜に彼女は柔らかいクッションの上で眠るだろう

くつじょく　kutsujoku　屈辱　إِهَانَة　＜ هون 複 ـات　شَعَرَ بِالْإِهَانَةِ :屈辱を感じた

くっする　kussuru　屈する ⇒ くっぷくする kuppuku-suru 屈服する

くっせつ　kussetsu　屈折　اِنْكِسَار　＜ كسر　اِنْكِسَارُ الضَّوْءِ :光の屈折

くつぞこ　kutsu-zoko　靴底　نَعْلُ الْحِذَاءِ　رَقَّ نَعْلُ حِذَائِي :私の靴底が薄くなった

くっつく　kuttsuku　くっ付く ⇒ つく tsuku 付く

くっつける　kuttsukeru　くっ付ける ⇒ はる haru 張る/貼る

くっぷくする　kuppuku-suru　屈服する　رَضَخَ (a)　رَضَخَ لِلطَّلَبِ :要求に屈服した(屈した)

くつみがき　kutsu-migaki　靴磨き(مَاسِح (الْأَحْذِيَة ※人　مَاسِحُ الْأَحْذِيَةِ يُلَمِّعُ الْحِذَاءَ بِالْفُرْشَاةِ
靴磨きはブラシで靴を磨く

くつや　kutsu-ya　靴屋　إِسْكَاف　＜ سكف 複 أَسَاكِفَة　صَنَعَ الْإِسْكَافُ أَحْذِيَتَهُ
靴屋は自分の靴を作った

くつろぐ　kutsurogu　くつろぐ　اِسْتَرَاحَ　＜ راح X　بَيْتِي بَيْتُكَ ! اِسْتَرِيحْ
自分の家と思ってくつろいで下さい

くとうてん　kutou-ten　句読点　نُقْطَة نِهَائِيَّة وَفَاصِلَة　※ فَاصِلَة :句点/コンマ

くどく　kudoku　口説く　غَازَلَ　＜ غزل III　أَحَبَّ الْبِنْتَ فَرَاحَ يُغَازِلُهَا
彼はその娘が好きになったので口説き始めた

くどくど　kudo·kudo　くどくど　مِرَارًا بَعْدَ مِرَارٍ　مِرَارًا　لَا تُكَرِّرْ مِرَارًا بَعْدَ مِرَارٍ :くどくど言うな

くなん　ku·nan　苦難　مَصَاعِب　＜ صعب　تَغَلَّبَ عَلَى الْمَصَاعِبِ :苦難を克服した

くに　ku·ni　国　وَطَن　複 أَوْطَان ※母国/祖国　عَادَ إِلَى وَطَنِهِ :祖国に帰った

2)国　بَلَد　男女複 بُلْدَان /بِلَاد　بَلَد مُسْتَقِلّ :独立国
أَيْنَ بَلَدُكَ؟ :あなたのお国はどちらですか

3)国　دَوْلَة　複 دُوَل ※国家,王朝,帝国など

くのう～くみあい

く

مِصْرُ كَانَتْ أَوَّلُ دَوْلَةٍ فِي هٰذِهِ الدُّنْيَا
エジプトは世界で最初の国家でした

くのう　ku・nou　苦悩　عَذَابٌ < عذب 複 أَعْذِبَة　اَلْحَيَاةُ لَا تَخْلُو مِنَ الْعَذَابِ
人生は苦悩から逃れられない

くばる　kubaru　配る　وَزَّعَ < وزع II　سَنَجْمَعُ الْهَدَايَا وَنُوَزِّعُهَا عَلَى الْأَطْفَالِ
プレゼントを集めて子供たちに配りましょう

2)配る　اِنْتَبَهَ < تبه VII ※気を　اِنْتَبَهَ إِلَى مَا حَوْلَ الضُّيُوفِ
お客さんに気を配った

くび　kubi　首　رَقَبَةٌ　複 رِقَاب/-ات　غَطَّى شَعْرُ رَأْسِهِ رَقَبَتَهُ
髪の毛が首までかかっている

2)首　عُنُقٌ　複 أَعْنَاق　جَمِيلٌ عِقْدُ اللُّؤْلُؤِ فِي عُنُقِكِ الْأَبْيَضِ
汝の白き首にかかる真珠の首飾りの
美しきことよ！
※首が飛ぶ,首になる ＝ 解雇される　※首にする ＝ 解雇する
※首を横に振る ＝ 否定する　※首を縦に振る ＝ 肯定する

くびかざり　kubi-kazari　首飾り　عِقْدٌ　複 عُقُود　عِقْدٌ مِنَ اللُّؤْلُؤِ :真珠の首飾り(ネックレス)

2)首飾り　قِلَادَة < قلد 複 قَلَائِد　زَيَّنَتْ عُنُقَهَا بِقِلَادَةٍ ذَهَبِيَّةٍ
彼女は首を金の首飾りで飾った

くびき　kubiki　くびき/頸木　نِيرٌ　複 نِيرَان　خَشَبَةُ النِّيرِ تَقْرِنُ الثَّوْرَيْنِ
1本のくびきが2頭の牛をつないでいる

くびわ　kubi-wa　首輪　طَوْق　複 أَطْوَاق　طَوْقُ الْكَلْبِ :犬の首輪

くふう　kuhuu　工夫　وَسِيلَة < وسل 複 وَسَائِل　اِسْتَخْدَمَ كَافَّةَ الْوَسَائِلِ لِـ~
~のために大いに工夫した

くべつする　kubetsu-suru　区別する　مَيَّزَ < ميز II ・・عَنْ・・ :~と~を
مَيِّزِ الْقَمْحَ عَنِ الشَّعِيرِ :小麦と大麦を区別しなさい

くべる　kuberu　くべる(فِي النَّارِ)　أَلْقَى < لقي IV　اَلْغُصْنُ الْيَابِسُ يُقْطَعُ وَيُلْقَى فِي النَّارِ
枯れた枝は切られて火にくべられる

くぼみ　kubomi　くぼみ／凹　بَاطِن < بطن 複 بَوَاطِن　بَاطِنُ الْكَفِّ :手のくぼみ/手の平

くま　kuma　熊　دُبّ　複 أَدْبَاب/دِبَبَة　رَقَصَ الدُّبُّ الضَّخْمُ فِي "السِّيرْكِ"
サーカスでは大きな熊が踊った

くみ　kumi　組　فَصْل　複 فُصُول　هِيَ تِلْمِيذَةٌ فِي الْفَصْلِ الْأَوَّلِ لِلصَّفِّ الثَّالِثِ
彼女は3年1組の児童です

くみあい　kumiai　組合　نِقَابَة < نقب 複 -ات　نِقَابَةُ الْعُمَّالِ :労働組合

くみたてる～くらいまっくす

く

أَضْرَبَتِ النِّقَابَةُ مُطَالَبَةً بِزِيَادَةِ الأُجُورِ
組合は賃上げを要求してストライキに入った

くみたてる kumi-tateru 組み立てる رَكَّبَ <ركب II رَكَّبَ الآلَةَ :機械を組み立てた

くむ kumu 組む شَابَكَ <شبك III ضَمَّ يَدَيْهِ لِلتَّأَمُّلِ، وَشَابَكَ بَيْنَ أَصَابِعِهِ
瞑想するために手を合わせ,指を組んだ

2)組む تَكَتَّفَ <كتف V ※(胸の前で)腕を組む تَكَتَّفُوا وَاسْكُتُوا
黙って胸の前で腕を組みなさい

3)組む يَضَعُ ، وَضَعَ ※予算を وَضَعَ المِيزَانِيَّةَ :予算を組んだ

くむ kumu 汲む اِسْتَخْرَجَ <خرج X اِسْتَخْرَجَ مَاءً :水を汲んだ

2)汲む ضَخَّ (u) ※ポンプで汲む ضَخَّ مَاءً :(ポンプで)水を汲んだ

くも kumo 雲 غَيْمٌ 複 غُيُومٌ / غِيَامٌ اَلسَّمَاءُ بِلَا غَيْمٍ :雲一つない空

2)雲 سَحَابٌ <سحب 複 سُحُبٌ طِرْنَا فَوْقَ السَّحَابِ
私達は雲の上を飛んだ

くも kumo 蜘蛛 عَنْكَبُوتٌ 複 عَنَاكِبُ بَيْتُ عَنْكَبُوتٍ :蜘蛛の巣
كَيْفَ تَشْبِكُ العَنْكَبُوتُ خُيُوطَهَا؟
蜘蛛はどのように糸を絡ませるのでしょうか

くもり kumori 曇り
くもりの kumori-no 曇りの غَائِمٌ < غيم اَلْجَوُّ غَدًا غَائِمٌ :明日の天気は曇りです

くもる kumoru 曇る يَغِيمُ ، غَامَ < غيم تَغِيمُ السَّمَاءُ أَحْيَانًا وَلَا تُمْطِرُ
時々空は曇るが雨は降らない

くやしい kuyashii 悔しい مُؤْسِفٌ <أسف مِنَ المُؤْسِفِ أَنْ أُهْزَمَ
負けて悔しいです

くやみ kuyami 悔やみ تَعْزِيَةٌ <عزو/عزى 複 تَعَازٍ نُقَدِّمُ إِلَيْكُمْ تَعَازِينَا
お悔やみ(を)申し上げます

くやむ kuyamu 悔やむ ⇒ こうかいする koukai-suru 後悔する

くら kura 鞍 سَرْجٌ 複 سُرُوجٌ رَكَّزَ السَّائِسُ السَّرْجَ عَلَى ظَهْرِ الفَرَسِ
調教師が鞍を馬の背中に固定した

くら kura 倉／蔵 مَخْزَنٌ <خزن 複 مَخَازِنُ غَصَّ المَخْزَنُ بِالبَضَائِعِ
蔵は商品で一杯だった

くらい kurai 位 رُتْبَةٌ 複 رُتَبٌ بَلَغَ الضَّابِطُ رُتْبَةً عَالِيَةً
その将校は高い位に達した

くらい kurai 暗い مُظْلِمٌ < ظلم لَيْلَةٌ مُظْلِمَةٌ :暗い夜 مَكَانٌ مُظْلِمٌ :暗がり

2)暗い غَامِقٌ <غمق ※色が لَوْنٌ غَامِقٌ :暗い色

くらいまっくす kuraimakkusu クライマックス أَوْجٌ بَلَغَ المَسْرَحُ أَوْجَ ازْدِهَارِهِ
芝居はクライマックスに達した

くらくなる～くる

くらくなる kuraku-naru 暗くなる أَظْلَمَ < ظلم IV غَابَ الْقَمَرُ، فَأَظْلَمَ اللَّيْلُ
月が陰って夜は暗くなった

くらし kurashi 暮らし مَعِيشَة < عيش 複 مَعَايِشُ مَعِيشَةُ الْمُدُنِ:都会暮らし

くらす kurasu 暮らす عَاشَ، يَعِيشُ يَعِيشُ مِمَّا يَكْسِبُهُ:彼は自分の稼ぎで暮らしている

くらす kurasu クラス(فِي الْمَدْرَسَةِ) فَصْل 複 فُصُول زَمِيل فِي الْفَصْلِ:クラスメート

2)クラス دَرَجَة 複 -ات (مِنَ) الدَّرَجَةِ الْأُولَى:ファースト・クラス(の)

くらすめーと kurasu-meeto クラスメート ⇒ どうきゅうせい doukyuu-sei 同級生

くらぶ kurabu クラブ نَادٍ < ندو 複 أَنْدِيَة نَادٍ رِيَاضِيّ:アスレチック・クラブ

اِنْضَمَّ إِلَى النَّادِي:クラブに入った

くらべる kuraberu 比べる قَارَنَ < قرن III ～ بَيْنَ .. بَيْنَ قَارَنَ بَيْنَ:…と～を比べた

くらやみ kurayami 暗闇 ظُلْمَة / ظَلَام لَمْ يَسْتَطِعْ أَنْ يَخْرُجَ مِنْ بَيْتِهِ فِي الظَّلَامِ
彼は暗闇で家から外に出ることが出来なかった

くらんく kuranku クランク ذِرَاع الْإِدَارَة ※エンジンなどの

くり kuri 栗 كَسْتَنَة / كَسْتَنَاء حَبَّاتُ الْكَسْتَنَةِ تُؤْكَلُ مَشْوِيَّةً
栗の実は焼いて食べる

くりーく kuriiku クリーク غَدِير < غدر 複 غُدْرَان يَشْرَبُ الْقَطِيعُ مِنَ الْغَدِيرِ
家畜の群がクリークの水を飲んでいる

くりーにんぐ kurii・ningu クリーニング تَنْظِيف < نظف تَنْظِيف مَلَابِس عَلَى النَّاشِفِ
ドライクリーニング

くりーむ kuriimu クリーム قِشْطَة /قِشْدَة لَا نَشْرَبُ الْحَلِيبَ إِذَا عَلَتْهُ الْقِشْدَةُ
私たちはクリーム状になったミルクは飲まない

2)クリーム دِهَان < دهن 複 -ات دِهَان لِلْأَحْذِيَةِ:靴クリーム

くりかえし kurikaeshi 繰り返し تَكْرَار < كرّ تَكْرَارُ الْأَحْدَاثِ فِي التَّارِيخِ:歴史は繰り返す

※ تَكْرَارًا:繰り返して/頻繁に/しばしば

くりかえす kurikaesu 繰り返す أَعَادَ، يُعِيدُ < عود IV 命 أَعِدْ:繰り返しなさい

أَعَادَ سُؤَالَهُ:質問を繰り返した

2)繰り返す كَرَّرَ < كرّ II لَنْ أُكَرِّرَهَا بَعْدَ الْآنَ
今後それを繰り返しません

くりすちゃん kurisuchan クリスチャン ⇒ きりすときょうと kirisuto-kyouto キリスト教徒

くりすます kurisumasu クリスマス عِيد الْمِيلَادِ الْمَسِيح عِيد مِيلَادِ لَيْلَة عِيدِ الْمِيلَادِ:クリスマスイブ

くる kuru 来る أَتَى، يَأْتِي ～إِلَى:～へ مَتَى تَأْتِي؟:あなたはいつ来ますか

2)来る جَاءَ، يَجِيءُ ※أَنَا جِئْتُ، هِيَ جَاءَتْ بِـ～:～を持って来る

く

くるあーん～くろい

جِئْتُ أُفَاتِحُكَ بِمَوْضُوعٍ هَامٍّ
私は大事な話をあなたにうち明けに来ました
جَاءَ الرَّبِيعُ :春が来た

3)(時間が)来る أَزِفَ (a)　أَزِفَتْ سَاعَةُ الرَّحِيلِ :出発の時間が来た(になった)

くるあーん　kuruaan　クルアーン ⇒ こーらん kooran コーラン

くるう　kuru・u　狂う　جَنَّ ، يُجَنُّ　※ جَنَّ の受 جُنَّ جُنُونُهُ :気が狂った

くるしい　kurushi・i　苦しい　صَعْبٌ　複 صِعَابٌ　اَلْمَعِيشَةُ صَعْبَةٌ :生活は苦しい

くるしみ　kurushimi　苦しみ　تَعَبٌ　複 أَتْعَابٌ　لَا رَاحَةَ دُونَ تَعَبٍ :楽あれば苦あり[格言]

くるしむ　kurushimu　苦しむ　عَانَى < عني III ～ مِنْ :～で　عَانَى مِنَ الصُّدَاعِ
頭痛で苦しんだ

くるしめる　kurushimeru　苦しめる　عَذَّبَ < عذب II　لَا تُعَذِّبْ نَفْسَكَ :自分を苦しめてはいけない

くるった　kurutta　狂った　مَجْنُونٌ < جنّ 複 مَجَانِينُ　أَصْبَحَ مَجْنُونًا :気が狂った

2)狂った غَيْرُ مَضْبُوطٍ　سَاعَتِي غَيْرُ مَضْبُوطَةٍ :私の時計は狂っている

くるぶし　kurubushi　くるぶし　كَعْبٌ　複 كِعَابٌ/كُعُوبٌ/أَكْعُبٌ　※=عَظْمُ الْكَاحِلِ :足首の骨

くるま　kuruma　車　سَيَّارَةٌ < سير 複 -ات　قَادَ سَيَّارَةً :車(自動車)を運転した

2)車　عَرَبَةٌ　複 -ات　عَرَبَةُ الْأَكْلِ :食堂車　عَرَبَةُ النَّوْمِ :寝台車
عَرَبَةُ الْأَطْفَالِ :ベビーカー

くるみ　kurumi　胡桃　جَوْزٌ < جوز 複 -ات　※ جَوْزَةٌ :1個の胡桃

くるむ　kurumu　くるむ ⇒ つつむ tsutsumu 包む

くれーむ　kureemu　クレーム ⇒ くじょう kujyou 苦情

くれじっと-かーど　kurejitto-kaado　クレジットカード　بِطَاقَةُ الِائْتِمَانِ

くれよん　kureyon　クレヨン　قَلَمُ شَمْعٍ مُلَوَّنٍ

くれる　kureru　暮れる　غَرَبَ (u)　غَرَبَتِ الشَّمْسُ :日が暮れた

2)暮れる وَقَعَ فِي حَيْرَةٍ　※途方に暮れる

くれる　kureru　呉れる ⇒ あたえる ataeru 与える

くろ　kuro　黒
くろさ　kurosa　黒さ　سَوَادٌ < سود ～ مِنْ　أَكْثَرُ سَوَادًا مِنْ ～ :～より黒い
اَلْبَيَاضُ نَقِيضُ السَّوَادِ :白は黒の反対です

くろい　kuro-i　黒い　أَسْوَدُ < سود 女 سَوْدَاءُ 女双 سَوْدَاوَانِ(يْنِ) (属対) 複 سُودٌ
اَللَّوْنُ الْأَسْوَدُ يَمْتَصُّ حَرَارَةَ الشَّمْسِ
黒い色は太陽の熱を吸収する

くろう～ぐうすう

くろう　kurou　苦労　صُعُوبَة ＜صعب 複 -ات　صُعُوبَةُ الْمَعِيشَةِ :生活の苦労
2)苦労　عُسْر　إِنَّ مَعَ الْعُسْرِ يُسْرًا :苦あれば楽あり[格言]

くろおび　kuro-obi　黒帯　حِزَام أَسْوَد　رَبَطَ الْحِزَامَ الْأَسْوَدَ فِي مُصَارَعَةِ "الجودو"
柔道の黒帯を締めた

くろくなる　kuro-ku･naru　黒くなる　اِسْوَدَّ، يَسْوَدُّ ＜سود IX　اِسْوَدَّتْ يَدَاهُ :彼の両手が黒くなった

くわ　kuwa　鍬　مِحْرَاث ＜حرث 複 مَحَارِيث　حَرَثَ الْأَرْضَ بِالْمَحَارِيثِ
大地を鍬で耕した

くわ　kuwa　桑　تُوت　هَزَّ غُصْنَ التُّوتِ :桑の木の枝を揺すった

くわえる　kuwaeru　加える　أَضَافَ، يُضِيفُ ＜ضيف IV ～إِلَى ～:～に　أَضَافَ الضَّرِيبَةَ إِلَى ذٰلِكَ
それに税金を加えた
※名 إِضَافَة إِلَى :加えること/追加 ～إِلَى بِالْإِضَافَةِ :～に加えて
2)加える　جَمَعَ (a)　جَمَعَ الْأَعْدَادَ :その数を加えた

くわえる　kuwaeru　くわえる　وَضَعَ فِي فَمِهِ　وَضَعَ سِيجَارًا فِي فَمِهِ :葉巻をくわえた

くわしい　kuwashii　詳しい　مُلِمّ ＜لمّ　لَسْتُ مُلِمًّا بِالْقَانُونِ
私は法律に詳しくありません

くわしく　kuwashiku　詳しく　بِالتَّفْصِيلِ ＜فصل　أُكْتُبْهَا بِالتَّفْصِيلِ
それを詳しく書きなさい

くわわる　kuwawaru　加わる　اِنْضَمَّ ＜ضمّ VII ～إِلَى :～に　اِنْضَمَّ إِلَى الْمُنَظَّمَةِ
その組織に加わった
اِنْضَمَّتِ الصِّينُ إِلَى الْأُمَمِ الْمُتَّحِدَةِ
中国は国際連合に加盟した

くんしゅ　kunshu　君主　مَلِك 複 مُلُوك/أَمْلَاك　مَلِكٌ دُسْتُورِيٌّ :立憲君主

くんしょう　kunshou　勲章　وِسَام 複 أَوْسِمَة　قَلَّدَ ～ وِسَامًا :～に勲章を与えた

くんせいにする　kunsei-nisuru　燻製にする　دَخَّنَ ＜دخن II　دَخَّنَ اللَّحْمَ :肉を燻製にした

くんせいの　kusei-no　燻製の　مُدَخَّن ＜دخن　سَمَكٌ مُدَخَّنٌ :燻製の魚

くんれんする　kunren-suru　訓練する　دَرَّبَ ＜درب II　دَرَّبَ الْجُنُودَ الْمُسْتَجَدِّينَ
新兵を訓練した
※名 تَدْرِيب :訓練　تَدْرِيبٌ أَسَاسِيٌّ :基礎訓練
التَّدْرِيبُ الْعَسْكَرِيُّ :軍事訓練(演習)

ぐあい　guai　具合 ⇒ じょうたい joutai 状態

ぐうすう　guusuu　偶数 (زَوْجِيّ/شَفْعِيّ) عَدَد شَفْع ※ ⇔ 奇数

ぐうぜん　guuzen　偶然　صُدْفَة　複 صُدَف　صُدَفَة / صُدْفَة / بالصُّدْفَة :偶然に/たまたま

صُدْفَةً الْتَقَيْتُ بِهِ :私は偶然に彼と会いました

ぐうぞう　guuzou　偶像　وَثَنٌ　複 أَوْثَان /وُثُن ※ وَثَنِيَّة :偶像崇拝

ぐうわ　guuwa　寓話　خُرَافَة　< خرف 複 -ات　قِصَّةُ الذِّئْبِ وَالثَّعْلَبِ خُرَافَةٌ

狼と狐の話は寓話です

ぐしょう-てきな　gushou-teki・na　具象的な
ぐたいてきな　gutai-teki・na　具体的な　مَحْسُوس　< حسّ　اِنْتَقَلَ الْوَاصِفُ مِنَ الْمَحْسُوسِ إِلَى الْمُجَرَّدِ

表現は具象的なものから抽象的なものに移った

ぐちる　guchiru　愚痴る　تَذَمَّرَ　< ذمر V ~ عَلَى / مِنْ :~を　اَلنَّاسُ يَتَذَمَّرُونَ مِنْ غَلَاءِ الْمَعِيشَةِ

人々は生活費の高さを愚痴る

ぐらす　gurasu　グラス　قَدَحٌ　複 أَقْدَاح　كُلٌّ يَشْرَبُ بِقَدَحِهِ :皆はグラスで飲みます

ぐらす-ふぁいばー　gurasu-faibaa　グラスファイバー　لِيفِيّ زُجَاج

ぐらむ　guramu　グラム　غْرَام　複 -ات　كِيلُوغْرَام :キログラム

ぐりる　guriru　グリル　مِشْوَاة　< شوى 複 مَشَاوٍ　تَوَهَّجَ الْجَمْرُ فِي الْمِشْوَاةِ

グリルの炭火が燃えていた

ぐるーぷ　guruupu　グループ　فِئَة　複 -ات　سَنَزُورُ الْمَتْحَفَ فِئَةً بَعْدَ فِئَةٍ

私達はグループ毎に博物館を訪れます

ぐれーぷ-ふるーつ　greepu-furuutsu　グレープフルーツ　غْرِيبْفْرُوت / لَيْمُونُ الْجَنَّةِ

ぐん　gun　軍　قُوَّات　< قوي ※ قُوَّة の複　قُوَّاتُ الْأُمَمِ الْمُتَّحِدَةِ :国連軍

قُوَّاتٌ بَرِّيَّة (بَحْرِيَّة /جَوِّيَّة) :陸(海/空)軍

ぐんしゅう　gunshuu　群衆　حَشْدٌ مِنَ النَّاسِ　كَانَ فِي السَّاحَةِ حَشْدٌ مِنَ النَّاسِ :広場には群衆がいた

2)群衆　جُمْهُور　< جمهر 複 جَمَاهِير　هَجَمَتِ الشُّرْطَةُ عَلَى الْجَمَاهِيرِ فِي الْمَيْدَانِ

警察は広場の群衆を攻撃した

ぐんの　gun-no　軍の
ぐんじの　gunji-no　軍事の　عَسْكَرِيّ　< عسكر　تَدْرِيبٌ عَسْكَرِيٌّ :軍事訓練(教練)

الْقُوَّةُ الْعَسْكَرِيَّةُ :軍事力

ぐんじん　gun-jin　軍人　⇒ へいたい heitai 兵隊

ぐんたい　guntai　軍隊　جَيْش　複 جُيُوش　جُيُوشُ الِاحْتِلَالِ :占領軍

2)軍隊　عَسْكَر　複 عَسَاكِر　يَحْمِي الْعَسْكَرُ حُدُودَ الْوَطَنِ

軍隊は国境を守る

け～けいき

ㄘ　け　ケ　【ke】

け

け　ke　毛　شَعْرٌ / شَعَرٌ　複 أَشْعَار / شُعُور / شِعَار ※ شَعْرَة : 1本の毛

2)毛　صُوف　複 أَصْوَاف ※ نَسِيج صُوفِيّ :毛織物

3)毛　فَرْو　複 فِرَاء　فَرْوُ هِرَّتِي أَبْيَضُ أَمْلَسُ
私の猫の毛は柔らかくて白い

けーき　keeki　ケーキ　كَعْك　※ كَعْكَة : 1個のケーキ　كَعْكَةُ الْعِيدِ :バースデーケーキ

けい　kei　形　صِيغَة < صوغ　صِيغَةُ الْأَمْرِ :命令形

けい　kei　刑 ⇒ けいばつ　keibatsu　刑罰

けい　kei　～系　～مِنْ أَصْلِ　بَرَازِيلِيٌّ مِنْ أَصْلٍ يَابَانِيٍّ :日系ブラジル人

けいい　kei・i　敬意　تَكْرِيم < كرم　لِـ～ تَكْرِيمًا :～に敬意を表して
أَقَامَ تِمْثَالَهُ تَكْرِيمًا لِإِنْجَازَاتِهِ
彼の業績に敬意を表して(を称えて)像を立てた

けいえいしゃ　kei・ei-sha　経営者　مُدِير < دور 複 مُدَرَاء/ون　مُدِيرُ الشَّرِكَةِ :会社の経営者

けいえいする　kei・ei-suru　経営する　أَدَارَ ، يُدِيرُ < دور IV　يُدِيرُ عَمَلًا تِجَارِيًّا :彼は店を経営してます
※名 إِدَارَة 複 -ات :経営　إِدَارَةُ أَعْمَالٍ :経営

けいかいする　keikai-suru　警戒する ⇒ きをつける　ki-wotsukeru　気をつける

けいかいな　keikai-na　軽快な　خَفِيف < خفّ　حَرَكَة خَفِيفَة :軽快な動き

けいかく　keikaku　計画　خُطَّة (ٌ)　複 خُطَط (ٌ)　طِبْقًا لِخُطَّةٍ مَرْسُومَةٍ :計画に従って
وَضَعَ خُطَّةً لِلْعَمَلِ :仕事の計画を立てた

2)計画　مَشْرُوع < شرع 複 مَشَارِيع　هُوَ مَسْئُولٌ عَنْ هٰذَا
الْمَشْرُوعِ　彼はこの計画の責任者です

けいかくする　keikaku-suru　計画する　خَطَّطَ < خط II　خَطَّطَ الْمَشْرُوعَ الزِّرَاعِيَّ
農業プロジェクトを計画した(立案した)

けいかする　keika-suru　経過する　تَقَادَمَ < قدم VI　تَقَادَمَ الزَّمَنُ :(それから)長い時間が経過した
※名 تَقَادُم :(時間の)経過　مَعَ تَقَادُمِ الزَّمَنِ
時間の経過と共に

2)経過する　مَرَّ ، يَمُرُّ　مَرَّ الْوَقْتُ بِسُرْعَةٍ :時間がすばやく経過した(過ぎた)

けいかん　keikan　警官 ⇒ けいさつかん　keisatsu-kan　警察官

けいき　keiki　景気　اَلنَّشَاط الِاقْتِصَادِيّ　هُبُوطُ النَّشَاطِ الِاقْتِصَادِيِّ :景気の落ち込み

けいき　keiki　計器 ⇒ めーたー　meetaa　メーター

けいきのよい〜けいしきてきな

けいきのよい keiki-no·yoi 景気の良い رَائِج < روج اَلسُّوقُ رَائِجَةٌ :市場は景気が良い

けいぐ keigu 敬具 تَقَبَّلْ تَحِيَّاتِي ※手紙の末尾に,拝啓に照応

けいけん keiken 経験 تَجْرِبَة < جرب 複 تَجَارِبُ سَرَدَ تَجَارِبَ حَيَاتِهِ :人生経験を語った

けいけんさ keiken-sa 敬虔さ تَقْوَى < تقى إِنَّهُ إِنْسَانٌ مَعْرُوفٌ بِالْفَضِيلَةِ وَالتَّقْوَى 実に彼は美徳と敬虔さで知られた人だ

けいけんする keiken-suru 経験する يَمُرُّ، مَرَّ مَرَّ بِتَجَارِبَ عَاطِفِيَّةٍ :恋愛を経験した

けいこ keiko 稽古 تَدْرِيب < درب تَدْرِيبٌ رِيَاضِيٌّ :スポーツの稽古(練習)

けいこう keikou 傾向 مَيْل < ميل 複 مُيُول / أَمْيَال
مَيْلٌ إِلَى ارْتِفَاعِ الْأَسْعَارِ :物価の上昇傾向

けいこうがある keikou-ga·aru 傾向がある يَمِيلُ، مَالَ يَمِيلُ الصِّبْيَةُ بِطَبْعِهِمْ إِلَى اللَّعِبِ الْعَنِيفِ 男の子は性格として激しい遊びに向かう傾向がある

けいこくする keikoku-suru 警告する أَنْذَرَ < نذر IV أَنْذَرَهُ بِالْأَمْرِ :彼にその事を警告した
※名 إِنْذَار :警告 إِنْذَارٌ نِهَائِيٌّ :最後の警告/最後通牒

けいさいされる keisai-sareru 掲載される يَرِدُ، وَرَدَ اَلْمَعْلُومَاتُ الْجَدِيدَةُ وَرَدَتْ فِي الْمُلْحَقِ 新しい情報は付録に掲載された

けいさいする keisai-suru 掲載する أَوْرَدَ < ورد IV لَمْ تُورِدِ الصَّحِيفَةُ خَبَرَ اسْتِقَالَتِهِ 新聞は彼の辞職を掲載しなかった

けいさつ keisatsu 警察 شُرْطَة 複 شُرَط مَرْكَزُ الشُّرْطَةِ :警察署

けいさつかん keisatsu-kan 警察官 شُرْطِيّ < شرط 複 ـون شُرْطِيُّ الْمُرُورِ :交通警官

けいさんき keisan-ki 計算機 حَاسِبَة < حسب آلَةٌ حَاسِبَةٌ إِلِكْتْرُونِيَّةٌ :電子計算機

けいさんする keisan-suru 計算する حَسَبَ (u) حَسَبَ النُّقُودَ :お金を計算した
※名 حِسَاب 複 ـات :計算 اَلْحِسَابُ غَيْرُ مَضْبُوطٍ この(勘定の)計算は間違っています

けいざい keizai 経済 اِقْتِصَاد < قصد عِلْمُ الِاقْتِصَادِ :経済学

けいざいの keizai-no 経済の اِقْتِصَادِيّ < قصد اَلسِّيَاسَةُ الِاقْتِصَادِيَّةُ :経済政策

けいしきてきな keishiki-teki·na 形式的な شَكْلِيّ < شكل اَلْمَذْهَبُ الشَّكْلِيُّ :形式主義
تَحْقِيقَاتٌ شَكْلِيَّةٌ :形式的な取り調べ

け

けいしする～けいべつする

けいしする keishi-suru 軽視する حَقَرَ (i) إِنْ تَحْقِرْ كَنَّاسَ الطُّرُقَاتِ، فَأَنْتَ مُخْطِئٌ
あなたが街路の掃除夫のような人を軽視するならば
それは間違っています

けいしゃする keisha-suru 傾斜する ⇒ かたむく katamuku 傾く

けいしょう kei-shou 軽傷 جُرْح بَسِيط ※ ⇔ جُرْح خَطِير : 重傷

けいしょうする keishou-suru 継承する ⇒ うけつぐ uketsugu 受け継ぐ

けいじ keiji 掲示 إِعْلَان < علن 複 -ات لَوْحَة الْإِعْلَانَات : 掲示板

けいじ keiji 啓示 نُزُول الآيَة تَتَأَلَّفُ سُوَرُ الْقُرْآنِ الْكَرِيمِ مِنْ آيَاتٍ مُحْكَمَاتٍ
聖典コーランの章は完全なる啓示からなる

けいせいする keisei-suru 形成する شَكَّلَ < شكل II شَكَّلَ الطُّلَّابُ كُتْلَةً مُتَلَاحِمَةً
学生達は固く団結したグループを形成した

けいそくき keisoku-ki 計測器 ⇒ めーたー meetaa メーター

けいそくする keisoku-suru 計測する ⇒ はかる hakaru 量る/計る/測る

けいぞくする keizoku-suru 継続する ⇒ つづける tsuzukeru 続ける

けいたいでんわ keitai-denwa 携帯電話 هَاتِف جَوَّال

けいたいの keitai-no 携帯の مَحْمُول < حمل كُومْبِيُوتَر مَحْمُول : 携帯式コンピューター

けいと keito 毛糸 خَيْط صُوفِيّ لَعِبَتِ الْهِرَّةُ بِخُيُوطِ الصُّوفِ : 猫が毛糸で遊んだ

けいとうする keitou-suru 傾倒する يَمِيلُ ، مَالَ تَعَبَّدَ الرَّجُلُ وَمَالَ إِلَى حَيَاةِ النُّسْكِ
神へ身をささげた男は修道士生活に傾倒した

けいど keido 経度 خَطّ الطُّول خَطُّ الطُّولِ الشَّرْقِيّ (الْغَرْبِيّ) : 東経(西経)

けいはくな keihaku-na 軽薄な طَائِش < طيش إِنَّكَ رَجُلٌ طَائِشٌ : 本当にお前は軽薄な男だ

けいば keiba 競馬 سِبَاق الْخَيْل حَلْبَة سِبَاقِ الْخَيْلِ : 競馬場

けいばつ keibatsu 刑罰 عُقُوبَة < عقب 複 -ات تَنْفِيذُ الْحُكْمِ بِالْعُقُوبَةِ : 刑の執行

けいひ keihi 経費 نَفَقَة 複 -ات نَفَقَة شَهْرِيَّة : 月々の経費
النَّفَقَة اللَّازِمَة : 必要経費

けいびいん keibi-in 警備員 حَارِس < حرس 複 حُرَّاس عِنْدَ مَدْخَلِ الثُّكْنَةِ حَارِسٌ مُسَلَّحٌ
兵舎の入り口には武装した警備員がいる

けいびする keibi-suru 警備する حَرَسَ (u) يَحْرُسُهُ حَارِسٌ مُسَلَّحٌ : 武装した護衛が彼を警備している
※名 حِرَاسَة : 警備 النَّاطُورُ مُكَلَّفٌ بِحِرَاسَةِ الْمَصْنَعِ
警備員は工場の警備に責任がある

けいべつする keibetsu-suru 軽蔑する اِحْتَقَرَ < حقر VIII أَتَحْتَقِرُ رَفِيقَكَ لِأَنَّهُ أَضْعَفُ مِنْكَ ؟
君は友人が君より弱いから軽蔑するのか

نَظَرَ إِلَيَّ بِعَيْنِ الاحْتِقَارِ　軽蔑: اِحْتِقَار ※名

彼は私を軽蔑の目で見た

けいほう　keihou　刑法　قَانُون الْعُقُوبَات

けいほう　keihou　警報　إِنْذَار　< نذر 複 -ات　إِنْذَار الْحَرِيق :火災警報

けいむしょ　keimusho　刑務所　حَبْس　複 حُبُوس　حَبْس انْفِرَادِيّ :独房

2)刑務所　سِجْن　複 سُجُون　سِيقَ اللِّصُّ إِلَى السِّجْنِ

その盗人は刑務所に送られた

けいやくする　keiyaku-suru　契約する　تَعَاقَدَ　< عقد VI　～ عَلَى :～について　～ مَعَ :～と

تَعَاقَدَ مَعَ الشَّرِكَةِ :彼はその会社と契約した

※名 عَقْد 複 عُقُود :契約　بُطْلَان الْعَقْد :契約無効

طَلَبَ تَنْفِيذَ الْعَقْدِ :契約の実行(履行)を求めた

けいゆ　keiyu　軽油　زَيْت خَفِيف　※ ⇔ زَيْت ثَقِيل :重油

けいゆ　keiyu　～経由　～ عَنْ طَرِيق/بِطَرِيق ～　ذَهَبْتُ إِلَى تُرْكِيَا عَنْ طَرِيق لَنْدَنَ

私はロンドン経由でトルコへ行きました

けいようし　keiyou-shi　形容詞　صِفَة　< وصف 複 -ات　الصِّفَةُ تَتْبَعُ الْمَوْصُوفَ

形容詞は(修飾する)名詞に従う(続く)

けいようする　keiyou-suru　形容する　يَصِفُ، وَصَفَ　جَمَالُهَا لَا يُوصَفُ بِالْكَلَامِ

彼女の美しさは言葉で形容(表現)できない

けいりゃく　keiryaku　計略　حِيلَة　فَكَّرَ فِي حِيلَةٍ :計略を考えた

けいれい　keirei　敬礼　تَحِيَّة عَسْكَرِيَّة　～ أَدَّى تَحِيَّةً عَسْكَرِيَّةً لِـ :～に敬礼をした

けいれんする　keiren-suru　けいれんする　تَشَنَّجَ　< شنج V　تَشَنَّجَتْ عَضَلَاتُ سَاقِي

足の筋肉がけいれんした

※名 تَشَنُّج :けいれん　تَشَنُّج الْعَضَلَة :筋肉のけいれん

けが　kega　けが　أَذًى　< أذي　لَمْ يُصِبْهُمَا أَذًى :彼ら二人にけがはなかった

けがす　kegasu　汚す　دَنَّسَ　< دنس II　دَنَّسَ الشَّرَفَ :名誉を汚した

けがにん　kega-nin　けが人　⇒ ふしょうしゃ　hushou-sha　負傷者

けがらわしい　kegarawashi・i　汚らわしい　قَذِر(ـة)　مَال قَذِر :汚らわしい金

けがれる　kegareru　汚れる　تَدَنَّسَ　< دنس V　لَا أَرْضَى بِأَنْ يَتَدَنَّسَ شَرَفُكَ

私はあなたの名誉が汚れることに納得できない

けがわ　kegawa　毛皮　فَرْو　複 فِرَاء　فِرَاء / مِعْطَف فَرْو :毛皮のコート

けがをする　kega-wosuru　けがをする　جُرِحَ، يُجْرَحُ　※ جَرَحَ の受　جُرِحَتْ فِي عَيْنَيْهَا

彼女は両目にけがをした(両目をけがした)

けさ～けっか

けさ　kesa　今朝　هٰذَا الصَّبَاح　اِسْتَيْقَظَ مُبَكِّرًا فِي هٰذَا الصَّبَاحِ :今朝は早く起きた

けし　keshi　芥子　خَشْخَاش　複 خَشَاخِيش　زَهْرَة خَشْخَاشٍ :芥子の花

けしき　keshiki　景色　مَنْظَر　< نظر 複 مَنَاظِر　اَلْمَنْظَرُ الطَّبِيعِيُّ الْجَمِيلُ
美しい自然の景色

けしごむ　keshi-gomu　消しゴム　مِمْحَاة　< محو 複 مَمَاحٍ　فِي طَرَفِ الْقَلَمِ مِمْحَاةٌ صَغِيرَةٌ
鉛筆の端に小さな消しゴムが付いている

けしょう　keshou　化粧　زِينَة الْوَجْه　غُرْفَة الزِّينَة :化粧室

けしょうする　keshou-suru　化粧する　جَمَّلَ　< جمل II　جَمَّلَ وَجْهَهَا　تَعْرِفُ الْحَسْنَاءُ أَنْ تُجَمِّلَ وَجْهَهَا
美人は化粧することを知っている

けしょうひん　keshou-hin　化粧品　مَادَّة التَّجْمِيل

けじめ　kejime　けじめ　حَدّ　複 حُدُود　وَضَعَ حَدًّا :けじめをつけた

けす　kesu　消す　مَسَحَ (a)　اِمْسَحِ الْحُرُوفَ عَلَى اللَّوْحَةِ السَّوْدَاءِ
黒板の字を消しなさい

2)消す　أَطْفَأَ　< طفئ IV ※灯や火などを　أَطْفَأَ النُّورَ :灯を消した
أَطْفَأَ النَّارَ (الْحَرِيقَ) :火(火事)を消した
أَطْفَأَ الرَّادِيُو :ラジオを消した

3)消す　اِخْتَفَى　< خفي VIII ※姿を　اِخْتَفَى عَنِ الْأَنْظَارِ :姿を消した

けずる　kezuru　削る　بَرَى، يَبْرِي　بَرَى قَلَمَ الرَّصَاصِ بِمِبْرَاةٍ :鉛筆をナイフで削った

2)削る　خَفَضَ (i)　خَفَضَ الْمِيزَانِيَّةَ :予算を削った

けだもの　kedamo･no　獣　⇒ けもの　kemo･no　獣

けちな　kechi-na　けちな
けちんぼ　kechinbo　けちんぼ　بَخِيل　< بخل　اَلتَّاجِرُ غَنِيٌّ وَبَخِيلٌ
その商人は裕福でけちんぼだ

けちゃっぷ　kechappu　ケチャップ　صَلْصَة الطَّمَاطِم　وَضَعَ صَلْصَةَ الطَّمَاطِمِ :ケチャップをかけた

けちる　kechiru　けちる　⇒ おしむ　oshimu　惜しむ

けつあつ　ketsu･atsu　血圧　ضَغْط الدَّم　قَاسَ ضَغْطَ الدَّمِ :血圧を計った

けつい　ketsui　決意　عَزْم　عَقَدَ الْعَزْمَ عَلَى～ :～しようと決意した(決心した)

けつえき　ketsu･eki　血液　دَم　複 دِمَاء　※＝血　فَصِيلَة دَمٍ :血液型
اَلدَّمُ لَا يَصِيرُ مَاءً
血は水にならない/血は水よりも濃い[格言])

けつえきの　ketsu･eki-no　血液の　دَمَوِيّ　< دم　دَوْرَة دَمَوِيَّة :血液の循環

けっか　kekka　結果　نَتِيجَة　< نتج 複 نَتَائِج　رَضِيتُ بِالنَّتِيجَةِ
私はその結果に満足です

け

けっかく～けっして

け

けっかく kekkaku 結核 سُلٌّ (ـُ) اَلسُّلُّ الرِّئَوِيُّ :肺結核
ضَحَايَا السُّلِّ بَاتُوا قَلِيلِينَ
結核の犠牲者は少なくなった

けっかん kekkan 血管 وِعَاء دَمَوِيّ 複 أَوْعِيَة دَمَوِيَّة
أَوْعِيَة دَمَوِيَّة دَقِيقَة :毛細血管/毛管

けっかん kekkan 欠陥 خَلَلٌ < خلّ 複 خِلَال خَلَلٌ فِي الْآلَةِ :機械の欠陥

けっきゅう kekkyuu 血球 كُرَات الدَّم كُرَات الدَّمِ الْبَيْضَاءِ (الْحَمْرَاءِ) :白血球(赤血球)

けっきょく kekkyoku 結局 أَخِيرًا / فِي آخِرِ الْأَمْرِ فِي آخِرِ الْأَمْرِ لَمْ نَسْتَطِعْ حَلَّ الْمُشْكِلَةِ الْمَالِيَّةِ فِي آسِيَا
結局私達はアジアの金融問題を解決できなかった

けっきん kekkin 欠勤 غِيَاب عَنْ الشَّرِكَةِ كَيْفَ تُبَرِّرُ غِيَابَكَ عَنِ الشَّرِكَةِ ؟
あなたは欠勤をどう正当化するつもりですか

けつぎ ketsugi 決議 قَرَارٌ < قرّ 複 -ات اِتَّخَذَ قَرَارًا :決議した

けっこうです kekkou-desu 結構です (أَنْ تَفْعَلَ ~) مُمْكِنٌ مُمْكِنٌ أَنْ تَزُورَ فِي أَيِّ وَقْتٍ
いつでも会いに来ていただいて結構ですよ
2)結構です لَا شُكْرًا تَفَضَّلْ ، كُلْ ! :どうぞお食べ下さい！
لَا شُكْرًا :いいえ結構です

けっこうな kekkou-na 結構な جَمِيل < جمل جَمِيل مَنْظَر جَمِيل :結構な眺め(景色)

けっこん kekkon 結婚 زَوَاج < زوج ~ مِنْ :~との عَقْد الزَّوَاجِ :結婚証明書

けっこんしき kekkon-shiki 結婚式 حَفْل زَوَاجٍ نَحْضُرُ حَفْلَ زَوَاجِ ابْنَةِ عَمِّي
私達はおじの娘(従姉妹)の結婚式に出席します
2)結婚式 زِفَاف < زفّ أَقَامَ حَفْلَةَ الزِّفَافِ :結婚披露宴を行った

けっこん-している kekkon-shite-iru 結婚している مُتَزَوِّج < زوج ※=既婚の ※ ⇔ أَعْزَب :独身の

けっこんする kekkon-suru 結婚する تَزَوَّجَ < زوج V ~ ـهُ/عَلَى/بِ/مِنْ :~と

けつごう-する ketsugou-suru 結合する اِتَّحَدَ < وحد VIII يَتَّحِدُ الْهَيْدُرُوجِينُ مَعَ الْأُكْسِجِينِ لِيَكُونَا الْمَاءَ
水素は酸素と結合し,水を作る
※名 اِتِّحَاد :結合 ~بِـ / مَعَ :~との

けっさくの kessaku-no 傑作の رَائِع < روع 複 رَوَائِعُ/رُوَّع لَوْحَة رَائِعَة :(絵画の)傑作
شِعْر رَائِع :(詩の)傑作

けっして kesshite 決して كَلَّا كَلَّا ثُمَّ كَلَّا :決して(絶対に)だめです
2)決して(~ない) أَبَدًا لَا أَفْعَلُهُ أَبَدًا : 私は決して(絶対に)それをしない

けっしょう kesshou 結晶 بِلَّوْر / بَلُّور　بِلَّوْر الْمِلْح :塩の結晶

けっしょう kesshou 決勝
けっしょうせん kesshuo-sen 決勝戦 مُبَارَاة نِهَائِيَّة　اِشْتَرَكَ فِي الْمُبَارَاةِ النِّهَائِيَّةِ :決勝戦に出た

けっしん kesshin 決心 تَصْمِيم < صَمَّ ~عَلَى :~しようとする
تَصْمِيمِي عَلَى الذَّهَاب إِلَى غَزَّة
ガザへ行こうという私の決心

けっしんする kesshin-suru 決心する قَرَّرَ < قَرّ II　قَرَّرْتُ أَنْ أَذْهَبَ مَعَكَ
私はあなたと一緒に行こうと決心した

けつじょ ketsujo 欠如 قِلَّة　قِلَّةُ انْتِبَاهِكَ تُكَثِّرُ أَخْطَاءَ الْإِمْلَاءِ
あなたの注意力の欠如が聞き間違いを増加させる

けっせきして kesseki-shite 欠席して غَائِب < غيب 複 ـونَ　الطُّلَّابُ حَاضِرُونَ ، أَمَّا "نَبِيل" فَغَائِبٌ
学生達は出席してますが，ナビールは欠席しています

けっせきする kesseki-suru 欠席する تَغَيَّبَ < غيب V عَنْ ~ :~を　لِمَاذَا تَغَيَّبْتَ عَنِ الْمَدْرَسَةِ دُونَ مُبَرِّرٍ
何故あなたは学校を無断欠席したのですか ？
※名 تَغَيُّب :欠席　لَا أَسْمَحُ لَكَ بِالتَّغَيُّبِ عَنِ الْمَدْرَسَةِ
あなたに学校の欠席は許しません

けつだん ketsudan 決断
けってい kettei 決定 قَرَار < قَرّ 複 ـات　مَا رَأْيُكَ بِالْقَرَارِ ؟
その決定(決断)についてあなたの意見はどうですか

けっていする kettei-suru 決定する ⇒ きめる kimeru 決める

けってん ketten 欠点 عَيْب 複 عُيُوب　هَلْ تَعْرِفُ عُيُوبَكَ ؟
自分の欠点(短所)が分かりますか

けっとう kettou 血統 أَصْل 複 أُصُول　مَا أَصْلُ هٰذَا الْجَوَادِ ؟
この馬の血統は何ですか

けつぼうする ketsubou-suru 欠乏する ⇒ ふそくする husoku-suru 不足する

けつまつ ketsumatsu 結末 خَاتِمَة < ختم 複 خَوَاتِم　أَقَرَأْتَ خَاتِمَةَ الْكِتَابِ ؟
その本の結末を読みましたか

2)結末 مَغَبَّة < غبّ 複 ـات　مَغَبَّةُ الْكَسَلِ فَشَلٌ
怠惰の結末は失敗である[格言]

けつろん ketsuron 結論 اِسْتِنْتَاج < نتج　أَخِيرًا مَا اسْتِنْتَاجُكَ ؟
結局，あなたの結論は何ですか

2)結論 خِتَام < ختم　فِي الْخِتَامِ :結論として

けつろん-をだす ketsuron-wodasu 結論を出す وَصَلَ إِلَى نَتِيجَةٍ　~ بِأَنْ :~という

けなす ke・nasu 貶す سَبَّ (u)　عَلِّمْ وَلَدَكَ أَلَّا يَسُبَّ أَحَدًا
人を貶さないよう子どもに教えなさい

けばーぶ～けんかする

け

けばーぶ　kebaabu　ケバーブ　⇒　ししかばぶ　shishikababu　シシカバブ

けびょう　kebyou　仮病　تَمَارُض　＜مرض Vの名　تَمَارُض الْكَسُولِ:怠け者の仮病
※動　تَمَارَضَ:仮病を使う　تَمَارَضَ الْكَسُولُ حَتَّى يَهْرُبَ مِنَ الامْتِحَانِ
怠け者が試験を逃れるために仮病を使った

けむし　kemushi　毛虫　يَرَقَة / دُودَة الْفَرَاشَة

けむり　kemuri　煙　دُخَان　＜دخن 複 أَدْخِنَة　لَا دُخَانَ بِدُونِ نَارٍ
火のない所に煙は立たない[格言]

けもの　kemo・no　獣　وَحْش　＜وحش 複 وُحُوش　النَّمِرُ وَحْشٌ مُخِيفٌ
虎は恐ろしい獣です

けらい　kerai　家来　تَابِع　＜تبع 複 أَتْبَاع　أَتْبَاع الْمَلِكِ:王の家来達

ける　keru　蹴る　رَكَلَ (u)　رَكَلَ ～ بِقَدَمِهِ:～を足で蹴った
2)蹴る　رَفَضَ (u)　رَفَضَ الطَّلَبَ:その要求を蹴った

けれど　keredo　(～だ)けれど　وَلَوْ ～ ＜ لو
けれども　keredomo　(～だ)けれども
لِنَخْرُجْ وَلَوْ أَنَّ الْوَقْتَ مُتَأَخِّرٌ
時間は遅いけれど出かけようよ
2)けれど لٰكِنْ / لٰكِنَّ　هُوَ كَانَ مَشْغُولاً، لٰكِنَّهُ حَضَرَ الْحَفْلَةَ
彼は忙しかったけれども，そのパーティに出席した

けわしい　kewashi・i　険しい　شَدِيد الانْحِدَارِ　مُنْحَدَر شَدِيد الانْحِدَارِ:険しい坂

けん　ken　県　مُقَاطَعَة　＜قطع 複 -ات　مُقَاطَعَةُ "أَيْتشي" كَثِيرَةُ السُّكَّانِ
愛知県は人口が多い
2)県　مُحَافَظَة　＜حفظ 複 -ات　انْعَقَدَ مَجْلِسُ الْمُحَافَظَةِ
県議会が開かれた

けん　ken　券　تَذْكِرَة　＜ذكر 複 تَذَاكِر　تَذْكِرَة الدُّخُولِ:入場券

けん　ken　剣　⇒　かたな　kata・na　刀

けんい　ken・i　権威　حُجَّة　複 حُجَج　هُوَ حُجَّةٌ فِي عِلْمِ الصَّوْتِيَّاتِ
彼は音響学の権威だ

けんえき　ken・eki　検疫　حَجْر صِحِّيّ　ضَابِط الْحَجْرِ الصِّحِّيِّ:検疫官　※مَحْجَر صِحِّيّ:検疫所

けんえつする　ken・etsu-suru　検閲する　رَاقَبَ　＜رقب III　رَاقَبَ الْفِيلْمَ:その映画を検閲した
※名　مُرَاقَبَة:検閲　مُرَاقَبَة الْإِعْلَامِ:マスコミの検閲

けんおする　ken・o-suru　嫌悪する　⇒　きらう　kirau　嫌う

けんかい　kenkai　見解　وُجْهَة نَظَرِهِ (وِجْهَة)　أَبْدَى وُجْهَةَ نَظَرِهِ (وِجْهَة):自分の見解を述べた(表明した)

けんかする　kenka-suru　けんかする　تَشَاجَرَ　＜شجر VI　～ مَعَ:～と　تَشَاجَرَ مَعَ مُدِيرِ الشَّرِكَةِ
彼は社長とけんかした(言い争った)

けんがく～けんさする

حَصَلَ تَشَاجُرٌ عَنِيفٌ بَعْدَ الْمُبَارَاتِ 試合の後でひどいけんかが起きた
※名 تَشَاجُر :けんか

けんがく kengaku 見学 (زِيَارَة (لِلدِّرَاسَة قَامَ بِزِيَارَةِ الْمَتْحَفِ :博物館を見学した

けんがくしゃ kengaku-sha 見学者 زَائِر < زور 複 زُوَّار/-ون
مَشَى الدَّلِيلُ وَتَبِعَهُ الزُّوَّارُ ガイドが歩き,その後ろを見学者がついて行った

けんきゅう kenkyuu 研究 بَحْث 複 أَبْحَاث/بُحُوث ~فِي :~についての
2)研究 دِرَاسَة < درس 複 -ات
بَدَأَ الْأَسَاتِذَةُ دِرَاسَتَهُمُ الْعِلْمِيَّةَ 教授たちは科学的研究を始めた

けんきゅうしょ kenkyuu-sho 研究所
けんきゅうじょ kenkyuu-jo 研究所 مَعْهَد < عهد 複 مَعَاهِد
مَعْهَدُ الْآدَابِ الْعَرَبِيَّةِ アラブ文学研究所

けんきゅうする kenkyuu-suru 研究する بَحَثَ (a) ~فِي :~について
هَلْ تَرْغَبُ أَنْ تَبْحَثَ فِي الْاِقْتِصَادِ ؟ あなたは経済の研究をしたいのですか
2)研究する دَرَسَ (u) دَرَسَ الْعِلْمَ عَلَى~ :~先生(教授)のもとで研究した

けんきょである kenkyo-dearu 謙虚である تَوَاضَعَ < وضع VI
كُلَّمَا ازْدَادَ الْعَالِمُ عِلْمًا، تَوَاضَعَ 有識者は知識が増せば増す程,謙虚である

けんきょな kenkyo-na 謙虚な مُتَوَاضِع < وضع
الرَّئِيسُ مَشْهُورٌ وَلَكِنَّهُ مُتَوَاضِعٌ 大統領は有名ですが謙虚です
الْإِنْسَانُ الْمُتَوَاضِعُ يَنْحَنِي كَالشَّجَرَةِ الْغَنِيَّةِ بِثِمَارِهَا 謙虚な人は豊かに実った木のように身を低くする/実るほど頭を垂れる稲穂かな[格言]

けんきん kenkin 献金 تَبَرُّع مَالِيّ جَمَعَ التَّبَرُّعَاتِ الْمَالِيَّةَ :献金を募った

けんけつする kenketsu-suru 献血する تَبَرَّعَ بِالدَّمِ < برع V
تَبَرَّعْ بِالدَّمِ لِلْجَرْحَى 負傷者のために献血しなさい
※名 تَبَرُّع بِالدَّم :献血

けんこう kenkou 健康 صِحَّة
اَلتَّدْخِينُ ضَارٌّ جِدًّا لِصِحَّتِكَ 喫煙はあなたの健康にとても有害です

けんこうてきな kenkou-teki・na 健康的な
けんこうな kenkou-na 健康な صِحِّيّ < صح صِحِّيٌّ لِلْجِسْمِ :体の健康によい
اَلرِّيَاضَةُ الصِّحِّيَّةُ :健康的なスポーツ

けんこく kenkoku 建国 تَأْسِيس دَوْلَة ※ عِيدُ الْاِسْتِقْلَالِ :建国(独立)記念日

けんさする kensa-suru 検査する فَتَّشَ < فتش II
فَتَّشَ الْمُرَاقِبُ حَقَائِبَ الْمُسَافِرِينَ 検査官が旅行者のカバンを検査した
※名 تَفْتِيش :検査 تَفْتِيشُ الْحَوَائِجِ :所持品検査

け

けんさつ～けんびきょう

け

けんさつ　kensatsu　検察　نِيَابَة عُمُومِيَّة

けんしょう　kenshou　懸賞　جَائِزَة فِي الْمُسَابَقَةِ　※=懸賞品

けんしょう　kenshou　憲章　مِيثَاق　< وثق 複 مَوَاثِيق/مَيَاثِيق

国連憲章: مِيثَاقُ هَيْئَةِ الْأُمَمِ الْمُتَّحِدَةِ

けんじ　kenji　検事　مُدَّعٍ عَامٌّ (عُمُومِيّ)　※ 主任検事: رَئِيسُ النِّيَابَةِ

けんじゃ　kenja　賢者　حَكِيم　< حكم 複 حُكَمَاءُ　هٰذَانِ حَكِيمَانِ عَاقِلَانِ

この二人は理性のある賢者です

けんじゅう　kenjuu　拳銃　مُسَدَّس　< سدس 複 -ات　سِلَاحُ الشُّرْطِيِّ عَصًا وَمُسَدَّسٌ

警官の武器は棒と拳銃です

けんせつ-しょう　kensetsu-shou　建設省　وِزَارَةُ الْإِنْشَاءَاتِ

けんせつ-する　kensetsu-suru　建設する　بَنَى، يَبْنِي　مَنْ بَنَى مَدِينَةَ "نَارَا"؟

誰が奈良の都を建設しましたか

建設会社: شَرِكَة بِنَاءٍ　建設: بِنَاء 複 أَبْنِيَة ※名

けんせつ-てきな　kensetsu-teki・na　建設的な　بَنَّاء　< بنى　建設的な意見: رَأْي بَنَّاء

けんぜんな　kenzen-na　健全な　سَلِيم　< سلم 複 سُلَمَاءُ　考えが健全な: سَلِيمُ الْعَقْلِ

身体が健全な(健康な): سَلِيمُ الْجِسْمِ

الْعَقْلُ السَّلِيمُ فِي الْجِسْمِ السَّلِيمِ

健全な精神は健康な身体から

けんそんした　kenson-shita　謙遜した
けんそんの　kenson-no　謙遜の　مُتَوَاضِع　< وضع　هٰذِهِ الْجُمْلَةُ مُتَوَاضِعَةٌ

この文は謙遜した(へりくだった)文です

けんそんする　kenson-suru　謙遜する　⇒けんきょである　kenkyo-dearu　謙虚である

けんちく　kenchiku　建築　⇒ けんせつ　kensetsu　建設

けんとう　kentou　拳闘　⇒ ぼくしんぐ　bokushingu　ボクシング

けんとうする　kentou-suru　検討する　قَلَّبَ　< قلب II　その問題を検討した: قَلَّبَ الْأَمْرَ

検討: تَقْلِيب ※名　عِنْدَ تَقْلِيبِ النَّظَرِ

詳しい検討のもと

けんどう　kendou　剣道　لُعْبَةُ الشِّيشِ الْيَابَانِيَّة　يَتَدَرَّبُ عَلَى لُعْبَةِ الشِّيشِ

剣道の練習をする

けんばん　kenban　鍵盤　مَفَاتِيح　< فتح ※ مِفْتَاح: 鍵の複　مَفَاتِيحُ الْبِيَانُو

ピアノの鍵盤

けんびきょう　kenbikyou　顕微鏡　مِيكْرُوسْكُوب　電子顕微鏡: مِيكْرُوسْكُوب إِلِكْتْرُونِيّ

けんぶつする～げか

2)顕微鏡 مِجْهَر < جهر 複 مَجَاهِر　تَبْدُو الْبَرْغَشَةُ جَرَادَةً تَحْتَ عَدَسَةِ الْمِجْهَرِ
顕微鏡(けんびきょう)のレンズを通(とお)すと一匹(いっぴき)の蚊(か)はバッタのように見(み)える

けんぶつする kenbutsu-suru 見物する شَاهَدَ < شهد III　شَاهَدَ النَّاسُ الْعَرْضَ الْعَسْكَرِيَّ
人々(ひとびと)は軍事(ぐんじ)パレードを見物(けんぶつ)した
※名 مُشَاهَدَة :見物(けんぶつ)　تَجَمْهَرَ النَّاسُ لِمُشَاهَدَةِ الْعَرْضِ
人々(ひとびと)がショーの見物(けんぶつ)に集(あつ)まった

けんぶつにん kenbutsu-nin 見物人 مُتَفَرِّج < فرج 複 ـون　وَجَدْنَا الصَّبِيَّ جَالِسًا وَسْطَ الْمُتَفَرِّجِينَ
私達(わたしたち)はその少年(しょうねん)が見物人(けんぶつにん)の真(ま)ん中(なか)に座(すわ)っているのが分(わ)かった

けんぽう kenpou 憲法 دُسْتُور　لِكُلِّ دَوْلَةٍ دُسْتُورٌ :すべての国家(こっか)に憲法(けんぽう)がある
الْمَادَّةُ التَّاسِعَةُ مِنَ الدُّسْتُورِ :憲法第九条(けんぽうだいきゅうじょう)
تَعْدِيلٌ دُسْتُورِيٌّ :憲法改正(けんぽうかいせい)

けんまする kenma-suru 研磨する صَقَلَ (u)　أُصْقُلْ زَاوِيَةَ اللَّوْحِ بِالْمِبْرَدِ
板(いた)の角(かど)はヤスリで研磨(けんま)しなさい

けんめいな kenmei-na 賢明な ⇒ かしこい kashikoi 賢い

けんめいな kenmei-na 懸命な جَادٌّ < جدّ　تَفْتِيشٌ جَادٌّ :懸命(けんめい)な捜策(そうさく)

けんやくする ken・yaku-suru 倹約する اِقْتَصَدَ < قصد VIII　تَعَوَّدْتُ أَنْ أَقْتَصِدَ فِي النَّفَقَةِ
私(わたし)は出費(しゅっぴ)を倹約(けんやく)するのが習慣(しゅうかん)になった

けんり kenri 権利 حَقّ 複 حُقُوق　أَصَرَّ عَلَى حَقِّهِ :権利(けんり)を主張(しゅちょう)した
وَلَا يَتْرُكُ حَقَّهُ :しかし彼(かれ)は権利(けんり)を譲(ゆず)らない
الْحُقُوقُ وَالْوَاجِبَاتُ :権利(けんり)と義務(ぎむ)

けんりょく kenryoku 権力 حُكْم　اِسْتَوْلَى عَلَى الْحُكْمِ :権力(けんりょく)を握(にぎ)った(奪取(だっしゅ)した)

げーむ geemu ゲーム لُعْبَة　اَلشِّطْرَنْجُ لُعْبَةٌ تَتَطَلَّبُ ذَكَاءً وَتَفْكِيرًا
チェスは聡明(そうめい)な頭脳(ずのう)と思考(しこう)を必要(ひつよう)とするゲームだ

げい gei 芸 مَهَارَة < مهر　تُكْتَسَبُ الْمَهَارَةُ بِالتَّمْرِينِ وَالْمُمَارَسَةِ
芸(げい)は練習(れんしゅう)と経験(けいけん)で得(え)られる

げいじゅつ geijutsu 芸術 فَنّ 複 فُنُون　فَنٌّ لِلشَّعْبِ :人民(じんみん)のための芸術(げいじゅつ)/人民芸術(じんみんげいじゅつ)
※関 فَنِّيّ :芸術(げいじゅつ)の　حَرَكَةٌ فَنِّيَّةٌ جَدِيدَةٌ :新芸術運動(しんげいじゅつうんどう)

げいじゅつか geijutsu-ka 芸術家 فَنَّان < فنّ 複 ـون　اَلْفَنَّانُ يَعْشَقُ الْجَمَالَ وَيُبْدِعُهُ
芸術家(げいじゅつか)は美(び)を熱愛(ねつあい)し，その創造(そうぞう)をする

げか geka 外科 طِبُّ الْجِرَاحَةِ / عِلْمُ الْجِرَاحَةِ ※ عَمَلِيَّةٌ جِرَاحِيَّةٌ :外科手術(げかしゅじゅつ)

け

げかい～げっぷ

هُوَ طَبِيبٌ اخْتِصَاصِيٌّ بِجِرَاحَةِ الْعَظْمِ
彼は整形外科の専門医だ

げかい geka-i 外科医 جَرَّاح ＜ جرح 複 ـون سَيُجْرِي جَرَّاحٌ مَاهِرٌ الْعَمَلِيَّةَ
優秀な外科医がその手術を行うだろう

げき geki 劇 ⇒ えんげき engeki 演劇

げきじょう gekijou 劇場 مَسْرَح ＜ سرح 複 مَسَارِحُ ذَهَبْتُ إِلَى الْمَسْرَحِ أَمْسِ
私は昨日劇場に行きました

げきてきな gekiteki-na 劇的な مُثِير ＜ ثور تَغْيِيرٌ مُثِيرٌ :劇的な変化

げきどする gekido-suru 激怒する ثَارَتْ ثَائِرَتُهُ ثَارَتْ ثَائِرَتُهُ رَأَى النَّاظِرُ حَالَةَ الْفَوْضَى فَثَارَتْ ثَائِرَتُهُ
無秩序な状況を見た校長先生は激怒した

げきはする gekiha-suru 撃破する سَحَقَ (a) سَحَقَ جَيْشَ الْأَعْدَاءِ :敵軍を撃破した

げきれいする gekirei-suru 激励する ⇒ はげます hagemasu 励ます

げし geshi 夏至 اَلِانْقِلَابُ الصَّيْفِيُّ ※ ⇔ اَلِانْقِلَابُ الشَّتَوِيُّ :冬至

げしゅくする geshuku-suru 下宿する ～ أَقَامَ عِنْدَ ～ ※～の所に

げじゅん gejun 下旬 أَوَاخِرُ الشَّهْرِ فِي أَوَاخِرِ هٰذَا الشَّهْرِ :今月の下旬に

げすい gesui 下水 مِيَاهُ الْمَجَارِيرِ الْقَذِرَة مِيَاهُ الْمَجَارِيرِ تُلَوِّثُ الْبَحْرَ
下水が海を汚している

げすいこう gesui-kou 下水溝 بَالُوعَة ＜ بلع اِنْسَدَّتِ الْبَالُوعَةُ :下水溝が詰まった

げた geta 下駄(يَابَانِيّ) قُبْقَاب (يَابَانِيّ) 複 قَبَاقِيب مَشَى بِقَبْقَابِهِ الْيَابَانِيِّ يُطَقْطِقُ
カタカタと音を立てながら下駄を履いて歩いた

げっきゅう gekkyuu 月給 مُرَتَّب شَهْرِيّ كَمْ مُرَتَّبِي الشَّهْرِيّ؟ :私の月給はいくらですか

げっけいじゅ gekkei-ju 月桂樹 غَار يُتَوَّجُ رَأْسُ الْقَائِدِ الْمُنْتَصِرِ بِإِكْلِيلٍ مِنْ غَارٍ
勝利した指導者の頭に月桂樹の冠が被せられる

げっしゃ gessha 月謝 مُكَافَأَة شَهْرِيَّة لِلتَّعْلِيم

げっしゅう gesshuu 月収 دَخْل شَهْرِيّ لَهُ دَخْلٌ شَهْرِيٌّ يَبْلُغُ مِلْيُونَ يِنٍّ
彼は百万円の月収がある

げっしょく gesshoku 月食 خُسُوف الْقَمَرِ خُسُوفُ الْقَمَرِ دَلِيلٌ عَلَى أَنَّ الْأَرْضَ كُرَةٌ
月食は地球が丸い証拠である

げつまつ getsumatsu 月末 نِهَايَة الشَّهْرِ أَعِرْنِي الْكِتَابَ حَتَّى نِهَايَةِ الشَّهْرِ
月末まで本を貸して下さい

げっぷ geppu げっぷ تَجَشُّؤ ＜ جشأ ※動 تَجَشَّأَ :げっぷが出る
شَرِبَ الْمَشْرُوبَ الْغَازِيَّ وَرَاحَ يَتَجَشَّأُ
炭酸飲料を飲んだら，げっぷをし始めた

げつようび～げんこう

げつようび　getsu-youbi　月曜日　يَوْمُ الْإِثْنَيْنِ / اَلْإِثْنَيْن

げひんな　gehin-na　下品な　بَذِيءٌ　<بذاء　بَذِيءُ اللِّسَانِ :言葉づかいが下品な

げらくする　geraku-suru　下落する　⇒ さがる　sagaru　下がる

げり　geri　下痢　إِسْهَال　<سهل　عِنْدِي إِسْهَالٌ :私は下痢をしています

هَلْ عِنْدُكَ دَوَاءٌ لِلْإِسْهَالِ؟

下痢止めの薬はありますか

げりら　gerira　ゲリラ　مُحَارِب عِصَابِيّ　※兵士

2)ゲリラ　عِصَابَة　<عصب 複 -ات　※軍団　حَرْب الْعِصَابَاتِ :ゲリラ戦

げん　gen　弦　وَتَرٌ　複 أَوْتَار　كَمْ وَتَرًا فِي الْكَمَانِ؟

バイオリンには弦がいくつありますか

げんいん　gen・in　原因　سَبَبٌ　<سبّ 複 أَسْبَاب　اَلسَّبَب وَالنَّتِيجَة :原因と結果

سَبَبُ الْحَادِث :その事故の原因

げんか　genka　原価　ثَمَنٌ أَصْلِيّ　مَا الثَّمَنُ الْأَصْلِيّ؟ :原価はいくらですか

げんかい　genkai　限界　حَدٌّ　複 حُدُود　تَجَاوَزَ الْحُدُودَ :限界(限度)を超えた

げんかくな　genkaku-na　厳格な　⇒ きびしい　kibishi・i　厳しい

げんかん　genkan　玄関　بَابٌ　<بوب 複 أَبْوَاب/بِيبَان　بَابُ بَيْتِنَا مَفْتُوحٌ

لِكُلِّ ضَيْفٍ　私たちの家の玄関はすべての

お客様に開いてます

げんがっき　gen-gakki　弦楽器　آلَة طَرَبٍ وَتَرِيَّة　دَوْزَنَ آلَةَ الطَّرَبِ الْوَتَرِيَّةَ

弦楽器をチューニングした

げんき　genki　元気　نَشَاط　<نشط 複 -ات/ أَنْشِطَة　بِنَشَاطٍ :元気に

2)元気　صِحَّة　هُوَ فِي صِحَّةٍ جَيِّدَةٍ :彼は元気です

げんきで　genki-de　元気で　بِخَيْرٍ　※=بِ+خَيْر　كَيْفَ حَالُكَ؟ :ご機嫌いかがですか

بِخَيْرٍ ، وَالْحَمْدُ لِلّٰهِ :おかげさまで，元気です

げんきな　genki-na　元気な　نَشِيط　<نشط 複 نِشَاط　هُمَا نَشِيطَان :二人は元気がよい

げんきょう　genkyou　現況　اَلْوَضْع الْحَالِي　※現在の状況　اَلْوَضْعُ الْحَالِيّ كَالتَّالِي :現況は次の通り

げんきん　genkin　現金　نُقُود / نَقْد　※نُقُود は نَقْد の複　وَرَقُ النَّقْدِ :紙幣

مَدْفُوع نَقْدًا :現金払い　نَقْدًا :現金で

げんけい　genkei　原形　جِذْر الْكَلِمَة　※=語根

げんけい　genkei　減刑　تَخْفِيف الْعُقُوبَةِ

げんこう　genkou　原稿　نَصٌّ أَصْلِيٌّ　複 نُصُوص أَصْلِيَّة　ضَاعَ النَّصُّ الْأَصْلِيُّ

原稿がなくなった

げんこく genkoku 原告 مُدَّعٍ < دعو ⇔ مُدَّعَى عَلَيْهِ :被告 ※定 اَلْمُدَّعِي

げんご gengo 言語 لُغَة < لغو 複 لُغًى/-ات عِلْمُ اللُّغَةِ :言語学

げんご gengo 原語 لُغَة أَصْلِيَّة قَرَأَ مَلَاحِمَ هُومِيرُوس بِلُغَتِهَا الْأَصْلِيَّةِ
ホメロスの英雄詩を原語で読んだ

げんざい genzai 現在 اَلْحَاضِر / اَلْوَقْت الْحَاضِر

げんざいの genzai-no 現在の جَارٍ < جرى ※定 اَلْجَارِي :現在の/今の
2)現在の حَاضِر < حضر 複 حُضَّر/حُضُور اَلْحَاضِر :現在時制

げんし genshi 原子 ذَرَّة عِلْمُ الذَّرَّةِ :原子論/原子学 نَوَاة الذَّرَّةِ :原子核

げんしじん genshi-jin 原始人 اَلْإِنْسَان الْأَوَّل

げんし-てきな genshi-teki・na 原始的な
げんしの genshi-no 原始の بِدَائِيّ (بُ) < بدأ حَيَاة بِدَائِيَّة (بُ) :原始的生活

げんしの genshi-no 原子の ذَرِّيّ < ذرّ قُنْبُلَة ذَرِّيَّة :原子爆弾/原爆
رَقْم ذَرِّيّ :原子番号

げんしょう genshou 現象 ظَاهِرَة < ظهر 複 ظَوَاهِر ظَاهِرَة طَبِيعِيَّة :自然現象
اَلظَّاهِرَة الدَّفِيئَة :温暖化現象

げんしょうする genshou-suru 減少する نَقَصَ (u) نَقَصَ مَاءُ النَّهْرِ :川の水が減少した
※名 نَقْص :減少 نَقْص السُّكَّان :人口の減少

げんしりょく genshi-ryoku 原子力 اَلطَّاقَة الذَّرِّيَّة اَلْمَحَطَّة الذَّرِّيَّة لِتَوْلِيد الطَّاقَة
الْكَهْرَبَائِيَّة 原子力発電所

げんしろ genshi-ro 原子炉 اَلْفُرْن الذَّرِّيّ

げんじつ genjitsu 現実 وَاقِع < وقع غَيْر وَاقِعٍ :非現実的 فِي الْوَاقِعِ :現実には
هَرَبَ مِنَ الْوَاقِعِ :現実から逃避した

げんじつ-てきな genjitsu-teki・na 現実的な
げんじつの genjitsu-no 現実の وَاقِعِيّ < وقع سِيَاسَة وَاقِعِيَّة :現実的な政策
اَلْوَاقِعِيَّة / اَلْمَذْهَب الْوَاقِعِيّ :リアリズム

げんすいばく gen・sui-baku 原水爆 أَسْلِحَة نَوَوِيَّة مَنْع الْأَسْلِحَةِ النَّوَوِيَّةِ :原水爆(核兵器)禁止

げんすん gensun 原寸
げんすんだい gensun-dai 原寸大 حَجْم طَبِيعِيّ صَوِّرِ الصُّورَةَ فِي حَجْمٍ طَبِيعِيٍّ
原寸大に写真を撮りなさい

げんぜい genzei 減税 تَخْفِيض الضَّرِيبَةِ تَخْفِيض ضَرَائِب الدَّخْلِ :所得減税

げんそ genso 元素 عُنْصُر 複 عَنَاصِر عُنْصُر كِيمَاوِيّ :化学元素

げんそうの gensou-no 幻想の ⇒ くうそうの kuusou-no 空想の

げんそく gensoku 原則 مَبْدَأ < بدأ 複 مَبَادِئ رَاعَى الْمَبْدَأ :原則を守った

げんそく-てきな　gensoku-teki·na　原則的な　مَبْدَئِيّ　< بدأ　مَبْدَئِيًّا:原則として/原則的に

げんぞう　genzou　現像　تَحْمِيض　< حمض　سَائِل لِلتَّحْمِيض:現像液

げんたいする　gentai-suru　減退する　تَضَاءَلَ　< ضؤل VI　سَاءَتْ صِحَّةُ الْمَرِيض وَتَضَاءَلَتْ شَهِيَّتُهُ
患者の健康状態が悪くなって食欲が減退した

げんだい　gendai　現代　اَلْعَصْر الْحَاضِر

げんだい-てきな　gendai-teki·na　現代的な　مُعَاصِر　< عصر　اَلنَّحْت الْمُعَاصِر:現代彫刻
げんだいの　gendai-no　現代の
قَامُوس الْعَرَبِيَّة الْمُعَاصِرَة:現代アラビア語辞典

2)現代的な 現代の　عَصْرِيّ　< عصر　تَلَوُّثُ الْبِيئَةِ مُشْكِلَةٌ عَصْرِيَّةٌ
環境汚染は現代の問題です

げんちの　genchi-no　現地の　مَحَلِّيّ　< حلّ　مَحَلِّيَّات:現地のニュース(情報)

げんてん　genten　原典　كِتَاب أَصْلِيّ　رَاجَعَ الْكِتَابَ الْأَصْلِيَّ:原典を参照した/原典にあたった

げんど　gendo　限度　حَدّ　< حد 複 حُدُود　حَدٌّ / بِلَا حَدٍّ إِلَى غَيْرِ حَدٍّ
限度(限り)の無い

げんどう　gendou　言動　اَلْقَوْل وَالتَّصَرُّف　قَوْلُهُ وَتَصَرُّفُهُ يَتَّصِفَانِ بِالْعَفْوِيَّةِ
彼は言動において自発性が顕著である

げんば　genba　現場　مَكَان　< كون　مَكَان الْحَادِث (الْجَرِيمَةِ)
事故の(犯罪の)現場

2)現場　وَرْشَة　複 وِرَش/-ات　هُوَ عَامِلٌ فِي وَرْشَةٍ لِلْبِنَاءِ
彼は建設現場の労働者です

げんばく　genbaku　原爆　قُنْبُلَة ذَرِّيَّة　※＝原子爆弾

げんぽん　genpon　原本　أَصْل　複 أُصُول　نُسْخَة أَصْلِيَّة لِلْعَقْد:契約書の原本

げんみつな　genmitsu-na　厳密な　دَقِيق　複 دِقَاق　اَلْمَعْنَى الدَّقِيق:厳密な意味

げんめいする　genmei-suru　言明する　زَعَمَ (u)　يَزْعُمُ أَنَّهُ رَأَى مُجْرِمًا:彼は犯人を見たと言明している

げんゆ　gen·yu　原油　خَامٌ (نَفْطٌ) بِتْرُولٌ　نَاقِلَة الْبِتْرُول:原油(オイル)タンカー

げんり　genri　原理　⇒ げんそく gensoku 原則

げんりしゅぎ　genri-shugi　原理主義
げんりしゅぎ-しゃ　genri-shugi-sha　原理主義者　أُصُولِيّ　< أصل 複 ـون　هٰذِهِ مَجْمُوعَةٌ أُصُولِيَّةٌ
これは原理主義者のグループです

げんりょう　genryou　原料　خَامٌ　اَلْعُمَّالُ يَحْمِلُونَ خَامَ النُّحَاسِ
労働者達が銅の原料を運んでいる

げんりょうする　genryou-suru　減量する　خَفَّفَ وَزْنَهُ　※ تَخْفِيف الْوَزْن:減量

げんろん　genron　言論　كَلَامٌ　< كلم　حُرِّيَّة الْكَلَام:言論の自由

こ こ コ 【ko】

こ ko 子 ⇒ こども kodomo 子供

こ ko 個 (كَيْفِيَّة عَدّ الْكُرَات إلخ) كُرَة :1個のボール كُرَتَان :2個のボール
ثَلَاث كُرَات :3個のボール

こ ko 弧 قَوْس 複 أَقْوَاس رَسَمَ قَوْسًا :弧を描いた

こ ko 故〜 رَاحِل < رحل 複 رُحَّل اَلسَّيِّد ″ يَامَادَا″ الرَّاحِل :故山田氏

こーす koosu コース دَوْرَة 複 -ات اَلدَّوْرَة الابْتِدَائِيَّة :初級コース

こーち koochi コーチ مُدَرِّب < درب 複 -ون أَجْبَرَنَا الْمُدَرِّبُ عَلَى الرَّكْض
コーチは私たちに走ることを強制した

こーと kooto コート مِعْطَف < عطف 複 مَعَاطِف مِعْطَف مُشَمَّع :レインコート

こーひー koohii コーヒー قَهْوَة 複 قَهَوَات أَعَدَّ الْقَهْوَةَ :コーヒーを入れた
فِنْجَان مِنَ الْقَهْوَةِ :一杯のコーヒー
قَهْوَة سَادَة :砂糖を入れないコーヒー/ブラックコーヒー
※(口語) قَهْوَة :コーヒーショップ/喫茶店
اِلْتَقَيْتُ صَدِيقِي فِي الْقَهْوَةِ :友人と喫茶店で会った

こーひーまめ koohii-mame コーヒー豆 بُنّ بُنّ مُحَمَّص :煎ったコーヒー豆

こーらす koorasu コーラス كُورَس/خُورَس

こーらん kooran コーラン اَلْقُرْآن < قرأ اَلْقُرْآن الْكَرِيم :聖典コーラン

こーるたーる koorutaaru コールタール زِفْت يُسْتَخْرَجُ الزِّفْتُ مِنَ النِّفْطِ
コールタールはナフサから作られる

こい koi 恋 حُبّ وَقَعَ فِي حُبِّهَا :彼女と恋に落ちた
اَلْحُبُّ لَا عُيُونَ لَهُ :恋は盲目である

こい koi 濃い ثَخِين < ثخن شُورْبَة ثَخِينَة :濃いスープ

こい koi 故意 قَصْد عَنْ قَصْدٍ /قَصْدًا :故意に ※=わざと

こいし koishi 小石 حَصَاة / حَصْوَة < حصو 複 حَصَيَات إِنْ تُهَدِّدْ الْكَلْبَ بِحَصَاةٍ يَهْرُبْ
犬は小石で脅せば逃げる

こいしい koishi・i 恋しい
こいしくおもう koishiku-omou 恋しく思う اِشْتَاقَ < شوق VIII اِشْتَقْتُ إِلَى رِفَاقِي
私は友人達を恋しく思った

こいに koi-ni 故意に ⇒ わざと wazato わざと

こいびと koi-bito 恋人 حَبِيب < حبّ 複 أَحِبَّاء / أَحِبَّة 女 حَبِيبَة 複女 حَبَائِب

こいをする～こうか

こいをする　koi-wosuru　恋をする　أَحَبَّ < حبّ IV　يُحِبُّكَ :彼は貴女に恋をしてます(が好きです)

こいん　koin　コイン ⇒ こうか kouka 硬貨

こう　kou　(お)香　بَخُور < بخر 複 أَبْخِرَة　شَمَّ بَخُورًا :香を嗅いだ
※ مِبْخَرَة 複 مَبَاخِر :香炉　اَلْجَمْرُ مَعَ الْبَخُورِ
香炉にお香と一緒に炭火が入っている　فِي الْمِبْخَرَةِ

こう　kou　請う/乞う　اِلْتَمَسَ < لمس VIII　جِئْتُكَ أَلْتَمِسُ الْعَفْوَ
私はあなたの許しを請いに来ました
2)請う/乞う　تَسَوَّلَ < سول V　إِنَّهُ رَجُلٌ فَقِيرٌ يَتَسَوَّلُ الْمَارَّةَ
彼は通行人に施しを請うような貧しい男だ

こうあん　kou・an　公安　اَلْأَمْنُ الْعَامُّ　شُرْطَةُ الْأَمْنِ الْعَامِّ :公安(治安)警察/公安

こうあんする　kou・an-suru　考案する　اِبْتَكَرَ < بكر VIII　اِبْتَكَرَ تَصْمِيمًا جَدِيدًا
新しいデザインを考案した

こうい　kou・i　好意　جَمِيل < جمل　أَرُدُّ لَكَ هٰذَا الْجَمِيلَ
私はあなたのこのご好意に報います

こうい　kou・i　行為　سُلُوك < سلك　حُسْنُ السُّلُوكِ :良い行為/善行

こういしつ　kou・i-shitsu　更衣室　غُرْفَةُ تَغْيِيرِ الْمَلَابِسِ

こういん　kou・in　工員(عَامِلُ الْمَصْنَعِ) عَامِل 複 عُمَّال

こううん　kou・un　幸運　حَظٌّ سَعِيدٌ　أَتَمَنَّى لَكَ حَظًّا سَعِيدًا :ご幸運をお祈りしています

こううんき　kou・un-ki　耕運機　مِحْرَاث < حرث 複 مَحَارِيث　يَشُقُّ الْمِحْرَاثُ تُرَابَ الْحَقْلِ
耕運機は畑の土を切り開き,ひっくり返す　وَيَقْلِبُهُ

こううんな　kou・un-na　幸運な　مَحْظُوظ < حظّ　أَنْتَ لَاعِبٌ مَحْظُوظٌ :君は幸運な選手だ

こうえいである　kou・ei-dearu　光栄である　تَشَرَّفَ < شرف V　تَشَرَّفْنَا :(お会いできて)光栄に存じます
※上文への返答 اَلشَّرَفُ لِي :私こそ光栄です

こうえき　koueki　公益　مَصْلَحَة عَامَّة　اَلْمَصْلَحَةُ الْعَامَّةُ تَتَقَدَّمُ عَلَى الْمَصْلَحَةِ الْخَاصَّةِ
公益は私益に優先される

こうえん　kou・en　公園　حَدِيقَة عَامَّة　اِلْعَبْ فِي الْحَدِيقَةِ الْعَامَّةِ :公園で遊びなさい

こうえん　kou・en　講演　مُحَاضَرَة < حضر 複 ~ات　أَلْقَى مُحَاضَرَةً عَنْ ~ :~の講演をした

こうか　kouka　硬貨　عُمْلَة مَعْدِنِيَّة 複 عُمْلَات مَعْدِنِيَّة　※=コイン
مَغْسَلَة بِالْعُمْلَة :コインランドリー

こうか　kouka　効果　مَفْعُول < فعل 複 مَفَاعِيل　لِمَسْحُوقِ الْغَسِيلِ هٰذَا
この洗剤は驚くべき効果があります　مَفْعُولٌ عَجِيبٌ

こ

こうかい～こうき

こ

こうかい koukai 公開 عَلَانِيَة < علن نُنَادِي بِالْحَقِّ فِي السِّرِّ وَالْعَلَانِيَة
私達は公開,非公開で真実を発表する

こうかい koukai 紅海 اَلْبَحْر الْأَحْمَر

こうかいする koukai-suru 後悔する تَابَ، يَتُوبُ < توب ※ أَنَا تُبْتُ ~ عَنْ:~を
تَابَ عَنِ الذَّنْب:失敗を後悔した

2)後悔する نَدِمَ (a) ~عَلَى:~を نَدِمَ مَنْ عَجِلَ:急ぐ者は後悔する/急がば回れ[格言]
※名 نَدَم:後悔/悔い شَعَرَ بِالنَّدَمِ:後悔した

こうかいする koukai-suru 航海する أَبْحَرَ < بحر IV أَبْحَرَ الرَّجُلُ فِي يَخْتِهِ
男は自分のヨットで航海した
※名 إِبْحَار:航海 إِبْحَار بِمُفْرَدِهِ:単独航海

こうかする kouka-suru 降下する هَبَطَ (u) بَعْدَ قَلِيلٍ هَبَطَ ثَمَنُ الزَّيْتِ
しばらくして油の価格が降下した(下がった)
※名 هُبُوط هُبُوطُ الضَّغْطِ الْجَوِّيِّ:気圧の降下

2)降下する اِنْقَضَّ < قضّ VII ~عَلَى:~の上に اِنْقَضَّ الصَّقْرُ عَلَى الْعُصْفُورِ
鷹が小鳥の上に降下した

こうかてきな koukateki-na 効果的な فَعَّال < فعل طَرِيقَة فَعَّالَة:効果的な方法

こうかな kouka-na 高価な غَالٍ < غلو 比 أَغْلَى ※定 اَلْغَالِي
كِتَاب غَالٍ:高価な本 ※ ⇔ رَخِيص:安価な/安い

こうかんする koukan-suru 交換する بَادَلَ < بدل III ~بِ:~と أُرِيدُ أَنْ أُبَادِلَ هٰذَا الشَّيْءَ بِغَيْرِهِ
私はこの物を他のと交換したい

2)交換する تَبَادَلَ < بدل VI ※物,言葉,挨拶,意見等を互いに交換する
تَبَادَلَ الْوُزَرَاءُ الْآرَاءَ:大臣達は意見を交換した
※名 تَبَادُل تَبَادُلُ الْهَدَايَا:プレゼントの交換

こうがい kougai 郊外 ضَاحِيَة < ضحو 複 ضَوَاحٍ بَيْتِي فِي ضَوَاحِي مَدِينَة "نَارَا"
私の家は奈良の郊外にあります

こうがい kougai 公害 تَلَوُّث الْبِيئَة ※=環境汚染

こうがく kougaku 工学 هَنْدَسَة اَلْهَنْدَسَة الْمِعْمَارِيَّة:建築工学
اَلْهَنْدَسَة الْكَهْرَبَائِيَّة:電気工学
اَلْهَنْدَسَة الْمَدَنِيَّة:土木工学

こうき kouki 工期 مُدَّة الْإِنْشَاء

こうき～こうけんする

こうき　kouki　後期　اَلنِّصْفُ الثَّانِي ※ ⇔ 前期

こうきあつ　kouki-atsu　高気圧　اَلضَّغْطُ الْجَوِّيُّ الْمُرْتَفِعُ ※ ⇔ 低気圧

こうきな　kouki-na　高貴な　جَلِيل < جلّ 複 أَجِلَّاء　إِنْسَان جَلِيل :高貴な人

こうきゅうな　koukyuu-na　高級な　مِنْ أَجْوَدِ الأَصْنَاف／مِنَ الطِّرَازِ الأَوَّلِ

こうきゅうの　koukyuu-no　恒久の　مُسْتَمِرّ < مرّ　مُسْتَمِرّ　اَلسَّلَام الْمُسْتَمِرّ :恒久の平和/恒久平和

こうきょ　koukyo　皇居　قَصْر الْإِمْبَرَاطُور فِي الْيَابَانِ

こうきょうの　koukyou-no　公共の　عَامّ < عمّ　اَلأَمْن الْعَامّ :公共の安全/治安

اَلْخِدْمَات الْعَامَّة :公共のサービス

مَصْلَحَة عَامَّة :公共の福利

こうぎする　kougi-suru　抗議する　اِحْتَجَّ < حجّ Ⅷ ～ عَلَى :～に(対して)　اِحْتَجَّ عَلَى الظُّلْمِ

その不正に抗議した

※名 اِحْتِجَاج 複 -ات :抗議　اَلاِحْتِجَاج ضِدَّ الْحُكُومَةِ

政府に対する抗議

こうぎょう　kougyou　工業　صِنَاعَة < صنع 複 صَنَائِع／-ات　صِنَاعَات آلِيَّة :機械工業

اَلصِّنَاعَة الْيَدَوِيَّة :手工業

こうぎょう　kougyou　鉱業　صِنَاعَات الْمَعَادِنِ／تَعْدِين < عدن

こうぎをする　kougi-wosuru　講義をする　حَاضَرَ < حضر Ⅲ ～ فِي :～の　حَاضَرَ فِي الْآدَابِ الْعَرَبِيَّةِ

アラブ文学について講義をした

※名 مُحَاضَرَة : 講義　أَعْطَى مُحَاضَرَةً فِي الْجَامِعَةِ

彼は大学で講義をした

こうくうけん　koukuu-ken　航空券　تَذْكِرَة الطَّائِرَةِ

こうくうびん　koukuu-bin　航空便　اَلْبَرِيد الْجَوِّيّ　أَرْسَلَ الطَّرْدَ بِالْبَرِيدِ الْجَوِّيِّ

小包を航空便で送った

こうくうぼかん　koukuu-bokan　航空母艦　حَامِلَة الطَّائِرَات　تُرَافِقُ حَامِلَةُ الطَّائِرَاتِ غَوَّاصَةً

航空母艦は潜水艦を伴う

こうけい　koukei　光景　مَنْظَر < نظر 複 مَنَاظِر　أَبْهَجَنِي مَنْظَرُ الأَطْفَالِ يَلْعَبُونَ

子供達の遊ぶ光景に私は嬉しくなった

こうけいしゃ　koukei-sha　後継者　خَلِيفَة < خلف 複 خُلَفَاء／خَلَائِف

خَلِيفَة رَئِيس الدَّوْلَةِ :大統領の後継者

こうけんする　kouken-suru　貢献する　سَاهَمَ < سهم Ⅲ　سَاهَمَ فِي تَحْقِيقِ السَّلَامِ فِي الْعَالَمِ

世界平和の実現に貢献した

こうげきする～こうざ

こ

مُسَاهَمَة فِي نَشَاطَات اجْتِمَاعِيَّة :社会的貢献　貢献:مُسَاهَمَة ※名

こうげきする　kougeki-suru　攻撃する　هَجَمَ (i)　～عَلَى:～を　هَجَمَ عَلَى الْعَدُوِّ:敵を攻撃した

اَلْهُجُومُ خَيْرُ أَنْوَاعِ الدِّفَاعِ:攻撃は最大の防御なり　攻撃:هُجُوم ※名

こうけんにん　kouken-nin　後見人　وَصِيّ ＜ وصى 複 أَوْصِيَاء　جُعِلَ الرَّجُلُ وَصِيًّا عَلَى ابْنِ أُخْتِهِ:男は姉の子供(甥)の後見人にされた

こうげん　kougen　高原　مُرْتَفَعَات ＜ رفع　مُرْتَفَعَات الْجُولَان:ゴラン高原

2)高原　هَضْبَة 複 هِضَاب　هَضْبَة الدِّكَّن:デカン高原

こうこう　koukou　高校　مَدْرَسَة ثَانَوِيَّة　مَدْرَسَة تِجَارِيَّة (مِهْنِيَّة):商業(工業)高校

شَهَادَةُ الدُّرُوسِ الثَّانَوِيَّةِ تُؤَهِّلُنِي لِدُخُولِ الْجَامِعَةِ:私の高校の成績は大学入学を可能にしています

こうこう　koukou　孝行　اَلْوَفَاء لِلْوَالِدَيْنِ　※=親孝行

こうこがく　kouko-gaku　考古学　عِلْم الْآثَار　※ دَار الْآثَار:考古学(歴史)博物館　أَثَرِيّ:考古学者

こうこく　koukoku　広告　إِعْلَان ＜ علن 複 -ات　إِعْلَان تِجَارِيّ:商業広告

こうご　kougo　口語　اَلْكَلَام الدَّارِج / لُغَة دَارِجَة / لُغَة عَامِّيَّة　※ ⇔ 文語

يَتَخَاطَبُ النَّاسُ بِالْكَلَامِ الدَّارِجِ:人々は口語を話す

こうさいする　kousai-suru　交際する　عَاشَرَ ＜ عشر III　قُلْ لِي مَنْ تُعَاشِرُ:誰と交際しているか言いなさい

※名 مُعَاشَرَة:交際　مُعَاشَرَة النِّسَاءِ:女性との交際

مُعَاشَرَة بَيْنَ الرَّجُلِ وَالْمَرْأَةِ:男女(の)交際

こうさく　kousaku　耕作　حِرَاثَة ＜ حرث　تَأَخَّرَتِ الْحِرَاثَةُ لِأَنَّ الْجَرَّارَ تَعَطَّلَ:トラクターが故障したので耕作が遅れた

こうさくち　kousaku-chi　耕作地　⇒ のうち　nouchi　農地

こうさする　kousa-suru　交差する　تَقَاطَعَ ＜ قطع V　هُنَاكَ يَتَقَاطَعُ الطَّرِيقَانِ:あそこで二つの道が交差している

※名 تَقَاطُع:交差　تَقَاطُع الطُّرُق:交差点

تَمَهَّلْ فِي سَيْرِكَ عِنْدَ تَقَاطُعِ الطُّرُقِ:交差点ではゆっくり進みなさい

こうさんする　kousan-suru　降参する　⇒ こうふくする　kouhuku-suru　降伏する

こうざ　kouza　口座　حِسَاب ＜ حسب 複 -ات　حِسَاب مَصْرِفِيّ:預金口座

こうざん～こうしんする

فَتَحَ حِسَاباً فِي الْبَنْكِ :銀行に口座を開いた

こうざん　kouzan　鉱山　مَنْجَم < نجم 複 مَنَاجِم　يَعْمَلُ فِي الْمَنْجَمِ عُمَّالٌ كَثِيرُونَ 鉱山で沢山の労働者が働いている

こうし　koushi　講師　مُحَاضِر < حضر 複 ـون　مُحَاضِر جَامِعِيّ :大学(の)講師

こうし　ko-ushi　子牛　عِجْل　複 عُجُول　اَلْبَقَرَةُ تَرْعَى وَالْعِجْلُ يُرَافِقُهَا 母親の牛が草をはみ、子牛がより添っている

こうしき　koushiki　公式　صِيغَة < صوغ 複 صِيَغ　صِيغَة رِيَاضِيَّات :数学の公式

こうしきの　koushiki-no　公式の　رَسْمِيّ < رسم　يَحْمِلُ شَهَادَةً رَسْمِيَّةً 公式の証明書を持っている

こうしゃ　kousha　校舎　مَبْنَى مَدْرَسَةٍ

こうしゃ　kousha　後者　اَلْأَخِير < أخر　اَلْأَوَّلُ ～ اَلْأَخِيرُ .. :前者は～後者は‥

こうしゃ　kuosha　公社　مُؤَسَّسَة عَامَّة

こうしゅう　koushuu　口臭　بَخَرٌ　※= رَائِحَة كَرِيهَة مُنْبَعِثَة مِنَ الْفَمِ (口から出る嫌な臭い)

動 بَخِرَ :口臭がする　بَخِرَ الْفَمُ :口臭がした

こうしゅうの　koushuu-no　公衆の　عُمُومِيّ < عمّ　تِلِيفُون عُمُومِيّ :公衆電話

こうしょうする　koushou-suru　交渉する　تَفَاوَضَ < فوض VI　～ فِي :～について　～ مَعَ :～と

تَفَاوَضَ مَعَ شَرِكَتِهِ فِي رَفْعِ الْأُجُورِ 彼は賃上げについて会社と交渉した

※名 مُفَاوَضَة :交渉　وَصَلَتِ الْمُفَاوَضَةُ إِلَى نُقْطَةِ الْجُمُودِ その交渉は行き詰まった

こうしょうな　koushou-na　高尚な　سَامٍ < سمو ※定 اَلسَّامِي　فِي الِاسْتِمَاعِ إِلَى الْمُوسِيقَى مُتْعَةٌ سَامِيَةٌ 音楽鑑賞には高尚な喜びがある

こうしんする　koushin-suru　行進する　سَارَ، يَسِيرُ ※ أَنَا سِرْتُ　سَارَ الْجَيْشُ بِخُطًى مُنْتَظِمَةٍ 軍隊が行進した

※名 مَسِيرَة :行進　مَسِيرَة تَظَاهُرِيَّة :デモ行進

こうしんする　koushin-suru　更新する　جَدَّدَ < جدّ II　جَدَّدَ الْعَقْدَ (رُخْصَةَ الْقِيَادَةِ) 契約(運転免許証)を更新した

※名 تَجْدِيد :更新　تَجْدِيد الرُّخْصَة :免許証の更新

こうしんする　koushin-suru　交信する　اِتَّصَلَ < وصل VIII　اِتَّصَلَ بِهَا بِالرَّادِيُو 彼女と無線で交信した

こ

こうしんりょう～こうせいな

こうしんりょう koushinryou 香辛料 بَهَار < بهر 複 -ات اَلْبَهَارُ يُطَيِّبُ الطَّعَامَ
香辛料が食べ物をおいしくする

こうじ kouji 工事 إِنْشَاء < نشأ 複 -ات تَحْتَ الْإِنْشَاءِ :工事中

こうじつ koujitsu 口実 ⇒ いいわけ iiwake 言い訳

こうじゅつする koujutsu-suru 口述する أَمْلَى < ملو IV سَأُمْلِي عَلَيْكُمْ قِصَّةً حَقِيقِيَّةً
本当の話を口述します
※名 إِمْلَاء :口述 تَحَاشَوْا أَخْطَاءَ الْإِمْلَاءِ عِنْدَمَا تَكْتُبُونَ
書き取る時は口述の聞き間違いをしないようにしなさい

こうじょう koujou 工場 مَصْنَع < صنع 複 مَصَانِع مَا ذٰلِكَ الْمَصْنَعُ الْكَبِيرُ؟
あの大きな工場は何ですか

こうじょうしん koujou-shin 向上心 طُمُوح < طمح حَسَنٌ أَنْ يَكُونَ الْإِنْسَانُ طَمُوحًا
人が向上心を持つのは良いことである

こうじょうする koujou-suru 向上する تَحَسَّنَ < حسن V هَنِيئًا ! لَقَدْ تَحَسَّنَ مُسْتَوَاكَ
おめでとう，君のレベルが向上したよ
※名 تَحَسُّن :向上 تَحَسُّنُ مُسْتَوَى الْحَيَاةِ
生活水準の向上

こうすい kousui 香水 عِطْر 複 عُطُور عِطْرُ الْوَرْدِ :バラの香水(香油)

こうすいをつける kousui-wotsukeru 香水をつける تَعَطَّرَ < عطر V تَعَطَّرَ بِالْعِطْرِ :香水をつけた

こうずい kouzui 洪水 فَيَضَان < فيض 複 -ات فَيَضَانُ النِّيلِ :ナイル川の(定期的)洪水
كَثِيرًا مَا كَانَ الْفَيَضَانُ يَأْتِي عَالِيًا
大きな洪水がたくさん(何回も)来ました

こうせい kousei 後世 أَجْيَال قَادِمَة وَصَلَ التَّقَالِيدَ لِلْأَجْيَالِ الْقَادِمَةِ
伝統を後世に伝えた

こうせい kousei 公正
こうせいさ kousei-sa 公正さ عَدْل اَلْعَدْلُ أَسَاسُ الْمُلْكِ :公正が統治の基本である

こうせいされる kousei-sareru 構成される تَرَكَّبَ < ركب V ~مِنْ :~から اَلْمَاءُ يَتَرَكَّبُ مِنْ عُنْصُرَيْنِ
水は二つの(種類の)分子から構成される

こうせいしょう kousei-shou 厚生省 وِزَارَةُ الصِّحَّةِ وَالرِّعَايَةِ الِاجْتِمَاعِيَّةِ

こうせいする kousei-suru 構成する رَكَّبَ < ركب II رَكِّبْ جُمْلَتَكَ تَرْكِيبًا صَحِيحًا
あなたの文章を正しく構成しなさい
※名 تَرْكِيب :構成 تَرْكِيبُ الْجُمْلَةِ :文の構成

こうせいする kousei-suru 更生する صَلَحَ (a,u) لَقَدْ صَلَحَ الصَّبِيُّ الشِّرِّيرُ :不良少年が更生した

こうせいな kousei-na 公正な عَادِل < عدل ثَمَن عَادِل :公正な価格(値段)

こうせいぶっしつ～こうつうの

こ

こうせい-ぶっしつ　kousei-busshitsu　抗生物質　مُضَادَّات حَيَوِيَّة

こうせん　kousen　光線　شُعَاع ＜ شعّ 複 أَشِعَّة　أَشِعَّة الشَّمْسِ :太陽光線

الْأَشِعَّة فَوْقَ الْبَنَفْسَجِيَّة :紫外線 ※

الْأَشِعَّة تَحْتَ الْحَمْرَاء :赤外線

こうぜんの　kouzen-no　公然の　عَلَنِيّ　حَرَكَة سِرِّيَّة وَعَلَنِيَّة :公然と非公然の活動(運動)

こうそく-どうろ　kousoku-douro　高速道路　طَرِيق سَرِيع　هَلْ يُوجَدُ طَرِيقٌ سَرِيعٌ هُنَاكَ؟

そこに高速道路がありますか

こうそする　kouso-suru　控訴する　اِسْتَأْنَفَ ＜ أنف X　اِسْتَأْنَفَ الْحُكْمَ :判決に対して控訴した

مَحْكَمَة الِاسْتِئْنَاف :控訴審　اِسْتِئْنَاف :控訴 名※

こうぞう　kouzou　構造　بِنْيَة(و) ＜ بنى 複 بُنًى(و)　خَلَلٌ فِي الْبِنْيَةِ :構造上の欠陥

こうたいし　koutaishi　皇太子　وَلِيّ الْعَهْدِ　نُصِّبَ وَلِيُّ الْعَهْدِ مَلِكًا بَعْدَ وَفَاةِ أَبِيهِ

皇太子は父親の死後,王に指名された

حَرَمُ وَلِيِّ الْعَهْدِ :皇太子妃

こうたいする　koutai-suru　交代する　تَنَاوَبَ ＜ نوب VI　تَنَاوَبُوا الْجُلُوسَ مَعَ الْمَرْضَى

彼らは病人と席を交代した(代わった)

تَنَاوُب :交代 名※　نَأْخُذُ الْإِجَازَةَ بِالتَّنَاوُبِ

私達は交代で休日を取る

こうたいする　koutai-suru　後退する　تَقَهْقَرَ ＜ قهقر II　تَقَهْقَرَ الْجَيْشُ عِنْدَ الْهَزِيمَةِ

軍は敗北して後退した

تَقَهْقُر :後退 名※　اُضْطُرَّ إِلَى التَّقَهْقُرِ

後退を余儀なくされた

こうだいな　koudai-na　広大な　وَاسِع النِّطَاق　اِجْتَازَ الْقِطَارُ صَحْرَاءَ وَاسِعَةَ النِّطَاقِ

列車は広大な砂漠を横断した

こうち　kouchi　高地　رَابِيَة ＜ ربو 複 رَوَابٍ　تُطِلُّ الرَّابِيَةُ الْخَضْرَاءُ عَلَى الْبَحْرِ

海上に緑の高地が見える

こうちしょ　kouchi-sho　拘置所　مُعْتَقَل ＜ عقل 複 ـات　قَضَى الْمُجْرِمُ سَنَوَاتِ الْحَرْبِ فِي الْمُعْتَقَلِ

その犯罪者は戦争中,拘置所で過ごした

こうちゃ　koucha　紅茶　شَاي　شَاي بِاللَّيْمُون :レモンティー

こうちょう　kouchou　校長　نَاظِر الْمَدْرَسَة　※=学校長　وَصَلَ التِّلْمِيذُ مُتَأَخِّرًا فَأَنَّبَهُ النَّاظِرُ

生徒が遅れてきたので校長が彼をとがめた

こうつうの　koutsuu-no　交通　مُرُور ＜ مرّ　إِشَارَة الْمُرُورِ :交通信号(標識)

زِحَام حَرَكَةِ الْمُرُورِ :交通渋滞

こうてい～こうばん

こ

こうてい　koutei　皇帝　إِمْبَرَاطُور　複 -ات / أَبَاطِرَة

こうてい　koutei　校庭　سَاحَة الْمَدْرَسَة

こうてい　kotei　行程　مَرْحَلَة ＜ رحل 複 مَرَاحِل　قَطَعَ الْمُسَافِرُونَ مَرْحَلَةً صَعْبَةً
旅行者は困難な行程を進んだ

こうていする　koutei-suru　肯定する　رَدَّ (أَجَابَ) بِالْإِيجَاب　※名 إِيجَاب :肯定
كَانَ رَدُّهَا إِيجَابِيًّا :彼女の返事は肯定的であった

こうてつ　koutetsu　鋼鉄　فُولَاذ　الْفُولَاذُ أَصْلَبُ مِنَ الْحَدِيدِ :鋼鉄は鉄より固い

こうてつする　koutetsu-suru　更迭する　نَحَّى ＜ نحو II　أَسَاءَ الْوَزِيرُ التَّصَرُّفَ فَنَحَّاهُ الرَّئِيسُ
大統領は大臣の品行が良くなかったので更迭した

こうとう-がっこう　koutou-gakkou　高等学校　⇒　こうこう　koukou　高校

こうとうな　koutou-na　高等な　عَالٍ ＜ علو ※定 الْعَالِي　التَّعْلِيم الْعَالِي :高等教育

こうとうの　koutou-no　口頭の　شَفَهِيّ ＜ شفه　بِشَكْلٍ شَفَهِيٍّ :口頭で
فَحْص (اِمْتِحَان) شَفَهِيّ :口頭試験

こうど　koudo　高度　اِرْتِفَاع ＜ رفع 複 -ات　نَطِيرُ عَلَى ارْتِفَاعِ ١٠ آلَافِ مِتْرٍ
私たちは高度1万メートルを飛んでいます

こうどうする　koudou-suru　行動する　تَصَرَّفَ ＜ صرف V　أُرِيدُ أَنْ أَتَصَرَّفَ كَمَا أَشَاءُ
私は好きなように(自由に)行動したい
※名 تَصَرُّف 複 -ات :行動　تَصَرُّفٌ غَيْرُ إِنْسَانِيٍّ
非人間(人道)的行動

こうどくしゃ　koudoku-sha　購読者　مُشْتَرِك ＜ شرك 複 -ون　وَزَّعَ الْكُتُبَ عَلَى الْمُشَارِكِينَ
購読者に本を配布した

こうどくする　koudoku-suru　購読する　اِشْتَرَكَ ＜ شرك VIII　اِشْتَرَكَ فِي الْمَجَلَّةِ :雑誌を購読した
※名 اِشْتِرَاك :購読　بَدَلُ الْاِشْتِرَاكِ :購読料(代)

こうどな　koudo-na　高度な　عَالٍ ＜ علو ※定 الْعَالِي　الثَّقَافَة الْعَالِيَة :高度な技術

こうにゅうする　kou･nyuu-suru　購入する　⇒　かう　kau　買う

こうはいする　kouhai-suru　荒廃する　اِسْتَوْحَشَ ＜ وحش X　اِسْتَوْحَشَ الْمَنْزِلُ :住居は荒廃した(荒れた)

こうはいする　kouhai-suru　交配する　هَجَّنَ ＜ هجن II　※= زَاوَجَ بَيْنَ ضَرْبَيْنِ أَوْ سُلَالَتَيْنِ
مِنَ النَّوْعِ نَفْسِهِ (同種や同系の生物を掛け合わせる)

こうはんな　kuohan-na　広範な　وَاسِعُ النِّطَاقِ　تَأْثِير وَاسِع النِّطَاقِ :広範な影響

こうはんに　kouhan-ni　広範に　عَلَى نِطَاقٍ وَاسِعٍ

こうばん　kouban　交番 (الشُّرْطَة) مَخْفَر　複 مَخَافِر　سِيقَ الشَّقِيُّ إِلَى الْمَخْفَرِ
悪党が交番に連れて行かれた

こうふく～こうりゅう

こうふく kouhuku 幸福 ⇒ しあわせ shiawase 幸せ

こうふくする kouhuku-suru 降伏する اِسْتَسْلَمَ < سلم X مَا اسْتَسْلَمَ الْجَيْشُ الْيَابَانِيُّ

日本軍は降伏しなかった

اِسْتَسْلَمَ الْجَيْشُ لِلْعَدُوِّ :軍は敵に降伏した

※名 اِسْتِسْلَام :降伏 اِسْتِسْلَام بِدُونِ شَرْطٍ

無条件降伏

こうふくな kouhuku-na 幸福な ⇒ しあわせな shiawase-na 幸せな

こうふんする kouhun-suru 興奮する اِنْفَعَلَ < فعل VII اِنْفَعَلَ مِنْ شِدَّةِ الْغَضَبِ

激しい怒りで興奮した

※名 اِنْفِعَال :興奮 اِنْفِعَالًا :興奮して

こうぶつ koubutsu 鉱物 مَعْدِن < عدن 複 مَعَادِن عِلْمُ الْمَعَادِنِ :鉱物学

関 مَعْدِنِيّ :鉱物の الثَّرْوَة الْمَعْدِنِيَّة :鉱物資源

こうへいな kouhei-na 公平な ⇒ こうせいな kousei-na 公正な

こうほ kouho 候補

こうほしゃ kouho-sha 候補者 مُرَشَّح < رشح 複 ـون مُرَشَّحُو الاِنْتِخَابَات :選挙の候補者達

اِقْتَرَعْتُ عَلَى الْمُرَشَّحِ الأَفْضَلِ

私は一番良い候補者に投票しました

こうほう kouhou 広報 اَلْعَلَاقَات الْعَامَّة قِسْم الْعَلَاقَاتِ الْعَامَّةِ :広報課(部)

こうまんな kouman-na 高慢な مُتَكَبِّر < كبر 複 ـون سُلُوك مُتَكَبِّر :高慢な(横柄な)態度

こうみょうな koumyou-na 巧妙な مَاكِر < مكر 複 مَكَرَة حِيلَة مَاكِرَة :巧妙な手口

こうむいん koumu-in 公務員 مُوَظَّف عُمُومِيّ (حُكُومِيّ) ※=役人

こうむる koumuru 被る مُنِيَ < منى/منو ※受 بِـ~ :~を مُنِيَ الْفَلَّاحُ بِخَسَارَةٍ كَبِيرَةٍ

その農民は大きな損害を被った

こうもり koumori コウモリ/蝙蝠 وَطْوَاط 複 وَطَاوِيط اَلْوَطْوَاطُ يُشْبِهُ فَأْرَةً مُجَنَّحَةً

コウモリは翼のある鼠のようだ

こうらく kouraku 行楽 نُزْهَة < نزه 複 ـات سُرَّ الأَوْلَادُ بِالنُّزْهَةِ عَلَى الشَّاطِئِ

子供たちは海辺の行楽に喜んだ

こうらくち kouraku-chi 行楽地 مُنْتَزَه < نزه 複 ـات هَلْ يُوجَدُ مُنْتَزَهٌ شَعْبِيٌّ هُنَا؟

このあたりに人気の行楽地がありますか

こうりつの kouritsu-no 公立の عَامّ < عم مَدْرَسَة عَامَّة (رَسْمِيَّة) :公立学校

※ دَار الْكُتُب الْعُمُومِيَّة :公立図書館

こうりゅう kouryuu 交流 تَيَّار مُتَنَاوِب (مُتَغَيِّر) ※ ⇔ تَيَّار مُسْتَمِرّ (مُبَاشِر) :直流

2)交流 تَبَادُل < بدل تَبَادُل الثَّقَافِيّ بَيْنَ الْيَابَانِ وَالْعَرَبِ

日本とアラブの文化交流

こ

こうりゅうする kouryuu-suru 拘留する اِعْتَقَلَ < عقل VIII ※名 اِعْتِقَال :拘留

اِعْتِقَال رَهْنَ التَّحْقِيق :未決拘留

こうりょう kouryou 香料 بَهَار < بهر 複 -ات وَضَعَ فَوْقَهَا بَهَارَات

それの上に香料(スパイス)をかけた

2)香料 عِطْر 複 عُطُور/عُطُورَات ※＝香水

こうれいしゃ kourei-sha 高齢者
こうれいの kourei-no 高齢の كَبِير السِّنّ يَحْتَرِمُ كَبِيرَ السِّنّ :高齢者を尊敬している

こうろんする kouron-suru 口論する تَنَاقَشَ < نقش VI تَنَاقَشَت الشَّمْسُ مَعَ الْهَوَاءِ

太陽は風と言い争った(口論した)

こうわ kouwa 講和 صُلْح مُعَاهَدَة صُلْح :講和(和平)条約

こえ koe 声 صَوْت اِرْفَعْ صَوْتَكَ :声を大きくして下さい

بِصَوْتٍ خَفِيضٍ (مُرْتَفِعٍ) :小さな(大きな)声で

こえる koeru 越える جَاوَزَ < جوز III جَاوَزَ الثَّلَاثِينَ مِنَ الْعُمْرِ

彼は三十歳を越えていた(越していた)

2)～を超える ～(مِنْ) زَادَ عَلَى زَادَ عَلَى ثَلَاثَةِ أَمْتَارٍ :3メートルを超えていた

3)超える تَعَدَّى < عدو V لَمْ أَتَعَدَّ السُّرْعَةَ الْمُحَدَّدَةَ

私は制限速度を超えてません

こえる koeru 肥える أَثْرَى < ثرى IV أَثْرَت الْأَرْضُ :地味が肥えた

2)肥える ⇒ ふとる hutoru 太る

こおった ko・otta 凍った مُتَجَمِّد < جمد كَانَ الْمَاءُ مُتَجَمِّدًا مِنَ الْبَرْدِ

水は寒さで凍っていた

こおらせる ko・oraseru 凍らせる ثَلَّجَ < ثلج II ثَلَّجَ طَعَامًا :食料を凍らせた

こおり ko・ori 氷 جَلِيد < جلد جَبَل جَلِيد :氷山

2)氷 ثَلْج 複 ثُلُوج أَدْخَلَ فِي الْكُوبِ قِطَعَ الثَّلْجِ

コップに氷のかけらを入れた

こおりつく ko・ori-tsuku 凍り付く (جَمُدَ) جَمَدَ (u) جَمَدَ الْمَاءُ فِي الشَّارِعِ :通りの水が凍り付いた

こおる ko・oru 凍る تَثَلَّجَ < ثلج V يَتَثَلَّجُ الْمَاءُ عِنْدَ وُصُولِ دَرَجَةِ الصِّفْرِ

水は摂氏零度になると凍る

2)凍る جَلَدَ (a) يَشْتَدُّ الصَّقِيعُ لَيْلًا فَتَجْلُدُ الْبِرْكَةُ

夜に寒気が強まって池が凍る

こがす kogasu 焦がす حَرَقَ (i) حَرَقَتْ نَارُ السِّيجَارَةِ ثَوْبَهُ

煙草の火が彼の服を焦がした

こがたな ko-gata・na 小刀 مِبْرَاة < برى 複 مَبَارٍ يَبْرِي قَلَمَهُ بِالْمِبْرَاةِ

小刀で鉛筆を削る

こがねむし　kogane-mushi　黄金虫　خُنْفُسَة / خُنْفُسَاء　複 خَنَافِس　خَافَ الْكَلْبُ الْخُنْفُسَةَ
犬は黄金虫を怖った

こきゃく　kokyaku　顧客　زَبُون　複 زَبَائِن　كَيْفَ تُعَامِلُ الشَّرِكَةُ زَبَائِنَهَا؟
会社は顧客をどのように取り扱っているのですか

こきゅうする　kokyuu-suru　呼吸する　تَنَفَّسَ　＜ نفس V　تَنَفَّسَ تَنَفُّسًا عَمِيقًا :深呼吸した
※名 تَنَفُّس :呼吸　يَسْرُعُ تَنَفُّسُهُ :呼吸が速い

こきょう　kokyou　故郷　⇒ ふるさと hurusato 古里

こぎって　kogitte　小切手　شِيك　複 -ات　شِيكُ السِّيَاحَةِ :旅行用小切手
كَتَبَ شِيكًا بِـ~ جُنَيْهًا :～ポンドの小切手を書いた

こくえいの　kokuei-no　国営の　وَطَنِيّ　＜ وطن　إِذَاعَة وَطَنِيَّة :国営放送

こくえき　kokueki　国益（وَطَنِيَّة）قَوْمِيَّة مَصْلَحَة

こくおう　koku·ou　国王　⇒ おう ou 王

こくご　kokugo　国語　لُغَةُ الْمَوْلِدِ　لُغَةُ مَوْلِدِهِ هِيَ عَرَبِيَّةٌ
彼の母国語はアラビア語です

2)国語　لُغَةُ شَعْبِ الْيَابَانِ　※=日本語

こくさいしゅぎ　kokusai-shugi　国際主義
こくさいせい　kokusai-sei　国際性　دُوَلِيَّة　＜ دول　الدُّوَلِيَّةُ الْأُولَى :第一次インターナショナル

こくさい-つうかききん　kokusai-tsuuka-kikin　国際通貨基金　صُنْدُوقُ النَّقْدِ الدُّوَلِيّ　※=ＩＭＦ

こくさいてき　kokusai-teki　国際的
こくさいの　kokusai-no　国際の　دُوَلِيّ　＜ دول　اِجْتِمَاع دُوَلِيّ :国際会議
قَانُون دُوَلِيّ :国際法

こくさい-れんごう　kokusai-rengou　国際連合　الْأُمَمُ الْمُتَّحِدَة　قُوَّاتُ الْأُمَمِ الْمُتَّحِدَةِ :国際連合軍/国連軍

こくさい-れんめい　kokusai-renmei　国際連盟　عُصْبَةُ الْأُمَمِ　※(1920年～1946年)国際連合の前身

こくさんの　kokusan-no　国産の　إِنْتَاج مَحَلِّيّ　سَيَّارَة مِنْ إِنْتَاجٍ مَحَلِّيٍّ :国産車

こくじん　kokujin　黒人　أَسْوَد　＜ سود 複 سُودَان　※ السُّودَان (بِلَاد) :スーダン国

2)黒人　زَنْج (ـِ)　複 زُنُوج　فِي الْفِرْقَةِ الْمُوسِيقِيَّةِ ثَلَاثَةُ زُنُوجٍ وَأَبْيَضُ وَاحِدٌ
その音楽バンドには三人の黒人と一人の白人がいる

こくせき　kokuseki　国籍　جِنْسِيَّة　＜ جنس 複 -ات　عَدِيمُ الْجِنْسِيَّةِ :無国籍
مَا جِنْسِيَّتُكَ؟ :国籍はどちらですか

こくそする　kokuso-suru　告訴する　رَفَعَ (a)　رَفَعَ الْمُحَقِّقُ الْمُتَّهَمَ إِلَى الْقَاضِي
検察官が容疑者を告訴した

こくないそうせいさん～こげる

2)告訴する اِتَّهَمَ < وهم VIII اِتَّهَمَ جَارَهُ بِالسَّرِقَةِ
隣人を窃盗で告訴した
※名 اِتِّهَام :告訴 وَرَقَةُ الاِتِّهَامِ :告訴状

こくない-そうせいさん koku·nai-souseisan 国内総生産 مَجْمُوعُ الإِنْتَاجِ الْمَحَلِّيِّ ※=GDP

こくないの koku·nai-no 国内の دَاخِلِيّ < دخل شُؤُون دَاخِلِيَّة :国内の問題

こくはくする kokuhaku-suru 告白する اِعْتَرَفَ < عرف VIII اِعْتَرَفَ بِجَرِيمَتِهِ
彼は自分の罪を告白した
2)告白する صَرَّحَ < صرح II صَرَّحَ حُبَّهُ لِحَبِيبَتِهِ :恋人に愛を告白した

こくはつする kokuhatsu-suru 告発する ⇒ こくそする kokuso-suru 告訴する

こくばん kokuban 黒板 سَبُّورَة < سبر كَتَبَ التِّلْمِيذُ الإِجَابَةَ عَلَى السَّبُّورَةِ
生徒は黒板に答を書いた

こくばんけし kokuban-keshi 黒板消し مِمْحَاة < محو ، أُمْحُ الْكِتَابَةَ عَنِ اللَّوْحِ بِالْمِمْحَاةِ
黒板は手ではなく黒板消しで消しなさい لَا بِيَدِكَ

こくふくする kokuhuku-suru 克服する تَغَلَّبَ < غلب V تَغَلَّبَ عَلَى الْمَصَاعِبِ :彼は困難を克服した
※名 تَغَلُّب :克服 اَلتَّغَلُّبُ عَلَى الْمَشَاكِلِ :問題の克服

こくぼう kokubou 国防 دِفَاع وَطَنِيّ قُوَّات دِفَاع وَطَنِيّ :国防軍/自衛軍

こくみん kokumin 国民 شَعْب 複 شُعُوب اَلشَّعْبُ الْيَابَانِيُّ :日本国民

こくみんそう-せいさん kokumin-sou-seisan 国民総生産 إِجْمَال الإِنْتَاجِ الْقَوْمِيِّ ※=GNP

こくみんの kokumin-no 国民の شَعْبِيّ < شعب ضَرِيبَة شَعْبِيَّة :国民の税金
2)国民の قَوْمِيّ < قوم اَلْعِيدُ الْقَوْمِيُّ :国民の祝日(祭日)

こくもつ kokumotsu 穀物 حَبّ 複 حُبُوب أَهَمُّ الْحُبُوبِ :主な穀物

こくゆう kokuyuu 国有 مِلْك الأُمَّة ※ مِلْكُ الدَّوْلَةِ :国有財産

こくゆうかする kokuyuuka-suru 国有化する أَمَّمَ < أمّ II أَمَّمَتْ مِصْرُ قَنَاةَ السُّوَيْسِ في عام ١٩٥٦م
エジプトは1956年にスエズ運河を国有化した
※名 تَأْمِيم :国有化 قَرَّرَتِ الْحُكُومَةُ تَأْمِيمَ
政府は電力会社の国有化を決定した شَرِكَاتِ الْكَهْرَبَاءِ

こくりつの kokuritsu-no 国立の حُكُومِيّ < حكم جَامِعَة حُكُومِيَّة :国立大学

こくれん kokuren 国連 ⇒ こくさいれんごう kokusai-rengou 国際連合

こぐ kogu 漕ぐ جَدَّفَ < جدف II فَرِيقُ سِبَاقِ الْقَوَارِبِ يُجَدِّفُ بِقُوَّةٍ
ボートレースのチームは力強く船を漕ぐ

こげる kogeru 焦げる اِحْتَرَقَ < حرق VIII اِحْتَرَقَتِ الأَسْمَاكُ فِي الْقِدْرِ عَلَى النَّارِ
火にかけた鍋の中の魚が焦げた

ここあ～こしょうする

こ

ここあ　kokoa　ココア　كاكاو　زُبْدَة الْكاكاو :ココアバター
شَراب الْكاكاو :ココア※飲料

ここ　koko　此処
ここに　koko-ni　此処に　هُنا　※ ⇔ هُناك :あそこ/あそこに

ここく　kokoku　故国 ⇒ そこく　sokoku　祖国

ここちよい　kokochi-yoi　心地よい　مُريح　< روح　كُرْسِيّ مُريح :座り心地の良い椅子

ここなつ　koko･natsu　ココナツ
ここなっつ　koko･nattsu　ココナッツ　جَوْز الْهِنْد　جَوْز الْهِنْد　تَرْتَفِعُ أَشْجارُ جَوْزِ الْهِنْدِ الضَّخْمَةُ
大きなココナツの木がそびえている

ここのか　koko･noka　九日　اَلْيَوْم التّاسِع　※ تِسْعَة أَيّامٍ :九日間

ここのつ　koko･notsu　九つ
ここのつの　koko･notsu-no　九つの ⇒ きゅう　kyuu　九(9)

こころ　kokoro　心　قَلْب　複 قُلوب　مِنْ كُلِّ قَلْبِهِ :(彼は)心から
طَيِّب الْقَلْب :心のやさしい
فَتَحَ قَلْبَهُ :心を開いた

2)心　عَقْل　複 عُقول　عَقْلُهُ صَغيرٌ :彼は心の小さい人だ

こころ-がける　kokoro-gakeru　心掛ける　حافَظَ　< حفظ III　حافَظَ عَلَى الْأَمْنِ :安全を心掛けた

こころみる　kokoro-miru　試みる　حاوَلَ　< حول III　حاوِلْ :試みなさい/やってみなさい
※名 مُحاوَلَة 複 -ات :試み　اَلْمُحاوَلَةُ فاشِلَةٌ
試みは失敗です

2)試みる　جَرَّبَ　< جرب II　نُريدُ أَنْ نُجَرِّبَ بَعْضَ الْأَعْمال
私達はいくつか試みたい(試してみたい)

こころよい　kokoro-yoi　快い ⇒ きもちのよい　kimochi-noyoi　気持ちの良い

こころよく　kokoro-yoku　快く　طَوْعًا　فَعَلَ ذٰلِكَ طَوْعًا :彼は快くそれを行った

こし　koshi　腰　خَصْر　複 خُصور　كانَ طولُ الْكَلْبِ إِلَى خَصْري
その犬は私の腰ぐらいまでの大きさだった

こしかけ　koshikake　腰掛け ⇒ いす　isu　椅子

こしかける　koshi-kakeru　腰掛ける　قَعَدَ (u)　قَعَدَ يَأْكُلُ :腰掛けて食べた

こしつする　koshitsu-suru　固執する　أَصَرَّ　< صرّ IV　~ عَلَى :~に　لا تُصِرَّ عَلَى فِكْرَتِكَ
自分の考えに固執してはいけない

こしぬけの　koshi･nuke-no　腰抜けの ⇒ おくびょうな　okubyou-na　臆病な

こしょう　koshou　胡椒　فُلْفُل/فِلْفِل　(أَسْوَد)فُلْفُل أَبْيَض :白(黒)胡椒
يَنْبُتُ الْفُلْفُلُ في الْبِلادِ الْحارَّةِ
胡椒は暖かい国で育ちます

こしょうする　koshou-suru　故障する　عَطِلَ (a)　كَثيرًا ما عَطِلَتِ الْآلَةُ :その機械はたびたび故障した

こしょうの～こする

こ

故障: أَعْطَال 複 عُطْل 名※

故障の少ない: قَلِيل مِنَ الْعُطْلِ

こしょうの　koshou-no　故障の　مَعْطُوب < عطب　あの機械は故障している: تِلْكَ الْآلَةُ مَعْطُوبَةٌ

2)故障の　مُعَطَّل < عطل　エレベーターは故障中です: الْمِصْعَدُ مُعَطَّلٌ

こしらえる　koshiraeru　拵える　⇒ つくる　tsukuru　作る/造る

こじ　koji　孤児　يَتِيم < يتم 複 أَيْتَام / يَتَامَى

يَتِيم الْأَبِ (الْأُمِّ / الْأَبَوَيْنِ)

父親(母親/両親)のいない孤児

こじいん　koji-in　孤児院　مَيْتَم < يتم 複 مَيَاتِم ※= دَار الْأَيْتَامِ

كَمْ طِفْلاً يَضُمُّ الْمَيْتَمُ ؟

孤児院には何人の子供がいますか

こじき　kojiki　乞食　شَحَّاذ < شحذ　أَنَا فَقِيرٌ وَلٰكِنْ لَسْتُ شَحَّاذًا

私は貧しいけれど乞食ではない

こじにする　koji-nisuru　孤児にする　يَتَّمَ < يتم II　كَمْ مِنْ وَلَدٍ يَتَّمَتْهُ الْحَرْبُ !

戦争はどれだけの子供を孤児にしたことか

こじになる　koji-ni・naru　孤児になる　تَيَتَّمَ < يتم V　مَاتَ الْوَالِدُ وَتَيَتَّمَ الْوَلَدُ

父親が死んだので，その子は孤児になった

こじれる　kojireru　こじれる　تَعَقَّدَ < عقد V　اَلْأَفْضَلُ حَلُّ الْمُشْكِلَةِ قَبْلَ أَنْ تَتَعَقَّدَ

問題はこじれる前に解決するのが良い

こじん　kojin　個人　فَرْد 複 أَفْرَاد　各個人に/一人につき: لِلْفَرْدِ الْوَاحِدِ

個人主義者: فَرْدِيّ　個人主義: فَرْدِيَّة ※

こじん　kojin　故人　اَلْمُتَوَفَّى < وفى　故人を偲んだ: تَذَكَّرَ الْمُتَوَفَّى

こじんの　kojin-no　個人の　شَخْصِيّ < شخص　個人的に: شَخْصِيًّا

私は彼を個人的に知っている: أَعْرِفُهُ شَخْصِيًّا

個人的な物/私物: حَاجَة شَخْصِيَّة

2)個人の　خُصُوصِيّ < خص　個人の車/自家用車: سَيَّارَة خُصُوصِيَّة

個人レッスン: دُرُوس خُصُوصِيَّة

こす　kosu　越す　⇒ こえる　koeru　越える

こす　kosu　漉す　صَفَّى < صفو II　اِشْتَرَيْنَا جِهَازاً يُصَفِّي مَاءَ الشُّرْبِ

私たちは飲み水を<u>漉す</u>(濾過する)器具を買った

こすと　kosuto　コスト　تَكْلِيف < كلف 複 تَكَالِيف　生産コスト: تَكَالِيف الْإِنْتَاجِ

こする　kosuru　擦る　حَكَّ (u)　眠い時に目を擦る: عِنْدَ النُّعَاسِ يَحُكُّ عَيْنَيْهِ

こせい～こちら

こせい kosei 個性 شَخْصِيَّة ＜شخص 複 -ات نُرِيدُ تَرْبِيَةً تُنَمِّي شَخْصِيَّةَ الطَّالِبِ
私たちは生徒の個性を育てる教育を望む

こせき koseki 戸籍 سِجِلٌّ عَائِلِيٌّ ※ 戸籍謄本: نُسْخَة سِجِلّ لِلْعَائِلَةِ

こたいの kotai-no 固体の صُلْب 固体: مَادَّة صُلْبَة 固体燃料: وَقُود صُلْب

こたえ kotae 答え إِجَابَة ＜جوب 複 -ات ضَعْ خَطًّا تَحْتَ الْإِجَابَةِ
答えの下に線を引きなさい

こたえて kotae-te (～に)応えて لِـ～ تَلْبِيَةً ＜لبى تَلْبِيَةً لِلطَّلَبَاتِ: 要求に応えて(応じて)

こたえる kotaeru 答える أَجَابَ ＜جوب Ⅳ ～ عَلَى ～に: أَجِبْ عَلَى الْأَسْئِلَةِ
質問に答えなさい

こたえる kotaeru 応える اِسْتَجَابَ ＜جوب Ⅹ اِسْتَجِبْ لِطَلَبِهِ: 彼の要求に応えなさい

2)応える لَبَّى ＜لبى Ⅱ وَطَنُكَ يَدْعُوكَ ، أَلَا تُلَبِّي النِّدَاءَ
祖国があなたに呼びかけています, 呼びかけに応えないのですか

こだい kodai 古代 اَلزَّمَان الْغَابِر فِي الزَّمَانِ الْغَابِرِ ، حَكَمَ مُلُوكٌ الْبِلَادَ
古代では王達が国を統治した

こだいじん kodai-jin 古代人 اَلْأَقْدَمُونَ ＜قدم فَرَضَ الْأَقْدَمُونَ الرِّقَّ عَلَى الْأَسْرَى
古代人は捕虜を奴隷にした

こだいの kodai-no 古代の قَدِيم ＜قدم 複 قُدَمَاء اَلْهِيرُوغْلِيفِيَّةُ لُغَةٌ قَدِيمَةٌ
ヒエログリフは古代の言葉です

こだま kodama こだま صَدًى/صَدًا ＜صدي 複 أَصْدَاء سَمِعْنَا الصَّوْتَ وَسَمِعْنَا صَدَاهُ
私たちは音を聞いて、またそのこだまも耳にした

こだわる kodawaru 拘る تَمَسَّكَ ＜مسك Ⅴ تَمَسَّكَ بِرَأْيِهِ: 自分の意見にこだわった

こちょうする kochou-suru 誇張する بَالَغَ ＜بلغ Ⅲ ～ إِنَّ بَالَغَ فِي الْقَوْلِ
～の事を誇張して言った
※名 مُبَالَغَة: 誇張 اَلشِّعْرُ يَقْبَلُ مُبَالَغَةً
詩は誇張を容認する
※名 مُبَالَغَة: 誇張 مُبَالَغٌ فِيهِ: 誇張した/大げさな

こちら kochira こちら (هٰذِهِ)هٰذَا ※(女) 複 هٰؤُلَاءِ ※⇒この
هٰذَا الْمَكْتَبُ مَصْنُوعٌ مِنَ الْخَشَبِ
こちらの机は木製です/この机は木製です
هٰذِهِ الْمَرْأَةُ صَنَعَتِ الْفَطِيرَةَ
こちらのご婦人がケーキを作りました

こ

こちらは～こてんてきな

こ

هَؤُلَاءِ الرِّجَالُ مُسْلِمُونَ
こちらの男性方はイスラム教徒です

こちらは　kochira-wa　こちらは 男 هٰذَا 女 هٰذِهِ 複双 هٰذَانِ 女双 هَاتَانِ 複 هَؤُلَاءِ
※複数形は人のみに用い,物の複数形には هٰذِهِ を使う
هٰذَانِ رَجُلَانِ عَرَبِيَّانِ :こちら二人はアラブの方です
هٰذِهِ خَطِيبَتِي :こちらは私の婚約者です

こっか　kokka　国家 ⇒ くに kuni 国

こっか　kokka　国歌 نَشِيد وَطَنِيّ　أَنْشَدَ النَّشِيدَ الْوَطَنِيَّ :国歌を歌った

こっかい　kokkai　1)国会 بَرْلَمَان　عُضْو الْبَرْلَمَان :国会議員/代議士
2)国会 مَجْلِس النُّوَّاب　مَجْلِسُ النُّوَّابِ يُوَالِي الْحُكُومَةَ فِي سِيَاسَتِهَا الْخَارِجِيَّةِ
国会は政府の外交政策を支持している

こっきょう　kokkyou　国境 حُدُود < حَدّ ※ حَدّ の複　عَبَرَ الْحُدُودَ :国境を越えた
مِنْطَقَة الْحُدُود :国境地域

こっく　kokku　コック طَبَّاخ < طبخ 複 ـون　طَبَّاخ مَاهِر :腕のいいコック

こっこう　kokkou　国交 الْعَلَاقَات الدِّبْلُومَاسِيَّة　أَقَامَ الْعَلَاقَاتِ الدِّبْلُومَاسِيَّةَ مَعَ ～
～と国交を結んだ(樹立した)

こっこくと　kokkoku-to　刻々と فِي كُلِّ لَحْظَةٍ　تَغَيَّرَتِ الْأَحْوَالُ الْجَوِّيَّةُ فِي كُلِّ لَحْظَةٍ
気象状況は刻々と変わった

こつずい　kotsuzui　骨髄 النُّخَاع الْعَظْمِيّ

こっそり　kossori　こっそり
こっそりと　kossori-to　こっそりと خُلْسَةً　اسْتَمَعَ خُلْسَةً (إِلَى ～)
(～を)こっそりと聞いた/盗み聞きした

こっぷ　koppu　コップ كُوب 複 أَكْوَاب　كُوب مِنَ الْمَاءِ :コップ1杯の水
2)コップ كَأْس ※女 複 كُؤُوس　كَأْس زُجَاجِيّ :ガラスのコップ

こづく　kozuku　こづく وَكَزَ ، يَكِزُ　وَكَزَتْهُ بِمِرْفَقِهَا :彼女が彼を肘でこづいた

こづつみ　kozutsumi　小包 طَرْد 複 طُرُود　أَرْسَلَ الطَّرْدَ بِالْبَرِيدِ الْبَحْرِيِّ
小包を船便で送った

こていした　kotei-shita　固定した ثَابِت < ثبت　هٰذِهِ الْأَذْرُعُ ثَابِتَةٌ
これらの腕は固定されています

こていする　kotei-suru　固定する رَكَّزَ < ركز II　رَكَّزَ السَّائِسُ السَّرْجَ عَلَى ظَهْرِ الْفَرَسِ
調教師が鞍を馬の背中に固定した

こてんてきな　koten-teki・na　古典的な
こてんの　koten-no　古典の كِلَاسِيكِيّ/كِلَاسِكِيّ　الْمُوسِيقَى الْكِلَاسِيكِيَّة
古典音楽/クラシック

こと　koto　事　أَمْر　複أُمُور　هٰذِهِ الْأُمُورُ سِرٌّ:これらの事は秘密です
أَمْر مَعْرُوف:知られている事/周知の事

ことし　kotoshi　今年　الْعَام الْحَالِيّ/السَّنَة الْحَالِيَّة　هٰذِهِ السَّنَة　يَرْأَسُ وَالِدِي النَّادِي هٰذِهِ السَّنَة
今年は私の父がクラブを指導する

ことに　koto-ni　殊に　⇒ とくに　toku-ni　特に

ことなる　koto・naru　異なる　مُخْتَلِف < خلف　~عَنْ ~:ع~　رَأْيُنَا مُخْتَلِفٌ عَنْ رَأْيِكُمْ
私達の意見はあなた達のとは<u>異なる</u>(違う)

ことば　kotoba　言葉　كَلِمَة　複ـات　بِكَلِمَةٍ أُخْرَى:他の言葉で言えば/言いかえると
مَا مَعْنَى الْكَلِمَةِ؟:その言葉の意味は何ですか

2)言葉　لُغَة < لغو　لُغَةُ الْحَدِيثِ:話し言葉

3)言葉　قَوْل　複أَقْوَال　لَا تُصَدِّقْ أَقْوَالَهُ! إِنَّهُ دَجَّالٌ
彼の言葉を信じるな！彼は本当にペテン師なのだから

ことり　kotori　小鳥　عُصْفُور　複عَصَافِير　تُزَقْزِقُ الْعَصَافِيرُ:小鳥たちはさえずる

ことわざ　kotowaza　ことわざ/諺　مَثَل　複أَمْثَال　كَمَا يَقُولُ الْمَثَلُ الْيَابَانِيُّ، ~
日本の諺にもあるように,～

ことわる　kotowaru　断る　رَفَضَ (u)　※=لَمْ يَقْبَلْ　أَنْ ~:(～することを/するのを)断る
رَفَضْتُ أَنْ أَرْكَبَ السَّفِينَةَ
私はその船に乗るのを断った

こどく　kodoku　孤独　وَحْدَة　أَشْعُرُ بِالْوَحْدَةِ أَحْيَانًا:私は時々孤独を感じる

こどくである　kodoku-dearu　孤独である　خَلَا، يَخْلُو < خلو　(بِنَفْسِهِ)　خَلَا <u>إِلَى نَفْسِهِ</u>:孤独だった

こども　kodomo　子ども/子供　طِفْل　複أَطْفَال　أَدَبُ الْأَطْفَالِ:児童文学
طُفُولَة:子供の<u>時期</u>(時代)/乳幼児期

2)子ども/子供　صِغَار　※صَغِير の複　لَعِبَ الصِّغَارُ فِي ظِلِّ الشَّجَرَةِ
子供達は木の陰で遊び,楽しそうだった　وَانْبَسَطُوا

こな　ko・na　粉　مَسْحُوق < سحق　複مَسَاحِيق　مَسْحُوقُ حَلِيبٍ:粉ミルク

こなにする　ko・na-nisuru　粉にする　طَحَنَ (a)　تَطْحَنُ الرَّحَى حُبُوبَ الْقَمْحِ:臼は麦を粉にする

こねる　ko・neru　こねる　جَبَلَ (u, i)　جَبَلَ التُّرَابَةَ وَالرَّمْلَ بِالْمَاءِ
セメントと砂を水でこねた

2)こねる　عَرَكَ (u)　يَعْرُكُ الْعَجَّانُ الْعَجِينَ لِيَلِينَ
パン屋さんは生地をこねて柔らかくする

この　ko・no　この　هٰذَا < ذا　女هٰذِهِ　هٰذَا الْمَكْتَبُ كَبِيرٌ:この机は大きい
هٰذِهِ الْبَيْضَةُ بَيْضَاءُ:この卵は白い

こ

このごろ　kono-goro　この頃　فِي هٰذِهِ الْأَيَّامِ　وَقَعَتْ زَلَازِلُ كَثِيرَةٌ فِي هٰذِهِ الْأَيَّامِ
この頃,地震が多い

このまえの　ko·no-mae·no　この前の　سَابِق　<سبق　الْأُسْبُوع السَّابِق: この前の週/先週
فِي السَّابِق/سَابِقًا: この前

このましい　ko·nomashi·i　好ましい　مَرْغُوب　<رغب　※男性単数名詞を修飾するなら فِيهِ 女性形なら
فِيهَا が後ろにつく
هٰذَا الرَّجُلُ غَيْرُ مَرْغُوبٍ فِيهِ
この男は好ましくない人物だ

このみ　ko·nomi　好み　هَوًى　複 أَهْوَاء/هَوَايَا　وَلَا تَتَّبِعْ أَهْوَاءَهُمْ
彼らの好みに従ってはならない
2)好み　ذَوْق　複 أَذْوَاق　لَهُ ذَوْقٌ حَسَنٌ فِي اللِّبَاسِ
彼は服の好みが良い

このむ　ko·nomu　好む　فَضَّلَ　<فضل II عَلَى~: ~より　أُفَضِّلُ السَّمَكَ عَلَى اللَّحْمِ
私は肉よりも魚を好みます(が好きです)
2)好む　أَحَبَّ　<حبّ　أُحِبُّ السِّبَاحَةَ: 私は水泳を好む　※ ⇒ 好く

このよ　ko·no-yo　この世　هٰذِهِ الدُّنْيَا / اَلدُّنْيَا　※⇔ اَلْآخِرَة: あの世
اَلْحَيَاة الدُّنْيَا: この世の生活/現世

このような　ko·no-you·na　この様な　مِثْلُ هٰذَا　女 مِثْلُ هٰذِهِ　مِثْلُ هٰذَا الْكِتَابِ: この様な(こんな)本

こはく　kohaku　こはく/琥珀　كَهْرَبَاء　حَبَّاتُ هٰذِهِ الْمِسْبَحَةِ مِنَ الْكَهْرَبَاءِ
このミスバハ(数珠)の玉は琥珀です

こばなし　koba·nashi　小話　نُكْتَة　複 نُكَت/نِكَات　اَلنُّكْتَةُ النَّاجِحَةُ تُثِيرُ الضَّحِكَ
良い小話は笑いをもたらす

こばむ　kobamu　拒む　⇒ きょひする　kyohi-suru　拒否する

こびる　kobiru　媚びる　جَامَلَ　<جمل III　أَتُخْلِصُ لِي الْمَوَدَّةَ أَمْ تُجَامِلُنِي؟
それは私への友情ですか,それとも媚びているのですか
※名 مُجَامَلَة: 媚び/お世辞

こぴー　kopii-　コピー　⇒ うつし　utsushi　写し

こぴーき　kopii-ki　コピー機　آلَة النَّسْخ

こぴーする　kopii-suru　コピーする　نَسَخَ (a)　نَسَخَ الْوَثِيقَةَ: その文書をコピー(複写)した

こぶ　kobu　こぶ/瘤　سَنَام　<سنم　複 أَسْنِمَة　كَيْفَ لِجَمَلٍ أَنْ يَرَى سَنَامَهُ؟
ラクダはどうやって自分の瘤を見るのだろう
جَمَلٌ ذُو سَنَامٍ (سَنَامَيْنِ): 一瘤(二瘤)らくだ

こぶし　kobushi　拳　جُمْعُ الْيَدِ (الْكَفِّ)　ضَرَبَتْ عَلَى صَدْرِهِ بِجُمْعِ يَدِهَا
彼女は彼の胸を拳で叩いた

こぶする　kobu-suru　鼓舞する　شَجَّعَ　< شجع II　شَجَّعَ الْعَلَمُ اللَّاعِبِينَ
旗が選手達を鼓舞した

こぷとじん　koputo-jin　コプト人　اَلْقُبْطُ (ُ)　複 الأَقْبَاطُ　لِلْقِبْطِ تَارِيخٌ يَرْقَى إِلَى عَهْدِ الْفَرَاعِنَةِ
コプト人の歴史はファラオの時代に遡る

こべつに　kobetsu-ni　個別に　عَلَى حِدَةٍ　أَجْرَى التَّفْتِيشَ عَلَى حِدَةٍ :個別に審査を行った

こぼす　kobosu　こぼす　دَلَقَ (u)　دَلَقَ الشَّايَ :お茶をこぼした

こぼす　kobosu　こぼす ⇒ ふへいをいう huhei-woiu 不平を言う

こぼれる　koboreru　こぼれる　اِنْدَلَقَ　< دلق VII　اِنْدَلَقَ الشَّايُ مِنَ الْفِنْجَانِ
湯飲みのお茶がこぼれた

こま　koma　こま/独楽　دَوَّامَة　رَقَصَتِ الرَّقَّاصَةُ كَالدَّوَّامَةِ
踊り子は独楽のように踊った

こまーしゃる　komaasharu　コマーシャル　إِعْلَان تِجَارِيّ

こまかい　komakai　細かい
こまかな　komaka・na　細かな　دَقِيق　< دقّ 複 دِقَاق / أَدِقَّة　خَطٌّ دَقِيقٌ :細かい線
دَقِيقُ الشُّعُورِ:神経の細かい/敏感な
دَقِيقُ الصُّنْعِ:仕事(技術)の細かい/精巧な

こまく　komaku　鼓膜　طَبْلَةُ الْأُذُنِ　اِنْشَقَّتْ طَبْلَةُ الْأُذُنِ :鼓膜が破れた

こまったこと　komatta-koto　困った事
こまりごと　komari-goto　困り事　مُشْكِلَة　< شكل 複 مَشَاكِل　مَا الْمُشْكِلَةُ ؟ :困り事は何ですか

こまって　komatte　困って　فِي حَيْرَةٍ / حَائِرًا　< حير　أَوْقَعَهُ فِي حَيْرَةٍ :彼を困らせた

こまらせる　komaraseru　困らせる　ضَايَقَ　< ضيق III　لَا تُضَايِقْنِي ! :私を困らせないで

こまる　komaru　困る　تَحَيَّرَ　< حير V　فِي～: ～で,に　تَحَيَّرْتُ فِي حَلِّ الْمُشْكِلَةِ
私はその問題の解決に困った
2)困る　وَاجَهَ صُعُوبَةً　< وجه III　وَاجَهَ صُعُوبَةً فِي الْمَعِيشَةِ :生活に困った

こみあう　komi-au　込み合う ⇒ こむ komu 込む

こみち　komichi　小道　دَرْب　複 دُرُوب　سَلَكَ دَرْبًا :小道を歩いた

こみゅにけーしょん　komyu・nikee-shon　コミュニケーション　مُوَاصَلَات　< وصل ※ مُوَاصَلَة の複
تَنْمِيَةُ الْمُوَاصَلَاتِ تُنْعِشُ الِاقْتِصَادَ
コミュニケーションの広がりが経済を活気づける

こむ　komu　込む　اِزْدَحَمَ　< زحم VIII　اِزْدَحَمَ النَّاسُ عَلَى الْأَرْصِفَةِ
歩道は人で込んでいた(込み合っていた)

こむぎ　komugi　小麦　قَمْح　طَحَنَ الْقَمْحَ :小麦を粉にした(挽いた)

こむぎこ　komugi-ko　小麦粉　طَحِينُ الْقَمْحِ　< طحن　هٰذَا الطَّعَامُ يُصْنَعُ مِنْ طَحِينِ الْقَمْحِ
この食べ物は小麦粉から作られています

こ

こめ　kome　米　رُزّ / أُرُزّ / أَرُزّ　< ارز　زِرَاعَةُ الْأَرُزِّ :米作り/稲作

مَحْصُولُ الْأَرُزِّ فِي هٰذِهِ السَّنَةِ جَيِّدًا جِدًّا

今年は米が良くできた

こめかみ　komekami　こめかみ　صُدْغ　複 أَصْدَاغ　تُعْتَبَرُ الصُّدْغُ مَقْتَلًا

こめかみは致命的な急所といわれる

こめでぃー　komedii　コメディー　⇒ きげき　kigeki　喜劇

こめる　komeru　込める　يَحْشُو ، حَشَا　تُحْشَى بِالرَّصَاصِ الْبَنَادِقُ :銃に弾が込められる

こめんと　komento　コメント　تَعْلِيق　< علق 複 تَعَالِيق/-ات　عَلَى ~ :~への

تَعْلِيق عَلَى الْأَخْبَارِ :ニュースへのコメント

رَفَضَ التَّعْلِيقَ :コメントを拒否した

بِدُونِ تَعْلِيقٍ :ノーコメント

こもり　ko-mori　子守　حَاضِنَة　< حضن 複 حَوَاضِن　وَضَعَتِ الْأُمُّ طِفْلَهَا عِنْدَ حَاضِنَةٍ

母親は子供を子守に預けた

こもる　komoru　籠もる　اِعْتَكَفَ　< عكف VIII　سَأَعْتَكِفُ فِي بَيْتِي أُسْبُوعًا ،

لِلتَّحْضِيرِ الِامْتِحَانِ　試験準備で一週間,家に籠もるぞ

こもん　komon　顧問　مُسْتَشَار　< شور　مُسْتَشَارُ الشَّرِكَةِ :会社の顧問

こや　koya　小屋　كُوخ　複 أَكْوَاخ　كُوخُ النَّاطُورِ يُطِلُّ عَلَى الْكُرُومِ

見張り小屋からぶどう畑が見渡せる

こやし　koyashi　肥やし　⇒ ひりょう　hiryou　肥料

こゆうの　koyuu-no　固有の　خَاصّ　< خص　(بِ~)　عَادَةٌ خَاصَّةٌ :(~の)固有の習慣

こゆび　ko-yubi　小指　خِنْصَر (ـَ)　複 خَنَاصِرُ　لَا تُنَظِّفْ أُذُنَكَ بِخِنْصَرِكَ

小指で耳の掃除をするな

こようしゃ　koyou-sha　雇用者
こようしゅ　koyou-shu　雇用主　مُسْتَخْدِم　< خدم 複 ـون
こようぬし　koyou-nushi　雇用主

こようする　koyou-suru　雇用する　⇒ やとう　yatou　雇う

こよみ　koyomi　暦　تَقْوِيم　< قوم　التَّقْوِيمُ الْهِجْرِيُّ (الْمِيلَادِيُّ)

イスラム暦(西暦)

こらえる　kora・eru　堪える　اِحْتَمَلَ　< حمل VIII　اِحْتَمَلَ الْأَلَمَ :痛みを堪えた

こりあんだー　koriandaa　コリアンダー　كُزْبَرَة (ـُ)　دُقِّي مَعَ الثَّوْمِ شَيْئًا مِنَ الْكُزْبَرَةِ

ニンニクと一緒にコリアンダーを少し潰しなさい

こりつした　koritsu-shita　孤立した　مَعْزُول　< عزل　قَرْيَةٌ مَعْزُولَةٌ :孤立した村

こりつする　koritsu-suru　孤立する　اِنْعَزَلَ　< عزل VII ~ عَنْ :~から　اِنْعَزَلَ عَنْ أَصْدِقَائِهِ

友達から孤立した

こる～こわい

こ

こる　koru　凝る　صَارَ يَابِسًا　صَارَتِ الْعَضَلَاتُ فِي عُنُقِي يَابِسًا : 私は肩が凝りました

こる　koru　凝る　⇒ ねっちゅうする necchuu-suru 熱中する

こるく　koruku　コルク　فِلِّين (ُ)　اَلْفِلِّينُ خَفِيفٌ : コルクは軽い

こるせっと　korusetto　コルセット　مِشَدٌّ < شَدّ 複 -ات　صَاحِبَةُ الْقَوَامِ الرَّشِيقِ لَا تَحْتَاجُ إِلَى مِشَدٍّ
すらりとした女性にコルセットは必要ない

これ　kore　これ 男 هٰذَا 女 هٰذِهِ 複[人] هٰؤُلَاءِ [物] هٰذِهِ　هٰذَا مِفْتَاحٌ : これは鍵です
هٰذِهِ بَيْضَةٌ : これは卵です
هٰؤُلَاءِ النَّاسُ : これらの人々
هٰذِهِ الْكُتُبُ الْكَثِيرَةُ مِنَ الْيَابَانِ
この沢山の本は日本から来ました

これから　korekara　これから　مِنَ الْآنَ فَصَاعِدًا　أَعِدُكَ بِالِاجْتِهَادِ ، مِنَ الْآنَ فَصَاعِدًا
私は<u>これから</u>(今後)一生懸命努力することを
あなたに約束します

これら　korera　これら　※ ⇒ これ 複

これら　korera　コレラ　اَلْهَيْضَةُ / اَلْكُولِيرَا / اَلْهَوَاءُ الْأَصْفَرُ
يَتَمَيَّزُ الْكُولِيرَا بِالتَّقَيُّؤِ وَالْمَغْصِ الْحَادِّ
コレラは嘔吐や激しい胃腸の痛み,　وَالْإِسْهَالِ
それに下痢が顕著である

ころがす　korogasu　転がす　دَحْرَجَ ، يُدَحْرِجُ　دَحْرَجَ الْبِرْمِيلَ : 樽を転がした

ころがる　korogaru　転がる　تَدَحْرَجَ < دحرج II　بَعْضُ الْبُرْتُقَالَاتِ أَخَذَتْ تَتَدَحْرَجُ
幾つかのオレンジが転がり始めた

ころされる　korosareru　殺される　قُتِلَ ، يُقْتَلُ ※ قَتَلَ の受　قُتِلَ فِي الْحَرْبِ : 戦死した

ころしあう　koroshi-au　殺し合う　تَقَاتَلَ < قتل VI　تَقَاتَلَ الْمُتَحَارِبُونَ بِضَرَاوَةٍ
戦闘員は荒々しく殺し合った

ころす　korosu　殺す　قَتَلَ (u)　～で:بِـ～　قَتَلَ الْعَدُوَّ بِالسَّيْفِ : 刀で敵を殺した
إِنْ قَتَلْتَ قُتِلْتَ : もしあなたが殺せば,(あなたは)
殺されるだろう

2)殺す　ذَبَحَ (a)　※食肉用に殺す　ذَبَحَ اللَّحَّامُ الْخَرُوفَ أَمَامَ دُكَّانِهِ
肉屋は店の前で羊を殺した

3)殺す　كَبَتَ (i)　حَاوَلَ أَنْ يَكْبِتَ مَشَاعِرَهُ
感情を(押し)殺そうとした

ころぶ　korobu　転ぶ　وَقَعَ ، يَقَعُ　وَقَعَ عَلَى الْأَرْضِ : 転んだ/転倒した

こわい　kowai　怖い　خَائِفٌ < خوف　～が:مِنْ ～　مِمَّا أَنْتَ خَائِفٌ؟
あなたは何が怖いのですか

こわがらせる～こんぜつする

こ

أَنَا خَائِفٌ مِنَ الْكَلْبِ : 私は犬が怖いです

こわがらせる　kowagaraseru　怖がらせる　⇒ おそれさせる　osore-saseru　恐れさせる

こわがる　kowagaru　怖がる　⇒ おそれる　osoreru　恐れる

こわす　kowasu　壊す　كَسَرَ (i)　كَسَرَ الْبَابَ :ドアを壊した

2)壊す　هَدَمَ (i)　هَدَمَ الْبِنَاءَ :その建物を壊した

3)壊す　حَطَّمَ < حطم II ※粉々に　حَطَّمَتِ الْكُرَةُ زُجَاجَ النَّافِذَةِ
ボールが窓ガラスを粉々に壊した

こわれている　kowarete-iru　壊れている　مَكْسُور / مُكَسَّر < كسر　هٰذَا الْكُرْسِيُّ مَكْسُورٌ
この椅子は壊れている

こわれる　kowareru　壊れる　اِنْهَدَمَ < هدم VII　اِنْهَدَمَ بَيْتُنَا الْقَدِيمُ
私達の古い家が壊れた

2)壊れる　تَعَطَّلَ < عطل V　تَعَطَّلَ مُحَرِّكُ السَّيَّارَةِ
車のエンジンが壊れた

こんいろの　kon-iro·no　紺色の
こんの　kon-no　紺の　كُحْلِيّ < كحل　※لَوْن كُحْلِيّ :紺色

こんがんする　kongan-suru　懇願する　تَوَسَّلَ < وسل V　～إِلَى～ :～に/～بِـ :～を
تَوَسَّلْ إِلَى رَبِّكَ :汝の神に懇願せよ

こんき　konki　根気　صَبْر　بِصَبْرٍ :根気よく　اِنْتَظَرَهَا بِصَبْرٍ
根気よく彼女を待った

こんくーる　konkuuru　コンクール　مُسَابَقَة　اِشْتَرَكَ فِي الْمُسَابَقَةِ :コンクールに出場した

こんくりーと　konkuriito　コンクリート　بَاطُون　اَلْبَاطُون مَادَّةُ الْبِنَاءِ :コンクリートは建築資材です

こんけつの　konketsu-no　混血の　هَجِين < هجن [複] هُجُن، هُجَنَاء　يُعْتَبَرُ الْبَغْلُ حَيَوَانًا هَجِينًا
ラバは混血の動物とされている

こんげつ　kon-getsu　今月　اَلشَّهْرُ الْحَالِي　خِلَالَ الشَّهْرِ الْحَالِي :今月中

こんご　kongo　今後　⇒ これから　korekara　これから

こんさーと　konsaato　コンサート　حَفْلَة مُوسِيقِيَّة　أَقَامَ حَفْلَةً مُوسِيقِيَّةً
コンサートを開いた

こんざつする　konzatsu-suru　混雑する　زَحَمَ (a)　أَخَذَ يَزْحَمُ النَّاسُ أَمَامَ شُبَّاكِ التَّذَاكِرِ
切符売り場の前が人々で混雑し始めた
※名 زِحَام :混雑　اِشْتَدَّ الزِّحَامُ أَمَامَ شُبَّاكِ التَّذَاكِرِ
切符売り場前の混雑がひどくなった

こんしゅう　kon-shuu　今週　هٰذَا الْأُسْبُوع　فِي يَوْمِ السَّبْتِ مِنْ هٰذَا الْأُسْبُوعِ :今週の土曜日に

こんぜつする　konzetsu-suru　根絶する　أَبَادَ < بيد IV　هٰذَا الدَّوَاءُ يُبِيدُ الصَّرَاصِيرَ
この薬はゴキブリを根絶(撲滅)します

こんちゅう～こんぽうする

こんちゅう　konchuu　昆虫　حَشَرَة　複 -ات　عِلْم الْحَشَرَات :昆虫学　حَشَرَات ضَارَّة :害虫

こんてすと　kontesuto　コンテスト　سِبَاق < سبق 複 -ات　سَابَقْتُهُ فِي السِّبَاق
私はそのコンテストで彼と競った

こんでいる　kondeiru　混んでいる　مُزْدَحِم < زحم　هُمْ سَارُوا عَلَى طُول الشَّارِع الْمُزْدَحِم
彼らは混んでいる(混雑する)通りに沿って行った

こんでんさー　kondensaa　コンデンサー　مُكَثِّف < كثف 複 -ات ※電子部品　يُسْتَعْمَلُ الْمُكَثِّفُ
فِي الرَّادِيُو コンデンサーはラジオに使われる

こんとろーる-する　kontorooru-suru　コントロールする　تَحَكَّمَ < حكم V　لَا يَسْتَطِيعُ أَنْ يَتَحَكَّمَ فِي مَشَاعِرِهِ
自分の感情をコントロールできない
※名 تَحَكُّم :コントロール　لَوْحَة التَّحَكُّم :コントロールパネル

こんどの　kondo-no　今度の　مُقْبِل < قبل　فِي يَوْمِ الْجُمْعَةِ الْمُقْبِلِ :今度の金曜日に

こんな　kon・na　こんな ⇒ このような　ko・noyou-na　この様な

こんなん　kon・nan　困難
こんなんさ　kon・nan-sa　困難さ　صُعُوبَة < صعب 複 -ات　يُفَكِّرُ النَّاسُ فِي الصُّعُوبَةِ أَكْثَرَ
人々は必要以上にその困難さを考えすぎる　مِنَ اللَّازِمِ

こんなんな　kon・nan-na　困難な　صَعْب　複 صِعَاب　جَابَهَ الصِّعَابَ :困難に立ち向かった
صَعْبٌ عَلَيَّ أَنْ أَذْهَبَ إِلَى "طُوكِيُو"
私が東京に行くことは困難だ(難かしい)

こんにちは　kon・nichi-wa　今日は　السَّلَامُ عَلَيْكُمْ　※返礼は　وَعَلَيْكُمُ السَّلَامُ :今日は

こんばん　konban　今晩　هٰذِهِ اللَّيْلَة / هٰذَا الْمَسَاء　هَلْ أَنْتِ مَشْغُولَةٌ فِي هٰذَا الْمَسَاءِ؟
貴女は今晩(今夜)忙しいですか

こんばんは　konban-wa　今晩は　مَسَاءُ الْخَيْرِ　※ 返礼は　مَسَاءُ النُّورِ :今晩は

こんぱす　konpasu　コンパス　بُوصَلَة (ة)　複 -ات ※方位を知る道具　تَهْتَدِي السُّفُنُ وَالطَّائِرَاتُ
船や飛行機はコンパスに導かれる　بِالْبُوصَلَةِ

2)コンパス　بِرْكَار / بِيكَار　※製図用の　كَيْفَ تَرْسُمُ الدَّائِرَةَ بِالْبِرْكَارِ؟
どうやってコンパスで円を書きますか

こんび　konbi　コンビ　ثُنَائِيّ < ثنى　الْوَلَدَانِ يُؤَلِّفَانِ ثُنَائِيًّا مَرِحًا
その二人の少年は陽気なコンビをなしている

こんぴゅうたー　konpyuutaa　コンピューター　كُومْبِيُوتَر 複 -ات

2)コンピュータ　الدِّمَاغ الْإِلِكْتُرُونِيّ　الدِّمَاغُ الْإِلِكْتُرُونِيُّ مُخْتَرَعٌ
コンピューターは驚くべき発明品です　مُذْهِلٌ

こんぷれっくす　konpurekkusu　コンプレックス　عُقْدَة نَفْسِيَّة

こんぽうする　konpou-suru　梱包する　حَزَمَ (i)　حَزَمَ الطَّرْدَ :小包を梱包した

こ

こんぽんてきな～ごうきん

こんぽん-てきな　konpon-teki・na　根本的な　جَذْرِيّ　< جذر　جَذْرِيّ تَغْيِير :根本的な改革(変革)

こんま　konma　コンマ　فَاصِلَة　< فصل 複 فَوَاصِل　فِي الْقِرَاءَةِ ، تَوَقَّفْ لَحْظَةً

عِنْدَ الْفَاصِلَةِ　読むときにはコンマで間をおきなさい

こんや　kon・ya　今夜　⇒ こんばん　konban　今晩

こんやく　kon・yaku　婚約　خِطْبَة / خُطُوبَة　(=عَقْد زَوَاج)　خَاتِم الْخِطْبَةِ :婚約指輪

こんやくしゃ　kon・yaku-sha　婚約者　خَطِيب　< خطب 女 خَطِيبَة　~ هٰذِهِ خَطِيبَتُهُ

こちらは彼の婚約者の～さんです

こんらんする　konran-suru　混乱する　اِضْطَرَبَ　< ضرب Ⅷ　اِضْطَرَبَتِ الْأَحْوَالُ :情勢(事態)は混乱した

اِضْطِرَاب سِيَاسِيَّة :政治的混乱　اِضْطِرَاب :混乱 ※名

こんれい　konrei　婚礼　⇒ けっこんしき　kekkon-shiki　結婚式

こんろ　konro　こんろ　مَنْقَل　< نقل 複 مَنَاقِل　يَتَوَهَّجُ الْجَمْرُ فِي الْمَنْقَلِ

こんろに炭火がおきている

こんわくする　konwaku-suru　困惑する　⇒ とうわくする　touwaku-suru　当惑する

ご　go　五(5) 男 خَمْسَة 女 خَمْس　خَمْسَة كُتُبٍ :五冊の本　خَمْس بَنَاتٍ :五人の娘

مُدَّة خَمْسَة أَيَّامٍ :五日間　خَمْس مُدُنٍ :五つの都市

ごーる　go-ru　ゴール　مَرْمًى　< رمى 複 مَرَام　اِسْتَقَرَّتِ الْكُرَةُ بَيْنَ يَدَيْ

حَارِسِ الْمَرْمَى　ボールはゴールキーパーの手に収まった

2)ゴール　هَدَف　複 أَهْدَاف ※=得点　أَصَابَ الْهَدَفَ :ゴールした/ゴールを決めた

ごい　goi　語彙　مُفْرَدَات　< فرد ※ مُفْرَد の複　اَلْمُفْرَدَات الْعَرَبِيَّة

アラビア語の語彙

ごうい　goui　合意　اِتِّفَاق　< وفق 複 -ات　بِالِاتِّفَاقِ :合意の上で

تَمَّ اتِّفَاقٌ بَيْنَهُ وَبَيْنِي

彼と私の間で合意が成立した

ごうかくした　goukaku-shita　合格した　نَاجِح　< نجح　أَعْرِفُ الطَّالِبَ النَّاجِحَ فِي الِامْتِحَانِ

その試験に合格した学生を知っています

ごうかくする　goukaku-suru　合格する　نَجَحَ (a)　نَجَحَ فِي الِامْتِحَانِ :試験に合格した

نَجَاح :合格 ※名　※ نَاجِح 複 ـون :合格者

ごうかな　gouka-na　豪華な　فَاخِر　< فخر　طَعَام فَاخِر :豪華な食事

2)豪華な　فَخْم　فُنْدُق فَخْم :豪華なホテル

يَسْكُنُ الْمَلِكُ قَصْرًا فَخْمًا

王は豪華な宮殿に住んでいる

ごうきん　goukin　合金(مِنْ مَعْدِنَيْنِ　خَلِيط(　خَلِيط مَعْدِنِيّ　اَلنُّحَاسُ الْأَصْفَرُ خَلِيطٌ مَعْدِنِيٌّ

真ちゅうは合金です

ごうけい～ごがつ

ごうけい　goukei　合計　مَجْمُوع　< جمع　مَا هُوَ مَجْمُوعُ الْحِسَابِ؟
計算の合計はいくつですか

ごうじょうな　goujou-na　強情な　عَنِيد　< عند　إِنَّهُ حَقًّا عَنِيدٌ !:本当に彼は強情だ

ごうせいの　gousei-no　合成の　مُرَكَّب　< ركب　مَسْحُوق غَسِيل مُرَكَّب:合成洗剤

ごうとうする　goutou-suru　強盗する　نَهَبَ (a,u)　دَخَلَ الْغُزَاةُ الْمَدِينَةَ فَقَتَّلُوا وَنَهَبُوا
強盗団が街に入り,強盗と殺りくを行った
※名 نَهْب 複 نُهُوب/نِهَاب:強盗(行為)
※قَاطِع الطَّرِيقِ 複 قُطَّاع (قُطَّع) الطُّرُقِ:強盗/盗賊

ごうはん　gouhan　合板　خَشَبٌ رَقَائِقِيٌّ

ごうほうてきな　gouhou-teki・na　合法的な　شَرْعِيّ　< شرع　حَقٌّ شَرْعِيٌّ:合法的(な)権利
2)合法的な　حَلَالٌ　< حلّ ※イスラム法で
أَأَكْلُ لَحْمِ الْخِنْزِيرِ حَلَالٌ فِي الْإِسْلَامِ ؟
イスラム教では豚肉を食べることは合法ですか(許されますか)

ごうまんである　gouman-dearu　傲慢である　تَكَبَّرَ　< كبر V　لِمَاذَا يَتَكَبَّرُ عَلَى أَقْرَانِهِ ؟
どうして彼は友人に傲慢なのですか

ごうまんな　gouman-na　傲慢な　مُتَكَبِّر　< كبر 複 ـون　سَلَكَ سُلُوكًا مُتَكَبِّرًا عَلَى～
～に対して傲慢(横柄)な態度をとった

ごうもんする　goumon-suru　拷問する　عَذَّبَ　< عذب II　عَذَّبَ الْأَسِيرَ:捕虜を拷問した
※名 تَعْذِيب:拷問　تَعَرَّضَ لِلتَّعْذِيبِ
拷問を受けた

ごうりてきな　gouri-teki・na　合理的な　مَعْقُول　< عقل　هٰذَا غَيْرُ مَعْقُولٍ
これは合理的でない(不合理だ)

ごえい　go・ei　護衛　حَارِس　< حرس 複 حُرَّاس　يَحْرُسُهُ حَارِسٌ مُسَلَّحٌ
武装した護衛が彼を守っている

ごかいする　gokai-suru　誤解する(أَسَاءَ (الْفَهْمَ　< سوء IV　يُسِيئُونَ فَهْمَهَا:彼らは彼女を誤解している
※名 سُوء التَّفَاهُمِ:誤解
أَزَالَ سُوءَ التَّفَاهُمِ:誤解を解いた
سَبَّبَ سُوءَ التَّفَاهُمِ:誤解を招いた

ごかん　go-kan　五感　اَلْحَوَاسّ الْخَمْس　※ اَلسَّمْعُ:聴覚, اَلْبَصَرُ:視覚, اَلشَّمُّ:嗅覚
اَللَّمْسُ:触覚, اَلذَّوْقُ:味覚

ごがつ　go-gatsu　五月　جُمَادَى الْأُولَى　※イスラム歴の五月
2)五月　مَايُو　※西暦の五月

ごきげん～ごまかす

		3)五月	أَيَّار	※シリア,イラク,ヨルダン,レバノン地方の五月
ごきげん	go-kigen	ご機嫌	حَال	كَيْفَ حَالُكَ (الْحَال)؟:ご機嫌いかがですか
ごきぶり	gokiburi	ゴキブリ	صُرْصُر /صَرَاصِير 複 صرصر < صُرْصُور	تَفْزَع مِن الصُرْصُور:彼女はゴキブリが怖い
ごく	goku	語句	شِبْه جُمْلَة	
ごくごく	goku-goku	ごくごく		تَنَاوَلَ الْمَرَق جُرْعَة بَعْدَ جُرْعَة スープをごくごく飲んだ
ごくろうさま ごくろう- さまです	gokurou-sama gokurou- samadesu	ご苦労様 ご苦労様です	أَتْعَبْنَاكَ	※=お疲れさま/お疲れ様です
ごご	gogo	午後	بَعْدَ الظُّهْر	هَلْ أَنْتِ فَاضِيَة بَعْدَ الظُّهْر؟:貴女は午後暇ですか
ござ	goza	ござ	حَصِير	※حَصِيرَة:1枚のござ جَلَسَ الْأَطْفَال عَلَى الْحَصِيرَة 子供達はござの上に座った
ごじゅう	gojuu	五十/50	خَمْسُون	خَمْسِين 属対
ごぜん	gozen	午前	قَبْلَ الظُّهْر	
ごちそう	gochisou	ご馳走	طَعَام فَاخِر	عَلَى الْمَائِدَة أَلْوَان مِنَ الطَّعَام الْفَاخِر テーブルには様々なご馳走があります
ごちそうさま ごちそう- さまでした	gochisousama gochisou- samadeshita	ご馳走様 ご馳走様でした	الْحَمْدُ لله ※=	أَكَلْتُ الطَّعَام هَنِيئًا مَرِيئًا ご馳走さまでした ※食事をおいしく頂きました
ごはん	gohan	ご飯	أَرُزّ مَطْبُوخ	الْفُطُور:朝ご飯 الْغَدَاء:昼ご飯 الْعَشَاء:晩ご飯
ごばん ごばんめ	goban goban-me	五番 五番目	خَامِسَة 女 < خَامِس	أَيَّار الشَّهْر الْخَامِس مِن الشُّهُور السِّرْيَانِيَّة アイヤールはシリア暦で 五番目の月(五月)です
ごぶさた	gobusata	ご無沙汰	عَدَم الْاِتِّصَال	أَنَا آسِف عَلَى عَدَم اِتِّصَالِي بِكُم ご無沙汰していて申し訳有りません
ごび	gobi	語尾	نِهَايَة كَلِمَة	تَغَيَّرَتْ نِهَايَة الْكَلِمَة:語尾が変化した
ごぶんのいち	gobun-noichi	五分の一	خُمْس < أَخْمَاس 複	النِّتْرُوجِين يُشَكِّل أَرْبَعَة أَخْمَاس الْهَوَاء 窒素は空気の5分の4を形成している
ごま	goma	胡麻	سِمْسِم	شِيرَج/زَيْت السِّمْسِم:胡麻油
ごまかし	gomakashi	ごまかし	خِدَاع	"タダシ" فَتًى صَادِق لَا يَعْرِف الْخِدَاع タダシはごまかしを知らない誠実な若者です
ごまかす	gomakasu	ごまかす	خَدَعَ (a)	اِحْذَرْ أَنْ يَخْدَعَكَ الْبَائِع 売り子にごまかされないように注意しなさい

ごまをする goma-wosuru 胡麻をする مَالَقَ < ملق III ! مَا أَكْثَرَ الَّذِينَ يُمَالِقُونَ الْحَاكِمَ
支配者に胡麻をする(へつらう)輩の何と多いことか

ごみ gomi ゴミ زُبَالَة < زبل ※ مَزْبَلَة 複 مَزَابِل :ゴミ箱/ゴミ入れ

2)ゴミ قُمَامَة < قمّ 複 قَمَائِم قُمَامَةً لَا تَرْمِ :ゴミを捨てるな

3)ゴミ نُفَايَة < نفي 複 -ات نُفَايَة الْمَطْبَخِ :台所のゴミ

ごむ gomu ゴム مَطَّاط < مطّ شَجَرَة الْمَطَّاط :(1本の)ゴムの木
حَلَقَة رَفِيعَة مِنَ الْمَطَّاطِ :ゴムバンド/輪ゴム

ごむのき gomu-no-ki ゴムの木 شَجَرُ الصَّمْغِ

ごめん-ください gomen-kudasai ご免下さい مَرْحَبًا ! / أَيُمْكِنُنِي الدُّخُولُ الْآنَ ؟

ごめんなさい gomen・nasai ご免なさい مُتَأَسِّف / آسِف / لَا مُؤَاخَذَة

2)ご免なさい لَوْ سَمَحْتَ ※ちょっと,ご免なさい

ごよう goyou ご用 خِدْمَة أَيُّ خِدْمَةٍ ؟ :何かご用はありませんか

ごらく goraku 娯楽 تَسْلِيَة < سلو اَلسِّينَمَا كَانَتْ مَلَكَةَ التَّسْلِيَةِ
かつて映画は娯楽の王様だった

ごろつき gorotsuki ごろつき شَقِيّ < شقو 複 أَشْقِيَاء هُوَ تَزَعَّمَ عِصَابَةَ الْأَشْقِيَاءِ
ごろつき集団を率いた

さ　さ　サ　【sa】

さ　sa　差　بَاقِي (الطَّرْحِ)　※引き算の結果　إِذَا طَرَحْتَ ٥ مِنْ ٩ ، مَاذَا يَكُونُ الْبَاقِي؟
9から5を引いたら,差はいくつですか

さーかす　saakasu　サーカス　سِيرْك　رَقَصَ الدُّبُّ الضَّخْمُ فِي ”السِّيرْك“
サーカスでは巨大な熊が踊った

さーびす　saabisu　サービス　خِدْمَة　複 خِدَم /ـات　اَلْخِدْمَاتُ الْعَامَّةُ :公共サービス

さあ　sa・a　さあ(～しよう) هَيَّا　هَيَّا بِنَا :さあ,行こう(行きましょう)

さい　sai　サイ　كَرْكَدَن / كَرْكَدَّن / أُمُّ (وَحِيد) الْقَرْنِ [動物]

さい　sai　歳/才　عُمْر　複 أَعْمَار　كَمْ عُمْرُكَ؟ :あなたは何歳(才)ですか
عُمْرِي خَمْسٌ وَعِشْرُونَ سَنَةً :私は 2 5歳(才)です

2)歳/才　سِنّ　複 أَسْنَان / أَسِنَّة　بَلَغْتُ سِنَّ السَّادِسَة
私は6歳(才)になりました

さいかいする　saikai-suru　再開する　اِسْتَأْنَفَ　<أنف X　اِسْتَأْنَفَ عَمَلَهُ :仕事を再開した

さいかいする　saikai-suru　再会する　اِلْتَقَى مَرَّةً أُخْرَى　سَنَلْتَقِي مَرَّةً أُخْرَى
また再会しましょう

さいがい　saigai　災害　كَارِثَة　<كرث 複 كَوَارِث　كَارِثَة طَبِيعِيَّة :自然災害/天災

さいきん　saikin　最近　فِي السَّنَوَاتِ الْأَخِيرَةِ　※ここ数年　لَا تُنْتِجُ تِلْكَ الشَّرِكَةُ فِي السَّنَوَاتِ الْأَخِيرَةِ
あの会社は最近生産をしていない

2)最近 ⇒ このごろ　ko・no-goro　この頃

さいきん　saikin　細菌　جُرْثُومَة / جُرْثُوم　複 جَرَاثِيم　اَلْجَرَاثِيمُ مَسْؤُولَةٌ عَنْ أَمْرَاضٍ كَثِيرَةٍ
細菌が多くの病気の原因である

さいくつ-する　saikutsu-suru　採掘する　اِسْتَخْرَجَ　<خرج X　يُسْتَخْرَجُ النِّفْطُ :石油が採掘される

さいくりんぐ　saikuringu　サイクリング　رُكُوب الدَّرَّاجَة

さいけん　saiken　債権　دَيْن　複 دُيُون ※⇔債務 ※دَائِن :債権者

さいけんする　saiken-suru　再建する　أَعَادَ الْبِنَاءَ　أَعَادَ بِنَاءَ الْمَعْبَدِ :お寺を再建した(建て直した)

さいこうの　saikou-no　最高の　اَلْأَقْصَى　<قصى 女 اَلْقُصْوَى　اَلسُّرْعَةُ الْقُصْوَى :最高速度

さいころ　saikoro　サイコロ　اَلنَّرْد (زَهْر طَاوِلَة)　اَلنَّرْدُ مُكَعَّبٌ :サイコロは立方体です

さいこんする　saikon-suru　再婚する　تَزَوَّجَ مَرَّةً ثَانِيَةً　تَزَوَّجَ مَرَّةً ثَانِيَةً فِي خَمْسِينَ مِنْ عُمْرِهِ
彼は50才の時に再婚した

さいご～さいぜん

さいご　saigo　最後　آخِر　< أخر 複 ـون 女 آخِرَة 複 أَوَاخِرُ

كَانُونُ الْأَوَّلُ هُوَ آخِرُ أَشْهُرِ السَّنَةِ

カーヌーン・アル=アッワルは一年の最後の月です

أَخِيراً :最後に　جَاءَ أَخِيرًا :最後にやって来た

さいご　saigo　最期　حَتْف　複 حُتُوف　لَقِيَ حَتْفَهُ :最期を迎えた/死んだ

さいごの　saigo-no　最後の　آخِر　مَنْ آمَنَ بِالْيَوْمِ الْآخِرِ؟

誰が最後の(審判の)日を信じたのか

さいさん　saisan　再三　مِرَارًا وَتَكْرَارًا / مِرَاراً مِرَاراً بَعْدَ مِرَارٍ　طَلَبَ مِنْكُمْ مُسَاعَدَةً مِرَاراً وَتَكْرَاراً

彼は再三あなた達に援助を求めた

さいしゅうの　saishuu-no　最終の　آخِر　< أخر　آخِر قِطَار :最終列車

さいしょ　saisho　最初　بِدَايَة　< بدأ　فِي بِدَايَةِ الْأَمْرِ :まず最初に(初めに)

さいしょうげん　saishougen　最小限　أَدْنَى حَدٍّ　قَلَّلَ مِنَ الْخَسَائِرِ إِلَى أَدْنَى حَدٍّ

被害を最小限に止めた

さいしょの　saisho-no　最初の　الْأَوَّل　< آل 女 الْأُولَى 複 ـون / أَوَائِل　أَوَّلاً :最初に

السَّنَةَ الْأُولَى :最初の年/初年度

さいしん　saishin　再審　إِعَادَةُ الْمُحَاكَمَةِ

さいしんの　saishin-no　最新の　أَحْدَثُ　< حدث　هٰذِهِ هِيَ أَحْدَثُ آلَاتِ التَّصْوِيرِ فِي الْيَابَانِ

これは日本で最新のカメラです

さいじつ　saijitsu　祭日　عِيد　複 أَعْيَاد　الْعِيدُ الْقَوْمِيّ :国民の祭日(祝日)

أَعْيَادُ الْمُسْلِمِينَ :イスラム教徒の祭日(祝日)

さいじょう-きゅう　saijou-kyuu　最上級　صِيغَةُ التَّفْضِيلِ الْعُلْيَا

さいじょうの　saijou-no　最上の　أَطْيَب　< طيب　مَعَ أَطْيَبِ التَّحِيَّاتِ

最上の挨拶を持って/敬具

さいず　saizu　サイズ　مَقَاسٌ　< قيس 複 ـات　أَعِنْدَكُمْ مَقَاسٌ أَكْبَرُ مِنْ هٰذَا؟

これより大きいサイズがありますか

さいせいする　saisei-suru　再生する　أَحْيَا　< حيي IV　أَحْيَا جُهْدُهُ الْمَدِينَةَ

彼の努力が町を再生した

※名 إِحْيَاء :再生　إِحْيَاءُ الشَّرِكَةِ :会社の再生(再建)

2)再生する　شَغَّلَ　< شغل II　شَغَّلَ شَرِيطَ الْكَاسِيتِ

カセットテープを再生した

さいぜん　saizen　最善　قُصَارَى جَهْدِهِ　سَأَبْذُلُ قُصَارَى جَهْدِي لِـ～ (َ)

私は～に最善を尽くします

さ

さいだいの～さいばんちょう

さいだいの　saidai-no　最大の　أَكْبَر　< كبر　كَبِير の比　تُعْتَبَرُ "طُوكِيُو" أَكْبَرَ الْمُدُنِ
東京は最大の都市と見られている

さいだん　saidan　祭壇　مِحْرَاب　< حرب 複 مَحَارِيب　※イスラム教の祭壇/ミフラーブ

2)祭壇　مَذْبَح　< ذبح 複 مَذَابِح　※キリスト教の祭壇

さいだんする　saidan-suru　裁断する　فَصَّلَ　< فصل II　فَصَّلَ الْخَيَّاطُ الْقَمِيصَ
仕立屋はシャツを裁断した

※名 تَفْصِيل :裁断　تَعَلَّمَ التَّفْصِيلَ وَأَشْغَالَ الْإِبْرَةِ
裁断と裁縫を学んだ

さいている　saite-iru　咲いている　مُتَفَتِّح　< فتح　فِي الْحَدِيقَةِ أَزْهَارٌ مُتَفَتِّحَةٌ كَثِيرَةٌ
庭にはたくさんの花が咲いています

さいてん　saiten　祭典　⇒　しきてん　shikiten　式典

さいなん　sai・nan　災難　مُصِيبَة　< صوب 複 مَصَائِب　أَصَابَتْنِي مُصِيبَةٌ
私に災難がふりかかった

2)災難　نَحْس　複 نُحُوس　لِيَحُلَّ النَّحْسُ عَلَيْكُمْ
お前達に災難(災い)あれ

さいのう　sai・nou　才能　مَوْهِبَة　< وهب 複 مَوَاهِب　فَنَّان ذُو مَوْهِبَةٍ
才能のある芸術家

さいのうのある　sai・nou-noaru　才能のある　مَوْهُوب　< وهب　فِي～ :～の/～における
هُوَ مَوْهُوبٌ فِي فَنِّ الْخَطِّ :彼は書道の才能がある
كَاتِب مَوْهُوب :才能のある作家

さいばいする　saibai-suru　栽培する　زَرَعَ (a)　يَزْرَعُ الْبَطَاطِس :彼はじゃが芋を栽培している

※名 زِرَاعَة :栽培　زِرَاعَةُ الْحَشِيشِ مَمْنُوعَةٌ
大麻の栽培は禁じられている

さいばん　saiban　裁判　مُحَاكَمَة　< حكم 複 -ات　مُحَاكَمَة جِنَائِيَّة (مَدَنِيَّة)
刑事(民事)裁判

さいばんかん　saiban-kan　裁判官　قَاضٍ　< قضى 対 قَاضِيًا 複 قُضَاة / قُوَاض　※定 الْقَاضِي
حَكَمَ الْقَاضِي عَلَيْهِ بِالْإِعْدَام
裁判官は彼に死刑(の)判決を下した

さいばんしょ　saiban-sho　裁判所　مَحْكَمَة　< حكم 複 مَحَاكِم　※= دَارُ الْقَضَاءِ　※= 法廷
مَحْكَمَة ابْتِدَائِيَّة :下級裁判所
دَارُ الْقَضَاءِ الْعَالِي :上級(高等)裁判所

さいばんちょう　saiban-chou　裁判長　رَئِيس الْمَحْكَمَةِ

さいふ～さかい

さいふ　saihu　財布　مِحْفَظَة (مَ)　< حفظ 複 -ات　وَضَعَ الْفُلُوسَ فِي مِحْفَظَتِهِ

お金を自分の財布に入れた

2)財布　جَزْدَان　複 جَزَادِين　ضَيَّعَ جَزْدَانَهُ فِي الْمَطَارِ

飛行場で財布を失った(無くした)

さいほう　saihou　裁縫　خِيَاطَة　< خيط　裁縫道具: عُدَّة خِيَاطَةٍ

さいぼう　saibou　細胞　خَلِيَّة　< خلو 複 خَلَايَا　単細胞: خَلِيَّة وَاحِدَة

تَتَكَوَّنُ أَنْسِجَةُ الْجِسْمِ مِنْ خَلَايَا

体の組織は細胞からなっている

さいむ　saimu　債務　دَيْن　複 دُيُون　※ ⇔ 債権 ※ 債務者: مَدِين

さいようする　saiyou-suru　採用する　اِتَّخَذَ　< أخذ VIII　意見を採用する: يَتَّخِذُ رَأْيًا

2)採用する　وَظَّفَ　< وظف II　وَظَّفَ الْأَجْنَبِيَّ مُتَرْجِمًا

外国人を通訳に採用した

採用試験: اِمْتِحَان لِلتَّوْظِيف　採用: تَوْظِيف 名※

さいりょうの　sairyou-no　最良の　أَحْسَن　< حسن ※ حَسَنٌ の比　最良の状態で: فِي أَحْسَنِ حَالٍ

さいれん　sairen　サイレン　صَفَّارَة　< صفر 複 -ات　警報のサイレン/警笛: صَفَّارَة الْإِنْذَارِ

さいわい　saiwai　幸い ⇒ しあわせ　shiawase　幸せ

さいん　sain　サイン ⇒ しょめい shomei 署名

さうじあらびあ　sauji·arabia　サウジアラビア　اَلسَّعُودِيَّة　< سعد　اَلْمَمْلَكَة الْعَرَبِيَّة السَّعُودِيَّة

サウジアラビア王国

さえ　sae　(～で)さえ　حَتَّى　< حتّ　حَتَّى الْأُسْتَاذُ لَمْ يَسْتَطِعْ حَلَّ الْمَسْأَلَةِ

教授でさえその問題を解けなかった

さえぎる　saegiru　遮る　اِعْتَرَضَ　< عرض VIII　كَانَتْ هُنَاكَ تُرْعَةٌ تَعْتَرِضُ الطَّرِيقَ

そこでは小川が道を遮っていた

2)遮る　حَجَبَ (u)　غُيُومٌ كَثِيفَةٌ سَوْدَاءُ تَحْجُبُ الشَّمْسَ

黒くて厚い雲が太陽を遮る

さえずり　saezuri　さえずり　تَغْرِيد　< غرد　أَطْرَبَنِي تَغْرِيدُ الْعَنْدَلِيبِ

ナイチンゲール鳥のさえずりに私は嬉しくなった

さえずる　saezuru　さえずる　غَرَّدَ　< غرد II　سَمِعْتُ الْعُصْفُورَ يُغَرِّدُ

私は小鳥がさえずるのを聞いた

さお　sao　竿　قَصَبَة　複 -ات　釣り竿: قَصَبَة صَيْدِ السَّمَكِ

さか　saka　坂　مُنْحَدَر　< حدر 複 -ات　صَعِدَ (نَزَلَ) الْمُنْحَدَرَ

坂(道)を登った(下った)

さかい　sakai　境　حَدّ　複 حُدُود　境目/境界線: حَدّ فَاصِل

さ

さかえる〜さきにする

さ

さかえる sakaeru 栄える اِزْدَهَرَ < زهر VIII اِزْدَهَرَتِ التِّجَارَةُ هُنَا
ここで商業が栄えた

さかさまに sakasama-ni 逆さまに رَأْساً عَلَى عَقِبٍ / بَطْناً لِظَهْرٍ
قَلَبَهُ رَأْساً عَلَى عَقِبٍ :逆さまにした

さかずき sakazuki 盃/杯 كَأْس 複 كَأْسَات/كُؤُوس اِنْكَسَرَتِ الْكَأْسُ : 盃が割れた

さかな saka・na 魚 سَمَك 複 أَسْمَاك ※ سَمَكَة :1匹の魚 سَمَك نِيء :生魚
هِوَايَتِي صَيْدُ السَّمَكِ :私の趣味は魚釣りです
سَمَك نَهْرِيّ :川魚 ※ بُرْجُ الْحُوتِ :魚座

さかなや saka・na-ya 魚屋 سَمَّاك يَأْتِينَا السَّمَّاكُ بِالسَّمَكِ الطَّازَجِ
魚屋さんが新鮮な魚を持って来る

さかのぼる saka・noboru 遡る يَرْقَى، رَقِيَ لِلْقِبْطِ تَارِيخٌ يَرْقَى إِلَى عَهْدِ الْفَرَاعِنَةِ
コプト人にはファラオの時代に遡る歴史がある

さかみち sakamichi 坂道 طَرِيق مُنْحَدِر ※ ⇒ 坂

さかや sakaya 酒屋 خَمَّار < خمر اَلْخَمَّارُ يَبِيعُ الْخَمْرَ :酒屋は酒を売ります

さからう sakarau 逆らう خَالَفَ < خلف III خَالَفَ أَمْرَ الْمَلِكِ :王の命令に逆らった
2)逆らう يَعْصِي، عَصَى إِنْ تَعْصِ أُمَّكَ يَنْتَقِمْ مِنْكَ أَبُوكَ
あなたが母親に逆らえば父親が罰するでしょう

さかんになる sakan-ni・naru 盛んになる اِزْدَهَرَ < زهر VIII تَزْدَهِرُ التِّجَارَةُ فِي مَوَاسِمِ الْأَعْيَادِ
祭りの季節に商売が盛んになる

さがす sagasu 捜す/探す بَحَثَ (a) ~ عَنْ:~を يَبْحَثُ عَنْ كَلِمَةٍ فِي الْقَامُوسِ
辞書で言葉を探す

さがる sagaru 下がる اِنْخَفَضَ < خفض VII اِنْخَفَضَتِ الْأَسْعَارُ :物価が下がった(下落した)
2)下がる هَبَطَ (i) هَبَطَتْ حَرَارَتُهُ :彼の熱が下がった
3)下がる نَزَلَ (i) كَمْ عَلَامَةٍ نَزَلْتَ فِي امْتِحَانِ الْحِسَابِ؟
算数のテストで何点下がりましたか
يَصْعَدُ وَيَنْزِلُ مِصْعَدُ الْبِنَايَةِ طُولَ النَّهَارِ
ビルのエレベーターは一日中上がったり,下がったりしている
4)下がる رَجَعَ (i) اِرْجِعْ إِلَى هٰذَا الْخَطِّ :この線まで下がりなさい

さき saki 先 طَرَف 複 أَطْرَاف عَلَى أَطْرَافِ الْقَدَمَيْنِ :つま先立って

さきに saki-ni 先に قَبْلَ سَنَصِلُ قَبْلَكَ :私達はあなたより先に着くでしょう

さきにする saki-nisuru 先にする سَبَقَ (i,u) ~ سَبَقَ لَنَا الْقَوْلُ إِنَّ ~ :~は私達が先に述べていた
~ سَبَقَ لِـ .. أَنْ ~ :・・は~を先に~したことがあった

さきの～さくねん

さきの saki-no 先の ⇒ まえの mae-no 前の

さきゅう sakyuu 砂丘 كَثِيب رَمْلِيّ اَلرِّيحُ قَوِيَّةٌ فِي الْكَثِيبِ الرَّمْلِيِّ
砂丘は風が強い

さぎ sagi 詐欺 غِشّ ※غَشَّاش:詐欺師 اَلسَّاذَجُ لَا يَعْرِفُ الْغِشَّ
お人好しは詐欺を知らない

2)詐欺 تَزْوِير < زور "بَسَّام" بَرِيءٌ مِنْ تُهْمَةِ التَّزْوِيرِ
バッサームは詐欺の容疑が晴れた

さぎ sagi 鷺 مَالِكُ الْحَزِينِ

さぎょう sagyou 作業 عَمَل 複 أَعْمَال عَمَلٌ مُشْتَرَكٌ:共同作業

さく saku 咲く أَزْهَرَ/اِزْدَهَرَ < زهر Ⅳ Ⅷ تَزْدَهِرُ أَشْجَارُ الْكَرَزِ كَثِيرًا هُنَا
ここは桜の花がたくさん咲きます

さく saku 裂く شَقَّ (u) شَقَّ الْقَمِيصَ:シャツを裂いた

さく saku 割く خَصَّصَ < خصّ II ※時間を خَصَّصُوا مُعْظَمَ أَوْقَاتِهِمْ لِلتَّدْرِيبِ
彼らは殆どの時間を訓練(練習)に割いた

さく saku 策 حِيلَة < حول 複 حِيَل بِحِيلَةٍ:策(策略)を用いて
فَقَدَ كُلَّ حِيلَةٍ:万策が尽きた

さく saku 柵 سِيَاج < سيج 複 -ات/ أَسْوِجَة سِيَاجُ الْبُسْتَانِ:庭の柵

さくいん sakuin 索引 فِهْرِس/فِهْرِسْت 複 فَهَارِس فِهْرِسُ الْكِتَابِ:本の索引(見出し)

さくげんする sakugen-suru 削減する خَفَّضَ < خفض II خَفَّضَ الْمِيزَانِيَّةَ:予算を削減した
※名 تَخْفِيض:削減 تَخْفِيضُ التَّكْلِيفِ:コスト削減

さくしゃ sakusha 作者 صَانِع < صنع 複 صُنَّاع ※=制作者/職人

2)作者 مُؤَلِّف < ألف 複 -ون مُؤَلِّفُ هٰذَا الْقَامُوسِ
この辞書の作者(著者)

さくしゅする sakushu-suru 搾取する اِسْتَغَلَّ < غلّ X صَاحِبُ الْأَرْضِ يَسْتَغِلُّ الْفَلَّاحِينَ
土地の所有者は農民達を搾取する
※名 اِسْتِغْلَال:搾取 ※مُسْتَغِلّ:搾取者

さくじつ sakujitsu 昨日 ⇒ きのう kinou 昨日

さくじょする sakujo-suru 削除する حَذَفَ (i) اِحْذِفْ مِنْ جُمْلَتِكَ كُلَّ كَلِمَةٍ زَائِدَةٍ
君の文章から余分な言葉を削除しなさい

さくせいする sakusei-suru 作成する وَضَعَ ، يَضَعُ وَضَعَ تَقْرِيرًا:報告書を作成した

さくせん sakusen 作戦 عَمَلِيَّة < عمل 複 -ات عَمَلِيَّاتٌ عَسْكَرِيَّةٌ:軍事作戦

さくねん saku・nen 昨年 ⇒ きょねん kyo・nen 去年

さ

さくばん～さける

さ

さくばん　sakuban　昨晩　⇒ さくや sakuya 昨夜

さくひん　sakuhin　作品　آثَار أَدَبِيَّة (فَنِّيَّة)　※文学(芸術)作品

さくぶん　sakubun　作文　إِنْشَاء　< نشأ　كَتَبَ الْإِنْشَاءَ :作文を書いた
بَلَغْتُ فِي الْإِنْشَاءِ مُسْتَوًى لَا بَأْسَ فِيهِ
私の作文は悪くないレベルに達した

さくもつ　sakumotsu　作物　زَرْع　複 زُرُوع　اَلزَّرْعُ بَدَأَ يَذْبُلُ :作物は枯れ始めた

さくや　sakuya　昨夜　لَيْلَةَ أَمْسِ　مَاذَا حَدَثَ لَيْلَةَ أَمْسِ ؟ :昨夜何が起きたのですか

さくら　sakura　桜　كَرَزٌ　※ كَرَزَة :1本の桜の木　يَحْمِلُ الْكَرَزُ ثَمَراً
أَصْغَرَ مِنَ الْخَوْخِ　桜は梅より小さい実を付ける

さくりゃく　sakuryaku　策略　⇒ さく saku 策

さぐる　saguru　探る　تَجَسَّسَ　< جسّ V　اِحْذَرُوا الْمُسَافِرَ إِنَّهُ يَتَجَسَّسُ أَخْبَارَنَا
旅行者に気を付けなさい，私達の情報を探っています

さけ　sake　酒　خَمْر　複 خُمُور　لِمَاذَا لَا يَشْرَبُ الْمُسْلِمُونَ الْخَمْرَ ؟
なぜイスラム教徒は酒を飲まないのですか

2)酒　سَاكِي　※=مُسْكِر يَابَانِيّ :日本酒

さけ　sake　鮭　سَمَك السَّلْمُون　عُلْبَة سَمَكِ السَّلْمُونِ :鮭の缶詰

さけぐせのわるい　sakeguse-nowarui　酒癖の悪い　عِرْبِيد　< عربد　اَلشَّابُّ سِكِّيرٌ عِرْبِيدٌ
その若者は酒癖が悪い

さけび　sakebi　叫び
さけびごえ　sakebi-goe　叫び声　صَرْخَة　複 -ات　سَمِعَتِ الْأُمُّ صَرْخَةَ طِفْلِهَا
母親は子供の叫び声を聞いた

さけぶ　sakebu　叫ぶ　صَاحَ ، يَصِيحُ　～に:بِـ～　صَاحَ الرَّجُلُ بِكَلْبِهِ
男は犬に向かって叫んだ

2)叫ぶ　صَرَخَ (u)　صَرَخَ صَرْخَتَهُ الْخَافِتَةَ :かすかに叫んだ

さけめ　sakeme　裂け目　ثُغْرَة　تُوجَدُ ثُغْرَةٌ كَبِيرَةٌ فِي السَّفِينَةِ
その船には大きな裂け目がある

さける　sakeru　裂ける　تَمَزَّقَ　< مزق V　تَمَزَّقَ قَمِيصُهُ :彼のシャツが裂けた

さける　sakeru　避ける　تَجَنَّبَ　< جنب V　أَتَجَنَّبُ الشَّارِعَ الْمُزْدَحِمَ
私は混雑した通りは避けます

2)避ける　تَحَاشَى　< حشى VI　يَتَحَاشَى الْأَدِيبُ كُلَّ كَلَامٍ يُهْجُنُ
文学者はあらゆる不正確な言葉(の使用)を避ける

3)避ける　اِبْتَعَدَ　< بعد VIII　～を: عَنْ ～　دَعْنَا نَبْتَعِدُ عَنْ تِلْكَ الطَّرِيقِ
あの道(を行くの)は避けよう

さげすむ～さしおさえる

さげすむ　sagesumu　蔑む　اِزْدَرَى　< زرى VIII　أَتَزْدَرِي رَفِيقَكَ لِأَنَّهُ لَا يُحْسِنُ اللَّعِبَ؟
あなたは運動が出来ないからといって友人を蔑むのか

さげる　sageru　下げる　هَبَّطَ (i)　هَبَّطَ الدَّوَاءُ دَرَجَةَ الْحَرَارَةِ: その薬は熱を下げた

2)下げる/提げる　عَلَّقَ　< علق II　عَلَّقَ الشَّنْطَةَ بِكَتِفِهِ
カバンを肩から下げた

3)下げる　خَفَضَ (i)　※音を　اِخْفِضْ صَوْتَ الرَّادِيُو: ラジオの音を下げなさい

4)下げる　رَخَّصَ　< رخص II ※値段を　تُرِيدُ الْحُكُومَةُ أَنْ تُرَخِّصَ سِعْرَ الْأَرُزِّ
政府は米の値段を下げたがっている

ささいな　sasai-na　些細な　تَافِه　تَمَادَيْتَ فِي الْغَضَبِ وَالسَّبَبُ تَافِهٌ
君は些細な理由なのに怒り続けた

ささえ　sasae　支え　دِعَامَة　< دعم 複 دُعُمٌ　الْعَرِيشَةُ تَكَادُ تَسْقُطُ، أَسْنِدْهَا بِدِعَامَةٍ مَتِينَةٍ
小屋が倒れそうなので丈夫な支えをしなさい

ささえる　sasaeru　支える　يَعُولُ، عَالَ　يَعُولُ أُسْرَةً كَبِيرَةً: 彼は大家族を支えている

2)支える　دَعَمَ (a)　دَعَمَ الْعَصَا الْحَائِطَ: 棒が壁を支えた

ささげる　sasageru　捧げる　يَهَبُ، وَهَبَ　وَهَبَ نَفْسَهُ لِـ~: ~に身を捧げた

2)捧げる　نَذَرَ (u,i)　نَذَرَتِ الْفَتَاةُ حَيَاتَهَا لِخِدْمَةِ الْمَرْضَى
若い娘は病人への奉仕に彼女の一生を捧げた

ささやかな　sasayaka-na　ささやかな　طَفِيف　< طفّ　لَمْ يَجْنِ مِنْ عَمَلِهِ إِلَّا رِبْحًا طَفِيفًا
彼は仕事からささやかな利益しか得なかった

2)ささやかな　مُتَوَاضِع　< وضع　هٰذِهِ هَدِيَّةٌ مُتَوَاضِعَةٌ
これはささやかな贈り物です

ささやく　sasayaku　ささやく　يُوَسْوِسُ، وَسْوَسَ　وَسْوَسَ لَهُ الشَّيْطَانُ أَنْ يَخْتَلِسَ نُقُودَ رَفِيقِهِ
悪魔が彼に友達のお金を取れとささやいた

2)ささやく　يُوَشْوِشُ، وَشْوَشَ　مَالَتْ "هَنَاء" إِلَى جَارَتِهَا تُوَشْوِشُهَا
ハナーは隣の人に体を傾けてささやいている

ささる　sasaru　刺さる　شَكَّ (u)　شَكَّتِ الشَّوْكَةُ رِجْلَهُ: 彼の足にフォークが刺さった

さざなみ　saza・nami　さざ波　أَمْوَاج خَفِيفَة

さしあげる　sashi-ageru　差し上げる　⇒ おくる　okuru　贈る　※謙譲語

さしおさえる　sashi-osaeru　差し押さえる　صَادَرَ　< صدر III　صَادَرَتِ الْحُكُومَةُ أَمْوَالَ الشَّرِكَةِ الْمُفْلِسَةِ وَمُمْتَلَكَاتِهَا
政府は破産した会社の資金と不動産を差し押さえた

さ

さしこむ～さす

さしこむ　sashi-komu　差し込む　أَدْخَلَ < دخل IV　أَدْخَلَ الْقَضِيبَ فِي ثُقْبِ الْحَائِطِ
壁穴に棒を差し込んだ

2)差し込む　دَخَلَ (u)　دَخَلَتْ أَشِعَّةُ الشَّمْسِ عَبْرَ النَّافِذَةِ
陽光が窓から差し込んだ

さしころす　sashi-korosu　刺し殺す　طَعَنَ فَأَرْدَى　طَعَنَ عَدُوَّهُ فَأَرْدَى :敵を刺し殺した

さししめす　sashi-shimesu　指し示す ⇒ さす　sasu　指す

さしずする　sashizu-suru　指図する　أَشَارَ < شور IV　أَشَارَ شُرْطِيُّ السَّيْرِ بِالْوُقُوفِ
交通警察官が止まるように指図した

さしだしにん　sashidashi-nin　差出人　مُرْسِل / رَاسِل　مَنِ الْمُرْسِلُ؟ :差出人は誰ですか

さしだす　sashidasu　差し出す　مَدَّ (u)　～に: إِلَى～　مَدَّ الشَّحَّاذُ يَدَهُ :乞食が手を差し出した

さしつかえない　sashitsukae-nai　差し支えない　لَا مَانِعَ　لَا مَانِعَ مِنَ التَّدْخِينِ فِي هٰذِهِ الْغُرْفَةِ
この部屋でタバコを吸われても,差し支えありません

さしつかえる　sashi-tsuka・eru　差し支える　أَثَّرَ < أثر II　يُؤَثِّرُ شُرْبُ الْخَمْرِ عَلَى الْعَمَلِ
飲酒は仕事に差し支える

さしとめる　sashitomeru　差し止める　مَنَعَ (a)　مَنَعَتِ الْمَحْكَمَةُ بَيْعَ الْكِتَابِ
裁判所はその本の販売を差し止めた

さしひかえる　sashi-hikaeru　差し控える　اِمْتَنَعَ < منع VIII ～を: عَنْ ～　اِمْتَنِعْ عَنِ الْكَلَامِ
言葉を差し控えなさい(慎みなさい)

اِمْتَنَعَ عَنِ التَّدْخِينِ :喫煙を差し控えた

さしみ　sashimi　刺身　شَرِيحَةُ السَّمَكِ النِّيءِ　複　شَرَائِحُ السَّمَكِ النِّيءِ
يَأْكُلُ الْيَابَانِيُّونَ شَرَائِحَ السَّمَكِ النِّيءِ
日本人は刺身を食べる

さしょう　sashou　査証 ⇒ びざ　biza　ビザ

さじ　saji　匙 ⇒すぷーん　supuun　スプーン

さす　sasu　刺す　طَعَنَ (u,a)　～で: بِـ～　طَعَنَهُ بِالْخَنْجَرِ :彼を短刀で刺した

2)刺す　وَخَزَ (i)　سَأَخِزُكَ بِهٰذِهِ الْإِبْرَةِ :この針であなを刺しますよ

3)刺す　لَسَعَ (a)　كَادَ الدَّبُّورُ يَلْسَعُ فِي وَجْهِهَا
蜂が彼女の顔を刺すところだった

さす　sasu　指す　أَشَارَ < شور IV ～を: إِلَى～　أَشَارَ عَقْرَبَا السَّاعَةِ إِلَى السَّادِسَةِ
時計の針は6時を指していた

さす　sasu　差す(مِظَلَّةً) فَتَحَ　※傘を

2)差す　زَيَّتَ < زيت II ※油を　الْبَابُ يَصِرُّ، زَيِّتْهُ
戸が軋んでいます,油を差しなさい

さ

さす～さっかく

さす　sasu　射す/差す　دَخَلَ (u)　دَخَلَ نُورُ الشَّمْسِ الْغَارِبَةِ الْغُرْفَةَ
部屋は西日が射した

さすらう　sasurau　さすらう هَامَ ، يَهِيمُ　هَامَتِ الْقَافِلَةُ فِي الصَّحْرَاءِ
キャラバンは砂漠をさすらった

さする　sasuru　さする　مَسَحَ (a)　لَا تَمْسَحْ رَأْسَ الطِّفْلِ بِالْيَدِ الْيُسْرَى
子供の頭を左手でさするな

さずかる　sazukaru　授かる　رُزِقَ　※رَزَقَ の受　～بِـ：～を　رُزِقْتُ بِثَلَاثِ بَنَاتٍ
私は3人の娘を授かった

さずける　sazukeru　授ける　رَزَقَ (u)　كَيْفَ يَرْزُقُ اللّٰهُ رِزْقًا؟
神はどのように生活の糧を授けられるのですか

させる　saseru　～させる يَفْعَلُ + جَعَلَ (a)　جَعَلَكَ تَذْهَبُ：彼はあなたを行かせた
جَعَلْتُهَا تَبْكِي：私は彼女を泣かせた

さそう　sasou　誘う يَدْعُو ، دَعَا　دَعَوْتُهَا لِلسِّينِمَا：私は彼女を映画に誘った
※名 دَعْوَة：誘い　دَعْوَة لِلْحَفْلِ：パーティへの誘い

さそり　sasori　サソリ/蠍　عَقْرَب　複 عَقَارِب　(بُرْج) الْعَقْرَب：サソリ座

さたん　satan　サタン　شَيْطَان　＜ شيطن 複 شَيَاطِين　أَعُوذُ بِاللّٰهِ مِنَ الشَّيْطَانِ الرَّجِيمِ
私は邪悪なサタンから逃れ神の加護を求める

さだめ　sadame　定め ⇒ うんめい　unmei　運命
2)定め ⇒ けってい　kettei　決定

さだめられた　sadame-rareta　定められた ⇒ きめられた　kimerareta　決められた

さだめる　sadameru　定める ⇒ きめる　kimeru　決める

さち　sachi　幸 ⇒ しあわせ　shiawase　幸せ

さつ　satsu　札　وَرَقَة مَالِيَّة　وَرَقَة مَالِيَّة بِأَلْفِ يِنٍّ：千円札

さつ　satsu　冊（كَيْفِيَّة عَدِّ الْكُتُبِ ، الدَّفَاتِرِ إلخ）　كِتَاب：1冊の本
كِتَابَانِ(يْنِ)：2冊の本(属対)　ثَلَاثَةُ كُتُبٍ：3冊の本

さつえいする　satsuei-suru　撮影する　صَوَّرَ　＜ صور II　صَوَّرَ الْمَنْظَرَ الْجَمِيلَ
美しい景色を撮影した
※名 تَصْوِير：撮影　مَمْنُوع التَّصْوِير：撮影禁止

さっか　sakka　作家　كَاتِب　＜ كتب 複 كُتَّاب　كَاتِبَة：女流作家
كَاتِب قِصَصِيّ：物語作家/小説家

さっかー　sakkaa　サッカー كُرَةُ الْقَدَمِ　لَعِبَ كُرَةَ الْقَدَمِ：サッカーをした

さっかく　sakkaku　錯角　زَاوِيَتَانِ مُتَبَادِلَتَانِ

さ

さっきょくか　sakkyoku-ka　作曲家　مُلَحِّن < لحن　يُعْجِبُنِي السَّيِّدُ "سادا" مُلَحِّنًا أَكْثَرَ مِنْهُ مُطْرِبًا
私は"佐田"さんを歌手よりも作曲家として好きです

さっきょく-する　sakkyoku-suru　作曲する　لَحَّنَ < لحن II　السَّيِّدُ "أوكاباياشي" لَحَّنَ "يا صَدِيقِي"
岡林さんが"友よ"を作曲した

さっきんした　sakkin-shita　殺菌した　مُعَقَّم < عقم　يُبَاعُ الْحَلِيبُ فِي أَوْعِيَةٍ مُعَقَّمَةٍ
牛乳は殺菌した容器に入れて売られている

さっさと　sassa-to　さっさと　بِسُرْعَةٍ　اِذْهَبْ بِسُرْعَةٍ :さっさと行きなさい

さつじん　satsujin　殺人　قَتْل　جَرِيمَةُ الْقَتْلِ :殺人罪

さつじんしゃ　satsujin-sha　殺人者
さつじんはん　satsujin-han　殺人犯　قَاتِل < قتل 複 قَتَلَة (ـون)　أَلَا يَخَافُ الْقَاتِلُ الْمِشْنَقَةَ ؟
殺人犯は絞首台が怖くないのでしょうか

さっそく　sassoku　早速　⇒ すぐに　suguni　すぐに

さっちゅうざい　sacchuu-zai　殺虫剤　مُبِيدَات حَشَرِيَّة / مُبِيد حَشَرَات

さっぱりする　sappari-suru　さっぱりする　اِنْتَعَشَ < نعش VIII　اِحْلِقْ ذَقْنَكَ تَنْتَعِشْ
ひげを剃って,さっぱりしなさい

さつまいも　satsuma-imo　さつま芋　بَطَاطَا / بَطَاطَة　بَطَاطَا "كاجوشيما" فِي "كيوشو" مَشْهُورَةٌ
九州の鹿児島のさつま芋は有名です

さつりく-する　satsuriku-suru　殺りくする　قَتَّلَ < قتل II　قُتِّلَ نَاسٌ كَثِيرُونَ فِي الْحَرْبِ الْأَهْلِيَّةِ
内戦ではたくさんの人々が殺りくされました

さて　sate　さて　وَالْآنَ　وَالْآنَ .. مَا رَأْيُكَ ؟ :さて,あなたのご意見はどうですか

さていする　satei-suru　خَمَّنَ < خمن II　خَمَّنَ الْخَبِيرُ أَضْرَارَ الْحَادِثِ
専門家が事故の損害を査定した
※名 تَخْمِين :査定

さとう　satou　砂糖　سُكَّر　複 سَكَاكِر　قَصَبُ السُّكَّرِ :砂糖キビ

さとる　satoru　悟る　أَدْرَكَ < درك IV　أَدْرَكَ الْحَقِيقَةَ :真実を悟った
※名 إِدْرَاكُ الْحَقِيقَةِ :悟り

さどうさせる　sadou-saseru　作動させる　⇒ うごかす　ugokasu　動かす

さどる　sadoru　サドル　مَقْعَدُ الدَّرَّاجَةِ　※自転車のサドル

さなだむし　sa·nada-mushi　サナダムシ　دُودَةُ الشَّرِيطِ

さなとりうむ　sa·natorium　サナトリウム　⇒ りょうようじょ　ryouyou-jo　療養所

さね　sa·ne　実／核　⇒ かく　kaku　2)核

さばく　sabaku　裁く　حَكَمَ (u)　يَحْكُمُ الْقَاضِي بَيْنَ الْمُتَخَاصِمَيْنِ
裁判官は争う二人を裁きます

さばく～さまよう

さばく　sabaku　砂漠　صَحْرَاءُ < صحر 双 صَحْرَاوَانِ(يْنِ) 複 صَحَارٍ / صَحْرَاوَات / صَحَارَى
الصَّحْرَاءُ الْكُبْرَى :サハラ砂漠

さびしい　sabishi・i　寂しい　مُنْعَزِل < عزل　قَرْيَة مُنْعَزِلَة :寂しい村
2)寂しい　اِشْتَاقَ < شوق VIII　اِشْتَقْتُ إِلَى رِفَاقِي
私は友達がいなくて寂しかった

さびしさ　sabishisa　寂しさ　وَحْدَة < وحد　شَعَرَ بِالْوَحْدَةِ :寂しさを感じた

さびる　sabiru　錆びる　صَدِئَ (a)، صَدُؤَ (u)　أَيَصْدَأُ الْحَدِيدُ؟ :鉄は錆びますか
※名 صَدَأ :錆　عَلَا الْحَدِيدَ الصَّدَأُ
鉄が錆で被われた(錆びた)

さびれる　sabireru　寂れる　اِنْحَطَّ < حطّ VII　اِنْحَطَّ السُّوقُ :市場が寂れた

さふらん　sahuran　サフラン　زَعْفَرَان < زعفر 複 زَعَافِر　صُفْرَة الزَّعْفَرَان :サフランの黄色

さべつ　sabetsu　差別　تَفْرِقَة < فرق　التَّفْرِقَة الْعُنْصُرِيَّة (الْجِنْسِيَّة)
人種(性)差別

さべつする　sabetsu-suru　差別する　مَيَّزَ < ميز II　لَا تُمَيِّزُوا النَّاسَ بِلَوْنٍ
人を肌の色で差別するな

さぼてん　saboten　サボテン　تِين شَوْكِيّ / صُبَّار　يَأْكُلُونَ ثِمَارَ التِّينِ الشَّوْكِيِّ
彼らはサボテンの実を食べる

さぼる　saboru　さぼる(بِدُونِ سَبَبٍ) تَغَيَّبَ < غيب V　لِمَاذَا تَغَيَّبْتَ عَنْ حِصَّةِ الْيَابَانِيَّةِ؟
あなたはどうして日本語の授業を
さぼったのですか

さま　sama　(～)様　～ الْآنِسَة　※=～嬢/さん ※未婚の女性に対して
～ السَّيِّدَة　※=～夫人/さん ※既婚の女性に対して
～ السَّيِّد　※=～氏/さん ※男性に対して

さます　samasu　冷ます　بَرَّدَ < برد II　بَرَّدَ الشَّايَ :お茶を冷ました

さます　samasu　覚ます　نَهَضَ (a)　※眠りから目を　نَنْهَضُ لِلْعَمَلِ فِي الصَّبَاحِ الْبَاكِرِ
私達は仕事のために朝早く目を覚ます(起きる)
2)覚ます　يَصْحُو، صَحَا　※酔いを　صَحَا مِنْ ثَمَلِهِ :酔いを覚ました

さます　samasu　冷ます　فَتَّرَ < فتر II　فَوِّرِي الْحَلِيبَ ثُمَّ فَتِّرِيهِ
(貴女は)ミルクを沸騰させてから冷ましなさい

さまたげ　samatage　妨げ　⇒ ぼうがいする　bougai-suru　妨害する 名妨害

さまたげる　samatageru　妨げる　⇒ ぼうがいする　bougai-suru　妨害する

さまよう　samayo・u　さまよう　تَاهَ، يَتِيهُ < تيه　تَاهَ الْمُتَزَلِّجُ فِي الْجَبَلِ
スキーヤーは山をさまよった

さ

さみしい～さらす

さ

さみしい samishi・i 寂しい ⇒ さびしい sabishii 寂しい

さむい samui 寒い بَارِد < برد اَلْجَوُّ بَارِدٌ جِدًّا:とても寒い天気です

さむくなる samuku-naru 寒くなる بَرَدَ (u) بَرَدَ الطَّقْسُ:気候が寒くなった

さむけ samuke 寒気 بَرْد عِنْدِي بَرْدٌ:寒気がします

さむさ samusa 寒さ بُرُودَة < برد شَعَرَ بِالْبُرُودَةِ:寒さを感じた

さむらい samurai 侍 ⇒ ぶし bushi 武士

さめ same 鮫 قِرْش 複 قُرُوش أَسْنَان سَمَكَةِ الْقِرْشِ:鮫の歯

さめる sameru 冷める بَرَدَ (ـُ) (u) اَلشَّايُ حَارٌّ، اِنْتَظِرْ أَنْ يَبْرُدَ
お茶は熱いから,冷めるまで待ちなさい

さもないと samo・naito さもないと وَإِلَّا أَسْرِعْ وَإِلَّا تَأَخَّرْتَ عَنِ الْقِطَارِ
急ぎなさい,さもないと電車に遅れるよ

さや saya さや/莢 قَرْن 複 قُرُون نَأْكُلُ قُرُونَ الْفَاصُولِيَا وَحُبُوبَهُ
私達はインゲン豆のさやと実を食べる

さや saya さや/鞘 غِمْد 複 غُمُود / أَغْمَاد اِسْتَلَّ السَّيْفُ مِنْ غِمْدِهِ
刀がさやから抜かれた

さゆうに sayuu-ni 左右に ذَاتَ الْيَمِينِ وَذَاتَ الشِّمَالِ أَلْقَى بِنَظَرِهِ ذَاتَ الْيَمِينِ
وَذَاتَ الشِّمَالِ 視線を左右に投げた

さよう sayou 作用 مَفْعُول < فعل 複 مَفَاعِيل مَفْعُولُ الدَّوَاءِ
薬の作用(働き)

さようなら sayou・nara さようなら وَدَاعًا ※(~ أَيَّتُهَا /~ أَيُّهَا /~ اَلْـ) وَدَاعًا:(~さん)さようなら

2)さようなら مَعَ السَّلَامَةِ ※返事も مَعَ السَّلَامَةِ:さようなら

さよく sayoku 左翼 يَسَارِيّ < يسر 複 ـون ※ ⇔ 右翼 حَرَكَة يَسَارِيَّة:左翼運動

さら sara 皿 صَحْن 複 صُحُون غَسْلُ صُحُونٍ:皿洗い
كَسَرَ الصَّحْنَ:皿を割った

さらう sarau さらう خَطَفَ (i) خَطَفَ الْوَلَدَ:子供をさらった(誘拐した)

さらう sarau 浚う اِسْتَخْرَجَ < خرج X اِسْتَخْرَجَ مِنْ قَاعِ النَّهْرِ:川底を浚った

さらされる sarasareru さらされる تَعَرَّضَ < عرض V تَعَرَّضَتِ الْقَلْعَةُ لِغَارَةٍ
城は攻撃にさらされた
يَتَعَرَّضُ لِلْبَرْدِ، فَيَمْغَصُ بَطْنُهُ
寒さにさらされるとお腹が痛くなる

さらす sarasu さらす عَرَّضَ < عرض II لَا تُعَرِّضْ حَيَاتَكَ لِلْخَطَرِ
命を危険にさらしてはいけないよ

さらす～さんかく

さらす　sarasu　さらす　نَقَعَ (a) ※水に　نَقَعَ الْفُولَ بِالْمَاءِ أَيَّامًا :豆を数日,水にさらした

さらだ　sarada　サラダ　سَلَطَة / سَلَاطَة　سَلَطَة خُضَار :野菜サラダ

さらに　sara・ni　さらに ～إِلَى بِالْإِضَافَةِ　ضَعِي بِالْإِضَافَةِ إِلَى ذَلِكَ، مِلْعَقَةً مِنَ السُّكَّرِ

さらに(それに加えて)スプーン一杯の砂糖を入れなさい

さらりー　sararii　サラリー ⇒ きゅうりょう kyuuryou 給料

さらりーまん　sararii-man　サラリーマン ⇒ かいしゃいん kaisha-in 会社員

さる　saru　去る　اِنْصَرَفَ < صرف VII　اِنْصَرَفَ رَاجِعًا إِلَى بَيْتِهِ

彼は自分の家に去って行った(帰った)

2)去る　فَارَقَ < فرق III　فَارَقَ الْحَيَاةَ :この世を去った

3)去る　مَضَى، يَمْضِي　مَا يَمْضِي مِنَ الْأَيَّامِ لَا يَعُودُ

過ぎ去った日々は帰らない

さる　saru　猿　قِرْد 複 قُرُود　يُقَلِّدُ الْقِرْدُ الْإِنْسَانَ :猿は人を真似る

さろん　saron　サロン　بَهْو 複 أَبْهَاء ※場所　بَهْو الْفُنْدُق :ホテルのサロン(ホール)

さわがしい　sawagashi・i　騒がしい ⇒ うるさい urusai うるさい

さわぐ　sawagu　騒ぐ　ضَجَّ، يَضِجُّ　لَا يَجُوزُ أَنْ تَضِجُّوا فِي قَاعَةِ الدَّرْسِ

教室で騒ぐことは許されません

※名 ضَجَّة :騒ぎ　ضَجَّة قَوِيَّة :大騒ぎ

هَدَأَتِ الضَّجَّةُ فِي الْمَلْعَبِ :運動場の騒ぎは収まった

さわやかな　sawayaka-na　爽やかな　مُنْعِش < نعش　هَوَاء مُنْعِش :爽やかな風

さわる　sawaru　触る ⇒ ふれる hureru 触れる

さん　san　三(3)　ثَلَاثَة < ثلث 女 ثَلَاث　اِشْتَرَيْتُ ثَلَاثَةَ كُتُبٍ

私は三冊の本を(本を三冊)買いました

さん　san　酸　حَامِض < حمض 複 حَوَامِض　حَامِض الْفُوسْفُورِيك :燐酸

حَامِض كِبْرِيتِيّ :硫酸　حَامِض الْفَحْم :炭酸

حَامِض اللَّيْمُون :クエン酸　اَلْحَامِض النَّوَوِيّ :核酸

حَامِض الْهَيْدْرُوكْلُورِيك :塩酸

さん　san　～さん ⇒ さま sama ～様

さんかい　sanka-i　産科医　طَبِيب مُوَلِّد　اُسْتُدْعِيَ الطَّبِيبُ الْمُوَلِّدُ إِلَى الْمُسْتَشْفَى

産科医が病院に呼ばれた

さんかく　sankaku　三角
さんかくの　sankaku-no　三角の　مُثَلَّث < ثلث　مُثَلَّث الشَّكْل :三角形

مُثَلَّث مُتَسَاوِي السَّاقَيْن :二等辺三角形

كَيْفَ تَجِدُ مِسَاحَةَ الْمُثَلَّثِ؟

三角形の面積はどのようにして見つけますか

さ

さんかする～さんそ

さんかする　sanka-suru　参加する　اِشْتَرَكَ ＜ شرك VIII ～في: ～に　اِشْتَرَكَ كُلُّ وَاحِدٍ فِي الْمُنَاقَشَةِ 皆がその討論に参加した

كَمْ تِلْمِيذًا اشْتَرَكَ فِي الرِّحْلَةِ ؟ 何人の生徒がその旅行に参加しましたか

※名 اِشْتِرَاك :参加　الْاِشْتِرَاك فِي الْمَشْرُوعِ 計画への参加/参画

さんかする　sanka-suru　酸化する　تَأَكْسَدَ ＜ أكسد II　يَتَأَكْسَدُ الْحَدِيدُ، إِنْ لَمْ يُدْهَنْ 鉄は塗装しないと酸化する

※名 أَكْسَدَة :酸化（اِتِّحَاد جِسْم بِالْأُكْسِيجِين） 物質が酸素と結びつくこと

さんがつ　sangatsu　三月 رَبِيعُ الْأَوَّلُ　※イスラム歴の三月

2)三月　مَارِسُ　※西暦の三月

3)三月　آذَارُ　※シリア,イラク,ヨルダン,レバノン地方の三月

أَيَّامُ آذَارَ ٣١ :三月は三十一日あります

さんきゃく　sankyaku　三脚　رَكِيزَة ثُلَاثِيَّة /حَامِل ثُلَاثِيّ الْقَوَائِم

さんぎいん　sangi-in　参議院　مَجْلِس الشُّيُوخ　※ مَجْلِس النُّوَّاب ⇔ :衆議院

さんぎょう　sangyou　産業　صِنَاعَة ＜ صنع 複 -ات　صِنَاعَة السَّيَّارَةِ :自動車産業

さんこう　sankou　参考　مَرْجِع ＜ رجع 複 مَرَاجِع　كِتَابُهُ مَرْجِعٌ هَامٌّ فِي دِرَاسَةِ التَّارِيخ 彼の本は歴史の勉強に大変参考になる

さんご　sango　珊瑚　مَرْجَان(ُ)　※関 مَرْجَانِيّ :珊瑚の　شِعَاب مَرْجَانِيَّة(ُ) :珊瑚礁

さんしょうする　sanshou-suru　参照する　رَاجَعَ ＜ رجع III　※～ يُرَاجَعُ :～を参照のこと(参照されたし)

رَاجِعْ الصَّفْحَةَ ٥٠ :50ページを参照のこと

さんじゅう　san-jyuu　三十/30　ثَلَاثُونَ ＜ ثلث 属対 ثَلَاثِينَ　عُمْرِي ثَلَاثُونَ سَنَةً 私は30才です

さんじょう　san-jou　3乗　مُكَعَّب ＜ كعب　٩ مُكَعَّبُ ٣ :9は3の3乗です

さんすう　sansuu　算数　عِلْم الْحِسَاب　لَمْ أُحِبَّ عِلْمَ الْحِسَابِ :私は算数が好きではなかった

さんせいする　sansei-suru　賛成する　وَافَقَ ＜ وفق III ～في/عَلَى :～に　أَلَا تُوَافِقُنِي عَلَى رَأْيِي؟ 私の意見に賛成しないのですか

さんせいの　sansei-no　賛成の　مُوَافِق ＜ وفق　أَنَا مُوَافِقٌ :私は賛成です

さんせいの　sansei-no　酸性の　حَمْضِيّ ＜ حمض　مَطَرٌ حَمْضِيٌّ :酸性雨

さんそ　sanso　酸素　الْأُكْسِجِين　يُوجَدُ الْأُكْسِجِينُ فِي الْهَوَاءِ بِنِسْبَةِ ١ مِنْ ٥ 酸素は空気中に5分の1の割合で存在する

さんたくろーす～さんゆこく

さんたくろーす santakuroosu サンタクロース بَابَا نُويل　قَدْ جَاءَ بَابَا نُويل إِلَى بَيْتِي!
サンタクロースが家に来たよ!

さんだん sandan 散弾 خُرْدُق　لَوْ أَصَابَ الْخُرْدُقُ عَيْنَيْهِ، لَعَمِيَ
もし散弾が彼の目に当たっていたら失明していただろう

さんちょう sanchou 山頂 قِمَّةُ الْجَبَلِ　غَطَّى الثَّلْجُ قِمَّةَ الْجَبَلِ:雪が山頂を覆った

さんどいっち sandoicchi サンドイッチ شَطِيرَة / سَنْدَوِيتْش

さんどうする sandou-suru 賛同する ⇒ さんせいする sansei-suru 賛成する

さんどぺーぱー sando-peepaa サンドペーパー وَرَقُ الزُّجَاجِ　أُنَعِّمُ سَطْحَ الطَّاوِلَةِ بِوَرَقِ الزُّجَاجِ
私はサンドペーパーで台の表面を磨きます

さんにんしょう san・nin-shou 三人称 اَلْغَائِب < غيب 複 ـون ※文

さんば sanba 産婆 ⇒ じょさんし josan-shi 助産師

さんばし sanbashi 桟橋(رَصِيفُ الْمِينَاءِ) رَصِيف < رصف 複 أَرْصِفَة　رَصِيفُ الْمِينَاءِ :港の桟橋

さんばん sanban 三番
さんばんめ sanban-me 三番目 ثَالِث < ثلث 女 ثَالِثَة　هُوَ يَجْلِسُ ثَالِثًا
彼は三番目に座っている

さんびか sanbi-ka 賛美歌 تَرْتِيل < رتل 複 تَرَاتِيل

さんびする sanbi-suru 賛美する ⇒ たたえる tataeru 讃える

さんふじんか sanhujin-ka 産婦人科 طِبُّ النِّسَاءِ وَالتَّوْلِيدِ

さんぶつ sanbutsu 産物 مُنْتَجَات < نتج　مُنْتَجَات زِرَاعِيَّة :農産物

さんぶん sanbun 散文 نَثْر　اَلشِّعْرُ لُغَةُ الشُّعُورِ وَالْخَيَالِ، أَمَّا النَّثْرُ فَلُغَةُ الْعَقْلِ
詩は感性と想像の言葉であり,
散文は知性の言葉である

さんぶんのいち sanbun-noichi 三分の一 ثُلْث 複 أَثْلَاث　ثُلْثَانِ (ـيْنِ) :三分の二(属対)

さんぷする sanpu-suru 散布する رَشَّ ، يَرُشُّ　رَشَّ بِالْمُبِيدَاتِ مِنَ السَّمَاءِ :空から農薬を散布した

さんぷる sanpuru サンプル ⇒ みほん mihon 見本 / ひょうほん hyouhon 標本

さんぼう sanbou 参謀 رُكْن 複 أَرْكَان　اِجْتِمَاعُ الْأَرْكَانِ :参謀会議

さんぽする sanpo-suru 散歩する تَنَزَّهَ < نزه V　أَلَا تَتَنَزَّهُ مَعِي قَلِيلًا؟
私と一緒に少し散歩しませんか
※名 نُزْهَة :散歩　نُزْهَةُ كُلِّ يَوْمٍ :日課の散歩

2)散歩する تَمَشَّى < مشى V　نَخْرُجُ لِنَتَمَشَّى قَلِيلًا
少し散歩に出よう

さんみゃく san・myaku 山脈 سِلْسِلَةٌ جَبَلِيَّة　سِلْسِلَةُ جِبَالِ هِمَلَايَا :ヒマラヤ山脈

さんゆこく san・yu-koku 産油国 دَوْلَةٌ مُنْتِجَةٌ لِلزَّيْتِ

さ

ざいあく～ざひょう

ざいあく　zai・aku　罪悪　إِثْم　複 آثَام　اَلْقَتْلُ إِثْمٌ فَظِيعٌ :殺人は恐ろしい罪悪です

ざいこ　zaiko　在庫　مَخْزُون < خزن 複 -ات　لَا يُوجَدُ مَخْزُونٌ مِنْ هٰذِهِ الْبِضَاعَةِ　この商品の在庫はありません

ざいさん　zaisan　財産　مَالٌ < مول 複 أَمْوَال　سَوْفَ يَرِثُ الْابْنُ مَالَ أَبِيهِ　息子が父の財産を受け継ぐだろう

ざいせい　zaisei　財政　اَلْأَحْوَال الْمَالِيَّة　اَلْأَحْوَالُ الْمَالِيَّةُ فِي وَطَنِي مُتَأَزِّمَةٌ　我が国の財政は危機的です

ざいにん　zai・nin　罪人　أَثِيم < أثم 複 أُثَمَاءُ　لَوْلَا التَّوْبَةُ ، لَهَلَكَ الْأَثِيمُ　悔悟(後悔)がなければ罪人は亡くならない

2)罪人　مُجْرِم < جرم 複 -ون　اَلْمُجْرِمُ الْكَبِيرُ ، كَانُوا أَحْيَانًا يَصْلِبُونَهُ　かつては重罪人をはりつけにすることもあった

ざいほう　zaihou　財宝　⇒ たから　takara　宝

ざいむしょう　zaimu-shou　財務省　وِزَارَة الْمَالِيَّةِ　※ وَزِير الْمَالِيَّةِ :財務大臣/大蔵大臣

ざいもく　zaimoku　材木　قِطَع الْخَشَبِ　※ لَوْح خَشَبٍ :材木の板/木の板

ざいりょう　zairyou　材料　مَادَّة < مد 複 مَوَادّ　مَوَادّ أَوَّلِيَّة (خَام) :原材料

ざくろ　zakuro　ザクロ　رُمَّان　※ رُمَّانَة :1個のザクロ　اَلرُّمَّانُ الْحُلْوُ نَأْكُلُهُ وَنَصْنَعُ مِنْهُ شَرَابًا　甘いザクロは食べたり飲み物にしたりします

ざしょうする　zashou-suru　座礁する　جَنَحَ (a)　جَنَحَتِ السَّفِينَةُ فِي الْعَاصِفَةِ :船は嵐の中で座礁した

ざせき　zaseki　座席　⇒ せき　seki　席

ざせつ　zasetsu　挫折　فَشَلٌ　أَفَاقَ بَعْدَ فَشَلِهِ :挫折から立ち直った

ざせつする　zasetsu-suru　挫折する　⇒ しっぱいする　shippai-suru　失敗する

ざつおん　zatsu・on　雑音　ضَجَّة < ضج　يُوجَدُ ضَجَّةٌ فِي الْمُكَالَمَةِ :電話に雑音が入る

ざっか　zakka　雑貨　بِقَالَة < بقل 複 -ات　دُكَّان لِلْبِقَالَةِ :雑貨屋[店]

※ بَقَّال :雑貨屋[人]

ざっし　zasshi　雑誌　مَجَلَّة < جلّ 複 -ات　عَدَدُ صَفَحَاتِ الْمَجَلَّةِ خَمْسُونَ صَفْحَةً　その雑誌のページ数は５０あります

※ مَجَلَّة أُسْبُوعِيَّة (شَهْرِيَّة) :週刊(月刊)誌

ざっしゅの　zasshu-no　雑種の　هَجِين < هجن 複 هُجُن / هُجَنَاء　كَلْب هَجِين :雑種の犬

ざつな　zatsu-na　雑な　غَيْر دَقِيقٍ　غَيْر دَقِيقٍ فِي عَمَلِهِ :仕事が雑な

ざひょう　zahyou　座標　إِحْدَاثِيّ　複 -ات　إِحْدَاثِيّ أُفُقِيّ :横軸

ざぶとん～ざんぱん

縦軸: إِحْدَاثِيٌّ عَمُودِيٌّ

ざぶとん　zabuton　座布団　وِسَادَةٌ لِلْجُلُوسِ
座布団を敷きなさい: ضَعِ الْوِسَادَةَ

ざる　zaru　笊　مِصْفَاةٌ < صفو 複 مَصَافٍ
هٰذِهِ الْمِصْفَاةُ مَصْنُوعَةٌ مِنَ الْخَيْزُرَانِ
この笊は竹で作られています(竹製です)

ざんぎょう　zan･gyou　残業　عَمَلٌ إِضَافِيٌّ
لَا أُرِيدُ أَنْ أَعْمَلَ عَمَلًا إِضَافِيًّا الْيَوْمَ
今日は残業をしたくないです

ざんこくな　zankoku-na　残酷な　قَاسٍ < قسو 複 قُسَاةٌ ※定 اَلْقَاسِي
心が残酷(無慈悲)な: قَاسِي الْقَلْبِ

ざんごう　zangou　塹壕　خَنْدَقٌ 複 خَنَادِقُ
塹壕を掘った: حَفَرَ خَنَادِقَ

ざんていの　zantei-no　暫定の　مُؤَقَّتٌ / مُوَقَّتٌ < وقت
暫定政府(政権): حُكُومَةٌ مُؤَقَّتَةٌ

ざんねん　zan･nen　残念　أَسَفٌ
残念ながら: مَعَ الْأَسَفِ / بِكُلِّ أَسَفٍ

ざんねんな　zan･nen-na　残念な　مُؤْسِفٌ < أسف
～であることは残念である: مِنَ الْمُؤْسِفِ أَنَّ ～
مِنَ الْمُؤْسِفِ أَنَّهُ لَمْ يَنْجَحْ فِي الامْتِحَانِ
彼が試験に受からなかったことは残念である

ざんねん-におもう　zan･nen-ni･omou　残念に思う　أَسِفَ (a)
～を: عَلَى / لِـ～
نَأْسَفُ لِفَشَلِهِ فِي عَمَلِهِ
私達は彼の事業の失敗を残念に思っています

ざんぱん　zanpan　残飯　بَقَايَا الطَّعَامِ
豚は残飯を食べる: يَأْكُلُ الْخِنْزِيرُ بَقَايَا الطَّعَامِ

し～しあさって

志 し シ 【shi】

し　shi　詩　شِعْر　複 أَشْعَار　نَظَمَ شِعْرًا :詩を作った/作詩した

شِعْر غِنَائِيّ (مَلْحَمِيّ) :叙情(叙事)詩

شِعْر حُرّ :自由詩　※ شَعْر :髪

し　shi　四(4)　أَرْبَعَة　< ربع 女 أَرْبَع　※ =四

حَيَوَان ذُو أَرْبَع أَرْجُلٍ :4本足の(ある)動物単

し　shi　死　مَوْت / مَوْتَة / مَمَات < موت　مَوْت أَبْيَض :自然死　اَلْمَوْت لِـ～ :～に死を

مَوْت بَاكِر :早死に　لَا يَخَافُ الْمَوْتَ :死を恐れない

2)死　وَفَاة　< وفى 複 وَفَيَات　وُلِدَ مُحَمَّدٌ بَعْدَ وَفَاةِ أَبِيهِ

ムハンマドは父の死の後(死後)に生まれた

し　shi　(～)氏　اَلسَّيِّد ～　< سود　اَلسَّيِّد "هوندا" :本田氏

し　shi　市　مَدِينَة　< مدن 複 مُدُن　مَدِينَة "كيوتو" :京都市

اَلْمَدِينَةُ أَكْبَرُ مِنَ الْقَرْيَةِ :市は村より大きい

シーアイエー　shi-ai-ee　CIA　وَكَالَة الْمُخَابَرَات الْمَرْكَزِيَّة　※アメリカ中央情報局

しーあは　shii･a-ha　シーア派　اَلشِّيعَة / اَلشِّيعِيّ　اَلشِّيعَةُ إِحْدَى الْفِرْقَةِ الْمُسْلِمَةِ

シーア派はイスラム教の一つの教団です

しーずん　shiizun　シーズン　مَوْسِم　複 مَوَاسِم　قَرُبَ مَوْسِمُ الْحَجِّ

巡礼のシーズンが近づいた

しーそー　shiisoo　シーソー　أَرْجُوحَة تَوَازُن　※= مَرْجُوحَة　※遊具

しーつ　shiitsu　シーツ　مُلَاءَة　< ملأ 複 ـات　عَلَى السَّرِيرِ مُلَاءَةٌ لَيِّنَةٌ

ベッドに柔らかいシーツがある(掛けてある)

しーと　shiito　シート ⇒ せき　seki　席

しーとべると　shiito-beruto　シートベルト　حِزَام الْمَقْعَد　شُدَّ حِزَامَ الْمَقْعَدِ :シートベルトを締めなさい

しあい　shi･ai　試合　مُنَافَسَة　< نفس　هُنَاكَ مُنَافَسَةٌ شَدِيدَةٌ

あそこで大きな試合(競技会)があります

2)試合　مُبَارَاة　< برى 複 مُبَارَيَات　مُبَارَاة نِهَائِيَّة :決勝戦

خَسِرَ الْمُبَارَاةَ :試合に負けた

فَازَ فِي الْمُبَارَاةِ :試合に勝った

اِشْتَرَكَ فِي الْمُبَارَاةِ فِي～ :～の試合に出た

しあげる　shi･ageru　仕上げる　أَتَمَّ　< تم IV　أَتَمَّ الرَّسَّامُ اللَّوْحَةَ :画家は絵を仕上げた

しあさって　shi･asatte　明々後日　بَعْدَ بَعْدِ غَدٍ　※ بَعْدَ غَدٍ :明後日

しあわせ　shiawase　幸せ　سَعَادَة < سعد　شَعَرَ بِسَعَادَةٍ :幸せに感じた
هِيَ فِي مُنْتَهَى السَّعَادَةِ :彼女は幸せの絶頂にいる

しあわせ-である　shiawase-dearu　幸せである　سَعِدَ (a)　نَحْنُ نَسْعَدُ بِاسْتِقْبَالِ الضُّيُوفِ
私達はお客様をお迎えして幸せです

しあわせな　shiawase-na　幸せな　سَعِيد < سعد　حَيَاةٌ سَعِيدَةٌ :幸せな人生
فُرْصَةٌ سَعِيدَةٌ :お会できて幸せ(うれしい)です

しあわせ-にする　shiawase-nisuru　幸せにする　أَسْعَدَ < سعد IV　سَوْفَ أُسْعِدُ بِنْتَكَ بِكُلِّ تَأْكِيدٍ
きっと(必ず),あなたのお嬢さんを幸せにします

しいくする　shi・iku-suru　飼育する　رَبَّى، يُرَبِّي < ربى II　نُرَبِّي الدَّجَاجَ لِبَيْضِهِ
私達は卵を得るために鶏を飼育しています
※名 تَرْبِيَة :飼育　تَرْبِيَةُ الْحَيَوَانِ :動物の飼育/畜産

しいたげる　shi・itageru　虐げる　ظَلَمَ (i)　ظَلَمَ صَاحِبُ الْأَرْضِ الْفَلَّاحِينَ :地主は農民を虐げた

しいる　shi・iru　強いる ⇒ きょうせいする kyousei-suru 強制する

しいん　shi・in　子音　حَرْف سَاكِن　複 حُرُوف سَاكِنَة　※⇔ حَرْف مُتَحَرِّك :母音

しうち　shi・uchi　仕打ち(مُعَامَلَة (قَاسِيَة　لَاقَى مُعَامَلَةً قَاسِيَةً
ひどい仕打ち(いじめ)を受けた

しえき　shi・eki　私益　مَصْلَحَة خَاصَّة　اَلْمَصْلَحَةُ الْعَامَّةُ تَقَدَّمُ عَلَى الْمَصْلَحَةِ الْخَاصَّةِ
公益は私益に優先する

しぇるたー　sherutaa　シェルター ⇒ ひなんじょ hi・nan-jo 避難所

しえん　shi・en　支援　مُسَاعَدَة < سعد 複 ـات　مُسَاعَدَة مَالِيَّة :金銭的支援(援助)

しえんする　shi・en-suru　支援する　عَاوَنَ < عون III ～في :～を　عَاوِنْ فِي حَرَكَةِ الْاِسْتِقْلَالِ
独立運動を支援(援助)しなさい

しお　shio　塩　مِلْح　複 أَمْلَاح　وَضَعَ مِلْحًا :塩をかけた
مِلْحُ الطَّعَامِ (الْمَطْبَخِ) :食塩

しお　shio　潮　تَيَّار بَحْرِيّ　مَدُّ وَجَزْرُ التَّيَّارِ :潮の満ち引き

しおづけの　shio-zukeno　塩漬けの　مُمَلَّح < ملح　لَحْمُ فَخِذِ الْخِنْزِيرِ الْمُمَلَّحِ
塩漬けの豚の太ももの肉

しおにすと　shio・nisuto　シオニスト　صِهْيَوْنِيّ　اَلْاِسْتِيطَانُ الصِّهْيَوْنِيّ :シオニストの入植

しおにずむ　shio・nizumu　シオニズム　اَلصِّهْيَوْنِيَّة　※ حَرَكَةُ الْمُطَالِبِينَ بِوَطَنٍ قَوْمِيٍّ لِلْيَهُودِ فِي فِلَسْطِينَ
パレスチナの地にユダヤ人の国を求める運動

しおれる～しがいせん

し

しおれる	shioreru	萎れる	ذَبُلَ (u)	ذَبُلَتِ الْأَزْهَارُ :花が萎れた(枯れた)
しか	shika	鹿	غَزَال	غزل > غِزْلَان 複 غزل　اَلْغَزَالُ خَفِيفُ الْحَرَكَةِ 鹿は動きが軽快だ
しか	shika	歯科	طِبُّ الْأَسْنَانِ	※(طَبِيبُ السِّنِّ (الْأَسْنَانِ :歯科医/歯医者
しか	shika	～しか	فَقَطْ	عِنْدِي دُولَارٌ فَقَطْ : 私は1ドルしか持ってません
しかい	shikai	死海	اَلْبَحْرُ الْمَيِّتُ	وَصَلْنَا إِلَى الْبَحْرِ الْمَيِّتِ فِي النِّهَايَةِ 私たちはついに死海に着いた
しかい しかいしゃ	shikai shikai-sha	司会 司会者	مُدِيرُ الْمَرَاسِمِ	مَنْ مُدِيرُ الْمَرَاسِمِ ؟ :式の司会者は誰ですか
しかえし	shikaeshi	仕返し	نَقْمَة (َ)	نقم > لَا تَخْشَى نَقْمَتَهُ إِنَّ لَهُ قَلْبًا طَيِّبًا 彼は優しい心の持ち主だから，仕返しの心配はいりません
しかえし-をする	shikaeshi-wo・suru	仕返しをする	اِنْتَقَمَ	نقم VIII ～ مِنْ :～に　لَا تَنْتَقِمْ مِمَّنْ أَسَاءَ إِلَيْكَ ، بَلْ سَامِحْهُ 意地悪をした人に仕返しをしてはいけない，許しなさい
しかく しかくの	shikaku shikaku-no	四角 四角の	مُرَبَّع	ربع > مُرَبَّعُ الْأَضْلَاعِ :四角形/四辺形
しかく	sikaku	資格	مُؤَهَّلَات	أهل > مُؤَهَّلَاتُ الدُّخُولِ إِلَى الْجَامِعَةِ :大学入学資格
しかける	shikakeru	仕掛ける	نَصَبَ (u)	نَصَبَ الشَّبَكَةَ (فَخًّا) :網(罠)を仕掛けた
しかし	shikashi	しかし	لٰكِنْ / لٰكِنَّ	※名詞＋ لٰكِنَّ / 動詞＋ لٰكِنْ اَلشَّمْسُ مُشْرِقَةٌ ، وَلٰكِنَّ الْهَوَاءَ بَارِدٌ 太陽は昇っている，しかし(でも)空気は冷たい اِشْتَرَيْتُ الصَّحِيفَةَ ، لٰكِنْ لَمْ أَقْرَأْهَا بَعْدُ 新聞は買いました，しかし(でも)未だ読んでいません
		2)しかし	بَيْدَ (أَنَّ ～)	اَلتَّاجِرُ غَنِيٌّ بَيْدَ أَنَّهُ بَخِيلٌ その商人は金持ちであるが，しかしけちである
しかた	shikata	仕方	⇒ ほうほう　houhou　方法	
しかたなく	shikata-naku	しかたなく(～する)	اُضْطُرَّ ، يُضْطَرُّ	ضرّ > VIII受　اُضْطُرِرْتُ إِلَى التَّوْقِيعِ 私は仕方なく署名した
しかも	shikamo	しかも	～ فَضْلًا عَنْ	اَلتُّفَّاحُ لَذِيذٌ فَضْلًا عَنْ أَنَّهُ نَافِعٌ リンゴは体にいい，しかもおいしい
しかる	shikaru	叱る	عَنَّفَ	عنف > II عَنَّفَهُ الْمُعَلِّمُ لِأَنَّهُ كَسُولٌ طَائِشٌ 先生は彼をどうしようもない怠け者だと叱った
しがい	shigai	死骸	⇒ したい　shitai　死体	
しがい	shigai	市外	خَارِجَ الْمَدِينَةِ	※ ⇔ 市内
しがいせん	shigai-sen	紫外線	اَلْأَشِعَّةُ فَوْقَ الْبَنَفْسَجِيَّةِ	

しがつ～しきゅうの

しがつ　shigatsu　四月　رَبِيعُ الثَّانِي　※イスラム暦の四月

2)四月　أَبْرِيلُ　※西暦の四月　أَبْرِيلُ هُوَ شَهْرُ الْأَزْهَارِ:四月は花の月

3)四月　نِيسَانُ　※ シリア,イラク,ヨルダン,レバノン地方の四月

كَذْبَةُ نِيسَانَ:四月バカ/エープリルフール

しがみつく　shigami-tsuku　しがみつく　تَمَسَّكَ　< مسك V　~بـ:~に　تَمَسَّكَ بِأُمِّهِ

彼は母親にしがみついた

しがんする　shigan-suru　志願する　تَطَوَّعَ　< طوع V　تَطَوَّعَ فِي الْجَيْشِ:軍隊に志願した

しがんの　sigan-no　志願の　مُتَطَوِّعٌ　< طوع　جُنْدِيٌّ مُتَطَوِّعٌ:志願兵

しき　shiki　式 ⇒ ぎしき　gishiki　儀式 /しきてん　shikiten　式典

しき　shiki　式　صِيغَةٌ　< صوغ 複 صِيَغٌ　صِيغَةٌ كِيمَاوِيَّةٌ:化学式

しき　shiki　四季　اَلْفُصُولُ الْأَرْبَعَةُ　اَلْفُصُولُ الْأَرْبَعَةُ فِي الْيَابَانِ جَمِيلَةٌ جِدًّا

日本の四季はとても美しい

しきい　shiki・i　敷居(الْمَنْزِلِ) عَتَبَةُ　وَطِئَ عَتَبَةَ الْبَابِ:敷居をまたいだ

しきさい　shikisai　色彩　أَلْوَانٌ　※ لَوْنٌ:色の複　أَلْوَانٌ جَمِيلَةٌ:鮮やかな色彩

しきする　shiki-suru　指揮する　قَادَ، يَقُودُ　قَادَ الْقَائِدُ الْجَيْشَ:指揮官が軍を指揮した

※名 قِيَادَةٌ:指揮　※ قَائِدٌ:指揮官/指揮者

しきてん　shikiten　式典　اِحْتِفَالٌ　< حفل 複 -ات　يَوْمَ الْعِيدِ أُقِيمَ احْتِفَالٌ كَبِيرٌ

イード(祭り)の日に大きな式典が行われた

しきち　shikichi　敷地　مَسَاحَةُ الْبِنَاءِ　مَسَاحَةُ الْبِنَاءِ وَاسِعَةٌ:建物の敷地は広い

しきもう　shikimou　色盲　عَمَى الْأَلْوَانِ　هَلْ عَمَى الْأَلْوَانِ يُمْكِنُ أَنْ يَسُوقَ السَّيَّارَةَ؟

色盲(の人)は車の運転ができますか

しきもの　shikimo・no　敷物　بِسَاطٌ　< بسط 複 بُسُطٌ　كَانَتْ جَدَّتِي تَفْرُشُ تَحْتَ

祖母は絨毯の下に敷物を敷いていた　السَّجَّادَةِ بِسَاطًا

しきべつ-する　shikibetsu-suru　識別する　عَرَفَ (i)　※(مِنْ ~:~を‥と)　اِعْرِفِ الصَّوَابَ مِنَ الْخَطَإِ

正しい事と間違っている事を識別しなさい

しきゅう　shikyuu　子宮　رَحِمٌ　複 أَرْحَامٌ　يَعِيشُ الْجَنِينُ تِسْعَةَ أَشْهُرٍ

胎児は母親の子宮で9ヶ月過ごす　فِي رَحِمِ أُمِّهِ

しきゅうする　shikyuu-suru　支給する　زَوَّدَ　< زود II　اَلْعَمَلُ ازْدَهَرَ، وَزَوَّدَ بِعِلَاوَةٍ

仕事が繁盛したのでボーナスを支給した　الْمُرَتَّبَ

※名 تَزْوِيدٌ:支給　تَزْوِيدٌ بِالْمُؤُونَةِ

食料の支給

しきゅうの　shikyuu-no　至急の ⇒ いそぎの　isogi-no　急ぎの

しきょう～しごと

し

しきょう　shikyou　司教　أُسْقُف　複 أَسَاقِفَة / أَسَاقِف　رَئِيس الْأَسَاقِفَة :大司教

しきょする　shikyo-suru　死去する　⇒ しぬ　shinu　死ぬ

しきん　shikin　資金　⇒ しほん　shihon　資本

しく　shiku　敷く　فَرَش (u)　فَرَش سَجَّادَةً عَلَى الْأَرْض :地面に絨毯を敷いた

2)敷く　جَلَس (i)　اِجْلِسْ عَلَى الْوِسَادَةِ :座布団を敷きなさい

しくじり　shikujiri　しくじり　⇒ しっぱいする　shippai-suru　失敗する 名失敗

しくじる　shikujiru　しくじる　⇒ しっぱいする　shippai-suru　失敗する

しくらめん　shikuramen　シクラメン　بَخُور مَرْيَم　※[植物]

しけい　shikei　死刑　إِعْدَام ＜ عدم　حُكْم الْإِعْدَام :死刑判決(宣告)

しけい-をおこなう　shikei-wo・oko・nau　死刑を行う　⇒ しょけいする　shokei-suru　処刑する

しける　shikeru　湿気る　رَطِب (a)　رَطِبَ الْغَسِيلُ الْمَنْشُور
広げて干した洗濯物が湿気った

しける　shikeru　時化る　⇒ 2)あれる　areru　荒れる

しけん　shiken　試験　تَجْرِبَة ＜ جرب 複 تَجَارِب　تَحْتَ التَّجْرِبَة :試験中

2)試験　اِمْتِحَان ＜ محن 複 -ات　تَقَدَّمَ اِمْتِحَانًا :試験を受けた

しけんかん　shiken-kan　試験官　مُمْتَحِن ＜ محن　رَفَضَ الْأُسْتَاذُ أَنْ يَكُونَ مُمْتَحِنًا
教授は試験官になることを拒否した

しけんかん　shiken-kan　試験管　أُنْبُوب الاخْتِبَار

しけん-をする　shiken-wosuru　試験をする　اِمْتَحَن ＜ محن VIII ～في :～の　اِمْتَحَنَ الْمُدَرِّسُ طُلَّابَهُ
教師は学生達に試験をした

しげきする　shigeki-suru　刺激する　أَثَار ＜ ثور IV　يُثِيرُ اهْتِمَامَهُمْ
彼らの興味を刺激する(引き起こす)

しげみ　shigemi　茂み　أَجَمَة　複 أُجُم / آجَام　اِخْتَبَأَ النَّمِرُ فِي الْأَجَمَةِ
虎は茂みに隠れた

しげる　shigeru　繁る　نَمَا ، يَنْمُو　فَوْقَ مَكَانٍ تَنْمُو بِهِ حَشَائِشُ كَثِيرَةٌ
草がたくさん繁っている所の上に

しげん　shigen　資源　ثَرْوَة　複 ثَرَاء　الثَّرْوَة الْمَعْدَنِيَّة :鉱物資源

2)資源　مَوْرِد ＜ ورد 複 مَوَارِد　مَوَارِد طَبِيعِيَّة :天然資源

しこう　shikou　施行　تَنْفِيذ ＜ نفذ　تَنْفِيذ الْقَانُون :法律の施行(施行)

しごと　shigoto　仕事　عَمَل　複 أَعْمَال　مَا عَمَلُكَ؟ :あなたのお仕事は何ですか
أَنَا جِئْتُ فِي عَمَلٍ :私は仕事で来ました

2)仕事　شُغْل　複 أَشْغَال　عِنْدِي شُغْلٌ كَثِيرٌ
私は仕事が沢山あります

しごとば～しじま

しごとば shigoto-ba 仕事場 مُحْتَرَف < حرف قَابَلْتُ الرَّسَّامَ فِي مُحْتَرَفِهِ

私はその画家と彼の仕事場で会いました

しごと-をする shigoto-wosuru 仕事をする ⇒ はたらく hataraku 働く

しさい shisai 司祭 كَاهِن < كهن 複 كُهَّان اَلْكَاهِنُ رَجُلٌ صَالِحٌ مُحْتَرَمٌ

司祭は敬虔で,尊敬される人物です

しさつ-する shisatsu-suru 視察する تَفَقَّدَ < فقد V مَرَّ الْمُدِيرُ عَلَى الصُّفُوفِ يَتَفَقَّدُهَا

校長先生は視察しにクラスに立ち寄った

しし shishi 獅子 ⇒ らいおん raion ライオン

し

ししかばぶ shishikababu シシカバブ كَبَابٌ أُفَضِّلُ الْكَبَابَ عَلَى اللَّحْمِ الْمَطْبُوخِ

調理された肉よりシシカバブが好きです

ししゃ shisha 死者 مَيِّت < موت 複 مَوْتَى دَفَنَ الْمَيِّتَ:死者を埋葬した

ししゅう shishuu 刺繍 تَطْرِيز < طرز أُخْتِي خَفِيفَةُ الْيَدِ فِي التَّطْرِيزِ

私の姉(妹)は刺繍がうまい(上手だ)

ししゅうする shishu・u-suru 刺繍する وَشَى ، يَشِي ※=刺繍を施す

وَشَى الْمُطَرِّزُ فُسْتَانَ الزِّفَافِ

刺繍屋はウェディングドレスに刺繍した

ししゅつ shishutsu 支出 ⇒ しはらう shiharau 支払う 名支払い

ししゅんき shishun-ki 思春期 مُرَاهَقَة < رهق خُذِ الْفَتَى بِحُلْمِكَ ، فَهُوَ لَمْ

若者よ,夢を持て, يَتَجَاوَزْ بَعْدُ سِنَّ الْمُرَاهَقَةِ

そして思春期が過ぎてもその夢を諦めるな

ししょ shisho 支所 ⇒ してん shiten 支店

ししょう shishou 支障 ⇒ しょうがい shougai 障害

ししょうしゃ shishou-sha 死傷者 قَتِيلٌ وَجَرِيحٌ سَقَطَ فِي الْمَعْرَكَةِ عَشَرَةُ رِجَالٍ ، بَيْنَ

その戦闘で10人の死傷者が出た قَتِيلٍ وَجَرِيحٍ

ししょばこ shisho-bako 私書箱 صُنْدُوقُ الْبَرِيدِ ※略して ص・ب

しじ shiji 指示 تَعْلِيمَات < علم نَفَّذَ رِجَالُ الْأَمْنِ تَعْلِيمَاتِ الْمُفَوَّضِ

治安警官たちは長官の指示を実行した

أَعْطَاهُ تَعْلِيمَاتٍ:(彼に)指示を与えた/指示した

しじする shiji-suru 支持する أَيَّدَ ، يُؤَيِّدُ < أيد II اَلْيَابَانُ تُؤَيِّدُ مَوْقِفَ الدُّوَلِ الْعَرَبِيَّةِ

日本はアラブの立場を支持する

※名 تَأْيِيد:支持 ※ مُؤَيِّد:支持者

しじする shiji-suru 指示する أَشَارَ ، يُشِيرُ < شور IV أَشَارَ شُرْطِيُّ السَّيْرِ بِالْوُقُوفِ

交通警官は止まるように指示した

しじま shijima しじま ⇒ しずけさ shizukesa 静けさ

しじゅう～しぜんすう

しじゅう　shi-juu　四十　⇒ よんじゅう　yon-juu　四十(40)

しじゅう　shijuu　始終　⇒ いつも　itsumo　何時も

しじょう　shijou　市場　سُوقٌ　複 أَسْوَاق　رَكَدَتِ السُّوقُ :市場が停滞した

しじん　shijin　詩人　شَاعِر　< شعر 複 شُعَرَاء　" بَاشِيُو " شَاعِرٌ مَشْهُورٌ
芭蕉は有名な詩人です

しすてむ　shisutemu　システム　نِظَام　< نظم 複 نُظُم　مُهَنْدِس نُظُمٍ :システムエンジニア

しずかな　shizuka-na　静かな　هَادِئ　< هدأ　هَادِئَة　لَيْلَة :静かな夜

しずかに　shizuka-ni　静かに　بِهُدُوءٍ　< هدأ ※ بِ は前置詞　جَلَسَ بِهُدُوءٍ عَلَى الْكُرْسِيِّ
静かに椅子に座った

しずか-にする　shizuka-nisuru　静かにする　سَكَتَ (u)　! أُسْكُتْ :静かにしろ!

しずく　shizuku　滴　قَطْرَة　複 قَطَرَات　قَطَرَاتُ الْمَطَرِ :雨の滴

しずけさ　shizukesa　静けさ　هُدُوء　< هدأ　اَلْهُدُوءُ يُرِيحُ الْأَعْصَابَ :静けさが神経を休める

2)静けさ　سُكُون　< سكن　رَعْدٌ كَانَ يَدْوِي فِي سُكُونِ اللَّيْلِ
雷の音が夜の静けさ(しじま)の中に響いていた

しずまる　shizumaru　静まる/鎮まる　هَدَأَ، يَهْدَأُ　هَدَأَ الْبَحْرُ :海は静まった

しずむ　shizumu　沈む　غَرِقَ (a)　غَرِقَ الْمَرْكَبُ :ボートが沈んだ(沈没した)

2)(太陽が)沈む　غَرَبَ (u)　غَرَبَتِ الشَّمْسُ :太陽(日)が沈んだ

しずめる　shizumeru　沈める　أَغْرَقَ　< غرق IV　عَاصِفَةُ التَّايْفُونِ أَغْرَقَتِ السَّفِينَةَ
台風が船を沈めた

しせい　shisei　姿勢　وَضْع　複 أَوْضَاع　قَوِّمْ وَضْعَ جِسْمِكَ :姿勢を正しなさい

しせいじ　shiseiji　私生児　اِبْن غَيْر شَرْعِيّ

しせつ　shisetsu　施設　مَرَافِق　< رفق ※ مَرْفِق の複　مَرَافِق عَامَّة :公共の施設

2)施設　مُنْشَآت　< نشأ ※ مُنْشَأَة の複
إِغْلَاق الْمُنْشَآت النَّوَوِيَّة :核施設の閉鎖

しせつだん　shisetsu-dan　使節団　وَفْد　複 وُفُود　وَفْد تِجَارِيّ (اِقْتِصَادِيّ) :経済使節団

しせん　shisen　視線　نَظْرَة　複 نَظَرَات　أَلْقَى نَظْرَةً عَلَى ~ :~に視線を向けた

しぜん　shizen　自然　اَلطَّبِيعَة　< طبع　عِلْم الطَّبِيعَة :自然科学/物理学
فَوْقَ الطَّبِيعَة :超自然の

しぜんし-する　shizenshi-suru　自然死する　مَاتَ حَتْفَ أَنْفِهِ　名 مَوْت طَبِيعِيّ :自然死

しぜんすう　shizen-suu　自然数　اَلْأَعْدَاد الْأَصْلِيَّة

しぜんな～したしい

しぜんな　shizen-na　自然な
しぜんの　shizen-no　自然の　طَبِيعِيّ < طبع
طَبِيعِيٌّ أَنْ تَغَارَ مِنْ حَيَاةِ صَدِيقِكَ
貴男が友人の生活を羨むのは自然だ(当たり前だ)

しそう　shisou　思想　فِكْرَة / فِكْر
فِكْرَة سِيَاسِيَّة :政治(的)思想
حُرِّيَّةُ الْفِكْرِ :思想の自由

しそうのうろう　shisou·nourou　歯槽膿漏　اِلْتِهَابُ اللِّثَةِ

しそん　shison　子孫　سَلِيل < سلّ
هُوَ سَلِيلُ أُسْرَةٍ شَرِيفَةٍ
彼は高貴な家の子孫だ
أَيَكُونُ الْقِبْطِيُّ سَلِيلَ الْفِرْعَوْنِيِّ؟
コプト人はファラオの子孫なのですか

した　shita　舌　لِسَان < لسن ※男女 複 أَلْسُن / أَلْسِنَة
عَضَّ لِسَانَهُ :舌をかんだ
ذُو لِسَانَيْنِ :二枚舌の

した　shita　下　أَسْفَل < سفل 女 سُفْلَى
أَخَذَتِ التُّفَّاحَةُ تَتَدَحْرَجُ إِلَى أَسْفَلَ
リンゴは下の方へ転がり始めた

したい　shitai　～したい(أَنْ ～)　أَرَادَ (أَنْ) < رود IV
أُرِيدُ أَنْ أُسَافِرَ إِلَى غَزَّةَ
私はガザを旅行したい
اِفْعَلْ كَمَا تُرِيدُ :したい(好きな)ようにしなさい

したい　shitai　死体　جُثَّة 複 جُثَث / أَجْثَاث
دَفَنَ الْجُثَّةَ :死体を埋めた(埋葬した)
بَعْدَ الصَّلَاةِ، نُقِلَتْ جُثَّةُ الْفَقِيدِ إِلَى الْمَدْفَنِ
祈りの後,死体は墓地に運ばれた
جُثَّةُ الْغَرِيقِ :溺死体

したう　shitau　慕う　اِحْتَرَمَ < حرم VIII
اِحْتَرَمَ التَّلَامِيذُ مُعَلِّمَهُمْ
生徒達は先生を慕った

したがう　shitagau　従う　تَبِعَ (a)
تَبِعَ النَّصِيحَةَ :忠告に従った
2)従う　خَضَعَ (a)　※لِـ～ :～に
خَضَعَ لِلْأَوَامِرِ (لِلْقَانُونِ)
命令(法律)に従った

したがって　shitagatte　(～に)従って　طِبْقًا لِـ～
طِبْقًا لِلْقَانُونِ :法律に従って

したがって　shitagatte　従って　⇒ すなわち　su·nawachi　即ち

したぎ　shitagi　下着　مَلَابِس دَاخِلِيَّة
خَلَعَ الْمَلَابِسَ الدَّاخِلِيَّةَ :下着を脱いだ

したくする　shitaku-suru　支度する　حَضَّرَ < حضر II
حَضَّرَ الْوَجْبَةَ :食事の支度をした
※名 تَحْضِير :支度　تَحْضِيرُ الطَّعَامِ :食事の支度

したしい　shitashi·i　親しい　حَمِيم < حمّ 複 أَحِمَّاء
عَلَاقَة حَمِيمَة :親しい関係
أَصْبَحْنَا أَصْدِقَاءَ أَحِمَّاءَ :私達は親しい友人になった

し

したしく-する　shitashiku-suru　親しくする　عَاشَرَ　< عشر III　لاَ تُعَاشِرِ الْفَتَى الْمَاجِنَ
恥知らずな若者と親しくなるな

したしむ　shitashimu　親しむ　تَمَتَّعَ　< متع V　تَمَتَّعَ بِقِرَاءَةِ الْكُتُبِ :読書に親しんだ

したたる　shitataru　滴る　تَقَطَّرَ　< قطر V　تَقَطَّرَ الدَّمُ :血が滴った

したてや　shitate-ya　仕立屋　خَيَّاط　< خيط 複 ـون　فَصَّلَ الْخَيَّاطُ الْقُمَاشَ
仕立屋は生地を裁断した

したに　shita-ni　(～の)下に　تَحْتَ ～　تَحْتَ الطَّاوِلَةِ :テーブルの下に

したまわる　shita・mawaru(～を)下回る　قَلَّ عَنْ ～　يَقِلُّ عَدَدُ الطَّلَبَةِ عَنْ عَشْرِينَ طَالِباً
生徒の数は２０人を下回っている

したり　shitari　～したり・・したり　حِيناً ～، وَحِيناً..　تُرْسِلُ شَعْرَهَا عَلَى ظَهْرِهَا حِيناً،
彼女は髪を背中に垂らしたり，وَحِيناً تَضْفِرُهُ
(時には)編んだりします

しだいに　shidai-ni　次第に　شَيْئاً فَشَيْئاً/ عَلَى(مَعَ / بِ) التَّدْرِيجِ

しち　shichi　七(7)　سَبْعَة　女 سَبْع　سَبْعُ سَنَوَاتٍ :七年　※=七

しち　shichi　質　رَهْن　複 رِهَان/رُهُون/رُهُونَات　مَكْتَبُ رُهُونَاتٍ :質屋

しちがつ　shichi-gatsu　七月　رَجَب　※イスラム歴の七月

2)七月　يُولْيُو / يُولِيَة　※西暦の七月

3)七月　تَمُّوز　※シリア,イラク,ヨルダン,レバノン地方の七月

しちじゅう　shichi-juu　七十/７０　سَبْعُونَ　属対 سَبْعِينَ　سَبْعِينِيَّات :七十(70)代/七十代

しちめん-ちょう　shichimen-chou　七面鳥　دِيك رُومِيّ　يَأْكُلُونَ الدِّيكَ الرُّومِيَّ بَدَلاً مِنَ الدَّجَاجِ
彼らは鶏の代わりに七面鳥を食べる

しちゅう　shichuu　支柱　رَكِيزَة　< ركز 複 رَكَائِز　الرَّكِيزَةُ الضَّعِيفَةُ لاَ تَحْمِلُ
弱い支柱は屋根を支えられない　السَّقْفَ

2)支柱　سَنَد　複 أَسْنَاد/-ات　لاَ تَسْتَقِيمُ نَصْبَةُ الشَّجَرِ بِدُونِ
苗木は支柱なしでは真っ直ぐに伸びない　سَنَدٍ

しちょう　shi-chou　市長　رَئِيس الْبَلَدِيَّة　اُخْتِيرَ رَئِيساً لِلْبَلَدِيَّةِ :市長に選ばれた

しつ　shitsu　質　نَوْع　複 أَنْوَاع　نَوْعاً وَكَمِّيَّةً :質と量

※ جُودَة :質の良さ　هٰذِهِ الأَقْمِشَةُ مَعْرُوفَةٌ
この布地は質の良さで知られています　بِجُودَتِهَا

しっかくの　shikkaku-no　失格の　غَيْر مُؤَهَّل　هُوَ طَبِيبٌ غَيْرُ مُؤَهَّلٍ :彼は医者として失格だ

しっかり-した　shikkari-shita　しっかりした　وَطِيد　< وطد　أَسَاس وَطِيد :しっかりした基礎(土台)

し

しつぎょう～しつど

2)しっかりした رَصِين < رصن "أُسَامُو" شَابٌّ رَصِينٌ حَكِيمٌ
"おさむ"は知的でしっかりした青年です

しつぎょう shitsugyou 失業 بَطَالَة (َ) < بطل نِسْبَةُ الْبَطَالَةِ :失業率
2)失業 فُقْدَانُ الْعَمَلِ (ُ) اِنْتَشَرَ الرُّكُودُ الاقْتِصَادِيُّ مِمَّا أَدَّى إِلَى فُقْدَانِ الْعَمَلِ (ُ)
不景気が広がり,そのことが失業を招いた

しつぎょう-しゃ shitsugyou-sha 失業者 بَطَّال < بطل 複 ـون ※= عَاطِل عَنِ الْعَمَلِ

しつぎょう-する shitsugyou-suru 失業する تَعَطَّلَ < عطل V تَعَطَّلَ عَنِ الْعَمَلِ :彼は失業した

しっくい shikkui 漆喰 جِصّ (َ) < اِجْبِلِ الْجِصَّ بِالْمَاءِ :漆喰を水でこねなさい
※جَصَّصَ :漆喰を塗る جَصَّصَ الْعُمَّالُ جُدْرَانَ قَاعَةِ الاسْتِقْبَالِ
職人が応接間の壁に漆喰を塗った

しつけ shitsuke 躾 تَهْذِيب < هذب تَهْذِيبُ الأَطْفَالِ :子供の仕付け

しっけ shikke 湿気 رُطُوبَة < رطب رُطُوبَةُ الْجَوِّ فِي السَّاحِلِ، أَكْثَرُ إِزْعَاجًا مِنَ الْحَرِّ
海辺の空の湿気が暑さの不快さを増す

しつけ-のよい shitsuke-noyoi 仕付けの良い مُهَذَّب < هذب اَلطِّفْلُ مُهَذَّبٌ :あの子は仕付けが良い

しつける shitsukeru 仕付ける
しつけ-をする shitsuke-wosuru 仕付けをする أَدَّبَ < أدب II أَدَّبَتْ بَنَاتِهَا :彼女は娘達を仕付けた

しつこい shitsukoi しつこい مُلِحّ < لح شَخْصٌ مُلِحٌّ :しつこい人

しっこうする shikkou-suru 執行する نَفَّذَ < نفذ II نَفَّذَ حُكْمُ إِعْدَامِهِ :死刑が執行された
※名 تَنْفِيذ :執行 تَنْفِيذُ حُكْمِ الإِعْدَامِ :死刑執行

しつこく-する shitsukoku-suru しつこくする أَلَحَّ < لح IV لَا تُلِحَّ فِي طَلَبِكَ :しつこく要求するな
※名 إِلْحَاح :しつこさ إِلْحَاحٍ (ب) فِي :しつこく

しっしん shisshin 湿疹 إِكْزِيمَة ※英語のeczemaより

しっしん-する shisshin-suru 失神する فَقَدَ وَعْيَهُ ※名 فَقْدُ الْوَعْيِ :失神

しっそな shisso-na 質素な بَسِيط < بسط مَلَابِسُ بَسِيطَةٌ :質素な服
مَتَاعُ الْبَيْتِ بَسِيطٌ :家財道具は質素です

しっている shitte-iru 知っている عَرَفَ (i) هَلْ تَعْرِفُهُ ؟ :彼を知っていますか

しっとする shitto-suru 嫉妬する يَغَارُ، غَارَ ~مِنْ :~に تَغَارُ الْمَرْأَةُ مِنْ أُخْتِي
その女性は私の妹に嫉妬している
※名 غَيْرَة :嫉妬 اِمْتَلَأَ قَلْبِي بِالْغَيْرَةِ
私の心は嫉妬(ねたみ)で一杯だった

しつど shitsudo 湿度 دَرَجَةُ الرُّطُوبَةِ دَرَجَةُ الرُّطُوبَةِ مُرْتَفِعَةٌ :湿度が高い

しっぱいする　shippai-suru　失敗する　فَشِلَ (a)　فَشِلَ فِي الامْتِحَان :試験に失敗した(不合格だった)

لَا تَخَفْ مِنَ الْفَشَلِ :失敗を恐れるな　فَشَلٌ :失敗 ※名

しっぱいの　shippai-no　失敗の　فَاشِل ＜ فشل　مَشْرُوع فَاشِل :失敗した計画

しっぷ　shippu　湿布　كِمَادَة ＜ كمد　تُوضَعُ الْكِمَادَةُ عَلَى مَوْضِعِ الْأَلَم

湿布は痛い所に貼られる

しつぼう　shitsubou　失望　خَيْبَة الْأَمَل　※ أَمَلٌ ⇔ :希望

しつぼう-させる　shitsubou-saseru　失望させる　خَيَّبَ الْأَمَلَ ＜ خيب II　خَيَّبَ الْفَشَلُ أَمَلِي :私は失敗して失望した

しつぼう-する　shitsubou-suru　失望する　خَابَ (أَمَلُهُ)، يَخِيبُ　لَنْ يَخِيبَ أَمَلِي :私は失望していません/

شَعَرَ بِخَيْبَةِ أَمَلٍ :失望した　خَيْبَة الْأَمَل :失望 ※名

しっぽ　shippo　尻尾　⇒ お o 尾

しつめい-する　shitsumei-suru　失明する　فَقَدَ بَصَرَهُ　فَقَدَ بَصَرَهُ لٰكِنْ عَوَّضَ السَّمْعُ عَنِ الْبَصَرِ

彼は失明したが聴覚が視覚を補った

しつもん-する　shitsumon-suru　質問する　سَأَلَ (a)　سَأَلَ ～ سُؤَالًا :～に質問した

أَسْئِلَة 複 سُؤَال :質問 ※名

عِنْدِي السُّؤَال :私は質問があります

أَجَابَ عَلَى السُّؤَالِ :質問に答えた

الْإِجَابَة عَنِ الْأَسْئِلَةِ :質問の(に対する)答え

しつれい-します　shitsurei-shimasu　失礼します　مَعْذِرَةً ＜ عذر　※= آسِف / أَرْجُو الْمَعْذِرَة

2)失礼します　لَوْ سَمَحْتَ　※ أَتْعَبْنَاك :お先に失礼します/お疲れさま

しつれいな　shitsurei-na　失礼な　غَيْر مُهَذَّب　مَوْقِف غَيْر مُهَذَّب :失礼な態度

していする　shitei-suru　指定する　حَدَّدَ ＜ حدّ II　حَدَّدَ وَقْتًا لِلْاجْتِمَاع :会議の時間を指定した

してきする　shiteki-suru　指摘する　أَشَارَ ＜ شور IV　أَشَرْتُ إِلَى خَطِئِهِ سَابِقًا

私は以前に彼の誤りを指摘した

してん　shiten　支店　مَكْتَب فَرْعِيّ　فَرْع "أُوسَاكَا" لِلشَّرِكَةِ :会社の大阪支店

してん　shiten　視点　زَاوِيَة ＜ زوى 複 زَوَايَا　مِنْ زَوَايَا مُخْتَلِفَةٍ :様々な視点から

しと　shito　使徒　رَسُول ＜ رسل 複 رُسُل　مُحَمَّدٌ رَسُولُ اللّٰهِ

ムハンマドは神の使徒なり

しどう　shidou　指導　قِيَادَة ＜ قود　أَعْلَنَتْ لِيبْيَا الْجُمْهُورِيَّةَ فِي

عَام ١٩٦٩م بِقِيَادَةِ الْعَقِيدِ مُعَمَّر الْقَذَّافِيّ

リビアは１９６９年にムアッマル･カッダフィー大佐の

指導の下に共和制を宣言した

しどうしゃ　shidou-sha　指導者　قَائِد < قود 複 قُوَّاد/قَادَة　قَائِدُ الْفِرْقَةِ:集団の指導者
لِكُلِّ مَجْمُوعَةٍ قَائِدٌ يُرْشِدُهَا
どのような集団にも集団を率いる指導者がいる
2)指導者　زَعِيم < زعم 複 زُعَمَاءُ　زَعِيمُ الثَّوْرَةِ:革命の指導者

しどうする　shidou-suru　指導する　أَرْشَدَ < رشد IV　يُرْشِدُ الْمُعَلِّمُ الْأَوْلَادَ فِي دُرُوسِهِمْ
先生は子供達の勉強を指導する

しな　shi・na　品
しなもの　shi・na-mo・no　品物　بِضَاعَة < بضع 複 بَضَائِعُ　الْبِضَاعَةُ غَيْرُ مَوْجُودَةٍ
その品はありません(品切れです)

しない　shi・nai　市内　دَاخِلَ الْمَدِينَةِ ※ ⇔ 市外　أُرْشِدُكُمْ دَاخِلَ الْمَدِينَةِ الْقَدِيمَةِ
私が旧市内をご案内します

しないように　shi・nai-youni　～しないように　～أَلَّا　يَجِبُ أَلَّا يَسْخَرَ:馬鹿にしないようにすべきだ

しなければ-ならない　shi・nakereba-nara・nai　～しなければならない　يَجِبُ، وَجَبَ　يَجِبُ (عَلَى..) أَنْ ～:(..は)～しなければならない
يَجِبُ أَنْ تُصْلِحَ خَطَأَكَ
あなたは過ち(間違い)を直さなくてはならない

しなごーぐ　shi・nagoogu　シナゴーグ　كَنِيس　يَجْتَمِعُ الْيَهُودُ لِلصَّلَاةِ فِي الْكَنِيسِ
ユダヤ教徒は祈るためにシナゴーグに集まる

しなす　shi・nasu　死なす
しなせる　shi・naseru　死なせる　أَمَاتَ < مات IV　((وَأَنَّهُ هُوَ أَمَاتَ وَأَحْيَا))
実に彼こそ死なせ,また生かすお方である

しなびる　shi・nabiru　萎びる　ذَبَلَ (u)　تَذْبُلُ الْأَزْهَارُ عِنْدَمَا تَعْطَشُ
水を切らすと花は萎びる

しなもん　shi・namon　シナモン　قِرْفَة　قَلِيلٌ مِنَ الْقِرْفَةِ يُطَيِّبُ الْقَهْوَةَ
少々の(少量の)シナモンがコーヒーをおいしくする

しに-しょうぞく　shi・ni-shouzou　死に装束　كَفَن 複 أَكْفَان　ثَوْبُ الْإِنْسَانِ الْأَخِيرُ هُوَ الْكَفَنُ
人にとって一番良い服は死に装束である

しにん　shi・nin　死人　مَيِّت < موت　وُجِدَ كَثِيرٌ مِنَ النَّاسِ مَيِّتًا فِي الْعَمَلِيَّةِ
その作戦で死人がたくさん出た

しぬ　shi・nu　死ぬ　مَاتَ (u) < موت　مَاتَ الرَّجُلُ الَّذِي اصْطَدَمَتْ سَيَّارَتُهُ
車で事故を起こした男は死んだ(死去した)
مَاتَ حَتْفَ أَنْفِهِ:自然死した/老衰で死んだ
مَاتَ فِي الْحَالِ:即死した
2)死ぬ　تُوُفِّيَ < وفى V形 تَوَفَّى の受　تُوُفِّيَتْ أُمُّهُ وَهُوَ لَا يَزَالُ طِفْلًا
彼がまだ子供の頃,母親が死んだ(亡くなった)

しの　shi-no　死の　مَيِّت < موت　الْبَحْرُ الْمَيِّتُ:死海

しのぐ　shi・nogu　しのぐ　تَحَمَّلَ ＜ حمل V　تَحَمَّلَ الصُّعُوبَةَ: 苦しさをしのいだ

2)しのぐ　تَفَوَّقَ ＜ فوق V　تَفَوَّقْتُ عَلَيْهِ فِي الْامْتِحَانِ
彼女は試験で彼をしのいだ

しのびこむ　shi・nobi-komu　忍び込む　تَسَلَّلَ ＜ سلّ V　~ إِلَى ~: ~に　تَسَلَّلَ إِلَى الْغُرْفَةِ
部屋に忍び込んだ

しのぶ　shi・nobu　偲ぶ　تَذَكَّرَ ＜ ذكر V　تَذَكَّرْنَا السَّيِّدَ "تاناكا" الرَّاحِلَ
私達は故田中氏を偲んだ

しはいしゃ　shihai-sha　支配者　حَاكِم ＜ حكم 複 حُكَّام/ـون　حَاكِمُ الْجَزِيرَةِ: その島の支配者

しはいする　shihai-suru　支配する　حَكَمَ (u)　حَكَمَ الْجَيْشُ الْمِنْطَقَةَ: 軍がその地方を支配した
※名 حُكْم 複 حُكُوم: 支配　~ كَانَتْ مِصْرُ تَحْتَ حُكْمِ
かつてエジプトは～の支配下にあった

2)支配する　سَيْطَرَ　~ عَلَى: ~を　سَيْطَرَ عَلَى النَّاسِ وُجُومٌ
沈黙が人々を支配した/人々は沈黙した

しはい-てきな　shihai-teki・na　支配的な　سَائِد ＜ سود　رَأْيٌ سَائِدٌ: 支配的な意見

しはらう　shiharau　支払う　دَفَعَ (a)　أَدْفَعُ الثَّمَنَ: 私がその値段を支払います
※名 دَفْع: 支払い　لَا أَسْتَطِيعُ دَفْعَ الْمَبْلَغِ كُلِّهِ
全額の支払いは出来ません

しば　shiba　芝
しばふ　shibahu　芝生　حَشَائِش ＜ حشّ حَشِيش の複　رَأَيْتُ جَدِّي يَحُشُّ الْحَشَائِشَ
私は祖父が芝生を刈っているのを見ました

しばしば　shiba-shiba　しばしば　كَثِيرًا مَا　كَثِيرًا مَا ذَهَبْتُ إِلَى السُّوقِ
私は<u>しばしば</u>(たびたび/ひんぱんに)その市場に行った

しばらく　shibaraku　しばらく　مُنْذُ زَمَنٍ　لَمْ أَرَهُ مُنْذُ زَمَنٍ: 私はしばらく彼を見ていない

しばらく-して　shibaraku-shite　しばらくして　بَعْدَ قَلِيلٍ　بَعْدَ قَلِيلٍ ظَهَرَتِ النُّجُومُ
しばらくして星が現れた

しばりあげる　shibari-ageru　縛り上げる　شَدَّ وِثَاقَهُ　شَدَّ وِثَاقَ الْأَسِيرِ: 捕虜を縛り上げた

しばる　shibaru　縛る　رَبَطَ (u)　رَبَطَ الْكُتُبَ بِالْحَبْلِ: 本をロープで<u>縛った</u>(括った)

しびれ　shibire　痺れ　خَدَرٌ　فِي سَاقِي خَدَرٌ يَمْنَعُنِي مِنَ الْوُقُوفِ
足が痺れて立てません

しびれる　shibireru　痺れる　خَدِرَ (a)　تَخْدَرُ ذِرَاعِي بَعْدَ الْعَمَلِيَّةِ
私は手術後に腕が痺れます

しぶ　shibu　支部　مَكْتَب فَرْعِيّ　هُوَ نَائِبُ الْمَكْتَبِ الْفَرْعِيِّ: 彼は支部の代表です

しぶい　shibui　渋い　مُرٌّ　هٰذِهِ الْكَاكِي مُرَّةٌ: この柿は渋い

しぶしぶ～しまう

しぶしぶ　shibu-shibu　渋々　غَصْبًا عَنْهُ　وَافَقَ عَلَى الزَّوَاجِ غَصْبًا عَنْهُ

渋々(嫌々ながら)その結婚に同意した　※ ⇒ 嫌々

しぶつ　shibutsu　私物　أَمْتِعَة شَخْصِيَّة　لَا تَلْمِسْ(و) الْأَمْتِعَةَ الشَّخْصِيَّةَ :私物に触るな

しへい　shihei　紙幣　وَرَق النَّقْد/وَرَقَة مَالِيَّة

しほう　shihou　司法　قَضَاءٌ　<قضى　اِسْتِقْلَال الْقَضَاءِ :司法の独立

※ اَلسُّلْطَة الْقَضَائِيَّة :司法府

しほん　shihon　資本
しほんきん　shihon-kin　資本金　رَأْس مَال/رَأْسْمَال(ﻭ)　複 رُؤُوس الْأَمْوَال　※ رَأْسْمَالِيّ(ﻭ) :資本家

كَتَبَ مَارْكْس "رَأْس الْمَال" :マルクスは資本論を書いた

رَأْسُ مَالِ الشَّرِكَةِ خَمْسَةُ مَلَايِينِ يِنٍّ

会社の資本金は五百万円です

しほんしゅぎ　shihon-shugi　資本主義　رَأْسْمَالِيَّة(ﻭ)　<راس　الرَّأْسْمَالِيَّة(ﻭ) الِاحْتِكَارِيَّة :独占資本主義

しぼう　shibou　脂肪　سَمْنٌ　اَلسَّمْنُ النَّبَاتِيُّ أَخَفُّ عَلَى الْمَعِدَةِ مِنَ السَّمْنِ الْحَيَوَانِيِّ

植物性脂肪は動物性脂肪より胃に軽い

しぼう　shibou　死亡　وَفَاة　<وفى 複 وَفَيَات　نِسْبَة الْوَفَيَات :死亡率

شَهَادَة الْوَفَاة :死亡証明書　※動 死亡する ⇒ 死ぬ

しぼうする　shibou-suru　志望する　رَغِبَ (a)　رَغِبَ أَنْ يَكُونَ كَاتِبًا :作家を志望した

※名 رَغْبَة :志望　رَاغِب :志望者

しぼむ　shibomu　萎む　ذَبَلَ (u)　تَذْبُلُ الْأَزْهَارُ عِنْدَمَا تَعْطَشُ :水が切れると花は萎む

2)萎む　(أَمَلُهُ) خَابَ، يَخِيبُ　※希望が/夢が ⇒ 失望する

3)萎む　اِنْكَمَشَ　<كمش VII　اِنْكَمَشَ الْبَالُونُ :風船が萎んだ

しぼる　shiboru　絞る　اِسْتَخْرَجَ مَاءَهُ　<خرج X　اِسْتَخْرَجَ الْمَاءَ مِنَ الْفُوطَةِ

タオルを絞った

2)絞る　عَصَرَ (i)　عَصَرَ الْبُرْتُقَالَ :オレンジを絞った

しぼる　shiboru　搾る　حَلَبَ (i,u)　حَلَبَ الْفَلَّاحُ بَقَرَاتِهِ :農民は牛の乳を搾った

しま　shima　島　جَزِيرَة　<جزر 複 جَزَائِر　فِي الْيَابَانِ أَرْبَعُ جُزُرٍ كَبِيرَةٍ

日本には四つの大きな島があります

しま　shima　縞　مُخَطَّط　<خطّ　خَطّ مُخَطَّط :縞模様

しまい　shimai　姉妹　أَخَوَات　<أخو　※أُخْت の複数形

2)姉妹　شَقِيقَة　<شقّ 複 شَقَائِق/-ات　مَدِينَة شَقِيقَة :姉妹都市

しまう　shimau　仕舞う　أَعَادَ　<عود IV　أَعَادَ الْكِتَابَ إِلَى مَكَانِهِ

本を元の所に仕舞った

し

しまうま～しめす

2)仕舞う　صَرَّ (u)　صَرَّ الدَّرَاهِمَ :(お金の)ディルハムを財布に仕舞った

しまうま　shima-uma　しま馬　حِمَار الْوَحْشِ الْمُخَطَّطِ/ حِمَار الزَّرَدِ

しましょう　shimashou　～しましょう　فَلْ + نَفْعَلْ　فَلْنَذْهَبْ إِلَى الْمَقْهَى
さぁ喫茶店へ行きましょう

しましょうか　shimashouka　～しましょうか　أَتُحِبُّ أَنْ ～؟　أَتُحِبُّ أَنْ أَفْتَحَ النَّافِذَةَ ؟
窓を開けましょうか

2)～しましょうか　أَنَفْعَلُ ～؟　أَنَذْهَبُ بِالسَّيَّارَةِ أَمْ نَمْشِي؟
車で行きましょうか,それとも歩きましょうか

しまる　shimaru　閉まる　اِنْغَلَقَ　< غلق VII　اِحْذَرْ أَنْ يَنْغَلِقَ الْبَابُ
戸が閉まるので気をつけなさい

2)閉まる　أُغْلِقَ　< غلق IV 受　يُغْلَقُ الْبَنْكُ فِي الثَّالِثَةِ
銀行は3時に閉まる

しみ　shimi　染み　بُقْعَة　複 بُقَع /بِقَاع　أَزَالَ الْبُقْعَةَ :染みを取った(抜いた)
اَلْمُنَظِّفُ أَزَالَ بُقْعَةَ الزَّيْتِ عَنْ ثَوْبِي
クリーニング屋さんが私の服の油の染みを取った(抜いた)

しみじみ　shimi-jimi　しみじみ　فِعْلاً　أَعْتَقِدُ ذٰلِكَ فِعْلاً :しみじみそう思います

しみる　shimiru　染みる　اِبْتَلَّ　< بلّ VIII　اِبْتَلَّ الْقَمِيصُ بِالْعَرَقِ :シャツに汗が染みた

2)染みる　آلَمَ ، يُؤْلِمُ　< ألم III　اَلدُّخَانُ يُؤْلِمُ عَيْنَيْهِ :煙が目に染みる

しみん　shimin　市民　مُوَاطِن　< وطن 複 ـون　※ مُوَاطَنَة / مُوَاطِنِيَّة :市民権

しめい　shimei　氏名　⇒ なまえ　namae　名前

しめい　shimei　使命　رِسَالَة　< رسل 複 ـات　رِسَالَةَ الْإِنْسَانِ :人間の使命

しめいする　shimei-suru　指名する　عَيَّنَ　< عين II　عَيَّنَهُ رَئِيسَ الْوُزَرَاءِ
彼を総理大臣に指名した
※名 تَعْيِين :指名　قَرَّرَ رَئِيسُ الْوُزَرَاءِ
総理大臣は彼を大臣に　تَعْيِينَهُ فِي مَنْصِبِ الْوَزِيرِ
指名する事を決定した

しめきり　shimekiri　締め切り　آخِر مَوْعِدٍ　آخِر مَوْعِدٍ لِلطَّلَبَاتِ :応募の締め切り

しめして　shimeshi-te　示して　مُشِيرًا　< شور　قَرَأَ مُشِيرًا إِلَى الْكَلِمَاتِ بِسَبَّابَتِهِ
人差し指で言葉を示しながら読んだ

しめす　shimesu　示す　دَلَّ ، يَدُلُّ　～عَلَى :～を　تَدُلُّ الْإِشَارَةُ عَلَى مَوْقِفِ السَّيَّارَاتِ
その標識は駐車場を示している(表している)

2)示す　عَرَضَ (i)　عَرَضَ عَلَيَّ الصُّورَةَ :彼は私にその写真を示した

し

しめだす shimedasu 締め出す/閉め出す طَرَدَ (u) سَيَطْرُدُكَ الْمُدِيرُ مِنَ الْفَصْلِ
校長先生があなたをクラスから閉め出します

しめった shimetta 湿った رَطْب / رَطِيب مَا زَالَ الْغَسِيلُ رَطْبًا :まだ洗濯物は湿っている

しめらす shimerasu 湿らす رَطَّبَ < رطب II رَطِّبِ الْقُمْصَانَ قَبْلَ كَيِّهَا
彼女はアイロンをかける前にシャツを湿らす

しめられた shimerareta 閉められた مُغْلَق < غلق الْمَحَلُّ مُغْلَقٌ :店は閉められている

しめる shimeru 閉める أَغْلَقَ < غلق IV أَغْلَقَ الْمَحَلَّ :店を閉めた

2)閉める قَفَلَ (i) اِقْفِلِ الْبَابَ :戸を閉めなさい

3)閉める شَدَّ ، يَشُدُّ شَدَّ الْحَنَفِيَّةَ :水道の蛇口を閉めた

しめる shimeru 締める شَدَّ ، يَشُدُّ شُدَّ حِزَامَ الْمَقْعَدِ :安全ベルトを締めなさい

しめる shimeru 絞める خَنَقَ (u) فَكَّرَ أَنْ يَخْنُقَ نَفْسَهُ بِحَبْلٍ يَرْبِطُهُ فِي عُنُقِهِ
彼はロープで自分の首を絞めようと思った

しめる shimeru 占める شَغَلَ (a) تَشْغَلُ الْغَابَاتُ ثَلَاثَةَ أَرْبَاعِ أَرَاضِي دَوْلَتِنَا
森林が我が国土の4分の3を占めます

しめる shimeru 湿る رَطِبَ (a) رَطِبَ الْغَسِيلُ الْجَافُّ مَعَ هُبُوطِ الضَّبَابِ
乾いた洗濯物は降りてきた霧で湿った

しも shimo 霜 صَقِيع < صقع لَقَدْ أَتْلَفَ الصَّقِيعُ الْمَحَاصِيلَ الزِّرَاعِيَّةَ
霜が農作物を駄目にしていた

しもべ shimobe 僕 عَبْد 複 عَبِيد عَبْدُ اللّٰهِ :神の僕(奴隷)

しもん shimon 指紋 بَصْمَة 複 بَصَمَات لَا أَثَرَ لِبَصَمَاتِ اللِّصِّ عَلَى الْبَابِ
ドアに盗賊の指紋は残っていなかった

しゃいん shain 社員(مُوَظَّف (فِي الشَّرِكَةِ < وظف 複 ـون مُوَظَّف دَائِم :正社員
مُوَظَّف مُؤَقَّت :非正規(臨時)社員

しゃか shaka 釈迦 ⇒ ぶっだ budda 仏陀

しゃかい shakai 社会 مُجْتَمَع < جمع 複 ـات الْمُجْتَمَعُ الدُّوَلِيُّ :国際社会
الْمُجْتَمَعَاتُ الْبِدَائِيَّةُ :原始社会
※ عِلْمُ الِاجْتِمَاعِ :社会学

2)社会 دُنْيَا < دنو 複 دُنًى اِعْمَلْ لِدُنْيَاكَ
社会のために働きなさい

しゃかいしゅぎ shakai-shugi 社会主義 الِاشْتِرَاكِيَّة < شرك ※اِشْتِرَاكِيّ :社会主義の/社会主義者
دَوْلَة اشْتِرَاكِيَّة :社会主義国家

しゃがむ shagamu しゃがむ ⇒ かがむ kagamu かがむ

し

し

しやくしょ shi-yakusho 市役所 بَلَدِيَّة < بلد 複 -ات　؟ أَيْنَ الْبَلَدِيَّةُ :市役所はどこですか

(عُمَّال 複) عَامِل الْبَلَدِيَّةِ :市役所の職員

しゃくほう-する shakuhou-suru 釈放する أَطْلَقَ < طلق IV　أَطْلَقَ سَرَاحَ السَّجِينِ :囚人を釈放した

名 إِطْلَاق :釈放　إِطْلَاقُ السُّجَنَاءِ السِّيَاسِيِّينَ

政治犯(複)の釈放

しゃくようしょ shakuyou-sho 借用書 عَقْدُ الِاسْتِعَارَةِ　وَقَّعَ عَقْدَ الِاسْتِعَارَةِ :借用書にサインした

しゃこ shako 車庫 مَرْآب < راب 複 مَرَائِب ※= جَرَاج / كَرَاج

しゃざいする shazai-suru 謝罪する اِعْتَذَرَ < عذر VIII　اِعْتَذَرَ لِلْأُسْتَاذِ عَنْ تَأَخُّرِهِ

教授に遅れたことを謝罪した(謝った)

أَخْبِرْنِي كَيْفَ أَعْتَذِرُ :謝罪の仕方を教えて下さい

名 اِعْتِذَار :謝罪　طَلَبَ مِنْهُ اعْتِذَارًا :謝罪を求めた

しゃし shashi 斜視(فِي الْعَيْنَيْنِ) حَوَلٌ ※男 أَحْوَلُ 女 حَوْلَاءُ 複 حُول :斜視の人

しゃしん shashin 写真 صُورَة 複 صُوَر　أَخَذَ صُورَةً لِـ ～ :～の写真を撮った

(صُورَة مُلَوَّنَة (تَذْكَارِيَّة :カラー(記念)写真

※ مُصَوِّر :写真家　مُصَوِّر مُحْتَرِف :プロの写真家

しゃしんき shashin-ki 写真機 ⇒ かめら kamera カメラ

しゃじつ-てきな shajitsu-teki・na 写実的な وَاقِعِيّ < وقع　رَسَمَ صُورَةً وَاقِعِيَّةً :写実的な絵を描いた

しゃせつ shasetsu 社説 اِفْتِتَاحِيَّة < فتح　؟ أَقَرَأْتَ افْتِتَاحِيَّةَ الْيَوْمِ

今日の新聞の社説を読みましたか

しゃちょう shachou 社長(رَئِيس (الشَّرِكَةِ < رأس 複 رُؤَسَاء　أُرِيدُ أَنْ أَتَحَدَّثَ إِلَى الرَّئِيسِ

社長さんにお話しがあるのですが

しゃつ shatsu シャツ قَمِيص < قمص 複 أَقْمِصَة / قُمْصَان / قُمُص

لَبِسَ قَمِيصًا :シャツを着た

كَانَ قَمِيصُهُ نَظِيفًا أَبَدًا

彼のシャツはいつも清潔だった

しゃっきん shakkin 借金 دَيْن 複 دُيُون　سَدَّدَ الدَّيْنَ لِـ ～ :～に借金を返した

しゃっきんする shakkin-suru 借金する اِقْتَرَضَ < قرض VIII　～ مِنْ :～に

しゃどう shadou 車道 طَرِيق السَّيَّارَات　حِدْ بِدَرَّاجَتِكَ عَنْ طَرِيقِ السَّيَّارَاتِ

自転車は車道から離れなさい

しゃへん shahen 斜辺 وَتَر 複 أَوْتَار　وَتَرُ الْمُثَلَّثِ الْقَائِمِ الزَّاوِيَةِ

直角三角形の斜辺

しゃべる～しゅうかん

しゃべる　shaberu　喋る　ثَرْثَرَ ، يُثَرْثِرُ　(女性達に向かって)喋るな！: لَا تُثَرْثِرْنَ !

2)喋る　أَفْشَى　< فشو IV　～に秘密を喋った: أَفْشَى لِـ～ السِّرَّ

しゃべる　shaberu　シャベル ⇒ すこっぷ　sukoppu　スコップ

しゃめん　shamen　斜面　مُنْحَدَر　< حدر 複 -ات　スキーヤーが山の斜面を下りた: هَبَطَ الْمُتَزَلِّجُ مُنْحَدَرَ الْجَبَلِ

しゃりん　sharin　車輪　عَجَلَة　自転車には車輪が二つある: لِلدَّرَّاجَةِ عَجَلَتَانِ

しゃれい　sharei　謝礼　مُكَافَأَة　< كفى 複 مُكَافَآت　その慈善家は謝礼を受け取らなかった: لَمْ يَسْتَلِمِ الْمُحْسِنُ الْمُكَافَأَةَ

しゃんでりあ　shanderia　シャンデリア　ثُرَيَّا　< ثرو 複 -ات　蔓から葡萄の房がシャンデリアのように垂れていた: تَدَلَّتِ الْعَنَاقِيدُ مِنَ الدَّالِيَةِ كَالثُّرَيَّاتِ

しゃわー　shawaa　シャワー　دُوش／دُشّ　複 -ات　シャワーを浴びた: أَخَذَ الدُّوش／غَسَلَ بِالدُّشّ

※仏語 douche より

しゅ　shu　種　جِنْس　< جنس 複 أَجْنَاس　百足は多足の動物の種です: اَلْحَرِيشُ جِنْسُ حَيَوَانٍ مِنْ كَثِيرَاتِ الْأَرْجُلِ

しゅい　shui　首位　مَكَان الصَّدَارَةِ　～で首位の座を占めた: اِحْتَلَّ الصَّدَارَةَ فِي～

しゅう　shuu　週　أُسْبُوع　< سبع 複 أَسَابِيع　来週: اَلْأُسْبُوعُ الْقَادِم

今週: اَلْأُسْبُوعُ الْحَالِيّ　先週: اَلْأُسْبُوعُ الْمَاضِي

週末(の休み): عُطْلَةُ الْأُسْبُوعِ

一週間は何日ありますか: كَمْ يَوْمًا فِي الْأُسْبُوعِ ؟

一週間は7日(7日)あります: فِي الْأُسْبُوعِ سَبْعَةُ أَيَّامٍ

しゅう　shuu　州　وِلَايَة　< ولي 複 -ات　州政府: حُكُومَةُ الْوِلَايَةِ

しゅうい　shuui　周囲　مُحِيط　< حوط 複 -ات　その都市の周囲: مُحِيطُ الْمَدِينَةِ

しゅうかい　shuukai　集会　اِجْتِمَاع　< جمع 複 -ات　集会を開いた: عَقَدَ اجْتِمَاعًا

しゅうかく-する　shuukaku-suru　収穫する　حَصَدَ (u, i)　秋に米を収穫します: نَحْصُدُ الرُّزَّ فِي فَصْلِ الْخَرِيفِ

※名 収穫: حَصَاد　今年の収穫はどうですか: كَيْفَ الْحَصَادُ فِي هٰذِهِ السَّنَةِ ؟

しゅうかん　shuukan　週間　أُسْبُوع　< سبع 複 أَسَابِيع　子供の週間: أُسْبُوعُ الطِّفْلِ

しゅうかん　shuukan　習慣　عَادَة　< عود 複 -ات　習慣は第二の天性になる[格言]: اَلْعَادَةُ تُصْبِحُ طَبِيعَةً ثَانِيَةً

し

しゅうかんし～しゅうじ

し

しゅうかんし　shuukan-shi　週刊誌　مَجَلَّة أُسْبُوعِيَّة　تَصْدُرُ هٰذِهِ الْمَجَلَّةُ الْأُسْبُوعِيَّةُ كُلَّ سَبْتٍ
この週刊誌は毎週土曜日に出ます

しゅうかん-とする　shuukan-tosuru　習慣とする　اِعْتَادَ ＜ عود VIII　اِعْتَادَ النُّهُوضَ بَاكِرًا
早起きを習慣とした

しゅうかん-になる　shuukan-ni·naru　習慣になる　تَعَوَّدَ ＜ عود V　لَا تَتَعَوَّدْ عَلَى التَّدْخِينِ
喫煙が習慣になってはならない

しゅうかんの　shuukan-no　習慣の　مُتَعَوِّد ＜ عود　كَانَ مُتَعَوِّدًا أَنْ يَجْلِسَ صَبَاحًا كُلَّ يَوْمٍ فِي الْحَدِيقَةِ
彼は毎朝庭で座るのが習慣だった

しゅうき-てきな　shuuki-teki·na　周期的な　دَوْرِي ＜ دور　جَدْوَل (قَانُون) دَوْرِي
周期表/周期律[化学]

しゅうきょう　shuukyou　宗教　دِين　複 أَدْيَان　عَالِمُ الدِّينِ: 宗教学者

2)宗教　دِيَانَة　複 -ات　اَلدِّيَانَةُ الْبُوذِيَّةُ: 仏教
اَلدِّيَانَةُ الْيَهُودِيَّةُ: ユダヤ教
اَلدِّيَانَةُ الْمَسِيحِيَّةُ: キリスト教
اَلدِّيَانَةُ الْإِسْلَامِيَّةُ: イスラム教/イスラム

しゅうぎいん　shuugi-in　衆議院　مَجْلِسُ النُّوَّابِ　※ ⇔ مَجْلِسُ الشُّيُوخِ: 参議院

しゅうごうする　shuugou-suru　集合する　اِجْتَمَعَ ＜ جمع VIII　اِجْتَمَعَ الطُّلَّابُ فِي السَّاحَةِ
学生は広場に集合した

しゅうし　shuushi　修士　مَاجِسْتِير　رِسَالَةُ مَاجِسْتِير: 修士論文

しゅうしふ　shuushi-hu　終止符　⇒ ぴりおど　piriodo　ピリオド

しゅうしゅう　shuushuu　収集　جَمْع　複 جُمُوع　هِوَايَتِي جَمْعُ طَوَابِعِ الْبَرِيدِ
私の趣味は切手収集です
※ مُجَمِّع: 収集家

しゅうしゅく-する　shuushuku-suru　収縮する　⇒ ちぢむ　chijimu　縮む

しゅうしょくご　shuushoku-go　修飾語　مُضَاف إِلَيْهِ　※先行する名詞(مُضَاف)を後ろから修飾する名詞(文)
※ مُضَاف: 被修飾語(文)

しゅうしょく-する　shuushoku-suru　就職する　تَوَظَّفَ ＜ وظف V　مَا تَخَرَّجَتْ حَتَّى تَوَظَّفَتْ
彼女は卒業するとすぐに就職した
※名 تَوَظُّف: 就職　مَبْرُوك عَلَى تَوَظُّفِكَ
就職おめでとう

しゅうしんの　shuushin-no　終身の　مُؤَبَّد ＜ أبد　سِجْن مُؤَبَّد: 終身刑/無期懲役

しゅうじ　shuuji　習字　اَلْخَطّ　أُجِيدُ الْخَطَّ: 私は習字が得意です

しゅうじん～しゅうどういん

しゅうじん shuujin 囚人 سَجِين < سجن 複 سُجَنَاء أَطْلَقَ السَّجِينَ
その囚人を釈放した

しゅうせい shuusei 修正 تَعْدِيل < عدل 複 -ات أَدْخَلَ تَعْدِيلَاتٍ عَلَى ～
～を修正した

しゅうせん shuusen 終戦 اِنْتِهَاء الْحَرْبِ ※ مَتَى انْتَهَتِ الْحَرْبُ؟ :いつ終戦したのですか

しゅうだん shuudan 集団 جَمَاعَة < جمع 複 -ات جَمَاعَاتٍ: 集団的に(で)
جَمَاعَة وَطَنِيَّة :民族主義集団

2)集団 فِئَة 複 -ات اَلْعَرَبُ قَبْلَ الْإِسْلَامِ ثَلَاثُ فِئَاتٍ
イスラム以前のアラブには三つの集団があった

3)(～の)集団 ～ مَجْمُوعَة مِنَ أَعْطَى مُحَاضَرَةً لِمَجْمُوعَةٍ كَبِيرَةٍ مِنَ الطُّلَّابِ
彼は大きな学生の集団に講義をした

تَعِيشُ كَثِيرٌ مِنَ الْحَيَوَانَاتِ فِي مَجْمُوعَاتٍ
多くの動物が集団で住んでいる

しゅうちゃく-えき shuuchaku-eki 終着駅 آخِر مَحَطَّةٍ أَيْنَ آخِرُ مَحَطَّةٍ؟ :終着駅はどこですか

しゅうちゅう-させる shuuchuu-saseru 集中させる رَكَّزَ < ركز II ～عَلَى :～に رَكَّزَ انْتِبَاهَهُ
注意を集中した

しゅうちゅう-する shuuchuu-suru 集中する تَرَكَّزَ < ركز V تَرَكَّزَ النِّقَاشُ حَوْلَ حُقُوقِ الْإِنْسَانِ
人権について議論が集中した

2)(～に)集中する ～ كَانَ فِي مَرْكَزِ الْـ كُنْ فِي مَرْكَزِ عَمَلِكَ
仕事に集中しなさい

しゅうでん shuuden 終電 آخِر الْقِطَارِ تَحَرَّكَ آخِرُ قِطَارٍ مِنَ الْمَحَطَّةِ
終電は駅を出発した

しゅうと shuuto 舅 حَمٌ < حمو 複 أَحْمَاءٌ ※主 حَمُو 属 حَمِي 対 حَمَا
أُمِّي تُحِبُّ حَمَاهَا :私の母は舅が好きです

しゅうとくする shuutoku-suru 修得する أَتْقَنَ < تقن IV أَتْقَنَ اللُّغَةَ الْعَرَبِيَّةَ
アラビア語を修得した

しゅうとめ shuutome 姑 حَمَاة < حمو 複 حَمَوَات يَحْتَرِمُ أَبِي حَمَاتَهُ
私の父は姑を敬います

しゅうどういん shuudou-in 修道院 دَيْر < دور 複 أَدْيِرَة / أَدْيَار / دُيُورَة
اَلدَّيْرُ وَاحَةُ عِبَادَةٍ وَسَلَامٍ
修道院は信仰と平安のオアシスです

し

しゅうどうし～しゅうかんてきな

しゅうどうし　shuudou-shi　修道士　رَاهِب < رهب 複 رُهْبان　يَعِيشُ الرَّاهِبُ حَياةَ عِبادَةٍ وَتَقَشُّفٍ
修道士は信仰と禁欲の生活を送る

しゅうにゅう　shuu・nyuu　収入　دَخْل　دَخْل سَنَوِيّ (شَهْرِيّ) :年収/年間所得(月収/月給)
زَادَ دَخْلُ الأُسْرَةِ ، وَتَحَسَّنَتْ أَحْوالُها
家庭の収入が増えて, 状況が良くなった

しゅうにんする　shuu・nin-suru　就任する　تَوَلَّى الْمَنْصِبَ < ولى V　تَوَلَّى مَنْصِبَ رَئِيسِ الشَّرِكَةِ
社長に就任した

しゆうの　shiyuu-no　私有の　خَاصّ < خصّ　أَرْض خَاصَّة :私有地　مِلْك خَاصّ :私有財産

しゅうは　shuuha　宗派　طَائِفَة دِينِيَّة　اشْتَدَّ الصِّراعُ عَلَى السُّلْطَةِ بَيْنَ طَوائِفَ دِينِيَّةٍ
宗派間の権力争いが激しくなった

しゅうはすう　shuuha-suu　周波数　تَرَدُّد　※電波の

しゅうぶん　shuubun　醜聞　⇒ すきゃんだる　sukyandaru　スキャンダル

しゅうぶん　shuubun　秋分　يَوْم الاِعْتِدال الْخَرِيفِيّ　※ ⇔ 春分
しゅうぶんのひ　shuubun-nohi　秋分の日

しゅうようじょ　shuuyou-jo　収容所　مُعَسْكَر الاِعْتِقال　يُوجَدُ مُعَسْكَرُ الاِعْتِقالِ فِي دَوْلَتِي
私達の国に収容所があります

しゅうようする　shuuyou-suru　収容する　يَسَعُ ، وَسِعَ　تَسَعُ هٰذِهِ الْحُجْرَةُ مِائَةَ ضَيْفٍ
この部屋は百人の客を収容します
※名 اِتِّساع :収容(能力)　اِتِّساع الْقاعَةِ
ホールの収容能力

しゅうり-こうじょう　shuuri-koujou　修理工場　مَرْآب < رأب 複 مَرائِب　تَرَكْتُ سَيَّارَتِي فِي الْمَرْآبِ
私は車を修理工場に置いてきました

しゅうりする　shuuri-suru　修理する　أَصْلَحَ < صلح IV　أَصْلَحَ سَيَّارَتَهُ بِنَفْسِهِ
自分で車を修理した
※名 إِصْلاح :修理　اِنْتَهَى مِنْ إِصْلاحِ ～
～の修理を終えた

しゅうりょうする　shuuryou-suru　終了する　⇒ おわる　owaru　終わる

しゅえい　shuei　守衛　حَارِس < حرس 複 حُرّاس　هِيَ بِنْتُ الْحارِسِ :彼女は守衛の娘だ

しゅえん　shuen　主演　男 نَجْم 女 نَجْمَة 複 男 نُجُوم 女 نَجْمات
نَجْم سِينَمائِيّ :主演男優

しゅかく　shukaku　主格　مَرْفُوع < رفع　يَكُونُ الْمُبْتَدَأُ مَرْفُوعًا
主語は主格である

しゅかん-てきな　shukan-teki・na　主観的な　شَخْصِيّ < شخص　اِنْتِقاد شَخْصِيّ :主観的な批評
※ ⇔ مَوْضُوعِيّ :客観的な

しゅくしょうする～しゅしょく

し

しゅくしょう-する shukushou-suru 縮小する صَغَّرَ < صغر II صَغِّرْ الْخَرِيطَةَ إِلَى النِّصْفِ
地図を二分の一に縮小しなさい

しゅくじつ shukujitsu 祝日 ⇒ さいじつ saijitsu 祭日

しゅくじょ shukujo 淑女 سَيِّدَة < سود 複 -ات سَيِّدَاتِي وَسَادَتِي :紳士淑女の皆さん

しゅくだい syukudai 宿題 وَظِيفَة < وظف 複 وَظَائِف عَلَى التِّلْمِيذِ أَنْ يَقُومَ بِوَظِيفَتِهِ
生徒達は宿題をしなければなりません

しゅくはくする shukuhaku-suru 宿泊する ⇒ とまる tomaru 泊まる

しゅくふく-された shukuhuku-sareta 祝福された مُبَارَك < برك إِنَّ فِلَسْطِينَ أَرْضٌ مُبَارَكَةٌ
実にパレスチナは祝福された地である

しゅくふく-する shukuhuku-suru 祝福する هَنَّأَ < هنأ II أُهَنِّئُكَ بِنَجَاحِ وَلَدِكَ !
ご子息のご成功を祝福いたします

2)祝福する بَارَكَ < برك III جِئْنَا نُبَارِكُ لِلْعَرُوسَيْنِ
私達は花嫁と花婿を祝福しに来ました
※名 بَرَكَة 複 -ات : 祝福 بَرَكَاتُ اللّٰهِ :神の祝福

しゅけん shuken 主権 سِيَادَة < سيد دَوْلَةٌ ذَاتُ سِيَادَةٍ :主権国家
وَطَنِي حَرِيصٌ عَلَى سِيَادَتِهِ
祖国は主権を切望している

しゅげい shugei 手芸 عَمَلٌ يَدَوِيٌّ 複 أَعْمَال يَدَوِيَّة فِي الْبَرْنَامَجِ سَاعَةٌ لِلْعَمَلِ الْيَدَوِيِّ
カリキュラムには手芸の時間があります

しゅこうぎょう shu-kougyou 手工業 صِنَاعَة يَدَوِيَّة

しゅご shugo 主語 فَاعِل < فعل ※動詞文の主語 يُحْذَفُ الْفَاعِلُ فِي اللُّغَةِ الْيَابَانِيَّةِ عَادَةً
日本語ではたいてい,主語は省略される

2)主語 مُبْتَدَأ < بدأ ※名詞文の主語 تَبْدَأُ الْجُمْلَةُ الاِسْمِيَّةُ بِالْمُبْتَدَإِ
名詞文は主語で始まる

しゅさいする shusai-suru 主催する أَقَامَ < قوم IV أُقِيمَتِ الْحَفْلَةُ تَحْتَ رِعَايَةِ الْجَمْعِيَّةِ
パーティは協会の主催で開かれた

しゅし shushi 種子 زَرْع 複 زُرُوع الرُّطُوبَةُ تُنْبِتُ الزَّرْعَ
湿り気が種子を発芽させる

しゅしょう shushou 主将 رِئَاسَة < راس رَشَّحَنِي الْمُدَرِّبُ لِرِئَاسَةِ الْفَرْقِ
コーチは私をチームの主将に推薦した

しゅしょう shushou 首相 ⇒ そうりだいじん souri-daijin 総理大臣

しゅしょく shushoku 主食 وَجْبَة رَئِيسِيَّة مَا الْوَجْبَةُ الرَّئِيسِيَّةُ الْيَابَانِيَّةُ ؟
日本の主食は何ですか

しゅじゅつ～しゅっしんの

し

しゅじゅつ　shujutsu　手術　عَمَلِيَّة　＜عمل 複 -ات　عَمَلِيَّة جِرَاحِيَّة :外科手術
أَجْرَى الْعَمَلِيَّةَ :手術を行った(した)

しゅじん　shujin　主人　صَاحِب　＜صحب 複 أَصْحَاب　صَاحِبُ الدُّكَّانِ :その店の主人

しゅせき　shuseki　首席　الْمَرْتَبَة الأُولَى　زَاحَمَ عَلَى الْمَرْتَبَةِ الأُولَى :首席を争った

しゅだい　shudai　主題　مَوْضُوع　＜وضع 複 -ات　مَا مَوْضُوعُ الْكِتَابِ؟
本の主題(テーマ)は何ですか

しゅだん　shudan　手段　وَسِيلَة　＜وسل 複 وَسَائِل　وَسَائِلُ الإِنْتَاجِ :生産手段
وَسَائِلُ الْمُوَاصَلاتِ :通信手段/交通手段
الْغَايَةُ تُبَرِّرُ الْوَسِيلَةَ :目的が手段を正当化する

しゅちょうする　shuchou-suru　主張する　أَصَرَّ　＜صرّ IV ～عَلَى:～を　تُصِرُّ عَلَى لُبْسِ التَّنُّورَةِ الْحَمْرَاءِ
彼女は赤いスカートをはくと主張している

しゅつえん-する　shutsu・en-suru　出演する　مَثَّلَ　＜مثل II　مَثَّلَتْ بِنْتِي مَسْرَحِيَّةَ ”أُوشِين“
私の娘はドラマ”おしん”に出演した

しゅっけする　shukke-suru　出家する　نَسَكَ(ـُ) (u)　اِخْتَارَ أَنْ يَنْسُكَ :出家を選択した
※名 نُسْك / نُسُك :出家　حَيَاةُ النُّسْكِ :出家生活

しゅっけつ-する　shukketsu-suru　出血する　نَزَفَ (i)　وَجَدْتُ دَمَ الْجَرِيحِ يَنْزِفُ
私は傷口が出血しているのが分かった
※名 نَزِيف :出血　نَزِيفُ الدَّمِ قَدْ يُسَبِّبُ الضَّعْفَ وَالْمَوْتَ
出血は体力を低下させ，死をもたらすだろう

しゅっこうする　shukkou-suru　出航する　أَقْلَعَ　＜قلع IV　لَنْ تُقْلِعَ السَّفِينَةُ قَبْلَ أَنْ تَهْدَأَ الْعَاصِفَةُ
嵐が静まる前に船は出航しないだろう

しゅっさんする　shussan-suru　出産する　يَلِدُ ، وَلَدَ　تَلِدُ الأُمُّ طِفْلَهَا بِالْعَذَابِ وَالأَلَمِ
母親は痛み苦しみながら子供を出産する
※名 وِلَادَة :出産　وِلَادَة مُعَجَّلَة :早産

しゅっししゃ　shusshi-sha　出資者　شَرِيك　＜شرك 複 شُرَكَاء/أَشْرَاك　أَخَذَ كُلٌّ مِنَ الشُّرَكَاءِ نَصِيبَهُ مِنَ الأَرْبَاحِ
全出資者が利益の分け前をもらった

しゅっしする　shusshi-suru　出資する　مَوَّلَ　＜مول II　مَنْ يُمَوِّلُ الْمَشْرُوعَ؟
誰がその計画に出資するのですか

しゅっしんの　shusshin-no　出身の　قَادِم　＜قدم　هُوَ قَادِمٌ مِنْ ”كِيُوشُو“
彼は九州の出身です

しゅつじょうする～しゅりゅうだん

しゅつじょう-する shutsujou-suru 出場する اِشْتَرَكَ < شرك Ⅷ أَشْتَرِكُ بِمُبَارَاةِ الْوَثْبِ
私はジャンプ競技に出場します(出ます)

しゅっせい shussei 出生 ⇒ たんじょう tanjou 誕生

しゅっせいち shussei-chi 出生地 (الْوِلَادَة) مَسْقَطُ الرَّأْسِ/ مَحَلُّ الْمِيلَادِ

しゅっせき-して shusseki-shite 出席して حَاضِر < حضر 複 حُضُور/ حُضَّر/ ـُونَ ※ ⇔ غَائِب :欠席して
كَانَ الطُّلَّابُ حَاضِرِينَ فِي الْحِصَّةِ
学生達は授業に出席していた

しゅっせき-する shusseki-suru 出席する حَضَرَ (u) كَمْ طَالِبًا يَحْضُرُ الدَّرْسَ؟
何人の生徒がその授業に出席しますか
※名 حُضُور :出席 قَائِمَةُ الْحُضُورِ :出席簿

しゅっぱつ-する shuppatsu-suru 出発する غَادَرَ < غدر Ⅲ إِلَى～ :～へ سَوْفَ أُغَادِرُ غَدًا
私は明日出発します(発ちます)
※名 مُغَادَرَة :出発 مُغَادَرَة إِلَى غَزَّةَ :ガザへの出発

2)出発する اِنْطَلَقَ < طلق Ⅶ مَتَى تَنْطَلِقُ؟ :貴男はいつ出発されますか

しゅっぱんする shuppan-suru 出版する نَشَرَ (u) نَشَرَ الْقَامُوسَ :その辞書を出版した
※名 نَشْر :出版 دَارُ النَّشْرِ :出版社

しゅっぴ shuppi 出費 نَفَقَة 複 ـات خَفَّضَ النَّفَقَاتِ :出費を抑えた(減らした)

しゅと shuto 首都 عَاصِمَة < عصم 複 عَوَاصِم اَلْمَنَامَةُ عَاصِمَةُ الْبَحْرَيْنِ
マナーマはバハレーン国の首都である

しゅふ shuhu 主婦 رَبَّةُ الْبَيْتِ 複 رَبَّات الْبُيُوتِ رَبَّاتُ الْبُيُوتِ يَعْمَلْنَ فِي الْبُيُوتِ
主婦は家で働く

しゅみ shumi 趣味 هِوَايَة < هوى 複 ـات مَا هِوَايَتُكَ؟ :あなたの趣味は何ですか
هِوَايَتِي جَمْعُ الْأَصْدَافِ الْبَحْرِيَّةِ
私の趣味は海の貝を集めることです

2)趣味 مِزَاج < مزج 複 أَمْزِجَة هٰذَا لَا يُوَافِقُ مِزَاجِي
これは私の趣味(好み)ではない

しゅやく shuyaku 主役 دَوْرُ الْبُطُولَةِ ※映画や劇の مَثَّلَ دَوْرَ الْبُطُولَةِ :主役を演じた

しゅよう shuyou 腫瘍 وَرَم 複 أَوْرَام وَرَمُ الدِّمَاغِ :脳腫瘍
قَرِيبًا يَزُولُ الْوَرَمُ :やがて腫瘍は無くなるでしょう

しゅような shuyou-na 主要な ⇒ おもな omo･na 主な

しゅりゅうだん shuryuudan 手榴弾 قُنْبُلَة يَدَوِيَّة قَذَفَ ～ بِالْقُنْبُلَةِ الْيَدَوِيَّةِ
～に手榴弾を投げた

しゅりょう～しょうかき

し

しゅりょう　shuryou　首領　زَعِيم　< زعم 複 زُعَمَاء　تَمَرَّدَ رِجَالُ الْعِصَابَةِ عَلَى زَعِيمِهِمْ
盗賊たちが首領に反乱を起こした

しゅりょう　shuryou　狩猟　⇒ かり　kari　狩り

しゅるい　shurui　種類　نَوْع　複 أَنْوَاع　اَلنَّوْعُ الْإِنْسَانِي/ نَوْع الْإِنْسَان :人類

2)種類　صِنْف (ٌ)　複 أَصْنَاف/ صُنُوف　أَصْنَاف مِنَ الطَّعَام :食べ物の種類

فِي الْمَتْجَرِ أَقْمِشَةٌ مِنْ كُلِّ صِنْف
店には色んな種類の布生地があります

しゅわ　shuwa　手話　لُغَة الْإِشَارَة　هَلْ تَتَكَلَّمُ لُغَةَ الْإِشَارَة ؟ :手話が出来ますか

しゅんかん　shunkan　瞬間　لَحْظَة　複 -ات　فِي لَحْظَةٍ : 瞬間に/一瞬に

しゅんぶん　shunbun　春分　يَوْمُ الاعْتِدَالِ الرَّبِيعِيِّ　※ ⇔ 秋分
しゅんぶんのひ　shunbun-nohi　春分の日

しょー　shoo　ショー　عَرْض　< عرض　عَرْض بِالصَّوْتِ وَالضَّوْءِ :音と光のショー

しょーうぃんど　shoo-uindo　ショーウィンド　وَاجِهَة الْمَتْجَرِ　وَاجِهَةُ الْمَتْجَرِ الْجَمِيلَةُ تَلْفِتُ النَّظَرَ
美しいショーウインドーが目を引く

しょーと　shooto　ショート　تَمَاسّ　< مسّ ※電気の　حَدَثَ تَمَاسٌّ :ショートした

しょーる　shooru　ショール　شَال　複 شِيلَال　شَالُكَ يَكَادُ أَنْ يَنْغَمِسَ فِي الْمَاءِ
貴女のショールが水に濡れそうですよ

しよう　shiyou　私用　أَمْر شَخْصِيّ　أَخْرُجُ فِي أَمْرٍ شَخْصِيٍّ :私用で外出します

しよう　shiyou　使用　※ ⇒ しようする　shiyou-suru　使用する

しょう　shou　賞　جَائِزَة　< جوز 複 جَوَائِز　جَائِزَة نُوبِلْ :ノーベル賞

يَفُوزُ بِجَائِزَةٍ : 賞を得る(獲得する)

فَازَ بِالْجَائِزَةِ الأُولَى ، فَابْتَهَجَ
一等賞をもらって,とても喜んだ

しょう　shou　章　فَصْل　اَلْفَصْلُ الأَوَّلُ لِلْكِتَاب :その本の第1章

しょう　shou　省　وِزَارَة　< وزر 複 -ات　وِزَارَةُ النَّقْل :運輸省

وِزَارَةُ الْمَالِيَّة :財務省　وِزَارَةُ الْخَارِجِيَّة :外務

وِزَارَةُ التَّرْبِيَةِ وَالتَّعْلِيم :文部科学省

しょう　shou　商　نَاتِج الْقِسْمَة　※割り算の結果

しょうかいする　shoukai-suru　紹介する　قَدَّمَ　< قدم II　قَدَّمَ نَفْسَهُ :自己紹介した

أُقَدِّمُ لَكُمْ ～ :～さんを紹介します

※名 تَقْدِيم : 紹介　تَقْدِيم النَّفْس :自己紹介

しょうかき　shouka-ki　消火器　مِطْفَأَة　< طفؤ 複 مَطَافِئ　كَمْ مِطْفَأَةً فِي بَيْتِكَ ؟
あなたの家に消火器はいくつありますか

しょうかきかん shouka-kikan 消化器官 اَلْجِهَازُ الْهَضْمِيّ

しょうかする shouka-suru 消化する هَضَمَ (i) هَضَمَت الْمَعِدَةُ الطَّعَامَ :胃が食べ物を消化した

※名 هَضْم :消化 سُوء الْهَضْم :消化不良

しょうかする shouka-suru 消火する أَخْمَدَ < خمد IV أَخْمَدَ النَّارَ بِالْمِطْفَأَةِ

消火器で消火した(火を消した)

※名 إِخْمَاد الْحَرِيق :消火

しょうかんする shoukan-suru 召喚する اِسْتَحْضَرَ < حضر X اِسْتَحْضَرَ الْقَاضِي الشَّاهِدَ

裁判官は証人を召喚した

し

しょうが shouga 生姜 زَنْجَبِيل

しょうがい shougai 生涯 ⇒ いっしょう isshou 一生

しょうがい shougai 障害 اِخْتِلَال < خلّ اِخْتِلَال وَظِيفِيّ :機能障害[医学]

しょうがい shougai 障害
しょうがい-ぶつ shougai--butsu 障害物 عَائِق < عوق 複 عَوَائِق شَكَّلَ عَائِقًا لِ(أَمَامَ)～

～の障害となった

しょうがくきん shougaku-kin 奨学金 مِنْحَة دِرَاسِيَّة نَالَ مِنْحَةً دِرَاسِيَّةً :奨学金を得た(貰った)

しょうがつ shougatsu 正月 عِيد رَأْسِ السَّنَةِ هَلْ تَحْتَفِلُ بِعِيدِ رَأْسِ السَّنَةِ ؟

正月を祝いますか

しょうがっこう shou-gakkou 小学校 مَدْرَسَة اِبْتِدَائِيَّة اِلْتَحَقَتْ بِنْتِي بِالْمَدْرَسَةِ الِابْتِدَائِيَّةِ

私の娘は小学校に入学した

しょうきょく-てきな shoukyoku-teki・na 消極的な سَلْبِيّ < سلب ※ ⇔ إِيجَابِيّ :積極的な

شَخْصِيَّة سَلْبِيَّة :消極的な性格

しょうきん shoukin 賞金 جَائِزَة مَالِيَّة < جوز 複 جَوَائِز مَالِيَّة فَازَ بِجَائِزَةٍ مَالِيَّةٍ

賞金を獲得した

しょうぎょう shougyou 商業 تِجَارَة < تجر ※ مَدْرَسَة تِجَارِيَّة :商業高校

しょうぎょうの shougyou-no 商業の تِجَارِيّ < تجر صَفْقَة تِجَارِيَّة :商取り引き

しょうけん shouken 証券 سَنَد 複 -ات سَنَدَات مَالِيَّة :有価証券

しょうげき shougeki 衝撃 صَدْمَة صَوْت الصَّدْمَة :衝撃音

しょうげんする shougen-suru 証言する شَهِدَ (a) عَلَيْكَ أَنْ تَشْهَدَ بِمَا رَأَيْتَ وَسَمِعْتَ

あなたは見た事,聞いた事を証言しなければならない

أَشْهَدُ أَنَّ مُحَمَّدًا رَسُولُ اللّٰه

私はムハンマドが神の使徒であることを証言します

※名 شَهَادَة :証言 اِعْتَبَرَ الْقَاضِي شَهَادَتَهُ صَادِقَةً

裁判官は彼の証言を信用できると見なした

しょうこ～しょうじる

しょうこ　shouko　証拠　حُجَّة　複 حُجَج　حُجَّة غِيَاب :不在の証拠/アリバイ

2)証拠　دَلِيل　<دلّ 複 أَدِلَّة　دَلِيل مَادِّيّ :物的証拠

خُسُوفُ الْقَمَرِ دَلِيلٌ عَلَى أَنَّ الْأَرْضَ كُرَوِيَّةٌ

月食は地球が丸い証拠(証)である

しょうこう　shoukou　将校(ضَابِط(الْجَيْش　<ضبط 複 ضُبَّاط　قَدَّمَ الْجُنُودُ التَّحِيَّةَ لِلضَّابِطِ

兵士達は将校に敬礼をした

しょうご　shougo　正午　ظُهْر　قَبْلَ الظُّهْرِ :午前　بَعْدَ الظُّهْرِ :午後

しょうさい　shousai　詳細　تَفْصِيل　<فصل 複 تَفَاصِيل　اَلتَّفَاصِيل ص ٩

詳細(詳しく)は 9 ページに

しょうさんする　shousan-suru　称賛する　أَثْنَى　<ثنى IV　أَثْنَى عَلَى الْجُهُودِ :努力を称賛した

أُثْنِيَّة 複 ثَنَاءٌ　※名 :賞賛　ثَنَائِيّ　※関 :賞賛の

しょうさんの　shousan-no　称賛の　حَمِيد　<حمد　عَمَلٌ حَمِيدٌ :称賛すべき仕事

しょうしゃ　shousha　商社　شَرِكَة تِجَارِيَّة　مُوَظَّف فِي شَرِكَةٍ تِجَارِيَّةٍ :商社マン

しょうしゃ　shousha　勝者 ⇒ しょうりしゃ　shouri-sha　勝利者

しょうしょう　shoushou　少々　قَلِيلاً　مِنْ فَضْلِكَ، اِنْتَظِرْ قَلِيلاً :少々お待ち下さい

しょうしん-させる　shoushin-saseru　昇進させる　رَفَّعَ　<رفع II　رَفَّعَ الْمُدِيرُ الْمُوَظَّفَ الْمُخْلِصَ

マネージャーは真面目な社員を昇進させた

しょうしん-する　shoushin-suru　昇進する　تَرَقَّى　<رقي V　أَخْلَصَ لِوَظِيفَتِهِ فَتَرَقَّى بِسُرْعَةٍ

彼は真面目に仕事をしたので直ぐに昇進した

しょうじき　shoujiki　正直　أَمَانَة　<أمن 複 -ات　اَلْأَمَانَةُ أَفْضَلُ سِيَاسَةٍ :正直は最良の策

しょうじきな　shoujiki-na　正直な　مُسْتَقِيم　<قوم　رَجُل مُسْتَقِيم :正直な男

しょうじょ　shoujo　少女　صَبِيَّة　<صبو 複 صَبَايَا　※ ⇔ صَبِيّ :少年

しょうじょう　shoujou　症状　عَرَض　複 أَعْرَاض　اِرْتِفَاعُ حَرَارَةِ الْجِسْمِ عَرَضٌ مِنْ

أَعْرَاضِ الْمَرَضِ 体温の上昇は病気の症状の一つです

しょうじょう　shoujou　賞状　شَهَادَة　<شهد 複 -ات　لَنْ تَنَالَ الشَّهَادَةَ، مَا لَمْ

تَنْجَحْ فِي الْامْتِحَانِ 試験に合格しない限り

賞状はもらえないよ

しょうじる　shoujiru　生じる　نَتَجَ (i)　يَنْتُجُ الْفَيَضَانُ مِنْ غَزَارَةِ الْأَمْطَارِ

洪水は多量の雨水から生じる

2)生じる　وَلَّدَ　<ولد II　يُوَلِّدُ الْبُخَارُ الْمَضْغُوطُ قُوَّةً تُسَيِّرُ

السُّفُنَ وَالْقَاطِرَاتِ 蒸気圧は船や機関車を動かす力を

生じる

しょうすう～しょうちょうする

しょうすう shousuu 小数 عُشْر / كَسْر عُشْرِيّ ※ عَلَامَة (نُقْطَة) عُشْرِيَّة :小数点

しょうすう shousuu 少数
しょうすうしゃ shousuu-sha 少数者 أَقَلِّيَّة < قلّ 複 -ات عَلَى الْأَقَلِّيَّةِ أَنْ تَلْتَزِمَ بِرَأْيِ الْأَكْثَرِيَّةِ
少数派は多数派の意見に従わなければならない

しようする shiyou-suru 使用する اِسْتَعْمَلَ < عمل X مَا اسْتَعْمَلْتُ هٰذِهِ الْآلَةَ
私はこの機械を使用しませんでした
※名 اِسْتِعْمَال :使用 دَلِيل اِسْتِعْمَالٍ :使用説明書
طَرِيقَة اِسْتِعْمَالٍ :使用法

しょうせつ shousetsu 小説 رِوَايَة (قُصَصِيَّة) < روي 複 -ات رِوَايَة عَاطِفِيَّة :恋愛小説

しょうせつか shousetsu-ka 小説家 كَاتِب (رِوَايَات) قَتَلَ الْكَاتِبُ الْمَشْهُورُ نَفْسَهُ
有名な小説家が自殺した

しょうそく shousoku 消息 نَبَأ < نبأ 複 أَنْبَاء لَمْ نَطَّلِعْ بَعْدُ عَلَى تَفْصِيلِ النَّبَإِ
まだ詳しい消息は知らされてない(* طَلَعَ VIII)

しょうたい-きゃく shoutai-kyaku 招待客 مَدْعُوّ < دعو 複 -ون اِجْتَمَعَ الْمَدْعُوُّونَ
招待客が集まった
أَهْلُ الْعَرُوسَيْنِ يُرَحِّبُونَ بِالْمَدْعُوِّينَ
新郎新婦の家族が招待客を歓迎する

しょうたいする shoutai-suru 招待する دَعَا (u) < دعو ~へ: إِلَى/لِـ~ دَعَا جِيرَانَهُ إِلَى الْوَلِيمَةِ
近所の人たちを宴会に招待した
※名 دَعْوَة :招待/招き بِطَاقَة دَعْوَةٍ :招待状
دَعْوَة إِلَى الْحَفْلَةِ :宴会への招待

しょうだく-する shoudaku-suru 承諾する قَبِلَ (a) قَبِلَ الِاقْتِرَاحَ :その提案を承諾した
※名 قَبُول :承諾 لَقِيَ قَبُولًا مِنْ ~
~から承諾を得た

しょうだん shoudan 商談 صَفْقَة 複 صَفَقَات اِسْتَمَرَّ السِّمْسَارُ فِي الصَّفْقَةِ
仲買人は商談を続けた

しょうちする shouchi-suru 承知する فَهِمَ (a) فَهِمْتُ ! :承知しました/分かりました ※名 فَهْم :承知
2)承知する عَرَفَ (i) كَمَا تَعْرِفُ :ご承知のように

しょうちょう shou-chou 小腸 الْمِعَى الدَّقِيق ※ الْمِعَى الْغَلِيظ :大腸

しょうちょう-する shouchou-suru 象徴する رَمَزَ (u) ~を: إِلَى~ يَرْمُزُ الْحَمَامُ إِلَى السَّلَامِ
鳩は平和を象徴する(平和の象徴です)
※名 رَمْز 複 رُمُوز :象徴 رَمْز السَّلَامِ :平和の象徴

し

しょうてん～しょうひしゃ

شَجَرَةُ الزَّيْتُونِ رَمْزُ السَّلَامِ
オリーブの樹は平和の象徴です

しょうてん　shouten　商店　⇒ みせ　mise　店

しょうてん　shouten　焦点　بُؤْرَة　< بأر 複 بُؤَر　ضَبَطَ الْبُؤْرَةَ عَلَى～
～に焦点を合わせた

しよう-とする　shiyou-tosuru　～しようとする ～ حَاوَلَ أَنْ　< حول III　حَاوَلَ أَنْ يُحَرِّكَ الصَّخْرَةَ
岩を動かそうとした

し

しょうとつ-する　shoutotsu-suru　衝突する　اِصْطَدَمَ　< صدم VIII　عِنْدَ الْمُنْعَطَفِ، اصْطَدَمَتْ السَّيَّارَتَانِ
カーブの所で2台の車が衝突した

※名 صَدْمَة : 衝突　كَادَتِ الصَّدْمَةُ تَقْتُلُهُ
衝突して(彼は)死ぬところだった

しょうどくえき　shoudoku-eki　消毒液　سَائِلُ الْمُطَهِّرِ　تَطَهَّرَ الْجُرْحُ بِالسَّائِلِ الْمُطَهِّرِ
傷は消毒液で消毒された

しょうどく-する　shoudoku-suru　消毒する　طَهَّرَ　< طهر II　طَهَّرَ الثِّيَابَ مِنَ الْجَرَاثِيمِ
服を殺菌消毒した

名 تَطْهِير : 消毒

しょうにか　shou・ni-ka　小児科　طِبُّ الْأَطْفَالِ　※ طَبِيبُ الْأَطْفَالِ : 小児科医

しょうにまひ　shou・ni-mahi　小児マヒ　شَلَلُ الْأَطْفَالِ　تَلْقِيحٌ ضِدَّ شَلَلِ الْأَطْفَالِ : 小児マヒの予防接種

しようにん　shiyou-nin　使用人　مُسْتَخْدَم　< خدم 複 ـون　※ ⇔ مُسْتَخْدِم : 雇主/雇用主

2)使用人　أَجِير　< أجر 複 أُجَرَاء　أُتُّهِمَ أَجِيرُ الْمَحَلِّ بِاخْتِلَاسِ أَمْوَالِ الصُّنْدُوقِ
店の使用人が箱のお金を横領した罪で訴えられた

しょうにん　shou・nin　商人　تَاجِر　< تجر 複 تُجَّار　تَاجِرُ الْبُنْدُقِيَّةِ : ベニスの商人

しょうにん　shou・nin　証人　شَاهِد　< شهد 複 شُهُود　حَضَرَ كَشَاهِدٍ : 証人に立った

しょうにんする　shou・nin-suru　承認する　وَافَقَ　< وفق III　وَافَقَ السَّفِيرُ عَلَى الْمَشْرُوعِ
大使はその計画を承認した

※名 مُوَافَقَة : 承認　طَلَبَ الْمُوَافَقَةَ : 承認を求めた

しょうねん　shou・nen　少年　صَبِيّ　< صبو 複 صِبْيَان　※ ⇔ صَبِيَّة : 少女

しょうねんいん　shou・nen-in　少年院　إِصْلَاحِيَّة　< صلح 複 ـات　وُضِعَ الْوَلَدُ الْمُنْحَرِفُ فِي الْإِصْلَاحِيَّةِ
不良少年は少年院に入れられた

しょうばい　shoubai　商売　تِجَارَة　< تجر　يَعْمَلُ وَالِدِي تِجَارَةَ الْحُبُوبِ
父は穀物の商売(商い)をしています

しょうひしゃ　shouhi-sha　消費者　مُسْتَهْلِك　< هلك 複 ـون　حِمَايَةُ الْمُسْتَهْلِكِ : 消費者保護

しょうひする～しょうりゃくする

しょうひする shouhi-suru 消費する اِسْتَهْلَكَ < هلك X اِسْتَهْلَكَ الْمَصْنَعُ كَمِّيَّةً كَبِيرَةً مِنَ الْمَاءِ 工場は大量の水を消費した
※名 اِسْتِهْلَاك : 消費 ضَرِيبَةُ الاِسْتِهْلَاكِ : 消費税

しょうひょう shouhyou 商標 عَلَامَةٌ تِجَارِيَّةٌ ※=トレードマーク

しょうひん shouhin 商品 بِضَاعَةٌ < بضع 複 بَضَائِعُ بِضَاعَةٌ رَدِيئَةٌ :(品質の)悪い商品

しょうぶする shoubu-suru 勝負する تَسَابَقَ < سبق VI تَعَالَوْا نَتَسَابَقْ فِي الرَّكْضِ おいで,駆けっこ(の勝負を)しよう
※名 مُسَابَقَةٌ 複 -ات : 勝負
اِنْتَصَرَ عَلَى ~ فِي الْمُسَابَقَةِ :~に勝負で勝った

しょうべん shouben 小便 ⇒ にょう nyou 尿

しょうべん-をする shouben-wosuru 小便をする بَالَ ، يَبُولُ أَحَسَّتِ الْجَدَّةُ بِحَفِيدِهَا يَبُولُ فِي حِضْنِهَا おばあさんは孫が胸に小便(おもらし)をするのを感じた

しょうぼう shoubou 消防 إِطْفَاءٌ < طفء سَيَّارَةُ الْإِطْفَاءِ : 消防車
فِرْقَةُ الْإِطْفَاءِ : 消防団 ※ إِطْفَائِيٌّ : 消防士

しょうめい shoumei 照明 ⇒ あかり akari 明かり

しょうめい-される shoumei-sareru 証明される ثَبَتَ (u) ثَبَتَتِ النَّظَرِيَّةُ :その理論が証明された

しょうめいしょ shoumei-sho 証明書 شَهَادَةٌ < شهد 複 -ات شَهَادَةُ الْوَفَاةِ :死亡証明書

しょうめいする shoumei-suru 証明する أَثْبَتَ < ثبت IV أَثْبَتَ بَرَاءَتَهُ :彼は自分の無実を証明した
※名 إِثْبَات : 証明 أَرْجُو تَوْقِيعَكُمْ عَلَى هٰذِهِ الْوَرَقَةِ لِإِثْبَاتِ إِقَامَتِي فِي هٰذَا الْفُنْدُقِ 私がこのホテルに滞在した証明に,この書類に署名をお願いします

しょうもうひん shoumou-hin 消耗品 بَضَائِعُ اسْتِهْلَاكِيَّةٌ

しょうよ shouyo 賞与 ⇒ ぼーなす boo･nasu ボーナス

しょうらい shourai 将来 مُسْتَقْبَلٌ < قبل سَوْفَ يَقَعُ زِلْزَالٌ فِي الْمُسْتَقْبَلِ الْقَرِيبِ 近い将来,地震が起こるだろう

しょうり shouri 勝利 فَوْزٌ فَرِحْنَا لِفَوْزِكَ فِي الْمُبَارَاةِ あなたが競争で勝利した(勝った)ので私達は嬉しくなった

しょうりしゃ shouri-sha 勝利者 ظَافِرٌ < ظفر عَادَ الْقَائِدُ مِنَ الْمَعْرَكَةِ ظَافِرًا 将軍はその戦闘から勝利者として戻った

しょうりする shouri-suru 勝利する ⇒ かつ katsu 勝つ

しょうりゃく-する shouryaku-suru 省略する حَذَفَ (i) اِحْذِفِ الْكَلِمَاتِ الزَّائِدَةَ مِنْ جُمْلَتِكَ あなたの文章から余分な言葉を省略しなさい(省きなさい)
※ 名 حَذْف : 省略/略

し

しょうりょうの〜しょくみんち

し

しょうりょうの shouryou-no 少量の مِنْ قَلِيلَة كَمِّيَّة كَمِّيَّة قَلِيلَة مِنَ السُّكَّرِ
少量の砂糖/砂糖少々
※ ⇔ كَمِّيَّة كَبِيرَة مِنْ :大量の

しょうれいする shourei-suru 奨励する شَجَّعَ < شجع II ～ عَلَى :～を أُشَجِّعُكَ عَلَى ادِّخَارِ الْمَالِ
あなたに貯金を奨励し(勧め)ます
※名 تَشْجِيع :奨励 مَبْلَغ تَشْجِيعِيّ :奨励金

しょき shoki 初期 ⇒ はじめ hajime 始め

しょき shoki 書記 كَاتِب عَدْلٍ < كتب

しょきゅうの shokyuu-no 初級の اِبْتِدَائِيّ < بدأ صَفّ اِبْتِدَائِيّ :初級クラス

しょくいん shokuin 職員 مُوَظَّف < وظف 複 ـون غُرْفَة لِلْمُوَظَّفِينَ :職員室

しょくえん shokuen 食塩 مِلْح الطَّعَام كَمِّيَّة قَلِيلَة مِنْ مِلْحِ الطَّعَامِ :食塩を少々

しょくぎょう shokugyou 職業 مِهْنَة 複 مِهَن(ـ) مَا مِهْنَتُكَ ؟ :貴男のご職業は何ですか

しょくじ shokuji 食事 تَنَاوُل < نول بَعْدَ تَنَاوُلِ الطَّعَامِ :食後

2)食事 وَجْبَة دَعَاهُ عَلَى وَجْبَةِ غَدَاءٍ :彼を昼食に招待した

しょくじゅ shokuju 植樹 نَصْبَة الشَّجَرِ لَا تَسْتَقِيمُ نَصْبَةُ الشَّجَرِ بِدُونِ سَنَدٍ
支柱なしで植樹をするな

しょくじ-をする shokuji-wo・suru 食事をする تَنَاوَلَ < نول V تَنَاوَلَ وَجْبَةً :食事をした(とった)

しょくたく shokutaku 食卓 ⇒ てーぶる teeburu テーブル

しょくどう shokudou 1)食堂 غُرْفَة الطَّعَام

2)食堂 ⇒ れすとらん resutoran レストラン

しょくどう shokudou 食道 مَرِيء < مرأ 複 أَمْرِئَة عَلِقَتِ اللُّقْمَةُ فِي الْمَرِيءِ
食べた物が食道(喉)に支えた

しょくにん shoku・nin 職人 عَامِل < عمل 複 عُمَّال اِنْكَسَرَتِ الْبَلَاطَةُ فِيمَا الْعَامِلُ يُرَكِّبُهَا
職人が取り付けている時にタイルが割れた

2)職人 صَانِع < صنع 複 ـون هٰذَا النَّجَّارُ صَانِعٌ مَاهِرٌ
こちらの大工さんは腕のいい職人です

しょくひん shokuhin 食品 طَعَام < طعم 複 أَطْعِمَة ※ مُثَلَّجَات :冷凍食品

しょくぶつ shokubutsu 植物 نَبَات < نبت 複 ـات حَدِيقَة نَبَاتَات :植物園
نَمَا (ذَبُلَ) النَّبَاتُ :植物が育った(枯れた)
関 نَبَاتِيّ :植物の سَمْن نَبَاتِيّ :植物性油

しょくみんち shokumin・chi 植民地 مُسْتَعْمَرَة < عمر 複 ـات ثَارَتِ الْمُسْتَعْمَرَةُ وَاسْتَقَلَّتْ
植民地は立ち上がって,独立した

しょくみんちしゅぎ～しょみん

しょくみんち-しゅぎ　shokumin·chi-shugi　植民地主義　اِسْتِعْمَار ＜ عمر　ضِدّ الاِسْتِعْمَار :反植民地主義

しょくもつ　shokumotsu　食物 ⇒ たべもの　tabemo·no　食べ物　※ سِلْسِلَة غِذَائِيَّة :食物連鎖

しょくよく　shokuyoku　食欲　شَهِيَّة ＜ شهي　فَاتِح شَهِيَّة :食欲をそそる

قِلَّة شَهِيَّة الطَّعَام :食欲不振

لَيْسَ لِي شَهِيَّة :私は食欲がありません

しょくりょう　shokuryou　食糧　قُوت 複 أَقْوَات　كَسَب قُوتَ يَوْمِهِ :日々の食糧(糧)を得た

しょくりょう　shokuryou　食料　غِذَاء ＜ غذو 複 أَغْذِيَة　اَلْفُول يُسْتَعْمَلُ غِذَاءً لِلْإِنْسَانِ وَالْحَيَوَانِ

豆は人や動物の食料として使われる

しょけいする　shokei-suru　処刑する　أَعْدَمَ ＜ عدم IV ※= إِعْدَام　نَفَّذَ حُكْمَ الْإِعْدَامِ

しょじする　shoji-suru　所持する　حَمَلَ (i)　هَلْ تَحْمِلُ مَعَكَ جَوَازَ سَفَرِكَ؟

旅券(パスポート)を所持してますか

しょじょ　shojo　処女　فَتَاة عَذْرَاءُ　تَعْتَزُّ الْفَتَاةُ بِبَقَائِهَا عَذْرَاءَ حَتَّى الزَّوَاجِ

娘は結婚するまで処女であることを誇る

2)処女　فَتَاة بِكْر　مَا تَزَالُ الْفَتَاةُ بِكْرًا :娘は未だ処女である

しょぞくする　shozoku-suru　所属する ⇒ ぞくする　zoku-suru　属する

しょち　shochi　処置　مُعَالَجَة ＜ علج　مُعَالَجَة الْأَغْذِيَة لِمَنْعِهَا مِنَ التَّخَمُّرِ

食物の腐敗を防ぐ処置

しょっき　shokki　食器　أَدَاة الْمَائِدَةِ　اَلطَّبَقُ مِنْ أَدَوَاتِ الْمَائِدَةِ :お皿は食器です

しょっぱい　shoppai　しょっぱい　مَالِح ＜ ملح　مَاءُ الْبَحْرِ دَافِئٌ مَالِحٌ

海の水(海水)は温かくてしょっぱい

しょっぴんぐ　shoppingu　ショッピング ⇒ かいもの　kaimo·no　(～の)買い物

しょてん　shoten　書店 ⇒ ほんや　hon·ya　本屋

しょとうの　shotou-no　初等の　اِبْتِدَائِيّ ＜ بدأ　اَلتَّعْلِيم الاِبْتِدَائِيّ :初等教育

しょとく　shotoku　所得 ⇒ しゅうにゅう　shuu·nyuu　収入

しょどう　shodou　書道　(فَنّ) الْخَطّ　※ خَطَّاط/ فَنَّان فِي الْخَطِّ :書道家

هٰذِهِ الْمَدْرَسَةُ مَشْهُورَةٌ بِفَنِّ الْخَطِّ الْيَابَانِيِّ

この学校は書道で有名です

しょほうする　shohou-suru　処方する　وَصَفَ، يَصِفُ　وَصَفَ لِلْمَرِيضِ دَوَاءً :患者のために薬を処方した

しょほうせん　shohou-sen　処方箋　وَصْفَة طِبِّيَّة　※口語では رُوشِتَّة とも

しょみん　shomin　庶民　شَعْب 複 شُعُوب　مُطْرِب مَحْبُوب مِنَ الشَّعْبِ

庶民に愛されている歌手

しょめいする～しらみ

し

しょめいする shomei-suru 署名する وَقَّعَ ＜ وقع II ～ عَلَى～: ～に وَقِّعْ هُنَا: ここに署名しなさい
※名 تَوْقِيع 複 -ات :署名 هَلْ مَوْجُودٌ تَوْقِيعِي
その契約書に私の署名がありますか عَلَى الْعَقْدِ ؟

しょもつ shomotsu 書物 ⇒ ほん hon 本

しょゆうしゃ shoyuusha 所有者 صَاحِب ＜ صحب 複 أَصْحَاب / صَحْب/صَحَابَة
مَنْ صَاحِبُ هٰذِهِ السَّيَّارَةِ ؟: この車の所有者は誰ですか

しょゆうする shoyuu-suru 所有する مَلَكَ (i) يَمْلِكُ أَرَاضٍ كَثِيرَةٍ: 彼は土地をたくさん所有している
※名 اِمْتِلَاك :所有 ※ مَالِك 複 -ون / مُلَّاك :所有者

しょりする shori-suru 処理する صَرَّفَ ＜ صرف II الْحُكُومَةُ الْمُسْتَقِيلَةُ مَا زَالَتْ
罷免された政権が未だ事を処理している تُصَرِّفُ الْأَعْمَالَ

しょるい shorui 書類 مُسْتَنَد ＜ سند 複 -ات مُسْتَنَدَات هَامَّة : 重要書類

しらが shiraga 白髪 شَيْب صَبَغَ الشَّيْبُ رَأْسَهُ فِي سِنٍّ مُبَكِّرَةٍ
若い時から頭に白髪があった

しらせ shirase 知らせ خَبَر 複 أَخْبَار هَلْ سَمِعْتَ الْخَبَرَ أَمْسِ؟
貴男は昨日その知らせを聞きましたか

しらせる shiraseru 知らせる أَخْبَرَ ＜ خبر IV أَخْبِرْنِي كَمْ تُرِيدُ
貴男はいくら欲しいのか,お知らせ下さい

2)知らせる عَرَّفَ ＜ عرف II بِـ～ :～を عَرِّفْنِي بِالْأَمْرِ
その事についてお知らせ下さい

しらないふりをする shira·nai-huri-wo·suru 知らないふりをする تَجَاهَلَ ＜ جهل VI تَجَاهَلْتَنِي فِي الْحَفْلَةِ
パーティであなたは私を知らないふりをした

しらべ shirabe 調べ نَغْمَة 複 -ات نَغَمَات جَمِيلَة :美しい調べ

しらべ shirabe 調べ اِسْتِنْطَاق ＜ نطق X اِسْتِنْطَاقُ الْمُتَّهَمِ :容疑者の取り調べ

しらべる shiraberu 調べる فَحَصَ (a) ※調査の意では～ عَنْ,医学的な意味ではそのまま目的語が来る
فَحَصَ الطَّبِيبُ الْمَرِيضَ :医者は患者を調べた(診察した)
فَحَصَ الطَّبِيبُ عَنِ الْمَرَضِ :医者は病気を調べた

2)調べる بَحَثَ (a) بَحَثَ الْكَلِمَاتِ فِي الْقَامُوسِ :辞書で言葉を調べた

3)調べる رَاجَعَ ＜ رجع III رَاجَعَ الدَّرْسَ قَبْلَ التَّسْمِيعِ
授業前に下調べをした

4)調べる حَقَّقَ ＜ حقّ II حَقَّقَ فِي الْقَضِيَّةِ :事件を調べた(調査した)

しらみ shirami 虱 قَمْل ※ قَمْلَة :1匹の虱 عَاشَ الْقَمْلُ فِي رُؤُوسِنَا
私たちの頭には虱が住んでいた

しられる～ しる

※فَلَّى：虱を捕る　تُفَلِّي رَأْسَ ابْنِهَا
彼女は子供の頭の虱を捕る

しられる　shirareru　知られる　مَعْرُوف　< عرف　~بِـ：で～　هٰذِهِ السَّاعَةُ مَعْرُوفَةٌ بِدِقَّتِهَا
この時計は正確なことで知られています

しり　shiri　尻　وَرِك/وِرْك/وَرْك　複 أَوْرَاك　ضَرَبَ الْمُدَرِّسُ وَرِكَ الْكَسْلَانِ بِالْعَصَا
先生は怠け者の尻を棒で叩いた

しりあ　shiria　シリア　سُورِيَّة/سُورِيَا　الْجُمْهُورِيَّةُ الْعَرَبِيَّةُ السُّورِيَّةُ
シリア・アラブ共和国

しりあい　shiri・ai　知り合い　⇒ ちじん　chijin　知人

しりあい-になる　shiri・ai-ni・naru　知り合いになる　تَعَرَّفَ　< عرف V　~بِـ/إِلَى/عَلَى：と～　أَوَدُّ أَنْ أَتَعَرَّفَ عَلَيْكَ
私はあなたと知り合いになりたい

しりあう　shiriau　知り合う　تَعَارَفَ　< عرف VI　※二人が互いに　تَعَارَفْنَا فِي الْمَدْرَسَةِ
私たちは学校で知り合いました

しりある-なんばー　shiriaru-nanbaa　シリアルナンバー　رَقْم مُتَسَلْسِل

しりぞく　shirizoku　退く　اِنْسَحَبَ　< سحب VII　~مِنْ：～から　اِنْسَحَبَتِ السَّيِّدَاتُ مِنْ هُنَاكَ
ご婦人方はそこから退いた

اِنْسَحَبَ النُّوَّابُ الْمُعَارِضُونَ مِنَ الْجَلْسَةِ
野党の議員達がその会議から退いた(退場した)

2)退く　تَنَازَلَ　< نزل VI　تَنَازَلَ الْمَلِكُ عَنِ الْعَرْشِ
王は王位を退いた(退位した)

しりぞける　shirizokeru　退ける　رَفَضَ (u)　رَفَضَ الطَّلَبَ：その要求を退けた

2)退ける　صَدَّ (u)　صَدَّ الْجَيْشُ الْمُهَاجِمِينَ عَنِ الْمَدِينَةِ
軍は街への攻撃を退けた

しりつの　shiritsu-no　私立の　خَاصّ　< خصّ　مَدْرَسَة خَاصَّة：私立学校

しりつの　shiritsu-no　市立の　بَلَدِيّ　< بلد　مَلْعَب بَلَدِيّ：市立競技場(運動場)

しりょう　shiryou　資料　مَعْلُومَات　< علم　مَعْلُوم の複　~عَنْ　اِجْمَعْ مَعْلُومَاتٍ عَنْ ~
～に関する資料を集めなさい

しりょう　shiryou　飼料　عَلَف　複 أَعْلَاف　يُطْعِمُ الدَّجَاجَ عَلَفًا يُسَمِّنُهَا بِسُرْعَةٍ
鶏を早く太らせるための飼料を与える

しりょく　shiryoku　視力　بَصَر　هَلْ تُعَوِّضُ السَّمْعُ عَنِ الْبَصَرِ؟
聴力は視力の代わりになりますか

しりんだー　shirindaa　シリンダー　أُسْطُوَانَة　複 أَسَاطِين/ ـات

しる　shiru　知る　عَرَفَ (i)　هَلْ تَعْرِفُ الطَّرِيقَ إِلَى ~؟
貴男は～への道を知っていますか

し

2)知る يَدْرِي، دَرَى　لَا يَدْرِي مَاذَا يَفْعَلُ :彼は何をすべきなのか知らない

しる　shiru　汁　عُصَارَة < عصر 複 -ات ※果物などの　فِي الْكَأْسِ عُصَارَةُ تُفَّاحٍ
コップにリンゴの汁が入ってます

2)汁　شُورَبَة / شُرْبَة < شرب　اِرْتَشَفَ شُورَبَةَ الْخُضَارِ
野菜の汁物(スープ)を啜った

しるし　shirushi　印　عَلَامَة < علم 複 -ات / عَلَائِم　مَا هٰذِهِ الْعَلَامَةُ ؟
この印は何ですか
أَعْطَى عَلَامَةً : 印をつけた ※

し

しるす　shirusu　記す ⇒ きにゅうする　ki・nyu-suru　記入する

しれいかん　shirei-kan　司令官　قَائِد < قود 複 قُوَّاد / قَادَة　قَائِد عَامّ :最高司令官

2)司令官　قَائِمَقَام / قَائِم مَقَام < قوم ※エジプト方言

しろ　shiro　城　قَصْر 複 قُصُور　يَسْكُنُ الْمَلِكُ قَصْرًا فَخْمًا
王は豪華な城に住んでいる

しろ　shiro　白
しろさ　shiro-sa　白さ　بَيَاض < بيض　بَيَاضُ الثُّلُوجِ آذَى عَيْنَيْهِ
雪の白さが彼の目を痛めた
أُمِّي تَفْخَرُ بِبَيَاضِ غَسِيلِهَا
私の母は洗濯物の白さを自慢する

しろい　shiro-i　白い　أَبْيَض < بيض 複 بِيض　اَللَّوْنُ الْأَبْيَضُ :白い色/白色
女 بَيْضَاء 女双 بَيْضَاوَانِ(ـيْنِ) (属対)
وَرَقَةٌ بَيْضَاءُ :白い紙(主)

しろうと　shirouto　素人 ⇒ あまちゅあ　amachua　アマチュア

しろくする　shiroku-suru　白くする　بَيَّضَ < بيض II　يُبَيِّضُ الْقَمِيصَ بِمَادَّةٍ مُبَيِّضَةٍ
漂白剤でシャツを白くする(漂白する)

しろくなる　shiroku-naru　白くなる　اِبْيَضَّ < بيض IX　اِبْيَضَّ شَعْرُهُ :彼の髪の毛は白くなった

しわ　shiwa　しわ　غُضْن (غُضَن) 複 غُضُون　أَزَالَتِ الْمِكْوَاةُ غُضُونَ الثَّوْبِ
アイロンで服のしわを取った

2)しわ　تَجَاعِيد < جعد　لَهُ وَجْهٌ كَثِيرُ التَّجَاعِيدِ
彼の顔にはしわが沢山あった

しわくちゃの　shiwakucha-no　しわくちゃの　خَشِن　اَلْغَسْلُ وَالْكَيُّ يُمَلِّسَانِ الْقُمَاشَ الْخَشِنَ
洗濯とアイロンでしわくちゃの布地をきれいにする

しん　shin　芯　فَتِيلَة 複 فَتَائِل　نَظِّفِي فَتِيلَةَ الْقِنْدِيلِ
(貴女は)ランプの芯を掃除しなさい

しんあいなる　shin・ai-naru　親愛なる　عَزِيز < عزّ 複 أَعِزَّاء　أَيُّهَا الْقُرَّاءُ الْأَعِزَّاءُ
親愛なる読者の皆さん

しんかする～しんさつする

し

しんかする　shinka-suru　進化する　تَطَوَّرَ < طور　※名 تَطَوُّر :進化　نَظَرِيَّة تَطَوُّرِيَّة :進化論

しんかんせん　shin-kansen　新幹線　قِطَار الرَّصَاصَةِ فِي الْيَابَانِ

しんがい　shingai　侵害　اِعْتِدَاء < عدو 複 -ات　اِعْتِدَاء عَلَى الْحُقُوقِ :権利の侵害

しんがく　shingaku　神学　عِلْم اللَّاهُوتِ

しんきろう　shinkirou　しんきろう/蜃気楼　سَرَابٌ　فَرِحَ الْمُسَافِرُونَ فِي الصَّحْرَاءِ بِرُؤْيَةِ الْمَاءِ، فَإِذَا الْمَاءُ سَرَابٌ
旅行者は砂漠で水を見て喜んだ，するとは水はしんきろうだった

しんぎする　shingi-suru　審議する　تَبَاحَثَ < بحث VI　سَنَتَبَاحَثُ فِي مُشْكِلَةِ الطُّلَّابِ
さぁ，学生の問題を審議しよう

しんくう　shinkuu　真空　حَالَة الْفَرَاغِ　※真空状態

しんけい　shinkei　神経　عَصَبٌ　複 أَعْصَاب　غَاز أَعْصَاب :神経ガス

しんけい-しつ　shinkei-shitsu　神経質　مِزَاج عَصَبِيّ　اِحْذَرْ صَاحِبَ المِزَاجِ الْعَصَبِيِّ
神経質な人には気をつけなさい

しんけいの　shinkei-no　神経の　عَصَبِيّ < عصب　أَلَمٌ عَصَبِيٌّ :神経痛
اِنْهِيَار عَصَبِيّ :神経衰弱

しんけんな　shinken-na　真剣な　⇒ まじめな　majime-na　真面目な

しんげつ　shingetsu　新月　⇒ みかづき mikazuki 三日月

しんこう　shinkou　信仰　إِيمَان < أمن　إِعْلَان الْإِيمَانِ :信仰告白 ※イスラム教では الشَّهَادَة

しんこきゅう　shin-kokyuu　深呼吸　نَفَسٌ عَمِيقٌ　خُذْ نَفَسًا عَمِيقًا :深呼吸しなさい

しんこくしょ　shinkoku-sho　申告書　بَيَان < بين　قَدَّمَ بَيَانًا بِـ～ :～の申告書を提出した

しんこくする　shinkoku-suru　申告する　أَقَرَّ < قرّ IV　لَيْسَ لَدَيَّ مَا أُقِرُّ حِيَازَتَهُ
(私には)申告する物は何もないです
※名 إِقْرَار :申告　إِقْرَار الدُّخْلِ :所得申告

しんこくな　shinkoku-na　深刻な　خَطِير < خطر 複 خُطْر　اَلْحَالَةُ خَطِيرَةٌ :事態は深刻だ

しんごう　shingou　信号
しんごうき　shingou-ki　信号機　إِشَارَة < أشر 複 -ات ※= عَلَامَة　إِشَارَة مُرُور :交通信号
صَارَتِ الْإِشَارَةُ حَمْرَاءَ :信号機が赤になった

しんさつ-しつ　shinsatsu-shitsu　診察室　عِيَادَة < عود 複 -ات　لِطَبِيبِ الْأَسْنَانِ عِيَادَةٌ خَاصَّةٌ
歯科医には特別な診察室があります

しんさつ-する　shinsatsu-suru　診察する　كَشَفَ (i)　～を: عَلَى～　كَشَفَتِ الطَّبِيبَةُ عَلَى الْمَرِيضَةِ
女性の医者(女医)が女性の患者を診察した
※名 كَشْف :診察　غُرْفَة الْكَشْفِ :診察室

しんし～しんせつにする

しんし　shinshi　紳士　سَيِّد < سود 複 أَسْيَاد / سَادَة/سَادَات ※ ⇔ 淑女

しんしつ　shinshitsu　寝室　غُرْفَة النَّوْم　هٰذِهِ غُرْفَةُ النَّوْمِ :こちらは寝室になります

しんじつ　shinjitsu　真実　حَقِيقَة < حقّ 複 حَقَائِق　قُلِ الْحَقِيقَةَ

真実(本当の事)を言いなさい

しんじつの　shinjitsu-no　真実の　حَقِيقِيّ < حق　قِصَّة حَقِيقِيَّة :真実の話/実話

しんじゃ　shinja　信者　مُؤْمِن < أمن 複 ـون　أَوَدُّ أَنْ أَمُوتَ مُؤْمِنًا

私は信者として死にたい

し

しんじゅ　shinju　真珠　لُؤْلُؤ < لألأ 複 لَآلِئ ※ لُؤْلُؤَة :1個の真珠

قِلَادَة لُؤْلُؤٍ :真珠の首飾り(ネックレス)

しんじょう　shinjou　信条　مِلَّة < ملّ 複 مِلَل　لِكُلٍّ مِنَ النَّاسِ مِلَّةٌ

人々全てに信条がある

しんじる　shinjiru　信じる　يُؤْمِنُ ، آمَنَ < أمن IV ~بِـ :(~の存在)を

آمَنَ أَنَّ ~ :~という事を信じた

يُؤْمِنُ الْمُسْلِمُونَ بِاللّٰهِ :モスレムは神を信じる

2)信じる　صَدَّقَ < صدق II ※ ~بِـ / ه :~を　صَدِّقْهُ :彼を信じなさい

لَا يُصَدَّقُ :信じられない

しんせいし-する　shinseishi-suru　神聖視する　قَدَّسَ < قدس II　يُقَدِّسُ الْيَابَانِيُّونَ جَبَلَ "فُوجِي"

日本人は富士山を神聖視する

しんせいしょ　shinsei-sho　申請書　طَلَب (اِسْتِمَارَة) اِسْتِئْمَارَة

しんせいする　shinsei-suru　申請する　قَدَّمَ طَلَبًا < قدم II ~لِـ :~を　قَدَّمَ طَلَبًا لِتَأْشِيرَةِ الدُّخُولِ لَدَى السِّفَارَةِ

大使館に入国ビザを申請した

しんせいな　shinsei-na　神聖な　مُقَدَّس < قدس 複 ـات　أَرْض مُقَدَّسَة :神聖な土地/聖地

※ اَلْكِتَاب الْمُقَدَّسَة :神聖な書/聖書

اَلْأَرْض الْمُقَدَّسَة :聖地パレスチナ

しんせき　shinseki　親戚　قَرِيب < قرب 複 أَقْرِبَاء　لَا بُدَّ أَنَّهُ مِنَ الْأَقْرِبَاءِ

彼はきっと親戚にちがいない

しんせつ　shinsetsu　親切　لُطْف　複 لَطِيف　بِلُطْفٍ :親切にも/やさしく

しんせつな　shinsetsu-na　親切な　لَطِيف < لطف 複 لُطَفَاء/لِطَاف　كُنْ لَطِيفًا مَعَ الْفُقَرَاءِ

貧しい人に親切であれ(にしなさい)

しんせつ-にする　shinsetsu-nisuru　親切にする　رَفَقَ (u)　تَرْفُقُ مُعَلِّمَتُنَا بِالتَّلَامِيذِ الضُّعَفَاءِ

私達の先生は弱い子に親切にします

しんせんな～しんにゅうする

しんせんな　shinsen-na　新鮮な　طَازِج　< طزج　سَمَك طَازِج :新鮮な魚

خُضْرَوَات طَازِجَة :新鮮な野菜

2)新鮮な　نَقِيّ　複 أَنْقِيَاء/نِقَاء　اَلْهَوَاء النَّقِيّ :新鮮な空気

しんぜん　shinzen　親善 ⇒ ゆうこう　yuukou　友好

しんそう　shinsou　真相 ⇒ しんじつ　shinjitsu　真実

しんぞう　shinzou　心臓　قَلْب　複 قُلُوب　مَرَض الْقَلْب :心臓病

関 قَلْبِيّ :心臓の　نَوْبَة قَلْبِيَّة :心臓発作

しんぞく　shinzoku　親族 ⇒ しんせき　shinseki　親戚

しんたい　shintai　身体 ⇒ からだ　karada　体

しんだい　shindai　寝台 ⇒ べっど　beddo　ベッド

しんでいる　shinde-iru　死んでいる　مُتَوَفًّى　< وفى　اَلْمُتَوَفَّى :死んでいる人/故人

2)死んでいる　مَيِّت　< موت 複 أَمْوَات　اَلْبَحْر الْمَيِّت :死海

しんでん　shinden　神殿　مَعْبَد　複 مَعَابِد　مَعْبَد الْكَرْنَك :カルナク神殿

2)神殿　هَيْكَل　複 هَيَاكِل　شَيَّدَ الرُّومَانُ هَيَاكِلَ بَعْلَبَكّ

ローマ人がバールバック神殿を建てた

しんちゅう　shinchuu　真鍮　نُحَاس أَصْفَر　اَلنُّحَاسُ الْأَصْفَرُ مَعْدِنٌ مَصْنُوعٌ بِمَزْج

真鍮は銅と亜鉛の合金です　النُّحَاسِ وَالزِّنْك

しんちょう　shinchou　身長　قَامَة　< قوم　طَوِيل (قَصِير) الْقَامَة

身長が高い(低い)

しんちょうな　shinchou-na　慎重な　حَذِر　كُنْ حَذِرًا فِي اخْتِيَارِ أَصْدِقَائِكَ

友達選びは慎重にしなさい

しんとう　shintou　神道　اَلشِّنْتُوِيَّة　اَلشِّنْتُوِيَّةُ دِيَانَةٌ يَابَانِيَّةٌ

神道は日本の宗教です

しんど　shindo　震度　دَرَجَة الزِّلْزَال　وَقَعَ الزِّلْزَالُ شِدَّتُهُ ٧ دَرَجَات

震度７の地震が起きた

しんどう　shindou　震動　هَزَّة　複 هَزٌّ　شَعَرَ النَّاسُ بِالْهَزَّةِ وَخَافُوا

人々は震動(揺れ)を感じ恐れた

しんどう　shindou　振動　ذَبْذَبَة　複 ـات　سَعَة الذَّبْذَبَة :振動数/周波数

しんにゅう-する　shin-nyuu-suru　侵入する　اِعْتَدَى　< عدو VIII　اِعْتَدَى الْجَيْشُ عَلَى ~ :軍は～に侵入した

※名 اِعْتِدَاء 複 ـات :侵入　عَلَى ~ :～への

2)侵入する　اِقْتَحَمَ　< قحم VIII　اِقْتَحَمَ اللُّصُوصُ الْمَنْزِلَ

強盗が邸宅に侵入した

し

しんにゅうする～しんぽじうむ

し

しんにゅうする　shin・nyuu-suru　進入する　دَخَلَ (u)　دَخَلَ إِلَى الْمَدْرَسَةِ:校内に進入した

※名دُخُول:進入　مَمْنُوعُ الدُّخُولِ:進入禁止

しんねん　shin・nen　新年　عَامٌ جَدِيدٌ　※ كُلَّ عَامٍ وَأَنْتُمْ بِخَيْرٍ:新年おめでとう

しんねん　shin・nen　信念　عَقِيدَةٌ　< عقد 複 عَقَائِدُ　لِكُلِّ انْسَانٍ عَقِيدَتُهُ

人それぞれに信念がある

しんばる　shinbaru　シンバル　صَنْجٌ　複 صُنُوجٌ　الصَّنْجُ كَالطَّبْلِ آلَةُ إِيقَاعٍ

シンバルは太鼓のように拍子を取る楽器です

しんぱい　shinpai　心配　هَمٌّ　複 هُمُومٌ　يَكَادُ الْهَمُّ يَقْتُلُنِي

私は心配で死にそうです

しんぱいさせる　shinpai-saseru　心配させる　أَقْلَقَ　< قلق IV　لَا تُقْلِقْنِي:私に心配<u>させるな</u>(かけるな)

しんぱいする　shinpai-suru　心配する　شَغَلَ بَالَهُ　لَا تَشْغَلْ بَالَكَ بِـ~:~の事は心配しないように

※ مَشْغُولُ الْبَالِ:心配している

2)心配する　خَشِيَ، يَخْشَى　أَخْشَى أَنْ يَسِمَكَ هٰذَا الْجُرْحُ فِي خَدِّكَ

この傷が貴女の頬に残らないか心配だ

しんぱいな　shinpai-na　心配な　قَلِقٌ　عُدْتُ إِلَى الْبَيْتِ مُتَأَخِّرًا، وَوَالِدِي قَلِقٌ

私が遅く家に帰ると父は心配していた

2)心配な　مَشْغُولُ الْبَالِ　عُدْ إِلَى الْبَيْتِ، أُمُّكَ مَشْغُولَةُ الْبَالِ عَلَيْكَ

(あなたは)家に帰りなさい, お母さんが心配してますよ

しんぱん　shinpan　審判　حُكْمٌ　複 أَحْكَامٌ　أَصْدَرَ الْقَاضِي الْحُكْمَ فِي الدَّعْوَى

裁判官がその訴訟の<u>審判</u>(判決)を下した

※(الْقِيَامَةِ) يَوْمُ <u>الدِّينِ</u>:最後の審判の日

しんぱん　shinpan　審判
しんぱんいん　shinpan-in　審判員　حَكَمٌ　複 حُكَّامٌ　عَلَى الْحَكَمِ أَنْ يَكُونَ نَزِيهًا عَادِلًا

<u>審判員</u>(レフリー)は正直で公正でなければなりません

しんぶん　shinbun　新聞　جَرِيدَةٌ　< جرد 複 جَرَائِدُ　جَرِيدَةٌ يَوْمِيَّةٌ:日刊紙

جَرِيدَةُ الصَّبَاحِ:朝刊

2)新聞　صَحِيفَةٌ　< صحف 複 صُحُفٌ　أُرِيدُ أَنْ أَشْتَرِكَ فِي الصَّحِيفَةِ

その新聞を購読したいのですが

※ صُحُفِيٌّ:記者　مُؤْتَمَرٌ صُحُفِيٌّ:記者会見

しんぷ　shinpu　新婦　⇒ よめ yome 嫁

しんぷ　shinpu　神父　قَسٌّ　複 قُسُوسٌ　تَرَأَّسَ الْقَسُّ الصَّلَاةَ:神父が祈りを先導した

しんぼう　shinbou　辛抱　⇒ がまん gaman 我慢

しんぽじうむ　shinpojiumu　シンポジウム　نَدْوَةٌ　< ندو 複 نَدَوَاتٌ　تَجْمَعُ النَّدْوَةُ نَاسًا مُثَقَّفِينَ

そのシンポジウムは文化人を集めている

しんぽする～じーでぃーぴー

しんぽする　shinpo-suru　進歩する　تَقَدَّمَ　< قدم V　تَقَدَّمَ فِي الدِّرَاسَةِ :学力が進歩した

※名 تَقَدُّم :進歩　تَقَدُّمُ الْعِلْمِ :知識の進歩(向上)

تَقَدُّمٌ يُذْكَرُ :めざましい進歩

しんみつさ　shinmitsu-sa 親密さ　أُلْفَة　لِقَاؤُنَا كُلَّ يَوْمٍ يُقَوِّي الْأُلْفَةَ بَيْنَنَا

毎日会うことが私達の親密さを増す

しんみつな　shinmitsu-na 親密な　وَثِيق　< وثق 複 وِثَاق　عَلَاقَة وَثِيقَة :親密な間柄(関係)

しんや　shin･ya　深夜　⇒ まよなか　mayo･naka　真夜中

しんゆう　shin･yuu　親友　إِلْف　複 آلَاف　فَقَدْتُ إِلْفِي بِغِيَابِكَ

君がいなくなって,親友がいません

しんようする　shin･you-suru 信用する
しんらいする　shinrai-suru　信頼する　وَثِقَ ، يَثِقُ　※~بِ :~を　خَادِمُنَا أَمِينٌ ، وَنَحْنُ نَثِقُ بِهِ

私達の召使いは誠実なので,彼を信用してます

يُوثَقُ بِهِ :信頼できる;あてにできる(未受)

※名 ثِقَة :信用/信頼　جَدِير بِالثِّقَةِ :信頼に値する

فَقَدَ ثِقَتَهُ :信用を失った(なくした)

しんり　shinri　心理　عَقْلِيَّة　< عقل　عَاشَرْتُكَ ، وَلٰكِنْ لَمْ أَفْهَمْ بَعْدُ

あなたと付き合ったけれど,未だあなたの عَقْلِيَّتَكَ

心理(心)が分からない

しんりがく　shinri-gaku 心理学 عِلْم النَّفْسِ　عَالِم فِي عِلْمِ النَّفْسِ :心理学者

しんりゃく-する　shinryaku-suru　侵略する　اِعْتَدَى　< عدو VIII ～عَلَى :～を　اِعْتَدَتِ الْقُوَّاتُ أَمْرِيكِيَّةُ

アメリカ軍がイラクを侵略した　عَلَى الْعِرَاقِ

※名 اِعْتِدَاء :侵略　حَرْب الِاعْتِدَاءِ :侵略戦争

しんりょうしょ shinryou-sho 診療所
しんりょうじょ shinryou-jo　診療所　مُسْتَوْصَف　< وصف 複 -ات　اَلْمُسْتَوْصَفُ يُعَالِجُ الْمَرْضَى مَجَّانًا

診療所は無料で病人を治療する

しんりん　shinrin　森林　غَابَة　< غيب 複 -ات　حِمَايَة الْغَابَاتِ :森林保護

しんるい　shinrui　親類　⇒ しんせき　shinseki　親戚

しんろう　shinrou　新郎　⇒ むこ muko 婿

しんろう-しんぷ　shinrou-shinpu　新郎新婦 عَرُوسَانِ　قَطَعَ الْعَرُوسَانِ الْكَعْكَةَ

新郎新婦はケーキを切った

しんわ　shinwa　神話　أُسْطُورَة　< سطر 複 أَسَاطِير　اَلدِّيَانَاتُ الْوَثَنِيَّةُ مَلْأَى

偶像崇拝の宗教は神話に満ちている　بِالْأَسَاطِيرِ

じ　ji　字　⇒ もじ　moji　文字

じーえぬぴー　jii-enu-pii　GNP　⇒ こくみんそうせいさん kokumin-sou-seisan 国民総生産

じーでぃーぴー jii-dii-pii　GDP　⇒ こくないそうせいさん koku･nai-sou-seisan 国内総生産

じいさん〜じこう

じいさん　jii-san　爺さん ⇒ おじいさん　ojii-san　お爺さん

じいん　ji・in　寺院　مَعْبَد < عبد 複 مَعَابِد　مَعَابِد بُوذِيَّة فِي الْعَاصِمَةِ
首都の仏教寺院

じえい　ji・ei　自衛　الدِّفَاع الذَّاتِيّ　قُوَّات الدِّفَاع الذَّاتِيّ :自衛隊/自衛軍

じぇっとき　jetto-ki　ジェット機　طَائِرَة نَفَّاثَة　خَرَقَت النَّفَّاثَةُ جِدَارَ الصَّوْت
ジェット機が音速の壁を破った

じかく　jikaku　自覚　وَعْي　فِي غَيْرِ وَعْيٍ :自覚しないで/無自覚に

じかん　jikan　時間　سَاعَة < سوع 複 -ات　كَم السَّاعَةُ ؟ :今何時ですか
كَمْ سَاعَةً ؟ :(時間は)どのくらいかかりますか

2)時間　وَقْت 複 أَوْقَات　حَانَ الْوَقْتُ :時間になる
مَا حَانَ وَقْتُ الْعَشَاءِ حَتَّى جُعْتُ
私は夕食の時間が来ると直ぐに腹が減ります

じかんになる　jikan-ni・naru　時間になる　حَانَ ، يَحِينُ　حَانَ وَقْتُ النَّوْمِ :もう寝る時間だ

じがいする　jigai-suru　自害する ⇒ じさつする　jisatsu-suru　自殺する

じき　jiki　時期　آن < اون　لِـ〜　آنَ الْأَوَانُ :今が〜する時期(時)だ

2)時期　مَرْحَلَة < رحل 複 مَرَاحِل　الشَّبَابُ أَجْمَلُ مَرَاحِلِ الْحَيَاةِ
青春は人生で一番美しい時期である

じき　jiki　磁器　خَزَفٌ صِينِيّ　مَدِينَةُ ″سِيتُو″ مَشْهُورَةٌ بِالْخَزَفِ الصِّينِيِّ
瀬戸市は磁器で有名です

じきゅう-じそくする　jikyuu jisoku-suru　自給自足する　اِكْتَفَى ذَاتِيًّا　※名 الِاكْتِفَاءُ الذَّاتِيّ :自給自足

じきょうする　jikyou-suru　自供する ⇒ じはくする　jihaku-suru　自白する

じぎょう　jigyou　事業　شُغْل 複 أَشْغَال　أَشْغَال عَامَّة :公共事業

じく　jiku　軸　مِحْوَر < حور 複 مَحَاوِر　لِكُلِّ عَجَلَةٍ مِحْوَرٌ
全ての輪に軸がある

じけつけん　jiketsu-ken　自決権　حَقّ تَقْرِير الْمَصِير　※特に民族の自決権

じけん　jiken　事件　قَضِيَّة < قضى 複 قَضَايَا　قَضِيَّة قَتْل :殺人事件

2)事件　حَادِث < حدث 複 حَوَادِث　لَمْ تَنْكَشِفْ مُلَابَسَاتُ الْحَادِثِ
まだ事件の状況は判明していない

じこ　jiko　事故　حَادِثَة < حدث 複 حَوَادِث　حَادِثَة الْمُرُور :交通事故

じこ　jiko　自己　نَفْس　قَدَّمَ نَفْسَهُ :自己紹介した
الدِّفَاعُ عَنِ النَّفْسِ يُحَلِّلُ الْقَتْلَ
自己防衛は正当とされる

じこう　jikou　時効　تَقَادُم الْعَهْد　تَقَادُم < قدم　مُدَّة تَقَادُم :時効(の期間)

じこう～じじつ

じこう　jikou　事項　مَادَّة　< مدّ 複 مَوَادّ　مَوَادّ الْعَقْد :契約書の事項

じこく　jikoku　時刻　السَّاعَة　السَّاعَةُ الْآنَ السَّادِسَةُ صَبَاحًا :今の時刻は朝の6時です
※ جَدْوَل الْمَوَاعِيد :時刻表

じごく　jigoku　地獄　جَهَنَّمُ　女 ※ ⇔ جَنَّة :天国/パラダイス

じさ　jisa　時差　فَرْق التَّوْقِيت　فَرْقُ التَّوْقِيت ٦ سَاعَات فِي الصَّيْف
夏の時差は6時間です

じさつする　jisatsu-suru　自殺する　اِنْتَحَرَ　< نحر VIII　اِنْتَحَرَ شَنْقًا :首吊り自殺した
※名 اِنْتِحَار :自殺　الاِنْتِحَارُ حَرَام
自殺は禁じられている

じしゃく　jishaku　磁石　مَغْنَاطِيس (ـَ)　الْمَغْنَاطِيسُ يَجْذِبُ بُرَادَةَ الْحَدِيد
磁石は鉄屑を引き付ける
2)磁石　بُوصْلَة (ـُ)　複 -ات　إِبْرَة الْبُوصْلَة :磁石の針

じしゅする　jishu-suru　自首する　سَلَّمَ نَفْسَهُ　سَلَّمَ نَفْسَهُ إِلَى الشُّرْطَة :警察に自首した

じしょ　jisho　辞書　قَامُوس　< قمس 複 قَوَامِيس　قَامُوس جَيْب :ポケット版辞書
2)辞書　مُعْجَم　< عجم 複 مَعَاجِم　أَيُّ مُعْجَمٍ أَحْسَنُ؟
どんなが辞書いいですか

じしょくする　jishoku-suru　辞職する　اِسْتَقَالَ　< قيل X ～ عَنْ/مِنْ :～から　اِسْتَقَالَتِ الْحُكُومَةُ
内閣は辞職した
اِسْتَقَلْتُ مِنَ الشَّرِكَة :私は会社を辞職しました
※名 اِسْتِقَالَة :辞職　اِسْتِقَالَةُ الْوُزَرَاء :内閣総辞職

じしん　jishin　自身　نَفْس　複 أَنْفُس/نُفُوس　بِنَفْسِهِ :彼自身で/一人で

じしん　jishin　地震　زِلْزَال (ـِ)　複 زَلَازِل　وَقَعَ الزِّلْزَالُ الْكَبِيرُ فِي "كُوبِه" فِي الْعَام ١٩٩٥ م
西暦1995年に神戸で大きな地震があった

じしん　jishin　自信　ثِقَة بِالنَّفْس　حَذَارِ أَنْ تَتَحَوَّلَ ثِقَتُكَ بِنَفْسِكَ إِلَى غُرُورٍ!
自信が自惚れにならないように気をつけなさい
كَسَبَ ثِقَةً بِالنَّفْس :自信を付けた(得た)

じしんがある　jishin-ga･aru　自信がある(وَاثِق (بِالنَّفْس　< وثق　أَنَا وَاثِقٌ بِنَفْسِي
私は自信があります

じしん-がおこる　jishin-ga･okoru　地震が起こる　تَزَلْزَلَ، يَتَزَلْزَلُ　< زلزل II　تَزَلْزَلَتِ الْأَرْضُ وَانْهَارَتْ بُيُوتُنَا
地震が起きて私達の家が崩壊した

じじつ　jijitsu　事実　حَقِيقَة　< حقّ 複 حَقَائِق　هٰذِهِ هِيَ الْحَقِيقَةُ
これは事実(真実)です

じじょ～じつげんする

じじょ　jijo　次女　اِبْنَة ثَانِيَّة　لَا أَعْرِفُ ظُرُوفَ ابْنَتِي الثَّانِيَّةِ
次女の事情は知りません

じじょう　jijou　事情　ظُرُوف　< ظرف ※ ظَرْف の複　فِي هٰذِهِ الظُّرُوفِ
このような事情で

2)事情　سَبَب　< سبّ 複 أَسْبَاب　～ بِسَبَبِ:～の事情(理由)で

じじょでん　jijo-den　自叙伝　سِيرَة ذَاتِيَّة　لَمْ يَكْتُبْ الْكَاتِبُ سِيرَةً ذَاتِيَّةً
作家は自叙伝を書かなかった

じせい　jisei　時制　صِيغَة الْفِعْلِ　صِيغَةُ الْمَاضِي (الْمُضَارِع / الْمُسْتَقْبَل)
過去(現在/未来)時制

じぜん　jizen　慈善　أَفْضَل الْإِحْسَانِ　أَفْضَلُ الْإِحْسَانِ مَا تَقُومُ بِهِ سِرًّا
慈善はひそかに行うものである

じぜんか　jizen-ka　慈善家　مُحْسِن　< حسن　لِلْمُحْسِنِ مُكَافَأَةٌ:慈善家には報酬がある

じぜんに　jizen-ni　事前に　⇒ まえもって　mae-motte　前もって

じぜんの　jizen-no　慈善の　خَيْرِيّ　< خير　حَفْلَة مُوسِيقِيَّة خَيْرِيَّة
慈善のコンサート/チャリティコンサート
أَقْبَلَ الْمُؤْمِنُونَ عَلَى الْعَمَلِ الْخَيْرِيِّ
信者達は慈善事業に身を捧げた

じそく　jisoku　時速　سُرْعَة فِي السَّاعَةِ　كَانَتْ سَيَّارَتِي تَجْرِي بِسُرْعَةِ ٥٠ كم
私の車は時速50キロで走っていた　فِي السَّاعَةِ

じそんしん　jison・shin　自尊心　عِزَّة النَّفْسِ　عِزَّةُ نَفْسِي:私の自尊心(プライド)

じぞくする　jizoku-suru　持続する　اِسْتَمَرَّ　اِسْتَمَرَّتْ عَلَاقَاتُ الصِّدَاقَةِ:友好関係が持続した
※ ⇒ 続く

じたいする　jitai-suru　辞退する　رَفَضَ (u)　رَفَضَ الِاشْتِرَاكَ:出場を辞退した

じだい　jidai　時代　عَصْر　複 عُصُور / أَعْصُر　الْعَصْرُ الْحَاضِرُ:現在の時代/現代
الْعَصْرُ الْحَجَرِيّ:石器時代　الْعَصْرُ الْقَدِيمُ:古代

じっけん　jikken　実験　اِخْتِبَار　< خبر 複 -ات　تَحْتَ الِاخْتِبَارِ:実験中

じっけんしつ　jikken-shitsu　実験室　مُخْتَبَر　< خبر 複 -ات　جُهِّزَ الْمُخْتَبَرُ بِأَحْدَثِ الْمُعَدَّاتِ
実験室に最新の器具が設置された

じっけんする　jikken-suru　実験する　اِخْتَبَرَ　< خبر VIII　اِخْتَبَرَ الْبَرْنَامَجَ
そのプログラムを実験した

じつげん-する　jitsugen-suru　実現する　حَقَّقَ　< حقّ II　حَقِّقْ حُلْمَكَ:自分の夢を実現しなさい
※名 تَحْقِيق:実現　أَتَمَنَّى لَكَ تَحْقِيقَ
貴男の願いが実現する事を望んでいます　أُمْنِيَتِكَ

じっこうする～じはつてきな

じっこうする　jikkou-suru　実行する　نَفَّذَ ＜ نفذ II　نَفَّذَ الْخُطَّةَ بِالضَّبْطِ
その計画を正確に実行した
※名 تَنْفِيذ :実行　سَيَقُومُ بِتَنْفِيذِ الشَّرْطِ
その条件を実行するだろう

じっしする　jisshi-suru　実施する　⇒ おこなう　oko・nau　行う

じっせんする　jissen-suru　実践する　طَبَّقَ ＜ طبق II　طَبَّقَ الْقَاعِدَةَ :理論を実践した
※名 تَطْبِيق :実践　نَنْتَقِلُ مِنَ الدَّرْسِ النَّظَرِيِّ
理論の勉強から実践(応用)へ移ります　إِلَى التَّطْبِيقِ

じつの　jitsu-no　実の　⇒ ほんとうの　hontou-no　本当の

じつの-ところ　jitsu-notokoro　実のところ ～ الْوَاقِعُ أَنْ　الْوَاقِعُ أَنِّي لَمْ أُصَعِّبِ الْأَسْئِلَةَ
実のところ私は質問を難しくしませんでした

じつぶつ　jitsubutsu　実物　شَيْءٌ حَقِيقِيٌّ　複 أَشْيَاءُ حَقِيقِيَّةٌ

じてん　jiten　辞典　⇒ じしょ　jisho　辞書

じてんしゃ　jitensha　自転車　دَرَّاجَة ＜ درج 複 -ات　جَاءَ بِالدَّرَّاجَةِ :彼は自転車で来た
دَرَّاجَة بُخَارِيَّة :原動機付き自転車/原付/バイク

じてんする　jiten-suru　自転する　دَارَ حَوْلَ نَفْسِهِ　تَدُورُ الشَّمْسُ حَوْلَ نَفْسِهَا
太陽は自転している

じどう　jidou　児童　⇒ こども　kodomo　子供

じどうしゃ　jidou-sha　自動車　سَيَّارَة ＜ سير 複 -ات　سَائِقُ السَّيَّارَةِ :自動車の運転手

じどうの　jidou-no　自動の　آلِيّ ＜ اول　غَسَّالَة آلِيَّة :自動洗濯機
※ بَاب أُوتُومَاتِيكِيّ :自動ドア

じなん　ji・nan　次男　اِبْن ثَانٍ　مَنِ ابْنُكَ الثَّانِي؟ :次男は誰ですか

じにんする　ji・nin-suru　辞任する　اِسْتَقَالَ مَنْصِبَهُ

じぬし　ji・nushi　地主　صَاحِبُ الْأَرْضِ　يَسْكُنُ صَاحِبُ الْأَرْضِ فِي نَابْلُس
地主はナブルスに住んでいる

じはーど　jihaado　ジハード　جِهَاد ＜ جهد ※イスラム教徒の義務としての闘いや努力
حَرَكَةُ الْجِهَادِ الْإِسْلَامِيِّ
イスラムジハード運動

じはくする　jihaku-suru　自白する　اِعْتَرَفَ ＜ عرف VIII ～بِـ :～を　اِعْتَرَفَ بِالْجَرِيمَةِ
罪を自白(自供)した
※名 اِعْتِرَاف :自白/白状

じはつてきな　jihatsu-teki・na　自発的な　تِلْقَائِيّ ＜ لقى ※ تِلْقَائِيًّا :自発的に
يَقُومُ بِأَعْمَالِ الْخَيْرِ تِلْقَائِيًّا
彼は自発的に良いことをする

し

じひ～じゃくてん

じひ jihi 慈悲 شَفَقَة افْتَرَسَ الْأَسَدُ فَرِيسَتَهُ بِلَا شَفَقَةٍ
ライオンが獲物を無慈悲に殺した

2)慈悲 رَحْمَة تَحْتَ رَحْمَتِهِ :彼の慈悲で
رَحْمَةُ اللّٰهِ وَبَرَكَاتُهُ
彼に神の慈悲と祝福がありますように

じひ jihi 自費 نَفَقَة خَاصَّة عَلَى نَفَقَةٍ خَاصَّةٍ :自費で

じひぶかい jihi-bukai 慈悲深い رَحِيم ＜ رحم ((بِسْمِ اللّٰهِ الرَّحْمٰنِ الرَّحِيمِ))
慈悲深く慈愛あまねき神のみ名において

じひょう jihyou 辞表 اِسْتِقَالَة ＜ قيل قَدَّمَ الِاسْتِقَالَةَ لِـ～ :～に辞表を出した

じびいんこうか jibi・inkouka 耳鼻咽喉科 طِبُّ الْأُذُنِ وَالْأَنْفِ وَالْحَنْجَرَةِ

じぶん jibun 自分 النَّفْس اِعْتَمِدْ عَلَى نَفْسِكَ :自分を信じなさい

じぶん-かってな jibun-katte・na 自分勝手な ⇒ りこてきな riko-teki・na 利己的な

じぷしー jipushii ジプシー غَجَرِيّ 複 غَجَر اِنْتَقَلَ الْغَجَرُ مِنْ مِصْرٍ إِلَى مِصْرٍ
ジプシーは街から街へと移動した

じまんする jiman-suru 自慢する تَبَاهَى ＜ بهو VI ～بِـ～ :～を يَتَبَاهَى بِرَسْمِهِ
彼は自分の絵を自慢している

じまんの jiman-no 自慢の مَزْهُوّ ＜ زهو يَمْشِي الطَّاوُوسُ مَزْهُوًّا بِذَنَبِهِ
孔雀がその尾を自慢そうにして歩く

じむいん jimu-in 事務員 مُوَظَّف ＜ وظف 複 ـون مُوَظَّفُ الْجُمْرُكِ :税関の事務

じむしょ jimu-sho 事務所 مَكْتَب ＜ كتب 複 مَكَاتِب لَيْسَ فِي الْمَكْتَبِ أَحَدٌ
事務所に誰もいない

じむの jimu-no 事務の مَكْتَبِيّ ＜ كتب أَدَوَات مَكْتَبِيَّة :事務用品

じめん jimen 地面 الْأَرْض (سَطْح) 複 الْأَرَاضِي عَلَى الْأَرْضِ :地面に

じもとの jimoto-no 地元の مَحَلِّيّ ＜ حلّ 複 مَحَلِّيَّات ※複 地元のニュース/ローカルニュース
خَضْرَاوَات مَحَلِّيَّة :地元の野菜

じもんする jimon-suru 自問する تَسَاءَلَ ＜ سأل VI أَنَا أَتَسَاءَلُ عَنِ السَّبَبِ
私はその理由を自問する

じゃーなりすと jaa・narisuto ジャーナリスト صُحُفِيّ ＜ صحف 複 ـون ※ ⇒ 記者

じゃあくな ja・aku-na 邪悪な ⇒ よこしまな yokoshima-na 邪な

じゃがいも jaga-imo ジャガ芋 بَطَاطَا/بَطَاطِس يَزْرَعُ الْبَطَاطِسَ :ジャガ芋を植えている

じゃくてん jakuten 弱点 نُقْطَة ضَعْف اِسْتَغَلَّ نُقْطَةَ ضَعْفِ الْعَدُوِّ
敵の弱点(弱み)に付け込んだ

じゃぐち～じゅう

じゃぐち　jaguchi　蛇口　حَنَفِيَّة　※水道　اَلْحَنَفِيَّة　شَدَّ　:水道の蛇口を閉めた

じゃけっと　jaketto　ジャケット　⇒ うわぎ　uwagi　上着

じゃすみん　jasumin　ジャスミン　يَاسَمِين(ة)　فَاحَتْ رَائِحَةُ زَهْرِ الْيَاسَمِينِ

ジャスミンの(花の)香りが広がっていた

じゃま(を)する　jama-(wo)suru　邪魔(を)する　عَرْقَلَ، يُعَرْقِلُ　عَرْقَلَ السَّيْرَ　:進行を邪魔した

2)邪魔(を)する　إِزْعَجَ　< زعج IV　أَبُوكَ يَعْمَلُ، لَا تُزْعِجْهُ

お父様は仕事をされていますから,邪魔をしてはいけません

じゃむ　jamu　ジャム　مُرَبَّى　< ربو 複 مُرَبَّيَات　مُرَبَّى الْفَاكِهَةِ　:フルーツジャム

じゃり　jyari　砂利　حَصًى　< حصو 複 حَصَيَات ※ حَصَاة　:1個の砂利　※定 اَلْحَصَى

إِذَا جُبِلَ الْإِسْمَنْتُ مَعَ الْحَصَى وَالرَّمْلِ

وَالْمَاءِ، أَعْطَى الْبَاطُونَ　セメントを砂利と

砂と水でこねたらコンクリートになる

じゃれる　jareru　じゃれる　اِلْتَهَى　< لهو VIII　تَلْتَهِي الْهِرَّةُ بِكُرَةِ الصُّوفِ

猫が毛糸の玉と戯れる

じゃんぐる　janguru　ジャングル　دَغَلٌ　複 أَدْغَال　يَعِيشُ النَّمِرُ فِي دَغَلٍ كَثِيفٍ

虎は深いジャングルに住んでいる

じゃんぱー　janpaa　ジャンパー　سُتْرَة　複 -ات/سُتَر　لَسْتُ بِحَاجَةٍ إِلَى سُتْرَةٍ

私にはジャンパーは必要ありません

じゃんぷ　janpu　ジャンプ　قَفْز　قَفْز عَالٍ　:ハイジャンプ/走り高跳び

※ジャンプする⇒ 跳躍する　※ مَقْفَز　:ジャンプ台

じゅーさー　juusaa　ジューサー　عَصَّارَة　< عصر 複 -ات　نَعْصُرُ الْبُرْتُقَالَ بِعَصَّارَةٍ

私達はジューサーでオレンジを絞ります　كَهْرَبَائِيَّةٍ

じゅーす　juusu　ジュース　عَصِير　< عصر　عَصِير بُرْتُقَال　:オレンジジュース

じゆう　jiyu･u　自由　حُرِّيَّة　< حُرّ　حُرِّيَّةُ التَّعْبِيرِ　:表現の自由

حُرِّيَّةُ الْكَلَامِ　:言論の自由　حُرِّيَّةُ النَّشْرِ　:出版の自由

حُرِّيَّةُ الْفِكْرِ　:思想の自由　حُرِّيَّةُ الْعِبَادَةِ　:信教の自由

※ بِحُرِّيَّةٍ　:自由に　سَافَرَ بِحُرِّيَّةٍ　:自由に旅行した

じゅう　juu　十(10) 男 عَشَرَة 女 عَشْر　عَشْرُ بَنَاتٍ　:十人の娘達　عَشَرَةُ أَيَّامٍ　:十日間

اَلْيَوْمُ الْعَاشِرُ مِنْ شَهْرِ ～　:～月の10日

اَلْوَصَايَا الْعَشْرُ　:(モーゼの)十戒

じゅう～じゅうじ

十一(11): إِحْدَى عَشْرَةَ 女 أَحَدَ عَشَرَ 男

十二(12) ※(対属): اِثْنَتَا (اِثْنَتَيْ) عَشْرَةَ 女 اِثْنَا (اِثْنَيْ) عَشَرَ 男

十三(13): ثَلَاثَ عَشْرَةَ 女 ثَلَاثَةَ عَشَرَ 男

十四(14): أَرْبَعَ عَشْرَةَ 女 أَرْبَعَةَ عَشَرَ 男

十五(15): خَمْسَ عَشْرَةَ 女 خَمْسَةَ عَشَرَ 男

十六(16): سِتَّ عَشْرَةَ 女 سِتَّةَ عَشَرَ 男

十七(17): سَبْعَ عَشْرَةَ 女 سَبْعَةَ عَشَرَ 男

十八(18): ثَمَانِيَ عَشْرَةَ 女 ثَمَانِيَةَ عَشَرَ 男

十九(19): تِسْعَ عَشْرَةَ 女 تِسْعَةَ عَشَرَ 男

じゅう　juu　銃　مِدْفَع < دفع 複 مَدَافِع　مِدْفَع رَشَّاش: 機関銃

じゅう　juu　～中　طَوَالَ ～ < طول ※前　عَمِلَ طَوَالَ الْعَامِ: 一年中働いた

じゅうい　juu・i　獣医　بَيْطَرِيّ < بيطر ※= طَبِيب بَيْطَرِيّ
الطِّبّ الْبَيْطَرِيّ: 獣医学

じゅういちがつ　juu-ichi-gatsu　十一月　ذُو الْقَعْدَة　※イスラム暦の十一月
2)十一月　نُوفَمْبِر　※西暦の十一月
3)十一月　تِشْرِينُ الثَّانِي　※シリア,イラク,ヨルダン,レバノン地方の十一月

じゅうがつ　juu-gatsu　十月　شَوَّال　※イスラム暦の十月
2)十月　أُكْتُوبَر　※西暦の十月
3)十月　تِشْرِينُ الْأَوَّل　※シリア,イラク,ヨルダン,レバノン地方の十月

じゅうきょ　juukyo　住居　مَسْكَن < سكن 複 مَسَاكِن　مَسَاكِن كَبِيرَة جَمِيلَة
美しく大きい住居群(住宅街)

じゅうぎょういん　juugyou-in　従業員　مُوَظَّف < وظف 複 ～ون　مَا عَدَدُ مُوَظَّفِينَ الْمَصْنَعِ؟
工場の従業員は何人ですか

じゅうしょ　juusho　住所　عُنْوَان < عنون 複 عَنَاوِين　دَفْتَر عَنَاوِين: 住所録
مَا عُنْوَانُكَ؟: あなたの住所はどこですか

じゅうしょう　juushou　重傷　جُرْح خَطِر　⇔ جُرْح بَسِيط: 軽傷

じゅうしょう　juushou　重症　مَرَض خَطِر　※ مَرِيض فِي حَالَةٍ خَطِرَةٍ: 重症患者

じゅうじ　juuji　十字　صَلِيب < صلب 複 صُلُب / صُلْبَان　※ صَلِيبِيّ: 十字軍
じゅうじか　juuji-ka　十字架
رُفِعَ الصَّلِيبُ عَلَى سَفْحِ جَبَلِ الْجُلْجُلَة
ゴルゴタ山の麓に十字架が立てられた

じゅうじする～じゅうぶん

じゅうじする　juuji-suru　従事する　تَعَاطَى ، يَتَعَاطَى　يَتَعَاطَى أَبِي تِجَارَةَ الْحُبُوبِ
私の父は穀物の取り引きの仕事に従事しています

じゅうじゅん　juujun　従順　طَاعَة < طوع 複 -ات　تَشَابَهَتِ الْأُخْتَانِ فِي الصَّلَاحِ وَالطَّاعَةِ
姉妹は善良さと従順なことで互いに似ていた

じゅうじゅん-である　juujun-dearu　従順である　أَطَاعَ < طوع IV　أُطِيعُ رَبِّي وَضَمِيرِي
私は神と良心に従順です

じゅうたい　juutai　重体　حَالَة خَطِرَة　حَالَةُ الْمَرِيضِ خَطِرَةٌ：患者さんは重体です

じゅうたい　juutai　渋滞　اِزْدِحَام < زحم　اِزْدِحَامٌ فِي مَسَافَةِ عَشَرَةِ كِيلُومِتْرَاتٍ
10キロメートルの渋滞

じゅうたく　juutaku　住宅 ⇒ じゅうきょ　juukyo　住居

じゅうたん　juutan　絨毯　بِسَاط < بسط 複 بُسُط　بَسَطَ بِسَاطًا：絨毯を敷いた(広げた)
بِسَاط سِحْرِيّ：魔法の絨毯

2)絨毯　سَجَّادَة < سجد 複 سَجَاجِيد　※主にお祈りする時に使われる
اِشْتَرَى عَمِّي سَجَّادَةً عَجَمِيَّةً
おじさんはペルシャじゅうたんを買いました

じゅうだいな　juudai-na　重大な　خَطِير < خطر 複 خُطْر　غَلْطَة خَطِيرَة：重大な誤り
مُشْكِلَة خَطِيرَة：重大な問題

じゅうだん　juudan　銃弾 ⇒ だんがん　dangan　弾丸

じゅうどう　juudou　柔道　اَلْجُودُو　※= مُصَارَعَة يَابَانِيَّة ["柔" نَاعِم + "道" طَرِيقَة]

じゆうな　jiyuu-na　自由な　حُرّ　複 أَحْرَار / حَرَائِر　أَشْخَاص أَحْرَار：自由な個人(複)

じゅうなんな　juu・nan-na　柔軟な　مَرِن　سَيُكْسِبُكَ الرَّقْصُ جِسْمًا مَرِنًا
ダンスは貴女の体を柔軟にするだろう

じゅうにがつ　juu-ni-gatsu　十二月　ذُو الْحِجَّة　※イスラム暦の十二月

2)十二月　دِيسَمْبِر　※西暦の十二月

3)十二月　كَانُون الْأَوَّل　※シリア,イラク,ヨルダン,レバノン地方の十二月
تَنْتَهِي السَّنَةُ الشَّمْسِيَّةُ بِكَانُونَ الْأَوَّلِ
(太陽暦の)1年は十二月で終わる

じゆう-にする　jiyuu-nisuru　自由にする　أَطْلَقَ سَرَاحَهُ < طلق IV　أَطْلَقَ سَرَاحَ الْأَسْرَى
捕虜を自由に(解放)した

じゆう-になる　jiyuu-ni・naru　自由になる　تَحَرَّرَ < حرّ V　تَحَرَّرَتْ أَكْثَرِيَّةُ الشُّعُوبِ بَعْدَ الْحَرْبِ
戦後大多数の国民が自由になった

じゅうにん　juu・nin　住人 ⇒ じゅうみん　juumin　住民

じゅうぶん　juubun　十分　كِفَايَة < كفى　كِفَايَةً / بِكِفَايَةٍ：十分に

し

じゅうぶんである～じゅにゅうする

じゅうぶん-である juubun-dearu 十分である تَوَفَّرَ < وفر V تَوَفَّرَتْ هٰذِهِ الْكِمِّيَّةُ
この量で十分です
2)十分である كَفَى، يَكْفِي هٰذَا يَكْفِي :これで十分です(足ります)

じゅうぶんな juubun-na 十分な كَافٍ < كفى 女 كَافِيَة ※定 الْكَافِي غَيْرُ كَافٍ :不十分な

じゅうまんする juuman-suru 充満する سَطَعَ (a) سَطَعَتِ الرَّائِحَةُ فِي الْغُرْفَةِ :匂いが部屋に充満した

じゅうみん juumin 住民 سَاكِن < سكن 複 سُكَّان / ـو ن أَنَا سَاكِن فِي هٰذِهِ الْقَرْيَةِ
私はこの村の住民(住人)です
※ بِطَاقَةُ الْمُوَاطِن :住民表

じゅうゆ juu-yu 重油 زَيْت ثَقِيل / مَازُوت ※ ⇔ زَيْت خَفِيف :軽油

じゅうような juuyou-na 重要な مُهِمّ < هم 複 مَهَامّ مُشْكِلَة مُهِمَّة :重要な問題
~ مِنَ الْمُهِمِّ أَنْ :~することは重要である

じゅうりょう juuryou 重量 ⇒ おもさ omosa 重さ

じゅうりょう-あげ juuryou-age 重量挙げ رَفْع الْأَثْقَال

じゅうりょく juuryoku 重力 جَاذِبِيَّة (الْأَرْض) < جذب قُوَّةُ الْجَاذِبِيَّةِ الْأَرْضِيَّةِ ٩.٨ نِيُوتُن
地球の重力は9．8ニュートンです

じゅぎょう jugyou 授業 دَرْس 複 دُرُوس حَضَرَ دُرُوسَ ~ :~の授業に出席した
※ مَصَارِيف دِرَاسِيَّة :授業料
2)授業 حِصَّة دِرَاسِيَّة 複 حِصَص لِمَاذَا تَغَيَّبْتَ عَنْ حِصَّةِ الْيَابَانِيَّةِ ؟
あなたはどうして日本語の授業を欠席したのですか

じゅくご jukugo 熟語 تَعْبِير اِصْطِلَاحِيّ

じゅくした juku-shita 熟した يَانِع < ينع 複 يَنْع اَلْعِنَبُ بَاتَ يَانِعًا يَنْتَظِرُ الْقِطَاف
熟した葡萄が収穫を待っている

じゅくす jukusu 熟す
じゅくする juku-suru 熟する⇒ うれる ureru 熟れる

じゅけんせい juken-sei 受験生 طَالِب لِامْتِحَان الْقُبُول

じゅしんき jushin-ki 受信機 جِهَاز الِالْتِقَاط

じゅず juzu 数珠(لِلصَّلَاةِ) مِسْبَحَة < سبح 複 مَسَابِح

じゅつご jutsu-go 述語 خَبَر 複 أَخْبَار اَلْمُبْتَدَاء وَالْخَبَر :(名詞文の)主語と述語

じゅどうたい judou-tai 受動態 ⇒ うけみけい ukemi-kei 受け身形

じゅにゅうする ju·nyuu-suru 授乳する أَرْضَعَ < رضع IV جَاعَ الطِّفْلُ فَأَرْضَعَتْهُ أُمُّهُ
子供のお腹が空いたので母親は授乳した(乳を飲ませた)
名 رَضَاعَة (رِضَاعَة) :授乳 فَتْرَة الرِّضَاعَة :授乳期

じゅふんする～じゅんびする

じゅふんする　juhun-suru　受粉する　لَقَّحَ　< لقح II　لَقَّحَ الْفَلَّاحُ النَّخْلَةَ لِيَعْقِدَ ثَمَرُهَا
農夫は実を結ばせるめに椰子の木に受粉した
名 تَلْقِيح :受粉

じゅみょう　jumyou　寿命　أَجَلٌ　قَضَى أَجَلَهُ :彼の寿命が尽きた
2)寿命　عُمْر　複 أَعْمَار　تَطَاوَلَ الْعُمْرُ :寿命が延びた

じゅもく　jumoku　樹木　⇒ き　ki　木／樹

じゅよう　juyou　需要　طَلَبٌ　اَلْعَرْضُ وَالطَّلَب :需要と供給

じゅりする　juri-suru　受理する　⇒ うけつける　uketsukeru　受け付ける

じゅん　jun　順　⇒ じゅんばん　junban　順番

じゅんかい　junkai　巡回　دَوْرِيَّة　< دور 複 -ات　يَقُومُ الطَّرَّادُ بِدَوْرِيَّاتٍ عَلَى مَقْرُبَةٍ مِنَ الشَّاطِئِ
巡視船が岸の近くを巡回する

じゅんきょう-しゃ　junkyou-sha　殉教者　شَهِيد　< شهد 複 شُهَدَاءُ　تَقَدَّسَتْ تُرْبَةُ الْوَطَنِ بِدِمَاءِ الشُّهَدَاءِ
祖国の土は殉教者の血で清められた

じゅんきょうじゅ　junkyoju　准教授　أُسْتَاذ مُسَاعِد

じゅんきょう-する　junkyou-suru　殉教する　أُسْتُشْهِدَ　< شهد X ※受

じゅんきん　jun-kin　純金　إِبْرِيز　هٰذَا السِّوَارُ مِنَ الذَّهَبِ الْإِبْرِيزِ
このブレスレットは純金です

じゅんさ　junsa　巡査　⇒ けいさつかん　keisatsu-kan　警察官

じゅんしゅする　junshu-suru　遵守する　⇒ まもる　mamoru　2)守る

じゅんじょ　junjo　順序　تَرْتِيب　< رتب 複 -ات　بِالتَّرْتِيبِ :順序よく
اَلتَّرْتِيب الْأَبْجَدِيّ :アルファベット順

じゅんすいな　junsui-na　純粋な　نَقِيّ　複 أَنْقِيَاءُ / نِقَاء　مَعْدِن نَقِيّ :純粋な金属
2)純粋な　خَالِص　< خلص 複 خُلَّص　أَبْيَض خَالِص :純白の

じゅんちょうに　junchou-ni　順調に　عَلَى مَا يُرَام　دِرَاسَتِي تَسِيرُ عَلَى مَا يُرَام
(私の)勉強は順調です

じゅんばん　junban　順番　تَرْتِيب　< رتب 複 -ات　بِالتَّرْتِيبِ :順番に

じゅんび-ができて　junbi-gadekite　準備が出来て　حَاضِر　< حضر 複 حُضَّر / حُضُور　هَلِ الْغَدَاءُ حَاضِرٌ؟
昼食(の準備)は出来てますか

じゅんびされて　junbi-sarete　準備されて　جَاهِز　< جهز　جَاهِزٌ الْعَشَاءُ :夕食は準備されている

じゅんびする　junbi-suru　準備する　اِسْتَعَدَّ　< عدّ X　اِسْتَعَدَّتِ الْيَابَانُ لِلْحَرْبِ ضِدَّ أَمْرِيكَا
日本はアメリカに対する戦争を準備した
※名 اِسْتِعْدَاد :準備　اِسْتِعْدَاد لِلسَّفَرِ :旅行の準備

し

じゅんようかん～じょうこう

じゅんようかん jun・you-kan 巡洋艦 طَرَّاد / طَرَّادَة < طرد 複 -ات تَحَرَّكَتْ حَامِلَةُ الطَّائِرَاتِ تُوَاكِبُهَا ثَلَاثُ طَرَّادَاتٍ
三隻の巡洋艦に護送されて航空母艦が移動していた

じゅんれいしゃ junrei-sha 巡礼者 حَاجّ < حجّ 複 حُجَّاج / حَجِيج ضَحَّى الْحُجَّاجُ بِالْخِرَافِ
巡礼者達は羊を生けにえにした

じゅんれいする junrei-suru 巡礼する حَجَّ (u) يَحُجُّ إِلَى مَكَّةَ الْمُكَرَّمَةِ فِي كُلِّ عَامٍ
毎年メッカを巡礼する(に巡礼に行く)
※名 حَجَّة / حَجّ 複 -ات/ حِجَج :巡礼
ذُو الْحِجَّةِ :ヅール=ヘッジャ(イスラム暦の最後の月)

じょう jou 錠 قُفْل 複 أَقْفَال فَتَحَ الْقُفْلَ بِالْمِفْتَاحِ :錠を鍵で開けた

じょうえんする jouen-suru 上演する مَثَّلَ < مثل II تُمَثِّلُ الْفِرْقَةُ تَمْثِيلِيَّةً غِنَائِيَّةً
そのグループはオペラを上演する

じょうかする jouka-suru 浄化する طَهَّرَ < طهر II إِنَّ اللّٰهَ اصْطَفَاكِ وَطَهَّرَكِ
実に神は貴女を選んで浄化された(清められた)

じょうかん joukan 情感 عَاطِفَة < عطف 複 عَوَاطِف غَنَّى بِكَثِيرٍ مِنَ الْعَاطِفَةِ
情感を込めて歌った

じょうき jouki 蒸気 بُخَار < بخر 複 أَبْخِرَة بُخَارُ الْمَاءِ :水蒸気
اَلْبُخَارُ السَّاخِنُ مَلَأَ جَوَّ الْحَمَّامِ
温かい蒸気(湯気)が風呂場に満ちていた
※関 بُخَارِيّ :蒸気の قَاطِرَة بُخَارِيَّة :蒸気機関車/ＳＬ

じょうきゃく joukyaku 乗客 رَاكِب < ركب 複 رُكَّاب رُكَّابُ الْقِطَارِ :列車の乗客
كَمْ رَاكِبًا تُقِلُّ سَيَّارَتُكَ؟
あなたの自動車は何人乗客を運びますか

じょうきょう joukyou 状況 حَال < حول 複 أَحْوَال اَلْأَحْوَالُ الْجَوِّيَّةُ :気象状況
2)状況 وَضْع 複 أَوْضَاع اَلْوَضْعُ الْحَالِي :現在の状況/現況

じょうぎ jougi 定規 مِسْطَرَة < سطر 複 مَسَاطِر لَا تَسْتَقِيمُ الْخُطُوطُ إِلَّا بِالْمِسْطَرَةِ
定規がなければ線は真っ直ぐ引けません

じょうけん jouken 条件 شَرْط 複 شُرُوط بِشَرْطِ (عَلَى شَرْطِ) أَنْ ~ :～という条件で
بِدُونِ شَرْطٍ / بِلَا شَرْطٍ :無条件で
اَلْاِجْتِهَادُ شَرْطٌ لِلنَّجَاحِ :努力は成功の(必要)条件である

じょうこう joukou 条項 بَنْد 複 بُنُود اِقْرَإِ الْبَنْدَ الْأَوَّلَ :第一条項を読みなさい

し

じょうご～じょうねつてきな

じょうご　jougo　漏斗　قَمْع　複 أَقْمَاع　صَبَّ عَنْ طَرِيقِ أَقْمَاعٍ صَغِيرَةٍ
小さな漏斗で注いだ

じょうざい　jouzai　錠剤　حَبَّة دَوَاءٍ / قُرْص دَوَاءٍ

じょうし　joushi　上司　مُدِير　< دور 複 مُدَرَاء　تَمَلَّقْتَ مُدِيرَكَ
あなたは上司にぺこぺこした(へつらった)

じょうしき　joushiki　常識　مَعْلُومَات عَامَّة

じょうしゃけん　jousha-ken　乗車券　⇒ きっぷ　kippu　切符

じょうしょうする　joushou-suru　上昇する　اِرْتَفَعَ　< رفع VIII　اِرْتَفَعَتِ الْأَسْعَارُ :物価が上昇した
※名 اِرْتِفَاع :上昇　اِرْتِفَاعُ حَرَارَةِ الْجِسْمِ
体温の上昇

じょうじゅする　jouju-suru　成就する　تَحَقَّقَ　< حق V　تَحَقَّقَتِ الْأَحْلَامُ :夢が成就した

じょうじゅん　joujun　上旬　أَوَائِل الشَّهْرِ　أَوَائِلُ شَهْرِ رَمَضَانَ :ラマダーン月の上旬

じょうすい　jou-sui　上水　مَاء نَقِيّ　※ ⇔ 下水

じょうず　jouzu　上手　إِتْقَان　< تقن　تَتَكَلَّمُ الْعَرَبِيَّةَ بِإِتْقَانٍ
あなたはアラビア語を上手に話す

じょうずな　jouzu-na　上手な　مَاهِر　< مهر ～في :～が　هُوَ مَاهِرٌ فِي لَعِبِ كُرَةِ الْقَدَمِ
彼はサッカーが上手である(うまい)

じょうずに　jouzu-ni　上手に　جَيِّدًا　< جيد　رَقَصَتْ جَيِّدًا :彼女は上手に(うまく)踊った

じょうせい　jousei　情勢　وَضْع　複 أَوْضَاع　اَلْوَضْعُ الْحَالِي :現在の情勢/現状

じょうたい　joutai　状態　حَالَة　< حول 複 ـات　حَالَة صِحِّيَّة :健康状態
حَالَةُ الْمَرِيضِ حَسَنَة :病人の状態は良い

2)状態　بَال　< بول　رَاحَةُ الْبَالِ :心の安定した(安らぎの)状態

じょうたつする　joutatsu-suru　上達する　أَتْقَنَ　< تقن IV　أَتْقَنَ الْعَزْفَ عَلَى الْكَمَانِ
バイオリンの演奏が上達した

じょうだん　joudan　冗談　مُزَاح (ُ)　< مزح　عَلَى سَبِيلِ الْمُزَاحِ (ُ) :冗談に

2)冗談　نُكْتَة　複 نِكَات/نُكَت　اَلنُّكْتَةُ النَّاجِحَةُ تُثِيرُ الضَّحِكَ
良い冗談は笑いをもたらす

じょうだんをいう　joudan-wo・iu　冗談を言う　دَاعَبَ　< دعب III　لَا تَغْضَبْ، فَأَنَا أُدَاعِبُكَ
怒らないで下さい, 冗談(を言っているだけ)ですから

じょうとうな　joutou-na　上等な　⇒ よい　yoi　良い

じょうねつ　jou・netsu　情熱　حَمَاس　< حمس　اِشْتَعَلَ حَمَاسًا لِـ～ :～に情熱を燃やした

じょうねつてきな　jou・netsu-teki・na　情熱的な　حَمَاسِيّ　< حمس　رَقْصَة حَمَاسِيَّة :情熱的な踊り

じょうはつさせる～じょおう

じょうはつ-させる jouhatsu-saseru 蒸発させる بَخَّرَ < بخر II تُبَخِّرُ الشَّمْسُ رُطُوبَةَ الْغَسِيلِ
太陽が洗濯物の水分を蒸発させる

じょうはつ-する jouhatsu-suru 蒸発する تَبَخَّرَ < بخر V يَتَبَخَّرُ مَاءُ الْقِدْرِ بِسُرْعَةٍ
薬缶の水がすぐに蒸発する

じょうば jouba 乗馬 رُكُوبُ الْخَيْلِ هُوَ مُغْرَمٌ بِرُكُوبِ الْخَيْلِ :彼は乗馬に夢中である

じょうひんな jouhin-na 上品な ظَرِيف < ظرف 複 ظُرَفَاءُ أَنْتِ فَتَاةٌ ظَرِيفَةٌ لَطِيفَةٌ
貴女は上品で親切な娘だ

し

じょうぶな joubu-na 丈夫な مَتِين < متن خَشَبُ السِّنْدِيَانِ مَتِينٌ :樫の木は丈夫です

じょうぶん joubun 条文 مَادَّة < مدّ 複 مَوَادُّ اَلْمَادَّةُ التَّاسِعَةُ مِنَ الدُّسْتُورِ
憲法第九条

2)条文 نَصّ 複 نُصُوص نَصُّ الْقَانُونِ وَاضِحٌ لَا لَبْسَ فِيهِ
法律の条文は明確で曖昧さがない

じょうほう jouhou 情報 إِعْلَام < علم وِزَارَةُ الْإِعْلَامِ : 情報省

2)情報 مَعْلُومَات < علم ※ مَعْلُومَة の複

اَلْمَعْلُومَاتُ الْمَجْمُوعَةُ :集められた情報

~ اِجْمَعْ مَعْلُومَاتٍ عَنْ :~の情報を集めなさい

じょうほうげん jouhou-gen 情報源
じょうほうすじ jouhou-suji 情報筋 مَصْدَر < صدر 複 مَصَادِرُ اَلْمَصَادِرُ الْحُكُومِيَّةُ :政府筋

じょうほする jouho-suru 譲歩する أَذْعَنَ < ذعن IV لَا تُذْعِنْ لِغَيْرِ الْحَقِّ!
真実以外には譲歩するな

じょうみゃく joumyaku 静脈 وَرِيد < ورد 複 أَوْرِدَة / وُرُود / وُرْد ※ ⇔ شِرْيَان :動脈

مَا الْفَرْقُ بَيْنَ الشِّرْيَانِ وَالْوَرِيدِ؟
動脈と静脈の違いは何ですか

じょうやく jouyaku 条約 مُعَاهَدَة < عهد 複 ـات مُعَاهَدَةُ الْأَمْنِ :安全保障条約

مُعَاهَدَةُ صُلْحٍ :和平条約

~ عَقَدَ الْمُعَاهَدَةَ مَعَ :~と条約を結んだ

じょうりくする jouriku-suru 上陸する نَزَلَ (مِنَ السَّفِينَةِ إِلَى الْيَابِسَةِ) (u)

じょうりゅう-する jouryuu-suru 蒸留する قَطَّرَ < قطر II يُقَطِّرُ الْعَطَّارُ زَهْرَ اللَّيْمُونِ
香水屋はレモンの花を蒸留する

じょうろ jouro じょうろ مِرَشَّة < رشّ 複 مَرَاشُّ رَوَيْتُ الْأَزْهَارَ بِالْمِرَشَّةِ
私はじょうろで花に水をやった

じょおう jo・ou 女王 مَلِكَة كِلِيُوبَاتْرَا كَانَتْ مَلِكَةً فِي مِصْرَ
クレオパトラはエジプトの女王でした

じょおうばち～じらい

じょおうばち　jo･ou-bachi　女王蜂　زَعَامَة الْيَعْسُوب　يَخْضَعُ النَّحْلُ لِزَعَامَةِ الْيَعْسُوبِ
蜜蜂は女王蜂に仕える

じょがいする　jogai-suru　除外する　⇒ のぞく　nozoku　除く

じょきょうじゅ　jo-kyouju　助教授　⇒ じゅんきょうじゅ　jun-kyouju　准教授

じょきょする　jokyo-suru　除去する　⇒ とりのぞく　tori-nozoku　取り除く

じょげん　jogen　助言　نَصِيحَة < نصح 複 نَصَائِح　أَفْضَلْتَ عَلَيَّ بِنَصَائِحِكَ
あなたは私に助言を与えてくれました
فَكِّرْ فِي كُلِّ نَصِيحَةٍ تُقَالُ لَكَ قَبْلَ تَنْفِيذِهَا
どんな助言でも実行する前によく考えなさい

じょこうする　jokou-suru　徐行する(قِطَارٌ أَوْ سَيَّارَةٌ إلخ) تَمَهَّلَ < مهل V
تَمَهَّلَ الْقِطَارُ عِنْدَ الْمُنْعَطَفِ
カーブの所で列車は徐行した

じょさんし　josan-shi　助産師
じょさんぷ　josan-pu　助産婦　قَابِلَة < قبل 複 قَوَابِل / -ات ※助産婦は助産師の旧称
لَمْ نَجِدْ فِي قَرْيَتِنَا طَبِيباً مُوَلِّداً،
私達の村には産科の医師が　فَاسْتَدْعَيْنَا قَابِلَةً
いなかったので,助産婦さんを呼びにやった

じょし　joshi　女子　بِنْت 複 بَنَات　جَامِعَة لِلْبَنَات :女子大

じょしゅ　joshu　助手　مُسَاعِد < سعد 複 ـون　مُسَاعِد السَّائِق :運転助手

じょじょに　jojo-ni　徐々に　شَيْئاً فَشَيْئاً　تَتَقَدَّمُ شَيْئاً فَشَيْئاً :あなたは徐々に進歩している

じょせい　josei　女性　اِمْرَأَة < مرا 複 نِسَاء / نِسْوَة ※定 الْمَرْأَة
اِمْرَأَة يَابَانِيَّة :日本人女性

じょせいの　josei-no　女性の　مُؤَنَّث < أنث　اِسْم مُؤَنَّث :女性名詞
2)女性の　نِسَائِيّ < مرا　الْحَرَكَة النِّسَائِيَّة :女性(解放)運動

じょちゅう　jochuu　女中　خَادِمَة / خَدَّامَة < خدم　رَتِّبْ حَوَائِجَكَ بِنَفْسِكَ، لَيْسَتْ
自分の事は自分でしなさい,　فِي الْبَيْتِ خَادِمَةٌ
家に女中さんはいません

じょちょうする　jochoo-suru　助長する　شَجَّعَ < شجع II　مَنْ يُبَرْطِلُ رَجُلاً يُشَجِّعُهُ عَلَى الْفَسَادِ
人に賄賂を贈る者は腐敗を助長する

じょぶん　jobun　序文(الْكِتَاب) مُقَدِّمَة < قدم 複 -ات　※本の序文

じょゆう　joyuu　女優　مُمَثِّلَة < مثل 複 -ات　مُمَثِّلَة لِلْأَفْلَامِ السِّينِمَائِيَّةِ
映画女優

じらい　jirai　地雷　لُغْم / لَغَم 複 أَلْغَام　أَزَالَ أَلْغَامًا :地雷を取り除いた(除去した)

じりつする～じんみんの

地雷が埋められた: زُرِعَتِ الْأَلْغَامُ فِي الْأَرْضِ

انْفَجَرَ فِيهِ اللُّغْمُ فَطَارَ كُلُّ شِلْوٍ مِنْهُ

地雷が爆発して彼の体の肉片が全部飛び散った

じりつする　jiritsu-suru　自立する　اِسْتَقَلَّ　<قلّ　x　لَا يُمْكِنُكَ أَنْ تَسْتَقِلَّ بِدُونِ شُغْلٍ

仕事なしには自立できない

じりょく　jiryoku　磁力　جَاذِبِيَّة مَغْنَاطِيسِيَّة

じれんま　jirenma　ジレンマ　حَيْرَة　اَلْحَيْرَةُ تُقْلِقُ وَتُتْعِبُ

ジレンマは(人を)悩ませ疲労させる

し

じん　jin　～人　～ِيّ　日本人: يَابَانِيّ　アラビア人/アラブ人: عَرَبِيّ

じんかく　jinkaku　人格　شَخْصِيَّة　<شخص 複 -ات　二重人格: شَخْصِيَّة مُزْدَوِجَة

じんけん　jinken　人権　حُقُوق الْإِنْسَانِ　基本的人権: حُقُوق الْإِنْسَانِ الْأَسَاسِيَّة

人権の擁護: دِفَاع عَنْ حُقُوقِ الْإِنْسَانِ

じんこう　jinkou　人口　سُكَّان　<سكن　سَاكِن の複　人口統計: إِحْصَاء السُّكَّانِ

人口(の)密度: اَلْكَثَافَة السُّكَّانِيَّة　人口の: سُكَّانِيّ ※関

じんこうの　jinkou-no　人工の　صِنَاعِيّ　<صنع　人工衛星: قَمَرٌ صِنَاعِيّ 複 أَقْمَار صِنَاعِيَّة

じんしゅ　jinshu　人種　عُنْصُر　複 عَنَاصِر　人種差別: اَلتَّفْرِقَة الْعُنْصُرِيَّة

2)人種　جِنْس　複 أَجْنَاس　سُكَّانُ الْيَابَانِ مِنَ الْجِنْسِ الْأَصْفَرِ

日本の住民は黄色人種である

じんじゃ　jinja　神社　مَعْبَد "الشِّنْتُوِيَّة"

じんせい　jinsei　人生　حَيَاة　<حيي/حيّ 複 حَيَوَات　عَاشَ حَيَاةً سَعِيدَةً

彼は幸せな人生を送った

じんぞう　jinzou　腎臓　كُلْوَة / كُلْيَة　腎炎: اِلْتِهَاب الْكُلْوَةِ

じんぞうの　jinzou-no　人造の　اِصْطِنَاعِيّ　<صنع　造花(複): زُهُور اِصْطِنَاعِيَّة

じんどう　jindou　人道　الْإِنْسَانِيَّة　人道に反する罪: جَرَائِم ضِدَّ الْإِنْسَانِيَّةِ

じんどうしゅぎ　jindou-shugi　人道主義　اَلْفَلْسَفَة الْإِنْسَانِيَّة

じんどうてきな　jindou-teki・na　人道的な　إِنْسَانِيّ　<أنس　人道的な行為: عَمَلٌ إِنْسَانِيٌّ

彼は人道的な医者だった: هُوَ كَانَ طَبِيبًا إِنْسَانِيًّا

じんみん　jinmin　人民　شَعْب　複 شُعُوب　中国(の)人民: اَلشَّعْب الصِّينِيّ

じんみんの　jinmin-no　人民の　شَعْبِيّ　<شعب　人民民主主義: دِيمُوقْرَاطِيَّة شَعْبِيَّة

人民政府: حُكُومَة شَعْبِيَّة

人民戦線: جَبْهَة شَعْبِيَّة

じんめい〜じんるい

じんめい	jinmei	人命	حَيَاة بَشَرِي	※ إِنْقَاذ الْحَيَاة:人命救助(じんめいきゅうじょ)
じんもんする	jinmon-suru	尋問する	اِسْتَجْوَب	اِسْتَجْوَب شَاهِد الْخَصْم X جوب>:反対尋問をした(はんたいじんもん)
				※名 اِسْتِجْوَاب 複-ات:尋問(じんもん)
				اِسْتِجْوَاب شَاهِد الْخَصْم:反対尋問(はんたいじんもん)
				اِسْتِجْوَاب الْمُتَّهَم:容疑者(ようぎしゃ)(被告(ひこく))の尋問(じんもん)
じんるい	jinrui	人類	النَّوْع الْإِنْسَانِيّ／نَوْع الْإِنْسَان	

す～すいじゅん

寿 す ス 【su】

す　su　巣　عُشّ　※鳥 複 أَعْشَاش / عِشَاش　بَنَى الْعُشَّ عَلَى الشَّجَرَةِ
木の上に巣を作った

2)巣　جُحْر　※獣の 複 جُحُور　اِخْتَفَتِ الْحَيَّةُ فِي جُحْرِهَا
蛇は巣穴に隠れた

3)巣　خَلِيَّة　< خلو 複 خَلَايَا　خَلِيَّةُ نَحْلٍ :蜂の巣

す　su　酢　خَلّ　ضَعْ فِيهِ قَلِيلًا مِنَ الْخَلِّ :酢を少し入れなさい

すーだん　suudan　スーダン　السُّودَان　< سود　اَلْجُمْهُورِيَّةُ السُّودَانِيَّةُ
الدِّيمُوقْرَاطِيَّةُ　スーダン民主共和国

すーつ　suutsu　スーツ　طَقْم　複 أَطْقُمَة / طُقُوم　اِشْتَرَى طَقْمًا جَاهِزًا
既成のスーツを買った

すーぱー　suupaa　スーパー
すーぱー-まーけっと　suupaa-maaketto　スーパーマーケット　سُوق مَرْكَزِيَّة

すーぷ　suupu　スープ　شُرْبَة / شُورَبَة　تَنَاوَلَ شُورَبَةً : スープを飲んだ

2)スープ　حَسَاء / حَسُو　< حسو　حَسَاءُ الْخُضَارِ :野菜スープ

すあしの　su·ashi-no　素足の　⇒ はだしの　hadashi-no　裸足の

すあな　su-a·na　巣穴　⇒ す　su　2)巣

すいえい　sui·ei　水泳　سِبَاحَة　< سبح　هَلْ أَنْتَ مَاهِرٌ فِي السِّبَاحَةِ ؟
あなたは水泳(泳ぎ)がうまい(上手)ですか
تَدَرَّبَ عَلَى السِّبَاحَةِ :水泳の練習をした

すいか　suika　すいか/西瓜　بِطِّيخ (ـَ)　※ بِطِّيخَة (ـَ) : 1個の西瓜　شَقَّ الْبِطِّيخَةَ :西瓜を割った

すいがら　suigara　吸い殻　عَقْبُ السِّيجَارَةِ　عَقْبُ السِّيجَارَةِ يُطْفَأُ فِي الْمِنْفَضَةِ
たばこの吸い殻は灰皿で消します

すいこうする　suikou-suru　遂行する　⇒ やりとげる　yaritogeru　やり遂げる

すいこむ　suikomu　吸い込む ⇒ すう　suu　吸う

すいぎゅう　suigyuu　水牛　جَامُوس　複 جَوَامِيس　اَلْجَامُوسُ أَقْوَى مِنَ الثَّوْرِ وَأَضْخَمُ
水牛は牛より強く大きい

すいぎん　suigin　水銀　زِئْبَق　سَالَ الزِّئْبَقُ كُرَاتٍ صَغِيرَةً
水銀が小さな玉となって流れ出た

すいじ　suiji　炊事　طَبْخ　< طبخ　"أَبُو يُوسُف" يُمَارِسُ الطَّبْخَ فِي الْمَطْعَمِ
アブー・ユーセフはレストランで炊事の仕事をしている

すいじゃくする　suijaku-suru　衰弱する　ضَعُفَ (u)　يَضْعُفُ يَوْمًا بَعْدَ يَوْمٍ :日に日に衰弱している

すいじゅん　suijun　水準　مُسْتَوًى　< سوى　※定 اَلْمُسْتَوَى

مُسْتَوَى الْمَعِيشَةِ (الْحَيَاةِ) :生活水準(レベル)

すいしょう suishou 水晶 بِلَّوْر / بَلُّور كُرَات بِلَّوْرٍ لَامِعَةٍ :輝く水晶玉

すいじょうき suijouki 水蒸気 ⇒ じょうき jouki 蒸気

すいせい suisei 水星 عُطَارِدُ عُطَارِدُ أَقْرَبُ كَوْكَبٍ إِلَى الشَّمْسِ

水星は太陽に一番近い惑星です

すいせん suisen 水仙 نَرْجِس (َ) اِنْتَشَرَتْ فِي الْجَوِّ رَائِحَةُ النَّرْجِسِ

水仙の香りが一面に広がった

すいせん suisen 推薦 تَوْصِيَة < وصى 複 -ات خِطَاب تَوْصِيَة :推薦状

すいせんする suisen-suru 推薦する رَشَّحَ < رشح II رَشَّحَنِي الْمُدَرِّبُ لِرِئَاسَةِ الْفَرِيقِ

コーチは私をチームの主将に推薦した

すいそ suiso 水素 هَيْدْرُوجِين يَتَّحِدُ الْهَيْدْرُوجِينُ مَعَ الْأُكْسُجِينِ لِيُكَوِّنَا الْمَاءَ

水素は酸素と結合し,水を作る

すいそう suisou 水槽 حَوْض 複 أَحْوَاض صُبَّ الْمَاءَ فِي الْحَوْضِ :水槽に水を注いだ

すいそくする suisoku-suru 推測する خَمَّنَ < خمن II خَمَّنَ الْخَبِيرُ أَضْرَارَ الْحَادِثِ

専門家がその事故の損害を推測した

すいぞう suizou 膵臓 بَنْكِرِيَاس ※ =pancrease(Eng.) سَرَطَان الْبَنْكِرِيَاسِ :膵臓癌

すいぞくかん suizoku-kan 水族館 مَتْحَف لِلْأَحْيَاءِ الْمَائِيَّةِ

すいたいする suitai-suru 衰退する اِنْحَطَّ < حطّ VII مَعَ الْجَفَافِ يَنْحَطُّ مُسْتَوَى الْإِنْتَاجِ الزِّرَاعِيِّ

干ばつで農業生産が衰退している

すいちょくな suichoku-na 垂直な عَمُودِيّ < عمد خَطّ عَمُودِيّ :垂線

すいっち suicchi スイッチ(كَهْرَبَائِيّ) مِفْتَاح فَتَحَ (أَقْفَلَ) الْكَهْرَبَاءَ

スイッチを入れた(切った)

2)スイッチ زِرّ 複 أَزْرَار ※スイッチのボタン

أَيْنَ زِرُّ الْمِصْبَاحِ ؟ :電灯のスイッチはどこですか

すいてき suiteki 水滴 قَطْرَة مَاءٍ لَمْ يَبْقَ فِي الْجَرَّةِ قَطْرَةُ مَاءٍ

瓶には水滴(水一滴)も残ってなかった

すいでん suiden 水田 ⇒た ta 田

すいどう suidou 水道 خَطّ أُنْبُوبَةِ الْمِيَاهِ

すいどうかん suidou-kan 水道管(مَاسُورَة (الْمَاءِ 複 مَوَاسِير فَجَّرَ الصَّقِيعُ مَاسُورَةَ الْمَاءِ

霜が水道管を破裂させた(破裂した)

すいふ suihu 水夫 ⇒ ふなのり hu・na・nori 船乗り

すいへいな suihei-na 水平な أُفُقِيّ < أفق خَطّ أُفُقِيّ :水平線

すいへいにする〜すかーと

す

すいへいにする suihei-nisuru 水平にする ⇒ たいらにする taira-nisuru 平らにする

すいま suima 睡魔 ⇒ ねむけ nemuke 眠気

すいみん suimin 睡眠 ⇒ ねむり nemuri 眠り

すいみんやく suimin-yaku 睡眠薬 مُنَوِّم < نوم تَنَاوَلَ ٣ أَقْرَاصٍ مِنَ الْمُنَوِّمِ
睡眠薬を3錠飲んだ

すいようび sui-youbi 水曜日 يَوْمُ الْأَرْبَعَاءِ/ الْأَرْبَعَاء
(ِ) (َ)

すいりする suiri-suru 推理する اِسْتَنْتَجَ < نتج X مَاذَا تَسْتَنْتِجُ مِنْ كُلِّ هٰذِهِ الْمُلَاحَظَاتِ
これらの観察から何を推理しますか

すいろ suiro 水路 قَنَاة < قنو 複 قَنَوَات يَجْرِي الْمَاءُ فِي قَنَاةٍ ضَيِّقَةٍ
狭い水路に水が流れている

すう suu 数 ⇒ かず kazu 数

すう suu 吸う مَصَّ (u, i) ※أَنَا مَصَصْتُ/مَصِصْتُ ※液体を
سَأَمُصُّ هٰذَا السَّائِلَ:この液を吸ってみよう

2)吸う اِسْتَنْشَقَ < نشق X ※気体を أَخْرُجُ لِأَسْتَنْشِقَ الْهَوَاءَ
外の空気を吸ってきます

3)吸う دَخَّنَ < دخن II ※煙草を أَيُمْكِنُ أَنْ أُدَخِّنَ هُنَا؟
ここで煙草を吸ってもいいですか

4)吸う رَضِعَ (a) ※乳を رَضِعَ الطِّفْلُ وَنَامَ:その子は乳を吸って眠った

すうがく suugaku 数学 رِيَاضِيَّات < روض رِيَاضِيَّاتٌ تَطْبِيقِيَّةٌ:応用数学
صِيغَةُ رِيَاضِيَّاتٍ:数学の公式

すうじ suu-ji 数字 رَقْم 複 أَرْقَام الْأَرْقَامُ الْعَرَبِيَّةُ:算用数字/アラビア数字

すうはいする suu·hai-suru 崇拝する عَبَدَ (u) عَبَدَ اللّٰهَ:神を崇拝した
إِيَّاكَ نَعْبُدُ : 私達はあなたを崇拝します(崇めます)
※名 عِبَادَة 複 -ات:崇拝 عِبَادَةُ الطَّبِيعَةِ:自然崇拝
اَللّٰهُ وَحْدَهُ يَسْتَحِقُّ الْعِبَادَةَ
神だけが崇拝に値する

すえ sue 末 نِهَايَة < نهو 複 -ات فِي نِهَايَةِ هٰذَا الشَّهْرِ:今月の末に

すえた sueta すえた زَنِخ لَا آكُلُ رُزًّا زَنِخًا : 私達はすえたご飯は食べません

すえつける suetsukeru 据え付ける رَكَّبَ < ركب II رَكَّبَ أَجْهِزَةَ التَّبْرِيدِ
冷却装置を据え付けた

すえっこ suekko 末っ子 الِابْنُ الْأَصْغَرُ ※女 الْبِنْتُ الصُّغْرَى

すかーと sukaato スカート تَنُّورَة مِنْ فَضْلِكِ، لَا تَلْبَسِي تَنُّورَةً قَصِيرَةً
すみません,ミニスカートをはかないで下さい

すかーふ～すく

すかーふ　sukaahu　スカーフ　وِشَاح < وشح 複 أَوْشِحَة　اِطْرَحِي عَلَى كَتِفَيْكِ الْوِشَاحَ
スカーフを肩に掛けなさい

すがた　sugata　姿　شَكْل 複 أَشْكَال　شَكْلُهُ لَا يُشْبِهُ بَاقِي الْبَطِّ
彼のは姿は他のあひる達に似ていない

すがる　sugaru　縋る　تَمَسَّكَ < مسك V　خَافَ الطِّفْلُ مِنَ الْكَلْبِ فَتَمَسَّكَ بِفُسْتَانِ أُمِّهِ
その子は犬を怖がって母親のドレスに縋った(しがみ付いた)

すき　suki　好き ⇒ このむ　ko・nomu　好む

すき　suki　鋤　مِحْرَاث < حرث 複 مَحَارِيث　يَشُقُّ الْمِحْرَاثُ تُرَابَ الْحَقْلِ وَيَقْلِبُهُ
鋤は畑の土を切り取り,ひっくり返す
(掘り起こす)

すきーやー　sukiiyaa　スキーヤー　مُتَزَلِّج < زلج　هَبَطَ الْمُتَزَلِّجُ مُنْحَدَرَ الْجَبَلِ
スキーヤーが山の斜面を下りた

すきー-をする　sukii-wosuru　スキーをする　تَزَلَّجَ < زلج V　يَتَزَلَّجُ بَعْضُ الْأَوْلَادِ عَلَى الثَّلْجِ
幾人かの子供達が雪の上でスキーをしている

すきです　suki-desu　好きです ⇒ すく　suku　好く

すきとおった　sukitootta　透き通った ⇒ 透明の　toumei-no　透明の

すきゃんだる　sukyandaru　スキャンダル　فَضِيحَة < فضح 複 فَضَائِح　فَضِيحَة مَالِيَّة (سِيَاسِيَّة)
金銭(政治)的スキャンダル

すぎ　sugi　杉　أَرْز　أَرْز لُبْنَان : レバノン杉

すぎない　sugi・nai　(～に)すぎない　لَيْسَ إِلَّا ～　اَلْحَيَاةُ لَيْسَتْ إِلَّا حُلْمٌ :人生は夢にすぎない

すぎる　sugiru　過ぎる　يَمُرُّ ، مَرَّ　مَرَّتِ السَّفِينَةُ فِي الْقَنَاةِ :船が運河を通り過ぎた
مَرَّ الْوَقْتُ بِسُرْعَةٍ :時が素早く過ぎた
2)過ぎる　يَمْضِي ، مَضَى　مَضَى عَلَى ذٰلِكَ شُهُورٌ :それから数カ月が過ぎた

(～)すぎる　(～)sugiru　～すぎる　أَفْرَطَ < فرط IV　إِنْ تُفْرِطْ فِي الْأَكْلِ تُتْعِبْ مَعِدَتَكَ
食べ過ぎるとお腹をこわします

すく　suku　好く　أَحَبَّ < حبّ IV　أُحِبُّكِ :(私は)貴女が好きです(を愛してます)
تَرَكَهُ يَفْعَلُ كَمَا يُحِبُّ :彼の好きなようにさせた
2)好く　فَضَّلَ < فضل II　أُفَضِّلُ الْمَانْجَا عَلَى الْبُرْتُقَالِ
私は蜜柑よりマンゴーが好きです

すく　suku　空く　يَجُوعُ ، جَاعَ　أَنَا جُعْتُ :私はお腹が空きました
2)空く　فَرَغَ (u) / فَرِغَ (a)　مَتَى تَفْرُغِينَ مِنَ الْغَسْلِ؟
(貴女は)洗濯からいつ手が空くのですか

す

すく～すけーとをする

す

すく　suku　すく/梳く　مَشَّطَ　< مشط II　مَشَّطَ شَعْرَهُ بِالْمُشْطِ :櫛で髪を梳いた
(ُ)

すく　suku　すく/鋤く　حَرَثَ (u)　※田や畑を　حَرَثَ الْفَلَّاحُ مَزْرَعَةَ الرُّزِّ
農民が田を鋤いた

すくう　sukuu　救う　يَنْجُو ، نَجَا　～: بِـ～を　نَجَا بِحَيَاتِهِ :彼の命(生命)を救った
※名 نَجَاة :救い　نَحْمَدُ اللّٰهَ لِنَجَاتِنَا مِنَ الْخَطَرِ
私達は神の(危険からの)救いを讃える
2)救う　يُغِيثُ ، أَغَاثَ　< غوث IV　جَمَعْنَا التَّبَرُّعَاتِ وَأَغَثْنَا اللَّاجِئِينَ
私達は寄付を集めて難民を救いました

すくう　sukuu　すくう　غَرَفَ (i)　غَرَفَ الْحَسَاءَ وَسَكَبَهُ فِي الصُّحُونِ
スープをすくってお皿に注いだ

すくない　suku･nai　少ない　قَلِيلٌ　< قلّ 複 أَقِلَّاءُ 比 أَقَلُّ　※ ⇔ كَثِيرٌ :多い
الْمَبْلَغُ قَلِيلٌ :金額が少ない

すこしの　sukoshi-no　少しの　قَلِيلٌ　< قلّ　～ مِنْ :少しの～　قَلِيلٌ مِنَ النَّاسِ :少しの人々

すくなく
とも　suku･naku-
tomo　少なくとも　عَلَى الْأَقَلِّ　أَحْتَاجُ ثَلَاثَةَ أَيَّامٍ عَلَى الْأَقَلِّ
私は少なくとも3日必要です

すくなく-
なる　suku･naku-
naru　少なくなる　يَقِلُّ ، قَلَّ　قَلَّ مَاءُ الْبِرْكَةِ :池の水が少なくなった

すくめる　sukumeru　すくめる　يَهُزُّ ، هَزَّ　هَزَّ كَتِفَيْهِ :肩をすくめた

すくりーん　sukuriin　スクリーン　شَاشَةٌ　< شوش (بَيْضَاءُ) شَاشَةٌ كَبِيرَةٌ :(映画の)スクリーン/銀幕

すぐ
すぐに　sugu
sugu-ni　すぐ
すぐに　فِي الْحَالِ/حَالًا　تَعَالَ هُنَا فِي الْحَالِ ! :ここにすぐ来なさい
2)すぐ
すぐに　عَلَى الْفَوْرِ　اخْتَبَأَتْ عَلَى الْفَوْرِ فِي الْحَمَّامِ
彼女はすぐに風呂場に隠れた
3)(～すると)すぐに　حَتَّى ～(كَادَ) مَا　مَا كِدْتُ أَصِلُ إِلَى "طُوكِيُو" حَتَّى
東京に着くとすぐに　ذَهَبْتُ إِلَى "أَسَاكُوسَا"
浅草へ行きました

すぐれた　sugureta　優れた　مُمْتَازٌ　< ميز　دَرَجَاتٌ مُمْتَازَةٌ :優れた(優秀な)成績

すぐれて　sugurete　優れて　مُتَفَوِّقٌ　< فوق　كَانَ نَاجِحًا مُتَفَوِّقًا عَلَى أَقْرَانِهِ
彼はライバルや同級生より優れ,成功していた　وَزُمَلَائِهِ
2)優れて　خَيْرٌ　複 ـونَ　هُوَ خَيْرٌ مِنْكَ :彼はあなたより優れている

すぐれる　sugureru　優れる　اِمْتَازَ　< ميز VIII ※～بِـ:～の点で　الْجَوَادُ هُنَا يَمْتَازُ
この馬は美しさの点で優れている　بِالْجَمَالِ

すけーと-
をする　sukeeto-
wosuru　スケートをする　تَزَلَّجَ　< زلج V　يَتَزَلَّجُ بَعْضُ الْأَوْلَادِ عَلَى الْجَلِيدِ
幾人かの子供達が氷の上でスケートをしている

すけじゅーる～すすめる

すけじゅーる　sukejuuru　スケジュール　جَدْوَل　複 جَدَاوِل　جَدْوَلُ الْأَعْمَالِ:作業のスケジュール

すけっち-をする　sukecchi-wosuru　スケッチをする　رَسَمَ لَوْحَةً　يَرْسُمُ طَالِبٌ إِعْدَادِيٌّ لَوْحَةً
(一人の)中学生がスケッチをしている

すこし　sukoshi　少し　قَلِيلاً < قَلّ　أَتَكَلَّمُ الْيَابَانِيَّةَ قَلِيلاً
私は日本語を少し話します

すこしずつ　sukoshi-zutsu　少しずつ　شَيْئاً فَشَيْئاً　سَوْفَ تَفْهَمَانِ هٰذِهِ الْأُمُورَ شَيْئاً فَشَيْئاً
おまえ達二人もこの事が少しずつ分かるだろう

すこしの　sukoshi-no　少しの　قَلِيل < قَلّ　※=少ない　قَلِيلٌ مِنْ ~:少しの~
قَلِيلٌ مِنَ الْمَاءِ:少しの水
أَعْطِنِي قَلِيلاً:少し下さい
بَعْدَ قَلِيلٍ:少したって

すこっぷ　sukoppu　スコップ　مِجْرَفَة/ مِجْرَف < جرف　複 مَجَارِف　اِنْكَسَرَتْ عَصَا الْمِجْرَفَةِ
スコップの柄が折れた

すこやかな　sukoyaka-na　健やかな　سَلِيم < سلم　جِسْمٌ سَلِيمٌ:健やかな(健全な)身体

すこやかに　sukoyaka-ni　健やかに　سَلِيماً < سلم　نَمَا سَلِيماً:健やかに育った

すごい　sugoi　すごい　⇒　すばらしい　subarashi・i　素晴らしい

すごく　sugoku　すごく　جِدًّا < جِدّ　الْمَسْأَلَةُ صَعْبَةٌ جِدًّا
その問題はすごく(とても)難しい

すごす　sugosu　過ごす　قَضَى، يَقْضِي　سَوْفَ أَقْضِي الْعُطْلَةَ فِي الرِّيفِ
休暇は田舎で過ごすつもりです

2)過ごす　ضَيَّعَ < ضيع II ※無駄に過ごす　لَا تُضَيِّعِ الْوَقْتَ
時間を無駄に過ごしてはいけない

すし　sushi　すし/寿司　سُوشِي　"سُوشِي" أَكْلٌ يَابَانِيٌّ:寿司は日本の料理(和食)です

すしづめ-である　sushizume-dearu　すし詰めである　غَصَّ، يَغَصُّ　غَصَّتِ الْقَاعَةُ بِالْحَاضِرِينَ
ホールは出席者で,すし詰めだった

すす　susu　煤　سُخَام < سخم　نَظِّفْ سُخَاماً:煤を払いなさい

すすぐ　susugu　すすぐ　تَمَضْمَضَ، يَتَمَضْمَضُ < مضمض II　تَمَضْمَضْ بِالْمَاءِ عِنْدَمَا تَغْسِلُ أَسْنَانَكَ
歯を磨く時は水ですすぎなさい

すすむ　susumu　進む　سَلَكَ (u)　سَلَكْنَا فِي سَفْحِ الْجَبَلِ دَرْباً وَعْراً
私達は山の麓の凸凹の道を進んだ

2)進む　تَقَدَّمَ < قدم V　تَقَدَّمَ فِي دُرُوسِهِ:勉強が進んだ

すすめる　susumeru　進める　قَدَّمَ < قدم II　قَدَّمَ السَّاعَةَ:時計(の針)を進めた

す

すすめる～すでで

す

すすめる　susumeru　勧める　قَدَّمَ　< قدم II　قَدَّمَ الشَّايَ إِلَى الضَّيْفِ : 客にお茶を勧めた

2)勧める　يُوصِي ، أَوْصَى < وصى IV　بِأَيِّ عَمَلٍ أَوْصَاكَ مُعَلِّمُكَ ؟
先生はあなたにどんな仕事を勧めましたか

すする　susuru　啜る　اِرْتَشَفَ < رشف VIII　اِرْتَشَفَ شُرْبَةً :スープを啜った

すすんでいる　susunde-iru　進んでいる　مُتَقَدِّم < قدم　دَوْلَة مُتَقَدِّمَة :進んでいる国/先進国

すず　suzu　鈴　جَرَس　複 أَجْرَاس　اَلْجَرَسُ : أَدَاةٌ مِنْ نُحَاسٍ أَوْ نَحْوِهِ
鈴:銅などで出来た道具

すずしい　suzushii　涼しい　رَطْب/رَطِيب　اَلْجَوُّ رَطْبٌ :涼しい天気です

すずめ　suzume　雀　دُورِيّ/عُصْفُور دُورِيّ

すそ　suso　裾　حَاشِيَة < حشو 複 حَوَاشٍ　اِرْفَعِي حَاشِيَةَ بَنْطَلُونِكِ
(貴女は)パンタロン(ズボン)の裾を上げなさい

すたいる　sutairu　スタイル　قَوَام < قوم　قَوَام مَمْشُوق :良いスタイル/すらりとした体格

すたじあむ　sutajiamu　スタジアム　اِسْتَاد/مَلْعَب مُدَرَّج

すたじお　sutajio　スタジオ　اِسْتُودْيُو　複 اِسْتُودْيُوهَات　يُنْقَلُ الْبَرْنَامَجُ مُبَاشَرَةً
مِنَ الاِسْتُودْيُو　番組はスタジオから直接送られます

すたれた　sutareta　廃れた　قَدِيم < قدم　مِنَ الطِّرَازِ الْقَدِيمِ :廃れた流行の

すたんど　sutando　スタンド　مِصْبَاح طَاوِلَة كَهْرَبَائِيّ　※電気スタンド

2)スタンド　مَحَطَّة بَنْزِين　※ガソリン・スタンド

すちーる　suchiiru　スチール　⇒　こうてつ　koutetsu　鋼鉄

すっきりする　sukkiri-suru　すっきりする　اِنْتَعَشَ < نعش VIII　اِغْسِلْ وَجْهَكَ بِالْمَاءِ الْبَارِدِ تَنْتَعِشْ
冷たい水で顔を洗ってすっきりしなさい

すっぱい　suppai　酸っぱい　حَامِض < حمض　لَا بُدَّ أَنَّ ذٰلِكَ الْعِنَبَ حَامِضٌ
あの葡萄は酸っぱいに違いない

すてきな　suteki-na　素敵な　لَطِيف < لطف 複 لُطَفَاء　عِقْدٌ مِنَ الْخَرَزِ اللَّطِيفِ
素敵な真珠の首飾り

すてる　suteru　捨てる　تَرَكَ (u)　تَرَكَ الْعَادَةَ :その習慣を捨てた(止めた)

2)捨てる　هَجَرَ (u)　هَجَرَ بَلَدَهُ (أَهْلَهُ) :国(家族)を捨てた

3)捨てる　يَرْمِي ، رَمَى　لَا تَرْمِ النُّفَايَةَ فِي الشَّارِعِ :通りにゴミを捨てるな

すてんどぐらす　sutendo-gurasu　ステンドグラス　شُبَّاك زُجَاج مُلَوَّن

すてんれす　sutenresu　ステンレス　فُولَاذ صَامِد / فُولَاذٌ لَا يَصْدَأُ　※=ステンレス・スティール

すでで　sude-de　素手で　بِيَدِهِ　أَمْسَكَ ~ بِيَدِهِ :~を素手でつかんだ

2)素手で بِدُونِ سِلَاحٍ　　قَاتَلَ عَدُوَّهُ بِدُونِ سِلَاحٍ :敵と素手で戦った

すでに　sude・ni　既に(～した) قَدْ + فَعَلَ　　قَدْ قَامَ مُحَمَّدٌ :ムハンマドは既に起きていた

2)既に ～ سَبَقَ لَـ‥ أَنْ　　※‥は既に～(を経験)していた

سَبَقَ لِي أَنْ زُرْتُ الْقَرْيَةَ

私は既にその村を訪問していた

すとーぶ　sutoobu　ストーブ(مِدْفَأَة)　< دفئ 複 مَدَافِئُ　　مِدْفَأَة كَهْرَبَائِيَّة :電気ストーブ

すと　suto　スト
すとらいき　sutoraiki　ストライキ　إِضْرَاب　< ضرب 複 ـات　　إِضْرَاب عَامّ :ゼネラルストライキ/ゼネスト

قَامَ بِـإِضْرَاب :ストライキ(スト)をした(打った)

すとらいき-をする　sutoraiki-wosuru　ストライキをする　أَضْرَبَ　< ضرب IV　　أَضْرَبَ الْعُمَّالُ عَنِ الْعَمَلِ

労働者達はストライキをした

أَضْرَبَ السُّجَنَاءُ عَنِ الطَّعَامِ

囚人達はハンガーストライキをした

すとれす　sutoresu　ストレス　ضَغْط نَفْسِيّ　　ضَغْط الْعَمَلِ :仕事のストレス

すな　su・na　砂　رَمْل　　複 رِمَال 関 رَمْلِيّ :砂の　　سَاعَة رَمْلِيَّة :砂時計

الْأَرْض الرَّمْلِيَّة :砂地

すなおな　su・nao-na　素直な　طَيِّع　< طوع　　"ماساو" تِلْمِيذٌ مُجْتَهِدٌ طَيِّعٌ

マサオは勤勉で素直な生徒です

すなわち　su・nawachi　即ち　أَيْ　　بَعْدَ غَدٍ ، أَيْ فِي يَوْمِ السَّبْتِ الْقَادِمِ

明後日に，即ち今度の土曜日に

すね　su・ne　すね　قَصَبَة السَّاق　　عِنْدِي أَلَمٌ فِي قَصَبَةِ السَّاقِ الْيُسْرَى

左足のすねが痛い

すばらしい　subarashii　素晴らしい　رَائِع　< روع　　مَنْظَرُ الْحَدِيقَةِ رَائِعٌ

その庭の景色は素晴らしい

2)素晴らしい　بَدِيع　< بدع　　مِصْرُ فِيهَا الْحَضَارَةُ الْبَدِيعَةُ الزَّاهِرَةُ

エジプトには輝かしい素晴らしい文明がある

すぱい　supai　スパイ　جَاسُوس　< جسّ 複 جَوَاسِيس　　أُلْقِيَ الْقَبْضُ عَلَى الْجَاسُوسِ

逮捕者はスパイを強制された

すぱいす　supaisu　スパイス ⇒ こうしんりょう koushin-ryou 香辛料

すぱな　supa・na　スパナ　مِفْتَاح صَمُولَة　　مِفْتَاح صَمُولَة حَلْقِيّ :両口スパナ/眼鏡レンチ

すぴーかー　supiikaa　スピーカー　مُكَبِّر الصَّوْت

すぴーかー　supiikaa　スピーカー ⇒ えんぜつしゃ enzetsu-sha 演説者

すぴーち　supiichi　スピーチ ⇒ えんぜつ enzetsu 演説

すぴーど　supiido　スピード ⇒ そくど sokudo 速度

すぷーん～すみ

す

すぷーん　supuun　スプーン　مِلْعَقَة　< لعق 複 مَلَاعِق　مِلْعَقَة شَايٍ :ティースプーン

すべて　subete　全て
すべての　subete-no　全ての　كُلّ　كُلُّ رَجُلٍ :男達は全て(皆)　كُلُّ شَيْءٍ :全ての物は
كُلُّ مَنْ ~ :~する者は全て　كُلُّ مَا ~ :~する物は全て

2)全ての　جَمِيع　< جمع ※後ろには属格がくる　جَمِيعُ النَّاسِ :全ての人々

すべる　suberu　滑る　اِنْزَلَقَ　< زلق VII　اِنْزَلَقَ إِلَى أَسْفَلَ :下の方に滑っていった

2)滑る　زَلَّ (i)　زَلَّتْ قَدَمُهُ عَلَى قِشْرَةِ الْمَوْزِ
バナナの皮で足が滑った

3)滑る　فَشِلَ (a)　فَشِلَ فِي الِامْتِحَانِ :試験に滑った

すぺあたいや　supe・ataiya　スペアタイヤ　إِطَار بَدِيل

すぺいん　supein　スペイン　إِسْبَانِيَا　関 إِسْبَانِيّ :スペインの/スペイン人
تَتَرَكَّزُ مُعْظَمُ أَشْجَارِ الزَّيْتُونِ الْآنَ
فِي إِسْبَانِيَا　現在オリーブの樹のほとんどは
スペインに集中している

すぺる　superu　スペル　⇒　つづり　tsuzuri　綴り

すぼめる　subomeru　窄める　يَزُمُّ ، زَمَّ　اَلتَّنُّورَةُ وَاسِعٌ ، زُمِّي خَصْرَهَا قَلِيلًا
スカートが大きすぎます,腰を少しすぼめなさい

すぽーくすまん　supookusuman　スポークスマン　نَاطِق　< نطق 複 ـون　نَاطِق بِلِسَانِ الْحُكُومَةِ
政府のスポークスマン

すぽーつ　supootsu　スポーツ　⇒　うんどう　undou　運動

すぽいと　supoito　スポイト　قَطَّارَة　< قطر 複 ـات　كَيْفَ أُقَطِّرُ الدَّوَاءَ بِدُونِ قَطَّارَةٍ
どうやってスポイトなしで薬を垂らしましょう

すぽんじ　sponji　スポンジ　إِسْفَنْج　يَمْتَصُّ الْإِسْفَنْجُ السَّوَائِلَ وَيَحْفَظُهَا
スポンジは液体を吸収し,保持する

すまい　sumai　住まい　⇒　じゅうきょ　juukyo　住居

すます　sumasu　済ます

すませる　sumaseru　済ませる　⇒　おえる　oeru　終える

すまなく-おもう　suma・naku-omou　すまなく思う　يَأْسَفُ ، أَسِفَ　~ لِـ/عَلَى :~を　نَأْسَفُ لِمَا فَعَلْنَا
自分達のした事をすまなく思っています

すみ　sumi　炭 (فَحْم (الْخَشَبِ　複 فُحُومَات　أَمْسَكَ بِفَحْمٍ مُحْتَرِقٍ
彼は燃えている炭をつかんだ

すみ　sumi　隅　رُكْن　複 أَرْكَان　رُكْنُ الْغُرْفَةِ :部屋の隅

すみ　sumi　墨　اَلْحِبْر الصِّينِيّ　كَتَبْتُ بِالْحِبْرِ الصِّينِيِّ وَصَحَّحَ مُدَرِّسِي
私が墨で書きますと先生は朱で直し　بِالْأَحْمَرِ
(訂正し)ました

すみか　sumika　住みか　مَسْكَن (ـَ) ＜ سكن 複 مَسَاكِن　مَكَان يُطْلَقُ عَلَيْهِ مَسْكَن الأَسَدِ
ライオンの住みかと呼ばれる場所

すみません　sumimasen　すみません　مُتَأَسِّف / آسِف 女 آسِفَة / مُتَأَسِّفَة
أَنَا آسِفٌ لِإِزْعَاجِك：ご迷惑をお掛けしてすみません
※⇔ لَا ، لَا شَيْءَ：いや，いいんですよ

すみませんが　sumimasen-ga　すみませんが　مِنْ فَضْلِك (ـَ)　※(女)　أَعْطِنِي مَاءً ، مِنْ فَضْلِك
すみませんが，お水を下さい

2)すみませんが　عَنْ إِذْنِك　عَنْ إِذْنِك ، أَيْنَ مَيْدَانُ التَّحْرِيرِ ؟
すみません(が)，タハリール広場はどこですか

すみやかに　sumiyaka-ni　速やかに　⇒ いそいで　isoide　急いで

すみれ　sumire　スミレ/菫　بَنَفْسَج　بَنَفْسَج ثُلَاثِيّ：三色スミレ
يَعِيشُ الْبَنَفْسَجُ بَيْنَ الْأَعْشَاب
菫は草原に生えている

すみれいろの　sumire-iro･no　スミレ色の　بَنَفْسَجِيّ ＜ بنفسج　女 بَنَفْسَجِيَّة

すむ　sumu　住む　سَكَنَ (u)　يَسْكُنُ فِي "طُوكِيُو"：彼は東京に住んでいます

すむ　sumu　澄む　يَصْفُو ، صَفَا　صَفَا الْجَوُّ بَعْدَ الْعَاصِفَةِ：嵐の後，大気は澄んだ

すむ　sumu　済む　⇒ おわる　owaru　終わる

すもう　sumou　相撲　اَلسُّومُو　※ اَلْمُصَارَعَة الْيَابَانِيَّة التَّقْلِيدِيَّة：日本の国技
مَارَسَ السُّومُو：相撲を取った(をした)
مُصَارِعُ السُّومُو：相撲取り/相撲力士

يَخْسَرُ فِيهِ الْمُصَارِعُ الْمُبَارَاةَ إِذَا مَا طُرِحَ خَارِجَ الْحَلْقَةِ أَوْ إِذَا مَا مَسَّ الْأَرْضَ أَيُّ جُزْءٍ مِنْ جِسْمِهِ بِاسْتِثْنَاءِ قَدَمَيْهِ 競技者が土俵の外に出されたり，足(の裏)以外の体の部分が土に触れた時は負けである

すもっぐ　sumoggu　スモッグ　ضَبَاب دُخَانِيّ　كَانَتْ هٰذِهِ الْمَدِينَةُ مَشْهُورَةً بِالضَّبَابِ الدُّخَانِيِّ
この街はスモッグで有名だった

すやき　suyaki　素焼き　فَخَّار ＜ فخر　إِبْرِيقُ الْفَخَّارِ：素焼きの水差し/土瓶

すら　sura　～すら　حَتَّى～　لَا أَمْلِكُ حَتَّى الدَّرَّاجَةِ：私には自転車すら(さえ)ない

すり　suri　すり/掏摸　نَشَّال　複 نَشَّالَة　قَبَضَ الشُّرْطِيُّ عَلَى النَّشَّالِ
警官はすりを逮捕した

すりこぎ　suri-kogi　すりこぎ　مِدَقّ ＜ دقّ 複 مَدَاقّ　※ مِدَقَّة：1本のすりこぎ
هٰذَا هُوَ الْجُرْنُ ، وَلٰكِنْ أَيْنَ الْمِدَقَّةُ ؟
これはすり鉢ですが，すりこぎはどこですか

す

すりっぱ～するやいなや

すりっぱ　surippa　スリッパ　خُفّ　複 أَخْفَاف/ خِفَاف　ضَعْ خُفَّيْكَ تَحْتَ سَرِيرِكَ
スリッパはベッドの下に置きなさい

すりつぶす　suri-tsubusu　すりつぶす　طَحَنَ (a)　تَطْحَنُ الرَّحَى حُبُوبَ الْقَمْحِ
臼が小麦をすりつぶす

すりっぷする　surippu-suru　スリップする　زَلَقَ (a)　اَلسَّيَّارَةُ زَلَقَتْ عِنْدَ الْمُنْعَطَفِ
その自動車はカーブの所でスリップした

すりばち　suri-bachi　すり鉢　جُرْن　複 أَجْرَان　لَا تَدُقُّ أُمِّي الْفُولَ إِلَّا فِي الْجُرْنِ
母ははすり鉢以外のもので豆をつぶさない

す

すりむ　surimu　スリム　رَشَاقَة　< رشق　حَافِظِي عَلَى رَشَاقَةِ بَدَنِكِ
(貴女は)体をスリムに保ちなさい

すりむく　surimuku　擦りむく　كَشَطَ (i)　كَشَطَ رُكْبَتَهُ :膝を擦りむいた

すりらんか　suriranka　スリランカ　سْرِي لَنْكَا　※国名

する　suru　する　فَعَلَ (a)　اِفْعَلْ :しなさい/やりなさい
مَاذَا تَفْعَلُ؟ :(貴男は)何をしますか
مَاذَا أَفْعَلُ؟ :どうしよう

2)する　لَعِبَ (a)　لَعِبَ كُرَةَ الْقَدَمِ :サッカーをした(して遊んだ)

3)する　مَارَسَ　< مرس III　مَارَسَ الْأَلْعَابَ الرِّيَاضِيَّةَ :スポーツをした

※ 口にする ⇒ 食べる　※ 耳にする ⇒ 聞く
※ 手にする ⇒ 持つ　※ 目にする ⇒ 見る

する　suru　擦る　يَحُكُّ ، حَكَّ　حَكَّ كَبْرِيتًا :マッチを擦った(擦った)

する　suru　刷る ⇒ いんさつする　insatsu-suru　印刷する

するたん　surutan　スルタン　سُلْطَان　< سلط 複 سَلَاطِين　شَكَا النَّاسُ ظُلْمَ السُّلْطَانِ
人々はスルタンの圧制に不満を訴えた

すると　suruto　～すると‥　～ ‥فَ　سَأَلْتُهُ ، فَقَالَ لِي "حَسَنًا"
私は彼に尋ねた,すると彼は「よろしい」と言った

するどい　surudoi　鋭い　حَادّ　< حدّ　سَيْف حَادّ :鋭い刀(剣)

するな　suru・na　～するな　لَا تَفْعَلْ 女 لَا تَفْعَلِي　لَا تَغْسِلِي :洗うな(女)
لَا تَضْرِبُوا :打つな(複数男性に)

2)～するな　إِيَّاكَ أَنْ　إِيَّاكَ أَنْ تُقَامِرَ أَحَدًا !
賭け事は一切しないようにしなさい

するやいなや　suruya-i・naya　～するや否なや‥حَتَّى ، ～ مَا　مَا دَخَلَتِ الْكُرَةُ الْمَرْمَى ، حَتَّى عَلَا التَّصْفِيقُ
ボールがゴールするや否なや拍手が起こった

すればするほど～ずれる

すれば-するほど　sureba-suruhodo　～すればする程 ～كُلَّمَا /.. كُلَّمَا، ~ كُلَّمَا　※～部分は動完

كُلَّمَا ازْدَادَ الْعَالِمُ عِلْمًا، تَوَاضَعَ

知識を求める者は知識が増せばます程, 謙虚になる

すろーがん　suroogan　スローガン　شِعَار ＜ شعر 複 شُعُر / أَشْعِرَة ※ شِعَارَة : 1つのスローガン

すわらせる　suwaraseru　座らせる　أَجْلَسَ ＜ جلس IV　أَجْلَسَ الْمُدَرِّسُ الطُّلَّابَ عَلَى الْكَرَاسِيِّ

教師は生徒達を椅子に座らせた

すわる　suwaru　座る　جَلَسَ (i)　~عَلَى : ~に　جَلَسَ التَّلَامِيذُ بِهُدُوءٍ عَلَى الْكَرَاسِيِّ

生徒達は静かに椅子に座った

すんぜんに　sunzen-ni　寸前に　قُبَيْلَ ＜ قبل　وَصَلَ الْقِطَارُ قُبَيْلَ الظُّهْرِ

列車は正午寸前に着いた

すんだ　sunda　澄んだ　صَافٍ ＜ صفو ※定 اَلصَّافِي　شَرِبْتُ الْمَاءَ صَافِيًا

私は澄んだ水を飲んだ

すんにーは　sun・nii-ha　スンニー派 أَهْلُ السُّنَّةِ / اَلسُّنِّيّ　اَلسُّنِّيُّ وَالشِّيعِيُّ فِي عَرْفِنَا أَخَوَانِ

私たちの認識ではスンニー派とシーア派は兄弟です

すんぽう　sunpou　寸法　مَقَاسٌ ＜ قيس 複 -ات　أَخَذَ مَقَاسَاتِ الصُّنْدُوقِ

箱の寸法をはかった

ず　zu　図　رَسْم　複 -ات / رُسُوم　رَسْم بَيَانِيّ : 図表/グラフ

ずあん　zuan　図案 ⇒ でざいん　dezain　デザイン

ずいこうする　zuikou-suru　随行する ⇒ どうはんする　douhan-suru　同伴する

ずかん　zukan　図鑑 مَوْسُوعَة مُصَوَّرَة　مَوْسُوعَةُ الْحَيَوَانَاتِ الْمُصَوَّرَة : 動物図鑑

ずがいこつ　zugaikotsu　頭蓋骨　جُمْجُمَة　複 جَمَاجِم　يُمَثِّلُ خَطَرُ الْمَوْتِ بِجُمْجُمَةٍ

死に至るような危険性は頭蓋骨で表される

ずつう　zutsuu　頭痛　صُدَاع ＜ صدع　عِنْدِي صُدَاعٌ : 私は頭痛がします

ずっと　zutto　ずっと طُولَ الْوَقْتِ　نِمْتُ طُولَ الْوَقْتِ : 私はずっと寝てました

2)ずっと　بِكَثِيرٍ ＜ كثر　أَرْخَصُ بِكَثِيرٍ : ずっと(はるかに)安い

ずのう　zu・nou　頭脳 ⇒ のう　nou　脳

ずひょう　zuhyou　図表 رَسْم بَيَانِيّ

ずぼん　zubon　ズボン　سِرْوَال　複 سَرَاوِيل　※= بَنْطَلُون

ずるい　zurui　狡い
ずるいひと　zurui-hito　狡い人　مَكَّار ＜ مكر 複 مَكُور　مَكَّار مِثْلَ الثَّعْلَبِ

狐のように狡い(人)

ずるがしこい　zuru-gashikoi　ずる賢い　شَاطِر ＜ شطر　رَفِيقُكَ شَابٌّ شَاطِرٌ

あなたの友人はずる賢い若者だ

ずれる　zureru　ずれる　اِنْحَرَفَ ＜ حرف VII　تَنْحَرِفُ الطَّرِيقُ نَاحِيَةَ الشَّرْقِ

道は東の方にずれている

す

せ〜せいかつ

𛀙　せ　セ　【se】

せ

せ　se　背 ⇒ せなか se·naka 背中 ／しんちょう shinchou 身長

せーじ　seeji　セージ مَرْيَمِيَّة　※植物

せーたー　seetaa　セーター سْوِيتَر / كَنْزَة　سْوِيتَرْ صُوفِيّ :毛糸(ウール)のセーター

حَاكَتْ خَطِيبَتِي لِي كَنْزَةً

婚約者が私にセーターを編んでくれた

せい　sei　性 جِنْس <جنس 複أَجْنَاس　ذَكَرٌ أَوْ أُنْثَى=※ :雄または雌

せい　sei　姓 ⇒ みょうじ myouji 名字

せい　sei　〜製 ~مَصْنُوع فِي < صنع　مَصْنُوع فِي الْيَابَانِ :日本製

2)〜製　مِنْ ~　إِبْرِيق مِنَ النُّحَاسِ الْأَصْفَرِ :真鍮製のポット

せいあつする　sei·atsu-suru　制圧する　قَهَرَ (a)　قَهَرَ الْعَدُوَّ :敵を制圧した(征服した)

せいい　sei·i　誠意 إِخْلَاص <خلص　أُقَدِّرُ فِي صَدِيقِي إِخْلَاصَهُ

友の誠意に感謝しています

せいいく　sei·iku　生育 نُمُوّ　نُمُوُّ النَّبَاتِ :植物の生育

せいか　seika　成果 ثَمَرٌ　複 أَثْمَار / ثِمَار　ثَمَرَةُ الْجُهُودِ :努力の成果

せいか　seika　青果 خُضَار وَفَوَاكِه　سُوق خُضَارٍ وَفَوَاكِهِ :青果市場

※青果商 ⇒ やおや yao-ya 八百屋

せいか　seika　聖火 شُعْلَة مُقَدَّسَة　اَلشُّعْلَةُ الْمُقَدَّسَةُ مُلْتَهِبَةٌ :聖火は燃えている

せいかい　seikai　正解 حَلٌّ صَحِيحٌ

せいかい　seikai　政界 دَائِرَة سِيَاسِيَّة

せいかく　seikaku　性格 خُلُق <خلق 複أَخْلَاق　طَيِّبُ الْخُلُقِ :性格の良い/良い性格の

سُوءُ (سَيِّئُ) الْخُلُقِ :性格の悪い/悪い性格の

هُوَ كَرِيمُ الْخُلُقِ :彼は寛大な性格だ

せいかく　seikaku　正確
せいかくさ　seikaku-sa　正確さ دِقَّة　هٰذِهِ السَّاعَةُ مَعْرُوفَةٌ بِدِقَّتِهَا

この時計は正確なことで知られています

せいかくな　seikaku-na　正確な دَقِيق <دقّ　اَلْمَعْنَى الدَّقِيق :正確な意味

せいかつ　seikatsu　生活 عِيشَة　يُحَقِّقُ لَهَا عِيشَةً سَعِيدَةً

彼女のために幸せな生活を実現する

2)生活　حَيَاة <حيي 複 -ات/ حَيَوَات　مُسْتَوَى الْحَيَاةِ :生活水準

اَلْحَيَاة الْعَائِلِيَّة (الدُّنْيَا) :家庭(この世の)生活

せいかつひ～せいこうする

せいかつひ　seikatsu-hi　生活費　نَفَقَاتُ الْمَعِيشَةِ　　خَفَّضَ نَفَقَاتِ الْمَعِيشَةِ
生活費を切りつめた(節約した)

2)生活費　مَعِيشَة < عيش　　يَشْكُو النَّاسُ مِنْ غَلَاءِ الْمَعِيشَةِ
人々は生活費の高さ(物価高)に不満である

せいき　seiki　世紀　قَرْن　複 قُرُون　اَلْقَرْنُ الْعِشْرُونَ :二十世紀(主)
اَلْقَرْنُ الثَّالِثُ قَبْلَ الْمِيلَادِ :紀元前3世紀

せいき　seiki　性器　⇒ せいしょくき　seishoku-ki　生殖器

せいきゅうしょ　seikyuu-sho　請求書　فَاتُورَة　複 فَوَاتِير　أَعْطِنِي فَاتُورَةَ الْحِسَابِ
請求書を下さい

せいきゅうする　seikyuu-suru　請求する　طَلَبَ (u)　طَلَبْتُ مِنْهُ مَالًا :私は彼にお金を請求した

せいきょされる　seikyo-sareru　逝去される　⇒ なくなる　naku･naru　亡くなる

せいき-をあたえる　seiki-wo･ataeru　生気を与える　عَمَّرَ < عمر II　اَلْمَطَرُ يُعَمِّرُ الْأَرْضَ
雨は地面に生気を与える

せいぎ　seigi　正義　عَدْل　سَنَقُولُ الْعَدْلَ :正義について語ろう

せいぎょする　seigyo-suru　制御する　سَيْطَرَ ، يُسَيْطِرُ　※＝コントロールする　سَيْطَرَ عَلَى نَفْسِهِ
自分を制御した/自制した

せいけい　seikei　生計　مَعِيشَة < عيش　複 مَعَايِش　مَعِيشَتُنَا صَعْبَةٌ
私達の生計は苦しい

せいけい-をたてる　seikei-wotateru　生計を立てる　كَسَبَ رِزْقَهُ　كَسَبَ رِزْقَهُ بِالْعَمَلِ الْجَانِبِيِّ
内職で生計を立てた

せいけつ　seiketsu　清潔
せいけつさ　seiketsu-sa　清潔さ　نَظَافَة < نظف　اِرْتَابَ مِنْ نَظَافَةِ الْخُبْزِ فَلَمْ يَشْتَرِي شَيْئًا
彼はパンの清潔さを疑って何も買わなかった

せいけつな　seiketsu-na　清潔な　نَظِيف < نظف　مَدِينَة نَظِيفَة :清潔な街(市)
اِلْبَسْ ثَوْبًا نَظِيفًا :清潔な服を着なさい

せいけん　seiken　政権　حُكْم　複 أَحْكَام　تَوَلَّى زِمَامَ الْحُكْمِ :政権を取った(握った)
اَلْحُكْمُ الْمُطْلَق :独裁政権　حُكْمُ الشَّعْبِ :民主政権

せいげんする　seigen-suru　制限する　حَدَّ (u)　حَدَّ مِنَ الْحُرِّيَّةِ :自由を制限した
※名 تَحْدِيد :制限　تَحْدِيدُ السِّنِّ :年齢制限

せいげんの　seigen-no　制限の　مُحَدَّد < حدّ　اَلسُّرْعَةُ الْمُحَدَّدَةُ :制限速度

せいこうする　seikou-suru　成功する　نَجَحَ (a)　نَجَحَ الْمَشْرُوعُ :その計画は成功した
※名 نَجَاح :成功　نَجَاحُ الْخُطَّةِ :計画の成功

せ

せいこうな〜せいしん

せいこうな　seikou-na　精巧な　دَقِيق　< دقّ 複 دِقَاق　سَاعَة دَقِيقَة :精巧な時計

せいさい　seisai　制裁　عُقُوبَة　< عقب 複 -ات　فَرَضَ عُقُوبَةً عَلَى ~
~に制裁を加えた/~を制裁した

せいさく　seisaku　政策　سِيَاسَة　< سوس 複 -ات　اِنْتَقَدَ السِّيَاسَةَ الدُّوَلِيَّةَ
外交政策を批判した

せいさくする　seisaku-suru　製作する　أَنْتَجَ　< نتج IV　كَمْ شَنْطَةً يُنْتِجُ الْمَصْنَعُ فِي الْيَوْمِ ؟
工場では毎日何個のカバンを製作してますか
※名 إِنْتَاج :製作　※ مُنْتِج :製作者

せ

せいさんする　seisan-suru　生産する　أَنْتَجَ　< نتج IV　تُنْتِجُ مَدِينَةُ "تُويُوتَا" سَيَّارَاتٍ كَثِيرَةً
豊田市では多くの自動車を生産しています
※名 إِنْتَاج :生産　إِجْمَالُ الْإِنْتَاجِ الْقَوْمِيِّ :国民総生産
طَاقَةُ الْإِنْتَاجِ :生産力　تَكَالِيفُ الْإِنْتَاجِ :生産コスト
إِنْتَاج بِالْجُمْلَةِ :大量生産　※ مُنْتِج :生産者

せいさんする　seisan-suru　清算する　حَاسَبَ　< حسب III　يُحَاسِبُ أَبِي الْخَبَّازَ كُلَّ شَهْرٍ
父はパン屋と(パン代を)毎月清算する

せ　حَاسَبَ الْحِسَابَ :勘定を清算した

せいさんぶつ　seisan-butsu　生産物　مُنْتَجَات　< نتج ※ مُنْتَج :製品の複　مُنْتَجَات زِرَاعِيَّة :農産物

せいざ　seiza　星座　بُرْج (فِي السَّمَاءِ)　複 بُرُوج　أَنَا مِنْ مَوَالِيدِ "بُرْجِ الْحُوتِ"
私は魚座生まれです

せいざをする　seiza-wosuru　正座をする　تَرَبَّعَ　< ربع V　تَرَبَّعَ التَّلَامِيذُ يُصْغُونَ إِلَى الْمُعَلِّمِ
生徒達は正座をして先生に注目した

せいしきの　seishiki-no　正式の
せいしきな　seishiki-na　正式な　رَسْمِيّ　< رسم　يَحْمِلُ الْوَكِيلُ شَهَادَةً رَسْمِيَّةً
代理人は正式な証明書を持っている

せいしつ　seishitsu　性質　طَبْع　複 طِبَاع　طَبْع صَبُور :我慢強い性質
سَيِّءُ الطَّبْعِ :性質(質)の悪い

せいしゅん　seishun　青春　شَبَاب　< شبّ　اَلشَّبَابُ أَجْمَلُ مَرَاحِلِ الْحَيَاةِ
青春は人生で一番美しい時期である

せいしょ　seisho　聖書　اَلْكِتَابُ الْمُقَدَّسُ　※ اَلْعَهْدُ الْقَدِيمُ (الْجَدِيدُ) :旧約(新訳)聖書

せいしょくき　seishoku-ki　生殖器　أَعْضَاء تَنَاسُلِيَّة / تَنَاسُلِيَّات

せいしん　seishin　精神　رُوح　複 أَرْوَاح　اَلْجَسَد وَالرُّوح :肉体と精神
2)精神　نَفْس　複 نُفُوس ※女　اَلْجَسَدُ فَانٍ ، أَمَّا النَّفْسُ فَخَالِدَةٌ
肉体は滅びるが精神は不滅である

せいしん-てきな / せいしんの　seishin-teki・na / seishin-no　精神的な / 精神の　رُوحِيّ
حَيَاة رُوحِيَّة :精神的な生活
زَعِيم رُوحِيّ :精神的指導者
2)精神の 精神的な　نَفْسِيّ
مَرَض نَفْسِيّ :精神病　قُوَّة نَفْسِيَّة :精神力

せいじ　seiji　政治　سِيَاسَة　< سوس 複 -ات
السِّيَاسَة الدُّوَلِيَّة :外交政治(政策)
سِيَاسِيّ 複 سَاسَة :政治家 ※
السَّاسَة الْيَابَانِيُّون
日本の政治家達

せいじつ / せいじつさ　seijitsu / seijitsu-sa　誠実 / 誠実さ　إِخْلَاص　< خلص
قَدَّمَ هَدِيَّةً إِلَى رَئِيسِ وُزَرَائِهِ تَقْدِيرًا لِإِخْلَاصِهِ
総理大臣の誠実さを評価して贈り物をした

せいじつである　seijitsu-dearu　誠実である　أَخْلَصَ　< خلص IV
صَدِيقِي يُخْلِصُ لِي فِي الْفَرَحِ وَفِي التَّرَحِ
私の友人は楽しい時も悲しい時も誠実です

せいじつな　seijitsu-na　誠実な　مُخْلِص　< خلص 複 ـون
صَدِيق مُخْلِص :誠実な友人(友達)

せいじてき / せいじの　seiji-teki / seiji-no　政治的 / 政治の　سِيَاسِيّ　< سوس
حَرَكَات سِيَاسِيَّة :政治的動き
عِلْمُ الْاِقْتِصَادِ السِّيَاسِيِّ :政治経済学

せいじゃ　seija　聖者　قِدِّيس　< قدس 複 ـون
كَمْ مِنْ مُؤْمِنٍ مُتَعَبِّدٍ صَارَ قِدِّيسًا
何人の信心深い信者が聖者になったであろうか

せいじゅくする　seijuku-suru　成熟する　نَضِجَ (a)
نَضِجَتِ الْفَاكِهَةُ :果物は成熟した
名 نُضْج :成熟
فِي أَيْلُولَ يَتِمُّ نُضْجُ الْعِنَبِ
九月に葡萄は熟する

せいじょうな　seijou-na　正常な　عَادِيّ　< عود
مَا زَالَ الْعُمَّالُ يُمَارِسُونَ عَمَلَهُمُ الْعَادِيَّ
労働者はまだ正常な勤務をしている

せいじん　seijin　聖人 ⇒ せいじゃ seija 聖者

せいじん　seijin　成人　رُشْد
بَلَغَ سِنَّ الرُّشْدِ :成人になった(達した)

せいすう　seisuu　整数　عَدَد صَحِيح

せいせいする　seisei-suru　精製する　كَرَّرَ　< كر II
كَرَّرَ الْبِتْرُولَ :石油を精製した
※名 تَكْرِير :精製
مَعْمَل تَكْرِيرِ النِّفْطِ
石油精製所/精油所

せいせき　seiseki　成績　نَتِيجَة　< نتج 複 نَتَائِج
كَيْفَ نَتِيجَةُ الْاِمْتِحَانِ؟
試験の成績(結果)はどうでしたか
2)成績　دَرَجَات　※ دَرَجَة の複
حَسَّنَ دَرَجَاتِهِ :成績を良くした

せいそうする　seisou-suru　清掃する　نَظَّفَ　< نظف II
مَاذَا يُنَظِّفُ الْكَنَّاسُ؟ :清掃員は何を清掃しますか

せいぞう-がいしゃ　seizou-gaisha　製造会社　شَرِكَة مُنْتِجَة
شَرِكَة مُنْتِجَة لِلسَّيَّارَاتِ
自動車製造会社(メーカー)

せ

せいぞうする～せいねん

せいぞうする seizou-suru 製造する ⇒ せいさんする seisan-suru 生産する

せいぞんする seizon-suru 生存する ⇒ いきる ikiru 生きる

せいたい seitai 声帯 الْأَوْتَار الصَّوْتِيَّة

せいち seichi 聖地 الْأَرْض الْمُقَدَّسَة ※イスラム教徒やアラブ人にはパレスチナをさす

せいちょうする seichou-suru 成長する يَنْمُو ، نَمَا　　يَنْمُو الْأَطْفَالُ سَرِيعًا :子供達はすぐに成長する

※名 نُمُوّ :成長　　النُّمُوّ الِاقْتِصَادِيّ :経済成長

せいつうする seituu-suru 精通する تَضَلَّعَ < ضلع V　تَضَلَّعَ مِنْ عِلْمِ الِاقْتِصَاد

経済学に精通していた

せいていする seitei-suru 制定する يَضَعُ ، وَضَعَ　　وَضَعَتِ الْحُكُومَةُ الْجَدِيدَةُ الدُّسْتُورَ

新政府は憲法を制定した

※名 وَضْع :制定　　وَضْع الْقَانُون :法律の制定

せいてきな sei-teki・na 性的な جِنْسِيّ < جنس　　مَشَاكِل جِنْسِيَّة :性的な問題/性の問題

せいてん seiten 聖典 ⇒ せいしょ seisho 聖書

せいと seito 生徒 طَالِب < طلب 複 طُلَّاب　　هِيَ أَطْوَلُ طَالِبَةٍ فِي الْفَصْلِ

彼女は教室で一番背の高い生徒だ

2)生徒 تِلْمِيذ < تلمذ 複 تَلَامِيذ / تَلَامِذَة

اِغْتَبَطَ التَّلَامِيذُ بِيَوْمِ الْعُطْلَةِ

生徒達は休みの日(休日)を喜んだ

せいとう seitou 政党 (حِزْب (سِيَاسِيّ 複 أَحْزَاب　　نَظَّمَ حِزْبًا :党を結成した

زَعِيم الْحِزْب :党首

せいとうかする seitouka-suru 正当化する بَرَّرَ < برّ II　　كَيْفَ تُبَرِّرُ غِيَابَكَ عَنِ الشَّرِكَةِ ؟

あなたは欠勤をどう正当化するつもりですか

せいとうな seitou-na 正当な شَرْعِيّ < شرع　　حَقّ شَرْعِيّ :正当な権利(主)

せいとんする seiton-suru 整頓する ⇒ せいりする seiri-suru 整理する

せいど seido 制度 نِظَام < نظم 複 نُظُم / أَنْظِمَة　　نِظَام التَّعْلِيم :教育制度

せいどう seidou 青銅 بُرُونْز ※ =ブロンズ　　أَدَوَات مِنَ الْبُرُونْز :青銅器

هٰذَا التِّمْثَال صُنِعَ مِنَ الْبُرُونْز

この像は青銅で作られている

せいなる sei・naru 聖なる ⇒ しんせいな shinsei-na 神聖な

せいにする sei-nisuru (～の)せいにする يَنْمِي ، نَمَى　　نَمَتِ الْفَشَلَ إِلَيْهِ

彼女は失敗を彼のせいにした

せいねん sei・nen 青年 ⇒ わかもの wakamo・no 若者

せいねん sei・nen 成年 بَالِغ < بلغ ※= سِنّ الرُّشْد ⇔ غَيْر الْبَالِغ :未成年

せいねんがっぴ～せいようてき

せいねん-がっぴ　sei·nen-gappi　生年月日　تَارِيخ الْمِيلَادِ　　أَخْبِرْنِي تَارِيخَ مِيلَادِكَ
生年月日を教えて下さい

せいの　sei-no　正の　مُوجِب　< وجب　　قُطْب مُوجِب :正極/プラス極/陽極

せいのう　sei·nou　性能　كَفَاءَة　< كفأ 複 كَفَاءَات　　أَظْهَرَتِ السَّيَّارَةُ كَفَاءَتَهَا
自動車は性能を発揮した

せいひん　seihin　製品　مُنْتَج　< نتج 複 مُنْتَجَات　　مُنْتَجَات صِنَاعِيَّة :工業製品

せいびする　seibi-suru　整備する　صَانَ ، يَصُونُ　　عَلَيْكَ أَنْ تَصُونَ دَرَّاجَتَكَ حَتَّى تَخْدُمَكَ طَوِيلًا
自転車を長く使うためには整備しなければならない
※名 صِيَانَة :整備　　صِيَانَة السَّيَّارَة :自動車の整備

せいふ　seihu　政府　حُكُومَة　< حكم 複 -ات　　شَكَّلَ الْحُكُومَةَ :政府を樹立した
حُكُومَة الِائْتِلَافِ :連立政府(政権)

せいふく-する　seihukuk-suru　征服する　أَخْضَعَ　< خضع IV　　قَدِيمًا أَخْضَعَ الْإِسْكَنْدَرُ شُعُوبَ الشَّرْقِ
昔，アレキサンダー大王が東方の人々を征服した

せいぶつ　seibutsu　生物　كَائِنَات حَيَّة　　※ عِلْم الْأَحْيَاءِ :生物学

せいぶん　seibun　成分　خُلَاصَة　< خلص 複 -ات　　خُلَاصَة عِطْرِيَّة :香水の成分

せいほうけい　seihoukei　正方形　مُرَبَّع　　الْمُرَبَّعُ مُضَلَّعٌ مُتَسَاوِي الْأَضْلَاعِ
正方形は辺が等しい多角形です

せいほんする　seihon-suru　製本する　جَلَّدَ　< جلد II　　يُجَلِّدُ كُتُبَهُ بِنَفْسِهِ :自分で本を製本する

せいみつな　seimitsu-na　精密な　دَقِيق　< دقّ 複 دِقَاق　　آلَة دَقِيقَة :精密(な)機械

せいめい　seimei　生命　حَيَاة　< حيي　　نَجَا بِحَيَاتِهِ :彼の生命(命)を救った

せいめい　seimei　声明　بَيَان　< بين　　أُعْلِنَ الْبَيَانُ الْمُشْتَرَكُ
共同声明が発表された

せいゆじょ　seiyu-jo　精油所(التَّكْرِير)　مَعْمَل < عمل 複 مَعَامِل　　مَعَامِلُ التَّكْرِيرِ تَسْتَخْلِصُ الْبَنْزِينَ مِنَ النَّفْطِ
精油所でナフサからガソリンを取り出す
2)精油所　مِصْفَاة　< صفو 複 مَصَافٍ　※ مِصْفَاة لِلنَّفْطِ= :石油精製所

せいよう　seiyou　西洋　غَرْب　　اِزْدَهَرَتِ الصِّنَاعَةُ فِي الْغَرْبِ
西洋で工業が発展した

せいようてき　seiyou-teki　西洋的
せいようてきな　seiyou-teki·na　西洋的な　غَرْبِيّ　< غرب ※ ⇔ شَرْقِيّ :東洋的
الثَّقَافَة الْغَرْبِيَّة :西洋文化

せ

せいりされた～せきたん

せ

せいりされた　seiri-sareta　整理された　مُرَتَّب < رتب　اِجْعَلْ غُرْفَتَكَ مُرَتَّبَةً
部屋を整理(整頓)しなさい

せいりょく　seiryoku　勢力　نُفُوذ < نفذ　بَسَطَ نُفُوذَهُ عَلَى الْمِنْطَقَةِ
その地方に勢力を広げた(伸ばした)

せいれき　seireki　西暦 (الْمَسِيح) بَعْدَ الْمِيلَادِ　فِي السَّنَةِ الْأَلْفَيْنِ الْمِيلَادِيَّةِ
西暦2000年に

せいをだす　sei-wodasu　精を出す　دَأَبَ ، يَدْأَبُ　دَأَبَ عَلَى(فِي) الْعَمَلِ :仕事に精を出した

せおう　se・ou　背負う(عَلَى ظَهْرِهِ) حَمَلَ (i)　حَمَلَ حَقِيبَتَهُ عَلَى ظَهْرِهِ :鞄を背負った

せかい　sekai　世界　عَالَم < علم 複 عَوَالِم/عَالَمُون　عَالَم حَيَوَانٍ:動物の世界
جَمِيع أَنْحَاءِ الْعَالَم :全世界
2)世界　دُنْيَا < دنو ※女　فِي الدُّنْيَا :この世界で/現世で
دُنْيَا الْأَطْفَال :子供の世界

せかす　sekasu　せかす ⇒ せきたてる sekitateru 急き立てる／いそがせる isogaseru 急がせる

せき　seki　席　مَقْعَد < قعد 複 مَقَاعِد　تَرَكَ الْمَقْعَدَ :席を外した
لِيَجْلِسْ كُلُّ تِلْمِيذٍ عَلَى مَقْعَدِهِ
生徒全員を席に着かせなさい

せき　seki　籍　سِجِلّ < سجل 複 -ات　سِجِلّ عَائِلِيّ :戸籍

せき　seki　積　نَاتِج (حَاصِل) الضَّرْب　※掛け算の結果

せき　seki　咳　سُعَال < سعل　عِنْدِي سُعَالٌ :私は咳が出ます
※動 سَعَلَ (u):咳をする/咳き込こむ
سَعَلَتِ الْعَجُوزُ بِاسْتِمْرَارٍ
そのお年寄りは絶えず咳をした(咳き込んだ)

せきじゅうじ　seki-juuji　赤十字　الصَّلِيب الْأَحْمَر　أَسَّسَ "هِنْرِي دُونَان" الصَّلِيبَ الْأَحْمَرَ
アンリ=デュナンがジュネーブに　فِي جِنِيف
赤十字を設立した

せきずい　sekizui　脊髄　النُّخَاع الشَّوْكِيّ < نخع (َ)　مِنَ النُّخَاعِ الشَّوْكِيِّ تَتَفَرَّعُ الْأَعْصَابُ
脊髄から神経が枝分かれしている

せきたてる　sekitateru　急き立てる　حَثَّ ، يَحُثُّ　※~عَلَى :~するように　يَحُثُّنَا الْمُدَرِّبُ عَلَى الْإِسْرَاعِ
コーチが急ぐように私達を急き立てる

せきたん　sekitan　石炭(حَجَرِيّ) فَحْم الْحَجَر　أَنْتَجَتْ مِنْطَقَةُ "كِيُوشُو" كَمِّيَّةً
كَبِيرَةً مِنَ الْفَحْمِ الْحَجَرِيِّ
九州地方は多量の石炭を産出した

せきつい　sekitsui　脊椎　فَقْرَة (فِقْرَة)　複 فِقَر/ـات　※ حَيَوَان مِنَ الْفَقَارِيَّات :脊椎動物

せきとめる　sekitomeru　せき止める　سَدَّ ، يَسُدُّ　يَسُدُّ مَجْرَى النَّهْرِ :川の流れがせき止められる

せきどう　sekidou　赤道　خَطُّ الْإِسْتِوَاءِ　يَقْسِمُ خَطُّ الْاِسْتِوَاءِ الْأَرْضَ إِلَى نِصْفَيْنِ شَمَالِيٍّ وَجَنُوبِيٍّ
赤道は地球を北半球と南半球に分ける

せきにつく　seki-nitsuku　席に着く　قَعَدَ (u)　قَعَدَ بِهِ :席に着かせた

せきにん　seki·nin　責任　مَسْئُولِيَّة < سأل　أَنَا بَرِيءٌ مِنْ مَسْئُولِيَّةِ هٰذَا الْعَمَلِ
私にこの仕事の責任はありません

せきにんしゃ　seki·nin-sha　責任者　مَسْئُول < سأل 複 ـون　هُوَ مَسْئُولٌ عَنْ هٰذَا الْمَشْرُوعِ
彼はこの計画の責任者です

せきにん-のある　seki·nin-no·aru　責任のある　مَسْئُول < سأل 複 ـون　هَلْ صَاحِبُ السَّيَّارَةِ مَسْئُولٌ؟
車の持ち主に責任がありますか

せきばらい-する　sekibarai-suru　咳払いする　تَنَحْنَحَ < نحنح II　تَنَحْنَحْتُ بِقُوَّةٍ ، فَانْجَلَى صَوْتِي
(私は)力を込めて咳払いをしたら,声が通るようになった

せきゆ　sekiyu　石油　نَفْط/اَلْبِتْرُول　نَاقِلَة نَفْط :石油タンカー　نَفْط خَام :原油
مُنَظَّمَةُ الدُّوَلِ الْمُصَدِّرَةِ لِلنَّفْطِ :石油輸出国機構

せきり　sekiri　赤痢　زُحَار < زحر　اَلزُّحَارُ يُسَبِّبُ إِسْهَالًا شَدِيدًا
赤痢は激しい下痢を引き起こす

せく　seku　せく ⇒ いそぐ　isogu　急ぐ

せけん　seken　世間　مُجْتَمَع < جمع 複 ـات　فِي الْمُجْتَمَعِ أَكْثَرُ مِنْ رَجُلٍ صَالِحٍ
世間には善良な人が多い/渡る世間に鬼はなし

せこう　sekou　施行 ⇒ しこう　shikou　施行

せざる-をえない　sezaru-wo·e·nai　～せざるを得ない　اُضْطُرَّ ، يُضْطَرُّ < ضرّ VIII 受 ～ إِلَى :～を
اُضْطُرَّ إِلَى السَّهَرِ الطَّوِيلِ :徹夜をせざるを得なかった

せし　seshi　セ氏
せっし　sesshi　摂氏　دَرَجَة مِئَوِيَّة　بَلَغَتْ حَرَارَةُ الْجَوِّ ثَلَاثِينَ دَرَجَةً مِئَوِيَّةً
気温は摂氏３０度に達した

せたいしゅ　setaishu　世帯主　男 رَبُّ الْبَيْتِ　女 رَبَّةُ الْبَيْتِ

せたけ　setake　背丈　طُول الْقَامَةِ　يُنَاظِرُ أَبَاهُ بِطُولِ الْقَامَةِ :彼は父と同じ背丈である

せだい　sedai　世代　جِيل　複 أَجْيَال　اَلْأَجْيَالُ الْجَدِيدَة :新しい世代
اَلْجِيلُ الصَّاعِد :(これから世に出て活躍する)青年の世代

せつ　setsu　節　جُمْلَة < جمل 複 جُمَل　جُمْلَة شَرْطِيَّة :条件節
جُمْلَة مُعْتَرِضَة :挿入節

2)節 ⇒ ぶんせつ　bunsetsu　文節

せっかい～せったいする

せ

せっかい　sekkai　石灰　جِيْر　　مَاء الْجِير :石灰水

せっかいする　sekkai-suru　切開する　يَفْقَأُ، فَقَأَ　　فَقَأَ الدُّمَّلَ :腫れ物を切開した

せっきょうする　sekkyou-suru　説教する　يَعِظُ، وَعَظَ　　عَلَى رَجُلِ الدِّينِ أَنْ يُقِيمَ الصَّلَاةَ ، وَيَعِظَ النَّاسَ
宗教的な人は礼拝を行い，人々に説教をしなくてはいけない
قَالَ لَهُ الْعِظَةَ :彼に説教した　　説教: عِظَة 複 -ات ※名

2)説教する　وَبَّخَ　< وبخ II　　وَبَّخَنِي الْمُعَلِّمُ لِأَنَّنِي طَائِشٌ
先生は私に落ち着きがないと説教した

せっきょく-てきな　sekkyoku-teki·na　積極的な　إِيجَابِيّ　< وجب　　الْأَفْعَال وَالْأَقْوَال الْإِيجَابِيَّة :積極的な言動
消極的な: سَلْبِيّ ⇔※

せっきょく-てきに　sekkyoku-teki·ni　積極的に　بِإِيجَابِيَّةٍ / إِيجَابِيًّا　< وجب　　تَصَرَّفَ بِإِيجَابِيَّةٍ :積極的に行動した

せっきんする　sekkin-suru　接近する　⇒ ちかづく　chikazuku　近づく

せっけいする　sekkei-suru　設計する　صَمَّمَ　< صمّ II　　صَمَّمَ مَكْتَبَ التَّصْمِيمِ
設計事務所を設計した
تَصْمِيم هَنْدَسِيّ :設計図　　設計: تَصْمِيم 名※

せっけいず　sekkei-zu　設計図　خَرِيطَة الْبِنَاءِ　　عَدَّلَ خَرِيطَةَ الْبِنَاءِ :設計図を手直した

せっけっきゅう　sekkekkyuu　赤血球　كُرَات الدَّمِ الْحَمْرَاء

せっけん　sekken　石鹸　صَابُون　< صبن　　اغْسِلْ يَدَيْكَ بِالصَّابُونِ
石鹸で手を洗いなさい

せっこう　sekkou　石こう　جِبْس　　تِمْثَال مِنَ الْجِبْسِ :石こう像

せっこつする　sekkotsu-suru　接骨する　جَبَّرَ　< جبر II　　مَنْ يُجَبِّرُ الْعَظْمَ الْمَكْسُورَ؟
折れた骨は誰が接骨するのですか
مُجَبِّر لِلْعِظَامِ :接骨医　　接骨: تَجْبِير 名

せっしょく-する　sesshoku-suru　接触する　⇒ ふれる　hureru　触れる

せっする　sessuru　接する　احْتَكَّ　< حكّ VIII　　مَنْ احْتَكَّ بِالنَّاسِ تَعَلَّمَ كَثِيرًا
大衆と接する者は多くを学ぶ

2)接する　لَاصَقَ　< لصق III　　بَيْتُنَا يُلَاصِقُ بَيْتَ جَارِنَا
私達の家は隣人の家に接しています

せつぞくし　setsuzoku-shi　接続詞　حَرْف عَطْف

せつぞく-する　setsuzoku-suru　接続する　اتَّصَلَ　< وصل VIII　～に:بِ～　　اتَّصَلَ بِالْإِنْتَرْنِتْ
インターネットに接続した

せったいする　settai-suru　接待する　⇒ もてなす　mote·nasu　もてなす

せつだんする～せまい

せつだんする　setsudan-suru 切断する　قَطَعَ (a)　قَطَعَ وَتَرَ عُرْقُوبِهِ :アキレス腱を切断した

せっちする　secchi-suru 設置する　⇒ すえつける suetsukeru 据え付ける／もうける moukeru 設ける

せっちゃく-する　secchaku-suru 接着する　لَصَّقَ　＜لصق II　لَصَّقَ لَوْحَتَيْنِ :2枚の板を接着した

せっとう　settou 窃盗　سَرِقَة　複 ـات　جُنُون السَّرِقَةِ :窃盗癖/盗み癖

せっとくする　settoku-suru 説得する　أَقْنَعَ　＜قنع IV　أَقْنَعَتْنِي أُمِّي بِأَنْ أَسْكُنَ مَعَهَا

母は一緒に住もうと私を説得した

せっとする　setto-suru セットする　صَفَّقَ　＜صفّق II　كَيْفَ تُرِيدِينَ أَنْ أُصَفِّقَ لَكِ شَعْرَكِ؟

(貴女の)髪はどのようにセットしましょうか

名 تَصْفِيق :セット　تَصْفِيقُ الشَّعْرِ :髪のセット

せっぷん　seppun 接吻　⇒ きす kisu キス

せつめいする　setsumei-suru 説明する　شَرَحَ (a)　اِشْرَحِ السَّبَبَ :その理由を説明しなさい

※名 شَرْح :説明　نَقْص فِي الشَّرْحِ :説明不足

2)説明する　فَسَّرَ　＜فسر II　قَامَ الْمُعَلِّمُ يُفَسِّرُ الدَّرْسَ

先生は授業を説明し始めた

※名 تَفْسِير :説明　بَانَ مَعْنَى الْكَلَامِ بَعْدَ تَفْسِيرِهِ

説明の後,その言葉の意味がはっきりした

せつやく-する　setsuyaku-suru 節約する　وَفَّرَ　＜وفر II　وَفَّرَ الْمَالَ (الْوَقْتَ) :お金(時間)を節約した

※名 تَوْفِير :節約　تَوْفِيرُ الطَّاقَةِ :エネルギーの節約

せつりつ-する　setsuritsu-suru 設立する　أَسَّسَ ، يُؤَسِّسُ　＜أسّ II　أَسَّسَ الْجَمْعِيَّةَ الْيَابَانِيَّةَ

日本協会を設立した

名 تَأْسِيس :設立　تَأْسِيسُ الشَّرِكَةِ :会社(の)設立

せともの　seto-mo・no 瀬戸物(صِينِيّ)خَزَف　مَدِينَةُ "سِيتُو" مَشْهُورَةٌ بِإِنْتَاجِ الْخَزَفِ

瀬戸市は瀬戸物の生産で有名です

せなか　se・naka 背中　ظَهْر　複 ظُهُور　اِرْكَبْ عَلَى ظَهْرِي :私の背中に乗りなさい

せのたかい　se-notakai 背の高い　طَوِيل　＜طول　قَامَتُهُ طَوِيلَةٌ :彼は背が高い

せのびする　se・nobi-suru 背伸びする　تَمَطَّى بِصُلْبِهِ　＜مطو V　تَمَطَّى الْهِرُّ بِصُلْبِهِ

猫が背伸びした

せばめる　sebameru 狭める　ضَيَّقَ　＜ضيق II　ضَيَّقَ الْجَيْشُ الْحِصَارَ عَلَى الْمَدِينَةِ

軍隊が街の包囲を狭めた

せぼね　sebo・ne 背骨　سِلْسِلَةُ الظَّهْرِ　كَمْ فِقْرَةً فِي سِلْسِلَةِ الظَّهْرِ؟

背骨にいくつ脊椎がありますか

せまい　semai 狭い　ضَيِّق　＜ضيق　كُلُّ مَنْ سَارَ عَلَى الطَّرِيقِ الضَّيِّقِ وَصَلَ

狭い道を通る者は皆,(目的地に)着く/狭き門より入れ[格言]

せまる～せんいん

せ

せまる　semaru　迫る　أَلَحَّ ＜ لحّ IV ～عَلَى～ :～に ～في/بـ～ :～を
要求を迫るな! :لَا تُلِحَّ فِي طَلَبِكَ !
2)迫る　قَرُبَ (u)　試験が迫る(近づく) :يَقْرُبُ مَوْعِدُ الامْتِحَانِ

せみなー　semi・naa　セミナー　حَلْقَة دِرَاسِيَّة
大学のセミナー(ゼミ) :حَلْقَة دِرَاسِيَّة فِي الْجَامِعَةِ

せめる　semeru　攻める ⇒ こうげきする kougeki-suru 攻撃する

せめる　semeru　責める　آخَذَ ، يُؤَاخِذُ ＜ أخذ III
私を責めないで下さい :لَا تُؤَاخِذْنِي

せめんと　semento　セメント　إِسْمَنْت / أَسْمَنْت
セメントを砂利と砂と水とこねたらコンクリートになる :إِذَا جُبِلَ الْإِسْمَنْتُ مَعَ الْحَصَى وَالرَّمْلِ وَالْمَاءِ، أَعْطَى الْبَاطُونَ

せりふ　serihu　せりふ　حِوَار
劇のせりふ :حِوَار مَسْرَحِيّ

せるふ-さーびす　seruhu-saabisu　セルフサービス　خِدْمَة ذَاتِيَّة

せろん　seron　世論 ⇒ よろん yoron 世論

せわをする　sewa-wosuru　世話をする　اِعْتَنَى ، يَعْتَنِي ＜ عنى VIII ～بـ :～の,を
彼女は病人の世話をした :هِيَ اعْتَنَتْ بِالْمَرِيضِ
世話をしなさい(女) :اِعْتَنِ (ي)

せん　sen　線　خَطّ　複 خُطُوط
曲線 :خَطّ مُنْحَنٍ　直線 :خَطّ مُسْتَقِيم
※動 خَطَّ (u) :線を引く
未完了形動詞に線を引きなさい :خُطَّ تَحْتَ الْفِعْلِ الْمُضَارِعِ
2)線　سِلْك　複 أَسْلَاك
電線 :سِلْك كَهْرَبَائِيّ
3)線　أَشِعَّة ＜ شع ※ شُعَاع の複
エックス線 :أَشِعَّة إِكْس
紫外線 :الْأَشِعَّة فَوْقَ الْبَنَفْسَجِيَّةِ

せん　sen　千(1,000)　أَلْف　複 آلَاف / أُلُوف
千夜一夜物語 :أَلْف لَيْلَة وَلَيْلَة
数千 :آلَاف (أُلُوف) مُؤَلَّفَة

せん　sen　腺　غُدَّة ＜ غدّ　複 غُدَد / غَدَائِد
甲状腺 :غُدَّة دَرَقِيَّة
リンパ腺 :غُدَّة لِمْفَاوِيَّة　涙腺 :غُدَّة دَمْعِيَّة
汗腺 :غُدَّة عَرَقِيَّة　前立腺 :غُدَّة الْبُرُوسْتَات

せんい　sen・i　繊維　نَسِيج ＜ نسج　複 أَنْسِجَة
繊維工業 :صِنَاعَة النَّسِيج
2)繊維　لِيف　複 أَلْيَاف
合成繊維 :لِيف صِنَاعِيّ
繊維製品 :أَنْسِجَة لِيفِيَّة　※形 لِيفِيّ :繊維質の

せんいん　sen・in　船員 ⇒ ふなのり hunanori 船乗り

せんかいする～せんしゃ

せんかいする senkai-suru 旋回する حَامَ ، يَحُومُ ※空を حَامَ النَّحْلُ عَلَى الزَّهْرِ :蜜蜂が花の上を旋回した

せんきょ senkyo 選挙 اِنْتِخَابَات < نخب ※ اِنْتِخَاب の複

خَسِرَ فِي الاِنْتِخَابَات :選挙で落選した

رَشَّحَ نَفْسَهُ فِي الاِنْتِخَابَات :選挙に立った(出た)

اِنْتِخَابَات عَامَّة لِمُمَثِّلِي الشَّعْب :国会議員総選挙

أُجْرِيَتْ الاِنْتِخَابَاتُ :選挙が行われた

せんきょうし senkyou-shi 宣教師 مُبَشِّر < بشر نَشَرَ الْمُبَشِّرُ دِينَهُ لِمُدَّةِ سَنَتَيْنِ

宣教師は2年間布教した

せんきょうする senkyou-suru 宣教する ⇒ ふきょうする hukyou-suru 布教する

せんきょする senkyo-suru 占拠する اِحْتَلَّ اِحْتَلَّ الشَّعْبُ الْمِصْرِيُّ مَيْدَانَ التَّحْرِيرِ

エジプトの民衆がタハリール広場を占拠した

※名 اِحْتِلَال :占拠 الاِحْتِلَال العَسْكَرِيّ :軍事的占拠

せんげつ sen-getsu 先月 اَلشَّهْرُ الْمَاضِي ※ ⇔ اَلشَّهْرُ الْقَادِم :来月

أُجْرِيَتِ الاِنْتِخَابَاتُ فِي الشَّهْرِ الْمَاضِي

先月選挙が行われた

せんげん sengen 宣言 تَصْرِيح < صرح 複 -ات تَصْرِيح مُشْتَرَك :共同宣言

2)宣言 بَيَان < بين 複 -ات حَرَّرَ مَارْكْس ' اَلْبَيَان الشُّيُوعِيّ '

マルクスが共産党宣言を書いた

せんげんする sengen-suru 宣言する أَعْلَنَ < علن IV أَعْلَنَ اسْتِقْلَالَ الْوَطَنِ

祖国の独立を宣言した

せんこうする senkou-suru 専攻する اِخْتَصَّ < خصّ VIII ～بـ:～を أَخْتَصُّ بِالْأَدَبِ الْعَرَبِيِّ

私はアラブ文学を専攻しています

せんこくする senkoku-suru 宣告する حَكَمَ (u) ～بـ:～を ～لـ:～に

حَكَمَ لَهُ بِبَرَاءَتِهِ :彼に無罪を宣告した

※名 حُكْم :宣告 حُكْمُ الْإِعْدَامِ :死刑宣告(判決)

せんさい sensai 繊細
せんさいさ sensaisa 繊細さ رِقَّة رِقَّةُ الشُّعُورِ :感情の繊細さ(細やかさ)

せんさいな sensai-na 繊細な رَقِيق < رقّ 複 أَرِقَّاءُ 女 رَقِيقَة 複 رِقَاق

رَقِيقُ الشُّعُورِ :感情の繊細な

せんざい senzai 洗剤 مَسْحُوقُ غَسِيلٍ مَسْحُوقُ غَسِيلٍ مُرَكَّبٍ :合成洗剤

せんし senshi 戦士 ⇒ せんとういん entou-in 戦闘員

せんしする senshi-suru 戦死する قُتِلَ فِي الْحَرْبِ ※ قَتِيلُ الْحَرْبِ 複 قَتْلَى الْحَرْبِ :戦死者

せんしゃ sensha 戦車 دَبَّابَة < دبّ 複 -ات دَبَّابَة ثَقِيلَة :重戦車

せ

せんしゅ～せんたー

أَوْقَفَ الرَّجُلُ الدَّبَّابَاتِ : 男は戦車を止めた

せんしゅ　senshu　選手　لَاعِب ＜لعب 複 ـون　هِيَ لَاعِبَةُ كُرَةِ الْقَدَمِ
彼女はサッカーの選手です

せんしゅけん　senshu-ken　選手権　بُطُولَة ＜بطل　بُطُولَةُ الْعَالَمِ فِي كُرَةِ الْقَدَمِ
サッカーの世界選手権(ワールドカップ)

せんしゅう　sen-syuu　先週　الْأُسْبُوعُ الْمَاضِي　※ ⇔ الْأُسْبُوعُ الْقَادِمُ: 来週

せ

せんしょくたい　senshoku-tai　染色体　صِبْغِيّ／كْرُومُوسُوم

せんしんこく　senshin-koku　先進国　دَوْلَة مُتَقَدِّمَة　複 دُوَل مُتَقَدِّمَة

せんじたもの　senjita-mo·no　煎じたもの　مَغْلِيّ ＜غلى　مَغْلِيُّ النَّعْنَاعِ يُسَكِّنُ الْمَغْصَ
ミントを煎じたものは腹痛を軽減する

せんじょう　senjou　戦場　مَيْدَان الْقِتَال　تَرَكَ الْجَرْحَى فِي مَيْدَانِ الْقِتَالِ
戦場には負傷者たちが残された

せんじる　senjiru　煎じる　يَغْلِي، غَلَى　غَلَى الْمَرْيَمِيَّةَ: セージを煎じた

せんす　sensu　センス　ذَوْق　複 أَذْوَاق　سَلِيمُ الذَّوْقِ: センスの良い
صَقَلَ ذَوْقَهُ: センスを磨いた

せんすいかん　sensui-kan　潜水艦　غَوَّاصَة ＜غوص 複 ـات　تَغُوصُ الْغَوَّاصَةُ فِي الْبَحْرِ
潜水艦が海に潜る

せんすいふ　sensui-hu　潜水夫　غَوَّاص ＜غوص 複 ـون　بَلَغَ الْغَوَّاصُ دَرَكَ الْبِرْكَةِ
潜水夫は池の底に達した

せんせい　sensei　先生　مُدَرِّس ＜درس 複 ـون　يَعْمَلُ مُدَرِّسًا: 先生(教師)をする
هُوَ مُدَرِّسٌ لِلُّغَةِ الْعَرَبِيَّةِ
彼はアラビア語の先生(教師)です

せんせいじゅつ　sensei-jutsu　占星術　تَنْجِيم ＜نجم　أَنَا لَا أُصَدِّقُ التَّنْجِيمَ
私は占星術を信じていません

せんせいする　sensei-suru　宣誓する　⇒ ちかう　chikau　誓う

せんせん　sensen　戦線　جَبْهَة　جَبْهَة شَعْبِيَّة: 人民戦線

せんそうする　sensou-suru　戦争する　تَحَارَبَ ＜حرب VI　لِمَاذَا تَتَحَارَبُ الدُّوَلُ؟
なぜ国家は戦争するのですか
※名 حَرْب 複 حُرُوب: 戦争 ！ لَا لِلْحَرْبِ: 戦争反対！
الْحَرْبُ الْعَالَمِيَّةُ الْأُولَى (الثَّانِيَة)
第1次(第2次)世界大戦

せんぞ　senzo　先祖　⇒そせん　sosen　祖先

せんたー　sentaa　センター　مَرْكَز ＜ركز 複 مَرَاكِز　مَرْكَزُ الثَّقَافَةِ: 文化センター

せんたく～せんねんする

せんたく sentaku 選択 اِخْتِيَار < خير ※ مَوَادّ اخْتِيَارِيَّة :選択科目

せんたくき sentaku-ki 洗濯機 غَسَّالَة < غسل 複 -ات غَسَّالَة كَهْرَبَائِيَّة :電気洗濯機
شَاهَدَتْ أُمِّي تَجْرِبَةَ الْغَسَّالَةِ فَأُعْجِبَتْ بِهَا
私の母は洗濯機の実演を見て気に入りました

せんたくする sentaku-suru 洗濯する غَسَلَ (i) لَا تَغْسِلْ مَلَابِسًا هُنَا :ここで洗濯してはいけません
مِلْقَطُ الْغَسِيلِ :洗濯ばさみ غَسِيل :洗濯 ※名

せんたくする sentaku-suru 選択する ⇒ えらぶ erabu 選ぶ

せんたくもの sentaku-mo・no 洗濯物 غَسِيل < غسل رَطَبَ الْغَسِيلُ الْجَافُّ مَعَ هُبُوطِ الضَّبَابِ
乾いた洗濯物は降りてきた霧で湿った

せんたん sentan 先端 طَرَف 複 أَطْرَاف طَرَفُ الْأُصْبُعِ :指の先端/指先

せんだん sendan 船団 أُسْطُول 複 أَسَاطِيل اِنْضَمَّتِ السَّفِينَةُ الْجَدِيدَةُ إِلَى الْأُسْطُولِ
新しい船が船団に加わった

せんちめん-たるな senchimen・taru-na センチメンタルな شَجِيّ < شجو الْغِنَاءُ شَجِيٌّ جَمِيلٌ
その歌はセンチメンタルな美しい歌だった

せんちょう senchou 船長 رُبَّان (رِ) < ربّ 複 رَبَابِنَة يُنَفِّذُ الْبَحَّارَةُ أَوَامِرَ الرُّبَّانِ
船員は船長の命令を実行する

せんていする sentei-suru 剪定する قَلَمَ (i) ※樹木を نَقْلِمُ كُرُومَ الْعِنَبِ فِي شَهْرِ شُبَاطَ
私達は2月にブドウの蔓を剪定します

せんでん senden 宣伝 دِعَايَة < دعو 複 -ات الدِّعَايَةُ تُرَوِّجُ الْبِضَاعَةَ
宣伝が商品を売り込む

せんでんする senden-suru 宣伝する نَشَرَ (u) نَشَرَتِ الصَّحِيفَةُ الْإِعْلَانَ :新聞が宣伝した

せんとう sentou 先頭 مُقَدِّمَة < قدم 複 -ات سَارَ حَامِلُ الْعَلَمِ فِي مُقَدِّمَةِ الْمَوْكِبِ
旗手がパレードの先頭を進んだ

せんとう sentou 戦闘 مَعْرَكَة < عرك 複 مَعَارِك مَعْرَكَة ضَارِيَة :激しい戦闘/激戦

せんとういん sentou-in 戦闘員 مُحَارِب < حرب الْمُحَارِبُ الشَّرِيفُ يُبْقِي عَلَى عَدُوِّهِ الْجَرِيحِ
高貴なる戦闘員(戦士)は傷ついた敵兵を見逃す

せんとらる sentoraru セントラル مَرْكَزِيّ < ركز تَدْفِئَة مَرْكَزِيَّة :セントラルヒーティング

せんどうする sendou-suru 先導する أَمَّ ، يَؤُمُّ الشَّيْخُ يَؤُمُّ الْمُصَلِّينَ :長老が礼拝者を先導する

せんどうする sendou-suru 扇動する ⇒ あおる aoru 煽る

せんにゅうかん sen・nyuu-kan 先入観 اِنْحِيَاز < حوز الِانْحِيَازُ ضِدَّ الْإِسْلَامِ :イスラムに対する先入観

せんにゅうする sen・nyuu-suru 潜入する تَسَلَّلَ < سلّ V تَسَلَّلَ إِلَى الْقَلْعَةِ :城に潜入した

せんねんする sen・nen-suru 専念する أَكَبَّ < كبّ IV أَكَبَّ عَلَى الدَّرْسِ :勉学に専念した

せ

せんばい〜せんれんされた

せ

せんばい senbai 専売 اِحْتِكَار　اِحْتِكَارُ التَّبْغِ وَالْمِلْحِ :塩とタバコの専売

せんばつする senbatsu-suru 選抜する ⇒ えらぶ erabu 選ぶ

せんぷうき senpuuki 扇風機(كَهْرَبَائِيَّة) مَرْوَحَة > روح 複 مَرَاوِح

せんべつ-する senbetsu-suru 選別する صَنَّفَ > صنف II يَجْنِي الْفِتْيَانُ التُّفَّاحَ، وَتُصَنِّفُهُ الْفَتَيَاتُ
若い男たちがリンゴを摘み，娘たちがそれを選別する

せんぼつしゃ senbotsu-sha 戦没者 ضَحَايَا الْحَرْبِ　مَرَاسِم تَقْدِيم صَلَاةٍ إِلَى أَرْوَاحِ ضَحَايَا الْحَرْبِ
戦没者慰霊祭
※ يُقْتَلُ فِي الْحَرْبِ :戦没する

せんまいどおし senmai-dooshi 千枚通し مِخْرَز > خرز 複 مَخَارِز يَثْقُبُ الْإِسْكَافُ النَّعْلَ بِالْمِخْرَزِ
靴屋さんは千枚通しで靴に穴を開けます

せんめんじょ senmen-jo 洗面所 مَغْسَلَة > غسل 複 مَغَاسِل لَيْسَ عَلَى الْمَغْسَلَةِ صَابُونَةٌ
洗面所に石鹸がない

せんもん senmon 専門 اِخْتِصَاص > خصّ مَا اخْتِصَاصُكَ ؟ :ご専門は何ですか
※関 أَخِصَّائِيّ / اِخْتِصَاصِيّ :専門の
طَبِيب اخْتِصَاصِيّ بِجِرَاحَةِ التَّقْوِيمِ
整形外科の専門医

せんもんか senmon-ka 専門家 خَبِير > خبر 複 خُبَرَاءُ خَبِيرٌ فِي تَصْلِيحِ الْمُحَرِّكَاتِ
エンジン修理の専門家
قَدَّمَ الْخَبِيرُ تَقْرِيرَهُ إِلَى الْمَحْكَمَةِ
専門家が報告書を裁判所に提出した

せんりゃく senryaku 戦略 خُطَّة إِسْتِرَاتِيجِيَّة

せんりょう senryou 染料 خِضَاب > خضب يُتَّخَذُ مِنَ الْحِنَّاءِ الْخِضَابُ الْأَحْمَرُ
ヘンナから赤い染料が取れる

2)染料 صِبَاغ > صبغ 複 أَصْبِغَة إِنَّهُ لَا يُتْقِنُ تَرْكِيبَ الصِّبَاغِ
彼は染料のセッティングを本当にマスターしない

せんりょうする senryou-suru 占領する اِحْتَلَّ > حلّ VIII اِحْتَلَّ الْجَيْشُ الْبَلَدَ
軍隊がその国を占領した
※名 اِحْتِلَال :占領 بِدِمَائِنَا قَاوَمْنَا الْاِحْتِلَالَ
私達は血をもって占領に抵抗した

せんれい senrei 洗礼 عِمَاد / تَعْمِيد > عمد 複 عُمُد جَرَى عِمَادُ الطِّفْلِ بِخُشُوعٍ
その子の洗礼が敬虔に行われた

せんれん-された senren-sareta 洗練された رَفِيع > رفع ذَوْق رَفِيع :洗練されたセンス

せんろ～ぜにんする

せんろ　senro　線路　قَضِيب　< قضب 複 قُضْبَان　يَجْرِي الْقِطَارُ عَلَى الْقَضِيبَيْنِ
列車が線路を走る

せんをひく　sen-wohiku　線を引く　خَطَّطَ　< خط II　白い紙に線を引いた: خَطَّطَ الْوَرَقَةَ الْبَيْضَاءَ

2)線を引く　سَطَّرَ　< سطر II　عَلَّمْتُ أُخْتِي كَيْفَ تُسَطِّرُ الْوَرَقَةَ
私は定規で紙に線を引く方法を妹に教えた

ぜい　zei　税　⇒ ぜいきん zeikin 税金

ぜいかん　zeikan　税関　جُمْرُك　複 جَمَارِك　※ 税関の: جُمْرُكِيٌّ
彼は税関の係員(税関員)です: هُوَ مُوَظَّفٌ جُمْرُكِيٌّ

ぜいきん　zeikin　税金　ضَرِيبَة　< ضرب 複 ضَرَائِب　所得税: ضَرِيبَةُ الدَّخْلِ
直接(間接)税: ضَرِيبَة مُبَاشِرَة (غَيْرُ مُبَاشِرَةٍ)
هَلْ هٰذَا يَتَضَمَّنُ الضَّرِيبَةَ ؟
これは税金を含んでますか

ぜいたくな　zeitaku-na　ぜい沢な　مُتْرَف　< ترف　اَلْوَلَدُ الْمُتْرَفُ لَا يَحْتَمِلُ خُشُونَةَ الْعَيْشِ
ぜい沢に育った子は生活の厳しさに耐えられない

ぜいむしょ　zeimu-sho　税務署　مَصْلَحَة الضَّرَائِب　عَلَيْكَ أَنْ تُقَدِّمَ بَيَانًا عَنْ دَخْلِكَ السَّنَوِيِّ إِلَى مَصْلَحَةِ الضَّرَائِب
あなたは年収の申告を税務署に提出しなければならない

ぜっさんする　zessan-suru　絶賛する　أَشَادَ　< شيد IV　يُشِيدُ بِأَخْلَاقِكَ الطَّيِّبَةِ
彼はあなたの良い性格を絶賛している

ぜったいに　zettai-ni　絶対に　أَبَدًا　私は絶対に嘘はつかない: لَا أَكْذِبُ أَبَدًا
絶対に違う: لَا أَبَدًا !

2)絶対に　عَلَى الْإِطْلَاقِ　وَلٰكِنَّهُ لَيْسَ مِسْكِينًا عَلَى الْإِطْلَاقِ
しかし彼は絶対にかわいそうではない

ぜったいの　zettai-no　絶対の　مُطْلَق　< طلق　絶対温度[物理]: دَرَجَةُ الْحَرَارَةِ الْمُطْلَقَةِ

ぜっちょう　zecchou　絶頂　أَوْج　絶頂に達した: بَلَغَ الْأَوْجَ

ぜつぼうする　zetsubou-suru　絶望する　يَئِسَ ، يَيْأَسُ　أَكَادُ أَيْأَسُ مِنْ إِصْلَاحِ هٰذَا الْغُلَامِ
私はこの青年の更生に殆ど絶望しています
※名 絶望: يَأْسٌ　絶望を感じた: شَعَرَ بِالْيَأْسِ
絶望に陥った: اِسْتَبَدَّ بِهِ الْيَأْسُ

ぜつめつする　zetsumetsu-suru　絶滅する　اِنْقَرَضَ　< قرض VII　اَلزَّرَافَةُ حَيَوَانٌ يَكَادُ يَنْقَرِضُ
キリンは絶滅寸前の動物だ

ぜにんする　ze・nin-suru　是認する　اِسْتَحْسَنَ　< حسن X　彼は私の意見を是認した: اِسْتَحْسَنَ رَأْيِي

せ

ぜひ～ぜんちょう

ぜひ	zehi	是非	لَا بُدَّ	لَا بُدَّ أَنْ تَزُورَنِي :是非おいで下さい
ぜみ	zemi	ゼミ ⇒ せみなー semi・naa セミナー		
ぜろ	zero	ゼロ/零	صِفْر	اِنْطَلَقَ مِنَ الصِّفْرِ :ゼロから出発した
ぜん ぜんしゅう	zen zen-shuu	禅 禅宗	اَلزِّنِّيَّة	فِرْقَة بُوذِيَّة تَهْتَمُّ بِالتَّأَمُّلَاتِ=※ 瞑想を重んじる仏教の一派
ぜんか	zenka	前科	سَوَابِق	< سَابِقَة سبق の複 مِنْ أَصْحَابِ السَّوَابِقِ :前科持ちの أَصْحَاب سَوَابِق جُرْمِيَّةٍ :前科者
ぜんかいの	zenkai-no	前回の	سَابِق	< سبق اَلدَّرْس السَّابِق :前回の授業
ぜんき	zenki	前期	اَلنِّصْف الْأَوَّل	اَلنِّصْف الْأَوَّل مِنْ عَصْر ″إيدو″ ※⇔後期 江戸時代前期
ぜんこう	zenkou	善行	خَيْر	複 خِيَار صَنَعَ خَيْرًا :善行を行った(施した)
ぜんこく	zenkoku	全国	جَمِيع أَنْحَاءِ الْبِلَادِ	اِسْتَسْلَمْتُ رَسَائِلَ مِنْ جَمِيعِ أَنْحَاءِ الْيَابَانِ 日本全国からお手紙を頂きました فِي كُلِّ أَنْحَاءِ الْبِلَادِ :全国で
ぜんしゃ	zensha	前者	اَلْأَوَّل	※ اَلْأَوَّلُ ～ اَلْأَخِيرُ ‥ :前者は～後者は‥
ぜんしん-させる	zenshin-saseru	前進させる	قَدَّمَ	< قدم II قَدَّمَ السَّيَّارَةَ :車を前進させた
ぜんしんする	zenshin-suru	前進する	تَقَدَّمَ	< قدم V تَقَدَّمَ الْجَيْشُ إِلَى الطَّلِيعَةِ 軍は前線に前進した ※名 تَقَدُّم :前進 ※⇔ تَقَهْقُر :後退
ぜんじつ	zenjitsu	前日	اَلْيَوْم السَّابِق	غَسَلَتْ زَوْجَتُهُ الْمَلَابِسَ فِي الْيَوْمِ السَّابِقِ 前日に彼の妻がその服を洗った
ぜんじゅつの	zenjutsu-no	前述の	آنِف الذِّكْر	< أنف رَأْي آنِف الذِّكْرِ :前述の意見
ぜんせん	zensen	前線	طَلِيعَة	複 طَلَائِع فِي طَلِيعَةِ الْجَيْشِ :(軍の)最前線で
		2)前線	جَبْهَة	جَبْهَة أَزْهَارِ الْكَرَزِ :桜前線
ぜんぜん	zen・zen	全然 ⇒ まったく mattaku 全く(～ない)		
ぜんそく	zensoku	喘息	رَبْو	複 أَرْبَاء اَلرَّبْوُ لَا يَسْمَحُ لَهُ بِمُمَارَسَةِ الرِّيَاضَةِ 彼は喘息で運動が出来ない
ぜんたいに	zentai-ni	(～)全体に	～ بِأَسْرِ	اِنْتَشَرَ الْخَبَرُ فِي الْقَرْيَةِ بِأَسْرِهَا そのニュースは村全体に広がった
ぜんちし	zenchi-shi	前置詞	حَرْف جَرّ	يَخْفِضُ حَرْفُ الْجَرِّ الِاسْمَ الْوَاقِعَ بَعْدَهُ 前置詞は後にある名詞を属格にする
ぜんちょう	zenchou	前兆 ⇒ まえぶれ maebure 前触れ		

ぜんちょう～ぜんれい

ぜんちょう　zenchou　全長　اَلطُّول الْكَامِل

ぜんてい　zentei　前提　شَرْط　複 شُرُوط　اَلْعَمَلُ الْمُثَابِرُ شَرْطٌ مِنْ شُرُوطِ النَّجَاحِ　真面目な仕事が成功の前提条件だ

ぜんぶ　zenbu　全部　⇒ すべて subete 全て／みな mi·na 皆

ぜんぶで　zenbu-de　全部で　جَمِيعًا　< جمع　بِكَمْ جَمِيعًا؟:全部でいくらですか

ぜんまい　zenmai　ゼンマイ　نَابِض　< نبض　نَابِضُ السَّاعَةِ:時計のゼンマイ

※= زُنْبُرُك 複 زَنَابِك

ぜんりゃく　zenryaku　前略　بَعْدَ التَّحِيَّةِ　※結びは草々

ぜんりょうな　zenryou-na　善良な　صَالِح　< صلح　فِي الْمُجْتَمَعِ أَكْثَرُ مِنْ رَجُلٍ صَالِحٍ　世間には善良な人が多い

ぜんりょく　zenryoku　全力　كُلّ قُوَّة　بِكُلِّ قُوَّةٍ:全力で

※ بَذَلَ مَا فِي وُسْعِهِ لِـ (فِي سَبِيل)～　～のために全力を尽くした

ぜんれい　zenrei　前例　سَابِقَة　< سبق 複 سَوَابِق　شَكَّلَ سَابِقَةً:前例となった

せ

そーす～そうごりかい

そ　そ　ソ【so】

そーす　soosu　ソース　صَلْصَة　複 -ات　~ وَضَعَ صَلْصَةً عَلَى ~ :~にソースをかけた

そーせーじ　sooseeji　ソーセージ　سُجُق　※=مَقَانِق / نَقَانِق
قِطْعَة مِنَ السُّجُق :1本(1片)のソーセージ

そーだ　sooda　ソーダ　صُودَا　مَاء الصُّودَا :ソーダ水

そう　sou　そう　كَذٰلِكَ / هٰكَذَا　أَلَيْسَ كَذٰلِكَ ؟ :そうではありませんか
اِفْعَلْ هٰكَذَا :そうしなさい

そう　sou　僧　رَاهِب　> رهب 複 رُهْبَان　يَعِيشُ الرَّاهِبُ حَيَاةَ عِبَادَةٍ وَتَقَشُّفٍ
僧は祈りと禁欲の一生を送る

そう　sou　層　طَبَقَة　複 -ات　اَلطَّبَقَات الْأَرْضِيَّة :地層
فِي الْقُطْبِ طَبَقَةٌ مِنَ الْجَلِيدِ لَا تَذُوبُ
極地では氷の層が溶けない

そう　sou　添う　اِسْتَجَابَ　> جوب X　مِنَ الْمُسْتَحِيلِ أَنْ أَسْتَجِيبَ لِطَلَبِكَ
あなたのご要望には添い兼ねます

そうい　soui　相違　⇒ ちがい chigai 違い

そうおん　souon　騒音　ضَوْضَاء　ضَوْضَاء الْمَصْنَع :工場の騒音
اِنْزَعَجَ مِنَ الضَّوْضَاء :騒音に悩まされた

そうがく　sou-gaku　総額　مَجْمُوع　> جمع　بَلَغَ مَجْمُوعُ الْمُشْتَرَيَاتِ مِئَةَ أَلْفِ يَنٍّ
買い物の総額は１０万円に達した

そうきんする　soukin-suru　送金する　حَوَّلَ　> حول II　حَوَّلْتُ لَكَ الْمَالَ
お金はそちらに送金しました

そうぎ　sougi　葬儀　⇒ そうしき　soushiki　葬式

そうぐうする　souguu-suru　遭遇する　صَادَفَ　> صدف III　صَادَفَتْ مُقَدَّمَةُ الْجَيْشِ مُقَاوَمَةً عَنِيفَةً
軍の先頭は激しい抵抗に遭遇した

そうこ　souko　倉庫　مَخْزَن　> خزن 複 مَخَازِن　غَصَّ الْمَخْزَنُ بِالْبَضَائِعِ
倉庫は商品で一杯だった

そうこうしゃ　soukou-sha　装甲車　مُصَفَّحَة　> صفح 複 -ات　عَلَى الْمُصَفَّحَةِ رَشَّاشٌ ثَقِيلٌ
装甲車の上に重機関銃がある

そうごう-てきな　sougou-teki・na　総合的な　عَامّ　مُسْتَشْفًى عَامّ :総合病院

そうごの　sougo-no　相互の　⇒ たがいの　tagai-no　互いの

そうごりかい　sougo-rikai　相互理解　تَفَاهُم　> فهم VI　تَفَاهُم مَعَ الْجِيرَانِ :隣人との相互理解

そ

そうさ～そうぞうじょうの

そうさ　sousa　操作　مُعَامَلَة < عمل 複 -ات　الآلَةُ صَعْبُ الْمُعَامَلَةِ
その機械は操作が難しい

そうさする　sousa-suru　捜査する　فَتَّشَ < فتش II　فَتَّشَ الْبَيْتَ :家宅捜査した
※名 تَفْتِيش :捜査　تَفْتِيشُ الْمَنَازِلِ :家宅捜査

2)捜査する　حَقَّقَ < حقّ II　~في :~を　الْمُفَتِّشُ يُحَقِّقُ فِي الْجَرِيمَةِ
捜査官が犯罪を捜査する

そうしき　soushiki　葬式　جَنَازَة (ـَ) < جنز 複 -ات　شُيِّعَتْ جَنَازَةٌ :葬式が行われた
حَضَرَ جَنَازَةً :葬式(葬儀)に参列した

そうしゃ　sousha　走者 ⇒ らんなー　ran・naa　ランナー

そうしょく　soushoku　装飾　زِينَة < زين 複 -ات　زِينَةُ الْعِيدِ :祭りの日の装飾(飾り)

そうしょくの　soushoku-no　草食の　آكِلٌ لِلْعُشْبِ　حَيَوَانٌ آكِلٌ لِلْعُشْبِ :草食動物 ※ ⇔ 肉食の

そうしんき　soushin-ki　送信機　جِهَازُ الْإِرْسَالِ

そうしんぐ　soushingu　装身具 ⇒ あくせさりー　akusesarii　アクセサリー

そうじき　souji-ki　掃除機　مِكْنَسَةٌ كَهْرَبَائِيَّةٌ　※電気掃除機

そうじする　souji-suru　掃除する　نَظَّفَ < نظف II　نَظَّفْتُ الْغُرْفَةَ وَغَادَرْتُهَا
私は部屋を掃除して出ました
※名 تَنْظِيف :掃除　تَنْظِيفُ الْحَدِيقَةِ :庭の掃除

そうじゅうする　soujuu-suru　操縦する　قَادَ ، يَقُودُ　قَادَ الطَّائِرَةَ :飛行機を操縦した

そうせいじ　souseiji　双生児 ⇒ ふたご　hutago　双子

そうそう　sousou　草々　تَقَبَّلْ تَحِيَّاتِي　※手紙の末尾に,前略に照応

そうそふ　sousohu　そうそふ/曾祖父　أَبُو الْجَدِّ (الْجَدَّةِ)

そうそぼ　sousobo　そうそぼ/曾祖母　أُمُّ الْجَدِّ (الْجَدَّةِ)

そうぞうする　souzou-suru　想像する　تَخَيَّلَ < خيل V　تَخَيَّلَ الطَّعَامَ الشَّهِيَّ الْكَثِيرَ
沢山のご馳走を想像した
※名 تَخَيُّل :想像　فَوْقَ التَّخَيُّلِ :想像を超えて

2)想像する　تَصَوَّرَ < صور V　تَصَوَّرَ مُسْتَقْبَلَهُ :自分の将来を想像した

そうぞう-されたもの　souzou-sareta-mo・no　創造されたもの　مَخْلُوق < خلق 複 -ات　الْمَخْلُوقَاتُ لَيْسَتْ أَزَلِيَّةً
創造物は永遠ではない

そうぞうする　souzou-suru　創造する　خَلَقَ (u)　خَلَقَ اللّٰهُ السَّمٰوَاتِ وَالْأَرْضَ
神は天と地を創造された
※名 خَلْق :創造　خَلْقُ السَّمَاوَاتِ وَالْأَرْضِ :天地創造

そうぞう-じょうの / そうぞうの　souzou-jou・no / souzou-no　想像上の / 想像の　خَيَالِيّ < خيل　هٰذِهِ حِكَايَةٌ خَيَالِيَّةٌ
これは想像上の話(童話)です

そ

そうぞくする～そえる

そうぞくする souzoku-suru 相続する وَرِثَ ، يَرِثُ ～(عَنْ)مِنْ‥ وَرِثَ :～から‥を ※ ⇒ 受け継ぐ

وَرِثَ التُّرَاثَ :遺産を相続した

※名 إِرْثٌ :相続 ضَرِيبَةُ الْإِرْثِ :相続税

そうたい-てきな soutai-teki・na 相対的な نِسْبِيٌّ ＜ نسب الْقِيمَةُ النِّسْبِيَّةُ :相対的な価値

※ نِسْبِيًّا :相対的に

そうだんする soudan-suru 相談する تَشَاوَرَ ＜ شور VI ～في :～を تَشَاوَرُوا ثُمَّ عَيَّنُوا الْمَوْعِدَ

彼らは相談して期日を指定した

そうち souchi 装置 جِهَاز ＜ جهز 複 أَجْهِزَة /-ات جِهَازُ الْمُسْتَقْبِلِ :受信装置

مَا فَائِدَةُ هٰذَا الْجِهَازِ ؟ :この装置の利点は何ですか

そうちょう souchou 早朝 غَدَاة ＜ غدو 複 غَدَوَات تَسْتَيْقِظُ الْعَصَافِيرُ مُغَرِّدَةً فِي الْغَدَاةِ

早朝の小鳥たちのさえずりが目を覚まさせる

そうていする soutei-suru 想定する اِفْتَرَضَ ＜ فرض VIII اِفْتَرِضْ أَنَّكَ رَجُلٌ غَنِيٌّ

自分が金持ちの男と想定しなさい

そうとうする soutou-suru 相当する عَادَلَ ＜ عدل III اَلدُّولَارُ الْوَاحِدُ يُعَادِلُ ١٠٠ يِنًّا الْآنَ

現在１ドルは100円に相当します(です)

そうなん sou・nan 遭難 حَادِث ＜ حدث 複 حَوَادِث وَقَعَ لِـ～ حَادِثٌ :～が遭難にあった

そうにゅうする sou・nyuu-suru 挿入する أَدْخَلَ ＜ دخل IV أَدْخَلَ الصُّوَرَ فِي الْكِتَابِ

本に絵を挿入した

そうねん sou・nen 壮年 رُجُولَة ＜ رجل يُمَثِّلُ الْوَلَدُ الرُّجُولَةَ

少年が壮年を演じる

そうびする soubi-suru 装備する جَهَّزَ ＜ جهز II ～بِـ :～を جَهَّزَ السَّيَّارَةَ بِتَلِيفُونٍ

その自動車は電話を装備していた

そうほう souhou 双方 طَرَفَان ＜ طرف ※ طَرَفٌ :当事者の双 تَجَاهَلَهُمَا الطَّرَفَانِ

双方が互いに知らないふりをした

そうめいな soumei-na 聡明な فَطِن اَلطَّالِبَةُ الْفَطِنَةُ تَعَلَّمَتْ وَتَقَدَّمَتْ بِسُرْعَةٍ

聡明なその女学生は学習の進歩が速かった

そうりだいじん souri-daijin 総理大臣 رَئِيسُ الْوُزَرَاءِ ※＝内閣総理大臣

そうりょ souryo 僧侶 رَاهِب ، بُوذِيٌّ مِهْنَتُهُ رَاهِبٌ :彼の職業は僧侶(坊主)です

そうりょう souryou 送料 مَصَارِيفُ الشَّحْنِ كَمْ مَصَارِيفُ الشَّحْنِ ؟ :送料はいくらですか

そえる soeru 添える أَرْفَقَ ＜ رفق IV ～بِـ :～に

أَرْفَقَ الرِّسَالَةَ بِبَاقَةِ الزُّهُورِ :花束に手紙を添えた

そ

そえんになる　soen-ni・naru　疎遠になる　هَجَرَ (u)　عِنْدَمَا سَاءَتْ عَلَاقَتُهُ بِصَدِيقِهِ هَجَرَهُ
彼は友人との関係が悪くなって,疎遠になった

そかくする　sokaku-suru　組閣する（ تَأْلِيفُ الْحُكُومَةِ　أَلَّفَ(حُكُومَةً < ألف ‖ ※名　تَأْلِيفُ الْحُكُومَةِ :組閣

そくざに　sokuza-ni　即座に　فَوْرًا / فَوْرِ الْفَوْرِ مِنَ < فور　اِتَّجَهَتْ سَيَّارَةُ الْإِسْعَافِ إِلَى الْمَكَانِ
救急車が即座にその場所に向かった　فَوْرًا

そくしん-する　sokushin-suru　促進する　قَوَّى < قوي ‖ قَوَّى صِحَّتَهُ :健康を促進した

そくせきの　sokuseki-no　即席の　سَرِيعُ التَّحْضِيرِ　طَعَامٌ سَرِيعُ التَّحْضِيرِ :即席の料理/インスタント食品

そくたつ　sokutatsu　速達
そくたつーびん　sokutatsu-bin　速達便　بَرِيدٌ مُسْتَعْجَلٌ　بِبَرِيدٍ مُسْتَعْجِلٍ :速達で

そくていき　sokutei-ki　測定器　مِقْيَاسٌ < قيس 複 مَقَايِيسُ　مِقْيَاسُ الْحَرَارَةِ :温度計
لِكُلِّ مِقْيَاسٍ مِعْيَارٌ :すべての測定器に基準がある

そくていする　sokutei-suru　測定する　⇒ はかる　hakaru　量る/計る/測る

そくど　sokudo　速度　سُرْعَةٌ　سُرْعَةُ السَّيَّارَةِ :自動車の速度(スピード)
خَفِّفْ مِنْ سُرْعَتِكَ :速度を落としなさい

そくばく-する　sokubaku-suru　束縛する　قَيَّدَ < قيد ‖ يُقَيِّدُ السَّجَّانُ حُرِّيَّةَ الْأَسِيرِ
看守が捕虜の自由を束縛する

そくりょう-する　sokuryou-suru　測量する　مَسَحَ (a)　مَسَحَ قِطْعَةَ الْأَرْضِ :土地を測量した
※名 مِسَاحَةٌ :測量　عِلْمُ مِسَاحَةِ الْأَرْضِ :測量術

そこ　soko　そこ　هُنَاكَ / هُنَالِكَ < هنا　إِلَى هُنَاكَ :そこに/そこへ　مِنْ هُنَاكَ :そこから

そこ　soko　底　قَاعٌ < قوع 複 قِيعَانٌ　يَرْسُبُ الرَّمْلُ فِي قَاعِ الْحَوْضِ
砂が水槽の底に沈む

そこう　sokou　素行　⇒ おこない　okonai　行い

そこく　sokoku　祖国　وَطَنٌ　حُبُّ الْوَطَنِ :祖国愛/愛国心

そこで　sokode　そこで～　فَـ～　سَأَلَنِي، فَقُلْتُ لَهُ "حَسَنًا"
彼が私に尋ねた,そこで私は「よろしい」と言いました

そこなう　soko・nau　損なう　يَضُرُّ ، ضَرَّ　حَاذِرِ الْبَرْدَ، لِأَنَّهُ يَضُرُّ الصِّحَّةَ
風邪に気をつけなさい,健康を損ないますよ

2)損なう　جَرَحَ (a)　جَرَحَتِ الْكَلِمَةُ مَشَاعِرَهُ
その言葉が彼の気分を損なった

3)(～し)損なう(～لِـ　الْفُرْصَةُ (فَاتَتْ ، تَفُوتُ　※主語は　اَلْفُرْصَةُ
فَاتَتْنِي الْفُرْصَةُ لِمُشَاهَدَةِ الْفِلْمِ
私はその映画を見損なった

そ

そしきする～そちらに

そ

そしきする　soshiki-suru　組織する　نَظَّمَ　< نظم II　نَظَّمَ نَشَاطَاتٍ طَوْعِيَّةً

ボランティア活動を組織した

組織: -ات 複 نِظَام /تَنْظِيم 名※

كَيْفَ تَصِفُ تَنْظِيمَ شَرِكَتِكَ ؟

あなたの会社の組織はどのようですか

كَانَ نِظَامُ حُكْمٍ وَضَعَهُ الْعُثْمَانِيُّ

オスマン・トルコのスルタンが敷いた支配の組織があった

そしする　soshi-suru　阻止する　أَحْبَطَ　< حبط IV　أَحْبَطَ مُؤَامَرَةً: 陰謀を阻止した

そしつ　soshitsu　素質　⇒ さいのう　sainou　才能

そして　soshite　そして　وَ　فَرِحَ عُثْمَانُ وَقَالَ

オスマーンは喜び,そして言いました

そしょう　soshou　訴訟　دَعْوَى　< دعو 複 دَعَاوٍ/ دَعَاوَى　دَعْوَى الطَّلَاقِ: 離婚訴訟

لَمْ يَدْفَعْ لِي الدَّيْنَ ، فَأَقَمْتُ عَلَيْهِ الدَّعْوَى

彼が借金を払わなかったので私は訴訟を起こした

そしる　soshiru　誹る　⇒ ひなんする　hinan-suru　非難する

そせん　sosen　祖先　جَدٌّ أَعْلَى　< جدّ　جَدُّنَا الْأَعْلَى "أَيْنُو" : 私達の祖先はアイヌです

2)祖先　أَسْلَاف　< سلف ※ سَلَفٌ の複　يَعْبُدُ الْأَسْلَافَ: 祖先を敬う

そそぐ　sosogu　注ぐ　صَبَّ (u)　～に: ~ فِي　الْعَامِلَانِ يَصُبَّانِ النُّحَاسَ الذَّائِبَ

二人の労働者が溶けた銅を注いでます

2)注ぐ　يَحِنُّ ، حَنَّ　حَنَّتِ الْأُمُّ عَلَى أَوْلَادِهَا: 母親は子供に愛情を注いだ

そそのかす　soso･nokasu　唆す　حَرَّضَ　< حرض II　مُجْرِمٌ مَنْ يُحَرِّضُ غَيْرَهُ عَلَى الْقَتْلِ

他人に殺人を唆した者は有罪である

そそる　sosoru　そそる　أَثَارَ　< ثور IV　طَعَامُكَ يُثِيرُ الشَّهِيَّةَ

貴女の料理は食欲をそそる

そだつ　sodatsu　育つ　يَنْمُو ، نَمَا　يَنْمُو الرُّزُّ فِي الْمَنَاطِقِ الدَّافِئَةِ

稲は暖かい地方に育つ

そだてる　sodateru　育てる　رَبَّى　< ربى II　يُرَبِّي الْأَطْفَالَ: 子供を育てる

2)育てる　أَنْبَتَ　< نبت IV ※植物を　الْأَرْضُ تُنْبِتُ الزَّرْعَ

大地が農作物を育てる

そち　sochi　措置　إِجْرَاءَات　< جرى ※ إِجْرَاء の複　اِتَّخَذَ الْإِجْرَاءَاتِ اللَّازِمَةَ

必要な措置を取った(を講じた)

そちらに　sochira-ni　そちらに　عِنْدَكُمْ　※=あなた方の元に　هَلْ عِنْدَكُمْ غُرْفَةٌ ؟

そちらに部屋がありますか

そっきょう～そのとおり

そっきょう　sokkyou　即興　اِرْتِجَال　＜ رجل　ارْتِجَالًا :即興で　يَرْتَجِلُ الشِّعْرَ ارْتِجَالًا :即興で詩を詠む

そつぎょう-する　sotsugyou-suru　卒業する　تَخَرَّجَ　＜ خرج V　مِنْ/فِي～ :～を　※ ⇔ 入学する
※名 تَخَرُّج :卒業　(مِنْ ～) مُتَخَرِّج :(～の)卒業生
فِي السَّنَةِ الْقَادِمَةِ سَيَتَخَرَّجُ أَخِي
来年，弟(兄)が卒業する
تَخَرَّجَ مِنَ الْجَامِعَةِ :大学卒業/大卒

そっちょくな　socchoku-na　率直な　صَرِيح　＜ صرح　رَأْي صَرِيح :率直な意見

そっちょくに　socchoku-ni　率直に　بِصَرَاحَةٍ　دَعْنَا نَتَكَلَّمْ بِصَرَاحَةٍ :率直に話し合いましょう

そって　sotte　(～に)沿って　مُحَاذِيًا　＜ حذو　يَسِيرُ الطَّرِيقُ مُحَاذِيًا لِشَاطِئِ
الْبَحْرِ الْمُتَوَسِّطِ 地中海の海岸に沿って進む

そっとうする　sottou-suru　卒倒する　أُغْمِيَ عَلَى　＜ غمى IV 受　رَأَتِ الْأُمُّ ابْنَهَا الْجَرِيحَ ، فَأُغْمِيَ عَلَيْهَا
母親は傷ついた我が子を見て，卒倒した

そで　sode　袖　كُمّ　複 أَكْمَام　ارْفَعْ كُمَّيْكَ :両袖をまくりなさい

そと　soto　外　خَارِج　＜ خرج　فِي الْخَارِجِ :外に/外国に　خَارِجَ/خَارِجًا :外で
خَارِجَ الْبَيْتِ :家の外で/屋外で

そなえる　so・naeru　備える　فَرَشَ (u, i)　※家具を　فَرَشَ الْغُرْفَةَ :部屋に家具を備えた

2)備える　⇒　じゅんびする　junbi-suru　準備する

そなえる　so・naeru　供える　وَضَعَ ، يَضَعُ　وَضَعْنَا الزُّهُورَ عَلَى قَبْرِهِ
私達は彼の墓に花を供えた

そなわる　so・nawaru　備わる　تَجَهَّزَ　＜ جهز V　تَتَجَهَّزُ الْمَكْتَبُ بِمُعَدَّاتٍ حَدِيثَةٍ
事務所には最新の設備が備わっている

その　so・no　その～　الْـ～　الْكِتَاب :その本

そのうえ　so・no-ue　その上 ～ فَضْلًا عَنْ　التُّفَّاحُ لَذِيذٌ فَضْلًا عَنْ أَنَّهُ نَافِعٌ
リンゴは体にいい，その上おいしい

そのうち　so・no-uchi　そのうち　قَرِيبًا　＜ قرب　سَنَصِلُ قَرِيبًا :私達はそのうちに着きますよ

そのご　so・no-go　その後　بَعْدَ ذَلِكَ　مَا قَابَلْتُهَا بَعْدَ ذَلِكَ :その後，彼女とは会わなかった

そのた　so・no-ta　その他　⇒　そのほか　sono-hoka　その他

そのために　so・no-tame・ni　その為に　لِذَا / لِذَلِكَ　شَعَرْتُ بِمَرَضٍ ، لِذَلِكَ رَجَعْتُ مُبَكِّرًا
私は気分が悪くて，その為に早く帰りました

そのとおり　so・no-to・ori　その通り　أَجَلْ　※相手に賛意を示す時に ＝ نَعَمْ

そ

そのとき～そむける

そのとき　so・no-toki　その時　مَاذَا فَعَلْتَ فِي ذٰلِكَ الْوَقْتِ؟　فِي ذٰلِكَ الْوَقْتِ
そのときに　so・no-toki-ni　その時に
あなたはその時何をしましたか

そのほか　so・no-hoka　その他
そのほかに　so・no-hoka-ni　その他に　إِلَى جَانِبِ ذٰلِكَ / إِلَى آخِرِهِ / إِلَخ　※=etc

そのまま　so・no-mama　そのまま（هُوَ/هِيَ）كَمَا ＜ ك　كَمَا هِيَ　تَرَكْتُ الْحَقِيبَةَ كَمَا هِيَ
私はそのカバンをそのままのしておいた

そのままに-する　so・no-mama-nisuru　そのままにする　تَرَكَ (u)　أُتْرُكِ الْبَابَ مَفْتُوحًا
ドアは開けたままにしておきなさい

そのような　so・no-you・na　そのような　مِثْلَ ذٰلِكَ　لَمْ أُشَاهِدْ حَيَوَانًا مِثْلَ ذٰلِكَ
私はそのような(そんな)動物を見たことはなかった

そば　soba　側　⇒ よこ yoko 横

そびえと　sobieto　ソビエト　اَلسُّوفِيَات　※اَلِاتِّحَادُ السُّوفِيَاتِيُّ:ソビエト連邦

そびえる　sobieru　そびえる　أَطَلَّ　＜طلّ IV　يُطِلُّ الْجَبَلُ عَلَى وَادٍ مَعْمُورٍ
人の住んでいる谷の上に山がそびえている

2)そびえる　اِرْتَفَعَ　＜ رفع VIII　تَرْتَفِعُ قِمَّةُ "فوجي سان" ٣,٧٧٦ مِتْرًا
3,776メートルの富士山の頂がそびえている

そふ　sohu　祖父　جَدٌّ　複 جُدُود　أَسْرَعَ جَدِّي إِلَيَّ
祖父が私の所へ急いで来た

そふぁー　sofaa　ソファー　أَرِيكَةٌ　複 أَرَائِكُ　فِي الْغُرْفَةِ أَرِيكَةٌ بَدَلًا مِنَ السَّرِيرِ
部屋にはベッドの代わりにソファーがあります

そふと　sohuto　ソフト
そふとうぇあ　sohutowe・a　ソフトウェア（الْكُومْبِيُوتَر）بَرْنَامِجُ　複 بَرَامِج
بَرْنَامِجٌ تَطْبِيقِيٌّ:アプリケーションソフト/アプリ

そぼ　sobo　祖母　جَدَّةٌ　複 -ات　أُحِبُّ حِكَايَاتِ جَدَّتِي
私は祖母の話が大好きです

そぼくな　soboku-na　素朴な　بَسِيطٌ　＜بسط 複 بُسَطَاءُ　شَابٌّ بَسِيطٌ:素朴な青年(若者)

そまった　somatta　染まった　مُخَضَّبٌ　＜خضب　شَعْرٌ مُخَضَّبٌ بِالْحِنَّاءِ:ヘンナで染まった髪

そまつな　somatsu-na　粗末な　رَثٌّ　複 رِثَاث　لَبِسَ الْوَلَدُ ثَوْبًا رَثًّا
少年は粗末な(みすぼらしい)服を着ていた

そまりあ　somaria　ソマリア　اَلصُّومَال　اَلْجُمْهُورِيَّةُ الصُّومَالِيَّةُ الدِّيمُوقْرَاطِيَّةُ
ソマリア民主共和国

そまる　somaru　染まる　اِصْطَبَغَ　＜ صبغ VIII　عِنْدَ الْمَسَاءِ، يَصْطَبِغُ الْأُفُقُ بِلَوْنِ الذَّهَبِ
夕方に地平線が金色に染まる

そむく　somuku　背く　أَخْلَفَ　＜خلف IV　أَخْلَفَ وَعْدَهُ:彼は約束に背いた(を破った)

そむける　somukeru　背ける　أَشَاحَ　＜ شيح IV※顔を ～ عَنْ　أَشَاحَ بِوَجْهِهِ عَنْ:～から顔を背けた

そめる	someru	染める	صَبَغَ (u, i)	صَبَغَ شَعْرَهُ :髪を染めた
		2)染める	خَضَّبَ	< خضب II خَضَّبَتْ شَعْرَهَا بِالْحِنَّاءِ 彼女は髪をヘンナで染めた
そやな	soya-na	粗野な	خَشِنٌ	複 خِشَان طَبْعٌ خَشِنٌ :粗野な性格
そよかぜ	soyo-kaze	そよ風	نَسِيم	< نسم 複 نَسَائِم / نِسَام هَبَّ نَسِيمٌ :そよ風が吹いた تَهُفُّ مَعَ النَّسِيمِ رَائِحَةُ يَاسَمِين そよ風とともにジャスミンの香りが漂ってくる
そら	sora	空	سَمَاء	< سمو 複 سَمَوَات / سَمَاوَات اَلسَّمَوَاتُ وَالْأَرْض 空(天)と地
		2)空	جَوٌّ	複 أَجْوَاء / جِوَاء بَرِيدُ الْجَوِّ :空の便/航空便
そらす	sorasu	逸らす	أَشَاحَ	< شيح IV ※目を ~ عَنْ أَشَاحَ بِوَجْهِهِ ~から目を逸らした
そらす	sorasu	反らす	اِنْحَنَى إِلَى الْوَرَاءِ	اِنْحَنَى ظَهْرُهُ إِلَى الْوَرَاءِ :身を反らした
そらの	sora-no	空の	جَوِّيّ	< جو قُوَّات جَوِّيَّة :空軍
そり	sori	そり	مِزْلَج (´)	< زلج 複 مَزَالِج اَلْمِزْلَجُ عَرَبَةُ الْمَنَاطِقِ そりは極地の乗り物です اَلْقُطْبِيَّةِ
そる	soru	剃る	حَلَقَ (i)	حَلَقْتُ ذَقْنِي :私はあご髭を剃った
それ	sore	それ	هُوَ / هِيَ	※受ける名詞が男性名詞ならば هُوَ, 女性名詞ならば هِيَ مَحَطَّةُ طُوكِيُو هِيَ أَكْبَرُ مَحَطَّةٍ فِي الْيَابَانِ 東京駅それは日本で一番大きい駅です ※ 男 ـهُ -- 女 ـهَا --:それの عِنْدِي كَلْبٌ ، اِسْمُهُ "رِكْس" 私は犬を飼っています,(それの)名前はレックスです ※ 男 ـهُ -- 女 ـهَا --:それを عِنْدِي كَلْبٌ، ضَرَبْتُهُ أَمْسِ 私は犬を飼っています,昨日(それを)叩きました
それから	sore-kara	それから	مِنْ ثَمَّ / ثُمَّ	سَنَذْهَبُ إِلَى "كِيُوتُو" أَوَّلًا مِنْ ثَمَّ إِلَى "نَارَا" はじめに京都へ行ってそれから奈良へ行こう
それぞれ	sorezore	それぞれ	~ كُلٌّ مِنْ	※~には名詞の限定複数および複数人称代名詞 كُلٌّ مِنْهُمْ :彼らそれぞれ كُلٌّ مِنَ الطُّلَّابِ :学生達それぞれ
それで	sorede	それで	ثَمَّ	مِنْ ثَمَّ :それで/その理由で ※ مِنْ ثُمَّ :それから

そ

それでは～そんけいする

そ

2)それで　فَ　قَامَ الْوَزِيرُ فَقُمْتُ أَنَا أَيْضًا
大臣が立った,それで私も立った

それでは　soredewa　それでは　إِذًا　إِذًا، مَاذَا تُرِيدُ؟ :それでは何が欲しいのですか
※=それじゃあ

それとも　soretomo　それとも　أَمْ　هَلْ يَدُومُ هٰذَا التَّأْثِيرُ أَمْ أَنَّهُ يَزُولُ؟
この影響は続くのであろうか,それとも止むのであろうか

それほど　sorehodo　それ程(～でない)　إِلَى حَدٍّ مَا　(لَيْسَ～)　لَا، لَيْسَ جَدِيدًا إِلَى حَدٍّ مَا
いいえ,それ程新しくありません

それら　sorera　それら(は)　هِيَ　اِشْتَرَيْتُ كُتُبًا جَمِيلَةً، هِيَ مِنْ لُبْنَانَ
私は美しい本を買いました,それらはレバノンで作られました
※ 女 ـهَا-:それらの/それらを
مَا أَجْمَلَ هٰذِهِ الْأَزْهَارَ ! أَلْوَانُهَا جَمِيلَةٌ جِدًّا
これらの花は何と美しいことか!それらの色はとても美しい
تَعِيشُ الْحَيَوَانَاتُ فِي مَجْمُوعَاتٍ، لِتَحْمِيَ نَفْسَهَا مِنَ الْأَعْدَاءِ
動物たちは集団で生きています
それはそれら自身を敵から守るためです

それる　soreru　逸れる　حَادَ، يَحِيدُ　< حيد　حَادَتِ الدَّرَّاجَةُ عَنِ الطَّرِيقِ
自転車が道から逸れた

そろ　soro　ソロ　تَقْسِيم　< قسم　يُجِيدُ التَّقْسِيمَ عَلَى الْعُودِ
ウードでの<u>ソロ</u>(独奏)の部分をうまく弾く
2)ソロ　عَازِفٌ مُنْفَرِدٌ　< فرد　عَازِفٌ مُنْفَرِدٌ عَلَى الْكَمَانِ :バイオリンのソロ

そろえる　soroeru　揃える　رَتَّبَ　< رتب II　رَتَّبَ الْكُتُبَ عَلَى الرَّفِّ :本を棚に揃えた
2)揃える　أَعَدَّ　< عدّ IV　أَعَدَّ مَجْمُوعَةَ الْكُتُبِ الْمَدْرَسِيَّةِ
学校の教科書を揃えた

そろばん　soroban　算盤　آلَة حَاسِبَة يَدَوِيَّة　اِسْتَعْمَلَ آلَةَ الْحَاسِبَةِ الْيَدَوِيَّةِ :算盤を弾いた

そんがい　songai　損害　خَسَارَة　< خسر 複 خَسَائِر　تَأْمِين عَلَى الْخَسَائِرِ :損害保険
2)損害　ضَرَرٌ　< ضرّ 複 أَضْرَار　هُوَ أَسِفَ وَدَفَعَ كُلَّ الْأَضْرَارِ
彼は申し訳なくて損害を全て弁償した

そんけいされる　sonkei-sareru　尊敬される　مُحْتَرَم　< حرم 複 ـون　إِلَى السَّيِّدِ "سُوزُوكِي" الْمُحْتَرَمِ
<u>尊敬する</u>(敬愛する)鈴木さんへ

そんけいする　sonkei-suru　尊敬する　اِحْتَرَمَ　< حرم VIII　يَجِبُ عَلَى الْوَلَدِ أَنْ يَحْتَرِمَ وَالِدَيْهِ
子は親を<u>尊敬し</u>(敬わ)なければならない
※名 اِحْتِرَام 複 ـات-:尊敬

そんげん～ぞうげ

اِحْتِرَامُ الْمُسِنِّينَ :老人の尊敬

سَلَّمَ عَلَيْهِ فِي أَدَبٍ وَاحْتِرَامٍ

礼儀正しく尊敬の念をこめて彼に挨拶した

そんげん songen 尊厳 كَرَامَة < كرم كَرَامَةُ الْإِنْسَانِ :人間の尊厳

そんざい sonzai 存在 وُجُود < وجد لَمْ أَشْعُرْ بِوُجُودِكَ

君の存在(君がいるの)に気がつかなかった

2)存在 كَوْن اَلْكَوْنُ الْأَعْلَى :最も高き存在/神

そんざいする sonzai-suru 存在する ⇒ある aru 有る/在る

そんしつ sonshitsu 損失 ⇒ そんがい songai 損害

そんしょう sonshou 尊称 لَقَبُ تَشْرِيفٍ

そんする son-suru 損する
そんをする son-wosuru 損をする خَسِرَ (a) لَا أُرِيدُ أَنْ أَخْسَرَ مَالِي فِي الصَّفْقَةِ
そんをだす son-wodasu 損を出す

取引で損をしたくない

※名 خَسَارَة :損 ! يَا خَسَارَةُ :何という損/なんてこった！

そんちょう son-chou 村長 مُخْتَار < خير 複 ون خَتَمَ لِي الْمُخْتَارُ الشَّهَادَةَ

村長はその証明書に判子を押してくれた

そんちょうする sonchou-suru 尊重する اِحْتَرَمَ < حرم VIII يَجِبُ أَنْ نَحْتَرِمَ رَأْيَ الْأَغْلَبِيَّةِ

多数の意見を尊重しなければならない

※ اِحْتِرَام :尊重 اِحْتِرَامُ آرَاءِ الْآخَرِينَ

他人の意見の尊重

そんな son･na そんな ⇒ そのような so･no-you･na そのような

そんみん sonmin 村民 ⇒ むらびと murabito 村人

ぞう zou 象 فِيل 複 أَفْيَال/فِيَلَة خُرْطُومُ الْفِيلِ طَوِيلٌ!

象の鼻は長い

ぞう zou 像 تِمْثَال < مثل 複 تَمَاثِيل نَحَتَ تِمْثَالًا :像を彫った

تِمْثَالُ نُحَاسٍ :銅像

ぞうお zou･o 憎悪 ⇒ にくしみ nikushimi 憎しみ

ぞうおする zou･o-suru 憎悪する ⇒ にくむ nikumu 憎む

ぞうか zouka 増加 زِيَادَة < زيد 複 ـات زِيَادَةُ السُّكَّانِ :人口増加

ぞうか zouka 造花 زَهْرَةٌ صِنَاعِيَّةٌ لَا أَحْتَاجُ زُهُورًا صِنَاعِيَّةً :造花はいりません

ぞうきん zoukin 雑巾 لَوْح مَسَّاحَة / مِمْسَحَة اَلْمِمْسَحَةُ الْجَدِيدَةُ لَا تَشْرَبُ الْمَاءَ

新しい雑巾は水を吸わない

ぞうげ zou-ge 象牙 عَاج < عوج 複 ـات ※ عَاجَة :1本の象牙

سَاحِلُ الْعَاجِ :象牙海岸

そ

ぞうていする～ぞっこうする

※関 عَاجِيّ :象牙の　بُرُج عَاجِيّ :象牙の塔

ぞうていする　zoutei-suru　贈呈する　⇒ おくる　okuru　贈る

ぞく　zoku　賊　عِصَابَة ＜عصب 複 -ات　تَمَرَّدَ رِجَالُ الْعِصَابَةِ عَلَى زَعِيمِهِمْ
賊の男たちが首領に反乱を起こした

ぞくぞく　zokuzoku　続々
ぞくぞくと　zokuzoku-to　続々と　وَاحِدًا تِلْوَ الْآخَرِ　وَصَلَ الْعَدَّاؤُونَ وَاحِدًا تِلْوَ الْآخَرِ
ランナーが続々(と)到着した

ぞくする　zoku-suru　属する　اِنْتَمَى ＜نمى VIII　نَحْنُ نَنْتَمِي إِلَى النَّادِي
私達はそのクラブに属しています

ぞっかく　zokkaku　属格　حَالَة مُضَاف إِلَيْهِ / حَالَة الْجَرّ

ぞっこうする　zokkou-suru　続行する　⇒ つづける　tsuzukeru　続ける

た～たいきする

ط　た　タ　【ta】

た　ta　田　مَزْرَعَةُ الرُّزِّ　※＝水田(すいでん)/田圃(たんぼ)　حَرَثَ مَزْرَعَةَ الرُّزِّ
田(た)を鋤(す)いた(耕(たがや)した)

たーばん　taaban　ターバン　عِمَامَةٌ < عمّ 複 عَمَائِمُ　لَفَّ الشَّيْخُ رَأْسَهُ بِعِمَامَةٍ
長老(ちょうろう)は頭(あたま)にターバンを巻(ま)いた

たーみなる　taami･naru　ターミナル　مَحَطَّةٌ رَئِيسِيَّةٌ　مَحَطَّةٌ رَئِيسِيَّةٌ لِلْبَاصَاتِ :バスターミナル

たーる　taaru　タール　قَطْرَانٌ(ـِ) < قطر　كَانَ الْبَدْوُ يُدَاوُونَ الْجَرَبَ بِالْقَطْرَانِ
かつてベドウィン達(たち)は疥癬(かいせん)をタールで治療(ちりょう)していた

たい　tai　タイ　تَايْلَنْد　※国名(こくめい)

たい　tai　隊　فِرْقَةٌ　複 فِرَقٌ　فِرْقَةُ الْإِطْفَاءِ :消防隊(しょうぼうたい)

たい　tai　～対‥　～ ضِدَّ ‥　يَلْعَبُ فَرِيقُ الْيَابَانِ ضِدَّ فَرِيقِ فِلَسْطِينَ
日本(にほん)チーム対(たい)パレスチナチームの試合(しあい)が行(おこな)われる

たいいく　tai･iku　体育　تَرْبِيَةٌ بَدَنِيَّةٌ　قَاعَةُ تَرْبِيَةٍ بَدَنِيَّةٍ :体育館(たいいくかん)

たいいする　tai･i-suru　退位する　تَنَازَلَ عَنِ الْعَرْشِ　※国王(こくおう)や皇帝(こうてい)がその位(くらい)を退(しりぞ)く

たいいん　tai･in　隊員　رَجُلٌ　複 رِجَالٌ　رِجَالُ الْإِسْعَافِ :救急隊員(きゅうきゅうたいいん)(複)

たいいんする　tai･in-suru　退院する　غَادَرَ الْمُسْتَشْفَى　تَعَافَى الْمَرِيضُ، فَغَادَرَ الْمُسْتَشْفَى
病人(びょうにん)は治(なお)ったので退院(たいいん)した

たいいんれき　tai･in-reki　太陰暦　تَقْوِيمٌ قَمَرِيٌّ　اَلتَّقْوِيمُ إِمَّا شَمْسِيٌّ وَإِمَّا قَمَرِيٌّ
暦(こよみ)には太陽暦(たいようれき)と太陰暦(たいいんれき)がある

たいおん　taion　体温　حَرَارَةُ الْجِسْمِ　قَاسَ دَرَجَةَ حَرَارَةِ الْجِسْمِ :体温(たいおん)を計(はか)った

たいおんけい　taion-kei　体温計　مِقْيَاسُ حَرَارَةٍ طِبِّيٌّ

たいかい　taikai　大会　بُطُولَةٌ < بطل 複 ـات　فَازَ الْفَرِيقُ بِبُطُولَةِ الْعَالَمِ
チームは世界大会(せかいたいかい)で勝(か)った

たいかく　taikaku　対角　مُتَسَاوِي الزَّوَايَا

たいかく　taikaku　体格　بِنْيَةٌ < بنى　سَلِيمُ (صَحِيحُ) الْبِنْيَةِ :体格(たいかく)の良(よ)い

たいがい　taigai　たいがい ⇒ たいてい　taitei　たいてい

たいがくする　taigaku-suru　退学する　تَرَكَ الْمَدْرَسَةَ　※ فُصِلَ مِنَ الْمَدْرَسَةِ :退学(たいがく)させられた

たいき　taiki　大気　اَلْهَوَاءُ < هوى　تَلَوُّثُ الْهَوَاءِ :大気汚染(たいきおせん)

たいきけん　taiki-ken　大気圏　اَلْغِلَافُ الْجَوِّيُّ　اَلْغِلَافُ الْجَوِّيُّ غَازَاتٌ تُحِيطُ بِالْأَرْضِ
大気圏(たいきけん)は地球(ちきゅう)を取(と)り巻(ま)く気体(きたい)です

たいきする　taiki-suru　待機する　～كَانَ عَلَى اسْتِعْدَادٍ لِـ　※～に備(そな)えて

た

たいきあつ～たいしゅう

たいきあつ　taiki-atsu　大気圧　⇒ きあつ　kiatsu　気圧

たいきゃく-する　taikyaku-suru　退却する　تَرَاجَعَ　< رجع VI　تَرَاجَعَ الْعَدُوُّ تَحْتَ ضَغْطِ الْهُجُومِ
敵は攻撃に押されて退却した

たいぎ　taigi　大儀　كَرَامَة　< كرم　كَرَامَةُ الْعَرَبِ :アラブの大儀

たいくつ-させる　taikutsu-saseru　退屈させる　أَضْجَرَ　< ضجر IV　أَضْجَرَتْنِي الْمُحَاضَرَةُ فِي الْجَامِعَةِ
大学での講義は私には退屈だった

たいくつ-する　taikutsu-suru　退屈する　مَلَّ (a)　الثَّرْثَارُ يَتَكَلَّمُ وَالسَّامِعُ يَمَلُّ
おしゃべり(な人)が話すと聞き手は退屈する
※名 مَلَلٌ :退屈　أَشْعُرُ بِمَلَلٍ :私は退屈してます

たいけん　taiken　体験　تَجْرِبَة　< جرب 複 تَجَارِب　سَرَدَ تَجْرِبَتَهُ :体験を語った

たいこ　taiko　太鼓　طَبْل　複 أَطْبَال / طُبُول　ضَرَبَ عَلَى الطَّبْلِ :太鼓を叩いた

たいさく　taisaku　対策　إِجْرَاء　< جرى 複 ـات　اِتَّخَذَ الْإِجْرَاءَاتِ اللَّازِمَةَ
必要な対策を取った

たいざいする　taizai-suru　滞在する　أَقَامَ ، يُقِيمُ < قوم IV　~فِي :~に　أُقِيمُ فِي فُنْدُقِ كَارْلْتُون
私はカールトンホテルに<u>滞在して</u>(泊まって)います
※名 إِقَامَة :滞在　تَأْشِيرَةُ الْإِقَامَةِ :滞在ビザ
أَتَمَنَّى لَكَ إِقَامَةً سَعِيدَةً
ご無事な滞在をお祈りしています

たいし　taishi　大使　سَفِير　< سفر 複 سُفَرَاء　سَفِيرٌ ~ لَدَى الْيَابَانِ :駐日~大使
سَفِيرٌ مُفَوَّض :(特命)全権大使

たいしかん　taishi-kan　大使館　سِفَارَة　< سفر 複 ـات　مُوَظَّفُ السِّفَارَةِ :大使館職員
أُرِيدُ أَنْ أَذْهَبَ إِلَى سِفَارَةِ الْيَابَانِ
私は日本大使館へ行きたい

たいした　taishita　大した　عَظِيم　< عظم　نَجَاحٌ عَظِيمٌ :大した成功/大成功
2)大した　كَبِير　< كبر　تِلْكَ لَيْسَتْ بِمُشْكِلَةٍ كَبِيرَةٍ
それは<u>大した</u>(大して)問題ではない

たいしつ　taishitsu　体質　بِنْيَةُ الْجِسْمِ (ُ)　بِنْيَةٌ <u>ضَعِيفَةٌ</u> (قَوِيَّةٌ) (ُ) :<u>か弱い</u>(逞しい)体質

たいして　taishite　(～に)対して　تُجَاهَ (ُ)　※前　سَلَكَ سُلُوكًا بَارِدًا تُجَاهَهُ
彼に対して態度が冷たかった

たいしゅう　taishuu　大衆　شَعْب　複 شُعُوب　مُطْرِبٌ مَحْبُوبٌ مِنَ الشَّعْبِ
<u>大衆</u>(<u>庶民</u>)に愛されている歌手
※関 شَعْبِيّ :大衆の　رِوَايَةٌ شَعْبِيَّةٌ :大衆小説

た

たいしゅつする～たいてい

たいしゅつ－する　taishutsu-suru　退出する　اِنْصَرَفَ ＜ صرف Ⅶ　يَنْصَرِفُ الْعُمَّالُ فِي السَّاعَةِ الرَّابِعَةِ
労働者は4時に退出する

たいしょう　taishou　隊商 ⇒ きゃらばん kyaraban キャラバン

たいしょう　taishou　対称　مُتَنَاظِر ＜ نظر مُتَنَاظِرَةٌ　اَلْفَرَاشَاتُ مُتَنَاظِرَةٌ：蝶は左右対称です

たいしょく　taishoku　大食　بِطْنَة　اَلْبِطْنَةُ تُضْعِفُ الْفِطْنَةَ：大食は頭を鈍くする

たいしょく－する　taishoku-suru　退職する　اِسْتَقَالَ ＜ قيل X ～ مِنْ：～から/～を
اِسْتَقَالَ مِنَ الشَّرِكَةِ：会社を退職した(辞めた)

たいじ　taiji　胎児　جَنِين ＜ جنّ 複 أَجِنَّة　تَحَرَّكَ الْجَنِينُ فِي بَطْنِ أُمِّهِ
胎児が母親の腹の中で動いた

たいじゅう　taijuu　体重　وَزْن　複 أَوْزَان　وَزْنِي أَقَلُّ مِنَ الْمُعَدَّلِ
私の体重は平均より軽い

たいじょうする　taijou-suru　退場する ⇒ しりぞく shirizoku 退く

たいせい　taisei　体制　نِظَام ＜ نظم 複 -ات / نُظُم　اَلشَّعْبُ يُرِيدُ إِسْقَاطَ النِّظَامِ
民衆(人民)は体制の打倒を望む

たいせいよう　taiseiyou　大西洋　بَحْرُ الظُّلُمَاتِ / اَلْمُحِيطُ الْأَطْلَسِيّ

たいせき　taiseki　体積　حَجْم　複 حُجُوم / أَحْجَام　حَجْمُ هٰذَا الصُّنْدُوقِ ثَلَاثَةُ أَمْتَارٍ مُكَعَّبَةٍ
この箱の体積は3立方メートルです

たいせきする　taiseki-suru　堆積する　تَرَاكَمَ ＜ ركم Ⅵ　تَرَاكَمَ الرَّمْلُ فِي قَاعِ النَّهْرِ
砂が川底に堆積した

たいせつな　taisetsu-na　大切な ⇒ だいじな daiji-na 大事な

たいせつ－にする　taisetsu-nisuru　大切にする　عَامَلَ بِلُطْفٍ　تُعَامِلُ الشَّرِكَةُ زَبَائِنَهَا بِلُطْفٍ
会社は顧客を大切に(大事に)します

たいせん　taisen　大戦　حَرْب كُبْرَى　اَلْحَرْبُ الْعَالَمِيَّةُ الْكُبْرَى الثَّانِيَةُ
第二次世界大戦

たいそう　taisou　体操　رِيَاضَة بَدَنِيَّة　※ جُمْبَازِيّ：体操選手

たいだ　taida　怠惰　كَسَل　اَلْفَقْرُ لَيْسَ عَيْباً، بَلِ الْكَسَلُ هُوَ الْعَيْبُ
貧乏は恥ではない，怠惰な事，それが恥である

たいだな　taida-na　怠惰な　كَسْلَان ＜ كسل 複 كُسَالَى　هُوَ رَجُلٌ كَسْلَانُ：彼は怠惰な男だ

たいだんする　taidan-suru　対談する　أَجْرَى مُقَابَلَةً　※～ مَعَ：～と

たいちょう　taichou　体調　حَالَة الصِّحَّة　※ هَدَمَ صِحَّتَهُ：体調を崩した

たいちょう　taichou　隊長(قَائِد (الْجَيْش ＜ قود 複 قُوَّاد / قَادَة / قَادَات

たいてい　taitei　たいてい　غَالِباً / فِي الْغَالِبِ　غَالِباً لَا أَخْرُجُ فِي يَوْمِ الْإِجَازَةِ
私はたいてい休日に外出しない

た

たいとうな　taitou-na　対等な
たいとうの　taitou-no　対等の　مُتَسَاوٍ ＜ سوي　اَلْعَلَاقَةُ الْمُتَسَاوِيَةُ :対等な関係

たいとる　taitoru　1)タイトル　عُنْوَان ＜ عنون 複 عَنَاوِين　مَا عُنْوَانُ الْكِتَابِ؟
その本のタイトル(題名)は何ですか
2)タイトル　بُطُولَة ＜ بطل　بُطُولَةُ الْعَالَمِ لِلْوَزْنِ الثَّقِيلِ
世界重量上げタイトル(選手権)

たいど　taido　態度　سُلُوك ＜ سلك　تَحَسَّنَ سُلُوكُهُ كَثِيرًا
彼の態度がとても良くなった

たいはい　taihai　退廃　فَسَادٌ ＜ فسد　تُحَارِبُ الْأَدْيَانُ وَالْأَخْلَاقُ الْفَسَادَ
宗教と道徳は退廃と戦う

たいはんの　taihan-no　大半の ⇒ ほとんどの　hotondo-no　殆どの

たいばつ　taibatsu　体罰　عُقُوبَة بَدَنِيَّة　اَلْعُقُوبَةُ الْبَدَنِيَّةُ مَمْنُوعٌ فِي الْمَدْرَسَةِ
学校では体罰は禁じられている

たいひする　taihi-suru　待避する ⇒ ひなんする　hi・nan-suru　避難する

たいふう　taihuu　台風　تَايْفُون　اَلتَّايْفُونُ أَغْرَقَ السَّفِينَةَ :台風が船を沈めた
※=إِعْصَار اِسْتِوَائِيّ :熱帯性低気圧

たいぷ　taipu　タイプ　نَوْع 複 أَنْوَاع　مَا نَوْعُ سَيَّارَتِكَ؟
どんなタイプの車をお持ちですか

たいぷらいたー　taipuraitaa　タイプライター　آلَةُ الْكَاتِبَةِ / آلَةُ الْكِتَابَةِ

たいへいよう　taiheiyou　太平洋　اَلْمُحِيطُ الْهَادِئُ　حَرْبُ الْمُحِيطِ الْهَادِئِ :太平洋戦争

たいへん　taihen　大変 ⇒ とても　totemo　とても

たいほう　taihou　大砲　مِدْفَع 複 مَدَافِع　لَيْتَ مِدْفَعَ الْحَرْبِ يَصْمُتُ إِلَى الْأَبَدِ
大砲が永遠に沈黙を守ればいいのに

たいほしゃ　taiho-sha　逮捕者　مُعْتَقَل ＜ عقل 複 ـون　هَلْ هُنَالِكَ مُعْتَقَلُونَ فِي الْمُظَاهَرَةِ؟
そのデモで逮捕者はいましたか

たいほする　taiho-suru　逮捕する　اِعْتَقَلَ ＜ عقل VIII　لَمْ يَسْتَطِعِ الشُّرْطَةُ أَنْ تَعْتَقِلَ اللِّصَّ
警官は泥棒を逮捕する事が出来なかった
※名 اِعْتِقَال :逮捕　اِعْتِقَالٌ ظَالِمٌ :不当逮捕

たいま　taima　大麻　حَشِيش ＜ حش 複 حَشَائِش　زِرَاعَةُ الْحَشِيشَةِ مَمْنُوعَةٌ
大麻の栽培は禁じられている

たいまつ　taimatsu　たいまつ　شُعْلَة 複 شُعَل　وَصَلَ الْعَدَّاءُ حَامِلًا شُعْلَةً مُلْتَهِبَةً
燃えさかるたいまつを持ってランナーが着いた

たいや　taiya　タイヤ　إِطَار ＜ أطر 複 أُطُر / ـات　مَصْنَعُ إِطَارَاتٍ :タイヤ生産工場
إِطَارُ السَّيَّارَةِ مَصْنُوعٌ مِنَ الْمَطَّاطِ
自動車のタイヤはゴムで作られている

たいよう～たえる

たいよう　taiyou　太陽　الشَّمْس　複 شُمُوس　※女　※形 الشَّمْسِيّ :太陽の
الْمَجْمُوعَة الشَّمْسِيَّة :太陽系
التَّقْوِيم الشَّمْسِيّ :太陽暦

たいよう　taiyou　大洋　مُحِيط　<حوط 複 ـات　الْمُحِيط الْهِنْدِيّ :インド洋

たいらな　taira-na　平らな　مُسْتَوٍ　<سوى 女 مُسْتَوِيَة
الْعَبْ عَلَى الْأَرْضِ الْمُسْتَوِيَةِ :平らな地面で遊びなさい

たいらにする　taira-nisuru　平らにする　سَوَّى　<سوي II　تُسَوِّي الْجَرَّافَةُ الطَّرِيقَ
ブルドーザーが道を平らにする

たいりく　tairiku　大陸　قَارَّة　<قرّ 複 ـات　قَارَّة آسِيَة :アジア大陸
※ رَفْرَف قَارِيّ :大陸棚

たいりつ　tairitsu　対立　خِلَاف　<خلف 複 ـات　تَفَاهَمَ الْخَصْمَانِ وَانْتَهَى خِلَافُهُمَا
二人の敵対者は理解し合い，対立は終わった

たいりつする　tairitsu-suru　対立する　عَارَضَ　<عرض III　لَيْتَكَ تُحَاوِرُ مَنْ يُعَارِضُكَ
あなたは対立する人と話し合ったらいいのに

たいりょうの　tairyou-no　大量の　～ كَمِّيَّة كَبِيرَة مِنْ　يَسْتَهْلِكُ كَمِّيَّةً كَبِيرَةً مِنَ الْمَاءِ
毎日大量（多量）の水を消費する　كُلَّ يَوْمٍ

たいる　tairu　タイル　بَلَاطَة　<بلط 複 ـات　انْكَسَرَتِ الْبَلَاطَةُ فِيمَا الْعَامِلُ يُرَكِّبُهَا
職人が取り付けている時にタイルが割れた

たいわする　taiwa-suru　対話する　تَحَاوَرَ　<حور VI　دَعْنَا نَتَحَاوَرْ بَدَلَ أَنْ نَتَخَاصَمَ
反目する代わりに対話をしましょう
※名 حِوَار 複 ـات :対話　حِوَار مُثْمِر :実りの多い対話

たうえ　taue　田植え　شَتْلَات الْأَرُزّ　※ شَتَلَ الْأَرُزَّ فِي الْحَقْلِ :田植えをした

たえず　taezu　絶えず　⇒ いつも　itsumo　何時も

たえる　taeru　耐える　أَطَاقَ　<طوق IV　لَا يُطَاقُ :耐えられない/我慢できない
لَمْ يُطِقْ صَبْرًا :彼は耐えられ（我慢でき）なかった

2)耐える　اِحْتَمَلَ　<حمل VIII　أَحْتَمِلُ الْجُوعَ ، وَلَا أَحْتَمِلُ الظَّمَأَ
私は空腹は耐えられるが，のどの渇きは耐えられない
※名 اِحْتِمَال :耐えること　صَعْبُ الِاحْتِمَالِ :耐え難い

たえる　taeru　絶える　اِنْقَطَعَ　<قطع VII　اِنْقَطَعَ السَّيْرُ فِي الشَّوَارِعِ
通りの人通りが絶えた

2)絶える　خَمَدَ (u)　※火が　خَمَدَتِ النَّارُ فِي الْمِدْفَأَةِ
ストーブの火が絶えた

た

たおす～たかなる

た

たおす taosu 倒す أَسْقَطَ < سقط IV أَسْقَطَ النِّظَامَ :体制を倒した

2)倒す قَطَعَ (a) قَطَعَ الشَّجَرَةَ :木を(切り)倒した

たおる taoru タオル مِنْشَفَة < نشف 複 مَنَاشِف نَشَّفَ ~ بِالْمِنْشَفَةِ
~をタオルで拭いた

たおれる taoreru 倒れる سَقَطَ (u) سَقَطَتِ الْحُكُومَةُ :政府が倒れた

2)倒れる يَقَعُ ، وَقَعَ وَقَعَتِ الشَّجَرَةُ :木が倒れた

たか taka 鷹 صَقْر 複 صُقُور اَلصَّيْدُ بِالصَّقْرِ :鷹狩り

たかい takai 高い عَالٍ < علو 比 أَعْلَى ※定 اَلْعَالِي
اَلْبِنَاء الْعَالِي :高い建物 ※ ⇔ مُنْخَفِض :低い

2)高い (طَوِيل (الْقَامَةِ < طول 複 طِوَال 比 أَطْوَل ※背が ⇔ قَصِير :低い

3)高い غَالٍ < غلو 複 غُلَاة 比 أَغْلَى ※値段が ※定 اَلْغَالِي
غَالِي الثَّمَنِ :値段の高い ※ ⇔ رَخِيص :安い

たかく takaku 高く عَالِيًا < علو حَلَّقَ النَّسْرُ عَالِيًا فَوْقَنَا
私達の上を鷲が高く旋回した

たかくけい takaku-kei 多角形 شَكْل مُضَلَّع < ضلع اَلْمُرَبَّعُ مُضَلَّعٌ مُتَسَاوِي الْأَضْلَاعِ
正方形は辺が等しい多角形です

たかくする takaku-suru 高くする عَلَّى < علي II بَنَى الْعُمَّالُ السُّورَ وَعَلَّوْهُ
作業員が塀を高くした

たかくなる takaku-naru 高くなる اِرْتَفَعَ < رفع VIII اِرْتَفَعَتْ أَسْعَارُ اللُّحُومِ
肉の値段が高くなった

たかさ takasa 高さ قِمَّة < قمّ 複 قِمَم تَرْتَفِعُ قِمَّةُ "فوجي سان"
٣,٧٧٦ مِتْرًا وَهِيَ أَطْوَلُ قِمَّةٍ فِي الْيَابَانِ
富士山の高さは3,776メートルであり日本で一番高い

2)高さ طُول 複 أَطْوَال طُولِي ١.٨ م
私は背の高さが1．8メートルあります

たかだい takadai 高台 هَضْبَة 複 هَضَبَات/هِضَاب بُنِيَتِ الْقَلْعَةُ الْقَدِيمَةُ
عَلَى هَضْبَةٍ مُشْرِفَةٍ 昔の城は見晴らしの良い
高台に建てられた

たかとび takatobi 高飛び قَفْز عَالٍ ※走り高跳び غَلَبَ خُصُومَهُ فِي الْقَفْزِ الْعَالِي
ライバルに走り高跳びで勝った

たかなる taka・naru 高鳴る رَقَّ وَهَفَا ※胸が كُلَّمَا ذَكَرْتُكَ ، رَقَّ قَلْبِي وَهَفَا
貴女のことを思うたびに私の胸は高鳴りました

たかまる～たくじしょ

たかまる　takamaru　高まる　اِزْدَادَ < زيد VIII　اِزْدَادَتْ تَطَلُّعَاتُنَا لِلْفَوْزِ
私達の優勝への期待が高まった

たかめる　takameru　高める　يَزِيدُ ، زَادَ　اِسْأَلُونِي، وَأَنَا أَزِيدُكُمْ عِلْمًا
私に尋ねなさい，あなた達の知識を高めて(増やして)上げますよ

たから　takara　宝
たからもの　takara-mo・no　宝物　كَنْز　複 كُنُوز　اَلصِّحَّةُ كَنْزٌ :健康が宝(財産)です

たかる　takaru　集る　تَجَمَّعَ < جمع V　تَجَمَّعَ النَّاسُ فِي السَّاحَةِ
広場に人が集った(集まった)

たがいに　tagai-ni　互いに　بَعْضٌ ~ بَعْضًا　جَمِيلٌ أَنْ يُعَايِدَ النَّاسُ بَعْضُهُمْ بَعْضًا
人々が互いに祝日の挨拶を交わすのは美しい

たがいの　tagai-no　互いの　مُتَبَادَل < بدل　صَدَاقَةٌ مُتَبَادَلَةٌ :互いの友情

たがやす　tagayasu　耕す　حَرَثَ (u)　حَرَثَ الْأَرْضَ بِالْمِحْرَاثِ :大地を鋤で耕した

たき　taki　滝　شَلَّالٌ < شلّ 複 -ات　كَانَ مَاءُ الشَّلَّالِ بَارِدًا جِدًّا
滝の水はとても冷たかった

たきぎ　takigi　薪　حَطَبٌ　複 أَحْطَاب　اَلْحَطَبُ الْيَابِسُ يَحْتَرِقُ بِسُهُولَةٍ
乾いた薪はよく燃える

たく　taku　炊く　سَلَقَ (u)　سَأَسْلُقُ أَرُزًّا لِلْعَشَاءِ :夕食にご飯を炊こう

たく　taku　焚く　أَشْعَلَ < شعل IV　نُشْعِلُ نَارًا وَنَرْقُصُ حَوْلَهَا
火を焚いて，その回りで踊ろう

たくさん　takusan　沢山　كَثِيرًا < كثر　تَسَوَّقْتُ كَثِيرًا : 私は市場で沢山買い物をした
2)沢山　غَزِيرًا < غزر　سَالَ الدَّمْعُ غَزِيرًا عَلَى خَدِّهَا
彼女の頬に涙が沢山流れた

たくさんある　takusan-aru　沢山ある
たくさんいる　takusan-iru　沢山いる　كَثُرَ (u)　يَكْثُرُ الزَّهْرُ فِي فَصْلِ الرَّبِيعِ
春には花が沢山ある

たくさんの　takusan-no　沢山の　كَثِير < كثر　كَثِيرٌ مِنْ ~ :沢山の～ ※ ⇔ قَلِيل :少しの
فِي هٰذِهِ الشَّرِكَةِ مُوَظَّفُونَ كَثِيرُونَ
この会社には沢山の社員がいます
2)沢山の　غَزِير < غزر 複 غِزَار　سُرَّ الْفَلَّاحُ بِالْمَطَرِ الْغَزِيرِ
沢山の(豊富な)雨に百姓(農民)は喜んだ

たくしー　takushii　タクシー　تَاكْسِي / أُجْرَة سَيَّارَة　سَائِق تَاكْسِي :タクシーの運転手

たくじしょ　takuji-sho　託児所　دَارُ الْحَضَانَةِ　أَوْدَعَ طِفْلَهُ فِي دَارِ الْحَضَانَةِ
子供を託児所に預けた

たくす~たしざん

たくす　takusu　託す　اِسْتَوْدَعَ < ودع X　اِسْتَوْدَعَنِي صَدِيقِي مَالَهُ قَبْلَ سَفَرِهِ
友人が旅行に行く前に私にお金を託した

2)託す　عَهِدَ (a)　عَهِدَتْ أُمِّي إِلَيَّ بِتَنْظِيفِ الْبَيْتِ
母が家の掃除を私に託した

たくましい　takumashi·i　逞しい　قَوِيّ الْبِنْيَةِ ※体が

たくみな　takumi-na　巧みな　مَاهِر < مهر　مَاهِرٌ فِي قِيَادَةِ السَّيَّارَةِ
自動車の運転が巧みである

たくらみ　takurami　企み　مُنَاوَرَة < نور 複 -ات　شَهِدَ الْقَائِدُ الْمُنَاوَرَةَ
指揮官がその企み(策略)を証言した

たくらむ　takuramu　企む　تَآمَرَ < أمر VI　بِمَ تَتَهَامَسَانِ؟ أَتَتَآمَرَانِ عَلَيَّ؟
あなた達二人は何をささやき合っているのですか,
私に何か企んでいるのですか

たくわえる　takuwaeru　蓄える/貯える　خَزَنَ (u)　لِمَاذَا لَمْ تَخْزُنْ طَعَامَكَ فِي الصَّيْفِ؟
どうして君は夏の間に食べ物を貯えなかったのか
※名 مَخْزُون :貯え/備蓄
مَخْزُونُ الْبِتْرُولِ :石油の貯え(備蓄)

2)蓄える、貯える　أَطَالَ < طول IV　يُطِيلُ رَجُلُ الدِّينِ لِحْيَتَهُ
宗教的な人は髭を蓄える(伸ばす)

たけ　take　竹　خَيْزُرَان < خزر 複 خَيَازِر ※ خَيْزُرَانَة :1本の竹
غَابَة خَيْزُرَان :竹林/竹林

たこ　tako　蛸　أُخْطُبُوط　(حَيَوَانٌ بَحْرِيٌّ أُسْطُوَانِيُّ الشَّكْلِ،
لَهُ ثَمَانِي أَذْرُعٍ　(8本の腕を持った
円筒状の形をした海の動物)

たこ　tako　凧　طَيَّارَة وَرَقِيَّة　سَأُطَيِّرُ لَكُمْ طَيَّارَةً وَرَقِيَّةً
あなた達のために凧を揚げましょう

たしかな　tashika-na　確かな　مُؤَكَّد < أكد　هٰذَا أَمْرٌ مُؤَكَّدٌ :これは確かな(本当の)事です
مِنَ الْمُؤَكَّدِ أَنْ ~ :~であることは確かである

たしかに　tashika-ni　確かに　حَتْمًا < حتم　رَأَيْتُهُ حَتْمًا :私は確かに彼(それ)を見ました

たしかめる　tashikameru　確かめる　أَكَّدَ ، يُؤَكِّدُ < أكد II　أَكَّدْتُ الْحَجْزَ :私は予約を確かめた

2)確かめる　رَاجَعَ < رجع III　رَاجَعَ الْحِسَابَ :計算を確かめた
رَاجَعَ الْقَامُوسَ :辞書で確かめた

たしざん　tashi-zan　足し算　جَمْع 複 جُمُوع　أَلَمْ تُخْطِئْ فِي جَمْعِ هٰذِهِ الْأَعْدَادِ؟
これらの数の足し算を間違えませんでしたか

た

たす～ただしい

たす tasu 足す أَضَافَ < ضيف IV ～ إِلَى ～: に أَضَافَ مَاءً إِلَى الشُّورْبَةِ
彼はスープに水を足した(加えた)

2)足す زَائِد < زيد ٢ زَائِد ٣ يُسَاوِي ٥ :2＋3＝5

たすう tasu・u 多数 أَغْلَبِيَّة < غلب يَجِبُ أَنْ نَحْتَرِمَ رَأْيَ الأَغْلَبِيَّةِ
多数の意見を尊重しなければならない

たすかる tasukaru 助かる نَجَا ، يَنْجُو لَنْ يَنْجُوَ مِنَ الْمَوْتِ :彼は助からないだろう

たすける tasukeru 助ける سَاعَدَ < سعد III أَمُمْكِنٌ أَنْ تُسَاعِدَنِي؟
私を助けてくれませんか

2)助ける أَنْقَذَ < نقذ IV أَنْقَذَ الطِّفْلَ مِنَ السَّيَّارَةِ
車の中から幼児を助け出した(救った)

たずねる tazu・neru 尋ねる سَأَلَ (a) سَأَلْتُ شُرْطِيًّا عَنِ الطَّرِيقِ
私は警察官に道を尋ねた

2)尋ねる اِسْتَفْهَمَ < فهم X أَوَدُّ أَنْ أَسْتَفْهِمَ عَنْ قَضِيَّةٍ غَامِضَةٍ
不明瞭な問題を尋ねたいのですが

たずねる tazu・neru 訪ねる ⇒ ほうもんする houmon-suru 訪問する

たそがれ tasogare 黄昏 شَفَق غَابَتِ الشَّمْسُ فَظَهَرَ الشَّفَقُ
太陽が沈んで黄昏になった

たたえる tataeru 讃える سَبَّحَ < سبح II سَبَّحَ اللّٰهَ :神を讃えた(賛美した)

たたかい tatakai 闘い/戦い مَعْرَكَة < عرك 複 مَعَارِك كَانَتِ الْمَعْرَكَةُ طَوِيلَةً
その戦い(戦闘)は長かった

たたかう tataka・u 戦う/闘う حَارَبَ < حرب III حَارَبَ الْمَرَضَ (الْعَدُوَّ) :病気(敵)と戦った

2)戦う/闘う قَاتَلَ < قتل III قَاتَلْنَا حَتَّى نُحَرِّرَ أَرْضَ الْوَطَنِ
我々は祖国を解放するために戦った

たたく tataku 叩く ضَرَبَ (i) ضَرَبَ الْوَلَدَ :子供を叩いた

2)叩く دَقَّ (u) دَقَّ الْبَابَ :戸を叩いた
دَقَّ الْجَرَسَ :鐘を叩いた(ついた/鳴らした)

3)叩く صَفَّقَ < صفق II صَفَّقَ بِيَدَيْهِ :手を叩いた/拍手した

4)叩く نَقَرَ (u) يَنْقُرُ الطَّبْلَةَ نَقْرًا خَفِيفًا :太鼓を軽く叩く

たたむ tatamu たたむ طَوَى ، يَطْوِي طَوَى الْخَيْمَةَ :テントをたたんだ

2)たたむ أَغْلَقَ < غلق IV أَغْلَقَ الدُّكَّانَ :店をたたんだ(閉めた)

ただ tada ただ ⇒ むりょう muryou 無料

ただしい tadashi・i 正しい مَضْبُوط < ضبط غَيْرُ مَضْبُوطٍ :正しくない

た

ただす～たつ

2)正しい　صَحِيح　< صحّ 複 أَصِحَّاء　إِقْرَأْ صَحِيحًا :正しく読みなさい

عِبَارَة صَحِيحَة :正しい(適切な)表現

ただす　tadasu　正す　قَوَّمَ　< قوم II ※真っ直ぐにする　قَوِّمْ وَضْعَ جِسْمِكَ
姿勢を正しなさい

2)正す　صَحَّحَ　< صحّ II　صَحَّحَ الْأَخْطَاءَ :誤りを正した

ただちに　tadachi-ni　直ちに　فَوْرًا / مِنَ الْفَوْرِ < فور　اِتَّجَهَتْ سَيَّارَةُ الْإِسْعَافِ إِلَى الْمَكَانِ فَوْرًا
救急車が直ちにその場所に向かった

ただの　tada-no　ただの　عَادِيّ　شَخْص عَادِيّ :ただの(普通の)人

2)ただの　مُجَرَّد　< جرد ※後ろは属　إِنَّهُ مُجَرَّدُ طِفْلٍ
彼はただの子供です

た

ただの　tada-no　ただの ⇒ むりょうの　muryou-no　無料の

ただよう　tadayou　漂う　يَهِفُّ، هَفَّ　تَهِفُّ مَعَ النَّسِيمِ رَائِحَةُ الْيَاسَمِينِ
そよ風とともにジャスミンの香りが漂ってくる

たちあがる　tachi-agaru　立ち上がる　قَامَ، يَقُومُ　قَامَ عَنِ الْمَقْعَدِ :席から立ち上がった

2)立ち上がる　قَاوَمَ　< قوم III　قَاوَمْنَا الاِحْتِلَالَ الْأَجْنَبِيَّ
私達は他国による占領に抗して立ち上がった

たちいる　tachi-iru　立ち入る　دَخَلَ (u)　دَخَلَ إِلَى الْمَدْرَسَةِ :校内に立ち入った

※名 دُخُول :立ち入り

مَمْنُوع الدُّخُول :立ち入り禁止

2)立ち入る ⇒ かんしょうする　kanshou-suru　干渉する

たちさる　tachi-saru　立ち去る　اِبْتَعَدَ　< بعد VIII　اِبْتَعِدْ عَنِّي :立ち去れ/向こうへ行きなさい

たちどまる　tachi-domaru　立ち止まる　تَوَقَّفَ　< وقف V　تَوَقَّفَتِ الْحِمَارَةُ أَمَامَ بَابِ الْبَيْتِ
ロバは家の門の前で立ち止まった

たちなおる　tachi-n·aoru　立ち直る　أَفَاقَ　< فوق IV　أَفَاقَ مِنْ فَشَلِهِ :挫折(失敗)から立ち直った

たちのぼる　tachi-noboru　立ち上る　تَصَاعَدَ　< صعد VI　تَصَاعَدَ الدُّخَانُ مِنَ الْمَوْقِدِ
暖炉から煙が立ち上った

たちば　tachiba　立場　مَوْقِف　< وقف 複 مَوَاقِف　مَوْقِف صَرِيح :明白(明確)な立場

たちまち　tachimachi　たちまち ⇒ すぐに　sugu-ni　すぐに

たちむかう　tachi-mukau　立ち向かう　جَابَهَ　< جبه III　جَابَهَ الصِّعَابَ :困難に立ち向かった

たちよる　tachi-yoru　立ち寄る　مَرَّ، يَمُرُّ　※～ عَلَى :～に　مَرَرْتُ عَلَى الْمَحَلِّ
私はその店に立ち寄った

たつ　tatsu　立つ　قَامَ ، يَقُومُ　※ أَنَا قُمْتُ　يَدْخُلُ الْمُعَلِّمُ ، فَيَقُومُ التَّلَامِيذُ
先生が入ってくると生徒達は立ちます

たつ～たてもの

2)立つ　يَقِفُ، وَقَفَ　قِفْ!:立て!/起立!

3)立つ　اِنْتَصَبَ　< نصب VIII　اِنْتَصَبَ بَيْتٌ قَدِيمٌ فِي الْوَسَطِ
中央に古い家が立っていた

たつ　tatsu　建つ/立つ　بُنِيَ، يُبْنَى ※بَنَى 受　سَتُبْنَى بُيُوتٌ جَدِيدَةٌ
新しい家が建つだろう

たつ　tatsu　断つ　قَطَعَ (a)　قَطَعَ عَلَاقَاتٍ (مُوَصَلَاتٍ) :関係(通信)を断った

たつ　tatsu　経つ　يَمُرُّ، مَرَّ　يَمُرُّ الْوَقْتُ بِسُرْعَةٍ :時間が速く経つ(過ぎる)

たつ　tatsu　発つ ⇒ しゅっぱつする　shuppatsu-suru　出発する

たっきゅう　takkyuu　卓球 كُرَةُ الطَّاوِلَةِ　لَاعِبُ كُرَةِ الطَّاوِلَةِ :卓球の選手

たっする　tassuru　達する　تَوَصَّلَ　< وصل V ～إِلَى :～に　تَوَصَّلَ إِلَى النَّتِيجَةِ
結論に達した

2)達する　بَلَغَ (u)　بَلَغَ رُشْدَهُ (سِنَّ الرُّشْدِ) :成人に達した(なった)

たっせいする　tassei-suru　達成する　حَقَّقَ　< حقّ II　حَقَّقَ حُلْمَهُ :夢を達成した(実現した)

たった　tatta　たった
たったの　tatta-no　たったの　فَقَطْ　سِعْرُ الْبَيْضَةِ عِشْرُونَ يِنًّا فَقَطْ
卵1個の値段がたった(の)20円です

たっぷり　tappuri　たっぷり　مُتَّسَع　< وسع　لَيْتَ عِنْدِي مُتَّسَعًا مِنَ الْوَقْتِ لِـ～
私に～する時間がたっぷり(十分)あったらなぁ

2)たっぷり　مُشْبَع　< شبع　اَلْكَعْكَةُ مُشْبَعَةٌ بِالْقَطْرِ
そのケーキにはシロップがたっぷり掛けてある

たつまき　tatsumaki　竜巻　زَوْبَعَة　複 زَوَابِعُ　صَنَعَتِ الزَّوْبَعَةُ عَمُودًا مِنَ التُّرَابِ
竜巻は土柱を伴った

たづな　tazu・na　手綱　لِجَامٌ　< لجم 複 لُجُمٌ / أَلْجِمَة
إِذَا أَرَدْتَ إِيقَافَ الْفَرَسِ، شُدَّ لِجَامَهُ
馬を止めたいならば手綱を引きなさい

たて　tate　縦　طُول　複 أَطْوَال　عَرْض وَطُول الْوَرَقَةِ :絵の縦と横
※関 طُولِي :縦の

たて　tate　盾　تُرْس　複 تُرُوس　لَعِبٌ بِالسَّيْفِ وَالتُّرْسِ
盾と刀の遊び/チャンバラ遊び

たてかける　tate-kakeru　立てかける　أَسْنَدَ　< سند IV　لَا تُسْنِدِ السُّلَّمَ إِلَى الْجِدَارِ
壁に梯子を立てかけるな

たてなおす　tate-naosu　建て直す ⇒ さいけんする　saiken-suru　再建する

たてもの　tatemo・no　建物　مَبْنًى　< بنى 複 مَبَانٍ ※定 اَلْمَبْنَى

た

たてる～たね

مَبْنًى ذُو خَمْسَةِ طَوَابِقَ :5階建ての建物(ビル)

たてる tateru 建てる بَنَى، يَبْنِي يُرِيدُ أَنْ يَبْنِيَ بَيْتَهُ بِنَفْسِهِ
彼は自分で自分の家を建てたがっている
2)建てる أَقَامَ < قوم IV أَقَامَ تِمْثَالًا :像を建てた

たてる tateru 立てる نَصَبَ (u) نَصَبَ الْعَلَمَ :旗を立てた
2)立てる غَرَزَ (i) ※差し込んで立てる نَغْرِزُ الشُّمُوعَ فِي الْكَعْكَةِ
私達はケーキに蝋燭を立てる

たとえ tatoe 例え تَشْبِيه < شبه يُسَمُّونَهُ "نَابُلْيُون الْعَالَمِ الْقَدِيمِ"
تَشْبِيهًا لَهُ بِنَابُلْيُون بُونَابَرْت
彼をナポレオン・ボナパルトに例えて‘古代のナポレオン’と呼んでいる

た

たとえ tatoe たとえ(～でも) وَلَوْ اِسْمَعْ كَلَامَهُ وَلَوْ أَنَّهُ صَغِيرُ السِّنِّ
たとえ小さな子の言うことでも聞きなさい
اُطْلُبُوا الْعِلْمَ وَلَوْ فِي الصِّينِ
たとえ中国であろうと知識を求めに行きなさい

たとえば tatoeba 例えば مَثَلًا / عَلَى سَبِيلِ الْمِثَالِ أَسْمَاء إِسْلَامِيَّة مَثَلًا مُحَمَّدٌ، أَحْمَدُ، عَلِيٌّ، إلخ
イスラムの名前,
例えばムハンマド,アフマド,アリーなど

たとえる tatoeru 例える شَبَّهَ < شبه II بِ～ :～に يُشَبِّهُ الْكَاتِبُ الْجَمَلَ بِالسَّفِينَةِ
その作家は駱駝を船に例える

たどる tadoru 辿る تَتَبَّعَ < تبع V نَتَتَبَّعُ هٰذِهِ الْبَعْثَةَ، وَنَرَى مَاذَا سَتَفْعَلُ
この派遣団の後を辿って,何をするか
見てみましょう

たどうし ta-doushi 他動詞 فِعْل مُتَعَدٍّ يُؤْخَذُ اسْمُ الْمَفْعُولِ مِنَ الْفِعْلِ الْمُتَعَدِّي
受動分詞は他動詞から作られる

たな ta・na 棚 رَفّ 複 رُفُوف أَحْضِرْ لِي الْكِتَابَ الْكَبِيرَ الْأَسْوَدَ
棚からその黒い大きな本を取って下さい مِنْ عَلَى الرَّفِّ

たに ta・ni 谷 وَادٍ < ودى 複 أَوْدِيَة / وِدْيَان ※定 الْوَادِي
وَادِي الْمُلُوك :王家の谷 ※エジプト・ルクソール近郊の地
وَادِي رَم :ワーディラム ※ヨルダン南部の古代遺跡

たにん ta-nin 他人 الْغَيْر لَيْسَتْ لِي عَلَاقَةٌ مَعَ الْغَيْرِ! :他人は関係ない!

たね ta・ne 種 بِزْر 複 بُزُور ※ بِزْرَة :1粒の種 ※ヒマワリ,西瓜などの種
أُحِبُّ بِزْرَ الْيَقْطِين :私はかぼちゃの種が好きです

たねをまく～たぶん

2)種 حَبّ 複 حُبُوب ※ حَبَّة :1粒の種 ※小麦などの穀物の種

たねをまく ta・ne-womaku 種を蒔く بَذَرَ (u) ※= أَلْقَى بُذُورًا بَذَرَ الْحَبَّ :種を蒔いた

たのしい ta・noshii 楽しい مُمْتِع ＜ متع كَانَتِ الرِّحْلَةُ مُمْتِعَةً :旅行は楽しかった

たのしませる ta・noshima・seru 楽しませる مَتَّعَ ＜ متع II ～بِـ :～で كَانَ يُمَتِّعُ نَفْسَهُ بِمَنَاظِرِ الْحَدِيقَةِ الْجَمِيلَةِ
彼はその美しい庭の景色を楽しんでいた

たのしみ ta・noshimi 楽しみ لَذَّة ～ فِي وَجَدَ لَذَّةً :～に楽しみを見い出した

たのしむ ta・noshimu 楽しむ تَمَتَّعَ ＜ متع V ～بِـ :～を تَمَتَّعَ بِمُشَاهَدَةِ الْفِيلْمِ
映画を見て楽しんだ

たのみ ta・nomi 頼み طَلَب 複 طَلَبَات عِنْدِي طَلَبٌ إِلَيْكَ :貴男に頼みがあります

たのむ ta・nomu 頼む طَلَبَ (u) ～مِنْ / إِلَى :～に طَلَبَ مِنْ ～ أَنْ ‥
～に‥するように頼んだ
طَلَبَ الْأَبُ مِنِ ابْنِهِ أَنْ يَقْرَأَ الْقُرْآنَ الْكَرِيمَ
父親は息子に聖典コーランを読むように頼んだ

たば taba 束 رِزْمَة 複 رِزَم رِزْمَةُ الْكُتُبِ :本の束

2)束 بَاقَة ＜ بوق بَاقَةُ أَزْهَارٍ :花束

たばこ tabako 煙草/タバコ تِبْغ / تَبَغ / تَبْغ 複 تُبُوغ ※ لَا أُدَخِّنُ : 私は煙草は吸いません

2)煙草/タバコ سِجَارَة 複 سَجَائِر/-ات ※紙巻き煙草
دُخَانُ السِّجَارَةِ أَفْسَدَ هَوَاءَ الْغُرْفَةِ
煙草の煙が部屋の空気をだめにした

たばこや tabako-ya 煙草屋 بَائِع الدُّخَّانِ

たばにする taba-nisuru 束にする
たばねる taba-neru 束ねる رَزَمَ (u) رَزَمَ كُتُبَهُ وَدَفَاتِرَهُ :本とノートを束ねた

たび tabi 足袋 جَوْرَب يَابَانِيّ تَقْلِيدِيّ

たび tabi 旅 ⇒ りょこう ryokou 旅行

たびたび tabi-tabi たびたび ⇒ しばしば shiba・shiba しばしば

たびだつ tabi-datsu 旅立つ ⇒ りょこうする ryokou-suru 旅行する

たびに tabi・ni (～する)度に كُلَّمَا شَكَرَنِي كُلَّمَا قَابَلَنِي :会う度に彼は私にお礼を言った

たびびと tabi-bito 旅人 ⇒ りょこうしゃ ryokou-sha 旅行者

たぶー tabuu タブー حَرَام ＜ حرم 複 حُرُم حَرَامٌ عَلَيْكَ :君,それはタブーだよ

たぶん tabun 多分 رُبَّمَا ＜ رُبّ رُبَّمَا تُمْطِرُ غَدًا :多分,明日,雨が降るでしょう

2)多分 未完了形+ قَدْ ※多分～だろう قَدْ تَنْشَبُ بَيْنَ الدَّوْلَتَيْنِ حَرْبٌ
多分,二つの国の間で戦争が起こるだろう

た

たべごろ～ためいきをつく

たべごろ　tabegoro　食べ頃　نَاضِج　< نضج　اَلطَّعَامُ نَاضِجٌ :その食べ物は今が食べ頃(旬)です

たべさせる　tabesaseru　食べさせる　أَطْعَمَ　< طعم IV　يَجِبُ أَنْ أُطْعِمَ قِطَّتِي
私は猫に餌を食べさせなければならない

たべもの　tabemo・no　食べ物　طَعَامٌ　< طعم 複 أَطْعِمَة　أَعْطِنِي شَيْئًا مِنَ الطَّعَامِ
私に何か食べ物を下さい

たべる　taberu　食べる　تَنَاوَلَ　< نول VI　أَتَنَاوَلُ الْغَدَاءَ فِي بَيْتِي دَائِمًا
私はいつもお昼ご飯は家で食べます

2)食べる　أَكَلَ ، يَأْكُلُ　يَأْكُلُ الْيَابَانِيُّونَ السَّمَكَ بِكَثْرَةٍ
日本人は魚をよく食べる

3)食べる　نَخَرَ (u, i)　※虫が　نَخَرَتِ التُّفَّاحَ دُودَةٌ صَغِيرَةٌ
小さな虫がリンゴを食べた(食った)

4)食べる　رَعَى ، يَرْعَى　※草を　اَلْبَقَرَةُ تَرْعَى وَالْعِجْلُ يُرَافِقُهَا
母親の牛が草を食べ(はみ)、子牛がより添っている

たぼうである　tabou-dearu　多忙である　⇒　いそがしい　isogashii　2)忙しい

たま　tama　玉　شَكْل كُرَوِيّ　※=مَثَلًا　كُرَة ، خَرَزَة ، رَصَاصَة إلخ

たま　tama　弾　⇒　だんがん　dangan　弾丸

たまご　tamago　卵　بَيْض　※ بَيْضَة :1個の卵　بَيْض الدَّجَاج : 鶏の卵/鶏卵
بَيْضَةُ الْيَوْمِ خَيْرٌ مِنْ دَجَاجَةِ الْغَدِ
今日の卵は明日の鶏より良い[格言]

たまごをうむ　tamago-wo・umu　卵を生む　بَاضَ ، تَبِيضُ　تَبِيضُ الْوَزَّةُ كُلَّ يَوْمٍ :ガチョウは毎日卵を生む

たましい　tamashi・i　魂　مُهْجَة　複 مُهَج / -ات　اَلْقُدْسُ مُهْجَةُ فِلَسْطِين
エルサレムはパレスチナの魂です

2)魂　رُوحٌ　複 أَرْوَاح　رُوح الْقَوْمِيَّة :民族の魂

たまたま　tamatama　たまたま　⇒　ぐうぜん　guuzen　偶然

たまに　tama・ni　たまに　قَلِيلًا مَا　قَلِيلًا مَا أَدْرُسُ فِي بَيْتِي :たまに家で勉強します
قَلِيلًا مَا تَتَعَطَّلُ السَّيَّارَاتُ الْيَابَانِيَّةُ
日本の自動車(日本車)はたまにしか故障しない

たまねぎ　tama・negi　玉葱　بَصَلٌ　※ بَصَلَة :1個の玉葱

たまもの　tamamo・no　賜　هِبَة　< وهب　مِصْرُ هِبَةُ النِّيلِ :エジプトはナイルの賜

たまる　tamaru　溜まる　تَرَاكَمَ　< ركم VI　تَرَاكَمَ الرَّمْلُ فِي قَاعِ الْبِئْرِ
井戸の底に砂が溜まった

ためいき　tameiki　ため息　صُعَدَاء　< صعد　تَنَفَّسَ الصُّعَدَاءَ :(ほっと)ため息をついた

ためいき-をつく　tameiki-wotsuku　ため息をつく　تَنَهَّدَ　< نهد V　تَنَهَّدَ تَنَهُّدًا عَمِيقًا :深いため息をついた

た

ためし～たらっぷ

ためし　tameshi　試し ⇒ こころみ kokoromi 試み

ためす　tamesu　試す ⇒ こころみる kokoromiru 試みる

ために　tame・ni　(～の)ために～لِأَجْلِ／مِنْ أَجْلِ ＜ أجل　لِأَجْلِهَا:彼女(かのじょ)のために

2)(～の)ために～فِي سَبِيلِ　لَقَدْ كَافَحَ فِي سَبِيلِ اسْتِقْلَالِ الْوَطَنِ
彼(かれ)はすでに祖国(そこく)の独立(どくりつ)のために闘(たたか)っていた

3)(～の)ために　～لِـ　لَهُ:彼(かれ)のために, لَهَا:彼女(かのじょ)のために, لِي:私(わたし)のために
لَكَ:あなたのために(女)
(َ)

4)(～する)ために～لِكَيْ/كَيْ　*～:未接続形(せつぞくけい)　أَذْهَبُ إِلَى الْمَدْرَسَةِ كَيْ أَتَعَلَّمَ
私(わたし)は勉強(べんきょう)するために学校(がっこう)へ行(ゆ)きます

ためになる　tame-ni・naru　ためになる　رَابِح ＜ ربح　طَاوِعْ مُعَلِّمَكَ فِي تَعْلِيمَاتِهِ، وَأَنْتَ الرَّابِحُ
先生(せんせい)の指示(しじ)に従(したが)いなさい, それがあなたのためになります

ためらう　tamerau　ためらう　تَرَدَّدَ ＜ ردّ V ～فِي:～を　تَرَدَّدَتْ فِي زِيَارَةِ مَنْزِلِهِ
彼女(かのじょ)は彼(かれ)の家(いえ)を訪(たず)ねるのをためらった(躊躇(ちゅうちょ)した)

ためる　tameru　溜める/貯める اِدَّخَرَ ＜ ذخر VIII　يَدَّخِرُ السِّنْجَابُ الطَّعَامَ فِي الصَّيْفِ
リスは夏(なつ)に食(た)べ物(もの)を溜める(蓄(たくわ)える)

2)貯める　وَفَّرَ ＜ وفر II　وَفَّرَ نُقُودَهُ لِشِرَاءِ آلَةِ تَصْوِيرٍ
カメラを買(か)うためにお金(かね)を貯(た)めた

たもつ　tamotsu　保つ　حَافَظَ ＜ حفظ III ～عَلَى:～を　حَافَظَ عَلَى الصِّحَّةِ:健康(けんこう)を保(たも)った

たやす　tayasu　絶やす　اِسْتَنْفَدَ ＜ نفد X　لَا تَسْتَنْفِدِ الْوُقُودَ:燃料(ねんりょう)を絶(た)やすな

たやすい　tayasui　たやすい ⇒ やさしい yasashii 易しい

たようかする　tayouka-suru　多様化する　تَنَوَّعَ ＜ نوع V　تَنَوَّعَتِ الْأَذْوَاقُ:好(この)みが多様化(たようか)した
※名 تَنَوُّع　تَنَوُّعُ الْأَذْوَاقِ:好(この)みの多様化(たようか)

たより　tayori　便り ⇒ てがみ tegami 手紙

たよる　tayoru　頼る　تَوَكَّلَ ＜ وكل V ～عَلَى:～に　تَوَكَّلْ عَلَى اللّٰهِ:神(かみ)に頼(たよ)れ

2)頼る　اِعْتَمَدَ ＜ عمد VIII　اِعْتَمَدَ عَلَى عَمِّهِ:おじさんを頼(たよ)った

たらい　tarai　たらい　طَسْت　複 طُسُوت　هَاتِ الْإِبْرِيقَ وَالطَّسْتَ، يَا غُلَامُ
坊(ぼう)や,たらいと水差(みずさ)しを持(も)ってきなさい

たらす　tarasu　垂らす　دَلَّى ＜ دلو II　دَلَّى دَلْوَهُ فِي الْبِئْرِ
井戸(いど)にバケツを垂(た)らした

2)垂らす　قَطَّرَ ＜ قطر II　قَطَّرَتِ الْمُمَرِّضَةُ فِي عَيْنِ الْوَلَدِ دَوَاءً
看護師(かんごし)はその子(こ)の目(め)に薬(くすり)を垂(た)らした

たらっぷ　tarappu　タラップ سُلَّمُ الطَّائِرَةِ　نَزَلَ سُلَّمَ الطَّائِرَةِ:タラップを降(お)りた

2)タラップ　دَرَج　複 أَدْرَاج　صَعِدَ عَلَى الدَّرَجِ:タラップを上(あが)った

た

たりょうの～たんじゅんな

たりょうの taryou-no 多量の ⇒ たいりょうの

たりる tariru 足りる كَفَى، يَكْفِي هٰذا يَكْفِي :これで足ります

たる taru 樽 بَرْمِيل 複 بَرامِيل بَرْمِيل خَشَبِيّ :木の(木製の)樽

たるむ tarumu 弛む ⇒ ゆるむ yurumu 緩む

たれる tareru 垂れる تَدَلَّى < دلو V تَدَلَّى الْفانُوسُ مِنَ السَّقْفِ

天井からランタンが垂れていた

たわー tawaa タワー ⇒ とう tou 塔

たわむれる tawamureru 戯れる اِلْتَهَى < لهو VIII تَلْتَهِي الْهِرَّةُ بِكُرَةِ الصُّوفِ

猫が毛糸の玉と戯れる

たん tan 痰 نُخامَة < نخم بَصَقَ نُخامَةً :痰を吐いた

た

たんい tan・i 単位 وَحْدَة 複 ـات وَحْدَة قِياسِيَّة :計量の単位

وَحْدات مالِيَّة :お金の単位

اَلسَّنْتِيمِتْراتُ وَحْداتٌ لِلطُّولِ

センチメ-トルは長さの単位です

たんかー tankaa タンカー ناقِلَة نَفْط ※=石油タンカー

たんがんする tangan-suru 嘆願する ⇒ こんがんする kongan-suru 懇願する

たんきな tanki-na 短気な حادُّ الْمِزاجِ (الطَّبْعِ) اِحْذَرْ صاحِبَ الْمِزاجِ الْحادِّ

短気な人に気を付けなさい

たんきゅうする tankyuu-suru 探求する بَحَثَ (a) بَحَثَ عَنْ كَلِمَةٍ فِي الْقامُوسِ الْقَدِيمِ

古い辞書で言葉を探求した

たんきゅうする tankyuu-suru 探究する بَحَثَ (a) بَحَثَ مُشْكِلَةَ تَلَوُّثِ الْهَواءِ

大気汚染の問題を探究した

たんく tanku タンク صِهْرِيج 複 صَهارِيج صِهْرِيج ضَخْم لِلْبَنْزِين

巨大な石油タンク

たんけんする tanken-suru 探検する اِسْتَكْشَفَ < كشف X ※مُسْتَكْشِف :探検家

たんこう tankou 炭坑 مَنْجَم فَحْم عَمِلَ فِي مَنْجَمِ الْفَحْمِ عُمّالٌ كَثِيرُونَ

炭坑には沢山の労働者が働いた

たんご tango 単語 كَلِمَة 複 ـات مَعْنَى الْكَلِمَةِ :その単語の意味

2)単語 مُفْرَد 複 ـات اَلْمُفْرَداتُ الْعَرَبِيَّة :アラビア語の単語(語彙)

たんしゅく-する tanshuku-suru 短縮する ⇒ みじかくする mijikaku-suru 短くする

たんしょ tansho 短所 ⇒ けってん ketten 欠点 ※⇔長所

たんしん tanshin 単身 مُفْرَد أَنا أَعْمَلُ وَأَعِيشُ بِمُفْرَدِي

私は単身赴任で働いている

たんじゅんな tanjun-na 単純な بَسِيط < بسط 複 بُسَطاء رَجُل بَسِيط :単純な男

たんじょう～だい

たんじょう　tanjou　誕生　مِيلَاد < ولد 複 مَوَالِيد　مِيلَادُ السَّيِّدِ الْمَسِيحِ
イエスの誕生(降誕)

たんじょうび　tanjou-bi　誕生日　عِيدُ مِيلَادٍ　عِيدُ مِيلَادِكَ سَعِيدٌ :誕生日おめでとう
لِمَاذَا لَمْ تُحَلِّي كَعْكَةَ عِيدِ مِيلَادِ بِنْتِكِ؟
なぜあなたは娘の誕生日にケーキを飾らなかったのですか

2)誕生日　مَوْلِد < ولد 複 مَوَالِد　نَحْتَفِلُ بِذِكْرَى مَوْلِدِ أُمِّي غَدًا
明日，私達は母の誕生日パーティをします

たんす　tansu　箪笥/タンス　خِزَانَة　複 خَزَائِنُ/-ات　خِزَانَةُ الْمَلَابِسِ :洋服ダンス

たんすい　tansui　淡水 ⇒ まみず　ma-mizu　真水

たんすう　tansu·u　単数　مُفْرَد < فرد ※ ⇔ جَمْع :複数
هَاتِ مُفْرَدَ كُلِّ كَلِمَةٍ مِمَّا يَأْتِي
次の言葉を全て単数形にしなさい

たんそ　tanso　炭素　كَرْبُون　أُكْسِيدُ الْكَرْبُونِ أَوَّلُ (ثَانِي) :一酸化(二酸化)炭素

たんちょうな　tanchou-na　単調な　رَتِيب < رتب 複 رُتَبَاءُ　مَلِلْتُ لَحْنَ الْأُغْنِيَةِ الرَّتِيبَ
その歌の単調なメロディーにはうんざりだ

たんどく　tandoku　単独 ⇒ ひとり　hitori　一人

たんなる　tan·naru　単なる～　～ مُجَرَّد < جرد ※～は名詞の属格が来る
إِنَّهَا مُجَرَّدُ صُدْفَةٍ :それは単なる偶然だ
إِنَّهُ مُجَرَّدُ مُوَظَّفٍ عَادِيٍّ
彼は単なる普通の事務員だ

たんのうな　tan·nou-na　たん能な　ضَلِيع < ضلع　هُوَ ضَلِيعٌ فِي عِلْمِ اللُّغَةِ
彼は語学にたん能だ

たんばりん　tanbarin　タンバリン　دُفّ (دَفّ) 複 دُفُوف　يَرْقُصُ الْفَلَّاحُونَ عَلَى نَقْرِ الدُّفِّ
農民達はタンバリンの弾かれる音に合わせて踊る

たんぱ　tanpa　短波　مَوْجَات قَصِيرَة　إِذَاعَة عَلَى مَوْجَاتٍ قَصِيرَةٍ :短波放送

たんぱくしつ　tanpaku-shitsu　タンパク質　بُرُوتِين　بُرُوتِين حَيَوَانِيّ (نَبَاتِيّ)
動物性(植物性)タンパク質

たんぼ　tanbo　田圃 ⇒ た　ta　田

たんぽ　tanpo　担保　رَهْن　複 رُهُون　جَعَلَ الْمَدِينُ بَيْتَهُ رَهْنًا لِلدَّائِنِ
債務者は家を(債権者への)担保にした

だーす　daasu　ダース　دَسْتَة　複 -ات　نِصْفُ دَسْتَةٍ :半ダース

だい　dai　台　مِنْضَدَة < نضد 複 -ات / مَنَاضِد　مِنْضَدَةُ عَمَلٍ :作業台

だい　dai　代 ⇒ だいきん　daikin　代金

た

だい～だいじにする

だい　dai　題 ⇒ たいとる　taitoru　1)タイトル

だい～　dai-　第～

第一(の) 男 أَوَّل 女 أُولَى < أول　اَلْحَرْب اَلْعَالَمِيَّة اَلْأُولَى :第一次世界大戦

第二(の) 男 ثَانٍ 女 ثَانِيَة < ثان ※定 اَلثَّانِي　اَلدَّرَجَة الثَّانِيَة :二等席　ثَانِيًا :第二に

جَاءَ الثَّانِي فِي السَّابِق :彼はそのレースで二着になった

男 ثَالِث 女 ثَالِثَة :第三(の) < ثلث　　男 رَابِع 女 رَابِعَة :第四(の) < ربع

男 خَامِس 女 خَامِسَة :第五(の) < خمس　　男 سَادِس 女 سَادِسَة :第六(の) < سدس

男 سَابِع 女 سَابِعَة :第七(の) < سبع　　男 ثَامِن 女 ثَامِنَة :第八(の) < ثمن

男 تَاسِع 女 تَاسِعَة :第九(の) < تسع　　男 عَاشِر 女 عَاشِرَة :第十(の) < عشر

男 حَادِي عَشَرَ 女 حَادِيَة عَشْرَةَ :第十一(の)　　男 ثَانِي عَشَرَ 女 ثَانِيَة عَشْرَةَ :第十二(の)

男 ثَالِث عَشَرَ 女 ثَالِثَة عَشْرَةَ :第十三(の)　　男 رَابِع عَشَرَ 女 رَابِعَة عَشْرَةَ :第十四(の)

男 خَامِس عَشَرَ 女 خَامِسَة عَشْرَةَ :第十五(の)　　男 سَادِس عَشَرَ 女 سَادِسَة عَشْرَةَ :第十六(の)

男 سَابِع عَشَرَ 女 سَابِعَة عَشْرَةَ :第十七(の)　　男 ثَامِن عَشَرَ 女 ثَامِنَة عَشْرَةَ :第十八(の)

男 تَاسِع عَشَرَ 女 تَاسِعَة عَشْرَةَ :第十九(の)　　男 عِشْرُون 女 男性形と同じ :第二十(の)

شَخْص ثَالِث :第三者　اَلْعَالَم الثَّالِث :第三世界

だいあもんど　dai・amondo　ダイアモンド ⇒ だいやもんど　daiyamondo　ダイヤモンド

だいえっと　dai・etto　ダイエット　حِمْيَة < حمى　عَلَيْكَ أَنْ تَتَّبِعَ الْحِمْيَةَ

あなたはダイエットをしなければならない

だいがく　daigaku　大学　جَامِعَة < جمع 複 ـات　نَجَحَ فِي الْامْتِحَان لِدُخُول الْجَامِعَة

彼は大学の入学試験に合格した

だいがくいん　daigaku-in　大学院　قِسْم الدِّرَاسَات الْعُلْيَا　أَدْرُسُ التَّارِيخَ بِقِسْمِ الدِّرَاسَاتِ الْعُلْيَا

私は大学院で歴史を勉強しています

だいきん　daikin　代金　ثَمَن 複 أَثْمَان　مَا الثَّمَنُ؟ :代金(お代)はいくらですか

だいぎし　daigishi　代議士 ⇒ こっかい　kokkai　1)国会　※=国会議員

だいく　daiku　大工　نَجَّار < نجر 複 ـون　يَصْقُلُ النَّجَّارُ قِطَعَ الْخَشَب

大工は木を削って滑らかにする

※ أَدَوَات النِّجَارَة :大工道具

だいけい　daikei　台形　شِبْه الْمُنْحَرِف　※数学

だいこん　daikon　大根　فُجْل 複 فُجُول　زَرَعَ الْفَلَّاحُ إِلَى جَانِب الْجَزَر فُجْلًا

お百姓さんは人参の隣りに大根を植えた

だいじな　daiji-na　大事な　مُهِمّ < همّ　وَلٰكِنَّ الْمُهِمَّ مَنْ يَضْحَكُ أَخِيرًا

しかし大事なのは誰が最後に笑うかだ

だいじにする　daiji-nisuru　大事にする ⇒ たいせつにする　taisetsu-nisuru　大切にする

だいじょうぶ～だいめい

だいじょうぶ daijoubu 大丈夫 بِخَيْرٍ ※خَيْر + بِـ أَأَنْتَ بِخَيْرٍ؟:大丈夫ですか

だいじん daijin 大臣 وَزِير < وزر 複 وُزَرَاءُ رَئِيسُ الْوُزَرَاءِ:総理大臣

だいすう daisu・u 代数 اَلْجَبْر لَا أَجِدُ عِلْمَ الْجَبْرِ صَعْبًا:代数は難しいと思わない

だいすきである daisuki-dearu 大好きである عَشِقَ (a) أَعْشَقُ الْمُوسِيقَى:私は音楽が大好きです

だいず daizu 大豆 صُويَا/فُولُ الصُّويَا

だいそつ daisotsu 大卒 خِرِّيجُ الْجَامِعَةِ فَخْرٌ لَهُ أَنْ يَكُونَ خِرِّيجَ الْجَامِعَةِ
大学の卒業生であることが彼の誇りです

だいたい daitai 大体 فِي أَغْلَبِ الْأَحْيَانِ نَلْعَبُ مَعَ أَوْلَادِ الْجِيرَانِ فِي أَغْلَبِ الْأَحْيَانِ
私達は大たい(たいてい)近所の子供達と遊んでいます

2)大体 ⇒ おおよそ ooyoso 大よそ

だいたんな daitan-na 大胆な جَرِيء < جرؤ 複 أَجْرَاء أَنْقَذَ الْإِطْفَائِيُّ الْجَرِيءُ الْوَلَدَ
大胆な消防士が子供を救った

だいち daichi 大地 أَرْض 複 أَرَاضٍ / أَرَاضُون ※女
حَرَثَ الْأَرْضَ بِالْمِحْرَاثِ:大地を鋤で耕した

だいちょう daichou 大腸 اَلْمِعَى الْغَلِيظ ※ اَلْمِعَى الدَّقِيق:小腸

だいとうりょう daitouryou 大統領 رَئِيس < راس 複 رُؤَسَاء ※=(الدَّوْلَة) رَئِيسُ الْجُمْهُورِيَّةِ

だいどころ daidokoro 台所 مَطْبَخ < طبخ اَلسِّكِّينُ فِي الْمَطْبَخِ:包丁は台所にあります
آنِيَةُ الْمَطْبَخِ:台所用品

だいなまいと dai・namaito ダイナマイト اَلدِّينَامِيت اِنْفَجَرَ الدِّينَامِيتُ فِي الْمَقْلَعِ
石切場でダイナマイトが爆発した

だいばー daibaa ダイバー ⇒ せんすいふ sensui-hu 潜水夫

だいひょう daihyou 代表
だいひょうしゃ daihyou-sha 代表者 نَائِب < نوب 複 نُوَّاب نُوَّابُ الشَّعْبِ:国民の代表

だいひょうする daihyou-suru 代表する نَابَ ، يَنُوبُ مَا نَابَ الْبَرْلَمَانُ عَنِ الشَّعْبِ
国会は国民を代表していなかった

だいひょうだん daihyou-dan 代表団 وَفْد 複 وُفُود جَاءَ الْوَفْدُ يُفَاوِضُنَا فِي الصُّلْحِ
私達と和平を交渉するために代表団がやって来た

だいびんぐ daibingu ダイビング رِيَاضَةُ الْغَوْصِ

だいぶぶんの dai-bubun-no 大部分の مُعْظَم < عظم مُعْظَمُ النَّاسِ:大部分の人達/人々の大部分

だいべんする daiben-suru 代弁する ～ تَحَدَّثَ بَدَلًا مِنْ أَتَحَدَّثُ إِلَيْكَ بَدَلًا مِنْهُ
私が彼を代弁します

だいべんをする daiben-wosuru 大便をする تَبَرَّزَ < برز V ※名 (و) بِرَاز:大便

だいめい daimei 題名 ⇒ たいとる taitoru タイトル

だいめいし　dai-meishi　代名詞　ضَمِير　< ضمر 複 ضَمَائِر　كُلٌّ مِنْ هٰذِهِ الْكَلِمَاتِ "أَنَا، أَنْتَ، ه هُوَ، هِيَ" ضَمِيرٌ (ُ)
「私，あなた，彼，彼女」は
すべて代名詞です
※ اِسْم مَوْصُول :関係代名詞

だいや　daiya　ダイヤ
だいやもんど　daiyamondo　ダイヤモンド　أَلْمَاس / مَاس　خَاتَم مُرَصَّع بِالْمَاسِ :ダイヤの指輪

だいやる　daiyaru　ダイヤル　قُرْص التِّلِيفُون

だいり　dairi　代理　نِيَابَة　< نوب　~ نِيَابَةً عَنْ :~の代理として/~の代わりに

だいりせき　dairiseki　大理石　رُخَام　< رخم　نُحِتَ التِّمْثَالُ فِي الرُّخَامِ
その像は大理石に彫られた（彫刻された）

だいりてん　dairi-ten　代理店　وَكَالَة (ُ)　< وكل 複 -ات　وَكَالَة السَّفَرِيَّات :旅行代理店

だいりにん　dairi-nin　代理人　وَكِيل　< وكل 複 وُكَلَاء　وَكِيل تَأْمِينٍ :保険代理人（業者）

だいりをする　dairi-wosuru　代理をする　نَابَ، يَنُوبُ　~ عَنْ :~の　نُبْتُ عَنِ الْمُدَرِّسِ
私は先生の代理をした

だえき　da·eki　唾液　رِيق　複 أَرْيَاق　سَالَ رِيقُهُ :唾液（唾）が流れた
بَلَعَ الرِّيقَ :唾液（唾）を飲み込んだ／一息入れた

だえんの　da·en-no　楕円の　بَيْضَوِيّ الشَّكْل ※ شَكْل بَيْضَوِيّ :楕円/楕円形

だから　dakara　だから　لِذٰلِكَ　※= لـ+ذٰلِكَ　عِنْدِي مَوْعِدٌ، لِذٰلِكَ أَرْجِعُ مُبَكِّرًا
私は約束があります，だから早く帰ります

だきしめる　daki-shimeru　抱きしめる　عَانَقَ　< عنق III　عَانَقَتِ الْأُمُّ وَلَدَهَا وَبَكَتْ
母親は息子を抱きしめると泣いた

だく　daku　抱く　ضَمَّ، يَضُمُّ　~ إِلَى :~に　ضَمَّ الْكَلْبَ إِلَى صَدْرِهِ :犬を胸に抱いた
2)抱く　حَضَنَ (u)　حَضَنَ الطَّائِرُ الْبَيْضَ :鳥は卵を抱いた

だけ　dake　(～)だけ　~ فَقَطْ　مَكَثْتُ فِي مِصْرَ لِمُدَّةِ يَوْمَيْنِ فَقَطْ
私はエジプトに二日間だけ滞在した

だげきを－あたえる　dageki-wo·ataeru　打撃を与える　أَتْلَفَ　< تلف IV　أَصَابَ الْبَرَدُ الثِّمَارَ فَأَتْلَفَهَا
果実にひょうが降って，打撃を与えた

だす　dasu　出す　أَخْرَجَ　< خرج IV　أَخْرَجَ الْقَامُوسَ مِنَ الشَّنْطَةِ
カバンから辞書を（取り）出した
2)出す　أَرْسَلَ　< رسل IV ※手紙を ~ إِلَى　أَرْسَلَ رِسَالَةً إِلَى ~
~に手紙を出した
3)出す　قَدَّمَ　< قدم II ※食事，お茶を　قَدَّمَ لَهُ طَعَامًا
彼に食事を出した

だちょう～だとうな

4)出す حَضَرَ (u) ※顔を حَضَرَ الاجْتِمَاعَ :会議に顔を出した(出席した)

5)出す اتَّخَذَ ※結論を لَمْ يُتَّخَذْ قَرَارٌ :結論は出されなかった

6)出す زَادَ ، يَزِيدُ ※スピードを زَادَ السُّرْعَةَ :スピード(速度)を出した

7)出す أَصْدَرَ < صدر IV ※本を أَصْدَرَ كِتَابًا :本を出した(出版した)

だちょう dachou ダチョウ نَعَامَة < نعم 複 -ات لِلنَّعَامَةِ رَأْسٌ صَغِيرٌ وَرِيشٌ نَاعِمٌ وَثِيرٌ
ダチョウには小さい頭と滑らかで柔らかい羽がある

だっこくき dakkoku-ki 脱穀機 نَوْرَج 複 نَوَارِج تُهَشِّمُ النَّوْرَجُ السَّنَابِلَ بِسُرْعَةٍ
脱穀機は速く脱穀が出来ます

だっこくする dakkoku-suru 脱穀する هَشَمَ (i) تَسْتَطِيعُ أَنْ تَهْشِمَ السَّنَابِلَ بِالْعَصَا
穂は棒で脱穀することが出来ます

だつごく-する datsugoku-suru 脱獄する هَرَبَ مِنَ السِّجْنِ هَرَبَ السَّجِينُ مِنَ السِّجْنِ
囚人が脱獄した

だっしゅつ-する dasshutsu-suru 脱出する ～ هَرَبَ مِنْ لَا يُمْكِنُكَ أَنْ تَهْرُبَ مِنَ الدَّارِ
あなたがその館から脱出することは不可能だ

だっせんする dassen-suru 脱線する اِنْحَرَفَ < حرف VII اِنْحَرَفَ الْقِطَارُ عَنِ السِّكَّةِ
列車が脱線した

だつぜい-する datsuzei-suru 脱税する تَهَرَّبَ مِنَ الضَّرَائِبِ ※名 تَهَرُّب مِنَ الضَّرَائِبِ :脱税

だっそうする dassou-suru 脱走する هَرَبَ (u) ※軍隊や監獄から هَرَبَ مِنَ الْجَيْشِ :軍隊から脱走した

だった datta (～)だった～ كَانَ ، يَكُونُ ※～:対 كَانَ مُحَمَّدٌ مُهَنْدِسًا
ムハンマドは技師だった
كَانَتْ فَيْرُوز سَعِيدَةً :ファイルーズは幸せだった

だったいする dattai-suru 脱退する اِنْسَحَبَ < سحب VII اِنْسَحَبَتِ الْيَابَانُ مِنَ الْمُنَظَّمَةِ الدُّوَلِيَّةِ
日本は国際連盟を脱退した

だったら dattara (～)だったら لَيْتَ / يَا لَيْتَ لَيْتَنِي أَكُونُ مَعَهَا :彼女と一緒だったらなあ

だっぴする dappi-suru 脱皮する اِنْسَلَخَ مِنْ جِلْدِهِ < سلخ VII اِنْسَلَخَتِ الْحَيَّةُ مِنْ جِلْدِهَا
蛇が脱皮した

だとうする datou-suru 打倒する أَسْقَطَ < سقط IV أَسْقَطَ الشَّعْبُ النِّظَامَ
民衆は体制を打倒した
※名 إِسْقَاط :打倒 الشَّعْبُ يُرِيدُ إِسْقَاطَ النِّظَامِ
民衆(大衆)は体制打倒を望む

だとうな datou-na 妥当な مَعْقُول < عقل سِعْر مَعْقُول :妥当な値段(価格)

た

だぶるす～だれ

だぶるす　daburusu　ダブルス　مُبَارَاة زَوْجِيَّة　※テニスなどの競技

だぶるの　daburu-no　ダブルの　مُزْدَوِج　< زوج　(عَرِيض) سَرِير مُزْدَوِج :ダブルベッド

اَلْمَعَايِير الْمُزْدَوِجَة :ダブルスタンダード/二重基準

だまされる　damasareru　だまされる　اِنْخَدَعَ　< خدع VII　لَنْ أَنْخَدِعَ ثَانِيَّةً :二度とだまされないぞ

だまし　damashi　だまし　خِدَاع　< خدع　شَدَّ مَا أَبْغَضُ الْكَذِبَ وَالْخِدَاعَ

私は嘘とだましがどんなに(どれ程)嫌いなことか

だます　damasu　だます　خَدَعَ (a)　لَنْ يَخْدَعَ صَدِيقَهُ

彼は自分の友人をだまさないでしょう

لَا يَسَعُنِي أَنْ أَخْدَعَكَ

私はあなたをだますことはできない

2)だます　غَشَّ (u)　غَشَّتْهُ بِسُهُولَةٍ :彼女は彼を簡単にだました

だますかす　damasukasu　ダマスカス　دِمَشْق　※= عَاصِمَة سُورِيَّة :シリアの首都

だまる　damaru　黙る　سَكَتَ (u)　أُسْكُتْ ، يَا وَلَدُ ! :坊や,黙りなさい！

だむ　damu　ダム　سَدٌّ　複 أَسْدَاد / سُدُود　اَلسَّدّ الْعَالِي :(アスワン)ハイダム

يَتَدَفَّقُ الْمَاءُ مِنْ السَّدِّ بِقُوَّةٍ

ダムから水が勢い良く出ている

だめ　dame　だめ　لَا يُمْكِنُ　هٰذَا لَا يُمْكِنُ :これはだめです

2)だめ　لَيْسَ جَيِّدًا　هٰذَا الْكِتَابُ لَيْسَ جَيِّدًا :この本はだめです(良くないです)

だめーじ　dameeji　ダメージ　⇒ そんがい　songai　損害

だめにする　dame-nisuru　だめにする　أَفْسَدَ　< فسد IV　اَلتَّدْخِينُ يُفْسِدُ صِحَّتَكَ

喫煙はあなたの健康をだめにします

だめになる　dame-ni·naru　だめになる　فَسَدَ (u)　يَفْسُدُ اللَّبَنُ فِي الْحَرِّ

牛乳は暑いところでだめになる

2)だめになる　تَضَرَّرَ　< ضرّ V　تَضَرَّرَتِ الْمَزْرُوعَاتُ بِالْمَطَرِ

農地が雨でだめになった

だらく　daraku　堕落　فَسَادٌ　< فسد　اَلْأَدْيَانُ وَالْأَخْلَاقُ حَرْبٌ عَلَى الْفَسَادِ

宗教と道徳は堕落に対する闘いです

だらくする　daraku-suru　堕落する　خَبُثَ (u)　كَانَ الْغُلَامُ صَرِيحًا مُخْلِصًا، لِمَاذَا خَبُثَ؟

その少年は純粋で正直な子だったのに

どうして堕落したのだろう

だるい　darui　だるい　مُتْعَب　< تعب　ذِرَاعِي مُتْعَبَةٌ : 私は腕がだるい

だれ　dare　誰　مَنْ ؟　مَنْ هٰذَا الرَّجُلُ؟ :この男の人は誰ですか

だれか〜だんじきする

だれか　dare-ka　誰か　أَحَدٌ　هَلْ فِي السَّيَّارَةِ أَحَدٌ ؟ :誰か車の中にいますか

だれの　dare-no　誰の　لِمَنْ ؟　لِمَنْ هٰذَا؟ :これは誰の(物)ですか

だれも　dare-mo　誰も(〜ない)　لَا أَحَدَ　لَا أَحَدَ غَيْرِي يَعْمَلُ هٰذَا الْعَمَلَ
私以外誰もこの仕事をしない

だれる　dareru　だれる　تَوَانَى　<ونى VI　أَخَذَ يَتَوَانَى فِي دَرْسِهِ
勉強にだれ始めた

だん　dan　段　دَرَجَة　تَصْعَدُ جَدَّتِي السُّلَّمَ، مُتَوَقِّفَةً عِنْدَ
祖母は全ての段で立ち止まって階段を上る　كُلِّ دَرَجَةٍ

だんあつする　dan・atsu-suru　弾圧する　قَمَعَ (a)　لَمْ يَسْتَطِعْ رِجَالُ الْأَمْنِ أَنْ يَقْمَعُوا
治安部隊はそのデモ隊を弾圧できなかった　الْمُتَظَاهِرِينَ
※名 قَمْع :弾圧　قَمْعُ حُقُوقِ الْإِنْسَانِ :人権の弾圧

だんかい　dankai　段階　مَرْحَلَة　<رحل 複 مَرَاحِل　فِي مَرَاحِلِ التَّعْلِيمِ الْأُولَى
教育の最初(初等教育)の段階で

だんがん　dangan　弾丸　رَصَاص　<رصّ ※ رَصَاصَة :1個の弾丸
أَطْلَقَ الرَّصَاصَ عَلَى ~ :~に向けて弾丸を発射した

だんけつする　danketsu-suru　団結する　اِتَّحَدَ　<وحد VIII　إِذَا أَرَدْتُمْ أَنْ تَنَالُوا حَقَّكُمْ
自分たちの権利を得んと欲すれば団結せよ　فَاتَّحِدُوا
※名 اِتِّحَادٌ :団結　الِاتِّحَادُ قُوَّةٌ :団結は力なり

だんげんする　dangen-suru　断言する　جَزَمَ (i)　لَوْ جَزَمْتَ أَنَّكَ بَرِيءٌ، لَمَا حَصَلَ خِلَافٌ
君が自分の無実を断言していたら,反目は起こらなかっただろう

だんこうする　dankou-suru　断交する　قَطَعَ الْعَلَاقَاتِ الدِّبْلُومَاسِيَّةَ　※国家間の関係を ~ مَعَ :~と

だんことした　danko-toshita　断固とした　رَاسِخ　<رسخ　إِرَادَةٌ رَاسِخَةٌ :断固とした意志

だんさー　dansaa　ダンサー 男 رَاقِص 女 رَاقِصَة <رقص　أَصْبَحَ أَخِي رَاقِصًا
私の兄はダンサーになった

だんし　danshi　男子　وَلَدٌ　複 أَوْلَاد ※ ⇔ 女子
2)男子　رَجُلٌ　複 رِجَال　مِرْحَاض لِلرِّجَالِ :男子用トイレ

だんじ　danji　男児 ⇒ だんし　danshi　男子

だんじきする　danjiki-suru　断食する　صَامَ، يَصُومُ　يَصُومُ الْمُسْلِمُونَ فِي شَهْرِ رَمَضَانَ
モスレムはラマダーン月に断食します
※名 صَوْم :断食　اَلصَّوْمُ هُوَ أَحَدُ الْأَرْكَانِ الْخَمْسَةِ
断食はイスラム教の五行の一つです　فِي الْإِسْلَامِ
※名 صَائِم 複 ـون :断食する人

た

だんじて～だんわ

نَحْنُ صَائِمُونَ الْآنَ :私達は今断食しています
دَوَّى مِدْفَعُ الْغِيَابِ، وَأَفْطَرَ الصَّائِمُونَ
日没を知らせる大砲が鳴り響き，断食している人は食事をした

だんじて　danjite　断じて　أَبَدًا　لَا أَبَدًا ! :断じてそうでない！

だんす　dansu　ダンス　⇒ おどり　odori　踊り

だんせい　dansei　男性　الذَّكَر　複 الذُّكُور　※= الـ + ذكر　※ ⇔ 女性
الطُّلَّاب الذُّكُور :男性の学生

だんせいの　dansei-no　男性の　مُذَكَّر　< ذكر　اِسْم مُذَكَّر :男性名詞

だんたいの　dantai-no　団体の　جَمَاعِيّ　< جمع 複 ـات　رِحْلَة جَمَاعِيَّة :団体旅行

だんねんする　dan・nen-suru　断念する　⇒ あきらめる　akirameru　諦める

だんぴんぐ　danpingu　ダンピング　بَيْع بِسِعْرٍ رَخِيصٍ بِشَكْلٍ

だんぺん　danpen　断片　قِطْعَة　< قطع 複 قِطَع　قِطْعَة لَحْمٍ :肉の断片

だんぼーる　danbooru　段ボール　كَرْتُون　複 كَرَاتِين　عُلْبَة كَرْتُونٍ :段ボール箱

だんやく　dan・yaku　弾薬　ذَخِيرَة　< ذخر 複 ذَخَائِر　الصُّنْدُوقُ يَغَصُّ بِالذَّخِيرَةِ
箱には弾薬がぎっしり詰まっている

だんろ　danro　暖炉　مَوْقِد　< وقد 複 مَوَاقِد　تَصَاعَدَ الدُّخَانُ مِنَ الْمَوْقِدِ
暖炉から煙が立ち上った

だんわ　danwa　談話　قَوْل　複 أَقْوَال　سَمِعْتُ مِنَ الْجَدِّ قَوْلًا مُفِيدًا
おじいさんの役に立つ(有用な)談話を私は聞いた

ち ち チ 【chi】

ち chi 地 ⇒ とち tochi 土地

ち chi 血 دَمٌ 複 دِمَاء ※=血液 جَرَى دَمٌ مِنْ يَدِهِ
彼の手から血が流れた

ちーず chiizu チーズ جُبْنَة / جُبْن / جُبُن

ちーむ chiimu チーム فَرِيق < فرق 複 فُرَقَاء / أَفْرِقَة تَعَادَلَ الْفَرِيقَانِ
その2チームは引き分けた

ちあん chian 治安 أَمْن شُرْطَةُ الْأَمْنِ الْعَامِّ :治安(公安)警察/公安

ちい chi・i 地位 مَنْصِب < نصب 複 مَنَاصِب تَوَلَّى مَنْصِبَ ~ :~の地位に就いた
تَوَلَّيْتُ مَنْصِبَ الْقَضَاءِ
私は裁判官の地位(役職)を得た

ちいき chi・iki 地域 حَيّ هٰذَا الْحَيُّ هَادِئٌ :この地域は静かだ
2)地域 مِنْطَقَة < نطق 複 مَنَاطِق مِنْطَقَة صِنَاعِيَّة :工業地域(地帯)
مِنْطَقَة حَرَام :禁止地域(区域)

ちいさい chi・isai 小さい صَغِير < صغر 複 صِغَار (人), صَغِيرَة (物)
比 أَصْغَر 女 صُغْرَى آسِيَا الصُّغْرَى :小アジア
اَلثُّلْثُ أَصْغَرُ مِنَ النِّصْفِ
3分の1は2分の1より小さい
هِيَ تُحِبُّ أَنْ تُلَعِّبَ الْأَوْلَادَ الصِّغَارَ
彼女は小さい子を遊ばせるのが好きです

ちいさく-する chi・isaku-suru 小さくする قَلَّلَ < قلّ II قَلَّلَ حَجْمَ الْإِنْتَاجِ :生産規模を小さくした
2)小さくする صَغَّرَ < صغر II صَغِّرْ الْحَجْمَ :規模を小さくしなさい

ちいさく-なる chi・isaku-naru 小さくなる صَغُرَ (u) صَغُرَ الْمَبْلَغُ :金額が小さくなった
2)小さくなる تَضَاءَلَ < ضؤل VI تَضَاءَلَ جِسْمُ الْعَجُوزِ
老人の体は小さくなった

ちいさな chi・isa・na 小さな ⇒ ちいさい chi・isai 小さい

ちえ chie 知恵 حِكْمَة 複 حِكَم هٰذِهِ حِكْمَةٌ بَلِيغَةٌ :これは大いなる知恵だ

ちぇす chesu チェス شِطْرَنْج 複 -ات لَعِبَ الشِّطْرَنْجَ :チェスをした

ちか chika 地下 تَحْتَ الْأَرْضِ غُرْفَة تَحْتَ الْأَرْضِ :地下室

ちかい chikai 近い قَرِيب < قرب قَرِيب مِنْ ~ :~に近い 比 أَقْرَبُ :より近い
مَطَارُ "هَانِيدَا" أَقْرَبُ مِنْ مَطَارِ "نَارِيتَا"
羽田空港は成田空港より近い

ちかい chikai 誓い يَمِين ＜ يمن 複 أَيْمُن / أَيْمَان :أَدَّى يَمِينًا 誓った

ちかう chikau 誓う حَلَفَ (i) :حَلَفَ يَمِينًا 誓いを立てた/誓約した/誓った

:حَلَفَ بِاللّٰه 神にかけて誓った

ちかくなる chikaku-naru 近くなる قَرُبَ (u) :قَرُبَ مَوْعِدُ الِامْتِحَان 試験日が近くなった

ちかごろ chikagoro 近頃 هٰذِهِ الْأَيَّام وَقَعَتِ الزَّلَازِلُ كَثِيرًا فِي هٰذِهِ الْأَيَّام

近頃,地震が多い

ちかづく chikazuku 近づく اِقْتَرَبَ ＜ قرب Ⅷ ～ مِنْ :～に لَا تَقْتَرِبْ مِنَ الرَّجُلِ

その 男 に近づくな

2)近づく قَرُبَ (u) ～ إِلَى/مِنْ :～に

:قَرُبَتِ السَّفِينَةُ مِنَ الْمَرْفَاءِ 船が桟橋に近づいた

ちかづける chikazukeru 近づける قَرَّبَ ＜ قرب Ⅱ قَرَّبَ بَيْنَهُمْ

彼ら(の仲)を近づけた/彼らを仲良くさせた

ちかてつ chika-tetsu 地下鉄 مِتْرُو الْأَنْفَاق دَاخِل مِتْرُو الْأَنْفَاق فِي" طوكيو "

東 京 の地下鉄構内

ちかどう chika-dou 地下道 مَمَرٌّ تَحْتَ الْأَرْض

ちかみち-をする chikamichi-wosuru 近道をする اِخْتَصَرَ الطَّرِيقَةَ ※名 :اِخْتِصَار الطَّرِيقَةِ 近道

ちかよる chikayoru 近寄る ⇒ ちかづく chikazuku 近づく

ちから chikara 力 قُوَّة ＜ قوي 複 قُوًى/-ات :بِكُلِّ الْقُوَّة 力いっぱいに

:بِالْقُوَّة 力ずくで اِشْرَبِي الدَّوَاءَ وَإِلَّا جَرَّعْتُكِ

بِالْقُوَّة ! (貴女は) 薬を飲みなさい,

さもないと 力 ずくでも飲ませるよ!

ちがい chigai 違い فَرْق اِشْرَحِ الْفَرْقَ بَيْنَ الْحَضَارَةِ وَالثَّقَافَةِ

文明と文化の違い(相違)を説明せよ

2)違い اِخْتِلَاف ＜ خلف 複 -ات لَنْ يُبَاعِدَ بَيْنَنَا اخْتِلَافُ الرَّأْيِ

意見の違い(相違)が 私 達を分裂させることはない

ちがいない chigai・nai (～に)違いない ～(أَنَّ)أَنْ لَا بُدَّ أَنْ لَا بُدَّ أَنَّهُ الرَّجُلُ أَطْرَش

その 男 は耳が聞こえないのに違いない

ちがう chigau 違う اِخْتَلَفَ ＜ خلف Ⅷ اِخْتَلَفَ رَأْيُهُ عَنْ رَأْيِي

彼の意見は 私 の意見と違った

ちきゅう chikyuu 地球 الْأَرْض تَدُورُ الْأَرْضُ حَوْلَ الشَّمْسِ فِي سَنَةٍ

地 球 は太陽の回りを１年で回る

※関 أَرْضِيّ :地 球 の　الْكُرَة الْأَرْضِيَّة :地 球

:نَمُوذَج الْكُرَةِ الْأَرْضِيَّة 地 球 儀

ちきん chikin チキン ⇒ にわとり niwatori 鶏

ちぎる chigiru 千切る مَزَّقَ < مزق II مَزَّقَ الرِّسَالَةَ إِلَى قِطَعٍ صَغِيرَةٍ
手紙を細かく千切った

2)千切る يَفُتُّ، فَتَّ فَتَّ الْخُبْزَ :パンを千切った

ちく chiku 地区 حَيّ 複 أَحْيَاء حَيّ تِجَارِيّ :商業地区

2)地区 قِطَاع < قطع قِطَاع غَزَّةَ :ガザ地区

ちくしょう chikushou 畜生 حَيَوَان < حي 複 -ات

2)畜生 لَعْنَةُ اللّٰهِ عَلَيْهِ ※=こん畜生!/畜生め!

ちくび chikubi 乳首 حَلَمَة 複 حلام ※(一つの)乳首 يَبْحَثُ الطِّفْلُ عَنْ حَلَمَةِ الرِّضَاعِ
子供が吸う乳首を探している

ちけっと chiketto チケット تَذْكِرَة < ذكر 複 تَذَاكِر تَذْكِرَةُ الدُّخُولِ :入場チケット

2)チケット بِطَاقَة 複 بَطَائِق أَبْرِزْ بِطَاقَتَكَ عِنْدَ بَابِ الْمَسْرَحِ
劇場の入り口でチケットを見せなさい

ちこくする chikoku-suru 遅刻する تَأَخَّرَ < أخر V ～ عَنْ :～に تَأَخَّرَ عَنِ الشَّرِكَةِ
会社に遅刻した

名 تَأَخُّر :遅刻 ※ مُتَأَخِّر 複 -ون :遅刻者

أَسْرِعُوا، أَيُّهَا الْمُتَأَخِّرُونَ ! :遅刻者ども,急げ!

ちしき chishiki 知識 عِلْم 複 عُلُوم زِدْنِي عِلْمًا :私の知識を豊かにして下さい

ちしき-をもとめる chishiki-womotomeru 知識を求める اِقْتَبَسَ < قبس VIII ～ مِنْ اِقْتَبَسَ عِلْمًا :～から知識を求めた

ちしつ-がく chishitsu-gaku 地質学 جِيُولُوجِيَا ※ جِيُولُوجِيّ :地質学の

ちじ chiji 知事 مُحَافِظ < حفظ 複 -ون قَدْ يُعَيَّنُ مُحَافِظًا
彼は知事に任命されるだろう

ちじく chijiku 地軸 مِحْوَرُ الْأَرْضِ مِحْوَرُ الْأَرْضِ يَصِلُ قُطْبَيْهَا :地軸は両極を結ぶ

ちじょう chijou 地上 أَرْض ※女複 أَرَاضٍ عَلَى الْأَرْضِ :地上に مِنَ الْأَرْضِ :地上から

ちじん chijin 知人 مَعْرِفَة < عرف 複 مَعَارِف هُوَ مِنْ مَعَارِفِي :彼は私の知人です

ちず chizu 地図 خَرِيطَة < خرط 複 خَرَائِط خَرِيطَةُ الْعَالَمِ :世界地図

ちせい chisei 知性 عَقْل 複 عُقُول الْعَقْلُ مَزِيَّةُ الْإِنْسَانِ
知性とは人間の特性である

ちそう chisou 地層 طَبَقَة أَرْضٍ 複 طَبَقَات أَرْضِيَّة

ちたい chitai 地帯 ⇒ ちいき chi・iki 地域

ちち chichi 父 وَالِد < ولد 複 -ون وَالِدَانِ(يْنِ) :両親(対属)

ち

ち

2)父 أَبٌ 複 آبَاء ※主 أَبُو / 対 أَبَا / 属 أَبِي

ちち chichi 乳 حَلِيب < حلب طَلَبَ الطِّفْلُ حَلِيبًا :子供が乳を求めた

2)乳 ⇒ ちぶさ chibusa 乳房

ちちゅう chichuu 地中 جَوْف الأَرْض تُسْتَخْرَجُ الْمَعَادِنُ مِنْ جَوْفِ الأَرْضِ
地中から鉱物が採掘される

ちちゅうかい chichuukai 地中海 اَلْبَحْر الأَبْيَض الْمُتَوَسِّط

ちぢむ chijimu 縮む تَقَلَّصَ < قلص V إِذَا بَرَدَ قَضِيبُ الْحَدِيدِ تَقَلَّصَ
鉄の棒は冷えたら縮む

ちぢめる chijimeru 縮める قَصَّرَ < قصر II قَصَّرَ الثَّوْبَ :服を縮めた

ちつじょ chitsujo 秩序 نِظَام < نظم 複 نُظُم / أَنْظِمَة أَخَلَّ بِالنِّظَامِ :秩序を乱した

ちっそ chisso 窒素 نِتْرُوجِين / آزُوت غَازُ النِّتْرُوجِين :窒素ガス
يُشَكِّلُ الآزُوتُ أَرْبَعَةَ أَخْمَاسِ الْهَوَاءِ
窒素は空気の5分の4を形成する

ちっそく-する chissoku-suru 窒息する اِخْتَنَقَ < خنق VIII مَنْ أَكَلَ عَلَى مَائِدَتَيْنِ اخْتَنَقَ
二つのテーブルで食べる者は窒息する/
二兎追う者は一兎をも得ず([格言])

ちっぷ chippu チップ بَخْشِيش / بَقْشِيش 複 بَخَاشِيش / بَقَاشِيش

ちてきな chi-teki·na 知的な حَكِيم < حكم 複 حُكَمَاء "أُسَامُو" شَابٌّ رَصِينٌ حَكِيمٌ
"おさむ"は知的でしっかりした青年です

ちてん chiten 地点 بُقْعَة 複 بِقَاع بَدَأَ يَنْقُبُ فِي هٰذِهِ الْبُقْعَةِ
この地点を掘り始めた

ちなんで chi·nande ～に因んで نِسْبَةً إِلَى～ مَدِينَة "تاكاياما" مَشْهُورَة بِـ "شِيُو كِيُوتو" نِسْبَةً إِلَى مَدِينَةِ "كِيُوتو"
高山は京都に因んで小京都として知られる

ちのう chi·nou 知能 ذَكَاء < ذكو اِخْتِبَار (نِسْبَة) الذَّكَاءِ :知能検査(指数)

ちのみご chi·nomi-go 乳飲み子 طِفْل رَضِيع لَا يَزَالُ أَخُوهُ طِفْلًا رَضِيعًا
彼の弟はまだ乳飲み子だ

ちひょう chihyou 地表 سَطْح الأَرْض تَغَطَّى سَطْحُ الأَرْضِ بِالثَّلْجِ :地表が雪で覆われた

ちぶさ chibusa 乳房 ثَدْي / ثَدًى 複 أَثْدَاء ※男女 تَنَاوَلَ الطِّفْلُ ثَدْيَ أُمِّهِ
子供が母親の乳房を吸っていた

ちへいせん chiheisen 地平線 أُفُق 複 آفَاق غَابَتِ السَّفِينَةُ وَرَاءَ الأُفُقِ
船が地平線に沈んだ

ちほう	chihou	地方	مِنْطَقَة < نطق 複 مَناطِق　يَسْكُنُ فِي هٰذِهِ الْمِنْطَقَةِ 彼はこの地方に住んでいる
ちほうの	chihou-no	地方の	مَحَلِّيّ < حلّ　جَرِيدَة مَحَلِّيَّة :地方紙/地方の新聞
ちみつな	chimitsu-na	緻密な	دَقِيق < دقّ　خُطُوط دَقِيقَة :緻密な線
ちめい	chi-mei	地名	اِسْم مَكَان　مَا اسْمُ الْمَكَانِ ؟ :地名は何ですか
ちめい-てきな	chimei-teki・na	致命的な	مُمِيت < موت　جُرْح مُمِيت :致命傷 حَادِث مُمِيت :致命的な事故
ちゃ	cha	茶	شَاي　صَبَّ لِـ～ شَايًا :～にお茶を入れた شَاي أَحْمَر (أَخْضَر) :紅茶(緑茶)
ちゃいむ	chaimu	チャイム	جَرَس كَهْرَبَائِيّ　يُنَظِّمُ الْجَرَسُ الْكَهْرَبَائِيُّ حَيَاةَ الْمَدْرَسَةِ チャイムが学校の活動を整える
ちゃいろ	cha-iro	茶色	لَوْن أَسْمَر
ちゃいろの	cha-iro・no	茶色の	أَسْمَر < سمر 女 سَمْرَاءُ 女双 سَمْرَاوَانِ(يْنِ) 複 سُمْر أَلَوْنُ الشَّايِ أَسْمَرُ ؟ :お茶の色は茶色ですか
ちゃくりく-する	chakuriku-suru	着陸する	هَبَطَ (u)　هَبَطَتِ الطَّائِرَةُ عَلَى الْمَدْرَجِ 飛行機が滑走路に着陸した ※ هُبُوط :着陸　هُبُوط عَلَى سَطْحِ الْقَمَرِ 月面着陸
ちゃわん	chawan	茶碗	إِنَاء خَزَفِيّ لِلشَّايِ أَوْ لِلرُّزِّ
ちゃりてぃー	charitii	チャリティー ⇒ じぜんの jizen-no 慈善の	
ちゃんす	chansu	チャンス ⇒ きかい kikai 機会	
ちゃんと	chanto	ちゃんと	صَحِيحًا < صح　اِقْرَأْ صَحِيحًا : ちゃんと(正しく)読みなさい
ちゃんねる	chan・neru	チャンネル	قَنَاة < قنو 複 قَنَوَات　قَنَاة تِلِفِزْيُونِيَّة テレビのチャンネル
ちゃんばら	chanbara	チャンバラ	لَعِبٌ بِالسَّيْفِ وَالتُّرْسِ
ちゃんぴおん	chanpion	チャンピオン	بَطَلٌ 複 أَبْطَال　هُوَ بَطَلٌ مِنْ أَبْطَالِ السِّبَاحَةِ 彼は泳ぎ(水泳)のチャンピオンだ
ちゅーいんがむ	chuuingamu	チューインガム ⇒ がむ gamu ガム	
ちゅーぶ	chuubu	チューブ	أُنْبُوب 複 أَنَابِيب　أُنْبُوبُ الْإِطَارِ الدَّاخِلِيِّ :タイヤのチューブ
ちゅーりっぷ	chuurippu	チューリップ	اَلتُّولِيب / اَلزَّنْبَق 複 زَنَابِق
ちゅう	chuu	注/註	مُلَاحَظَة < لحظ　※=コメント/注解
ちゅうい	chu・ui	注意	بَال　دِرْ (خُذْ) بَالَكَ (عَلَى / إِلَى ～)! :(～に)注意して下さい！

ちゅういする～ちゅうさいする

2)注意　اِنْتِبَاه　< نبه 複 -ات　! بِانْتِبَاهٍ :注意して！/気をつけて！

قِلَّةُ انْتِبَاهِكَ تُكَثِّرُ أَخْطَاءَكَ　※=注意力

あなたの注意力の欠如が間違いを増加させる

ちゅういする　chu・ui-suru　注意する　حَذِرَ (a)　～ مِنْ :～に　※自動詞的意味

～ اِحْذَرْ أَنْ :～しないように注意して下さい

2)注意する　حَذَّرَ　< حذر II　～ مِنْ :～を注意(警告)する/戒める※他動詞

كَمْ مَرَّةٍ حَذَّرْتُكَ مِنَ التَّدْخِينِ

何度私はあなたに喫煙を注意したことか

ちゅういぶかい　chu・ui-bukai　注意深い　مُحْتَرِس　< حرس　※ ⇔ غَيْرُ مُحْتَرِسٍ :不注意な(=مُهْمِل)

ち

ちゅういをひく　chu・ui-wohiku(～の)注意を引く～ لَفَتَ نَظَرَ　أَرَادَ أَنْ يَلْفِتَ نَظَرَ الْمَلِكِ

彼は王様の注意を引きたかった

ちゅうおう　chu・u・ou　中央　مُنْتَصَف　< نصف　مُنْتَصَفُ اللَّيْلِ (النَّهَارِ) :真夜中(正午)

ちゅうおうの　chu・u・ou-no　中央の　男 أَوْسَط　< وسط 複 أَوَاسِط　الشَّرْقُ الْأَوْسَطُ :中東

女 وُسْطَى　أَوَاسِطُ الشَّهْرِ :中旬　الْقُرُونُ الْوُسْطَى :中世

ちゅうか　chu・uka　中華　اَلصِّين　※=中国　أَكْل صِينِيّ :中華料理

جُمْهُورِيَّةُ الصِّينِ الشَّعْبِيَّةِ :中華人民共和国

ちゅうかいしゃ　chu・ukai-sha　仲介者
ちゅうかいにん　chu・ukai-nin　仲介人　وَسِيط　< وسط 複 وُسَطَاء ، كُلَّمَا تَخَاصَمَ رَفِيقَانِ

友達が喧嘩すると دَخَلْتُ بَيْنَهُمَا وَسِيطًا

いつも私が仲介者として二人の間に入った

ちゅうがっこう　chu・u-gakkou　中学校　مَدْرَسَة إِعْدَادِيَّة

ちゅうくらいの　chu・ukurai-no　中位の
ちゅうぐらいの　chu・ugurai-no　中位の　مُتَوَسِّط　< وسط　مُسْتَوًى مُتَوَسِّط :中位のレベル/中位

ちゅうこくする　chu・ukoku-suru　忠告する　نَصَحَ (a)　أَنْصَحُكَ (أَنْصَحُ لَكَ) أَنْ تَدْرُسَ بِكُلِّ جِهْدٍ

一生懸命勉強するように,あなたに忠告します

※名 نَصِيحَة 複 نَصَائِح :忠告/助言/アドバイス

فَكِّرْ فِي كُلِّ نَصِيحَةٍ تُقَالُ لَكَ قَبْلَ تَنْفِيذِهَا

どんな忠告も実行する前によく考えなさい

ちゅうこの　chu・uko-no　中古の　مُسْتَعْمَل　< عمل　سَيَّارَات مُسْتَعْمَلَة :中古車

ちゅうごく　chu・ugoku　中国　اَلصِّين / بِلَاد الصِّين　※男 صِينِيّ 女 صِينِيَّة :中国の/中国人

ちゅうさいする　chu・usai-suru　仲裁する　تَوَسَّطَ　< وسط V　～ بَيْنَ :～を　أَلَيْسَ هُنَالِكَ مَنْ

يَتَوَسَّطُ بَيْنَ الْجَارَيْنِ الْمُتَخَاصِمَيْنِ ؟

反目する隣人を仲裁(調停)する人はいないのですか

ちゅうしする chu・ushi-suru 中止する تَوَقَّفَ <وقف V ~ عَنْ ~を: تَوَقَّفَ عَنِ الْحَفْلَةِ
パーティを中止した
※名تَوَقُّف : 中止: تَوَقُّفٌ عَنِ الاجْتِمَاعِ :会議の中止

ちゅうしゃ chu・usha 注射 حُقْنَة 複 حُقَن أَعْطَى حُقْنَةً : 注射をした(打った)

ちゅうしゃじょう chu・usha-jou 駐車場 مَوْقِف <وقف 複 مَوَاقِف خَلْفَ الْبِنَايَةِ مَوْقِفٌ لِلسَّيَّارَاتِ
建物の裏側が車の駐車場です

ちゅうしゃする chu・usha-suru 駐車する(السَّيَّارَةَ) أَوْقَفَ أَوْقَفْتُ السَّيَّارَةَ فِي الْجَانِبِ الشَّرْقِيِّ مِنَ الْبَيْتِ
私は家の東側に駐車した

ちゅうしょうしゃ chu・ushou-sha 中傷者 وَاشٍ <وشى 複 وُشَاة / ـون ※定الْوَاشِي
لَا تُصْغِ إِلَى كَلَامِ الْوَاشِي
中傷者の言葉に耳を傾けるな

ちゅうしょうする chu・ushou-suru 中傷する وَشَى ، يَشِي ※＝悪口を言う لَا أُحِبُّ أَنْ يَشِيَ أَحَدٌ بِآخَرَ
私は他人を中傷するのは好きではない
※名وِشَايَة : 中傷,悪口

ちゅうしょうてきな chu・ushou-teki・na 抽象的な مُجَرَّد <جرد الصِّدْقُ: كَلِمَةٌ تَدُلُّ عَلَى مَعْنًى مُجَرَّدٍ
真実は抽象的な意味を表す言葉です

ちゅうしょく chu・ushoku 昼食 غَدَاء <غدي 複 أَغْدِيَة تَنَاوَلَ الْغَدَاءَ :昼食を取った

ちゅうしょくをとる chu・ushoku-wotoru 昼食を取る تَغَدَّى <غدي V مَتَى نَتَغَدَّى؟ :いつ昼食を取りましょうか

ちゅうしん chu・ushin 中心 مَرْكَز <ركز 複 مَرَاكِز مَرْكَزُ الدَّائِرَةِ (ثَقَافِيٌّ)
円(文化)の中心

ちゅうじつ chu・ujitsu 忠実 ⇒ ちゅうせい chuusei 忠誠

ちゅうじつな chu・ujitu-na 忠実な مُخْلِص <خلص كُنْ مُخْلِصًا لِوَطَنِكَ :祖国に忠実でありなさい

ちゅうじゅん chu・ujun 中旬 أَوَاسِطُ الشَّهْرِ أَوَاسِطُ الشَّهْرِ الْقَادِمِ :来月の中旬

ちゅうすい chu・usui 虫垂 زَائِدَة دُودِيَّة الْتِهَابُ الزَّائِدَةِ الدُّودِيَّةِ : 虫垂炎/盲腸炎

ちゅうせい chu・usei 忠誠 إِخْلَاص <خلص إِخْلَاصٌ لِلْوَطَنِ :祖国への忠誠

ちゅうぞうする chu・uzou-suru 鋳造する سَكَّ (u) سَكَّ النُّقُودَ :貨幣を鋳造した

ちゅうだんする chu・udan-suru 中断する تَوَقَّفَ <وقف V تَوَقَّفَ الْعُمَّالُ عَنِ الْعَمَلِ
労働者が仕事を中断した
2)中断する اِنْقَطَعَ <قطع VII اِنْقَطَعَ الْبَرْنَامَجُ :番組が中断した
名اِنْقِطَاع : 中断 بِلَا انْقِطَاعٍ : 中断せずに

ちゅうちょする chu・ucho-suru 躊躇する ⇒ ためらう tamerau ためらう

ちゅうとう chu・utou 中東 اَلشَّرْقُ الْأَوْسَطُ مَشَاكِلُ الشَّرْقِ الْأَوْسَطِ : 中東(の)問題

ち

ちゅうどく～ちょう

ちゅうどく　chu・udoku　中毒　تَسَمُّم　＜ سمّ　تَسَمُّم غِذَائِيّ：食中毒

2)中毒　إِدْمَان　＜ دمن　إِدْمَان الأَفْيُونِ (المُخَدِّرَات / المُسْكِرَات)：阿片(薬物/アルコール)中毒

ちゅうどくしゃ　chu・udoku-sha　中毒者　مُدْمِن　＜ دمن　مُدْمِن عَلَى التَّدْخِينِ：ニコチン中毒者

ちゅうどくする　chu・udoku-suru　中毒する　تَسَمَّمَ　＜ سمّ V　تَسَمَّمَ بِالأَطْعِمَةِ：食べ物で中毒した/食中毒になった

ちゅうねんき　chu・u・nen-ki　中年期　كُهُولَة　＜ كهل　اَلْكُهُولَةُ قَدْ تَكُونُ أَخْصَبَ مَرَاحِلِ الْعُمْرِ：中年期は成熟した年代であるだろう

ちゅうねんの　chu・u・nen-no　中年の　كَهْل　كَهْلَات 複 كَهْلَة 女 / كُهُول 複 كُهُول
※日本では４０～５０歳代,アラビアでは３０～５０歳代
بَيْنَ الطُّلَّاب الشَّبَاب طَالِبٌ كَهْلٌ：若い学生の中に中年の学生がいる

ちゅうもくする　chu・umoku-suru　注目する　اِهْتَمَّ　＜ هم VIII　～に：بـ～　أَهْتَمُّ بِثَوْرَةِ الْيَاسَمِين：私はジャスミン革命に注目している

ちゅうもんする　chu・umon-suru　注文する　طَلَبَ (u)　مَاذَا تَطْلُبُ؟：何を注文しますか/何になさいますか
※名 طَلَبِيَّة 複 طَلَبِيَّات：注文　رَفَعَ رَقْمَ الطَّلَبِيَّةِ：注文の数を増やした

2)注文する أَوْصَى، يُوصِي　أَوْصَى عَلَى السَّيَّارَةِ وَدَفَعَ عُرْبُونَهَا：車を注文して,その頭金を払った

ちゅうや　chu・u-ya　昼夜　لَيْلَ نَهَارَ　أَعْمَلُ لَيْلَ نَهَارَ!：私は昼夜問わず働きます!

ちゅうよう-である　chu・uyou-dearu　中庸である　اِتَّزَنَ　＜ وزن VIII　تَطَرَّفَ أَبِي فِي رَأْيِهِ، أَمَّا أُمِّي فَاتَّزَنَتْ：私の父親の意見は極端であったが母親は中庸であった

ちゅうりつの　chu・uritsu-no　中立の　مُحَايِد　＜ حيد　بَلَدٌ مُحَايِدٌ：中立国

ちゅうりゅうの　chu・uryuu-no　中流の　مُتَوَسِّط　＜ وسط　اَلطَّبَقَةُ الْمُتَوَسِّطَةُ：中流階級

ちゅにじあ　chu・nijia　チュニジア　تُونِس　اَلْجُمْهُورِيَّةُ التُّونِسِيَّةُ：チュニジア共和国

ちょーく　chooku　チョーク　طَبْشُورَة　طَبَاشِير 複　يَكْتُبُ الْمُعَلِّمُ بِالطَّبْشُورَةِ عَلَى اللَّوْحَةِ：先生はチョークで黒板に書きます

ちょう　chou　長　رَئِيس　＜ راس 複 رُؤُوس / رُؤَس　رَئِيسُ الشَّرِكَةِ：社長

ちょう　chou　蝶　فَرَاش　＜ فرش ※ فَرَاشَة：1匹の蝶
اَلْفَرَاشَاتُ مُتَنَاظِرَةٌ：蝶は左右対称です

ちょう～ちょうしょ

ちょう　chou　腸　مِعًى/ مِعَاء　複 أَمْعَاء　الْمِعَى الدَّقِيق (الْغَلِيظ): 小腸(大腸)

ちょう　chou　兆　أَلْف بَلْيُون　أَلْف بَلْيُون يِنّ: 1兆円

ちょう　chou　超～　فَوْق ～　※前 فَوْق سَمْعِيّ: 超音速
مَوْجَات فَوْق الصَّوْتِيَّة: 超音波

ちょうえき　choueki　懲役　مَحْكُوم بِالْأَشْغَال الشَّاقَّة

ちょうかする　chouka-suru　超過する　تَعَدَّى < عدو V　لَمْ أَتَعَدَّ السُّرْعَةَ الْمُحَدَّدَةَ
私は制限速度を超過していない

ちょうかん　choukan　朝刊　جَرِيدَة صَبَاحِيَّة　أَقَرَأْتَ الْجَرِيدَةَ الصَّبَاحِيَّةَ ؟: 朝刊を読みましたか

ちょうきの　chouki-no　長期の　طَوِيل الْأَجَل　دُيُون طَوِيلَة الْأَجَل: 長期のローン

ちょうきょうし　choukyou-shi　調教師　سَائِس < سوس 複 سُوَّاس/ ـُون　رَكَّزَ السَّائِسُ السَّرْجَ عَلَى ظَهْرِ الْفَرَسِ
調教師が鞍を馬の背中に固定した

ちょうきょう-する　choukyou-suru　調教する　دَرَّبَ < درب II　دَرَّبَ الْكَلْبَ: 犬を調教した
※名 تَدْرِيب: 調教　تَدْرِيب الْكَلْب: 犬の調教

ちょうこく　choukoku　彫刻　نَحْت　النَّحْت الْحَدِيث وَالْمُعَاصِر: 近代及び現代彫刻

ちょうこくか　choukoku-ka　彫刻家　نَحَّات < نحت 複 ـُون　النَّحَّاتُ الْمَاهِرُ يَتَقَاضَى أَجْرًا عَالِيًا
良い彫刻家は高額の報酬を受け取る

ちょうごうする　chougou-suru　調合する　حَضَّرَ < حضر II　حَضَّرَ دَوَاءً: 薬を調合した

ちょうさかん　chousa-kan　調査官　مُحَقِّق < حقّ 複 ـُون　اِسْتَنْطَقَ الْمُحَقِّقُ الْمُتَّهَمَ
調査官が容疑者を取り調べた

ちょうさする　chuosa-suru　調査する　حَقَّقَ < حقّ II　حَقَّقَ فِي الْقَضِيَّة: 事件を調査した
※名 تَحْقِيق: 調査　تَحْقِيق فِي هُوِيَّتِه: 身元調査

ちょうざいする　chouzai-suru　調剤する　⇒　ちょうごうする　chougou-suru　調合する

ちょうし　choushi　調子　حَال < حول 複 أَحْوَال　كَيْفَ حَالُكَ؟: 調子はどうですか

ちょうしゅう　choushuu　聴衆　سَامِعُون < سمع ※ سَامِع: 聞く人の複　الْمَعْزُوفَةُ الْجَدِيدَةُ أَطْرَبَتِ السَّامِعِينَ
新しい演奏は聴衆を喜ばせた

ちょうしゅう-する　choushuu-suru　徴収する　جَبَى، يَجْبِي　جَبَى الضَّرِيبَةَ: 税を徴収した

ちょうしょ　chousho　長所　مَزِيَّة　複 مَزَايَا　※= مَازِيَّة　※ ⇔短所
لَهُ مَزِيَّةٌ كَبِيرَةٌ: それには大きな長所がある
عُرِفَ الْقَاضِي بِمَزِيَّةِ الْكَرَم
裁判官は寛大である長所(美徳)で知られていた

ち

ちょうしょ～ちょうめん

ちょうしょ　chousho　調書　مَحْضَر　< حضر 複 مَحَاضِر　سَجَّلَ الشُّرْطِيُّ مَحْضَراً بِالْمُخَالَفَةِ
警察官はその違反の調書を取った

ちょうしょう　choushou　嘲笑　⇒ あざけり　azakeri　嘲り

ちょうしょく　choushoku　朝食　إِفْطَارٌ　< فطر　إِفْطَارُنَا جُبْنٌ وَخُبْزٌ
私達の朝食はチーズとパンです

2)朝食　فُطُور (ـِ)　< فطر　لَمْ يَتَنَاوَلِ الْفُطُورَ
彼は朝食を取らなかった

ちょうしん　choushin　長身　طُول قَامَتِهِ　يَمْتَازُ بِطُولِ قَامَتِهِ：長身であることが彼の特徴だ

ちょうしんき　choushin-ki　聴診器　سَمَّاعَة　< سمع 複 -ات　حَمَلَ الطَّبِيبُ السَّمَّاعَةَ لِيَفْحَصَ الْمَرِيضَ
医者は病人を診るのに聴診器を持っていた

ち

ちょうじょ　choujo　長女　الاِبْنَة الْكُبْرَى

ちょうじょう　choujou　頂上　قِمَّة　< قمّ 複 قِمَم　بَلَغَ الْقِمَّةَ：頂上に立った(到達した)
غَطَّى الثَّلْجُ قِمَّةَ الْجَبَلِ：雪が山の頂上を覆った

ちょうせい　chousei　調整　تَنْظِيم　< نظم　تَنْظِيم الآلَةِ：機械の調整

ちょうせんする　chousen-suru　挑戦する　تَحَدَّى　< حدو V　فَرِيقُنَا تَحَدَّى الْفِرَقَ الأُخْرَى
私たちのチームは他のチームに挑戦した(挑んだ)
※名 تَحَدٍّ：挑戦　قَبِلَ التَّحَدِّي：挑戦に応じた

ちょうちょう　chouchou　蝶々　⇒ ちょう　chou　蝶

ちょうちん　chouchin　提灯　فَانُوس　複 فَوَانِيس　مَدِينَتُنَا مَشْهُورَةٌ بِالْفَوَانِيسِ
私達の街は提灯で有名です

ちょうていする　choutei-suru　調停する　⇒ ちゅうさいする　chuusai-suru　仲裁する

ちょうど　choudo　丁度　تَمَام　< تمّ　فِي تَمَامِ السَّاعَةِ الثَّلاثَةِ：丁度3時に

ちょうどに　choudo-ni　丁度に　بِالضَّبْطِ　※=الضَّبْط+بِـ　جَاءَ الضَّيْفُ عِنْدَ الظُّهْرِ بِالضَّبْطِ
正午丁度にお客さんがやって来ました

ちょうなん　chou･nan　長男　الاِبْن الأَكْبَر　”تارو” اِسْمُ الاِبْنِ الأَكْبَرِ：太郎は長男の名前です

ちょうはつ　chouhatsu　長髪　شَعْر طَوِيل　الشَّعْرُ الطَّوِيلُ مَمْنُوعٌ فِي السِّجْنِ
刑務所では長髪は禁じられている

ちょうはつ-する　chouhatsu-suru　挑発する　اِسْتَفَزَّ　< فزّ X　اِسْتَفَزَّ خَصْمَهُ：ライバルを挑発した
※名 اِسْتِفْزَاز：挑発

ちょうへいする　chouhei-suru　徴兵する　جَنَّدَ　< جند II　جَنَّدَ الْمَلِكُ شَبَابًا：国王は若者を徴兵した

ちょうほうけい　chouhou-kei　長方形　مُسْتَطِيل　مُسْتَطِيلِيّ الشَّكْلِ：長方形の

ちょうぼ　choubo　帳簿　سِجِلٌّ　複 -ات　سِجِلّ الْمُحَاسَبَةِ：会計帳簿

ちょうめん　choumen　帳面　⇒ のーと　nooto　ノート

ちょうやくする～ちょしょ

ちょうやく-する chouyaku-suru 跳躍する قَفَزَ (i) ～عَلَى :～に قَفَزَ مِنْ جَانِبِ الْجَدْوَلِ إِلَى الْجَانِبِ الْآخَرِ
小川の向こう側へ跳躍(ジャンプ)した
※名 قَفْز :跳躍/ジャンプ قَفْز عَالٍ :走り高跳び

ちょうりする chouri-suru 調理する ⇒ りょうりする ryouri-suru 料理する

ちょうりつ-する chouritsu-suru 調律する دَوْزَنَ ، يُدَوْزِنُ دَوْزَنَ آلَةَ الطَّرَبِ الْوَتَرِيَّةَ
弦楽器を調律(チューニング)した

ちょうりょく chouryoku 聴力 سَمْع سَمْعُ الْكَلْبِ حَادٌّ :犬の聴力は鋭い

ちょうろう chourou 長老 شَيْخ 複 شُيُوخ اِجْتَمَعَ الْأَوْلَادُ عِنْدَ شَيْخِ الْقَبِيلَةِ
男の子達が部族の長老(族長)のもとに集まった

ちょうわした chouwa-shita 調和した مُنْسَجِم < سجم نَغَمَات مُنْسَجِمَة :調和したメロディー

ちょうわする chouwa-suru 調和する اِنْسَجَمَ < سجم VII ～مَعَ :～と اِنْسَجَمَتْ بَلَاغَةُ الْجُمَلِ مَعَ عُمْقِ الْأَفْكَارِ
文章の言葉と深い思想が調和した
※名 اِنْسِجَام :調和 بِالِانْسِجَامِ مَعَ ～ :～と調和して

ちょきんする chokin-suru 貯金する(فِي الْبَنْكِ) أَوْدَعَ مَالاً ※銀行に

ちょくご chokugo 直後 إِثْر وَقَعَ الْحَادِثُ فِي إِثْرِ تِلْكَ الْحَرْبِ
その出来事は戦争の直後に起きた

ちょくせつ chokusetsu 直接 مُبَاشَرَةً < بشر مُبَاشَرَةً :直接に
أَتَّصِلُ بِكَ مُبَاشَرَةً :(私は)直接あなたに連絡します

ちょくせつの chokusetsu-no 直接の مُبَاشِر < بشر الطَّيْشُ سَبَبُ فَشَلِهِ الْمُبَاشِرُ
彼の失敗は思慮不足が直接の原因です

ちょくせん chokusen 直線 خَطّ مُسْتَقِيم مَسَافَة فِي خَطٍّ مُسْتَقِيمٍ :直線距離

ちょくめん-する chokumen-suru 直面する وَاجَهَ < وجه III وَاجَهَ خَطَراً :危険に直面した

ちょくりゅう chokuryuu 直流 تَيَّار مُسْتَمِرّ (مُبَاشِر) ※ ⇔ تَيَّار مُتَنَاوِب (مُتَغَيِّر) :交流

ちょくれつ chokuretsu 直列 تَوَالٍ < ولي ※定冠詞つくと التَّوَالِي
تَوْصِيل عَلَى التَّوَالِي :直列つなぎ

ちょこれーと chokoreeto チョコレート شُوكُولَاتَا / شُكُولَاتَة مَنْ مِنْكُمْ لَا تُحِبُّ شُوكُولَاتَا؟
(あなた達の中で)誰かチョコレートの嫌いな人はいますか

ちょしゃ chosha 著者 مُؤَلِّف < ألف 複 ـون هُوَ مُؤَلِّفُ هٰذَا الْقَامُوسِ
彼はこの辞書の著者です

ちょしょ chosho 著書 مُؤَلَّف < ألف 複 ـات عِنْدِي مُؤَلَّفَانِ
私には著書が二冊有ります

ち

ちょちくする　chochiku-suru 貯蓄する　ادَّخَرَ　< ذخر VIII　يَدَّخِرُ مَالًا :彼は貯蓄をする

※名 ادِّخَار :貯蓄　بَنْك الادِّخَار :貯蓄銀行

ちょっかく　chokkaku　直角 اَلزَّاوِيَةُ الْقَائِمَةُ　اَلزَّاوِيَة　مُثَلَّث قَائِم الزَّاوِيَةِ :直角三角形

اَلزَّاوِيَةُ الْقَائِمَةُ تُسَاوِي ٩٠ دَرَجَةً :直角は90度です

ちょっき　chokki　チョッキ ⇒ べすと besuto ベスト

ちょっけい　chokkei　直径　قُطْر　複 أَقْطَار　قُطْرُ الدَّائِرَةِ يُسَاوِي شُعَاعَهَا مَرَّتَيْنِ

円の直径は半径の2倍に等しい

ちょっと　chotto　ちょっと　لَحْظَة　اِنْتَظِرْ لَحْظَةً مِنْ فَضْلِكَ :ちょっと待って下さい

ちらかす　chirakasu　散らかす بَعْثَرَ ، يُبَعْثِرُ　بَعْثَرَ الأَلْعَابَ :おもちゃを散らかした

ち

ちらす　chirasu　散らす　شَتَّتَ　< شتّ II　تُشَتِّتُ الرِّيحُ أَوْرَاقَ الأَشْجَارِ

風が木の葉を散らす

ちらばる　chirabaru　散らばる　تَبَعْثَرَ　< بعثر II　تَبَعْثَرَ التَّمْرُ فِي التُّرَابِ

果物は土の上に散らばった

2)散らばる　تَشَتَّتَ　< شت V　تَشَتَّتَ شَمْلُ الْمُتَظَاهِرِينَ

デモ隊の結束が散らばった(分散した)

ちり　chiri　塵　تُرَاب　< ترب 複 أَتْرِبَة ※地上にあるゴミ,ほこりなど

2)塵　هَبَاء　< هبو 複 أَهْبَاء ※空中にある細かい塵

يَلْتَقِطُ شَعْرُ الأَنْفِ الْهَبَاءَ

鼻毛は空中の細かい塵を取る

ちり　chiri　地理
ちりがく　chiri-gaku　地理学 جُغْرَافِيَا/ جِيُوغْرَافِيَا

ちりとり　chiri-tori　ちり取り　مَجْرُود　< جرد　اِرْفَعِي الْقُمَامَةَ بِالْمَجْرُودِ

(貴女は)ちり取りでゴミを取りなさい

ちりょうする　chiryou-suru 治療する　عَالَجَ　< علج III　عَالَجَ الْمَرِيضَ :患者を治療した

※名 عِلَاج :治療　دِرْهَمُ وِقَايَةٍ خَيْرٌ مِنْ

予防は治療に勝る　قِنْطَارِ عِلَاجٍ

ちる　chiru　散る　تَنَاثَرَ　< نثر VI　تَنَاثَرَتْ أَوْرَاقُ الْخَرِيفِ فِي كُلِّ مَكَانٍ

秋の木の葉があちこちに散った

ちんあげ　chin·age　賃上げ رَفْع الأُجُور　أَضْرَبَ الْعُمَّالُ مِنْ أَجْلِ رَفْعِ الأُجُورِ

労働者達は賃上げのストライキをした

ちんあつ-する　chin·atsu-suru　鎮圧する　أَخْمَدَ　< خمد IV　أَخْمَدَ الثَّوْرَةَ :反乱を鎮圧した

ちんがし-する　chingashi-suru　賃貸しする　أَجَّرَ　< أجر II　أَجَّرَ الْبَيْتَ لِـ ~ :家を~に賃貸しした

※名 تَأْجِير :賃貸し/賃貸

ちんぎん～ちんれつする

ちんぎん	chingin	賃金	أَجْر 複 أُجُور	رَفَعَ الْأُجُورَ :賃金を上げた
		2)賃金	مُرَتَّب ＜ رتب 複 -ات	بَدَأَ عَمَلَهُ بِمُرَتَّبٍ ضَئِيلٍ わずかな賃金で働き始めた
ちんつうざい	chintsuu-zai	鎮痛剤	مُسَكِّن ＜ سكن 複 -ات	تُسَكِّنُ الْآلَامَ بِالْمُسَكِّنِ 痛みは鎮痛剤で和らげる
ちんでんする	chinden-suru	沈殿する	رَسَبَ (u)	دَعِي الْبُنَّ يَرْسُبُ فِي الْفِنْجَان (貴女は)カップにコーヒーが沈殿するようにしなさい
ちんぼつ-する	chinbotsu-suru	沈没する ⇒ しずむ shizumu 沈む		
ちんもく	chinmoku	沈黙	سُكُوت ＜ سكت	السُّكُوتُ مِنْ ذَهَب :沈黙は金なり[格言]
				السُّكُوتُ عَلَامَةُ الرِّضَا :沈黙は同意の印[格言]
ちんもくする	chinmoku-suru	沈黙する ⇒ だまる damaru 黙る		
ちんもくの	chinmoku-no	沈黙の	صَامِت ＜ صمت	جَلَسَ صَامِتًا :彼は沈黙して(黙って)座った
ちんれつ-する	chinretsu-suru	陳列する	عَرَضَ (i)	يَعْرِضُ التَّاجِرُ مَلَابِسَ الْمَوْسِم 商人が季節の服を陳列している

ち

つあー～ついらくする

は　つ　ツ　【tsu】

つあー　tsuaa　ツアー ⇒ りょこう ryokou 旅行

ついかする　tsuika-suru　追加する　أَضَافَ　＜ضيف IV ※إِلَى～：～に　أَضِفْ إِلَى ذٰلِكَ
それに追加しなさい
※名 إِضَافَة：追加　إِلَى～ بِالْإِضَافَةِ：～に追加して

ついきゅうする　tsuikyuu-suru　追求する　يَسْعَى، سَعَى　سَعَيْتُ وَرَاءَ السَّعَادَةِ：私は幸福を追求した

ついきゅうする　tsuikyuu-suru　追究する　تَحَرَّى　＜حرى V　تَحَرَّى الْحَقِيقَةَ：真実を追究した

ついきゅうする　tsuikyuu-suru　追及する　حَقَّقَ　＜حقّ II　هَلْ حَقَّقَ مَعَ الْمُتَّهَمِ أَحَدٌ؟
誰か容疑者を追及しましたか

ついせきする　tsuiseki-suru　追跡する　طَارَدَ　＜طرد III　طَارَدَ الشُّرْطِيُّ الْجَاسُوسَ
警官はスパイを追跡した
※名 مُطَارَدَة：追跡

ついたち　tsuitachi　一日　رَأْسُ الشَّهْرِ　يَظْهَرُ الْهِلَالُ فِي رَأْسِ الشَّهْرِ الْهِجْرِيِّ
イスラム暦の一日に新月が現れる

ついて　tsuite　(～に)ついて　عَنْ ～　أَخْبِرْنِي عَنْ أَخِيكَ
お兄さんの事についてお知らせ下さい

ついてくる　tsuite-kuru　ついて来る　تَبِعَ (a)　اِتْبَعْنِي：私について来なさい

ついてゆく　tsuite-yuku　ついて行く　لَحِقَ (a)　※بِـ～：～に　أُرِيدُ أَنْ أَلْحَقَ بِكَ
私はあなたについて行きたい

ついとうする　tsuitou-suru　追悼する　أَبَّنَ　＜أبن II　أَبَّنَ الشَّهِيدَ：殉教者を追悼した
※名 تَأْبِين：追悼　حَفْلَةُ تَأْبِينٍ：追悼式

ついとつする　tsuitotsu-suru　追突する　اِصْطَدَمَ مِنَ الْخَلْفِ　※名 اِصْطِدَام مِنَ الْخَلْفِ：追突

ついに　tsui･ni　ついに　أَخِيرًا　＜أخر　جَاءَ أَخِيرًا：ついにやって来た

ついばむ　tsuibamu　ついばむ　اِلْتَقَطَ　＜لقط VIII　اِلْتَقَطَتِ الدَّجَاجَةُ الْحَبَّ الْمَنْثُورَ
一羽の鶏が散らばった穀物をついばんだ

ついほうする　tsuihou-suru　追放する　طَرَدَ (u)　طَرَدَهُ مِنْ بِلَادِهِ：彼を国外に追放した

ついやす　tsuiyasu　費やす　أَنْفَقَ　＜نفق IV　～عَلَى (أَوْقَاتًا) مَالًا أَنْفَقَ
～にお金(時間)を費やした

ついらくする　tsuiraku-suru　墜落する　سَقَطَ (u)　سَقَطَتِ الطَّائِرَةُ عَلَى الْأَرْضِ：飛行機が地上に墜落した
※名 سُقُوط：墜落　حَادِثُ سُقُوطِ الطَّائِرَةِ
飛行機の墜落事故

つ

つう～つえ

つう tsu·u 通 (كَيْفِيَّة عَدّ الرِّسَالَة، الْهَاتِف إلخ) رِسَالَة : 1通の手紙

つうか tsu·uka 通貨 عُمْلَة 複 -ات عُمْلَة أَجْنَبِيَّة :外国通貨/外貨

つうかする tsu·uka-suru 通過する اِجْتَازَ < جوز VIII اِجْتَازَ الْقِطَارُ الْجِسْرَ :列車が橋を通過した

つうこう tsu·ukou 通行 مُرُور < مرّ مَمْنُوع الْمُرُورِ :通行禁止

つうこうにん tsu·ukou-nin 通行人 مَارٌّ < مرّ 複 مَارَّة جُنُودُ الْعَدُوِّ يُفَتِّشُونَ الْمَارَّةَ
敵兵が通行人を検査している

つうさんしょう tsu·usan-shou 通産省 وِزَارَة التِّجَارَةِ وَالصِّنَاعَةِ الدَّوْلِيَّةِ

つうしん tsu·ushin 通信 مُوَاصَلَة < وصل 複 -ات وَسِيلَة مُوَاصَلَاتٍ :通信手段

2)通信 مُرَاسَلَة < رسل 複 -ات يُتَابِعُ دِرَاسَةَ الرَّسْمِ بِالْمُرَاسَلَةِ
通信で美術の勉強を続けている
التَّعْلِيمُ عَنْ طَرِيقِ الْمُرَاسَلَةِ :通信教育

つうじる tsu·ujiru 通じる أَوْصَلَ < وصل IV هٰذِهِ الطَّرِيقُ الضَّيِّقَةُ تُوصِلُ إِلَى قَرْيَتِي
この狭い道は私の村に通じる

2)通じる فَهِمَ (a) لَا يَفْهَمُوا اللُّغَةَ الْفُصْحَى
彼らに正則アラビア語(フスハー)が通じない

つうち tsu·uchi 通知 إِعْلَان < علن 複 -ات لَا يَحْتَاجُ إِلَى إِعْلَانٍ سَابِقٍ
事前の通知は必要ありません

つうちする tsu·uchi-suru 通知する أَخْبَرَ < خبر IV أَخْبَرَهُ النَّتِيجَةَ :結果を彼に通知した

つうほうする tsu·uhou-suru 通報する أَبْلَغَ < بلغ IV أَبْلَغَ الشُّرْطَةَ عَنْ مَوْتِ جَارِهِ
隣人の死を警察に通報した

つうやくしゃ tsu·uyaku-sha 通訳者 مُتَرْجِم < ترجم 複 -ون هَلْ تَحْتَاجُ إِلَى مُتَرْجِمٍ ؟
通訳(者)が必要ですか

つうやく-する tsu·uyaku-suru 通訳する تَرْجَمَ، يُتَرْجِمُ تَرْجِمْ الْمُحَادَثَةَ إِلَى الْيَابَانِيَّةِ
会話を日本語に通訳して下さい
※名 تَرْجَمَة 複 تَرَاجِم :通訳
تَرْجَمَة (شَفَوِيَّة) آنِيَّة :同時通訳

つうろ tsu·uro 通路 مَمَرّ < مرّ 複 مَمَرَّات بَيْنَ الْمَقَاعِدِ مَمَرٌّ ضَيِّقٌ
座席の間に狭い通路がある

つうわ tsu·uwa 通話 مُكَالَمَة < كلم 複 -ات أُجْرَة الْمُكَالَمَةِ :通話料(料金)

つえ tsu·e 杖 عَصًا < عصو 複 عُصِيّ (عِصِيّ) ※女 ※定 الْعَصَا
مَشَتِ الْعَجُوزُ مُسْتَعِينَةً بِعَصَاهَا
老婦人が杖を頼りに歩いた

つ

つかいこみ～つき

つかいこみ　tsukai-komi　使い込み　اِخْتِلَاس　＜خلس　أُتُّهِمَ أَجِيرُ الْمَحَلِّ بِاخْتِلَاسِ الأَمْوَالِ
店の使用人がお金の使い込みで訴えられた

つかう　tsukau　使う　اِسْتَعْمَلَ　＜عمل X　اِسْتَعْمَلَ الْمِقَصَّ فِي قَطْعِ وَرَقٍ
紙を切るのにはさみを使った

2)使う　صَرَفَ (i)　كَيْفَ صَرَفْتَ مَالَكَ وَوَقْتَكَ؟
どのようにお金と時間を使ったのですか

つかえる　tsuka・eru　仕える　خَدَمَ (i)　خَدَمَ الْمَلِكَ :王様に仕えた

つかまえる　tsukamaeru　捕まえる　⇒ とらえる　toraeru　捕らえる

つかまる　tsukamaru　捕まる　عَلِقَ (a)　عَلِقَتِ الْفَأْرَةُ فِي الْمِصْيَدَةِ :鼠が罠に捕まった

2)捕まる ～وَقَعَ بَيْنَ يَدَيْ　وَقَعَ اللِّصُّ بَيْنَ يَدَيِ الشُّرْطِيِّ
泥棒が警察に捕まった

つかまる　tsukamaru　掴まる　مَسَكَ (u, i)　أَلَا تَمْسُكُ (تَمَسَّكُ) بِيَدِي؟
私の手に掴まりませんか

つかむ　tsukamu　掴む　أَمْسَكَ　＜مسك IV　أَمْسَكَ ～ بِيَدِهِ :彼は～を手で掴んだ
أَمْسَكَتْ يَدَهُ :彼女は彼の手を掴んだ(握った)

2)掴む　اِنْتَهَزَ　＜نهز VII ※機会を　اِنْتَهَزَتْ فُرْصَةَ غِيَابِ أُمِّهَا
彼女は母親が不在の機会を掴んだ

つかれ　tsukare　疲れ　تَعَبٌ　複 أَتْعَاب ※=疲労　أَحَسَّ بِالتَّعَبِ :疲れを感じた
خَرَجْتُ أُرَوِّحُ عَنْ نَفْسِي مِنْ تَعَبِ الدَّرْسِ
私は勉強疲れをリフレッシュするために外に出た

つかれさす　tsukare-sasu　疲れさす
つかれ-させる　tsukare-saseru　疲れさせる　أَتْعَبَ　＜تعب IV　أَتْعَبْنَاكَ! :お疲れさま/ご苦労さま!
لَا تَقْرَأْ فِي نُورٍ خَفِيفٍ فَتُتْعِبَ عَيْنَيْكَ
暗い所で読んではいけません, 目が疲れますよ

2)疲れさす 疲れさせる　أَجْهَدَ　＜جهد IV　مَارِسِ الرِّيَاضَةَ دُونَ أَنْ تُجْهِدَ جِسْمَكَ
体を疲れさせずに運動をしなさい

つかれた　tsukareta　疲れた
つかれて　tsukarete　疲れて　تَعِبٌ / تَعْبَان　لَا بُدَّ أَنَّكَ تَعْبَانٌ :あなたは疲れているに違いない

つかれる　tsukareru　疲れる　تَعِبَ (a)　تَعِبْتَ؟ :疲れましたか　نَعَمْ تَعِبْتُ :はい疲れました
تَعِبَ الْفَلَّاحُونَ ، فَجَلَسُوا تَحْتَ الشَّجَرَةِ
農民達は疲れて,木の下に座った

つがい　tsugai　つがい　زَوْجَانِ　＜زوج　زَوْجَانِ مِنَ الْحَمَامِ :一つがいの鳩

つき　tεuki　月　قَمَرٌ　男複 أَقْمَار　(كَامِلٌ) قَمَرٌ تَمَامٌ :満月
طَلَعَ الْقَمَرُ الْجَمِيلُ :美しい月が上った(昇った)
أَفَلَ الْقَمَرُ :月が沈んだ

つ

つき～つく

2)月 هِلَال < هل 男複 أَهَالِيل / أَهِلَّة ※新月/三日月

اَلْهِلَال الْأَحْمَر :赤月社(≒赤十字社)

つき tsuki 月 شَهْر 複 شُهُور / أَشْهُر نِهَايَة الشَّهْرِ :月の終わり/月末

つきあう tsuki-au 付き合う عَاشَرَ < شعر III عَاشَرْتُكَ وَلَمْ أَفْهَمْ بَعْدُ عَقْلِيَّتَكَ

付き合ったけれど,未だあなたの気持ちが分からない

2)付き合う اِخْتَلَطَ < خلط VIII اِخْتَلَطَ بِالْأَشْرَارِ :悪い仲間と付き合った

つきあげる tsuki-ageru 突き上げる ضَغَطَ (a) ضَغَطَ عَلَى ～ بِأَنْ‥ :～に‥するよう突き上げた

つきあたる tsuki-ataru 突き当たる لَقِيَ، يَلْقَى لَقِيَ صُعُوبَةً :困難に突き当たった

つきさす tsuki-sasu 突き刺す طَعَنَ (a) طَعَنَهُ بِالسِّكِّينِ :彼をナイフで突き刺した

つきそう tsukisou 付き添う رَافَقَ < رفق III يُرَافِقُ الْأَمِيرَ وَصِيفُهُ

一人の召使いが王子に付き添っている

つきる tsukiru 尽きる نَفِدَ (a) نَفِدَ مَالُهُ :お金が尽きた

2)尽きる قَضَى، يَقْضِي قَضَى أَجَلَهُ :寿命が尽きた

つぎきする tsugiki-suru 接ぎ木する طَعَّمَ < طعم II طَعَّمَ غُصْنَ اللَّوْزَةِ لِتُعْطِيَ دُرَّاقًا

アーモンドの木の枝に桃が生るように接ぎ木した

つぎつぎと tsugitsugi-to 次々と
つぎつぎに tsugitsugi-ni 次々に عَلَى التَّوَالِي/ وَاحِد بَعْدَ الْآخَر ※=次から次に/次から次と

جَاءَ الْأَصْدِقَاءُ إِلَى الْبَيْتِ عَلَى التَّوَالِي

友人達が次から次と家にやって来た

つぎに tsugi-ni 次に ثَانِيًا < ثنى أَوَّلًا اقْرَإِ الْأَسْئِلَةَ، ثَانِيًا اُكْتُبِ الْإِجَابَاتِ

はじめに問題を読んで次に答えを書きなさい

つぎの tsugi-no 次の آتٍ < أتى ※定 الْآتِي اَلسُّؤَال الْآتِي :次の質問

2)次の تَالٍ < تلا 女 تَالِيَة ※定 اَلتَّالِي

اَلْوَضْعُ الْحَالِيُّ كَالتَّالِي‥ :現在の状況は次の通り‥

つく tsuku 着く يَصِلُ، وَصَلَ أَخْبِرْنِي كَيْفَ أَصِلُ هُنَاكَ

そこに着く(行く)方法を教えて下さい

つく tsuku 付く اِلْتَصَقَ < لصق VIII بِـ～:～に اِلْتَصَقَتِ الْأَوْرَاقُ بِزُجَاجِ الشُّبَّاكِ

窓ガラスに木の葉が付いていた

つく tsuku 突く طَعَنَ (a) طَعَنَهُ بِالسِّكِّينِ :彼をナイフで突いた(突き刺した)

2)突く نَطَحَ (a) نَطَحَنِي الثَّوْرُ :牛が私を(角で)突いた

3)突く يَكِزُ، وَكَزَ وَكَزَ بِقَبْضَةِ الْيَدِ :拳で突いた

4)突く ضَرَبَ (i) ضَرَبَ عَلَى الْجَرَسِ :鐘を突いた

つ

つく　tsuku　就く　تَوَلَّى < ولي V تَوَلَّى مَنْصِبَ رَئِيسِ الشَّرِكَةِ
社長の地位に就いた

つく　tsuku　点く　أَضَاءَ < ضوء IV أَضَاءَ الْمِصْبَاحُ :ランプが点いた

つくえ　tsukue　机　مَكْتَب < كتب 複 مَكَاتِب مَكْتَبٌ لِلدِّرَاسَةِ :勉強机

つくす　tsukusu　尽くす　بَذَلَ (u) لَمْ نَفُزْ، وَلٰكِنَّنَا بَذَلْنَا جُهْدَنَا
私たちは勝てなかった，しかし全力（最善）を尽くした

2)尽くす　خَدَمَ (i,u) تُحِبُّ زَوْجَتُهُ أَنْ تَخْدُمَ أُمَّهُ الْعَجُوزَ
彼の妻は喜んで年老いた夫の母親に尽くす

つくられる　tsukurareru　作られる　تَكَوَّنَ < كون V ～ مِنْ :～から
يَتَكَوَّنُ الْهَوَاءُ مِنْ مَجْمُوعَةِ غَازَاتٍ
空気は気体の集まりから作られている（なる）

つくり-ばなし　tsukuri-ba・nashi　作り話　خُرَافَة < خرف 複 -ات قِصَّةُ "مومو تارو" خُرَافَةٌ
桃太郎の物語は作り話です

つくる　tsukuru　作る　صَنَعَ (a) صَنَعَ طَائِرَةً :飛行機を作った

2)作る　خَلَقَ (u) ※=創造する مَا خَلَقَهُ اللّٰهُ لَنَا مِنْ نِعَمِهِ
神が私たちに恵み作られたもの

3)作る　أَسَّسَ < أسّ II ※学校，会社を أَسَّسْتُ هٰذِهِ الْجَمْعِيَّةَ
私がこの協会を作りました

4)作る　زَرَعَ (a) زَرَعَ قُطْنًا :綿花を作った（栽培した）

5)作る　كَوَّنَ < كون II كَوِّنْ مِنَ الْحُرُوفِ الْآتِيَةِ كَلِمَةً
次の文字群から（の文字を使って）語彙を作りなさい
اُنْظُرْ إِلَى الصُّوَرِ، وَكَوِّنْ قِصَّةً
絵を見て物語を作りなさい

つくる　tsukuru　造る　خَمَّرَ < خمر II ※酒を خَمَّرَ الْخَمْرَ :酒を造った

つくろう　tsukurou　繕う　أَصْلَحَ < صلح IV أَصْلَحَ الْكُتُبَ التَّالِفَةَ
傷んだ本を繕った

つぐ　tsugu　継ぐ　خَلَفَ (u) خَلَفَ أَبَاهُ فِي عَامِ ١٩٨٢ م :1982年に彼は父の後を継いだ

つぐ　tsugu　注ぐ　⇒　そそぐ　sosogu　注ぐ

つぐなう　tsugu・nau　償う　عَوَّضَ < عوض II عَوَّضَ عَنِ الْخَسَارَةِ :損害を償った（購った）

つぐむ　tsugumu　つぐむ　سَكَتَ (u) !اُسْكُتْ :口をつぐみなさい

つけくわえる　tsuke-kuwaeru　付け加える　⇒　ついかする　tsuika-suru　追加する

つけこむ　tsukekomu　つけ込む　اِنْتَهَزَ فُرْصَةً < نهز VIII ～لِـ :～するため يَنْتَهِزُ فُرْصَةَ غِيَابِ أُمِّهَا لِيَدْخُلَ بَيْتَهَا
母親が留守なのに
つけ込んで家に上がり込む

つけもの～つつく

つけもの　tsukemo・no　漬け物　كَبِيس < كبس　تُمَوِّنُ أُمِّي مِنَ الْكَبِيسِ أَصْنَافًا
私の母は色々な漬け物を作って,食べさせてくれます

つける　tsukeru　付ける　أَلْصَقَ < لصق IV ～بـ～ : ～を　أَلْصَقَ الْإِعْلَانَ عَلَى ظَهْرِهِ
背中に広告を付けた

つける　tsukeru　付ける　كَتَبَ (u)　※日記などを　كَتَبَ يَوْمِيَّاتٍ :日記を付けた

つける　tsukeru　点ける(النُّور)　أَضَاءَ < ضاء IV　※ أَنَا أَضَاءْتُ / هِيَ أَضَاءَتْ
اِنْقَطَعَ التَّيَّارُ كَهْرَبَائِيُّ، فَأَضَاءْنَا الْقِنْدِيلَ
停電したので石油ランプを点けました

2)点ける　أَشْعَلَ < شعل IV　أَشْعَلَ نَارًا :火を点けた(起こした)

3)点ける　شَغَّلَ < شغل II　شَغِّلِ الْمُكَيِّفَةَ :エアコンを点けて下さい

つける　tsukeru　着ける　وَضَعَ، يَضَعُ　وَضَعْتُ شَارَةً عَلَى الْقُبَّعَةِ :私は帽子にバッジを着けた

つげる　tsugeru　告げる　أَخْبَرَ < خبر IV　أَخْبَرَنِي بِمَا حَدَثَ
何が起きたか私に告げた

2)告げる　أَعْلَنَ < علن IV　أَعْلَنَ الْحَكَمُ بَدْءَ الْمُبَارَاةِ بِصَفْرَةٍ قَوِيَّةٍ
審判は力強い笛の音で試合開始を告げた

つごう　tsugou　都合　ظُرُوف　※ظَرْف の複　اَلظُّرُوفُ مُتَاحَةٌ (سَيِّئَةٌ)
都合が良い(悪い)

つた　tsuta　つた/蔦　⇒ つる　tsuru　つる/蔓

つたえる　tsutaeru　伝える　بَلَّغَ < بلغ II　بَلِّغْ سَلَامِي إِلَى～
～さんに宜しくお伝え下さい
بَلَّغَ الرِّسَالَةَ إِلَيْهِ :彼にメッセージを伝えた

2)伝える　نَقَلَ (u)　نَقَلَ الْأُسْطُورَةَ إِلَى الْأَجْيَالِ الْقَادِمَةِ
後世にその伝説を伝えた

つたわる　tsutawaru　伝わる　شَاعَ، يَشِيعُ　لَا تُصَدِّقْ كُلَّ خَبَرٍ يَشِيعُ
伝わるニュースの全てを信じてはいけない

2)伝わる　دَخَلَ (u)　دَخَلَتِ الْحُرُوفُ الصِّينِيَّةُ مِنَ الصِّينِ
漢字は中国から伝わった(入ってきた)

つち　tsuchi　土　تُرَاب　複 أَتْرِبَة　حَذَارِ أَنْ تَلْعَبَ بِالتُّرَابِ
土遊びは気をつけなさい

つつ　tsutsu　筒　⇒ ぱいぷ　paipu　パイプ

つっかいぼう　tsukkai-bou　つっかい棒　عِمَاد < عمد 複 عُمُد　اَلْعَرِيشَةُ بِحَاجَةٍ إِلَى عِمَادٍ يُسْنِدُهَا
小屋はつっかい棒が必要です

つつく　tsutsuku　つつく　وَكَزَ، يَكِزُ　وَكَزَ بِسَبَّابَتِهِ :人差し指でつついた

つ

つっこむ～つながる

つっこむ　tsukkomu　突っ込む　دَسَّ (u)　دَسَسْتُ النُّقُودَ فِي جَيْبِي

私はお金をポケットに突っ込んだ

2)突っ込む　اِنْدَفَعَ　< دفع VII　اِنْدَفَعَتِ السَّيَّارَةُ إِلَى الْبَيْتِ

車が家に突っ込んだ

つつしむ　tsutsushimu　慎む　يَكُفُّ ، كَفَّ　كُفَّ عَنِ الثَّرْثَرَةِ :おしゃべりは慎みなさい

つつましい　tsutsumashii　慎ましい　عَفِيف　< عفّ 複 أَعِفَّاء / أَعِفَّة　شَاعِرِ الْحُبِّ الْعَفِيفِ

慎ましい愛の詩

つつむ　tsutsumu　包む　لَفَّ (u)　لَفَّ الْهَدِيَّةَ بِالْأَوْرَاقِ الْمُلَوَّنَةِ

贈り物を色紙で包んだ

つづく　tsuzuku　続く　يَلِي ، وَلِيَ　فِيمَا يَلِي أَخْبَارٌ هَامَّةٌ：重要なニュースが続きます

2)続く　تَتَابَعَ　< تبع VI　تَتَابَعَتِ الْأَمْطَارُ أَيَّامًا

雨は数日間降り続いた

つづけて　tsuzukete　続けて　بِاسْتِمْرَارٍ　تَغَيَّبَ عَنِ الشَّرِكَةِ بِاسْتِمْرَارٍ :会社を続けて休んだ

つづける　tsuzukeru　続ける　اِسْتَمَرَّ　< مرّ X　اِسْتَمَرَّ + يَفْعَلُ :～し続けた, ～ فِي :～を

اِسْتَمَرَّ يَلْعَبُ (فِي لَعِبِهِ) :彼は遊び(遊びを)続けた

つづり　tsuzuri　つづり/綴り　هِجَاءٌ　أَتَعْرِفُ هِجَاءَ الْكَلِمَةِ ؟

その単語の綴りを知ってますか

つづる　tsuzuru　つづる/綴る　تَهَجَّى　< هجو V　أَيُمْكِنُ أَنْ تَتَهَجَّى حُرُوفَ اسْمِكَ ؟

あなたは自分の名前を綴れますか

つとめる　tsutomeru　勤める/務める　عَمِلَ (a)　أَيْنَ تَعْمَلُ ؟ :お勤めはどちらですか

أَعْمَلُ فِي الشَّرِكَةِ : 私は会社に勤めています

※名 عَمَلٌ 複 أَعْمَال :勤め　مَكَان عَمَلِهِ :勤め先

つとめる　tsutomeru　努める　⇒　どりょくする　doryoku-suru　努力する

つどい　tsudoi　集い　⇒ あつまり　atsumari　集まり

つな　tsu・na　綱　حَبْلٌ　※ 紐<縄<綱　شَدّ الْحَبْلِ :綱引き

رَبَطَ ～ بِحَبْلٍ :綱(ロープ)で～を縛った

تَوَازَنَ الْفَرِيقَانِ فِي لُعْبَةِ شَدِّ الْحَبْلِ

綱引きで両チームは均衡を保っていた

つな　tsu・na　ツナ　⇒　まぐろ　maguro　マグロ

つながり　tsu・nagari　繋がり　صِلَة　< وصل 複 ـات　لَيْسَ بَيْنِي وَبَيْنَهُ صِلَةٌ

私は彼と繋がりは有りません

つながる　tsu・nagaru　繋がる　اِتَّصَلَ　< وصل VIII　اِتَّصَلَ الطَّرِيقُ بِالْقَرْيَةِ

道路が村と繋がった

つなぐ tsu·nagu 繋ぐ يُسَلْسِلُ ، سَلْسَلَ سَلْسِلِ الْحَبْلَ :ロープを繋ぎなさい

2)繋ぐ رَبَطَ (u) رَبَطَ الْكَلْبَ بِالْحَبْلِ :ロープで犬を繋いだ

つなみ tsu·nami 津波 تْسُونَامِي تَغْمُرُ مِيَاهُ التْسُّونَامِي السَّهْلَ
津波の水が平野を覆っている

つねに tsu·ne-ni 常に ⇒ いつも itsumo いつも

つねる tsu·neru つねる قَرَصَ (u) تَبْكِي" يُوكُو" لِأَنَّنِي قَرَصْتُهَا فِي ذِرَاعِهَا
私が腕をつねったので"ゆう子"は泣いています

つの tsu·no 角 قَرْن 複 قُرُون قَرْنَا الْغَزَالِ :鹿の角(両角)

つのる tsu·noru 募る جَمَعَ (a) جَمَعَ مُتَطَوِّعِينَ (تَبَرُّعَاتٍ مَالِيَّةً)
ボランティア活動家(献金)を募った

つば tsuba 唾 بَصْقَة ※＝唾液 لَيْسَ شَيْءٌ أَقْرَفَ مِنْ رُؤْيَةِ بَصْقَةٍ
唾を見ることほど嫌なものはない

つばさ tsubasa 翼 جَنَاح ＜ جنح 複 أَجْنِحَة جَنَاحَانِ(يْنِ) :両翼(属対)

つばめ tsubame 燕/ツバメ سُنُونُو سُنُونُوَة :1羽の燕 السُّنُونُو يُبَشِّرُ بِقُدُومِ الصَّيْفِ
燕が夏の到来を告げる

つばをはく tsuba-wohaku 唾を吐く بَصَقَ (u) لَا تَبْصُقْ عَلَى الْأَرْضِ :地面に唾を吐くな

つぶ tsubu 粒 حَبٌّ 複 حُبُوب ※ حَبَّة :1粒 حَبَّةُ الْعِنَبِ :ぶどうの1粒

つぶす tsubusu 潰す هَرَسَ (u) تَسْلُقِينَ الْحِمَّصَ أَوَّلًا، ثُمَّ تَهْرُسِينَهُ
先ずひよこ豆を茹でまして,それから潰します

つぶやく tubuyaku つぶやく هَمْهَمَ ، يُهَمْهِمُ جَلَسَ غَاضِبًا يُهَمْهِمُ :怒ってつぶやきながら座った

つぶる tsuburu つぶる ⇒ つむる tsumuru つむる

つぶれる tsubureru つぶれる تَحَطَّمَ ＜ حطم V تَحَطَّمَتْ بُيُوتٌ كَثِيرَةٌ بِالزِّلْزَالِ الْعَنِيفِ
その恐ろしい地震でたくさんの家がつぶれた

2)つぶれる أَفْلَسَ ＜ فلس IV أَفْلَسَ الْمَصْرِفُ :銀行がつぶれた

つぼ tsubo 壺 جَرَّة ＜ جرّ 複 جِرَار وَضَعَ مَاءً فِي الْجَرَّةِ :壺に水を入れた

つぼみ tsubomi 蕾 بُرْعُم 複 بَرَاعِم ظَهَرَ الْبُرْعُمُ عَلَى الْأَغْصَانِ
蕾が木の枝に現れた

つま tsuma 妻 زَوْجَة 複 ـات الزَّوْجَةُ الصَّالِحَةُ كَنْزٌ لَا يُثَمَّنُ
貞淑な妻は量ることのできない宝だ

つまさき tsumasaki つま先 طَرَفُ الْقَدَمِ عَلَى أَطْرَافِ الْقَدَمَيْنِ :つま先立って

つまずく tsumazuku つまずく اِصْطَدَمَ ＜ صدم VIII ～بِ:～に اِصْطَدَمَتْ بِحَجَرٍ فَوَقَعَتْ
彼女は石につまずいて倒れた

つ

つまみ〜つめ

つまみ　tsumami　つまみ　مَزَّة < مزّ 複 -ات　هَلْ عِنْدَكُمْ مَزَّة؟
つまみ(酒の肴)はありますか

つまみ　tsumami　摘み　زِرّ / مِقْبَض صَغِير　※=取っ手

つまむ　tsumamu　摘む　أَمْسَكَ بِأَصَابِعِ　أَمْسَكَ الْفُوطَةَ بِأَصَابِعِهِ :タオルを摘んだ

つまらない　tsumara·nai　つまらない　تَافِه < تفه　سَبَب تَافِه :つまらない理由

2)つまらない　مُتَوَاضِع < وضع　هٰذِهِ هَدِيَّة مُتَوَاضِعَة
これはつまらない贈り物ですが

つまり　tsumari　つまり　أَيْ　فِي يَوْمِ الْخَمِيسِ الْقَادِمِ ، أَيْ بَعْدَ غَدٍ
今度の木曜日に,つまり明後日

つまる　tsumaru　詰まる　اِنْسَدَّ < سدّ VII　اِنْسَدَّ الْمَصْرَفُ :排水口が詰まった

つみ　tsumi　罪　جَرِيمَة < جرم 複 جَرَائِم　اِرْتَكَبَ جَرِيمَةَ ~
~の罪を犯した

つみあげる　tsumi-ageru　積み上げる　كَوَّمَ < كوم II　كَوَّمَ الْعُمَّالُ الرِّمَالَ
労働者達が砂を積み上げた

つみか-かさなる　tsumi-kasa·naru　積み重なる　تَرَاكَمَ < ركم VI　جَرَفْتُ الثَّلْجَ الَّذِي تَرَاكَمَ عَلَى الشَّارِعِ
私は通りに積み重なった雪を取り除きました

つみか-かさねる　tsumi-kasa·neru　積み重ねる　كَدَسَ (i)　كَدَسَ الْحَمَّالُ أَكْيَاسَ الْقَمْحِ عَلَى الشَّاحِنَةِ
運び人がトラックに小麦の袋を積み重ねた

つみこむ　tsumi-komu　積み込む　⇒ つむ　tsumu　積む

つみに　tsumi-ni　積み荷　حُمُولَة　أَفْرَغَتِ الْبَاخِرَةُ حُمُولَتَهَا
汽船は積み荷を降ろした

つみぶかい　tsumi-bukai　罪深い　آثِم < أثم 複 أَثَمَة　آثِمٌ كُلُّ مَنْ يَزْنِي
浮気をする者は誰でも罪深い

つむ　tsumu　摘む　قَطَفَ (i)　※花,果実等を　قَطَفَتِ الْأَزْهَارَ :彼女は花を摘んだ

つむ　tsumu　積む　شَحَنَ (a)　شَحَنَ الْعُمَّالُ الشَّاحِنَةَ خَشَبًا
労働者達が木材をトラックに積んだ(積み込んだ)

つむぐ　tsumugu　紡ぐ　غَزَلَ (i)　※糸などを　كَانَتْ جَدَّتِي تَغْزِلُ الصُّوفَ بِيَدِهَا
祖母は手で羊毛を紡いでいた

つむる　tsumuru　つむる　أَغْمَضَ < غمض IV　أَغْمَضْتُ عَيْنَيَّ لَا إِرَادِيًّا
私は思わず目をつむった

つめ　tsume　爪　ظُفْر / ظُفُر　複 أَظْفَار / أَظَافِر　قُلَامَةُ أَظْفَارٍ :爪切り

2)爪　مِخْلَب < خلب 複 مَخَالِب　※(猛禽類などの)爪
أَمْسَكَتِ الْعُقَابُ الْأَرْنَبَ بِمَخَالِبِهَا
鷲が兎を爪で捕まえた

つ

つめかける　tsumekakeru　詰めかける　اِحْتَشَدَ　＜ حشد VIII　اِحْتَشَدَ النَّاسُ أَمَامَ شُبَّاكِ التَّذَاكِرِ

人々が切符売り場に詰めかけた

つめこむ　tsume-komu　詰め込む　حَشَا ، يَحْشُو　حَشَا الْفِرَاشَ قُطْنًا :布団に綿を詰め込んだ

つめたい　tsumetai　冷たい　بَارِد　＜ برد　لَا تَقِفْ فِي مَجْرَى هَوَاءٍ بَارِدٍ

冷たい空気の流れる所に立ってはいけない

سَلَكَ سُلُوكًا بَارِدًا تُجَاهَهُ

彼に冷たい態度を取った

つめたく-する　tsumetaku-suru　冷たくする　⇒　ひやす　hiyasu　冷やす

つめたく-なる　tsumetaku-naru　冷たくなる　بَرَدَ (u)　يَبْرُدُ الْمَاءُ فِي آنِيَةِ الْفَخَّارِ

素焼きの容器の中で水は冷たくなる

つめる　tsumeru　詰める　فَسَحَ (a)　أَلَا تَفْسَحُ لِرَفِيقِكَ فِي مَجْلِسِكَ؟

あなたの友だちのために席を詰めませんか

2)詰める　عَبَّأَ　＜ عبأ II　عَبَّأْنَا الْبِضَاعَةَ فِي الصَّنَادِيقِ

私達は商品を箱に詰めた

つもり　tsumori　つもり　⇒　いこう　ikou　意向

つもりです　tsumori-desu　つもりです　نَوَى ، يَنْوِي ＜ نوى　أَنْوِي السَّفَرَ إِلَى "طُوكِيُو"

私は東京へ旅行に行くつもりでいます

هَلْ تَنْوُونَ أَنْ تَسْبَحُوا؟

あなた達は泳ぐつもりですか

つもる　tsumoru　積もる　تَرَاكَمَ　＜ ركم VI　تَرَاكَمَتِ الثُّلُوجُ :雪が積もった

つや　tsuya　通夜　سَهَرٌ عَلَى الْمَيِّتِ　سَهِرَ عَلَى الْمَيِّتِ :通夜を行った

つゆ　tsuyu　露　نَدًى　＜ ندو 複 أَنْدَاء / أَنْدِيَة　قَطَرَاتُ النَّدَى :露の滴

つゆ　tsuyu　汁　⇒　しる　shiru　2)汁

つよい　tsuyoi　強い　قَوِيّ　＜ قوي 複 أَقْوِيَاء 比 أَقْوَى :より強い　※⇔ضَعِيف:弱い

جَيْش قَوِيّ :強い軍隊　قَوِيُّ الْإِرَادَةِ :意志の強い

つよく　tsuyoku　強く　بِقُوَّةٍ　＜ قوي　ضَرَبَ الطَّبْلَةَ بِقُوَّةٍ :太鼓を強く叩いた

つよくする　tsuyoku-suru　強くする　⇒　つよめる　tsuyomeru　強める

つよくなる　tsuyoku-naru　強くなる　تَوَثَّقَ　＜ وثق V　تَوَثَّقَتْ عُرَى الصَّدَاقَةِ بَيْنَهُمَا

二人の友情の絆が強くなった

2)強くなる　اِشْتَدَّ　＜ شد VIII　اِشْتَدَّتِ الرِّيحُ :風が強くなった

つよさ　tsuyosa　強さ　قُوَّة　＜ قوي 複 قُوًى / -ات　قُوَّة جَسَدِيَّة :肉体的な強さ

つよめる　tsuyomeru　強める　قَوَّى　＜ قوي II　اَلرِّيَاضَةُ تُقَوِّي الْعَضَلَاتِ

運動は筋肉を強める

つら～つれる

つら　tsura　面 ⇒ かお kao 顔

つらい　tsurai　つらい　قاسٍ < قسو 複 قُساة ※定 القاسي
حَياة (تَجْرِبَة) قاسِيَة :つらい人生(経験)

つらぬく　tsura･nuku　貫く　اِخْتَرَقَ < خرق Ⅷ اِخْتَرَقَ الرَّصاصُ صَدْرَهُ
銃弾が彼の胸を貫いた

つり　tsuri　釣り
つりせん　tsuri-sen　釣り銭　باقٍ < بقي ※定 الباقي
تَفَضَّلْ وَالْباقي مِنْ أَجْلِ الْخِدْمَةِ (لِلْخِدْمَةِ)
お釣りはチップです,取っておいて下さい

つり　tsuri　釣り　صَيْدُ السَّمَكِ　هِوايَتي صَيْدُ السَّمَكِ :私の趣味は(魚)釣りです
صَيّادُ السَّمَكِ :釣り師 ※

つりあい　tsuri-ai　釣り合い ⇒ ばらんす baransu バランス

つりあう　tsuri-au　釣り合う　تَعادَلَ < عدل Ⅵ تَعادَلَتْ كَفَّتا الْميزانِ
天秤の皿が釣り合った

つりあわせる　tsuri-awaseru 釣り合わせる　وازَنَ < وزن Ⅲ وازَنَ بَيْنَ الشَّيْئَيْنِ
二つの物を釣り合わせた

つりばり　tsuri-bari　釣り針　صِنّارة / سِنّارة 複 صَنانير

つる　tsuru　鶴　كُرْكِيّ 複 كَراكِيّ　لِلْكُرْكِيِّ ساقانِ طَويلَتانِ وَرَقَبَةٌ طَويلَةٌ
鶴には長い足と長い首がある

つる　tsuru　つる/蔓　النَّباتُ الْمُتَسَلِّقُ　يَتَسَلَّقُ النَّباتُ الْمُتَسَلِّقُ عَلَى الْجِدارِ
つるは壁を登る

つる　tsuru　釣る (سَمَكَةً) اِصْطادَ < صيد Ⅷ اِصْطادَ سَمَكَةً كَبيرَةً :大きな魚を釣った

つるす　tsurusu　吊す　عَلَّقَ < علق Ⅱ عَلَّقَ مِصْباحاً بِالسَّقْفِ
天井からランプを吊した(下げた)

2)吊す　أَسْدَلَ < سدل Ⅳ أَسْدِلي النّامُوسِيَّةَ حَوْلَ سَريرِ أَخيكِ
(貴女の)弟のベッドに蚊帳を吊しなさい

つるはし　turuhashi　つるはし　مِعْوَل < عول 複 مَعاوِل　حَفَرْتُ الْأَرْضَ بِالْمِعْوَلِ
私はつるはしで地面を掘った

つれ　tsure　連れ
つれあい　tsure-ai　連れ合い　قَرين < قرن 複 قُرَناء 女 قَرينة 複 -ات
! ~ نِعْمَ الْقَرينُ :~さんは実に良い連れ合い(夫)だ

つれこ　tureko　連れ子
つれご　turego　連れ子 (الزَّوْجَةِ) اِبْنُ الزَّوْجِ

つれてくる　tsurete-kuru 連れて来る　أَحْضَرَ < حضر Ⅳ أَحْضِرْ لي الْوَلَدَ :その子を連れて来なさい

つれてゆく　tsurete-yuku 連れて行く　وَصَّلَ < وصل Ⅱ وَصَّلَ الْأَبُ طِفْلَهُ إِلَى الْمَدْرَسَةِ
父親は子供を学校へ連れて行った

つれる　tsureru　釣れる ⇒ 5)かかる kakaru (魚が)掛かる

つ

て～ていきあつ

ر　て　テ 【te】

て　te　手　يَدٌ　複 أَيَادٍ/أَيْدٍ　※女（يَدَانِ（يْنِ）：両手(属対)）
يَدَا（يَدَيْ）الْبِنْتِ：その娘の両手は(を,の)
قَدَّمَ يَدَ الْمُسَاعَدَةِ：援助の手を差し伸べた
※ 手にする ＝ 持つ
※ 手が放せない ＝ 忙しい
※ 手を貸す ＝助ける

てーぶる　teeburu　テーブル　مَائِدَةٌ　< ميد 複 -ات/مَوَائِدُ　※= طَاوِ(و)لَةٌ
بَسَطَ الْمَائِدَةَ：テーブルをセット(準備)した
مَنْ أَكَلَ عَلَى مَائِدَتَيْنِ اخْتَنَقَ
二つのテーブルで食べる者は窒息する/
二兎を追う者は一兎をも得ず[格言]

てーぶる-くろす　teeburu-kurosu　テーブルクロス　مِفْرَش　< فرش 複 مَفَارِش　※= مِفْرَش السُّفْرَةِ

てーぷ　teepu　テープ　شَرِيط　< شرط 複 شَرَائِط/أَشْرِطَة　شَرِيط مُسَجِّل：録音テープ
شَرِيط كَاسِيت：カセットテープ

てーぷ-れこーだー　teepu-rekoodaa　テープレコーダー　مُسَجِّل　< سجل 複 -ات

てあて　te・ate　手当 ⇒ ちりょう chiryou 治療

てあらい　te・arai　手洗い ⇒ べんじょ benjo 便所

てぃー　tii　ティー ⇒ ちゃ cha 茶

てぃーばっぐ　tii-baggu　ティーバッグ　كِيسُ شَايٍ

ていあんする　tei・an-suru　提案する　اِقْتَرَحَ　< قرح VIII　أَيَّ حَلٍّ تَقْتَرِحُ لِلْمُشْكِلَةِ؟
その問題にどんな解決策を提案しますか
※名 اِقْتِرَاح：提案　قَبِلَ الْاِقْتِرَاحَ：その提案を承諾した

ていえん　tei・en　庭園 ⇒ にわ niwa 庭

ていか　teika　定価　سِعْر مَحْدُود　نَشْتَرِي كُتُبًا بِسِعْرٍ مَحْدُودٍ
私達は本を定価で買う

ていかする　teika-suru　低下する　اِنْخَفَضَ　< خفض VII　تَنْخَفِضُ دَرَجَةُ الْحَرَارَةِ فِي اللَّيْلِ
夜に気温は低下する
※名 اِنْخِفَاض：低下　اِنْخِفَاض الضَّغْط الْجَوِّيِّ
気圧の低下

ていかんし　tei-kanshi　定冠詞　أَدَاة التَّعْرِيف　※アラビア語では اَلْ

ていきあつ　tei-kiatsu　低気圧　اَلضَّغْط الْجَوِّيّ الْمُنْخَفِض　※ ⇔ 高気圧

て

ていきてきな　teiki-teki・na　定期的な　دَوْرِي < دور　حَرَكَة دَوْرِيَّة :定期的な活動

ていきょうする　teikyou-suru　提供する　قَدَّمَ < قدم II　قَدَّمَ لَهُمْ طَعَامًا :彼らに食事を提供した

※名 تَقْدِيم :提供　تَقْدِيم الْخَدَمَات

サービスの提供

ていぎする　teigi-suru　定義する　حَدَّدَ < حدّ II　كَيْفَ تُحَدِّدُ الْجَمَالَ؟

美をどのように定義しますか

※名(مَعْنًى) تَحْدِيد :定義

ていけつ-する　teiketsu-suru　締結する　عَقَدَ (i)　عَقَدَ الْمُعَاهَدَةَ مَعَ ～ :～と条約を締結した(結んだ)

※名 عَقْد :締結　عَقْد الاتِّفَاقِيَّة :協約(協定)の締結

て

ていこう　teikou　抵抗　مُقَاوَمَة كَهْرَبَائِيَّة < قوم ※電気抵抗 ※ مُقَاوِم :抵抗器

2)抵抗　مُقَاوَمَة < قوم ※抵抗運動=レジスタンス

اَلْوَفَاءُ لِلْمُقَاوَمَةِ وَفَاءٌ لِلْوَطَنِ

レジスタンスへの奉仕は祖国への奉仕

ていこうする　teikou-suru　抵抗する　قَاوَمَ < قوم III　قَاوَمْنَا الاحْتِلَالَ الْأَجْنَبِيَّ سَنَوَات

私たちは何年も,外国の占領に抵抗した

ていこく　teikoku　帝国　إِمْبَرَاطُورِيَّة　اَلْإِمْبَرَاطُورِيَّة الرُّومَانِيَّة :ローマ帝国

ていこく-しゅぎ　teikoku-shugi　帝国主義　إِمْبَرَاطُورِيَّة　اَلْإِمْبَرَاطُورِيَّة الْأَمِيرِكِيَّة :アメリカ帝国主義

ていさつする　teisatsu-suru　偵察する　اِسْتَكْشَفَ < كشف X　اِسْتَكْشَفَتِ الطَّائِرَةُ مَوَاقِعَ الْعَدُوِّ

飛行機が敵地を偵察した

※名 اِسْتِكْشَاف :偵察　طَائِرَة الاسْتِكْشَاف :偵察機

ていしする　teishi-suru　停止する　يَقِفُ ، وَقَفَ　وَقَفَ الْمَحَطَّةُ الذَّرِّيَّةُ لِتَوْلِيدِ الطَّاقَةِ

الْكَهْرَبَائِيَّةِ　原子力発電所が停止した

※名 وَقْف :停止　وَقْف الْقِتَال :戦闘の停止

ていしゃする　teisha-suru　停車する　تَوَقَّفَ < وقف V　تَوَقَّفَ الْبَاصُ أَمَامَهُ

バスが彼の前で停車した

ていしゅつ-する　teishutsu-suru　提出する　قَدَّمَ < قدم II　قَدَّمَ التَّقْرِيرَ :報告書を提出した

※名 تَقْدِيم :提出　تَقْدِيم التَّقْرِير

レポート(報告書)の提出

ていしょうする　teishou-suru　提唱する　نَادَى < ندو III　نَادَى بِالسَّلَامِ الْعَالَمِيِّ

世界平和を提唱した

ていじする　teiji-suru　提示する　عَرَضَ (i)　عَرَضَ عَلَيْهِ الشُّرُوطَ الْجَدِيدَةَ

新しい条件を提示した

てい じゅうする～てきすと

2)提示する　أَبْرَزَ　< برز IV　أَبْرَزَ جَوَازَ السَّفَرِ: パスポートを提示した

※名 إِبْرَاز: 提示　إِبْرَازُ جَوَازِ السَّفَرِ

パスポートの提示

ていじゅうする　teiju·u-suru　定住する　اِسْتَقَرَّ　< قرّ X ～فِي/بِـ: ～に　اِسْتَقَرُّوا بِالْمِنْطَقَةِ

彼らはその地方に定住した

ていじゅうち　teiju·u-chi　定住地　مَقَرٌّ دَائِمٌ　لَيْسَ لِلْبَدْوِ الرُّحَّلِ مَقَرٌّ دَائِمٌ

放浪するベドウィンに定住地はない

ていせいする　teisei-suru　訂正する　⇒ なおす naosu 直す

ていせん　teisen　停戦　وَقْفُ إِطْلَاقِ النَّارِ　لَمْ يُنَفَّذْ وَقْفُ إِطْلَاقِ النَّارِ

停戦は実行されなかった

ていそする　teiso-suru　提訴する　رَفَعَ شَكْوَى إِلَى الْمَحْكَمَةِ

ていでんする　teiden-suru　停電する　اِنْقَطَعَ التَّيَّارُ الْكَهْرَبَائِيُّ

※名 اِنْقِطَاعُ التَّيَّارِ الْكَهْرَبَائِيِّ: 停電

ていねいな　tei·nei-na　丁寧な　مُهَذَّبٌ　< هذب　كَلَامٌ مُهَذَّبٌ: 丁寧な言葉

ていねいに　tei·nei-ni　丁寧に　بِعِنَايَةٍ　※ بِـ+عِنَايَةٍ　عَامَلَ ～ بِعِنَايَةٍ: ～を丁寧に扱った

ていねん　tei·nen　定年　سِنُّ التَّقَاعُدِ　بَلَغَ سِنَّ التَّقَاعُدِ: 彼は定年に達した(なった)

ていりゅうじょ　teiryu·u-jo　停留所　مَحَطَّةٌ　< حطّ　مَحَطَّةُ الْبَاصِ: バスの停留所/バス停

てがき　tegaki　手書き　خَطُّ الْيَدِ　كِتَابٌ بِخَطِّ الْيَدِ: 手書きの本

てがた　tegata　手形　سَنَدٌ　複 سَنَدَات　سَنَدٌ إِذْنِيٌّ: 約束手形

てがみ　tegami　手紙　خِطَابٌ　< خطب 複 -ات　أَرْسَلَ خِطَابًا: 手紙を送った

2)手紙　رِسَالَةٌ　< رسل 複 -ات/رَسَائِلُ　رَسَائِلُ السِّجْنِ: 監獄からの手紙

てがら　tegara　手柄　مَأْثَرَةٌ(ـُ)　< أثر 複 مَآثِرُ　مَأْثَرَةٌ(ـُ) عَظِيمَةٌ: 大手柄

てがるな　tegaru-na　手軽な　بَسِيطٌ　< بسط 複 بُسَطَاءُ　طَعَامٌ بَسِيطٌ: 手軽な食事

てき　teki　敵　خَصْمٌ　複 أَخْصَام/خُصُوم　يَسْتَوْثِقُ مِنْ قُدْرَةِ الْخَصْمِ

敵の力を推し量る

2)敵　عَدُوٌّ　< عدو 複 أَعْدَاء　غَلَبَ عَدُوَّهُ: 敵を打ち負かした

أَغَارَ عَلَى مَوَاقِعِ الْعَدُوِّ: 敵地を攻撃した

てきい　teki·i　敵意　عَدَاوَةٌ　< عدو　كَاشَفَهُ بِالْعَدَاوَةِ: 敵意を明らかにした(示した)

てきおうする　teki·ou-suru　適応する　تَكَيَّفَ　< كيف V　أَخُوكَ مَرِنٌ يَتَكَيَّفُ مَعَ الظُّرُوفِ

あなたの兄は状況に適応する柔軟さがある

てきすと　tekisuto　テキスト ⇒ きょうかしょ kyouka-sho 教科書

てきする～てすと

て

てきする　teki-suru　適する　نَاسَبَ　<نسب III　مَنَاخُ الْجَبَلِ يُنَاسِبُكَ
山の気候があなたに適している

2)適する　صَالِح　<صلح　بَعْدَ الزِّلْزَالِ، لَمْ يَعُدِ الْبَيْتُ صَالِحًا لِلسَّكَنِ
地震後,家は住むのに適しなくなった

てきせいな　tekisei-na　適正な　مَعْقُول　<عقل　سِعْر مَعْقُول :適正な価格(値段)

てきせつな　tekisetsu-na　適切な　مُنَاسِب　<نسب　تَعْبِير مُنَاسِب :適切な 表 現

2)適切な　صَحِيح　<صحّ　الطَّرِيقَة الصَّحِيحَة :適切な方法
عِبَارَة صَحِيحَة :適切な 表 現

てきたいする　tekitai-suru　敵対する　عَادَى　<عدو III　نُعَادِي مَنْ يُعَادِينَا
我々は我々に敵対する者に敵対する

てきとうな　tekitou-na　適当な ⇒ ふさわしい　husawashi･i　ふさわしい

てきどに　tekido-ni　適度に　مَعْقُولًا　<عقل　مِنْ حَقِّ التَّاجِرِ أَنْ يَرْبَحَ رِبْحًا مَعْقُولًا
商 人には適度に儲ける権利がある

てきようする　tekiyou-suru　適用する　طَبَّقَ　<طبق II　～طَبَّقَ الْقَانُونَ عَلَى :～に法律を適用した
※名 تَطْبِيق :適用　مَجَالُ تَطْبِيقٍ :適用範囲

てくび　tekubi　手首　رُسْغ　複 أَرْسَاغ　يُحْصِي دَقَّاتِ قَلْبِهِ بِمَسْكِ رُسْغِهِ
手首で 脈 拍を調べる(計る)

てこ　teko　てこ/梃子　مُخْل　複 أَمْخَال　يُسَاعِدُ الْمُخْلُ عَلَى زَحْزَحَةِ الصُّخُورِ
てこは岩を動かすのに役立つ

てこずらせる　tekozuraseru　手こずらせる　صَعُبَ (u)　سَيَصْعُبُ عَلَيْهِ الِامْتِحَانُ
試験は彼を手こずらせるだろう

てこずる　tekozuru　手こずる　صَعَّبَ　<صعب II　اَلْوَاقِعُ أَنِّي لَمْ أُصَعِّبِ الْأَسْئِلَةَ
実のところ問題には手こずりませんでした

てごろな　tegoro-na　手ごろな　مَعْقُول　اَلسِّعْرُ مَعْقُولٌ :価格は手ごろだ

てしごと　te-shigoto　手仕事　عَمَلٌ يَدَوِيٌّ　مَاهِرٌ فِي الْعَمَلِ الْيَدَوِيِّ :手仕事が得意だ

てじな　teji･na　手品　شَعْوَذَة　أُنْظُرْ، لَقَدْ أَخْرَجَ حَمَامَةً مِنْ قُبَّعَتِهِ !
見て,帽子から鳩が出てきたよ ! يَا لَهَا مِنْ شَعْوَذَةٍ
何というすごい手品でしょう
※ مُشَعْوِذ :手品師

てじょう　te-jou　手錠　غُلٌّ　複 أَغْلَال　سِيقَ الشَّقِيُّ إِلَى الْمَخْفَرِ، وَالْغُلُّ فِي يَدَيْهِ
無法者が交番に連れて行かれた,両 手に 手 錠 があった

てすと　tesuto　テスト ⇒ しけん　shiken　試験

てせいの～てつやする

てせいの tesei-no 手製の مَصْنُوع يَدَوِيًّا
قُنْبُلَةٌ مَصْنُوعَةٌ يَدَوِيًّا :手製の爆弾

てだすけ te-dasuke 手助け مُسَاعَدَة < سعد 複 -ات
أَحْتَاجُ إِلَى مُسَاعَدَتِكَ
私はあなたの手助けが必要です

てちょう techou 手帳 مُفَكِّرَة < فكر 複 -ات
سَجِّلْ مَوْعِدَ الزِّيَارَةِ فِي الْمُفَكِّرَةِ
訪問の日時を手帳に書きなさい

てつ tetsu 鉄 حَدِيد < حدّ
أُطْرُقِ الْحَدِيدَ ، وَهُوَ حَامٍ
鉄は熱い内に打て[格言]

てっかいする tekkai-suru 撤回する سَحَبَ (a)
سَحَبَ رَأْيَهُ :意見を撤回した

てつがく tetsugaku 哲学 فَلْسَفَة
تُحَاوِلُ الْفَلْسَفَةُ مَعْرِفَةَ هُوِيَّةِ الْأَشْيَاءِ
哲学は物事の本質を明らかにしようとする

てつがくしゃ tetsugaku-sha 哲学者 فَيْلَسُوف < فلسف 複 فَلَاسِفَة
لَيْسَ كُلُّ مَنْ قَالَ حِكْمَةً فَيْلَسُوفًا
知恵を語る者全てが哲学者ではない

てっきょする tekkyo-suru 撤去する أَزَالَ < زول
أَزَالَ الْكُشْكَ :小屋を撤去した

てつくず tetsu-kuzu 鉄屑 بُرَادَة < برد
يَجْذِبُ الْمَغْنَطِيسُ بُرَادَةَ الْحَدِيدِ
磁石は鉄屑を引き付ける

てつじょうもう tetsu-joumou 鉄条網 ⇒ ゆうしてっせん yuushi-tessen 有刺鉄線

てったいする tettai-suru 撤退する اِنْسَحَبَ < سحب VII ～ مِنْ :～から
اِنْسَحَبَتِ الْقُوَّاتُ مِنَ الْمِنْطَقَةِ
軍はその地域から撤退した

てつだい tetsudai 手伝い مُسَاعَدَة < سعد 複 -ات ※ مُسَاعِد :お手伝い(さん)
أَتَحْتَاجُ إِلَى مُسَاعَدَتِي؟
私の手伝い(援助)が必要ですか

てつだう tetsudau 手伝う سَاعَدَ < سعد III
مِنَ الْمُمْكِنِ أَنْ أُسَاعِدَكَ
私はあなたを手伝うことができますよ

てつづき tetsuzuki 手続き إِجْرَاءَات < جرى ※ إِجْرَاء の複
اِتَّخَذَ الْإِجْرَاءَاتِ اللَّازِمَةَ
必要な手続きをした

てつどう tetsudou 鉄道 سِكَّة حَدِيدِيَّة / سِكَّة الْحَدِيد

てっぱいする teppai-suru 撤廃する أَلْغَى < لغو IV
أَلْغَى الْقَانُونَ الْقَدِيمَ
古い法律を撤廃した
إِلْغَاءُ النِّظَامِ الْقَدِيمِ :古い制度の撤廃 ※名 إِلْغَاء :撤廃

てっぱん teppan 鉄板 صَفِيحَة مِنَ الْحَدِيد
كَمْ صَفِيحَةً مِنَ الْحَدِيدِ طَلَبْتَ؟
鉄板は何枚注文されましたか

てっぽう teppou 鉄砲 ⇒ じゅう ju·u 銃

てつやする tetsuya-suru 徹夜する سَهِرَ (a)
سَهِرَ عِنْدَ الْمَرِيضِ :病人の看護で徹夜した

て

てづくりの　te-zukuri-no　手作りの ⇒ てせいの　tesei-no　手製の

てなおしする　te-naoshi-suru　手直しする　عَدَّلَ　< عدل II　عَدَّلَ خَرِيطَةَ الْبِنَاءِ :設計図を手直した

てにいれる　te-ni·ireru　(～を)手に入れる　～ وَضَعَ يَدَهُ عَلَى　※不動産 (عَقَار) などを

2)(～を)手に入れる　～ اِسْتَوْلَى عَلَى　< ولى X　طَلَبَ الْمَلِكُ مِنْهُ أَنْ يَسْتَوْلِيَ عَلَى مَدِينَةِ يَافَا

王は彼にヤーファの街を手に入れるよう求めた

てにす　te·nisu　テニス　كُرَةُ الْمِضْرَبِ/ التِّنِس　لَعِبَ التِّنِسَ :テニスをした

てにもつ　te-nimotsu　手荷物　أَمْتِعَةٌ يَدَوِيَّةٌ　هَلْ مَعَكَ أَمْتِعَةٌ يَدَوِيَّةٌ ؟

あなたは手荷物がありますか

てぬぐい　te-nugui　手ぬぐい ⇒ たおる　taoru　タオル

てのひら　te-nohira　手の平　كَفٌّ　複 أَكُفٌّ/ كُفُوف　أَقْرَأُ مُسْتَقْبَلَكَ فِي كَفِّكَ

私はあなたの手の平から未来を読みます

てばなす　te-ba·nasu　手放す　تَخَلَّى　< خلو V　لَا أُرِيدُ أَنْ أَتَخَلَّى عَنْ بَقَرِي

私は牛を手放したくない

てびき　te-biki　手引き　دَلِيل　< دلّ 複 أَدِلَّة　دَلِيلٌ سِيَاحِيٌّ :観光の手引/ガイドブック

てぶくろ　te-bukuro　手袋　قُفَّاز　< قفز 複 -ات　قُفَّازُ الْجِلْدِ :皮の手袋

てぶらで　te-burade　手ぶらで　صِفْرَ الْيَدَيْنِ　رَجَعَ صِفْرَ الْيَدَيْنِ

何の収穫もなく,手ぶらで帰ってきた

てほん　te-hon　手本　مِثَال　< مثل 複 أَمْثِلَة　～ عَلَى مِثَالِ :～を手本として

てら　tera　寺　مَعْبَد　< عبد 複 مَعَابِد　مَعْبَد بُوذِيّ=※

てらす　terasu　照らす　أَنَارَ　< نور IV　أَنَارَ مِصْبَاحُ الْغُرْفَةِ

ランプが部屋を照らした

てる　teru　照る　أَضَاءَ ، يُضِيءُ　< ضاء IV　يُضِيءُ الْقَمَرُ :月が照っている

てれび　terebi　テレビ　تِلِفِزْيُون/ تِلْفَاز　شَاهَدَ التِّلِفِزْيُونَ :テレビを見た

أَطْفَأَ التِّلِفِزْيُونَ :テレビを消した

てれる　tereru　照れる　خَجِلَ (a)　أَخَذَ الْفَتَى يَخْجَلُ :若者は照れ始めた

てろ　tero　テロ　إِرْهَاب　< رهب　لَجَأَ إِلَى الْإِرْهَابِ :テロに訴えた

てろの　tero-no　テロの

てろりすと　terorisuto　テロリスト　إِرْهَابِيّ　< رهب 複 -ون　الْحُكْمُ الْإِرْهَابِيُّ :テロ支配/恐怖政治

てわたす　tewatasu　手渡す　سَلَّمَ　< سلم II　سَلِّمْ هٰذَا الْمَالَ إِلَيْهِ

彼にこのお金を手渡して下さい

てん　ten　点　نُقْطَة　複 نُقَط/ نِقَاط　سَجَّلَ نِقَاطًا :点を入れた※試合などで

て

てん～てんじょう

يُوجَدُ بَعْضُ النِّقَاطِ الْمُخْتَلِفَةِ
異なる点が幾つかある

2)点　عَلَامَة　< علم 複 -ات　عَلَامَةُ الْكُسُورِ الْعُشْرِيَّةِ :小数点
أَيَّ عَلَامَةٍ نِلْتَ فِي امْتِحَانِ الْحِسَابِ؟
算数の試験で何点取りましたか

てん　ten　天 ⇒ そら sora 空 / てんごく tengoku 天国

てんいん　ten・in　店員　بَائِع < بيع　بَائِعُ الْمَحَلِّ :店の店員

てんかする　tenka-suru　点火する　أَشْعَلَ < شعل IV　أَشْعَلَ الْقُنْبُلَةَ :爆弾に点火した

てんき　tenki　天気　جَوّ　複 جِوَاء / أَجْوَاء　اَلْجَوُّ جَمِيلٌ :良い天気です
※関 جَوِّيّ :天気の　تَقْرِيرُ الْحَالَةِ الْجَوِّيَّةِ :天気予報

てんけいてきな　tenkei-teki・na　典型的な　مِثَالِيّ < مثل　زَوْج عَرَبِيّ مِثَالِيّ :典型的なアラブ人の夫

てんけん　tenken　点検　كَشْف　複 كُشُوف　كَشْف عَلَى الْعَجَلَات :タイヤの点検

てんこう　tenkou　天候　طَقْس　複 طُقُوس　تَأَجَّلَتِ الْمُبَارَاةُ بِسَبَبِ رَدَاءَةِ الطَّقْسِ
試合は天候不順のために延期された

てんごく　tengoku　天国　جَنَّة　複 جِنَان /-ات ※= جَنَّاتُ النَّعِيمِ
اَلْجَنَّةُ لِمَنْ صَلُحَ وَفَعَلَ الْخَيْرَ
天国は心正しく善き行いをする者のものである

2)天国　اَلْفِرْدَوْس　كَانَ آدَمُ سَعِيدًا فِي الْفِرْدَوْسِ
アダムは天国で幸せだった
※関 فِرْدَوْسِيّ :天国の

てんさい / てんさいの　tensai / tensai-no　天才 / 天才の　عَبْقَرِيّ　複 عَبَاقِرَة　عَبْقَرِيّ فِي～ :～の天才
لَيْسَ كُلُّ أُسْتَاذٍ عَبْقَرِيًّا :教授が全て天才ではない

てんさい　tensai　天災　كَارِثَة طَبِيعِيَّة　وَقَعَتِ الْكَارِثَةُ الطَّبِيعِيَّةُ :天災が起きた

てんし　tenshi　天使　مَلَاك / مَلْأَك < لأك 複 مَلَائِك　اَلْمَلَاكُ الْحَارِس :守護天使
لَعَلَّ مَلَاكًا هَبَطَ مِنَ السَّمَاءِ
おそらく天から舞い降りた天使にちがいない

てんじ　tenji　点字　طَرِيقَة بْرَايْل　※英語のbrailleから

てんじする　tenji-suru　展示する　عَرَضَ (i)　عُرِضَتِ السَّيَّارَاتُ الْمُسْتَوْرَدَةُ
外車が展示してあった
※名 عَرْض :展示　غُرْفَةُ الْعَرْضِ :展示室

てんじょう　tenjou　天井　سَقْف　複 سُقُوف　عَلَّقَ مِصْبَاحًا بِالسَّقْفِ
天井からランプを吊した

て

てんせい tensei 天性 طَبِيعَة < طبع 複 طَبَائِع اَلْعَادَةُ تُصْبِحُ طَبِيعَةً ثَانِيَةً :習慣は第二の天性になる
形 طَبِيعِيّ 複 ـون :天性の
ذَكَاؤُهُ طَبِيعِيٌّ :彼の賢さは天性のものです

てんそうする tensou-suru 転送する حَوَّلَ < حول II حَوَّلَ الْبَيَانَاتِ إِلَى الشَّرِكَةِ :データを会社に転送した

てんたい tentai 天体 فَلَك عِلْمُ الْفَلَكِ :天文学 関 فَلَكِيّ :天文の/天文学者
مِنْظَار فَلَكِيّ :天体望遠鏡

てんと tento テント خَيْمَة 複 خِيَام نَصَبَ الْخَيْمَةَ :テントを張った(立てた)

てんとうする tentou-suru 転倒する ⇒ ころぶ korobu 転ぶ

てんねん ten・nen 天然 اَلطَّبِيعَة < طبع 複 طَبَائِع ※=自然
جَمَال الطَّبِيعَةِ :天然の美

てんねんとう ten・nentou 天然痘 جُدَرِيّ (جُدَرِيّ) < جدر لِقَاح الْجُدَرِيِّ :天然痘ワクチン

てんねんの ten・nen-no 天然の طَبِيعِيّ < طبع غَاز طَبِيعِيّ :天然ガス

てんのう ten・nou 天皇 إِمْبَرَاطُور الْيَابَانِ

てんびん tenbin 天秤 مِيزَان < وزن 複 مَوَازِين رَجَحَتْ كَفَّةُ الْمِيزَانِ :天秤の皿が傾いた

てんぷくする tenpuku-suru 転覆する اِنْقَلَبَ < قلب VII اِنْقَلَبَتِ السَّفِينَةُ :船が転覆した
※名 اِنْقِلَاب :転覆 اِنْقِلَاب الْحُكُومَةِ :政府の転覆

てんもん tenmon 天文 ⇒ てんたい tentai 天体

てんもんだい tenmondai 天文台 مَرْصَد < رصد 複 مَرَاصِد تَنَبَّأَ الْمَرْصَدُ بِكُسُوفِ الشَّمْسِ :天文台は日食を予報した

てんらんかい tenran-kai 展覧会 مَعْرِض < عرض 複 مَعَارِض مَعْرِض فَنِّيّ :芸術展

で de ～で ～عَنْ طَرِيقِ عَنْ طَرِيقِ أَقْمَاعٍ صَغِيرَةٍ :小さな漏斗で
2)～で بِأُسْلُوب فَكَّرَ بِأُسْلُوبٍ إِنْكِلِيزِيٍّ :英語で考えた
3)～で ～بِـ بِالسَّيَّارَةِ :車で بِالْيَدِ :手で
4)～で ～فِي فِي الْبَيْتِ :家(の中)で فِي الْيَابَانِ :日本で

でーた deeta データ بَيَانَات < بين ※ بَيَان の複 بَنْك بَيَانَاتٍ :データバンク

でーと deeto デート مَوْعِد < وعد 複 مَوَاعِد اِتَّفَقْتُ وَحَبِيبَتِي عَلَى الْمَوْعِدِ :私は恋人とデートの約束をした

であい deai 出会い لِقَاء < لقي لِقَاء وَفِرَاق :出会いと別れ

であう～でざいん

であう deau 出会う صَادَفَ < صدف III صَادَفْتُ مُعَلِّمِي في الْمَمْشَى
私(わたし)は先生(せんせい)と通路(つうろ)で出会(であ)いました

でぃーぜる diizeru ディーゼル دِيزِل ※＝人名(じんめい) Dieselから دِيزِل مُحَرِّك دِيزِل:ディーゼルエンジン

でぃすかうんと disukaunto ディスカウント تَخْفِيض < خفض تَخْفِيض السِّعْرِ:ディスカウント/値引(ねび)き

でぃすく disuku ディスク قُرْص 複 أَقْرَاص قُرْص صُلْب:ハードディスク

でぃぶいでぃ diibuidii DVD قُرْص فِيدِيُو رَقْمِيّ

でかける dekakeru 出かける خَرَجَ (u) خَرَجُوا في السَّاعَةِ ～:彼(かれ)らは～時(じ)に出(で)かけました

できあがる deki-agaru でき上がる ⇒ かんせいする kansei-suru 完成する

できごと deki-goto でき事 حَدَث < حدث 複 أَحْدَاث ثَقُلَ عَلَيْهِ الْحَدَثُ
そのでき事(ごと)が彼(かれ)に重(おも)くのしかかった

できて dekite (～で)できて ～ مَصْنُوع مِنْ مَصْنُوع مِنَ الْخَشَبِ:木(き)でできて/木製(もくせい)の
2)(～で)できて ～ مَبْنِيّ مِنْ مَبْنِيّ مِنَ الْحَجَرِ:石(いし)でできて/石造(いしづく)りの
3)(～が)できて ～ جَاهِز < جهز الْعَشَاءُ جَاهِزٌ:夕食(ゆうしょく)(の準備(じゅんび))ができています

できる dekiru できる أَمْكَنَ < مكن IV أُحْضُرْ بَعْدَ الظُّهْرِ حَالَمَا يُمْكِنُكَ
午後(ごご)にできるだけ早(はや)く来(き)て下(くだ)さい
2)できる اِسْتَطَاعَ < طوع X أَتَسْتَطِيعُ أَنْ تَرْكَبَ حِصَانًا؟
あなたは馬(うま)に乗(の)ることができますか
3)できる رُزِقَ، يُرْزَقُ ※受 رُزِقَ مَوْلُودًا:子供(こども)ができた(を授(さず)かった)

できるだけ dekiru-dake できるだけ قَدْرَ (عَلَى قَدْرِ / بِقَدْرِ) الْمُسْتَطَاعِ
سَأُتْقِنُ عَمَلِي قَدْرَ الْمُسْتَطَاعِ
私(わたし)はできるでけ手際(てぎわ)よく仕事(しごと)をやるつもりです
2)できるだけ～ ～ مَا يُمْكِنُ بِأَسْرَعِ مَا يُمْكِنُ:できるだけ早(はや)く(急(いそ)いで)
أَكْثَرَ مَا يُمْكِنُ:できるだけ多(おお)く

でぐち deguchi 出口 مَخْرَج < خرج مَخْرَجُ النَّجَاةِ:非常用出口(ひじょうようでぐち)/非常口(ひじょうぐち)

でこぼこの dekoboko-no でこぼこの وَعْر طَرِيق وَعِرَة:でこぼこ(凸凹)(でこぼこ)道(みち)

でざいなー dezai·naa デザイナー مُصَمِّم < صمّ 複 ـون تَتَبَدَّلُ أَشْكَالُ الأَشْيَاءِ عَلَى مُصَمِّمِهَا
物(もの)の形(かたち)はデザイナーによって変(か)わる
مُصَمِّمُ الأَزْيَاءِ:ファッションデザイナー

でざいん dezain デザイン تَصْمِيم < صمّ ～ مِنْ تَصْمِيم ～:～のデザイン/設計(せっけい)
ضَعْ تَصْمِيمًا لِمَوْضُوعِكَ قَبْلَ أَنْ تَكْتُبَهُ
書(か)く前(まえ)にテーマのデザインをしなさい

でし～でる

でし　deshi　弟子　تِلْمِيذ　< تلمذ 複 تَلَامِيذ / تَلَامِذَة　تِلْمِيذُ الْخَبَّازِ
パン屋の弟子

でした　deshita　でした ⇒ だった　datta　だった

でじたる　dejitaru　デジタル　رَقْمِيّ　< رقم　كَامِيرَا رَقْمِيَّة :デジタルカメラ/デジカメ

です　desu　～です　يَكُونُ ، كَانَ　< كون　كُنْتُ مُدَرِّسًا :私は先生でした

ですか　desuka　～ですか　هَلْ ～ ؟　هَلْ هٰذَا مِفْتَاحٌ؟ :これは鍵ですか
2)～ですか　أَ ～ ؟　～ ،أَلَيْسَ كَذٰلِكَ؟ :～ではありませんか

でたらめ　detarame　でたらめ　هُرَاءٌ　< هرأ　أُسْكُتْ ! فَكَلَامُكَ هُرَاءٌ :黙れ, でたらめを言うな

でたらめに　detarame-ni　でたらめに　عَلَى غَيْرِ هُدًى　أَجَابَ عَلَى غَيْرِ هُدًى :でたらめに答えた

でていく　dete-iku　出て行く　اِنْصَرَفَ　< صرف VII　اِنْصَرِفْ مِنْ بَيْتِي
私の家から出て行きなさい

ではない　dewa-nai　～ではない　لَيْسَ　هٰذَا لَيْسَ كِتَابًا :これは本ではない(ありません)
لَسْتُ عَرَبِيًّا :私はアラブ人ではない(ありません)

でぱーと　depaato　デパート　مَرْكَز تِجَارِيّ　فَلْنَذْهَبْ إِلَى الْمَرْكَزِ التِّجَارِيِّ
デパートに行こうよ

でむかえる　de-mukaeru　出迎える　اِسْتَقْبَلَ　< قبل X　اِسْتَقْبَلْتُ صَدِيقِي فِي الْمَحَطَّةِ
私は駅で友人を出迎えた

でめの　deme-no　出目の　جَاحِظ　< جحظ　هُوَ جَاحِظُ الْعَيْنَيْنِ :彼は出目である

でも　demo　デモ　مُظَاهَرَة　< ظهر　سَارَ الْجُمْهُورُ فِي مُظَاهَرَةٍ سِلْمِيَّةٍ
人々は平和的なデモ行進をした

でも　demo　でも ⇒ しかし　shikashi　しかし

でもくらしー　demokurashii　デモクラシー　اَلدِّيمُوقْرَاطِيَّة

でもさんかしゃ　demo-sanka-sha　デモ参加者　مُتَظَاهِر　< ظهر 複 ـون　لَا اسْتَطَاعَ رِجَالُ الْأَمْنِ أَنْ يَقْمَعُوا الْمُتَظَاهِرِينَ
治安部隊はデモ参加者を弾圧できなかった

でもたい　demo-tai　デモ隊　فَرِيق الْمُتَظَاهِرِينَ　لِكُلِّ فَرِيقِ الْمُتَظَاهِرِينَ زَعِيمٌ
全てのデモ隊にリーダーがいる

でらっくすな　derakkusu-na　デラックスな　فَخْم　مَنْ صَاحِبُ هٰذِهِ السَّيَّارَةِ الْفَخْمَةِ
このデラックスな車の持ち主は誰ですか

でる　deru　(外に)出る　خَرَجَ (u)　خَرَجَ الْأَوْلَادُ يَلْعَبُونَ :子供達は遊びに外へ出て行った
2)(そっと)出る　تَسَلَّلَ　< سلّ V　تَسَلَّلَ إِلَى الْخَارِجِ :そっと外に出た
3)出る ⇒ しゅっぱつする shuppatsu-suru 出発する
4)出る ⇒ しゅつじょうする shutsujou-suru 出場する

でんあつ～でんとう

でんあつ　den·atsu　電圧　جَهْد
電圧計: مِقْيَاس الْجَهْدِ

でんえん　den·en　田園　رِيف　複 أَرْيَاف
田園(での)生活: الْعَيْش فِي الرِّيفِ

でんか　denka　殿下　سُمُوّ
王子(皇太子)殿下: سُمُوّ الأَمِيرِ　※王子に対する尊称

でんき　denki　電気　كَهْرَبَاء
静電気: كَهْرَبَاء اِسْتَاتِيكِيَّة (سُكُونِيَّة) ※女
電気の/電気屋: كَهْرَبَائِيّ ※関
電気の流れ/電流: تَيَّار كَهْرَبَائِيّ
مَنْ يُسْرِعُ لإِحْضَارِ الْكَهْرَبَائِيِّ؟
誰か急いで電気屋さんを呼びに行ってくれないか

でんき　denki　伝記　سِيرَة　複 سِيَر
أَعْجَبَتْنِي سِيرَتُهُ
私は彼の伝記に感動した

でんき-ようせつ　denki-yousetsu　電気溶接　لِحَام كَهْرَبَائِيّ
بَرِيقُ اللِّحَامِ الْكَهْرَبَائِيِّ يُؤْذِي الْعَيْنَيْنِ
電気溶接(電溶)の光は目を痛める

でんきょく　denkyoku　電極　قُطْب كَهْرَبَائِيّ

でんごん　dengon　伝言　رِسَالَة　< رسل　複 رَسَائِل
伝言をどうぞ: أُتْرُكْ رِسَالَتَكَ

でんし　denshi　電子　الإِلِكْتْرُون
電子計算機/コンピューター: حَاسِب إِلِكْتْرُونِيّ ※

でんしゃ　densha　電車　قِطَار　< قطر　複 قُطُر / قُطُرَات
急行電車: قِطَار سَرِيع

2)電車　تُرَام　複 -ات　※路面電車

でんせつ　densetsu　伝説　أُسْطُورَة　複 أَسَاطِير
نَقَلَ الأُسْطُورَةَ إِلَى الأَجْيَالِ الْقَادِمَةِ
後世にその伝説を言い伝えた

でんせん　densen　電線　شَرِيط الْكَهْرَبَاءِ
عَلِقَتْ طَائِرَةُ الْوَرَقِ بِشَرِيطِ الْكَهْرَبَاءِ
凧が電線に引っ掛かった

でんせん　densen　伝染
でんせんびょう　densen-byou　伝染病　عَدْوَى　< عدو
ワクチンが伝染を防ぐ: اللِّقَاحُ يَمْنَعُ الْعَدْوَى

でんせんの　densen-no　伝染の　مُعْدٍ　< عدو ※定 الْمُعْدِي
伝染病: أَمْرَاض مُعْدِيَة
私は伝染病にかかった: أُصِبْتُ بِالْمَرَضِ الْمُعْدِي

でんち　denchi　電池　بَطَّارِيَّة　複 -ات
乾電池: بَطَّارِيَّة جَافَّة
電池が空です: الْبَطَّارِيَّةُ فَارِغَةٌ

でんでんむし　denden-mushi　でんでん虫　⇒　かたつむり　katatsumuri　蝸牛

でんとう　dentou　電灯　لَمْبَة
電灯をつけた: أَشْعَلَ اللَّمْبَةَ

でんとう　dentou　伝統　تَقْلِيد　< قلد　複 تَقَالِيد
يُحَافِظُ عَلَى التَّقْلِيدِ
伝統を守る(保存する)
伝統芸能: فُنُون تَقْلِيدِيَّة
伝統の: تَقْلِيدِيّ ※関

でんどうする～でんわ

でんどうする　dendou-suru　伝道する　⇒ ふきょうする　hukyou-suru　布教する

でんぱ　denpa　電波　مَوْجَة كَهْرَبَائِيَّة　※ 電波妨害: تَشْوِيش عَلَى الْإِذَاعَة

でんぷん　denpun　澱粉　نَشَاء / نَشًا < نشو
饅頭は蒸した澱粉からできる: تُصْنَعُ حَلْوَى ”مَنْجِيُو“ مِنْ نَشَاءٍ مَغْلِيٍّ

でんぽう　denpou　電報　بَرْقِيَّة < برق 複 -ات
電報を送った(受け取った): أَرْسَلَ (تَلَقَّى) بَرْقِيَّةً

でんりゅう　denryuu　電流　تَيَّار كَهْرَبَائِيّ < تير　電流計: مِقْيَاس التَّيَّار
直流(交流): تَيَّار مُبَاشِر (مُتَنَاوِب)

でんりょく　denryoku　電力　طَاقَة كَهْرَبَائِيَّة
滝が電力を生み出す(生じる): يُوَلِّدُ الشَّلَّالُ طَاقَةً كَهْرَبَائِيَّةً

て

でんわ　denwa　電話　تِلِيفُون / تِلِفُون　(私は)電話で連絡します: أَتَّصِلُ بِالتِّلِفُون
公衆電話: تِلِيفُون عُمُومِيّ
※ 電話を切らずにお待ち下さい: عَلَى الْخَطِّ

2)電話　هَاتِف < هتف 複 هَوَاتِف　電話ボックス: غُرْفَة الْهَاتِف
電話帳: دَلِيل الْهَاتِف　電話で: بِالْهَاتِف
電話番号を教えて下さい: اِعْطِنِي رَقْم الْهَاتِف
電話を切った: أَغْلَقَ الْهَاتِفَ

と～とうかする

东　と　ト　【to】

と　　to　　～と…　　～ وَ ‥　　أَنَا وَأَنْتَ :あなたと私

と　　to　　戸　　بَابٌ　　< بوب 複 أَبْوَاب　　فَتَحَ (أَقْفَلَ) الْبَابَ

戸を開けた(閉めた)

とーち　　toochi　　トーチ　　شَعْلَة　　複 شُعَل　　وَصَلَ الْعَدَّاءُ إلَى الْمَلْعَبِ حَامِلاً شَعْلَةً

トーチを持ったランナーが競技場に着いた

とーなめんと　　too·namento　　トーナメント مُبَارَيَات التَّصْفِيَةِ　　اِنْتَهَتْ مُبَارَيَاتُ التَّصْفِيَةِ

トーナメント戦が終わった

とい　　toi　　問い　⇒ しつもん　shitsumon　質問

といあわせる　　toi-awaseru　　問い合わせる اِسْتَفْسَرَ　　< فسر X　　اِسْتَفْسَرَ عَنْ نَتِيجَةِ الامْتِحَانِ

試験の結果を問い合わせた

といし　　toishi　　砥石　　مِسَنّ　　< سنّ 複 مَسَانّ /-ات　　اَلسِّكِّينُ لاَ تَقْطَعُ ، فَأَيْنَ

الْمِسَنُّ ؟ 包丁が切れない,砥石はどこだ

といれ　　toire　　トイレ

といれっと　　toiretto　　トイレット ⇒ べんじょ　benjo　便所

といれっと ぺーぱー　　toiretto peepaa　　トイレット ペーパー　　وَرَقُ الْمِرْحَاضِ

とう　　tou　　党　　حِزْب　　複 أَحْزَاب　　زَعِيمِ الْحِزْبِ :党首

とう　　tou　　糖　　سُكَّر　　複 سَكَاكِر　　مَرَضُ السُّكَّرِ :糖尿病

とう　　tou　　塔　　بُرْج　　複 أَبْرَاج / بُرُوج　　بُرْج "طوكيو" :東京タワー

とう　　tou　　頭 (كَيْفِيَّة عَدّ الْحَيَوان مَثَلاً الأَبْقار ، الْفِيلَة إلخ)

بَقَرَة :1頭の牛　(يْنِ) بَقَرَتَانِ :2頭の牛(属対)

とう　　tou　　問う　⇒ たずねる　tazu·neru　尋ねる /しつもんする　shitumon-suru　質問する

とういつ　　touitsu　　統一　　اِتِّحَاد　　< وحد　　اِتِّحَاد الرُّوحِ وَالْجَسَدِ :精神と肉体の統一

とういつする　　touitsu-suru　統一する　　وَحَّدَ　　< وحد II　　وَحَّدَ وَطَنَهُ :祖国を統一した

※名 تَوْحِيد :統一　　تَوْحِيد الْوَطَنِ :祖国統一

とうか　　touka　　十日 اَلْيَوْم الْعَاشِر　　اَلْيَوْم الْعَاشِر مِنْ شَهْرِ رَمَضَانَ :ラマダーン月の十日

※ عَشَرَة أَيَّامٍ :十日間

とうかする　　touka-suru　　投下する　　أَلْقَى　　< لقى IV　　أَلْقَتْ أميركا عَلَى "هيروشيما" أَوَّلَ

قُنْبُلَةٍ ذَرِّيَّةٍ فِي الْعَالَمِ فِي ٦ آب ١٩٤٥

アメリカは世界で最初の原子爆弾を１９４５年

8月6日広島に投下した

と

とうき～とうぜんである

とうき　touki　陶器　خَزَف　إِبْرِيقُ الْخَزَفِ :陶器(陶製)のポット

とうきゅう　toukyuu　等級　دَرَجَة　複 -ات　فُنْدُقٌ مِنَ الدَّرَجَةِ الْأُولَى :一等級のホテル

とうけい　toukei　統計　إِحْصَاء　< حصى 複 -ات　إِحْصَاءُ السُّكَّانِ :人口統計

とうけつする　touketsu-suru　凍結する　جَمَّدَ　< جمد II　جَمَّدَ أَمْوَالَهُ :彼の資産を凍結した

جَمَّدَ الصَّقِيعُ الْمَاءَ فِي الشَّارِعِ
霜が通りの水を凍結した

とうげ　touge　1)峠　قِمَّةُ الْمَمَرِّ الْجَبَلِيِّ　اِجْتَازَ قِمَّةَ الْمَمَرِّ :峠を越えた(越した)

2)峠　ذُرْوَة (ِ)　複 ذُرًى　تَبْلُغُ حَرَكَةُ الْمُرُورِ ذُرْوَتَهَا فِي السَّاعَةِ ٥
交通量の峠(ピーク)は5時だ

と

とうげい　tougei　陶芸　فَنُّ صِنَاعَةِ الْخَزَفِ

とうげいか　tougei-ka　陶芸家　خَزَّاف　< خزف　يُخْرِجُ الْخَزَّافُ مِنَ الطِّينِ تُحَفًا
陶芸家は土から作品を作り出す

とうこうする　toukou-suru　投降する　اِسْتَسْلَمَ　< سلم X　اِسْتَسْلَمَ الْجَيْشُ إِلَى الْعَدُوِّ
軍隊は敵に投降した

とうごくする　tougoku-suru　投獄する　حَبَسَ (i)　حَبَسَتِ الْحُكُومَةُ مَجْمُوعَةً بَرِيئَةً
政府は無実のグループを投獄した

2)投獄する　أَوْدَعَ السِّجْنَ　أُودِعَ السِّجْنَ :投獄された

とうさんする　tousan-suru　倒産する　أَفْلَسَ　< فلس IV　أَفْلَسَتِ الشَّرِكَةُ :会社が倒産した

※名 إِفْلَاس :倒産　إِفْلَاسُ الشَّرِكَةِ :会社の倒産

とうしする　toushi-suru　投資する　اِسْتَثْمَرَ　< ثمر X　~に: لِـ/فِي~　اِسْتَثْمَرَ الْمَالَ فِي الشَّرِكَةِ
その会社にお金(資金)を投資した

※名 اِسْتِثْمَار 複 -ات :投資

2)投資する　وَظَّفَ مَالًا　< وظف II　وَظِّفْ مَالَكَ، وَحَاوِلْ أَنْ تُثَمِّرَهُ
投資してあなたのお金を増やしなさい

とうじ　touji　冬至　اَلِانْقِلَابُ الشِّتَائِيُّ　※ ⇔ اَلِانْقِلَابُ الصَّيْفِيُّ :夏至

とうじの　touji-no　当時の　فِي ذٰلِكَ الْوَقْتِ　اَلْحَيَاةُ فِي ذٰلِكَ الْوَقْتِ :当時の生活

とうせんする　tousen-suru　当選する　نَجَحَ فِي الِانْتِخَابَاتِ　※選挙で

とうぜん　touzen　当然　⇒ もちろん　mochiron　勿論

とうぜんの　touzen-no　当然の　⇒ あたりまえの　atarimae-no　当たり前の

とうぜんである　touzen-dearu　当然である　~ مِنَ الطَّبِيعِيِّ أَنْ / طَبِيعِيٌّ أَنْ

مِنَ الطَّبِيعِيِّ أَنْ تَصْغُرَ ثِيَابُكَ
あなたの服が小さくなったのも当然です

とうそう～とうもろこし

とうそう　tousou　闘争　كِفَاح ＜ كفح 複 -ات　(اَلْكِفَاحُ السِّيَاسِيُّ (الْمُسَلَّحُ

政治(武装)闘争

とうそうする　tousou-suru　逃走する ⇒ にげる　nigeru　逃げる

とうぞく　touzoku　盗賊　لِصّ 複 لُصُوص　وَقَعَ اللِّصُّ بَيْنَ يَدَيِ الشُّرْطِيِّ

盗賊は警察に捕まった

2)盗賊 قَاطِعُ الطَّرِيقِ 複 قُطَّاعُ (قُطَّعُ) الطُّرُقِ

اِعْتَرَضَ قَاطِعُ الطَّرِيقِ الْمُسَافِرَ

盗賊が旅行者の前に立ちはだかった

とうたつする　toutatsu-suru　到達する ⇒ いたる　itaru　至る ／たっする　tassuru　達する

とうだい　toudai　灯台　مَنَارَة ＜ نور　تُرْسِلُ الْمَنَارَةُ النُّورَ حَوْلَهَا

灯台は周りに光を放つ

とうちする　touchi-suru　統治する　حَكَمَ (u)　حَكَمَ الْجَيْشُ الْبِلَادَ :軍が国を統治した

※名 حُكْم 複 أَحْكَام :統治　حُكْمُ الْقَانُونِ :法による統治

とうちゃくする　touchaku-suru　到着する ⇒ つく　tsuku　着く

とうとい　toutoi　尊い　غَالٍ ＜ غلو 複 غَوَالٍ　اَلْحَيَاةُ غَالِيَةٌ :生命は尊い

とうとう　toutou　とうとう　أَخِيرًا ＜ أخر ※= نِهَايَةً　أَخِيرًا وَجَدَ وَظِيفَةً جَدِيدَةً

彼はとうとう新しい仕事を見つけた

とうとぶ　toutobu　尊ぶ ⇒ そんちょうする　sonchou-suru　尊重する

とうなん　tou·nan　盗難　سَرِقَة 複 -ات　يَشْمَلُ تَأْمِينُ سَيَّارَتِنَا حَتَّى السَّرِقَةَ

私たちの車の保険は盗難まで含みます

とうにょう-びょう　tou·nyou-byou　糖尿病　مَرَضُ الْبَوْلِ السُّكَّرِيِّ

とうひする　touhi-suru　逃避する　هَرَبَ (u)　هَرَبَ مِنَ الْوَاقِعِ :現実から逃避した

とうひょうする　touhyou-suru　投票する　صَوَّتَ ＜ صوت II　～ صَوَّتَ عَلَى/لِصَالِحِ :～に賛成の投票をした

～ صَوَّتَ ضِدَّ :～に反対の投票をした

※名 تَصْوِيت :投票　لَيْسَ لِلنِّسَاءِ حَقُّ التَّصْوِيتِ

女性(婦人)に投票権(参政権)はない

とうへん　touhen　等辺　مُتَسَاوِي الْأَضْلَاعِ　مُثَلَّثٌ مُتَسَاوِي السَّاقَيْنِ :二等辺三角形

とうぼうする　toubou-suru　逃亡する　هَرَبَ (u)　هَرَبَ مِنَ الْجَيْشِ :軍隊から逃亡した(脱走した)

※名 هَرَب 複 هُرُوب :逃亡

حَاوَلَ الْهَرَبَ :逃亡を試みた

とうめいな　toumei-na　透明な
とうめいの　toumei-no　透明の　شَفَّاف ＜ شفّ　زُجَاجٌ شَفَّافٌ :透明ガラス

اَلْمَاءُ سَائِلٌ شَفَّافٌ :水は透明な液体です

とうもろこし　toumorokoshi　トウモロコシ　ذُرَة ＜ ذرو　حَقْلُ ذُرَةٍ :トウモロコシ畑 ※ ذَرَّة :原子

と

とうゆ　tou-yu　灯油　كِيرُوسِين
خَلَطَ الْعَامِلُ الْكِيرُوسِين وَالْبَنْزِين
作業員が灯油とガソリンを取り違えた(間違えた)

とうよう　touyou　東洋　اَلشَّرْق
اَلشَّرْقُ مَهْدُ الْحَضَارَاتِ :東洋は文明の揺りかごだ

とうようてき　touyou-teki　東洋的
とうようの　touyou-no　東洋の　شَرْقِيّ < شرق ※ ⇔ غَرْبِيّ :西洋的/西洋の

とうらいする　tourai-suru　到来する ⇒ くる kuru 来る

ろうろくされた　touroku-sareta　登録された　مُسَجَّل < سجل
عَلَامَة تِجَارِيَّة مُسَجَّلَة :登録商標

とうろくする　touroku-suru　登録する　سَجَّلَ < سجل II
سَجَّلَ الْاسْمَ وَالْعُنْوَانَ فِي الْمَكْتَبِ
事務所で名前と住所を登録した
تَسْجِيل الْأَسْمَاءِ :氏名の登録
※名 تَسْجِيل :登録

とうろんする　touron-suru　討論する ⇒ぎろんする giron-suru 議論する

とうわく　touwaku　当惑　حَيْرَة
فِي حَيْرَةٍ :当惑して
أَوْقَعَ ～ فِي حَيْرَةٍ :～を当惑させた

とうわくする　touwaku-suru　当惑する　تَضَايَقَ < ضيق VI ～ مِنْ :～に
تَضَايَقَ النَّاظِرُ مِنْ ضَجِيجِنَا
校長先生は私達のうるささに当惑した

とお　to･o　十(10) ⇒ じゅう jyuu 十(10)

とおい　to･oi　遠い　بَعِيد < بعد 複 بُعُدٌ / بُعَدَاءُ ～ عَنْ :～から
مُنْذُ زَمَنٍ بَعِيدٍ :はるか遠い昔から
مَدْرَسَتُنَا بَعِيدَةٌ عَنْ هُنَا
私達の学校はここから遠いです

とおくに　to･oku･ni　遠くに
とおくへ　to･oku･e　遠くへ　بَعِيدًا < بعد
ذَهَبَ بَعِيدًا :遠くに(遠くへ)行った

とおざかる　to･ozakaru　遠ざかる　اِبْتَعَدَ < بعد VIII ～ عَنْ :～から
命(ي) اِبْتَعِدْ :遠ざかれ(女)

とおざける　to･ozakeru　遠ざける　أَبْعَدَ < بعد IV
أَبْعِدْ كَلْبَكَ عَنِّي
あなたの犬を私から遠ざけなさい

とおす　to･osu　通す　أَدْخَلَ < دخل IV
أَدْخِلْنِي فِي الْحَدِيقَةِ
私を庭に通して下さい

2)通す　سَلَكَ (u)
لَا تَزَالُ جَدَّتِي تَسْلُكُ الْخَيْطَ فِي الْإِبْرَةِ
祖母はまだ針に糸を通します

とおり　to･ori　通り　شَارِع < شرع 複 شَوَارِع
شَارِع "جِينْزَا" :銀座通り

とおりに　to･ori-ni　(～の)通りに　～كَمَا
اِفْعَلْ كَمَا قِيلَ لَكَ :言われた通りにしなさい

とおる　to･oru　通る　مَرَّ (u)
مَرَرْتُ وَسْطَ الشَّارِعِ :私は通りの真ん中を通った

2)通る　اِجْتَازَ < جوز VIII
اِجْتَازَ امْتِحَانًا :試験に通った

3)通る　اِنْخَرَطَ < خرط VII
اِنْخَرَطَتِ الْخَرَزَةُ فِي السِّلْكِ
真珠玉が糸に通った

とかい～とくいである

とかい　tokai　都会　مَدِينَة < مدن 複 مُدُن　اَلْمُدُنُ الْكُبْرَى: 大都会/大都市
حَيَاةُ الْمُدُنِ تُغْرِي كُلَّ نَاشِئٍ
都会の生活はあらゆる若者を引き付ける

とかげ　tokage　トカゲ　سِحْلِيَّة < سحل 複 سَحَالٍ　زَحَفَتِ السِّحْلِيَّةُ مِنْ جُحْرِهَا إِلَى الْحَائِطِ
トカゲが巣穴から壁まで這って行った

とかす　tokasu　溶かす　ذَوَّبَ < ذوب II　ذَوِّبِي السُّكَّرَ فِي الْمَاءِ
(貴女は)砂糖を水に溶かしなさい

2)溶かす　صَهَرَ (a)　صَهَرَ الصَّائِغُ الذَّهَبَ عَلَى النَّارِ
貴金属細工人が金を火にかけて溶かした

とがめる　togameru　咎める　لَامَ، يَلُومُ　~عَلَى: ~を　أَلُومُهُ عَلَى إِهْمَالِهِ
私は彼の怠慢を咎めます

2)咎める　أَنَّبَ < أنب II　أَنَّبَنِي ضَمِيرِي: 私は良心が咎めました

とがらす　togarasu　尖らす
とがらせる　togaraseru　尖らせる　بَرَى، يَبْرِي　يَبْرِي قَلَمَهُ بِالْمِبْرَاةِ: 小刀で鉛筆を尖らす

2)尖らせる　أَثَارَ < ثور IV ※神経を　أَثَارَ أَعْصَابَهُ: 神経を尖らせた

とき　toki　時　أَوَان < اون　آنَ الْأَوَانُ لِـ~: 今が~する時だ
فَاتَ الْأَوَانُ: 時を逸した

2)時　وَقْت 複 أَوْقَات　أَمْضَيْتُ أَوْقَاتًا مُمْتِعَةً
私は楽しい時を過ごしました
فَاتَ وَقْتُ الْمُزَاحِ، وَآنَ أَوَانُ الْجِدِّ
ふざける時は過ぎて,真面目になる時が来た

3)(~する)時　عِنْدَمَا < عند　لَمْ يَكُنْ مَوْجُودًا عِنْدَمَا زُرْتُهُ
私が彼を訪れた時彼はいませんでした

ときおり　toki・ori　時折
ときどき　tokidoki　時々　أَحْيَانًا / مِنْ آنٍ إِلَى آخَرَ　أَحْيَانًا قَابَلَهَا: 彼は時々彼女に会った

とく　toku　解く　حَلَّ (u)　حَلَّ الْمَسْأَلَةَ: その問題を解いた

2)解く　أَزَالَ < زيل IV ※誤解を　أَزَالَ سُوءَ التَّفَاهُمِ: 誤解を解いた

3)解く/梳く　مَشَطَ (u, i) ※髪を　هَلْ تُرِيدِينَ أَنْ تَمْشُطِي شَعْرَكِ؟
貴女は髪を(自分で)解き(梳き)たいのですか

とく　toku　説く　أَرْشَدَ < رشد IV　أَرْشَدَهُمْ إِلَى الصِّرَاطِ الْمُسْتَقِيمِ
彼らに正しい道を説いた

とく　toku　得　فَائِدَة < فيد 複 فَوَائِد　لَا فَائِدَةَ فِي ذٰلِكَ
それは得にならない

とくいである　tokui-dearu　得意である　أَجَادَ، يُجِيدُ < جود IV　تُجِيدُ الْعَزْفَ عَلَى الْبِيَانُو
彼女はピアノが得意です

と

とくしか～とさか

とくしか tokushi-ka 篤志家 مُحْسِن < حسن 複 ـون
بُنِيَ الْمَيْتَمُ بِمَعُونَةِ الْمُحْسِنِينَ 孤児院は篤志家達の援助で建てられた

とくしゅな tokushu-na 特殊な خَاصّ < خصّ
مَعْدِن خَاصّ :特殊鋼

とくちょう tokuchou 特長 مِيزَة < ميز
مِيزَةُ هٰذِهِ السَّيَّارَةِ إِنَّهَا رَخِيصَةٌ この車の特長は安いことです

とくちょう-である tokuchou-dearu 特徴である اِمْتَازَ < ميز VIII بِ～ :～が
يَمْتَازُ بِطُولِ قَامَتِهِ 彼は長身であることが特徴です

とくてん tokuten 得点 هَدَف 複 أَهْدَاف
سَجَّلَ اللَّاعِبُ هَدَفًا لِفَرِيقِهِ 選手がチームのために得点をした

とくに toku-ni 特に خَاصَّةً / خُصُوصًا < خصّ
اِبْنَتُهُ الصُّغْرَى مَحْبُوبَةٌ عِنْدَهُ خَاصَّةً 特に一番下の娘が彼に可愛がられている

とくはいん tokuha-in 特派員 مُرَاسِل < رسل 複 ـون
مَنْ هُوَ مُرَاسِلُ الْجَرِيدَةِ فِي الْقَاهِرَةِ ؟ その新聞のカイロ特派員は誰ですか

とくべつな tokubetsu-na 特別な
とくべつの tokubetsu-no 特別の خَاصّ < خصّ
عَدَد خَاصّ عَنْ ～ :～についての特別版(特集号)

とくめいの tokumei-no 匿名の خَفِيُّ الاسْمِ
رِسَالَةٌ كَاتِبُهَا خَفِيُّ الاسْمِ :匿名の手紙

とぐ togu 研ぐ شَحَذَ (a)
شَحَذَ السِّكِّينَ بِالْمِسَنِّ :ナイフを砥石で研いだ

2)研ぐ صَوَّلَ ※米を
نُصَوِّلُ الرُّزَّ بِمَاءِ الْبِئْرِ 私達はお米を井戸水で研ぐ(洗う)

とけい tokei 時計 سَاعَة < سوع 複 ـات ※= آلَةٌ يُعْرَفُ بِهَا الْوَقْتُ
سَاعَةٌ كَبِيرَةٌ :置き時計/柱時計 سَاعَةُ يَدٍ :腕時計

とけた toketa 溶けた/融けた ذَائِب < ذوب
السُّكَّرُ ذَائِبٌ فِي الْمَاءِ :砂糖は水に溶けている

とける tokeru 溶ける/融ける ذَابَ ، يَذُوبُ
يَذُوبُ الدَّوَاءُ فِي الْمَاءِ :その薬は水に溶けます

とげ toge 棘 شَوْك 複 أَشْوَاك ※ شَوْكَة :1本の棘
نَتَشَ الشَّوْكَةَ :刺を抜いた

とげる togeru 遂げる حَقَّقَ < حقّ II
حَقَّقَ الْهَدَفَ :目的を遂げた

とこや toko-ya 床屋 حَلَّاق < حلق 複 ـون
إِذْهَبْ إِلَى الْحَلَّاقِ :床屋へ行きなさい

ところ tokoro 所 ⇒ ばしょ basho 場所

ところで tokorode ところで بِالْمُنَاسَبَةِ / عَلَى فِكْرَةٍ
بِالْمُنَاسَبَةِ كَيْفَ حَالُ أَبُوكَ ؟ ところでお父さんはお元気ですか

とさか tosaka とさか عُرْف 複 أَعْرَاف
عُرْفُ الدِّيكِ تَاجٌ يُزَيِّنُ رَأْسَهُ 雄鶏のとさかは頭を飾る冠です

と

とさつしゃ　tosatsu-sha　屠殺者
とさつや　tosatsu-ya　屠殺屋　جَزَّار < جزر 複 ـون　اِشْتَرَى الْجَزَّارُ السِّكِّينَ الْحَادَّ
屠殺屋は鋭い刃物を買った

とさつする　tosatsu-suru　屠殺する　ذَبَحَ (a)　ذَبَحَ اللَّحَّامُ الْخَرُوفَ أَمَامَ دُكَّانِهِ
肉屋は店の前で羊を屠殺した
※名 ذَبْح :屠殺　※イスラム法に基づき家畜を殺すこと
أَحَلَّ اللّٰهُ ذَبْحَ الْمَوَاشِي
神は家畜の屠殺を許された

とざんする　tozan-suru　登山する　تَسَلَّقَ < سلق V　أُحِبُّ أَنْ أَتَسَلَّقَ الْجِبَالَ
私は登山する(山に登る)のが好きです
※名 (الْجِبَالِ) تَسَلُّق :登山　مُتَسَلِّق :登山家

とし　toshi　年　عَام < عوم 複 أَعْوَام　كُلُّ عَامٍ وَأَنْتُمْ بِخَيْرٍ
新年明けましておめでとうございます

とし　toshi　歳　عُمْر 複 أَعْمَار　عُمْرُهُ عِشْرُونَ سَنَةً :彼は二十歳です
2)歳/年　سِنّ 複 أَسْنَان　(كَبِيرُ) صَغِيرُ السِّنِّ :若い(年老いた)
تَقَدَّمَتْ جَدَّتِي فِي السِّنِّ :祖母は年を取った(年老いた)

とし　toshi　都市　مَدِينَة < مدن 複 مُدُن　طُوكِيُو أَكْبَرُ الْمُدُنِ فِي الْيَابَانِ
東京は日本で一番大きい都市です

としうえ-である　toshiue-dearu　年上である　كَبَرَ (u)　يَكْبُرُ "جُحَا" "مُحَمَّدًا" بِسَنَةٍ
ジョハーはムハンマドより1歳年上である

としうえの　toshiue-no　年上の　أَكْبَر < كبر 女 كُبْرَى　هُوَ أَكْبَرُ مِنِّي :彼は私より年上だ

としした-である　toshishita-dearu　年下である　صَغَرَ (u)　أَصْغَرُ "مُحَمَّدًا" بِسَنَتَيْنِ
私はムハンマドより2歳年下だ(若い)

としたの　toshishita-no　年下の　أَصْغَر < صغر 女 صُغْرَى　※صَغِير の比
أَخِي الْأَصْغَرُ :私の一番(年)下の(若い)弟

として　toshite　～として　ـَكَ~　أَنْصَحُكَ كَصَدِيقٍ :私は君に友人として忠告する

としょかん　tosho-kan　図書館　مَكْتَبَة < كتب 複 ـات　مَكْتَبَةٌ عَامَّةٌ :公立図書館
اِسْتَعَارَ كُتُبًا مِنَ الْمَكْتَبَاتِ :図書館から本を借りた

としより　toshiyori　年寄り　⇒ ろうじん roujin 老人

とじこめる　toji-komeru　閉じこめる　حَبَسَ (i)　حَبَسَ اللِّصَّ فِي الْغُرْفَةِ :泥棒を部屋に閉じこめた

とじこもる　toji-komoru　閉じこもる　قَبَعَ (a)　تَغْضَبُ بِنْتِي فَتَقْبَعُ فِي غُرْفَتِهَا
私の娘は怒ると部屋に閉じこもる

とじまり　tojimari　戸締まり　إِغْلَاقُ الْبَابِ　أَحْكِمْ إِغْلَاقَ الْبَابِ قَبْلَ أَنْ تَنَامَ
寝る前に戸締まりをしっかりしなさい

とじる～とどく

と

とじる	tojiru	閉じる	⇒ しめる shimeru 閉める
とたん	totan	トタン	تُوتِيَا / تُوتِيَاء　لَوْحَة تُوتِيَا :トタン板 複 أَلْوَاح تُوتِيَا
とだえる	todaeru	途絶える	⇒ たえる taeru 絶える
とだな	to-da・na	戸棚	خِزَانَة < خزن 複 خَزَائِن / -ات　رَتِّبْ ثِيَابَكَ فِي الْخِزَانَةِ 自分の服は戸棚にきちんと仕舞いなさい
とち	tochi	土地	أَرْض 複 أَرَاضٍ　قِطْعَة الأَرْضِ :土地の一区画/一片の土地
とちゅうに とちゅうで	tochuu-ni tochuu-de	途中に 途中で	أَثْنَاءَ / فِي أَثْنَاءِ　فِي أَثْنَاءِ سَيْرِهِ :行く途中で فِي أَثْنَاءِ رُجُوعِهِ إِلَى بَيْتِهِ :彼が家に帰る途中で
		2)途中に 途中で	فِي مُنْتَصَفِ الطَّرِيقِ　وَقَفَ الْحِمَارُ فِي مُنْتَصَفِ الطَّرِيقِ ロバが途中で止まった
とっきょ とっきょけん	tokkyo tokkyo-ken	特許 特許権	بَرَاءَة اخْتِرَاعٍ　بَرَاءَة　اِكْتَشَفَ دَوَاءً لِلصَّلَعِ ، وَنَالَ عَلَيْهِ بَرَاءَةَ اخْتِرَاعٍ 禿の薬を発明して, その特許を得た
とっけん	tokken	特権	اِمْتِيَاز < ميز 複 -ات　اِمْتِيَازَات دِبْلُومَاسِيَّة :外交特権
とつぜん(に)	totsuzen(-ni)	突然(に)	فَجْأَةً　أَخَذَتِ السَّمَاءُ تُمْطِرُ فَجْأَةً 突然(に)雨が降り始めた
とつぜんの	totsuzen-no	突然の	مُفَاجِئٌ < فجأ　قُدُومُهُ الْمُفَاجِئُ :彼の突然の来訪
とって	totte	取っ手	مِقْبَض / مَقْبِض < قبض 複 مَقَابِض　مَقْبِض الْبَابِ :ドアの取っ手(ノブ)
とってかわる	totte-kawaru	取って代わる	حَلَّ مَحَلًّا　حَلَّ النَّيْلُونُ مَحَلَّ مَوَادَّ كَثِيرَةٍ ナイロンは沢山の物質に取って代わった
とっても	tottemo	とっても	⇒ とても totemo とても
とっぷ	toppu	トップ	صَدَارَة < صدر　اِحْتَلَّ الصَّدَارَةَ فِي～ :～のトップの座を占めた
		2)トップ	رَئِيس < رأس 複 رُؤَسَاء　رَئِيس الشَّرِكَةِ :会社のトップ/社長
とっぷの	toppu-no	トップの	أَحْسَن < حسن　أَحْسَنُ نَتِيجَةٍ :トップの成績
とてつもない	totetsumo-nai	とてつもない	غَيْر مَعْقُولٍ　نَهَمُهُ فِي الأَكْلِ غَيْرُ مَعْقُولٍ 彼の旺盛な食欲はとてつもない
とても	totemo	とても	جِدًّا < جدّ　هٰذَا الْكُرْسِيُّ مُرِيحٌ جِدًّا この椅子はとても(とっても)気持ちが良い
		2)とても	جَزِيلًا < جزل　شُكْرًا جَزِيلًا :とてもありがとうございます
ととのえる	toto・noeru	整える	رَتَّبَ < رتب II　رَتِّبْ كُتُبَكَ فِي الْحَقِيبَةِ 鞄の中の本を整えなさい(整理しなさい)
とどく	todoku	届く	يَرِدُ ، وَرَدَ　مَتَى يَرِدُنِي خِطَابُكَ؟ :お手紙はいつ私に届きますか
		2)届く	يَصِلُ ، وَصَلَ　وَصَلَنِي الْكِتَابُ أَمْسِ :昨日, 私の所に本が届いた

とどける～とびだす

とどける todokeru 届ける قَدَّمَ < قدم II قَدَّمْتُ هَدِيَّةً لِأُمِّي فِي عِيدِ مِيلَادِهَا

私は母親に誕生日のプレゼントを届けた

2)届ける أَحْضَرَ < حضر IV أَحْضِرْ لِي الْكِتَابَ :その本を私に届けて下さい

とどまる todomaru とどまる ظَلَّ (a) ظَلَّ عَلَى مَوْقِفِهِ :自分の立場にとどまった

とどめをさす todome-wosasu 止めを刺す أَجْهَزَ < جهز IV أَجْهَزَ عَلَى الْجَرِيحِ

傷ついた者に止めを刺した

とどろく todoroku 轟く دَوَّى < دوى II كَانَ الرَّعْدُ يُدَوِّي كَالْمَدَافِعِ

雷鳴が大砲のように轟いていた

となえる to・naeru 唱える ذَكَرَ (u) يَذْكُرُ اللّٰهَ :神の名を唱える

2)唱える رَتَّلَ < رتل II رَتَّلَ آيَاتٍ مِنَ الْقُرْآنِ الْكَرِيمِ

聖典コーランの節を唱えた

となり to・nari 隣 جِوَار < جور إِلَى جِوَارِ بَيْتِ الْفَلَّاحِ الْفَقِيرِ

貧しい農夫の隣に

※形 مُجَاوِر :隣の اَلشُّبَّاكُ الْمُجَاوِرُ :隣の窓口

とにかく to・nikaku とにかく عَلَى كُلِّ (أَيِّ) حَالٍ أُرِيدُ أَنْ أَذْهَبَ إِلَى الْمَدْرَسَةِ عَلَى أَيِّ حَالٍ

とにかく私は学校に行きたいのです

との to・no 殿

とのさま to・no-sama 殿様 ⇒ おう ou 王

とのがた to・nogata 殿方 ⇒ おとこ otoko 男

とばく tobaku 賭博 قِمَار < قمر ! كَمْ مِنْ ثَرْوَةٍ ضَاعَتْ فِي الْقِمَارِ

賭博でどれだけ財産を失ったのだ！

とばくし tobaku-shi 賭博師 مُقَامِر < قمر 複 ـون أُعْدِمَ الْمُقَامِرُ

その賭博師(ギャンブラー)は落ちぶれた

とび tobi 跳び وَثْب وَثْبٌ طَوِيلٌ :走り幅跳び وَثْبٌ بِالْعَصَا :棒高跳び

وَثْبٌ عَالٍ :走り高跳び

とび tobi トビ/鳶 حِدَأَة 複

とびあがる tobi-agaru 飛び上がる طَارَ ، يَطِيرُ طَارَ فَرَحًا :飛び上がって喜んだ

2)飛び上がる أَقْلَعَ < قلع IV أَقْلَعَتِ الطَّائِرَةُ :飛行機が飛び上がった

とびおりる tobi-oriru 飛び降りる(سَاقِطًا) قَفَزَ (i) قَفَزَ سَاقِطًا مِنَ الْقِطَارِ :列車から飛び降りた

とびかかる tobi-kakaru 飛びかかる 跳びかかる وَثَبَ ، يَثِبُ وَثَبَ الْأَسَدُ عَلَى فَرِيسَتِهِ وَقَتَلَهَا

ライオンは獲物に跳びかかり，そして殺した

とびこむ tobi-komu 飛び込む غَطَسَ (i) يَغْطِسُ فِي الْمَاءِ بِرَشَاقَةٍ :優雅に水中に飛び込む

とびだす tobi-dasu 飛び出す اِنْدَفَعَ خَارِجًا < دفع VII اِنْدَفَعَ خَارِجًا مِنَ السَّيَّارَةِ

車から飛び出した

と

とびちる～とむらう

とびちる tobi-chiru 飛び散る تَطَايَرَ < طير VI تَحَطَّمَ الزُّجَاجُ وَتَطَايَرَتْ شَظَايَاهُ

ガラスがぶつかって, その破片が飛び散った

とびのる tobi-noru 飛び乗る(رَاكِبًا) قَفَزَ (i) قَفَزَ رَاكِبًا الْبَاصَ :バスに飛び乗った

とびまわる tobi-mawaru 飛び回る تَنَقَّلَ < نقل V يَتَنَقَّلُ ابْنِي كَثِيرًا بِعَمَلِهِ

息子は仕事であちこち飛び回ってます

とびら tobira 扉 بَابٌ < بوب 複 أَبْوَاب/ بِيبَان ذٰلِكَ الْبَابُ مَكْسُورٌ

あの扉は壊れています

とぶ tobu 飛ぶ يَطِيرُ، طَارَ يَطِيرُ الْكَنْدُورُ وَيَنْصَرِفُ :コンドルは飛んで行く

とぶ tobu 跳ぶ قَفَزَ (i) "هاناكو" تَقْفِزُ فَوْقَ الْحَبْلِ بِخِفَّةٍ

花子は軽々とロープの上を跳ぶ

とほ toho 徒歩 ⇒ あるき aruki 歩き

とほう-にくれて tohou-nikurete 途方に暮れて فِي حَيْرَةٍ/ حَائِرًا وَقَفَ حَائِرًا :途方に暮れて立ち止まった

とほうに-くれる tohou-nikureru 途方に暮れる تَحَيَّرَ < حير V تَحَيَّرْتُ فِي حَلِّ الْمُشْكِلَةِ

私はその問題の解決で途方に暮れた

とぼける tobokeru とぼける ⇒ しらないふりをする shira・nai-huri-wosuru 知らないふりをする

とぼしい toboshi・i 乏しい اِفْتَقَرَ < فقر VIII اِفْتَقَرَ إِلَى الْحَنَانِ :愛情が乏しかった

とまと tomato トマト طَمَاطِم/ بَنَادُورَة/ بَنْدُورَة عَصِيرُ بَنَادُورَة :トマトジュース

とまどう tomadou 戸惑う تَرَدَّدَ < ردّ V لِمَاذَا تَتَرَدَّدُ فِي قَبُولِ دَعْوَتِي

どうしてあなたは私の招待に戸惑っているのですか

とまる tomaru 止まる يَقِفُ، وَقَفَ قِفْ! :止まれ!

2)止まる اِنْقَطَعَ < قطع VII اِنْقَطَعَ التَّيَّارُ الْكَهْرَبَائِيُّ

電気が止まった

3)止まる تَوَقَّفَ < وقف V تَوَقَّفَتِ السَّاعَةُ :時計が止まった

とまる tomaru 泊まる يَبِيتُ، بَاتَ < بيت عِنْدَ ~ :~の所に

2)泊まる نَزَلَ (i) نَزَلَ فِي الْفُنْدُقِ :ホテルに泊まった(宿泊した)

とみ tomi 富 غَنَاء/ غِنًى < غني ذُو غِنًى :富を持った/金持ちの

لَا يُوجَدُ مَجْدٌ وَغِنًى وَتَقَدُّمٌ مِنْ غَيْرِ عَمَلٍ وَتَعَبٍ

勤労と苦労なくして栄光や富も進歩もない

とむ tomu 富む يَغْنَى، غَنِيَ لَيْسَ كُلُّ مَنْ يَتَاجِرُ يَغْنَى

商売する者が皆富むわけではない

とむらう tomurau 弔う يَرْثِي، رَثَى قُتِلَ "بَسَّام"، فَرَثَتْهُ أُخْتُهُ

バッサームが殺された, それで彼の妹が彼の霊を弔った

とめる tomeru 止める أَوْقَفَ < وقف IV أَوْقَفَ الْمُحَرِّكَ :エンジン(モーター)を止めた

2)止める اِسْتَوْقَفَ < وقف X اِسْتَوْقَفَنَا شُرْطِيُّ السَّيْرِ
交通警官が私達を止めた

3)止める زَرَّ (u) ※:ボタンを زُرَّ قَمِيصَكَ :シャツのボタンを止めなさい

とめる tomeru 留める لَفَتَ (i) ※目を لَيْتَهُ يَلْفِتُ إِلَيَّ وَجْهَهُ
私に目を留めてくれたらいいのに

とも tomo 友
ともだち tomodachi 友達 صَدِيق < صدق 複 أَصْدِقَاءُ صَدِيقٌ حَمِيمٌ :親友
اَلصَّدِيقُ عِنْدَ الضِّيقِ :困った時の友が真の友[格言]

2)友 友達 صَاحِب < صحب 複 أَصْحَاب لِي كَثِيرٌ مِنَ الْأَصْحَابِ
私は友人が沢山います

3)友 友達 نَدِيم < ندم 複 نُدَمَاءُ / نِدَامٌ ※飲み友達
بَاتَ وَحِيدًا ، فَلَا صَدِيقٌ وَلَا نَدِيمٌ
友人も飲み友達もいなく,一人になった

ともなう tomo・nau 伴う رَافَقَ < رفق III رَافَقَتْكَ السَّلَامَةُ ※旅の安全を願う時に
あなたに平安が伴いますように/行ってらっしゃい

2)伴う اِصْطَحَبَ < صحب VIII يَصْطَحِبُنِي جَدِّي فِي النُّزْهَةِ
祖父は私を伴って散歩する

ともに tomo・ni (～と)共に ～مَعَ / بِـ مَعَ أَطْيَبِ التَّحِيَّاتِ :最上のご挨拶と共に ※手紙の末尾に
عُدْتُ مَعَ أَخِي :私は兄と共に(一緒に)帰りました

とら tora 虎 نَمِر 複 نُمُور أَخَافُ الْفِيلَ أَكْثَرَ مِمَّا أَخَافُ النَّمِرَ
私は虎より象が怖いです

とらえる toraeru 捕らえる اِنْتَهَزَ < نهز VIII اِنْتَهَزَ الْفُرْصَةَ :機会を捕らえた(つかんだ)

2)捕らえる قَبَضَ (i) قَبَضَ عَلَى الْمُجْرِمِ :犯人を捕らえた(捕まえた)

とらくたー torakutaa トラクター جَرَّار < جرّ 複 -ات تَأَخَّرَتِ الْحِرَاثَةُ لِأَنَّ الْجَرَّارَ تَعَطَّلَ
トラクターが故障したので耕作が遅れた

とらっく torakku トラック شَاحِنَة < شحن 複 -ات نَقَلَتِ الشَّاحِنَةُ الرَّمْلَ
トラックが砂を運んだ

とられる torareru 盗られる ⇒ ぬすまれる nusumareru 盗まれる

とらわれる torawareru 捕らわれる ⇒ つかまる tsukamaru 捕まる

とらんぷ toranpu トランプ اَلْكُوتْشِينَة / اَلشَّدَّة / أَوْرَاق اللَّعِب

とらんぺっと toranpetto トランペット بُوق 複 أَبْوَاق نَفَخَ فِي الْبُوقِ النُّحَاسِيِّ
トランペットを吹いた

とり tori 鳥 طَائِر < طار 複 طُيُور طَارَ الطَّائِرُ :鳥が飛んだ

※ عُصْفُور 複 عَصَافِير :小鳥

とりあえず　tori·a·ezu　取りあえず　أَوَّلًا　أَوَّلًا، أُرْشِدُكُمْ إِلَى الْمُخَيَّمِ
取りあえずキャンプに案内します

とりあげる　tori-ageru　取り上げる　⇒ はくだつする　hakudatsu-suru　剥奪する

とりあつかう　tori-atsukau　取り扱う　عَامَلَ < عمل III　عَامَلَ ~ بِعِنَايَةٍ :～を注意深く取り扱った
※名 مُعَامَلَة :取り扱い　الْآلَةُ صَعْبَةُ الْمُعَامَلَةِ
その機械は取り扱い(操作)が難しい

とりいれ　tori-ire　取り入れ　⇒ しゅうかくする　shuukaku-suru　収穫する 名

とりお　torio　トリオ　ثُلَاثِيّ < ثلث [音楽] ”جُبْرَان” اَلثُّلَاثِيّ :トリオジュブラーン*
(*楽団名)

とりかえす　tori-kaesu　取り返す　⇒ とりもどす　torimodosu　取り戻す

とりかえる　tori-kaeru　取り替える　اِسْتَبْدَلَ < بدل X ~بِ~ :~と~　اِسْتَبْدَلَ الْجِهَازَ الْجَدِيدَ
بِالْقَدِيمِ الْبَالِي　古いくたびれた装置を新しいのに
取り替えた

とりかかる　tori-kakaru　取り掛かる　شَرَعَ (a)　~فِي/ يَفْعَلُ + :~に　شَرَعَ يَسْتَعِدُّ لِلْاِمْتِحَانِ
試験準備に取り掛かった

とりかこむ　tori-kakomu　取り囲む　حَاصَرَ < حصر III　حَاصَرَ الْجُنُودُ الْمَدِينَةَ
軍が街を取り囲んだ

とりかご　tori-kago　鳥かご　قَفَص　複 أَقْفَاص　اَلْقَفَصُ لِلْعُصْفُورِ كَالسِّجْنِ لِلْإِنْسَانِ
小鳥にとって鳥かごは人にとっての牢みたいなものだ

とりかわす　tori-kawasu　取り交わす　تَبَادَلَ < بدل VI　فِي الْأَعْيَادِ، تَبَادَلَ الْأَهْلُ وَأَصْدِقَاءُ
祭りの日に家族や友人達が贈り物を取り交わした　الْهَدَايَا

とりくむ　tori-kumu　取り組む　اِنْكَبَّ < كبّ VII ~ عَلَى :~に　اِنْكَبَّ عَلَى الدَّرْسِ
勉強に取り組んだ

とりけす　tori-kesu　取り消す　بَطَّلَ < بطل II　بَطَّلَ الْعَقْدَ :その契約を取り消した

とりこ　toriko　虜　⇒ ほりょ　horyo　捕虜

とりこにする　toriko-nisuru　虜にする　أَسَرَ (i)　اَلْجَمَالُ الْفَتَّانُ يَأْسِرُ الْقُلُوبَ
魅力ある美は心を虜にする

とりしまる　tori-shimaru　取り締まる　ضَبَطَ (i,u)　ضَبَطَ رِجَالُ الْجُمْرُكِ بِضَاعَةً مُهَرَّبَةً
税関職員は密輸品を取り締まった

とり-しらべる　tori-shiraberu　取り調べる　اِسْتَنْطَقَ < نطق X　اِسْتَنْطَقَ الْمُحَقِّقُ الْمُتَّهَمَ
検事が容疑者を取り調べた

とりだす　tori-dasu　取り出す　اِسْتَخْرَجَ < خرج X　اِسْتَخْرَجَ مَالًا مِنْ جَيْبِهِ
彼はポケットからお金を取り出した

とり-ちがえる　tori-chigaeru　取り違える　خَلَطَ (i)　خَلَطَ الْعَامِلُ بَيْنَ الطَّلَبِيَّتَيْنِ
使用人が注文を取り違えた

とりっく～とるこ

خَلَطَ اللَّبَنَ بِالْمَاءِ :ミルクと水を取り違えた

とりっく　torikku　トリック　حِيلَة　＜حول 複 حِيَل　※＝計略/策謀

حِيلَةُ الْغَشَّاشِ :その詐欺師のトリック

とりつぐ　tori-tsugu　取り次ぐ　⇒ つたえる　tsutaeru　伝える

とりつける　tori-tsukeru　取り付ける　رَكَّبَ　＜ركب II　رَكَّبَ جِهَازَ الْإِرْسَالِ فِي السَّيَّارَةِ

車に送信機を取り付けた

とりで　toride　砦　قَلْعَة　複 قِلَاع　لَمْ يَسْتَطِعِ الْغُزَاةُ احْتِلَالَ الْقَلْعَةِ

侵入者達は砦を占領することができなかった

とりなす　tori-nasu　取りなす　تَوَسَّطَ　＜وسط V　تَوَسَّطَ بَيْنَ الْجَارَيْنِ الْمُتَخَاصِمَيْنِ

仲違いをしている二人の隣人を取りなした

とりのぞく　tori-nozoku　取り除く　أَزَالَ　＜زول　أَزَالَ الْأَلْغَامَ :地雷を取り除いた

とりひき　tori-hiki　取り引き　صَفْقَة　複 صَفَقَات　لَا أُرِيدُ أَنْ أَخْسَرَ مَالِي فِي الصَّفْقَةِ

その取引で損をしたくない(出したくない)

とりひき-する　tori-hiki-suru　取り引きする　تَعَامَلَ　＜عمل VI　تَعَامَلَ الْفَلَّاحَانِ :二人の農夫が取引した

とりまく　tori-maku　取り巻く　اِلْتَفَّ　＜لفّ VIII　اِلْتَفَّ الْأَوْلَادُ عَلَى بَائِعِ الْبُوظَةِ

子供達がアイスクリーム屋さんを取り巻いた

とりもどす　tori-modosu　取り戻す　اِسْتَرَدَّ　＜ردّ X　اِسْتَرَدَّ صِحَّتَهُ :健康を取り戻した(が回復した)

2)取り戻す　اِسْتَعَادَ　＜عود X　يَسْتَعِيدُ الْعَرَبُ أَرْضَ فِلَسْطِينَ

アラブはパレスチナの土地を取り戻します

とりょう　toryou　塗料　طِلَاء　＜طلو　زَالَ الطِّلَاءُ عَنِ الْوِعَاءِ وَظَهَرَ النُّحَاسُ

容器の塗料が落ちると銅が表れた

とりわけ　tori-wake　取り分け　⇒ とくに　toku-ni　特に

とる　toru　取る　أَخَذَ ، يَأْخُذُ　أَخَذَ كِتَابًا مِنْ عَلَى الرَّفِّ :棚から本を一冊取った

2)取る　تَنَاوَلَ　＜نول V ※食事を　مَا تَنَاوَلَ الْغَدَاءَ

昼食を取らなかった

3)取る/盗る　سَرَقَ (i)　سَرَقَ مَالَهُ :彼のお金を取った(盗った)

4)取る　تَحَمَّلَ　＜حمل V※責任を ～ عَنْ　تَحَمَّلَ مَسْؤُولِيَّةً

～の責任を取った

とる　toru　撮る　صَوَّرَ　＜صور II　! صَوِّرْنَا :私達の写真を撮って下さい

とる　toru　獲る　اِصْطَادَ　＜صيد VIII　اِصْطَادَ سَمَكًا :魚を獲った

とるこ　toruko　トルコ　تُرْكِيَا　※تُرْكِيّ 複 أَتْرَاك :トルコの/トルコ人

اَلْجُنُودُ الْأَتْرَاكُ يَتَنَاوَلُونَ الطَّعَامَ

トルコ兵達が食事をしている

と

قَهْوَة تُرْكِيَّة :トルココーヒー

とれーなー toree・naa トレーナー ⇒ こーち koochi コーチ

とれーにんぐ toree・ningu トレーニング ⇒ くんれんする kunren-suru 訓練する ※名

とろふぃー torofii トロフィー كَأْس 複 كُؤُوس/ كَأْسَات ※女

يَتَنَافَسُ الرِّيَاضِيُّونَ مِنْ أَجْلِ كَأْسِ الْفَوْزِ

選手達は優勝トロフィーのために戦う

とん ton トン طُنّ 複 أَطْنَان اِشْتَرَى التَّاجِرُ طُنًّا مِنَ السُّكَّرِ

商人は1トンの砂糖を買った

とんち tonchi とんち فِطْنَة وَفُكَاهَة حَدِيث فِطْنَةٍ:とんち話

とんでもない tondemo-nai とんでもない غَيْرُ مَعْقُولٍ سِعْر غَيْرُ مَعْقُولٍ :とんでもない値段

2)とんでもない كَلَّا あなたは私に嘘をついたのですか أَكَذَبْتَ عَلَيَّ؟

とんでもない, 私は決して嘘をついていません كَلَّا، لَمْ أَكْذِبْ أَبَدًا

とんねる ton・neru トンネル نَفَق 複 أَنْفَاق دَخَلَ الْقِطَارُ فَجْأَةً فِي نَفَقٍ مُظْلِمٍ

汽車(列車)は突然暗いトンネルに入った

ど do 度 دَرَجَة 複 -ات دَرَجَة الرُّطُوبَة (الْحَرَارَة):湿度(温度)

الزَّاوِيَةُ الْقَائِمَةُ تُسَاوِي ٩٠ دَرَجَة

直角は90度です

どーむ doomu ドーム قُبَّة 複 قِبَاب/قُبَب قُبَّة الصَّخْرَةِ:岩のドーム

どあ doa ドア ⇒ と to 戸 / とびら tobira 扉

どいつ doitsu ドイツ/独 أَلْمَانِيَا ※ أَلْمَانِيّ:ドイツの/ドイツ人

どう dou (～は)どう مَاذَا عَنْ ～؟ مَاذَا عَنِ السِّيَاسَةِ الِاقْتِصَادِيَّةِ؟

経済政策についてはどうですか

2)(～は)どう كَيْفَ ～؟ كَيْفَ حَالُكَ؟:ご機嫌はどう(ですか)

كَيْفَ دِرَاسَتُكَ؟:勉強はどうですか

どう dou どう ⇒ どのように do・no・you・ni どのように

どう dou 銅 نُحَاس < نحس سِلْك نُحَاسٍ:銅線 تِمْثَال نُحَاسٍ:銅像

どう dou 胴 ⇒ どう dou 胴

どういする doui-suru 同意する وَافَقَ < وفق III ～ عَلَى/فِي:～について

وَافَقَ عَلَى الزَّوَاجِ:結婚に同意した

أَلَا تُوَافِقُنِي عَلَى رَأْيِي؟

私の意見にあなたは賛成しないのですか

※名 مُوَافَقَة:同意 طَلَبَ مُوَافَقَتَنَا عَلَى ～

～につての私達の同意を求めた

どういたしまして〜どうして

どういたし-まして　dou-itashi・mashite　どういたしまして　عَفْوًا / عَفْوًا ‎<‎ عفو ※ شُكْرًا :有り難う にたいする返礼

どういつの　douitsu-no　同一の　نَفْس　複 أَنْفُس ※限定名詞を伴う

نَفْسُ الشَّيْءِ (الشَّخْصِ) :同一の物(人物)

どうか　douka　どうか　أَرْجُو　※رَجَا (u):望む, 1人称未　أَرْجُو الْفَوْزَ فِي الِامْتِحَانِ

どうか試験に受かりますように

أَرْجُو مِنْكَ أَنْ تَسْأَلَ الْمُعَلِّمَ رَأْيَهُ

どうか先生のご意見を尋ねて下さいませんか

2)どうか　مِنْ فَضْلِكَ　< فضل ※人に頼むとき ※女性に対しては مِنْ فَضْلِكِ

مِنْ فَضْلِكَ (ِ) ، أَعْطِنِي نُقُودًا :どうか, お金を下さい(女)

どうき　douki　動機　دَافِع　< دفع 複 دَوَافِع　دَافِعُهُ خَسِيسٌ :彼の動機は浅ましい

دَافِع وَرَاءَ ارْتِكَابِهِ لِلْجَرِيمَةِ :犯した犯罪の動機

どうきゅうせい　doukyuu-sei　同級生　زَمِيل دِرَاسَةٍ　< زمل 複 زُمَلَاء　هُوَ كَانَ مُتَفَوِّقًا عَلَى زُمَلَائِهِ

彼は同級生(クラスメート)より優れていた

どうぎご　dougi-go　同義語　مُرَادِف　< ردف 複 ‐ات　مُرَادِف لِلْكَلِمَةِ :その語の同義語

どうくつ　doukutsu　洞窟 ⇒ ほらあな hora-a・na 洞穴

どうぐ　dougu　道具　أَدَاة　複 أَدَوَات ※比較的小さな道具　كَانُوا يَصْنَعُونَ أَدَوَاتٍ

مِنَ الْبُرُونْزِ بِنَفْسِ الطَّرِيقَةِ

彼らは同じ方法で青銅の道具を作っていた

الْعَامِلُ السَّيِّئُ يَلُومُ أَدَوَاتِهِ

腕の悪い職人は道具をけなす/弘法筆を選ばず[格言]

2)道具　عُدَّة　複 عُدَد　عُدَّة خِيَاطَةٍ :裁縫道具　طَقْم عُدَّةٍ :道具箱

どうけし　douke-shi　道化師　مُهَرِّج　< هرج 複 ‐ون　تَوَسَّطَ الْمُهَرِّجُ السَّاحَةَ

道化師は広場の中央にいた

どうこうする　doukou-suru　同行する ⇒ つきそう tsukisou 付き添う

どうさ　dousa　動作 ⇒ うごき ugoki 動き

どうし　doushi　動詞　فِعْل　複 أَفْعَال　فِعْل لَازِم (مُتَعَدٍّ) :自動詞(他動詞)

فِعْلُ الْأَمْرِ :動詞の命令形

※関 فِعْلِيّ :動詞の　جُمْلَة فِعْلِيَّة :動詞文

どうし　doushi　導師　إِمَام　< أمّ 複 أَئِمَّة ※祈りの時の指導者・先達

どうして　doushite　どうして ؟　لِمَاذَا　<لِـ　لِمَاذَا تَأَخَّرْتَ؟ :どうして遅れたのですか

لِأَنَّهُ كَانَ عِنْدِي شُغْلٌ كَثِيرٌ فِي الشَّرِكَةِ

私は会社で仕事が沢山さんありましたので

どうじ～どうめい

どうじ douji 同時 نَفْس الْوَقْت　فِي نَفْسِ الْوَقْتِ:同時に

どうじょうする doujou-suru 同情する عَطَفَ (i)　～عَلَى: ～に ، اِعْطِفْ عَلَى الْيَتِيمِ الْمِسْكِينِ وَسَاعِدْهُ
かわいそうな孤児に同情して助けなさい
※名 عَطْف :同情　عَطْفٌ عَلَى الْفُقَرَاءِ:貧しい者への同情

どうせ douse どうせ عَلَى أَيَّةِ حَالٍ　عَلَى أَيَّةِ حَالٍ نَفُوزُ ! :どうせ我々が勝つんだ

どうぜん douzen (～も)同然～ بِمَثَابَةِ　※ بِ + مَثَابَة　أَرْجُو اعْتِبَارَ كَلِمَتِي بِمَثَابَةِ دَعْوَةٍ رَسْمِيَّةٍ
私の言葉は公式な招待も同然と見なして欲しい

どうぞ douzo どうぞ تَفَضَّلْ　< فضل V 命 ※人に勧めるとき ※女性に対しては تَفَضَّلِي
تَفَضَّلْ ، كُلْ :どうぞ,お食べ下さい

どうたい doutai 胴体 جِذْع　複 جُذُوع / أَجْذَاع　تَتَفَرَّعُ الْأَطْرَافُ مِنَ الْجِذْعِ
胴体から頭と四肢が別れている

どうとうに doutou-ni 同等に بِالتَّسَاوِي　حَقُّ الْعَمَلِ لِلنِّسَاءِ وَالرِّجَالِ بِالتَّسَاوِي
労働における男女同等の権利

どうとく doutoku 道徳 أَخْلَاق　< خلق　تَعْلِيمُ الْأَخْلَاقِ :道徳教育

どうにか dou･nika どうにか بِالْكَادِ　بِالْكَادِ نَجَحْتُ فِي الِامْتِحَانِ
どうにか私は試験に合格した

どうにゅうする dou･nyuu-suru 導入する أَدْخَلَ　< دخل IV　أَدْخَلَ الْجَرَّارَ الْجَدِيدَ
新しいトラクターを導入した

どうはんする douhan-suru 同伴する رَافَقَ　< رفق III　يُرَافِقُ الْأَمِيرَ وَصِيفُهُ
一人の召使いが王子に同伴している

どうふうする douhuu-suru 同封する أَرْفَقَ　< رفق IV　أَرْفَقَ صُورَةً بِالرِّسَالَةِ
写真を手紙に同封した

どうぶつ doubutsu 動物 حَيَوَان　< حيّ 複 ـات　عِلْمُ الْحَيَوَانِ :動物学
حَدِيقَةُ الْحَيَوَانَاتِ :動物園

どうほう douhou 同胞 إِخْوَان　< أخو ※ أَخ :兄,弟の複
جَمَاعَةُ الْإِخْوَانِ الْمُسْلِمِينَ:イスラム同胞団

どうみゃく doumyaku 動脈 شِرْيَان　< شرى 複 شَرَايِينُ ※ ⇔ وَرِيد:静脈
تَصَلُّبُ الشَّرَايِينِ :動脈硬化
أَصَابَ الْجُرْحُ شِرْيَانًا :動脈が傷ついた

どうめい doumei 同盟 حِلْف　複 أَحْلَاف　أَقَامَتِ الدُّوَلُ الصَّدِيقَةُ حِلْفًا
友好国が同盟した(を結んだ)

どうめいし～どくの

どうめいし dou-meishi 動名詞 مَصْدَر 複 مَصَادِر ※文 صِيغَة الْمَصْدَر :動名詞形

どうも doumo どうも جِدًّا شُكْرًا جِدًّا :どうも有り難う

2)どうも مَرْحَبًا < رحب ※挨拶 =ようこそ

مَرْحَبًا بِكَ :どうも(ようこそ),いらっしゃい

どうもうな doumou-na どう猛な شَرِس كَلْبُنَا لَيْسَ شَرِسًا :うちの犬はどう猛ではありません

2)どう猛な مُفْتَرِس < فرس اَلذِّئْبُ حَيَوَانٌ مُفْتَرِسٌ 狼 はどう猛な動物です

どうようする douyou-suru 動揺する اِضْطَرَبَ < ضرب VIII اِضْطَرَبَ كَثِيرًا عِنْدَمَا قَرَأَ الرِّسَالَةَ 彼はその手紙を読んだ時,とても動揺した

どうり douri 道理 مَنْطِق < نطق لَيْسَ مِنَ الْمَنْطِقِ أَنْ ~ ~は道理にかなってない

どうりょう douryou 同僚 زَمِيل < زمل 複 زُمَلَاءُ زَمِيلٌ فِي الشَّرِكَةِ :会社の同僚

どうろ douro 道路 طَرِيق < طرق 男女複 طُرُق / -ات طَرِيقٌ سَرِيعٌ :高速道路

طَرِيقٌ رَئِيسِيٌّ :主要道路

どうわ douwa 童話 قِصَّةُ الْأَطْفَالِ

どきゅめんたりー dokyumentarii ドキュメンタリー وَثَائِقِيّ < وثق فِيلْم وَثَائِقِيّ :ドキュメンタリー映画

どきょう dokyou 度胸 ⇒ ゆうき yuuki 勇気

どく doku 毒 سَمّ / سُمّ 複 سُمُوم جَرَّعَ سَمًّا :毒を飲ませた

تَجَرَّعَ سَمًّا :毒を飲んだ سَمُّ عَقْرَبٍ :サソリの毒

※動 سَمَّمَ :毒を盛る سَمَّمَ الطَّعَامَ :食べ物に毒を盛った

どくさい dokusai 独裁
どくさいせいじ dokusai-seiji 独裁政治 حُكْم مُطْلَق ※= دِكْتَاتُورِيَّة

どくしゃ dokusha 読者 قَارِئ < قرأ 複 قُرَّاء قُرَّاءُ الْمَجَلَّةِ :その雑誌の読者

どくしょ dokusho 読書 قِرَاءَةُ الْكُتُبِ هِوَايَتِي قِرَاءَةُ الْكُتُبِ :趣味は読書です

2)読書 مُطَالَعَة < طلع 複 -ات قَاعَةُ الْمُطَالَعَةِ :読書室

どくしんの dokushin-no 独身の 男 أَعْزَب 女 عَزْبَاء < عزب مَا زَالَ عَمِّي أَعْزَبًا :おじは未だ独身です

どくせんする dokusen-suru 独占する اِحْتَكَرَ < حكر VIII ※物を ~ اِحْتَكَرَ بَيْعَ :~の販売を独占した

※名 اِحْتِكَار 複 -ات :独占 قَوَانِينُ مُكَافَحَةِ الِاحْتِكَارَاتِ وَالْقُيُودِ الْمَشْرُوعَةِ 独占禁止法

どくの doku-no 毒の
どくのある doku-no-aru 毒のある سَامّ < سمّ اَلْغَازَاتُ السَّامَّةُ :毒ガス

اَلْعَقْرَبُ سَامٌّ :サソリには毒がある

と

どくりつ-した　dokuritsu-shita　独立した　مُسْتَقِلّ　< قلّ　بَلَد مُسْتَقِلّ :独立した国/独立国

どくりつ-する　dokuritsu-suru　独立する　اِسْتَقَلَّ　< قلّ X　ثَارَتِ الْمَكْسِيكُ عَلَى الْإِسْبَانِ فِي عَام ١٨١٠م وَاسْتَقَلَّتْ فِي عَام ١٨٢١م

メキシコは西暦1810年にスペイン人に対して反乱を起こし，1821年に独立した

※名 اِسْتِقْلَال :独立　كَافَحَ مِنْ أَجْلِ اسْتِقْلَالِ الْوَطَنِ　祖国の独立のために闘った

どくをもつ　doku-womotsu　毒を持つ　سَمَّمَ　< سمّ II　بَعْضُ الْفُطْرِ يُسَمِّمُ

幾つかの茸は毒を持つ(がある)

どける　dokeru　どける　بَعَّدَ　< بعد II　بَعِّدِي الْمَزْهَرِيَّةَ عَنْ حَافَّةِ الطَّاوِلَةِ

テーブルの端にある花瓶をどけなさい

どこ　doko　どこ　أَيْنَ ؟　أَيْنَ يُبَاعُ الْخُبْزُ ؟ :そのパンはどこで売っていますか

إِلَى أَيْنَ ؟ :どこへ/どちらへ　مِنْ أَيْنَ ؟ :どこから

どこか　dokoka　どこか　مَكَان مَا　أُرِيدُ أَنْ أَبْعُدَ عَنْ هُنَا إِلَى مَكَانٍ مَا

どこか遠くへ行きたい

どこであれ　doko-deare　どこであれ　أَيْنَمَا　أَيْنَمَا تَذْهَبْ أُصْحَبْكَ

あなたが行くのがどこであれ，私はついて行きます

どしゃぶり-になる　doshaburi-ni·naru　土砂降りになる　هَطَلَ (i)　بَيْنَمَا أَنَا سَائِرٌ إِذْ هَطَلَ الْمَطَرُ

私が歩いていると突然土砂降りになった

※名 مَطَر هَطِل :土砂降り

どだい　dodai　土台 ⇒ きそ　kiso　基礎

どちら　dochira　どちら　(؟) أَيُّهُمَا　أَيُّهُمَا أَبْعَدُ الْقَاهِرَةُ أَمْ بَغْدَادُ ؟

カイロとバグダードはどちらが遠いですか

أَيُّهُمَا أَفْضَلُ عِنْدَكَ الشِّتَاءُ أَمِ الصَّيْفُ؟

冬と夏ではどちらが好きですか

どちらさま-ですか　dochira-sama-desuka　どちら様ですか　مَنْ حَضْرَتُكَ ؟

どちらも　dochira-mo　どちらも　男 كِلَا　女 كِلْتَا　كِلَانَا :あなたも私も　كِلْتَا الْبِنْتَيْنِ :どちらの娘も

كِلَا الرَّجُلَيْنِ :二人の男のどちらも

どて　dote　土手　ضَفَّة (ـِ)　複 ضِفَف/ضِفَاف　اِنْتَصَبَتْ عَلَى الضِّفَّةِ حَوْرَتَانِ بَاسِقَتَانِ

土手には2本の高いポプラの木が植わっていた

どなる　do·naru　怒鳴る　صَاحَ، يَصِيحُ　ضَرَبَ الْكَلْبَ وَصَاحَ عَلَيْهِ :犬を殴って，怒鳴った

どの　do·no　どの～　أَيّ ～؟　※～は非限定単属　أَيَّ كِتَابٍ قَرَأْتَ ؟ :どの本を読みましたか

2)どの～　كُلّ ～　※～は限定複　كُلُّ الْغُرَفِ مَفْتُوحَةٌ

どの部屋も開いてます

どのくらい do·no-kurai どのくらい ～كَمْ؟ كَمْ مَسَافَتُهُ؟:どのくらい遠いですか
كَمْ سَاعَةً؟ :どのくらい(時間は)かかりますか

どのような do·no-you·na どのような ⇒ どんな don·na どんな

どのように do·no-you·ni どのように كَيْفَ؟ كَيْفَ أَصِلُ هُنَاكَ؟:そこにはどのように行きますか

どばい dobai ドバイ دُبَيّ ※アラブ首長国連邦(UAE)の一つ,及びその首都

どぼく doboku 土木 هَنْدَسَة مَدَنِيَّة ※=土木工学 ※ أَعْمَال هَنْدَسِيَّة:土木工事

どもる domoru 吃る تَمْتَمَ ، يُتَمْتِمُ "تَاْ ، تَاْ" تَمْتَمَ فِي حَيْرَةٍ
当惑して「タッ, タッ」と吃った

どようび doyou-bi 土曜日 يَوْم السَّبْت/السَّبْت

どらいあいす dorai-aisu ドライアイス الْجَلِيد الْجَافّ

どらい-くりーにんぐ dorai-kurii·ningu ドライクリーニング غَسِيل جَافّ/ تَنْظِيف عَلَى النَّاشِف

どらいばー doraibaa ドライバー(البَرَّاغِيّ) مِفَكّ ※=ネジ回し

どらいばー doraibaa ドライバー سَائِق 複 ـون ※=運転手 ※口語では سَوَّاق
عَلَى السَّائِقِينَ أَنْ يَنْضَبِطُوا بِقَانُونِ السَّيْرِ
ドライバーは交通規則を守らなければならない

どらいぶ doraibu ドライブ نُزْهَة بِسَيَّارَةٍ

どらいみるく dorai-miruku ドライミルク حَلِيب مُجَفَّف هٰذَا الْحَلِيبُ الْمُجَفَّفُ يَنْحَلُّ فِي الْمَاءِ بِسُرْعَةٍ
このドライミルクは水にすぐ溶けます

どらいやー doraiyaa ドライヤー مُجَفِّف < جفّ مُجَفِّف الشَّعْرِ:ヘヤードライヤー

どりょくする doryoku-suru 努力する اِجْتَهَدَ < VIII جهد ～فِي:～に إِذَا اجْتَهَدْتَ ، نَجَحْتَ
あなたは努力すれば成功するだろう
※名 اِجْتِهَاد:努力 يَتَوَقَّفُ النَّجَاحُ عَلَى الاجْتِهَادِ
成功は努力いかんに依る
2)努力する جَدَّ ، يَجِدُّ مَنْ جَدَّ وَجَدَ:努力する者が報われる[格言]

どりる doriru ドリル مِثْقَاب/مِثْقَب < ثقب 複 مَثَاقِب ※穴を開ける道具
مِثْقَاب كَهْرَبَائِيّ (يَدَوِيّ):電動(ハンド)ドリル
اِنْكَسَرَ حَدُّ الْمِثْقَبِ:ドリルの刃が折れた

どる doru ドル دُولَار 複 ـات دُولَار أَمِيرِكِيّ:米ドル/アメリカドル

どれい dorei 奴隷 عَبْد 複 عَبِيد/عُبْدَان عَبْدُ اللّٰهِ:神の奴隷(僕)
2)奴隷 رَقِيق < رقّ 複 أَرِقَّاء/رِقَاق تِجَارَة الرَّقِيقِ:奴隷貿易

と

どれいにする　dorei-nisuru　奴隷にする　اِسْتَعْبَدَ < عبد X　اِسْتَعْبَدَ النَّاسُ النَّاسَ أَجْيَالًا
人間は他の人間を何世代も奴隷にした

どれす　doresu　ドレス　فُسْطَان　複 فَسَاطِين　كَمْ أَنْتِ أَنِيقَةٌ فِي فُسْطَانِكِ الْأَزْرَقِ
青いドレスを着た君は何と優雅なことか

どれほど　dorehodo　どれ程 ⇒ どんなに　don・na-ni　どんなに

どろ　doro　泥　وَحْل　複 أَوْحَال　سَقَطَ فِي الْوَحْلِ：泥の中に落ちた

どろぼう　dorobou　泥棒　لِصّ　複 لُصُوص　دَخَلَ لِصٌّ بَيْتًا لِيَسْرِقَ
泥棒が家に盗みに入った

どんな　don・na　どんな　أَيّ～　※～は非限定単属　أَيّ نَوْعٍ مِنْ～：どんな種類の～
أَيُّ فِلْمٍ عِنْدَكَ؟：どんなフィルムが有りますか
فِي أَيِّ وَقْتٍ：どんな時でも/いつでも

どんなに　don・na・ni　どんなに　كَمْ～！　كَمْ هَوَّنَتِ الْكَهْرَبَاءُ أَعْمَالَ الْبَيْتِ！
どんなに電気は家事労働を容易にしていることか
2)どんなに　مَهْمَا　سَتُشْرِقُ الشَّمْسُ مَهْمَا طَالَ اللَّيْلُ
どんなに(いくら)夜が長くても日は昇る
3)どんなに　شَدَّ مَا～　شَدَّ مَا أَبْغَضُ الْكَذِبَ وَالْخِدَاعَ
私は嘘と欺瞞がどんなに(どれ程)嫌いなことか

どんぶり　donburi　どんぶり/丼　طَبَقٌ مُجَوَّفٌ صِينِيّ

どんよく　don・yoku　貪欲
どんよくさ　don・yokusa　貪欲さ　طَمَع　複 أَطْمَاع　～فِي：～に対する

どんよくな　don・yoku-na　貪欲な　طَمَّاع < طمع　كَانَ رَئِيسُ الشَّرِكَةِ شَرِيرًا وَطَمَّاعًا
その会社の社長は邪で貪欲だったい

な　な　ナ　【na】

ない　nai　(〜し)ない 〜 لَنْ／مَا／لَمْ／لَا ※ لَمْ يَفْعَلْ／مَا فَعَلَ の形で「〜しなかった」

أَمَا رَأَيْتَ ابْنِي؟ : 私の息子を見なかったですか

لَمْ أَسْتَطِعْ أَنْ آكُلَهُ

私はそれを食べる事が出来なかった

※ لَا يَفْعَلُ の形で「〜しない」

لَا يَدْرُسُ فِي بَيْتِهِ :彼は家で勉強しない

※ لَنْ يَفْعَلَ の形で「〜しないだろう(でしょう)」

لَنْ يَتَخَرَّجَ مِنَ الْجَامِعَةِ

彼は大学を卒業しないだろう

2)(〜で)ない　〜 لَيْسَ　※〜の部分は対格になる

أَنَا لَسْتُ ، أَنْتَ لَسْتَ ، هِيَ لَيْسَتْ ، هُوَ لَيْسَ (ِ) (ِ) نَحْنُ لَسْنَا ، أَنْتُمْ لَسْتُمْ ، أَنْتُنَّ لَسْتُنَّ ، هُمْ لَيْسُوا ، هُنَّ لَسْنَ

لَسْتُ يَابَانِيًّا :私は日本人ではない(ありません)

3)(〜には・・が)ない ・・ لِـ 〜 لَيْسَ (لَمْ يَكُنْ)　لَيْسَ لَهُ وَلَدٌ وَلَا بِنْتٌ

彼には息子も娘もない

ないか　naika　内科　اَلطِّبُّ الْبَاطِنِيُّ

ないかく　naikaku　内閣　مَجْلِسُ الْوُزَرَاءِ　وِزَارَةُ الظِّلِّ:影の内閣　رَئِيسُ الْوُزَرَاءِ :内閣総理大臣

ないしょ　naisho　内緒　خَفَاءٌ < خَفِيَ　فِي الْخَفَاءِ :内緒で/こっそり

فَعَلَ ذٰلِكَ فِي الْخَفَاءِ :内緒でそれをした

ないしょく　naishoku　内職　عَمَلٌ جَانِبِيٌّ　كَسَبَ رِزْقَهُ بِالْعَمَلِ الْجَانِبِيِّ

内職で生計を立てた

ないしょ-にする　naisho-nisuru　内緒にする　كَتَمَ (u)　كَتَمَ السِّرَّ :その秘密を内緒にした(隠した)

ないしょの　naisho-no　内緒の　سِرِّيٌّ　أَمْوَال سِرِّيَّةٌ :内緒のお金

ないせん　naisen　内戦　حَرْبٌ أَهْلِيَّةٌ　قَتَلَ بَعْضُهُمْ بَعْضًا فِي الْحَرْبِ الْأَهْلِيَّةِ

内戦で彼らは互いに殺し合った

ないふ　naihu　ナイフ　سِكِّينٌ < سكن 複 سَكَاكِينُ ※男女

لَعِبَ بِالسِّكِّينِ فَجَرَحَ أَصْبَعَهُ

ナイフで遊んで指をけがした

な

ないぶ～なかたがい

ないぶ　naibu　内部　دَاخِل　< دخل　دَاخِلُ الْبَيْتِ أَجْمَلُ مِنْ خَارِجِهِ
その家の内部は外部より美しい

2)内部　بَاطِن　< بطن 複 بَوَاطِن　فِي بَاطِنِ الْأَرْضِ حَرَارَةٌ شَدِيدَةٌ
地球の内部はとても熱い

ないよう　naiyou　内容　مَضْمُون　< ضمن 複 مَضَامِين　قَرَأْتُ رِسَالَتَكَ ، وَفَهِمْتُ مَضْمُونَهَا
あなたの手紙を読んで内容を理解しました

ないろん　nairon　ナイロン نَيْلُون / نَايْلُون　حَلَّ النَّيْلُونُ مَحَلَّ مَوَادَّ كَثِيرَةٍ
ナイロンは沢山の物質に取って代わった

なえ　nae　苗　شَتْلَة　※1本の苗 複 شَتْل　يَتْرُكُ بَيْنَ الشَّتْلَةِ وَجَارَتِهَا مَسَافَةَ شِبْرٍ
苗と苗の間は1スパン空けます

2)苗　غِرَاسُ الرُّزِّ　※稲の苗　نَمَتْ غِرَاسُ الرُّزِّ فِي الْمَشْتَلِ
苗代で苗が育った

なえぎ　naegi　苗木　نَصْبَة　※1本の苗木 複 ـات　عُودُ نَصْبَةِ التُّفَّاحِ يَثْخُنُ شَيْئًا فَشَيْئًا
リンゴの苗木の幹が少しずつしっかりしてきた

なおざり-にする　naozari-nisuru　なおざりにする　أَهْمَلَ　< همل IV　أُهْمِلَتِ الْحَدِيقَةُ وَتَشَوَّهَ مَنْظَرُهَا
なおざりにされた庭の景色は荒れた

なおす　naosu　治す يَشْفِي ، شَفَى　※ ⇒治療する　اَللّٰهُ يَشْفِيكَ
神様が治してくれます/お大事に
سَيَشْفِيكَ هٰذَا الدَّوَاءُ :この薬があなたを治します

なおす　naosu　直す　أَصْلَحَ　< صلح IV　يَجِبُ أَنْ تُصْلِحَ خَطَأَكَ
自分の間違いを直さなくてはならない

2)直す　نَقَلَ (u)　～إِلَى :～に/へ　نَقَلْتُ الرِّسَالَةَ الْعَرَبِيَّةَ إِلَى الْيَابَانِيَّةِ
私がアラビア語の手紙を日本語に直しました

3)直す　صَلَّحَ　< صلح II　هَلْ صَلَّحْتَ السَّيَّارَةَ ؟ :車を直しましたか

なおる　naoru　治る يُشْفَى ، شُفِيَ　※ شَفَى の受　شُفِيَ مِنَ الْمَرَضِ :病気が治った

なおる　naoru　直る　أُصْلِحَ　< صلح IV受　أُصْلِحَتِ السَّيَّارَةُ :車が直りました

なか　naka　中　دَاخِل　< دخل　دَاخِلَ الْغُرْفَةِ :部屋の中

なかがい　nakagai　仲買
なかがいにん　nakagai-nin　仲買人　سِمْسَار　اِسْتَمَرَّ السِّمْسَارُ فِي الصَّفْقَةِ :仲買人は商談を続けた

なかす　nakasu　泣かす
なかせる　nakaseru　泣かせる　بَكَّى　< بكى II　بَكَتِ الْبِنْتُ فَبَكَّتْ أُخْتَهَا
泣いた娘は妹を泣かせた

なかたがい　nakatagai　仲違い　خِصَام　< خصم　اِتَّفَقَ الْأَخَوَانِ ، وَضَعَا حَدًّا لِخِصَامِهِمَا
兄弟二人は仲直りして，仲違いを終わらせた

なかなおりする～ながし

なかなおり-する　naka・naori-suru　仲直りする　سَالَمَ　＜ سلم III　أُرِيدُ أَنْ أُسَالِمَكَ :私はあなたと仲直りしたい
※名 سِلْم :仲直り　أُرِيدُ أَنْ أُنْهِيَ الْخُصُومَةَ
بِسِلْمٍ　喧嘩を仲直りして終えたい

なかに　naka-ni　(～の)中に　～فِي　الْأَرْنَبُ فِي الْبَيْتِ :兎は家の中にいます

なかにわ　naka-niwa　中庭　فِنَاء　＜ فني 複 أَفْنِيَة　يَلْعَبُ الْأَوْلَادُ فِي فِنَاءِ الدَّارِ
子供達は館(家)の中庭で遊ぶ

なかのよい　naka-noyoi　仲の良い　مُتَحَابّ　＜ حبّ　"عَادِلٌ" وَأَصْدِقَاؤُهُ مُتَحَابُّونَ
アーデルと彼の友人は仲が良いです

なかま　nakama　仲間　قِرْن　複 أَقْرَان　فَازَ عَلَى أَقْرَانِهِ فِي السِّبَاقِ
仲間(友達)に駆けっこで勝った

なかまにする　nakama-nisuru　仲間にする　أَشْرَكَ　＜ شرك IV　أَشْرِكُونِي فِي اللَّعِبِ مَعَكُمْ
私も遊びの仲間にしてよ(入れてよ)

なかみ　nakami　中身　مُحْتَوًى　＜ حوى 複 مُحْتَوَيَات　الظَّرْفُ مُقْفَلٌ، لَا أَعْرِفُ
封筒は封がしてあって,中身は分からないです　مُحْتَوَاهُ

2)中身　لُبّ　複 لُبُوب　نَزَعْتُ قِشْرَةَ التُّفَّاحَةِ، وَأَكَلْتُ اللُّبَّ
私はリンゴの皮をむいて,中身を食べました
قِيمَةُ الْإِنْسَانِ فِي لُبِّهِ، لَا فِي مَظْهَرِهِ
人の価値は中身にあり,外見ではない

なかゆび　naka-yubi　中指　الْوُسْطَى　＜ وسط 女　نَقَرَ الْبِطِّيخَ بِالْوُسْطَى
中指で西瓜を弾いた

なかよく-する　nakayoku-suru　仲良くする　اِنْسَجَمَ　＜ سجم VII ～ مَعَ :～と　اِنْسَجِمْ مَعَ أَصْدِقَائِكَ
友達と仲良くしなさい

なかよし　nakayoshi　仲良し ⇒ ともだち　tomodachi　友達

ながい　nagai　長い　طَوِيل　＜ طول 複 طِوَال 比 أَطْوَل　لِمُدَّةٍ طَوِيلَةٍ :長い間

2)長い　يَطُولُ، طَالَ　※動詞　يَطُولُ النَّهَارُ فِي فَصْلِ الصَّيْفِ
夏の日は長い

ながくなる　nagaku-naru　長くなる　يَطُولُ، طَالَ　طَالَ انْتِظَارُ الْفِلْمِ فَتَأَفَّفَ الْحَاضِرُونَ
映画の始まりが長くなって, 入 場 者は文句を言った

ながぐつ　nagagutsu　長靴　جَزْمَة　複 جِزَم /-ات　ضَعْ هٰذِهِ الْجَزْمَةَ وَلَا تَخَفْ مَطَرًا
この長靴を履きなさい,雨でも心配ないよ

ながさ　nagasa　長さ　طُول　複 أَطْوَال　طُولُ الْجِسْرِ :その橋の長さ

ながされる　nagasareru　流される　اِنْجَرَفَ　＜ جرف VII　اِنْجَرَفَ مَعَ التَّيَّارِ :流れに流された

ながし　nagashi　流し　بَالُوعَة　＜ بلع 複 بَوَالِيع　اِنْسَدَّتِ الْبَالُوعَةُ مِنْ جَدِيدٍ
新しい流しが詰まった

な

ながす～なく

ながす	nagasu	流す	أَسَالَ < سَيل IV	أَسَالَتْ رَائِحَةُ البَصَلِ دُمُوعًا
				タマネギの匂いに涙を流した
		2)流す	تَنَاقَلَ < نقل VI ※=報じる	تَنَاقَلَتِ الإِذَاعَاتُ الخَبَرَ
				放送局はそのニュースを流した(報じた)
ながびく	nagabiku	長引く	يَطُولُ・طَالَ < طول	طَالَ بِهِ المَرَضُ : 病気が長引いた
ながめ	nagame	眺め ⇒ けしき keshiki 景色		
ながめる	nagameru	眺める ⇒ みる miru 見る		
ながれ	nagare	流れ	تَيَّار	كَتَيَّارِ النَّهْرِ : 川の流れのように
ながれている	nagarete-iru	流れている	جَارٍ < جرى	دَمٌ جَارٍ : 流れている血
ながれぼし	nagare-boshi	流れ星	نَيْزَك < نزك نَيَازِكُ 複	شَاهَدْنَا نَيَازِكَ
				私達は流れ星を見た
ながれる	nagareru	流れる	يَجْرِي・جَرَى ※ جَرَتْ هِيَ، جَرَيْتُ أَنَا
				يَجْرِي نَهْرُ "ناجارا" عَبْرَ مَدِينَةِ "جيفو"
				長良川は岐阜市の中を流れています
		2)流れる	يَسِيلُ・سَالَ	سَالَ المَاءُ : 水は流れた
なきじょうご	naki-jougo	泣き上戸	بَكَّاء	لَا تُغْضِبْهُ، إِنَّهُ بَكَّاء
なきむし	naki-mushi	泣き虫		彼は泣き虫だから,刺激するな
なく	naku	泣く	يَبْكِي・بَكَى	ابْكِ (ابْكِي 女) : 泣け/泣きなさい
				※名:泣き/泣き声 بُكَاء
				بُكَاؤُكَ أَشْبَهُ بِنَعِيقِ الغُرَابِ
				あなたのは泣き声は烏の鳴き声にそっくりだ
		2)泣く	انْتَحَبَ < نحب VIII ※声を上げて泣く
				عَنَّفَتْنِي مُعَلِّمَتِي فَانْتَحَبْتُ
				私は女の先生に叱られて泣きました
なく	naku	鳴く	يَصِيحُ・صَاحَ	صَاحَ الدِّيكُ : 雄鶏が鳴いた
		2)鳴く	يَنِقُّ・نَقَّ	※蛙が鳴く,雌鶏がこっこっと鳴く
				نَقَّتِ الضِّفْدَعَةُ : 蛙が鳴いた
		3)鳴く	غَرَّدَ < غرد II	تُغَرِّدُ الطُّيُورُ فِي القَفَصِ
				鳥が鳥かごで鳴いている
		4)鳴く	يَخُورُ・خَارَ < خور	※牛が خَارَ الثَّوْرُ : 牛が鳴いた
		5)鳴く	نَهَقَ (a)	※ロバが يَنْهَقُ الحِمَارُ فِي سُكُونِ اللَّيْلِ
				夜の静けさの中でロバがいななく
		6)鳴く	نَعَقَ (a)	※烏が حَطَّ الغُرَابُ عَلَى القَبْرِ، وَرَاحَ يَنْعَقُ
				墓の上に下りた烏が鳴き始めた

なくす～なしとげる

なくす　nakusu　なくす ضَاعَ ، يَضِيعُ　مَاذَا ضَاعَ مِنْكَ ؟ :(あなたは)何を無くしましたか

なくなる　naku・naru　無くなる زَالَ ، يَزُولُ　سَرَّنِي أَنْ يَزُولَ الْخَطَرُ عَنِ الْمَرِيضِ
病気になる危険が無くなって，私は嬉しくなった
قَرِيبًا يَزُولُ الْوَرَمُ
まもなく腫れは無くなる(引く)でしょう

2)無くなる　فَرَغَ (u)　فَرَغَ الْوَقُودُ :燃料が無くなった(空になった)

なくなる　naku・naru　亡くなる　تُوُفِّيَ　＜ وفى V受　تُوُفِّيَ مَلِكُ مِصْرَ
エジプトの王が亡くなった

なぐさめる　nagusameru　慰める　آسَى　＜ اسو / اسي III　بَكَتِ الْبِنْتُ حُزْنًا فَآسَيْتُهَا
女の子が悲しそうに泣いていたので，私は慰めました

なぐりあう　naguri-au　殴り合う　تَلَاكَمَ　＜ لكم VI　تَلَاكَمَ الْمُلَاكِمَانِ بِقَسْوَةٍ
二人のボクサーはひどく殴り合った

なぐる　naguru　殴る　ضَرَبَ (i)　سَأَضْرِبُكَ بِالْعَصَا :棒で殴るぞ

2)殴る(بِقَبْضَةِ الْيَدِ) وَكَزَ

なげき　nageki　嘆き ⇒ なくこと　naku-koto　泣くこと

なげき-のかべ　nageki-nokabe　嘆きの壁 حَائِطُ الْمَبْكَى　※エルサレムにある旧ユダヤ教神殿西の壁

なげく　nageku　嘆く　حَزِنَ (a)　～ عَلَى :～を　حَزِنَ عَلَى وَفَاةِ الْمَلِكَةِ
王妃の死を嘆いた(悲しんだ)

2)嘆く　تَحَسَّرَ　＜ حسر V　لَا تَتَحَسَّرْ عَلَى مَا فَاتَ ! :過ぎた事を嘆くな

なげる　nageru　投げる　قَذَفَ (i)　قَذَفَ الْخِرِّيجُونَ قُبَّعَاتِهِمْ فِي الْهَوَاءِ
卒業生は帽子を空中に投げた

2)投げる رَمَى ، يَرْمِي　رَمَاهَا :彼はそれを投げた
رَمَى الْحَجَرَةَ مِنْ يَدِهِ :手で石を投げた

なさけ　nasake　情け　شَفَقَة　عَدِيمُ شَفَقَةٍ :情け容赦ない
لَا يَعْرِفُ قَلْبُ الْمُدِيرِ الشَّفَقَةَ
マネージャーの心に情けなどない

なさけ-をかける　nasake-wokakeru　情けをかける تَلَطَّفَ　＜ لطف V　تَلَطَّفْ بِخَصْمِكَ :敵に情けをかけよ

なざれ　nazare　ナザレ　النَّاصِرَة　※キリストが幼少を過ごしたというヨルダン川西岸の町

なし　nashi　梨　إِجَّاص　※ إِجَّاصَة :1個の梨　ذُقْتُ الْإِجَّاصَةَ :私はその梨を味わった

なしで　nashi-de　～なしで ～ بِدُونِ　أَشْرَبُ الْقَهْوَةَ بِدُونِ السُّكَّرِ
私は砂糖なしでコヒーを飲む

なしとげる　nashi-togeru　成し遂げる　حَقَّقَ　＜ حقّ II　حَقَّقَ حُلْمَهُ :夢を成し遂げた(実現した)

な

なしょなりずむ〜なっとくする

なしょなりずむ　nasho･na-rizumu　ナショナリズム　اَلْقَوْمِيَّة / اَلْوَطَنِيَّة　※=愛国主義/民族主義

なじむ　najimu　なじむ ⇒ なれる nareru 慣れる

なす　nasu　茄子
なすび　nasubi　茄子　بَاذِنْجَان / بَيْذِنْجَان　複 -ات　※ بَاذِنْجَانَة : 1本の茄子
أُحِبُّ الْبَاذِنْجَانَ كَيْفَمَا طُبِخَ
茄子はどのように料理されても好きです

なぜ　naze　なぜ　لِمَاذَا؟ < لِـ ※لِـ+مَاذَا ※=どうして
لِمَاذَا تَدْرُسُ اللُّغَةَ الْعَرَبِيَّةَ ؟
なぜ(どうして)あなたはアラビア語を勉強するのですか

なぜなら　naze･nara　なぜなら(〜だから)〜 لِأَنَّ < لِـ　لِأَنَّكَ تَدَخَّلْتَ فِي حَيَاتِهَا أَكْثَرَ مِنَ اللَّازِمِ
なぜなら,あなたが必要以上に彼女の人生(生活)に干渉したからだ

なぞ　nazo　謎　لُغْز　複 أَلْغَاز　حَلَّ اللُّغْزَ :その謎を解いた

なぞなぞ　nazo-nazo　なぞなぞ　لُغْز　複 أَلْغَاز　لَمْ أَفْهَمْ كَلَامَكَ ، أَلُغْزٌ هُوَ ؟
あなたの言うことが分からないけど,それはなぞなぞですか

なた　nata　鉈　بَلْطَة　複 -ات/ بُلَط　كَسَرَ الرَّجُلُ الْحَطَبَ بِالْبَلْطَةِ
男は薪を鉈で割った

なだめる　nadameru　なだめる　هَدَّأَ < هدأ II　هَدَّأَ مِنْ رَوْعِهِ :彼をなだめた

なだれ　nadare　雪崩　جُرْف جَلِيدِيّ

なつ　natsu　夏　صَيْف / فَصْل الصَّيْف　複 أَصْيَاف　اَلصَّيْفُ فَصْلُ الْحَرِّ وَالْعُطْلَةِ الْكُبْرَى
夏は暑くて,一番長い休みのある季節です
※形 صَيْفِيّ :夏の　عُطْلَة صَيْفِيَّة :夏休み

なついんする　natsuin-suru　捺印する　وَقَّعَ < وقع II　يُوَقِّعُ بِبَصْمَةِ مِنْ إِبْهَامِهِ
親指で捺印する
※名 تَوْقِيع 複 -ات :捺印　اَلتَّوْقِيعُ عَلَى الْعَقْدِ
契約書への捺印

なつかしい　natsukashii　なつかしい　حَنِين < حنّ　اَلْجَوُّ الْحَنِين :なつかしい雰囲気

なつかしむ　natsukashimu　懐かしむ　يَحِنُّ ، حَنَّ　〜を: إِلَى〜　أَحِنُّ إِلَى وَطَنِي :私は祖国を懐かしむ

なつく　natsuku　懐く　أَلِفَ (a)　أَلِفَ الْكَلْبُ الصَّاحِبَ الْجَدِيدَ
犬は新しい飼い主に懐いた

なっとく-させる　nattoku-saseru　納得させる　أَقْنَعَ < قنع IV　حُجَّتُكَ أَقْنَعَتْنِي
あなたの弁解は私を納得させた

なっとくする　nattoku-suru　納得する　اِقْتَنَعَ < قنع VIII　〜に: بِـ〜　لَا أَقْتَنِعُ بِحُجَّتِكَ
私はあなたの言い訳に納得しません

な

※名 اِقْتِنَاع :納得 ※ تَفْسِير مُقْنِع :納得のいく説明

なつめ natsume ナツメ عُنَّاب < عنب　مَا أَطْيَبَ حَبَّ الْعُنَّابِ إِذَا نَضَجَ وَذَبُلَ !
熟れて乾燥したナツメのおいしいこと！

なつめやし natsume-yashi ナツメヤシ بَلَح ※若い実 تَمْر ※熟した実 ※ نَخْل :ナツメヤシの木

なづける nazukeru 名付ける سَمَّى < سمى || سَمَّيْتُ الْكَلْبَةَ "هانا"
私はその犬をハナと名付けた

なでる naderu 撫でる رَبَّتَ < ربت || غَنَّتِ الأُمُّ لِطِفْلِهَا وَرَبَّتَتْ عَلَى ظَهْرِهِ
母親は子供の背を撫でながら歌った

なとりうむ natoriumu ナトリウム صُودِيُوم　كُلُورِيد الصُّودِيُوم :塩化ナトリウム

など nado ～等 إِلَى آخِرِهِ / إِلَخ / وَغَيْرُهُ

なな na・na 七(7)
ななつ na・natsu 七(7) ⇒ しち shichi 七(7)

ななじゅう na・najuu 七十/７０ ⇒ しちじゅう shichijuu 七十/７０

ななばん na・na・ban 七番
ななばんめ na・na・ban-me 七番目 سَابِع < سبع 女 سَابِعَة　تَمُّوزُ الشَّهْرُ السَّابِعُ مِنَ
タンムーズはシリア暦で الشُّهُورِ السُّرْيَانِيَّةِ
７番目の月(７月)です

ななめの na・name-no 斜めの مَائِل < ميل　خَطّ مَائِل :斜めの線/斜線

なに na・ni 何 مَا؟ ※答に名詞を期待する場合 مَا هٰذَا؟ :これは何ですか

2)何 مَاذَا؟ ※主に動詞と共に用いる مَاذَا نَفْعَلُ؟ :何をしようか

مَاذَا حَدَثَ؟ :何が起きたんですか/どうしたんですか

3)何～ كَمْ ～؟ كَمِ السَّاعَةُ؟ :何時ですか كَمْ سَاعَةً؟ :何時間ですか

كَمْ يَوْمًا؟ :何日間ですか كَمْ شَخْصًا؟ :何人ですか

كَمْ عُمْرُكَ؟ :あなたは何歳ですか

なにか na・ni-ka 何か شَيْء (مَا)　هَلْ وَجَدْتَ فِي الشَّنْطَةِ شَيْئًا؟
鞄の中に何か見つけましたか

なにげなく na・nige-naku 何気なく بِغَيْرِ مَقْصُودٍ　اِقْتَرَبَ مِنَ الآلَةِ بِغَيْرِ مَقْصُودٍ
何気なくその機械に近づいた

なにも na・ni-mo 何も(～ない) (لَا / مَا / لَمْ) ～ شَيْئًا　لَمْ آكُلْ شَيْئًا :私は何も食べませんでした

なのか na・noka 七日 اَلْيَوْمُ السَّابِعُ　سَنَرْجِعُ فِي الْيَوْمِ السَّابِعِ مِنْ هٰذَا الشَّهْرِ
今月の七日に帰りましょう
※ سَبْعَةُ أَيَّامٍ :七日間
فِي الأُسْبُوعِ سَبْعَةُ أَيَّامٍ :一週間は７日あります

な

なので～なみだ

なので　na・node　～なので　～ أَنَّ حَيْثُ
لَا تَأْخُذْهُ حَيْثُ أَنَّهُ مَرِيضٌ 彼は病気なので連れて行くな

なのに　na・no・ni　～なのに～ أَنَّ بِالرَّغْمِ مِنْ / ～ بِالرَّغْمِ مِنْ　بِالرَّغْمِ مِنْ ذٰلِكَ :それなのに
هُوَ أَحْسَنَ الْقِيَادَةَ بِالرَّغْمِ مِنْ أَنَّهُ صَغِيرٌ 彼は若いのに運転がうまかった

なふたりん　nahutarin　ナフタリン النَّفْتَالِين
بِفَضْلِ النَّفْتَارِينِ ، لَنْ تَجِدِي فِي الثِّيَابِ عُثَّةً وَاحِدَةً ナフタリンのおかげで服の虫食いは一つもないだろう

なぷきん　napukin　ナプキン فُوطَةُ مَائِدَةٍ

なべ　nabe　鍋（لِلطَّبْخِ）قِدْرٌ　複 قُدُورٌ 男女　غِطَاءُ الْقِدْرِ :鍋の蓋

なまいきな　namaiki-na　生意気な　وَقِحٌ　اَلْوَلَدُ الْوَقِحُ :生意気な子供

なまえ　namae　名前　اِسْمٌ　複 أَسْمَاءٌ　مَا اسْمُكَ؟ :あなたのお名前は何ですか
بِطَاقَةُ اسْمٍ :名札　※名前を付ける ⇒ 名付ける

なまけもの　namakemo・no　怠け者　男 كَسْلَانُ 女 كَسْلَى / كَسْلَانَةٌ < كسل 複 كُسَالَى(كَسَالَى)
اَلْكَسْلَانُ لَا يَنْجَحُ :怠け者は成功しない

なまける　namakeru　怠ける　كَسِلَ (a)　إِنْ تَكْسَلْ تَنْدَمْ :怠ければ後悔する
※名 كَسَلٌ :怠け　مَيْلٌ إِلَى الْكَسَلِ :怠け癖

なまぬるい　nama-nurui　生ぬるい　فَاتِرٌ < فتر　مَاءُ الْمَسْبَحِ فَاتِرٌ :プールの水は生ぬるい

なまの　nama-no　生の　نِيءٌ < نَاء/نيء ※= غَيْرُ مَطْبُوخٍ　اَلسَّمَكُ النِّيءُ :生魚
رَائِحَةُ اللَّحْمِ النِّيءِ :生臭い匂い

なまり　namari　訛り　لُكْنَةٌ　يَتَكَلَّمُ بِلُكْنَةِ ～ :～訛りで話す

なまり　namari　鉛　رَصَاص < رصّ　يَمْتَازُ الرَّصَاصُ بِالطَّرَاوَةِ وَالثِّقْلِ
鉛は柔らかさと重さに特徴がある

なみ　nami　波　مَوْجٌ　複 أَمْوَاجٌ ※ مَوْجَةٌ :1つの波　مَوْجَةٌ صَوْتِيَّةٌ :音波
يَعْلُو الْمَوْجُ :波が高い
تَلْطِمُ الْأَمْوَاجُ صُخُورَ الشَّاطِئِ
波が海岸の岩に打寄せている

なみだ　namida　涙　دَمْعٌ　複 دُمُوعٌ ※ دَمْعَةٌ :1滴の涙
دَمْعَةُ الْفَرَحِ :嬉し涙　مَسَحَ الدُّمُوعَ :涙を拭った
تَدَفَّقَتِ الدُّمُوعُ :涙が出た

な

なみだをながす～ならば

سَالَ الدَّمْعُ عَلَى خَدِّهَا :彼女の頬に涙が流れた

غَطَّتِ الدُّمُوعُ عَيْنَيْهِ :涙ぐんだ

なみだ-をながす　namida-wo・nagasu　涙を流す　دَمَعَ (a)　دَمَعَ دُمُوعًا :涙を流した

なみの　nami-no　並の ⇒ ふつうの　hutsuu-no　普通の

なめす　namesu　なめす　دَبَغَ (a,i,u)　اَلْجُلُودُ الَّتِي أَدْبَغُهَا مِنْ صِنْفٍ مُمْتَازٍ

私がなめす皮は上等だ

なめらかな　nameraka-na　滑らかな　مَلِس　جِلْدُ الْغَنَمِ الْمَلِسِ :滑らかな羊の皮

なめらか-にする　nameraka-nisuru　滑らかにする　صَقَلَ (u)　نَصْقُلُ الْمَعْدِنَ أَوَّلاً، ثُمَّ نَدْهَنُهُ

私達は始めに,金属を滑らかにしてから塗装する

なめる　nameru　なめる　لَحِسَ (a)　يَلْحَسُ الْهِرُّ صَحْنَ اللَّبَنِ :猫がミルク皿をなめている

2)なめる ⇒ あなどる　a・nadoru　侮る

なや　naya　納屋　إِسْطَبْل　複 -ات　تَنَامُ الْفَرَسُ فِي الْإِسْطَبْلِ :馬は納屋で眠る

なやまされる　nayamasareru　悩まされる　اِنْزَعَجَ　< زعج VII　～ مِنْ :～に　اِنْزَعَجَ مِنَ الضَّوْضَاءِ

騒音に悩まされた

なやます　nayamasu　悩ます　أَزْعَجَ　< زعج IV　～ بِـ :～で　لَا تُزْعِجْنِي بِهٰذِهِ الْمُشْكِلَةِ

こんな問題で私を悩ませないで下さい

なやみ　nayami　悩み
なやみごと　nayami-goto　悩み事　هَمّ　複 هُمُوم　أَثْقَلَهُ بِالْهُمُومِ :悩みを抱えた

اِنْجَلَى الْهَمُّ عَنْ قَلْبِي :悩みが私の心から消えた

2)悩み
悩み事　مُشْكِلَة　< شكل 複 مَشَاكِل　عِنْدِي مُشْكِلَةٌ

私は悩み事があります

なやむ　nayamu　悩む　قَلِقَ (a)　لَا تَقْلَقْ ! :悩まないで下さい/心配しないで下さい

2)悩む(～ مِنْ)　تَضَايَقَ　< ضيق VI　تَضَايَقَ الْمُدَرِّسُ مِنْ ضَجِيجِنَا

先生は私達のうるささに悩んだ

ならいいのに　nara-ii・no・ni　～ならいいのに　لَيْتَ / يَا لَيْتَ　لَيْتَهُ كَانَ هُنَا :彼がここにいたらいいのに

ならう　narau　習う　تَعَلَّمَ　< علم V　أَيْنَ تَعَلَّمْتَ اللُّغَةَ الْيَابَانِيَّةَ ؟

あなたは日本語をどこで習い(教わり)ましたか

ならす　narasu　鳴らす　دَقَّ (u)　دَقَّ الْجَرَسَ :鈴(ベル)を鳴らした

2)鳴らす　قَرَعَ (a)　يُقْرَعُ الْجَرَسُ فَنَدْخُلُ قَاعَةَ الدَّرْسِ

ベルが鳴らされると私達は教室に入ります

ならす　narasu　慣らす　عَوَّدَ　< عود II　عَوَّدَتْنِي وَالِدَتِي النُّهُوضَ بَاكِرًا

母は私を早起きに慣らした

ならば　naraba　(～)ならば　إِنْ ～　إِنْ شَاءَ اللّٰهُ :(もし)神が望み給うならば

な

ならぶ～なんかいな

(～)なら
2)(～)ならば إِذَا إِذَا لَقِيتَ "مُحَمَّدًا"، سَلِّمْ عَلَيْهِ
ムハンマドに会ったならば,よろしくお伝え下さい

ならぶ narabu 並ぶ (صَفًّا) وَقَفَ ، يَقِفُ قِفُوا صَفًّا ! :並びなさい

ならべる naraberu 並べる أَوْدَعَ ، يُودِعُ < ودع IV أَوْدَعَ الْخَانُ الْبِضَاعَةَ :店に品物を並べた

2)並べる رَتَّبَ < رتب II ※整理して رَتِّبْ كُتُبَكَ عَلَى رَفِّ الْكُتُبِ
本は本棚にきちんと並べなさい

ならわし narawashi 習わし سُنَّة 複 سُنَن اَلْقَوِيُّ يَبْقَى، اَلضَّعِيفُ يَزُولُ ، هٰذِهِ سُنَّةُ الْحَيَاةِ
強き者は残り,弱き者は去る, それがこの世の習わし

ならんで narande 並んで جَنْبًا إِلَى جَنْبٍ سِرْنَا جَنْبًا إِلَى جَنْبٍ :私たちは並んで進んだ

なりひびく nari-hibiku 鳴り響く دَوَى ، يَدْوِي دَوَى صَوْتُ الرَّعْدِ عَالِيًا مُخِيفًا
ものすごい雷の音が鳴り響きました

な

なる naru 鳴る رَنَّ ، يَرِنُّ رَنَّ جَرَسُ الْكَنِيسَةِ :教会の鐘が鳴った

なる naru 生る أَثْمَرَ < ثمر IV تُثْمِرُ شَجَرَةُ الْكَاكِي فِي فَصْلِ الصَّيْفِ
柿は夏に実が生る(実をつける)

なる naru (～に)なる أَصْبَحَ < صبح IV أَرَادَ أَنْ يُصْبِحَ مُدَرِّسًا
彼は先生になりたかった

2)(～から)なる تَأَلَّفَ < ألف V ～مِنْ:～から,で تَتَأَلَّفُ الْيَابَانُ مِنْ أَرْبَعِ جُزُرٍ رَئِيسِيَّةٍ
日本は主に四つの島からなっている

3)(時間に)なる أَزِفَ (a) أَزِفَتْ سَاعَةُ الرَّحِيلِ :出発の時間になった

なるべく narubeku なるべく ⇒ できるだけ dekiru-dake 出来るだけ

なれた nareta 慣れた
なれている narete-iru 慣れている مُعْتَادٌ < عود ～عَلَى:～に أَنَا مُعْتَادٌ عَلَى قِيَادَةِ الطَّائِرَةِ
私ははは飛行機の操作に慣れています

なれる nareru 慣れる تَعَوَّدَ < عود V ～عَلَى:～に تَعَوَّدَ عَلَى الْمَعِيشَةِ فِي الْمَدِينَةِ
都会生活に慣れた(なじんだ)

なわ nawa 縄 ⇒ つな tsuna 綱 ※ 紐<縄<綱

なわしろ nawashiro 苗代 مَشْتَل < شتل 複 مَشَاتِلُ نَمَتْ غِرَاسُ الرُّزِّ فِي الْمَشْتَلِ
苗代で稲の苗が育った

なんい nan・i 南緯 خَطُّ عَرْضٍ جَنُوبِيٌّ ⇔ خَطُّ عَرْضٍ شَمَالِيٌّ :北緯

なんかいな nankai-na 難解な عَوِيص < عوص ※= صَعْبُ الْفَهْمِ
اَلشِّعْرُ الْقَدِيمُ عَوِيصُ الْكَلَامِ
古い詩は言葉が難解である

なんきょく～なんもん

なんきょく　nankyoku　南極　اَلْقُطْبُ الْجَنُوبِيُّ　⇔　اَلْقُطْبُ الشَّمَالِيُّ :北極

なんじ　nanji　何時　كَمِ السَّاعَةُ ؟　كَمِ السَّاعَةُ الْآنَ ؟ : 今何時ですか
فِي أَيَّةِ سَاعَةٍ سَتُغَادِرُ ؟ :何時に出発されますか

なんじ　nanji　汝　⇒ あなた a・nata あなた

なんせんす　nansensu　ナンセンス　هُرَاءٌ　< هرأ　! أُسْكُتْ ! فَكَلَامُكَ هُرَاءٌ :うるさい！ナンセンス！

なんざん　nanzan　難産　تَعَسُّرُ الْوِلَادَةِ

なんちゅうする　nanchuu-suru　南中する　تَكَبَّدَ　< كبد V　تَكَبَّدَتِ الشَّمْسُ السَّمَاءَ :太陽が南中した

なんて　nante　なんて(～でしょう！) 比較級＋مَا　مَا أَكْبَرَ الْهَرَمَ !
ピラミッドはなんて大きいのでしょう
مَا أَلَذَّ هٰذَا الطَّعَامَ !
この食べ物はなんておいしいのでしょう

なんと　nanto　何と(～か)　! ～ كَمْ　كَمْ أَنْتِ أَنِيقَةٌ فِي فُسْتَانِكِ الْأَزْرَقِ !
青いドレスを着た君は何と優雅なことか！

なんという　nanto-iu　何という(～)　يَا لَـ .. مِنْ ～　※‥は何と～なのでしょう
يَا لَكَ مِنْ جَبَانٍ ! :あなたは何という臆病者なのだ!

なんという-ことだ　nanto-iu-kotoda　何という事だ　يَا خَسَارَةُ　يَا خَسَارَةُ لَقَدْ تَحَطَّمَتْ عَرَبَتُنَا !
なんという事だ, 私達の車が壊れてしまった

なんとしても　nanto-shitemo　何としても　عَلَى كُلِّ حَالٍ/عَلَى أَيِّ حَالٍ　عَلَى أَيِّ حَالٍ سَأَتَخَرَّجُ مِنَ الْجَامِعَةِ
何としても大学は卒業します

なんども　nando-mo　何度も　مَرَّاتٍ　يَطُوفُ الْحُجَّاجُ مَرَّاتٍ حَوْلَ الْكَعْبَةِ
巡礼者は何度もカァバ神殿の回りを回る

なんばー　nanbaa　ナンバー　رَقْمٌ　複 أَرْقَام　لَوْحَةُ الْأَرْقَامِ :ナンバープレート

なんぱする　nanpa-suru　難破する　تَحَطَّمَ　< حطم V　تَحَطَّمَتِ السَّفِينَةُ :船が難破した
※名 تَحَطُّمُ السَّفِينَةِ :難破

なんみん　nanmin　難民　لَاجِئٌ　< لجأ 複 لَاجِئُونَ 女 لَاجِئَةٌ
لَاجِئٌ سِيَاسِيٌّ :政治的難民
أَطْفَالُ اللَّاجِئِينَ الْفِلَسْطِينِيِّينَ
パレスチナ難民の子供達
وَكَالَةُ إِغَاثَةِ اللَّاجِئِينَ
国連パレスチナ難民救済事業機関/UNRWA

なんもん　nanmon　難問　مُعْضِلَةٌ　< عضل 複 -ات　أَلَيْسَ لِهٰذِهِ الْمُعْضِلَةِ حَلٌّ ؟
この難問は解決法がないのではないですか

な

ゐ　に　二　【ni】

に　ni　二(2)　(يْنِ) إِثْنَانِ　< ثنى　女 (يْنِ) إِثْنَتَانِ　※カッコ内は対属

に　ni　～に　～لِـ / إِلَى / فِي　هَلْ هٰذَا لِي؟ :これは私にですか　فِي الْبَيْتِ :家に

هُوَ ذَهَبَ إِلَى "ناغويا" :彼は名古屋に行きました

にあう　niau　似合う　نَاسَبَ　< نسب III　هٰذَا الْحِذَاءُ لَا يُنَاسِبُهَا

この靴は彼女に似合わない

におい　nioi　匂い/臭い　رَائِحَة　< روح 複 رَوَائِح　أَزَالَ الرَّائِحَةَ :匂いを消す

رَائِحَةُ الشِّوَاءِ اللَّذِيذَة :美味しそうな焼き肉の匂い

شَمَّ رَائِحَةَ الْوَرْدَةِ :バラの花の匂いを嗅いだ

رَائِحَة كَرِيهَة :嫌な臭い

におう　niou　匂う　يَفُوحُ ، فَاحَ　يَفُوحُ عِطْرُ الْيَاسَمِينِ :ジャスミンの香りが匂う

にがい　nigai　苦い　مُرٌّ　複 أَمْرَار　هٰذِهِ الْجَوْزَةُ مُرَّةٌ جِدًّا

この木の実はとても苦い

اَلدَّوَاءُ مُرٌّ وَلٰكِنَّهُ نَافِعٌ :良薬口に苦し[格言]

にがす　nigasu　逃がす　هَرَّبَ　< هرب II　هَرَّبَ النَّاطُورُ السَّجِينَ مِنَ السِّجْنِ

警備員が囚人を刑務所から逃がした

にがつ　ni-gatsu　二月　صَفَرٌ　※イスラム歴の二月

2)二月　فِبْرَايِرُ　※西暦の二月

3)二月　شُبَاطُ　※シリア, イラク, ヨルダン, レバノン地方の二月

شُبَاطُ أَقْصَرُ أَشْهُرِ السَّنَةِ

二月は一年で一番短い月です

にがてな　nigate-na　苦手な　ضَعِيف　< ضعف 複 ضُعَفَاء / ضِعَاف

كُنْتُ ضَعِيفًا فِي الرِّيَاضِيَّاتِ :私は数学が苦手でした

にきび　nikibi　ニキビ　حَبُّ الشَّبَاب

にぎり　nigiri　握り　عُرْوَة　< عرو 複 عُرًى　عُرْوَةُ الْإِبْرِيقِ :水差しの握り

にぎる　nigiru　握る ⇒ つかむ　tsukamu　掴む

にく　niku　肉　لَحْم　複 لُحُوم　قِطْعَةُ لَحْمٍ :一切れの肉/肉の一切れ

نَضِجَ اللَّحْمُ :肉が焼けた

2)肉　شِلْو　複 أَشْلَاء ※肉片　اِنْفَجَرَ فِيهِ اللُّغْمُ فَطَارَ كُلُّ شِلْوٍ مِنْهُ

地雷が爆発して彼の体の肉片が全部飛び散った

に

にくい～にせの

にくい　nikui　憎い　بَغِيض　< بغض　أَلَيْسَ الاِحْتِيَالُ عَمَلًا بَغِيضًا؟
詐欺は憎い行為ではないですか

にくしみ　nikushimi　憎しみ　بُغْض　لَا تَتْرُكْ لِلْبُغْضِ مَكَانًا فِي قَلْبِكَ !
心に憎しみ(憎悪)を持ってはいけません

にくしむ　nikushimu　憎しむ　⇒ にくむ　nikumu　憎む

にくしょくの　nikushoku-no　肉食の　آكِل لِللُّحُومِ　حَيَوَان آكِل لِللُّحُومِ :肉食動物 ※ ⇔ 草食の

にくたい　nikutai　肉体　جِسْم　複 أَجْسَام　اَلْجِسْمِ السَّلِيم :健康な肉体(身体)

2)肉体　جَسَدٌ　複 أَجْسَاد　اَلْجَسَدُ فَانٍ ، أَمَّا النَّفْسُ فَخَالِدَةٌ
肉体は滅びるが精神は不滅である

にくむ　nikumu　憎む　كَرِهَ (a)　كَرِهَ الْحَرْبَ وَالْفَقْرَ :戦争と貧困を憎んだ

2)憎む　مَقَتَ (u)　نُحِبُّ الْعَدْلَ وَنَمْقُتُ الظُّلْمَ
我らは正義を愛し,不正を憎む

にくや　niku-ya　肉屋　جَزَّار　< جزر 複 ـون　يَكْسِرُ الْجَزَّارُ الْعَظْمَ بِالسَّاطُورِ
肉屋は包丁で骨を砕く

にげみち　nige-michi　逃げ道　مَفَرٌّ　< فرّ　حَاوَلَ الْهَرَبَ ، فَلَمْ يَجِدْ مَفَرًّا
逃亡を試みたが,逃げ道はなかった

にげる　nigeru　逃げる　هَرَبَ (u)　~ مِنْ :~から　هَرَبَ السَّجِينُ مِنَ السِّجْنِ
囚人が刑務所から逃げた(を脱走した)

にごす　nigosu　濁す　عَكَّرَ　< عكر II　لَقَدْ عَكَّرْتَ مَائِي
あなたは私の水を濁しました

にごった　nigotta　濁った　عَكِرٌ　اَلْمَاءُ الْعَكِر :濁った水

にごる　nigoru　濁る　تَعَكَّرَ　< عكر V　يَتَعَكَّرُ مَاءُ الْبِرْكَةِ :池の水が濁る

にし　nishi　西　غَرْب　غَرْبًا :西に ※ غَرْبِيّ :西の ※ ⇔ شَرْق :東
أَقْلَعَتِ السَّفِينَةُ وَيَمَّمَتْ شَطْرَ الْغَرْبِ
船は帆を上げ西へ向かった

にしび　nishi-bi　西日　نُور الشَّمْسِ الْغَارِبَةِ

にじ　niji　虹　قَوْس قُزَح　أُنْظُرْ إِلَى قَوْسِ قُزَحٍ فِي السَّمَاءِ
空の虹を見なさい

にじむ　nijimu　滲む　تَلَطَّخَ　< لطخ V　تَلَطَّخَ شَرْشَفُ الطَّاوِلَةِ بِالْحِبْرِ
テーブルクロスにインクが滲んだ

にじゅう　nijuu　二十/２０　عِشْرُونَ　< عشر 属対 عِشْرِينَ　عِشْرُونَ بَابًا :２０の扉

にじゅうの　nijuu-no　二重の　مُزْدَوِج　< زوج　شَخْصِيَّة مُزْدَوِجَة :二重人格

にせの　nise-no　偽の　مُزَيَّف　< زيف　نُقُود مُزَيَّفَة :偽のお金/偽金

に

にせもの～にている

2)偽の　مُحْتَال < حول　لَيْسَ هٰذَا الرَّجُلُ فَقِيراً، إِنَّهُ شَحَّاذٌ
この男(おとこ)は貧(まず)しくはない，偽(にせ)の物貰(ものもら)いだ　مُحْتَالٌ

にせもの　nise-mo・no　偽物　تَقْلِيد < قلد 複 تَقَالِيد　هَلْ هُوَ حَقِيقِيٌّ أَمْ تَقْلِيدٌ ؟
それは本物(ほんもの)ですか，それとも偽物(にせもの)ですか

にそう　nisou　尼僧 ⇒ あま　ama　尼

にちじょうの　nichijou-no　日常の　عَادِيّ < عود 複 عَادِيَّات　طَعَام عَادِيّ :日常の(にちじょう)(普通(ふつう)の)食事(しょくじ)

2)日常の　يَوْمِيّ < يوم　اَلْمُحَادَثَات الْيَوْمِيَّة :日常会話(にちじょうかいわ)

にちべい　nichibei　日米　اَلْيَابَان وَأَمْرِيكَا　مُعَاهَدَة الْأَمْنِ بَيْنَ الْيَابَانِ وَأَمْرِيكَا
日米安全保障条約(にちべいあんぜんほしょうじょうやく)／日米安保(にちべいあんぽ)

にちぼつ　nichibotsu　日没　غُرُوب الشَّمْس < غرب ※ ⇔ (طُلُوع) شُرُوق الشَّمْسِ :日の出(ひので)

にちや　nichiya　日夜 ⇒ ちゅうや　chuu-ya　昼夜

にちようひん　nichiyou-hin　日用品　سِلْعَة 複 سِلَعٌ　تَنْدُرُ السِّلْعَةُ ، فَيَرْتَفِعُ ثَمَنُهَا
日用品(にちようひん)が欠乏(けつぼう)すると，物価(ぶっか)が上(あ)がる

にちようび　nichi-youbi　日曜日　يَوْم الْأَحَد／اَلْأَحَد

について　nitsuite　～について　～بِ فِيمَا يَتَعَلَّقُ ※=～に関(かん)して　لَا أُرِيدُ أَنْ أَتَكَلَّمَ فِيمَا
يَتَعَلَّقُ بِالْمَوْضُوعِ　その件(けん)については話(はな)したくない

にっかん　nikkan　日韓　اَلْيَابَان وَكُورِيَا الْجَنُوبِيَّة　اَلْمُعَاهَدَة بَيْنَ الْيَابَانِ وَكُورِيَا
日韓条約(にっかんじょうやく)

にっかん　nikkan　日刊　يَوْمِيّ < يوم　جَرِيدَة يَوْمِيَّة :日刊紙(にっかんし)

にっき　nikki　日記　يَوْمِيَّة < يوم　أُدَوِّنُ مُذَكِّرَاتِي الْيَوْمِيَّةَ لَيْلاً
私(わたし)は夜(よる)に日記(にっき)を付(つ)けている

にっこう　nikkou　日光　نُور الشَّمْس　※= 陽光(ようこう)

にっこうよく　nikkou-yoku　日光浴　تَعْرِيض لِأَشِعَّةِ الشَّمْس

にっこりする　nikkori-suru　にっこりする ⇒ ほほえむ　hohoemu　微笑む

にっしょく　nisshoku　日食　كُسُوف < كسف　اِصْفَرَّ نُورُ الشَّمْسِ سَاعَةَ الْكُسُوفِ
日食(にっしょく)の時間(じかん)に日光(にっこう)は黄色(きいろ)くなった

にっちゅう　nicchuu　日中 ⇒ ひるま　hiruma　昼間

にっちゅう　nicchuu　日中　اَلْيَابَان وَالصِّين　اَلْعَلَاقَات بَيْنَ الْيَابَانِ وَالصِّينِ :日中関係(にっちゅうかんけい)

にっちょう　nicchou　日朝　اَلْيَابَان وَكُورِيَا الشَّمَالِيَّة　اَلتِّجَارَة بَيْنَ الْيَابَانِ وَكُورِيَا
日朝貿易(にっちょうぼうえき)　اَلشَّمَالِيَّة

にっぽん　nippon　日本 ⇒ にほん　nihon　日本

にっぽんじん　nippon-jin　日本人 ⇒ にほんじん　nihon-jin　日本人

にている　niteiru　似ている　أَشْبَهَ < شبه IV　هُوَ يُشْبِهُ أُمَّهُ :彼(かれ)は母親(ははおや)に似(に)ている

に

になう～にほん

2)似ている　تَشَابَهَ　＜ شبه VI　※互いに二つのものが似ている

!كَمْ تَتَشَابَهُ الأُخْتَانِ :何とその姉妹は似ていることか

になう　ni・nau　担う　تَوَلَّى　＜ ولى V　تَوَلَّى الْحُكْمَ :政権を担った

ににんしょう　ni-ninshou　二人称　مُخَاطَب　＜ خطب　الشَّخْصُ الْمُخَاطَبُ :二人称単数

にばい　nibai　二倍 ⇒ ばい bai 倍

にばいする　nibai-suru　二倍する ⇒ ばいする bai-suru 倍する

にばん　niban　二番
にばんめ　nibanme　二番目　ثَانٍ　＜ ثنى 女 ثَانِيَة ※定 الثَّانِي

ثَانِيًا :2番目に　ثَانِي أَكْبَرُ :2番目に大きいもの

にぶい　nibui　鈍い　بَطِيء　＜ بطؤ　بَطِيءُ الْحَرَكَةِ :動きの鈍い

2)鈍い　خَافِت　＜ خفت　صَوْتُ ارْتِطَامٍ خَافِتٍ :ドスンという鈍い音

3)鈍い　غَيْرُ حَادٍّ　※⇔鋭い　هٰذَا السِّكِّينُ غَيْرُ حَادٍّ

このナイフは切れ味が鈍い

にぶんする　nibun-suru　二分する　شَطَرَ (u)　اُشْطُرِ الْكَعْكَةَ بَيْنَكَ وَبَيْنَ أَخِيكَ

あなたと弟の二人でケーキを二分しなさい

にぶんのいち　nibun-noichi　二分の一 ⇒ はんぶん hanbun 半分

にほん　nihon　日本　اَلْيَابَانُ　اَلْيَابَانُ : فِي الْمُحِيطِ الْهَادِئِ شَرْقِيَّ آسِيَا،

日本：東アジアの太平洋に囲まれている

٣٧٨,٠٠٠ كم٢، ١٢٧,٠٠٠,٠٠٠ ن.

面積37万8千平方km，人口1億2千7百万人

عَاصِمَتُهَا طُوكِيُو أَكْبَرُ مُدُنِ الْعَالَمِ،

首都は世界最大都市の東京

مِنْ مُدُنِهَا: أُوسَاكَا، نَاغُويَا، يُوكُوهَامَا،

主要な都市：大阪，名古屋，横浜，

كِيُوتُو، كُوبِه، كَاوَاسَاكِي، هِيرُوشِيمَا،

京都，神戸，川崎，広島，

كِيتَاكِيُوشُو، فُوكُوُوكَا، نَاغَاسَاكِي.

北九州，福岡，長崎

تَتَأَلَّفُ مِنْ أَرْبَعِ جُزُرٍ: هُونْشُو،

次の四つの島から構成される：本州，

هُوكَّايْدُو، كِيُوشُو، شِيكُوكُو.

北海道，九州，四国

أَكْبَرُهَا هُونْشُو. تَنْتَشِرُ حَوْلَهَا نَحْوَ

その中で一番大きいのは本州である。周りに

أَلْفِ جَزِيرَةٍ صَغِيرَةٍ.

約千の小さな島がある。

に

にほんご～にゅうよくする

日本の/日本人: ـات- 複 يَابَانِيَّة 女 يَابَانِيّ 関

にほんご nihon-go 日本語 اَلْيَابَانِيَّة / اَللُّغَة اَلْيَابَانِيَّة

にほんしき nihon-shiki 日本式 طَرِيقَة يَابَانِيَّة ※ 日本式庭園/和風庭園: حَدِيقَة يَابَانِيَّة

にほんじん nihon-jin 日本人 يَابَانِيّ 複 ـون 女 يَابَانِيَّة 複 ـات- ※ اَلشَّعْب اَلْيَابَانِيّ=

にまいじたの nimai-jita·no 二枚舌の ذُو لِسَانَيْنِ 二枚舌の商人: تَاجِرٌ ذُو لِسَانَيْنِ

にもつ nimotsu 荷物 مَتَاع < متع 複 أَمْتِعَة أَيْنَ يُمْكِنُنِي أَنْ أُودِعَ أَمْتِعَتِي؟
どこで荷物を預かってもらえますか

にゅーす nyuusu ニュース نَبَأٌ < نبأ 複 أَنْبَاء ニュース番組: نَشْرَة الْأَنْبَاءِ
そのニュースは放送された: أُذِيعَ النَّبَأُ
国内(国際)ニュース: أَنْبَاء مَحَلِّيَّة (عَالَمِيَّة)

にゅういんする nyuuin-suru 入院する دَخَلَ الْمُسْتَشْفَى ※名 دُخُول الْمُسْتَشْفَى : 入院

にゅうがく-する nyuugaku-suru 入学する دَخَلَ الْمَدْرَسَةَ ※名 دُخُول الْمَدْرَسَةِ : 入学
入学式: حَفْلَة الدُّخُول ※ ⇔ 卒業する

にゅうぎゅう nyuugyuu 乳牛 بَقَرَة حَلُوب ※1頭の乳牛

にゅうしょく-しゃ nyuushoku-sha 入植者 مُسْتَوْطِن < وطن 複 ـون قَطَعَ الْمُسْتَوْطِنُونَ أَشْجَارَ الزَّيْتُونِ
入植者達がオリーブの木を切った

にゅうしょく-する nyuushoku-suru 入植する اِسْتَوْطَنَ < وطن X اِسْتَوْطَنَ مُهَاجِرُونَ كَثِيرُونَ فِي فِلَسْطِينَ
沢山の移民がパレスチナに入植した
入植活動: أَعْمَال الاِسْتِيطَانِ 入植: اِسْتِيطَان ※名

にゅうしょくち nyuushoku-chi 入植地 مُسْتَوْطَنَة < وطن أَزُرْتَ الْمُسْتَوْطَنَةَ عَلَى التَّلِّ؟
丘の上の入植地を訪れたことがありますか

にゅうしん-する nyuushin-suru 入信する دَانَ ، يَدِينُ ～に: بِـ～ イスラムに入信する: يَدِينُ بِالْإِسْلَامِ

にゅうじょう nyuujou 入場 دُخُول < دخل 入場券: تَذْكِرَة الدُّخُول

にゅうたいする nyuutai-suru 入隊する اِلْتَحَقَ < لحق VIII شَبَابٌ قَلَائِلُ يَلْتَحِقُونَ بِالْجَيْشِ
軍隊に入隊する若者は少ない

にゅうねんに nyuu·nen-ni 入念に بِعِنَايَةٍ كَبِيرَةٍ مَارَسَ التَّمَارِينَ الرِّيَاضِيَّةَ بِعِنَايَةٍ كَبِيرَةٍ
入念に練習をした

にゅうもん nyuumon 入門 مَدْخَل < دخل 複 مَدَاخِل مَدْخَل إِلَى اللُّغَةِ الْيَابَانِيَّةِ
日本語入門

にゅうよくする nyuuyoku-suru 入浴する ⇒ ふろにはいる huroni-hairu 風呂に入る

に

にゅうりょくする～にんぎょう

にゅうりょくする　nyuuryoku-suru　入力する　أَدْخَلَ < دخل IV　أَدْخَلَ الْبَيَانَاتِ فِي الْكُمْبِيُوتَرْ
コンピューターにデータを入力した

にゅうわな　nyuuwa-na　柔和な ⇒ おんわな onwa-na 温和な

にょう　nyou　尿　بَوْل 複 أَبْوَال　يُسْتَخْدَمُ الْبَوْلُ لِلْفَحْصِ الطِّبِّيِّ
健康診断に尿が使われる

にらむ　niramu　にらむ　نَظَرَ شَزْرًا　نَظَرَ الْأُسْتَاذُ إِلَيَّ شَزْرًا : 教授は私をにらんだ

にる　niru　煮る　سَلَقَ (u)　سَلَقَ الطَّمَاطِمَ : トマトを(水で)煮た

にる　niru　似る　أَشْبَهَ < شبه IV　أُمِّي تُشْبِهُ جَدِّي : 母は祖父に似ている

にわ　niwa　庭　حَدِيقَة < حدق 複 -ات　حَدِيقَة يَابَانِيَّة : 日本式庭園

2)庭　بُسْتَان 複 بَسَاتِين　فِي بَيْتِنَا بُسْتَانُ لَيْمُونٍ وَبُرْتُقَالٍ
我が家の庭にはレモンとオレンジ(の木)がある
※بُسْتَانِيّ : 庭師　يَعْمَلُ الْبُسْتَانِيُّ بِلَا انْقِطَاعٍ
その庭師は中断せずに働く

にわかに　niwaka-ni　にわかに ⇒ きゅうに kyuu-ni 急に

にわとり　niwatori　鶏　دَجَاج < دجّ ※ دَجَاجَة : 1羽の鶏
دَجَاجَتِي تَبِيضُ كُلَّ يَوْمٍ بَيْضَةً وَاحِدَةً
私の鶏は毎日一個の卵を生む(産む)

にん　nin　人 (كَيْفِيَّة عَدّ الْأَشْخَاص)　شَخْص : 1人　شَخْصَانِ(يْنِ) : 2人
ثَلَاثَة أَشْخَاصٍ : 3人
كَمْ شَخْصًا فِي الْغُرْفَةِ ؟ : 何人の人が部屋にいますか

にんかする　ninka-suru　認可する　رَخَّصَ < رخص II　رَخَّصَتْ وِزَارَةُ الِاقْتِصَادِ فِي اسْتِيرَادِ السَّيَّارَاتِ
経済省は自動車の輸入を認可した

にんき　ninki　人気　إِقْبَال < قبل　يَنَالُ الْفِلْمُ إِقْبَالًا كَبِيرًا
その映画は大きな人気を得ている

2)人気　شَعْبِيَّة < شعب　يَتَمَتَّعُ بِشَعْبِيَّةٍ كَبِيرَةٍ
大変な人気を得ている

にんきのある　ninki-noaru　人気のある　شَعْبِيّ < شعب　هُوَ شَعْبِيٌّ بَيْنَ الشَّبَابِ
彼は若者に人気がある

にんぎょ　ningyo　人魚　حُورِيَّة الْمَاءِ　يُقَالُ إِنَّ حُورِيَّةَ الْمَاءِ كَانَتْ تَعِيشُ فِي الْبَحْرِ
その海に人魚が住んでいたと言われている

にんぎょう　ningyou　人形　عَرُوسَة < عرس 複 عَرَائِس　مَسْرَح الْعَرَائِسِ : 人形劇

2)人形　دُمْيَة < دمو 複 دُمًى　لَا تُفَارِقُ دُمْيَتَهَا حَتَّى إِذَا نَامَتْ
彼女は眠るときでも人形を離さない

にんげん～にんめいする

にんげん	ningen	人間	إِنْسَان	< أنس 複 أُنَاس/ نَاس اَلْإِنْسَانُ حَيَوَانٌ مُفَكِّرٌ 人間は考える動物である
にんしきする	ninshiki-suru	認識する	أَدْرَكَ	< درك IV عَلَيْنَا أَنْ نُدْرِكَ الْحَقِيقَةَ 私たちは真実を認識する必要がある ※名 إِدْرَاك :認識
にんしん-している	ninshin-shiteiru	妊娠している	حَامِل	< حمل 複 حَوَامِل اَلنِّسَاءُ الْحَوَامِلُ :妊婦達
にんしんする	ninshin-suru	妊娠する	حَبِلَ (i)	※= حَمَلَ حَبِلَتِ الْمَرْأَةُ :その婦人は妊娠した ※名 حَمْل 複 أَحْمَال/حِمَال :妊娠 عَدَمُ الْحَمْلِ :不妊症
にんじん	ninjin	人参	جَزَر	※ جَزَرَة :1本の人参
にんたい	nintai	忍耐	صَبْر	اَلصَّبْرُ مِفْتَاحُ الْفَرَجِ :忍耐は幸福の鍵である[格言]
にんにく	nin・niku	にんにく	ثُوم	اَلثُّومُ كَثِيرٌ فِي صَحْنِ السَّلَطَةِ サラダにはにんにくが沢山入っている
にんぷ	ninpu	妊婦	حُبْلَى	< حبل 複 حَبَالَى / حَبْلَانَة أَسْقَطَتِ الْحُبْلَى جَنِينَهَا :その妊婦は流産した
にんむ	ninmu	任務	مُهِمَّة	< هم 複 -ات قَامَ بِمُهِمَّتِهِ :任務を果たした
にんめいする	ninmei-suru	任命する	عَيَّنَ	< عين II عَيَّنَنِي الْمُدَرِّبُ حَكَمًا コーチは私を審判に任命した ※名 تَعْيِين :任命 تَعْيِين فِي مَنْصِب 地位への任命

に

ぬ　ぬ　ヌ【nu】

ぬーどの　nuudo-no　ヌードの ⇒ はだかの　hadaka-no　裸の

ぬう　nu･u　縫う　خَيَّطَ < خيط II　خَيَّطَتِ الثِّيَابَ :彼女は服を縫った

ぬかるみ　nukarumi　ぬかるみ　أَرْض رَطْبَة　زَلَقَ قَدَمُهُ عَلَى الأَرْضِ الرَّطْبَةِ
ぬかるみで足が滑った

ぬかれる　nukareru　抜かれる　اِنْقَلَعَ < قلع VII　اِنْقَلَعَتِ السِّنُّ :歯が抜かれた

ぬがす　nugasu　脱がす　شَلَّحَ < شلح II　شَلِّحِي أَخَاكَ الصَّغِيرَ وَحَمِّمِيهِ !
(貴女は) 弟の服を脱がして風呂に入れなさい

ぬきんでる　nukinderu　抜きんでる　بَرَزَ (u)　تَبْرُزُ الْعَرُوسُ رَائِعَةً فِي ثَوْبِهَا الأَبْيَضِ
花嫁は白い衣装で美しさが抜きんでている

ぬく　nuku　抜く　قَلَعَ (a)　قَلَعَ الأَعْشَابَ (السِّنَّ) :草(歯)を(引き)抜いた

2)抜く　نَزَعَ (i)　نَزَعَ الْمِسْمَارَ مِنَ الْخَشَبَةِ :材木から釘を抜いた

3)抜く　تَفَوَّقَ < فوق V　تَفَوَّقَ عَلَى رِفَاقِهِ فِي السِّبَاقِ
競走で友達を抜いた

4)抜く　اِسْتَلَّ < سل VIII　اِسْتَلَّ السَّيْفَ مِنْ غِمْدِهِ
刀をさやから抜いた

ぬぐ　nugu　脱ぐ　خَلَعَ (a)　جَعَلَهُ يَخْلَعُ الْمِعْطَفَ :彼にコートを脱がさせた

2)脱ぐ　نَزَعَ (i)　نَزَعَ حِذَاءَهُ :靴を脱いだ

ぬぐう　nugu･u　拭う　مَسَحَ (a)　مَسَحَ الدُّمُوعَ مِنْ عَيْنَيِ الْوَلَدِ
その子の涙を拭った

ぬける　nukeru　抜ける　اِنْخَلَعَ < خلع VII　لَا تَشُدَّ بِذِرَاعِي هٰكَذَا ! تَكَادُ كَتِفِي
そんなに腕を引っ張らないでよ！肩が抜けてしまう　تَنْخَلِعُ

2)抜ける　سَقَطَ (u)　سَقَطَ شَعْرُهُ :髪が抜け(落ち)た

ぬげる　nugeru　脱げる　اِنْخَلَعَ < خلع VII　اِنْخَلَعَتِ الْقُبَّعَةُ :帽子が脱げた

ぬし　nushi　主　رَبّ 複 أَرْبَاب　رَبُّ الْبَيْتِ :家の主 ※ رَبَّةُ الْبَيْتِ :主婦

ぬすっと　nusutto　盗人 ⇒ どろぼう　dorobou　泥棒

ぬすまれる　nusumareru　盗まれる　سُرِقَ، يُسْرَقُ ※ سَرَقَ の受　مَاذَا سُرِقَ؟ :何を盗まれましたか

ぬすみ　nusumi　盗み　سَرِقَة 複 -ات　جُنُونُ السَّرِقَةِ :盗み癖
اَلسَّرِقَةُ حَرَام :盗みは禁じられている

ぬすみぎき-する　nusumi-giki-suru　盗み聞きする　اِسْتَرَقَ السَّمْعَ　وَقَفَ يَسْتَرِقُ السَّمْعَ
立ち止まって盗み聞きした

ぬすみみる～ぬれる

ぬすみみる　nusumi-miru　盗み見る　استرق النظر　※إلى～: ～を

ぬすむ　nusumu　盗む　سرق (i)　سرق اللص الصحن: 泥棒は皿を盗んだ

سرق مالا مني: 私のお金を盗んだ

ぬの　nu・no　布
ぬのじ　nu・no-ji　布地　قماش　< قمش 複 أقمشة　بحث عن قماش لمعطف

コートの布地を探した

ぬのぎれ　nu・no-gire　布切れ　خرقة　複خرق　لمع حذاءك بخرقة من صوف

靴はウールの布切れで磨きなさい

ぬま　numa　沼
ぬまち　numachi　沼地　مستنقع　< نقع 複ات-　يعيش البط في المستنقع

沼地にアヒルが住んでいる

ぬらす　nurasu　濡らす　بلل　< بل II　بلل شفتيه بالماء : 唇を水で濡らした

ぬる　nuru　塗る　يطلي، طلى　طليت باب البيت باللون الأبيض

私は家の戸を白色に塗った

ぬるい　nurui　温い　فاتر　< فتر　الماء الفاتر: 温い水(湯)/ぬるま湯

ぬれた　nureta　濡れた　مبلل / مبلول < بل　دخلت فتاة مبللة بالماء

ずぶ濡れの女の子が入ってきた

ぬれる　nureru　濡れる　ابتل　< بل VIII　ابتلت ثيابي : 私の服が濡れました

ぬ

ね～ねこ

ع ね ネ【ne】

(～です)ね (～desu)ne (～です)ね أَلَيْسَ كَذٰلِكَ؟ هٰذِهِ الشَّنْطَةُ شَنْطَتُكَ، أَلَيْسَ كَذٰلِكَ؟
このかばんはあなたの鞄ですね

ね ne 根 جِذْر / جَذْر 複 جُذُور جُذُورُ الْحَشِيشِ: 草の根

2)根 عِرْق 複 عُرُوق جَمَّدَ الصَّقِيعُ الْمَاءَ فِي عُرُوقِ الْأَشْجَارِ
霜が木の根の水を凍らせた

ねあがりする ne·agari-suru 値上がりする اِرْتَفَعَ ＜ رفع VIII اِرْتَفَعَتْ أَسْعَارُ الْخُبْزِ اِرْتِفَاعًا
パンが値上がりした

※名 اِرْتِفَاعُ الْأَسْعَارِ: 値上がり/物価の上昇

ねあげ ne·age 値上げ اِرْتِفَاعُ الْأَسْعَارِ اِرْتِفَاعُ الْأَسْعَارِ غَيْرُ مَعْقُولٍ: 値上げは理不尽だ

ねあげする ne·age-suru 値上げする رَفَعَ الْأَسْعَارَ رَفَعَتِ الشَّرِكَةُ الْأَسْعَارَ فِي الشَّهْرِ الْمَاضِي
先月,会社は値上げした

※名 رَفْع: 値上げ رَفْعُ أَسْعَارِ الْكَهْرَبَاءِ
電気料金の値上げ

ねうち neuchi 値打ち قِيمَة هَلْ تَعْرِفُ قِيمَةَ الذَّهَبِ؟
金の値打ちを知ってますか

ねぇ ne·e ねぇ يَا اِسْمَعِي إِلَيَّ يَا بِنْتِي!
ねぇお嬢ちゃん,私の話を聞きなさい

ねおんさいん neon-sain ネオンサイン إِعْلَانَات ضَوْئِيَّة

ねかす nekasu 寝かす
ねかし-つける nekashi-tsukeru 寝かしつける أَنَامَ ＜ نوم IV تُنِيمُ الْأُمُّ طِفْلَهَا فِي سَرِيرِهِ
母親はベッドに子供を寝かしつける

ねがい negai 願い أُمْنِيَّة ＜ منى 複 -ات الْأُمْنِيَّاتُ الثَّلَاثُ: 三つの願い

ねがう negau 願う رَجَا، يَرْجُو ＜ رجو أَرْجُوكَ، يَا دُكْتُورُ!: 先生,お願いします!

2)願う تَمَنَّى ＜ منى V أَتَمَنَّى لَكَ إِقَامَةً سَعِيدَةً فِي الْيَابَانِ
日本でのお幸せな滞在を願っております

ねぎ negi ネギ/葱 كُرَّاث ＜ كرث ※ كُرَّاثَة: 1本のネギ لَيْسَ هٰذَا ثُومًا،
これはニンニクではありません,ネギです إِنَّهُ كُرَّاثٌ

ねぎる negiru 値切る سَاوَمَ ＜ سوم III النِّسَاءُ يُسَاوِمْنَ الْبَاعَةَ أَكْثَرَ
ご婦人方は殿方よりもよく値切る مِنَ الرِّجَالِ

ねくたい nekutai ネクタイ رِبَاطُ الرَّقَبَةِ رِبَاطُهُ (فَكَّ) رَبَطَ: ネクタイを締めた(はずした)

ねこ neko 猫 قِطّ 複 قِطَاط ※ قِطَّة: 雌猫 هَلْ رَأَيْتَ قِطًّا يُلَاعِبُ كَلْبًا؟
犬と遊ぶ猫を見たことありますか

ね

ねこぜ～ねったいの

ねこぜ neko-ze 猫背 اِنْحِنَاء الظَّهْرِ

ねこむ nekomu 寝込む لَزِمَ الْفِرَاشَ (a) لَزِمَ الْفِرَاشَ بِالْبَرْدِ :風邪で寝込んだ

ねさげする nesage-suru 値下げする خَفَّضَ (i) لَيْتَ التَّاجِرَ يُخَفِّضُ الْأَسْعَارَ !
商人が値下げしてくれたらいいのに

ねじ neji ネジ بُرْغِيّ 複 بَرَاغِيّ مِفَكّ لِلْبَرَاغِي :ネジ回し，ドライバー
اَلْمَقْعَدُ يَصِرُّ لِأَنَّ بُرْغِيَّهُ سَقَطَ
ねじが落ちたので椅子がキーキー音を立てる

ねじくぎ neji-kugi ねじ釘 مِسْمَار لَوْلَبِيّ

ねじる nejiru ねじる يَلْوِي ، لَوَى لَوَيْتُ الْغُصْنَ لِأَقْطِفَ الثَّمَرَةَ
私は実を取るために枝をねじった

ねずみ nezumi 鼠/ネズミ فَأْر 複 فِئْرَان ※ فَأْرَة :1匹の鼠 ※ جُرْذ :どぶネズミ
اَلْهِرُّ عَدُوُّ الْفَأْرِ :猫はネズミの敵です
اَلْجُرْذُ أَكْبَرُ مِنَ الْفَأْرِ
野ネズミは家ネズミより大きい

ね

ねたみ netami 妬み ⇒ しっと shitto しっと

ねたむ netamu 妬む حَسَدَ (u) حَسَدَ زَمِيلَهُ عَلَى نَجَاحِهِ
同僚の成功を妬んだ

ねだん nedan 値段 سِعْر 複 أَسْعَار قَائِمَة أَسْعَارٍ :値段表
مَا السِّعْرُ ؟ :(値段は)いくらですか

2)値段 ثَمَن 複 أَثْمَان اَلثَّمَنُ غَالٍ (رَخِيص) :その値段は高い(安い)

ねつ netsu 熱 حَرَارَة < حَرّ أَشْعُرُ بِالْبَرْدِ وَعِنْدِي حَرَارَة
(私は)寒気がして熱があります
اِرْتَفَعَتْ (هَبَطَتْ) حَرَارَتُهُ :熱が上がった(下がった)

ねつあいする netsuai-suru 熱愛する عَشِقَ (a) اَلْفَنَّانُ يَعْشَقُ الْجَمَالَ وَيُبْدِعُهُ
芸術家は美を熱愛し，その創造をする

ねつい netsui 熱意 جِدّ مِنْ جِدٍّ / بِجِدٍّ :熱意を持って/熱心に/真面目に

ねっきょうする nekkyou-suru 熱狂する تَحَمَّسَ < حمس V تَحَمَّسَ الْمُشَاهِدُونَ أَكْثَرَ مِمَّا تَحَمَّسَ اللَّاعِبُونَ
観客は選手たちよりも熱狂した

ねっくれす nekkuresu ネックレス عِقْد 複 عُقُود عِقْد مِنَ اللُّؤْلُؤِ :真珠のネックレス

ねっしんな nesshin-na 熱心な جَادّ < جدّ تِلْمِيذ جَادّ :熱心な生徒

ねったいの nettai-no 熱帯の اِسْتِوَائِيّ < سوى اَلْمُنَاخ الِاسْتِوَائِيّ :熱帯気候
اَلْمِنْطَقَة (الْغَابَة) الِاسْتِوَائِيَّة :熱帯地方(雨林)

ねっちゅうする necchuu-suru 熱中する اِنْهَمَكَ < همك VII أَنْهَمِكُ فِي صَيْدِ الْأَسْمَاكِ
私は魚釣りに熱中してます

ねっと netto ネット شَبَكَة 複 شَبَكٌ / شِبَاك ※ إِنْتَرْنِت : インターネット

ねっぱ neppa 熱波 مَوْجَةُ الْحَرِّ مَوْجَةُ الْحَرِّ أَلْحَقَتْ بِالْمَزْرُوعَاتِ ضَرَرًا كَبِيرًا
熱波が農作物に大きな被害を与えた

ねばならない neba-nara·nai ～ねばならない ～ أَنْ (عَلَى‥) يَجِبُ < وجب ※ (‥は)～しなければならない
يَجِبُ أَنْ تُصْلِحَ خَطَاءَكَ
あなたは間違いを直さねばならない(なくてはならない)

ねばねばする neba·neba-suru ねばねばする لَزِجٌ اَلْمَطَّاطُ مَادَّةٌ لَزِجَةٌ :ゴムはねばねばする物質です
ねばりけのある nebarike-noaru 粘り気のある
اَلزَّيْتُ مَادَّةٌ سَائِلَةٌ لَزِجَةٌ
油は粘り気のある液体です

ねばる nebaru 粘る لَزِجَ (a) أُتْرُكِي الْقَطْرَ عَلَى النَّارِ حَتَّى يَلْزَجَ
シロップが粘るまで火にかけなさい

ねびき nebiki 値引き تَخْفِيض < خفض اِعْمَلْ لِي تَخْفِيضًا :値引きして下さい

ねむい nemui 眠い نَعْسَان < نعس 複 نِعَاس كُنْتُ نَعْسَانًا جِدًّا
私はとても眠かった
أَنَامُ عِنْدَمَا أَكُونُ نَعْسَانًا :私は眠たい時に寝ます

ねむけ nemuke 眠気 نُعَاس < نعس تَثَاءَبَ مِنَ النُّعَاسِ :眠くて欠伸をした
تَغَلَّبَ عَلَيْهِ النُّعَاسُ :眠気(睡魔)が襲った

ねむっている nemutte-iru 眠っている نَائِم < نوم اَلصِّينُ أَسَدٌ نَائِمٌ :中国は眠れる獅子だ

ねむらせる nemuraseru 眠らせる نَوَّمَ < نوم II إِبْرَةٌ مِنَ الْمُخَدِّرِ نَوَّمَتِ الْمَرِيضَ
麻酔の注射が患者を眠らせた

ねむり nemuri 眠り نَوْم غَلَبَهَا النَّوْمُ وَالتَّعَبُ
彼女は眠気と疲れに捕らわれた
اَلصَّلَاةُ خَيْرٌ مِنَ النَّوْمِ :祈りは眠りより良い

ねむる nemuru 眠る نَامَ ، يَنَامُ ※ هِيَ نَامَتْ ، أَنَا نِمْتُ
نِمْتُ سِتَّ سَاعَاتٍ أَمْسِ :私は昨日六時間眠った

ねらい nerai 狙い هَدَف 複 أَهْدَاف حَدَّدَ هَدَفًا :狙い(目標)を定めた

ねらう nerau 狙う صَوَّبَ < صوب II صَوَّبَ الْبُنْدُقِيَّةَ إِلَى الْعَدُوِّ
銃で敵を狙った

ねる neru 練る عَجَنَ (u) يَعْجُنُ الْفَرَّانُ كِيسًا مِنَ الطَّحِينِ كُلَّ يَوْمٍ
パン屋さんは毎日一袋の粉を練る

ねる～ねんれい

ねる　neru　寝る ⇒ ねむる nemuru 眠る

ねん　nen　年　عَام < عوم 複 أَعْوَام ※ ⇒ 年 ～ فِي عَامِ ～ :～年に

ねんきん　nenkin　年金(التَّقَاعُد) مَعَاش　مَعَاش الشَّيْخُوخَةِ :養老年金
أَرْبَاب الْمَعَاشَات :年金受給者/年金生活者
حَجَزَ الدَّائِنُ عَلَى الْمَدِينِ مَعَاشَهُ
債権者が債務者の年金を没収した

ねんざする　nenza-suru　捻挫する　الْتَوَى < لوى VIII　الْتَوَى كَاحِلُهُ :足首を捻挫した
الْتِوَاء الْكَاحِلِ :足首の捻挫　الْتِوَاء 複 -ات :捻挫 ※名

ねんしゅう　nenshuu　年収　دَخْل سَنَوِيّ　كَمْ دَخْلُكَ السَّنَوِيّ؟ :あなたの年収はいくらですか

ねんしょうする　nenshou-suru　燃焼する　احْتَرَقَ < حرق VIII　احْتَرَقَتِ الْأَغْصَانُ ، وَصَارَ رُمَادًا
木の枝が燃焼して(燃えて)灰になった
غُرْفَة الِاحْتِرَاق :燃焼室　اِحْتِرَاق :燃焼 ※名

ね

ねんちゃく-せいの　nenchaku-sei・no　粘着性の ⇒ ねばりけのある nebarike-noaru 粘り気のある

ねんとう　nentou　年頭　رَأْس السَّنَةِ　نَزُورُ الْمَعْبَدَ فِي رَأْسِ السَّنَةِ
私達は年頭(年の初め)に神社へお参りに行く

ねんど　nendo　粘土　طِين خَزَفِيّ

ねんぱいの　nenpai-no　年配の ⇒ ちゅうねんの chuu・nen-no 中年の

ねんまつ　nen-matsu　年末　أَيَّام فِي نِهَايَةِ الْعَامِ

ねんりょう　nenryou　燃料　وَقُود < وقد　زَيْت الْوَقُود :燃料油
فَرَغَ الْوَقُودُ :燃料が無くなった(底をついた)

ねんれい　nenrei　年齢　عُمْر　كَمْ عُمْرُكَ؟ :あなたの年齢はいくつですか/
お年は何歳ですか

のーと～のうふ

乃 の ノ 【no】

のーと nooto ノート دَفْتَر 複 دَفَاتِر دَوَّنَ ~ فِي الدَّفْتَرِ :~をノートに書いた

2)ノート كُرَّاسَة < كرس 複 كَرَارِيسُ/-ات اُكْتُبْ الْكَلِمَةَ فِي كُرَّاسَتِكَ その言葉をノートに書きなさい

のーべるしょう nooberu-shou ノーベル賞 جَائِزَة نُوبِل

のう nou 脳 مُخّ 複 أَمْخَاخ / مِخَاخ مُخُّ الْإِنْسَانِ :人間の脳(頭脳)

يَحْمِي الْمُخَّ عَظْمٌ مَتِينٌ :硬い骨が脳を守っている

2)脳 دِمَاغ < دمغ 複 أَدْمِغَة جِرَاحَةُ الدِّمَاغِ عَمَلِيَّةٌ صَعْبَةٌ 脳の手術は難しい

のうえん nouen 農園 مَزْرَعَة < زرع 複 مَزَارِع مَزْرَعَةُ الْبُنِّ :コーヒー農園

のうか nouka 農家 مُزَارِع < زرع اِسْتَصْلَحَ الْمُزَارِعُ أَرْضًا جَدِيدَةً 農家は新しい土地を改良した

のうぎょう nougyou 農業 زِرَاعَة < زرع يَعْمَلُ فِي الزِّرَاعَةِ :農業をしている

عِلْمُ الزِّرَاعَةِ :農業経営学/農政学

のうぎょうの nougyou-no 農業の زِرَاعِيّ < زرع جَمْعِيَّة زِرَاعِيَّة :農業組合

مُعَدَّات زِرَاعِيَّة :農機具

のうこう noukou 農耕 فِلَاحَة < فلح الْفِلَاحَةُ عَمَلٌ صَعْبٌ مُتْعِبٌ، وَلٰكِنَّهُ شَرِيفٌ نَبِيلٌ 農耕は難しくて疲れる仕事ですが, 気高くて誇りのある仕事です

のうさくもつ nou-sakumotsu 農作物 مَحْصُول < حصل 複 مَحَاصِيل مَحْصُولٌ وَافِرٌ :豊作

のうじょう noujou 農場 ⇒ のうえん nou·en 農園

のうぜい nouzei 納税 دَفْعُ الضَّرَائِبِ ※ دَافِعُ الضَّرَائِبِ :納税者

のうそん nouson 農村 قَرْيَة زِرَاعِيَّة مِنَ الْقُرَى الزِّرَاعِيَّةِ إِلَى الْمُدُنِ :農村から都市へ

のうち nouchi 農地 مَزْرَعَة < زرع 複 مَزَارِع ※= أَرَاض زِرَاعِيَّة

تُنْتِجُ هٰذِهِ الْمَزْرَعَةُ خُضَارًا この農地は野菜を産する

のうどうたい noudou-tai 能動態 صِيغَةُ الْمَعْلُومِ ※⇔ صِيغَةُ الْمَبْنِيِّ لِلْمَجْهُولِ :受動態/受け身形

のうどう-ぶんし noudou-bunshi 能動分詞 اِسْمُ الْفَاعِلِ ※ ⇔ اِسْمُ الْمَجْهُولِ :受動分詞

のうふ nouhu 農夫 فَلَّاح < فلح 複 ـون يَسْقِي الْفَلَّاحُ الْأَرْضَ بِعَرَقِ جَبِينِهِ 農夫が額に汗を流して大地に水を撒いている

の

のうべんである nouben-dearu 能弁である فَصُحَ (u) عَلَى الْخَطِيبِ أَنْ يَفْصُحَ فِي كَلَامِهِ
演説者は能弁でなければならない

のうみん noumin 農民 ⇒ のうふ nouhu 農夫

のうりょく nouryoku 能力 قُدْرَة 複 ـات قَدَّرَ قُدْرَتَهُ عَلَى～ :～への能力を評価した

のうりんすいさんしょう nourin-sui・san-shou 農林水産省 وِزَارَةُ الزِّرَاعَةِ وَزِرَاعَةِ الْغَابَاتِ وَصَيْدِ الْأَسْمَاكِ

のがす nogasu 逃す أَضَاعَ < ضيع IV أَضَاعَ فُرْصَةً آخِرَ :最後の機会を逃した

のがれる nogareru 逃れる أَفْلَتَ < فلت IV أَفْلَتَ بِجِلْدِهِ :間一髪で逃れた

2)逃れる نَجَا ، يَنْجُو ~مِنْ :～から نَجَا مِنَ الْمَوْتِ :死から逃れた/助かった

3)逃れる تَجَنَّبَ < جنب V تَجَنَّبُوا تَحَمُّلَ مَسْؤُولِيَّتِهِمْ
彼らは責任を逃れた

のこ noko 鋸
のこぎり nokogiri 鋸 مِنْشَار < نشر 複 مَنَاشِيرُ نَشَرَ ~ بِالْمِنْشَارِ
～を鋸で切った(引いた)

のこす nokosu 残す تَرَكَ (u) اُتْرُكْ رِسَالَتَكَ :伝言を残して下さい

2)残す خَلَّفَ < خلف II خَلَّفَ رَوَائِعَ الْفَنِّ :素晴らしい傑作を残した

のこり nokori 残り بَاقٍ < بقي ※定 الْبَاقِي إِذَا طَرَحْتَ ٥ مِنْ ٩، مَاذَا يَكُونُ الْبَاقِي؟
9から5を引いたら,残りはいくつですか

のこる nokoru 残る بَقِيَ ، يَبْقَى بَقِيَ حَيًّا :生き残った اِبْقَ هُنَا :ここに残りなさい

2)残る وَسَمَ ، يَسِمُ أَخْشَى أَنْ يَسِمَكَ هٰذَا الْجُرْحُ فِي خَدِّكَ
この傷が貴女の頬に残らないか心配だ

のせる noseru 乗せる رَكَّبَ < ركب II أَلَا تُرَكِّبُنِي سَيَّارَتَكَ قَلِيلًا؟
ちょっとあなたの車に乗せてくれませんか

のせる noseru 載せる نَشَرَ (u) نَشَرَتِ الصَّحِيفَةُ الْخَبَرَ
新聞がそのニュースを載せた

のぞいて nozoite (～を)除いて ⇒ いがい igai 以外

のぞく nozoku 除く اِسْتَثْنَى < ثنى X ~مِنْ :～から لِمَاذَا اسْتَثْنَيْتَ أَخِي مِنَ الدَّعْوَةِ؟
どうして私の兄を招待から除いたのですか

のぞく nozoku 覗く (～إِلَى) نَظَرَ (u) اُنْظُرْ إِلَى هٰذَا الصُّنْدُوقِ :この箱を覗いてごらん

のぞましい nozomashi・i 望ましい اِنْبَغَى ، يَنْبَغِي الْمَمَرُّ ضَيِّقٌ، يَنْبَغِي أَنْ يَعْرُضَ
通路が狭いです,広いことが望ましい

のぞみ nozomi 望み أُمْنِيَّة < منى 複 أَمَانٍ اِخْتَرْ أُمْنِيَّةً وَاحِدَةً
あなたの望みを一つ選びなさい

の

のぞむ～のぼる

2)望み　أَمَلٌ　名 آمال　فَقَدَ الأَمَلَ :望み(希望)をなくした

のぞむ　nozomu　望む　يَرْجُو ، رَجَا　أَرْجُو لَكَ التَّوْفِيقَ :私はあなたのご成功を望んでます

2)望む　شَاءَ < شيأ　إِنْ شَاءَ اللّٰهُ :神が望み給うなら

كُلْ مِنْهَا مَا تَشَاءُ :それらの中から望む物を食べなさい

3)望む　أَمَلَ (u)　آمُلُ السَّلَامَ الْعَالَمِيَّ :私は世界平和を望みます

のぞむ　nozomu　臨む　يَخُوضُ ، خَاضَ　خَاضَ الْمُبَارَاةَ :試合に臨んだ

のど　nodo　喉　حَلْقٌ　複 حُلُوقٌ　جَفَّ حَلْقُهُ :喉が渇いた

のの　no-no　野の　بَرِّيٌّ < بَرٌّ　زَهْرَةٌ بَرِّيَّةٌ (أَزْهَار) :野の花(複)

ののしる　no･noshiru　罵る　شَتَمَ (i)　شَتَمَ خَصْمَهُ بِشِدَّةٍ :ライバルを激しく罵った

※名 شَتِيمَةٌ 複 شَتَائِمُ :罵り

のばす　nobasu　伸ばす　يَمُدُّ ، مَدَّ　مَدَّ الشَّحَّاذُ يَدَهُ :物もらい(乞食)が手を伸ばした

2)伸ばす　طَوَّلَ < طول II　طَوَّلَ شَعْرَهُ :髪を伸ばした(長くした)

3)伸ばす　تَمَطَّى < مطو V　بِـ~ :~を　تَمَطَّى الْهِرُّ بِصُلْبِهِ

猫が背中を伸ばした

のばす　nobasu　延ばす　أَرْجَأَ < رجأ IV　لَا أُحِبُّ أَنْ أُرْجِئَ عَمَلَ يَوْمِي إِلَى غَدِي

今日の仕事を明日に延ばしたくない

のびる　nobiru　伸びる/延びる　يَطُولُ ، طَالَ　طَالَ شَعْرِي حَتَّى كَتِفِي :私の髪が肩まで伸びた

يَطُولُ الْعُمْرُ :寿命が延びる

のびる　nobiru　延びる　تَأَخَّرَ < أخر V　تَأَخَّرَ وُصُولُ الطَّائِرَةِ

飛行機の到着が延びた

のべる　noberu　述べる　يَصِفُ ، وَصَفَ　لَا يُوصَفُ :言葉では述べられない(言い表せない)

のべられる　noberareru　述べられる　يَجِيءُ ، جَاءَ　فِي~ :~に　جَاءَ ذِكْرُهَا فِي الْقُرْآنِ الْكَرِيمِ

それは聖典コーランに述べられている

のぼせる　noboseru　のぼせる　أُصِيبَ بِدُوَارٍ (ـُ)　أُصِبْتُ بِدُوَارٍ فِي الْحَمَّامِ :私は風呂場でのぼせた

2)のぼせる ⇒ むちゅうになる　muchuu-ninaru　夢中になる

のぼっている　nobotte-iru　昇っている　طَالِعٌ < طلع　الشَّمْسُ طَالِعَةٌ :日(太陽)が昇っている

のぼり　nobori　幟
のぼりばた　nobori-bata　幟旗　بَنْدٌ　複 بُنُودٌ　نَرْفَعُ الْبُنُودَ يَوْمَ الْعِيدِ

私達は祭りの日に幟を立てる

のぼる　noboru　上る　صَعِدَ (a)　صَعِدَ عَلَى السُّلَّمِ :階段を上った

のぼる　noboru　昇る　طَلَعَ (u)　طَلَعَتِ الشَّمْسُ :日(太陽)が昇った

の

のぼる　noboru　登る　تَسَلَّقَ　< سلق V　هَلْ تَسَلَّقْتَ جَبَلَ "فوجي"؟
あなたは富士山に登りましたか
يَتَسَلَّقُ الْقُرُودُ الْأَشْجَارَ：猿は木に登る
أَحَبَّ تَسَلُّقَ الْجِبَالِ　※名 تَسَلُّق：登ること
山に登ること(登山)が好きだった

のませる　nomaseru　飲ませる　شَرَّبَ　< شرب II　شَرَّبَ الطَّبِيبُ الْمَرِيضَ الدَّوَاءَ
医者は病人に薬を飲ませた

2)飲ませる　أَرْضَعَ　< رضع IV　※乳を　أَرْضَعَتِ الْأُمُّ طِفْلَهَا
母親は子供に乳を飲ませた

のみ　nomi　蚤　بُرْغُوث　複 بَرَاغِيث　يَعَضُّ الْبُرْغُوثُ الْكَلْبَ
蚤は犬の血を吸う

のみこむ　nomi-komu　飲み込む　اِبْتَلَعَ　< بلع VIII　اِمْضَغْ لُقْمَتَكَ ثُمَّ ابْتَلِعْهَا
食べ物は噛んで，それから飲み込みなさい

のみもの　nomi-mo･no　飲物/飲み物　مَشْرُوب　< شرب 複 ـات　أَيَّ مَشْرُوبٍ تُفَضِّلُ مَعَ الطَّعَامِ؟
食事にはどんな飲み物が良いですか

のみや　nomi-ya　飲み屋　حَانَة / حَانٌ　< حين 複 ـات　دَاهَمَ رِجَالُ الشُّرْطَةِ الْحَانَ
警官達がその飲み屋(バー)を不意に襲った

のむ　nomu　飲む　شَرِبَ (a)　(اِشْرَبِي) اِشْرَبْ：飲みなさい(女)

2)飲む　تَنَاوَلَ　< نول VI　تَنَاوَلَ شُورْبَةً：スープを飲んだ

3)飲む　أَخَذَ (u)　أَخَذَ الدَّوَاءَ：薬を飲んだ

のらの　nora-no　野良の　ضَالٌّ　< ضلّ 複 ـون/ضَوَالُّ　كَلْبٌ ضَالٌّ：野良犬/野犬

のり　nori　糊　صَمْغ　複 صُمُوغ　صَمْغ عَرَبِيّ：アラビア糊
كَيْفَ يَلْزَقُ طَابِعُ الْبَرِيدِ دُونَ صَمْغٍ؟
どうして切手は糊なしでくっ付くのですか

のり　nori　海苔　عُشْب بَحْرِيّ　يَحْتَاجُ "السوشي" لِلْأَعْشَابِ الْبَحْرِيَّةِ
寿司には海苔が必要だ

のりかえる　nori-kaeru　乗り換える　غَيَّرَ　< غير II　أُرِيدُ أَنْ أُغَيِّرَ الْقِطَارَ
汽車を乗り換えたいのですが

のりくみいん　norikumi-in　乗組員　مَلَّاح　< ملح　نَشَرَ الْمَلَّاحُ الشِّرَاعَ：乗組員が帆を広げた

のりこえる　nori-koeru　乗り越える　تَخَطَّى　< خطو V　تَخَطَّى الْمَرِيضُ مَرْحَلَةَ الْخَطَرِ
病人は危篤状態を乗り越えた

のりもの　nori-mo･no　乗り物　مَرْكَبَة　< ركب 複 ـات　يَجُرُّ الْحِمَارُ الْمَرْكَبَةَ
ロバが乗り物を引く

のる～のんびり

のる　noru　乗る　رَكِبَ (a)　اِرْكَبْ سَيَّارَتِي：私の車に乗りなさい

のる　noru　載る　نُشِرَ (u)　نَشَرَ の受　نُشِرَ الْخَبَرُ فِي الْجَرِيدَةِ
新聞にそのニュースが載った

のろい　noroi　のろい　بَطِيءُ الْحَرَكَةِ　※動作が遅い

のろう　norou　呪う　لَعَنَ (a)　لَا تَلْعَنْ أَيَّ شَخْصٍ：誰も呪ってはいけない
※名 لَعْنَة：呪い　لَعْنَةُ الْفَرَاعِنَةِ：ファラオの呪い

のんきな　nonki-na　呑気な　مُرْتَاحُ الضَّمِيرِ

のんびり　nonbiri　のんびり
のんびりと　nonbiri-to　のんびりと　بِالرَّاحَةِ　※ بِ + الرَّاحَة　أَقْضِي الْعُطْلَةَ فِي الرِّيفِ بِالرَّاحَةِ
休みはのんびり田舎で過ごそう

روسيا
ロシア
هوكّايدو
北海道
بحر اليابان
日本海
هونشو
本州
المحيط الهادي
太平洋
ا'وساكا :大阪
هيروشيما :広島
كيوتو :京都
كيتاكيوشو :北九州
طوكيو
東京
فوكوؤكا :福岡
يوكوهاما :横浜
ناغويا :名古屋
شيكوكو
كيوشو
ناغاساكي :長崎
كوبه :神戸
四国
九州
ناها :那覇
ا'كيناوا : 沖縄

اليابان

日本

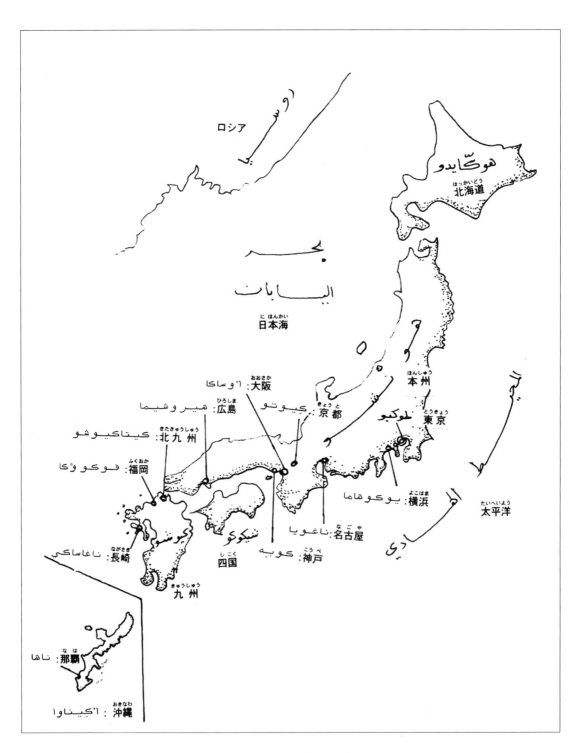

は　ハ　【ha】

は　ha　葉　وَرَقٌ　複 أَوْرَاق ※ وَرَقَة: 1枚の葉　أَوْرَاقُ الشَّجَرَةِ: 木の葉

は　ha　歯　سِنٌّ　複 أَسْنَان ※女　سِنٌّ تَالِفَة: 虫歯　أَطْقَمُ أَسْنَانٍ: 入れ歯

طَبِيبُ الأَسْنَانِ: 歯医者　فُرْشَةُ أَسْنَانٍ: 歯ブラシ

اِنْقَلَعَتِ السِّنُّ: 歯が抜かれた

は　ha　刃 (السِّكِّينِ أَوْ السَّيْفِ) نَصْلٌ　複 نِصَال　※ナイフや刀などの

2)刃　شَفْرَةٌ　複 شِفَار / شَفَرَات　شَفْرَةُ الْحِلَاقَةِ: 剃刀の刃

はーどでぃすく　haado・disuku　ハードディスク　قُرْصٌ صُلْبٌ

はーふぇず　haafezu　ハーフェズ　حَافِظُ الْقُرْآنِ > حفظ　複 حُفَّاظ　※コーランを暗記している人

はーふたいむ　haahu-taimu　ハーフタイム　اِنْتِصَافُ الْوَقْتِ　صَفَّرَ الْحَكَمُ مُعْلِنًا انْتِصَافَ وَقْتِ الْمُبَارَاةِ

審判がハーフタイムを告げる笛を吹いた

はい　hai　はい　نَعَمْ　هَلْ أَنْتَ مِنَ الْيَابَانِ؟: あなたは日本から来たのですか

نَعَمْ، أَنَا مِنَ الْيَابَانِ: はい,日本から来ました

はい　hai　肺　رِئَة　複 رِئَات　双 رِئَتَانِ (属対 رِئَتَيْنِ): 両肺

اِلْتِهَابُ الرِّئَةِ: 肺炎　اِنْتِفَاخُ الرِّئَةِ: 肺気腫

تَنَفَّسْ بِعُمْقٍ لِتَتَّسِعَ رِئَتَاكَ

肺を広げて,深く呼吸しなさい/深呼吸しなさい

はい　hai　灰　رَمَادٌ > رمد　複 أَرْمِدَة　يَأْخُذُونَهُ مِنْ وَسَطِ الْفَحْمِ وَالرَّمَادِ

彼らは炭と灰の中からそれを取り出す

関 رَمَادِيّ: 灰の/灰色の　لَوْنٌ رَمَادِيّ: 灰色

はいえな　hai・e・na　ハイエナ　ضَبُعٌ (ضَبْعٌ)　複 أَضْبُع/ضِبَاع ※女

اَلضَّبُعُ حَيَوَانٌ ضَارٍ: ハイエナは凶暴な動物です

はいきんぐ　haikingu　ハイキング　اَلْمَشْيُ فِي الطَّبِيعَةِ/رِحْلَةٌ إِلَى الطَّبِيعَةِ

ذَهَبْنَا فِي رِحْلَةٍ إِلَى الطَّبِيعَةِ

私達はハイキングに行きました

はいぐうしゃ　haigu・u-sha　配偶者 男 زَوْجٌ 複 أَزْوَاج 女 زَوْجَة 複 ـات

はいけい　haikei　拝啓　بَعْدَ التَّحِيَّةِ / تَحِيَّةٌ طَيِّبَةٌ وَبَعْدُ

※結びは مَعَ أَطْيَبِ التَّحِيَّاتِ: 敬具/最上の挨拶を持って

はいざら～はいゆう

はいざら haizara 灰皿 مِنْفَضَة < نفض 複 مَنَافِض
عَقْبُ السِّيجَارَةِ يُطْفَأُ فِي الْمِنْفَضَةِ
たばこの吸い殻は灰皿で消します

はいしする haishi-suru 廃止する أَلْغَى < لغو IV
أَلْغَى الْقَانُونَ الْقَدِيمَ
古い法律を廃止した
※名 إِلْغَاء:廃止 إِلْغَاءُ عُقُوبَةِ الْإِعْدَامِ
死刑制度廃止

はいしゃ ha-isha 歯医者 طَبِيبُ الْأَسْنَانِ ※=歯科医

はいしゃ haisha 敗者 مَهْزُوم < هزم
حَرَامٌ أَنْ يُنَكِّلَ الْمُنْتَصِرُ بِالْمَهْزُومِ
勝者は敗者を虐待してはならない

はいじょする haijo-suru 排除する أَزَاحَ < زيح IV
جَاءَ إِلَى جَانِبِي، وَمَا لَبِثَ أَنْ أَزَاحَنِي
私の所に来て,すぐに私を排除しようとした

はいせつする haisetsu-suru 排泄する تَبَرَّزَ < برز V ※名 تَبَرُّز:排泄
شَعَرْتُ بِرَغْبَةٍ فِي التَّبَرُّزِ
私は排泄(うんこ)したくなりました

はいせつ-ぶつ haisetsu-butsu 排泄物 بِرَاز < برز
بِرَازُ الدَّجَاجِ سَمَادٌ طَبِيعِيٌّ
鶏の排泄物は天然の肥料だ
※ بِرَازُ الْإِنْسَانِ:人糞

はいたつする haitatsu-suru 配達する وَزَّعَ < وزع II
وَزَّعَ الْكُتُبَ بِالْبَرِيدِ
本を郵便で配達した
※名 تَوْزِيع:配達 تَوْزِيعُ الْبَرِيدِ:郵便配達

はいたついん haitatsu-in 配達員
はいたつにん haitatsu-nin 配達人 سَاعٍ < سعى 複 سُعَاة / ـون سَاعِي الْبَرِيدِ:郵便配達員

はいにょう-させる hai・nyou-saseru 排尿させる بَوَّلَ < بول II
لَا تَنْسَيْ أَنْ تُبَوِّلِي الطِّفْلَ أَحْيَانًا
(貴女は)時々子供に排尿(おしっこ)させるのを忘れるな

はいのう hainou 背のう حَقِيبَةُ ظَهْرٍ ※=リュックサック

はいひーる haihiiru ハイヒール حِذَاءٌ نِسَائِيٌّ ذُو كَعْبٍ عَالٍ

はいふする haihu-suru 配布する وَزَّعَ < وزع II
وَزَّعَ الْكُتُبَ عَلَى الْمُشَارِكِينَ
購読者に本を配布した
※名 تَوْزِيع:配布 تَوْزِيعُ الْمَوَادِّ الْغِذَائِيَّةِ
食料(の)配布

はいぼく haiboku 敗北 ⇒ まけ make 負け

はいぼくしゅぎ haiboku-shugi 敗北主義 رُوحُ الْهَزِيمَةِ

はいぼくする haiboku-suru 敗北する ⇒ まける makeru 負ける

はいゆう haiyuu 俳優 مُمَثِّل < مثل 複 ـون 女 مُمَثِّلَة:女優
لَعِبَ كُلُّ مُمَثِّلٍ دَوْرَهُ بِمَهَارَةٍ
全ての俳優が役割をうまく果たした

は

はいりょする～はかり

はいりょする　hairyo-suru　配慮する　رَاعَى　< رعي III　وَاجِبُكَ أَنْ تُرَاعِيَ الْأَطْفَالَ

子どもに配慮することはあなたの義務です

※名 مُرَاعَاة :配慮　مُرَاعَاةُ الْخَوَاطِرِ :気持ちに配慮して

はいる　hairu　入る　دَخَلَ (u)　يُقْرَعُ الْجَرَسُ فَنَدْخُلُ قَاعَةَ الدَّرْسِ

ベルが鳴らされると私達は教室に入ります

2)入る　اِلْتَحَقَ　< لحق VIII　～بِـ :(学校,会社,軍隊,組織など)～に

اِلْتَحَقَتْ بِنْتِي بِالْمَدْرَسَةِ الِابْتِدَائِيَّةِ

私の娘が小学校に入った

3)入る　اِحْتَوَى ، يَحْتَوِي　< حوى VIII　كَمْ كِتَابًا تَحْتَوِي حَقِيبَتُكَ؟

あなたの鞄には本が何冊入りますか

はいれつ　hairetsu　配列　تَرْتِيب　اَلتَّرْتِيبُ الْأَبْجَدِيُّ :アルファベット順配列

はう　hau　這う　زَحَفَ (a)　يَزْحَفُ الْحَرْذُونُ عَلَى الْأَرْضِ

トカゲが地面を這っている

2)這う　دَبَّ ، يَدِبُّ　※四つん這いで　أَخَذَ الطِّفْلُ يَدِبُّ :赤ん坊が這い始めた

はうす　hausu　ハウス　بَيْت　複 بُيُوت　اَلْبَيْتُ الْأَبْيَضُ :ホワイトハウス

はえ　hae　蠅　ذُبَاب　< ذبّ 複 أَذِبَّة / ذِبَّان ※ ذُبَابَة :1匹の蠅

لَيْتَ الذُّبَابَ يَبِيدُ :蠅がいなくなればいいのに

はえる　haeru　生える　نَبَتَ (u)　يَنْبُتُ الْعُشْبُ بَعْدَ هُطُولِ الْمَطَرِ

雨の降った後に草は生える

はか　haka　墓　قَبْر　複 قُبُور　حَفَرَ قَبْرًا :墓穴を掘った

زُرْتُ قَبْرَ جَدِّي :私は祖父の墓参りをした

はかいする　hakai-suru　破壊する　دَمَّرَ　< دمر II　دَمَّرَتِ الْقَنَابِلُ الْمَدِينَةَ

爆弾がその街を破壊した

※名 تَدْمِير :破壊　تَدْمِيرُ الْبِيئَةِ :環境破壊

はかせ　hakase　博士　دُكْتُور　複 دَكَاتِرَة　دُكْتُور فِي～ :～博士

※ دُكْتُورَاة :博士号　دُكْتُورَاة الْفَخْرِيَّة :名誉博士号

はかば　hakaba　墓場　مَقْبَر　< قبر 複 مَقَابِر ※ مَقْبَرَة :1か所の墓場

كَانَتِ الْمَقْبَرَةُ خَارِجَ الْقَرْيَةِ

墓地は村の外にあった

はかない　haka・nai　はかない　فَانٍ　< فنى　اَلْجَسَدُ مَيِّتٌ فَانٍ :肉体ははかなく滅びる

はかり　hakari　秤　مِيزَان　< وزن 複 مَوَازِين　هٰذَا الْمِيزَانُ صَحِيحٌ؟

この秤は正しいですか

は

はかる～はくしゅする

はかる　hakaru　量る/計る　وَزَنَ، يَزِنُ　※重さを　زِنْ نَفْسَكَ :あなたの体重を量り(測定し)なさい

2)計る/測る　قَاسَ، يَقِيسُ　※距離,温度などを　قَاسَ الْمَسَافَةَ :その距離を測った

قَاسَ دَرَجَةَ حَرَارَتِهِ :彼の体温を計った

はかる　hakaru　図る/謀る　حَاوَلَ < حول III　حَاوَلَ اغْتِيَالَ الرَّئِيسِ

大統領の暗殺を図った

はがき　hagaki　葉書　بِطَاقَة بَرِيدِيَّة　اِسْتَلَمَ بِطَاقَةً بَرِيدِيَّةً :葉書を受け取った

はがす　hagasu　剥がす　أَزَاحَ < زيح IV ※عَنْ ~:~から　أَزَاحَ الْوَرَقَةَ عَنِ الْبَابِ

ドアから紙を剥がした

はがね　haga・ne　鋼　⇒　こうてつ　koutetsu　鋼鉄

はきけ　hakike　吐き気　دَوْخَة　أُصِيبَ رَأْسِي بِالدَّوْخَةِ :私は吐き気がしました

はきする　haki-suru　破棄する　أَلْغَى < لغو IV　أَلْغَى الْعَقْدَ :契約を破棄した

※名 إِلْغَاء :破棄　إِلْغَاءُ الْخُطُوبَةِ :婚約破棄

はきだす　hakidasu　吐き出す　مَجَّ (u)　مَجَّ الدَّوَاءَ :薬を吐き出した

はきょく　hakyoku　破局　نَكْبَة　複 نَكَبَات　أَصَابَ التُّسُونَامِي الْمِنْطَقَةَ

その地方を破局的な津波が襲った　بِنَكْبَةٍ فَادِحَةٍ

はく　haku　吐く　قَاءَ، يَقِيءُ، قَاء(قَيْئًا) < قيء　قَاءَ مَا أَكَلَهُ :食べた物を吐いた

2)(唾を)吐く　بَصَقَ (u)　بَصَقَ عَلَيَّ :彼は私に唾を吐いた

はく　haku　履く　لَبِسَ (a)　لَا تَلْبَسْ جَوْرَبًا أَحْمَرَ :赤い靴下は履くな

はく　haku　掃く　كَنَسَ (u)　كَنَسَ الْحَدِيقَةَ :庭を(ほうきで)掃いた

はくがい-する　hakugai-suru　迫害する　اِضْطَهَدَ　يَضْطَهِدُ الْحَاكِمُ الْأَقَلِّيَّاتِ

支配者は少数民族を迫害している

※名 اِضْطِهَاد :迫害　عَانَيْنَا مِنَ الْاِضْطِهَادِ

私達は迫害に苦しんだ

はくがく　hakugaku　博学　عَلَّامَة < علم　لَيْسَ وَاضِعُ الْكِتَابِ عَالِمًا فَحَسْبُ،

その本の著者は学者だけではなく博学の人だ　بَلْ عَلَّامَةٌ

はくげきほう　hakugeki-hou　迫撃砲　هَاوُن　複 هَوَاوِين　سَقَطَتْ فِي الشَّارِعِ قَذِيفَةُ هَاوُنٍ

迫撃砲の砲弾が(1発)通りに落ちた

はくし　hakushi　博士　⇒　はかせ　hakase　博士

はくしきの　hakushiki-no　博識の　⇒　ものしりの　mo・noshiri-no　物知りの

はくしゅする　hakushu-suru　拍手する　صَفَّقَ < صفق II　صَفَّقَ لَهُ الْجَمِيعُ :皆が彼に拍手をした

※名 تَصْفِيق :拍手　عَلَا التَّصْفِيقُ :拍手が起こった

は

はくしょ～はげしくなる

はくしょ　hakusho　白書　تَقْرِير حُكُومِيّ رَسْمِيّ　※تَقْرِير اقْتِصَادِيّ :経済白書

はくしょくの　hakushoku-no　白色の　أَبْيَض <بيض 女 بَيْضَاء 複 بِيض　عَلَم أَبْيَض :白色の旗

はくじょうする　hakujou-suru　白状する　اِعْتَرَفَ <عرف VIII　اِعْتَرَفَ السَّارِقُ بِالسَّرِقَةِ
盗人が盗みを白状した

はくじん　haku-jin　白人　أَبْيَض <بيض 女 بَيْضَاء 複 بِيض　امْرَأَة بَيْضَاء :白人女性

はくだつ-する　hakudatsu-suru　剥奪する　حَرَمَ (i)　حَرَمَهُ مِنْ حَقِّهِ :彼から権利を剥奪した(取り上げた)
※名 حِرْمَان :剥奪　حِرْمَان مِنَ الْإِرْث :相続権の剥奪

はくちょう　hakuchou　白鳥　تَمّ　※= إِوَزّ عِرَاقِيّ　تِلْكَ كَانَتْ طُيُورُ التَّمِّ الْجَمِيلَةَ
あれらは美しい白鳥でした

はくはつ　hakuhatsu　白髪　⇒ しらが　shiraga　白髪

はくぶつかん　hakubutsu-kan　博物館　مَتْحَف <تحف 複 مَتَاحِف　مَتْحَف قَوْمِيّ :民族博物館

はくぼく　hakuboku　白墨　⇒ ちょーく　chooku　チョーク

はくらんかい　hakuran・kai　博覧会　مَعْرِض <عرض 複 مَعَارِض　مَعْرِض صِنَاعِيّ :工業博覧会

はぐ　hagu　剥ぐ　سَلَخَ (a,u)　سَلَخَ جِلْدَ الْخَرُوفِ :羊の皮を剥いだ

はぐき　haguki　歯茎　لِثَة <لثي 複 لِثًى/-ات　صِحَّةُ الْأَسْنَانِ مِنْ صِحَّةِ اللِّثَةِ
健康な歯は健康な歯茎から

はぐくむ　hagukumu　育む　⇒ そだてる　sodateru　育てる

はぐるま　haguruma　歯車　تِرْس 複 تُرُوس　كَمْ تِرْسًا فِي السَّاعَةِ ؟
時計にはいくつ歯車がありますか

はぐれる　hagureru　はぐれる　شَرَدَ (u)　شَرَدَتِ الْعَنْزَةُ عَنِ الْقَطِيعِ
山羊が群からはぐれた

はけ　hake　刷毛　⇒ぶらし　burashi　ブラシ

はけんする　haken-suru　派遣する　بَعَثَ (a)　بَعَثَتِ الْحُكُومَةُ الْأُسْتَاذَ إِلَى الصِّينِ
政府は教授を中国に派遣した
※名 بَعْث :派遣　بَعْثَة :派遣団

はげ　hage　禿　صَلَع　دَوَاء لِلصَّلَعِ :禿薬

はげしい　hageshii　激しい　عَنِيف <عنف 複 عُنْف　حَصَلَ التَّشَاجُرُ الْعَنِيفُ بَعْدَ الْمُبَارَاةِ
試合の後に激しい喧嘩が起きた

2)激しい　شَدِيد <شدّ　الزُّحَارُ يُسَبِّبُ إِسْهَالًا شَدِيدًا
赤痢は激しい下痢を引き起こす

はげしく-なる　hageshiku-naru　激しくなる　اِشْتَدَّ <شدّ VIII　اِشْتَدَّ الصِّرَاعُ عَلَى السُّلْطَةِ
権力争いが激しくなった

は

はげの～はし

はげの　hage-no　禿の　أَصْلَعُ　< صلع 女 صَلْعَاءُ 複 صُلْعَان /صُلْع

الرَّأْسُ الأَصْلَعُ :禿げ頭

2)禿の　أَجْرَدُ　< جرد 女 جَرْدَاءُ 複 جُرْد　جَبَلٌ أَجْرَدُ :禿げ山

はげます　hagemasu　励ます　شَجَّعَ　< شجع II　إِنِّي أُشَجِّعُهُ عَلَى السِّبَاحَةِ

私は彼が泳げるように本当に励ましているのです

はげむ　hagemu　励む　اِجْتَهَدَ　< جهد VIII ～فِي :～に　اِجْتَهَدَ فِي دُرُوسِهِ فَنَجَحَ

勉学に励んで成功した

はこ　hako　箱　صُنْدُوق　複 صَنَادِيق　صُنْدُوقُ الْبَرِيدِ :私書箱

2)箱　عُلْبَة　複 عُلَب/عِلَاب　عُلْبَةُ كِبْرِيتٍ :マッチ箱

عُلْبَةُ وَجْبَةِ غَدَاءٍ :弁当箱

はこびにん　hakobi-nin　運び人　⇒ ぽーたー　pootaa　ポーター

はこぶ　hakobu　運ぶ　حَمَلَ (i)　حَمَلَ الأَكْيَاسَ عَلَى ظَهْرِ الْحِمَارِ

ロバの背に袋を乗せて運んだ

2)運ぶ　نَقَلَ (u)　نَقَلَ الْبَضَائِعَ إِلَى الْمَحَطَّةِ

商品を駅へ<u>運んだ</u>(輸送した)

はさみ　hasami　はさみ　مِقَصّ　< قصّ 複 مَقَاصّ　قَصَّ ～ بِالْمِقَصِّ :～をハサミで切った

2)はさみ　مِلْقَط　< لقط 複 مَلَاقِط　※はさみ道具, トング, 蟹などのはさみ

خَافَتِ الْبِنْتُ عِنْدَمَا رَأَتْ مِلْقَطَيِ السَّرَطَانِ

その娘は蟹のはさみを見ると怖がりました

はさむ　hasamu　挟む　قَرَصَ (u)　قُرِصَتْ إِصْبَعُهُ بِالْبَابِ :指がドアに挟まれた

2)挟む　أَمْسَكَ　< مسك IV　أَمْسَكَ بِالْوَرَقَةِ بِالْمِلْقَطِ

紙をピンセットで挟んだ

はさんする　hasan-suru　破産する　أَفْلَسَ　< فلس IV　أَخَافُ أَنْ يُفْلِسَ الْمَصْرِفُ

私は銀行が破産しないか心配です

名 إِفْلَاس :破産　حَكَمَ الْقَاضِي بِإِفْلَاسِهِ

裁判官は彼の破産を宣告した

はさんの　hasan-no　破産の　مُفْلِس　< فلس 複 مَفَالِيس　شَرِكَةٌ مُفْلِسَةٌ :破産会社

はし　hashi　橋　جِسْر　複 جُسُور / أَجْسُر　نَصَبَ الْجِسْرَ :橋を架けた

مَرَّ بِالْجِسْرِ :その橋を通った

はし　hashi　端　طَرَفٌ　複 أَطْرَاف　عَمِّي يَسْكُنُ فِي الطَّرَفِ الآخَرِ مِنَ

私のおじさんは通りの向こう側の端に住んでいる الشَّارِعِ

طَرَفُ الطَّاوِلَةِ (複 أَطْرَافُ الطَّاوِلَةِ):テーブルの端

はし～はじめまして

はし hashi 箸 عُود 双 عُودَانِ(يْنِ) (属対) يَتَنَاوَلُ الْيَابَانِيُّونَ طَعَامَهُمْ بِالْعُودَيْنِ
日本人は箸で物を食べる

はしご hashigo 梯子 سُلَّم < سلم 複 سَلَالِم صَعَدَ السُّلَّمَ :梯子を上った

はしら hashira 柱 عَمُود < عمد 複 عُمُد / أَعْمِدَة عَمُود كَهْرَبَائِيّ :電柱

はしり-まわる hashiri-mawaru 走り回る(~ حَوْلَ) تَرَاكَضَ < ركض VI تَرَاكَضَ الْكَلْبُ حَوْلَ الْأَرْنَبِ
犬が兎の回りを走り回った

はしる hashiru 走る جَرَى، يَجْرِي ※ أَنَا جَرَيْتُ، هِيَ جَرَتْ
جَرَى الْحِصَانُ فِي مَيْدَانِ السِّبَاقِ
馬が競技場を走った

2)走る سَارَ، يَسِيرُ سَارَ الْقِطَارُ بِسُرْعَةِ ٥٠ كِيلُو مِتْرًا فِي السَّاعَةِ
列車は時速５０キロメートルで走った

はじ haji 恥 خِزْي ~ شَعَرَ بِالْخِزْيِ لِـ :~を恥じた/恥に思った

2)恥 عَيْب 複 عُيُوب عَيْبٌ عَلَيْكَ! :恥を知れ!

はじく hajiku 弾く نَقَرَ (u) نَقَرَ الْبَطِّيخَ بِالْوُسْطَى :中指で西瓜を弾いた

2)弾く نَقَفَ (u) نَقَفَ الْعَازِفُ الْوَتَرَ بِرِفْقٍ
演奏者はやさしく弦を弾いた

はじしらず haji-shirazu 恥知らず فَاحِش < فحش رَجُل فَاحِش :恥知らずな男

はじまり hajimari 始まり/初まり ⇒ はじめ hajime 始め/初め

はじまる hajimaru 始まる بَدَأَ، يَبْدَأُ تَبْدَأُ الْمَدَارِسُ بِالدُّوَلِ الْعَرَبِيَّةِ فِي أَوَائِلِ سِبْتَمْبِرَ
アラブの学校は九月の上旬に始まる

2)始まる اِبْتَدَأَ، يَبْتَدِئُ < بدأ VIII يَبْتَدِئُ شُغْلِي مِنَ السَّاعَةِ التَّاسِعَةِ
私の仕事は9時から始まる

はじめ hajime 始め/初め بِدَايَة < بدأ بِدَايَةُ الدَّرْسِ (الْحِصَّةِ) :授業の始まり
فِي بِدَايَةِ الْأَمْرِ :先ず始めに مُنْذُ الْبِدَايَةِ :始めから

はじめから-おわりまで hajime-kara-owari-made 始めから終わりまで مِنَ الْأَوَّلِ لِلْآخِرِ وَلٰكِنَّهَا حَقِيقَةٌ مِنْ أَوَّلِهَا لِآخِرِهَا
しかしながらそれは始めから終わりまで本当(真実)です

はじめて hajimete 初めて لِأَوَّلِ مَرَّةٍ / الْمَرَّةَ الْأُولَى زُرْتُ هٰذِهِ الْمَدِينَةَ لِأَوَّلِ مَرَّةٍ
私はこの町を初めて訪れました

はじめに hajime-ni 初めに أَوَّلًا < أول سَنَذْهَبُ أَوَّلًا إِلَى مَدِينَةِ "كِيُوتُو"
وَمِنْ ثَمَّ إِلَى مَدِينَةِ "نَارَا"
はじめに京都へ行ってそれから奈良へ行こう

はじめ-まして hajime-mashite はじめまして فُرْصَة سَعِيدَة ※初対面の時に

は

はじめる〜はたち

はじめる　hajimeru　始める　يَبْدَأُ، بَدَأَ　　بَدَأْتُ فِي تَعَلُّمِ اللُّغَةِ الْيَابَانِيَّةِ
私は日本語の勉強を始めました

2)(〜し)始める　يَفْعَلُ + أَخَذَ　　أَخَذَ يَبْكِي :彼は泣き始めた

はじる　hajiru　恥じる　خَجِلَ (a)　〜 مِنْ :〜を　※=恥ずかしく思う
خَجِلْتُ مِنْ سُلُوكِي :私は自分の行為を恥じた
لَا تَخْجَلْ مِنَ الْعَطَاءِ الْقَلِيلِ
献金の少なさを恥じることはない

はじをかかせる　haji-wokakaseru　恥をかかせる　أَخْجَلَ　< خجل IV　أَخْجَلَنِي سُوءُ تَصَرُّفِكَ
貴男の不品行が私に恥をかかせた

はずかしい　hazukashi・i　恥ずかしい　خَجِلٌ　　لَا يَجْرُؤُ الْفَتَى عَلَى مُقَابَلَةِ الْفَتَاةِ
若者は恥ずかしくてその娘に　لِأَنَّهُ خَجِلٌ
会う勇気がない

はずかしがりの　hazukashi-gari・no　恥ずかしがりの خَجُولٌ　< خجل　خَجُولٌ　هُوَ رَجُلٌ خَجُولٌ :彼は恥ずかしがり屋だ

はずかしめる　hazukashimeru　辱める　فَضَحَ (a)　　لَا يَلِيقُ بِكَ أَنْ تَفْضَحَ صَدِيقَكَ
友人を辱めるのは君らしくない

はずす　hazusu　外す　فَكَّ (u)　　فَكَّ الْأَزْرَارَ :ボタンを外した

2)外す　أَخْطَأَ　< خطئ IV　أَخْطَأَ هَدَفًا :的を外した

は

はずむ　hazumu　弾む　نَطَّ (u)　　نَطَّتِ الْكُرَةُ :ボールが弾んだ

はずれる　hazureru　外れる　اِنْفَكَّ　< فك VII　اِنْفَكَّتْ أَزْرَارُ الْمِعْطَفِ
コートのボタンが外れた

2)外れる　خَرَجَ (u)　〜 عَنْ :〜から　خَرَجَ الْقِطَارُ عَنِ السِّكَّةِ
汽車が線路から外れた(脱線した)
خَرَجَ عَنِ الْمَوْضُوعِ :テーマから外れた

はた　hata　旗　عَلَمٌ　複 أَعْلَام　نَصَبَ الْعَلَمَ :旗を掲げた(立てた)
مِنْ كَمْ لَوْنًا يَتَكَوَّنُ عَلَمُ الْيَابَانِ ؟
日本の国旗は何色からなりますか

はた　hata　畑
はたけ　hatake　畑　حَقْلٌ　複 حُقُول　حَقْلُ قَمْحٍ :小麦畑
عَمِلَ فِي الْحَقْلِ :畑で働いた

はたす　hatasu　果たす　أَدَّى　< ادى II　أَدَّى الْوَاجِبَ :義務を果たした

2)果たす　يَفِي، وَفَى　〜 بِ :〜を　عَلَيْكَ أَنْ تَفِيَ بِوَعْدِكَ
約束は果たさなければならない

はたち　hatachi　二十歳　عِشْرُونَ مِنَ الْعُمْرِ　　عُمْرُهُ زُهَاءَ عِشْرِينَ عَامًا
彼の年齢はおおよそ二十歳です

はためく～はちみつ

はためく　hatameku　はためく　رَفْرَفَ، يُرَفْرِفُ　تُرَفْرِفُ أَعْلَامُ الْعِيدِ
祭りの幟がはためいている

はたらき　hataraki　働き　وَظِيفَة　<وظف 複 وَظَائِف　وَظَائِفُ الْأَعْضَاءِ:(体の)器官の働き

はたらく　hataraku　働く　عَمِلَ (a)　عَمِلَ الْفَلَّاحُ طُولَ النَّهَارِ:農民は一日中働いた

2)働く　اِشْتَغَلَ　<شغل VIII　أَيْنَ تَشْتَغِلُ الْآنَ؟
今どこで働いて(勤務して)いますか

はだ　hada　肌　بَشَرَة　複 ـات　حَافِظِي عَلَى نُعُومَةِ بَشَرَتِكِ
(貴女の)肌はすべすべに保ちなさい

はだかの　hadaka-no　裸の　عَارٍ　<عري 複 عُرَاة ※定 الْعَارِي
صُورَة عَارِيَة:裸(ヌード)の写真

はだか-になる　hadaka-ni・naru　裸になる　تَعَرَّى　<عري V　تَعَرَّى الْوَلَدُ مِنْ ثِيَابِهِ
男の子が服を脱いで裸になった

はだしの　hadashi-no　裸足の　حَافٍ　複 حُفَاة ※定 الْحَافِي　يَمْشِي عَلَى الرَّمْلِ حَافِيًا
裸足(素足)で砂の上を歩く

はち　hachi　八(8)　ثَمَانِيَة　女 ثَمَانٍ ※ ثَمَانٍ は次に名詞がくると ثَمَانِي になる
ثَمَانِي مُدُنٍ:八つの都市 ※ ثُمْن ;八分の一

はち　hachi　蜂　دَبُّور　<دبر 複 دَبَابِير　لَسْعَةُ النَّحْلَةِ هَيِّنَةٌ عَنْ
蜜蜂の一刺は蜂の一刺より弱い　لَسْعَةِ الدَّبُّورِ

2)蜂　نَحْل　※蜜蜂 نَحْلَة:1匹の蜂　مَلِكَةُ النَّحْلِ:女王蜂
خَلِيَّة (عَسَلِ) النَّحْلِ:蜂の巣(蜂蜜)
لَسَعَ النَّحْلَةُ الطِّفْلَ:蜂が子どもを刺した

はち　hachi　鉢　وِعَاء　<وعي 複 أَوْعِيَة　صَبَّ فِي الْوِعَاءِ مَاءً:鉢に水を注いだ

はちかっけい　hachi-kakkei　八角形　مُثَمَّن　<ثمن　اُرْسُمْ فِي الدَّائِرَةِ مُثَمَّنًا
円の中に八角形を描きなさい

はちがつ　hachi-gatsu　八月　شَعْبَان　※イスラム暦の八月

2)八月　أُغُسْطُس　※西暦の八月

3)八月　آبُ　※シリア,イラク,ヨルダン,レバノン地方の八月

はちじゅう　hachi-juu　八十/８０　ثَمَانُونَ　<ثمن 対属 ثَمَانِينَ

はちばん　hachiban　八番
はちばんめ　hachiban-me　八番目　ثَامِن　<ثمن 女 ثَامِنَة　آبُ الثَّامِنُ مِنَ الشُّهُورِ
アーブはシリア暦で８番目の月です　السُّرْيَانِيَّةِ

はちみつ　hachi-mitsu　蜂蜜　عَسَل　複 عُسُول / أَعْسَال　قُرْص الْعَسَلِ:蜜蜂の巣

は

はちゅうるい hachuu-rui 爬虫類 زَوَاحِف < زحف اَلسِّحْلِيَّةُ نَوْعٌ مِنَ الزَّوَاحِفِ
トカゲは爬虫類の一種です

はついく-する hatsuiku-suru 発育する يَنْمُو ، نَمَا نَمَا سَلِيماً:健やかに(元気に)発育した
※名 نُمُوٌّ:発育 سَرِيعُ النُّمُوِّ:発育の速い

はつおんする hatsuon-suru 発音する نَطَقَ (u, i) اُنْطُقْ هٰذِهِ الْحُرُوفَ:これらの文字を発音して下さい
※名 نُطْق:発音 نُطْقُ الضَّادِ صَعْبٌ عَلَيَّ
私には"ض"の発音が難しい

はつがする hatsuga-suru 発芽する نَبَتَ (u) يَنْبُتُ الْبِذْرُ بَعْدَ هُطُولِ الْمَطَرِ
雨の降った後に種子は発芽する
※名 نَبْت:発芽 مَتَى ارْتَوَتِ الْأَرْضُ، كَثُرَ نَبْتُهَا
大地に水がまかれると沢山の植物が発芽した

はっきょうする hakyoo-suru 発狂する ⇒ きがくるう ki-gakuruu 気が狂う

はっきり-した hakkiri-shita はっきりした وَاضِح < وضح كَذْبَةٌ وَاضِحَةٌ:はっきりした嘘

はっきりと hakkiri-to はっきりと بِوُضُوحٍ < وضح لَمْ أَفْهَمْ بِوُضُوحٍ مَاذَا تُرِيدُ
あなたが何を欲しいのかはっきり分かりません
أَتَذَكَّرُهَا بِوُضُوحٍ : 私はそれをはっきりと覚えています

はっくつ-する hakkutsu-suru 発掘する نَقَّبَ < نقب II نَقَّبَ عَنِ الْآثَارِ:遺跡を発掘した

はっけっきゅう hakkekkyuu 白血球 كُرَاتُ الدَّمِ الْبَيْضَاءُ

はっけつ-びょう hakketsu-byou 白血病 اِبْيِضَاضُ الدَّمِ / مَرَضُ اللُّوكِيمِيَا

はっけんする hakken-suru 発見する اِكْتَشَفَ < كشف VIII اِكْتَشَفَ "نِيُوتَن" قَوَانِينَ الْجَاذِبِيَّةِ
ニュートンは引力の法則を発見した
※名 اِكْتِشَاف 複 -ات:発見 ※ مُكْتَشِف:発見者

2)発見する عَثَرَ (u) عَثَرَ عَلَى الْآثَارِ:遺跡を発見した

はつげん hatsugen 発言 قَوْل "قَوْلُكَ مُفِيدٌ":あなたの発言(意見)は有用です

はつげん-する hatsugen-suru 発言する تَفَوَّهَ < فوه V حَذَارِ أَنْ تَتَفَوَّهَ بِكَلِمَةٍ !
言葉に用心して(注意して)発言しなさい

はっこうさせる hakkou-saseru 発酵させる خَمَّرَ < خمر II خَمَّرَ الْعَجِينَ:(パン)生地を発酵させた

はっこう-される hakkou-sareru 発行される صَدَرَ (u, i) اَلْحِكَايَاتُ الْعَالَمِيَّةُ تَصْدُرُ عَنْ "دَارِ الشُّرُوقِ"
世界物語集はダール・シュルーク社から発行(出版)される

はっこうする hakkou-suru 発行する أَصْدَرَ < صدر IV أَصْدَرَ كِتَاباً (نُقُوداً):本(お金)を発行した
※名 إِصْدَار:発行 إِصْدَارُ شَهَادَةٍ : 証明書の発行

はっこうする～はつめいする

はっこうする hakkou-suru 発酵する اِخْتَمَرَ < خمر VIII اِخْتَمَرَ الْعَصِيرُ :果汁が発酵した
※名 اِخْتِمَار :発酵 اِخْتِمَارُ الْعَجِينِ :(パン)生地の発酵

はっしゃする hassha-suru 発射する أَطْلَقَ < طلق IV أَطْلَقَ صَارُوخًا :ロケットを発射した

はっしゃする hassha-suru 発車する غَادَرَ < غدر III يُغَادِرُ الْقِطَارُ الْمَحَطَّةَ فِي تَمَامِ السَّادِسَةِ
列車は六時きっかりに駅を発車します

はっする hassuru 発する أَصْدَرَ < صدر IV أَصْدَرَ إِنْذَارًا :警告を発した

はっせいする hassei-suru 発生する وَلَّدَ < ولد II دَوَرَانُ الْمُحَرِّكِ يُوَلِّدُ الْكَهْرَبَاءَ
エンジンの回転が電気を発生する
※名 تَوْلِيد :発生

はったつ-する hattatsu-suru 発達する تَقَدَّمَ < قدم V الْعِلْمُ يَتَقَدَّمُ بِاسْتِمْرَارٍ
知識は絶えず発達する
※名 تَقَدُّم :発達 تَقَدُّمُ الْعَقْلِ وَالْجِسْمِ
心身の発達

はってんする hatten-suru 発展する تَطَوَّرَ < طور V تَطَوَّرَتْ صِنَاعَةُ السَّيَّارَاتِ بِسُرْعَةٍ
自動車産業は急速に発展した
※名 تَطَوُّر :発展 تَطَوُّرٌ اقْتِصَادِيٌّ :経済の発展

はってん-している hatten-shiteiru 発展している نَامٍ < نمي الدُّوَلُ النَّامِيَةُ :発展途上国

はつでん-する hatsuden-suru 発電する وَلَّدَ الْكَهْرَبَاءَ ※名 تَوْلِيدُ طَاقَةِ الْكَهْرَبَاءِ :発電
مَحَطَّةُ تَوْلِيدِ الْكَهْرَبَاءِ :発電所

はつばい hatsubai 発売 بَيْع مَحْظُورُ الْبَيْعِ :発売禁止の/発売が禁止された

はつばいする hatsubai-suru 発売する ⇒ うる uru 売る

はっぴょうする happyou-suru 発表する أَعْلَنَ < علن IV أَعْلَنَ النَّتِيجَةَ :結果を発表した
※名 إِعْلَان :発表 إِعْلَانُ النَّتِيجَةِ :結果の発表

はっぷする happu-suru 発布する أَصْدَرَ < صدر IV أُصْدِرَ الْقَانُونُ الْجَدِيدُ
新しい法律が発布された
※名 إِصْدَار :発布 إِصْدَارُ الْمَرْسُومِ :法令の発布

はっぽうする happou-suru 発砲する أَطْلَقَ (نَارًا) < طلق IV أَطْلَقَ النَّارَ عَلَى～ :～に向かって発砲した
※名 إِطْلَاقُ النَّارِ :発砲

はつめい-する hatsumei-suru 発明する اِخْتَرَعَ < خرع VIII اِخْتَرَعَ الْمُحَرِّكَ الْبُخَارِيَّ
蒸気機関を発明した
※名 اِخْتِرَاع :発明 الْحَاجَةُ أُمُّ الاخْتِرَاعِ
必要は発明の母

は

はでな～はなす

※名 مُخْتَرِع : 発明家/発明者

هُوَ مُخْتَرِعٌ شَهِيرٌ :彼は有名な発明家です

※名 مُخْتَرَع 複 -ات:発明品　اَلدِّمَاغُ الْإِلِكْتْرُونِيُّ

コンピューターは驚くべき発明品です مُخْتَرَعٌ مُذْهِلٌ

はでな　hade-na　派手な　زَاهٍ　< زهو ※定 اَلزَّاهِي　زَاهِي الْأَلْوَانِ :色が派手な

はと　hato　鳩　حَمَام　< حمّ 複 -ات ※ حَمَامَة : 1羽の鳩　اَلْحَمَامُ الزَّاجِلُ:伝書鳩

رَمْزُ السَّلَامِ حَمَامَةٌ تَحْمِلُ غُصْنَ زَيْتُونٍ

平和の象徴はオリーブの枝を運ぶ鳩です

はとば　hatoba　波止場　مَرْفَأ　< رفأ 複 مَرَافِئُ　اِحْتَشَدَتِ الطُّيُورُ فِي الْمَرْفَأِ

波止場に鳥が集まった

はな　ha・na　花　زَهْر　複 زُهُور / أَزْهَار ※ زَهْرَة : 1輪の花

はな　ha・na　鼻　أَنْف　複 أُنُوف / آنَاف　كَسَرَ أَنْفَهُ :鼻を折った/恥をかかせた

شَمَّ أَنْفَهُ :鼻を高くした/得意になった

مَخَطَ أَنْفَهُ بِالْمَنْدِيلِ:ハンカチで鼻をかんだ

※ مَنْخِر (ـَ) :鼻の穴　لَا تَدُسَّ إِصْبَعَكَ فِي مَنْخِرِكَ

鼻の穴に指を入れるな

※鼻にかける ⇒ 自慢する

はなげ　ha・na-ge　鼻毛　شَعْرُ الْأَنْفِ　شَعْرُ الْأَنْفِ يَلْتَقِطُ الْهَبَاءَ :鼻毛はちりを集める

はなし　ha・nashi　話　حِكَايَة　< حكى 複 -ات　حِكَايَةٌ قَدِيمَةٌ : 昔話

2)話　كَلَام　< كلم　لِي مَعَكَ كَلَامٌ :あなたにお話があるのですが

はなしあい　ha・nashi-ai　話し合い　حِوَار　< حور　دَارَ بَيْنَ الرَّجُلَيْنِ حِوَارٌ طَوِيلٌ

二人の男の間で長い話し合いがなされた

はなしあう　ha・nashi-au　話し合う　حَاوَرَ　< حور III　لَيْتَكَ تُحَاوِرُ مَنْ يُعَارِضُكَ

あなたは反対している人と,話し合ったらいいのに

はなし-ことば　ha・nashi-kotoba　話し言葉　لُغَة كَلَامِيَّة　※=口語

はなして　ha・nashi-te　話し手　مُتَكَلِّم　< كلم 複 ـون　مُتَكَلِّمٌ وَمُسْتَمِعٌ:話し手と聞き手

はなす　ha・nasu　話す　كَلَّمَ　< كلم II ※直接に目的語をとって「～に話しかける」

كَلَّمْتُ السَّيِّدَةَ الْعَرَبِيَّةَ

私はアラブ人の婦人に話しかけた

2)話す　تَكَلَّمَ　< كلم V　～ مَعَ:～と　～ عَنْ / عَلَى :～について

تَكَلَّمَ الْأُسْتَاذُ عَلَى الشِّعْرِ : 教授は詩について話した

は

はなす～はばたく

3)話す　حَادَثَ　< حدث III　～ عَنْ/في : ～について

وَقَفَتْ لِكَيْ تُحَادِثَ صَدِيقَتَهَا

彼女は友だちと話をする為に立ち止まった

はなす　ha・nasu　離す　⇒ とおざける　toozakeru　遠ざける

はなす　ha・nasu　放す　أَطْلَقَ　< طلق IV　مَتَى تُطْلِقُ سَرَاحَ الْعُصْفُورِ؟

いつ小鳥を放すのですか

はなたば　ha・nataba　花束　بَاقَة　< بوق 複 -ات　أَرْفَقَ الرِّسَالَةَ بِبَاقَةِ الزُّهُورِ

花束に手紙を添えた

はなつ　ha・natsu　放つ　رَمَى، يَرْمِي　～بِ:～を　رَمَى عَدُوَّهُ بِسَهْمٍ :敵に矢を放った

2)放つ　أَطْلَقَ　< طلق IV　※＝解き放つ　أَطْلِقْنِي :(私を)放して下さい

はなび　ha・nabi　花火　أَلْعَاب نَارِيَّة　أَطْلَقَ الْأَلْعَابَ النَّارِيَّةَ :花火を(打ち)上げた

はなみ　ha・nami　花見　اِسْتِمْتَاع بِمُشَاهَدَةِ الْأَزْهَارِ

はなみず　ha・namizu　鼻水　مُخَاطٌ　< مخط 複 أَمْخِطَة　مَعَ الزُّكَامِ يَزِيدُ الْمُخَاطُ

風邪を引くと鼻水が増す

はなむこ　ha・namuko　花婿　⇒ むこ muko 婿

はなやかな　ha・nayaka-na　華やかな　بَهِيٌّ　< بهو　حَفْلَة بَهِيَّة :華やかなパーティー

はなよめ　ha・nayome　花嫁　⇒ よめ yome 嫁

はなれている　ha・nareteiru　離れている　بَعُدَ (u)　تَبْعُدُ بِلَادِي مِائَةَ كِيلُومِتْرٍ عَنْ هُنَا

私の古里はここから百キロメートル離れています

はなれる　ha・nareru　離れる　⇒ とおざかる　to・ozakaru　遠ざかる

はにかむ　ha・nikamu　はにかむ　خَجِلَ (a)　خَجِلَتِ الْفَتَاةُ وَلَمْ تَتَلَفَّظْ بِكَلِمَةٍ

少女ははにかんで,一言もしゃべらなかった

はね　ha・ne　羽根　رِيش　複 أَرْيَاش/رِيَاش ※ رِيشَة :1枚の羽

はねる　ha・neru　跳ねる　نَطَّ (u)　نَطَّتِ الْقِطَّةُ :猫が飛び跳ねた

はねる　ha・neru　はねる　صَدَمَ (i)　كَادَتِ السَّيَّارَةُ تَصْدِمُهُ :車が彼をはねそうになった

はは　haha　母
ははおや　haha-oya　母親　وَالِدَة　< ولد 複 -ات　ذَهَبَتْ وَالِدَتِي إِلَى السُّوقِ لِشِرَاءِ الْحَاجَاتِ

母は必要な物を買いに市場へ行きました

2)母
母親　أُمٌّ　複 أُمَّهَات　يَوْمُ عِيدِ الْأُمِّ :母の日 ※五月の第二日曜日

※関 أُمِّيّ :母の　حَنَان أُمِّيّ :母親のような愛/母性愛

はば　haba　幅　عَرْض　複 عُرُوض　مَا عَرْضُ الطَّرِيقِ؟

道幅はどれくらいですか

はばたく　habataku　羽ばたく　رَفْرَفَ، يُرَفْرِفُ　يُرَفْرِفُ الْفَرْخُ بِجَنَاحَيْهِ :雛が羽ばたく

は

はばつ habatsu 派閥 طَائِفَة ※ سِيَاسَة طَائِفِيَّة :派閥政治

はばとび habatobi 幅跳び نَطّ عَرِيض ※競技

はばむ habamu 阻む أَحْبَطَ < حبط IV أَحْبَطَ مُحَاوَلَةَ تَهْرِيب
密輸を阻んだ(阻止した)

はぶく habuku 省く ⇒ しょうりゃくする shouryaku-suru 省略する

はへん hahen 破片 شَظِيَّة < شظو 複 شَظَايَا تَطَايَرَتْ شَظَايَا الْقَنَابِلِ
爆弾の破片が飛び散った

はまき hamaki 葉巻 سِيجَار دُخَانُ السِّيجَارَةِ أَفْسَدَ هَوَاءَ الْغُرْفَةِ
一本の葉巻の煙が部屋の空気をだめにした

はまーす hamaasu ハマース
はます hamasu ハマス حَرَكَة الْمُقَاوَمَة الْإِسْلَامِيَّة فِي فِلَسْطِين

はまべ hamabe 浜辺 شَاطِئ 複 شَوَاطِئ تَمْتَدُّ الْمَسَابِحُ عَلَى طُولِ الشَّاطِئِ
浜辺一帯に海水浴場が広がっている

はむ hamu ハム هَام ※= لَحْم فَخْذ الْخِنْزِير الْمُمَلَّح
豚の太ももの塩漬け

はむ hamu はむ ⇒ たべる taberu 4)食べる

はめこまれた hame-komareta はめ込まれた مُرَصَّع < رصع خَاتَم مُرَصَّع بِالْمَاسِ
ダイヤのはめ込まれた指輪

はめこむ hame-komu はめ込む طَعَّمَ < طعم II طَعَّمَ الْفَنَّانُ الْخَشَبَ بِالصَّدَفِ
工芸家は木に貝をはめ込んだ

はめる hameru はめる زَرَّرَ < زرّ II ※ボタンを زَرَّرَتِ الْفُسْتَانَ
彼女はドレスのボタンをはめた

はもの hamo・no 刃物 مِحْلَق / سِكِّين / سَيْف

はやい hayai 早い مُبَكِّر < بكر ※時間的 ⇔ مُتَأَخِّر :遅い
فِي سَاعَةٍ مُبَكِّرَةٍ :朝早く

はやい hayai 速い سَرِيع < سرع ※速度的 ⇔ بَطِيء :遅い
رَاكِض سَرِيع :足の速い走者

はやおき haya・oki 早起き نُفُوض بَاكِر اِعْتَادَ النُّفُوضَ بَاكِرًا :早起きを習慣とした

はやく hayaku 早く مُبَكِّرًا < بكر ※ ⇔ مُتَأَخِّرًا :遅く
وَصَلَ مُبَكِّرًا :早く着いた

はやく hayaku 速く بِسُرْعَةٍ ※ سُرْعَة + بِ ※ ⇔ بِبُطْءٍ :遅く
! بِسُرْعَةٍ :速く!/急いで!

はやくなる hayaku-naru 速くなる سَرُعَ (u) سَرُعَ تَنَفُّسُهَا :彼女の呼吸が速くなった

は

はやさ～はり

はやさ　hayasa　速さ ⇒ そくど sokudo 速度

はやし　hayashi　林　غَابَة ＜غيب 複 -ات　غَابَةُ خَيْزُرَانٍ :竹林/竹林

はやす　hayasu　生やす　أَطَالَ ＜طول IV　رَجُلُ الدِّينِ يُطِيلُ عَادَةً لِحْيَتَهُ
宗教的な人は普通髭を生やす(伸ばす)

はやめる　hayameru　早める　قَدَّمَ ＜قدم II　قَدَّمْنَا مَوْعِدَ الاجْتِمَاعِ سَاعَةً
私達は会議の日時を1時間早めた

はやめる　hayameru　速める　عَجَّلَ ＜عجل II　عَجِّلْ أَعْمَالَكَ :仕事を速めなさい(急ぎなさい)

はやる　hayaru　流行る رَاجَ ، يَرُوجُ　يَرُوجُ الصُّوفُ فِي فَصْلِ الشِّتَاءِ
冬にはウール物が流行る

2)流行る　اِنْتَشَرَ ＜نشر VII　اِنْتَشَرَ الزُّكَامُ :風邪が流行った

はら　hara　腹　بَطْن　複 بُطُون　اِنْبَعَجَ الْبَطْنُ :腹が凹んだ
عِنْدِي أَلَمٌ فِي بَطْنِي :腹(お腹)が痛いです
※腹が空く ＝ 腹が減る　※腹が決まる ＝ 決心する
※腹を痛める ＝ 生む/産む　※腹を下す ＝ 下痢をする
※腹が黒い ＝ 性格が悪い(سَيِّءُ الطَّبْعِ)
※腹を立てる ＝怒る　※腹ぺこの ＝空腹の

はらい　harai　払い　دَفْع　الدَّفْعُ مُقَدَّماً :前払い

はらいもどし　harai-modoshi 払い戻し اِسْتِرْدَاد ＜ردّ　اِسْتِرْدَادُ الرُّسُومِ :料金の払い戻し

はらう　harau　払う　دَفَعَ (a)　اَللَّوْنَانِ الأَحْمَرُ وَالأَبْيَضُ يَدْفَعَانِ الأَذَى
赤と白の色は災難を払う(取り除く)

2)払う　نَفَضَ (u)　※振り払う　تَرَاكَمَ الْغُبَارُ عَلَى ثَوْبِكَ ، فَانْفُضْهُ
服に埃がかかっています，(振り)払いなさい

3)払う　سَدَّدَ ＜سدّ II　سَدَّدَ دَيْنَهُ :借金を払った

はらがたつ　hara-gatatsu　腹が立つ
はらをたてる　hara-wotateru 腹を立てる　غَضِبَ (a)　～عَلَى :～に　غَضِبْتُ عَلَى أَخِي الصَّغِيرِ
私は弟に腹を立てた

はらがへる　hara-gaheru　腹が減る جَاعَ ، يَجُوعُ ＜جوع　أَنَا جُعْتُ ! :(私は)腹が減った

はらす　harasu　腫らす　وَرَّمَ ＜ورم II　وَرَّمَتِ الصَّدْمَةُ الْعَنِيفَةُ سَاقِي
足を強くぶつけて腫らしました

はらちがいの　harachigai-no 腹違いの غَيْرُ الشَّقِيقِ　الأَخُ غَيْرُ الشَّقِيقِ :腹違いの弟(兄)

はらっぱ　harappa　原っぱ　مَرْج　複 مُرُوج　مُرُوجٌ خَضْرَاءُ :緑の原っぱ

はり　hari　針　إِبْرَة　複 إِبَر　※縫い針　إِبْرَةٌ وَخَيْطٌ :針と糸

は

はりがね～はん

2)針(عَقْرَب (السَّاعَةِ 複 عَقَارِب ※時計の針 عَقْرَبُ السَّاعَةِ يُشِيرُ إِلَى التَّاسِعَةِ
時計の針は九時を指している

はりがね hariga·ne 針金 سِلْك حَدِيدِيّ 複 أَسْلَاك حَدِيدِيَّة

はりきる harikiru 張り切る نَشِطَ (a) يَسُرُّنِي أَنْ أَرَاكَ تَنْشَطُ فِي عَمَلِكَ
あなたが張り切って仕事をしているのを見ると
私は嬉しくなります

はりけーん harikeen ハリケーン ⇒ たつまき tatsumaki 竜巻

はる haru 春 رَبِيع / فَصْل الرَّبِيع < ربع حَلَّ فَصْلُ الرَّبِيعِ :春が来た

はる haru 張る/貼る أَلْصَقَ < لصق IV أَلْصِقْ طَابِعاً عَلَى الْبِطَاقَةِ الْبَرِيدِيَّةِ
葉書に切手を張りなさい
سَنُلْصِقُ الْمَنْشُورَاتِ الدِّعَائِيَّةَ عَلَى الْجُدْرَانِ
壁にビラを張ろう(張り出そう)

2)張る شَدَّ، يَشُدُّ شَدَّ الْحَبْلَ :綱を張った

はるかに haruka-ni はるかに ⇒ ずっと zutto 2)ずっと

はれ hare 腫れ وَرَم 複 أَوْرَام قَرِيباً يَزُولُ الْوَرَمُ
やがて腫れは引くでしょう

はれた hareta 晴れた
はれの hare-no 晴れの صَافٍ < صفو ※定 الصَّافِي سَمَاء صَافِيَة :晴れた空/晴天

はれつさ-させる haretsu-saseru 破裂させる فَجَّرَ < فجر II فَجَّرَ الصَّقِيعُ مَاسُورَةَ الْمَاءِ
霜が水道管を破裂させた

はれつする haretsu-suru 破裂する اِنْفَجَرَ < فجر VII اِنْفَجَرَتِ الْقُنْبُلَةُ :爆弾が破裂した

はれの hare-no 晴れの صَحْو سَيَكُونُ الطَّقْسُ صَحْواً غَداً :明日の天気は晴れでしょう

はれもの horemo·no 腫れ物 دُمَّل 複 دَمَامِل/دَمَامِيل ※ دُمَّلَة :1個の腫れ物
بَضَعَ الطَّبِيبُ الدُّمَّلَ وَطَهَّرَهُ
医者は腫れ物を切り取り, 消毒した

はれる hareru 晴れる صَحَا (u)／صَحِيَ (a) صَحَا الْجَوُّ :天気が晴れた صَحَتِ السَّمَاءُ :空が晴れた

2)晴れる اِنْقَشَعَ < قشع VII اِنْقَشَعَ الضَّبَابُ :霧が晴れた

3)晴れる اِنْشَرَحَ < شرح VII ※心が اِنْشَرَحَ صَدْرُهُ :心が晴れた

はれる hareru 腫れる تَوَرَّمَ < ورم V آلَمَتْهُ ضِرْسُهُ وَتَوَرَّمَ خَدُّهُ
奥歯が痛んで頬が腫れた

はん han 半 نِصْف نِصْف سَاعَةٍ :半時間/３０分 نِصْفُ يَوْمٍ :半日
سَاعَة وَنِصْف :1時間半 نِصْفُ سَنَةٍ :半年

はん han 反～ ضِدّ ～ حَرَكَة ضِدَّ بِنَاءِ الْمُفَاعِلَاتِ النَّوَوِيَّةِ :反原発運動

は

はんい　han・i　範囲　نِطَاق　< نطق 複 نُطُق　وَاسِع النِّطَاق :広範な/広い範囲の

はんえいする　han・ei-suru　繁栄する　تَوَفَّقَ　< وفق V ※=栄える　! عَسَى أَنْ تَتَوَفَّقَ فِي عَمَلِكَ
あなたの仕事が繁栄しますように
أَتَمَنَّى لَكَ التَّوْفِيق　※名 تَوْفِيق :繁栄
ご繁栄を祈ります

はんかち　hankachi　ハンカチ
はんけち　hankechi　ハンケチ　مِنْدِيل (ـَ)　複 مَنَادِيل　مِنْدِيل قُطْنِيّ (ـَ) :木綿のハンカチ
مَسَحَ الْعَرَقَ عَنْ جَبِينِهِ بِالْمِنْدِيل (ـَ)
額の汗をハンカチで拭った

はんが　hanga　版画　طِبَاعَة　< طبع　طِبَاعَة بِوَاسِطَةِ الْخَشَبِ (النُّحَاسِ)
木(銅)版画

はんき　hanki　半旗　عَلَم حِدَاد　نَكَّسَت الدَّوْلَةُ الْأَعْلَامَ :国は半旗を上げた

はんきょう　hankyou　反響　صَدًى　< صدي 複 أَصْدَاء　سَمِعْنَا الصَّوْتَ وَسَمِعْنَا صَدَاهُ
私たちは音を耳にし，またその反響(音)も聞いた

はんけい　hankei　半径　نِصْف قُطْر (الدَّائِرَة) / شُعَاع　اُرْسُمْ دَائِرَةً يَكُونُ شُعَاعُهَا ٤ سم
半径４ｃｍの円を描きなさい

はんけつ　hanketsu　判決　حُكْم / قَرَار الْمَحْكَمَة　حُكْم الْإِعْدَام :死刑(の)判決
الْحُكْم بِإِدَانَتِهِ :有罪判決
لَا نُرِيدُ فِي الْحُكْمِ مُسَايَرَةً ، بَلْ عَدَالَةً
私らが判決に欲しいのは調停ではなく，公正なのだ

はんけつ－をくだす　hanketsu-wokudasu　判決を下す　حَكَمَ (u)　~に:عَلَى~　حَكَمَ الْقَاضِي عَلَيْهِ بِالْإِعْدَامِ
裁判官は彼に死刑(の)判決を下した(言い渡した)

2)判決を下す　بَرَّأَ　< برئ II ※無罪の判決を出す　بَرَّأَ الْقَاضِي الْمُتَّهَمَ
裁判官は被告に無罪の判決を下した

はんげきする　hangeki-suru　反撃する　قَامَ بِهَجْمَةٍ مُعَاكِسَةٍ / شَنَّ هُجُومًا مُعَاكِسًا
※名 هُجُوم مُعَاكِس/ هَجْمَة مُعَاكِسَة :反撃

はんこ　hanko　判子　خَاتَم (ـِ)　< ختم 複 خَوَاتِم　خَتَمَ جَوَازَ السَّفَرِ بِخَاتَمِهِ
パスポートに判子を押した

はんこうする　hankou-suru　反抗する　تَمَرَّدَ　< مرد V　تَمَرَّدَ الصَّبِيُّ عَلَى وَالِدِهِ
若者は父親に反抗した
※名 تَمَرُّد :反抗　تَمَرُّد عَلَى أَوَامِر قَائِدِهِ
上官の命令に対する反抗

はんさむな　hansamu-na　ハンサムな　وَسِيم　< وسم 複 وُسَمَاء/وِسَام　هُوَ شَابٌّ أَنِيقٌ وَسِيمٌ
彼はエレガントでハンサムな青年だ

は

はんざい～はんたいにする

はんざい hanzai 犯罪 جَرِيمَة < جرم 複 جَرَائِم ※ ⇒ 罪

はんざいしゃ hanzai-sha 犯罪者 مُجْرِم < جرم 複 ـون حُكِمَ عَلَى الْمُجْرِمِ بِالسِّجْنِ الْمُؤَبَّدِ
その犯罪者に終身刑が宣告された

はんして hanshite (～に)反して ～لـ خِلَافًا خِلَافًا لِلتَّوَقُّعَاتِ :期待に反して

はんしゃする hansha-suru 反射する اِنْعَكَسَ < عكس VII يَنْعَكِسُ النُّورُ عَلَى الْمِرْآةِ
光りは鏡に反射する
※名 اِنْعِكَاس :反射 اِنْعِكَاسُ النُّورِ :光りの反射

2)反射する عَكَسَ (i) الْمِرْآةُ تَعْكِسُ النُّورَ :鏡は光りを反射する

はんしょく-する hanshoku-suru 繁殖する تَكَاثَرَ < كثر VI تَتَكَاثَرُ الْفِئْرَانُ بِسُرْعَةٍ
ねずみは急激に繁殖する
※名 تَكَاثُر :繁殖 فَتْرَةُ التَّكَاثُرِ :繁殖期

はんしん hanshin 半身 أَحَدُ شِقَّيِ الْبَدَنِ ※ فَالِج :半身不随

はんじ hanji 判事 ⇒ さいばんかん saiban-kan 裁判官

はんじょうする hanjou-suru 繁盛する اِزْدَهَرَ < زهر VIII تَزْدَهِرُ التِّجَارَةُ فِي "أُوسَاكَا"
大阪では商売が繁盛している

はんすうする hansuu-suru 反芻する اِجْتَرَّ < جرّ VIII أَخَذَتِ الْبَقَرَةُ تَجْتَرُّ :牛が反芻し始めた

はんする han-suru 反する خَالَفَ < خلف III تُخَالِفُ تَصَرُّفَاتُهُ آدَابَ السُّلُوكِ
彼の振る舞い(行動)はエチケットに反する

はんせいする hansei-suru 反省する(نَفْسَهُ) رَاجَعَ < رجع III رَاجَعَ نَفْسَهُ فِي تَصَرُّفَاتِهِ
行いを反省した

2)反省する نَدِمَ (a) نَدِمَ نَدَمًا عَلَى الْخَطَأِ :過ちを反省した
※名 نَدَم :反省 شَرْطُ الْعَفْوِ النَّدَمُ
過ちを許す条件は反省です

はんせん hansen 反戦 مُعَارَضَةُ الْحَرْبِ اِجْتِمَاعُ مُعَارَضَةِ الْحَرْبِ :反戦集会

はんそく hansoku 反則 مُخَالَفَةٌ لِلْقَانُونِ ※ خَالَفَ الْقَانُونَ :反則した

はんたい hantai 反対 عَكْس عَكْسُ الْوَاقِعِ :現実の反対 ※ ⇒ あべこべ
بِعَكْسٍ/عَلَى عَكْسٍ :反対に/あべこべに

2)反対 ضِدّ 複 أَضْدَاد ※前 ضِدَّ الْحَرْبِ :戦争反対
ضِدَّ الْحُكُومَةِ :政府に反対して

はんたいする hantai-suru 反対する عَارَضَ < عرض III عَارَضَ اسْتِخْدَامَ الْأَسْلِحَةِ النَّوَوِيَّةِ
核兵器の使用に反対した

はんたいにする hantai-nisuru 反対にする ⇒ ぎゃくにする gyaku-nisuru 逆にする

は

はんたいの hantai-no 反対の مُعَاكِس < عكس اِتِّجَاهٌ مُعَاكِسٌ :反対の方向

はんだ handa ハンダ قَصْدِير أَيُلْحَمُ النُّحَاسُ بِالْقَصْدِيرِ ؟
銅はハンダで付きますか

はんてい hantei 判定 قَرَار < قرّ أَصْدَرَ قَرَارًا :判定を下した/判定した

はんとう hantou 半島 شِبْهُ جَزِيرَةٍ شِبْهُ جَزِيرَةِ سِينَاءَ :シナイ半島

はんどうたい handoutai 半導体 شِبْهُ مُوَصِّل

はんどる handoru ハンドル مِقْوَد < قود 複 مَقَاوِد يُوَجِّهُ السَّائِقُ السَّيَّارَةَ بِالْمِقْوَدِ
ドライバーはハンドルで車の向きを変える

はんにん han・nin 犯人 مُرْتَكِب < ركب 複 ـون بَحَثَ عَنْ مُرْتَكِبِي حَادِثِ تَسَرُّبِ غَازِ الْأَعْصَابِ
神経ガスを撒いた犯人を探した

はんのう han・nou 反応 رَدُّ فِعْلٍ رَدُّ فِعْلِ الْحُكُومَةِ بَطِيءٌ :政府の反応は遅い

はんのうする han・nou-suru 反応する تَفَاعَلَ < فعل V تَتَفَاعَلُ الْمَادَّةُ مَعَ الْمَاءِ
その物質は水と反応する
※名 تَفَاعُل :反応 تَفَاعُلٌ كِيمْيَائِيٌّ (مُسَلْسَل)
化学(連鎖)反応

はんばいする hanbai-suru 販売する يَبِيعُ ، بَاعَ أَلَا تَبِيعُ هٰذِهِ السَّيَّارَةَ ؟
この車は販売してないのですか
※名 بَيْع :販売 ※ بَائِع 複 بَاعَة :販売員/販売者

はんぱつする hanpatsu-suru 反発する خَالَفَ < خلف III خَالَفَ أَوَامِرَ أَبِيهِ :父親の命令に反発した

はんぴれい hanpirei 反比例 تَنَاسُبٌ عَكْسِيٌّ

はんぶん hanbun 半分 نِصْف 複 أَنْصَاف آكُلُ نِصْفَ التُّفَّاحَةِ ، وَتَأْكُلُ نِصْفَهَا الْآخَرَ
私がリンゴの半分を食べるから，あなたは
残りの半分を食べなさい

はんまー hanmaa ハンマー ⇒ かなづち ka・nazuchi 金槌

はんめいする hanmei-suru 判明する اِتَّضَحَ < وضح VIII اِتَّضَحَتْ لَنَا الْحَقِيقَةُ بَعْدَ غُمُوضٍ
謎だった真相は後から私たちに判明した

はんもく hanmoku 反目 عِدَاء (ـً) < عدو لَا مَصْلَحَةَ لَكَ فِي عِدَاءِ جَارِكَ
隣人との反目に益はない

はんもくする hanmoku-suru 反目する تَخَاصَمَ < خصم VI دَعْنَا نَتَحَاوَرْ بَدَلَ أَنْ نَتَخَاصَمَ
反目する代わりに対話をしましょう

はんらん hanran 氾濫 فَيَضَان < فيض 複 ـات فَيَضَانُ النِّيلِ :ナイル川の氾濫
فَيَضَانُ الْأَسْوَاقِ الْوَطَنِيَّةِ بِالسِّلَعِ الْأَجْنَبِيَّةِ
外国商品の国内市場における氾濫

は

はんらんしゃ　hanran-sha　反乱者　ثَائِر　＜ثأر 複 ثُوَّار　جَيْشُ الثُّوَّارِ :反乱軍

はんらんする　hanran-suru　反乱する
はんらん-をおこす　hanran-wo・okosu　反乱を起こす　تَمَرَّدَ　＜مرد V　تَمَرَّدَ رِجَالُ الْعِصَابَةِ عَلَى زَعِيمِهِمْ :盗賊の男達は首領に反乱を起こした

はんろんする　hanron-suru　反論する　اِعْتَرَضَ　＜عرض VIII　اِعْتَرَضَ عَلَى الرَّأْيِ :その意見に反論した
※名 اِعْتِرَاض عَلَى الرَّأْيِ :反論/異論/異議

ばー　baa　バー ⇒ のみや　nomi-ya　飲み屋

ばーげん　baagen　バーゲン
ばーげんせーる　baagen・seeru　バーゲンセール　تَصْفِيَة　＜صفو　بَدَأَ الْمَتْجَرُ مَوْسِمَ التَّصْفِيَةِ الشَّتَوِيَّةِ :商店が冬物のバーゲンセールを始めた

ばーすでー　baasudee　バースデー ⇒ たんじょうび　tanjou-bi　誕生日

ばーすとう　baasu-tou　バース党　حِزْب الْبَعْث　دُسْتُور حِزْبِ الْبَعْثِ :バース党綱領

ばーれる　baareru　バーレル　بَرْمِيل　複 بَرَامِيل　※≒160リットル

ばあい　ba・ai　場合　حَال　＜حول 複 أَحْوَال　عَلَى أَيِّ حَالٍ :どんな場合でも/とにかく
فِي حَالٍ مِنَ الْأَحْوَالِ :場合によっては　فِي حَالِ ～:～の場合
فِي حَالٍ مِنَ الْأَحْوَالِ قَدْ يُؤَجَّلُ السَّفَرُ
場合によっては,旅行は延期されるかも知れない

ばいおりん　baiorin　バイオリン　كَمَان　※ كَمَانِيّ/ عَازِف الْكَمَان :バイオリニスト

ばいきん　baikin　ばい菌　مِيكْرُوب　複 ـات　لَحْمُ الْخِنْزِيرِ فِي دَاخِلِهِ مِيكْرُوبَاتٌ كَثِيرَةٌ :豚肉の中にはばい菌がたくさんいます

ばいく　baiku　バイク　دَرَّاجَة بُخَارِيَّة

ばいしゅうする　baishuu-suru　買収する　رَشَا ، يَرْشُو　رَشَا مُوَظَّفًا عُمُومِيًّا :公務員を買収した
※名 رِشْوَة(رُ) :買収/賄賂　قَبِلَ رِشْوَةً(رُ) :買収された

2)買収する　اِشْتَرَى　＜شري VIII　اِشْتَرَى الشَّرِكَةَ :会社を買収した

ばいしょうする　baishou-suru　賠償する　عَوَّضَ　＜عوض II　عَوَّضَ عَنِ الْخَسَارَةِ :損害を賠償した

ばいする　bai-suru　倍する
ばいにする　bai-nisuru　倍にする　ضَاعَفَ　＜ضعف III　يُضَاعِفُ ～ ثَلَاثَ مَرَّاتٍ :～を3倍にする
يُضَاعِفُ الْأُجْرَةَ لِلْكِبَارِ :大人の料金を倍にした
※名 ضِعْف 複 أَضْعَاف :倍/二倍　ضِعْفُ الثَّمَنِ :倍の値段
ضِعْفُ الْخَمْسَةِ عَشَرَةٌ :5の倍(2倍)は10です

ばか　baka　馬鹿　حَمَاقَة　＜حمق　جَوَابُكَ الْخَاطِئُ الطَّائِشُ دَلِيلُ حَمَاقَةٍ
思慮のないあなたの間違った答えは馬鹿の証だ

ばかな　baka-na　馬鹿な　أَحْمَق　＜حمق 女 حَمْقَاء 複 حُمْق / حَمْقَى
يَا لَهُ مِنْ أَحْمَقَ ! :彼はなんと馬鹿なんだ

ばかにする～ばしゃ

ばかにする　baka-nisuru　馬鹿にする　سَخِرَ (a)　　يَجِبُ أَلَّا يَسْخَرَ :馬鹿にして(からかって)はいけない

※ جَعَلَنِي أُضْحُوكَةً :彼は私を馬鹿にした

ばかにした　baka-nishita　馬鹿にした　سَاخِر　＜ سخر　سَأَلَ رَجُلٌ إِمْرَأَتَهُ سَاخِرًا

ある男が妻を馬鹿にして(嘲って)尋ねた

ばかりでなく　bakari-de･naku(～)ばかりでなく‥　لَيْسَ (لَمْ /مَا) ～ فَقَطْ (فَحَسْبُ)، بَلْ ‥ أَيْضًا

هٰذَا لَيْسَ رَخِيصًا فَقَطْ، بَلْ هُوَ لَذِيذٌ أَيْضًا

これは安いばかりでなく美味しいですよ

ばくげきき　bakugeki-ki
ばくげっき　bakuge-kki　爆撃機　قَاذِفَة　＜ قذف 複 قَوَاذِف/-ات　رَأَيْتُ عِشْرِينَ قَاذِفَةً

私は爆撃機を２０機見ました

ばくげきする　bakugeki-suru　爆撃する　قَذَفَ بِالْقَنَابِلِ مِنَ الطَّائِرَةِ　※名 غَارَة جَوِّيَّة :爆撃

تَعَرَّضَتِ الْمَدِينَةُ لِغَارَةٍ جَوِّيَّةٍ :都市が爆撃された

ばくぜん-とした　bakuzen-toshita　漠然とした　غَامِض　＜ غمض 複 غَوَامِض　كَلَامُكَ غَامِضٌ لَا أَفْهَمُهُ

君の話は漠然としていて分かりません

ばくだいな　bakudai-na　莫大な　طَائِل　＜ طول　يُودِعُ الْغَنِيُّ أَمْوَالًا طَائِلَةً فِي الْبَنْكِ

その金持ちは銀行に莫大なお金を預けている

ばくだん　bakudan　爆弾　قُنْبُلَة　複 قَنَابِل　قُنْبُلَة ذَرِّيَّة :原子爆弾/原爆

قُنْبُلَة هَيْدْرُوجِينِيَّة :水素爆弾/水爆

ばくち　bakuchi　ばくち　⇒　とばく　tobaku　賭博

ばくはする　bakuha-suru　爆破する　فَجَّرَ　＜ فجر II　فَجَّرَ الْمَبْنَى الْقَدِيمَ

古い建物を爆破した

ばくはつ-する　bakuhatsu-suru　爆発する　اِنْفَجَرَ　＜ فجر VII　اِنْفَجَرَتِ الْقُنْبُلَةُ :爆弾が爆発した

※名 اِنْفِجَار :爆発　مَوَادُّ الْاِنْفِجَارِ :爆発物

ばくやく　bakuyaku　爆薬　⇒　かやく　kayaku　火薬

ばくろする　bakuro-suru　暴露する　كَشَفَ (i)　　حَاوَلَ أَنْ يَكْشِفَ سِرَّهُ

彼の秘密を暴露しよう(暴こう)とした

ばぐだーど　bagudaado　バグダード
ばぐだっど　bagudaddo　バグダッド　بَغْدَادُ　　بَغْدَادُ بَعِيدَةٌ :バグダードは遠い　※都市は女性名詞

ばけつ　baketsu　バケツ　دَلْو　複 أَدْلٍ/دِلَاء ※男女　وَضَعَ مَاءً فِي الدَّلْوِ

バケツに水を入れた

2)バケツ　سَطْل　複 سُطُول / أَسْطَال　اُنْقُلِ الْمَاءَ بِالسَّطْلِ

(貴女は)バケツで水を運びなさい

ばけもの　bakemo･no　化け物　⇒　かいぶつ　kaibutsu　怪物

ばける　bakeru　化ける　تَنَكَّرَ　＜ نكر V　تَنَكَّرَتْ بِشَكْلِ عَجُوزٍ سَاحِرَةٍ

彼女は魔法使いのおばあさんに化けました

ばしゃ　basha　馬車　عَرَبَة　複 -ات　جَرَّ الْحِصَانُ الْعَرَبَةَ :馬が馬車を引いた

は

ばしょ　basho　場所　مَكَان < كون 複 أَمَاكِنُ / أَمْكِنَة　في مَكَانٍ آخَرَ :他の場所で

في كُلِّ مَكَانٍ :あらゆる場所で

2)場所　مَوْضِع < وضع 複 مَوَاضِع　مَوْضِع ضَيِّق :狭い場所(所)で

اَلسَّرِيرُ لَيْسَ مَوْضِعًا لِلْكُتُبِ

ベッドは本を置く場所ではありません

ばじる　bajiru　バジル　حَبَق　※[植物] اَلْحَبَقُ طَيِّبُ الرَّائِحَةِ :バジルは匂いが良い

ばす　basu　バス　حَافِلَة < حفل 複 حَوَافِل /-ات　※=بَاص/ أُوتُوبِيس

حَافِلَة رُكَّابٍ :乗り合いバス

2)バス　بَاص 複 بَاصَات　مَحَطَّة الْبَاصِ :バスの停留所/バス停

مَحَطَّة الْبَاصَاتِ الْمَرْكَزِيَّة :バスセンター

ばすけっとぼーる　basuketto-booru　バスケットボール　كُرَة السَّلَّةِ

ばたー　bataa　バター　زُبْدَة 複 زُبَد　كُتْلَة زُبْدَةٍ :バターの塊

مَسَحَ بِالزُّبْدَةِ :バターをぬった

ばっきん　bakkin　罰金　غَرَامَة < غرم 複 -ات　يَجِبُ أَنْ تَدْفَعَ الْغَرَامَةَ

君は罰金を払わなくてはならない

ばっぐ　baggu　バッグ　⇒ かばん　kaban　鞄

ばっじ　bajji　バッジ　شَارَة < شور 複 -ات　أَحْمِلُ شَارَةَ الْجَامِعَةِ

私は大学のバッジをつけています

ばっする　bassuru　罰する　عَاقَبَ < عقب III　سَأُعَاقِبُكَ عَلَى فِعْلَتِكَ

あなたの行いに対して罰を与えよう

※名 عُقُوبَة 複 -ات :罰　مَنْ خَالَفَ الْقَانُونَ

法を犯した者は　نَزَلَتْ بِهِ الْعُقُوبَةُ

罰を受けた

ばった　batta　バッタ　جُنْدُب 複 جَنَادِب　لَاحَقْنَا الْجُنْدُبَ فِي مَزْرَعَةِ الرُّزِّ

私達は田圃でバッタを追いかけた

ばってりー　batterii　バッテリー　⇒ でんち　denchi　電池

ばつをうける　batsu-wo-ukeru　罰を受ける　نَزَلَتْ بِهِ الْعُقُوبَةُ　※ ⇒ 罰する

ばどみんとん　badominton　バドミントン　كُرَة الرِّيشَةِ / بَدْمِينْتُون

ばなな　ba・na・na　バナナ　مَوْز　※ مَوْزَة :1本のバナナ　زَلَّتْ قَدَمُهُ عَلَى قِشْرَةِ الْمَوْزِ

バナナの皮で足が滑った

ばね　ba・ne　バネ　زُنْبُرُك 複 زَنَابِك　زُنْبُرُك السَّرِيرِ :ベッドのバネ

ばはれーん　bahareen　バハレーン　اَلْبَحْرَيْنِ < بحر　دَوْلَة الْبَحْرَيْنِ : バハレーン国

は

ばめん～ばんごうをつける

ばめん　bamen　場面　مَشْهَد < شهد 複 مَشَاهِد　أُسْدِلَ السِّتَارُ عَلَى مَشْهَدٍ مُضْحِكٍ
笑いの場面で幕が下りた

ばら　bara　バラ/薔薇　وَرْد　複 وُرُود ※ وَرْدَة : 1本のバラ　野バラ: وَرْد بَرِّيّ
[格言]どんなバラにも刺がある: لِكُلِّ وَرْدَةٍ شَوْكَةٌ

ばらす　barasu　ばらす　أَفْشَى < فشو IV　اِطْمَئِنِّي، لَنْ أُفْشِيَ سِرَّكَ
安心しなさい，貴女の秘密をばらしたりしないから

ばらまく　baramaku　ばらまく　بَعْثَرَ، يُبَعْثِرُ　釘をばらまいた: بَعْثَرَ مَسَامِيرَ

ばらんす　baransu　バランス　تَوَازُن < وزن　اَلتَّوَازُن بَيْنَ الْإِنْتَاجِ وَالِاسْتِهْلَاكِ
生産と消費のバランス(均衡)
バランスが崩れた: اِخْتَلَّ التَّوَازُنُ
バランスを崩した(失った): أَخَلَّ بِالتَّوَازُنِ

ばらんすがよい　baransu-gayoi　バランスが良い　اِعْتَدَلَ < عدل VIII　اِعْتَدَلَ جِسْمُهُ بَيْنَ الطُّولِ وَالْقِصَرِ
彼の体は高からず低からずバランスが良かった

ばりき　bariki　馬力　حِصَان بُخَارِيّ/قُوَّة حِصَان　100馬力: اَلْقُوَّة ١٠٠ حِصَانًا

ばりけーど　barikeedo　バリケード　حَاجِز < حجز 複 حَوَاجِزُ　أَقَامَ الشَّبَابُ حَوَاجِزَ عَلَى الطُّرُقَاتِ
若者達は通りにバリケードを作った

ばれーぼーる　bareebooru　バレーボール　كُرَة الطَّائِرَةِ　هَلْ فَهِمْتُمْ أُصُولَ لُعْبَةِ الْكُرَةِ الطَّائِرَةِ ؟
バレーボールのルールが分かりましたか

ばれえ　bare・e　バレエ　رَقْص الْبَالِيه

ばれいしょ　bareisho　馬鈴薯 ⇒ じゃがいも　jagaimo　じゃが芋

ばん　ban　番　دَوْر < دور　今度は私の番だ: اَلْآنَ جَاءَ دَوْرِي

ばん　ban　～番 ※1番: اَلْأَوَّل　2番: اَلثَّانِي　3番: اَلثَّالِث

ばん　ban　晩　مَسَاء < مسو 複 أَمْسَاء　今晩は！: مَسَاءُ الْخَيْرِ !
※その返礼は　今晩は！: مَسَاءُ النُّورِ !

ばんぐみ　bangumi　番組　بَرْنَامَج 複 بَرَامِج　يَبْدَأُ بَرْنَامَجُ التِّلِفِزْيُونِ الْجَدِيدُ
新しいテレビ番組が始まる

ばんぐらでしゅ　banguradeshu　バングラデシュ　بَنْغَلَادِيش/بَنْجُلَادِيش　※国名

ばんごう　bangou　番号　رَقْم 複 أَرْقَام　暗証番号: رَقْم سِرِّيّ
電話番号を教えて下さい: أَعْطِنِي رَقْمَ الْهَاتِفِ

ばんごうをつける　bangou-wotsukeru　番号を付ける　رَقَّمَ < رقم II　カードに番号を付けた: رَقَّمَ بِطَاقَاتٍ

は

ばんさん〜ぱせり

ばんさん bansan 晩餐 مَـأْدُبَـة < أدب 複 مَـآدِب　دُعِـيَ الـضُّـيُـوفُ إِلَى الْـمَـأْدُبَـةِ
客は晩餐に招かれた

ばんざい banzai (〜)万歳！〜 عَاشَ〜 / لِـيَـعِـشْ〜！/ فَـلْـيَـعِـشْ〜！

2)(〜)万歳！〜 لِـيَـحْـيَ　لِـيَـحْـيَ الْـمَـلِـكُ (الـرَّئِـيـسُ) ! :国王陛下(大統領閣下)万歳！

ばんど bando バンド ⇒ べると beruto ベルト

ばんにん ban・nin 番人 حَـارِس < حرس 複 حُـرَّاس　اَلْـقُـبْـحُ حَـارِسُ الْـمَـرْأَةِ
醜さは女の番人[格言]

ばんねん ban・nen 晩年 آخِـرَ أَيَّـامِـهِ　قَـضَـى الـشَّـيْـخُ آخِـرَ أَيَّـامِـهِ مُـقْـعَـدًا
老人は歩けずに晩年を過ごした

ばんをする ban-wosuru 番をする نَـطَـرَ (u)　نَـطَـرَ الـزَّرْعَ :農作物の番をした

ぱーせんと paasento パーセント نِـسْـبَـة مِـئَـوِيَّـة　مِـئَـة فِي الْـمِـئَـةِ :100%

ぱーてぃー paatii パーティー حَـفْـلَـة 複 -ات　حَـفْـلَـة الْـعُـرْسِ :結婚披露宴

ぱーと paato パート
はーとたいまー paatotaimaa パートタイマー مُـوَظَّـف بِـدَوَامٍ جُـزْئِـيٍّ / مُـوَظَّـف مُـؤَقَّـت

ぱーま paama パーマ شَـعْـر جَـعْـد　تُـفَـضِّـلُ الـشَّـعْـرَ الْـجَـعْـدَ عَـلَى الْـمُـرْسَـلِ
彼女はストレートの髪よりもパーマかけた髪が好きだ

ぱい pai パイ فَـطِـيـر < فـطـر 複 فَـطَـائِـر ※ فَـطِـيـرَة :1個のパイ

ぱい pai π ط ※ ⇒ えんしゅうりつ enshuu-ritsu 円周率

ぱいなっぷる pai・nappuru パイナップル أَنَـانَـاس

ぱいぷ paipu パイプ أُنْـبُـوب 複 أَنَـابِـيـب　اِنْـفَـجَـرَ أُنْـبُـوبُ الـنِّـفْـطِ
石油パイプが爆発した

ぱいぷらいん paipurain パイプライン خَـطُّ أَنَـابِـيـب　نَـقَـلَ الـنِّـفْـطَ بِـالْأَنَـابِـيـبِ
パイプラインで石油を運んだ

ぱいろっと pairotto パイロット طَـيَّـار < طـيـر ※= قَـائِـدُ الـطَّـائِـرَةِ :飛行機の操縦士

2)パイロット مُـرْشِـدُ الـسَّـفِـيـنَـةِ ※水先案内人

ぱきすたん pakisutan パキスタン بَـاكِـسْـتَـان ※男 بَـاكِـسْـتَـانِـيّ :パキスタンの/パキスタン人

ぱじゃま pajama パジャマ ثَـوْبُ لِـلـنَّـوْمِ ※= بَـجَـامَـة　خَـلَـعَ ثِـيَـابَ الـنَّـوْمِ :パジャマを脱いだ

ぱすわーど pasuwaado パスワード كَـلِـمَـةُ الـسِّـرِّ / كَـلِـمَـةُ الْـمُـرُورِ

ぱすぽーと pasupooto パスポート جَـوَازُ الـسَّـفَـرِ

ぱずる pazuru パズル مُـعَـمًّـى < عـمـى 複 -ات　لَا أَفْـهَـمُ هٰـذَا كَـلَامَ الْـمُـعَـمَّـى
パズルのこの言葉が分かりません

ぱせり paseri パセリ بَـقْـدُونِـس　لَا تَـصْـلُـحُ الـسَّـلَـطَـةُ بِـلَا بَـقْـدُونِـس
サラダにはパセリがふさわしい

は

ぱそこん～ぱんふれっと

ぱそこん　pasokon　パソコン　اَلْحَاسِبُ الْآلِيُّ الشَّخْصِيُّ

ぱとかー　patokaa　パトカー　سَيَّارَةُ الدَّوْرِيَّةِ

ぱとろーる　patorooru　パトロール　دَوْرِيَّة　＜دور　複 -ات　تَتَجَوَّلُ الدَّوْرِيَّةُ فِي شَوَارِعِ الْحَيِّ

パトロール隊がその地区の通りを巡回する

ぱにっく　pa・nikku　パニック　ذُعْر　هَجَمَ الْكَلْبُ فَاسْتَوْلَى عَلَى الطِّفْلِ ذُعْرٌ شَدِيدٌ

犬が子どもを襲って大変なパニックに陥れた

ぱぴるす　papirusu　パピルス　بَرْدِي(ى)　※ وَرَقَة بَرْدِيَّة　複 -ات：1枚のパピルス紙

كَتَبَ الْمِصْرِيُّونَ الْقُدَمَاءُ عَلَى وَرَقِ الْبَرْدِيِّ

古代のエジプト人達は(文字を)パピルスに書いた

ぱねる　pa・neru　パネル　لَوْحَة　複 -ات　لَوْحَةُ الصُّورَةِ：写真パネル

ぱらしゅーと　parashuuto　パラシュート　هُبُوط　مِظَلَّة / بَارَاشُوت　※=落下傘

ぱらそる　parasoru　パラソル　⇒ ひがさ　hi-gasa　日傘

ぱれーど　pareedo　パレード　عَرْض　عَرْضُ الْجُنْدِ(عَسْكَرِيّ)：軍事パレード

2)パレード　مَوْكِب　＜وكب　複 مَوَاكِب　هُوَذَا الرَّئِيسُ يَصِلُ فِي مَوْكِبٍ رَسْمِيٍّ

ほら,大統領がパレードにお着きになるよ

ぱれすちな　paresuchina　パレスチナ　فِلَسْطِينُ　複 -ون　فِلَسْطِينِيّ：パレスチナの/パレスチナ人

مُنَظَّمَةُ التَّحْرِيرِ الْفِلَسْطِينِيَّةِ

パレスチナ解放機構／ＰＬＯ

قَضِيَّة فِلَسْطِينِيَّة / مَسْأَلَة فِلَسْطِين

パレスチナ問題

ぱん　pan　パン　خُبْز　複 أَخْبَاز　خُبْزٌ طَازَج مِنَ الْفُرْنِ：焼きたてのパン

ぱんや　pan-ya　パン屋　خَبَّاز　複 -ون / خَبَّازَة　اَلْخَبَّازُ صَانِعُ الْخُبْزِ

パン屋さんはパンを作る人です

ぱんきじ　pan-kiji　パン生地　عَجِين　＜عجن　複 عُجُن

ぱんく　panku　パンク　ثَقْب فِي الْإِطَارِ　※タイヤの空気が抜けること

ぱんとまいむ　pantomaimu　パントマイム　فَنُّ الْإِيمَاءِ　※إِيمَاء：ジェスチャー/身振り

ぱんふれっと　panhuretto　パンフレット　نَشْرَة　複 -ات　نَشَرَات سِيَاسِيَّة：政治的なパンフレット(刊行物)

は

ひ～ひかくする

比 ひ ヒ 【hi】

ひ　hi　日　يَوْم　複 أَيَّام　يَوْمُ الدِّينِ :最後の審判の日　ذَاتَ يَوْمٍ :ある日

2)日　الشَّمْس　شُرُوق (غُرُوب) الشَّمْسِ :日の出(入り)

3)日　نَهَارٌ　< نهر 複 أَنْهُر / نُهُر ※=昼間

يَطُولُ النَّهَارُ فِي فَصْلِ الصَّيْفِ :夏の日は長い

ひ　hi　火　نَارٌ　< نور 複 نِيرَان　~ضَرَمَ النَّارَ فِي :~に火をつけた

2)火　شُعْلَة　複 شُعَل　هَلْ لَدَيْكَ شُعْلَةٌ ؟

(タバコの)火を貸して下さい

ひ　hi　非～　~ غَيْر　غَيْرُ رَسْمِيٍّ :非公式の　غَيْرُ عَنِيفٍ :非暴力の

ひ　hi　比 ⇒ ひりつ　hiritsu　比率

ひーろー　hiiroo　ヒーロー ⇒ えいゆう　eiyuu　英雄

ひあがる　hiagaru　干上がる　جَفَّ (i)　جَفَّتِ الْبُحَيْرَةُ : 湖が干上がった

ひいきする　hi・iki-suru　ひいきする　اِنْحَازَ　< حوز VII ~إِلَى/لِـ :~を　لَا يَنْحَازُ الْحَكَمُ إِلَى أَيِّ فَرِيقٍ

審判はどのチームもひいきをしない

ひいじいさん　hi・i-jiisan　曾祖父さん ⇒ そうそふ　sousohu　そうそふ/曾祖父

ひいでる　hi・ideru　秀でる ⇒ すぐれる　sugureru　優れる

ひいばあさん　hi・i-baasan　曾祖母さん ⇒ そうそぼ　sousobo　そうそぼ/曾祖母

ひえる　hi・eru　冷える　بَرَدَ (u)　إِذَا بَرَدَ قَضِيبُ الْحَدِيدِ تَقَلَّصَ

鉄の棒は冷えたら縮む

ひえろぐりふ　hi・erogurihu　ヒエログリフ　اَلْهِيرُوغْلِيفِيَّة　※=كِتَابَةُ كَهَنَةِ مِصْرَ الْقُدَمَاءِ

古代エジプトの神官の文字

ひかえの　hikae-no　控えの　رَدِيف　< ردف 複 رِدَافٌ/رُدَفَاءُ　أُصِيبَ اللَّاعِبُ فِي سَاقِهِ ، فَحَلَّ مَحَلَّهُ اللَّاعِبُ الرَّدِيفُ

選手が足にけがをしたので,控えの選手が代わりをした

ひかえる　hikaeru　控える　كَفَّ (u)　※~ عَنْ :~を　كَفَّ عَنِ التَّدْخِينِ :喫煙を(さし)控えた

2)控える　كَانَ مُسْتَعِدًّا　كَانَ الطَّبِيبُ مُسْتَعِدًّا فِي الْغُرْفَةِ

部屋に医者が控えていた

ひかくきゅう　hikaku-kyuu　比較級　صِيغَةُ التَّفْضِيلِ

ひかくする　hikaku-suru　比較する　قَارَنَ　< قرن III ~بِـ~ :~と　قَارِنْ هٰذَا الرَّسْمَ بِذٰلِكَ

この絵とあれを比較しなさい

※名 مُقَارَنَة :比較　مُقَارَنَةُ تَعْبِيرِ الْأَصْوَاتِ

音の表現の比較

ひ

ひかげ～ひきさく

～と‥との比較：اَلْمُقارَنَة بَيْنَ ~ وَ‥

ひかげ　hi-kage　日陰　ظِلّ　複 ظِلال / أَظْلال　اِسْتَراحَ فِي الظِّلِّ：日陰で休んだ

ひかり　hikari　光　ضَوْء　複 أَضْواء　ضَوْءُ الشَّمْسِ：太陽の光/陽光

2)光　نُور　複 أَنْوار　أَشْرَقَتِ الشَّمْسُ فَغَمَرَتِ الأَرْضَ بِنُورِها

日が昇り，大地を光で満たした

ひかる　hikaru　光る　لَمَعَ (a)　يَلْمَعُ خاتَمُ الزَّواجِ：結婚指輪が光っている

ひかんする　hikan-suru　悲観する　تَشاءَمَ ＜ شأم V　لا يَصِحُّ لَكَ أَنْ تَتَشاءَمَ

悲観するのは良くないよ

※名 تَشاؤُم：悲観/悲観論

ひがい　higai　被害　خَسارَة ＜ خسر 複 خَسائِر　قَلَّلَ مِنَ الخَسائِرِ إِلَى أَدْنَى حَدٍّ

被害を最小限に止めた

ひがさ　hi-gasa　日傘　مِظَلَّة ＜ ظلّ 複 -ات　اَلْمِظَلَّةُ تَحْمِيكَ مِنَ الشَّمْسِ

日傘は太陽からあなたを守る

ひがし　higashi　東　شَرْق　※ غَرْب ⇔：西　شَرْقًا：東に(へ)　اَلشَّرْقُ الأَوْسَطُ：中東

※関 شَرْقِيّ：の東　اَلْيابانُ الشَّرْقِيَّةُ：東日本

ひき　hiki　匹（كَيْفِيَّة عَدّ أَسْماك، حَشَرات إِلَخ）　سَمَكَة：1匹の魚

نَمْلَة：1匹の蟻　سَمَكَتانِ（يْنِ）：2匹の魚（属対）

ثَلاثَة أَسْماكٍ：3匹の魚

ひきあげる　hiki-ageru　引き上げる　اِنْسَحَبَ ＜ سحب VII ~ مِنْ：～から　اِنْسَحَبَتِ السَّيِّداتُ مِنْ هُناكَ

ご婦人方はそこから引き上げた

ひきいる　hiki・iru　率いる　قادَ، يَقُودُ　قادَ الأَمِيرُ الجَيْشَ：王子が軍を率いた

ひきうける　hiki-ukeru　引き受ける　ضَمِنَ (a)　أَنا أَضْمَنُ هُوِيَّتَهُ：彼の身元は私が引き受けます

ひきおこす　hiki-okosu　引き起こす　سَبَّبَ ＜ سبّ II　اَلزُّحارُ يُسَبِّبُ إِسْهالًا شَدِيدًا

赤痢は激しい下痢を引き起こす

ひきかえす　hiki-kaesu　引き返す　عادَ، يَعُودُ　عُدْ إِلَى بَيْتِكَ حالًا：直ぐ家に引き返しなさい

ひきがね　hiki-ga・ne　引き金（اَلْبُنْدُقِيَّة）زِنادُ ＜ زند 複 أَزْنِدَة　※銃の

ひきこもる　hiki-komoru　引きこもる　اِنْكَمَشَ عَلَى نَفْسِهِ　يُقْلِقُنِي ابْنِي أَنْ يَنْكَمِشَ عَلَى نَفْسِهِ

息子が引きこもって，困っています

名 اِنْكِماش عَلَى نَفْسِهِ：引きこもり

ひきさく　hiki-saku　引き裂く　مَزَّقَ ＜ مزق II　مَزَّقَ قَمِيصَهُ：シャツを引き裂いた

ひ

ひきさげる hiki-sageru 引き下げる خَفَّضَ <خفض II تُحَاوِلُ الْحُكُومَةُ أَنْ تُخَفِّضَ أَسْعَارَ الأَدْوِيَةِ 政府は薬価を引き下げようとしている

ひきざん hiki-zan 引き算 طَرْح نَاتِج الطَّرْحِ :引き算の結果/差

ひきずる hiki-zuru 引きずる جَرْجَرَ ، يُجَرْجِرُ جَرْجَرَ رِجْلَيْهِ :足を引きずった

2)引きずる جَرَّ (u) جَرَّ الْكِيسَ عَلَى الأَرْضِ :袋を引きずった

ひきだし hiki-dashi 引き出し دُرْج 複 أَدْرَاج لَا شَيْءَ فِي الدُّرْجِ :引き出しには何もない

ひきだす hiki-dasu 引き出す سَحَبَ (a) سَحَبَ مَالَهُ مِنَ الْبَنْكِ :銀行からお金を引き出した

ひきつぐ hiki-tsugu 引き継ぐ خَلَفَ (u) سَيَخْلُفُ أَبَاهُ فِي الْمَتْجَرِ :父親の店を引き継ぐだろう

ひきつける hiki-tsukeru 引き付ける اِرْتَعَشَ <رعش VIII اِرْتَفَعَتْ حَرَارَةُ وَلِيدٍ ، فَأَخَذَ يَرْتَعِشُ 赤ん坊の熱が上がって,引き付け始めた

2)引き付ける جَذَبَ (u) الْمَغْنَطِيسُ يَجْذِبُ بُرَادَةَ الْحَدِيدِ 磁石は鉄屑を引き付ける

ひきつる hiki-tsuru 引きつる تَشَنَّجَ <شنج V أَعْرَجُ لِأَنَّ عَضَلَاتِ سَاقِي تَشَنَّجَتْ 足の筋肉が引きつったので,私はびっこを引いてます

ひきとめる hiki-tomeru 引き止める اِسْتَوْقَفَ <وقف X اِسْتَوْقَفَ الْجَدَّةَ شُرْطِيُّ السَّيْرِ 交通警察官がお婆さんを引き止めた

ひきとる hiki-toru 引き取る لَفَظَ (i) لَفَظَ أَنْفَاسَهُ الأَخِيرَةَ :最期の息を引き取った

2)引き取る اِسْتَرْجَعَ <رجع X لِمَاذَا لَا تَسْتَرْجِعُ الأُسْطُوَانَةَ どうしてCDを引き取らないのですか

ひきぬかれる hiki-nukareru 引き抜かれる اِنْقَلَعَ <قلع VII اِنْقَلَعَتِ الشَّجَرَةُ :木が引き抜かれた

ひきぬく hiki-nuku 引き抜く اِقْتَلَعَ <قلع VIII حَوْلَ الْوَرْدَةِ أَعْشَابٌ ، اِقْتَلِعْهَا バラの回りに草があります,それを引き抜きなさい

2)引き抜く نَتَفَ (i) ※(髪,羽,などを)引き抜く بَدَأَتْ تَنْتِفُ شَعْرَ حَاجِبَيْهَا 彼女は眉毛を引き抜き始めた

ひきのばす hiki-nobasu 引き延ばす كَبَّرَ <كبر II كَبَّرَ الصُّورَةَ :写真を引き延ばした

ひきはなす hiki-ha・nasu 引き離す فَصَلَ (i) فَصَلَ النَّاظِرُ الْوَالِدَيْنِ الْمُتَخَاصِمَيْنِ 監督は喧嘩をしている二人の少年を引き離した

ひきょうな hikyou-na ひきょうな حَقِير <حقر 複 حُقَرَاءُ الْكَاذِبُ الْوَاشِي إِنْسَانٌ حَقِيرٌ 人を裏切る嘘つきはひきょうな人間だ

ひきわける hiki-wakeru 引き分ける تَعَادَلَ <عدل VI تَعَادَلَ الْفَرِيقَانِ :その2チームは引き分けた

※名 تَعَادُل :引き分け اِنْتَهَتِ الْمُبَارَاةُ النِّهَائِيَّةُ بِالتَّعَادُلِ 決勝戦は引き分けに終わった

ひく～ひげ

ひく hiku 引く خَطَّ (u) ※線などを خَطَّ خَطًّا عَلَى الْخَرِيطَةِ

地図の上に線を引いた

2)引く جَرَّ (u) جَرَّ الثَّوْرُ الْعَرَبَةَ :牛が荷車を引いた

3)引く(－) طَرَحَ اِطْرَحْ ٤ مِنْ ٩ : 9から4を引きなさい

4)引く نَشَرَ (u) نَشَرَ خَشَبًا بِمِنْشَارٍ :鋸で木を引いた

5)引く جَذَبَ (i) جَذَبَ اهْتِمَامًا :関心を引いた

6)引く سَحَبَ (a) اِسْحَبِ السِّتَارَ :カーテンを引きなさい

7)(辞書を)引く رَاجَعَ أُرَاجِعُ الْقَامُوسَ عِنْدَمَا أَجْهَلُ مَعْنَى كَلِمَةٍ

言葉の意味が分からない時,私は辞書を引きます

8)(潮が)引く جَزَرَ (u) جَزَرَ الْبَحْرُ مَعَ غِيَابِ الشَّمْسِ

日没と共に潮が引いた

9)(目を)引く لَفَتَ (i) الْوَاجِهَةُ الْجَمِيلَةُ تَلْفِتُ النَّظَرَ

美しいショーウインドーが目を引く

10)(腫れが)引く زَالَ ، يَزُولُ قَرِيبًا يَزُولُ الْوَرَمُ :やがて腫れは引くでしょう

ひく hiku 弾く عَزَفَ (i) عَزَفَ عَلَى الْعُودِ :ウードを弾いた

ひく hiku ひく/轢く صَدَمَ (i) كَادَتِ السَّيَّارَةُ تَصْدِمُهُ :車が彼を轢きそうになった

ひく hiku ひく طَحَنَ (a) تَطْحَنُ الرَّحَى حُبُوبَ الْقَمْحِ :臼が小麦をひく

ひくい hikui 低い مُنْخَفِضٌ <خفض ※ عَالٍ ⇔ :高い صَوْتٌ مُنْخَفِضٌ :低い声

أَرْضٌ مُنْخَفِضَةٌ :低い土地

2)低い أَسْفَلُ <سفل 複 أَسَافِلُ 女 سُفْلَى فِي الْأَسْفَلِ :低い所で

3)低い قَصِيرٌ <قصر 複 قِصَارٌ ※背が ※ ⇔ طَوِيلٌ :高い

قَامَتُهُ قَصِيرَةٌ :彼は背が低い

4)低い وَضِيعٌ <وضع 複 وُضَعَاءُ ※身分が رُبَّ رَجُلٍ عَظِيمٍ كَانَ

偉人の多くは身分の低い ! وَضِيعًا فِي أَصْلِهِ

出自であった

ひけつする hiketsu-suru 否決する رَفَضَ (i,u) رَفَضَ مَشْرُوعَ الْقَرَارِ :その議案を否決した

※名 رَفْضٌ :否決 رَفْضُ الْاِقْتِرَاحِ :議案の否決

ひげ hige ひげ/髭 شَارِبٌ <شرب 複 شَوَارِبُ ※口髭 しばしば شَارِبَانِ で用いられる

رَجُلٌ ذُو شَارِبَيْنِ :口髭をはやした男

2)ひげ/髭 لِحْيَةٌ <لحو 複 لِحًى ※頬とあごの髭

رَجُلُ الدِّينِ يُطِيلُ لِحْيَتَهُ عَادَةً

宗教的な人は普通髭を生やす(伸ばす)

ひ

3)ひげ/髭 ذَقَنٌ (ُ) 複 أَذْقَان ※あご髭 هَلْ حَلَقْتَ ذَقَنَكَ ؟
(あごの)髭を剃ったんですか

ひげき higeki 悲劇 مَأْسَاة < أسي ※ ⇔ هَزْلِيَّة (مَسْرَحِيَّة) رِوَايَة :喜劇
تَلْعَبُ دَوْرَ الأُمِّ فِي الْمَأْسَاةِ
彼女は悲劇の母親の役を演じる

ひげする hige-suru 卑下する تَذَلَّلَ < ذلّ V لَا أُرِيدُكَ أَنْ تَتَذَلَّلَ لِأَحَدٍ
私はあなたがどんな人にも自分を卑下するのを望まない
名 تَذَلُّل :卑下

ひこう hikou 非行 مُنْكَر < نكر 複 -ات اَلدِّينُ يَنْهَى عَنِ الْمُنْكَرِ
宗教は非行を禁じる

ひこう hikou 飛行 طَيَرَان < طير اَلْبِطْرِيقُ لَا يَسْتَطِيعُ الطَّيَرَانَ
ペンギンは飛行できない

ひこうき hikou-ki 飛行機 طَائِرَة < طير 複 -ات قَادَ الطَّائِرَةَ :飛行機を操縦した
طَائِرَة بِدُونِ طَيَّارٍ :無人飛行機

ひこうしきの hi-koushiki-no 非公式の غَيْر رَسْمِيّ مُقَابَلَة صُحُفِيَّة غَيْر رَسْمِيَّةٍ
非公式のインタビュー

ひこうじょう hikou-jou 飛行場 مَطَار < طير 複 -ات سَنُرَافِقُ جَدَّتِي إِلَى الْمَطَارِ
私たちは祖母に付き添って飛行場に行くつもりです

ひこうせん hikou-sen 飛行船 ⇒ ききゅう kikyuu 気球

ひこうぜんの hi-kouzen-no 非公然の سِرِّيّ حَرَكَة سِرِّيَّة وَعَلَانِيَّة :公然と非公然の活動(運動)

ひこく hikoku 被告 مُتَّهَم < وهم يَمْثُلُ الْمُتَّهَمُ أَمَامَ الْقَاضِي غَدًا
被告は明日裁判官の前に現れます

ひごうほうの hi-gouhou-no 非合法の غَيْر شَرْعِيّ حَرَكَة غَيْر شَرْعِيَّةٍ :非合法活動(運動)

ひごとに higoto-ni 日毎に يَوْمًا بَعْدَ يَوْمٍ اِزْدَادَ جَمَالًا يَوْمًا بَعْدَ يَوْمٍ
日毎に(日に日に)美しくなった
ضَعُفَ يَوْمًا بَعْدَ يَوْمٍ ;日毎に(日に日に)弱った

ひさいしゃ hisai-sha 被災者 مُتَضَرِّر < ضرّ 複 -ونَ تَطَوَّعَ لِخِدْمَةِ الْمُتَضَرِّرِينَ
被災者救済のボランティア活動をした

ひさしぶり hisashi-buri 久しぶり مُنْذُ وَقْتٍ طَوِيلٍ لَمْ نَرِ مُنْذُ وَقْتٍ طَوِيلٍ :お久しぶりですね

ひさんな hisan-na 悲惨な تَعِيس < تعس 複 تُعَسَاء صَاحِب حَظٍّ تَعِيسٍ
悲惨な運命の持ち主

2)悲惨な وَخِيم < وخم عَوَاقِب وَخِيمَة :悲惨な結果

ひざ hiza 膝 رُكْبَة 複 رُكَب /-ات سَقَطَتْ أُمِّي فَجَرَحَتْ رُكْبَتَهَا
母は転んで膝をけがした

ひ

ひざまずく　hizamazuku　ひざまずく　رَكَعَ (a)　يَرْكَعُ الْمُصَلِّي عَلَى بِسَاطٍ صَغِيرٍ
礼拝者は小さな敷物の上にひざまずく

ひしがたの　hishigata-no　菱形の　مُعَيَّن　< عين　مَا مَعْنَى هٰذَا الشَّكْلِ الْمُعَيَّنِ ؟
この菱形はどう言う意味ですか

ひしめく　hishimeku　ひしめく　تَدَافَعَ　< دفع VI　خَرَجَ التَّلَامِيذُ إِلَى الْمَلْعَبِ يَتَدَافَعُونَ
生徒達はひしめいて運動場へ出た

ひしょ　hisho　秘書　سِكْرِتِير　※女 سِكْرِتِيرَة　سِكْرِتِير لِلرَّئِيسِ:社長秘書

ひしょち　hisho-chi　避暑地　مَصِيف　< صيف 複 مَصَايِف　سَنَقْضِي الْعُطْلَةَ فِي مَصِيفِنَا الْجَبَلِيِّ
山の避暑地で休日を過ごそう

ひじ　hiji　肘　مِرْفَق/مَرْفِق　複 مَرَافِق　اِرْفَعْ كُمَّ قَمِيصِكَ إِلَى الْمِرْفَقِ
シャツの袖を肘までまくりなさい

ひじゃーぶ　hijaabu　ヒジャーブ　حِجَاب　< حجب 複 حُجُب / أَحْجِبَة　※ムスリム女性が髪を覆うベール
حَجَبَتْ وَجْهَهَا بِالْحِجَابِ:ヒジャーブで顔を覆った

ひじゅう　hijuu　比重　نِسْبَةُ الْوَزْنِ إِلَى الْحَجْمِ

ひじゅんする　hijun-suru　批准する　أَبْرَمَ　< برم IV　أَبْرَمَ الْمُعَاهَدَةَ:条約を批准した

ひじょう　hijou　非常　طَارِئَة　< طرأ 複 طَوَارِئُ　حَالَةُ الطَّوَارِئِ:非常(緊急)事態
مَخْرَجُ الطَّوَارِئِ:非常口

ひじょうに　hijou-ni　非常に　⇒ とても　totemo　とても

ひじょうの　hijou-no　非常の　⇒ きんきゅうの　kinkyu・u-no　緊急の

ひそかに　hisoka-ni　ひそかに/密かに　سِرًّا　أَفْضَلُ الْإِحْسَانِ مَا تَقُومُ بِهِ سِرًّا
慈善はひそかに行うものである

ひそひそごえ　hisohiso-goe　ひそひそ声　صَوْت خَفِيّ　أَسْمَعُ صَوْتًا خَفِيًّا فِي الزَّاوِيَةِ
隅の方でひそひそ話の声がする

ひそむ　hisomu　潜む　اِخْتَبَأَ　< خبأ VIII　اِخْتَبَأَتِ الْحَشَرَاتُ وَرَاءَ الشَّجَرَةِ
昆虫は木の後ろに潜んでいた

ひたい　hitai　額　جَبْهَة　複 جَبَهَات/جِبَاه　اِمْسَحِ الْعَرَقَ عَنْ جَبْهَتِكَ
額の汗を拭いなさい

2)額　جَبِين　< جبن 複 أَجْبُن / أَجْبِنَة　عَمِلَ بِعَرَقِ جَبِينِهِ
額に汗して働いた

ひたす　hitasu　浸す　نَقَعَ (a)　تَنْقَعُ أُمِّي الْفُولَ قَبْلَ طَبْخِهِ فِي الْمَاءِ
母は豆を料理する前に水に浸します

ひだり　hidari　左　يَسَار　< يسر ※⇔ يَمِين:右　إِلَى الْيَسَارِ / يَسَارًا:左へ
دُرْ إِلَى الْيَسَارِ:左側に回りなさい

ひ

ひだり-ききの　hidari-kiki・no　左利きの　أَعْسَرُ < عسر　تِلْمِيذٌ أَعْسَرُ :左利きの生徒

ひだりの　hidari-no　左の　أَيْسَرُ < يسر 女 يُسْرَى　اَلْقَدَمُ الْيُسْرَى :左の足/左足

ひちゃくしゅつし　hi-chakushutsu-shi　非嫡出子 ⇒ しせいじ　shiseiji　私生児

ひっかく　hikkau　引っかく　خَمَشَ (i,u)　※(爪で)引っかく　اَلْهِرُّ خَمَشَنِي :猫が私を引っかいた

ひっかかる　hikkakaru　引っ掛かる　عَلِقَ (a)　عَلِقَتْ طَائِرَةُ الْوَرَقِ بِشَرِيطِ الْكَهْرَبَاءِ
凧が電線に引っ掛かった

ひっかける　hikkakeru　引っ掛ける　عَلِقَ (a)　عَلِقَ الشَّوْكُ بِالثِّيَابِ :いばらが服を引っ掛けた

ひっきぐ　hikki-gu　筆記具
ひっきようぐ　hikki-yougu　筆記用具　أَدَوَاتُ الْكِتَابَةِ

ひっきしけん　hikki-shiken　筆記試験　اِمْتِحَانٌ تَحْرِيرِيٌّ

ひつぎ　hitsugi　棺　تَابُوتٌ　複 تَوَابِيتُ　وَضَعَ الْمَيِّتَ فِي التَّابُوتِ
死者を棺に入れた

ひっくりかえす　hikkuri-kaesu　ひっくり返す　قَلَّبَ < قلب II　أَخَذَ يُقَلِّبُ بَيْنَ يَدَيْهِ هٰذِهِ الْأَشْيَاءَ
手の中でそれらをひっくり返し続けた

2)ひっくり返す　قَلَبَ (i)　قَلَبَ "كَاسْتْرُو" حُكْمَ بَاتِيسْتَا
カストロはバチスタ政権をひっくり返した(倒した)

ひっくりかえる　hikkuri-kaeru　ひっくり返る　اِنْقَلَبَ < قلب VII　اِنْقَلَبَ الْمَرْكَبُ :ボートがひっくり返った

ひっこす　hikkosu　引っ越す　اِنْتَقَلَ < نقل VIII　اِنْتَقَلَتْ أُسْرَتُهَا إِلَى مَدِينَةِ "جِيفُو"
彼女の家族は岐阜に引っ越した
※名 اِنْتِقَالٌ :引っ越し　تَاجِرٌ لِلنَّقْلِ وَالِانْتِقَالِ
引っ越し屋

ひっしに-～する　hisshi・ni-～suru　必死に～する　اِسْتَمَاتَ < موت X　يَسْتَمِيتُ جُنُودُنَا فِي الدِّفَاعِ عَنِ الْوَطَنِ
我れらが兵士達は必死に祖国を防衛している

ひっしゃ　hissha　筆者　كَاتِبٌ < كتب 複 كُتَّابٌ/ـُونَ　مَنْ كَاتِبُ هٰذِهِ الرِّسَالَةِ ؟
この手紙の筆者(を書いた人)は誰ですか

ひつじ　hitsuji　羊　خَرُوفٌ < خرف 複 خِرَافٌ / خِرْفَانٌ ※雄の羊 ⇔ نَعْجَةٌ :雌の羊
وَضَعَتِ النَّعْجَةُ حَمَلًا أَبْيَضَ لَطِيفًا
(雌の)羊がかわいい白い子羊を産んだ

2)羊　غَنَمٌ　複 أَغْنَامٌ　لَحْمُ غَنَمٍ :羊の肉/マトン

ひつじかい　hitsuji-kai　羊飼い　رَاعٍ < رعى 複 رُعَاةٌ/رُعْيَانٌ　تَعْرِفُ الْخِرَافُ رَاعِيَهَا
羊たちは自分たちの羊飼いを知っている

ひつじゅひん　hitsuju-hin　必需品　لَوَازِمُ < لزم ※ لَازِمٌ の複　لَا أَشْتَرِي غَيْرَ اللَّوَازِمِ
私は必需品以外は買いません

ひつぜん-てきに　hitsuzen-teki・ni　必然的に　حَتْمًا　إِنْ مَرَرْتَ فِي الشَّارِعِ لَيْلاً رَأَيْتَهُ حَتْمًا
もしあなたが夜に通りを通れば，必然的にそれを見ることになる

ひったくり　hittakuri　引ったくり　نَشَّال　< نشل 複 نَشَّالَة　قَبَضَ الشُّرْطِيُّ عَلَى النَّشَّالِ
警官が引ったくりを捕まえた

ひったくる　hittakuru　引ったくる　نَشَلَ (u)　نَشَلَ السَّارِقُ حَقِيبَةَ السَّيِّدَةِ
盗人が婦人の鞄を引ったくった

ひってきする　hitteki-suru　匹敵する　ضَاهَى　< ضهى III　هِيَ جَمِيلَةٌ ، وَأُخْتُهَا تُضَاهِيهَا جَمَالاً
彼女は美しい，また彼女の妹も美しさにおいて彼女に匹敵する

ひっぱる　hipparu　引っ張る　يَشُدُّ ، شَدَّ (ُ)　شَدَّ الْحَبْلَ：ロープを引っ張った(引いた)
مَا شَدَدْتُ بِقَمِيصِهِ حَتَّى انْشَقَّ
私が彼のシャツを引っ張るとすぐに裂けました

ひつよう　hitsuyou　必要　حَاجَة　< حوج 複 حَوَائِج / -ات　عِنْدَ الْحَاجَةِ：必要な場合
(لِـ～) فِي حَاجَةٍ إِلَى：～を必要とする
الْحَاجَةُ أُمُّ الاخْتِرَاعِ：必要は発明の母

2)必要　لَوَازِم　< لزم　لَوَازِمُ الْكِتَابَةِ وَرَقَةٌ وَحِبْرٌ وَيَرَاعٌ
書くのに必要な物は紙とインクとペンです

ひつようである　hitusyou-dearu　必要である
ひつよう-とする　hitsuyou-tosuru　必要とする　اِحْتَاجَ ، يَحْتَاجُ < حوج VIII ※ أَنْتَ احْتَجْتَ　～：لِـ / إِلَى～を
تَحْتَاجُ إِلَى حُبِّكَ：彼女はあなたの愛が必要です

ひつような　hitsuyou-na　必要な　لاَزِم　< لزم　أَكْثَرُ مِنَ اللاَّزِمِ：必要以上に

2)必要な　ضَرُورِيّ　< ضرّ　غَازُ الأُكْسِجِينِ ضَرُورِيٌّ لِلتَّنَفُّسِ
酸素は呼吸に必要です

ひづめ　hizume　ひづめ/蹄　حَافِر　< حفر 複 حَوَافِر　ضَرَبَ الْحِصَانُ الأَرْضَ بِحَافِرِهِ
馬が地面を蹄で打った

ひていする　hitei-suru　否定する　يَنْفِي ، نَفَى　نَفَى الأَمْرَ：その事を否定した(うち消した)
※名 نَفْيٌ：否定　حَرْفُ النَّفْيِ：否定詞[文法]
أَجَابَ بِالنَّفْيِ：否定的に答えた/否定した

ひていの　hitei-no　否定の　مَنْفِيّ　< نفو　″ لا ″ حَرْفٌ يَجْعَلُ الْكَلاَمَ مَنْفِيًّا
″لا″ は文を否定する文字です

ひと　hito　人　شَخْص　複 أَشْخَاص / شُخُوص　شَخْصٌ طَيِّبٌ：良い人

ひとがら　hito-gara　人柄　شَخْصِيَّة　< شخص 複 -ات　شَخْصِيَّةٌ طَيِّبَةٌ：良い人柄

ひ

ひときれ　hito-kire　一切れ　قِطْعَة　قِطْعَةُ اللَّحْمِ :肉の一切れ　(قِطْعَتَانِ(يْنِ :二切れ

ひとごろし　hito-goroshi　人殺し　⇒　さつじんしゃ　satsujin-sha　殺人者

ひとさし－ゆび　hitosashi-yubi　人差し指　سَبَّابَة　< سبّ　قَرَأَ مُشِيرًا إِلَى الْكَلِمَاتِ بِسَبَّابَتِهِ
人差し指で言葉を差しながら読んだ

ひとしい　hitoshii　等しい/均しい　سَاوَى، يُسَاوِي　< سوي III　٢ وَ ٣ يُسَاوِي ٥ :2＋3は5に等しい
2)等しい/均しい　مُتَسَاوٍ　< سوي　مُثَلَّثٌ مُتَسَاوِي السَّاقَيْنِ :二等辺三角形

ひとじち　hitojichi　人質　رَهِينَة　< رهن 複 رَهَائِن　احْتَجَزَت الْعِصَابَةُ الطَّيَّارَ
一味はパイロットを人質に取った　رَهِينَةً

ひとつ　hitotsu　一つ　⇒　いち　ichi　一(1)

ひとつ－になる　hitotsu-ni・naru　ひとつになる　اِتَّحَدَ　< وحد VIII　اِتَّحَدَت الْمُنَظَّمَتَانِ
二つの組織が一つになった

ひとつの　hitotsu-no　一つの　وَاحِد　< وحد 女 وَاحِدَة　اَللّٰهُ وَاحِدٌ :神は一つである
※وَاحِدًا وَاحِدًا :一つずつ/一人ずつ

ひとで　hitode　人手　الْأَيْدِي الْعَامِلَة　تَحْتَاجُ الشَّرِكَةُ إِلَى الْأَيْدِي الْعَامِلَةِ
会社は人手を必要としている

ひとで　hitode　ヒトデ　نَجْمَةُ الْبَحْرِ

ひとなみの　hito-nami・no　人並みの　عَادِيّ　< عود　أُرِيدُ أَنْ أَعِيشَ حَيَاةً عَادِيَّةً
私は人並みの生活がしたい

ひとのよい　hito-noyoi　人の好い　سَاذَج　< سذج 複 سُذَّج　فَتًى سَاذَجٌ :人の好い若者

ひとびと　hitobito　人々　نَاس　< أنس ※ إِنْسَان :人の複　دَعَا النَّاسَ إِلَى الْإِسْلَامِ
人々にイスラムへ帰依するように呼びかけた

ひとみ　hitomi　瞳　بُؤْبُؤ　يَتَّسِعُ بُؤْبُؤُ الْعَيْنِ فِي الظَّلَامِ
瞳は暗闇で広くなる
2)瞳　حَدَقَة　複 -ات　حَدَقَةُ عَيْنِكَ تَضِيقُ فِي النُّورِ
あなたの瞳は明かりで小さくなる

ひとり　hitori　一人/独り　مُفْرَد　< فرد　بِمُفْرَدِهِ :一人で/単独で
ذَهَبْتُ بِمُفْرَدِي :私は一人で行きました
2)一人/独り　وَاحِد　< وحد　وَاحِدٌ مِنَ الطُّلَّابِ :学生達の一人
وَاحِدًا فِي إِثْرِ وَاحِدٍ :一人ずつ

ひとりの　hitori-no　一人の　فَرْدِيّ　< فرد　غُرْفَةٌ فَرْدِيَّةٌ :一人用の部屋/シングルの部屋
2)一人の　وَحِيد　< وحد 女 وَحِيدَة ※ وَحِيدًا 女 وَحِيدَةً :一人で
أَنَا وَحِيدٌ :私は一人ぼっちです

ひ

ひとりひとり～ひはんする

وَلَدٌ وَحِيدٌ:一人っ子

اَلْوَلَدُ الْوَحِيدُ مُدَلَّلٌ:一人っ子は甘やかされる

ひとりひとり hitori-hitori 一人一人 فَرْدًا فَرْدًا/ وَاحِدًا وَاحِدًا مَرَرْنَا عَلَى الْقُبَّانِ فَرْدًا فَرْدًا

私達は一人一人(一人ずつ)はかり台の上に進んだ

ひどい hidoi ひどい قَاسٍ < قسو 複 قُسَاة ※定 اَلْقَاسِي

تَجْرِبَةٌ قَاسِيَةٌ:ひどい経験

ひどくなる hidoku-naru ひどくなる اِشْتَدَّ < شدّ VIII اِشْتَدَّ أَلَمُ الضِّرْسِ:奥歯の痛みがひどくなった

ひどり hidori 日取り مَوْعِد < وعد 複 مَوَاعِد حَدَّدَ مَوْعِدَ الْحَفْلَةِ

式の日取りを決めた

ひな hi·na 雛

ひなどり hi·na-dori 雛鳥 فَرْخ 複 أَفْرَاخ / فِرَاخ خَرَجَتِ الْفِرَاخُ مِنَ الْبَيْضِ

雛が卵からかえった

ひなぎく hi·nagiku ヒナギク أُقْحُوَان 複 أَقَاحِيّ/ أَقَاحٍ لِلْأُقْحُوَانِ زَهْرَةٌ صَفْرَاءُ صَغِيرَةٌ

ヒナギク(ひな菊)には小さな黄色い花があります

ひなた hinata 日向 شَمْس فِي الشَّمْسِ:日向に(で)

ひなたぼっこをする hi·natabokko-wosuru 日向ぼっこをする تَشَمَّسَ < شمس V يَتَشَمَّسُ وَقَفَ الْحِرْذَوْنُ عَلَى الْجِدَارِ يَتَشَمَّسُ

トカゲが壁に止まって,日向ぼっこをしていた

名 تَشَمُّس:日向ぼっこ

ひなんぐち hi·nan-guchi 避難口 مَخْرَجُ النَّجَاةِ

ひなんじょ hi·nan-jo 避難所 مَأْوًى < أوى 複 مَآوٍ طَلَبَ اللَّاجِئُ مَأْوًى

難民は避難所を求めた

ひなんする hi·nan-suru 避難する لَجَأَ، يَلْجَأُ لَجَأَ أَطْفَالُنَا إِلَى الْمَدْرَسَةِ الْقَرِيبَةِ

私達の子ども達は近くの学校に避難した

※名 لُجُوء:避難 ※ مَلْجَأ 複 مَلَاجِئُ:避難所

ひなんする hi·nan-suru 非難する لَامَ، يَلُومُ لِمَاذَا يُلَامُ؟:なぜ彼は非難されるのか

※名 مَلَام:非難 مَنْ كَثُرَ كَلَامُهُ كَثُرَ مَلَامُهُ

言葉多き者に非難多し/口は災いのもと[格言]

2)非難する اِسْتَنْكَرَ < نكر X اِسْتَنْكَرَ الْعَالَمُ تَفْجِيرَ الْقَنَابِلِ النَّوَوِيَّةِ

世界は核爆弾の爆発を非難した

ひにひに hi·ni-hi·ni 日に日に ⇒ ひごとに higoto-ni 日毎に

ひねる hi·neru 捻る اِلْتَوَى < لوى VIII اِلْتَوَى كَاحِلُهُ:足首を捻った(捻挫した)

ひので hi·node 日の出 شُرُوقُ الشَّمْسِ ※ ⇔ 日の入り غُرُوبُ الشَّمْسِ

ひはんする hihan-suru 批判する اِنْتَقَدَ < نقد VIII اِنْتَقَدَ السِّيَاسَةَ:その政策を非判した

ひ

ひばくしゃ hibaku-sha 被爆者 ضَحِيَّةُ الْقُنْبُلَةِ الذَّرِّيَّةِ 複 ضَحَايَا الْقُنْبُلَةِ الذَّرِّيَّةِ

ひばち hibachi 火鉢 مِجْمَرَة < جمر 複 مَجَامِر اَلْجَمْرُ فِي الْمِجْمَرَةِ
火鉢に炭火が入っている

ひばな hiba・na 火花 شَرَر < شرّ 複 شَرَار يَتَطَايَرُ شَرَارٌ مِنَ الْفَحْمِ الْمُشْتَعِلِ
燃えさかる石炭から火花が飛んでいる

ひばり hibari ヒバリ/雲雀 قُبَّر طَارَتْ قُبَّرَةٌ مِنْ أَمَامِ الصَّيَّادِ
1羽のヒバリが猟師の前から飛び立った

ひひょうする hihyou-suru 批評する اِنْتَقَدَ < نقد VIII قَرَأْنَا الْكِتَابَ، هَيَّا بِنَا نَنْتَقِدْهُ
私達は本を読みました,さあ批評しましょう
※名 نَقْد :批評 يُدَرِّبُنَا أُسْتَاذُنَا عَلَى النَّقْدِ الْأَدَبِيِّ
教授は私達に文学作品の批評を教えています
※ نَاقِد 複 -ُون / نُقَّاد / نَقَدَة :批評家/評論家

ひび hibi ひび شَقّ 複 شُقُوق يَتَسَرَّبُ الْمَاءُ مِنْ شَقٍّ فِي جِدَارِ الْخَزَّانِ
ダムの壁のひびから水が漏れている

ひび hibi 日々 أَيَّام < يوم يَوْم の複 مَا يَمْضِي مِنَ الْأَيَّامِ لَا يَعُودُ
過ぎ去った日々は戻らない

ひびく hibiku 響く يَدْوِي، دَوَى رَعْدٌ مُخِيفٌ كَانَ يَدْوِي فِي سُكُونِ اللَّيْلِ
恐ろしい雷の音が夜の静けさの中に響いていた
2)響く يُؤَثِّرُ، أَثَّرَ < أثر II أَلَا يُؤَثِّرُ فِي نَفْسِكَ مَشْهَدُ الْفَقْرِ
貧しい光景はあなた(の心)に響かないのですか

ひびがはいる hibi-gahairu ひびが入る
ひびわれる hibi-wareru ひび割れる تَشَقَّقَ < شقّ بَدَأَ الْبَيْضُ يَتَشَقَّقُ
卵にひびが入り始めた/卵がひび割れ始めた

ひふ hihu 皮膚 جِلْد ※ جِلْدِيّ :皮膚の طِبُّ الْأَمْرَاضِ الْجِلْدِيَّةِ :皮膚科
2)皮膚 بَشَرَة 複 -ات سَوْفَ تَحْمَرُّ بَشَرَتُكَ
あなたの皮膚は赤くなるだろう

ひま hima 暇 أَوْقَات الْفَرَاغِ < فرغ زُرْنِي فِي أَوْقَاتِ فَرَاغِي :私の暇な時に来なさい

ひましゆ himashi-yu ヒマシ油 زَيْت الْخِرْوَعِ < خوع زَيْتُ الْخِرْوَعِ دَوَاءٌ كَرِيهُ الرَّائِحَةِ كَرِيهُ الطَّعْمِ
ヒマシ油は味も匂いも嫌な薬です

ひまな hima-na 暇な فَارِغ < فرغ هَلْ أَنْتَ فَارِغٌ بَعْدَ ظُهْرِ الْيَوْمِ ؟
あなたは今日の午後暇ですか

ひまわり himawari 向日葵 عَبَّاد (دَوَّار) الشَّمْسِ

ひまん himan 肥満 سِمْنَة مَا الْأَفْضَلُ : سِمْنَةُ الْجِسْمِ أَمْ هُزَالُهُ ؟
肥満と痩せているのとではどちらがいいですか

ひ

ひまんの～ひょう

ひまんの　himan-no　肥満の　⇒ ふとった　hutotta　太った

ひみつ　himitsu　秘密　سِرّ　複 أَسْرَار　اِكْشِفْ سِرَّهُ :彼の秘密を探りなさい

تَفَشَّى السِّرُّ :秘密が漏れた　صَانَ الأَسْرَارَ :秘密を守った

ひめい　himei　悲鳴　صَرْخَة　複 -ات　سَمِعَتْ الأُمُّ صَرْخَةَ طِفْلِهَا

母親は子供の悲鳴を聞いた

ひも　himo　紐　حَبْل　複 حِبَال　قَطَعَ الْحَبْلَ :紐を切った ※ 紐＜縄＜綱

ひもじい　himoji·i　ひもじい　⇒ くうふくの　kuuhuku-no　空腹の

ひもじさ　himojisa　ひもじさ　جُوع　بَكَى الطِّفْلُ مِنْ جُوعٍ :子どもはひもじくて泣いた

ひゃく　hyaku　百(100) مِئَة / مائة ＜ مائة 複 مِئَات　~(مِنْ) عِدَّةُ مِئَاتٍ :数百(の～)

مِائَتَانِ(يْنِ) :二百(200)　ثَلَاثُ مِئَةٍ :三百(300)　أَرْبَعُ مِئَةٍ :四百(400)

خَمْسُ مِئَةٍ :五百(500)　سِتُّ مِئَةٍ :六百(600)　سَبْعُ مِئَةٍ :七百(700)

ثَمَانِي مِئَةٍ :八百(800)　تِسْعُ مِئَةٍ :九百(900)

ひゃくしょう　hyakushou　百姓　⇒ のうふ　nouhu　農夫

ひゃくぶんりつ　hyakubun-ritsu　百分率　⇒ ぱーせんと　paasento　パーセント

ひゃくまん　hyakuman　百万　مِلْيُون　رَأْسُ مَالِ الشَّرِكَةِ مِلْيُونُ يَنٍّ

会社の資本金は百万円です

ひやけさせる　hiyake-saseru　日焼けさせる　سَمَّرَ ＜ سمر II　تُسَمِّرُ شَمْسُ الْبَحْرِ الأَجْسَامَ

海辺の太陽は体を日焼けさせる

※名 تَسْمِير :日焼け　形 أَسْمَرُ :日焼けした

ひやす　hiyasu　冷やす　بَرَّدَ ＜ برد II　بَرَّدَ الْمَاءَ :水を冷やした

ひゃっかじてん　hyakka-jiten　百科辞典　مَوْسُوعَة ＜ وسع 複 -ات　فِي الْمَوْسُوعَةِ عِشْرُونَ مُجَلَّدًا

その百科事典は２０巻あります

ひゃっかてん　hyakka-ten　百貨店　⇒ でぱーと　depaato　デパート

ひやとい　hiyatoi　日雇い　مُيَاوَمَة ＜ يوم ※仕事　عَامِلُ مُيَاوَمَةٍ :日雇い(人)

ひゆ　hiyu　比喩　مَجَاز ＜ جوز　عَلَى سَبِيلِ الْمَجَازِ/مَجَازًا :比喩的に言えば

ひゅーず　hyuuzu　ヒューズ　شَرِيطُ النَّارِ

ひゅーまにずむ　hyuuma·nizumu　ヒューマニズム　⇒ じんどうしゅぎ　jindou-shugi　人道主義

ひよう　hiyou　費用　نَفَقَة　複 -ات　تَحَمَّلَ النَّفَقَةَ :その費用を負担した

ひょう　hyou　表　قَائِمَة ＜ قوم 複 قَوَائِم　قَائِمَةُ الأَسْعَارِ :値段表

2)表　جَدْوَل　複 جَدَاوِل　جَدْوَلُ الْمَوَاعِيدِ :時刻表/時間割

جَدْوَلُ الأَعْمَالِ :作業日程表

ひょう　hyou　票　صَوْت　複 أَصْوَات　نَالَ الاقْتِرَاحُ ٢٠ صَوْتًا مِنْ ٣٠

その提案は３０票中(の)２０票を得た

ひ

ひょう～ひょうほん

ひょう　hyou　豹　فَهْد　複 فُهُود　أَخَافُ الْفَهْدَ أَكْثَرَ مِمَّا أَخَافُ الذِّئْبَ
私は狼より豹が怖い

ひょう　hyou　ひょう　بَرَدٌ　※ بَرَدَة：1個のひょう　أَصَابَ الْبَرَدُ الثِّمَارَ
果実にひょうが降って,損害を与えた　فَأَتْلَفَهَا

ひょうかする　hyouka-suru　評価する　قَدَّرَ　＜ قدر II　قَدَّرَ الْبَيْتَ وَالْأَرْضَ：土地と家を評価した
※名 تَقْدِير：評価　تَقْدِيرُهُ جَيِّدٌ：彼の評価は良い

ひょうが　hyouga　氷河　نَهْر جَلِيدِيّ　※ الْعَصْر الْجَلِيدِيّ：氷河期

ひょうげんする　hyougen-suru　表現する　عَبَّرَ　＜ عبر II　～ عَنْ：～を　عَبَّرَ عَنْ مَشَاعِرِهِ
感情を表現した
※名 تَعْبِير：表現　اَلتَّعْبِيرُ صَعْبٌ لِلْأَطْفَال
その表現は子供には難しすぎる

ひょうご　hyougo　標語　شِعَار　＜ شعر 複 أَشْعِرَة　※＝スローガン

ひょうし　hyoushi　表紙　غِلَاف　＜ غلف 複 غُلُف　غِلَافُ الْكِتَابِ：本の表紙(カバー)

ひょうし　hyoushi　拍子　إِيقَاع　＜ وقع 複 ‐ات　اَلصَّنْجُ كَالطَّبْلِ آلَةُ إِيقَاعٍ
シンバルは太鼓のように拍子を取る楽器です

ひょうしき　hyoushiki　標識　إِشَارَة　＜ شور 複 ‐ات (الْمُرُور)　إِشَارَةُ الطَّرِيقِ：道路標識
مِنْ قَوَانِينِ الْمُرُورِ أَنْ نَتَّبِعَ إِشَارَاتِ
私達は道路交通法により道路標識に従う　الْمُرُورِ

ひょうしょう-じょう　hyoushou-jou　表彰状　⇒　しょうじょう　shoujou　賞状

ひょうじする　hyouji-suru　表示する　عَرَضَ (i)　يَعْرِضُ التَّاجِرُ الْأَسْعَارَ：商人は価格を表示する

ひょうじゅんご　hyoujun-go　標準語　اَللُّغَة النَّمُوذَجِيَّة / اَللُّغَة الرَّسْمِيَّة　اَللُّغَة

ひょうじゅんじ　hyoujun-ji　標準時　اَلْوَقْت الْقِيَاسِيّ

ひょうじょう　hyoujou　表情　مَلَامِح　＜ لمح　مَلَامِحُكَ تَقُولُ ذَلِكَ
あなたの表情はその事を語っている
تَغَيَّرَتْ مَلَامِحُ وَجْهِهِ：顔の表情が変わった

ひょうてんか　hyouten-ka　氷点下　تَحْتَ الصِّفْرِ　خَمْسُ دَرَجَاتٍ تَحْتَ الصِّفْرِ
氷点下(零下/マイナス)5度

ひょうはくする　hyouhaku-suru　漂白する　⇒　しろくする　shiroku-suru　白くする

ひょうばん　hyouban　評判　سُمْعَة　اَلسُّمْعَة (حَسَن) حَمِيد：評判の良い
اَلسُّمْعَة (سَيِّء) رَدِيء：評判の悪い
هُوَ ذُو سُمْعَةٍ طَيِّبَةٍ：彼は評判が良い

ひょうほん　hyouhon　標本　عَيِّنَة　＜ عين 複 ‐ات　عَيِّنَة عَشْوَائِيَّة：無作為標本(サンプル)

ひょうめいする～ひりょうをやる

ひょうめいする hyoumei-suru 表明する عَبَّرَ < عبر II عَبِّرْ عَنْ رَأْيِكَ بِكَلَامٍ وَاضِحٍ
明確な言葉で,自分の意見を表明しなさい

ひょうめん hyoumen 表面 سَطْح 複 سُطُوح سَطْحُ الْأَرْضِ:地面/地表 سَطْحُ الْمَاءِ:水面

ひょうろん hyouron 評論 نَقْد نَقْدٌ أَدَبِيٌّ:文芸評論 ※⇒ 批評する 名

ひよく hiyoku 肥沃 خِصْب الْأَسْمِدَةُ تُكْسِبُ التُّرْبَةَ خِصْبًا
肥料は土地を肥沃にする

ひよくな hiyoku-na 肥沃な خَصِيب/خِصْب سَهْلٌ وَاسِعٌ خِصْبٌ:肥沃で広大な平野

ひよこ hiyoko ひよこ(دَجَاج) فَرْخ ※一般的にひよこは鶏のひな

ひよりみ hiyorimi 日和見 إِمَّعَة / إِمَّع ※自分の意見を持たず,他人に同調する人
هُوَ إِمَّعٌ:彼は日和見だ

ひよわな hiyowa-na ひ弱な ضَعِيفُ الْبِنْيَةِ ※体が

ひらかれる hirakareru 開かれる اِنْعَقَدَ < عقد VII اِنْعَقَدَ مَجْلِسُ الْمُحَافَظَةِ
県議会が開かれた

2)開かれる اُفْتُتِحَ < فتح VIII 受 اُفْتُتِحَتِ الْحَفْلَةُ:パーティが開かれた

ひらがな hiraga·na 平仮名 "هِيرَاجَانَا" حُرُوف ※ الْحُرُوفُ الْيَابَانِيَّةُ

ひらく hiraku 開く فَتَحَ (a) ※他動詞=開ける اِفْتَحْ! يَا سِمْسِمُ:開け!ゴマ
فَتَحَ الْبَابَ:ドアを開いた(開けた)

2)開く اِنْفَتَحَ ※自動詞=開く اِنْفَتَحَ الْبَابُ:ドアが開いた

3)開く عَقَدَ (i) عَقَدَ مُؤْتَمَرًا:会議を開いた

4)開く تَفَتَّحَ < فتح V مَعَ إِطْلَالَةِ الرَّبِيعِ تَتَفَتَّحُ
春の訪れとともに,木々の芽が開く بَرَاعِمُ الْأَشْجَارِ

ひらたい hiratai 平たい ⇒ たいらな taira-na 平らな

ひらめき hirameki ひらめき إِلْهَام < لهم 複 -ات مَتَى هَبَطَ عَلَيْهِ الْإِلْهَامُ؟
いつ彼にひらめき(インスピレーション)が湧いたのですか

ひらめく hirameku ひらめく خَطَرَ (u) خَطَرَتْ فِكْرَةٌ بِبَالِي:私にある考えがひらめいた

ひらめく hirameku ひらめく ⇒ はためく hatameku はためく ※旗が

ひりつ hiritsu 比率 نِسْبَة 複 نِسَب نِسْبَةُ الْبَطَالَةِ:失業率

ひりょう hiryou 肥料 سَمَاد < سمد 複 أَسْمِدَة سَمَادٌ صِنَاعِيٌّ:化学肥料
سَمَادٌ عُضْوِيٌّ:有機肥料

ひりょうをやる hiryou-woyaru 肥料をやる سَمَّدَ < سمد II سَمَّدَ الْفَلَّاحُ حَقْلَهُ لِيُضَاعِفَ إِنْتَاجَهُ
農民は収穫を倍にしようと,畑に肥料をやった

ひ

ひる　hiru　ヒル/蛭　عَلَقٌ　※ عَلَقَةٌ :1匹のヒル　اَلْعَلَقُ يَمْتَصُّ الدَّمَ
ヒルは血を吸う

ひる　hiru　昼　نَهَارٌ < نهر　مُنْتَصَفُ النَّهَارِ :真昼
عَمِلَ لَيْلًا نَهَارًا :昼も夜も働いた

ひるいのない　hirui-no·nai　比類のない　لَا مَثِيلَ لَهُ　هٰذَا حَرِيرٌ لَا مَثِيلَ لَهُ :これは比類のない絹だ

ひるがえす　hirugaesu　翻す　تَرَاجَعَ < رجع VI　تَرَاجَعَ عَنْ قَرَارِهِ :決定を翻した(撤回した)

ひるごはん　hiru-gohan　昼ご飯 ⇒ ちゅうしょく chuushoku 昼食

ひるね　hiru·ne　昼寝　قَيْلُولَةٌ < قيل　يَرْتَاحُ جَدِّي فِي قَيْلُولَةٍ قَصِيرَةٍ
祖父は短い昼寝をして休息する

ひるま　hiru-ma　昼間　هَاجِرَةٌ < هجر 複 هَوَاجِرُ　اَلسَّيْرُ مُرْهِقٌ فِي الْهَاجِرَةِ
暑い昼間の出歩きは疲れる

ひるむ　hirumu　ひるむ　يَخَافُ، خَافَ < خوف ※ أَنَا خِفْتُ　إِنْ صَادَفْتَ مَشَقَّةً فِي
仕事で困難に遭っても,　عَمَلِكَ، لَا تَخَفْ
ひるまないようにしなさい

ひれ　hire　ひれ　زِعْنِفَةٌ　複 زَعَانِفُ　كَمْ زِعْنِفَةً فِي جِسْمِ السَّمَكَةِ ؟
魚(の体)にいくつひれが有りますか

ひれい　hirei　比例　تَنَاسُبٌ < نسب　تَنَاسُبٌ عَكْسِيٌّ :反比例
※ عَلَى نِسْبَةِ ~ :~に比例して

ひれいの　hirei-no　比例の　نِسْبِيٌّ < نسب　اَلنِّيَابَةُ النِّسْبِيَّةُ :比例代表制

ひろい　hiroi　広い　وَاسِعٌ < وسع 比 أَوْسَعُ　شَارِعٌ وَاسِعٌ :広い通り
2)広い　كَرِيمٌ < كرم 複 كِرَامٌ ※心が
هُوَ رَجُلٌ كَرِيمٌ :彼は心が広い人だ

ひろいん　hiroin　ヒロイン　بَطَلَةٌ　بَطَلَةُ لِلْفِيلْمِ :映画のヒロイン

ひろう　hirou　拾う　اِلْتَقَطَ < لقط VIII　مَالَ عَلَى الْأَرْضِ لِيَلْتَقِطَ الْقَلَمَ
鉛筆を拾うためにしゃがんだ

ひろう　hirou　疲労 ⇒ つかれ tsukare 疲れ

ひろがる　hirogaru　広がる/拡がる　اِتَّسَعَ < وسع VIII　اِتَّسَعَ سَطْحُ الْمَاءِ حَتَّى زَادَ عَلَى ثَلَاثَةِ
水面は3メートルを超えるまでに広がった　أَمْتَارٍ
2)広がる/拡がる　تَفَشَّى < فشو V　تَفَشَّى الطَّاعُونُ بَيْنَ السُّكَّانِ
ペストが住民の間に広がった

ひろげる　hirogeru　広げる　بَسَطَ (u)　بَسَطَ الطَّائِرُ جَنَاحَيْهِ :鳥が翼を広げた
2)広げる　وَسَّعَ < وسع II　وَسَّعَتِ الْبَلَدِيَّةُ الشَّارِعَ
市当局はその通りを広げた

ひ

ひろさ～びじねすまん

ひろさ　hirosa　広さ ⇒ めんせき menseki 面積

ひろば　hiroba　広場　مَيْدَان < ميد 複 مَيَادِين　مَيْدَان التَّحْرِير :解放広場

2)広場　سَاحَة < سوح　يَلْعَبُ الأَوْلادُ في السَّاحَةِ
子ども達は広場で遊ぶ

ひろびろ-とした　hirobiro-toshita　広々とした　فَسِيح < فسح　إلى جانِبِ الْمَدْرَسَةِ مَلْعَبٌ فَسِيحٌ
学校の横に広々とした運動場があります

ひろま　hiroma　広間　قَاعَة 複 -ات　غَصَّتِ الْقَاعَةُ بِالْحَاضِرِينَ
広間は出席者で混雑した

ひろまる　hiromaru　広まる شَاعَ ، يَشِيعُ　لَا تُصَدِّقْ كُلَّ خَبَرٍ يَشِيعُ
広まっている噂をすべて信じてはいけない

ひろめる　hiromeru　広める　نَشَرَ (u)　يَنْشُرُ الذُّبَابُ الْمَرَضَ :蠅は病気を広める

2)広める　بَثَّ (u)　※ニュース,理論,イデオロギー等を

ひわいな　hiwai-na　卑わいな　بَذِيء < بذأ　بَذِيءُ اللِّسَانِ :卑わいな(わいせつな)言葉遣いの

ひんい　hin・i　品位　أَنَاقَة　تُعْجِبُنِي الْفَتَاةُ بِأَنَاقَةِ لِبَاسِهَا
私は品位のある服装をした娘が気に入っっている

ひんこん　hinkon　貧困 ⇒ まずしさ mazushisa 貧しさ

ひんじゃ　hinja　貧者 ⇒ まずしいひと mazushi・i-hito 貧しい人

ひんずーきょう　hinzuu-kyou　ヒンズー教　الدِّيَانَةُ الْهِنْدُوسِيَّةُ ※ هِنْدُوسِيّ :ヒンズー教徒

ひんと　hinto　ヒント　تَلْمِيح < لمح　أَعْطِنِي تَلْمِيحاً لِمَا تُرِيدُ
あなたが何を望んでいるかヒントを下さい

ひんぱんに　hinpan-ni　ひんぱんに ⇒ しばしば shibashiba しばしば

び　bi　美　جَمَالٌ < جمل　كَيْفَ تُحَدِّدُ الْجَمَالَ؟
美をどのように定義しますか

びーと　biito　ビート　شَمَنْدَر　[植物]　يُسْتَخْرَجُ السُّكَّرُ مِنَ الْقَصَبِ السُّكَّرِيِّ وَالشَّمَنْدَرِ
砂糖は砂糖黍とビートから作られる

びーる　biiru　ビール جِعَة / بِيرَة　مَصْنَعُ الْبِيرَةِ :ビール工場

びこう　bikou　備考　مُلَاحَظَة < لحظ 複 -ات　اِقْرَإِ الْمُلَاحَظَاتِ :備考を読みなさい

びこう　bikou　鼻孔 ⇒ はな ha・na 鼻 ※鼻の穴

びこうする　bikou-suru　尾行する　تَعَقَّبَ < عقب V　تَعَقَّبَ رِجَالُ الشُّرْطَةِ النَّشَّالَ
警官たちがすりを尾行した

びざ　biza　ビザ　تَأْشِيرَة < أشر 複 -ات　أَيُمْكِنُنَا الْحُصُولُ عَلَى تَأْشِيرَةِ الدُّخُولِ؟
私達は入国ビザをもらえますか

びしょう　bishou　微笑 ⇒ ほほえみ hohoemi 微笑み

びじねすまん　biji・nesu-man　ビジネスマン　رَجُلُ أَعْمَالٍ

ひ

びじゅつ～びょういん

びじゅつ bijutsu 美術 اَلْفُنُون الْجَمِيلَة مَدْرَسَة الْفُنُون الْجَمِيلَة:美術学校

2)美術 فَنّ 複 فُنُون فَنّ تَشْكِيلِيّ:造形美術

びじゅつかん bijutsu-kan 美術館 مَتْحَف فَنِّيّ

びじん bijin 美人 حَسْنَاء < حسن 複 حِسَان تَعْرِفُ الْحَسْنَاءُ أَنْ تُجَمِّلَ وَجْهَهَا 美人は化粧することを知っている

びすけっと bisuketto ビスケット بَسْكُوت/بَسْكَوِيت قَدِّمِي لِي الْبَسْكَوِيتَ مَعَ الشَّايِ お茶と一緒にビスケットを下さい

びたみん bitamin ビタミン فِيتَامِين 複 -ات يَحْتَوِي اللَّيْمُونُ عَلَى كَثِيرٍ مِنْ فِيتَامِين C レモンは沢山のビタミンCを含む

びちくする bichiku-suru 備蓄する ⇒ たくわえる takuwaeru 蓄える

びっくりする bikkuri-suru びっくりする ⇒ おどろく odoroku 驚く

びっこの bikko-no びっこの ⇒ あしのわるい ashi-nowarui 足の悪い

びっこをひく bikko-wohiku びっこを引く عَرِجَ (a) رِجْلِي تُؤْلِمُنِي، وَلِذَا أَعْرَجُ 足が痛いので私はびっこを引いています

びでお bideo ビデオ فِيدِيُو تَأْجِير فِيدِيُو:レンタルビデオ

شَرِيطَة الْفِيدِيُو:ビデオテープ

びとく bitoku 美徳 فَضِيلَة < فضل 複 فَضَائِل اَلنَّزَاهَةُ فَضِيلَةٌ:正直は美徳だ

びにーる bi・niiru ビニール اَلْفِينِيل

びみょうな bimyou-na 微妙な دَقِيق < دقّ 複 دِقَاق/أَدِقَّة مَسْأَلَة دَقِيقَة:微妙な問題

びょう byou 秒 ثَانِيَة < ثنى 複 ثَوَانٍ خَمْس ثَوَانٍ:5秒

びよういん bi・you・in 美容院 صَالُون/بَيْت الزِّينَة

びょういん byou・in 病院 مُسْتَشْفًى < شفى 複 مُسْتَشْفَيَات مُسْتَشْفًى عَامّ:公立病院

غَادَرَ الْمُسْتَشْفَى:退院した

دَخَلَ الْمُسْتَشْفَى:入院した

耳鼻咽喉科:طِبّ الْأُذُن وَالْأَنْف وَالْحَنْجَرَة　外科:طِبّ الْجِرَاحَة　内科:طِبّ بَاطِنِيّ (دَاخِلِيّ)

産婦人科:طِبّ النِّسَاء وَالتَّوْلِيد　小児科:طِبّ الْأَطْفَال　皮膚科:طِبّ الْأَمْرَاض الْجِلْدِيَّة

泌尿器科:طِبّ الْمَسَالِك الْبَوْلِيَّة　精神科:طِبّ النَّفْس　脳外科:طِبّ جِرَاحَة الْمُخّ

放射線科:طِبّ الْأَشِعَّة　眼科:طِبّ الْعُيُون　歯科:طِبّ الْأَسْنَان

ひ

びょうき～ぴーく

びょうき　byouki　病気　مَرَض　複 أَمْرَاض　مَرَض خَطِير: 重い病気/重病

لَا تُقَدَّرُ الصِّحَّةُ إِلَّا فِي الْمَرَض

病気の時以外,健康は感謝されない

2)病気　عِلَّة　複 عِلَل /-ات　حُرُوف الْعِلَّةِ (ا ، و ، ي の)病気文字

びょうき-になる　byouki-ni・naru　病気になる　مَرِضَ (a)　مَرِضَ مَرَضًا شَدِيدًا: ひどい病気になった(を患った)

びょうきの　byouki-no　病気の　مَرِيض < مرض 複 مَرْضَى　أَنَا مَرِيضٌ: 私は病気(病人)です

びようし　biyou-shi　美容師　مُزَيِّن < زين　جَعَّدَ الْمُزَيِّنُ شَعْرَ زَوْجَتِي

美容師が私の妻にパーマをかけた

びょうしゃする　byousha-suru　描写する　يَصِفُ، وَصَفَ　لَا أَسْتَطِيعُ أَنْ أَصِفَ بِالْكَلَامِ مَا شَاهَدْتُ

私は見たことを言葉で描写できません

びょうどう　byoudou　平等　مُسَاوَاة < سوي　عَلَى قَدَمِ الْمُسَاوَاةِ: 平等に

مُسَاوَاة الرِّجَال بِالنِّسَاءِ: 男女平等

عَدَمُ الْمُسَاوَاة: 不平等

びょうにん　byou・nin　病人　مَرِيض < مرض 複 مَرْضَى　يُعَالِجُ الْمَرِيضَ: 病人を治療する

びょうま　byouma　病魔　⇒ びょうき　byouki　病気

びら　bira　ビラ　مَنْشُور < نشر 複 مَنَاشِير /-ات　تَوْزِيع مَنْشُورَاتٍ

ビラの配布

سَنُلْصِقُ مَنْشُورَاتِ الدِّعَايَةِ: ビラを貼ろう

びる　biru　ビル
びるでぃんぐ　birudingu　ビルディング　بِنَايَة < بنى 複 -ات　مَنْ يَمْلِكُ هٰذِهِ الْبِنَايَةَ ؟

このビルを所有しているのは誰ですか

2)ビル
ビルディング　بِنَاء < بنى 複 أَبْنِيَة　بِنَاءُ الْمَحَطَّةِ: 駅ビル

びろーど　biroodo　ビロード　مُخْمَل < خمل　لَبِسَ سُتْرَةً مِنَ الْمُخْمَلِ الْكُحْلِيِّ

黒いビロードの上着を着た

びわ　biwa　枇杷/ビワ　بَشْمَلَة　※植物

びん　bin　瓶　زُجَاجَة < زجّ 複 -ات　زُجَاجَةُ الْحَلِيبِ: 牛乳瓶

びんかんな　binkan-na　敏感な　حَسَّاس < حسّ　اَلْوَرَقُ الْفُوتُوغْرَافِيُّ حَسَّاسٌ لِلضَّوْءِ

印画紙は光に敏感です

びんぼう　binbou　貧乏　فَقْر　اَلْفَقْرُ لَيْسَ عَيْبًا، بَلِ الْكَسَلُ هُوَ الْعَيْبُ

貧乏(貧困)は恥ではない,怠惰なこと,それが恥である

びんぼうな　binbou-na　貧乏な　⇒ まずしい　mazushii　貧しい

びんぼうにん　binbou-nin　貧乏人　⇒ まずしいひと　mazushii-hito　貧しい人

ぴーく　piiku　ピーク　⇒ とうげ　touge　2)峠

ぴーなっつ　pii・nattsu　ピーナッツ　فُول سُودَانِيّ　※سُودَانِيّ:スーダンの

ぴーまん　piiman　ピーマン　فِلْفِل أَخْضَر

ぴあの　pia・no　ピアノ　اَلْبِيَانُو　عَزَفَ عَلَى الْبِيَانُو:ピアノを弾いた

ぴえろ　piero　ピエロ　⇒ どうけし　douke-shi　道化師

ぴくにっく　piku・nikku　ピクニック　نُزْهَة　複 نُزَه　كَانَتْ نُزْهَتُنَا مُمْتِعَةً لِلْغَايَةِ
ピクニックはとても楽しかった

ぴすたちお　pisutachio　ピスタチオ　فُسْتُق حَلَبِيّ　※حَلَبِيّ:(シリアの都市)アレッポの

ぴすとる　pisutoru　ピストル　⇒ けんじゅう　kenjuu　拳銃

ぴったり　pittari　ぴったり　تَمَامًا < تَمّ　اَلْحِذَاءُ يُنَاسِبُ قَدَمَهَا تَمَامًا
その靴は彼女の足にぴったり合う

ぴらみっど　piramiddo　ピラミッド　هَرَمٌ　複 أَهْرَام　بُنِيَ الْهَرَمُ لِيَكُونَ قَبْرًا لِلْفِرْعَوْنِ
ピラミッドは王の墓として建てられた

ぴりおど　piriodo　ピリオド　نُقْطَة نِهَائِيَّة

ぴん　pin　ピン　دَبُّوس　複 دَبَابِيس　دَبُّوس شَعْر:ヘアピン
دَبُّوس الأَمَان (اِنْكِلِيزِيّ):安全ピン

ぴんく　pinku　ピンク　لَوْن وَرْدِيّ

ぴんせっと　pinsetto　ピンセット　مِلْقَط < لقط　複 مَلَاقِط　تَنَاوَلَ الْحَشَرَةَ بِالْمِلْقَطِ
ピンセットで昆虫を取り扱った

ぴんち　pinchi　ピンチ　ضَيْقَة / ضِيقَة　اَلْعَمَلُ قَلِيلٌ، اَلْمَعِيشَةُ غَالِيَةٌ ، اَلنَّاسُ فِي ضِيقَةٍ
仕事は少ないし, 生活費は高いしで人々はピンチです

ぴんと　pinto　ピント　⇒ しょうてん　shouten　焦点

ふ～ふうとう

ゑ ふ フ 【hu】

ふ　hu　負　سَلْب　عَلَامَةُ السَّلْبِ :負の記号/マイナス

ふぁーすとふーど　faasuto-huudo　ファーストフード　اَلْوَجَبَاتُ السَّرِيعَةُ

ふぁーる　faaru　ファール　مُخَالَفَةٌ لِقَوَانِينِ اللَّعِبِ　※=反則

ふぁいる　fairu　ファイル　مَلَفٌّ　<لفّ 複 -ات　أَحْفَظُ رَسَائِلَ أَصْدِقَائِي فِي مَلَفٍّ خَاصٍّ
友人の手紙は特別なファイルにして保存しています

ふぁしずむ　fashizumu　ファシズム　فَاشِيَّة / فَاشِسْتِيَّة　※فَاشِيّ / فَاشِسْتِيّ :ファシスト

ふぁっしょん　fasshon　ファッション　زِيّ　複 أَزْيَاء　تَبَعَ الزِّيَّ :ファッションの流行を追った
مَعْرِض أَزْيَاء :ファッションショー

ふぁらお　farao　ファラオ　فِرْعَوْن　複 فَرَاعِنَة　حُورَس هُوَ الْجَدُّ الَّذِي نَسَبَ الْفَرَاعِنَةُ أَنْفُسَهُمْ إِلَيْهِ　ファラオ達は
自分たちの祖先をホルスとした

ふぁん　fan　ファン
ふあん　huan　ファン　⇒ あいこうしゃ　aikou-sha　愛好者

ふあん　huan　不安　قَلَق　اَلْقَلَقُ يُسَبِّبُ الْأَرَقَ :不安が不眠の原因になる

ふあんな　huan-na　不安な　قَلِق　عُدْتُ إِلَى الْبَيْتِ مُتَأَخِّرًا، وَوَالِدِي قَلِقًا
私が遅く家に帰ると父は不安そうに心配していた

ふいご　huigo　ふいご　كِير　複 أَكْيَار / كِيرَان　يَنْفُخُ الْحَدَّادُ الْكِيرَ
鍛冶屋がふいごをふく

ふいに　hui-ni　不意に　⇒ とつぜん(に)　totsuzen(-ni)　突然(に)

ふぃるたー　firutaa　フィルター　مُرَشِّح　<رشح 複 -ات　※浄化装置

2)フィルター　مِصْفَاة　<صفو 複 مَصَافٍ　مِصْفَاةُ الزَّيْتِ :オイルフィルター

ふいるむ　huirumu　フイルム　فِلْم / فِيلْم 複 أَفْلَام　فِلْم مُلَوَّن :カラーフイルム

ふうけい　hu･ukei　風景　⇒ けしき　keshiki　景色

ふうさする　hu･usa-suru　封鎖する　حَاصَرَ　<حصر III　حَاصَرَ الْجُنُودُ الْمَدِينَةَ :軍が街を封鎖した
※名 حِصَار :封鎖　حِصَار اقْتِصَادِيّ :経済封鎖

ふうし　hu･ushi　風刺　هِجَاء　<هجو　لَيْسَ الْهِجَاءُ شِعْرًا مُسْتَحَبًّا
風刺の詩は好ましくない
※رَسْم كَارِيكَاتُورِيّ :風刺画

ふうせん　hu･usen　風船　بَالُون　複 -ات　نَفَخَ الْبَالُونَاتِ :風船を膨らませた

ふうとう　hu･utou　封筒　ظَرْف　複 ظُرُوف　أَلْصِقْ الطَّابَعَ عَلَى الظَّرْفِ
封筒に切手を貼って下さい

ふ

ふうど～ふかく

ふうど hu・udo 風土 بِيئَة طَبِيعِيَّة ※ مَرَض مُتَوَطِّن :風土病

ふうふ hu・uhu 夫婦 زَوْجَان < زوج الزَّوْجَان مِنَ الْمَغْرِب
その夫婦はモロッコ出身です
※ وَحْدَة الزَّوَاج :一夫一婦制

ふうふの hu・uhu-no 夫婦の زَوْجِيّ أَسَاسُ نَجَاحِ الْحَيَاةِ الزَّوْجِيَّةِ الْمَوَدَّةُ وَالرَّحْمَةُ
夫婦生活の成功の基本は愛情といたわりである

ふうりょく hu・uryoku 風力 قُوَّة الرِّيح تَوْلِيد الطَّاقَةِ الْكَهْرَبَائِيَّةِ بِقُوَّةِ الرِّيحِ
風力発電

ふうをする hu・u-wosuru 封をする خَتَمَ (i) لَا أَعْرِفُ كَيْفَ أَخْتِمُ الرِّسَالَةَ
手紙に封をする仕方が分かりません

ふうん hu-un 不運 سُوء الْحَظّ قَصَدْتُكَ ، وَلِسُوءِ حَظِّي ، لَمْ أَجِدْكَ
私は貴男に会いに行きましたが,不運なことに(運悪く)
貴男はいませんでした

ふえ hu・e 笛 صَفَّارَة < صفر 複 -ات نَفَخَ فِي الصَّفَّارَةِ :呼び笛を吹いた
2)笛 مِزْمَار < زمر 複 مَزَامِير ※楽器 عَزَفَ عَلَى مِزْمَارٍ
笛を吹いた

ふぇすてぃばる festibaru フェスティバル ⇒ まつり matsuri

ふえる hu・eru 増える ازْدَادَ < زيد VIII ازْدَادَ وَزْنِي :私の体重が増えました

ふぉーく fooku フォーク شَوْك 複 أَشْوَاك ※ شَوْكَة :1本のフォーク

ふぉーくそんぐ fooku-songu フォークソング أُغْنِيَّة شَعْبِيَّة أَحْبَبْتُ الْأُغْنِيَّةَ الشَّعْبِيَّةَ فِي ذَلِكَ الْوَقْتِ
当時私はフォークソングが好きでした

ふぉーくだんす fooku-dansu フォークダンス رَقْصَة شَعْبِيَّة تَخَلَّلَتِ الرَّقْصَةُ الشَّعْبِيَّةُ الْعَرْضَ الرِّيَاضِيَّ
フォークダンスは運動会の中間にあった

ふぉんと fonto フォント خَطّ 複 خُطُوط خُطُوط عَرَبِيَّة :アラビア語フォント

ふかい hukai 深い عَمِيق < عمق 複 عِمَاق/عُمُق نَوْم عَمِيق :深い眠り

ふかいな hukai-na 不快な مُزْعِج < زعج الْجَوّ الْمُزْعِج :不快な(うっとうしい)天気

ふかいにする hukai-nisuru 不快にする أَزْعَجَ < زعج IV ~بـ لَا تُزْعِجْنِي :~で私を不快にするな

ふかいになる hukai-ni・naru 不快になる انْزَعَجَ < زعج VII ~ مِنْ :~で انْزَعَجَ مِنْ حَدِيثِ الْكِبَارِ
大人たちの会話で不快になった

ふかかいな hukakai-na 不可解な مُبْهَم < بهم كَانَ حَدِيثُ الْكِبَارِ مُبْهَمًا، فَلَمْ نَفْهَمْهُ
大人たちの会話は不可解で,私たちには理解できなかった

ふかく hukaku 深く عَمِيقًا < عمق غَطَسَ عَمِيقًا فِي الْبَحْرِ :海に深く潜った

ふ

ふかくする～ふきつける

ふかくする hukaku-suru 深くする عَمَّقَ < عمق II سَنُعَمِّقُ الْبِئْرَ لِنَحْصُلَ عَلَى كَمِّيَّةٍ كَبِيرَةٍ مِنَ الْمَاءِ
沢山の水を得るために井戸を深くしよう

ふかくなる hukaku-naru 深くなる عَمُقَ (u) عِنْدَمَا تَعْمُقُ الْبِئْرُ، يَظْهَرُ الْمَاءُ
井戸が深くなると水が出てくる

ふかけつである hukaketsu-dearu 不可欠である لَا يُسْتَغْنَى ～ عَنْ ～: が لَا يُسْتَغْنَى عَنِ السُّكَّرِ لِلشَّايِ
お茶に砂糖が不可欠である(は欠かせない)

ふかけつな hukaketsu-na 不可欠な ضَرُورِيّ < ضرّ اَلنَّوْمُ كَالْعَمَلِ ضَرُورِيّ
眠りも仕事と同じで不可欠である

ふかさ hukasa 深さ عُمْق مَا عُمْقُ هٰذِهِ الْبِئْرِ؟
この井戸の深さはどれくらいですか

ふかする huka-suru 孵化する فَقَسَ (i) يَفْقِسُ الْبَيْضُ وَيَخْرُجُ الْكَتَاكِيتُ
卵が孵化して,ひよこが出てくる

2)孵化する فَرَّخَ < فرخ II فِي الرَّبِيعِ تُفَرِّخُ الطُّيُورُ
春に鳥たちは(卵を)孵化する

ふかのうな hu-ka・nou-na 不可能な مُسْتَحِيل < حول هٰذَا مُسْتَحِيلٌ! :そんなこと不可能だ!
لَا شَيْءَ مُسْتَحِيلٌ فِي الْحَيَاةِ
この世に不可能なものはない

ふかひな hukahi-na 不可避な لَا مَفَرَّ مِنْهُ لَا مَفَرَّ مِنَ الْمَوْتِ :死は不可避である

ふかまる hukamaru 深まる تَعَمَّقَ < عمق V تَعَمَّقَتِ الْعَلَاقَةُ بَيْنَ الْعَائِلَتَيْنِ
両家の関係が深まった

ふかめる hukameru 深める عَمَّقَ < عمق II عَمَّقَ الْعَلَاقَةَ بَيْنَهُمَا
二人は関係を深めた

ふきげんな hu-kigen-na 不機嫌な ضَيِّقُ الصَّدْرِ يَبْدُو أَنَّكَ ضَيِّقُ الصَّدْرِ:
あなたは不機嫌そうですね

ふきこぼれる huki-koboreru 吹きこぼれる فَارَ، يَفُورُ تَكَادُ الْقَهْوَةُ عَلَى النَّارِ تَفُورُ
火にかかっているコーヒーが吹きこぼれそうです

ふきこむ huki-komu 吹き込む تَسَرَّبَ < سرب V تَسَرَّبَ مَاءُ الْمَطَرِ إِلَى الْغُرْفَةِ
雨水が部屋に吹き込んだ

2)吹き込む سَجَّلَ < سجل II سَجَّلَ الْأُغْنِيَّةَ عَلَى شَرِيطٍ (أُسْطُوَانَةٍ)
歌をテープ(CD)に吹き込んだ

ふきそくな hu-kisoku-na 不規則な غَيْرُ مُنَظَّمٍ مَنْقُوطٌ غَيْرُ مُنَظَّمٍ :不規則な点

ふきつける huki-tsukeru 吹き付ける رَشَّ (u) يَرُشُّ عُمَّالُ الْبَلَدِيَّةِ أَدْوِيَةً تَقْتُلُ الْحَشَرَاتِ
市役所の職員が殺虫剤を吹き付けている

ふ

ふきつな〜ふくざつにする

ふきつな hukitsu-na 不吉な مَشْؤُوم < شأم 複 مَشَائِيم حَدَثَ الزِّلْزَالُ فِي يَوْمٍ مَشْؤُومٍ
地震は不吉な日に起きた

ふきでる huki-deru 吹き出る تَصَبَّبَ < صبّ V اَلْعَرَقُ يَتَصَبَّبُ مِنْ جَبِينِهِ
額から汗が吹き出ている

ふきとばす huki-tobasu 吹き飛ばす أَطَارَ < طير IV أَطَارَتِ الرِّيحُ قُبَّعَتِي
風が私の帽子を吹き飛ばした

ふきとぶ huki-tobu 吹き飛ぶ طَارَ ، يَطِيرُ < طير طَارَتْ قُبَّعَتِي :私の帽子が吹き飛んだ

ふきとる huki-toru 拭き取る نَشَّفَ < نشف II أَنَا أَغْسِلُ الصُّحُونَ ، وَأَنْتِ تُنَشِّفِينَهَا
私は皿を洗い,貴女は(水を)拭き取る

ふきゅうさせる hukyuu-saseru 普及させる عَمَّمَ < عمّ وَاجِبُ وِزَارَةِ التَّرْبِيَةِ أَنْ تُعَمِّمَ التَّعْلِيمَ
教育省の義務は教育を普及させることです

ふきゅうする hukyuu-suru 普及する اِنْتَشَرَ < نشر VIII هَلْ تَنْتَشِرُ اللُّغَةُ الْعَرَبِيَّةُ فِي الْيَابَانِ ؟
日本でアラビア語は普及していますか

ふきょう hukyou 不況(اِقْتِصَادِيّ) رُكُود < ركد رُكُودٌ مُسْتَمِرٌّ :長引く不況

ふきょうする hukyou-suru 布教する نَشَرَ الدِّينَ نَشَرَ الْمُبَشِّرُ دِينَهُ لِمُدَّةِ سَنَتَيْنِ
宣教師は2年間布教した

ふきょうわおん hukyou-waon 不協和音 ⇒ わおん waon 和音

ふ

ふきん hukin 付近 قُرْب ~ بِالْقُرْبِ مِنْ :~の付近に

ふく huku 吹く هَبَّ (u) هَبَّتِ الْعَاصِفَةُ الشَّدِيدَةُ :強い風が吹いた

2)吹く نَفَخَ (u) ~ فِي :~を نَفَخَ فِي الْبُوقِ النُّحَاسِيِّ
トランペットを吹いた

3)吹く صَفَّرَ < صفر II صَفَّرَ الْحَكَمُ مُعْلِنًا انْتِصَافَ وَقْتِ الْمُبَارَاةِ
審判がハーフタイムを告げる笛を吹いた

ふく huku 拭く مَسَحَ (a) مَسَحَتِ الْحَلِيبَ الْمَسْفُوحَ
彼女はこぼれたミルクを拭いた

ふく huku 服 ثَوْب 複 ثِيَاب ثَوْبًا (خَلَعَ) لَبِسَ :服を着た(脱いだ)

2)服 مَلَابِس < لبس ※مَلْبَس の複 مَلَابِسُ رَسْمِيَّةٌ :制服
مَلَابِسُ يَابَانِيَّةٌ :和服 مَلَابِسُ غَرْبِيَّةٌ :洋服

ふく huku 副〜 نَائِب ~ < نوب نَائِبُ رَئِيسِ الشَّرِكَةِ :副社長

ふくさよう huku-sayou 副作用 تَأْثِير جَانِبِيّ 複 تَأْثِيرَات جَانِبِيَّة

ふくざつな hukuzatsu-na 複雑な مُعَقَّد < عقد اَلْحُرُوفُ الصِّينِيَّةُ مُعَقَّدَةٌ :漢字は複雑です

ふくざつにする hukuzatsu-nisuru 複雑にする عَقَّدَ < عقد II عَقَّدَ الْأَمْرَ :事を複雑にした

ふくざつになる～ふくようする

ふくざつ-になる　hukuzatsu-ni・naru　複雑になる　تَعَقَّدَ < عقد V　تَعَقَّدَ الأَمْرُ :事は複雑になった

ふくし　hukushi　福祉　رِعَايَة < رعي　رِعَايَة اجْتِمَاعِيَّة :社会福祉

ふくし　hukushi　副詞　ظَرْف　複ظُرُوف　※文　ظَرْفُ الزَّمَان :時間を表す副詞
ظَرْفُ الْمَكَان :場所を表す副詞

ふくしゃする　hukusha-suru　複写する ⇒ こぴーする　kopii-suru　コピーする

ふくしゅう-する　hukushuu-suru　復習する　(دُرُوسَهُ) رَاجَعَ < رجع III　رَاجِعْ دُرُوسَكَ كُلَّ يَوْمٍ
毎日復習しなさい
※名 مُرَاجَعَة (الدُّرُوس) :復習

ふくしゅう-する　hukushuu-suru　復讐する　اِنْتَقَمَ < نقم VIII　أَرَادَ أَنْ يَنْتَقِمَ مِنْ ～
～に復讐をしたかった
※名 اِنْتِقَام :復讐　الاِنْتِقَامُ مَمْنُوعٌ، سَامِحْهُ
復讐は禁じられています,許しなさい

ふくじゅうする　hukujuu-suru　服従する　أَطَاعَ < طوع IV　أَطِعْ أَوَامِرِي :私の命令に服従しなさい
※名 طَاعَة:服従　سَمْعًا وَطَاعَةً :あなたに服従します

ふくすう　hukusu・u　複数
ふくすうけい　hukusu・u-kei　複数形　جَمْع　جَمْعُ التَّكْسِير :不規則複数形
الْجَمْعُ السَّالِم :規則複数形
هَاتِ جَمْعَ كُلِّ كَلِمَةٍ كَمَا فِي الْمِثَال
例にならって全ての単語を複数形にしなさい

ふくすうけい-にする　hukusu・u-kei-nisuru　複数形にする　جَمَعَ (a)　يُجْمَعُ "بَيْتٌ" عَلَى "بُيُوت"
‘بَيْت’の複数形はبُيُوتです

ふくする　huku-suru　服する　اِنْضَبَطَ < ضبط VII　عَلَى السَّائِقِينَ أَنْ يَنْضَبِطُوا بِقَانُونِ السَّيْرِ
ドライバーは交通規則に服さなければならない

ふくそう　hukusou　服装　مَلَابِس < لبس مَلْبَس の複　مَلَابِس بَسِيطَة :簡素な服装

ふくつう　hukutsuu　腹痛　مَغْص (مَغَص)　مَغْلِيُّ النَّعْنَاعِ يُسَكِّنُ الْمَغْصَ
ミントを煎じたものは腹痛を軽減する(和らげる)

ふくむ　hukumu　含む　تَضَمَّنَ < ضمن V　الأُجْرَةُ تَتَضَمَّنُ الضَّرِيبَةَ
その料金は税金を含みます
2)含む اِحْتَوَى، يَحْتَوِي < حوى VIII　يَحْتَوِي هٰذَا الدَّوَاءُ عَلَى مُورْفِين
この薬はモルヒネを含みます

ふくめん　hukumen　覆面　لِثَام < لثم 複 لُثُم　غَطَّى الرَّجُلُ وَجْهَهُ بِلِثَامٍ
男は覆面をしていた

ふくようする　hukuyou-suru　服用する (الدَّوَاءَ) أَخَذَ (u)　كَيْفَ تُشْفَى إِذَا لَمْ تَأْخُذِ الدَّوَاءَ
(あなたは)薬を服用せずにどうして病気が治りますか

ふ

ふくらます hukuramasu 膨らます نَفَخَ (u) نَفَخَتِ الضِّفْدَعَةُ بَطْنَهَا : 蛙はお腹を膨らました

ふくらむ hukuramu 膨らむ
ふくれる hukureru 膨れる اِنْتَفَخَ < نفخ VIII اِنْتَفَخَ بَطْنُهُ كَمَا يَنْتَفِخُ إِطَارُ السَّيَّارَةِ
彼の腹は車のタイヤが膨らんだように膨らんだ

ふくろ hukuro 袋 كِيس 複 أَكْيَاس ※男女 كِيس وَرَق :紙袋

ふくろう hukurou ふくろう بُوم 複 أَبْوَام ※ بُومَة : 1羽のふくろう

ふくわじゅつ hukuwa-jutsu 腹話術 اَلتَّكَلُّمُ مِنَ الْبَطْنِ ※ تَكَلَّمَ مِنْ بَطْنِهِ :腹話術を使った

ふけいき hu-keiki 不景気 كَسَاد < كسد كَسَادُ الْبِضَاعَةِ خَسَارَةٌ :不景気は打撃だ
2)不景気 رُكُود اقْتِصَاد اِنْتَشَرَ رُكُودُ الِاقْتِصَادِ مِمَّا أَدَّى إِلَى فُقْدَانِ الْعَمَلِ
不景気が広がり,そのことが失業を招いた

ふける hukeru 耽る اِنْهَمَكَ < همك VII ～في :に～ اِنْهَمَكَ فِي التَّأَمُّلِ :瞑想に耽った

ふける hukeru 老ける تَقَدَّمَ < قدم V تَقَدَّمَتْ جَدَّتِي فِي السِّنِّ :祖母は老けた

ふこう hukou 不幸 شَقًا / شَقَاءٌ < شقو يَعِيشُ قِسْمٌ كَبِيرٌ مِنَ النَّاسِ فِي شَقَاءٍ
多くの人々が不幸の中で暮らしている

ふこうな hukou-na 不幸な تَعِيس / تَعِس < تعس إِنَّكَ صَاحِبُ حَظٍّ تَعِيسٍ
本当にあなたは不幸な運命の持ち主だ

ふこうにする hukou-nisuru 不幸にする أَتْعَسَ < تعس IV عَذَابُ الضَّمِيرِ يُتْعِسُ الْإِنْسَانَ
心の苦痛が人を不幸にする

ふごう hugou 符号 ⇒ まーく maaku マーク

ふさ husa 房 عُنْقُود 複 عَنَاقِيد عَنَاقِيدُ الْعِنَبِ :葡萄の房

ふさい husai 夫妻 ⇒ ふうふ huuhu 夫婦

ふさい husai 負債 ⇒ しゃっきん shakkin 借金 /さいむ saimu 債務

ふさぐ husagu 塞ぐ سَدَّ، يَسُدُّ سَدَّ الْجَيْشُ الطَّرِيقَ :軍隊が道を塞いだ
سَدَّ أُذُنَهُ بِأَصَابِعِهِ :指で耳を塞いだ

ふさわしい husawashii ふさわしい مُنَاسِب < نسب ～لِـ :に～ هٰذَا الثَّوْبُ الْعَرَبِيُّ مُنَاسِبٌ لَكَ
あなたにはこのアラビアの服がふさわしい
اِمْلَإِ الْفَرَاغَ بِالْكَلِمَةِ الْمُنَاسِبَةِ
空欄をふさわしい(適当な)言葉で埋めなさい

ふざい huzai 不在 غِيَاب < غيب ※=عَدَمُ الْحُضُورِ ～ فِي غِيَابِ :～の不在中に

ふざける huzakeru ふざける مَزَحَ (a) ! لَا تَمْزَحْ :ふざけるな
※名 مُزَاح :ふざけ (´) تَجَنَّبِ الْمُزَاحَ الْكَثِيرَ
悪ふざけはよしなさい

ふし～ふそくする

ふし hushi 節 كَعْب 複 كِعَاب اِقْطَعِ الْقَصَبَةَ عِنْدَ الْكَعْبِ
砂糖きびは節の所で切りなさい

ふしぎ hushigi 不思議 عَجِيبَة < عجب 複 عَجَائِب عَجَائِبُ الدُّنْيَا السَّبْعُ
世界の七不思議

ふしぎな hushigi-na 不思議な عَجِيب < عجب قِصَّة عَجِيبَة :不思議な話(物語)
عَلَاءُ الدِّين ، وَالْمِصْبَاحُ الْعَجِيبُ
アラジンと不思議なランプ

ふしぜんな hu-shizen-na 不自然な مُرِيب < ريب الْحَرَكَاتُ الْمُرِيبَة :不自然な動き

ふしょうしゃ hushou-sha 負傷者 جَرِيح < جرح 複 جَرْحَى كَانَ الْجَرْحَى فِي مَيْدَانِ الْقِتَالِ
戦場に負傷者達がいた

ふしょうする hushou-suru 負傷する ⇒ けがをする kega-wosuru 怪我をする

ふしょくする hushoku-suru 腐食する ⇒ さびる sabi-ru 錆びる

ふしんじんしゃ hu-shinjin-sha 不信心者 كَافِر < كفر 複 كُفَّار /ون يَنْتَظِرُ الْكَافِرَ عِقَابٌ شَدِيدٌ
不信心者には厳しい罰が待っている

ふしんな hushin-na 不審な مُرِيب < ريب سَفِينَة الْحَرَكَاتِ الْمُرِيبَةِ :不審な船
※⇒怪しい

ふじの huji-no 不治の عُضَال < عضل دَاءٌ عُضَالٌ :不治の病
لَا يَزَالُ السَّرَطَانُ دَاءً عُضَالًا :ガンは未だ不治の病です

ふじゆうな hu-jiyuu-na 不自由な عَاجِز < عجز ※体が دَخَلَتْ جَدَّتِي الْعَاجِزَةُ الْمَأْوَى
体が不自由になった祖母は施設に入った

ふじゅうぶんな hu-juubun-na 不十分な غَيْرُ كَافٍ مَبْلَغٌ غَيْرُ كَافٍ لِـ~ :~に不十分な金額

ふじん hujin 婦人 اِمْرَأَة < مرأ ※定 الْمَرْأَة اِمْرَأَةٌ يَابَانِيَّةٌ :日本人の婦人
※نِسَائِيّ :婦人の مَلَابِسُ نِسَائِيَّة :婦人服

ふじん hujin 夫人 ⇒ つま tsuma 妻

ふせい husei 不正 ظُلْم ظُلْمًا :不正に/不当に شَنَّ كِفَاحًا ضِدَّ الظُّلْمِ
不正に対して闘った

ふせぐ husegu 防ぐ مَنَعَ (a) مَنَعَ تَلَوُّثَ الْبِيئَةِ :環境汚染を防いだ

ふせる huseru 伏せる قَلَبَ (i) قَلَبَ الْكِتَابَ ظَهْرًا لِبَطْنٍ :本を伏せた
2)伏せる كَتَمَ (u) كَتَمَ الْحَقِيقَةَ :その事実を伏せた
3)伏せる رَبَضَ (i) يَرْبِضُ كَلْبُكَ أَمَامَ الْبَابِ
あなたの犬が戸の前で伏せている

ふそくする husoku-suru 不足する نَقَصَ (u) نَالَ شَهَادَةَ الْمُحَاسَبَةِ ، وَلٰكِنَّ الْخِبْرَةَ تَنْقُصُهُ
彼は会計士の免許を得たけれど,経験が不足している

ふ

ふぞくの〜ふっきする

※名 نَقْص :不足　نَقْص فِي الْخِبْرَات :経験不足

ふぞくの　huzoku-no　付属の　تَابِع < تبع 複 أَتْبَاع　مُسْتَشْفًى تَابِع لِلْجَامِعَةِ
大学付属病院

ふた　huta　蓋　غِطَاء < غطو 複 أَغْطِيَة　غِطَاء الْقِدْرِ :鍋の蓋

ふたご　hutago　双子　تَوْأَم　女 تَوْأَمَة　双 تَوْأَمَانِ(يْنِ)(属対)　複 تَوَائِم
هُوَ وَأَخُوهُ تَوْأَمَان :彼と弟は双子です

ふたたび　hutatabi　再び　مَرَّةً أُخْرَى/مِنْ جَدِيدٍ

ふたつ　hutatsu　二つ　⇒ に ni 二(2)

ふたり　hutari　二人　شَخْصَانِ　属対 شَخْصَيْنِ　سَرِير لِشَخْصَيْنِ :二人用ベッド
دَخَلَ الشَّخْصَانِ الْغَرِيبَانِ إِلَى الْمَسْجِدِ
見知らぬ二人がモスクに入っていった

ふたをする　huta-wosuru　蓋をする　أَطْبَقَ < طبق IV　نَسِيتُ أَنْ أُطْبِقَ الطَّنْجَرَةَ
私は鍋に蓋をするのを忘れました

ふたんする　hutan-suru　負担する　تَحَمَّلَ < حمل V　تَحَمَّلَ النَّفَقَاتِ :費用を負担した

ふだ　huda　札　بِطَاقَة　複 بَطَائِق/-ات　بِطَاقَة اسْم :名札

ふだんの　hudan-no　普段の　عَادِيّ < عود　طَعَام عَادِيّ :普段の食事

ふちゅうい　huchuui　不注意　غَفْلَة　عَلَى غَفْلَةٍ :不注意で
كَمْ مِنْ حَادِث سَبَّبَتْهُ غَفْلَةٌ !
不注意が原因の事故が何度起きたことか

ふちゅういな　huchuui-na　不注意な　مُهْمِل < همل　يَا لَكَ مِنْ مُهْمِلٍ أَنْ تَقُولَ
彼にそんな事を言うなんて, مِثْلَ هٰذَا لَهُ
なんと君は不注意なんだ

ふつう　hutsuu　普通　عَادَة < عود　جَرَتِ الْعَادَةُ بِـ〜 :〜するのが普通だった

ふつうの　hutsuu-no　普通の　عَادِيّ < عود　حَيَاة عَادِيَّة :普通(並)の生活

ふつか　hutsuka　二日　اَلْيَوْمُ الثَّانِي　اَلْيَوْمُ الثَّانِي مِنْ شَهْرِ يَنَايِرَ :一月二日
2)二日　يَوْمَانِ(يْنِ)　※(属対)　مُدَّةُ يَوْمَيْنِ :二日間

ふっかつ-させる　hukkatsu-saseru　復活させる　أَحْيَا < حي IV　بَعْدَ الْحَرْبِ نُحْيِي بِلَادَنَا
私達は戦後に我が国を復活させる(復興する)

ふっかつする　hukkatsu-suru　復活する　⇒ いきかえる　iki-kaeru　生き返る

ふつかよい　hutsuka-yoi　二日酔い　خُمَار السُّكْرِ / سَكْرَة الْيَوْمِ التَّالِي

ふっきする　hukki-suru　復帰する　عَادَ ، يَعُودُ　عَادَتْ "أُوكِينَاوَا" إِلَى الْيَابَانِ فِي سَنَةِ ١٩٧٢ م
沖縄は1972年に日本に復帰しました

ふ

※名 عَوْدَة :復帰　اَلْعَوْدَةُ إِلَى عَمَلِهِ :職場復帰

ふっく　hukku　フック　كُلَّاب　< كلب 複 كَلَالِيب　عَلَّقَ اللَّحَّامُ فَخِذَ الْخَرُوفِ فِي الْكُلَّابِ
肉屋は羊の太ももをフックに掛けた

ふっこう　hukkou　復興　نَهْضَة　複 -ات　كَانَ لُبْنَانُ رَائِدَ النَّهْضَةِ الْعَرَبِيَّةِ
かつてレバノンはアラブ復興のリーダーだった

ふっこうする　hukkou-suru　復興する　⇒ ふっかつさせる　hukkatsu-saseru 復活させる

ふつご　hutsugo　仏語　اَللُّغَة الْفَرَنْسِيَّة　※=フランス語

ふっとうする　huttou-suru　沸騰する　غَلَى، يَغْلِي　اَلْمَاءُ يَغْلِي فِي إِبْرِيقِ الشَّايِ :薬缶の水が沸騰している
※名 غَلَيَان :沸騰　دَرَجَة غَلَيَانٍ :沸点/沸騰点

ふで　hude　筆　فُرْشَة　複 فُرَش / فُرْشَاة　فُرْشَة رَسَّامٍ :絵筆

ふとい　hutoi　太い　غَلِيظ　< غلظ 複 غِلَاظ　لِلشَّجَرَةِ الْكَبِيرَةِ جِذْعٌ غَلِيظٌ
その大きい木には太い幹がある

ふとうな　hutou-na　不当な　جَائِر　< جور 複 جَوَرَة / جَارَة　لَا يُطِيقُ الْحُرُّ حُكْمًا جَائِرًا
自由は不当な支配を許せない

ふとくなる　hutoku-naru　太くなる　غَلُظَ (u)　يَغْلُظُ جِذْعُ الشَّجَرَةِ سَنَةً بَعْدَ سَنَةٍ
木の幹が年々太くなる

ふとった　hutotta　太った
ふとっている　hutotte-iru　太っている　سَمِين　< سمن 複 سِمَان　أُنْظُرْ إِلَى الْبَطَّةِ السَّمِينَةِ
あの太ったアヒルを見なさい

ふともも　hutomomo　太もも　فَخِذ / فَخْذ (ـِ)　複 أَفْخَاذ　فَخِذُ الْخَرُوفِ : 羊の太もも(の肉)

ふとらせる　hutoraseru　太らせる　سَمَّنَ　< سمن II　يُطْعَمُ الدَّجَاجُ عَلَفاً يُسَمِّنُهُ بِسُرْعَةٍ
早く太らせるために鶏に飼料をあたえる

ふとる　hutoru　太る　سَمِنَ (a)　كَانَ جَدِّي يَعْلُفُ الْخَرُوفَ حَتَّى يَسْمَنَ
祖父は羊が太る(肥える)ように餌を与えていた

ふとん　huton　布団　فِرَاش　< فرش 複 فُرُش / أَفْرِشَة　رَتَّبَ الْفِرَاشَ :布団を敷いた
حَشَا الْفِرَاشَ قُطْنًا :布団に綿を詰めた

ふどうさん　hudousan　不動産　عَقَار　< عقر 複 -ات　يَمْلِكُ وَالِدِي عَقَاراً فِي الْقَرْيَةِ
父は村に不動産を持っている

ふどうさんや　hudousan-ya　不動産屋　سِمْسَار مَنَازِلَ　اِعْمَلْ تِلِيفُون إِلَى سِمْسَارِ الْمَنَازِلِ
不動産屋へ電話をしなさい

ふなのり　hu･na･nori　船乗り　بَحَّار　< بحر 複 -ون / بَحَّارَة　فَرِحَ الْبَحَّارَةُ بِرُؤْيَةِ الْيَابِسَةِ
船乗り達は陸地を見て喜んだ

ふなびん　hu･nabin　船便　بَرِيد بَحْرِيّ　أَرْسَلَ الطَّرْدَ بِالْبَرِيدِ الْبَحْرِيِّ
小包を船便で送った

ふにんの hu·nin-no 不妊の عَقِيم < عقم 複 عُقَمَاء ※男女共 رَجُل عَقِيم :不妊症の男性
ふにんしょうの hu·ninshou-no 不妊症の

2)不妊の 不妊症の عَاقِر < عقر 複 عَوَاقِر ※女性にのみ使用
تَكْرَهُ الْأَوْلَادَ لِأَنَّهَا عَاقِر
彼女は自分が不妊症なので子どもが嫌いです

ふね hu·ne 船 سَفِينَة < سفين 複 سُفُن سَفِينَة رُكَّاب (بِضَائِع) :客(貨物)船

2)船 مَرْكَب < ركب 複 مَرَاكِب مَرْكَب شِرَاعِيّ :帆掛け船/帆船

ふの hu-no 負の سَالِب < سلب قُطْب سَالِب :負の極/マイナス極/陰極

ふはいする huhai-suru 腐敗する فَسَدَ (u) اَللَّبَنُ يَفْسُدُ فِي الْحَرِّ :牛乳は暑い所で腐敗する
※名 فَسَاد :腐敗 فَسَاد الطَّعَام :食べ物の腐敗

ふふくじゅう hu-hukujyu 不服従 عِصْيَان < عصي عِصْيَانُ الْأَوَامِرِ يُعَرِّضُ الْجُنْدِيَّ لِلْعُقُوبَةِ
命令不服従の兵士は処罰の対象になる

ふぶき hubuki 吹雪 عَاصِفَة ثَلْجِيَّة هَبَّتْ عَاصِفَةٌ ثَلْجِيَّةٌ شَدِيدَةٌ
強い吹雪が吹き荒れた

ふへいをいう huhei-wo·iu 不平を言う يَشْكُو ، شَكَا ~ مِنْ :~について(物) ~لِـ / إِلَى :~について(人)
جَاءَتْ أُخْتِي تَشْكُو إِلَيَّ هَمَّهَا
姉が気苦労の不平を言いに私の所に来た
※شَكْوَى 複 شَكَاوَى :不平 بَالَغَ فِي شَكْوَاهُ
不平を誇張した

ふへんの huhen-no 不変の ثَابِت < ثبت لَكَ فِي قَلْبِي حُبٌّ ثَابِتٌ
私の心には貴女への不変の愛が有ります

ふへんてきな huhen-teki·na 普遍的な
ふへんの huhen-no 普遍の عَامّ < عمّ حُقُوقُ الْإِنْسَانِ الْعَامَّة :普遍的(な)人権

ふほうこうい huhou-koui 不法行為 جَرِيرَة < جرّ 複 جَرَائِر جَرَّ جَرِيرَةً عَلَى~
~に対し不法な行為を働いた

ふほうな huhou-na 不法な غَيْر شَرْعِيّ مُهَاجِرُونَ غَيْرُ شَرْعِيِّينَ :不法(な)移民

ふまん human 不満 سُخْط / سَخَط يُعْرِبُ الْعُمَّالُ عَنْ سُخْطِهِم بِالْإِضْرَابِ وَالتَّظَاهُرِ
労働者はストライキとデモで不満を表す

ふみきる humi-kiru 踏み切る أَقْدَمَ < قدم IV أَقْدَمَ عَلَى إِنْجَازِ الْمَشْرُوعِ
計画の実施に踏み切った

ふみだす humi-dasu 踏み出す تَقَدَّمَ < قدم V تَقَدَّمَ خُطْوَةً إِلَى الْأَمَامِ
一歩前に踏み出した

ふみつぶす humi-tsubusu 踏み潰す سَحَقَ (a) سَحَقَ الصَّرْصُورَ بِقَدَمِهِ :ゴキブリを踏み潰した

ふ

ふみはずす	humi-hazusu	踏み外す	اِنْحَرَفَ < حرف VII	اِنْحَرَفَتْ بِهِ شَهْوَتُهُ عَنِ الطَّرِيقِ السَّوِيِّ 彼は強い欲望によって,正しい道を踏み外した
ふみん ふみんしょう	humin humin-shou	不眠 不眠症	أَرَقٌ	اَلْقَلَقُ يُسَبِّبُ الْأَرَقَ:不安が不眠症の原因になる
ふむ	humu	踏む	يَدُوسُ، دَاسَ	لَنْ يَدُوسَ الْخَائِنُ أَرْضَ بِلَادِي 裏切り者は祖国の土地を踏むことはないだろう
		2)踏む	دَعَسَ (a)	دَعَسْتَ رِجْلِي:あなたは私の足を踏みました دَعَسَ الْفَرَامِلَ:ブレーキを踏んだ
ふめいの	humei-no	不明の	مَجْهُول < جهل	مَا زَالَتْ هُوِيَّتُهُ مَجْهُولَةً 依然として彼の身元は不明です
ふめいりょうな	humeiryou-na	不明瞭な	غَامِض < غمض 複 غَوَامِض	كَلَامُكَ غَامِضٌ، أَلَا تَسْتَطِيعُ أَنْ تُوضِحَهُ؟ お言葉が不明瞭なのですが,はっきり言えませんか
ふめつである	humetsu-dearu	不滅である	خَلَدَ (u)	يَخْلُدُ الْمُؤْمِنُ فِي الْجَنَّةِ إِلَى الْأَبَدِ 信仰者は天国で永遠に不滅である
ふめつの	humetsu-no	不滅の	خَالِد < خلد	تَرَكَ الْفَنَّانُ رَوَائِعَ خَالِدَةً その芸術家は不滅の傑作を残した
		2)不滅の	سَرْمَدِيّ < سرمد	وُجُودُ اللّٰهِ سَرْمَدِيٌّ 神は不滅の存在である
ふもうの	humou-no	不毛の	مَاحِل < محل	أَرْض مَاحِلَة:不毛の土地
ふもと	humoto	麓	سَفْح الْجَبَلِ	سَلَكْنَا دَرْبًا فِي سَفْحِ الْجَبَلِ 私達は山の麓(山麓)の小道を進んだ
ふやす	huyasu	増やす	يَزِيدُ، زَادَ	زِدْنِي عِلْمًا:私の知識を増やして下さい
ふゆ	huyu	冬	شِتَاء/ فَصْلُ الشِّتَاءِ < شتو	حَلَّ فَصْلُ الشِّتَاءِ:冬が来た(到来した) اَلْقَرَوِيُّونَ يَتَمَوَّنُونَ لِلشِّتَاءِ 村の住民達は冬に備えて食糧を備蓄する
ふゆかいな	hu-yukai-na	不愉快な	كَرِيه < كره	مَنْظَرُ الْأَقْذَارِ فِي الشَّارِعِ كَرِيهٌ 通りのゴミを見るのは不愉快(不快)だ
ふようする	huyou-suru	扶養する	يَعُولُ، عَالَ	لَيْسَ لَهُ مَنْ يَعُولُهُ 彼には扶養してくれる人がいない
ふような	huyou-na	不用な	بَاطِل < بطل	أَشْيَاء بَاطِلَة:不用品
ふらい	hurai	フライ	طَعَام مَقْلِيّ	سَمَكٌ مَقْلِيٌّ:魚のフライ(揚げ物)
ふらいぱん	hurai-pan	フライパン	مِقْلَاة < قلو 複 مَقَالٍ	اِنْطَفَأَتِ النَّارُ تَحْتَ الْمِقْلَاةِ フライパンの火が消えた

ふ

ふらすこ　hurasuko　フラスコ　قَارُورَة　< قرّ 複 قَوَارِير　اِنْفَجَرَتِ الْقَارُورَةُ

フラスコが爆発した

ふらつく　huratsuku　ふらつく　تَرَنَّحَ　< رنح V يَتَرَنَّحُ　اَلْمُلَاكِمُ الْمَهْزُومُ يَتَرَنَّحُ

負けたボクサーがふらついている

ふらんす　huransu　フランス/仏蘭西　فَرَنْسَا　※فَرَنْسِيّ/ فَرَنْسَاوِيّ :フランスの/フランス人

اَلثَّوْرَةُ الْفَرَنْسِيَّةُ :フランス革命

ふりかえる　huri-kaeru　振り返る　اِلْتَفَتَ　< لفت VIII　اِلْتَفَتَ إِلَى الْوَرَاءِ :後を振り返った

اِلْتَفَتَ بِأَفْكَارِهِ إِلَى شَيْءٍ مَاضٍ :過去を振り返った

ふりがな　huri-ga・na　振り仮名　تَنْقِيط حَرْف صِينِيّ　※動 نَقَّطَ :振り仮名(読み)を付ける

لَا تَنْسَ أَنْ تُنَقِّطَ الْحُرُوفَ الصِّينِيَّةَ

書取の漢字に振り仮名を付けるのを　فِي كِتَابَتِكَ

忘れないようにしなさい

ふりこ　huriko　振り子　رَقَّاص　< رقص　رَقَّاصُ السَّاعَةِ :時計の振り子

ふりこむ　huri-komu　振り込む　حَوَّلَ　< حول II　حَوَّلْتُ لَكَ الْمَالَ

お金はそちらに振り込みました

ふりそそぐ　huri-sosogu　降り注ぐ　اِنْهَمَرَ　اِنْهَمَرَتِ الْأَمْطَارُ غَزِيرًا :雨がざあざあ降り注いだ

ふりまわす　huri-mawasu　振り回す　لَوَّحَ　< لوح II　لَوَّحَ الْوَلَدُ بِعَصَا الْحَدِيدِ

少年は鉄の棒を振り回した

ふりむく　huri-muku　振り向く　اِلْتَفَتَ　< لفت VIII　لَمْ تَلْتَفِتْ إِلَيَّ

彼女は私の方を振り向かなかった

ふりょうの　huryou-no　不良の　مُنْحَرِف　< حرف　وَلَدٌ مُنْحَرِفٌ :不良少年

لَا تُعَاشِرِ الْوَلَدَ الْمُنْحَرِفَ

不良少年とつき合うな

2)不良の　رَدِيء　< ردؤ 複 أَرْدِيَاءُ　رَدِيءُ الصُّنْعِ :不良品の

ふりをする　huri-wosuru　ふりをする　تَظَاهَرَ　< ظهر VI　تَظَاهَرَ بِأَنَّهُ عَرَبِيٌّ

アラブ人のふりをした

ふりんをする　hurin-wosuru　不倫をする　زَنَى، يَزْنِي　آثِمٌ كُلُّ مَنْ يَزْنِي :不倫をする者はすべて罪深い

※名 زِنًى/زِنَاء :不倫　اَلزِّنَا حَرَامٌ :不倫は罪だ

ふる　huru　振る(بِيَدِهِ)　لَوَّحَ　< لوح II　أَخَذَ الْمُوَدِّعُونَ يُلَوِّحُونَ

見送りの人達が手を振り始めた　بِأَيْدِيهِمْ

2)振る　هَزَّ (u)　هَزَّ الْكَلْبُ ذَيْلَهُ :犬は尻尾を振った

ふる　huru　降る　نَزَلَ (i)　يَنْزِلُ الثَّلْجُ فِي الشِّتَاءِ :冬に雪が降ります

ふ

ふるーつ～ふん

نَزَلَ الْمَطَرُ :雨が降った

ふるーつ　huruutsu　フルーツ ⇒ くだもの kudamo・no 果物

ふるい　hurui　古い　قَدِيم < قدم 複 قُدَمَاء 比 أَقْدَم ※ ⇔ جَدِيد :新しい
عَلَى الْجَبَلِ قَصْرٌ قَدِيمٌ :山に古い城がある

ふるい　hurui　ふるい　غِرْبَال < غربل 複 غَرَابِيل ※農具
يُهَزُّ الْأَرُزُّ فِي الْغِرْبَالِ :お米はふるいにかけられる

ふるいたたせる　hurui-tataseru　奮い立たせる ⇒ ふんきさせる hunki-saseru 奮起させる

ふるいたつ　hurui-tatsu　奮い立つ ⇒ ふんきする hunki-suru 奮起する

ふるえる　hurueru　震える　اِرْتَعَشَ < رعش VIII　تَرْتَعِشُ مِنَ الْبَرْدِ
彼女は寒さで震えている

2)震える　اِرْتَجَفَ < رجف VIII　كُنَّا نَرْتَجِفُ خَوْفًا مَتَى رَأَيْنَا الْقَضِيبَ
私たちはその棒を見ると恐怖で震えたものだった

ふるくなる　huruku-naru　古くなる　قَدُمَ (u)　تَقْدُمُ الْخَمْرَةُ فَتَطِيبُ
酒は古くなるとおいしくなる

ふるさと　hurusato　古里　مَسْقَط الرَّأْس　أُرِيدُ أَنْ أَعُودَ إِلَى مَسْقَطِ رَأْسِي
私は古里へ帰りたい

ふるまう　huru-mau　振る舞う　سَلَكَ (u)　سَلَكَ سُلُوكًا حَسَنًا :上品に振る舞った

ふれーむ　hureemu　フレーム　إِطَار < أطر 複 ـات/ أُطُر　إِطَارُ النَّظَّارَةِ :眼鏡のフレーム

ふれあう　hure-au　ふれ合う　اِحْتَكَّ < حكّ VIII　مَنِ احْتَكَّ بِالنَّاسِ تَعَلَّمَ كَثِيرًا
民衆とふれ合う者は多くを学ぶ

ふれる　hureru　触れる　لَمَسَ (i)　لَا تَلْمِسْ! :触れるな!/触るな!

2)触れる　اِنْتَهَكَ < نهك VIII　اِنْتَهَكَ الْقَانُونَ :法に触れた/法を犯した

3)触れる　أَثَارَ < ثور IV　أَثَارَ ثَائِرَتَهُ :彼の怒りに触れた

ふろ　huro　風呂
ふろば　huro-ba　風呂場　حَمَّام < حمّ 複 ـات　اِغْتَسَلَ فِي الْحَمَّامِ كُلَّ يَوْمٍ
毎日風呂に入った

ふろうしゃ　hurou-sha　浮浪者　مُتَشَرِّد < شرد　يَبْذُأُ الْمُتَشَرِّدُ :その浮浪者は下品な言葉を使う

ふろうじ　hurou-ji　浮浪児　وَلَدٌ مُتَشَرِّدٌ　كَانَ الْوَلَدُ الْمُتَشَرِّدُ يَلُمُّ أَعْقَابَ السَّجَائِرِ
浮浪児が煙草の吸い殻を集めていた

ふろく　huroku　付録　مُلْحَق < لحق 複 ـات/ مَلَاحِق　الْمَعْلُومَاتُ الْإِضَافِيَّةُ
الْجَدِيدَةُ وَرَدَتْ فِي الْمُلْحَقِ 新しい追加の
データ(情報)は付録に掲載された

ふろにはいる　huro-nihairu　風呂に入る　إِسْتَحَمَّ < حمّ X　مَتَى تَسْتَحِمُّ؟ :何時風呂に入りますか

ふん　hun　分　دَقِيقَة < دقّ 複 دَقَائِق　٥ دَقَائِق :5分

ふ

1分/ちょっと待って下さい: دَقِيقَة (وَاحِدَة)

ふん　hun　糞 ⇒ はいせつぶつ　haisetsu-butsu　排泄物

ふんいき　hun・iki　雰囲気　جَوّ　複 أَجْوَاء/جِوَاء　هَلْ تُحِبُّ الْجَوَّ الْعَرَبِيَّ؟
アラブの雰囲気は好きですか

ふんがいした　hungai-shita　憤慨した　زَعْلَان　< زعل 複 ـون　~ مِنْ :~に,を
私は彼に憤慨しています: أَنَا زَعْلَان مِنْهُ

ふんがいする　hungai-suru　憤慨する ⇒ おこる　okoru　怒る

ふんきさせる　hunki-saseru　奮起させる　حَمَّسَ　< حمس II　خَطَبَ الْقَائِدُ فِي جُنُودِهِ لِيُحَمِّسَهُمْ
指揮官は兵士達を奮起させるために演説をした

ふんきする　hunki-suru　奮起する　تَشَجَّعَ　< شجع V　تَشَجَّعْتُ عَلَى مُوَاصَلَةِ الْعَمَلِ
私は奮起して,仕事を続けた

ふんさいする　hunsai-suru　粉砕する ⇒ くだく　kudaku　砕く

ふんしつする　hunshitsu-suru　紛失する ⇒ うしなう　ushi・nau　失う

ふんしゅつする　hunshutsu-suru　噴出する　نَفَثَ (u)　اَلْحَيَّةُ تَلْدَغُ لِتَنْفُثَ السُّمَّ
蛇は毒を噴出するために咬む

ふんそう　hunsou　紛争　صِرَاع　< صرع　اِشْتَدَّ الصِّرَاعُ بَيْنَ الْأَحْزَابِ عَلَى الْحُكْمِ
政権をめぐる紛争が政党間で激しくなった

ふんどし　hundoshi　ふんどし　إِزَار　< أزر 複 أُزُر　※إِزَار يَابَانِيَّة قَدِيمَة لِلرِّجَال

ふんべつ　hunbetsu　分別　رُشْد　ضَاعَ رُشْدُهُ :分別をなくした

ふんべつ-のある　hunbetsu-no・aru　分別のある　رَشِيد　< رشد 複 رُشَدَاءُ　رَجُل رَشِيد :分別のある人

ふんべつ-のない　hunbetsu-no・nai　分別のない　طَائِش　< طيش　اَلشَّابُّ الطَّائِشُ يُشْقِي وَالِدَيْهِ
分別のない若者は親を不幸にする

ふんまつ　hunmatsu　粉末 ⇒ こな　ko・na　粉

ぶ　bu　分　وَاحِد فِي الْمِئَةِ　خَمْسَة فِي الْمِئَةِ :五分

ぶ　bu　部　جُزْء　< جزأ 複 أَجْزَاء　أَصْدَرْتُ الْجُزْءَ الْأَوَّلَ مِنْ هٰذَا الْكِتَابِ
私はこの本の第一部(第一巻)を出版しました

2)部　قِسْم　複 أَقْسَام　قِسْمُ الْمَبِيعَات :営業部

ぶーつ　buutsu　ブーツ ⇒ ながぐつ　nagagutsu　長靴

ぶーむ　buumu　ブーム　رَوَاج　< روج　اَلْقِصَصُ الْمُصَوَّرَةُ تَلْقَى رَوَاجًا
絵本(漫画)がブームです

ぶあいそう-にする　bu・aisou-nisuru　無愛想にする　جَافَى　< جفو III　أَتَدْرِي لِمَاذَا يُجَافِينِي؟
どうして彼が私に無愛想なのか分かりますか

ぶか　buka　部下　تَابِع　< تبع 複 أَتْبَاع　كَمْ تَابِعًا لَكَ فِي الشَّرِكَةِ؟
会社に部下は何人いますか

ぶき　buki　武器　سِلَاح < سلح 複 أَسْلِحَة　حَمَلَ السِّلَاحَ :武器を持っていた

ぶきようなな　bu-kiyou-na　不器用な　غَيْر مَاهِرٍ　أَلَا يَنْجَحُ الصَّانِعُ غَيْرُ المَاهِرِ ؟
不器用な制作者は成功しないのですか

ぶさほう　bu-sahou　不作法　وَقَاحَة < وقح　هِيَ صَاحَتْ بِوَقَاحَةٍ ”أَنْتَ مَا دَفَعْتَنِي“
「あなたは私に支払ってない」と彼女は不作法に叫んだ

ぶさほうな　bu-sahou-na　不作法な　وَقِحٌ　لَهْجَة وَقِحَة :不作法な言い方

ぶざー　buzaa　ブザー　جَرَسٌ كَهْرَبَائِيّ　دَقَّ الْجَرَسُ الْكَهْرَبَائِيُّ :ブザーが鳴った

ぶし　bushi　武士　مُحَارِب < حرب 複 ـون　كَانَ الْمُحَارِبُ الْقَدِيمُ يَحْمِي جِسْمَهُ بِدِرْعٍ ثَقِيلَةٍ
昔の武士は重い鎧で体を守っていた

ぶじ　buji　無事　سَلَامَة < سلم　مَعَ السَّلَامَةِ :ご無事で
عَادَ الْمُسَافِرُ بِالسَّلَامَةِ :旅行者は無事に戻った

ぶじに　buji-ni　無事に　سَالِمًا < سلم　هُوَ رَجَعَ سَالِماً :彼は無事に(生きて)帰った

ぶじょく　bujoku　侮辱　إِهَانَة < هون 複 ـات　يَجْرُؤُ عَلَى إِهَانَتِي
わざと私を侮辱する

2)侮辱　اِحْتِقَار < حقر　اِحْتِقَارُ الْمَحْكَمَةِ :法廷侮辱罪

ぶじょくする　bujoku-suru　侮辱する　أَهَانَ ، يُهِينُ < هون IV　أَهَنْتُ دِينَهُمْ
私は彼らの宗教を侮辱した

ぶそうした　busou-shita　武装した　مُسَلَّح < سلح　كِفَاح (فِرْقَة) مُسَلَّحَة :武装闘争(集団)
اِنْتِفَاضَة مُسَلَّحَة :武装蜂起

ぶそうする　busou-suru　武装する　سَلَّحَ < سلح II　سَلَّحَ الْجَيْشَ :軍を武装した
※名 تَسْلِيح 複 ـات :武装　تَسْلِيح نَوَوِيّ :核武装

ぶぞく　buzoku　部族　قَبِيلَة < قبل 複 قَبَائِل　لِكُلِّ قَبِيلَةٍ وَثَنٌ تَعْبُدُهُ
すべての部族が崇拝する偶像を持っている

ぶた　buta　豚　خِنْزِير 複 خَنَازِير　أَكْلُ لَحْمِ الْخِنْزِيرِ حَرَامٌ
豚肉を食べることは禁じられています
لَا تَطْرَحْ جَوَاهِرَكَ أَمَامَ الْخَنَازِيرِ
豚に真珠を投げてはならない/豚に真珠[格言]

ぶたい　butai　部隊　كَتِيبَة < كتب 複 كَتَائِب　اَلْكَتِيبَةُ تَسْهَرُ عَلَى أَمْنِ الْمَطَارِ
部隊は徹夜で空港を警備する

ぶたい　butai　舞台　مَسْرَح < سرح 複 مَسَارِح　سُلِّطَتِ الْأَضْوَاءُ عَلَى الْمَسْرَحِ
舞台に明かりがさした

ふ

ぶちょう～ぶもん

ぶちょう　buchou　部長　عَمِيد < عمد 複 عُمَدَاء　عَمِيدُ الْكُلِّيَّةِ :学部長

ぶっか　bukka　物価　أَسْعَار السِّلَع　ثَبَاتُ الْأَسْعَارِ :物価(価格)の安定

أَسْعَارُ السِّلَعِ الْيَابَانِيَّةِ غَالِيَةٌ جِدًّا

日本の物価はとても高い

ぶつかる　butsukaru　ぶつかる　تَحَطَّمَ < حطم V　تَحَطَّمَ الزُّجَاجُ وَتَطَايَرَتْ شَظَايَاهُ

ガラス瓶がぶつかって,その破片が飛び散った

2)ぶつかる　صَدَمَ (u)　كَادَتِ السَّيَّارَةُ تَصْدِمُهُ :車が彼にぶつかりそうだった

ぶっきょう　bukkyou　仏教　اَلدِّيَانَةُ الْبُوذِيَّةُ　※بُوذِيّ 複 ـون :仏教の/仏教徒

ぶっく　bukku　ブック ⇒ ほん　hon　本

ぶつける　butsukeru　ぶつける　اِصْطَدَمَ < صدم VIII ~بِـ:~に　اِصْطَدَمْتُ دَرَّاجَتِي بِالسَّيَّارَةِ

私は自分の自転車を車にぶつけた

ぶっし　busshi　物資　مَؤُونَة < مأن 複 مُؤَن　مَؤُونَةُ الشِّتَاءِ تُهَيَّأُ فِي الصَّيْفِ

冬用の物資は夏に準備される

ぶっしつ　busshitsu　物質　مَادَّة < مدّ 複 مَوَادّ　اَلزُّجَاجُ مَادَّةٌ شَفَّافَةٌ

ガラスは透明な物質です

ぶつぞう　butsuzou　仏像　تِمْثَال بُوذِيّ　複 تَمَاثِيل بُوذِيَّة

ぶったい　buttai　物体　جِسْم　複 أَجْسَام/جُسُوم　جِسْمٌ طَائِرٌ مَجْهُولٌ:未確認飛行物体

ぶっだ　budda　仏陀　بُوذَا　"بُوذَا" حَكِيمٌ هِنْدِيٌّ أَسَّسَ مَذْهَبَ الْبُوذِيَّةِ

ضِدَّ الْبَرَهْمِيَّةِ ٥ ق.م

仏陀はインドの賢者で紀元前5世紀にバラモン教に抗して仏教の教えの基礎を作った

ぶつりがく　butsuri-gaku　物理学　عِلْم الْفِيزِيَاء

ぶどう　budou　ぶどう/葡萄　عِنَب　複 أَعْنَاب　سُكَّرُ الْعِنَبِ :ぶどう糖

عِنَبٌ مُجَفَّفٌ :干しぶどう

2)ぶどう/葡萄　كَرْمَة　複 كُرُوم ※1本のぶどうの木

تَدَلَّتْ عَنَاقِيدُ الْعِنَبِ مِنْ أَغْصَانِ الْكَرْمَةِ

ぶどうの房がぶどうの木に垂れていた

ぶどうしゅ　budou-shu　ぶどう酒/葡萄酒 ⇒ わいん　wain　ワイン

ぶどうえん　budou-en　ぶどう園　كَرْم　複 كُرُوم　عُدْنَا مِنَ الْكَرْمِ بِسِلَالِ الْعِنَبِ

私達はぶどうの入った篭を持ってぶどう園から戻った

ぶひん　buhin　部品　قِطْعَة التَّرْكِيب　※قِطْعَةُ سَيَّارَاتٍ :自動車部品

ぶぶん　bubun　部分　جُزْء < جزأ 複 أَجْزَاء　جُزْءٌ لَا يَتَجَزَّأُ :不可欠な部分

ぶもん　bumon　部門　قِسْم　複 أَقْسَام　قِسْمُ الْمَبِيعَاتِ :営業部門/営業部

ぶらいんど buraindo ブラインド سِتَارَة 複 سَتَائِر جُهِّزَتْ كُلُّ نَافِذَةٍ بِسِتَارَةٍ مَعْدِنِيَّةٍ
全ての窓に金属製のブラインドが付いていた

ぶらさがってーいる bura-sagatte-iru ぶら下がっている مُعَلَّق < علق كَانَتْ قُمْصَانُهُ الْبَيْضَاءُ مُعَلَّقَةً فِي حَبْلِ الْغَسِيلِ
彼のワイシャツは洗濯干しのひもにぶら下がっていた

ぶらさがる bura-sagaru ぶら下がる تَعَلَّقَ < علق V تَعَلَّقَ الْوَلَدُ بِذِرَاعِ أَبِيهِ
その男の子は父親の腕にぶら下がった

ぶらさげる bura-sageru ぶら下げる عَلَّقَ < علق II عَلَّقَ الْمُسَافِرُ كَامِيرَا مِنْ عُنُقِهِ
その旅行者は首からカメラをぶら下げていた

ぶらし burashi ブラシ فُرْشَايَة / فُرْشَة / فُرْشَاة < فرش 複 فُرَش فُرْشَة أَسْنَانٍ (رَسَّامٍ)
歯(絵用)ブラシ

ぶらじる burajiru ブラジル اَلْبَرَازِيلُ ※ بَرَازِيلِيّ :ブラジルの/ブラジル人
تَأَلَّقَتِ الْبَرَازِيلُ فِي كَأْسِ الْعَالَمِ
ブラジルにワールドカップ(の勝利)が輝いた

ぶらつく buratsuku ぶらつく
ぶらぶらする burabura-suru ぶらぶらする تَجَوَّلَ < جول V سَوْفَ أَتَجَوَّلُ فِي شَارِعِ الْحَيِّ
私はここの通りをぶらぶらするつもりです

ぶらんこ buranko ブランコ أَرْجُوحَة / مَرْجُوحَة < رجح أَنَا أَجْلِسُ فِي الْأَرْجُوحَةِ أَوَّلًا
私が最初にブランコに乗ります

ぶりかえす buri-kaesu ぶり返す عَاوَدَ < عود III عَاوَدَهُ الْمَرَضُ بَعْدَ شِفَاءٍ
病気が快復後にぶり返した

ぶりき buriki ブリキ قَصْدِير لُعْبَة مِنَ الْقَصْدِيرِ :ブリキのおもちゃ

ぶりに buri-ni 〜ぶりに مُنْذُ〜 قَابَلْتُهُ مُنْذُ سَنَةٍ :一年ぶりに彼と会いました

ぶりょく buryoku 武力 قُوَّة عَسْكَرِيَّة

ぶりょくの buryoku-no 武力の مُسَلَّح < سلح اِشْتِبَاك مُسَلَّح :武力衝突

ぶるじょあじー burujoajii ブルジョアジー بُرْجُوَازِيَّة ※=資本家階級

ぶるどーざー burudoozaa ブルドーザー جَرَّافَة < جرف 複 ـات اَلْجَرَّافَةُ تُسَوِّي الطَّرِيقَ
ブルドーザーが道を平らにする

ぶれーき bureeki ブレーキ فَرْمَلَة 複 فَرَامِل دَعَسَ الْفَرَامِلَ :ブレーキを踏んだ
فَرَامِل عَلَى الْقُرْصِ :ディスクブレーキ

ぶれい burei 無礼 فَظَاظَة < فظّ يَا لَفَظَاظَةِ بَعْضِ النَّاسِ ! :無礼者!

ぶれいな burei-na 無礼な ⇒ しつれいな shitsurei-na 失礼な

ぶれすれっと buresuretto ブレスレット ⇒ うでわ ude-wa 腕輪

ぶろーかー burookaa ブローカー سِمْسَار < سمسر 複 سَمَاسِرَة سِمْسَار مَنَازِل : 不動産ブローカー

ふ

ぶろんず～ぶんしょ

ぶろんず　buronzu　ブロンズ　⇒ せいどう　seidou　青銅

ぶろんど　burondo　ブロンド　شُقْرَة　لَيْسَتْ شُقْرَةُ شَعْرِهَا طَبِيعِيَّةً
彼女のブロンドの髪は生まれつきではない

ぶろんどの　burondo-no　ブロンドの　أَشْقَرُ　＜ شقر 女 شَقْرَاءُ　شَعْرُهَا أَشْقَرُ
彼女の髪はブロンドです

ぶん　bun　文　جُمْلَة　複 جُمَل　جُمْلَة إِسْمِيَّة (فِعْلِيَّة) :名詞文(動詞文)

2)文　نَصّ　複 نُصُوص　اَلنُّصُوص الْيَابَانِيَّة :日本語の文(文章)

ぶん　bun　分　حِصَّة　複 حِصَص　أَكَلْنَا حِصَّتَنَا مِنَ الْكَعْكَةِ وَبَقِيَتْ حِصَّتُكَ
私達の分のケーキを食べました，あなたの分は残ってます

ぶんか　bunka　文化　ثَقَافَة　＜ ثقف 複 ـات　إِشْرَحِ الْفَرْقَ بَيْنَ الْحَضَارَةِ وَالثَّقَافَةِ
文明と文化の違い(相違)を説明せよ

ぶんかいする　bunkai-suru　分解する　حَلَّلَ　＜ حل II　حَلِّلِ الْكَلِمَةَ :その言葉を分解しなさい

ぶんかじん　bunka-jin　文化人　مُثَقَّف　＜ ثقف 複 ـون　تَجْمَعُ النَّدْوَةُ أُنَاسًا مُثَقَّفِينَ
その討論会は文化人を集めている

ぶんかつする　bunkatsu-suru　分割する　قَسَّمَ　＜ قسم II　قَسَّمَ الْأَرْضَ :土地を分割した
※名 تَقْسِيم :分割　تَقْسِيمُ الْأَرْضِ :土地の分割

ぶんかの　bunka-no　文化の　ثَقَافِيّ　＜ ثقف　تَبَادُلٌ ثَقَافِيٌّ :文化交流

ぶんがく　bungaku　文学　أَدَب　複 آدَاب　※関 أَدَبِيّ :文学の/文芸の
اَلْأَدَبُ الْيَابَانِيُّ :日本文学　نَادٍ أَدَبِيٌّ :文芸クラブ

ぶんがくしゃ　bungaku-sha　文学者　أَدِيب　＜ أدب 複 أُدَبَاءُ　"نَاتْسُومِي سُوسِيكِي" هُوَ الْأَدِيبُ الْيَابَانِيُّ الَّذِي أُفَضِّلُهُ
夏目漱石は私の好きな日本の文学者です

ぶんけい　bunkei　文型　صِيغَة نَحْوِيَّة

ぶんげい　bungei　文芸　⇒ ぶんがく　bungaku　文学

ぶんご　bungo　文語　لُغَة لِلْكِتَابَةِ　※ ⇔ 口語

ぶんごう　bungou　文豪　أَدِيب كَبِير　"نَاتْسُومِي سُوسِيكِي" هُوَ أَدِيبٌ كَبِيرٌ
夏目漱石は文豪です

ぶんさんする　bunsan-suru　分散する　⇒ ちらばる　chirabaru　散らばる

ぶんし　bunshi　分子　عُنْصُر　複 عَنَاصِر　اَلْمَاءُ مُرَكَّبٌ مِنْ عُنْصُرَيْنِ
水は二つの(2種類の)分子からなる

2)分子　بَسْط　※分数の ⇔ 分母

ぶんしょ　bunsho　文書　وَثِيقَة　＜ وثق 複 وَثَائِق　وَثِيقَة رَسْمِيَّة :公(式)文書

ぶんしょう～ぶんりする

ぶんしょう bunshou 文章 ⇒ ぶん bun 文

ぶんすう bunsu·u 分数 كَسْر 複 كُسُور اَلرُّبْعُ كَسْرٌ يُسَاوِي جُزْءًا مِنْ أَرْبَعَةِ أَجْزَاءٍ
4分の1は4つに分けたものの一つを表す分数です

ぶんせきする bunseki-suru 分析する حَلَّلَ < حلّ II حَلَّلَ الطَّبِيبُ دَمَ الْمَرِيضِ
医者は患者の血液を分析した
※名 تَحْلِيل :分析 تَحْلِيل نَفْسِيّ :精神分析

ぶんせつ bunsetsu 文節(النَّصّ) فِقْرَة اُشْكُلِ الْفِقْرَةَ الْأُولَى مِنَ النَّصِّ
最初の文節に発音記号を付けなさい

ぶんだんする bundan-suru 分断する فَرَّقَ < فرق II فَرِّقْ تَسُدْ :分断して支配せよ[格言]
فَرَّقَ رِجَالُ الشُّرْطَةِ الْمُتَظَاهِرِينَ
警察官がデモ隊を分断した

ぶんつうする buntsuu-suru 文通する تَكَاتَبَ < كتب VI ※名 تَكَاتُب / مُكَاتَبَة :文通
تَكَاتَبَ زُمَلَاءُ الدِّرَاسَةِ :クラスメート達は文通した

ぶんどき bundoki 分度器 مِنْقَلَة < نقل ※= أَدَاة لِقِيَاسِ الزَّوَايَا :角度を測る道具

ぶんぱ bunpa 分派 شِيعَة < شيع 複 أَشْيَاع شِيعَةُ عَلِيٍّ :分派のアリー派

ぶんぱいする bunpai-suru 分配する قَسَّمَ < قسم II اَلشَّرِكَةُ تُقَسِّمُ الْأَرْبَاحَ مَرَّةً فِي السَّنَةِ
会社は年に一回利益を分配する
2)分配する وَزَّعَ < وزع II وَزَّعَ الْأَرْبَاحَ :利益を分配した
※名 تَوْزِيع :分配 تَوْزِيعُ الثَّرْوَةِ :富の分配

ぶんぴする bunpi-suru 分泌する
ぶんぴつする bunpitsu-suru 分泌する أَفْرَزَ < فرز IV يُفْرِزُ الْكَبِدُ سَائِلًا هَاضِمًا اسْمُهُ الصَّفْرَاءُ
肝臓は胆汁という消化酵素を分泌する

ぶんぼ bunbo 分母 مَخْرَج < خرج مَخْرَج مُشْتَرَك :共通分母[算数]

ぶんぽう bunpou 文法 نَحْو/عِلْمُ النَّحْوِ كِتَابُ قَوَاعِدِ اللُّغَةِ قِسْمَانِ : صَرْفٌ وَنَحْوٌ
言語の基礎本は2部に分かれる，それは語形論と文法だ

ぶんめい bunmei 文明 حَضَارَة < حضر 複 -ات حَضَارَة عَظِيمَة :偉大な文明

ぶんりしゅぎ bunri-shugi 分離主義
ぶんりしゅぎしゃ bunri-shugi-sha 分離主義者 اِنْفِصَالِيّ < فصل عَدَدٌ كَبِيرٌ مِنَ الْاِنْفِصَالِيِّينَ الْأَكْرَادِ
多くのクルド分離主義者

ぶんりする bunri-suru 分離する اِنْفَصَلَ < فصل VII اَلْقَمَرُ كَوْكَبٌ انْفَصَلَ عَنِ الْأَرْضِ
月は地球から分離した星です
2)分離する فَصَلَ (i) اَلنَّارُ تُذِيبُ الْمَعَادِنَ وَتَفْصِلُ عَنِ التُّرَابِ
火が金属を溶かし土と分離する
※名 فَصْل :分離 جِدَار الْفَصْلِ :分離壁

ぶんりょう bunryou 分量 كَمِّيَّة < كمّ زِنْ كَمِّيَّةَ الْأَرُزِّ :お米の分量を量りなさい

ぶんるいする bunrui-suru 分類する صَنَّفَ < صنف II يَجْنِي الْفِتْيَانُ التُّفَّاحَ ، فَتُصَنِّفُهُ الْفَتَيَاتُ
若い男達がリンゴを摘み、それを娘達が分類する

ぶんれつ bunretsu 分裂 شَقٌّ 複 شُقُوق شَقُّ الذَّرَّةِ :(原子)核分裂

ぶんれつする bunretsu-suru 分裂する اِنْقَسَمَ < قسم VII اِنْقَسَمَ الْحِزْبُ ثَلَاثَ مَجْمُوعَاتٍ
その政党は三つのグループに分裂した
※名 اِنْقِسَام :分裂 اِنْقِسَامُ الْخَلَايَا :細胞分裂

ぶろんず buronzu ブロンズ ⇒ せいどう seidou 青銅

ぷーる puuru プール مَسْبَح < سبح 複 مَسَابِح يَضِيقُ الْمَسْبَحُ بِرُوَّادِهِ
プールは客で混んでいる

2)プール بِرْكَة 複 بِرَك بِرْكَةُ السِّبَاحَةِ :スイミングプール

ぷらいど puraido プライド عِزَّة عِزَّةُ النَّفْسِ :プライド/自尊心 ※=誇り

ぷらいやー puraiyaa プライヤー زَرَدِيَّة < زرد ※= كَمَّاشَة صَغِيرَة

ぷらぐ puragu プラグ(في الْمُحَرِّك) شَمْعَةُ الْإِشْعَالِ ※点火プラグ

2)プラグ قَابِس < قبس وَصَلَتْ قَابِسَ الْمِكْوَاةِ بِالْكَهْرَبَاءِ
彼女はアイロンのプラグを差した

ぷらす purasu プラス عَلَامَة زَائِدَة ※加法の記号 + ※ قُطْب مُوجَب :プラス極/陽極

ぷらすちっく purasuchikku プラスチック بْلَاسْتِيك ※関 بْلَاسْتِيكِيّ :プラスチックの
نَمُوذَج بْلَاسْتِيكِيّ :プラスチック模型/プラモ

ぷらちな purachi・na プラチナ بْلَاتِين/ذَهَبٌّ أَبْيَض ※=白金

ぷらっとほーむ puratto-hoomu プラットホーム رَصِيف < رصف 複 أَرْصِفَة سَيُغَادِرُ الْقِطَارُ مِنْ رَصِيفِ رَقْمِ ٦
列車は6番ホームから発車します

ぷらんと puranto プラント مُنْشَأَة < نشأ 複 ات- هَلْ أَسْتَطِيعُ أَنْ أَدْخُلَ الْمُنْشَأَةَ ؟
プラント内に入っても良いですか

ぷりんたー purintaa プリンター طَابِع < طبع أَيُّ طَابِعَةٍ عِنْدَكَ ؟
どんなプリンターがありますか

ぷりんと purinto プリント(الأفلام) طِبَاعَة ※=(写真の)焼付

ぷるとにうむ puruto・niumu プルトニウム بْلُتُونْيُوم اِسْتِخْلَاصُ الْبْلُتُونْيُوم
プルトニウムの抽出

ぷれーやー pureeyaa プレーヤー عَازِفُ مُوسِيقَى ※=音楽の演奏家

2)プレーヤー ⇒ せんしゅ senshu 選手

ぷれぜんと～ぷろれたりあーと

ぷれぜんと　purezento　プレゼント ⇒ おくりもの okuri-mo･no 贈り物

ぷろぐらまー　puroguramaa　プログラマー مُبَرْمِج (كُومْبْيُوتِر) ※=コンピュータープログラマー

ぷろぐらむ　puroguramu　プログラム بَرْنَامَج 複 بَرَامِج　بَرَامِج الْكُومْبْيُوتِر
コンピューターのプログラム

ぷろじぇくと　purojekuto　プロジェクト مَشْرُوع ＜ شرع　خَطَّطَ الْمَشْرُوعَ :プロジェクトを立案(りつあん)した

ぷろてすたんと　purotesutanto　プロテスタント اَلْبْرُوتُسْتَانْتِيَّة

ぷろの　puro-no　プロの مُحْتَرِف ＜حرف　هُوَ كَانَ عَازِفًا هَاوِيًا، وَصَارَ مُحْتَرِفًا
彼(かれ)はアマチュアの演奏家(えんそうか)だったがプロになった

ぷろぺら　puropera　プロペラ مِرْوَحَة ＜ روح 複 مَرَاوِحُ　طَائِرَة ذَاتُ مَرَاوِحَ :プロペラ機(き)

ぷろぽーず する　puropoozu- suru　プロポーズする ～ طَلَبَ يَدْ　طَلَبَ يَدَ الْفَتَاةِ :その娘(むすめ)に<u>プロポーズ</u>(求婚(きゅうこん))した
※名 طَلَبُ الزَّوَاجِ :プロポーズ/求婚(きゅうこん)

ぷろれたり- あーと　puroretari- aato　プロレタリアート اَلْبْرُولِيتَارِيَا/طَبَقَة الْعُمَّالِ
※=労働者階級(ろうどうしゃかいきゅう) ⇔ ブルジョアジー

ふ

へ～へいごうする

部 へ へ 【he】

へ	e(e)	～へ	إِلَى ~	ذَهَبَ إِلَى الْيَابَانِ :彼は日本へ行った
へ	he	屁	فُسَاء	< فسو ※動 فَسَا ، يَفْسُو :屁をする/屁をこく(ひる)
へい	hei	塀	سُورٌ	複 أَسْوَار يُحِيطُ بِالْبَيْتِ سُورٌ مُرْتَفِعٌ
				その家を高い塀が囲んでいる
へいあん	hei・an	平安	سَلَامٌ	< سلم اَلسَّلَامُ عَلَيْكُمْ :あなた達の上に平安あれ
				سُمِّيَتْ مَدِينَةُ " كِيُوتُو " بِمَدِينَةِ
				京都は平安の都(平安京)と呼ばれた اَلسَّلَامِ
へいいな	hei・i-na	平易な ⇒ やさしい yasashii 易しい		
へいえき	hei・eki	兵役	جُنْدِيَّة / خِدْمَة عَسْكَرِيَّة	مُدَّةُ الْخِدْمَةِ الْعَسْكَرِيَّةِ :兵役期間
へいおん	heion	平穏	هُدُوء	< هدأ بِهُدُوءٍ :平穏に فِي هُدُوءٍ وَسَلَامٍ :平穏無事に
へいおんに	heion-ni	平穏に	فِي أَمَانٍ	عَاشَ فِي أَمَانٍ :平穏に暮らした
へいか	heika	陛下	جَلَالَة	< جلّ صَاحِبُ الْجَلَالَةِ / جَلَالَةُ الْمَلِكِ :国王陛下
		2)陛下	مَوْلًى	< ولي 複 مَوَالٍ مَوْلَانَا/مَوْلَايَ :陛下/閣下
				※元首,君主等に対する呼びかけ
へいき	heiki	兵器	سِلَاح	< سلح 複 أَسْلِحَة أَسْلِحَةٌ نَوَوِيَّةٌ :核兵器
				أَسْلِحَةُ الدَّمَارِ الشَّامِلِ :大量破壊兵器
				أَسْلِحَةٌ كِيمَاوِيَّةٌ :化学兵器
へいきこ	heiki-ko	兵器庫	تَرْسَانَة	اَلتَّرْسَانَةُ تَغَصُّ بِالسِّلَاحِ وَالذَّخِيرَةِ
				兵器庫は武器と弾薬がぎっしり詰まっている
へいきん	heikin	平均	مُعَدَّل	< عدل مُعَدَّلُ الْعُمْرِ (السُّرْعَةِ) :平均年齢(速度)
				أَخَذَ الْمُعَدَّلَ :平均した/平均をとった
				وَزْنُكَ أَقَلُّ مِنَ الْمُعَدَّلِ
				あなたの体重は平均より軽い
へいきんの	heikin-no	平均の	مُتَوَسِّط	< وسط اَلسُّرْعَةُ الْمُتَوَسِّطَةُ :平均(の)速度
				مُتَوَسِّطُ الدَّخْلِ السَّنَوِيِّ :平均年収
へいこうな	heikou-na	平行な	مُتَوَازٍ	< وزى ※定 اَلْمُتَوَازِي مُتَوَازِي الْأَضْلَاعِ :平行四辺形
				يَظْهَرُ فِيهَا وَادِيَانِ مُتَوَازِيَانِ بَيْنَ الْجِبَالِ
				山の中に平行な二つの涸れ谷が表れる
へいごうする	heigou-suru	併合する	ضَمَّ (u)	ضُمَّتْ كُورِيَا إِلَى الْيَابَانِ :韓国は日本に併合された

へ

へいさする	heisa-suru	閉鎖する	أَغْلَقَ	< غلق IV أُغْلِقَتِ الْمَدْرَسَةُ :学校は閉鎖された
				※名 إِغْلَاق :閉鎖 إِغْلَاق تَعْجِيزِيّ :工場閉鎖
へいし へいたい	heishi heitai	兵士 兵隊	جُنْدِيّ	< جند 複 جُنُود/جُنْد جُنْدِيّ مَجْهُول :無名兵士
へいしゃ	heisha	兵舎	ثُكْنَة	複 ثُكَن عِنْدَ مَدْخَلِ الثُّكْنَةِ حَارِسٌ مُسَلَّحٌ
				兵舎の入り口には武装した警備員がいる
へいほう	heihou	平方	مُرَبَّع	< ربع مِتْر مُرَبَّع :平方メートル
へいほうこん	heihou-kon	平方根	جَذْر تَرْبِيعِيّ (´)	
へいぼんな	heibon-na	平凡な	عَادِيّ	< عود شَخْص عَادِيّ :平凡な人/普通の人
へいめんの	heimen-no	平面の	مُسْتَوٍ	< سوى هَنْدَسَة مُسْتَوِيَة :平面幾何学
へいや	heiya	平野	سَهْل	複 سُهُول أَكْبَرُ السُّهُولِ فِي الْيَابَانِ سَهْلُ
				日本で一番大きい平野は関東平野です " كَانْتُو "
へいれつ	heiretsu	並列	تَوَازٍ	< وزي ※定 التَّوَازِي
				تَوْصِيل عَلَى التَّوَازِي :並列つなぎ
へいわ	heiwa	平和	سَلَام	< سلم 複 -ات مُؤْتَمَر السَّلَام :平和会議
へいわな へいわの	heiwa-na heiwa-no	平和な 平和の	مُسَالِم	< سلم شَعْب مُسَالِم :平和な人々/平和を愛する人々
		平和な 2)平和の	سِلْمِيّ	< سلم الدُّسْتُور السِّلْمِيّ :平和憲法
へくたーる	hekutaaru	ヘクタール	هِكْتَار	الْهِكْتَارُ عَشَرَةُ آلَافِ مِتْرٍ مُرَبَّعٍ
				1ヘクタール(ha)は1万平方メートル(m²)です
へこむ	hekomu	凹む	اِنْبَعَجَ	< بعج VII ضَرَبَ الْكُرَةَ ضَرْبَةً قَوِيَّةً فَانْبَعَجَتْ
				ボールを強く一打ちしたら凹んだ
へさき	hesaki	へさき/舳先	صَدْر	複 صُدُور يَشُقُّ الْمَرْكَبُ الْمَاءَ بِصَدْرِهِ
				ボートがへさきで水を切って行く
へそ	heso	へそ	سُرَّة	複 -ات/سُرَر غَطِّ سُرَّتَكَ :へそを隠しなさい
へたな	heta-na	下手な	ضَعِيف	< ضعف 複 ضُعَفَاء/ضِعَاف أَنَا ضَعِيفٌ فِي الرِّيَاضَةِ
				私は運動が下手です
へだたる	hedataru	隔たる	بَعُدَ (u)	تَبْعُدُ بِلَادِي عَنْ هُنَا أَلْفَ كِيلُومِتْر
				私の故郷はここから千キロメートル隔たっています
へだてる	hedateru	隔てる	فَصَلَ (i)	يَفْصِلُ الْجِدَارُ بَيْنَ الْقَرْيَةِ وَبَيْنَ مَزْرَعَتِهَا
				壁が村と畑を隔てている
へつらう	hetsurau	へつらう	تَمَلَّقَ	< ملق V ~ هُ/إِلَى هُ/لِـ :~に ※=胡麻をする
				لَا تَتَمَلَّقْ مُدِيرَكَ :上司にへつらうな

へび　hebi　蛇　ثُعْبَان　複 ثَعَابِين =※ حَيَّة　ثُعْبَانٌ سَامٌّ :毒蛇

へぶらいご　heburai-go　ヘブライ語　اَللُّغَة الْعِبْرِيَّة　هُوَ لَيْسَ يَهُودِيًّا وَلٰكِنَّهُ يَفْهَمُ الْعِبْرِيَّةَ
彼はユダヤ人ではないけれどヘブライ語が分かります

へもぐろびん　hemogurobin　ヘモグロビン　خِضَاب الدَّم / اَلْهِيمُوغْلُوبِين　※血液の成分で酸素を運ぶ

へや　heya　部屋　غُرْفَة　複 غُرَف/-ات　كَمْ غُرْفَةً فِي هٰذَا الْبَيْتِ؟
この家に幾つ部屋がありますか

2)部屋　حُجْرَة　複 حُجَر/حُجُرَات　لَيْسَ فِي الْبَيْتِ حُجْرَةٌ فَارِغَةٌ
その家に空き部屋はありません

へらす　herasu　減らす　خَفَّضَ < خفض II　خَفَّضَ النَّفَقَاتِ :出費を減らした

へりくだる　herikudaru　へりくだる　⇒ ひげする　hige-suru　卑下する

へりこぷたー　herikoputaa　ヘリコプター　هَلِيكُوبْتَر　أُغِيثَتِ الْقَرْيَةُ الْمَعْزُولَةُ بِوَاسِطَةِ الْهَلِيكُوبْتَر
孤立した村はヘリコプターで救われた

2)ヘリコプター　مِرْوَحِيَّة < روح　فِي الْمِرْوَحِيَّةِ مِرْوَحَةٌ أُفُقِيٌّ
ヘリコプターには水平なプロペラがある

へる　heru　減る　خَفَّ (i)　خَفَّ مَاءُ التُّرْعَةِ :小川の水が減った

2)減る　قَلَّ (i)　قَلَّ دَخْلُهُ :収入が減った

3)減る　يَجُوعُ ، جَاعَ　جُعْتُ! :(私は)腹が減った!/空腹だ!

へるめっと　herumetto　ヘルメット　خُوذَة　複 خُوَذ/-ات　رَاكِبُ الدَّرَّاجَةِ النَّارِيَّةِ بِحَاجَةٍ إِلَى خُوذَةٍ
オートバイのライダーはヘルメットが必要です

へん　hen　辺　ضِلْع　複 أَضْلُع / ضُلُوع / أَضْلَاع　※図形の
مُرَبَّعُ الْأَضْلَاعِ :四辺形　مُتَسَاوِي الْأَضْلَاعِ :等辺の

へんか　henka　変化　تَغَيُّر < غير　تَغَيُّرُ الْمُنَاخِ :気候の変化

へんかくする　henkaku-suru　変革する　حَسَّنَ < حسن II　حَسَّنَ النِّظَامَ :制度を変革した

へんかする　henka-suru　変化する　⇒ かわる　kawaru　変わる

へんかん　henkan　返還　إِعَادَة < عود　إِعَادَةُ "أُوكِينَاوَا" إِلَى الْيَابَانِ فِي سَنَةِ ١٩٧٢م
1972年の沖縄の日本への返還

へんきゃくする　henkyaku-suru　返却する　رَدَّ (u)　لَمْ يَرُدَّ لِي كِتَابِي بَعْدُ
彼はまだ私の本を返却していない

へんけん-をもつ　henken-womotsu　偏見を持つ　تَحَامَلَ < حمل VI ~عَلَى :~に　اِعْتَقَدَ أَنَّ مُعَلِّمَهُ يَتَحَامَلُ عَلَيْهِ
先生は自分に偏見を持っていると彼は思った

へんこうする～べすと

※名 تَحَامُل :偏見　عُنْصُرِيّ تَحَامُل :人種的偏見

へんこうする　henkou-suru　変更する　غَيَّر ＜ غير II غَيَّرَ الْبَرْنَامَج :計画を変更した

※名 تَغْيِير :変更　تَغْيِيرُ الْخُطَّة :予定変更

へんさいする　hensai-suru　返済する　سَدَّد ＜ سدّ II ～ إِلَى :～に　سَدَّدَ دَيْنَهُ :借金を返済した

※名 تَسْدِيد :返済　تَسْدِيدُ دُيُونِه :借金の返済

へんさんする　hensan-suru　編さんする　أَلَّف ＜ ألف II أَلَّفَ الْقَامُوس :辞書を編さんした(著した)

※名 تَأْلِيف :編さん　تَأْلِيفُ الْقَامُوس :辞書の編さん

へんしゅうする　henshuu-suru　編集する　حَرَّر ＜ حرّ II حَرَّرَ الْمَجَلَّة :雑誌を編集した

※名 تَحْرِير :編集　رَئِيسُ التَّحْرِير :編集長

へんじ　henji　返事　جَوَاب ＜ جوب 複 أَجْوِبَة　تَلَقَّى مِنْ ～ جَوَاباً

～から返事を受け取った

へんそうする　hensou-suru　変装する　تَنَكَّر ＜ نكر V　تَنَكَّرَ كُلٌّ مِنَ السَّاهِرِينَ بِقِنَاعٍ

夜会にいた人は皆仮面で変装していた

へんぞうする　henzou-suru　変造する　⇒ ぎぞうする　gizou-suru　偽造する

へんとうせん　hentousen　扁桃腺(يْنِ)لَوْزَتَانِ ＜ لوز ※(属対)　يَشْكُو مِنْ لَوْزَتَيْهِ

彼は扁桃腺が痛いと訴える

へんな　hen・na　変な　غَرِيب ＜ غرب 複 غُرَبَاء　سَمِعْتُ فِي هُدُوءِ اللَّيْلِ

صَوْتاً غَرِيباً 夜の静けさの中に変な(妙な)音を

聞きました

へんな　hen・na　ヘンナ　حِنَّاء　اَلْحِنَّاءُ، فِي نَظَرِهَا أَفْضَلُ صِبْغٍ

ヘンナは見目の良い染料です

ベーすあっぷ　beesu-appu　ベースアップ　⇒ ちんあげ　chin・age　賃上げ

べーる　beeru　ベール　حِجَاب ＜ حجب 複 حُجُب/أَحْجِبَة　※ムスリム女性が髪を覆う布

2)ベール　سِتَار ＜ ستر 複 سُتُر　～ يُزِيحُ السِّتَارَ عَنْ

～のベールを剥ぐ

べありんぐ　be・aringu　ベアリング　مَحْمِل ＜ حمل 複 مَحَامِل　مَحَامِلُ كُرِيَّات :ボールベアリング

べいこく　beikoku　米国　⇒ あめりか　amerika　アメリカ

べいるーと　beiruuto　ベイルート　بَيْرُوت　※レバノンの首都

べき　beki　(～する)べき　～ يَجِبُ أَنْ ＜ وجب　يَجِبُ عَلَيْكَ أَنْ تَذْهَبَ إِلَى الْجَامِعَةِ

あなたは大学に行くべきである

べすと　besuto　ベスト　صُدْرَة　اِرْتَدَى الصُّدْرَةَ بَيْنَ الْقَمِيصِ وَالسُّتْرَةِ

シャツと上着の間にベスト(チョッキ)を着た

べっそう～べんかい

べっそう bessou 別荘 مَغْنًى < غني 複 مَغَانٍ
أَسْكُنُ الْمَغْنَى عَلَى الشَّاطِئِ فِي الصَّيْفِ 夏は海辺の別荘に私は住んでいます

べっど beddo べっど سَرِير < سرّ 複 أَسِرَّة
سَرِيرٌ لِشَخْصٍ وَاحِدٍ (لِشَخْصَيْنِ) シングル(ダブル)ベッド

べつの betsu-no 別の آخَر < أخر 女 أُخْرَى
شَخْصٌ آخَرُ :別の人/別人
اِشْتَرَيْتُ كِتَابًا آخَرَ :私は別の本を買いました
قَرَأْتُ قِصَّةً أُخْرَى :私は別の物語を読みました
هٰذِهِ مَسْأَلَةٌ أُخْرَى :それはまた別の問題です

べつべつに betsubetsu-ni 別々に عَلَى انْفِرَادٍ
أُصَارِحُكُمْ عَلَى انْفِرَادٍ 別々に(個別に)あなた達とお話します

べつれへむ betsurehemu ベツレヘム بَيْتُ لَحْمٍ ※キリストが生まれたとされるパレスチナの町

べてらん beteran ベテラン
べてらんの beteran-no ベテランの مُحَنَّك < حنك 複 ـون
رَئِيسِي مُدَرِّسٌ مُحَنَّكٌ 私の上司はベテランの教師です

べとなむ beto・namu ベトナム فِيتْنَام ※国名 فِيتْنَامِيّ :ベトナムの/ベトナム人

べどうぃん bedowin ベドウィン بَدْوٌ ※単 بَدَوِيّ :一人のベドウィン
يَعِيشُ الْبَدْوُ فِي الصَّحْرَاءِ
ベドウィンは砂漠に住んでいる
يَرْعَى الْبَدَوِيُّ الْمَاشِيَةَ
そのベドウィンは家畜を飼っている

べに be・ni 紅 حُمْرَة
حُمْرَةُ الْوَجْهِ :頬紅 ※ حَمَّرَ :紅を差す(塗る)

べらんだ beranda ベランダ رُوَاق (ـَ) < روق 複 أَرْوِقَة
سَهَرَاتُ الصَّيْفِ تُعْقَدُ فِي رُوَاقِ الْبَيْتِ
夏の夜更かしは家のベランダでする

べりーだんす beriidansu ベリーダンス رَقْصٌ شَرْقِيٌّ

べる beru ベル جَرَس 複 أَجْرَاس
جَرَسُ الْإِنْذَارِ :非常ベル

べると beruto ベルト حِزَام < حزم 複 ـات/ أَحْزِمَة
حِزَامٌ مِنْ جِلْدٍ :皮のベルト
حِزَامٌ مُتَحَرِّكٌ :ベルトコンベアー
حِزَامُ أَمَانٍ :安全ベルト
شَدَّ حِزَامَ الْمَقْعَدِ :シートベルトを締めた

べるべっと berubetto ベルベット ⇒ びろーど biroodo ビロード

べん ben 便 ⇒ はいせつぶつ haisetsu-butsu 排泄物

べんかい benkai 弁解 حُجَّة < حجّ 複 حُجَج
حُجَّتُكَ أَقْنَعَتْنِي
私はあなたの弁解に納得しました

べんかいする～ぺっと

べんかいする　benkai-suru　弁解する　بَرَّرَ　< بَرّ II　كَيْفَ تُبَرِّرُ غِيَابَكَ عَنِ الشَّرِكَةِ ؟
あなたは欠勤をどう弁解するつもりですか

べんきょうする　benkyou-suru　勉強する　دَرَسَ (u)　أَيْنَ دَرَسْتَ اللُّغَةَ الْعَرَبِيَّةَ ؟
あなたはどこでアラビア語を勉強(学習)しましたか
※名 دِرَاسَة :勉強/学習
كَيْفَ دِرَاسَتُكَ ؟ :勉強はどうですか

べんごし　bengo-shi　弁護士　مُحَامٍ　< حمى 複 مُحَامُونَ　※定 الْمُحَامِي
اِسْتَشَارَ الْمُحَامِيَ :弁護士に相談した

べんごする　bengo-suru　弁護する　دَافَعَ　< دفع III ～ عَنْ :～を　دَافَعَ الْمُحَامِي عَنْهُ فِي الْمَحْكَمَةِ
弁護士が法廷で彼を弁護した
※名 دِفَاع :弁護　مُحَامِي الدِّفَاعِ :被告人弁護士

べんしょうする　benshou-suru　弁償する　⇒ つぐなう　tsugu·nau　償う

べんじょ　benjo　便所　مِرْحَاض　< رحض 複 مَرَاحِيض　أَيْنَ الْمِرْحَاضُ؟
トイレはどこですか

べんち　benchi　ベンチ　مَقْعَد طَوِيل

べんとう　bentou　弁当　زَادٌ　< زود 複 أَزْوِدَة / أَزْوَاد　لَا تَخْرُجْ مِنَ الْبَيْتِ قَبْلَ أَنْ أُعْطِيَكَ الزَّادَ
私が弁当を渡すまで家を出ないでね

べんとうばこ　bentou-bako　弁当箱　عُلْبَة وَجْبَةِ غَدَاءٍ　مَا فِي عُلْبَةِ وَجْبَةِ غَدَاءِ الْيَوْمِ ؟
今日の弁当は何ですか

べんぴ　benpi　便秘　إِمْسَاك　< مسك　عِنْدِي إِمْسَاكٌ : 私は便秘です

べんめい　benmei　弁明　⇒いいわけ　i·iwake　言い訳 /べんかい　benkai　弁解

べんりな　benri-na　便利な　نَافِع　< نفع　قَامُوس نَافِع :便利な辞書

ぺーじ　peeji　ページ　صَفْحَة　複 صَفَحَات　أُنْظُرْ إِلَى الصَّفْحَةِ ٦٠
60ページを見なさい

ぺきん　pekin　ペキン/北京　بِكِين　※中国の首都

ぺこぺこ　pekopeko　(お腹が)ぺこぺこ　جَوْعَان　< جوع　أَنَا جَوْعَانٌ جِدًّا : 私はお腹がぺこぺこです

ぺこぺこする　pekopeko-suru　ぺこぺこする　⇒ へつらう　hetsurau　へつらう

ぺすと　pesuto　ペスト　طَاعُون　< طعن 複 طَوَاعِين　تَفَشَّى الطَّاعُونُ بَيْنَ السُّكَانِ
ペストが住民の間に広がった

ぺだる　pedaru　ペダル　دَوَّاسَة　< دوس 複 -ات　لِلدَّرَّاجَةِ دَوَّاسَتَانِ
自転車にはペダルが2個ある

ぺっと　petto　ペット　حَيَوَان مُدَلَّل　※=愛玩動物

ぺなるてぃー～ぺんち

ぺなるてぃー　pe·narutii　ペナルティー　جَزَاء　<جزى　ضَرْبَة جَزَاءٍ：ペナルティーキック

ぺにしりん　pe·nishirin　ペニシリン　بَنْسِلِين　اِكْتَشَفَ "فْلِمِنْغْ" الْبَنْسِلِينَ
フレミングはペニシリンを発見(はっけん)した

ぺらぺら　perapera　ぺらぺら　بِطَلَاقَةٍ　يَتَكَلَّمُ الرَّجُلُ اللُّغَةَ الْعَرَبِيَّةَ بِطَلَاقَةٍ
その男(おとこ)はアラビア語(ご)をぺらぺら話(はな)す

ぺりかん　perikan　ペリカン　بَجَعٌ　※ بَجَعَة：1羽(いちわ)のペリカン

ぺるしゃ　perusha　ペルシャ　فَارِس　※国名(こくめい)　فَارِسِيّ：ペルシャの/ペルシャ人(じん)

ぺん　pen　ペン　（حِبْر）قَلَم　複 أَقْلَام　قَلَم الْحِبْرِ الْجَافّ：ボールペン
صُنِعَ مِنَ الْغَزَّارِ أَقْلَامٌ لِلْكِتَابَةِ
書(か)くためのペンは葦(あし)から作(つく)られた

ぺんき　penki　ペンキ　دِهَان　<دهن　複 -ات　دَهَنَ الْبَابَ بِدِهَانٍ：ドアをペンキで塗(ぬ)った

ぺんぎん　pengin　ペンギン　بِطْرِيق　複 بَطَارِيق　لَا يَسْتَطِيعُ الْبِطْرِيقُ الطَّيَرَانَ
ペンギンは飛行(ひこう)できない

ぺんだんと　pendanto　ペンダント　قِلَادَة　<قلد　複 قَلَائِد　زَيَّنَتْ صَدْرَهَا بِقِلَادَةٍ
彼女(かのじょ)は胸(むね)をペンダントで飾(かざ)った

ぺんち　penchi　ペンチ　كَمَّاشَة　<كمش　複 -ات　إِذَا الْتَوَى الْمِسْمَارُ، اِسْحَبْهُ بِكَمَّاشَةٍ
釘(くぎ)が曲(ま)がったらペンチで抜(ぬ)きなさい

ほ　ほ　ホ　【ho】

ほ　ho　穂　سُنْبُل　複 سَنَابِل/-ات　※ سُنْبُلَة :1つの穂

أَخَذَتْ سَنَابِلُ الْقَمْحِ تَيْبَسُ :小麦の穂が乾き始めた

ほ　ho　帆　قِلْع　複 قُلُوع　قِلْعُ مَرْكَبٍ :船の帆

ほーく　hooku　ホーク ⇒ ふぉーく fooku フォーク

ほーす　hoosu　ホース خُرْطُوم مِيَاه

ほーむ　hoomu　ホーム ⇒ ぷらっとほーむ puratto-hoomu プラットホーム

ほーむしっく　hooomu-shikku ホームシック شُعُور بِالْغُرْبَةِ

ほーむぺーじ　hoomu-peeji　ホームページ　اَلصَّفْحَة الرَّئِيسِيَّة

ほーむれす　hoomuresu　ホームレス　مُتَشَرِّد < شرد 複 -ون　※⇒ 浮浪者

ほーむれすの　hoomuresu-no ホームレスの مُتَشَرِّد < شرد 複 -ون　نَامَ الرِّجَالُ الْمُتَشَرِّدُونَ

ホームレスの男(浮浪者)達が寝ていた

ほーる　hooru　ホール　قَاعَة < قوع 複 -ات　غَصَّتِ الْقَاعَةُ بِالْحَاضِرِينَ

ホールは出席者で混雑していた(一杯だった)

ほいく　hoiku　保育 حِضَانَة الْأَطْفَال　تَدَرَّبَتْ عَلَى حِضَانَةِ الْأَطْفَالِ

彼女は保育の研修を受けた

ほいくえん　hoiku-en　保育園
ほいくしょ　hoiku-sho　保育所　حَضَانَة < حضن 複 -ات　فَتَحَتْ حَضَانَةً تَسْتَوْعِبُ عِشْرِينَ طِفْلًا

彼女は20名収容の保育園を開いた

ほう　hou　法 ⇒ ほうりつ houritsu 法律

ほうあん　houan　法案 مَشْرُوع الْقَانُونِ　قَدَّمَ مَشْرُوعَ الْقَانُونِ فِي الْمَجْلِسِ

議会に法案を提出した

ほういする　houi-suru　包囲する حَصَرَ (u,i)　حَصَرَ الشُّرْطِيُّ الْمُجْرِمَ الْهَارِبَ

警官が逃亡している犯人を包囲した

※名 حِصَار :包囲　ضَيَّقَ الْجَيْشُ الْحِصَارَ عَلَى الْمَدِينَةِ

軍隊が街の包囲を強めた

ほうおう　hou・ou　法王　اَلْبَابَا　複 بَابَاوَات/بَابَوَات　بَابَا الْفَاتِيكَانِ :ローマ法王

ほうかいする　houkai-suru　崩壊する　اِنْهَارَ < هور VII　حَطَّ التُّرَابُ ، وَانْهَارَ سُورُ الْبُسْتَانِ

土が落ちて庭の塀が崩壊した(崩れ落ちた)

※名 اِنْهِيَار :崩壊　اِنْهِيَارُ الْحِلْفِ :同盟の崩壊

اِنْهِيَارُ اقْتِصَادِ الْفُقَّاعَةِ :バブル経済の崩壊

ほうかご　houka-go　放課後 بَعْدَ الْمَدْرَسَةِ　مَاذَا نَفْعَلُ بَعْدَ الْمَدْرَسَةِ ؟ :放課後何をしよう

ほ

ほうかする　houka-suru　放火する　أَحْرَقَ　< حرق IV　أَحْرَقَ الْمَنْزِلَ :家屋に放火した

※名 إِحْرَاق :放火　إِحْرَاقُ الْمَسْجِدِ :モスクの放火

ほうがいな　hougai-na　法外な　⇒ とんでもない　tondemo-nai　とんでもない

ほうがく　hougaku　方角　⇒ ほうこう houkou 方向

ほうき　houki　箒　مِكْنَسَة　< كنس 複 مَكَانِس　نَظَّفْتُ الْحَدِيقَةَ بِالْمِكْنَسَةِ

私は箒で庭を掃除しました

ほうきする　houki-suru　放棄する　تَنَازَلَ　< نزل VI ~ عَنْ :~を　تَنَازَلَ الْمَلِكُ عَنِ الْعَرْشِ

国王は王位を放棄した

※名 تَنَازُل :放棄　رَفَضَ التَّنَازُلَ عَنْ حَقِّهِ

その権利の放棄を拒否した

ほうきする　houki-suru　蜂起する　يَثُورُ ، ثَارَ　يَثُورُ الشَّعْبُ بِحُكْمِ الاسْتِعْمَارِ

植民地支配に人民は蜂起する

※ ثَوْرَة 複 -ات :蜂起　ثَوْرَة فِي نَفْسِ الْوَقْتِ

一斉蜂起

ほうけんてき　houken-teki　封建的
ほうけん-てきな　houken-teki・na　封建的な　إِقْطَاعِيّ　< قطع ※ إِقْطَاعِيَّة :封建主義　الْإِقْطَاعِيَّة :封建体制

ほうげん　hougen　方言 لَهْجَة مَحَلِّيَّة　لَهْجَة الْمَغْرِبِيَّة :モロッコ方言

ほうこう　houkou　方向　جِهَة　< وجه 複 -ات　~ جِهَة (مِنْ) إِلَى :~の方へ(から)

مِنْ كُلِّ جِهَةٍ :あらゆる方向から

2)方向　إِتِّجَاه　< وجه 複 -ات　~إِلَى بِإِتِّجَاهِ :~に向かって

إِتِّجَاه وَاحِد :一方通行

أَيْنَ اتِّجَاهُ الْمَدِينَةِ ؟ :町はどちらの方角ですか

ほうこく　houkoku　報告
ほうこくしょ　houkoku-sho　報告書　تَقْرِير　< قرّ 複 تَقَارِير　وَضَعَ تَقْرِيرًا :報告書を作成した

قَدَّمَ الْخَبِيرُ تَقْرِيرَهُ إِلَى الْمَحْكَمَةِ

専門家が報告書を裁判所に提出した

ほうこくする　houkoku-suru　報告する　أَخْبَرَ　< خبر IV　أَخْبِرِينَا بِمَا حَدَثَ

起きた事を報告しなさい ※女性に向かって

ほうさく　housaku　豊作 مَحْصُول وَافِر　كَثْرَةُ الْأَمْطَارِ تُبَشِّرُ بِمَحْصُولٍ وَافِرٍ

沢山の雨は豊作という良い知らせだ

ほうしする　houshi-suru　奉仕する　خَدَمَ (i,u)　يَخْدُمُ جِيرَانَهُ :隣人に奉仕する

※名 خِدْمَة :奉仕　يَشْكُرُ الْجِيرَانُ لَهُ خِدْمَتَهُ

隣人は彼の奉仕に感謝している

ほうしゃせん　housha-sen　放射線　أَشِعَّة　< شعّ　تَعَرَّضَ لِلْأَشِعَّةِ :放射線を浴びた

ほうしゃのう～ほうどう

ほうしゃのう housha-nou 放射能 إِشْعَاع ذَرِّيّ   يُشَكِّلُ الْإِشْعَاعُ الذَّرِّيُّ خَطَراً كَبِيراً
放射能は多大な危険を生み出す
※関 إِشْعَاعِيّ :放射能の   مَادَّة إِشْعَاعِيَّة :放射性物質

ほうしゅう houshu・u 報酬 ثَوَاب < ثوب ※イスラム法で善行に対する神の報酬
2)報酬 مُكَافَأَة < كفأ 複 مُكَافَآت   لِلْمُحْسِنِ مُكَافَأَةٌ
慈善家には報酬がある

ほうしゅう-をあたえる houshu・u-wo・ataeru 報酬を与える كَافَأَ، يُكَافِئُ < كفأ III   كَافَأَهُ مُكَافَأَةً كَبِيرَةً
彼に大きな報酬を与えた

ほうじる houjiru 報じる ⇒ ほうどうする houdou-suru 報道する

ほうじん hou-jin 邦人 ⇒ にほんじん nihon-jin 日本人

ほうじん hou-jin 法人 شَرِكَة 複 شَرِكَات -ات   ضَرِيبَة شَرِكَات :法人税

ほうせき houseki 宝石 جَوْهَر 複 جَوَاهِر ※ جَوْهَرَة :1個の宝石

ほうせきや houseki-ya 宝石屋
ほうせきしょう houseki-shou 宝石商 صَائِغ 複 صَاغَة / صُيَّاغ ※=جَوْهَرِيّ

ほうそうする housou-suru 放送する أَذَاعَ < ذيع IV   أَذَاعَ بِالتِّلِفِزْيُونِ (الرَّادِيُو)
テレビ(ラジオ)で放送した
※名 إِذَاعَة :放送   مَحَطَّة الْإِذَاعَةِ :放送局

ほうそうする housou-suru 包装する غَلَّفَ < غلف II   لِمَاذَا لَا تُغَلِّفُ الْبِضَاعَةَ ؟
どうして商品を包装しない(包まない)のですか

ほうそく housoku 法則 قَانُون < قنّ 複 قَوَانِين   قَانُون الْجَاذِبِيَّةِ :引力の法則
قَوَانِين الطَّبِيعَةِ :自然の法則

ほうたい houtai 包帯 عِصَابَة < عصب 複 عَصَائِب   رَبَطَ عِصَابَةَ الْجُرْحِ
傷に包帯を巻いた

ほうだん houdan 砲弾 قَذِيفَة < قذف 複 قَذَائِف   قَذَائِف الْهَاوُن :迫撃砲弾

ほうちする houchi-suru 放置する تَرَكَ (u)   لَا تَتْرُكْ دَرَّاجَتَكَ :自転車を放置するな

ほうちょう houchou 包丁 سِكِّين مَطْبَخٍ   شَطَبْتُ إِصْبَعِي بِالسِّكِّينِ :私は包丁で指を切った
※ سَاطُور :出刃包丁
2)包丁 سِيخ 複 أَسْيَاخ   فَرَمَتْ أُمِّي اللَّحْمَ بِالسِّيخِ
母は包丁で肉を刻んだ

ほうてい houtei 法廷 مَحْكَمَة < حكم 複 مَحَاكِم   أَحْضَرَهُ إِلَى الْمَحْكَمَةِ
※=裁判所   彼を法廷に召喚した

ほうどう houdou 報道 أَخْبَار < خبر ※ خَبَرٌ の複   نَشْرَة أَخْبَارٍ :報道番組

ほ

ほうどうする houdou-suru 報道する نَشَرَ (u) نَشَرَتِ الصَّحِيفَةُ الْخَبَرَ :新聞がそのニュースを報道した

ほうにょうする hou·nyou-suru 放尿する ⇒ しょうべんする shouben-suru 小便する

ほうび houbi 褒美 ⇒ ほうしゅう houshu·u 報酬

ほうび-をあたえる houbi-wo·ataeru 褒美を与える جَازَى < جزى III جَزَاكَ اللّٰهُ خَيْرًا
神があなたに良い報美を与えて下さりますように

ほうふく houhuku 報復 ⇒ しかえし shikaeshi 仕返し

ほうふな houhu-na 豊富な غَنِيّ < غني 複 أَغْنِيَاء ~بِـ :~が
اَلْعِرَاقُ غَنِيَّةٌ بِالنَّفْطِ :イラクは石油が豊富です

2)豊富な ⇒ たくさんの takusan-no 2)沢山の

ほうほう houhou 方法 أُسْلُوب < سلب 複 أَسَالِيب بِأُسْلُوبٍ ذَكِيٍّ :賢い方法で

2)方法 طَرِيقَة < طرق 複 طَرَائِق/طُرُق طَرِيقَةُ الِاسْتِعْمَالِ :使用法

ほうぼくする houboku-suru 放牧する رَعَى، يَرْعَى رَعَى الْغَنَمَ :羊を放牧した

ほうむしょう houmu-shou 法務省 وِزَارَةُ الْعَدْلِ/ اَلْعَدْلِيَّة ※ وَزِيرُ الْعَدْلِيَّةِ :法務大臣

ほうむる houmuru 葬る دَفَنَ (i) أُسْرَةُ الْمَيِّتِ دَفَنَتْهُ فِي مَسْقَطِ رَأْسِهِ
家族は死者を生まれた所(生地)に葬った

ほうめん houmen 方面 ⇒ ほうこう houkou 方向

ほうもんきゃく houmon-kyaku 訪問客 زَائِر < زور 複 ـون شَيَّعْنَا الزَّائِرِينَ حَتَّى بَابِ الْحَدِيقَةِ
私達は訪問客を庭の門まで見送った

ほうもんする houmon-suru 訪問する زَارَ، يَزُورُ زُرْنِي :私を訪問しに来なさい
※名 زِيَارَة :訪問 مَا سَبَبُ الزِّيَارَةِ ؟
訪問の目的は何ですか

ほうようする houyou-suru 抱擁する عَانَقَ < عنق III عَانَقَ الْوَالِدُ وَلَدَهُ وَقَبَّلَهُ
父親は息子を抱擁しキスをした

ほうりこむ houri-komu 放り込む زَجَّ (u) سَيَزُجُّ الْقَاضِي بِاللِّصِّ فِي السِّجْنِ
裁判官は強盗を刑務所に放り込むだろう

ほうりつ houritsu 法律 قَانُون < قنّ 複 قَوَانِين رَاعَى الْقَانُونَ :法律を守った
خَالَفْتَ قَانُونًا :君は法律に違反した

2)法律 اَلْحُقُوق < حقّ دَرَسَ الْحُقُوقَ ثُمَّ مَارَسَ الْمُحَامَاةَ
法律を勉強して弁護士の職に就いた

ほうれい hourei 法令 مَرْسُوم < رسم 複 مَرَاسِيم إِصْدَارُ الْمَرْسُومِ :法令の発布

ほうれんそう houren-sou ほうれん草 سَبَانِخ / إِسْبَانَخ

ほうろう hourou ほうろう مِينَا/ مِينَاء اَلْقُدُورُ الْمَعْدِنِيَّةُ تُطْلَى بِالْمِينَا
金属の鍋がほうろう引きされる

ほ

ほうろうする hourou-suru 放浪する هَامَ ، يَهِيمُ < هيم هَامَتِ الْقَافِلَةُ فِي الصَّحْرَاءِ
キャラバンは砂漠を放浪した(さまよった)

ほえる hoeru 吠える نَبَحَ (a) ※犬が ~ نَبَحَ الْكَلْبُ عَلَى ~:犬が~に向かって吠えた

2)吼える زَأَرَ (a,i) زَأَرَ الْأَسَدُ:ライオンが吼えた

ほお ho・o 頬 وَجْنَة 複 وَجَنَات أُقَبِّلُ وَجْنَتَكَ بِشَوْقٍ كَبِيرٍ
熱き愛を持っておまえの頬にくちずけをしよう

2)頬 خَدّ 複 خُدُود نَظَرَتْ إِلَيْهَا فَاحْمَرَّ خَدُّهَا خَجَلاً
私が彼女を見ると頬を赤くした

ほかくする hokaku-suru 捕獲する اِصْطَادَ < صيد VIII لَا تَصْطَدِ الْعَصَافِيرَ الصَّغِيرَةَ
小鳥を捕獲するな

ほかの hoka-no 他の 男 آخَرُ 女 أُخْرَى < أخر اَلْآخَرُونَ:他の人達は سَيَّارَةٌ أُخْرَى:他の車
مُدَرِّسٌ آخَرُ:他の男の先生
مُدَرِّسَةٌ أُخْرَى:他の女の先生
فُرْصَةٌ أُخْرَى:他の機会に

ほがらかな hogaraka-na 朗らかな مَرِحٌ 複 مَرَاحَى/مَرْحَى هُوَ مَرِحٌ بِطَبْعِهِ
彼は朗らかな性格です

ほきゅうする hokyu-suru 補給する تَزَوَّدَ < زود V ※自動詞 تَزَوَّدَتِ الطَّائِرَةُ بِالْوَقُودِ
飛行機は燃料を補給した

2)補給する زَوَّدَ < زود II ※他動詞 زَوَّدَ الطَّائِرَةَ بِالْوَقُودِ
飛行機に燃料を補給した

ほくい hokui 北緯 خَطُّ عَرْضٍ شَمَالِيٌّ ※ ⇔ خَطُّ عَرْضٍ جَنُوبِيٌّ:南緯

ほくろ hokuro ほくろ شَامَة < شيم 複 -ات تَزِينُ خَدَّهَا شَامَةٌ لَطِيفَةٌ سَوْدَاءُ
かわいい黒いほくろが彼女の頬を魅力的にする

ほぐす hogusu ほぐす نَدَفَ (i) يَنْدُفُ الْعَامِلُ الْقُطْنَ بِالضَّرْبِ
労働者が綿を叩いてほぐしている

ほけん hoken 保険 تَأْمِين < أمن تَأْمِينٌ عَلَى الْحَيَاةِ:生命保険
يَشْمَلُ تَأْمِينُ سَيَّارَتِنَا حَتَّى السَّرِقَةَ
私たちの車の保険は盗難まで含みます

ほけんがいしゃ hoken-gaisha 保険会社 شَرِكَةُ الضَّمَانِ

ほけんじょ hoken-jo 保健所 مَكْتَبُ صِحَّةٍ

ほけん-をかける hoken-wokakeru 保険を掛ける أَمَّنَ < أمن II أَلَمْ يُؤَمِّنْ عَلَى سَيَّارَتِكَ بَعْدُ؟
あなたは未だ車に保険を掛けていないのですか

ほこうしゃ hokou-sha 歩行者 مَاشٍ < مشي 複 مُشَاة تُعْطَى الْأَوْلَوِيَّةُ لِلْمُشَاةِ
歩行者が優先する

ほ

ほこり～ほしょうする

ほこり　hokori　誇り　كَرَامَة　< كرم　كَرَامَتِي كَمُعَلِّمٍ :教師としての私の誇り

ほこり　hokori　ほこり/埃　غُبَار　< غبر　ثَارَ الْغُبَارُ :ほこりが舞い上がった

نَفَضَ الْغُبَارَ :ほこりを振り払った

تَكْنِيسُكِ الْعَنِيفُ يُغَبِّرُ :ほこりを立てる ※ غَبَّرَ

貴女の乱暴な掃き方はほこりを立てます

ほこりにおもう　hokori-ni-omou　誇りに思う　اِعْتَزَّ　< عزّ VIII　أَنَا أَعْتَزُّ بِتَارِيخِ بِلَادِي الْمَجِيدِ

輝かしい我が国の歴史を私は誇りに思う

ほこる　hokoru　誇る　اِفْتَخَرَ　< فخر VIII ～بِـ :～を　يَفْتَخِرُ بِشُجَاعَتِهِ

勇敢さを誇る

ほころび　hokorobi　ほころび　فَتْق　複 فُتُوق　كَيْفَ أَقْطِبُ فَتْقَ الثَّوْبِ؟

服のほころびをどうやって繕いましょうか

ほご　hogo　保護　حِمَايَة　< حمى 複 -ات　حِمَايَةُ الْبِيئَةِ :環境保護

ほごしゃ　hogo-sha　保護者　وَلِيّ أَمْر　～لِـ :～の　وَلِيّ أَمْرٍ لِلْبِنْتِ :その女の子の保護者

ほごする　hogo-suru　保護する　وَقَى، يَقِي　الْغِلَافُ يَقِي الْكِتَابَ مِنَ الْأَذَى

表紙は本を保護する

ほし　hoshi　星　نَجْمَة　複 -ات　نَجْمَة سِينَمَائِيَّة :映画スター

نَجْمَةُ الصُّبْحِ (الْمَسَاءِ) :明け(宵)の明星

2)星　نَجْم　複 نُجُوم　نَجْم ذُو ذَنَبٍ :彗星

النَّجْمُ الْقُطْبِيّ :北極星

ほしい　hoshi・i　欲しい　أَرَادَ　< ريد IV　مَاذَا تُرِيدُ؟ :あなたは何が欲しいのですか

ほしぶどう　hoshi-budou　干しブドウ　زَبِيب　< زبّ　مَا أَلَذَّ طَعْمَ الزَّبِيبِ

干しブドウは何とおいしい食べ物でしょう

ほしゃくする　hoshaku-suru　保釈する　أَخْلَى سَبِيلَهُ　أُخْلِيَ سَبِيلُ الْمُتَّهَمِ بِكَفَالَةٍ مَالِيَّةٍ

容疑者が保釈金を積んで保釈された

ほしゅうする　hoshu・u-suru　補修する　أَصْلَحَ　< صلح IV　أَصْلَحَ الْجِسْرَ :橋を補修した

※名 إِصْلَاح :補修　عَمَلُ إِصْلَاحٍ :補修工事

ほしゅてきな　hoshuteki-na　保守的な　مُتَحَفِّظ　< حفظ　حِزْبُ الْمُتَحَفِّظِينَ (الْمُحَافِظِينَ)

保守的な政党/保守党

ほしょうする　hoshou-suru　保障する　أَمَّنَ　< أمن II　أَتَانَا الضَّيْفُ لَاجِئًا فَأَمَّنَّاهُ

お客様が難民として来られたので，私達は安全を保障しました

※名 تَأْمِين :保障　تَأْمِين اجْتِمَاعِيّ :社会保障

ほしょうする　hoshou-suru　保証する　ضَمِنَ (a)　أَنَا أَضْمَنُ هُوِيَّتَهُ :彼の身元は私が保証します

ほ

ほしょうする～ほったん

※名 ضَمَان 複 ـات: 保証　لَمْ يَقْبَلْ وَالِدِي شِرَاءَ
الْبَرَّادِ بِلَا ضَمَانٍ 父は保証なしで冷蔵庫は買わなかった

ほしょうする　hoshou-suru　補償する　عَوَّضَ　< عوض II　عَوَّضَ عَنِ الْخَسَارَةِ: 損害を補償した
※名 تَعْوِيض 複 ـات: 補償
تَعْوِيض لِلْخَسَارَةِ: 損害補償
تَعْوِيض مَالِيّ: 金銭的補償

ほしょうにん　hoshou-nin　保証人　كَفِيل　< كفل 複 كُفَلَاءُ　لَاحَقَ الدَّائِنُ الْكَفِيلَ
債権者が保証人を追いかけた

ほじする　hoji-suru　保持する　حَافَظَ　< حفظ III　عَلَى ~: ~を　حَافَظَ عَلَى الصِّحَّةِ
健康を保持した

ほじゅうする　hojuu-suru　補充する　أَضَافَ　< ضوف IV　مِنَ　أَضِيفِي إِلَى مُرَبَّى التُّفَّاحِ شَيْئًا مِنَ
السُّكَّرِ リンゴジャムに砂糖を少し補充しなさい

ほす　hosu　干す　جَفَّفَ　< جفّ II　جَفَّفَ الثَّمَرَ: その実を干した

ほぜん　hozen　保全　صِيَانَة　< صون　الطُّرُقَاتُ بِحَاجَةٍ إِلَى صِيَانَةٍ دَائِمَةٍ
道路は常時保全を必要とする

ほそい　hosoi　細い　رَقِيق　< رقّ 複 رِقَاق　خَطّ رَقِيق: 細い線

ほそうする　hosou-suru　舗装する　عَبَّدَ　< عبد II　الْمِحْدَلَةُ تُعَبِّدُ طَرِيقَ الْقَرْيَةِ
ローラーが村の道を舗装する

ほぞんしょく　hozon-shoku　保存食　كَبِيس　< كبس　تُمَوِّنُ أُمِّي مِنَ الْكَبِيسِ أَصْنَافًا
私の母は様々な保存食を用意する

ほぞんする　hozon-suru　保存する　حَفِظَ (a)　حَفِظَ الطَّعَامَ: 食物を保存した　※名 حِفْظ: 保存

ほたる　hotaru　蛍　حُبَاحِب　كَانَتْ أَضْوَاءُ الْحُبَاحِبِ تُؤَانِسُنَا لَيْلًا فِي الصَّيْفِ
夏の夜は蛍の光が私達を楽しませたものだった

ほちきす　hochikisu　ホチキス
ほっちきす　hocchikisu　ホッチキス　كَبَّاس　< كبس　※ホッチキスは発明家名　= كَبَّاسُ الْوَرَقِ

ほっきょく　hokkyoku　北極　الْقُطْبُ الشَّمَالِيّ　الْمُحِيطُ الْمُتَجَمِّدُ الشَّمَالِيّ: 北極海
※ ⇔ الْقُطْبُ الْجَنُوبِيّ: 南極

ほっさ　hossa　発作　نَوْبَة　نَوْبَة قَلْبِيَّة: 心臓発作

ほっする　hossuru　欲する　⇒ ほしい　hoshi・i　欲しい

ほっそくする　hossoku-suru　発足する　تَأَسَّسَ　< أسّ V　تَأَسَّسَتْ جَمْعِيَّتُنَا فِي عَامِ ٢٠٠٠ م
私たちの協会は西暦2000年に発足しました
※名 تَأْسِيس　تَأْسِيسُ التَّنْظِيمِ: 組織の発足

ほったん　hottan　発端　⇒ はじまり　hajimari　始まり

ほ

ほっとする～ほね

ほっとする　hotto-suru　ほっとする　اِرْتَاحَ < روح VIII　اِرْتَاحَ أَهْلُ الْمَرِيضِ لِنَتِيجَةِ الْكَشْفِ
検査の結果に病人の家族はほっとした

ほてる　hoteru　ホテル　فُنْدُقٌ 複 فَنَادِقُ　أَيْنَ فُنْدُقُ كَالِيفُورْنِيَا؟
ホテル・カルフォルニアはどこにありますか

ほとけ　hotoke　仏 ⇒ ぶっだ budda 仏陀
2)仏 ⇒ ししゃ shisha 死者

ほとんど　hotondo　殆ど فِي أَغْلَبِ الْأَحْيَانِ　نَلْعَبُ مَعَ أَوْلَادِ الْجِيرَانِ فِي أَغْلَبِ الْأَحْيَانِ
私達は殆ど(大たい)近所の子ども達と遊んでいる

ほとんど　hotondo　殆ど(～である) أَوْشَكَ أَنْ ～ < وشك IV　أَوْشَكَ اللَّيْلُ أَنْ يَنْتَصِفَ
殆ど真夜中になろうとしていた
2)殆ど(～である)(كَادَ (يَفْعَلُ ، يَكَادُ　أَكَادُ أَيْأَسُ مِنْ إِصْلَاحِ هٰذَا الْغُلَامِ
私はこの青年の更生に殆ど絶望しています
3)殆ど (～ない) قَلَّمَا　قَلَّمَا آكُلُ اللَّحْمَ : 私は殆ど肉を食べない

ほとんどの　hotondo-no　殆どの　مُعْظَمُ < عظم ※定冠詞がついた複数名詞属格を従える
مُعْظَمُ النَّاسِ : 殆どの人々

ほど　hodo　(～する)程 لِدَرَجَةِ أَنْ ～　لِدَرَجَةِ أَنَّكَ لَمْ تَشْعُرْ بِوُجُودِي
あなたは私の存在を感じない程だった
2)(～する)程 بِحَيْثُ　أَكَلْتُ كَثِيرًا بِحَيْثُ آلَمَتْنِي الْمَعِدَةُ
お腹が痛くなるほど沢山食べました

ほどう　hodou　歩道　رَصِيفٌ 複 أَرْصِفَةٌ　سَمِعْتُ وَقْعَ أَقْدَامٍ عَلَى الرَّصِيفِ
私は歩道を歩く音を聞いた
※ جِسْرُ الْعُبُورِ : 歩道橋

ほどく　hodoku　解く　فَكَّ (u)　لَا أَعْرِفُ كَيْفَ أَفُكُّ هٰذِهِ الْعُقْدَةَ
私はこの結び目をどうやって解くか分からない

ほどける　hodokeru　解ける　اِنْحَلَّ < حلّ VII　شُدَّ عُقْدَةَ الْحَبْلِ حَتَّى لَا تَنْحَلَّ
ロープが解けないように結び目をきつくしなさい

ほどこす　hodokosu　施す　تَصَدَّقَ < صدق V　تَصَدَّقْ عَلَى الْفُقَرَاءِ وَلَوْ بِقَلِيلٍ
たとえ少なくても,貧しい人に施しなさい
※名 صَدَقَةٌ : 施し　شَكَرَ لِي الْفَقِيرُ صَدَقَتِي
その貧しい人は私の施しに感謝した

ほにゅうるい　ho・nyuu-rui　哺乳類　حَيَوَانَاتٌ ثَدْيِيَّةٌ

ほね　ho・ne　骨　عَظْمٌ 複 عِظَامٌ ※ عَظْمَةٌ : 1本の骨　عَظْمُ الْكَتِفِ : 肩胛骨
2)骨 حَسَكٌ ※魚の骨 حَسَكَةٌ : 1本の骨　اِنْزِعِ الْحَسَكَ قَبْلَ أَنْ تَأْكُلَ السَّمَكَ
魚は食べる前に骨を取りなさい

ほ

ほのお～ほる

ほのお　ho・no・o　炎　لَهَبٌ　تَعَالَى مِنْ نَارِ الْحَطَبِ لَهَبٌ وَدُخَانٌ
たき火から炎と煙が立ち上っていた

ほのかな　ho・noka-na　ほのかな　ضَئِيلٌ < ضؤل　يَدْخُلُ نُورُ الْقَمَرِ الضَّئِيلُ
ほのかな月の光が入ってくる

ほのめかす　ho・nomekasu　ほのめかす　لَمَّحَ < لمح II　لَمَّحَ الِاحْتِمَالَ :可能性をほのめかした

ほばしら　hobashira　帆柱 ⇒ ますと masuto マスト

ほへい　hohei　歩兵　جُنْدٌ مُشَاةٌ　جَمَاعَةُ جُنْدٍ مُشَاةٍ :歩兵集団

ほほ　hoho　頬 ⇒ ほお ho・o 頬

ほほえむ　hohoemu　微笑む　اِبْتَسَمَ < بسم VIII ～لِـ:～に　اِبْتَسِمْ :微笑みなさい
※名 اِبْتِسَامَةٌ :微笑み　بِابْتِسَامَةٍ :微笑みながら
قَابَلَ الطُّلَّابُ بِابْتِسَامَةٍ حُلْوَةٍ
学生達は愛くるしい微笑みで歓迎した

ほぼ　hobo　ほぼ　تَقْرِيبًا < قرب　كُلَّ يَوْمٍ تَقْرِيبًا :ほぼ毎日

ほぼ　hobo　保母 (فِي الْحَضَانَةِ) مُرَبِّيَةُ أَوْلَادٍ

ほめる　homeru　褒める　مَدَحَ (a)　مَدَحَ الْمُعَلِّمُ الطَّالِبَ الْمُجْتَهِدَ
先生はその真面目な生徒を褒めました

ほら　hora　ほら！～ (هُوَ / هِيَ) هَا　هَا هُوَ قَدْ جَاءَ :ほら！彼が来た

ほらあな　hora・a・na　洞穴　كَهْفٌ　複 كُهُوفٌ　كَانَ يَعِيشُونَ فِي الْكُهُوفِ وَالْغَابَاتِ
彼らは洞穴や森に住んでいた

ほり　hori　堀　خَنْدَقٌ مَائِيٌّ　複 خَنَادِقُ　خَنْدَقٌ مَائِيٌّ حَوْلَ الْقَلْعَةِ
城の回りの堀

ほりだす　horidasu　掘り出す　اِسْتَخْرَجَ < خرج X　تُسْتَخْرَجُ الْمَعَادِنُ مِنْ جَوْفِ الْأَرْضِ
地中から鉱物が掘り出される

ほりょ　horyo　捕虜　أَسِيرٌ < أسر　複 أَسْرَى / أُسَرَاءُ　نَهْتَمُّ بِأَسْرَى الْحَرْبِ
私達は捕虜に関心を持っています
إِطْلَاقُ سَرَاحِ الْأُسَرَاءِ :捕虜の解放

ほる　horu　掘る　حَفَرَ (i)　حَفَرَ حُفْرَةً :穴を掘った　حَفَرَ نَفَقًا :トンネルを掘った
مَنْ حَفَرَ قَنَاةَ السُّوَيْسِ؟ :誰がスエズ運河を掘りましたか
※名 حَفْرٌ :掘ること/掘削
مَتَى بَدَأَ حَفْرُ قَنَاةِ السُّوَيْسِ؟
スエズ運河の掘削はいつ始まりましたか

ほる　horu　彫る　نَقَشَ (u)　～عَلَى:～に　أُرِيدُ أَنْ تَنْقُشَ عَلَيْهِ هٰذَا الْحَرْفَ
この文字をその上に彫って欲しい

ほ

ほれる〜ほんのう

ほれる　horeru　惚れる　وَقَعَ فِي الْحُبِّ　※=恋に落ちる

ほろびる　horobiru　滅びる
ほろぶ　horobu　滅ぶ　اِنْقَرَضَ < قرض VI　اِنْقَرَضَتِ الذِّئَابُ الْيَابَانِيَّةُ مُنْذُ ١٠٠ عَامٍ
日本狼は百年前に滅んだ(絶滅した)

ほろぼす　horobosu　滅ぼす　أَهْلَكَ < هلك IV　لَقَدْ أَهْلَكَ سَيْلُ "تسونامي" الْمُدُنَ
津波の激流が諸都市を滅ぼしてしまった
أَهْلَكَ الْخَمْرُ جَسَدَهُ :酒が彼の身を滅ぼした

ほわいと-はうす　howaito-hausu　ホワイトハウス　اَلْبَيْتُ الْأَبْيَضُ　※=米国(アメリカ)の大統領官邸

ほん　hon　本　كِتَاب < كتب 複 كُتُب　مَاسِكَةُ كُتُبٍ :本立て/ブックエンド
أَصْدَرَ كِتَابًا :本を出版した

ほん　hon　本 (كَيْفِيَّة عَدّ عُصِيّ إلخ)　جَزَرَة :1本の人参
جَزَرَتَانِ(يْنِ) :2本の人参(属対)

ほんき　honki　本気　جِدّ　عَمِلَ وَدَرَسَ بِجِدٍّ :本気で働き勉強した

ほんしつ　honshitsu　本質　جَوْهَر　複 جَوَاهِر　لَمْ أَفْهَمْ جَوْهَرَ الْمَوْضُوعِ
その事柄の本質が分かりませんでした

ほんしつ-てきな　honshitsu-teki·na　本質的な
ほんしつの　honshitsu-no　本質の　جَوْهَرِيّ < جوهر　مُشْكِلَةٌ جَوْهَرِيَّةٌ :本質的問題
جَوْهَرِيًّا :本質的に

ほ

ほんしゃ　honsha　本社　مَقَرّ الشَّرِكَة　أَنَا أَعْمَلُ فِي مَقَرِّ الشَّرِكَةِ الرَّئِيسِيَّةِ
私は本社で働いています

ほんしん　honshin　本心　قَرَارَة نَفْسِي　أَبْتَسِمُ، وَلٰكِنَّنِي فِي قَرَارَةِ نَفْسِي حَزِينٌ
私は笑ってますが本心は悲しいのです

ほんじつ　honjitsu　本日　اَلْيَوْم　اَلطَّقْسُ الْيَوْمَ جَمِيلٌ :本日は晴天なり

ほんだな　hon-da·na　本棚　رَفّ الْكُتُب　رَتِّبْ كُتُبَكَ عَلَى رَفِّ الْكُتُبِ
本は本棚にきちんと並べなさい

ほんとう　hontou　本当　حَقّ　أَحَقًّا ذٰلِكَ؟ :それは本当ですか

ほんとうに　hontou-ni　本当に　حَقًّا　أَتَرْضَى الْعَمَلَ حَقًّا؟ :本当に仕事に満足してますか

ほんとうの　hontou-no　本当の　حَقِيقِيّ < حقّ　هٰذِهِ قِصَّةٌ حَقِيقِيَّةٌ :これは本当の話です

ほんとうのこと　hontou-nokoto　本当の事　⇒　しんじつ　shinjitsu　真実

ほんね　hon·ne　本音　نِيَّة حَقِيقِيَّة　اَلْمَبْدَأُ وَالنِّيَّةُ الْحَقِيقِيَّةُ :本音と建て前

ほんの　hon·no　ほんの　مُجَرَّد ~ < جرد ※~:属　إِنَّهُ مُجَرَّدُ طِفْلٍ :彼はほんの子どもだ

ほんのう　hon·nou　本能　غَرِيزَة < غرز 複 غَرَائِز　بِالْغَرِيزَةِ :本能的に
اَلْعَقْلُ لِلْإِنْسَانِ، وَلِلْحَيَوَانِ غَرِيزَةٌ
人(人間)には理性があり,動物には本能がある

ほんぶ～ぼう

ほんぶ　honbu　本部　مَقَرّ الْقِيَادَةِ　　اِجْتَمَعَ الضُّبَّاطُ فِي مَقَرِّ الْقِيَادَةِ
将校達が本部に集まった

ほんみょう　honmyou　本名　اِسْم أَصْلِيّ　　مَا اسْمُكَ الْأَصْلِيُّ؟ :あなたの本名は何ですか

ほんものの　honmo・no-no　本物の　أَصْلِيّ　< أصل　　خَاتَم مِنَ الْمَاسِ الْأَصْلِيِّ :本物のダイヤの指輪

ほんや　hon-ya　本屋　مَكْتَبَة　< كتب 複 -ات　　لَا يُوجَدُ فِي الْمَكْتَبَةِ صُحُفٌ
本屋さんに新聞はありません

ほんやくか　hon・yaku-ka　翻訳家
ほんやくしゃ　hon・yaku-sha　翻訳者　مُتَرْجِم　< ترجم　　هُوَ مُتَرْجِم هٰذَا الْكِتَابِ
彼はこの本の翻訳家です

ほんやくする　hon・yaku-suru　翻訳する　نَقَلَ (u)　　…へ: إِلَى..　　نَقَلْتُ الرِّسَالَةَ الْعَرَبِيَّةَ إِلَى الْيَابَانِيَّةِ
私はアラビア語の手紙を日本語に翻訳しました

2)翻訳する　تَرْجَمَ ، يُتَرْجِمُ　　تَرْجَمَ قِصَّةَ " تَاجِر الْبُنْدُقِيَّةِ "
小説ベニスの商人を翻訳した

※名　تَرْجَمَة :翻訳　　أَعْجَبَتْنِي تَرْجَمَتُهُ
彼の翻訳は私を驚嘆させた

ぼーい　booi　ボーイ　خَادِم　< خدم 複 خُدَّام /-ون　　خَادِم الْفُنْدُقِ :ホテルのボーイ

ぼーと　booto　ボート　مَرْكَب　< ركب 複 مَرَاكِب　　جَدَّفَ الْمَرْكَبَ :ボートを漕いだ

2)ボート　قَارِب　複 قَوَارِب　　سِبَاق الْقَوَارِبِ :ボートレース/ボート競技
قَارِب النَّجَاةِ :救命ボート　　قَارِب نَارِيّ :モーターボート

ぼーなす　boo・nasu　ボーナス　عِلَاوَة مُرَتَّبٍ　※追加の給料

ぼーる　booru　ボール　كُرَة　複 كُرًى/-ات　　كُرَة الطَّائِرَةِ :バレーボール
كُرَة الْقَدَمِ :サッカー　　كُرَة السَّلَّةِ :バスケットボール

ぼーるぺん　boorupen　ボールペン　قَلَمُ الْحِبْرِ الْجَافِّ

ぼいこっと　boikotto　ボイコット　مُقَاطَعَة　< قطع　　مُقَاطَعَة السِّلَعِ :商品のボイコット

ぼいん　boin　母音　حَرْف مُتَحَرِّك　複 حُرُوف مُتَحَرِّكَة　※⇔ حَرْف سَاكِن :子音

ぼう　bou　棒　عَصًا　< عصو 複 عُصِيّ (ـِ)　※女　※定 اَلْعَصَا
اَلْقَفْز بِالْعَصَا :棒高跳び
سِلَاحُ الشُّرْطِيِّ عَصًا وَمُسَدَّسٌ
警官の武器は棒と拳銃です

2)棒　قَضِيب　< قضب 複 قُضْبَان　　رَأَيْنَا الْقَضِيبَ فِي يَدِ الْمُعَلِّمِ
私たちは先生の手に棒があるのを見た

ほ

ぼう～ぼうと

ぼう　bou　某　فُلَان　女 فُلَانَة　السَّيِّدُ فُلَان :某氏/ある男性

ぼう　bou　防～　ضِدّ ～　ضِدُّ الْمَاءِ :防水　ضِدُّ الْحَرِيقِ(النَّارِ) :防火/耐火
ضِدُّ الرَّصَاص :防弾

ぼうえいする　bouei-suru　防衛する　دَافَعَ < دفع III ～ عَنْ ～:～を　دَافَعَ عَنْ نَفْسِهِ :自己防衛した
※名 دِفَاع :防衛　دِفَاعٌ شَرْعِيٌّ :正当防衛
الْهُجُومُ أَفْضَلُ وَسِيلَةٍ لِلدِّفَاعِ
攻撃は最大の防御なり

ぼうえき　boueki　貿易(تِجَارَة (خَارِجِيَّة < تجر　تِجَارَةُ الرَّقِيقِ :奴隷貿易

ぼうえんきょう　bouen-kyou　望遠鏡　مِنْظَار < نظر 複 مَنَاظِير　مِنْظَارٌ فَلَكِيٌّ :天体望遠鏡

ぼおん　bo・on　母音　⇒ ぼいん　boin　母音

ぼうかんする　boukan-suru　傍観する　تَفَرَّجَ < فرج V　لَا تَتَفَرَّجْ عَلَى الْمُصَابِينَ فِي الْحَادِثِ
事故の被災者を傍観する事なかれ

ぼうがいする　bougai-suru　妨害する عَرْقَلَ، يُعَرْقِلُ　عَرْقَلَ الصَّوْتُ الدَّرْسَ :その音が授業を妨害した
※名 عَرْقَلَة :妨害　عَرْقَلَةُ السَّيْرِ :交通妨害

ぼうぎょ　bougyo　防御　⇒ ぼうえい　bou・ei　防衛

ぼうけん　bouken　冒険　مُغَامَرَة < غمر 複 -ات　مُغَامَرَاتُ السِّنْدِبَادِ الْبَحْرِيِّ
船乗りシンドバッドの冒険

ぼうこう　boukou　膀胱　مَثَانَة　複 -ات　يَجْتَمِعُ الْبَوْلُ فِي الْمَثَانَةِ
尿は膀胱に集まる

ぼうこうする　boukou-suru　暴行する　اِعْتَدَى < عدو VIII ～ عَلَى ～:～に　اِعْتَدَى عَلَى الْمُشَاهِدِينَ
観客に暴行した
※名 اِعْتِدَاء :暴行 ※ اِغْتِصَابُ امْرَأَةٍ :婦女暴行

ぼうし　boushi　帽子　قُبَّعَة　複 -ات　خَلَعَ قُبَّعَتَهُ :帽子を取った
الْقُبَّعَةُ تَحْمِي رَأْسَكَ مِنْ أَشِعَّةِ الشَّمْسِ
帽子が陽光からあなたの頭を守る

ぼうしする　boushi-suru　防止する　⇒ ふせぐ　husegu　防ぐ

ぼうず　bouzu　坊主　⇒ そうりょ　souryo　僧侶

ぼうぜん-とする　bouzen-tosuru　呆然とする ذَهَلَ (a)　قَدْ يُفَاجِئُهَا خَبَرُ الْفَاجِعَةِ، فَتَذْهَلُ
その惨事の急報が来たら彼女は呆然とするだろう

ぼうだいな　boudai-na　膨大な كَثِير جِدًّا　كَثِيرٌ جِدًّا مِنَ الْمَعْلُومَاتِ :膨大な資料

ぼうちょうする　bouchou-suru　膨張する　⇒ ふくらむ　hukuramu　膨らむ

ぼうと　bouto　暴徒　مُشَاغِب < شغب 複 -ونَ　اِحْتَلَّ الْمُشَاغِبُونَ الْمَيْدَانَ
暴徒が広場を占領した

ぼうとくする～ぼくしんぐ

ぼうとくする　boutoku-suru　冒涜する　اِنْتَهَكَ < نهك VIII　اِنْتَهَكَ الْأَجْنَبِيُّ حُرْمَةَ الْمَعْبَدِ
一人の外国人が神社を冒涜した

2)冒涜する　كَفَرَ (i)　كَفَرَ بِاللّٰهِ :神を冒涜した

ぼうどう　boudou　暴動　شَغْب (َ)　يُخْشَى أَنْ تُثِيرَ الْحَرَكَةُ شَغْبًا
その運動が暴動を引き起こさないかと心配されている

ぼうはてい　bouha-tei　防波堤　حَاجِزُ الْأَمْوَاجِ　لَمْ تَكُنْ فِي حَاجِزِ الْأَمْوَاجِ فَائِدَةٌ
防波堤は役に立たなかった

ぼうはん　bouhan　防犯　مُقَاوَمَةُ الْجَرَائِمِ　جَهَّزَ كَامِيرَا لِمُقَاوَمَةِ الْجَرَائِمِ
防犯カメラを据え付けた

ぼうふう　bouhu・u　暴風　إِعْصَار　複 أَعَاصِر / أَعَاصِير　كَادَ الْإِعْصَارُ يُغْرِقُ السَّفِينَةَ
暴風が船をほとんど沈めるところだった

ぼうめい　boumei　亡命　لُجُوء < لجأ　حَقُّ اللُّجُوءِ السِّيَاسِيِّ :政治亡命の権利

ぼうや　bouya　坊や　وَلَدٌ　كَمْ عُمْرُكَ، يَا وَلَدُ؟ :坊や,何歳ですか?

ぼうりょく　bouryoku　暴力　عُنْف (ُ)　لَجَأَ إِلَى الْعُنْفِ :暴力に訴えた
أَعْمَالُ الْعُنْفِ :暴力行為　بِعُنْفٍ :暴力的に
※形 عَنِيف :暴力の/暴力的な
اللَّعِبُ الْعَنِيفُ :暴力的な遊び
غَيْرُ عَنِيفٍ :非暴力の

ぼうりょくだん　bouryoku-dan　暴力団　عِصَابَةُ مُجْرِمِينَ　عُضْوُ عِصَابَةِ مُجْرِمِينَ :暴力団員/やくざ

ぼうれい　bourei　亡霊　⇒ ゆうれい　yu・urei　幽霊

ぼきんする　bokin-suru　募金する　تَبَرَّعَ بِمَالٍ　～に: لِـ～　تَبَرَّعَ التَّلَامِيذُ بِسَخَاءٍ لِحِسَابِ الْمَيْتَمِ
生徒達は親切にも孤児院のために募金した
※名 تَبَرُّع 複 ـات :募金　جَمَعَ التَّبَرُّعَاتِ :募金を集めた

ぼく　boku　僕　أَنَا　※～ـنِي :僕を　～ـي :僕の～　عَادَةً تُسْتَخْدَمُ كَلِمَةُ "بُوكُو" مِنْ قِبَلِ صِغَارِ السِّنِّ
僕は普通若い男の子に使われる
※僕の ⇒ わたしの watashi-no 私の
※僕を ⇒ わたしを watashi-wo 私を

ぼくさー　bokusaa　ボクサー　مُلَاكِم < لكم　اَلْمُلَاكِمُ الْمَهْزُومُ يَتَرَنَّحُ
負けたボクサーがふらついている

ぼくし　bokushi　牧師　قِسِّيس < قسّ 複 ـون　أَلْقَى الْقِسِّيسُ عِظَةً بَعْدَ الصَّلَاةِ
牧師は祈りの後,説教をした

ぼくしんぐ　bokushingu　ボクシング　مُلَاكَمَة　صَالَةُ مُلَاكَمَةٍ :ボクシングジム

ぼくじょう　bokujou　牧場　مَرْج　複 مُرُوج　اِخْضَرَّتِ الْمُرُوجُ:牧場が緑になった

ぼくめつ－する　bokumetsu-suru　撲滅する　قَضَى ، يَقْضِي عَلَى～:～を撲滅する　قَضَى عَلَى الْمُخَدِّرَاتِ:麻薬を撲滅した
※名 قَضَاء:撲滅　قَضَاء عَلَى الْأَمْرَاضِ وَالْفَقْرِ
貧困と病気の撲滅

ぼける　bokeru　惚ける　خَرِفَ (a)　مَتَى طَعَنَ الْإِنْسَانُ فِي السِّنِّ يَخْرَفُ
人は老いると惚けるものだ

ぼこく　bokoku　母国　⇒　そこく　sokoku　祖国

ぼこくご　bokoku-go　母国語
ぼご　bogo　母語　اَللُّغَةُ الْأُمُّ　مَا لُغَتُكَ الْأُمُّ ؟:あなたの母国語は何ですか

ぼさぼさの　bosabosa-no　ぼさぼさの　أَشْعَثُ　＜شعث　女 شَعْثَاءُ　يُفَضِّلُ أَنْ يَكُونَ أَشْعَثًا
彼はぼさぼさ髪を好む

ぼしゅう　boshuu　募集　مَطْلُوب　＜طلب　اَلْمَطْلُوب مُدَرِّس إِنْكلِيزِيّ
英語教師募集

ぼす　bosu　ボス　⇒　おやぶん　oyabun　親分

ぼせい　bosei　母性　أُمُومَة　＜أم　غَرِيزَةُ الْأُمُومَةِ:母性本能

ぼたん　botan　ボタン　زِرّ　複 أَزْرَار　فَكَّ أَزْرَارَ السُّتْرَةِ:上着のボタンを外した
※ زَرَّ (u):ボタンを<u>止める</u>(かける)
لَا يَسْتَطِيعُ أَنْ يَزُرَّ قَمِيصَهُ
彼はシャツのボタンを<u>止める</u>(かける)ことができない

ぼち　bochi　墓地　⇒　はかば　hakaba　墓場

ぼっしゅう－された　bosshu・u-sareta　没収された　مُصَادَر　＜صدر　اَلْأَشْيَاءُ الْمُصَادَرَةُ تُبَاعُ بِالْمُزَادِ
没収されたものは競売で売られます

ぼっしゅうする　bosshu・u-suru　没収する　صَادَرَ　＜صدر III　صَادَرَ جَوَازَ سَفَرِهِ:パスポートを没収した
صَادَرَتِ الْحُكُومَةُ أَمْوَالَ الرَّئِيسِ
政府は大統領の資産を没収した
名 مُصَادَرَة:没収(品),押収(品)

ぼっする　bossuru　没する　⇒　しぬ shi・nu 死ぬ／しずむ shizumu 沈む

ぼっとうする　bottou-suru　没頭する　اِنْصَرَفَ　＜صرف VII　اِنْصَرَفَ إِلَى تَحْضِيرِ الْاِمْتِحَانِ
試験勉強に没頭した

ぼっぱつ－する　boppatsu-suru　勃発する　نَشَبَ (a)　※戦争が　قَدْ تَنْشَبُ حَرْبٌ بَيْنَ الدَّوْلَتَيْنِ
二つの国の間で戦争が勃発するだろう

ぼや　boya　ぼや　حَرِيق صَغِير　شَبَّ الْحَرِيقُ الصَّغِيرُ لَيْلَةَ أَمْسِ
昨晩ぼやがあった

ぼやく　boyaku　ぼやく　شَكَا ، يَشْكُو　＜شكو　جَاءَتْ أُخْتِي تَشْكُو إِلَيَّ هَمَّهَا
姉が自分の気苦労をぼやきに私の所に来た

ほ

ぼやける～ぽんぷ

ぼやける boyakeru ぼやける أَصْبَحَ غَيْرَ وَاضِحٍ

ぼらんてぃあ borantia ボランティア مُتَطَوِّع < طوع 複 -ون/ مُتَطَوِّعَة جَمَعَ مُتَطَوِّعِينَ
ボランティアを募った

ぼりゅーむ boryuumu ボリューム قُوَّة الصَّوْت عَلَّى (خَفَّضَ) صَوْتَ الْمِذْيَاعِ
ラジオのボリュームを上げた(下げた)

ぼろぼろ-にする boroboro-nisuru ぼろぼろにする أَبْلَى < بلي IV أَبْلَى الثَّوْبَ: 服をぼろぼろにした。

ぼろぼろの boroboro-no ぼろぼろの رَثٌّ لَبِسَ الْفَقِيرُ ثَوْبًا رَثًّا
その貧しい人はぼろぼろの服を着ていた

(お)ぼん (o-)bon (お)盆 صِينِيَّة < صين 複 صَوَانٍ قَدَّمْنَا لِلْعَرُوسَيْنِ صِينِيَّةً فِضِّيَّةً
私達は新郎新婦に銀のお盆を差し上げた

ぼん bon 盆 عِيدُ الْبُوذِيّ ※ لِمُدَّةِ ثَلَاثَةِ أَيَّامٍ مِنْ ١٣ إِلَى ١٥ أُغُسْطُس فِي الْيَابَانِ
日本では8月13日から15日の3日間

ぼんべ bonbe ボンベ أُسْطُوَانَة 複 -ات أُسْطُوَانَة غَازٍ: ガスボンベ

ぽーず poozu ポーズ وَضْعٌ اِتَّخَذَ وَضْعًا عِنْدَ التَّصْوِيرِ
撮影の時にポーズを取った

ぽーたー pootaa ポーター حَمَّال < حمل 複 -ون قَوَّسَ الْحَمَّالُ ظَهْرَهُ لِيَنْهَضَ بِالسَّلِّ
ポーターは篭を持って立ち上がろうと屈んだ

ぽけっと poketto ポケット جَيْب 複 جُيُوب مَا كَانَ يُوجَدُ أَيُّ شَيْءٍ فِي جُيُوبِ الرِّدَاءِ
コートのポケットには何も入ってなかった

ぽすたー posutaa ポスター إِعْلَان < علن جَمِيلٌ هٰذَا الْإِعْلَانُ عَنِ السَّاعَةِ !
この時計のポスターは美しい

ぽすと posuto ポスト صُنْدُوق الْبَرِيدِ نَضَعُ رَسَائِلَ فِي صُنْدُوقِ الْبَرِيدِ
私たちは手紙をポストに入れます

ぽっと potto ポット إِبْرِيق 複 أَبَارِيق إِبْرِيقُ شَايٍ: ティーポット

ぽてと poteto ポテト ⇒ じゃがいも jaga-imo じゃが芋

ぽぷら popura ポプラ حَوْر (ٌ) يُجَرِّدُ الْعَامِلُ جُذُوعَ الْحَوْرِ
作業員がポプラの幹の皮を剥いでいる

ぽりお porio ポリオ ⇒ しょうにまひ shou・ni-mahi 小児マヒ

ぽんど pondo ポンド جُنَيْه/ جنيه 複 -ات جُنَيْه إِنْجِلِيزِيّ: 英国ポンド

2)ポンド رَطْل 複 أرطال زِنْ لِي رَطْلًا مِنَ الطَّمَاطِمِ ، مِنْ فَضْلِكَ
すみません, トマトを1ポンド計って下さい

ぽんぷ ponpu ポンプ مِضَخَّة < ضخ 複 -ات مِضَخَّة الْحَرِيقِ: 消防ポンプ

ま～まいる

ま　ま　マ【ma】

ま　ma　間　لَحْظَة　複 لَحَظات　فِي الْقِراءَةِ ، تَوَقَّفْ لَحْظَةً عِنْدَ الْفاصِلَةِ 本を読むときにはコンマで間をおきなさい

まーく　maaku　マーク　عَلامَة　< علم 複 -ات　عَلامَةُ اسْتِفْهامٍ :クエスチョンマーク

まーけっと　maaketto　マーケット　⇒ いちば　ichiba　市場

まぁ　maa　まぁ！　! يا سَلام　※驚いた時に　=「何ということだ」「何ってこった」

まい　mai　毎～　كُلّ　كُلَّ صَباحٍ :毎朝　كُلَّ مَساءٍ :毎晩　كُلَّ يَوْمٍ :毎日
كُلَّ أُسْبوعٍ :毎週　كُلَّ شَهْرٍ :毎月　كُلَّ عامٍ :毎年

まい　mai　枚（كَيْفِيَّة عَدِّ الأَوْراقِ ، الأَطْباقِ إلخ）　وَرَقَة :1枚の紙　طَبَق :1枚の皿
وَرَقَتانِ (يْنِ) :2枚の紙　طَبَقانِ (يْنِ) :2枚の皿(属対)
ثَلاثُ وَرَقاتٍ :3枚の紙　ثَلاثَةُ أَطْباقٍ :3枚の皿

まいあがる　mai-agaru　舞い上がる　ثارَ ، يَثورُ　ثارَ الْغُبارُ :埃が舞い上がった

まいく　maiku　マイク

まいくろふぉん　maikurofon　マイクロフォン　مِذْياع < ذيع 複 مَذاييع　مِذْياعٌ لاسِلْكِيٌّ :ワイヤレスマイク

まいご　maigo　迷子　طِفْل ضالّ　بَحَثَ الْجيرانُ عَنِ الطِّفْلِ الضّالِّ
近所の人達が迷子を捜した

まいそうする　maisou-suru　埋葬する　دَفَنَ (i)　دَفَنَ الْمَيِّتَ :死者を埋葬した　※名 دَفْنُ الْجُثَّةِ :埋葬
يَجِبُ دَفْنُ الْجُثَّةِ قَبْلَ أَنْ تَتَنَتَّنَ (وُ)
遺体は悪臭を放つ前に埋葬しなければならない

まいなす　mai・nasu　マイナス سالِب / سَلْب　عَلامَةُ السَّلْبِ :負の記号，－　※ ⇔ مُوجِب :プラス
قُطْب سالِب :マイナス極/陰極

2)マイナス　⇒ れいか　reika　零下

まいにち　mai・nichi　毎日　كُلَّ يَوْمٍ　هَلْ تَقْرَأُ صَحيفَةً كُلَّ يَوْمٍ ؟
新聞を毎日読みますか

まいる　mairu　マイル　ميل　複 أَمْيال　وَقَفَ الْمَرْكَبُ عَلى قَيْدِ ميلٍ مِنَ الشّاطِئِ
その船は岸から1マイルの所で止まった
※1マイル＝1.60キロメートル

まいる　mairu　参る　زارَ ، يَزورُ　※神社・仏閣に　نَزورُ الْمَعْبَدَ في رَأْسِ السَّنَةِ
私達は正月に神社にお参りする
※行くの丁寧語　أَزورُكَ غَدًا :私は明日，お宅へ参ります

2)参る　لا تَحَمَّلَ　※=耐えられない　لَمْ أَتَحَمَّلِ الْحَرارَ في الصَّيْفِ
夏の暑さには参りました

まう～まきば

まう　mau　舞う ⇒ おどる odoru 踊る

まえ　mae　前　أَمَام < أمّ ※場所的 إِلَى الْأَمَامِ :前に/前方に مِنَ الْأَمَامِ :前から

2)前　قَبْلَ ※時間的 قَبْلَ الظُّهْرِ :午前

مِنْ قَبْلُ / قَبْلاً :前に/以前に

まえがき　mae-gaki　前書き　مُقَدِّمَة الْكِتَاب　أُكْتُبْ لِي الْمُقَدِّمَةَ ، مِنْ فَضْلِكَ

私のために前書きを書いて下さい

まえに　mae-ni　(～の)前に ～ بَيْنَ يَدَيْ　بَيْنَ يَدَيْهِ :彼の前に(で)

2)(～の)前に　قَبْلَ ※時間的 قَبْلَ أَنْ ～ :～する前に

اِغْسِلْ يَدَيْكَ قَبْلَ أَنْ تَأْكُلَ

食べる前に手を洗いなさい

まえの　mae-no　前の　أَمَامِيّ < أمّ　الْقِسْمُ الْأَمَامِيُّ :前部/前の部分

2)前の　سَابِق < سبق　فِي السَّابِقِ / سَابِقًا :前に/以前に/かつて

الصَّفْحَةُ السَّابِقَةُ :前のページ/前ページ

まえぶれ　mae-bure　前触れ　إِشَارَة مُقَدَّمَة　أَوَقَعَ الزِّلْزَالُ الْكَبِيرُ بِدُونِ إِشَارَةٍ مُقَدَّمَةٍ ؟

大地震は前触れ(前兆)もなく起きたのですか

まえもって　mae-motte　前もって　مُقَدَّمًا　اِسْتَعِدَّ لِلدِّرَاسَةِ مُقَدَّمًا

前もって授業の準備をしなさい

まかす　makasu　負かす ⇒ かつ katsu 勝つ

まかせる　makaseru　任せる　كَلَّفَ < كلف II　كَلَّفَ الْمَلِكُ الْوَزِيرَ بِالْمُهِمَّةِ

国王はその重要な任務を大臣に任せた

まかろに　makaro・ni　マカロニ　مَعْكَرُونَة　تُسْلَقُ الْمَعْكَرُونَةُ فِي الْمَاءِ السَّاخِنِ

マカロニはお湯で茹でます

まがった　magatta　曲がった　مَلْوِيّ/ مُلْتَوِيّ/ مُلْتَوٍ < لوى　طَرِيق طَوِيل مُلْتَوِي

曲がりくねった長い道

まがる　magaru　曲がる　يَنْحَنِي ، إِنْحَنَى　إِنْحَنَى ظَهْرُ الْفَلَّاحِ الْعَجُوزِ

その老農夫の背中は曲がっていた

2)曲がる　اِلْتَوَى < لوى VIII　إِذَا الْتَوَى الْمِسْمَارُ ، اِسْحَبْهُ بِكَمَّاشَةٍ

釘が曲がったらペンチで抜きなさい

まき　maki　薪　حَطَب 複 أَحْطَاب　كَسَرَ الرَّجُلُ الْحَطَبَ بِالْبَلْطَةِ

男は薪を鉈で割った

まきげ　maki-ge　巻き毛　الشَّعْرُ الْمُجَعَّدُ　شَعْرُهَا مُجَعَّدٌ :彼女の髪は巻き毛です

まきじゃく　maki-jaku　巻き尺　مِقْيَاس شَرِيطِيّ

まきば　makiba　牧場 ⇒ ぼくじょう bokujou 牧場

ま

まきもどす maki-modosu 巻き戻す(أَعَادَ (اللَّفَّ > عود IV أَعَادَ لَفَّ شَرِيطِ لِلْقِيَاسِ
巻き尺を巻き戻した

まく maku 蒔く زَرَعَ (a) ※種を مَا تَزْرَعْ تَحْصُدْ :種を蒔かないと収穫はない/
蒔かぬ種は生えぬ[格言]

まく maku 巻く لَفَّ (u) ～ لَفَّ حَبْلًا حَوْلَ :～の回りをロープで巻いた

2)巻く ضَمَّدَ > ضمد II طَهَّرَتِ الْمُمَرِّضَةُ الْجُرْحَ، ثُمَّ ضَمَّدَتْهُ بِالشَّاشِ
女性看護師が傷を消毒し，包帯を巻いた

まく maku 撒く رَشَّ (u) ※水を الْمَاءَ (رُشِّي) رُشَّ :水を撒きなさい(女)

まく maku 幕 سِتَار > ستر 複 سُتُرٌ أُسْدِلَ السِّتَارُ :幕が下りた

まく maku 膜 غِشَاء > غشو 複 أَغْشِيَة شَكَّلَ الْغُبَارُ غِشَاءً عَلَى الزُّجَاجِ
埃がガラスに膜を作った

まくら makura 枕 وِسَادَة > وسد 複 -ات لَا أَحْتَاجُ فِي نَوْمِي إِلَى وِسَادَةٍ
私は寝る時に枕はいりません

まくら-をする makura-wo・suru 枕をする وَسَّدَ > وسد II لَا تَنَمْ قَبْلَ أَنْ أُوَسِّدَكَ مِخَدَّةً نَظِيفَةً
私が(あなたの)枕を新しくする前に
寝ないで下さい

まくる makuru まくる رَفَعَ (a) اِرْفَعْ قُمَّيْكَ قَبْلَ غَسْلِ يَدَيْكَ
手を洗う前に袖をまくりなさい

まぐろ maguro マグロ تُون / تُونَة عُلْبَةُ سَمَكِ التُّونَةِ :マグロの缶詰/ツナ缶

まぐれぶ magurebu マグレブ بِلَادُ الْمَغْرِبِ / اَلْمَغْرِب ※モロッコなどの北西アフリカ諸国
※مَغْرِبِيّ :モロッコの/モロッコ人

まけ make 負け اِنْهِزَام > هزم اِعْتَرَفَ بِانْهِزَامِهِ :負け(敗北)を認めた

まける makeru 負ける اِنْهَزَمَ > هزم VII ※⇔ اِنْتَصَرَ :勝つ
～ اِنْهَزَمَ فِي مُبَارَاةِ :～の試合で負けた

2)負ける خَفَضَ (i) ※値段を لَيْتَ التَّاجِرَ يَخْفِضُ الْأَسْعَارَ !
商人が値段を負けてくれたらなぁ

まけた まけの maketa make-no 負けた 負けの مَهْزُوم > هزم اَلْمُلَاكِمُ الْمَهْزُومُ يَتَرَنَّحُ
負けたボクサーがふらついている

まげる mageru 曲げる قَوَّسَ > قوس II قَوَّسَ الْخَيْزُرَانَةَ بِالنَّارِ :竹を火で曲げた

2)曲げる حَرِدَ (a) ※臍を عِنْدَمَا لَا أُشْرِكُ ”شيرو“ بِاللَّعِبِ يَحْرَدُ
”シロ”は私が遊び相手にならないと臍を曲げる

まご mago 孫 男 حَفِيد / 女 حَفِيدَة 複男 حَفَدَة / أَحْفَاد 複女 -ات

ま

まごころ〜ますと

أَخَذَ الرَّجُلُ الْعَجُوزُ أَحْفَادَهُ إِلَى السِّينَمَا
老人が孫達を映画に連れていった

まごころ　magokoro　真心　إِخْلَاص　<خلص　أُقَدِّرُ فِي صَدِيقِي إِخْلَاصَهُ
友人の真心(誠意)に感謝してます

まさか　masaka　まさか！　يَا إِلٰهِي！　يَا إِلٰهِي！ لَا أُصَدِّقُ عَيْنَيَّ:まさか！信じられない

まさつ　masatsu　摩擦　اِحْتِكَاك　<حك　تَتَوَلَّدُ مِنَ الْاحْتِكَاكِ حَرَارَةٌ
摩擦から熱が生じる

まさに　masa・ni　正に　حَقًّا　كَلَامُكَ صَحِيحٌ حَقًّا:正に,あなたの言うことは正しい

2)正に　إِنَّ ～　إِنَّهُ رَجُلٌ كَرِيمٌ:正に(実に),彼は心の広い男だ

まさる　masaru　勝る　يَفُوقُ، فَاقَ　يَفُوقُ وَلَدُكَ أَتْرَابَهُ فِي الذَّكَاءِ وَالنَّشَاطِ
お子さんは同年輩の子に知能と活力で勝っています

まざった　mazatta　混ざった　مَخْلُوط　<خلط　يَأْكُلُ الْحِمَارُ التِّبْنَ مَخْلُوطًا بِالشَّعِيرِ
ロバは大麦の混ざったわらを食べる

まざる　mazaru　混ざる　اِخْتَلَطَ　<خلط VIII　سَقَطَ الشَّعِيرُ عَلَى الْقَمْحِ فَاخْتَلَطَا
大麦が小麦の上に落ちて,混ざり合った

まじない　maji・nai　まじない　رُقْيَة　<رقي 複 رُقًى　رُقْيَةُ الْأُمِّ أَفْضَلُ مِنْ وَصْفَةِ الطَّبِيبِ
母親のまじないは医者の処方箋より良い

まじめ　majime　真面目　جِدٌّ　يَشْنَعُ الْمِزَاحُ فِي أَوْقَاتِ الْجِدِّ
真面目な時に冗談は酷い

まじめな　majime-na　真面目な　جَادّ　<جد　بِالْعَمَلِ الْجَادِّ:真面目な仕事で

2)真面目な　جِدِّيّ　<جد 複 ون　كُنْ جِدِّيًّا فِي حَيَاتِكَ
人生に真面目でありなさい

まじゅつ　majutsu　魔術 ⇒ まほう　mahou　魔法

まじる　majiru　混じる ⇒ まざる　mazaru　混ざる

まじわる　majiwaru　交わる　اِلْتَقَى　<لقي VIII　تَلْتَقِي الشَّوَارِعُ عِنْدَ الدَّوَّارِ
通りはロータリーで交わっている

ます　masu　増す ⇒ ふえる　hueru　増える

ますい　masui　麻酔　مُخَدِّر　<خدر　يُعْطِي الْمَرِيضَ مُخَدِّرًا
患者に麻酔をかける(する)

ますく　masuku　マスク　قِنَاع　<قنع 複 أَقْنِعَة　قِنَاعُ الْغَازِ:ガスマスク

وَضَعَ قِنَاعًا:マスクをつけた

ますこみ　masukomi　マスコミ　وَسَائِلُ الْإِعْلَامِ

ますと　masuto　マスト　صَارٍ　<صري 複 صَوَارٍ ※定 اَلصَّارِي

ま

ますます～まちがい

يَحْمِلُ الصَّارِي شِرَاعَيْنِ أَوْ ثَلَاثَةً
1本のマストに帆は二つか三つある

ますます　masu-masu　ますます أَكْثَرَ فَأَكْثَرَ　ازْدَادَ عَدَدُ سُكَّانِ الْمَدِينَةِ أَكْثَرَ فَأَكْثَرَ
ますます都市の人口が増えた

まずい　mazui　まずい غَيْر لَذِيذٍ　هٰذَا الطَّعَامُ غَيْرُ لَذِيذٍ :この食べ物はまずい

2)まずい غَيْر مُنَاسِبٍ　جَاءَ فِي وَقْتٍ غَيْرِ مُنَاسِبٍ :彼はまずい時に来た

まずしい　mazushii　貧しい　فَقِير　< فقر 複 فُقَرَاءُ　رَجُلٌ فَقِيرٌ يَسْتَعْطِي
貧しい(貧乏な) 男が物乞いをする

まずしいひと　mazushii-hito　貧しい人　فَقِير　< فقر 複 فُقَرَاءُ　سَاعِدْ الْفُقَرَاءَ :貧しい人達を助けよ

まずしさ　mazushisa　貧しさ　فَقْر　يَذْهَبُ الْفَقْرُ وَيَأْتِي الْمَالُ
貧しさが去って豊かになる

まぜる　mazeru　混ぜる　خَلَطَ (i)　نَخْلِطُ بَعْضَ الطِّينِ وَالْقَشِّ
私達は泥と藁をまぜる

また　mata　(～も)また　أَيْضًا　أَظُنُّ ذٰلِكَ أَيْضًا :私もまたそう思う

またせる　mataseru　(～を)待たせる　جَعَلَ ～ يَنْتَظِرُ　آسِفٌ لِأَنَّنَا جَعَلْنَاكَ تَنْتَظِرُنَا
お待たせして,申し訳ありません

または　matawa　または　⇒ あるいは aruiwa あるいは

まだ　mada　未だ(～している) مَا زَالَ/ لَا يَزَالُ < زول　مَا زَالَ فِي الشَّرِكَةِ
彼は未だ会社にいます

مَا زِلْتُ أَفْعَلُهُ :私は未だそれをしています

مَا يَزَالُ الطَّقْسُ حَارًا :天気はまだ暑い

まだ　mada　未だ(～ない) لَمَّا + يَفْعَلْ　لَمَّا أَقْرَأْ الْكِتَابَ :私は未だその本を読んでいない

2)未だ(～ない) لَمْ + يَفْعَلْ بَعْدُ　لَمْ يَأْتِ مُحَمَّدٌ بَعْدُ
ムハンマドは未だ来てません

まだです　madadesu　未だです　لَيْسَ الْآنَ　هَلْ تَعَشَّيْتَ؟ لَيْسَ الْآنَ
夕食は済みましたか—未だです

まち　machi　町/街　مَدِينَة　< مدن 複 مُدُنٌ / مَدَائِن
الْمَدِينَةُ أَكْبَرُ مِنَ الْقَرْيَةِ :町は村より大きい

まちあいしつ　machiai-shitsu　待合室　غُرْفَةُ الِانْتِظَارِ　انْتَظِرْ فِي غُرْفَةِ الِانْتِظَارِ :待合室でお待ち下さい

まちがい　machigai　間違い　غَلْطَة　< غلط 複 -ات　الْغَلْطَةُ غَلْطَتِي :それは私の間違いです

2)間違い　خَطَأٌ　< خطئ 複 أَخْطَاء　لَا أَحَدَ مَعْصُومٌ مِنَ الْخَطَإِ
何人も間違い(誤り)から逃れられない

ま

まちがう / まちがえる　machigau / machigaeru　間違う / 間違える　غَلِطَ (a)　لِمَاذَا تَغْلَطُ فِي الْكِتَابَةِ ؟
どうして書き方を<u>間違える</u>(間違う)のですか

2)間違う / 間違える　خَلَطَ (i)　خَلَطَ الْعَامِلُ بَيْنَ الْكِيرُوسِينِ وَالْبَنْزِينِ
作業員が灯油とガソリンを間違えた

まちぶせ-する　machi-buse-suru　待ち伏せする　تَرَبَّصَ < ربص V　رَبَضَتِ الْهِرَّةُ تَتَرَبَّصُ بِالْفَأْرَةِ
猫は身を伏せてネズミを待ち伏せした

まつ　matsu　待つ　اِنْتَظَرَ < نظر VIII　اِنْتَظِرْ قَلِيلاً :ちょっとお待ち下さい
اِنْتَظَرَ دَوْرَهُ :順番を待った

まつ　matsu　松　صَنَوْبَر　يُسْتَخْرَجُ رُوحُ الْبُطْمِ مِنَ الصَّنَوْبَرِ
テレピン油は松の木から取り出される

まっかな　makka-na　真っ赤な　بَحْت (كَذِب)　كَلَامُهُ كَذِبٌ بَحْتٌ :彼の話は真っ赤な嘘だ

まつげ　matsuge　まつ毛　رَمْش (َ)　複 رُمُوش　عَلَى رَمْشِ عَيْنِكَ غُبَارٌ
まつ毛にゴミがあるよ

2)まつ毛　هُدْب (ُ)(ْ)　複 أَهْدَاب　يُزَيِّنُ عَيْنَ الْفَتَاةِ هُدْبٌ طَوِيلٌ
長いまつ毛が娘の目を美しくする

まっさーじ　massaaji　マッサージ　تَدْلِيك < دلك　مَتَى تَشَنَّجَتْ عَضَلَاتُكَ ، عَلَيْكَ بِتَدْلِيكِهَا
筋肉が引きつった時はマッサージが必要です

まっすぐな　massugu-na　真っ直ぐな　مُسْتَقِيم < قوم　((اِهْدِنَا الصِّرَاطَ الْمُسْتَقِيمَ !))
私たちを<u>真っ直ぐな道</u>(正しい道)に導き給え

まったく　mattaku　全く(～ない)　<u>لَمْ (لَا)</u> ～ أَبَدًا　لَمْ يَرْجِعْ بَعْدَ هٰذَا أَبَدًا
この後,彼は全く帰らなかった
لَمْ تَكُنْ حَيَاةُ الْمِصْرِيِّ الْقَدِيمِ سَهْلَةً أَبَدًا
昔のエジプト人の生活は全く容易ではなかった

まっち　macchi　マッチ　كِبْرِيت < كبرت　<u>عُودُ</u> (عُلْبَةِ) كِبْرِيتٍ :マッチ棒(箱)

まっと　matto　マット　حَصِير < حصر 複 حُصُر　حَصِيرَةٌ :1枚のマット
جَلَسَ الْأَطْفَالُ عَلَى الْحَصِيرَةِ
子供達はマットの上に座った

まつり　matsuri　祭り　مِهْرَجَان　複 -ات　مِهْرَجَانُ السِّيَاحَةِ :観光祭り

2)祭り　عِيد　複 أَعْيَاد　أَحْيَيْنَا لَيْلَةَ الْعِيدِ رَقْصًا وَغِنَاءً
祭りの夜に私達は歌って踊って過ごした

まつる　matsuru　祭る　أَلَّهَ < اله II　أَلَّهَ شُهَدَاءَ الْحَرْبِ :戦没者を祭った

まで　made　(～)まで　إِلَى～　إِلَى مَتَى؟ :何時まで　إِلَى أَيْنَ ؟ :どこまで

2)(～)まで　حَتَّى < حت　حَتَّى الْآنَ :今まで　حَتَّى مَتَى～؟ :いつまで～?

ま

までに～まぬがれる

أَكَلْتُ التُّفَّاحَةَ حَتَّى بِزْرِهَا
私はリンゴを種まで食べました

までに　mamde·ni　(～)までに　قَبْلَ　قَبْلَ الظُّهْرِ :昼までに

まと　mato　的　هَدَفٌ　複 أَهْدَاف　أَصَابَ الْهَدَفَ :その的に当てた

まとう　matou　まとう ⇒ きる kiru 着る

まとまる　matomaru　まとまる　اِتَّحَدَ < وحد VIII　اِتَّحَدَتْ آرَاؤُنَا :私たちの意見がまとまりました

2)まとまる　أَجْمَعَ < جمع IV　أَجْمَعَ الرَّأْيُ عَلَى اخْتِيَارِكَ رَئِيسًا لِلْفَرِيقِ
あなたをチームの主将に選ぶというで意見がまとまりました

まとめ　matome　まとめ　خُلَاصَة < خلص 複 -ات　كَتَّبَنَا الْمُعَلِّمُ خُلَاصَةَ الدَّرْسِ
先生は私達に授業のまとめを書かせました

まとめる　matomeru　まとめる　لَخَّصَ < لخص II　دَرْسُ التَّارِيخِ طَوِيلٌ، لَيْتَ الْأُسْتَاذَ يُلَخِّصُهُ
歴史の授業は長いから，教授がまとめてくれたらいいのに

2)まとめる　وَحَّدَ < وحد II　وَحِّدُوا آرَاءَكُمْ وَاتَّفِقُوا
あなた達の意見をまとめて，合意しなさい

まとん　maton　マトン لَحْم ضَأْنِيّ　إِنِّي أُفَضِّلُ لَحْمَ الضَّأْنِيِّ :私はマトンがとても好きです

まど　mado　窓　شُبَّاك < شبك 複 شَبَابِيك　شُبَّاكُ التَّذَاكِرِ :切符販売の窓口
فَتَحَ (أَغْلَقَ) الشُّبَّاكَ :窓を開けた(閉めた)

2)窓　نَافِذَة < نفذ 複 نَوَافِذ　اِفْتَحِ النَّافِذَةَ لِلشَّمْسِ وَالْهَوَاءِ
日の光と風を入れるために窓を開けなさい

まどわ-される　madowa-sareru　惑わされる　اِغْتَرَّ < غرّ VIII　لَا تَغْتَرَّ بِمَظْهَرِ الْأَشْخَاصِ وَالْأَشْيَاءِ
人や物の外見(外観)に惑わされるな

まどわす　madowasu　惑わす　أَضَلَّ < ضل IV　كَثْرَةُ الْآرَاءِ أَضَلَّتْنِي
多くの意見が私を惑わせた

まなー　ma·naa　マナー آدَاب السُّلُوك　تَحَسَّنَ سُلُوكُهُ كَثِيرًا
彼のマナーがとても良くなった

まなざし　ma·nazashi　眼差し ⇒ しせん shisen 視線

まなぶ　ma·nabu　学ぶ　دَرَسَ (u)　دَرَسْتُ اللُّغَةَ الْعَرَبِيَّةَ مُنْذُ زَمَنٍ طَوِيلٍ
私はずっと前にアラビア語を学びました

まにあう　ma·niau　間に合う　أَدْرَكَ < درك IV　لَمْ أُدْرِكِ الْقِطَارَ
私は汽車に間に合わなかった

まにきゅあ　ma·nikyua　マニキュア تَقْلِيم الْأَظَافِر

まぬがれる　ma·nugareru　免れる　تَجَنَّبَ < جنب V　تَجَنَّبُوا تَحَمُّلَ مَسْؤُولِيَّتِهِمْ
彼らは責任を免れた(逃れた)

ま

まぬけな～まみず

ま

まぬけな　ma・nuke-na　間抜けな　⇒　おろかな　oroka-na　愚かな

まねーじゃー　ma・neejaa　マネージャー　مُدِير　< دور 複 مُدَرَاء　نَادَى مُحَمَّدٌ مُدِيرَ الْمَطْعَمِ
ムハンマドはレストランのマネージャーを呼んだ

まねきん　ma・nekin　マネキン　عَارِضَة الْأَزْيَاءِ

まねく　ma・neku　招く　يَدْعُو ، دَعَا　دَعَا مُحَمَّدٌ السَّيِّدَ "يامادا" عَلَى وَجْبَةِ غَدَاءٍ
ムハンマドは山田氏を昼食に招いた
※名 دَعْوَة :招き　دَعْوَة إِلَى الْحَفْلَةِ :宴会への招き

2)招く　سَبَّبَ　< سبّ II　سَبَّبَ سُوءَ التَّفَاهُمِ :誤解を招いた

まねる　ma・neru　まねる
まねをする　ma・ne-wosuru　まねをする　قَلَّدَ　< قلد II　حَاوَلَ أَنْ يُقَلِّدَ صَوْتَ الْجَدَّةِ
おばあさんの声をまねてみた
※名 تَقْلِيد :まね/模倣　تَقْلِيد الْآخَرِينَ :物まね
الْقُرُودُ تُحِبُّ التَّقْلِيدَ :猿はまねるのが好きです

まばたき　mabataki　まばたき　طَرْف　複 أَطْرَاف　مَا أَشَارَ بِطَرْفٍ :まばたき一つしなかった

まひ　mahi　麻痺　شَلَل　< شلّ　شَلَلُ الْأَطْفَالِ (حَرَكَةِ الْمُرُورِ)
小児(交通)麻痺

まひさせる　mahi-saseru　麻痺させる　شَلَّ (u)　حَادِثُ الِاصْطِدَامِ يَشُلُّ حَرَكَةَ السَّيْرِ فِي الشَّارِعِ
事故が通りの交通を麻痺させる

まひする　mahi-suru　麻痺する　شَلَّ (a)　شَلَّ قَدَمُهُ :足が麻痺した

まぶしい　mabushi・i　まぶしい　يَهَجُ ، وَهَجَ　شَمْسُ الصَّيْفِ تَهَجُ :夏の太陽はまぶしい

まぶた　mabuta　まぶた　جَفْن　複 أَجْفَان　يَغْمِضُ لِي جَفْنٌ :私のまぶたが重い/私は眠い

まほう　mahou　魔法　سِحْر　複 سُحُور/أَسْحَار　مَارَسَ السِّحْرَ :魔法を使った(かけた)

まほうつかい　mahou-tsukai　魔法使い　سَاحِر　< سحر 複 سَحَرَة /ون 女 سَاحِرَة

まほうの　mahou-no　魔法の　سِحْرِيّ　< سحر سِحْرِيّ　فَانُوس سِحْرِيّ :魔法のランプ

まほう-をかける　mahou-wokakeru　魔法をかける　سَحَرَ (a)　سَحَرَتِ الْعَجُوزُ الْقَرْعَةَ ، فَصَارَتْ عَلَبَةً جَمِيلَةً
おばあさんがカボチャに魔法をかけると美しい馬車になりました

まぼろし　maboroshi　幻　خَيَال　< خيل 複 أَخْيِلَة　فِي سَهَرِي خَيَالُكَ يُسَامِرُنِي
私が徹夜をしているとあなたの幻が話しかける

ままはは　mama-haha　継母　زَوْجَةُ الْأَبِ　زَوْجَةُ أَبِي تُحِبُّنِي ، وَأَنَا أَحْتَرِمُهَا
継母は私を愛してくれます，そして私は継母を敬います

まみず　ma-mizu　真水　مَاء عَذْب　لَا يَرْوِي الْعَطَشَ إِلَّا الْمَاءُ الْعَذْبُ
真水以外で喉の渇きを癒してはならない

まめ～まよねーず
ま

まめ mame 豆 فُول 複 -ات ※ فُولَة : 1粒の豆 ※= نَبَات قَرْنِيّ :豆科の植物
نَأْكُلُ قُرُونَ الْفُولِ وَحُبُوبَهُ
私達は豆のさやと実を食べる

まもなく mamo・naku 間も無く بَعْدَ قَلِيلٍ سَيَأْتِي بَعْدَ قَلِيلٍ :彼は間も無く来るだろう

まもり mamori 守り دِفَاع < دفع قَوَّى الدِّفَاعَ :守りを固めた

(お)まもり (o-)mamori (お)守り حِرْز 複 أَحْرَاز فِي عُنُقِ الطِّفْلِ حِرْزٌ يَحْمِيهِ مِنَ الْأَذَى وَالشَّرِّ
子供の首には厄よけのお守りがある

まもりの mamori-no 守りの مُحَصَّن < حصن كَانَتِ الْمَدِينَةُ قَوِيَّةً مُحَصَّنَةً
それは守りの堅い街だった

まもる mamoru 守る يَحْمِي ، حَمَى ～مِنْ :～から يَحْمِي الْبِيئَةَ :環境を守る
2)守る رَاعَى < رعى III رَاعَى التَّقْلِيدَ (الْمَبْدَأَ)
伝統(原則)を守った
3)守る يَفِي ، وَفَى ～بِ / ـهُ :～を عَلَيْكَ أَنْ تَفِي بِوَعْدِكَ
約束は守らなければならないよ
4)守る يَصُونُ ، صَانَ أَصُونُ الْأَسْرَارَ : 私は秘密を守ります(口が堅いです)
صَانَ شَرَفَهُ :名誉を守った

まやく mayaku 麻薬 مُخَدِّر < خدر 複 -ات مُدْمِنُ الْمُخَدِّرَاتِ :麻薬中毒者

まゆ mayu 眉 حَاجِبُ الْعَيْنِ بَدَأَتْ تَنْتِفُ شَعْرَ حَاجِبَيْهَا :彼女は眉毛を抜き始めた

まゆ mayu まゆ/繭 شَرْنَقَة 複 شَرَانِق تُشْبِهُ الشَّرْنَقَةُ حَبَّةَ الْفُسْتُقِ
まゆはピスタチオに似ている

まよう mayou 迷う يَضِلُّ ، ضَلَّ ضَلَّ الطَّرِيقَ :道に迷った
2)迷う تَحَيَّرَ < حير V ※～فِي :に تَحَيَّرَ فِي حَلِّ الْمُشْكِلَةِ
その問題の解決に迷った

まよけ mayoke 魔よけ تَمِيمَة < تمّ 複 تَمَائِم رَفَضَ حَمْلَ التَّمِيمَةِ فِي عُنُقِهِ
首に魔よけをかけるのを拒んだ

まよった mayotta 迷った ضَالٌّ < ضلّ بَحَثَ الْقَرَوِيُّونَ عَنِ الْجَدَّةِ الضَّالَّةِ
村人は道に迷ったおばあさんを捜した

まよなか mayo・naka 真夜中 مُنْتَصَفُ اللَّيْلِ اسْتَيْقَظْتُ مِنَ النَّوْمِ فِي مُنْتَصَفِ اللَّيْلِ
私は真夜中(深夜)に目が覚めました

まよねーず mayo・neezu マヨネーズ مَايُونِيز الْمَايُونِيزُ مَصْنُوعٌ مِنَ الْبَيْضِ وَالزَّيْتِ وَالْخَلِّ
マヨネーズは卵と油と酢で作ります
※仏語 mayonnaise

まらそん～まんげつ

まらそん marason マラソン اَلْمَارَاثُونْ　سِبَاقُ الْمَارَاثُونْ مَسَافَتُهُ ٤٢.١٩٥ كم
マラソン競技(きょうぎ)は42.195kmあります

まり mari まり كُرَة 複 -ات وَثَّبَتِ الْكُرَةَ:彼女(かのじょ)はまりをついた

まる maru 丸 ⇒ えん en 2)円

まるい marui 丸い كُرَوِيّ < كرو　كُرْسِيّ كُرَوِيّ:丸(まる)い椅子(いす)/丸椅子(まるいす)

まるごしの marugoshi-no 丸腰の أَعْزَل < عزل 女 عَزْلَاءُ 複 عُزْل　لَا أَقْتُلُ الْأَعْزَلَ
私(わたし)には丸腰(まるごし)の人(ひと)は殺(ころ)せない

まるちめでぃあ maruchi-media マルチメディア وَسَائِط مُتَعَدِّدَة

まるで marude まるで ⇒ あたかも atakamo あたかも

まれーしあ mareeshia マレーシア مَالِيزِيَا ※国名(こくめい) ※ مَالِيزِيّ:マレーシアの/マレーシア人(じん)

まれな mare-na 希な نَادِر < ندر　هٰذَا ثَمِينٌ، لِأَنَّهُ نَادِرٌ
これは高価(こうか)です,なぜなら希(まれ)にしかないからです

まれに mare-ni 希に غِبًّا < غبّ　زَارَهُ غِبًّا:希に(まれに)(たまに)訪問(ほうもん)した

まわす mawasu 回す أَدَارَ < دور IV　أَدَارَ مُحَرِّكًا:エンジンを回(まわ)した

まわり mawari (～の)周り ～حَوْلَ　تَلَفَّتَ حَوْلَهُ:周り(まわり)(辺(あた)り)を見回(みまわ)した

まわりみち をする mawarimichi-wosuru 回り道をする يَمَّمَ < يمّ II　يَمَّمْنَا شَطْرَ الْمَنْزِلِ
私達(わたしたち)は回(まわ)り道(みち)をして帰宅(きたく)した

まわる mawaru 回る تَدَحْرَجَ < دحرج II　أَخَذَتِ الْكُرَةُ تَتَدَحْرَجُ
ボールがぐるぐる回(まわ)り始(はじ)めた

2)回る يَدُورُ، دَارَ　يَدُورُ الْقَمَرُ حَوْلَ الْأَرْضِ، وَتَدُورُ الْأَرْضُ حَوْلَ الشَّمْسِ
月(つき)は地球(ちきゅう)の周(まわ)りを回(まわ)り,地球(ちきゅう)は太陽(たいよう)の周(まわ)りを回(まわ)る

まん man 万 عَشَرَةُ آلَافٍ ※=一万(いちまん) ※ مَلْيُون:百万(ひゃくまん)
عَشَرَةُ آلَافِ يَنّ:一万円(いちまんえん)
رَأْسُ مَالِ الشَّرِكَةِ مَلْيُونُ يَنّ
会社(かいしゃ)の資本金(しほんきん)は百万円(ひゃくまんえん)です

まんいん man・in 満員 مَلِيءٌ بِالنَّاسِ　كَانَتْ دَارُ السِّينَمَا مَلِيئَةً بِالنَّاسِ
映画館(えいがかん)は満員(まんいん)だった

まんが manga 漫画 قِصَّة مُصَوَّرَة　اَلْقِصَصُ الْمُصَوَّرَةُ تَلْقَى رَوَاجًا
漫画(まんが)がブームです

2)漫画 كَارِيكَاتُورِيَّة ※ رَسَّام كَارِيكَاتُورِيّ:漫画家(まんがか)

まんきになる manki-ni・naru 満期になる اِنْتَهَتْ مُدَّةُ الْعَقْدِ

まんげつ mangetsu 満月 بَدْر 複 بُدُور　مَا أَجْمَلَ الْبَدْرَ!
何(なん)と美(うつく)しい満月(まんげつ)だこと!

ま

まんごー～まんぷくの

まんごー　mangoo　マンゴー　مَانْجَا / أَنْبَج　يُفَضِّلُ الْقِرْدُ الْمَوْزَ عَلَى الْمَانْجَا
猿はマンゴーよりバナナを好む

まんしょん　manshon　マンション　شَقَّة (´)　複 شِقَق　أَتُرِيدُ أَنْ تَشْتَرِيَ شَقَّةً ؟ (´)
あなたはマンションを買いたいのですか

まんじ　manji　まんじ/卍　الصَّلِيب الْمَعْقُوف

まんじょう-いっちで　manjou-icchi-de　満場一致で　～ عَلَى　جَمَعُوا كَلِمَتَهُمْ　※～を決定する

まんせいの　mansei-no　慢性の　مُزْمِن < زمن　مَرَضٌ مُزْمِنٌ :慢性病

まんぞく　manzoku　満足　رِضًى / رِضَاء < رضى　رِضًى عَنْ / بِرِضًى :満足して

まんぞく-させる　manzoku-saseru　満足させる　أَرْضَى ، يُرْضِي < رضي IV　أُرِيدُ أَنْ أُرْضِيَ أُمِّي
私は母親を満足させたいのです

まんぞくした　manzoku-shita　満足した　رَاضٍ < رضى 女 رَاضِيَة 複 رُضَاة ، رَاضُونَ　～بِ / عَنْ :～に
أَنَا رَاضٍ بِشُغْلِي الْحَالِيّ :私は現在の仕事に満足している

まんぞくする　manzoku-suru　満足する　رَضِيَ ، يَرْضَى　※ ～ عَنْ :～に　إِذَا أَرَدْتَ أَنْ تُرْضِيَ كُلَّ النَّاسِ
..فَلَنْ يَرْضَى عَنْكَ أَحَدٌ　もし君が全ての人を
満足させようとしたら,誰も君に満足しないだろう

まんと　manto　マント　⇒ がいとう　gaitou　外套

まんなか　man・naka　真ん中　مُنْتَصَف < نصف　قَبْلَ مُنْتَصَفِ اللَّيْلِ :真夜中前に
2)真ん中　وَسَطٌ　複 أَوْسَاط　تَوَقَّفَتِ السَّيَّارَةُ وَسَطَ الطَّرِيقِ
自動車が道の真ん中に止まった

まんねん-ひつ　man・nen-hitsu　万年筆　قَلَمُ حِبْرٍ　مَا زِلْتُ أَسْتَخْدِمُ قَلَمَ الْحِبْرِ
私はまだ万年筆を使ってます

まんぷく-になる　manpuku-ni・naru　満腹になる　شَبِعَ (a)　كُلْ حَتَّى تَشْبَعَ :お腹が満腹になるまで食べなさい

まんぷくの　manpuku-no　満腹の　شَبْعَان < شبع 複 شِبَاع　يَأْكُلُ الْحَيَوَانُ فَقَطْ حِينَ
يَجُوعُ وَالْإِنْسَانُ يَأْكُلُ وَهُوَ شَبْعَانٌ
動物は空腹時にだけ食べるが人間は満腹でも食べる

ま

み～みかくにんの

ゑ　み　ミ　【mi】

み　mi　実　ثَمَرٌ　複 أَثْمَار / ثِمَار　※ ثَمَرَة：1個の実
ثِمَار الشَّجَرَةِ：木の実　ثِمَار نَاضِجَة：熟れた実

2)実　لُبٌّ　複 أَلْبَاب　لُبٌّ مِنَ الْجَوْزِ：クルミ

み　mi　身　جِسْم　複 أَجْسَام　طَهَّرَ جِسْمَهُ：身を清めた　※ ⇒ 体
※ 身にまとう⇒着る

みあげる　mi-ageru　見上げる　نَظَرَ (u)　نَظَرَ إِلَى السَّمَاءِ：空を見上げた

2)見上げる　اِحْتَرَمَ　＜ حرم VIII　نَحْتَرِمُ جَهْدَهُ：彼の努力は見上げたものだ

みあわせる　mi-awaseru　見合わせる　أَلْغَى　＜ لغى IV　أَلْغَى سَفَرَهُ إِلَى "فوكوشيما"
福島への旅行を見合わせた

みいだす　mi・i-dasu　見出す ⇒ みつける　mitsukeru　見つける

みいら　mi・ira　ミイラ　مُومِيَاءُ / مُومِيَة　مَا تَزَالُ مُومِيَاءُ الْفِرْعَوْنِ مَحْفُوظَةً
まだファラオのミイラは保存されている

みうしなう　mi-ushi・nau　見失う　ضَلَّ (i)　ضَلَّتِ الْقَافِلَةُ الطَّرِيقَ：キャラバン隊は道を見失った

みうち　miuchi　身内 ⇒ かぞく　kazoku　家族

みえる　mieru　見える　ظَهَرَ (a)　ظَهَرَتِ الْقَلْعَةُ فَوْقَ الْمَبَانِ فِي تِلْكَ اللَّحْظَةِ
ちょうどその時,建物の上にそのお城が見えました

2)見える　يَبْدُو ، بَدَا　※～のように見える　يَبْدُو أَنَّكِ عَرَبِيَّةٌ
貴女はアラブ人(の女性)のように見える

みおくる　mi-okuru　見送る　وَدَّعَ　＜ ودع II　وَدَّعَنِي بِالْمَحَطَّةِ：彼は駅で私を見送った
※名 تَوْدِيع：見送り　شُكْرًا جَزِيلًا عَلَى تَوْدِيعِكُمْ
お見送り誠にありがとうございます

2)見送る　شَيَّعَ　＜ شيع II　شَيَّعَ الْأَهْلُ الْقَرْيَةِ الْفَقِيدَ حَتَّى الْمَثْوَاهُ الْأَخِيرِ
村人は故人を終の棲家まで見送った
※名 تَشْيِيع：(故人の)見送り

3)見送る ⇒ えんきする　enki-suru　延期する

みおとす　mi-otosu　見落とす　أَغْفَلَ　＜ غفل IV　وَاجِبَاتُكَ كَثِيرَةٌ ، لَا تُغْفِلْهَا
する事がたくさんあります,見落とさないようにしなさい

みおろす　mi-orosu　(～を)見下ろす～ أَلْقَى نَظْرَةً عَلَى　أَلْقَى نَظْرَةً عَلَى الْجُنُودِ الْجَرْحَى
傷ついた兵士達を見下ろした

2)(～を)見下ろす　نَظَرَ إِلَى～ بِعَيْنِ الاِحْتِقَارِ　※＝見下す/蔑む

みかくにんの　mi-kakunin-no　未確認の　مَجْهُول　＜ جهل　جِسْم طَائِر مَجْهُول：未確認飛行物体/ＵＦＯ

み

みかける mi-kakeru 見かける يَرَى ، رَأَى　رَأَيْتُ الرَّجُلَ فِي الْمَحَطَّةِ

私は駅でその男を見かけました

みかた mikata 味方 مُؤَيِّد < ايد　مُؤَيِّد قَوِيّ :強力な味方

みかたする mikata-suru 味方する تَحَزَّبَ < حزب V　~لِـ:~に　تَحَزَّبَ الْبَعْضُ "لِعَلِيٍّ"

ある者はアリーに、 وَالْبَعْضُ "لِمُعَاوِيَةَ"

またある者はウマイヤに味方した

みかづき mikazuki 三日月 هِلَال < هلّ 複 أَهِلَّة　أُفَضِّلُ الْهِلَالَ عَلَى الْبَدْرِ

私は満月より三日月が好きです

みかん mikan 蜜柑 مَنْدَرِين /يُوسُفِيّ　هَلْ تُحِبُّ الْيُوسُفِيَّ الْيَابَانِيَّ؟

あなたは日本の蜜柑が好きですか

みかんりょう-けい mi-kanryou-kei 未完了形 صِيغَة يَفْعَلُ

みがく migaku 磨く لَمَّعَ < لمع II　لَمَّعَ سَطْحَ اللَّوْحَةِ :板の表面を磨いた

2)磨く فَرَّشَ < فرش II　أُفَرِّشُ أَسْنَانِي كُلَّ صَبَاحٍ

私は毎朝歯を磨きます

みき miki 幹 جِذْع　複 أَجْذَاع　اَلْمَكَانُ بَيْنَهُ وَجِذْعِ الشَّجَرَةِ

彼と木の幹の間の所

2)幹 سَاق < سوق 複 سُوق/سِيقَان　※男性名詞

سَاقُ الشَّجَرَةِ يَغْلُظُ وَيَصْلُبُ مَعَ السِّنِين

木の幹が年々厚みを増し堅くなった

みぎ migi 右 يَمِين < يمن 複 أَيْمَان　يَمِينًا :右に　※ ⇔ يَسَار :左

عَرِّجْ يَمِينًا عِنْدَ إِشَارَةِ الْمُرُورِ تِلْكَ

あの信号機の所を右に曲がって下さい

みぎの migi-no 右の أَيْمَن < يمن 女 يُمْنَى　اَلْيَدُ الْيُمْنَى :右の手/右手

أَكْثَرُ النَّاسِ يَعْمَلُ بِالْيَدِ الْيُمْنَى

ほとんどの人が右利きである

みくだす mikudasu 見下す اِحْتَقَرَ < حقر VIII　اِحْتَقَرَتْ زَوْجَتُهُ خَادِمَهُ

彼の妻は召使いを見下した

みくびる mikubiru 見くびる ⇒ あなどる a・nadoru 侮る

みこむ mikomu 見込む تَوَقَّعَ < وقع V　مَا كُنْتُ أَتَوَقَّعُ الْفَشَلَ

失敗は見込んでいませんでした(予想していませんでした)

みこんの mikon-no 未婚の ⇒ どくしんの dokushin-no 独身の

みごとな migoto-na 見事な رَائِع < روع　عَمَلٌ رَائِعٌ :見事な作品(仕事)

みさいる misairu ミサイル(صَارُوخِيَّة) قَذِيفَة < قذف 複 قَذَائِف

み

أَطْلَقَ قَذِيفَةً :ミサイルを発射した

みさき　misaki　岬　رَأْس 複 رُؤُوس　فِي الرَّأْسِ مَنَارَةٌ بَيْضَاءُ
岬に白い灯台がある

みさげる　mi-sageru　見下げる ⇒ さげすむ sagesumu 蔑む

みしらぬ-ひと　mi-shira·nu-hito　見知らぬ人　غَرِيب < غرب 複 غُرَبَاءُ　لَا تَتْبَعْ غَرِيبًا
見知らぬ人について行くな

みしん　mishin　ミシン　آلَةُ خِيَاطَةٍ / مَاكِينَةُ الْخِيَاطَةِ

みじかい　mijikai　短い　قَصِير < قصر 複 قِصَار 比 أَقْصَر
فِي وَقْتٍ قَصِيرٍ :短い時間(短時間)で
هٰذَا الشَّرِيطُ قَصِيرٌ :この紐は短い
فِبْرَايِرُ أَقْصَرُ أَشْهُرِ السَّنَةِ
二月は一年で一番短い月です

みじかくする　mijikaku-suru　短くする　قَصَّرَ < قصر II　قَصَّرَ شَعْرَهُ :髪を短くした(切った)
قَصَّرَ الْجِسْرُ الْمَسَافَةَ بَيْنَ بَيْتِي وَبَيْنَ الْقَرْيَةِ
橋は私の家と村との距離を短くした

みじめな　mijime-na　惨めな　تَعِيس < تعس 複 تُعَسَاءُ　إِنَّكَ صَاحِبُ حَظٍّ تَعِيسٍ
本当にあなたは惨めな運命の持ち主だ

みす　misu　ミス　غَلْطَة 複 غَلَطَات/أَغْلَاط　غَلْطَةٌ مَطْبَعِيَّةٌ :印刷ミス

みすごす　mi-sugosu　見過ごす　غَفَلَ (u)　غَفَلَ عَنِ الْخَطَإِ :誤り(ミス)を見過ごした

みすてる　mi-suteru　見捨てる　تَرَكَ (u)　تَرَكَ صَدِيقَهُ :友達を見捨てた
2)見捨てる　هَجَرَ (u)　هَجَرَ بِلَادَهُ :古里を見捨てた

みすぼらしい　misuborashii　みすぼらしい ⇒ そまつな somatsu-na 粗末な

みず　mizu　水　مَاءٌ < موه 複 أَمْوَاه / مِيَاه　مَاءٌ عَذْبٌ :真水/淡水
نَفِدَ مَاؤُهُمْ :彼らの水が尽きた

みずうみ　mizu·umi　湖　بُحَيْرَة < بحر 複 -ات　بُحَيْرَةُ "بِيوَا" :琵琶湖

みずかさ　mizu-kasa　水かさ　اِرْتِفَاعُ الْمَاءِ　اِرْتِفَاعُ الْمَاءِ يَزْدَادُ فِي التُّرْعَةِ
小川の水かさは増えてます

みずがめ　mizu-game　水瓶　زَلْعَة 複 زِلَع　وَضَعَ جُنُودَهُ فِي الزِّلَعِ
兵を水瓶の中に入れた

みずぎ　mizu-gi　水着　لِبَاسُ السِّبَاحَةِ
2)水着　مَايُو / مَايُوه 複 -ات　أَرِنِي مَايُوَاتٍ :水着を見せて下さい

みずさし　mizu-sashi　水差し　إِبْرِيق 複 أَبَارِيق　إِبْرِيقُ نُحَاسٍ :銅の水差し

み

みずをまく～みちの

みずをまく　mizu-womaku　水を撒く　يَسْقِي ، سَقَى　سَقَى الْفَلَّاحُ الْحَقْلَ :農民は畑に水を撒いた

みせ　mise　店　دُكَّان < دك 複 دَكَاكِين　صَاحِب الدُّكَّان :店の主人/店主

2)店　حَانُوت　複 حَوَانِيت　حَانُوت لِلْبَقَالَةِ :食料品店

3)店　مَحَلّ < حلّ 複 -ات　مَحَلّ تِجَارِيّ :商店

みせいねん　mi-sei·nen　未成年
みせいねん-しゃ　mi-sei·nen-sha　未成年者　قَاصِر < قصر 複 -ون　كَيْفَ تُحَاكِمُ الْغُلَامَ ، وَهُوَ قَاصِرٌ؟
その若者をどう裁くのだ,未成年者ではないか

みせびらかす　misebirakasu　見せびらかす　تَبَاهَى < بهو VI ～بـ:～を　أَبِأَثْوَابِكُمْ تَتَبَاهَوْنَ؟
君たちは服を見せびらかしているのか

みせる　miseru　見せる　يُرِي ، أَرَى < رأى IV　أَرِنِي～ :～を私に見せて下さい

أَرِنِي هٰذِهِ الْكُتُبَ :私にこれらの本を見せて下さい

みそ　miso　味噌　"مِيسُو" ※ نَوْعٌ مِنَ التَّوَابِلِ الْيَابَانِيَّةِ
日本の調味料の一種

みそこなう　mi-soko·nau　(～を)見損なう ⇒ そこなう　soko·nau　3)(～し)損なう

2)見損なう　أَسَاءَ التَّقْدِيرَ < سوء IV　أَسَأْتُ تَقْدِيرَهُمْ
私は彼らを見損なった

みぞ　mizo　溝　فَجْوَة　複 فَجَوَات　اِخْتَبَأَ فِي فَجْوَةٍ بَيْنَ الْبَيْتَيْنِ
二軒の家の間の溝に隠れた

みたいな　mitai·na　(～)みたいな ⇒ ような　you·na　～ような

みたされた　mitasareta　満たされた　مَمْلُوء < ملء ～بـ:～で　كَانَ قَلْبِي مَمْلُوءً بِالسُّرُورِ
私の心は喜びで満たされていた

みたされる　mitasareru　満たされる　تَوَفَّرَ < وفر V ※条件が　تَوَفَّرَتْ فِيهِ الشُّرُوطُ
条件は満たされていた

みたす　mitasu　満たす　يَمْلَأُ ، مَلَأَ　مَلَأَ الْكَأْسَ بِالنَّبِيذِ :グラスをワインで満たした

2)満たす　يَكْفِي ، كَفَى　كَفَى الْحَاجَةَ :需要を満たした

みだしなみ　midashi·nami　身だしなみ　حِشْمَة　زِينَةُ الْفَتَاةِ حِشْمَتُهَا
若い娘の化粧は身だしなみである

みだす　midasu　乱す　أَخَلَّ < خلّ IV ～بـ:～を　أَخَلَّ بِالنِّظَامِ :秩序を乱した

みだれる　midareru　乱れる　تَشَوَّشَ < شوش V　تَشَوَّشَ جَوُّ الصَّفِّ :クラスの雰囲気が乱れた

みち　michi　道　طَرِيق < طرق 複 طُرُق / طُرُقَات　ضَلَّ الطَّرِيقَ :道に迷った

فَتَحَ طَرِيقًا :道を(切り)拓いた

みちの　michi-no　未知の　مَجْهُول < جهل　يُحَاوِلُ الْعِلْمُ كَشْفَ أَسْرَارِ الْمَجْهُولِ
科学は未知の秘密を探ろうとする

み

みちのり　michi-nori　道のり　مَسَافَة　＜ سوف 複 -ات　مَسَافَة طَوِيلَة :長い道のり

みちびかれる　michibikareru　導かれる　اِهْتَدَى　＜ هدى VIII ※正しい道に導かれる

لَيْتَ الْأَشْرَارَ يَهْتَدُونَ !

悪人が正しい道に導かれるといいのに

みちびく　michibiku　導く　يَهْدِي، هَدَى　《 إِهْدِنَا الصِّرَاطَ الْمُسْتَقِيمَ 》

私たちを正しい道に導きたまえ

2)導く　يَقُودُ، قَادَ　قَادَ الْقَائِدُ جَيْشَهُ إِلَى النَّصْرِ

隊長は軍を勝利に導いた

3)導く　أَرْشَدَ　＜ رشد IV　يُرْشِدُ بُرْجُ الْمُرَاقَبَةِ الطَّائِرَاتِ

管制塔が飛行機を導く

みちる　michiru　満ちる　يُتِمُّ، أَتَمَّ　＜ تم IV　أَتَمَّ الْقَمَرُ :月が満ちた(満月になった)

أَتَمَّتِ الْحَامِلُ :妊婦は月が満ちた(臨月になった)

みつ　mitsu　蜜　عَسَلٌ　※蜂蜜　شَهْرُ الْعَسَلِ :蜜月/ハネムーン

2)蜜　رَحِيق　＜ رحق ※花の蜜　رَحِيقُ الْأَزْهَارِ　يَمْتَصُّ النَّحْلُ رَحِيقَ الْأَزْهَارِ

蜜蜂は花の蜜を吸う

みっか　mikka　三日　اَلْيَوْمُ الثَّالِثُ　اَلْيَوْمُ الثَّالِثُ مِنْ شَهْرِ سِبْتَمْبِر :9月3日

※ مُدَّةُ ثَلَاثَةِ أَيَّامٍ :3日間

みつかる　mitsukaru　見つかる　يُوجَدُ، وُجِدَ　※ وَجَدَ の受　وُجِدَ الْوَلَدُ فِي السَّيَّارَةِ

その子は車の中で見つかった

みつける　mitsukeru　見つける　يَجِدُ، وَجَدَ　هَلْ وَجَدْتَ عَمَلًا جَدِيدًا؟

新しい仕事を見つけましたか

2)見つける　عَثَرَ (u)　～عَلَى :～を　عَثَرَ عَلَى الْآثَارِ الْقَدِيمَةِ

古い遺跡を見つけた(発見した)

みっこくする　mikkoku-suru　密告する　أَبْلَغَ سِرًّا　لَنْ أُبْلِغَ سِرَّكَ :私はあなたを密告したりしませんよ

みっつ　mittsu　三つ　⇒ さん san 三(3)

みつど　mitsudo　密度　كَثَافَة　＜ كثف　زَادَتْ كَثَافَةُ السُّكَّانِ :人口密度が増した

みつばち　mitsu-bachi　蜜蜂　نَحْل　※ نَحْلَة :1匹の蜜蜂　لَسَعَتْ نَحْلَةٌ :蜜蜂が刺した

みつめる　mitsumeru　見つめる　حَدَّقَ　＜ حدق II　اَلْمُعَلِّمُ فَسَّرَ الدَّرْسَ وَطُلَّابُهُ حَدَّقُوا

先生が授業を説明すると生徒達は先生を見つめた　إِلَيْهِ

みつもる　mitsumoru　見積る　قَدَّرَ　＜ قدر II　قَدِّرِ النَّفَقَاتِ :費用を見積りなさい

※名 تَقْدِير :見積もり　تَقْرِير تَقْدِيرِيّ :見積もり書

み

みつゆする～みなもと

みつゆする　mitsuyu-suru　密輸する　هَرَّبَ　< هرب II　ضُبِطَ الشَّابُّ وَهُوَ يُهَرِّبُ الْمُخَدِّرَاتِ
麻薬を密輸していた若者が捕まった
أَحْبَطَ مُحَاوَلَةَ تَهْرِيبٍ　※名 تَهْرِيب :密輸
密輸を阻止した

みとめる　mitomeru　認める　اِعْتَرَفَ　< عرف VIII　～بِ～を　اِعْتَرَفَ بِغَلَطِهِ :間違いを認めた
2)認める　سَمَحَ (a)　～لِ...بِ～ :…に～を　سَمَحَ الْأَبُ لِابْنَتِهِ بِالزَّوَاجِ
父親は娘の結婚を認めた(許した)

みとれる　mitoreru　見とれる　نَظَرَ بِإِعْجَابٍ　نَظَرَ بِإِعْجَابٍ إِلَى الْمَنْظَرِ :景色に見とれた

みどり　midori　緑　خُضْرَة　كَانَتْ خُضْرَةُ الْجَبَلِ جَمِيلَةً
山の緑がきれいでした

みどりいろの　midori-iro·no　緑色の
みどりの　midori-no　緑の　أَخْضَر　< خضر　女 خَضْرَاء　女双 خَضْرَاوَانِ(ـيْنِ)　複 خُضْر
لَوْن أَخْضَر :緑色/緑色

みどり-になる　midori-ni·naru　緑になる　إِخْضَرَّ ، يَخْضَرُّ　< خضر IX　عَادَ الرَّبِيعُ وَاخْضَرَّتِ التِّلَالُ
春が再び戻り,丘は緑になった

みな　mi·na　皆　كُلّ　※=全て　كُلُّ رَجُلٍ :男達は皆　كُلُّ شَيْءٍ :物はみんな
～ كُلُّ مَنْ :～する者は皆　～ كُلُّ مَا :～する物はみんな
حَضَرَ الطُّلَّابُ كُلُّهُمْ :学生達は皆出席した

2)皆　جَمِيع　< جمع　اَلْجَمِيع :皆/全員
كَيْفَ حَالُكُمْ جَمِيعاً؟ :皆様はお元気ですか

み

みなおす　mi-naosu　見直す　رَاجَعَ　< رجع III　رَاجِعُوا الْحِسَابَ :計算を見直しなさい

みなしご　mi·nashi-go　みなしご ⇒ こじ koji 孤児

みなす　mi·nasu　(～と)見なす　اِعْتَبَرَ　< عبر VIII　أَعْتَبِرُ اللَّعِبَ ضَرُورِيّاً
私はその遊びを有害と見なします
受 اُعْتُبِرَ ، يُعْتَبَرُ :見なされる
تُعْتَبَرُ مَسْأَلَةُ فِلَسْطِينَ أَهَمَّ مَسْأَلَةٍ
パレスチナ問題は一番重要な問題と見なされている

みなと　mi·nato　港　مِينَاء　複 مَوَانٍ　※女男 (جَوِّيَّة) مِينَاء جَوِّيّ :空港
غَادَرَتِ السَّفِينَةُ الْمِينَاءَ :船は港を出た

みなみ　mi·nami　南　جَنُوب　< جنب　جَنُوباً :南に/南へ　※ ⇔ شَمَال :北
"اَلشَّمَال" ضِدُّهُ الْجَنُوب :北の反対(逆)は南です
※形 جَنُوبِيّ　أَمْرِيكَا الْجَنُوبِيَّة :南アメリカ

みなもと　mi·namoto　源　مَصْدَر　< صدر　複 مَصَادِر　مَصْدَرُ النَّهْرِ :川の源/源流

みならう　mi-narau　見習う　اِقْتَدَى < قدو VIII ! صَدِيقُكَ نَشِيطٌ، لَيْتَكَ تَقْتَدِي بِهِ
お友達は元気だね,あなたも見習ったらいいのに

みにくい　mi・nikui　醜い　قَبِيح < قبح 複 قِبَاح　ذُو قَلْبٍ قَبِيحٍ :醜い心を持つ人
مَنْظَرُ الْأَقْذَارِ قَبِيحٌ :ゴミのある光景は醜い
2)醜い　بَشِيع / بَشِع　! يَا اللّٰهُ ! مَا أَبْشَعَهُ :まぁ,何と彼の醜いことでしょう

みにくくある　mi・nikuku-aru　醜くある　قَبُحَ (u)　أَنْ يَقْبُحَ وَجْهُكَ خَيْرٌ مِنْ أَنْ يَقْبُحَ عَمَلُكَ
行いが醜いことより顔が醜くある(醜い)ことの方がよい

みにくさ　mi・nikusa　醜さ　قُبْح　اَلْقُبْحُ حَارِسُ الْمَرْأَةِ :醜さは女性を守る番人[格言]

みにつける　mi-nitsukeru　身に付ける　اِرْتَدَى < ردي VIII　اِرْتَدَى سَاعَةً :時計を身に付ける

みぬく　mi-nuku　見抜く　أَدْرَكَ < درك IV　أَدْرَكَ قَلْبَهُ :彼の本心を見抜いた(見破った)

みねらる-うぉーたー　mi・neraru-uotaa　ミネラルウォーター　مَاء مَعْدَنِيّ　أَعْطِنِي مَاءً مَعْدَنِيًّا
ミネラルウォーターを下さい

みのがす　mi-nogasu　見逃す　أَضَاعَ < ضيع IV　أَضَعْتُ فُرْصَةً لِزِيَارَتِهِ
私は彼への訪問の機会を見逃した
2)見逃す　تَغَاضَى < غضو VI　سَأَتَغَاضَى عَنْ أَخْطَائِكَ هٰذِهِ الْمَرَّةَ
今回のあなたの過ちは見逃しましょう

みのしろきん　mi・noshiro-kin　身代金　فِدْيَة < فدى 複 فِدًى　دُفِعَتِ الْفِدْيَةُ :身代金が支払われた

みのる　mi・noru　実る　أَثْمَرَ < ثمر IV　أَثْمَرَتِ الْجُهُودُ :努力が実った
أَثْمَرَتْ أَشْجَارُ التُّفَّاحِ فِي الْبُسْتَانِ
庭のリンゴが実った(実をつけた)

みはなす　mi-ha・nasu　見放す　يَئِسَ، يَيْئَسُ (يَيْأَسُ)　أَكَادُ أَيْأَسُ مِنْ إِصْلَاحِ هٰذَا الْغُلَامِ
私はその若者の更生をほとんど見放している
(諦めている)

みはらし　miharashi　見晴らし　⇒ けしき　keshiki　景色

みはり　mihari　見張り　⇒ かんしにん　kanshi-nin　監視人

みはる　miharu　見張る　رَاقَبَ < رقب III　رَاقَبَ السُّجَنَاءَ :囚人を見張った(監視した)

みぶり　miburi　身振り　إِيمَاءَة < ومأ 複 ـات　اَلذَّكِيُّ لَا يَحْتَاجُ إِلَى أَكْثَرَ مِنْ
聡明な者に余分な身振りは必要としない　إِيمَاءَةٍ

みぶんしょう-めいしょ　mibun-shou・mei-sho　身分証明書　هُوِيَّة < هو　هٰذِهِ نُسْخَةٌ طِبْقَ الْأَصْلِ عَنِ الْهُوِيَّةِ
これは身分証明書の原本の写し(コピー)です

みほん　mihon　見本　عَيِّنَة < عين 複 ـات　أَتُعْجِبُكَ هٰذِهِ الْعَيِّنَةُ مِنَ
この商品の見本が気に入りましたか ؟ اَلْبِضَاعَةِ

みほんいち～みやぶる

2)見本　نَمُوذَج (ِ)　複 نَمَاذِجُ/-ات　نَمُوذَجُ الْفُسْتَانِ

ドレスの見本(サンプル)

みほんいち　mihon-ichi　見本市　مَعْرِض　< عرض 複 مَعَارِض　مَعْرِض دُوَلِيّ :国際見本市

みぼうじん　miboujin　未亡人　أَرْمَلَة　< رمل 複 أَرَامِلُ　مَاتَ زَوْجُهَا فَظَلَّتْ أَرْمَلَةً

彼女は夫が亡くなって,ずっと未亡人でした

みまい　mimai　見舞い عِيَادَةُ الْمَرِيضِ ※病人の　ذَهَبَ لِعِيَادَةِ الْمَرِيضِ

病人の見舞に行った

みまかる　mimakaru　みまかる ⇒ しぬ　shi・nu　死ぬ

みまわす　mi-mawasu　見回す(حَوْلَهُ)　تَلَفَّتَ < لفت V　تَلَفَّتَ يَمِينًا وَشِمَالًا

右や左(左右)を見回した

みまわる　mi-mawaru　見回る　تَجَوَّلَ　< جول V　تَتَجَوَّلُ الدَّوْرِيَّةُ فِي شَوَارِعِ الْحَيِّ

パトロール隊が地区の通りを見回る

みまんの　miman-no　未満の　أَقَلُّ مِنْ　عُمْرِي أَقَلُّ مِنْ عِشْرِينَ سَنَةً :私は二十歳未満です

みみ　mimi　耳　أُذُن (ْ)　複 آذَان　أُذُنُ الْقِدْرِ :鍋の耳(取っ手)

فَتْحَةُ الْأُذُنِ :耳の穴

أَعَارَهُ أُذُنًا صَاغِيَةً :耳を貸した(傾けた)

みみず　mimizu　みみず(دُودَةُ الْأَرْضِ)　دُودَة　複 دُود / دِيدَان

هَلِ الْأَطْرَشُ أَحْسَنُ مِنَ الْأَعْمَى

みみの-きこえない　mimi・no-kikoe・nai　耳の聞こえない　أَطْرَشُ < طرش 複 طُرْش 女 طَرْشَاءُ

هَلِ الْأَطْرَشُ أَحْسَنُ مِنَ الْأَعْمَى

目が見えない事より耳の聞こえない方がいいですか

みもと　mimoto　身元　هُوِيَّة　< هو　بِطَاقَةُ الْهُوِيَّةِ :身元証明書

みゃく　myaku　脈　نَبْض　複 أَنْبَاض　جَسَّ الطَّبِيبُ نَبْضَ الْمَرِيضِ

医者が患者の脈を調べた

みゃくはく　myakuhaku　脈拍　نَبْضَة　يَخْفِقُ قَلْبُهُ بِمُعَدَّلِ تِسْعِينَ نَبْضَةً فِي الدَّقِيقَةِ

心臓は平均毎分９０の脈拍を打っている

みゃくをうつ　myaku-wo・utsu　脈を打つ　نَبَضَ (i)　كَانَ قَلْبُهُ يَنْبِضُ بِسُرْعَةٍ

彼の心臓は脈を速く打っていた

みやげ　miyage　土産　تَذْكَار　< ذكر 複 -ات　هَلِ اشْتَرَيْتَ تَذْكَارَاتٍ لِأَطْفَالِكَ؟

お子さんにお土産を買いましたか

سَيَحْفَظُ عَنْ رِحْلَتِهِ تَذْكَارًا لَا يُنْسَى

彼は忘れられない旅の土産話が出来るでしょう

みやこ　miyako　都 ⇒ しゅと　shuto　首都

みやぶる　miyaburu　見破る ⇒ みぬく　mi・nuku　見抜く

み

みょうごにち～みわける

みょうごにち　myougo・nichi　明後日　⇒ あさって　asatte　明後日

みょうじ　myouji　名字　اِسْم عَائِلَة　※＝姓

みょうちょう　myouchou　明朝　صَبَاح الْغَدِ　مَتَى نَلْتَقِي فِي صَبَاحِ الْغَدِ ؟
明朝いつ会いましょうか

みょうな　myou-na　妙な　⇒ きみょうな　kimyou-na　奇妙な/ へんな　hen・na　変な

みらい　mirai　未来　مُسْتَقْبَل ＜ قبل　صِيغَة الْمُسْتَقْبَل :未来形(文)
اَلْمُسْتَقْبَلُ فِي يَدِكَ :未来は君の手の中にあります
※関 مُسْتَقْبَلِيّ :未来の　أَمْر مُسْتَقْبَلِيّ :未来の出来事

みり　miri　ミリ～　مِيلِي～　مِيلِيمِتْر :ミリメートル　مِيلِيغْرَام :ミリグラム

みりょうする　miryou-suru　魅了する　اِسْتَهْوَى ＜ هوى X　اِسْتَهْوَاهُ الْمَنْظَرُ :景色は彼を魅了した

みりょく　miryoku　魅力　جَاذِبِيَّة ＜ جذب　كَانَتْ عِنْدَهَا جَاذِبِيَّةٌ جِنْسِيَّةٌ
彼女には性的な魅力が有りました

みりょく-てきな　miryoku-teki・na　魅力的な　جَذَّاب ＜ جذب　فَتَاة جَذَّابَة :魅力的な娘
2)魅力的な　فَتَّان ＜ فتن　اَلْجَمَالُ الْفَتَّانُ يَأْسِرُ الْقُلُوبَ
魅力ある美は心を虜にする

みる　miru　見る　نَظَرَ (u)　أُنْظُرْ ! يَا صَدِيقِي :ねえ君,見てごらん！
2)見る　يَرَى ، رَأَى　※هِيَ رَأَتْ / أَنَا رَأَيْتُ
لَمْ يَرَ ～:彼は～を見なかった
كَيْفَ لِجَمَلٍ أَنْ يَرَى سَنَامَهُ ؟
ラクダはどうやって自分の瘤を見るのだろう
4)見る/観る　شَاهَدَ ＜ شهد III　أَمِنَ الْمُمْكِنِ أَنْ أُشَاهِدَ السِّينَمَا؟
私は映画を観る事が出来ますか
5)見る/診る　فَحَصَ (a)　حَمَلَ الطَّبِيبُ السَّمَّاعَةَ لِيَفْحَصَ الْمَرِيضَ
医者は病人を診る(診察する)ために聴診器を持っていた

みる　miru　(～して)みる(أَنْ ～) حَاوَلَ ＜ حول III　"كَاكِي" أُحَاوِلُ أَنْ آكُلَ :柿を食べてみよう
2)(～して)みる　جَرَّبَ ＜ جرب II　هَلْ أَسْتَطِيعُ أَنْ أُجَرِّبَ هٰذَا الطَّقْمَ ؟
このスーツを着てみてもいいですか

みるく　miruku　ミルク　لَبَن　複 أَلْبَان　أَتَشْرَبُ لَبَنًا؟ :ミルク(牛乳)を飲みませんか
2)ミルク　حَلِيب ＜ حلب　حَلِيب مُجَفَّف :ドライミルク/粉ミルク

みわくする　miwaku-suru　魅惑する　فَتَنَ (i)　مَنْظَرُ الْجِبَالِ الْخَضْرَاءِ يَفْتِنُ النَّاظِرَ
緑の山々の景色が見る人を魅惑する

みわける　mi-wakeru　見分ける　مَيَّزَ ＜ ميز II　عَنْ ～ : ～と～　مَيِّزْ بَيْنَ الذَّكَرِ وَالْأُنْثَى
雄と雌を見分けなさい

み

善悪を見分けた: مَيَّزَ بَيْنَ الْخَيْرِ وَالشَّرِّ

みわたす　mi-watasu　見渡す　أَطَلَّ　< طلّ IV　تُطِلُّ هٰذِهِ النَّافِذَةُ عَلَى الشَّارِعِ :この窓は通りが見渡せます

みをむすぶ　mi-wo·musubu　実を結ぶ　أَثْمَرَ　< ثمر IV　أَثْمَرَتْ جُهُودُهُ :彼の努力は実を結んだ

みんかんの　minkan-no　民間の　مَدَنِيّ　< مدن 複 ـون　اَلطَّيَرَان الْمَدَنِيّ :民間航空会社

2)民間の　شَعْبِيّ　< شعب　مَأْثُورَات شَعْبِيَّة :民間伝承

みんしゅう　minshuu　民衆　جُمْهُور　複 جَمَاهِير　※جُمْهُورِيّ :民衆の

みんしゅ-しゅぎの　minshu-shugi-no　民主主義の　دِيمُوقْرَاطِيّ　※ اَلدِّيمُوقْرَاطِيَّة :民主主義/デモクラシー

みんぞく　minzoku　民族　قَوْم　複 أَقْوَام　※ اَلْقَوْمِيَّة :民族主義/ナショナリズム

※関 قَوْمِيّ :民族の　اَلْعَرَبِيَّةُ لُغَتُنَا الْقَوْمِيَّةُ

アラビア語は我が民族の言葉です

2)民族　شَعْب　اَلشَّعْب الْفِلَسْطِينِيّ :パレスチナ民族(国民)

※関 شَعْبِيّ :民族の　مُوسِيقَى شَعْبِيَّة :民族音楽

رَقْصَة شَعْبِيَّة :民族舞踊

みんな　min·na　みんな　⇒　みな mi·na 皆

みんなで　min·na-de　みんなで　جَمِيعًا　< جمع　فَلْنَذْهَبْ جَمِيعًا!

さあ,みんなで行きましょう！

みんよう　min·you　民謡　أُغْنِيَّة شَعْبِيَّة تَقْلِيدِيَّة

みんわ　minwa　民話　حِكَايَة شَعْبِيَّة تَقْلِيدِيَّة

む〜むく

؎ む ム 【mu】

む mu 無 عَدَمٌ / عُدْمٌ خَلَقَ اللّٰهُ الْكَوْنَ مِنَ الْعَدَمِ

神は無から宇宙を作られた

むいか muika 六日 اَلْيَوْمُ السَّادِس ※ سِتَّةُ أَيَّامٍ :六日間

むいちもん mu-ichimon 無一文 عَدَمٌ / عُدْمٌ اَلْعُدْمُ نِهَايَةُ كُلِّ مُقَامِرٍ

無一文が全てのギャンブラーの末路だ

むいみ mu-imi 無意味 هُرَاء < هرأ "أُسْكُتْ ! فَكَلَامُكَ هُرَاءٌ :黙りなさい！無意味だ

むいみの mu-imi-no 無意味の غَيْرُ مَنْطِقِيّ هَذَا غَيْرُ مَنْطِقِيٍّ :それは無意味だ(意味をなさない)

むかいの mukai-no 向かいの مُوَاجِه < وجه اَلْمَنْزِلُ الْمُوَاجِهِ :向かいの家

むかう mukau 向かう تَوَجَّهَ < وجه V ~نَحْوَ / إِلَى~ :~へ

يَتَوَجَّهُ هٰذَا الْقِطَارُ إِلَى "طُوكِيُو"

この汽車は東京に向かっています

2)向かう اِتَّجَهَ < وجه VIII اِتَّجَهْتُ نَحْوَ السِّيَاسَةِ فِي مَرْحَلَةٍ مُبَكِّرَةٍ

私は早い時期に政治に向かっていった

(関心を持った)

むかえる mukaeru 迎える اِسْتَقْبَلَ < قبل X اِسْتَقْبَلُونِي فِي الْمَحَطَّةِ

彼らは駅で私を迎えてくれた

むかし mukashi 昔 فِي سَالِفِ الزَّمَانِ ※ فِي قَدِيمِ الزَّمَانِ :昔々/大昔

むかつく mukatsuku むかつく اِنْزَعَجَ < زعج VII~ مِنْ~ :~に ؟ هَلْ انْزَعَجْتَ مِنْ تَصَرُّفِهِ

彼の行為にむかついたのですか

むかで mukade 百足 حَرِيش / أُمّ أَرْبَعٍ وَأَرْبَعِين

むかんけい mu-kankei 無関係 لَيْسَتْ لِـ~ عَلَاقَةٌ بِـ・・ ※~は・・と無関係である

لَيْسَتْ لِي عَلَاقَةٌ مَعَهُمْ :私は彼らと無関係です

むかんしん-である mu-kanshin-dearu 無関心である لَا يَهْتَمُّ ~بِـ :~に لَا يَهْتَمُّ بِمَلَابِسِهِ

彼は服に無関心(無頓着)である

※名 عَدَمُ الِاهْتِمَامِ :無関心

むきげん mu-kigen 無期限 فَتْرَةٌ غَيْرُ مَحْدُودٍ

むきぶつ muki-butsu 無機物 جَمَادٌ < جمد 複 -ات ※ ⇔有機物

اَلصَّخْرُ جَمَادٌ :岩石は無機物である

むぎ mugi 麦 قَمْح ※小麦 طَحِينُ قَمْحٍ :小麦粉 ※ شَعِير :大麦

むく muku 向く نَظَرَ إِلَى~ ※~の方を أُنْظُرْ إِلَيَّ :こちら(の方)を向きなさい

む

むく～むしめがね

むく　muku　むく　قَشَّرَ　< قشر II　قَشَّرَ الْفَاكِهَةَ: 果物をむいた

むくい　mukui　報い　جَزَاءٌ　< جزى　اَلْجَزَاءُ الْمُسْتَحِقّ عَلَى~
~に値する(当然の)報い

むくいる　mukuiru　報いる　رَدَّ (u)　أَرُدُّ لَكَ هٰذَا الْجَمِيلَ: 私はあなたのご好意に報います
2)報いる　جَزَى، يَجْزِي　جَزَاكَ اللّٰهُ خَيْراً، أَيُّهَا الْمُحْسِنُ!
良き行いをする者よ，神は報いて下さる

むける　mukeru　向ける　وَجَّهَ　< وجه II　وَجَّهَ وَجْهَهُ إِلَى~: ~の方に顔を向けた

むげん　mugen　無限　اَللَّانِهَايَة　※関 لَانِهَائِيّ: 無限の　اَلْقُوَّة اللَّانِهَائِيَّة: 無限の力

むこ　muko　婿　عَرِيس　< عرش 複 عُرُش　※=花婿/新郎
2)婿　زَوْج الْبِنْتِ

むこう　mukou　向こう　هُنَاكَ　مِنْ هُنَاكَ: 向こうから　إِلَى هُنَاكَ: 向こうに
سَيَّارَتُنَا هُنَاكَ: 私たちの車は向こうにあります

むこうになる　mukou-ni･naru　無効になる　بَطَلَ (u)　بَطَلَ الْعَقْدُ: その契約は無効になった

むさぼる　musaboru　貪る　اِلْتَهَمَ　< لهم VIII　اِلْتَهَمَ الْجَائِعُ طَعَامَهُ
お腹を空かせた人が貪り(がつがつ)食べた

むざいの　muzai-no　無罪の　بَرِيءٌ　< برئ 複 أَبْرِيَاءُ/ بُرَاء　لَا بُدَّ أَنْ يَكُونَ بَرِيئًا
彼は無罪に違いない

むし　mushi　虫　دُودَة　複 دُود/دِيدَان　※ミミズ，毛虫などの
تَوَلَّدَتِ الدِّيدَانُ: 虫が湧いた
يَتَّخِذُ الصَّيَّادُ مِنْ بَعْضِ الدُّودِ طَعْماً لِلسَّمَكِ
釣り師はある種の虫を魚の餌に用いる
2)虫　حَشَرَة　複 ات-　※昆虫などの　حَشَرَات ضَارَّة: 害虫

むしが-すかない　mushi-ga･suka･nai　虫が好かない　⇒ きにいらない　ki-ni･ira･nai　気に入らない

むしくい　mushi-kui　虫食い　نَخِرٌ　اَلْخَشَبُ النَّخِرُ لَا يَصْلُحُ إِلَّا لِلنَّارِ
虫食いの木は火にくべるしかない

むしする　mushi-suru　無視する　أَهْمَلَ　< همل IV　" شِيرُو " حَرِدٌ لِأَنَّنَا أَهْمَلْنَاهُ
シロは私達が無視したので怒っている

むしば　mushiba　虫歯　نَخَرُ الْأَسْنَانِ

むしば-になる　mushiba-ni･naru　虫歯になる　سَوَّسَ　< سوس II　إِنْ لَمْ تُحَافِظْ عَلَى نَظَافَةِ أَسْنَانِكَ سَوَّسَتْ
歯をきれいにしないと虫歯になるよ

むしめがね　mushi-mega･ne　虫眼鏡　مِنْظَار　< نظر 複 مَنَاظِير　اَلْمِنْظَارُ يُرِيكَ النَّمْلَةَ حِصَاناً
虫眼鏡は蟻を馬のように(大きく)見せる

む

むしょう～むすぶ

むしょう　mushou　無償 ⇒ むりょう muryou 無料

むしょくの　mushoku-no　無職の　عَاطِلٌ　> عطل ! كَمْ مِنْ شَابٍّ عَاطِلٍ عَنِ الْعَمَلِ
どれだけ無職の若者がいることか

むしょくの　mushoku-no　無色の　عَدِيمِ اللَّوْنِ　زُجَاجَةٌ عَدِيمَةُ اللَّوْنِ:無色のガラス瓶

むしる　mushiru　むしる　نَتَفَ (i)　نَتَفَ رِيشَ الدَّجَاجَةِ : 鶏の羽をむしった

2)むしる　قَطَفَ (i)　قَطَفَ الْحَشَائِشَ :草をむしった

むしろ　mushiro　むしろ　أَوْ بِالْأَحْرَى　هِيَ لَا تَدْرُسُ الْآنَ ، أَوْ بِالْأَحْرَى نَائِمَةٌ
彼女は勉強しない,いやむしろ寝ている

むしんろん　mushin-ron　無神論　اَلْمَذْهَبُ الْإِلْحَادِيُّ　※ مُلْحِد 複 ـون :無神論者

むじつの　mujitsu-no　無実の　بَرِيء　> برئ 複 أَبْرِيَاء　هُوَ كَانَ بَرِيئًا :彼は無実でした

むじひな　mu-jihi-na　無慈悲な ⇒ ざんこくな zankoku-na 残酷な

むじゃきな　mu-jaki-na　無邪気な　بَرِيء　> برئ 複 أَبْرِيَاء　أَطْفَال أَبْرِيَاء :無邪気な子供達
وَجْه مُبْتَسِم بَرِيء:無邪気な笑顔

むじゃきに　mu-jaki-ni　無邪気に　فِي سَذَاجَةٍ　قَالَ الْوَلَدُ فِي سَذَاجَةٍ :その子は無邪気に言った

むじゅんする　mujun-suru　矛盾する　خَالَفَ　> خلف III تُخَالِفُ أَفْعَالُهُ أَقْوَالَهُ
彼の言行は矛盾する
※名 خِلَاف 複 ـات:矛盾　إِزَالَةُ الْخِلَافَاتِ :矛盾の解消

むじょうけんで　mu-jouken-de　無条件で　بِلَا شَرْطٍ　أُوَافِقُ عَلَى رَأْيِكَ بِلَا شَرْطٍ
無条件であなたの意見に賛成です

むじんの　mujin-no　無人の　غَيْر مَأْهُولٍ　اَلْبَيْتُ خَالٍ ، إِنَّهُ غَيْرُ مَأْهُولٍ
その家は空き家です,つまり無人です(人は住んでいません)

むす　musu　蒸す　بَخَّرَ　> بخر II نُبَخِّرُ أَرُزًّا فَنَأْكُلُهُ
私達は米を蒸して食べる

むすうの　musu・u-no　無数の　لَا يُعَدُّ　※ عَدَّ 未受　كَثِيرٌ مِنَ الْحُبَاحِبِ لَا يُعَدُّ :無数の蛍

むすこ　musuko　息子　اِبْن　> بن 複 أَبْنَاء / بُنُون　أَمَا رَأَيْتَ ابْنِي؟
私の息子を見なかったですか

むすびめ　musubi-me　結び目　عُقْدَة　複 عُقَد　شُدَّ عُقْدَةَ الْحَبْلِ حَتَّى لَا تَنْحَلَّ
ロープが緩まないように結び目をきつくしなさい

むすぶ　musubu　結ぶ　رَبَطَ (u)　~بِـ:~と　~إِلَى:~に　~بَيْنَ:~の間を
رَبَطَ الْحَبْلَ إِلَى السَّفِينَةِ :ロープをその船に結んだ

2)結ぶ　عَقَدَ (i)　عَقَدَ مُعَاهَدَةً : 条約を結んだ(締結した)
تَعْقِدُ شَعْرَهَا بِشَرِيطَةٍ :彼女はリボンで髪を結ぶ

む

むすめ～むちな

むすめ　musume　娘　بِـنْـت / اِبْـنَـة　< بـن 複 بَـنَـات　لِـي ثَـلَاثُ بَـنَـات
私(わたし)には三人(さんにん)に娘(むすめ)がいます

2)娘　فَـتَـاة　< فـتـو 複 فَـتَـيَات　هِـيَ أَصْـبَـحَـتْ فَـتَـاةً جَـمِـيـلَـةً
彼女(かのじょ)は美(うつく)しい娘(むすめ)になった

むずかしい　muzukashi・i　難しい　صَـعْـب　複 صِعَاب　صَـعْـب عَـلَـى .. أَنْ ～ :～が・・することは難(むずか)しい
أَيَـكُـونُ الِامْـتِـحَانُ صَـعْـبًا؟ :その試験(しけん)は難(むずか)しいですか

2)難しい　مُـعَـقَّـد　< عـقـد　مُـشْـكِـلَـة مُـعَـقَّـدَة :難(むずか)しい(込(こ)み入(い)った)問題(もんだい)

むせいふ　mu-seihu　無政府　فَـوْضَـى　< فـوض ※ فَـوْضَـوِيّ :無政府主義者(むせいふしゅぎしゃ)/アナーキスト

むせいぶつ-の　mu-seibutsu-no　無生物の　جَامِـد　< جـمـد　اَلْـحَـجَـرُ جَامِـدٌ :石(いし)は無生物(むせいぶつ)です

むせんの　musen-no　無線の　لَاسِـلْـكِـيّ　< سـلـك ※ ⇔ سِـلْـكِـيّ :有線(ゆうせん)の
جِـهَـاز لَاسِـلْـكِـيّ بَاثّ :無線機(むせんき)

むそうする　musou-suru　夢想する　⇒ くうそうする　kuusou-suru　空想する

むだ　muda　無駄　لَا فَـائِـدَة　لَا فَـائِـدَةَ مِـنَ الْـبُـكَـاءِ :泣(な)いても無駄(むだ)です(ダメです)

むだぐち　muda-guchi　無駄口　هُـرَاء　< هـرأ　أُسْـكُـتْ ! فَـكَـلَامُـكَ هُـرَاءٌ :黙(だま)れ！無駄口(むだぐち)を叩(たた)くな

むだづかいする　mudazukai-suru　無駄使いする　⇒ ろうひする　rouhi-suru　浪費する

むだな　muda-na　無駄な　لَا جَـدْوَى　لَا جَـدْوَى فِي بُـكَـاءٍ عَـلَـى مَا مَـضَـى
過(す)ぎたことを嘆(なげ)いても無駄(むだ)である

むだに　muda-ni　無駄に　عَـلَـى غَـيْـرِ جَـدْوَى / بِـلَا جَـدْوَى　حَاوَلْـتُ أَنْ أُنْـقِـذَهُ بِـلَا جَـدْوَى
私(わたし)は彼(かれ)を助(たす)けようとしましたが,無駄(むだ)でした

2)無駄に　سُـدًى　< سـدو　ذَهَـبَ كَـلَامُـهُ سُـدًى : 彼(かれ)の言葉(ことば)は無駄(むだ)だった

むだにする　muda-nisuru　無駄にする　أَضَـاعَ　< ضـيـع IV　أَضَاعَ الْـوَقْـتَ سُـدًى :時間(じかん)を無駄(むだ)にした

むだんで　mudan-de　無断で　بِـدُونِ إِذْنٍ　قُـدْتُ الـسَّـيَّـارَةَ بِـدُونِ إِذْنِ وَالِـدِي
私(わたし)は父(ちち)に無断(むだん)で自動車(じどうしゃ)を運転(うんてん)した

むち　muchi　無知　جَـهْـل　يَـعِـيـشُـونَ فِي الْـجَـهْـلِ وَالـظَّـلَام
彼(かれ)らは無知(むち)と暗黒(あんこく)の世界(せかい)に住(す)んでいる

むち　muchi　むち/鞭　كُـرْبَاج (َ)　複 كَـرَابِـيـج　سِـيَـاسَـةُ الْـحَـلْـوَى وَالْـكُـرْبَاجِ
飴(あめ)とむちの政策(せいさく)

むちうち　muchi-uchi　むち打ち　اِلْـتِـوَاء الْـعُـنُـق
むちうち-しょう　muchi-uchi-shou　むち打ち症

むちつじょ　mu-chitsujo　無秩序　فَـوْضَـى　< فـوض　رَأَى الـنَّـاظِـرُ حَالَـةَ الْـفَـوْضَـى فَـثَـارَتْ ثَـائِـرَتُـهُ
無秩序(むちつじょ)な状況(じょうきょう)を見(み)た校長先生(こうちょうせんせい)は激怒(げきど)した

むちな　muchi-na　無知な　جَـاهِـل　< جـهـل 複 جُـهَّـال / جُـهَّـل / جُـهَـلَاء

む

むちゅうになる～むれ

رِجَال جُهَّال :無知な男達

むちゅう-になる　muchuu-ni・naru　夢中になる　اِنْهَمَكَ < همك VII ～فِي：～に
يَنْهَمِكُ الْكَلْبُ فِي أَكْلِ اللَّحْمِ
犬は肉を食べるのに夢中になっている

むっつ　muttsu　六つ　男 سِتَّة　女 سِتّ　※＝六(6)

むとんちゃく-である　mu-tonchaku-dearu　無頓着である　⇒ むかんしんである　mu-kanshin-dearu　無関心である

むね　mu・ne　胸　صَدْر　複 صُدُور
ضَمَّتِ الْقِرْدَةُ طِفْلَهَا إِلَى صَدْرِهَا
その雌猿は子を胸に抱いた

むほうもの　muhou-mo・no　無法者　شَقِيّ < شقي　複 أَشْقِيَاءُ
سِيقَ الشَّقِيُّ إِلَى الْمَخْفَرِ
無法者が警察署に連れて行かれた

むぼうびの　mu-boubi・no　無防備の　أَعْزَلُ < عزل　女 عَزْلَاءُ　複 عُزْل
شَعْب أَعْزَل :無防備の人民
لَا أَقْتُلُ الْأَعْزَلَ : 私は無防備の人を殺さない

むら　mura　村　قَرْيَة (´) < قرى　複 قُرًى/قُرَايَا (´)
أَحِنُّ إِلَى حَيَاةِ الْقَرْيَةِ
村での生活が懐かしい

むらがる　muragaru　群がる　تَزَاحَمَ < زحم VI
تَزَاحَمَ اللَّاعِبُونَ عَلَى الْكُرَةِ
選手がボールに群がった

むらさき　murasaki　紫　أُرْجُوَان
لَوْن أُرْجُوَان : 紫色
※関 أُرْجُوَانِيّ : 紫の
شَرِيط أُرْجُوَانِيّ : 紫(色)のリボン

むらびと　mura-bito　村人　قَرَوِيّ < قرى　複 ـون
اِجْتَمَعَ الْقَرَوِيُّونَ أَمَامَ بَيْتِ الْعُمْدَةِ
村人(村民)は村長の家の前に集まった

2)村人　أَهْل الْقَرْيَةِ
أَهْلُ الْقَرْيَةِ يَتَمَسَّكُونَ بِالْعَادَاتِ وَالتَّقَالِيدِ الطَّيِّبَةِ
村人(村民)は良い習慣や伝統を保持している

むりな　muri-na　無理な　غَيْر مَعْقُولٍ
شَرْط غَيْر مَعْقُولٍ :無理な条件

2)無理な　مُسْتَحِيل < حول
طَلَبَ شَيْئًا مُسْتَحِيلًا :無理(な事)を要求した

むりょう　muryou　無料　مَجَّان < مجن
الْمُسْتَوْصَفُ يُعَالِجُ الْمَرْضَى مَجَّانًا
診療所は無料で病人を治療する
※関 مَجَّانِيّ :無料の　مَقْعَد مَجَّانِيّ :無料の席

むれ　mure　群　قَطِيع < قطع　複 قُطْعَان / قِطَاع　※羊や山羊などの

2)群　رَفّ　※鳥の
حَطَّ رَفُّ الْحَمَامِ عَلَى سَطْحِ الْمَزْرَعَةِ
畑に鳩の群が下りた

む

め～めいかくに

مـ め メ 【me】

め　me　目/眼　عَيْن 複 أَعْيُن/عُيُون ※女性名詞（ يْن ）عَيْنَانِ :両目
※ عَيْنَيْهِ :(彼の)両目の(を)　عَيْنَاهُ :(彼の)両目は
اَلْعَيْنُ بِالْعَيْنِ :目には目を
لِلْإِنْسَانِ عَيْنَانِ :人には目が二つあります
※目を掛ける عَطَفَ (i) عَطَفَتِ الْمُعَلِّمَةُ عَلَى التِّلْمِيذَةِ الْمِسْكِينَةِ
その女性教師はかわいそうな生徒に目を掛けた
※目をくらます خَطَفَ (i) خَطَفَ الْبَرْقُ الْبَصَرَ :稲妻が目をくらませた
2) أَعْمَى < عمى IV أَعْمَى الْمَالُ عَنْ رُؤْيَتِهِ
お金が彼の目をくらました/彼はお金に目がくらんだ
※目がくらむ بُهِرَ بَصَرُهُ
※目をつぶる تَغَاضَى < غضو VI سَأَتَغَاضَى عَنْ أَخْطَائِكَ هٰذِهِ الْمَرَّةَ
今回の過ちは目をつぶりましょう
※目がない أُغْرِمَ < غرم IV受 أُغْرِمَ بِالْحَلْوَى :甘い物に目がなかった
※ 目にする＝見る
※ 目を付ける＝注目する
※ 目を通す＝読む

め　me　芽 ⇒ つぼみ tsubomi 蕾

めーかー　meekaa　メーカー ⇒ せいぞうがいしゃ seizou-gaisha 製造会社

めーたー　meetaa　メーター عَدَّاد < عدّ 複 -ات اَلْعَدَّادُ يُشِيرُ إِلَى الْمَسَافَةِ الَّتِي قَطَعْنَاهَا
メーターは私たちが進んだ距離を示している

めーでー　meedee　メーデー عِيدُ الْعُمَّالِ

めーとる　meetoru　メートル مِتْر 複 أَمْتَار ※اَلنِّظَامُ الْمِتْرِيّ :メートル法

めーど　meedo　メード خَادِمَة < خدم خَادِمَةُ الْفُنْدُقِ :ホテルのメード

めーる　meeru　メール ⇒ いーめーる iimeeru Eメール

めい　mei　姪 بِنْتُ الْأَخِ / بِنْتُ الْأُخْتِ ※ ⇔ اِبْنُ الْأَخِ / اِبْنُ الْأُخْتِ :甥

めいあん　mei･an　名案 فِكْرَة جَيِّدَة أَلَا تَخْطُرُ بِبَالِكَ فِكْرَةٌ جَيِّدَةٌ ؟
名案が浮かびませんか

めいかくな　meikaku-na　明確な ⇒ はっきりした hakkiri-shita はっきりした

めいかくに　meikaku-ni　明確に ⇒ はっきりと hakkiri-to はっきりと

め

めいきする～めいりょうな

めいきする　meiki-suru　明記する　نَصَّ (u)　تَنُصُّ الْمَادَّةُ التَّاسِعَةُ مِنْ دُسْتُورِ الْيَابَانِ عَلَى مَنْعِ تَسَلُّحِ الدَّوْلَةِ

日本国憲法第九条は国家の武装の禁止を明記している

めいさい　meisai　明細
めいさいしょ　meisai-sho　明細書　بَيَان < بين　لَمْ تَصِلِ الْبِضَاعَةُ وَلٰكِنَّ بَيَانَهَا وَصَلَ

商品は届いてないのに明細書は届いた

めいさん　meisan　名産　⇒ めいぶつ　meibutsu　名物

めいし　meishi　名詞　اِسْم　複 أَسْمَاء　固有名詞: اِسْمُ عَلَمٍ　普通名詞: اِسْمُ الْجِنْسِ

集合名詞: اِسْمُ الْجَمْعِ　動名詞: اِسْمُ الْفِعْلِ

男性名詞: إِسْمٌ مُذَكَّرٌ　女性名詞: اِسْمٌ مُؤَنَّثٌ

めいし　meishi　名刺　بِطَاقَة شَخْصِيَّة　名刺交換: تَبَادُلُ الْبِطَاقَةِ الشَّخْصِيَّةِ

めいしょ　meisho　名所　مَكَان مَشْهُور　عِنْدَنَا أَمَاكِنُ مَشْهُورَةٌ فِي مَدِينَتِي

私たちの町には名所があります

めいしん　meishin　迷信　خُرَافَة < خرف 複 -ات　كَانَتْ خُرَافَاتٌ كَثِيرَةٌ فِي الْجَاهِلِيَّةِ

イスラム以前の時代には沢山の迷信がありました

めいじする　meiji-suru　明示する　بَيَّنَ < بين II　بَيِّنْ طَرِيقَةَ الْحَلِّ

解決法を明示して下さい

めいじん　meijin　名人　خَبِير < خبر 複 خُبَرَاء　هُوَ خَبِيرٌ فِي صَيْدِ السَّمَكِ

彼は魚釣りの名人だ

めいずる　meizuru　命ずる　⇒ めいれいする　meirei-suru　命令する

めいそうする　meisou-suru　瞑想する　تَأَمَّلَ < أمل V　~について: ~فِي　ثُمَّ رُحْتُ أَتَأَمَّلُ فِي الْخَالِقِ

それから私は創造主について瞑想し始めた

※名 瞑想: تَأَمُّل　تَهْتَمُّ النِّحْلَةُ الْبُوذِيَّةُ بِالتَّأَمُّلَاتِ

仏教のある派は瞑想を重んじる

めいちゅうする　meichuu-suru　命中する　أَصَابَ < صوب IV　矢は的に命中した: اَلسَّهْمُ أَصَابَ الْهَدَفَ

めいど　meido　冥土　⇒ らいせ　raise　来世

めいど　meido　メイド　⇒ めーど　meedo　メード

めいふく　meihuku　冥福　رَحْمَة اللّٰهِ　※ ご冥福を祈ります: رَحِمَهُ اللّٰهُ

めいぶつ　meibutsu　名物　مُنْتَج مَحَلِّيّ مَشْهُور　اَلصَّابُونُ النَّابُلُسِيُّ مُنْتَجٌ مَشْهُورٌ هُنَا

ナブルス石鹸がここの名物(名産)です

めいぼ　meibo　名簿　قَائِمَة أَسْمَاء　選手名簿: قَائِمَةُ أَسْمَاءِ اللَّاعِبِينَ

めいめいする　meimei-suru　命名する　⇒ なづける　nazukeru　名付ける

めいよ　meiyo　名誉　شَرَف　名誉を汚した: دَنَّسَ الشَّرَفَ　私の名誉にかけて: بِشَرَفِي

めいりょうな　meiryou·na　明瞭な　وَاضِح < وضح　明瞭な説明: شَرْح وَاضِح

め

めいれいする～めざましどけい

めいれいする meirei-suru 命令する يَأْمُرُ ، أَمَرَ أَمَرَ الْعُمَّالَ أَنْ يَشْتَغِلُوا وَقْتًا إِضَافِيًّا

労働者達に残業を命令した(命じた)

※名 أَمْر 複 أَوَامِر :命令 صِيغَةُ الْأَمْرِ :命令形(文)

أَعْطَى الْأَمْرَ :その命令を出した/それを命令した

めいわく meiwaku 迷惑 إِزْعَاج < زعج أَنَا آسِفٌ لِإِزْعَاجِكَ

ご迷惑をお掛けしてすみません

めいわくな meiwaku-na 迷惑な مُزْعِج < زعج جَار مُزْعِج :迷惑な隣人

めいわく-をかける meiwaku-wokakeru 迷惑を掛ける عَطَّلَ < عطل II لَا أُرِيدُ أَنْ أُعَطِّلَكَ أَكْثَرَ مِنْ هٰذَا

もうこれ以上あなたに迷惑を掛けたくない

めかた mekata 目方 وَزْن 複 أَوْزَان ثَقِيل (خَفِيف) الْوَزْنِ :目方が重い(軽い)

めがね mega・ne 眼鏡 نَظَّارَة < نظر 複 -ات لَبِسَ نَظَّارَةً :眼鏡を掛けた

طَالِب ذُو نَظَّارَةٍ :眼鏡を掛けた学生

めがみ megami 女神 إِلٰهَة < اله 複 -ات إِلٰهَةُ الرَّبِيعِ (الْجَمَالِ) :春(美)の女神

めきしこ mekishiko メキシコ اَلْمَكْسِيك ※国名 ※مَكْسِيكِيّ :メキシコの/メキシコ人

めくら mekura 盲 ⇒ もうじん moujin 盲人

めくる mekuru めくる تَصَفَّحَ < صفح V لَمْ أَقْرَأِ الْكِتَابَ ، وَلٰكِنْ تَصَفَّحْتُهُ

私は本を読んではいなかったけれどページをめくりました

めぐまれる megumareru 恵まれる حُظِيَ ، يُحْظَى ※ حَظِيَ 受 حُظِيتُ بِالصِّحَّةِ الْجَيِّدَةِ

私は健康に恵まれた

めぐみ megumi 恵み خَيْرَة 複 -ات خَيْرَاتُ الْأَرْضِ :大地の恵み

2)恵み رَحْمَة رَحْمَةُ اللّٰهِ :神の恵み(慈悲)

めぐむ megumu 恵む تَصَدَّقَ < صدق V تَصَدَّقْ عَلَى الْفُقَرَاءِ وَلَوْ بِقَلِيلٍ

たとえ少しでも,貧しくて困っている人に恵みなさい

めぐる meguru 巡る يَطُوفُ، طَافَ ～を:فِي～ سَوْفَ نَطُوفُ فِي هٰذِهِ الدِّيَارِ

この国を巡ってみよう(旅してみよう)

めされる mesareru 召される اِنْتَقَلَ < نقل VIII اِنْتَقَلَ ～ إِلَى رَحْمَتِهِ تَعَالَى

～が天国に召された

めざす mezasu 目指す هَدَفَ (u) طَالِبُ الْعِلْمِ يَهْدُفُ إِلَى الْمَعْرِفَةِ

学者(知を求めるもの)は知識を目指す

めざましい mezamashi・i 目覚ましい بَاهِر < بهر نَتَائِجُ بَاهِرَة :目覚ましい成果

めざまし-どけい mezamashi-dokei 目覚まし時計 مُنَبِّه < نبه 複 -ات رَنَّ جَرَسُ الْمُنَبِّهِ

目覚まし時計が鳴った

め

めざめる mezameru 目覚める اِسْتَيْقَظَ < يقظ X أَسْتَيْقِظُ مُبَكِّرًا : 私は朝早く目覚める

めし meshi 飯 ⇒ ごはん gohan ご飯

めしつかい meshitsukai 召使い خَادِم < خدم 複 خُدَّام / خَدَم لَيْسَ فِي بَيْتِي خَادِمٌ
家には召使いはいません

めす mesu 雌 أُنْثَى < أنث 複 إِنَاث / أَنَاثَى ※ ⇔ ذَكَر : 雄
اَلْفَرَسُ أُنْثَى الْخَيْلِ : 牝馬は馬の雌です
※関 أُنْثَوِيّ : 雌の ⇔ ذَكَرِيّ : 雄の

めす mesu メス مِبْضَع < بضع 複 مَبَاضِع مِبْضَعُ الْجَرَّاحِ : 外科用メス

めずらしい mezurashii 珍しい نَادِر < ندر نَوْعٌ نَادِرٌ مِنْ ~ : 珍しい種類の～

めだつ medatsu 目立つ ظَاهِر < ظهر مَكَانٌ ظَاهِرٌ : 目立つ場所
مَكَانٌ غَيْرُ ظَاهِرٍ : 目立たない場所

めだる medaru メダル مِدَالِيَة 複 -ات مِدَالِيَةٌ ذَهَبِيَّةٌ : 金メダル

めちゃくちゃな mechakucha-na 滅茶苦茶な غَيْرُ مَعْقُولٍ حَدِيثٌ غَيْرُ مَعْقُولٍ : 滅茶苦茶な話

めっか mekka メッカ（ مَكَّةُ الْمُكَرَّمَة ） ذَهَبَ إِلَى مَكَّةَ لِلْحَجِّ : メッカへ巡礼に行った

めっき mekki メッキ طِلَاء < طلو طِلَاءٌ بِالْكَهْرَبَاءِ : 電気メッキ

めっせーじ messeeji メッセージ ⇒ でんごん dengon 伝言

めったに metta・ni めったに（～しない）～ نَادِرًا مَا نَادِرًا مَا يَخْرُجُ مِنَ الْغُرْفَةِ
彼はめったに部屋から出ません

めつぼうする metsubou-suru 滅亡する اِنْقَرَضَ < قرض VII اَلذِّئْبُ حَيَوَانٌ يَكَادُ يَنْقَرِضُ
狼は滅亡しそうな動物です

めでぃな medi・na メディナ اَلْمَدِينَةُ الْمُنَوَّرَة / اَلْمَدِينَة ※現サウジアラビアの都市，預言者
ムハンマドの墓とモスクがある

めでたい medetai めでたい سَعِيد < سعد 複 سُعَدَاء عِيدُ مِيلَادِكَ سَعِيدٌ
誕生日おめでとう

めにゅー me・nyuu メニュー قَائِمَةُ الطَّعَامِ أَرِنِي قَائِمَةَ الطَّعَامِ : メニューを見せて下さい

めのみえない me-nomie・nai 目の見えない ⇒ もうもくの moumoku-no 盲目の

めまい memai めまい دَوْخَة أُصِيبَ رَأْسِي بِالدَّوْخَةِ : 私はめまいがしました

めめしい memeshii 女々しい مُخَنَّث < خنث لَا نُرِيدُكَ شَابًّا مُخَنَّثًا جَبَانًا
私達はあなたが女々しい臆病な若者になって欲しくない

めもちょう memo-chou メモ帳 مُذَكِّرَة < ذكر 複 -ات دَوِّنْ مَوْعِدَ الزِّيَارَةِ فِي الْمُذَكِّرَةِ
訪問する期日をメモ帳に書きなさい

めもりー memorii メモリー ذَاكِرَة < ذكر بِطَاقَةُ الذَّاكِرَةِ : メモリーカード

めろでぃ〜めんばー

ذَاكِرَة حَاسِب إِلِكْتْرُونِيّ :コンピューターのメモリー

めろでぃー　merodii　メロディー　لَحْن　複 أَلْحَان / لُحُون　وَضَعَ لَحْناً :メロディーを作った
تُغَنِّي مَعَ الْمُوسِيقَى أَجْمَلَ الأَلْحَانِ
彼女はとても美しいメロディーの歌を歌う

めろん　meron　メロン　شَمَّام　< شمّ ※ شَمَّامَة :1個のメロン
أَشَمَّاماً تُفَضِّلُ أَمْ جَبَساً؟
メロンと西瓜ではどちらが好きですか

めん　men　綿 ⇒ もめん momen 木綿

めん　men　麺　مَعْكَرُونَة شَرِيطِيَّة دَقِيقَة

めんかいする　menkai-suru　面会する　وَاجَهَ　< وجه III　يَجِبُ عَلَيَّ أَنْ أُوَاجِهَ الْمُدِيرَ
私はマネージャーと面会しなければなりません
※名 مُوَاجَهَة :面会　طَلَبْنَا مُوَاجَهَةَ الْمُدِيرِ
私達はマネージャーに面会を求めた
※ وَقْت مُقَابَلَة :面会時間

めんきょしょう　menkyo-shou　免許証　رُخْصَة　複 رُخَص　رُخْصَة قِيَادَةِ السَّيَّارَات :自動車運転免許証

めんした　men-shita　面した　مُوَاجِه　< وجه　لِـ~ :~に面した　الْمَحَلُّ مُوَاجِهٌ لِبَابِ الْعَامُودِ
その店はダマスカス門に面している

めんじょする　menjo-suru　免除する　أَعْفَى　< عفو IV　أَعْفَاهُ مِنَ الْخِدْمَةِ الْعَسْكَرِيَّةِ
彼の兵役を免除した
※名 إِعْفَاء 複 ـات :免除　إِعْفَاءَات جُمْرُكِيَّة :関税の免除

めんする　mensuru　面する　أَطَلَّ　< طلّ IV　نَافِذَةُ غُرْفَتِي تُطِلُّ عَلَى الشَّارِعِ
私の部屋の窓は通りに面している

めんせき　menseki　面積　مِسَاحَة　< مسح 複 ـات　مِسَاحَةُ الْيَابَانِ ٣٧٧،٤٠٠ كم٢
日本の面積は37万7400平方キロメートルです

めんぜいてん　menzei-ten　免税店　سُوق حُرَّة　هَلْ تُوجَدُ سُوقٌ حُرَّةٌ فِي مَطَارِ "نَاجُويَا"؟
名古屋空港に免税店はありますか

めんぜいの　menzei-no　免税の　مُعَافَى　< عفو　الأَشْيَاءُ الْمُعْفَاةُ مِنَ الرُّسُومِ :免税品

めんどうな　mendou-na　面倒な　مُتْعِب　< تعب　عَمَلٌ مُتْعِبٌ :面倒な仕事

めんどうをみる　mendou-womiru　面倒を見る ⇒ せわをする sewa-wosuru 世話をする

めんどり　mendori　雌鶏　دَجَاج　< دجّ ※ دَجَاجَة :1羽の雌鶏
الدَّجَاجَةُ أُنْثَى الدَّجَاجِ :雌鶏は鶏の雌です

めんばー　menbaa　メンバー　عُضْو　複 أَعْضَاء　عُضْو النَّادِي :クラブのメンバー(会員)

も〜もうれつな

ち も モ 【mo】

も　mo　喪　حِدَاد < حدّ　ثَوْب الْحِدَادِ :喪服

も　mo　〜も　أَيْضًا < ايض　أَنْتُمْ تَدْرُسُونَ وَنَحْنُ أَيْضًا نَدْرُسُ
君たちは勉強する,そして私たちも勉強する

もーたー　mootaa　モーター　مُوتُور　※ قَارِب آلِيّ :モーターボート

もーりたにあ　moorita･nia　モーリタニヤ　مُورِيتَانِيَا　جُمْهُورِيَّة مُورِيتَانِيَا الْإِسْلَامِيَّة
モーリタニア･イスラム共和国

もう　mou　もう　لَقَدْ / قَدْ　قَدْ جَاءَ :彼はもう来ていた

もう　mou　もう(〜ではない) ⇒ もはや　mohaya　もはや(〜でない)

もういちど　mou-ichido　もう一度　ثَانِيًا/مَرَّةً ثَانِيَةً/مَرَّةً أُخْرَى
اِقْرَأْ مَرَّةً ثَانِيَةً :もう一度読みなさい

もうけ　mouke　儲け　مَكْسَب < كسب 複 مَكَاسِب　بِعْتُ السَّيَّارَةَ ، وَلَمْ أُحَقِّقْ
私は自動車を売ったけれど儲けはなかった مَكْسَبًا

もうける　moukeru　儲ける　رَبِحَ (a)　مِنْ حَقِّ التَّاجِرِ أَنْ يَرْبَحَ رِبْحًا مَعْقُولًا
商人には適度に儲ける権利がある

もうける　moukeru　設ける　أَنْشَأَ < نشاء IV　أَنْشَأَ مَكْتَبًا :事務所を設けた(設置した)

もうける　moukeru　もうける　أَنْجَبَ < نجب IV ※子供を　أَنْجَبَ مِنْهَا ابْنَةً وَاحِدَةً
彼は彼女との間に娘を一人もうけた

もうしこむ　moushi-komu　申し込む　طَلَبَ (u)　طَلَبَ يَدَهَا لِلزَّوَاجِ :彼女に結婚を申し込んだ
※名 طَلَبٌ 複 ـات :申し込み　اِسْتِمَارَة طَلَبٍ :申し込み書

もうしでる　moushi-deru　申し出る　عَرَضَ (i)　عَرَضَ لِي مُسَاعَدَتَهُ :彼は私に援助を申し出た

もうしわけ-ない　moushiwake-nai　申し訳ない　آسِفٌ　أَنَا آسِفٌ :申し訳ありません

もうじん　moujin　盲人　رَجُل كَفِيف　سَاعِدِ الرَّجُلَ الْكَفِيفَ عَلَى اجْتِيَازِ الشَّارِعِ
通りを渡る盲人(目の見えない人)を助けなさい

もうちょう　mouchou　盲腸 ⇒ ちゅうすい　chuusui　虫垂

もうはつ　mouhatsu　毛髪 ⇒ かみ　kami　髪

もうひつ　mouhitsu　毛筆　فُرْشَة الْكِتَابَة　نَكْتُبُ حُرُوفًا بِفُرْشَةِ الْكِتَابَةِ
私たちは毛筆で文字を書きます

もうふ　mouhu　毛布　بَطَّانِيَّة < بطن 複 بَطَاطِين/ـات

もうもくの　moumoku-no　盲目の　أَعْمَى < عمي 女 عَمْيَاءُ 複 عُمْيٌ　حُبٌّ أَعْمَى :盲目の愛

もうれつな　mouretsu-na　猛烈な ⇒ はげしい　hageshii　激しい

も

もうろくした mouroku-shita もうろくした خَرِفٌ　كَلَامُكَ غَيْرُ مَعْقُولٍ ! أَخَرِفٌ أَنْتَ؟
あなたの言うことはおかしい！もうろくした(惚けた)のか？

もうろくする mouroku-suru もうろくする ⇒ ぼける bokeru 惚ける

もえている moete-iru 燃えている مُلْتَهِب < لهب　اَلْعَيْنَيْنِ الْخَضْرَاوَيْنِ الْمُلْتَهِبَتَيْنِ
燃えるような二つの緑色の目

2)燃えている مُشْتَعِل < شعل　يَتَطَايَرُ شَرَارٌ مِنَ الْفَحْمِ الْمُشْتَعِلِ
燃えている炭から火花が飛んでいる

もえる moeru 燃える اِحْتَرَقَ < حرق VIII　اِحْتَرَقَتِ الْمَدِينَةُ طَوَالَ النَّهَارِ
街は一日中燃えた

2)燃える تَأَجَّجَ < أجّ V　تَأَجَّجَتِ النَّارُ فِي الْمَوْقِدِ
暖炉で火は燃えていた

もくげきしゃ mokugeki-sha 目撃者 شَاهِد < شهد 複 شُهُود　طَلَبَ الْقَاضِي سَمَاعَ إِفَادَةِ الشَّاهِدِ
裁判官は目撃者の証言を聞くように求めた

もくげきする mokugeki-suru 目撃する شَهِدَ (a)　شَهِدَ حَادِثَ السَّيَّارَةِ :その自動車事故を目撃した

もくざい mokuzai 木材 ⇒ ざいもく zaimoku 材木

もくじ mokuji 目次 فِهْرِس(ـ) 複 فَهَارِس　اِبْحَثْ فِي فِهْرِسِ الْكِتَابِ
目次で捜しなさい

もくぞうの mokuzou-no 木造の مِنْ خَشَبٍ　بَنَيْنَا بُيُوتًا مِنْ خَشَبٍ :私たちは木造の家を建てた

もくたん mokutan 木炭 ⇒ すみ sumi 炭

もくてき mokuteki 目的 غَرَضٌ 複 أَغْرَاض　مَا هُوَ الْغَرَضُ؟ :目的は何ですか

2)目的 هَدَفٌ 複 أَهْدَاف　أَهْدَاف حَرْبِيَّة :軍事目標

もくてきご mokuteki-go 目的語 مَفْعُول بِهِ < فعل　أَفَاعِلٌ هٰذَا الاسْمُ أَمْ مَفْعُولٌ بِهِ؟
この名詞は主語ですか，それとも目的語ですか

もくてき-とする mokuteki-tosuru 目的とする هَدَفَ (u)　طَالِبُ الْعِلْمِ يَهْدُفُ إِلَى الْمَعْرِفَةِ
学者(知を求める者)は知識を(得るのを)目的とする

もくひょう mokuhyou 目標 ⇒ もくてき mokuteki 目的

もくひょう-とする mokuhyou-tosuru 目標とする ⇒ もくてきとする mokuteki-tosuru 目的とする

もくよう mokuyou 木曜
もくようび moku-youbi 木曜日 يَوْم الْخَمِيسِ/اَلْخَمِيس

もくよくする mokuyoku-suru 沐浴する تَوَضَّأَ < وضؤ V　تَوَضَّأَ الْوَلَدُ بِالْمَاءِ لِلصَّلَاةِ
少年は祈りのために水で沐浴をした
※名 وُضُوء/تَوَضُّؤ :沐浴 ※祭礼，礼拝の前に体を洗って清めること

もぐもぐする〜もすく

もぐもぐする　mogumogu-suru　もぐもぐする　يُمَضْمِضُ، مَضْمَضَ　فِي الْمَاءِ دَوَاءٌ، مَضْمِضْهُ فِي فَمِكَ ثُمَّ ابْصُقْهُ
水の中に薬が入っています,口をもぐもぐして吐き出して下さい

2)もぐもぐする　يُمَغْمِغُ، مَغْمَغَ　سَأَلْتُهُ عَنْ سَبَبِ غِيَابِهِ، فَمَغْمَغَ الْجَوَابَ
私が欠席の理由を尋ねると彼は口をもぐもぐして答えた

もぐら　mogura　モグラ/土竜　خُلْد　نَقَبْنَا الْحَدِيقَةَ كُلَّهَا، وَلَمْ نَعْثُرْ عَلَى الْخُلْدِ
私たちは庭中を探したけれどもモグラを発見しなかった

もぐる　moguru　潜る　يَغُوصُ، غَاصَ　تَغُوصُ الْغَوَّاصَةُ فِي الْبَحْرِ:潜水艦が海に潜る

もけい　mokei　模型　نَمُوذَج (ُ)　複 نَمَاذِج /-ات　نَمُوذَج (ُ) بْلَاسْتِيكِيّ
プラスチック模型/プラモ

もざいく　mozaiku　モザイク　فُسَيْفِسَاء　رَسْم مِنَ الْفُسَيْفِسَاءِ:モザイク絵
関 فُسَيْفِسَائِيّ :モザイクの/モザイク模様の

もし　moshi　もし(〜であったら)
もしも　moshimo　もしも(〜だったら) 〜 لَوْ　※非現実的仮定　لَوْ كَانَ عِنْدَنَا مِنَ السَّمْنِ
もし私達にバターがあったらなあ
لَوْ مِتُّ أَنَا مَا كُنْتَ تَفْعَلُ؟
もしも私が死んだら,あなたはどうしますか

2)もし(〜ならば)　إِذَا　※起こりうる条件文　إِذَا لَقِيتَ "مُحَمَّدًا"، سَلِّمْ عَلَيْهِ
もしムハンマドに会ったならば
よろしくお伝え下さい

もじ　moji　文字　حَرْف　複 حُرُوف　اَلْحُرُوفُ الشَّمْسِيَّةُ:太陽文字
※(定冠詞 ال の"ل"音を吸収する文字)
اَلْحُرُوفُ الْقَمَرِيَّةُ:月文字
※(定冠詞 ال の"ل"音がそのまま発音される文字)

2)文字　كِتَابَة < كتب 複 -ات　كِتَابَات هِيرُوغْلِيفِيَّة
象形(くさび形)文字 (مِسْمَارِيَّة)

もじばん　moji-ban　文字盤　مِينَاء　複 مَوَانِئُ　عَلَى مِينَاءِ السَّاعَةِ أَرْقَامٌ مُنِيرَةٌ
時計の文字盤の数字が光っている

もすく　mosuku　モスク　مَسْجِد < سجد 複 مَسَاجِد　اَلْمَسْجِدُ الْأَقْصَى:アルアクサモスク

2)モスク　جَامِع < جمع 複 جَوَامِع　أُقِيمَتِ الصَّلَاةُ فِي الْجَامِعِ
礼拝がモスクで行われた

も

もすれむ～もっている

もすれむ　mosuremu　モスレム　مُسْلِم < سلم 複 ـون　عَلَى الْمُسْلِمِ أَنْ يُصَلِّيَ خَمْسَ مَرَّاتٍ فِي الْيَوْمِ
モスレムは1日5回お祈りしなければならない

もたせて　motasete　もたせて　مُسْتَنِد < سند　وَضَعَ السُّلَّمَ مُسْتَنِداً عَلَى حَائِطٍ عَالٍ
彼はその梯子を庭の高い塀にもたせ掛けた

もたせる　motaseru　持たせる　حَمَّلَ < حمل II　أَتُحَمِّلُنِي هٰذِهِ الشَّنْطَةَ الثَّقِيلَةَ ؟
この重いカバンを私に持たせるのですか

もたせる　motaseru　もたせる　أَسْنَدَ < سند IV　أَسْنَدَ جِسْمَهُ إِلَى الْجِدَارِ :壁に身をもたせた

もたらす　motarasu　もたらす　سَبَّبَ < سبّ II　نَزِيفُ الدَّمِ قَدْ يُسَبِّبُ الضَّعْفَ وَالْمَوْتَ
出血は体力を低下させ,死をもたらすだろう

2)もたらす　أَتَى، يَأْتِي　بِـ～:～を　تَأْتِي شَجَرَةُ الزَّيْتُونِ بِزَيْتٍ
オリーブの樹は油をもたらす

もたれる　motareru　もたれる　اِتَّكَأَ < وكأ VIII ※＝寄りかかる
اِتَّكِئْ عَلَى الْوِسَادَةِ :クッションにもたれなさい

もたれる　motareru　もたれる　أَتْخَمَ < تخم IV　يُتْخِمُنِي الطَّعَامُ
(私は)食べ物が胃にもたれます

もち　mochi　餅　كَعْكُ رُزٍّ　يَشْوِي كَعْكَ رُزٍّ :餅を焼く

もちあげる　mochi-ageru　持ち上げる　رَفَعَ (a)　رَفَعَ الطِّفْلَ بَيْنَ يَدَيْهِ :子供を両手で持ち上げた

もちいる　mochi・iru　用いる　⇒つかう　tsukau　使う

もちだす　mochi-dasu　持ち出す　أَخَذَ إِلَى الْخَارِجِ　أَخَذَ كُتُبَ الْمَسْجِدِ إِلَى الْخَارِجِ
モスクの本を持ち出した

もちなおす　mochi-naosu　持ち直す　تَحَسَّنَ < حسن V　تَحَسَّنَتْ حَالَةُ الْمَرِيضِ :病状が持ち直した

もちにげ-する　mochi-nige-suru　持ち逃げする　هَرَبَ (u)　※～بِـ:～を　هَرَبَ بِمَالِ الْمَحَلِّ :店の金を持ち逃げした

もちぬし　mochi-nushi　持ち主　صَاحِب < صحب 複 أَصْحَاب　صَاحِبُ الْبَيْتِ :その家の持ち主

もちもの　mochi-mo・no　持ち物　أَمْتِعَة < متع 複 مَتَاع　أَمْتِعَتِي بَسِيطَةٌ
私の持ち物は少しです

もちろん　mochiron　勿論　بِالطَّبْعِ / طَبْعاً < طبع　هَلْ عِنْدَكُمْ خُبْزٌ طَازِجٌ؟ نَعَمْ، طَبْعاً
焼きたてのパンはありますか。ええ,勿論

もつ　motsu　持つ　مَلَكَ (i)　※所有する　يَمْلِكُ بُيُوتاً كَثِيرَةً
彼は家を沢山持っている

2)持つ　أَخَذَ (u)　أَخَذَ كُرَةَ رَفِيقِهِ :友だちのボールを持った(手にした)

3)持つ　اِسْتَمَرَّ < مر X　أَيَسْتَمِرُّ هٰذَا الطَّقْسُ الْجَيِّدُ حَتَّى غَدٍ ؟
この好天気は明日まで持ちますかね

もっている　motte-iru　持っている　عِنْدَ　※前置詞 ～のもとにある

も

もってくる〜もとめる

〜(عِنْدِي) عِنْدَكَ (ِ) :あなたは(私は)〜を持っている

أَعِنْدَكَ سَيَّارَةٌ ؟ :あなたは車を持ってますか

2)持っている مَعَ ※前置詞 (身につけて)持っている

〜(مَعِي) مَعَكَ (ِ) :あなたは(私は)〜を持っている

هَلْ مَعَكَ جَوَازُ السَّفَرِ ؟ :パスポートを持ってますか

もってくる motte-kuru 持って来る أَحْضَرَ < حضر IV أَحْضَرْتُ كَعْكَةَ الْعِيدِ

(私は)誕生日(バースデー)のケーキを持って来ました

もってゆく motte-yuku 持って行く أَخَذَ (u) خُذْ مَعَكَ مِظَلَّةً :傘を持って行きなさい

もっと motto もっと أَكْثَرَ < كثر ※副 كُلْ أَكْثَرَ :もっと食べなさい

もっとも mottomo 最も مِنْ أَعْلَى دَرَجَةٍ ※ الْأَكْبَرُ :最も大きい الْأَحْسَنُ :最も良い

もっともな mottomo-na もっともな مَعْقُول < عقل تَفْسِيرُكَ لِلْحَادِثِ مَعْقُولٌ

あなたのその事件の解説はもっともだ

もつれる motsureru もつれる تَشَابَكَ < شبك VI تَشَابَكَ خَيْطُ الصِّنَّارَةِ :釣り糸がもつれた

もてなし mote・nashi もてなし ضِيَافَة < ضيف (عَرَبِيَّة) ضِيَافَةُ الْعَرَبِ :アラブ式のもてなし

もてなす mote・nasu もてなす ضَيَّفَ < ضيف II كُلَّمَا زُرْتُهُ ضَيَّفَنِي

私が訪問すると,いつも彼はもてなしてくれた

もてる moteru 持てる مَحْبُوب < حبّ هُوَ مَحْبُوبٌ بَيْنَ النِّسَاءِ الْعَرَبِيَّاتِ

彼はアラブ人女性に持てる

もでる moderu モデル طِرَاز < طرز 複 طُرُز سَيَّارَةٌ مِنْ أَحْدَثِ طِرَازٍ

最新モデルの車

2)モデル عَارِضَة < عرض 複 ـات تُرِيدُ أَنْ تَكُونَ عَارِضَةَ أَزْيَاءٍ

彼女はファッションモデルになりたがっている

もとに moto・ni (〜の)もとに 〜 عِنْدَ ※前 جَلَسَ عِنْدَ الشَّجَرَةِ :木のもとに座った

بَكَى الطِّفْلُ وَذَهَبَ عِنْدَ أُمِّهِ

子供は泣いて母親のもとに行った

もとの moto-no 元の
もともとの motomoto-no 元々の أَصْلِيّ < أصل لُغَتُهُ الْأَصْلِيَّةُ هِيَ الْعَرَبِيَّةُ

その元々の言葉(原語/語源)はアラビア語です

もとめる motomeru 求める طَلَبَ (u) 〜に:مِنْ / إِلَى〜 طَلَبَتْ مِنْهُ وَعْدًا بِالزَّوَاجِ

彼女は彼に結婚の約束を求めた

※名 طَلَبٌ :求め اِسْتَجَابَ الطَّلَبَ :求めに応じた(応えた)

2)求める سَعَى، يَسْعَى سَعَيْتُ وَرَاءَ السَّعَادَةِ :私は幸せを求めた(追求した)

3)求める اِسْتَغْفَرَ < غفر X أَسْتَغْفِرُ اللّٰهَ :私は神に許しを求める

も

もどす　modosu　戻す　يُعِيدُ ، أَعَادَ　< عاد IV　※=返す　أَعِدِ الْكُتُبَ إِلَى مَكَانِهَا
本を元の所に戻しなさい

2)戻す　أَخَّرَ　< أخر IV　※時計の針を　أَخَّرَ السَّاعَةَ :時計の針を戻した

3)戻す　⇒　はく　haku　吐く

もどる　modoru　戻る　يَعُودُ ، عَادَ　※هِيَ عَادَتْ / أَنَا عُدْتُ
مَتَى تَعُودُ إِلَى بَلَدِكَ ؟ :お国へはいつお戻りですか
عَادَ إِلَى وَعْيِهِ :意識が戻った

もにふくす　mo・ni-hukusu　喪に服す　يَحِدُّ ، حَدَّ　تَحِدُّ حُزْنًا عَلَى جَدَّتِهَا :彼女は祖母の喪に服しています

もの　mo・no　物　شَيْء　< شاء 複 أَشْيَاءُ　هَلْ عِنْدَكَ شَيْءٌ ”لِلْإِعْلَانِ عَنْهُ ؟
何か申告する物をお持ちですか

もの　mo・no　者　شَخْص　複 أَشْخَاص　شَخْصٌ غَرِيبٌ :見知らぬ者(人)

ものがたり　mo・nogatari　物語　حِكَايَة　< حكى 複 -ات　حَكَى حِكَايَةً :物語を語った

ものしり　mo・noshiri　物知り
ものしりの　mo・noshiri-no　物知りの　عَالِم　< علم　الْأُسْتَاذُ عَالِمٌ كَبِيرٌ
教授はとても物知り(博識)です

ものもらい　mo・no-morai　物貰い　شَحَّاذ　< شحذ　※=乞食　صَاحَ الشَّحَّاذُ "بَقْشِيش"
物貰いが「バクシーシ」と叫んだ

ものもらい　mo・no-morai　ものもらい　الْتِهَاب الْعَيْنِ / شَحَّاذ الْعَيْنِ　※目の病気

ものわすれ　mo・no-wasure　物忘れ　نِسْيَان　< نسي　سَرِيعُ النِّسْيَانِ :物忘れのひどい

もはや　mohaya　もはや(〜でない) 〜 لَمْ يَعُدْ　لَمْ يَعُدْ جَدِّي يَتَذَكَّرُ الْمَاضِيَ الْقَرِيبَ
祖父はもはや最近の事でも覚えていない
لَمْ تَعُدْ طِفْلَةً :もはや(もう)少女ではない

もはん　mohan　模範　مِثَال　< مثل 複 أَمْثِلَة / مُثُل　مِثَالٌ أَعْلَى :模範となる人・物

もはんてき　mohan-teki　模範的
もはんてきな　mohan-teki・na　模範的な　مِثَالِيّ　< مثل　طَالِبَةٌ مِثَالِيَّةٌ :模範的な(女子)学生

もふく　mohuku　喪服　ثَوْبُ الْحِدَادِ　< حد　لَبِسَ ثَوْبَ الْحِدَادِ :喪服を着た

もほうする　mohou-suru　模倣する　⇒　まねる　ma・neru　まねる

もみあう　momi-au　もみ合う　تَزَاحَمَ　< زحم VI　تَزَاحَمَ الْحَمَّالُونَ عَلَى تَفْرِيغِ الشَّاحِنَةِ
運び人達がトラックの荷下ろしでもみ合った

もみあげ　momiage　もみ上げ　سَالِف　< سلف 複 سَوَالِف　سَالِفُكَ الْأَيْمَنُ أَقْصَرُ مِنَ الْأَيْسَرِ
あなたの右のもみ上げは左のより短い

もむ　momu　もむ/揉む　مَسَّدَ　< مسد II　مَسَّدْتُ عَضَلَاتِ سَاقِي فَاسْتَرَحْتُ
(私は)足の筋肉を揉んだら楽になった

もめん～もんだい

もめん　momen　木綿　قُطْن / قُطُن　複 أَقْطَان　مَنْدِيل قُطْن :木綿(綿)のハンカチ
قُطْن طِبِّيّ :脱脂綿　※ نَسِيج قُطْنِيّ :綿織物

もも　momo　桃　خَوْخ　※ خَوْخَة :1個の桃　※他にも دُرَّاق/دُرَّاقِن などとも

もやす　moyasu　燃やす　حَرَقَ (i)　حَرَقَ الْمَلِكُ كُلَّ الْكُتُبِ فِي بَلَدِهِ
国王は国中の全ての本を燃やした

もよおす　moyo・osu　催す　عَقَدَ (i)　※会議,会合等を　يُعْقَدُ مُؤْتَمَرٌ دَوْلِيٌّ
国際会議が催されます

もよりの　moyori-no　最寄りの　أَقْرَب < قرب　أَيْنَ أَقْرَبُ مَوْقِفٍ لِلْبَاصِ؟
最寄りのバス停はどこですか

もらう　morau　貰う　أُعْطِيَ، يُعْطَى < عطى IV 受　أُعْطِينَا نُقُودًا فِي رَأْسِ السَّنَةِ
私達は正月にお金を貰った

2)貰う　تَسَلَّمَ < سلم V　تَسَلَّمْتُ خِطَابَهُ :私は彼から手紙を貰った

もらす　morasu　漏らす　أَفْشَى، يُفْشِي < فشو IV　لَنْ أُفْشِيَ سِرَّكَ
私はあなたの秘密を漏らしません

もらる　moraru　モラル　⇒ りんり　rinri　倫理

もり　mori　森　غَابَة < غيب 複 -ات　فِي الْغَابَةِ حَيَوَانَاتٌ بَرِّيَّةٌ كَثِيرَةٌ
森には野生の動物が沢山いる

もる　moru　盛る　كَوَّمَ < كوم II　كَوَّمَ الْأَطْفَالُ الرِّمَالَ :子供達が砂を盛った

もれなく　more・naku　漏れ無く　كَافَّةً < كفّ　حَضَرَ الطُّلَّابُ كَافَّةً :学生達は漏れ無く出席した

もれる　moreru　漏れる　تَسَرَّبَ < سرب V　يَتَسَرَّبُ الْمَاءُ مِنْ شَقٍّ فِي جِدَارِ الْخَزَّانِ
ダムの壁のひびから水が漏れている

2)漏れる　تَفَشَّى < فشو V　تَفَشَّى السِّرُّ :秘密が漏れた

もろっこ　morokko　モロッコ　اَلْمَغْرِب　اَلْمَمْلَكَةُ الْمَغْرِبِيَّة :モロッコ王国
※مَغْرِبِيّ 複 مَغَارِبَة :モロッコの/モロッコ人

もん　mon　門　بَاب < بوب 複 أَبْوَاب / بِيبَان　بَابُ الْعَامُودِ :ダマスカス門

もんかしょう　monka-shou　文科省　وِزَارَة التَّرْبِيَة وَالتَّعْلِيم

もんくをいう　monku-wo・iu　文句を言う　تَأَفَّفَ < أفّ　طَالَ انْتِظَارُ الْفِيلْمِ فَتَأَفَّفَ الْحَاضِرُونَ
映画の待ち時間が長くなって,観客は文句(不平)を言った

もんごる　mongoru　モンゴル　مُنْغُولِيَا　※مُنْغُولِيّ :モンゴルの/モンゴル人

もんだい　mondai　問題　مُشْكِلَة < شكل 複 مَشَاكِل　※トラブルなど困った事
لَا تُوجَدُ مَشَاكِلُ :問題はありません
لِكُلِّ مُشْكِلَةٍ حَلٌّ :答のない問題はない[格言]

も

もんばん～もんもうの

2)問題　سُؤَال < سأل 複 أَسْئِلَة　عَنْ ~ :~についての

أَجِبْ عَنْ كُلِّ سُؤَالٍ مِنَ الْأَسْئِلَةِ التَّالِيَةِ

次(つぎ)の問題(もんだい)の各問(かくとい)に答(こた)えなさい

3)問題　مَسْأَلَة < سأل 複 مَسَائِل　مَسْأَلَة فِلَسْطِين :パレスチナ問題(もんだい)

もんばん　monban　門番　بَوَّاب < باب 複 ـون

もんぶかがくしょう　monbu-kagaku-shou　文部科学省　⇒ もんかしょう　monbu-shou　文科省

もんもうの　monmou-no　文盲の　أُمِّيّ < أم 複 ـون　لَا يَرْضَى أَنْ يَظَلَّ أُمِّيًّا

文盲(もんもう)であることを良(よ)しとしない

も

や　や　ヤ　【ya】

や　ya　矢　سَهْم　複 سِهَام / أَسْهُم　رَمَى سَهْمًا :矢を放った

や　ya　(～)や‥　وَ　بَرًّا وَبَحْرًا :陸路や海路で

やぁ　yaa　やぁ　يَا～　※～:定冠詞のない主格　يَا رَجُلُ :やぁ,君

اِسْمَعْ إِلَيَّ يَا أَخِي! :やぁ兄弟,俺の話を聞いてくれよ

2)やぁ　أَيُّهَا～　※～:定冠詞のついた主格　女 أَيَّتُهَا

أَيَّتُهَا الْفَتَاةُ الصَّغِيرَةُ :やぁ,お嬢ちゃん

やいた　yaita　焼いた　مَشْوِيّ < شَوَى　لَحْم مَشْوِيّ :焼いた肉/焼肉

やおや　yao-ya　八百屋　دُكَّانُ الْخَضْرَاوَاتِ ※店　وَصَلَتْ دُكَّانَ الْخَضْرَاوَاتِ خُضْرَةٌ طَازَجَةٌ

八百屋に新鮮な野菜が届いた

2)八百屋　بَقَّال < بقل 複 ـون　رَمَى الْبَقَّالُ الْخِيَارَ الْكَاسِدَ

八百屋さんは売れなかった胡瓜を投げ捨てた

やかた　yakata　館　دَار < دور 複 دُور / دِيَار ※女性名詞　دَارُ سِينِمَا :映画館

やかましい　yakamashi・i　やかましい　⇒ うるさい　urusai　うるさい

やかん　yakan　薬缶　غَلَّايَة < غلى 複 ـات　ضَعِ الْغَلَّايَةَ عَلَى النَّارِ

薬缶を火にかけなさい

やがて　yagate　やがて　بَعْدَ قَلِيلٍ　يَحِلُّ فَصْلُ الرَّبِيعِ بَعْدَ قَلِيلٍ :やがて春が来る

やきもの　yakimo・no　焼(き)物　فَخَّار < فخر 複 فَخَّارِيَّات ※ فَخَّارَةٌ :1個の焼き物

شَوَى الْفَخَّارَ :焼き物を焼いた

やきゅう　yakyuu　野球　لُعْبَةُ الْبِيسْبُول

やぎ　yagi　山羊　مَعَز　複 أَمْعُز ※ مَعَزَةٌ :1頭の山羊

يَنَامُ الْمَعَزُ فِي الزَّرِيبَةِ :山羊は囲いの中で眠る

やく　yaku　焼く　⇒ もやす　moyasu　燃やす

2)焼く　يَشْوِي، شَوَى　※(料理で)肉を焼く　يَشْوِي الدَّجَاجَةَ :鶏を焼く

3)焼く　خَبَزَ (i)　※パンを　يَخْبِزُ خُبْزًا :パンを焼く

やく　yaku　約　تَقْرِيبًا / نَحْوَ　اِجْتَمَعَ نَحْوَ ١٠٠ طَالِبٍ فِي سَاحَةِ الْمَدْرَسَةِ

校庭に約百人の生徒が集まった

كَانَ مَعَهُ ١٠,٠٠٠ اَلْيِنِّ الْيَابَانِيِّ تَقْرِيبًا

彼は約一万円の日本円を持っていた

やく　yaku　役　⇒ やくわり　yakuwari　役割

やくがく　yakugaku　薬学　عِلْمُ صَيْدَلِيَّة ※ كُلِّيَّةُ الصَّيْدَلِيَّةِ :薬学部

やくざ～やさしい

やくざ　yakuza　やくざ عُضْوُ عِصَابَةِ مُجْرِمِينَ ※ ⇒ ごろつき

やくざい　yakuzai　薬剤　أَدْوِيَة < دوي ※=薬　رَشَّ أَدْوِيَةً يَقْتُلُ الْحَشَرَاتِ
害虫を殺す薬剤を撒いた

やくざいし　yakuzai-shi　薬剤師　صَيْدَلِيّ < صيدلة 複 صَيَادِلَة　أُرِيدُ أَنْ أَصِيرَ صَيْدَلِيًّا
私は薬剤師になりたい

やくしゃ　yakusha　役者 ⇒ はいゆう　haiyuu　俳優

やくしょ　yakusho　役所 مَكْتَب حُكُومِيّ ※ بَلَدِيَّة :市役所

やくしょく　yakushoku　役職 ⇒ ちい　chi・i　地位

やくす　yaku-su　訳す
やくする　yaku-suru　訳する ⇒ ほんやくする　hon・yaku-suru　翻訳する

やくそう　yakusou　薬草　عُشْب طِبِّيّ 複 أَعْشَاب طِبِّيَّة

やくそくする　yakusoku-suru　約束する وَعَدَ ، يَعِدُ　لَمْ أَعِدْ مِثْلَ هٰذَا :私はそんな約束しませんでした
※名 مَوْعِد 複 مَوَاعِد :約束
عِنْدِي مَوْعِدٌ مَعَ صَدِيقِي
私は友人と約束があります

やくにたつ　yaku・ni-tatsu　役に立つ　نَفَعَ (a)　※=役立つ　لَا يَنْفَعُ :役に立たない/無駄である
2)役に立つ　سَاعَدَ < سعد III　سَاعَدَتْ الطِّبَاعَةُ عَلَى نَشْرِ الْمَعْرِفَةِ
印刷は知識を広めるのに役に立った(役立った)

やくにたつ　yaku・ni-tatsu　役に立つ ⇒ ゆうえきな　yu・ueki-na　有益な

やくにん　yaku・nin　役人 مُوَظَّفُ الْحُكُومَةِ　※=عُمُومِيّ

やくひん　yakuhin　薬品 ⇒ くすり　kusuri　薬

やくわり　yakuwari　役割　دَوْر 複 أَدْوَار　لَعِبَ كُلُّ مُمَثِّلٍ دَوْرَهُ بِمَهَارَةٍ
全ての役者が役割をうまく果たした

やけい　yakei　夜警 حَارِس لَيْلِيّ　عَمَلُ الْحَارِسِ اللَّيْلِيِّ يَحْتِمُ عَلَيْهِ السَّهَرَ
夜警の仕事は徹夜が課せられる

やけどする　yakedo-suru　火傷する　حَرَقَ (i)　※=火傷をする　حَرَقَ وَجْهَهُ :顔を火傷した
※名 حَرْق 複 حُرُوق　حُرُوق :火傷　حُرُوق جِلْدِيَّة :火傷

やける　yakeru　焼ける ⇒ もえる　moeru　燃える

やさい　yasai　野菜　خَضْرَاوَات < خضر ※ خَضْرَاء の複

やさしい　yasashii　易しい　سَهْل (ُ)　~ عَلَى :～にとって　هَلْ دُخُولُ الْجَامِعَةِ سَهْلٌ عَلَيَّ؟
私が大学に入ることは易しいですか
اَللُّغَةُ الْعَرَبِيَّةُ أَسْهَلُ مِنَ اللُّغَةِ الْيَابَانِيَّةِ
アラビア語は日本語より易しい

やさしい　yasashii　優しい　لَطِيف < لطف 複 لُطَفَاءُ　خُلُقٌ لَطِيف :優しい性格

や

やしなう～やたい

やしなう　yashi·nau　養う　يَعُولُ ، عَالَ　إِنَّهُ وَلَدٌ يَتِيمٌ ، لَيْسَ لَهُ مَنْ يَعُولُهُ
本当に彼は孤児です,彼を養う人はいません

やしのき　yashi-noki　椰子の木　نَخْل　※ نَخْلَة :1本の椰子の木　※なつめ椰子の木

やしのみ　yashi-nomi　椰子の実　بَلَحٌ　※なつめ椰子の実

やしん　yashin　野心　طَمَعٌ　複 أَطْمَاع　طَمَعٌ فِي الْمَنَاصِبِ :地位への野心(野望)

やすい　yasui　安い　رَخِيص　< رخص 比 أَرْخَص :もっと(より)安い　※ غَالٍ ⇔ :高い
الدَّرَّاجَة لَيْسَتْ رَخِيصَة :自転車は安くない

やすくする　yasuku-suru　安くする　خَفَضَ (i)　لَيْتَ التَّاجِرَ يَخْفِضُ الْأَسْعَارَ !
商人が値段を安くしてくれたらいいのに

やすみ　yasumi　休み　اسْتِرَاحَة　< روح 複 -ات　فَتْرَةُ الاسْتِرَاحَةِ :休み時間

2)休み　عُطْلَة　複 -ات　عُطْلَة صَيْفِيَّة :夏休み
أَخَذَ عُطْلَةً :休みを取った

やすむ　yasumu　休む　تَغَيَّبَ　< غيب V　تَغَيَّبَتْ عَنِ الْمَدْرَسَةِ دُونَ مُبَرِّرٍ
彼女は無断で学校を休んだ

2)休む　اسْتَرَاحَ　< روح X　فَلْنَسْتَرِحْ هُنَا :さぁ,ここで休みましょう

3)休む　يَنَامُ ، نَامَ　نَمْ مُبَكِّرًا :早く休みなさい　※寝る時に
※ تُصْبِحُ عَلَى خَيْرٍ :お休みなさい

やすめる　yasumeru　休める　أَرَاحَ　< روح　يُرِيحُ الْهُدُوءُ الْأَعْصَابَ :静けさが神経を休める

やすらぎ　yasuragi　安らぎ　ارْتِيَاح　< روح　شَعَرَ بِارْتِيَاحٍ إِلَى~ :~に安らぎを感じた

やすり　yasuri　ヤスリ　مِبْرَد　< برد 複 مَبَارِد　بَرَدَ ~ بِالْمِبْرَدِ
~にヤスリをかけた

やせいの　yasei-no　野生の　مُتَوَحِّش　< وحش　حَيَوَان مُتَوَحِّش :野生(の)動物

2)野生の　بَرِّيّ　< بَرّ　أَزْهَار بَرِّيَّة :野生の花/野の花(複)

やせた　yaseta　痩せた　نَحِيف　< نحف 複 نِحَاف / نُحَفَاءُ
كَانَ جِسْمُهُ نَحِيفًا :彼は痩せていた(スリムだった)

2)痩せた　مَاحِل　< محل　أَرْض مَاحِلَة :痩せた(不毛の)土地

やせる　yaseru　痩せる　نَحُفَ (u)　تَتَمَنَّى ابْنَتِي أَنْ تَنْحُفَ　تُعَرْقِلُ
我が娘は痩せることを願っている

やたい　yatai　屋台　عَرَبَة الْبَائِع　تُعَرْقِلُ عَرَبَاتُ الْبَاعَةِ السَّيْرَ فِي الشَّارِعِ
屋台が通りの交通を妨げている

や

やたらにーする〜やぶれる

やたらにーする　yatarani-suru　やたらに(〜する)　أَفْرَطَ < فرط IV　إِنْ تُفْرِطْ فِي الْأَكْلِ تُتْعِبْ مَعِدَتَكَ
やたらに食べるとお腹をこわしますよ

やちん　yachin　家賃　أُجْرَةُ سَكَنٍ　كَمْ أُجْرَةُ السَّكَنِ فِي الشَّهْرِ؟:家賃は月いくらですか

やっか　yakka　薬価　أَسْعَارُ الْأَدْوِيَةِ　خَفَّضَتِ الْحُكُومَةُ أَسْعَارَ الْأَدْوِيَةِ
政府は薬価を引き下げた

やっきょく　yakkyoku　薬局　صَيْدَلِيَّةٌ < صيدلة 複 -ات　صَيْدَلِيَّةٌ　فِي زَاوِيَةِ الشَّارِعِ
通りの角に薬局があります

やっつ　yattsu　八つ　⇒ はち hachi 八(8)

やっと　yatto　やっと　أَخِيرًا < أخر　أَخِيرًا وَجَدَ وَظِيفَةً جَدِيدَةً
やっと新しい仕事を見つけた

2)やっと　بِالْكَادِ　بِالْكَادِ نَجَحْتُ فِي الْامْتِحَانِ : 私はやっと試験に合格した

やっとこ　yattoko　やっとこ　⇒ ぺんち penchi ペンチ

やつれる　yatsureru　やつれる　نَحَلَ (u)　أَيَبْدُو أَنَّهُ يَنْحَلُ؟:彼はやつれたようだね

やといにん　yatoi-nin　雇い人　مُسْتَخْدَمٌ < خدم 複 ـون　مَا عَدَدُ مُسْتَخْدَمِينَ الْمَطْعَمِ؟
レストランの雇い人(従業員)は何人ですか

やといぬし　yatoi-nushi　雇い主　مُسْتَخْدِمٌ < خدم 複 ـون　مَنْ مُسْتَخْدِمُكَ؟
あなたの雇い主は誰ですか

やとう　yatou　雇う　اِسْتَخْدَمَ < خدم X ※=وَظَّفَ　اِسْتَخْدَمَ الرَّجُلَ سَائِقًا
運転手としてその男を雇った

やとう　yatou　野党　حِزْبٌ مُعَارِضٌ　※⇔ حِزْبٌ حَاكِمٌ:与党

やとわれる　yatowareru　雇われる　تَوَظَّفَ < وظف V　تَوَظَّفَ فِي الْحُكُومَةِ
政府の役人に(として)雇われた

やなぎ　ya・nagi　柳　صَفْصَافٌ　غَرَسَ الصَّفْصَافَ بِقُرْبٍ مِنَ النَّهْرِ
川の近くに柳を植えた

やね　ya・ne　屋根　سَقْفٌ < سقف 複 سُقُوفٌ　دُمِّرَ سَقْفُ الْبَيْتِ بِشِدَّةٍ
家の屋根が大きな被害を受けた

やばんな　yaban-na　野蛮な　هَمَجِيٌّ < همج ※ هَمَجٌ 複 أَهْمَاجٌ:野蛮人
لَا يُقَدِّرُ الْهَمَجُ الْحَضَارَةَ
野蛮人には文明が分からない

やぶる　yaburu　破る　هَزَمَ (i)　هَزَمَ جَيْشُنَا الْعَدُوَّ:我が軍は敵を破った

2)破る　حَطَّمَ < حطم II　حَطَّمَ الرَّقْمَ الْقِيَاسِيَّ:記録を破った

やぶれる　yabureru　敗れる　اِنْهَزَمَ < هزم VII　اِنْهَزَمَ فَرِيقُنَا فِي الشَّوْطِ الْأَوَّلِ
私たちのチームは１回戦で敗れた(負けた)

や

やぶれる～やわらかい

やぶれる　yabureru　破れる　اِنْشَقَّ < شقّ VII　اِنْشَقَّتْ طَبْلَةُ الأُذْنِ :鼓膜が破れた

やぼう　yabou　野望 ⇒ やしん　yashin　野心

やま　yama　山　جَبَلٌ　複 جِبَال / أَجْبَال　تَسَلَّقَ جَبَلاً :山に登った
جَبَلُ النَّارِ :火山　سَاكِن الْجِبَالِ :山の住人
جَبَلُ الْجَلِيد :氷山　※関 جَبَلِيّ :山の

やまい　yamai　病 ⇒ びょうき　byouki　病気

やましい　yamashi・i　やましい　ذَنْب　複 ذُنُوب　لَيْسَ عِنْدِي شُعُورٌ بِالذَّنْب
私にやましいところはありません

やまびこ　yamabiko　山彦 ⇒ こだま　kodama　こだま

やみ　yami　闇 ⇒ くらやみ　kurayami　暗闇

やむ　yamu　止む　اِنْقَطَعَ < قطع VII　اِنْقَطَعَ الْمَطَرُ :雨が止んだ

やむ　yamu　病む ⇒ びょうきになる　byouki-ni・naru　病気になる

やむなく　yamu・naku　やむなく أُضْطُرَّ ، يُضْطَرُّ < ضرّ VIII 受　أُضْطُرِرْتُ إِلَى قُبُولِ الشَّرْطِ
私はやむなくその条件を受け入れた

やめさせる　yamesaseru　止めさせる　أَوْقَفَ < وقف IV　أَوْقِفْ الْغِنَاءَ :歌を止めさせなさい

やめる　yameru　止める　اِنْقَطَعَ < قطع VII ~ عَنْ :~を　اِنْقَطَعَ عَنِ التَّدْخِينِ
彼は煙草を止めた

2)止める　تَوَقَّفَ < وقف V ~ عَنْ :~を　لِمَاذَا تَوَقَّفْتَ عَنِ الدِّرَاسَةِ ؟
どうしてあなたは勉学を止めたんですか

3)止める　اِعْتَزَلَ < عزل VIII　هَلْ تَعْتَزِلُ اللَّعِبَ لِأَنَّكَ خَسِرْتَ؟
あなたは負けたからといってゲームを止めるのですか

やめる　yameru　病める ⇒ いたむ　itamu　痛む

やもめ　yamome　やもめ　أَرْمَلَة < رمل 複 أَرَامِل　※ أَرْمَل 複 أَرَامِل :男やもめ

やり　yari　やり/槍　رُمْح　複 رِمَاح / أَرْمَاح　رَمْيُ الرُّمْحِ :やり投げ[競技]
صِلَاحُ الْبَدَوِيِّ سَيْفٌ وَرُمْحٌ
ベドウィンの武器は槍と刀です

やりかた　yari-kata　やり方　طَرِيقَة < طرق 複 طَرَائِق/طُرُق　لِكُلِّ رَسَّامٍ فِي فَنِّهِ طَرِيقَةٌ
どんな画家にも自分のやり方(方法)がある

やりとげる　yari-togeru　やり遂げる　أَنْجَزَ < نجز IV　أَنْجِزْ عَمَلَكَ :仕事はやり遂げなさい

やりなおす　yari-naosu　やり直す　أَعَادَ < عود IV　أَعِدِ الْحِسَابَ :計算をやり直しなさい

やる　yaru　やる ⇒ する　suru　する／ あたえる　ataeru　与える

やわらかい　yawarakai　柔らかい　لَيِّن　سَرِير لَيِّن :柔らかいベッド
حَشِيَّة لَيِّنَة :柔らかいクッション

や

やわらかくする～やわらげる

やわらかく-する	yawarakaku-suru	柔らかくする	لَيَّنَ	اَلْعَجِينُ جَامِدٌ ، يَنْبَغِي أَنْ تُلَيِّنِيهِ ‖ لين < 生地(きじ)が固(かた)いです，柔(やわ)らかくした方(ほう)がいいですよ
やわらげる	yawarageru	和らげる	سَكَّنَ	مَغْلِيُّ النَّعْنَاعِ يُسَكِّنُ الْمَغَصَ ‖ سكن < ミントを煎(せん)じたものは腹痛(ふくつう)を和(やわ)らげる

や

ゆ～ゆうかんな

ゆ　ゆ　ユ　【yu】

ゆ　yu　湯　مَاء دَافِئ (سَاخِن)　※=お湯　※ぬるま湯: مَاء فَاتِر

ゆーえふおー　yuu-ehu-ou　UFO　جِسْم طَائِر مَجْهُول　※=未確認飛行物体

ゆいいつの　yui・itsu-no　唯一の　وَحِيد　< وحد 女 وَحِيدَة　唯一の趣味: اَلْهِوَايَةُ الْوَحِيدَةُ

唯一なる神: اَللّٰهُ وَحْدَهُ ※

ゆいごん　yuigon　遺言　وَصِيَّة　< وصى 複 وَصَايَا　～に遺言状を残した: تَرَكَ وَصِيَّةً لِـ～

ゆいしょ-ただしい　yuisho-tadashii　由緒正しい　عَرِيق　< عرق　يَنْتَسِبُ إِلَى أُسْرَةٍ عَرِيقَةٍ

彼は由緒正しい家柄に属する

ゆいぶつろん　yuibutsu-ron　唯物論　مَادِّيَّة　< مدّ　弁証法的唯物論: اَلْمَادِّيَّة الْجَدَلِيَّة

史的唯物論: اَلْمَادِّيَّة التَّارِيخِيَّة

ゆう　yuu　結う　ضَفَرَ (i)　تُرْسِلُ شَعْرَهَا عَلَى ظَهْرِهَا حِينًا، وَحِينًا تَضْفُرُهُ

彼女は髪を背中に垂らしたり,結ったりします

ゆういぎな　yu・u・igi-na　有意義な　ذُو مَعْنًى　有意義な(意義のある)集まり: اِجْتِمَاع ذُو مَعْنًى

ゆううつな　yu・u・utsu-na　憂うつな　كَئِيب　< كئب　كَانَ كَئِيبًا فِي الاِثْنَيْن

月曜日はゆううつだった

※名 憂うつ/うつ: كَآبَة　فِرَاقُكَ أَوْرَثَنِي كَآبَةً

あなたと別れると憂うつになりました

ゆうえきさ　yu・u・eki-sa　有益さ　جَدْوَى　< جدو　怒って有益な事がありますか: مَا جَدْوَى الْغَضَبِ؟

益なく/無駄に: عَلَى غَيْرِ جَدْوَى/ بِلَا جَدْوَى

2)有益さ　فَائِدَة　< فيد 複 فَوَائِد　読書の有益さ: فَائِدَة الْقِرَاءَة

ゆうえきな　yu・u・eki-na　有益な　مُفِيد　< فيد　～に: لِـ～　اَلْإِنْكْلِيزِيَّةُ مُفِيدَةٌ لِلسَّفَرِ

英語は旅行に有益です(役に立ちます)

2)役に立つ　مُفِيد　< فيد　～に: لِـ～　اَلْإِنْكْلِيزِيَّةُ مُفِيدَةٌ لِلسَّفَرِ

英語は旅行の役に立ちます

ゆうかいする　yu・ukai-suru　誘拐する　خَطَفَ (a)/خَطَفَ (i)　銀行の頭取を誘拐した: خَطَفَ مُدِيرَ الْبَنْك

※名 誘拐: خَطْف　※誘拐犯: مُخْتَطِف

ゆうかん　yu・ukan　勇敢
ゆうかんさ　yu・ukan-sa　勇敢さ　شَجَاعَة　< شجع　勇敢にも/勇敢に: بِشَجَاعَةٍ

勇敢に戦った: قَاتَلَ بِشَجَاعَةٍ

ゆうかんな　yu・ukan-na　1)勇敢な　شُجَاع (ـَ)　< شجع 複 شُجْعَان　عِنْدَهُ الْكَلْبُ الْأَبْيَضُ الشُّجَاعُ

彼は白い勇敢な犬を飼っている

ゆ

ゆうがいな〜ゆうしょうする

2)勇敢な　بُطُولِيّ　< بطل　عَمَلٌ بُطُولِيٌّ :勇敢な行動/勇気ある行い

ゆうがいな　yu・ugai-na　有害な　ضَارّ　< ضرّ　〜に: لِـ / بِـ〜　اَلتَّدْخِينُ ضَارٌّ بِصِحَّتِكَ
喫煙はあなたの健康に有害です

ゆうがた　yu・ugata　夕方　مَسَاء　< مسو　مَسَاءً / فِي الْمَسَاءِ :夕方に
مَسَاءَ أَمْسِ (غَدٍ) :昨日(明日)の夕方に

ゆうがな　yu・uga-na　優雅な　أَنِيق　< أنق　تَلْبَسُ خَادِمَةُ الْفُنْدُقِ ثِيَابًا أَنِيقَةً
ホテルの女子従業員は優雅な服を着る

ゆうき　yu・uki　勇気　شَجَاعَة　< شجع　أَظْهَرَ شَجَاعَتَهُ :勇気を出した

ゆうきのある　yu・uki-noaru　勇気のある ⇒ ゆうかんな　yuukan-na　勇敢な

ゆうき-がある　yu・uki-ga・aru　勇気がある　يَجْرُؤُ ، جَرُؤَ　هَلْ يَجْرُؤُ أَحَدُكُمْ عَلَى عُبُورِ النَّهْرِ؟
誰かこの川を渡る勇気のある者はいないか

ゆうきづける　yu・uki-zukeru　勇気づける　شَجَّعَ　< شجع II　شَجَّعَنِي عَلَى مُوَاصَلَةِ دِرَاسَتِي
彼は勉強を続けるよう私を勇気(元気)づけてくれた

ゆうきぶつ　yu・uki-butsu　有機物　مَادَّة عُضْوِيَّة　※ ⇔無機物

ゆうき-をだす　yu・uki-wo・dasu　勇気を出す　تَشَجَّعَ　< شجع V　! تَشَجَّعْ :勇気を出して/頑張って!

ゆうけんしゃ　yu・ukensha　有権者　نَاخِب　< نخب 複 ـونَ　يَخْتَارُ النَّاخِبُ مُمَثِّلًا عَنْهُ فِي الْمَجْلِسِ
有権者は議会への自分たちの代表を選ぶ

ゆうげん-がいしゃ　yu・ugen-gaisha　有限会社　شَرِكَة مَحْدُودَة الْمَسْئُولِيَّة

ゆうこう　yu・ukou　友好　عَلَاقَة وُدّ (وِدّ)　سَادَتِ الْاِجْتِمَاعَ عَلَاقَةُ وُدٍّ (وِدٍّ)
会議は友好(親善)の雰囲気に包まれた

ゆうこうな　yu・ukou-na　有効な　صَالِح　< صلح　اِنْتَهَتْ صَلَاحِيَّةُ جَوَازِ السَّفَرِ هٰذَا وَلَمْ يَعُدْ صَالِحًا
この旅券は期限が切れていて，有効ではありません

ゆうざいの　yu・uzai-no　有罪の　مُجْرِم　< جرم　مُجْرِمٌ مَنْ يُحَرِّضُ غَيْرَهُ عَلَى الْقَتْلِ
他人に殺人を唆した者は有罪である

ゆうし-てっせん　yu・ushi-tessen　有刺鉄線　سِلْك شَائِك　複 أَسْلَاك شَائِكَة　يَزْحَفُ عَلَى بَطْنِهِ تَحْتَ الْأَسْلَاكِ الشَّائِكَةِ
有刺鉄線(鉄条網)の下をほふく前進をする

ゆうしゅうな　yu・ushuu-na　優秀な　مُمْتَاز　< ميز　اَلْعَامِلُ الْمُمْتَازُ يَنَالُ الْجَائِزَةَ
優秀な労働者は報酬を得る

ゆうしょう-する　yuushou-suru　優勝する　فَازَ بِالْبُطُولَةِ　فَازَ الْفَرِيقُ بِبُطُولَةِ كُرَةِ السَّلَّةِ
チームはバスケットボールの試合に優勝した
※名 فَوْز بِالْبُطُولَةِ :優勝

ゆ

ゆうしょく～ゆうぼくみん

ゆうしょく　yu・ushoku　夕食　عَشَاءٌ < عشو 複 أَعْشِيَة　تَنَاوَلَ الْعَشَاءَ:夕食を食べた

ゆうしょく-をとる　yu・ushoku-wotoru　夕食を取る　تَعَشَّى < عشو V　هَلْ تَعَشَّيْتَ؟:夕食は取りましたか

ゆうじょう　yu・ujou　友情　مَوَدَّة < ودّ　فَهِمْتُ مَوَدَّتَهَا:私は彼女の友情を理解した

ゆうじん　yu・ujin　友人 ⇒ とも tomo 友

ゆうずうする　yu・uzuu-suru　融通する　أَمَدَّ < مدّ IV　أَتَسْتَطِيعُ أَنْ تُمِدَّنِي بِبَعْضِ الْمَالِ؟
お金を少し融通してくれませんか

ゆうせいしょう　yu・usei-shou　郵政省　وِزَارَةُ الْبَرِيدِ

ゆうせん　yu・usen　優先　أَوْلَوِيَّة < أول　تُعْطَى الْأَوْلَوِيَّةُ لِلسَّلَامَةِ:安全が優先する
تَقَدُّم

ゆうせんする　yu・usen-suru　優先する　قَدَّمَ < قدم II　تُقَدَّمُ الْمَصْلَحَةُ الْعَامَّةُ عَلَى الْمَصْلَحَةِ الْخَاصَّةِ
公益は私益に優先する

ゆうせんの　yu・usen-no　有線の　سِلْكِيّ < سلك ※ ⇔ لَاسِلْكِيّ:無線の

ゆうそうする　yu・usou-suru　郵送する　أَرْسَلَ بِالْبَرِيدِ

ゆうそうりょう　yu・usou-ryou　郵送料　أُجْرَةُ الْبَرِيدِ　كَمْ أُجْرَةُ الْبَرِيدِ؟:郵送料はいくらですか

ゆうてん　yu・uten　融点　نُقْطَةُ (دَرَجَةُ) الِانْصِهَارِ　※固体が溶け出す温度

ゆうどくな　yu・udoku-na　有毒な
ゆうどくの　yu・udoku-no　有毒の ⇒ どくの doku-no 毒の

ゆうのうな　yu・u・nou-na　有能な　قَدِير < قدر ~عَلَى:~に قَدِيرٌ　إِنَّ اللهَ عَلَى كُلِّ شَيْءٍ قَدِيرٌ
実に(げに)神はすべてに有能である

ゆうひ　yu・uhi　夕日　الشَّمْسُ الْغَارِبَةُ　الشَّمْسُ الْغَارِبَةُ تَصْبُغُ الْأُفُقَ بِلَوْنِ الْعَسْجَدِ
夕日が地平線を黄金色に染めた

ゆうびん　yu・ubin　郵便　بَرِيد < برد　بِالْبَرِيدِ:郵便で　مَكْتَبُ الْبَرِيدِ:郵便局
حَامِلُ الْبَرِيدِ:郵便配達人　الْبَرِيدُ الْجَوِّيُّ:航空便
الْبَرِيدُ الْعَادِيُّ (السَّرِيعُ):普通(速達)郵便
صُنْدُوقُ الْبَرِيدِ:郵便ポスト
※関 بَرِيدِيّ:郵便の　طَابَعٌ بَرِيدِيٌّ:郵便切手

ゆうふくな　yu・uhuku-na　裕福な　غَنِيّ　عَائِلَةٌ غَنِيَّةٌ:裕福な家庭

ゆうべ　yu・ube　夕べ　أُمْسِيَّة < مسو 複 أَمَاسِيّ　※=夕方
أُمْسِيَّةُ تَبَادُلِ الثَّقَافِيِّ:文化交流の夕べ

ゆうべんな　yu・uben・na　雄弁な　بَلِيغ < بلغ　أَلْقَى مَوْعِظَةً بَلِيغَةً:雄弁に説教をした

ゆうぼくみん　yu・uboku-min　遊牧民 ⇒ ベドウィン bedowin ベドウィン

ゆ

ゆうめいである yu·umei-dearu 有名である اِشْتَهَرَ < شهر VIII ～بـ～:で～ تَشْتَهِرُ "أَوْمُورِي" بِتُفَّاحِهَا
青森はリンゴで有名です

ゆうめいな yu·umei-na 有名な مَشْهُور < شهر 複 مَشَاهِير هِيَ مُغَنِّيَةٌ مَشْهُورَةٌ
彼女は有名な歌手です

2)有名な شَهِير < شهر مَا هِيَ أَشْهَرُ مُنْتَجَاتِ تُونِسَ؟
チュニジアの最も有名な産物は何ですか

ゆうよ yu·uyo 猶予 إِرْجَاء < رجأ إِرْجَاءُ تَنْفِيذِ عُقُوبَةٍ :執行猶予

ゆうような yu·uyou-na 有用な نَافِع < نفع اَلْفِكْرَةُ النَّافِعَةُ .. هِيَ الَّتِي يُمْكِنُ تَنْفِيذُهَا
有用な(役に立つ)考え‥それは実行可能なものでなければならない

ゆうれい yu·urei 幽霊 شَبَح (ـٌ) 複 أَشْبَاح/شُبُوح ! يَظْهَرُ شَبَحٌ فِي الْقَصْرِ لَيْلاً؟
夜になると,お城に幽霊が出るんだって!?

ゆうわくする yuuwaku-suru 誘惑する أَغْرَى < غرو IV أَغْرَتِ الْإِعْلَانَاتُ الْحَمْرَاءُ بِالشَّرَابِ
赤いネオンが飲酒を誘惑した(に誘った)
※名 إِغْرَاء :誘惑 اِسْتَسْلَمَ لِلْإِغْرَاءِ :誘惑に負けた

ゆえ yu·e 故 ⇒ りゆう riyuu 理由

ゆえに yu·e·ni 故に ⇒ だから dakara だから

ゆかいな yukai-na 愉快な فُكَاهِيّ < فكه تَبَادَلَ الْأَصْدِقَاءُ الْأَحَادِيثَ الْفُكَاهِيَّةَ
愉快な話を友達同士で交換しあった

ゆがく yugaku 湯がく ⇒ ゆでる yuderu ゆでる

ゆがむ yugamu 歪む تَشَوَّهَ < شوه V تَشَوَّهَ وَجْهُهَا مِنَ الْأَلَمِ
痛みで彼女の顔が歪んだ

ゆがめる yugameru 歪める ⇒ わいきょくする waikyoku-suru 歪曲する

ゆき yuki 雪 ثَلْج 複 ثُلُوج نَزَلَ الثَّلْجُ :雪が降った
رَجُلُ الثَّلْجِ :雪だるま

ゆき yuki ～行き ذَهَاب < ذهب ذَهَاب وَإِيَاب :行き(と)帰り/往復

2)～行き إِلَى～ هَلْ هٰذَا الْبَاصُ إِلَى بَيْرُوتَ؟
このバスはベイルート行きですか

ゆきさき yuki-saki 行き先 مَقْصِد < قصد 複 مَقَاصِد مَقْصِدُ الْحُجَّاجِ مَكَّةُ الْمُكَرَّمَةُ
巡礼者の行き先はメッカです

ゆきすぎる yuki-sugiru 行き過ぎる اِجْتَازَ < جوز VIII اِجْتَازَ الْقِطَارُ رَصِيفَ الْمَحَطَّةِ
列車が駅のホームを行き過ぎた

ゆきづまり yuki-zumari 行き詰まり جُمُود < جمد وَصَلَتِ الْمُفَاوَضَةُ إِلَى نُقْطَةِ الْجُمُودِ
その交渉は行き詰まった

ゆきどまり yuki-domari 行き止まり طَرِيق مَسْدُود

ゆく～ゆだねる

ゆく　yuku　行く　ذَهَبَ (a)　سَأَذْهَبُ إِلَى الْمَدْرَسَةِ غَدًا : 私は明日学校に行きます

اِذْهَبْ ، رَافَقَتْكَ السَّلَامَةُ :行ってらっしゃい

2)行く　يَسِيرُ ، سَارَ　سِرْ إِلَى هُنَاكَ :向こうへ行きなさい

3)行く　يَمْشِي ، مَشَى　※歩いて 命 اِمْشِ :行け/去れ

مَشَى عَلَى قَدَمَيْهِ :歩いて行った

ゆくすえ　yuku-sue　行く末　مَصِير ＜ مصر 複 مَصَائِر / مَصَايِر　خَافَ عَلَى مَصِيرِهَا

彼女の行く末を案じた

ゆけつ　yuketsu　輸血　نَقْلُ الدَّمِ　※ ～ نَقَلَ الدَّمَ إِلَى :～に輸血した

ゆげ　yuge　湯気 ⇒ じょうき　jouki　蒸気

ゆさぶる　yusaburu　揺さぶる　هَزَّ (u)　هَزَّ الشَّجَرَةَ (مَشَاعِرَهُ) :木(彼の感情)を揺さぶった

ゆしゅつする　yushutsu-suru 輸出する　صَدَّرَ ＜ صدر II ～ إِلَى :～に/へ　تُصَدِّرُ الْيَابَانُ السَّيَّارَاتِ

日本はアラブの国々へ自動車を إِلَى الْبِلَادِ الْعَرَبِيَّةِ

輸出している

※名 تَصْدِير :輸出　تَصْدِيرُ النَّفْطِ :石油の輸出

ゆしゅつひん　yushutsu-hin 輸出品　صَادِرَات ＜ صدر　اَلصَّادِرَاتُ وَالْوَارِدَاتُ :輸出入品

ゆすぐ　yusugu　ゆすぐ ⇒ すすぐ　susugu　すすぐ

ゆする　yusuru　揺する　هَزَّزَ ＜ هزّ II　هَزَّزْنَا الْأَغْصَانَ :私達は木の枝を揺すった

2)揺する　يُهَزْهِزُ ، هَزْهَزَ　تُهَزْهِزُ الْأُمُّ مَهْدَ طِفْلِهَا بِرِفْقٍ

母親は子供の揺りかごをやさしく揺する

ゆする　yusuru　ゆする　اِبْتَزَّ ＜ بزّ VIII　اِبْتَزَّ بِالتَّهْدِيدِ :ゆすった/恐喝した

ゆずる　yuzuru　譲る　تَنَازَلَ ＜ نزل VI　تَنَازَلَ الْمَلِكُ عَنِ الْعَرْشِ لِابْنِهِ

王は息子に王位を譲った

2)譲る　تَخَلَّى ＜ خلو V　يَا حَجَّةُ ، تَخَلَّيْتُ لَكِ عَنْ مَقْعَدِي

おばあさん，私の席をお譲りしますよ(にお座りなさい)

ゆそう　yusou　輸送　نَقْل　وَسِيلَةُ النَّقْلِ :輸送手段

ゆそうする　yusou-suru　輸送する ⇒ はこぶ　hakobu　運ぶ

ゆたかさ　yutaka-sa　豊かさ　غِنًى ＜ غني　اَلسَّعَادَةُ لَيْسَتْ فِي الْغِنَى

幸せは豊かさの中にあるのではない

ゆたかな　yutaka-na　豊かな　غَنِيّ ＜ غني 複 أَغْنِيَاءُ　اَلْأَرْضُ الْغَنِيَّةُ بِالْمَحْصُولَاتِ

収穫の豊かな土地

ゆだねる　yuda・neru　委ねる　يَكِلُ ، وَكَلَ　～ إِلَى :～に　وَكَلَ وَالِدِي إِلَى أَخِي إِدَارَةَ الْمَزْرَعَةِ

私の父は農場の運営を兄に委ねた

ゆ

ゆだやきょう　yudaya-kyou　ユダヤ教　اَلْيَهُودِيَّةُ　　اَلْيَهُودِيَّةُ تَعْتَمِدُ التَّوْرَاةَ
ユダヤ教はトーラー(モーゼ五書)を信じる

ゆだやじん　yudaya-jin　ユダヤ人　يَهُود　　اَلتَّوْرَاةُ كِتَابُ الْيَهُودِ الْمُقَدَّسُ
トーラはユダヤ人の聖なる書です

ゆだやの　yudaya-no　ユダヤの　يَهُودِيّ　　يَهُودِيَّة 女 يَهُود 複
اَتْبَاع الدِّيـنِيَّةِ الْيَهُودِيَّةِ :ユダヤ教信者(複)

ゆだんする　yudan-suru　油断する　أَغْفَلَ　　< غفل IV　وَاجِبَاتُكَ كَثِيرَةٌ ، لاَ تُغْفِلْهَا
すべき事は沢山あります,油断せずにやりなさい

ゆっくり　yukkuri　ゆっくり
ゆっくりと　yukkuri-to　ゆっくりと　بِبُطْءٍ　　< بطؤ　تَكَلَّمْ بِبُطْءٍ أَكْثَرَ ، مِنْ فَضْلِكَ
もっとゆっくり(と)話して下さい

ゆっくり
2)ゆっくりと　بِالرَّاحَةِ　　※ بِـ + الرَّاحَة　أَقْضِي الْعُطْلَةَ فِي الرِّيفِ بِالرَّاحَةِ
休みはゆっくり(と)田舎で過ごそう

ゆでた　yudeta　ゆでた　مَسْلُوق　　< سلق　بَيْض مَسْلُوق :ゆで卵

ゆでる　yuderu　ゆでる　سَلَقَ (u)　　سَلَقَ الْبَقْلَ (اللَّحْمَ / الْبَيْضَ)
野菜(肉/卵)をゆでた

ゆでん　yuden　油田　حَقْل النَّفْطِ　　حَقْل النَّفْطِ تَحْتَ الْبَحْرِ :海底油田

ゆとり　yutori　ゆとり　مُتَّسَع　　< وسع　لَيْتَ لِي مُتَّسَعاً مِنَ الْوَقْتِ لِـ~
私に～する(時間の)ゆとりがあったらなぁ
لَمْ يَجِدْ مُتَّسَعاً مِنَ الْوَقْتِ لِـ~
～する時間的ゆとりがなかった

ゆにゅう-された　yu·nyuu-sareta　輸入された　مُسْتَوْرَد　　< ورد　سَيَّارَة مُسْتَوْرَدَة :輸入車/外車

ゆにゅうする　yu·nyuu-suru　輸入する　اِسْتَوْرَدَ　　< ورد X　اِسْتَوْرَدَ السَّيَّارَاتِ مِنَ الْيَابَانِ
日本から自動車を輸入した
※名 اِسْتِيرَاد :輸入　※ مُسْتَوْرَدَات :輸入品/輸入物

ゆび　yubi　指　إِصْبَع　　< صبع 複 أَصَابِع　أَطْرَاف الْأَصَابِعِ :指先(複)
طَابِع الْأَصَابِعِ :指紋 ※ سَبَّابَة :人差し指　إِبْهَام :親指
خِنْصِر (ـَ) :小指　بِنْصِر :薬指　إِصْبَع وُسْطَى :中指

ゆびぬき　yubi-nuki　指ぬき　كَشْتُبَانٌ　　複 كَشَاتِبِينُ　أَدَوَاتُ الْخِيَاطَةِ إِبْرَةٌ وَخَيْطٌ وَكَشْتُبَانٌ
裁縫の道具は針と糸と指ぬきです

ゆびわ　yubiwa　指輪　خَاتِم　　< ختم 複 خَوَاتِم　خَاتِم الزَّوَاجِ (الذَّهَبِ)
結婚(金の)指輪

ゆみ　yumi　弓　قَوْس　　男女複 أَقْوَاس　أَطْلَقَتِ الْقَوْسُ السَّهْمَ
弓から矢が放たれた

ゆ

ゆめ　yume　夢　حُلْم　複 أَحْلَام　حَقَّقَ حُلْمَهُ :夢を実現した

ゆめをみる　yume-wo・miru　夢を見る　حَلَمَ (u)　تَحْلُمُ أَحْلَامًا مُفْزِعَةً :彼女は怖い夢を見ます

ゆらす　yurasu　揺らす زَلْزَلَ ، يُزَلْزِلُ　يَكَادُ قَصْفُ الرَّعْدِ يُزَلْزِلُ الْبُيُوتَ
雷鳴が家々を揺らすようだ

ゆり　yuri　百合　زَنْبَق　複 زَنَابِق　زَهْرُ الزَّنْبَقِ الْأَبْيَضِ جَمِيلٌ
白百合の花は美しい

ゆりかご　yurikago　揺りかご　مَهْد　複 مُهُود　مِنَ الْمَهْدِ إِلَى اللَّحْدِ
揺りかごから墓場まで

ゆるされる　yurusareru　許される　جَازَ (u)　لَا يَجُوزُ لَكُمْ أَنْ تُدَخِّنُوا
君達に喫煙は許されていない

ゆるし　yurushi　許し　سَمَاح < سمح 複 سَمَاحَات　جِئْتُ أَطْلُبُ مِنْكَ السَّمَاحَ
私は貴女の許しを求めに来ました

ゆるし-をもとめる　yurushi-wo・motomeru　許しを求める　اِسْتَأْذَنَ < أذن X ~في/بـ :~の　اِسْتَأْذَنْتُهُ فِي التَّدْخِينِ
私は彼に喫煙の許しを求めた

2)許しを求める　اِسْتَغْفَرَ < غفر X　أَسْتَغْفِرُ اللّٰهَ :私は神に許しを求める(乞う)

ゆるす　yurusu　許す　سَمَحَ (a)　اِسْمَحْ لِي أَنْ أُخَالِفَكَ الرَّأْيَ
ご意見に逆らうことをお許し下さい
سَمَحَتْ أُمِّي لِي بِأَنْ أَشْتَرِيَ حَقِيبَةً
母は私がカバンを買うのを許してくれた

2)許す　أَذِنَ (a) ~في/بـ :~を　أَذِنَتْ لِي بِدُخُولِ غُرْفَتِهَا
彼女は私に入室を許した

ゆるむ　yurumu　緩む　اِنْحَلَّ < حل VII　شُدَّ عُقْدَةَ الْحَبْلِ حَتَّى لَا تَنْحَلَّ
ロープが緩まないように結び目をきつくしなさい

ゆるめる　yurumeru　緩める　أَرْخَى < رخو IV　إِذَا أَرْخَيْتَ لِلْحِصَانِ زِمَامَهُ أَسْرَعَ
(あなたが)馬の手綱を緩めれば馬は速く走る

2)緩める　خَفَّفَ < خفّ II　خَفِّفْ مِنْ سُرْعَتِكَ :速度を緩めなさい

ゆれ　yure　揺れ　هَزَّة　شَعَرَ النَّاسُ بِالْهَزَّةِ فَخَافُوا
人々は揺れを感じて恐れた

ゆれる　yureru　揺れる　اِهْتَزَّ < هزّ VIII　رَأَى الْبُيُوتَ تَهْتَزُّ :彼は家が揺れるのを見た

2)揺れる تَزَلْزَلَ ، يَتَزَلْزَلُ < زلزل II ※地面などが大きく揺れる
تَزَلْزَلَتِ الْأَرْضُ وَانْهَارَتْ أَبْنِيَةٌ كَثِيرَةٌ
地面が大きく揺れて沢山の建物が崩壊した

よ〜よういができて

ﺑ よ ヨ 【yo】

よ　yo　夜　⇒ よる yoru 夜

よ　yo　世　⇒ せかい sekai 世界

よ　yo　〜よ　أَيُّهَا الـ〜　女 أَيَّتُهَا　أَيُّهَا الشَّابُّ :若者よ/青年よ

よーぐると　yooguruto　ヨーグルト(زَبَادِيٌّ) لَبَن رَائِبٌ

よーどちんき　yoodo-chinki　ヨードチンキ　صِبْغَةُ الْيُودِ

よーろっぱ　yooroppa　ヨーロッパ　أُورُوبَّا / أُورُوبَّة / بِلَادُ الْإِفْرَنْجِ

※أُورُوبِّيّ / إِفْرَنْجِيّ :ヨーロッパの/ヨーロッパ人

よあけ　yoake　夜明け　فَجْر　يَغْدُو الْفَلَّاحُ إِلَى الْعَمَلِ مَعَ الْفَجْرِ

お百姓さんは日の出と共に仕事に出かける

よい　yoi　良い　جَيِّد　< جود 複 جِيَاد 比 أَجْوَد　عَلَاقَات جَيِّدَة :良い関係

2)良い　حَسَنٌ　複 حِسَان 比 أَحْسَن　حَسَنًا :よろしい/OK

مُعَامَلَة حَسَنَة :良い待遇　حُسْنُ الْحَظِّ :運の良い

3)良い　طَيِّب　複 ـون 比 أَطْيَب　طَيِّبُ الْخُلُقِ :性格の良い

4)(〜した方が)良い　مِنَ الْأَفْضَلِ أَلَّا تُحَاوِلَ　مِنَ الْأَفْضَلِ + يَفْعَلُ :しない方が良い

5)(日当たりが)良い　مُشْمِس < شمس　كَانَ الْجَوُّ مُشْمِسًا دَافِئًا

暖かくて(日当たりの)良い天気だった

よい　yoi　酔い　سُكْر / سَكْرَة　خُمَار السُّكْرِ / سَكْرَةُ الْيَوْمِ التَّالِي :二日酔い

2)酔い　دُوَار (دُّ)　< دور　أُصِيبَ بِدُوَارِ السَّفَرِ :乗り物酔いになった

よいこと　yoi-koto　良いこと　خَيْر　〜 مِنْ :〜より　صَنَعَ خَيْرًا :良いことをした(行った)

الصَّلَاةُ خَيْرٌ مِنَ النَّوْمِ :礼拝は眠りより良い(ことです)

よいしらせ　yoi-shirase　良い知らせ　بُشْرَى　< بشر 複 ـات　أَخْبِرْهُ هٰذِهِ الْبُشْرَى بِسُرْعَةٍ

この良い知らせを早く彼に知らせなさい

よう　you　酔う　سَكِرَ (a)　سَكِرْتُ مِنْ شَرَابِ الْخَمْرِ :私は酒を飲んで酔いました

يُخْطِئُ مَنْ يَشْرَبُ الْخَمْرَةَ حَتَّى يَسْكَرَ

酔うほど酒を飲む人は間違っている

ようい-　youi-　用意が出来て　جَاهِز　< جهز　الْحَفْلَةُ جَاهِزَةٌ الْآنَ
　ができて　gadekite

パーティの用意が出来ました

2)用意が出来て　مُسْتَعِدّ　< عدّ　〜لِـ :〜の　〜 أَنْ :〜する

هِيَ مُسْتَعِدَّةٌ أَنْ تَدْخُلَ الْمُسْتَشْفَى

彼女は病院に入院する用意(準備)が出来ています

よ

ようい く～ようさい

ようい く youiku 養育 تَرْبِيَة < ربو　تَكَالِيفُ التَّرْبِيَةِ :養育費

ようい する youi-suru 用意する أَعَدَّ < عدّ IV　أَعَدَّتْ طَعَامَ الْغَدَاءِ :彼女は昼食を用意した

عَلَى اسْتِعْدَادٍ لِـ～ :用意 اسْتِعْدَاد 名※

～の用意（準備）が出来て

ようい に youi-ni 容易に ⇒ かんたんに kantan-ni 簡単に

よういにする youi-nisuru 容易にする سَهَّلَ < سهل II　يُسَهِّلُ تَفْسِيرُ الْمُفْرَدَاتِ الْغَرِيبَةِ فَهْمَ النَّصِّ

分からない単語の説明は文章の理解を容易にする

ようか youka 八日 اَلْيَوْمُ الثَّامِنُ　اَلْيَوْمُ الثَّامِنُ مِنْ هٰذَا الشَّهْرِ :今月の八日

ثَمَانِيَةُ أَيَّامٍ :八日間 ※

ようき youki 容器 وِعَاء < وعى 複 أَوْعِيَة　وِعَاءٌ مِنْ ～ :～でできた容器（器）

وِعَاءٌ مِنَ الْخَشَبِ :木でできた（木製の）容器（器）

2)容器 إِنَاء < أني 複 آنِيَة / أَوَانٍ　آنِيَة زُجَاجِيَّة (مَعْدَنِيَّة)

ガラス（金属）の容器（器）

ようきな youki-na 陽気な مَرِح　أُحِبُّ عَمِّي لِأَنَّهُ مَرِحٌ بِطَبْعِهِ

おじさんは性格が陽気なので好きです

ようきに youki-ni 陽気に فَرِحًا　كَانَ يُغَنِّي فَرِحًا :彼は陽気に歌っていた

ようきゅうする youkyuu-suru 要求する طَلَبَ (u)　～ إِلَى / مِنْ :～に　أَنْ ～ :～することを

اِعْمَلْ قَبْلَ أَنْ تَطْلُبَ الْمَالَ

お金を要求する前に仕事をしなさい

※名 طَلَب :要求　اِسْتَجَابَ الطَّلَبَ :要求に応じた

ようぎ yougi 容疑 تُهْمَة < وهم　لَمْ تَثْبُتْ عَلَيْهِ تُهْمَةُ السَّرِقَةِ

彼への盗みの容疑は固まっていなかった

ようぎしゃ yougi-sha 容疑者 مُتَّهَم < وهم 複 ـون　اِسْتَنْطَقَ الْمُحَقِّقُ الْمُتَّهَمَ

取調官が容疑者を取り調べた（追及した）

ようこう youkou 陽光 أَشِعَّةُ الشَّمْسِ　دَخَلَتْ أَشِعَّةُ الشَّمْسِ عَبْرَ النَّافِذَةِ

陽光が窓から差し込んだ

ようこそ youkoso ようこそ نُرَحِّبُ بِكُمْ / مَرْحَبًا ※=いらっしゃい

ようご yougo 擁護 حِمَايَة < حمى 複 ـات　حِمَايَةُ الدُّسْتُورِ :憲法の擁護

ようご yougo 用語 مُصْطَلَحَات < صلح ※=専門用語　مُصْطَلَحَات طِبِّيَّة :医学用語

ようさい yousai 要塞 حِصْن 複 حُصُون　لَمْ يَتَمَكَّنِ الْجُنُودُ مِنِ احْتِلَالِ الْحِصْنِ

兵士達はその要塞を占領することができなかった

よ

ようし～ようび

ようし　youshi　養子 ابْن (ابْنَة) بِالتَّبَنِّي/ ابْن (ابْنَة) مُتَبَنًّى

※ تَبَنَّى طِفْلًا :養子にした(迎えた)

ようし　youshi　用紙 وَرَق 複 أَوْرَاق ※ وَرَقَة :1枚の用紙　وَرَق رَسْمٍ :画用紙

ようしゃ　yousha　容赦 هَوَادَة > هود　بِلَا هَوَادَةٍ :容赦なく

سَنُقَاتِلُ الْأَعْدَاءَ بِلَا هَوَادَةٍ

さぁ容赦なく敵と戦いましょう

ようじ　youji　用事 شُغْل　عِنْدِي شُغْلٌ مُهِمٌّ :大事な用事があります

ようじ　youji　幼児 طِفْل 複 أَطْفَال　حَضَانَة الْأَطْفَالِ :幼児保育

ようじんする　youjin-suru　用心する اِحْتَرَسَ > حرس VIII ～ مِنْ :～に　اِحْتَرَسَ مِنَ الْمَرَضِ

病気に用心した

※名 اِحْتِرَاس 複 -ات :用心　～ اِحْتِرَاسًا مِنْ :～に用心して

ようすいろ　yousui-ro　用水路 سَاقِيَة > سقى 複 سَوَاقٍ　تَدَفَّقَ مَاءُ الْبِرْكَةِ فِي السَّاقِيَةِ

池の水が用水路に流れ出ていた

ようする　you-suru　要する ⇒ ひつようとする　hitsuyou-tosuru　必要とする

ようするに　yousuru-ni　要するに بِاخْتِصَارٍ　مَاذَا تُرِيدُ بِاخْتِصَارٍ؟ :要するに何が欲しいのですか

ようせい　yousei　妖精 حُورِيَّة > حور 複 -ات　قِيلَ إِنَّ حُورِيَّةً فَاتِنَةً كَانَتْ

その泉は美しい妖精に　تَحْرُسُ الْيَنْبُوعَ

守られていると言われていた

ようだ　youda　(～の)ようだ ～ الظَّاهِرُ أَنَّ　الظَّاهِرُ أَنَّ الْفَتَى يُحِبُّ الْبِنْتَ

青年はその娘が好きなようだ(に見える)

2)(～の)ようだ يَبْدُو ، بَدَا　يَبْدُو أَنَّكِ عَرَبِيَّةٌ

貴女はまるでアラブ人(の女性)のようだ

ようちえん　youchi-en　幼稚園 رَوْضَة الْأَطْفَالِ

ような　you・na　(～の)ような ～ مِثْل　مِثْلَ هٰذَا :このように　لَمْ يَرَ مِثْلَهَا فِي حَيَاتِهِ

彼は今までにそのようなもの見たことがなかった

2)(～の)ような ～كَ　بِطَرِيقَةٍ كَهٰذِهِ :このような方法で

ように　you・ni　(～の)ように ～ مِثْلَ ※前　مَكَّار مِثْلَ الثَّعْلَبِ :狐のように狡い(人)

2)(～の)ように ～كَ ※前　يَدُهَا نَاعِمَةٌ كَالْحَرِيرِ

彼女の手は絹のように(みたいに)柔らかい

ようび　youbi　曜日 أَيَّام الْأُسْبُوعِ　أَيُّ يَوْمٍ مِنَ الْأُسْبُوعِ الْيَوْمَ؟ :今日は何曜日ですか

يَوْمُ الْإِثْنَيْنِ :月曜日　يَوْمُ الْأَحَدِ :日曜日

يَوْمُ الْأَرْبِعَاءِ :水曜日　يَوْمُ الثُّلَاثَاءِ :火曜日

よ

يَوْم الْخَمِيس:木曜日　يَوْم الْجُمْعَة:金曜日

يَوْم السَّبْت:土曜日

ようふく　youhuku　洋服　مَلَابِس غَرْبِيَّة　أَلَا تَلْبَسُ مَلَابِسَ غَرْبِيَّةً فِي الْيَابَانِ؟

日本では洋服を着ないのですか

ようぼうする　youbou-suru　要望する　⇒　ようきゅうする　youkyu・u-suru　要求する

ようもう　youmou　羊毛　صُوف　複 أَصْوَاف　كَانَتْ جَدَّتِي تَغْزِلُ الصُّوفَ بِيَدِهَا

祖母は手で羊毛を紡いでいた

ようやくする　youyaku-suru　要約する　لَخَّصَ　< لخص II　لَخَّصَ الْأُسْتَاذُ الدَّرْسَ:教授は授業を要約した

2)要約する　اِخْتَصَرَ　< خصر VIII　اِخْتَصِرُوا الْقِصَّةَ الَّتِي قَرَأْتُمُوهَا

فِي صَفْحَةٍ وَاحِدَةٍ　読んだ物語を1ページに要約しなさい

※名　اِخْتِصَار:要約　بِالِاخْتِصَارِ / بِاخْتِصَارٍ:要約すると

よか　yoka　余暇　وَقْت الْفَرَاغ　مَاذَا تَفْعَلُ فِي وَقْتِ الْفَرَاغِ؟:余暇に何をなさいますか

よきする　yoki-suru　予期する　تَوَقَّعَ　< وقع V　مَا كُنْتُ أَتَوَقَّعُ الْفَشَلَ

私は失敗を予期していなかった

※名　تَوَقُّع:予期　عَلَى غَيْرِ تَوَقُّعٍ:予期しない

よきんする　yokin-suru　預金する　إِسْتَوْدَعَ　< ودع X　اِسْتَوْدَعَ وَدِيعَةً فِي الْبَنْكِ

銀行に預金した

※名　وَدِيعَة　複　وَدَائِع:預金　وَدِيعَة عَادِيَّة:普通預金

وَدِيعَة لِأَجَلٍ مُعَيَّنٍ:定期預金

よぎなく-～する　yogi・naku-～suru　余儀なく～する　أُضْطُرَّ، يُضْطَرُّ　< ضرّ VIII　受　إِلَى ～:～を

أُضْطُرِرْتُ إِلَى التَّوْقِيعِ

私は余儀なく(仕方なく)署名した

よく　yoku　良く　جَيِّدًا　< جود　هَلْ تَعْرِفُهُ جَيِّدًا؟:彼を良く知っていますか

よくあつ-された　yokuatsu-sareta　抑圧された　مَظْلُوم　< ظلم　أُنْصُرِ الضَّعِيفَ وَالْمَظْلُومَ

弱者や抑圧された人々を助けなさい

よくあつする　yokuatsu-suru　抑圧する　ظَلَمَ (i)　ظَلَمَ صَاحِبُ الْأَرْضِ الْفَلَّاحِينَ:地主が農民を抑圧した

2)抑圧する　قَمَعَ (a)　قَمَعَ حُقُوقَ الْإِنْسَانِ:人権を抑圧した

※名　قَمْع:抑圧　قَمْع حُقُوق الْإِنْسَانِ:人権抑圧

よくしつ　yokushitsu　浴室　⇒　ふろば　huro-ba　風呂場

よくじつ　yokujitsu　翌日　اَلْيَوْم التَّالِي　أَتَتْنِي الْبَرْقِيَّةُ فِي الْيَوْمِ التَّالِي

翌日に私の所に電報が届いた

よくじょう　yokujou　浴場　حَمَّام　< حمّ　複 -ات　حَمَّام عُمُومِيّ:公衆浴場

よ

よくじょう～よごれ

よくじょう yokujou 欲情 ⇒ よくぼう yokubou 欲望

よくせいする yokusei-suru 抑制する يَحُدُّ ، حَدَّ حَدَّتِ الْحُكُومَةُ مِنَ التَّضَخُّمِ :政府はインフレを抑制した

よくばりな yokubari-na 欲張りな طَمَّاع < طمع أَنْتَ طَمَّاعٌ وَغَبِيٌّ :君は欲張りで愚かだ

よくぼう yokubou 欲望 رَغْبَة شَعَرَ بِالرَّغْبَةِ أَنْ يَطِيرَ إِلَيْهَا
彼女の所へ飛んで行きたいという欲望が湧いてきた

よくよう yokuyou 抑揚 تَنْغِيم < نغم بِتَنْغِيمٍ :抑揚をつけて

よくよう-をつける yokuyou-wotsukeru 抑揚をつける نَغَّمَ < نغم II أَصْغَيْنَا إِلَى الْمُطْرِبِ يُغَنِّي وَيُنَغِّمُ
私達は歌手が抑揚をつけて歌うのを聞いた

よける yokeru 避ける ⇒ さける sakeru 避ける

よげんしゃ yogen-sha 預言者 نَبِيّ < نبو 複 أَنْبِيَاء/ون قَلَّمَا نَبِيٌّ قُبِلَ فِي أُمَّتِهِ
預言者はその社会でほとんど受け入れられなかった

よげんする yogen-suru 予言する تَكَهَّنَ < كهن V يَتَكَهَّنُ الْبَعْضُ بِأَنَّ حَرْبًا سَتَنْشَبُ
ある人達は戦争が起こるだろうと予言している
※名 تَكَهُّن :予言

よこ yoko 横 جَانِب < جنب 複 جَوَانِب وَقَفَ الْبَاصُ بِجَانِبِ الْمَبْنَى
バスはそのビルの横に止まった
2)横 عَرْض 複 عُرُوض عَرْض وَطُول الصُّورَةِ :絵の縦と横

よこぎる yokogiru 横切る قَطَعَ (a) عَجِّلْ لِنَقْطَعَ الطَّرِيقَ، قَبْلَ وُصُول السَّيَّارَةِ
車が来る前に通りを急いで横切ろう(渡ろう)

よこくする yokoku-suru 予告する أَخْبَرَ مُقَدَّمًا أَخْبَرَ ～ مُقَدَّمًا بِأَنَّ .. :～に‥を予告した
※名 خَبَرٌ مُقَدَّم :予告

よこしまな yokoshima-na 邪な شَرِير < شرّ 複 أَشِرَّاء كَانَ التَّاجِرُ شَرِيرًا وَطَمَّاعًا
その商人は邪で貪欲だった

よこたえる yokotaeru 横たえる
よこにする yoko-nisuru 横にする أَرْقَدَ < رقد IV أَرْقَدَتِ الْأُمُّ طِفْلَهَا فِي السَّرِيرِ
母親は子供をベッドに横たえた

よこたわる yokotawaru 横たわる
よこになる yoko-ni・naru 横になる رَقَدَ (u) يَرْقُدُ الطِّفْلُ فِي سَرِيرِهِ
子供がベッドで横たわっている(横になっている)

よごす yogosu 汚す وَسَّخَ < وسخ II وَسَّخَ يَدَيْهِ :手を汚した
2)汚す لَوَّثَ < لوث II يُلَوِّثُ الدُّخَانُ الْهَوَاءَ :煙が大気を汚す
3)汚す لَطَخَ (a) < لطخ احْذَرْ أَنْ تَلْطَخَ ثِيَابَكَ بِالزَّيْتِ
服が油で汚れるから気をつけなさい

よごれ yogore 汚れ وَسَخٌ 複 أَوْسَاخ مَسْحُوقُ الْغَسِيلِ الْجَدِيدُ يُزِيلُ كُلَّ وَسَخٍ
新しい洗剤はどんな汚れも落とす

よ

よごれた～よどんだ

よごれた　yogoreta　汚れた　وَسِخٌ　يَعُودُ الْعَامِلُ بِثَوْبٍ وَسِخٍ:労働者は汚れた服で帰る

よごれる　yogoreru　汚れる　وَسِخَ ، يَوْسَخُ　※受　سُرْعَانَ مَا يَوْسَخُ ثَوْبُكَ !
すぐにあなたの服が汚れる

よさ　yosa　良さ　⇒ よいこと yoikoto 良いこと

よさん　yosan　予算　مِيزَانِيَّةٌ < وزن　وَضَعَ الْمِيزَانِيَّةَ الْمُلْحَقَةَ
補正予算を組んだ
بَقِيَ جُزْءٌ مِنَ الْمِيزَانِيَّةِ:予算が余った

よせる　yoseru　寄せる　لَطَمَ (i)　تَلْطِمُ الْأَمْوَاجُ صُخُورَ الشَّاطِئِ
波が海岸の岩に打寄せている

2)寄せる　اِعْتَمَدَ < عمد Ⅷ　اِعْتَمَدَ عَلَى عَمِّهِ
叔父さんの所に身を寄せた

よそ　yoso　よそ　男 آخَرُ 女 أُخْرَى　مَكَانٌ آخَرُ:よそ/よその場所

よそうする　yosou-suru　予想する　تَوَقَّعَ < وقع V　لَمْ أَتَوَقَّعْ أَنْ أُقَابِلَهُ
彼に会うことを私は予想していなかった
※名 تَوَقُّعٌ:予想　غَيْرُ تَوَقُّعٍ:予想しない/思いがけない

よそおう　yoso·ou　装う　اِرْتَدَى < ردى Ⅷ　اِرْتَدَى مَلَابِسَهُ الْجَمِيلَةَ
美しい服を装った

2)装う　تَظَاهَرَ < ظهر Ⅵ　تَظَاهَرَ بِأَنَّهُ عَرَبِيٌّ:アラブ人を装った

よそくする　yosoku-suru　予測する　حَزَرَ (i,u)　أَتَحْزُرُ مَا سَيَكُونُ مَوْضُوعُ الامْتِحَانِ ؟
試験問題が何かを予測するというのですか

よだれ　yodare　涎　لُعَابٌ　سَالَ لُعَابُ الطِّفْلِ:赤ん坊の涎が流れた

よっきゅう　yokkyu·u　欲求　⇒ よくぼう yokubou 欲望

よっつ　yottsu　四つ　⇒ よん yon 四(4)

よっと　yotto　ヨット　يَخْتٌ　複 يُخُوتٌ　رَكِبَ يَخْتًا:ヨットに乗った
أَبْحَرَ الرَّجُلُ فِي يَخْتِهِ:男は自分のヨットで航海した

よっぱらい　yopparai　酔っぱらい　سَكْرَانُ < سكر　女 سَكْرَى　複 سُكَارَى(سَكَارَى)

よっぱらう　yopparau　酔っぱらう　⇒ よう you 酔う

よてい　yotei　予定　خُطَّةٌ　複 خُطَطٌ　تَغْيِيرُ الْخُطَّةِ:予定変更
تَسِيرُ أَعْمَالُ الْبِنَاءِ، طِبْقًا لِخُطَّةٍ مَرْسُومَةٍ
建築作業は予定(計画)に従って進んでいる

よとう　yotou　与党　حِزْبٌ حَاكِمٌ　※ ⇔ حِزْبٌ مُعَارِضٌ:野党

よどむ　yodomu　淀む　اِسْتَنْقَعَ < نقع X　اِسْتَنْقَعَ الْمَاءُ:水は淀んでいた

よどんだ　yodonda　淀んだ　رَاكِدٌ < ركد　مِيَاهٌ رَاكِدَةٌ:淀んだ水

よ

よはく～よみがえらせる

よはく　yohaku　余白　حَاشِيَة < حشو 複 حَوَاشٍ ※= جَانِبُ الصَّفْحَةِ :(本等の)余白

よばれる　yobareru　呼ばれる　تَسَمَّى < سمى V ~ب:~と　تَسَمَّى بِأَسَدِ الصَّحْرَاءِ
彼は砂漠のライオンと呼ばれた

よびかけ　yobi-kake　呼びかけ　دَعْوَة < دعو 複 دَعَوَات　لَبَّى الدَّعْوَةَ :呼びかけに応えた

よびかける　yobi-kakeru　呼びかける　يَدْعُو ، دَعَا　دَعَا أَصْدِقَاءَهُ إِلَى الاجْتِمَاعِ
友人たちに集会への参加を呼びかけた

よびだす　yobi-dasu　呼び出す
よびつける　yobi-tsukeru　呼びつける　اِسْتَدْعَى < دعى X　أَخْشَى أَنْ يَسْتَدْعِيَ الْمُدِيرُ وَالِدِي
校長先生が私の父親を呼びつけないかと
私は心配しています

よびとめる　yobi-tomeru　呼び止める　اِسْتَوْقَفَ < وقف X　اِسْتَوْقَفَ الْجَدَّةَ شُرْطِيُّ السَّيْرِ
交通警察官がお婆さんを呼び止めた

よびにやる　yobi-niyaru　呼びにやる　اِسْتَحْضَرَ < حضر X　اِسْتَحْضَرَ الطَّبِيبَ :医者を呼びにやった

よぶ　yobu　呼ぶ　سَمَّى < سمى II ※ أَنَا سَمَّيْتُ ، هِيَ سَمَّتْ
لِذَا سَمُّوهَا ذَاتَ الرِّدَاءِ الأَحْمَرِ
それで彼女を赤頭巾ちゃんと呼びました

2)呼ぶ　نَادَى < ندو III　نَادَى الْفَلَّاحُ زَوْجَتَهُ :農夫は妻を呼んだ

3)呼ぶ　دَعَا (u) < دعو　دَعَا جِيرَانَهُ لِحُضُورِ الْوَلِيمَةِ
近所の人を宴会に呼びました

4)呼ぶ　اِسْتَدْعَى < دعو X　مَرِضَ أَخِي الصَّغِيرُ ، فَاسْتَدْعَتْ أُمِّي
私の弟が病気になって母は医者を呼んだ　الطَّبِيبَ

よぶんな　yobun-na　余分な　إِضَافِيّ < ضيف　هَلْ عِنْدَكَ مَالٌ إِضَافِيٌّ؟
余分なお金がありますか

よほうする　yohou-suru　予報する　تَنَبَّأَ < نبأ V　تَنَبَّأَ الْمَرْصَدُ بِكُسُوفِ الشَّمْسِ
天文台は日食を予報した
※名 تَنَبُّؤ 複 ـات:予報　تَنَبُّؤَات جَوِّيَّة :天気予報

よぼうする　yobou-suru　予防する　يَقِي ، وَقَى　الْغِلَافُ يَقِي الْكِتَابَ مِنَ الأَذَى
カバーは本の傷みを予防する
※名 وِقَايَة:予防　دِرْهَمُ وِقَايَةٍ خَيْرٌ مِنْ قِنْطَارِ
予防は治療に勝る[格言]　عِلَاجٍ

よぼうせっしゅ　yobou-sesshu　予防接種　تَلْقِيح < لقح　تَلْقِيحٌ ضِدَّ الْجُدَرِيِّ :天然痘の予防接種

よぼう-せっしゅする　yobou-sesshu-suru　予防接種する　طَعَّمَ < طعم II　طَعِّمُوا أَوْلَادَكُمْ ضِدَّ الشَّلَلِ
子供達に小児マヒの予防接種をしなさい

よみがえ-らせる　yomigae-raseru　蘇らせる　أَحْيَا < حيّ IV　أَحْيَا الذِّكْرَى :記憶を蘇らせた

よ

よみがえる～よる

يُحْيِينِي هٰذَا الْهَوَاءُ الْبَارِدُ النَّقِيُّ
この清らかな冷たい空気が私を蘇らせた(生き返らせた)

よみがえる yomigaeru 蘇る عَاوَدَ ＜ عود III عَاوَدَتْهُ ذِكْرَيَاتُهُ :彼の記憶が蘇った

よむ yomu 読む يَقْرَأُ، قَرَأَ هَلْ قَرَأْتَ الْقُرْآنَ الْكَرِيمَ؟
あなたは聖典コーランを読みましたか
命 男 اِقْرَأْ 女 اِقْرَئِي :読みなさい
2)読む يَتْلُو، تَلَا ※声を出して تَلَا الطَّالِبُ الْكِتَابَ
生徒は本を声を出して読んだ(朗読した)

よむ yomu 詠む نَظَمَ شِعْرًا (i) يَنْظِمُ الشَّاعِرُ الشِّعْرَ مُلْهَمًا
詩人は霊感に打たれて詩を詠む

よむこと yomu-koto 読むこと قِرَاءَة ＜قرأ قِرَاءَة وَكِتَابَة :読むことと書くこと/読み書き

よめ yome 嫁 عَرُوس/عَرُوسَة ＜عرس 複 عَرَائِس ※ زَوْجَةُ الْأَخِ :兄嫁
2)嫁 كَنَّة ＜كنّ 複 كَنَائِن ※息子の妻 قَسَتِ الْحَمَاةُ عَلَى كَنَّتِهَا
姑が嫁を虐めた

よやくする yoyaku-suru 予約する حَجَزَ (i,u) أَوَدُّ أَنْ أَحْجِزَ مَكَانًا فِي الدَّرَجَةِ الْأُولَى
私は一等席を予約したい
※名 حَجْز :予約 عِنْدِي حَجْزٌ :私は予約をしています

よゆう yoyu・u 余裕 مُتَّسَعٌ مِنَ الْوَقْتِ لَيْتَ عِنْدِي مُتَّسَعًا مِنَ الْوَقْتِ لِمُمَارَسَةِ الرِّيَاضَةِ
私に運動する時間の余裕があればいいのに

よりかかる yori-kakaru 寄りかかる اِسْتَنَدَ ＜ سند VIII ※～に: إِلَى～ اِسْتَنَدَ إِلَى الْحَائِطِ
壁に寄りかかった(もたれた)

よりそう yori-sou 寄り添う رَافَقَ ＜ رفق III اَلْبَقَرَةُ تَرْعَى وَالْعِجْلُ يُرَافِقُهَا
母親の牛が草をはみ,子牛がより添っている

よる yoru 夜 لَيْلَة 複 -ات سَهِرَ لَيْلَةً :徹夜した
2)夜 لَيْل 複 لَيَالٍ ※通常男性名詞扱い فِي اللَّيْلِ/لَيْلًا :夜に
مُنْتَصَفُ (نصف) اللَّيْلِ :真夜中
جَنَّ اللَّيْلُ :夜のとばりが降りた
※関 لَيْلِيّ :夜の زِيَارَات لَيْلِيَّة :夜の訪問

よる yoru 撚る جَدَلَ (u) هٰذِهِ آلَةٌ تَجْدُلُ الْخُيُوطَ :これは糸を撚る機械です

よる yoru (～に)依る تَوَقَّفَ ＜ وقف V ～ عَلَى تَوَقَّفَ الْأَمْرُ عَلَى～ :その事は～に依った
يَتَوَقَّفُ النَّجَاحُ عَلَى الْاِجْتِهَادِ
成功は努力いかんに依る

よ

よると～よんばんめ

よると yoruto (～に)よると
よれば yoreba (～に)よれば ～ عَلَى حَدِّ　　عَلَى حَدِّ قَوْلِهِ :彼の話(意見)によると(よれば)

よるだん yorudan ヨルダン الأُرْدُنّ　　اَلْمَمْلَكَةُ الأُرْدُنِّيَّةُ الْهَاشِمِيَّةُ
ヨルダン・ハシェミット王国
※أُرْدُنِّيّ :ヨルダンの/ヨルダン人

よろこばす yorokobasu 喜ばす يَسُرُّ ، سَرَّ　　أُرِيدُ أَنْ أَسُرَّ أُمِّي بِهٰذَا الْخَبَرِ
よろこばせる yorokobaseru 喜ばせる
私はこの知らせで母を喜ばせたい

よろこび yorokobi 喜び سُرُور < سرّ　　كَانَ قَلْبِي مَمْلُوءً بِالسُّرُورِ
私の心は喜びで一杯だった
2)喜び فَرَح 複 أَفْرَاح　　أُشَارِكُ زُمَلَائِي فِي الأَفْرَاحِ وَالأَحْزَانِ
私は喜びも悲しみも,友達と分かち合います

よろこぶ yorokobu 喜ぶ يَسُرُّ ، سَرَّ　※سَرَّ の受　～ بِـ سُرَّ سُرُورًا :～を喜んだ
2)喜ぶ فَرِحَ (a)　～: بِـ ～に　فَرِحْتُ بِالْخَبَرِ :その知らせに私は喜んだ

よろこんで yorokonde 喜んで فَرِحًا < فرح فَرِحًا　رَحَّبَ بِضُيُوفِهِ فَرِحًا :客を喜んで迎えた
2)喜んで بِكُلِّ سُرُورٍ　　حَضَرَ الْحَفْلَةَ بِكُلِّ سُرُورٍ
喜んでパーティに出席した

よろしく yoroshiku (～に)宜しく ～ سَلِّمْ لِي عَلَى / ～ تَحِيَّاتِي إِلَى　※～さんに宜しく

よろん yoron 世論 اَلرَّأْيُ الْعَامّ　　اِسْتِطْلَاعَات الرَّأْيِ الْعَامّ :世論調査

よわい yowai 弱い ضَعِيف < ضعف 複 ضُعَفَاءُ　※ قَوِيّ ⇔ :強い
إِرَادَة ضَعِيفَة :弱い意志　ضَعِيفُ الإِرَادَةِ :意志の弱い
هُوَ قَوِيٌّ فِي اللُّغَاتِ، وَلٰكِنَّهُ ضَعِيفٌ فِي الرِّيَاضِيَّاتِ
彼は語学に強いが,数学に弱い

よわくする yowaku-suru 弱くする خَفَضَ (i)　　اِخْفِضْ صَوْتَ الرَّادِيُو :ラジオの音を弱くしなさい

よわさ yowasa 弱さ ضَعْف (ضُعْف)　　اَلضَّعْفُ بَادٍ فِي تَفْكِيرِهِ وَكَلَامِهِ
彼の弱さは思想と言葉に表れている

よん yon 四(4) أَرْبَعَة < ربع 女 أَرْبَع　※=四 رُبْع 複 أَرْبَاع :4分の1
تَتَكَوَّنُ الْيَابَانُ مِنْ أَرْبَعِ جُزُرٍ رَئِيسِيَّةٍ
日本は四つの主な島からなっている

よんじゅう yon-juu 四十/40 أَرْبَعُونَ < ربع 属対 أَرْبَعِينَ　　أَرْبَعِينَ رَجُلًا :40人の男

よんばん yonban 四番
よんばんめ yonban-me 四番目 رَابِع < ربع 女 رَابِعَة　　أَبْرِيلُ الشَّهْرُ الرَّابِعُ فِي السَّنَةِ
四月は一年の四番目の月です

よ

らーめん～らいびょうになる

ゟ ら ラ 【ra】

らーめん raamen ラーメン رَامِينْ ※ مَكَرُونَة صِينِيَّة

"رَامِين" مَشْهُورَة فِي "كِيُوشِيُو"

九州はラーメンが有名です

らい～ rai~ 来～ قَادِم < قدم اَلْأُسْبُوع الْقَادِم :来週

اَلشَّهْر الْقَادِم :来月 اَلسَّنَة الْقَادِمَة :来年

らいおん raion ライオン أَسَد 複 أُسُود ※ لَبْوَة 複 لَبَوَات :牝ライオン

شِبْل 複 أَشْبَال / أَشْبُل / شِبَال :子ライオン ※

يُعَلِّمُ الْأَسَدُ الشِّبْلَ فُنُونَ الْمُطَارَدَةِ

ライオンは子に狩りの仕方を教える

らいげつ rai-getsu 来月 اَلشَّهْر الْقَادِم ※ ⇔ اَلشَّهْر الْمَاضِي :先月

らいしゅう rai-shuu 来週 اَلْأُسْبُوع الْقَادِم ※ ⇔ اَلْأُسْبُوع الْمَاضِي :先週

らいせ rai-se 来世 اَلْآخِرَة < أخر هَلْ تَعْتَقِدُ بِالْآخِرَةِ ؟

あなたは来世を信じますか

らいたー raitaa ライター قَدَّاحَة < قدح 複 -ات ※火をつける道具

らいたー raitaa ライター كَاتِب < كتب 複 -ون / ※=作家

らいだー raidaa ライダー رَاكِب < ركب 複 رُكَّاب رَاكِبُ الدَّرَّاجَةِ النَّارِيَّةِ بِحَاجَةٍ إِلَى خُوذَةٍ

オートバイのライダーはヘルメットが必要です

らいと raito ライト ضَوْء 複 أَضْوَاء ضَوْء أَمَامِيّ :ヘッドライト

らいねん rainen 来年 اَلسَّنَة الْقَادِمَة

らいはい raihai 礼拝 ⇒ いのり i・nori 祈り

らいはいする raihai-suru 礼拝する ⇒ いのる i・noru 祈る

らいばる raibaru ライバル خَصْم 複 خُصُوم تُنَافِسُ بِنْتِي خَصْمَتَهَا عَلَى الْجَائِزَةِ

私の娘は賞を目指してライバルと競っている

2)ライバル مُنَافِس 複 -ون أَحْرَزَ فَرِيقُنَا انْتِصَاراً عَلَى فَرِيقِ الْمُنَافِسِ

私達のチームはライバルチームに勝った

らいびょう raibyou らい病 بَرَص يُعْزَلُ كُلُّ مَنْ أُصِيبَ بِالْبَرَصِ

らい病にかかった者は誰でも隔離される

らいびょう-になる raibyou-ni・naru らい病になる بَرِصَ (a) كَادَ الْمُمَرِّضُ يَبْرَصُ

看護師がらい病になる(罹る)ところだった

※أَبْرَص 女 بَرْصَاء :らい病患者/らい病の

ら

らおす raosu ラオス لَاوُس ※国名 ※لَاوُسِيّ :ラオスの/ラオス人

らくえん rakuen 楽園 جَنَّة اَلْجَنَّةُ لِمَنْ آمَنَ وَفَعَلَ الْخَيْرَ
(天の)楽園は神を信じ,良き行いをした者のものである

らくがきする rakugaki-suru 落書きする خَرْبَشَ خَرْبَشَ عَلَى الْجِدَارِ :壁に落書きした
※名 خَرْبَشَة :落書 خَرْبَشَات جِدَارِيَّة :壁の落書

らくせんする rakusen-suru 落選する خَسِرَ (a) خَسِرَ فِي الِانْتِخَابَاتِ :選挙で落選した

らくたんする rakutan-suru 落胆する ⇒ しつぼうする shitsubou-suru 失望する

らくだ rakuda らくだ/駱駝 جَمَلٌ 複 جِمَال اَلْجَمَلُ سَفِينَةُ الصَّحْرَاءِ :駱駝は砂漠の船だ
جَمَلٌ ذُو سَنَامٍ (سَنَامَيْنِ) :一こぶ(二こぶ)らくだ
يَلِجُ الْجَمَلُ فِي سَمِّ الْخِيَاطِ
(それは)ラクダが針の穴を通る(よりも難しい)[格言]

らくだいする rakudai-suru 落第する رَسَبَ (u) مَا كُنْتُ أَتَوَقَّعُ أَنْ أَرْسُبَ فِي الِامْتِحَانِ
私は試験に落第するとは予想していませんでした

らくにする raku-ni・suru 楽にする أَرَاحَ < روح IV اِجْلِسْ وَأَرِحْ قَدَمَيْكَ
座って足を楽にして下さい

2)楽にする هَوَّنَ < هون II كَمْ هَوَّنَتِ الْكَهْرَبَاءُ أَعْمَالَ الْبَيْتِ!
電気はどれだけ家事労働を楽にしたことだろう!

らくになる raku-ni・naru 楽になる اِسْتَرَاحَ < روح X مَسَّدْتُ عَضَلَاتِ سَاقِي فَاسْتَرَحْتُ
私は足の筋肉を揉んだら楽になった

らけっと raketto ラケット مِضْرَب < ضرب 複 مَضَارِب مِضْرَبُ التِّنِسِ :テニスのラケット

らしんばん rashin-ban 羅針盤 ⇒ こんぱす konpasu コンパス

らじお rajio ラジオ رَادْيُو / مِذْيَاع ※=受信機

らせん rasen 螺旋 حَلَزُون ※شَكْل حَلَزُونِيّ :螺旋形

らちする rachi-suru 拉致する اِخْتَطَفَ < خطف VIII اِخْتَطَفُوا ٦ سُيَّاحٍ الْيَوْمَ
彼らは今日,六人の観光客を拉致した
※名 اِخْتِطَاف :拉致

らっかさん rakkasan 落下傘 مِظَلَّة هُبُوط أُصِيبَتِ الطَّائِرَةُ، فَهَبَطَ الطَّيَّارُ بِالْمِظَلَّةِ
飛行機が撃たれて,飛行士は落下傘で降りた

らっかせい rakkasei 落花生 ⇒ ぴーなっつ pii・nattsu ピーナッツ

らっかんしゅぎ rakkan-shugi 楽観主義 اَلتَّفَاؤُل < فأل ※ ⇔ اَلتَّشَاؤُم :悲観主義 ※مُتَفَائِل :楽観主義者

らっかんする rakkan-suru 楽観する تَفَاءَلَ < فأل VI تَفَاءَلَ بِمُسْتَقْبَلِ الْيَابَانِ
日本の将来を楽観していた

らっぱ～らんよう

らっぱ　rappa　ラッパ　بُوقٌ　複 أَبْوَاق　نَفَخَ فِي الْبُوقِ :ラッパを吹いた

らてん　raten　ラテン　لَاتِين　※لَاتِينِيّ :ラテンの

أَمْرِيكَا اللَّاتِينِيَّة :ラテン(南)アメリカ

らばと　rabato　ラバト رِبَاط الْفَتْح / اَلرِّبَاط　※モロッコの首都

らび　rabi　ラビ　حَاخَام　※ユダヤ教の司祭

らべる　raberu　ラベル ⇒ れってる retteru レッテル

らんおう　ran・ou　卵黄 ⇒ きみ kimi 黄身

らんたん　rantan　らんたん ⇒ ちょうちん chouchin 提灯

らんち　ranchi　ランチ ⇒ ちゅうしょく chu・ushoku 昼食

らんなー　ran・naa　ランナー　عَدَّاء　< عدو　عَدَّاء السِّبَاقِ :レースのランナー

らんぷ　ranpu　ランプ　مِصْبَاح　< صبح 複 مَصَابِيح　مِصْبَاح نَفْطٍ :石油ランプ

らんぼうな　ranbou-na　乱暴な　خَشِنٌ　複 خِشَان　سُلُوك خَشِنٌ :乱暴な行い

2)乱暴な　عَنِيف　تَكْنِيسُكِ الْعَنِيفُ يُغَبِّرُ

貴女の乱暴な掃き方はほこりを立ます

らんよう　ran・you　乱用　اِسْتِغْلَال　< غَلَّ　اِسْتِغْلَال السُّلْطَةِ :職権乱用

ら

りーだー～りこんする

利 り リ 【ri】

りーだー　riidaa　リーダー　⇒ しどうしゃ shidou-sha 指導者

りありずむ　riarizumu　リアリズム اَلْوَاقِعِيَّة ※ نَظَرِيَّةُ الْفَنِّ وَالْأَدَبِ ※=写実主義

りあるな　riaru-na　リアルな　⇒ しゃじつてきな shajitsu-tekina 写実的な

りえき　rieki　利益　رِبْح 複 أَرْبَاح　اَلشَّرِكَةُ تُقَسِّمُ الْأَرْبَاحَ مَرَّةً فِي السَّنَةِ
会社は年に一回利益を分配する

2)利益　مَصْلَحَة < صلح 複 مَصَالِح　مَصْلَحَة عَامَّة :公共の利益/公益
تُقَدَّمُ الْمَصْلَحَةُ الْعَامَّةُ عَلَى الْمَصْلَحَةِ الْخَاصَّةِ
公益は私益に優先する

りか　rika　理科 عِلْم الطَّبِيعِيَّاتِ　يُحَاوِلُ عِلْمُ الطَّبِيعِيَّاتِ أَنْ يَكْشِفَ أَسْرَارَ الطَّبِيعَةِ وَقَوَانِينَهَا
理科は自然の謎や法則を見つけようとする

りかいさせる　rikai-saseru　理解させる　أَفْهَمَ < فهم IV　هَلْ أَفْهَمْتَهُمْ الدَّرْسَ؟
あなたは彼らに授業を理解させましたか

りかいしあう　rikai-shiau　理解し合う　تَفَاهَمَ < فهم VI　تَفَاهَمَ الْخَصْمَانِ وَانْتَهَى خِلَافُهُمَا
敵対者が理解し合い，争いは終わった

りかいする　rikai-suru　理解する　فَهِمَ (a)　لَا أَفْهَمُ فِكْرَتَكَ :私はあなたの考えが理解できません
”تارو” وَلَدٌ ذَكِيٌّ سَرِيعُ الْفَهْمِ :理解 فَهْم ※名
太郎は理解の早い賢い子です

2)理解する　أَدْرَكَ < درك IV　هَلْ أَدْرَكْتَ مَعْنَى هٰذِهِ الْجُمْلَةِ؟
この文の意味を理解しましたか(が分かりましたか)

りきし　rikishi　力士　⇒ すもうとり sumoutori 相撲取り

りきせつする　rikisetsu-suru 力説する　⇒ 強調する kyouchou-suru 強調する

りく　riku　陸
りくち　riku-chi　陸地　يَابِسَة　نَزَلَ إِلَى الْيَابِسَةِ :陸に上がった/上陸した

りくぐん　riku-gun　陸軍　قُوَّات بَرِّيَّة　كَانَتْ قُوَّاتُ ”نابليون” بَرِّيَّةُ أَقْوَى جَيْشٍ فِي الْعَالَمِ
ナポレオンの陸軍は世界で最強の軍隊だった

りくつ-にあった　rikutsu-niatta　理屈にあった مَعْقُول < عقل　غَيْر مَعْقُولٍ :理屈に合わない/不合理な

りこうな　rikou-na　利口な　⇒ かしこい kashikoi 賢い

りこてきな　riko-teki・na 利己的な
りこしゅぎの　riko-shugi・no 利己主義の　أَنَانِيّ < أنا　فِي الدُّنْيَا كَثِيرٌ مِنَ النَّاسِ الْأَنَانِيِّينَ
この世には利己的な人が多い

りこん　rikon　離婚　طَلَاق < طلق　دَعْوَى الطَّلَاقِ :離婚の訴訟

りこんする　rikon-suru　離婚する　طَلَّقَ < طلق II ※妻に対して　طَلَّقَ زَوْجَتَهُ :妻を離婚した

りし～りっとる

2)離婚する طَلَقَ／طَلُقَ (u)　※女性が離婚される هِيَ طَلَقَتْ :彼女は離婚した

りし　rishi　利子　فَائِدَة ＜ فيد 複 فَوَائِد　يُنْتِجُ فَائِدَةً :利子(利息)がつく

يُدَيِّنُ الْمَصْرِفُ الْمَالَ لِقَاءَ فَائِدَةٍ
銀行は利子(利息)のためにお金を貸す

りす　risu　リス/栗鼠　سِنْجَاب　複 -ات　※ سِنْجَابَة :1匹のリス

يَقْفِزُ السِّنْجَابُ بِخِفَّةٍ عَلَى الشَّجَرَةِ
リスが木の上を軽々と跳んでいる

りすと　risuto　リスト　قَائِمَة ＜ قوم 複 قَوَائِم　قَائِمَة سَوْدَاء :ブラックリスト

أَعْطَانِي الْأُسْتَاذُ قَائِمَةَ الْكُتُب
教授は私に本のリストをくれた

りずみかるな　rizumikaru-na　リズミカルな　إِيقَاعِيّ ＜ وقع　اَلدَّبْكَةُ تَقُومُ عَلَى قَرْعِ الْأَرْض بِالرِّجْلِ قَرْعًا إِيقَاعِيًّا
ダブカは足で地面をリズミカルに打ちながら行います

りずむ　rizumu　リズム　إِيقَاع ＜ وقع 複 -ات　رَقَصْنَا طَوِيلًا عَلَى إِيقَاعِ أَلْحَانِكَ
私達はあなたの曲のリズムに乗って長いこと踊りました

りせい　risei　理性　صَوَاب ＜ صوب　رَجَعَ إِلَى صَوَابِهِ :理性を取り戻した/我に返った

غَابَ عَنْ صَوَابِهِ :理性を失った

りせいてきな　risei-teki・na　理性的な　عَاقِل ＜ عقل　اَلْإِنْسَانُ كَائِنٌ عَاقِلٌ :人間は理性的な生物である

りそう　risou　理想 (الْأَعْلَى) الْمِثَال 複 مُثُل　مُثُلُ الْإِسْلَامِ الْعُلْيَا :イスラムの高邁な理想

りそうてきな　risou-teki・na　理想的な
りそうの　risou-no　理想の　أَمْثَل ＜ مثل 複 أَمَاثِل 女 مُثْلَى

اَلْوَسِيلَة (السَّبِيل) الْمُثْلَى لِـ～ :～の理想的方法

りそく　risoku　利息　⇒ りし　rishi　利子

りつ　ritsu　率　نِسْبَة　複 نِسَب　نِسْبَةُ الْمَوْتِ :死亡率

نِسْبَة مِئَوِيَّة :百分率/パーセント

りつあんする　ritsuan-suru　立案する　⇒ けいかくする　keikaku-suru　計画する

りっこうほする　rikkouho-suru　立候補する　رَشَّحَ نَفْسَهُ ＜ رشح II　～لِـ :～に　لَمْ أُرَشِّحْ نَفْسِي لِذَاكَ الْمَنْصِبِ
その地位に私は立候補しなかった

※ تَرْشِيح نَفْسِهِ :立候補

りっとる　rittoru　リットル　لِتْر　複 -ات　※= تُعَادِلُ حَجْمَ كِلُوغْرَام مِنَ الْمَاءِ
水1キログラムの体積に相当

اَللِّتْرُ يُسَاوِي ١٠٠٠ سم٣
1リットルは1000㎤(立法センチメートル)です

り

りっぱな～りゆう

りっぱな　rippa-na　立派な　فَاخِر < فخر　اَلدَّار الْبَيْضَاء الْفَاخِرَة :立派な白い家

りっぽう　rippou　立方
りっぽうたい　rippou-tai　立方体　مُكَعَّب < كعب 複 -ات　ثَلَاثَة أَمْتَار مُكَعَّبَة
3 m³（立方メートル）

りっぽう　rippou　立法　تَشْرِيع < شرع　سُلْطَة التَّشْرِيع :立法権
※関 تَشْرِيعِيّ :立法の　مَجْلِس تَشْرِيعِيّ :立法議会

りっぽうふ　rippou-hu　立法府　سُلْطَة تَشْرِيعِيَّة　اَلسُّلْطَة التَّشْرِيعِيَّة تَسُنّ الْقَوَانِين
立法府が法律を制定する

りてん　riten　利点　فَائِدَة < فيد 複 فَوَائِد　مَا فَائِدَة هٰذَا الْجِهَاز؟
この装置の利点は何ですか

りとますし　ritomasu-shi　リトマス紙　وَرَق عَبَّاد الشَّمْس　※=リトマス試験紙

りにゅう　ri・nyuu　離乳　فِطَام < فطم　فِطَام الطِّفْل لَيْس سَهْلًا
子供の離乳は簡単ではない

りにゅう-させる　ri・nyuu-saseru　離乳させる　فَطَمَ (i)　مَتَى تَفْطِم الْأُمّ الْمُرْضِع طِفْلَهَا؟
子供に母乳を与えているお母さんは
いつ離乳させますか

りはつてん　rihatsu-ten　理髪店　⇒ とこや　toko-ya　床屋

りびあ　ribia　リビア　لِيبِيَا　※国名 ※ لِيبِيّ :リビアの/リビア人
※首都は طَرَابُلُس الْغَرْب :トリポリ

りふれっしゅ-する　rihuresshu-suru　リフレッシュする　رَوَّحَ عَنْ نَفْسِهِ < روح II　خَرَجْتُ أُرَوِّح عَنْ نَفْسِي
私は勉強疲れをリフレッシュ　مِنْ تَعَب الدَّرْس
するために外に出た

りぼん　ribon　リボン　شَرِيطَة < شرط 複 شَرَائِط　تَعْقِد شَعْرَهَا بِشَرِيطَة
彼女はリボンで髪を結ぶ

りもーと-こんとろーる　rimooto-kontorooru　リモートコントロール　اَلتَّحَكُّم عَنْ بُعْد
りもこん　rimo-kon　リモコン

りやーる　riyaaru　リヤール　رِيَال　複 -ات　اَلرِّيَال عُمْلَة عَرَبِيَّة
リヤールはアラブの通貨です

りゃく　ryaku　略　اِخْتِصَار < خصر　اَلْحَرْفَان UN اِخْتِصَار اِسْم الْأُمَم الْمُتَّحِدَة
UNの二文字は国際連合の 略 です

りゃくする　ryaku-suru　略する　⇒ しょうりゃくする　shouryaku-suru　省略する

りゃくだつ-する　ryakudatsu-suru　略奪する　اِسْتَبَاحَ < بوح X　اِسْتَبَاحَ الْجُنْد الْمَدِينَة
兵隊達は町を 略 奪した

りゆう　riyu・u　理由　سَبَب < سبّ 複 أَسْبَاب　لِهٰذَا السَّبَب :この理由で
2)理由　مُبَرِّر < برّ 複 -ات　※正当な理由　دُون مُبَرِّر :理由もなく

り

りゅう～りょうし

りゅう　ryu・u　龍　تِنِّين　複 تَنَانِين　اَلتِّنِّينُ حَيَوَانٌ أُسْطُورِيٌّ
竜は架空の動物です

りゅういする　ryu・ui-suru　留意する　اِعْتَنَى　< عنى VIII　إِذَا كَتَبْتَ، فَاعْتَنِ بِخَطِّكَ
書く時は書き方に留意しなさい

りゅうこうする　ryu・ukou-suru　流行する　يَرُوجُ ، رَاجَ　يَرُوجُ الصُّوفُ فِي فَصْلِ الشِّتَاءِ
冬にはウール物が流行する(よく売れる)
※名 زِيّ 複 أَزْيَاء : 流行　تَبِعَ الزِّيَّ : 流行を追った

りゅうこうせいかんぼう　ryu・ukousei-kanbou　流行性感冒　⇒ いんふるえんざ　inhuruenza　インフルエンザ

りゅうざんする　ryu・uzan-suru　流産する　أَسْقَطَ　< سقط IV　أَسْقَطَتِ الْمَرْأَةُ الْجَنِينَ
婦人は流産した
※名 إِسْقَاطُ الْجَنِينِ : 流産 ※ ⇒ 胎児

りゅうし　ryu・ushi　粒子　دَقِيقَة　< دقّ 複 دَقَائِق　دَقَائِق ذَرِّيَّة :素粒子

りゅうちじょう　ryu・uchi-jou　留置場　مُعْتَقَلُ الْمَوْقُوفِينَ　قَضَيْتُ ثَلَاثَةَ أَيَّامٍ فِي مُعْتَقَلِ الْمَوْقُوفِينَ
私は留置場で三日過ごした

りゅうちょうに　ryu・uchou-ni　流ちょうに　بِطَلَاقَةٍ　يَتَكَلَّمُ الرَّجُلُ اللُّغَةَ الْعَرَبِيَّةَ بِطَلَاقَةٍ
その男はアラビア語を流ちょうに話す

りゅうまち　ryu・umachi　リュウマチ　رُومَاتِيزْم　اَلرُّومَاتِيزْم دَاءٌ عُضَالٌ　لَا يَزَالُ الرُّومَاتِيزْمُ دَاءً عُضَالًا
リュウマチはまだ不治の病です

りゅっくさっく　ryukkusakku　リュックサック　حَقِيبَةُ ظَهْرٍ

りょう　ryou　量　كَمِّيَّة　< كمّ 複 -ات　مَا (هِيَ) الْكَمِّيَّةُ ؟ : 量はどのくらいですか

りょう　ryou　寮　مَبِيت　< بيت　مَبِيتُ الشَّرِكَةِ :会社の寮

りょう　ryou　猟/漁　صَيْد　اَلصَّيْدُ مَمْنُوعٌ هُنَا
ここでは猟(漁)は禁止されています

りょう　ryou　両～　男 كِلَا　女 كِلْتَا　كِلْتَا يَدَيْهِ : 両手

りょうかいする　ryoukai-suru　了解する　فَهِمَ (a)　فَهِمْتُ كَلَامَكِ: 了解しました ※女性に向かって

りょうがえする　ryougae-suru　両替する　صَرَفَ (i)　اِصْرِفْ عَشَرَةَ آلَافِ يِنٍّ :一万円を両替して下さい
※名 صَرْف: 両替　سِعْرُ الصَّرْفِ : 両替のレート

りょうきん　ryoukin　料金　أُجْرَة　أُجْرَةُ الْبَرِيدِ :郵便料金
أُجْرَةُ الدُّخُولِ : 入場料

りょうし　ryoushi　猟師/漁師　صَيَّاد　< صيد 複 ـون　صَيَّادُ السَّمَكِ : 漁師

り

りょうしつ～りょうり

نَجِدُ الصَّيَّادَ الَّذِي يَصْطَادُ السَّمَكَ فِي الْبِيئَةِ السَّاحِلِيَّةِ 沿岸地方では魚を取る漁師がいます

りょうしつ ryoushitsu 良質 جَوْدَة < جود هٰذِهِ السَّجَائِرُ مَعْرُوفَةٌ بِجَوْدَتِهَا
これらの葉巻は良質なことで知られている

りょうしゅ ryoushu 領主 سُلْطَان < سلطن 複 سَلَاطِين شَكَا النَّاسُ ظُلْمَ السُّلْطَانِ
人々は領主の不正を訴えた

りょうしゅう-しょ ryoushuu-sho 領収書 وُصُولَات < وصل ※وُصُول の複 أَسْعَارُ الْبِضَائِعِ عَلَى الْوُصُولَاتِ
商品の値段は領収書に書いてあります

りょうしろん ryoushi-ron 量子論 نَظَرِيَّةُ الْكَمِّ

りょうしん ryoushin 両親 وَالِدَانِ (يْنِ) / أَبَوَانِ (يْنِ) ※(属対)
يَعْصِي وَالِدَيْهِ :両親に反抗する
كَيْفَ حَالُ وَالِدَاكَ؟ :ご両親はお元気ですか
أَيَجِبُ عَلَى الْوَلَدِ أَنْ يَحْتَرِمَ وَالِدَيْهِ؟
子どもは両親を敬わなければならないのですか

りょうしん ryoushin 良心 ضَمِير < ضمر 複 ضَمَائِر وَخْزُ الضَّمِيرِ :良心の呵責
اِفْعَلْ مَا يُوحِي بِهِ ضَمِيرُكَ
良心に従って行動しなさい

りょうじ ryouji 領事 قُنْصُل 複 قَنَاصِل نَائِب (وَكِيل) الْقُنْصُلِ :副領事
قُنْصُل عَامّ :総領事 عُيِّنَ قُنْصُلًا :領事に任命された

りょうじかん ryouji-kan 領事館 قُنْصُلِيَّة 複 -ات

りようする riyou-suru 利用する اِسْتَفَادَ ، يَسْتَفِيدُ < فيد X ～ مِنْ :～を كَثِيرًا مَا اسْتَفَدْتُ مِنَ الْمَكْتَبَةِ
私はよく図書館を利用した

りょうせいるい ryousei-rui 両生類 اَلْبَرْمَائِيَّات / حَيَوَان بَرْمَائِيّ

りょうど ryoudo 領土 إِقْلِيم < قلم 複 أَقَالِيم قَامَ الرَّئِيسُ بِجَوْلَةٍ عَلَى الْأَقَالِيمِ
大統領は領土の巡回を行った

りょうにゆく ryou-ni・yuku 漁(猟)に行く ذَهَبَ لِلصَّيْدِ لَا يَذْهَبُ لِلصَّيْدِ فِي الْأَحَدِ
日曜日は漁(猟)に行かない

りょうほう ryouhou 両方 男 كِلَا 女 كِلْتَا كِلْتَا اللُّغَتَيْنِ :両方の言語

りょうようじょ ryouyou-jo 療養所 مَصَحّ < صحّ 複 -ات ※結核,精神病の
دَخَلَ الْمَرِيضُ الْمَصَحَّ :病人は療養所に入院した

りょうり ryouri 料理 أَكْلَة 複 أَكَلَات أَكْلَة يَابَانِيَّة (صِينِيَّة)
日本(中華)料理

り

りょうりする～りんじの

2)料理　طَبَق　複 أَطْبَاق　عَرَضَ الْأَطْبَاقَ :料理を並べた

りょうりする　ryouri-suru　料理する　طَبَخَ (u)　طَبَخَ سَمَكًا :魚を料理した

りょうりにん　ryouri-nin　料理人　⇒ こっく kokku コック

りょうをする　ryou-wosuru　漁(猟)をする　اِصْطَادَ < صيد VIII　كَيْفَ تَصْطَادُ السَّمَكَ ؟
(あなたは)どのようにして(どうやって)魚の漁をするのですか

りょかくき　ryokakuki　旅客機
りょかっき　ryokakki　旅客機　طَائِرَة مُسَافِرَة　اِتَّجَهَتِ الطَّائِرَةُ الْمُسَافِرَةُ إِلَى الْمَدْرَجِ
旅客機は滑走路に向かった

りょかん　ryokan　旅館 ⇒ ほてる hoteru ホテル

りょけん　ryoken　旅券 ⇒ ぱすぽーと pasupooto パスポート

りょこう　ryokou　旅行　رِحْلَة　~ذَهَبَ فِي رِحْلَةٍ إِلَى :~へ旅行に行った
رِحْلَة سِيَاحِيَّة :観光旅行
رِحْلَة جَمَاعِيَّة :団体旅行/ツアー
سَيَحْفَظُ عَنْ رِحْلَتِهِ تَذْكَارًا لَا يَنْسَى
忘れられない旅行(旅)の思い出が出来るでしょう

2)旅行　سَفَر　複 أَسْفَار　شَنْطَة السَّفَرِ :旅行鞄
وَكِيل سَفَرِيَّات ※ :旅行代理店

りょこうしゃ　ryokou-sha　旅行者　مُسَافِر < سفر 複 ـون　مِنْ أَيْنَ الْمُسَافِرُونَ ؟
どちらからの旅行者ですか

りょこうする　ryokou-suru　旅行する　سَافَرَ < سفر III ~إِلَى :~を/へ　سَافَرْتُ إِلَى سُورِيَّا
私はシリアを旅行した

りりくする　ririku-suru　離陸する　أَقْلَعَ < قلع IV　أَقْلَعَتِ الطَّائِرَةُ فِي تَمَامِ السَّادِسَةِ
6時きっかりに飛行機は離陸した

りろん　riron　理論　نَظَرِيَّة < نظر 複 ـات　اَلنَّظَرِيَّة التَّطَوُّرِيَّة :進化論

りろんの　riron-no　理論の
りろんてきな　riron-teki・na　理論的な　نَظَرِيّ　نَنْتَقِلُ مِنَ الدَّرْسِ النَّظَرِيِّ إِلَى التَّطْبِيقِ
私達は理論の勉強から実践へ移ります

りんぐ　ringu　リング　حَلْبَة　複 حَلَبَات　خَرَجَ الْمُلَاكِمُ مِنَ الْحَلْبَةِ يَتَرَنَّحُ
ボクサーがふらつきながらリングから出た

2)リング ⇒ わ wa 輪

りんご　ringo　りんご/林檎　تُفَّاح　複 ـات ※ تُفَّاحَة :1個のりんご
اَلتُّفَّاحُ الْفَاسِدُ يُفْسِدُ الصَّحِيحَ
腐ったりんごは良いりんごを腐らす[格言]

りんさん　rinsan　燐酸　حَامِض الْفُوسْفُورِيك

りんじの　rinji-no　臨時の　مُوَقَّت < وقت　حُكُومَة مُوَقَّتَة :臨時政府
مُوَظَّف مُؤَقَّت :臨時社員/パートタイマー

り

りんじゅう～りんり

りんじゅう	rinju·u	臨終	أَجَلٌ	複 آجال جَاءَ أَجَلُهُ :臨終の時が来た
りんじん	rinjin	隣人	جَارٌ	جير < جير 複 جِيرَان اَلْجَارُ قَبْلَ الدَّارِ :家の前に隣人 ※良い家を得るには良い隣人を探せ[格言]
りんぱ	rinpa	リンパ	لِنْف/لِمْف	※ غُدَّة لِنْفَاوِيَّة :リンパ腺
りんり	rinri	倫理	أَخْلَاق	خلق < عِلْم الْأَخْلَاقِ :倫理学

り

るーる～るびー

ゐ　る　ル　【ru】

るーる　ruuru　ルール　⇒ きそく kisoku 規則

るいぎご　ruigi-go　類義語
るいご　ruigo　類語　مُرَادِف ＜ ردف 複 -ات ※ كَلِمَاتٌ مُخْتَلِفَةٌ تَحْمِلُ نَفْسَ الْمَعْنَى
意味が同一(同じ意味)の語

るいすいする　ruisui-suru　類推する　اِسْتَنْتَجَ ＜ نتج X مَاذَا تَسْتَنْتِجُ مِنْ كُلِّ هٰذِهِ الْمُلَاحَظَاتِ
これらの観察から何を類推しますか

るいせきする　ruiseki-suru　累積する　⇒ つみかさなる　tsumi-kasa・naru　積み重なる

るす　rusu　留守　غِيَابٌ ＜ غيب مَاذَا حَدَثَ فِي غِيَابِي؟
私の留守中に何が起きたのですか

るすにする　rusu-nisuru　留守にする(غَابَ عَنْ بَيْتِهِ) غَابَ ، يَغِيبُ غَابَ عَنْ بَيْتِهِ :家を留守にした

るすの　rusu-no　留守の　غَائِب ＜ غيب 複 غُيَّب أَبِي غَائِبٌ الْآنَ :父は今留守です

るねっさんす　ru・nessansu　ルネッサンス　اَلنَّهْضَةُ الْأُورُوبِّيَّة

るびー　rubii　ルビー　يَاقُوت أَحْمَر

る

れーざー〜れいじょう

れ れ レ【re】

れーざー reezaa レーザー لَيْزَر أَشِعَّة لَيْزَر: レーザー光線

れーす reesu レース سِبَاق < سبق 複 -ات سِبَاق سَيَّارَات: 自動車(カー)レース
جَاءَ الثَّانِي فِي السِّبَاق: 彼はそのレースで2着だった

れーずん reezun レーズン ⇒ ほしぶどう hoshi-budou 干しブドウ

れーと reeto レート سِعْر الصَّرْف ※両替のレート مَا هُوَ سِعْرُ صَرْف الدُّولَار؟
ドルのレートはいくらですか

れーる reeru レール قَضِيب السِّكَّة الْحَدِيد ※主 قَضِيبَانِ 属対 قَضِيبَيْنِ: 鉄道のレール

れい rei 零 ⇒ ぜろ zero 零

れい rei 例 مِثَال < مثل 複 أَمْثِلَة / مُثُل ضَرَبَ مِثَالًا: 例を示した

れい rei 礼 شُكْر أَلْفُ شُكْرٍ لِجَمِيلِكَ: お礼(を)申し上げます

2)礼 ⇒ れいぎ reigi 礼儀

れい rei 霊 رُوح 複 أَرْوَاح ※男女 اِسْتَحْضَرَ الْأَرْوَاحَ: 霊を呼び出した
مَرَاسِم تَقْدِيم صَلَاةٍ إِلَى أَرْوَاح ضَحَايَا الْحَرْب
戦没者の霊を慰める式典
سَيْطَرَتْ عَلَيْهِ رُوحُ الشَّرِّ فَأَجْرَمَ
彼は悪い霊に取り付かれ,罪を犯した

れいか reika 零下 تَحْتَ الصِّفْر يَجْمُدُ الزِّئْبَقُ عِنْدَ الدَّرَجَةِ ٣٩ الْمِئَوِيَّةِ
水銀は零下(マイナス)39度で固体になる تَحْتَ الصِّفْرِ

れいがい reigai 例外 اِسْتِثْنَاء < ثنى ~ بِاسْتِثْنَاءِ ~: ~を例外として
يَمُوتُ الْبَشَرُ بِدُونِ اسْتِثْنَاءٍ
人は例外なく死ぬものだ

れいぎ reigi 礼儀 آدَاب (قَوَاعِد) السُّلُوك هُوَ لَا يَعْرِفُ آدَابَ السُّلُوكِ
彼は礼儀知らずだ

れいぎ-ただしい reigi-tadashi・i 礼儀正しい مُؤَدَّب < أدب اِبْنُهُ مُؤَدَّبٌ: 彼の息子は礼儀正しい

れいぎ-ただしく reigi-tadashiku 礼儀正しく بِأَدَب < أدب اِسْأَلْ بِأَدَبٍ عَنِ الْعُنْوَانِ
住所は礼儀正しく尋ねなさい

れいこくな reikoku-na 冷酷な قَاسٍ < قسو 複 قُسَاة ※定 الْقَاسِي
الْجُنْدِيُّ الْقَاسِي: 冷酷な兵士

れいじょう reijou 令状 مُذَكِّرَة < ذكر 複 -ات مُذَكِّرَةُ تَفْتِيشٍ: 捜査令状

れいじょう reijou 礼状 رِسَالَة شُكْرٍ أَرْسِلْ رِسَالَةَ الشُّكْرِ عَنِ الْهَدِيَّةِ
贈り物の礼状を送りなさい

れいせいな〜れつ

れいせいな　reisei-na　冷静な رَابِطُ الْجَأْشِ　لَا تَخَفْ عَلَيْهِ إِنَّهُ مُدَرِّبٌ رَابِطُ الْجَأْشِ
心配しないで,彼は冷静なコーチだから
※بِرَبَاطَةِ الْجَأْشِ:冷静に
وَاجَهَ مَوْتَهُ بِرَبَاطَةِ الْجَأْشِ:彼の死を冷静に受け止めた

れいぞうこ　reizou-ko　冷蔵庫　ثَلَّاجَة < ثلج 複 -ات ※他に فُرِيجِيدِير / جِهَاز التَّبْرِيد
اَللَّحْمُ فِي الثَّلَّاجَةِ:肉は冷蔵庫にあります

れいたんな　reitan-na　冷淡な ⇒ つめたい tsumetai 冷たい

れいとうの　reitou-no　冷凍の　مُثَلَّج < ثلج　مَأْكُولَات مُثَلَّجَة:冷凍食品

れいはい　reihai　礼拝 ⇒ いのり i·nori 祈り

れいはいしゃ　reihai-sha　礼拝者　مُصَلٍّ < صلو 複 مُصَلُّونَ　رَكَعَ الْإِمَامُ فَرَكَعَ الْمُصَلُّونَ
イマームがひざまずくと礼拝者もひざまずいた

れいはいする　reihai-suru　礼拝する ⇒ いのる inoru 祈る

れいぶん　reibun　例文 جُمْلَة مِثَالِيَّة　رَكِّبْ جُمْلَةً مِثَالِيَّةً:例文を上げなさい

れいんこーと　rein-kooto　レインコート مِعْطَف الْمَطَر / مُشَمَّع　أَلْبَسُ مُشَمَّعًا كَيْ لَا يَبُلَّ الْمَطَرُ ثِيَابِي
服が雨に濡れないように私は
レインコートを着ます

れきし　rekishi　歴史 تَارِيخ / تَأْرِيخ < أرخ 複 تَوَارِيخ　تَارِيخ عَامّ:世界史
يُسَجِّلُ فِي التَّارِيخِ:歴史に残る
※مُؤَرِّخ 複 -ون:歴史家　أَرَّخَ الْمُؤَرِّخُ الْحَدَثَ
歴史家はその出来事を歴史に書いた

れぎゅらーの　regyuraa-no　レギュラーの نِظَامِيّ　لَاعِب نِظَامِيّ:レギュラー選手

れこーだー　rekoodaa　レコーダー　مُسَجِّل 複 -ات ※=آلَة تَسْجِيلِ الصَّوْتِ:録音機

れこーど　rekoodo　レコード أُسْطُوَانَة مُوسِيقِيَّة ※=レコード盤

れしーと　reshiito　レシート ⇒ りょうしゅうしょ ryoushuu-sho 領収書

れじすたんす　rejisutansu　レジスタンス ⇒ ていこう teikou 2)抵抗

れじゅめ　rejume　レジュメ ⇒ ようやく youyaku 要約

れすとらん　resutoran　レストラン　مَطْعَم < طعم 複 مَطَاعِم　هَلْ يُوجَدُ مَطْعَمٌ قَرِيبٌ مِنْ هُنَا؟
この近くにレストランがありますか

れすりんぐ　resuringu　レスリング مُصَارَعَة < صرع ※مُصَارِع:レスラー

れたす　retasu　レタス　خَسّ　مَزْرَعَة الْخَسِّ:レタス畑

れつ　retsu　列　صَفّ 複 صُفُوف　فِي الصَّفِّ / بِالصَّفِّ:一列に(で)

れ

れっしゃ～れんず

تُحَلِّقُ الطُّيُورُ الْمُهَاجِرَةُ فِي الْفَضَاءِ
مُنْتَظِمَةً فِي صُفُوفٍ　渡り鳥は空を列になって飛ぶ

れっしゃ　ressha　列車　قِطَار < قطر 複 قُطُر / قُطُرَات　قِطَار سَرِيع: 急行列車
قِطَار الْبِضَاعَة: 貨物列車　قِطَار عَادِيّ: 普通列車

れってる　retteru　レッテル　عَلَامَة تِجَارِيَّة　※＝トレードマーク/商標

れっとう　rettou　列島　أَرْخَبِيل　أَرْخَبِيل "تشيشيما": 千島列島

れっとうかん　rettou-kan　劣等感　شُعُور بِالنَّقْص　شَعَرَ بِالنَّقْصِ: 劣等感を感じた(持った)

ればのん　reba・non　レバノン　لُبْنَان < لبن　الْجُمْهُورِيَّة اللُّبْنَانِيَّة: レバノン共和国
※ لُبْنَانِيّ: レバノンの/レバノン人

れふりー　rehurii　レフリー　⇒ しんぱん　shinpan　審判

れべる　reberu　レベル　⇒ すいじゅん　suijun　水準

れぽーと　repooto　レポート　تَقْرِير < قرّ 複 تَقَارِير　تَقْدِيم التَّقْرِير
レポートの提出

れもねーど　remo・needo　レモネード　كَازُوزَة / لِيمُونَاضَة　شَرِبَ الْكَازُوزَةَ وَرَاحَ يَتَجَشَّأُ
レモネードを飲んだら,げっぷをし始めた

れもん　remon　レモン　لَيْمُون 複 -ات ※ لَيْمُونَة: 1個のレモン
يَحْتَوِي اللَّيْمُونُ عَلَى كَثِيرٍ مِنْ فِيتَامِين C
レモンは沢山のビタミンCを含む

れりーふ　reriihu　レリーフ（بَارِز）نَقْش مَحْفُور

れんあい　ren・ai　恋愛　حُبّ　زَوَاج الْحُبِّ: 恋愛結婚 ⇔ زَوَاج الْمَصْلَحَة: 見合い結婚

れんが　renga　れんが/煉瓦　قِرْمِيد < قرمد 複 قَرَامِيد ※ قِرْمِيدَة: 1個のれんが
تُصَيِّرُ النَّارُ الطِّينَ قِرْمِيداً
火は土を煉瓦に変える

れんこうする　renkou-suru　連行する　اِقْتَادَ < قود VIII　قَبَضَ الشُّرْطَةُ الْمُجْرِمَ وَاقْتَادَهُ إِلَى
犯人を逮捕した警官は彼を交番に連行した　الْمَخْفَر

れんしゅう-する　renshuu-suru　練習する　تَمَرَّنَ < مرن V ～عَلَى: ～を　يَجِبُ أَنْ أَتَمَرَّنَ لِبِضْعِ
私は数時間練習しなければならない　سَاعَاتٍ
※名 تَمْرِين: 練習　تَمْرِين مُسْتَمِرّ: 継続的な練習

れんず　renzu　レンズ　عَدَس ※ عَدَسَة: 1枚のレンズ　عَدَسَة لَاصِقَة: コンタクトレンズ
قِيمَةُ آلَةِ التَّصْوِيرِ فِي عَدَسَتِهَا
カメラの価値はレンズにあります

れ

れんぞく～れんらくする

れんぞく　renzoku　連続　اِسْتِمْرَار < مرّ　بِاسْتِمْرَارٍ :連続して/続けて

2)連続　سِلْسِلَة　複 سَلَاسِل　سِلْسِلَة الْقِصَصِ :連続小説

れんぞくした　renzoku-shita　連続した　مُسَلْسَل < سلسل　رِوَايَة مُسَلْسَلَة :連続ドラマ

れんぞくする　renzoku-suru　連続する　لَاصَقَ < لصق III　بَيْتُنَا يُلَاصِقُ بَيْتَ جَارِنَا

私達の家は隣人の家に連続している(つながっている)

れんたいする　rentai-suru　連帯する　تَضَامَنَ < ضمن VI　تَضَامَنُوا مَعَ عُمَّالِ الْعَالَمِ

世界の労働者と連帯せよ

※名 تَضَامُن :連帯　تَضَامُن دَوْلِيّ :国際連帯

れんたる　rentaru　レンタル　تَأْجِير < أجر　تَأْجِير فِيدِيُو :レンタルビデオ

れんとげん　rentogen　レントゲン　صُورَة الْأَشِعَّةِ　※=レントゲン写真

れんぽう　renpou　連邦　اِتِّحَاد < وحد　اَلِاتِّحَاد السُّوفِيتْ :ソビエト連邦

れんぽうの　renpou-no　連邦の　مُتَّحِد < وحد　دَوْلَة الْإِمَارَاتِ الْعَرَبِيَّةِ الْمُتَّحِدَة

アラブ首長国連邦

れんめい　renmei　連盟　جَامِعَة < جمع　اَلْجَامِعَة الْعَرَبِيَّة :アラブ連盟

2)連盟　رَابِطَة < ربط 複 رَوَابِط　رَابِطَة الْأُدَبَاءِ :作家連盟

れんらくする　renraku-suru　連絡する　اِتَّصَلَ < وصل VIII　أَتَّصِلُ بِالتِّلِيفُون :電話で連絡します

اِتَّصِلْ بِي :連絡を下さい

※名 اِتِّصَال :連絡　مَكْتَب الِاتِّصَالِ :連絡事務所

れ

ろ～ろうどくする

ゑ　ろ　ロ　【ro】

ろ　ro　炉　فُرْن　複 أَفْرَان　فُرْنُ الصَّهْرِ :溶鉱炉

ろーたりー　rootarii　ロータリー　دَوَّارٌ　تَلْتَقِي الشَّوَارِعُ عِنْدَ الدَّوَّارِ
通りはロータリーで交わっている

ろーぷ　roopu　ロープ ⇒ つな tsu･na 綱　※ 紐<縄<綱

ろーま　rooma　ローマ　رُومَا/رُومَة　※イタリアの首都　لَمْ تُبْنَ رُومَا فِي يَوْمٍ وَاحِدٍ
ローマは一日にしてならず[格言]

ろーまじ　rooma-ji　ローマ字　اَلْحُرُوف الرُّومَانِيَّة

ろーらー　rooraa　ローラー　مِحْدَلَة　< حدل 複 مَحَادِل　تُعَبِّدُ الْمِحْدَلَةُ طَرِيقَ الْقَرْيَةِ
ローラーが村の道を舗装する

ろーん　roon　ローン　قَرْض مَالِيّ　複 قُرُوض　سَدَّدَ الْقَرْضَ :ローンを支払った
قَرْض قَصِير (طَوِيل) الْأَجَلِ :短期(長期)ローン

ろう　rou　牢
ろうごく　rougoku　牢獄　حَبْس　複 حُبُوس　اَلْمَسَاجِين فِي الْحَبْسِ :牢屋(牢獄)の囚人
ろうや　rou･ya　牢屋

ろうか　rouka　廊下　مَمَرّ فِي دَاخِلِ الْبَيْتِ

ろうご　rougo　老後　شَيْخُوخَة　< شيخ　أَمْضَى جَدِّي شَيْخُوخَةً هَنِيئَةً صَالِحَةً
祖父は快適で健康な老後を過ごした

ろうじん　roujin　老人 男　شَيْخ　複 شُيُوخ　اِحْتَرِمِ الشُّيُوخَ :老人を敬いなさい
مَلْجَأُ الشُّيُوخِ :老人ホーム

2)老人 女男　عَجُوز　複 عُجُز / عَجَائِز　مَشَتِ الْعَجُوزُ مُسْتَعِينَةً بِعَصَاهَا
老婦人が杖を頼りに歩いた

ろうそく　rousoku　ロウソク　شَمْع　複 ـات ※ شَمْعَة :1本のロウソク
لَهَبُ الشَّمْعَةِ :ロウソクの炎

ろうと　routo　漏斗 ⇒ じょうご joujgo 漏斗

ろ

ろうどう　roudou　労働　عَمَل　複 أَعْمَال　أَعْمَالٌ مَنْزِلِيَّةٌ :家事労働

2)労働　شُغْل　複 أَشْغَال　أَشْغَالٌ شَاقَّةٌ :重労働

ろうどう-くみあい　roudou-kumiai　労働組合　نِقَابَةُ الْعُمَّالِ　نِقَابَةُ الْعُمَّالِ قُوَّةٌ وَضَمَانَةٌ
労働組合は力であり保証である

ろうどうしゃ　roudou-sha　労働者　عَامِل　< عمل 複 عُمَّال　حِزْبُ الْعُمَّالِ :労働者党/労働党
طَبَقَةُ الْعُمَّالِ :労働者階級/プロレタリアート

ろうどくする　roudoku-suru　朗読する　تَلَا ، يَتْلُو　تَلَا الْقِصَّةَ بِصَوْتٍ مَسْمُوعٍ
物語を聞こえるように朗読した

2)朗読する　أَنْشَدَ　< نشد IV　أَنْشِدْنَا الشِّعْرَ :(私達に)詩を朗読しなさい

ろうにいれる　rou-ni·ireru　牢に入れる　حَبَسَ (i)　حَبَسَ الْحَاكِمُ اللِّصَّ :裁判官は盗人を牢に入れた(投獄した)

※ ⇒ とうごくする　tougoku-suru　投獄する

ろうばいする　roubai-suru　狼狽する　ذَهَلَ (a)　قَدْ يُفَاجِئُهَا خَبَرُ الْفَاجِعَةِ ، فَتَذْهَلُ

その惨事の急報が来たら彼女は狼狽するだろう

ろうひする　rouhi-suru　浪費する　ضَيَّعَ　< ضيع II　ضَيَّعَ الْوَقْتَ (الْمَالَ) :時間(お金)を浪費した

ろかする　roka-suru　濾過する　⇒ こす　kosu　漉す

ろく　roku　六(6)　سِتَّة　女 سِتٌّ　سِتَّةُ آلَافٍ :六千

ろくおんき　rokuon-ki　録音機　مُسَجِّلَة　< سجل 複 -ات　صَوْتٌ مِنَ الْمُسَجِّلَةِ :録音機からの音

ろくがつ　roku-gatsu　六月　جُمَادَى الْآخِرَة　※イスラム歴の六月

2)六月　يُونِيُو / يُونِيَة　※西暦の六月

3)六月　حَزِيرَانُ　※シリア,イラク,ヨルダン,レバノン地方の六月

ろくじゅう　rokuju·u　六十/６０　سِتُّونَ　< ستة 属対 سِتِّينَ　أَقَمْتُ فِي غَزَّةَ سِتِّينَ يَوْمًا

私はガザに６０日間滞在した

ろくばん　rokuban　六番
ろくばんめ　rokuban-me　六番目　سَادِس　< سدس 女 سَادِسَة　مَقَاعِدُنَا فِي الصَّفِّ السَّادِسِ

私達の席は六番目の列にあります

ろくめんたい　rokumen-tai　六面体　مُجَسَّمٌ سُدَاسِيٌّ

ろけっと　roketto　ロケット　صَارُوخ　< صرخ 複 صَوَارِيخ　صَارُوخٌ عَابِرُ الْقَارَّاتِ

大陸間弾道弾/ＩＣＢＭ

ろしあ　roshia　ロシア　رُوسِيَا　رُوسِيَا الْبَيْضَاء :白ロシア ※ رُوسِيٌّ :ロシアの/ロシア人

اَلثَّوْرَةُ الرُّوسِيَّةُ :ロシア革命

ろじ　roji　路地　زُقَاق　< زقّ 複 زُقَّان / أَزِقَّة　لَا تَدْخُلُ السَّيَّارَةُ فِي

この路地に車は入れません　هٰذَا الزُّقَاقِ

ろせん　rosen　路線　خَطُّ السَّيْرِ　خَطُّ الْبَاصِ :バス路線

ろっかくけい　rokkaku-kei　六角形　مُسَدَّس　< سدس　اُرْسُمْ فِي الدَّائِرَةِ مُسَدَّسًا

円の中に六角形を描きなさい

ろっくあうと　rokku-auto　ロックアウト　إِغْلَاقٌ تَعْجِيزِيٌّ　※工場,作業所などを所有者が閉鎖すること

ろっこつ　rokkotsu　肋骨　ضِلْع　複 أَضْلُع / ضُلُوع / أَضْلَاع

هَزُلَ حَتَّى بَرَزَ كُلُّ ضِلْعٍ فِي صَدْرِهِ

彼は胸の肋骨が浮き出るほど痩せていた

ろば　roba　ロバ　حِمَار　< حمر 複 حُمُر / حَمِير　اَلْحِمَارُ حَيَوَانٌ شَغِيلٌ

ロバはよく働く動物です

ろ

ろびー～ろんりてき

ろびー robii ロビー صَالَة الإِنْتِظَار ※ホテルなどの

ろぼっと robotto ロボット الإِنْسَان الآلِيّ

ろまんす romansu ロマンス قِصَّة الحُبّ

ろめん romen 路面 ⇒ じめん jimen 地面

ろんそうする ronsou-suru 論争する جَادَلَ <جدل III ~فِي :~について

جَادَلْتُهُ فِي الحَرْب :私は戦争について彼と論争した

※名 جِدَال :論争 لَا يَقْبَلُ الجِدَال :論争の余地のない

ろんどん rondon ロンドン لَنْدَن ※イギリスの首都

ろんぴょうする ronpyou-suru 論評する ⇒ ひひょうする hihyou-suru 批評する

ろんぶん ronbun 論文 رِسَالَة <رسل 複 رَسَائِل رِسَالَة الدُّكْتُورَا :博士論文

2)論文 أُطْرُوحَة <طرح 複 -ات

ろんりてきな ronri-teki・na 論理的な مَنْطِقِيّ <نطق هَذَا غَيْرُ مَنْطِقِيّ

それは論理的でない(非論理的だ)

ろ

わ～わかす

わ　わ　ワ【wa】

わ　wa　和　نَاتِجُ الْجَمْعِ　※足し算の結果

わ　wa　輪　حَلْقَة (ـْ)　複 ـات　حَلْقَةُ الذَّهَبِ (ـْ):金の輪(リング)
حَلْقَةُ الْأَصْدِقَاءِ:友人の輪　حَلْقَةٌ مَطَّاطِيَّةٌ:輪ゴム

わ　wa　羽(كَيْفِيَّةُ عَدِّ الطُّيُورِ)　دَجَاجَة:1羽の鶏 (دَجَاجَتَانِ(ـيْنِ)):2羽の鶏
كَانَتْ الدَّجَاجَتَانِ فِي الْحَدِيقَةِ:庭には二羽の鶏がいた

わーるど-かっぷ　waarudo-kappu　ワールドカップ　كَأْسُ الْعَالَمِ

わいきょく-する　waikyoku-suru　歪曲する　حَرَّفَ ＜ حرف II　إِنْ نَقَلْتَ كَلَامَ غَيْرِكَ فَلَا تُحَرِّفْهُ
他人の言葉を引用する時は歪曲してはいけません
※名 تَحْرِيف:歪曲　تَحْرِيفٌ لِلدِّينِ:宗教の歪曲

わいしゃつ　wai-shatsu　ワイシャツ　قَمِيصٌ رِجَالِيٌّ　複 قُمْصَانٌ رِجَالِيَّةٌ

わいせつな　waisetsu-na　わいせつな　⇒ ひわいな　hiwai-na　卑わいな

わいやー　waiyaa　ワイヤー
わいやーろーぷ　waiyaaroopu　ワイヤーロープ　حَبْلٌ مَعْدِنِيٌّ

わいろ　wairo　賄賂　رِشْوَة (ـُ)　複 رِشًا　أَعْطَاهُ رِشْوَةً (ـُ):賄賂を与えた/贈賄した
أَخَذَ رِشْوَةً (ـُ):賄賂をもらった/収賄した
لَا يَقْبَلُ الْمُوَظَّفُ النَّزِيهُ الرِّشْوَةَ
誠実な職員は賄賂を受け取らない

わいん　wain　ワイン　نَبِيذ　複 أَنْبِذَة　نَبِيذٌ أَبْيَضُ (أَحْمَرُ):白(赤)ワイン

わおん　waon　和音　تَوَافُق ＜ وفق ※ عَدَدٌ مِنَ الْأَنْغَامِ الْمُوسِيقِيَّةِ الَّتِي تُعْزَفُ مَعًا
同時に奏でられる複数の音
※⇔ نَغَمٌ نَشَازٌ:不協和音

わか　waka　若
わかさま　waka-sama　若様　⇒ おうじ　ouji　王子

わかい　wakai　若い　شَابّ ＜ شبّ 複 شَبَاب / شُبَّان　رَجُلٌ شَابٌّ:若い男

わかいする　wakai-suru　和解する　صَالَحَ ＜ صلح III　بَعْدَ نِزَاعٍ سَخِيفٍ، صَالَحَ أَخَاهُ
彼は兄弟と馬鹿げた喧嘩をした後,和解した
※名 صُلْح:和解　لَيْتَ الصُّلْحَ يَحُلُّ مَحَلَّ الْعَدَاءِ
和解が憎しみを解決できたらいいのに

わかさ　wakasa　若さ　شَبِيبَة ＜ شبّ　شَبِيبَةُ الْوَطَنِ:国の若さ

わかす　wakasu　沸かす　سَخَّنَ ＜ سخن II　سَخَّنَ مَاءَ الْحَمَّامِ:風呂(の水)を沸かした

わ

わかもの wakamo・no 若者 شَابّ 複 شَبَاب / شُبَّان 女 شَابَّة 複 ـات / شَوَاب
أَيُّهَا الشَّابُّ : 若者よ/青年よ ※ ⇔ شَيْخ : 老人

わかりました wakari-mashita 分かりました لَا بَأْسَ ※=O.K./良いですよ
2)分かりました！ فَهِمْتُ ※=了解！

わかる wakaru 分かる فَهِمَ (a) لَا أَفْهَمُكَ : あなたの言っている事が分かりません
2)分かる يَدْرِي، دَرَى لَا أَدْرِي مَاذَا أَفْعَلُ
私は何をしたらよいか分かりません

わかれ wakare 別れ فِرَاق < فرق مَا أَصْعَبَ فِرَاقَ الْأَحْبَابِ！
愛する者との別れが何と辛いことか
2)別れ وَدَاع < ودع قَالَ لَهُ وَدَاعًا : 彼に別れを告げた

わかれる wakareru 分かれる اِنْفَصَلَ < فصل VII ～ عَنْ : ～から اِنْفَصَلَ عَنِ الْجَمَاعَةِ السِّيَاسِيَّةِ
その政治団体から分かれた

わかれる wakareru 別れる تَوَدَّعَ < ودع V تَوَدَّعْنَا عَلَى رَصِيفِ الْمِينَاءِ
私達は桟橋で別れました
2)別れる اِفْتَرَقَ < فرق VIII اِجْتَمَعْنَا سَاعَةً ثُمَّ افْتَرَقْنَا
私達は１時間一緒にいて,それから別れました

わかれをつげる wakare-wotsugeru 別れを告げる وَدَّعَ < ودع II وَدَّعَ أَبَاهُ "مَعَ السَّلَامَةِ"
彼は「さようなら」と父親に別れを告げた

わが waga 我が～ ...ي/...نَا وَطَنُنَا : 我が祖国 كِفَاحِي : 我が闘争

わがまま wagamama 我がまま أَنَانِيَّة < أنا بِأَنَانِيَّةٍ : 我がままに ※形 أَنَانِيّ : 我がままな

わき waki 脇 إِبْط 複 آبَاط حَمَلَ ～ تَحْتَ الْإِبْطِ : ～を小脇に抱えた
2)脇 جَانِب < جنب بِجَانِبِ/جَانِبًا : 脇に/側に
وَضَعَ الشَّنْطَةَ جَانِبًا : 鞄を脇に置いた

わきばら wakibara 脇腹 خَاصِرَة < خصر 複 خَوَاصِر آلَمَتْهُ خَاصِرَتُهُ مِنْ كَثْرَةِ الضَّحِكِ
笑いすぎて脇腹が痛くなった

わ

わく waku 沸く يَغْلِي، غَلَى يَغْلِي الْمَاءُ فِي إِبْرِيقِ الشَّايِ
ティーポットに水が沸いている

わく waku 湧く نَبَعَ (u,i,a) كَانَ الْمَاءُ يَنْبُعُ مِنْ بَيْنِ الصُّخُورِ
岩の間から水が湧いていた

わく waku 枠 إِطَار < أطر 複 ـات / أُطُر إِطَارُ الشُّبَّاكِ : 窓枠

わくせい wakusei 惑星 كَوْكَب 複 كَوَاكِب اَلزُّهَرَةُ كَوْكَبٌ مُتَوَهِّجٌ شَدِيدُ اللَّمَعَانِ 金星は明るく輝く惑星です

わくちん wakuchin ワクチン لَقَاح ＜ لقح لَقَاحُ الْجُدَرِيِّ (ـُ) :天然痘ワクチン
اَللَّقَاحُ يَمْنَعُ الْعَدْوَى :ワクチンが伝染を防ぐ

わくわくする wakuwaku-suru わくわくする مُثِير ＜ ثور تَتَابَعَتْ فِي الْقِصَّةِ أَحْدَاثٌ مُثِيرَةٌ
物語はわくわくする出来事が続いた

わけ wake 訳 ⇒ りゆう riyuu 理由

わけあう wake-au 分け合う تَقَاسَمَ ＜ قسم VI تَقَاسَمْنَا الْكَعْكَةَ :私達はケーキを分け合った

わけまえ wake-mae 分け前 نَصِيب ＜ نصب 複 نُصُب أَخَذَ كُلٌّ مِنَ الشُّرَكَاءِ نَصِيبَهُ مِنَ الْأَرْبَاحِ
全ての出資者が利益の分け前を得た

わけられる wakerareru 分けられる اِنْقَسَمَ ＜ قسم VII اِنْقَسَمَ الْكِتَابُ إِلَى ثَلَاثَةِ أَجْزَاءٍ
その本は三部に分けられた

わける wakeru 分ける قَسَمَ (i) قَسَمَتْ أُمِّي الْكَعْكَةَ بِالسِّكِّينِ
私の母はケーキをナイフで分けた

2)分ける وَزَّعَ ＜ وزع II وَزَّعَ الرَّجُلُ الْغَنِيُّ مَالَهُ عَلَى الْفُقَرَاءِ
裕福な男が貧しい人にお金を分け(与え)た(分配した)

わこうど wakoudo 若人 ⇒ わかもの wakamo・no 若者

わざ waza 技 مَهَارَة ＜ مهر تُكْتَسَبُ الْمَهَارَةُ بِالتَّمْرِينِ وَالْمُمَارَسَةِ
技(技能)は練習と経験から得られる

わざと wazato わざと عَمْدًا اِصْطَدَمَ بِالسَّيَّارَةِ عَمْدًا
わざと(故意に)車にぶつかった

わざわい wazawai 災い ⇒ さいなん sai・nan 災難

わし washi 和紙 وَرَق يَابَانِيّ ※ وَرَقَةٌ يَابَانِيَّةٌ :1枚の和紙

わし washi 鷲 نَسْر (ـَ) 複 نُسُور اَلنَّسْرُ مَلِكُ الطُّيُورِ :鷲は鳥の王様だ

わし washi わし ⇒ わたくし/わたし watakushi/watashi 私/私

わしき washiki 和式 طِرَاز يَابَانِيّ حَمَّامٌ مِنَ الطِّرَازِ الْيَابَانِيِّ :和式トイレ

わしょく washoku 和食 أَكْل يَابَانِيّ هَلْ تُحِبُّ الْأَكَلَاتِ الْيَابَانِيَّةَ ؟ :和食は好きですか

わすれもの wasure-mo・no 忘れ物 شَيْء مَفْقُود أَلَيْسَ عِنْدَكُمْ شَيْءٌ مَفْقُودٌ ؟
忘れ物ありませんでしたか

わすれられた wasure-rareta 忘れられた مَنْسِيّ ＜ نسي ثَمَّةَ ، فِي طَرَفِ الْمَلْعَبِ ، كُرَةٌ مَنْسِيَّةٌ
運動場の隅のあそこに忘れられたボールがある

わすれる wasureru 忘れる نَسِيَ ، يَنْسَى لَا تَنْسَ ! :忘れないで！

わずかな wazuka-na わずかな قَلِيل ＜ قلّ 複 أَقِلَّاءُ عَطَاءٌ قَلِيلٌ :わずかな献金

わ

わずらう〜わに

わずらう wazurau 患う ⇒ びょうきになる byouki-ni・naru 病気になる

わずらわしい wazurawashi・i 煩わしい مُتْعِب < تعب الْحُرُوفُ الصِّينِيَّةُ مُتْعِبَةٌ :漢字は煩わしい

わた wata 綿 ⇒ もめん momen 木綿

わたくし watakushi 私
わたし watashi 私 أَنَا :私は أَنَا مِنَ الْيَابَانِ :私は日本から来ました

ـِي :私の هٰذَا كِتَابِي :これは私の本です

ـنِي :私に/私を ضَرَبَنِي :彼は私を殴った أَعْطِنِي :私に下さい

わたくしたち watakushi-tachi 私達
わたしたち watashi-tachi 私達
わたしら watashi-ra 私ら نَحْنُ :私達は/私らは نَحْنُ فَهِمْنَا لُغَتَهُمْ 私達は彼らの言葉を理解した

ـنَا :私達の/私らの سَنَرْجِعُ يَوْمًا إِلَى حَيِّنَا いつの日か私達の故郷へ帰ろう

ـنَا :私達を/私達に 私らを/私らに دَرِّسْنَا اللُّغَةَ الْيَابَانِيَّةَ مِنْ فَضْلِكَ 私達に日本語を教えて下さい

زُرْنَا فِي أَيِّ وَقْتٍ :いつでも私達を訪問して下さい

わたす watasu 渡す نَاوَلَ < نول III ※=手渡す نَاوِلْنِي الرِّسَالَةَ その手紙を渡しなさい(よこしなさい)

わたって watatte (〜に)渡って 〜 عَلَى تَعَاقُبِ عَلَى تَعَاقُبِ الْعُصُورِ :数世紀に渡って

わたりどり watari-dori 渡り鳥 طُيُورٌ مُهَاجِرَةٌ / طُيُورٌ مُسَافِرَةٌ تُحَلِّقُ الطُّيُورُ الْمُهَاجِرَةُ فِي الْفَضَاءِ مُنْتَظِمَةً فِي صُفُوفٍ 渡り鳥は空を列になって飛ぶ

わたる wataru 渡る عَبَرَ (u) عَبَرَ التُّرْعَةَ (الطَّرِيقَ) :小川(通り)を渡った

わだい wadai 話題 مَوْضُوعٌ < وضع 複 مَوَاضِيعُ / -ات مَا مَوْضُوعُ الْيَوْمِ ؟ 今日の話題は何ですか

わだかまり wadakamari わだかまり رَوَاسِبُ نَفْسِيَّةٌ

わだち wadachi わだち/轍 أُخْدُودٌ < خدّ 複 أَخَادِيدُ حَفَرَ دُولَابُ الْعَرَبَةِ فِي الطَّرِيقِ التُّرَابِيِّ أُخْدُودًا 車輪がぬかるみの道にわだちをつけた

わっと watto ワット وَاط ※電力の単位 وَاط/سَاعَة :ワット時 ※w/h

わな wa・na 罠 فَخٌّ 複 فِخَاخ / فُخُوخ نَصَبَ فَخًّا :罠を仕掛けた
وَقَعَتِ الْفَأْرَةُ فِي الْفَخِّ :鼠が罠にかかった

2)罠 مِصْيَدَةٌ < صيد 複 مَصَائِدُ عَلِقَ الْأَرْنَبُ الْبَرِّيُّ فِي الْمِصْيَدَةِ 野ウサギが罠にかかった

わに wa・ni わに/鰐 تِمْسَاح 複 تَمَاسِيح جِلْدُ التِّمْسَاحِ :鰐皮

わ

わびしい～わるい

わびしい　wabishi・i　侘びしい　⇒ さびしい　sabishi・i　寂しい

わびる　wabiru　詫びる　اِعْتَذَرَ < عذر VIII　أَعْتَذِرُ لَكَ عَنْ تَأَخُّرِي بِالرَّدِّ عَلَيْكَ
返事が遅れたことをお詫びします

わふう　wahu・u　和風　طَرِيقَة يَابَانِيَّة　※=日本式/和式　※ طَعَام يَابَانِيَّة :和風料理/和食

わぶん　wabun　和文　جُمْلَة يَابَانِيَّة　※ نَقْلُ الْيَابَانِيَّةِ إِلَى الْإِنْكِلِيزِيَّةِ :和文英訳

わへい　wahei　和平　صُلْح　مُعَاهَدَةُ صُلْحٍ :和平会議

わやく　wayaku　和訳　نَقْلٌ إِلَى الْيَابَانِيَّةِ

わら　wara　わら/藁　قَشّ　※ قَشَّة :1本の藁　قُبَّعَة مِنَ الْقَشِّ :麦わら帽子

わらい　warai　笑い　ضَحْك ، ضَحِك (´)　النُّكْتَةُ النَّاجِحَةُ تُثِيرُ الضَّحِكَ
良い冗談は笑いをもたらす

2)笑い　أُضْحُوكَة < ضحك 複 أَضَاحِيك　أُضْحُوكَةُ النَّاسِ :人々の笑いの種

わらい-ばなし　warai-ba・nashi　笑い話　نُكْتَة 複 نُكَت / نِكَات　هُوَ حَكَى نُكْتَةً :彼は笑い話をした

わらう　warau　笑う　ضَحِكَ (a)　اِضْحَكِ الْآنَ وَلٰكِنَّ الْمُهِمَّ مَنْ يَضْحَكُ أَخِيرًا
今は笑うがいい, しかし大事なのは最後に笑うのは誰かということだ

2)笑う　اِبْتَسَمَ　※=微笑む　يَفْرَحُ قَلْبِي إِذْ أَرَاكَ تَبْتَسِمُ
貴男が笑えば私の心は喜びに震える

わらわせる　warawaseru　笑わせる　أَضْحَكَ < ضحك IV　كُلُّ حَرَكَةٍ مِنْهُ تُضْحِكُنَا
彼の全ての動作が私たちを笑わせる

わり　wari　割　عَشَرَة فِي الْمِئَةِ　عِشْرِينَ فِي الْمِئَةِ :2割/2０パーセント

わりあい　wariai　割合　نِسْبَة 複 نِسَب　اُمْزُجِ الطَّحِينَ بِالزُّبْدَةِ بِنِسْبَةِ ٢ إِلَى ١
パン粉と牛乳を2対1の割合で混ぜなさい

わりざん　warizan　割り算　قِسْمَة　نَاتِجُ الْقِسْمَةِ :割り算の結果/商

わりびき　waribiki　割引　تَخْفِيضُ سِعْرِ الْبِضَاعَةِ

わる　waru　割る　كَسَرَ (i)　كَسَرَ الصَّحْنَ :皿を割った

2)割る　شَقَّ (u)　شَقَّ الْبِطِّيخَةَ :西瓜を割った

3)割る/(÷)　عَلَى　سِتَّةٌ عَلَى اثْنَيْنِ يُسَاوِي ثَلَاثَةً :6÷2＝3

わるい　warui　悪い　سَيِّئ < سوء　يُعَامِلُهُ مُعَامَلَةً سَيِّئَةً
彼は悪い待遇を受けている

2)悪い　شَرِير < شرّ 複 أَشْرَار　※ شِرِّير :とても悪い※人の性格について

3)悪い　رَدِيء < ردؤ 複 أَرْدِيَاءُ　اَلْجَوُّ رَدِيءٌ :天気は悪い

わ

わるくち～わんぱくな

わるくち　warukuchi　悪口　شَتِيمَة　< شتم 複 شَتَائِم　لاَ تَرُدَّ عَلَى الشَّتِيمَةِ بِمِثْلِهَا
そのような悪口を繰り返さないようにしなさい

わるくなる　waruku-naru　悪くなる　يَسُوءُ، سَاءَ　سَاءَتْ حَالُهُ :彼の状態は悪くなった
سَاءَتْ عَلَاقَتُهُ بِزَوْجَتِهِ :妻との関係が悪くなった

わるさ　warusa　悪さ　سُوء　複 أَسْوَاء　سُوءُ الْحَظِّ :運の悪さ/不運
سُوءُ كَلَامِهِ :口の悪さ　※لِسُوءِ الْحَظِّ :運悪く

わるさ-をする　warusa-wosuru　悪さをする　أَسَاءَ　<سوء IV　ضَرَبْتُ ابْنِي إِذْ أَسَاءَ
私は息子が悪さをすると殴った

わるもの　warumo・no　悪者 ⇒ あくとう　akutou　悪党 ／ あくにん　aku-nin　悪人

われ　ware　我 ⇒ わたし　watashi　私

われら　ware-ra　我ら ⇒ わたしたち　watashi-tachi　私達

われる　wareru　割れる　تَصَدَّعَ　< صدع V　تَصَدَّعَ الصَّحْنُ :皿が割れた

2)割れる　اِنْكَسَرَ　< كسر VII　اِنْكَسَرَتِ الزُّجَاجَةُ :ガラスビンが割れた

われわれ　ware-ware　我々 ⇒ わたしたち watashi-tachi 私達

わん　wan　湾　خَلِيج　< خلج 複 خُلُج　اَلْخَلِيجُ الْعَرَبِيّ :アラビア湾

わん　wan　碗（إِنَاء (خَزَفِيّ أَوْ خَشَبِيّ　※ ⇒ 茶碗

わんぱくな　wanpaku-na　わんぱくな　شَقِيّ　< شقو 複 أَشْقِيَاءُ　يَرْجُمُ الْأَوْلَادُ الْأَشْقِيَاءُ الْكَلْبَ
わんぱく(な子)どもが犬に石を投げている

わ

〈著者略歴〉

田中博一

1950年　福岡県三井郡（現久留米市）生まれ
1968年　朝倉高校卒、九州大学農学部入学
　　　　農業工学科専攻後に林学科に転科
著書：『さあアラビア語を学びましょう』（1988年愛知イスラム文化センター刊）
　　　『改訂版　日本語アラビア語基本辞典』（1999年鳥影社刊）
　　　他に、エジプトの作家ヤコブ・シャールゥニィの作品を中心に翻訳多数

現代日本語アラビア語辞典	2015年7月27日初版第1刷印刷
	2015年8月 3日初版第1刷発行
	著　者　田中博一
	発行者　百瀬精一
	発行所　鳥影社 (www.choeisha.com)
定価（本体8000円＋税）	〒160-0023　東京都新宿区西新宿3-5-12トーカン新宿7F
	電話　03(5948)6470, FAX 03(5948)6471
	〒392-0012　長野県諏訪市四賀229-1(本社・編集室)
	電話　0266(53)2903, FAX 0266(58)6771
	印刷・製本　シナノ
	Ⓒ Tanaka Hiroichi 2015 printed in Japan
乱丁・落丁はお取り替えします。	ISBN978-4-86265-520-2　C0587